领土与海洋争端问题
研 究 丛 书

领土与海洋争端问题研究丛书

丛书主编 张海文 吴继陆

领土与海洋争端国际案例评析
（1994—2019）

张海文 张新军／主　编
徐贺云 罗　刚／副主编

知识产权出版社
全国百佳图书出版单位
—北京—

图书在版编目（CIP）数据

领土与海洋争端国际案例评析：1994—2019/张海文，张新军主编．—北京：知识产权出版社，2023.4

（领土与海洋争端问题研究丛书/张海文，吴继陆主编）

ISBN 978-7-5130-8175-7

Ⅰ．①领… Ⅱ．①张… ②张… Ⅲ．①领土问题—案例—1994-2019 ②海洋法—国际争端—案例—1994-2019 Ⅳ．①D993

中国版本图书馆 CIP 数据核字（2022）第 083395 号

责任编辑：薛迎春　　　　　　　　责任校对：王　岩
封面设计：乔智炜　　　　　　　　责任印制：刘译文

领土与海洋争端国际案例评析（1994—2019）

张海文　张新军　主　编
徐贺云　罗　刚　副主编

出版发行：知识产权出版社 有限责任公司	网　址：http：//www.ipph.cn
社　址：北京市海淀区气象路 50 号院	邮　编：100081
责编电话：010-82000860 转 8724	责编邮箱：471451342@qq.com
发行电话：010-82000860 转 8101/8102	发行传真：010-82000893/82005070/82000270
印　刷：三河市国英印务有限公司	经　销：新华书店、各大网上书店及相关专业书店
开　本：710mm×1000mm　1/16	印　张：61
版　次：2023 年 4 月第 1 版	印　次：2023 年 4 月第 1 次印刷
字　数：970 千字	定　价：298.00 元

ISBN 978-7-5130-8175-7

出版权专有　侵权必究
如有印装质量问题，本社负责调换。

本书由国家出版基金和原国家海洋局国际合作司
资助出版

丛书编委会

（以姓氏笔画为序）

马新民　王宗来　王润贵　孔令杰
朱利江　刘　超　吴继陆　余民才
张海文　张新军　陈喜峰　易显河
罗　刚　周　健　施余兵　徐贺云
高圣惕　高健军　黄　瑶　傅崐成

GENERAL EDITOR'S PREFACE

总　序

领土与海洋问题事关国家主权、安全与发展，数百年来一直是国际关系演进、国际法发展中历久弥新的主题之一。妥善处理领土与海洋争端是世界性难题。据不完全统计，当今世界上仍存在60多处领土争端和200多条未划定的海洋边界。和平解决争端是各国的共同愿望，也是国际法的基本要求。但这类争端每每涉及久远的历史恩怨、敏感的民族情绪，数十年、上百年悬而未决，在复杂多变的外来因素催化下，反而会随时升温、激化，引发新的冲突和战争。

中国与邻国之间的领土与海洋争端在外交磋商及学界研究中经常被称为东海问题、南海问题，近十年来也成为国际舆论的热点话题。领土归属和海洋划界是国际法、海洋法中的经典问题；海上执法争端自1990年代开始增多。在国际法院等裁决机构的案例中，这三个问题越来越深入地联系在一起，这是一个值得重视的发展趋势。2013年开始、2016年结束的所谓南海仲裁案，实质上也是将这三个方面的争端经过包装后强行提起和推进的。

"领土与海洋争端问题研究丛书"围绕领土归属、海洋划界和海上执法这三个密切相连的议题，以全面、客观、深入的学术研究为基础，以解决中国面临的实际问题为导向。第一批拟出版的10本（卷）内容既有所侧重又相互呼应，主要包括三类：一是案例分析，逐一评析国际裁决机构关于领土与海洋争端的所有裁决，力求客观全面地反映所涉重要法律问题，为深入全面地了解相关程序问题及实体问题的发展变化提供基础性研究成果；二是专题研究，例如领土取得的国际法规则、海洋划界方法论、强制仲裁机制、国际法中的关键日期等；三是国别或综合研究，例如菲律宾领土及海洋主张研究、南海问题研究等。

本丛书具有包容性，尊重入选的每一位作者的个人学术观点，鼓励对相同议题的相互补充、质疑与启发。本丛书亦具有开放性，欢迎国内同人奉献与本套丛书相关主题的学术成果，不断丰富本丛书的学术内涵，拓展领土与海洋问题研究的广度和深度。我们期待本丛书的陆续出版能促进中国国际法研究，并为实务部门的工作提供有益的参考。

本丛书从策划、组织至出版历时数年。在丛书即将出版之际，我们对各位著作者慨然同意将个人成果纳入丛书表示感谢！本丛书是在大量研究成果基础上形成的，相关研究得到多个部门单位的长期指导与大力支持，在此特别感谢原国家海洋局国际合作司和海洋发展战略研究所！

本丛书2018年由知识产权出版社申报"'十三五'国家重点图书出版规划"并顺利入选，2020年成功获得国家出版基金资助。知识产权出版社领导给予了大力支持，丛书责任编辑庞从容女士、薛迎春女士、唐仲江先生付出了大量辛劳，在此谨表谢意！

张海文　吴继陆

2020年3月8日

PREFACE

序　言

《领土与海洋争端国际案例评析（1994—2019）》及其姊妹篇《领土与海洋争端国际案例评析（1909—1993）》（以下称《案例评析》或案例集），逐一介绍评析国际法院等裁决机构在100多年间处理的相关案例，是"领土与海洋争端问题研究丛书"中篇幅最大、分量最重的部分。现就本案例评析略做几点说明权作序言，并请读者朋友批评指正。

一

本《案例评析》与现有国际法案例评析类图书相比，最显著的特点在于所评析的案例包括所有领土与海洋争端案例，并且仅限于领土与海洋争端。领土边界问题和海洋划界等问题密切相连，越来越多地作为一个主题事项的两个方面出现在同一案件中，或者从表面上看是海洋争端问题，实则源自长期存在的领土纠纷。中国周边的东海问题和南海问题也是如此。中日钓鱼岛争议与东海划界、东海油气资源开发及海上执法冲突等相互交织在一起。2016年结束的"南海仲裁案"，也同时涉及复杂的领土与海洋划界等问题。

在实践中，当事国通过外交谈判解决领土与海洋争端的案例虽然在数量上占多数，但此类谈判的具体内容外界往往无从知晓，对于学界来说，针对具体个案开展法理研究的空间不大。通过导致有拘束力裁判的强制程序解决争端的案例在数量上虽然不占多数，但由于此类国际判例在相关法律原则、规则和技术方法等方面有较多公开的阐述，甚至创设出新理论或规则，其对于国际法特别是海洋法的理论发展具有重大影响。对于学界来说，国际判例极具分析研究的便利和价值。因此，系统全面地研究领土与海洋争端案例，具有重要的现实意义和学术价值。

传统国际法主要源自西方国家，判例法在西方国家法律体系中占据非常重要的地位。许多案例对国际法相关规则的解释和适用具有非常重要的意义,有些案例展示出重要的国际法原则和规则,成为国际法经典案例。1969年作出判决的北海大陆架案中,国际法院阐述了大陆架自然延伸原则,明确了大陆架划界是以公平原则为基础的协议划界。这一判决对于大陆架法律制度的建立和发展,以及海洋划界争端解决均具有重要意义。

因此,尽管通过国际司法和仲裁途径解决领土、海洋争端的案例所占比例不大,且判决或裁决仅对当事国具有拘束力,但判例在国际法相关规则,特别是习惯法的形成和发展历史上产生了不可忽视的影响。全面评析所有领土与海洋争端,才能更为清楚地了解相关国际法原则、规则的发展演变,为研究和处理我国的领土与海洋争端提供可借鉴的经验和基本的学术积累。

二

鉴于以上认识,我们组织编写本案例集,期望达到三方面的效果或目标:决策参考、学术研究资料积累和知识普及。

首先是为相关决策提供专业参考。领土与海洋争端的国际判例数量众多,内容繁杂,文字浩瀚。有的案件仅判决书原文就达数百页,众多案件还公布了数千页的诉讼文书等相关材料。真正弄清楚一个案件的来龙去脉、是非曲直极为不易。在相关实务工作者通读相关案件材料之前,本案例集可提供专业参考资料和重要线索。

其次是为学术研究提供资料参考。目前,国内外虽然已经出版了许多国际法案例集,但在选取案件数量和内容范围上与本案例集有显著不同。有的出版物只从某些主题或某个角度选取个别案例进行解读和介绍,有的出版物所搜集的案例虽覆盖国际法各个部门,但仅限于相关主题的典型案例。国内大部分案例集存在重实体轻程序的倾向,本案例集要求二者并重、不得偏废。本案例集首次对20世纪初叶以来近百个领土、海洋争端的国际司法和仲裁案件进行全面、系统的梳理并进行个案评述,可为从事国际法教学和研究的师生以及有志于国际法研究的其他人士提供较为全面系统的参考资料。

最后是为社会公众思考现实问题提供基本知识。进入21世纪以来,在我国周边海域发生了多起严重侵犯我国领土主权和海洋权益的事件,如2001年中美南海撞机事件、2012年日本政府非法对我钓鱼岛"国有化"事件、2012年菲律宾军舰在黄岩岛海域非法抓扣中国渔船渔民事件等。特别是美国高调介入南海争端后，不仅推动菲律宾于2013年提起"南海仲裁案"，还持续强化其在南海的军事活动。普通民众日益需要了解领土与海洋争端究竟包括哪些问题，国际裁决机构是如何处理的。本案例集可以为社会公众了解相关国际实践提供专业性的解读，尽可能减少误读误解和以讹传讹。

三

为达到上述目标，我们在组织编写本案例集时，着重考虑了案例评析的全面性、专业性和严谨性。

本案例集收录的案件从20世纪初开始，囊括了国际法院及其前身常设国际法院、国际海洋法法庭等常设国际司法机构审理的领土与海洋争端案件，也涵盖了通过临时仲裁、调解等机制处理的绝大多数重要案例。相关争端包括：领土边界、领土取得、海洋划界、海洋环境、海洋渔业、海上执法、海上船舶和人员抓扣、迅速释放等多个主题事项。争端当事国遍布各大洲和大洋，有强国也有弱国，有大国也有小国，有内陆国当然也有沿海国。

本案例集写作团队汇集了我国国际法和海洋法的中坚研究力量。编写组成员来自清华大学、中国人民大学、中国政法大学、武汉大学、厦门大学等高校，以及中国社会科学院、自然资源部海洋发展战略研究所和中国南海研究院等科研机构，均为有研究经验、学术积累和国际视野的中青年学者。

案例评析最应注重研究及表达的严谨性。我们要求各执笔人严格以案件相关材料原文为本，认真审读和评析，不应轻易转引二手资料。应尽量避免先入为主，力求客观介绍案例各重要环节和各方面要点，展现案件全貌。严格遵循案例评析的法律分析方法，梳理裁决涉及的所有重要程序和实体问题，重点是在案件中首次被运用或创造的某些规则和方法。在上述分析基础上，对案例主要特点或重大影响进行必要的点评，尤其应关注该案件再次确认和适用某些原则、规则和方法，或者对已确立的原则或规则进行了更深入的解读或从新的角度进行阐述。总之，本案例集最基本的编写原则是就案说案，不主观延伸或过多加入案例评述人的个人观点。但需说明的是，对于"南海仲裁案"，必须且应当基于我国立场，从法律角度对其进行批判。

四

本案例集的研究编写工作正式启动于 2016 年 10 月，得到了原国家海洋局国际合作司的指导、支持和资助，在此特别表示感谢！若无国际合作司的宝贵支持，我们是难以组织完成《案例评析》的。当然，本《案例评析》所有观点及错失均属署名人或执笔人。

案例研究评析上见仁见智是常态，读者当然会在本《案例评析》中发现可商榷之处。因时间和学术水平有限，本案例集难免存在其他不足，我们热诚欢迎读者提出批评和建议。

主编谨识

2023 年 2 月

NAMES OF JUDGES AND ARBITRATORS

法官、仲裁员人名译名对照表

A

Abdul Gadire Koroma　阿卜杜勒·加迪尔·科罗马
Abdulqawi Ahmed Yusuf　阿布杜勒卡维·艾哈迈德·优素福
Ahmed Sadek　艾哈迈德·萨德克
Albert Hoffmann　阿尔伯特·霍夫曼
Alberto Székely　阿尔伯托·塞凯伊
Alexander Yankov　亚历山大·杨科夫
Alfred H. A. Soons　阿尔弗雷德·H. A. 松斯
Anthony Lucky　安东尼·勒基
Antônio Augusto Cançado Trindade　安东尼奥·奥古斯托·坎特多·特林达德
Arthur Watts　阿瑟·沃茨
Awn Shawkat Al-Khasawneh　奥恩·肖卡特·哈苏奈

B

Bernard H. Oxman　伯纳德·H. 奥克斯曼
Bernardo Sepúlveda Amor　贝尔纳多·塞普尔韦达·阿莫尔
Bola Ajibola　博拉·阿吉博拉
Boualem Bouguetaia　布阿莱姆·布盖岱亚
Bruno Simma　布鲁诺·西玛
Budislav Vukas　布迪斯拉夫·武卡斯

C

Carl-August Fleischhauer　卡尔-奥古斯特·弗莱施豪尔
Chandrasekhara Rao　钱德拉塞卡拉·拉奥
Choon-Ho Park　朴椿浩
Christopher Greenwood　克里斯托弗·格林伍德

Christopher Gregory Weeramantry　克里斯托弗·格雷戈里·威拉曼特里

Christopher Pinto　克里斯托弗·平托

D

Dalveer Bhandari　达尔维尔·班达里

David Anderson　大卫·安德森

David Joseph Attard　大卫·约瑟夫·阿塔德

Dolliver M. Nelson　多利弗·M. 纳尔逊

Donald M. McRae　唐纳德·M. 麦克雷

E

Edward Arthur Laing　爱德华·阿瑟·莱恩

Elihu Lauterpacht　伊莱休·劳特派特

Elsa Kelly　埃尔莎·凯利

F

Francisco Orrego Vicuna　弗朗西斯科·奥雷戈·比库尼亚

Francisco Rezek　弗朗西斯科·雷策克

G

Gerhard Hafner　格哈德·哈夫纳

Gilbert Guillaume　吉尔伯特·纪尧姆

Giorgio Gaja　乔治·加亚

Gonzalo Parra-Aranguren　贡萨洛·帕拉-阿朗古伦

Gudmundur Eiriksson　古德蒙杜尔·埃里克森

H

Helmut Türk　赫尔穆特·特克

Hilary Charlesworth　希拉里·查尔斯沃思

Hisashi Owada　小和田恒

Hugo Caminos　雨果·卡米诺斯

I

Ivan Shearer　伊万·希勒

J

James Katek　詹姆斯·卡特卡

Jan Paulsson　扬·保尔松

Jean-Pierre Cot　让-皮埃尔·科特

Jernej Sekolec　杰内伊·舍克雷奇

Jin-Hyun Paik　白珍铉

Joan E. Donoghue　琼·E. 多诺霍

José Luis Jesus　何塞·路易斯·热苏斯

José Manuel Sérvulo Correia　何塞·曼努埃尔·塞鲁洛·科雷尔

Joseph Akl　约瑟夫·阿克勒

Joseph Sinde Warioba　约瑟夫·辛德·瓦里奥巴

Julia Sebutinde　朱莉娅·塞布廷德

K

Kamal Hossain　卡迈勒·侯赛因

Keith Highet　基思·海特

Kenneth Keith　肯尼思·基思

L

Leonid Skotnikov　列奥尼德·斯科特尼科夫

Louise Arbour　露易丝·阿伯

M

Marc Lalonde　马克·拉隆德

Markiyan Kulyk　马尔基扬·库利克

Mohamed Bennouna　穆罕默德·本努纳

Mohamed Mouldi Marsit　穆罕默德·穆迪·马斯特

Mohamed Shahabuddeen　穆罕默德·沙哈布登

Mohammed Bedjaoui　穆罕默德·贝德贾维

N

Nicolas Michel　尼古拉斯·米歇尔

P

Pemmaraju Sreenivasa Rao　佩玛拉吉·斯里尼瓦萨·拉奥

Peter Tomka　彼得·通卡

Pierre-Marie Dupuy　皮埃尔-马瑞·迪普伊

Pieter H. Kooijmans　彼得·H. 科艾曼斯

R

Raymond Ranjeva　雷蒙德·兰杰瓦
Robert Y. Jennings　罗伯特·Y. 詹宁斯
Rolf Einar Fife　罗尔夫·艾纳·法夫
Roman Kolodkin　罗曼·克罗金
Ronny Abraham　龙尼·亚伯拉罕
Rosalyn Higgins　罗萨琳·希金斯
Rüdiger Wolfrum　吕迪格·沃尔夫鲁姆

S

Shigeru Oda　小田滋
Shunji Yanai　柳井俊二
Soji Yamamoto　山本草二
Stanislaw Pawlak　斯坦尼斯洛·帕夫拉克
Stephen M. Schwebel　史蒂芬·M. 施韦贝尔

T

Tafsir Malick Ndiaye　塔夫西尔·马利克·恩迪亚耶
Thomas A. Mensah　托马斯·A. 门萨
Thomas Franck　托马斯·弗朗克
Torres Bernardez　托里斯·贝尔纳德
Tullio Treves　图利奥·特雷韦斯

V

Valeria Carvajal　瓦莱里亚·卡瓦哈尔
Vaughan Lowe　沃恩·洛
Vicente Marotta Rangel　文森特·马罗塔·兰热尔
Vladimir Vladimirovich Golitsyn　弗拉基米尔·弗拉基米罗维奇·戈利岑
Vladlen Stepanovich Vereshchetin　弗拉德连·斯捷潘诺维奇·韦列谢京

W

W. Michael Reisman　W. 迈克尔·赖斯曼

Y

Yves Daudet　伊夫·都德

目 录

布尔奇科仲裁案（波黑联邦/波黑塞族共和国）/朱利江·001
"塞加"号案（圣文森特和格林纳丁斯诉几内亚）
　　（迅速释放）/余民才·020
渔业管辖权案（西班牙诉加拿大）/曲波·034
"塞加"号（第2号）案（圣文森特和格林纳丁斯诉
　　几内亚）/余民才·051
"卡西基利/塞杜杜岛"案（博茨瓦纳/纳米比亚）/苏金远·070
领土主权和海洋划界案（厄立特里亚/也门）/黄影·089
"卡莫柯"号案（巴拿马诉法国）（迅速释放）/赵英军·108
南方蓝鳍金枪鱼案（澳大利亚和新西兰诉日本）/张小奕·123
拉森诉夏威夷王国仲裁案/曲波·144
"大王子"号案（伯利兹诉法国）/余民才·159
厄立特里亚/埃塞俄比亚陆地划界案/刘衡·168
利吉丹岛与西巴丹岛主权争端案（印度尼西亚/马来西亚）/杨帆·191
"蒙特·卡夫卡"号案（塞舌尔诉法国）（迅速释放）/余民才·215
"伏尔加河"号案（俄罗斯诉澳大利亚）（迅速释放）/余民才·226
"朱诺商人"号案（圣文森特和格林纳丁斯诉几内亚比绍）
　　（迅速释放）/施余兵·237
边界争端案（贝宁/尼日尔）/王军敏·253
柔佛海峡填海造地案（马来西亚/新加坡）/高圣惕·274
专属经济区和大陆架划界争端案（巴巴多斯诉特立尼达和
　　多巴哥）/陈喜峰·293
"丰进丸"号案（日本诉俄罗斯）（迅速释放）/曲波·326

"富丸"号案（日本诉俄罗斯）（迅速释放）/曲波·338

圭亚那诉苏里南仲裁案（圭亚那诉苏里南）/张小奕·346

加勒比海领土和海洋争端案（尼加拉瓜诉洪都拉斯）/密晨曦·365

混合氧化物核燃料工厂案（爱尔兰诉英国）/蔡从燕·389

黑海海洋划界案（罗马尼亚诉乌克兰）/陈喜峰·415

航行权和相关权利争端案（哥斯达黎加诉尼加拉瓜）/何田田·445

阿卜耶伊地区划界仲裁案（苏丹政府/苏丹人民
 解放运动）/何田田·461

担保国责任咨询意见案/叶强·475

孟加拉湾海洋划界案（孟加拉国/缅甸）/张新军·491

领土与海洋争端案（尼加拉瓜诉哥伦比亚）/吴继陆·518

陆地边界争端案（布基纳法索/尼日尔）/叶强·550

"路易莎"号案（圣文森特和格林纳丁斯
 诉西班牙）/施余兵·564

南太平洋区域渔业管理组织竹筴鱼捕捞限额案/赵英军·588

"自由"号案（阿根廷诉加纳）/施余兵·604

海洋争端案（秘鲁诉智利）/杨帆·616

南极捕鲸案（澳大利亚诉日本，新西兰参加）/何田田·638

"弗吉尼亚·G"号案（巴拿马/几内亚比绍）/施余兵·653

孟加拉湾海洋划界案（孟加拉国诉印度）/黄影·679

鲭鱼仲裁案［法罗群岛（丹麦）诉欧盟］/刘衡·699

查戈斯群岛海洋保护区案（毛里求斯诉英国）/高圣惕·712

次区域渔业委员会咨询意见案/叶强·739

"南海仲裁案"（菲律宾诉中国）/高圣惕·757

领土与海洋边界仲裁案（克罗地亚/斯洛文尼亚）/韩秀丽·787

"北极日出"号案（荷兰诉俄罗斯）/冯旭·804

大西洋海洋划界案（加纳/科特迪瓦）/朱利江·829

帝汶海强制调解案（东帝汶和澳大利亚）/罗刚·853

白礁岛、中岩礁和南礁领土主权案（马来西亚/新加坡）/高圣惕·879

出入太平洋的协谈义务案（玻利维亚诉智利）/苏金远·907

"杜兹吉特·廉正"号仲裁案（马耳他诉圣多美
 和普林西比民主共和国）/施余兵·926

布尔奇科仲裁案
（波黑联邦/波黑塞族共和国）
（1997 年）

1995.12.14 波黑共和国、波黑联邦与塞族共和国签署《代顿协议》，约定了布尔奇科地区仲裁条款

1996.08.14 首席仲裁员发布庭前命令，宣布仲裁庭正式组成，分别确定当事方提交两次声明的期限

1996.11.22 塞族共和国向仲裁庭提交"中间裁决申请"和"关于管辖权与出庭的特别声明"两份文件

1996.12.01 塞族共和国总统戈伊科·克利奇科维奇（Gojko Klickovć）致函首席仲裁员，声明不再参加仲裁并撤回已指定的仲裁员，且仲裁庭后续作出的任何裁决，对塞族共和国不产生法律效力

1997.01.08 仲裁庭开始听审。双方分别提交相关书面意见及证明材料

1997.02.14 仲裁员合议后，仲裁庭作出裁决，仅首席仲裁员签署

关键词：不承认原则（Doctrine of Non-Recognition）；公平原则（Equitable Principle）；国际强行法（International Jus Cogens）；法律联系（Legal Ties）；净手原则（Doctrine of Clean Hands）

一、案件背景

1991 年南斯拉夫社会主义联邦共和国解体后，原联邦共和国各成员国纷纷宣布独立。克罗地亚和塞尔维亚爆发武装冲突，作为南斯拉夫国家部队驻扎地，布尔奇科镇也卷入冲突。1991 年年底，塞尔维亚武装力量进入该镇并在当地招募和训练塞族志愿者，南斯拉夫国家部队没收了

当地波斯尼亚领土保卫部队的武器。1992年年初,冲突蔓延到波黑境内其他地方,欧共体随后承认独立后的波黑共和国。1992年4月7日,波斯尼亚塞族宣布独立并建立波黑塞族共和国,塞族军队攻打布尔奇科镇并毁坏当地公路和萨瓦河上的桥,几天后攻占布尔奇科镇及其以西、以南数公里的区域。此后数月,塞族军队驱逐当地穆斯林和克罗地亚族居民,最初两周,大量穆斯林和克族居民被逮捕并被关押在布尔奇科镇的一些集中营。其中,最早设立的卢卡港集中营关押5000余人,集中营内生活条件恶劣并存在迫害行为,1992年5月至7、8月,卢卡港集中营内有3000人被杀害。此后,布尔奇科地区人口分布状况发生剧变,穆斯林和克族居民被迫逃往穆斯林和克族军队控制的地区,而塞族居民也迁移到塞族军队控制的地区。在武装冲突中,布尔奇科镇以西及以南一些村镇遭受重创,大量平民在战争中丧生或被占领军迫害致死[1]。《代顿协议》签署时,布尔奇科地区领土中,塞族共和国实际控制48%(约225平方千米,包括布尔奇科镇及其周边区域),波黑联邦实际控制52%(约239平方千米)。在塞族共和国管控之下的布尔奇科镇,《代顿协议》所要求的原居民返回并重建家园未得以执行,尽管有联合国难民署的推动,实际也仅有15个穆斯林家庭返回。该镇南部还发生了穆斯林居民重建中的家园二次被炸毁,而当地塞族警察部门并未介入处理。

1995年12月14日,在波黑战争持续了三年半后,冲突各方签署《波黑和平总体框架协议》(《代顿协议》),确立了"一个国家、两个实体"的波黑国家基本架构,即波斯尼亚和黑塞哥维那共和国(以下简称"波黑共和国")下属两个自治实体——波斯尼亚和黑塞哥维那联邦(以下简称"波黑联邦")和塞族共和国。《代顿协议》签署时,波黑联邦和塞族共和国两个实体之间就布尔奇科地区"实体间边界线"划定未能最终达成一致,故波黑共和国、波黑联邦与塞族共和国签署《代顿协议》附录二,其中第5条"布尔奇科地区仲裁"条款(以下简称"仲裁条款")约定,将布尔奇科地区波黑联邦与塞族共和国的"实体间边界线"划定问题提交仲裁解决。

关于仲裁庭组成、仲裁程序及适用法律等问题,《代顿协议》附录

---

[1] "Arbitral Tribunal for Dispute over Inter-Entity Boundary in Brcko Area: Award in the Republika Srpska v. the Federation of Bosnia and Herzegovina (Control over the Brcko Corridor)", *International Legal Materials*, Vol. 36, No. 2, 1997, pp. 396-437, paras. 48-51.

二第 5 条规定如下：第一，仲裁庭由 3 名仲裁员组成，自《代顿协议》生效之日起 6 个月内，波黑联邦与塞族共和国各指定一名仲裁员，此后 30 日内由双方分别指定的仲裁员协商确定第三名仲裁员，协商不成时由国际法院院长指定，由第三名仲裁员作为首席仲裁员。1996 年 7 月 15 日，国际法院院长为本案仲裁庭指定了首席仲裁员。[2] 第二，除非双方另有约定，仲裁程序适用《联合国国际贸易法委员会仲裁规则》（以下简称《仲裁规则》），仲裁庭适用法律为相关法律原则与公平原则。《仲裁规则》第 31 条规定，仲裁结果需经仲裁员多数一致通过，除非各方协商一致才可修改，后双方分别致函仲裁庭表示，如无法达成多数一致，则以首席仲裁员意见为准。[3] 第三，关于审理期限，仲裁庭需在《代顿协议》生效后一年内即 1996 年 12 月 14 日前作出裁决，后双方协商将期限延长至 1997 年 2 月 15 日。[4]

二、仲裁事项

根据《代顿协议》附录二第 5 条"布尔奇科地区仲裁条款"，各方约定将布尔奇科地区波黑联邦与塞族共和国之间"实体间边界线"问题提交仲裁解决。

三、双方主张

（一）波黑联邦的主张与塞族共和国的反对理由

波黑联邦主张将"实体间边界线"向北移至萨瓦河，从而将布尔奇科镇及其以南区域纳入波黑联邦管控，并接受国际社会在该地区设立机构或机制，监督重建和治理及提供过渡支持。其理由为：第一，塞族共和国实施种族清洗行为违反了关于不侵略、人权法及战争的习惯法和强

---

[2] "Arbitral Tribunal for Dispute over Inter-Entity Boundary in Brcko Area: Award in the Republika Srpska v. the Federation of Bosnia and Herzegovina (Control over the Brcko Corridor)", *International Legal Materials*, Vol. 36, No. 2, 1997, pp. 396-437, paras. 2-3.
[3] Ibid., para. 5.
[4] Ibid., para. 6.

行法规则,联合国安理会第 819 号决议(1993 年)已确认波黑境内塞族军队实施的"种族清洗"行为违法,同时,塞族军队的行为也违反了《防止及惩治灭绝种族罪公约》《日内瓦公约》共同第 3 条及第二附加议定书等有关人权保护的强行法规则;[5]第二,根据不承认原则,因塞族共和国违法行为而导致的领土管控现状不具有法律效力,塞族共和国也不能据此主张权利;第三,根据不承认原则,仲裁结果不应维持塞族共和国对布尔奇科地区的管控区域从而使违法行为合法化,故应恢复该地区人口分布状态;第四,基于公平原则考虑也应判定波黑联邦管控布尔奇科地区,因为塞族军队的种族清洗已造成当地社会恐慌,使其难以履行《代顿协议》要求;而波黑联邦在历史、经济、社会各方面都与布尔奇科具有更加密切的联系,布尔奇科地区对波黑联邦的经济也有着至关重要的意义。[6]

塞族共和国的反对理由是:第一,本案不适用不承认原则,因为《代顿协议》已经确认了塞族共和国在布尔奇科地区管控区域的合法性;第二,波黑联邦自身也存在战争及侵略罪行,因此无权以罪行问题向塞族主张抗辩,罪行问题也不应成为公平原则的衡量因素;第三,设立国际监督机构或机制,违反波黑共和国宪法关于"一个国家、两个实体"的规定,也违反塞族共和国宪法关于"主权和领土完整"的规定。[7]对于这一点,波黑联邦反驳称,波黑共和国宪法(《代顿协议》附录四)第 3 条第 5 款规定,为维护波黑共和国主权和领土完整,波黑共和国政府可创设相应机构或机制。该条可解释为包括安排布尔奇科地区脱离两实体管控而改由其他机构管控。[8]

(二)塞族共和国的主张与波黑联邦的反对理由

塞族共和国主张维持其在布尔奇科的实际管控区域,并将"实体间边界线"向南移以满足《代顿协议》关于塞族管控49%的约定,反对在布尔奇科设立任何形式的国际监督机制。理由是:第一,《代顿协议》

---

[5] "Arbitral Tribunal for Dispute over Inter-Entity Boundary in Brcko Area: Award in the Republika Srpska v. the Federation of Bosnia and Herzegovina (Control over the Brcko Corridor)", *International Legal Materials*, Vol. 36, No. 2, 1997, pp. 396-437, para. 61.

[6] Ibid., para. 59.

[7] Ibid., paras. 66-68.

[8] Ibid., para. 70.

规定双方管控区域比例为波黑联邦51%、塞族共和国49%，该规定应予遵守；第二，塞族共和国管控呈东西分隔状，布尔奇科地区是唯一连接通道，《代顿协议》也确认了保留该通道；第三，布尔奇科地区由塞族共和国控制，更有利于安置塞族难民和原居民。[9]

波黑联邦的反对理由是：第一，51%和49%的比例是1995年9月8日达成的"解决波黑问题基本原则"中的内容。《代顿协议》前言部分提到"肯定各方遵守基本原则"，并不等于将该文件正式纳入《代顿协议》正文，故该比例并不具有法律拘束力。第二，塞族共和国主张《代顿协议》已确认保留布尔奇科地区作为通道，从而主张其对该地区具有管控权。这种解释有误，因为《代顿协议》附录二明确规定布尔奇科地区的"实体间边界线"问题提交仲裁裁决，就意味着其是否作为连接通道也是未决事项，需以仲裁裁决为准。[10]

四、初步问题：仲裁庭的管辖权与一方拒绝参加时的权力

（一）管辖权问题

关于本案管辖权问题，双方存在分歧。波黑联邦主张，本案争议问题为布尔奇科镇及其周边地区是属于塞族共和国还是波黑联邦，在《代顿协议》附录二"仲裁条款"约定范围内，仲裁庭有权审理该争议及布尔奇科地区未来管控模式等相关问题。[11] 塞族共和国主张，"仲裁条款"仅赋予仲裁庭确定布尔奇科地区"实体间边界线"最终位置的权力。《代顿协议》谈判时的意思表示不包含将布尔奇科镇从塞族共和国转移给波黑联邦这种可能性，故仲裁庭仅能裁决将"实体间边界线"向南移动，而不能裁决改变布尔奇科镇及其周边区域的归属。[12]

仲裁庭认为"仲裁条款"表述确实存在以下不明确之处：未明确界定"布尔奇科地区"范围。《代顿协议》附录附图中仅标示了布尔奇科

---

[9] "Arbitral Tribunal for Dispute over Inter-Entity Boundary in Brcko Area: Award in the Republika Srpska v. the Federation of Bosnia and Herzegovina（Control over the Brcko Corridor）", *International Legal Materials*, Vol. 36, No. 2, 1997, pp. 396-437, para. 71.

[10] Ibid., paras. 72-73.

[11] Ibid., para. 32.

[12] Ibid., para. 33.

镇及周边地区，并未标示布尔奇科地区的范围；通过《代顿协议》附录二和附图，均无法精确确定布尔奇科地区内的"实体间边界线"位置。仲裁庭根据《维也纳条约法公约》第32条规定的补充解释方法，回顾《代顿协议》谈判等相关情况补充解释得出：双方之间关于布尔奇科地区的争议是明确的；"仲裁条款"及地图中未具体标示或界定，不影响争议的存在，而仅可能影响争议问题的复杂程度；仲裁庭对于布尔奇科地区有关领土的归属、边界线位置以及解决争议的方式都有权管辖。[13]

（二）一方拒绝参加时仲裁庭的权力问题

仲裁庭还澄清了可能影响仲裁庭权力的两个有关问题：第一，1996年12月1日，塞族共和国总统曾致函仲裁庭表示退出仲裁程序。仲裁庭指出，由于塞族共和国在总统致函后实际参加了仲裁审理，故对仲裁没有实质影响。第二，仲裁过程中塞族共和国指定仲裁员拒绝参加仲裁庭组织的庭前活动以及签署仲裁裁决，波黑联邦指定的仲裁员最后也拒绝签署仲裁裁决。对此，仲裁庭指出，塞族共和国指定仲裁员参加了开庭及后续审理活动。根据仲裁规则及其他仲裁判例，部分仲裁员拒绝签署仲裁裁决不影响仲裁庭作出最终裁决；而且就本案而言，各方补充约定，如最终无法达成多数一致则以首席仲裁员意见为准。[14]

五、仲裁庭意见

仲裁庭在阐述理由时，首先指出，仲裁结果不是简单认定哪一方完全正确或错误，而是依据法律和公平原则，创设一种有助于缓解紧张冲突关系的、平稳和谐的解决方式。

（一）仲裁裁决的法律依据

1. 根据不承认原则，双方均无权主张单独管控布尔奇科地区

仲裁庭根据不承认原则理论，否定了塞族共和国对布尔奇科地区管

---

[13] "Arbitral Tribunal for Dispute over Inter-Entity Boundary in Brcko Area: Award in the Republika Srpska v. the Federation of Bosnia and Herzegovina (Control over the Brcko Corridor)", *International Legal Materials*, Vol. 36, No. 2, 1997, pp. 396-437, para. 37.

[14] Ibid., paras. 28-30.

控领土的权利主张。不承认原则是指违反国际强行法规则的行为不产生法律效力。[15] 该理论源于"不法行为不产生权利"（ex injuria jus non oritur）的古老原则，即违反国际法的行为不能作为其行为人获得权利的依据。联合国安理会第 819 号决议已认定 1992 年至 1995 年波斯尼亚塞族军队攻占波黑共和国领土的行为违法，不能容许。[16] 因此，塞族共和国对其侵略行为所占领土不能主张权利。

根据不承认原则理论，被占领土应予恢复原状并归还。但仲裁庭指出，塞族共和国侵略行为的受害方是当时的波黑共和国而不是波黑联邦，行为发生时波黑联邦尚不存在，波黑联邦也未能证明其对有关领土享有权利。而且，1995 年《代顿协议》确认了布尔奇科地区属于波黑共和国领土，使波黑共和国得到救济，纠正了塞族共和国违法行为的后果，故波黑联邦不能基于不承认原则主张对布尔奇科地区领土行使单方管控权。[17]

2. 国际法院西撒哈拉问题咨询意见关于"法律联系"的界定不适用于本案

波黑联邦援引了国际法院西撒哈拉问题咨询意见中对于毛里塔尼亚与西撒哈拉之间基于领土主权之外的"法律联系"[18]（legal ties）的认定，以证明波黑联邦与布尔奇科地区之间也存在这种基于人口分布、民族、文化等方面因素的法律联系，从而主张对布尔奇科地区的管控权。仲裁庭否认了上述主张。仲裁庭认为，西撒哈拉问题咨询意见认定"法律联系"的规则无法适用于本案，相反，国际法院在认定摩洛哥和毛里塔尼亚与西撒哈拉具备"法律联系"的情况下，最终仍认定二者均不构成对西撒哈拉的绝对主权意义上的控制。本案中，仲裁庭认定双方与布

---

[15] 有学者对该原则的界定为："国际法主体对于其他国际法主体违反公认的国际法原则和规则而取得的权益有不承认的义务。……不承认原则的内容主要有三方面：对违反国际法取得的权益消极地不承认；对造成不法权益事实的国际法主体采取积极的制裁措施，包括外交、经济甚至军事制裁，以争取恢复原状；对遭受侵害的国际法主体采取积极的援助措施。"见马新民：《试论国际法上的不承认原则》，《宁夏社会科学》1993 年第 5 期，第 55 页。

[16] See Security Council Resolution 836, U. N. Doc. S/RES/836 (1993). See also Legal Consequences for States of the Continued Presence of South Africa in Namibia (South West Africa), 1971 I. C. J. Reports 16 (Namibia Case).

[17] "Arbitral Tribunal for Dispute over Inter-Entity Boundary in Brcko Area: Award in the Republika Srpska v. the Federation of Bosnia and Herzegovina (Control over the Brcko Corridor)", *International Legal Materials*, Vol. 36, No. 2, 1997, pp. 396-437, para. 78.

[18] Western Sahara Case (Advisory Opinion), 1975 I. C. J. Reports 12.

尔奇科地区之间都具有人口、文化、经济等方面的联系，但任何一方都无法构成绝对优势的控制，未来该地区的管控需要双方共同参与。[19]

3. 塞族共和国依据《代顿协议》主张对布尔奇科地区管控权不能成立

塞族共和国主张，《代顿协议》确立了其应对布尔奇科地区享有控制权。第一，《代顿协议》确立了划定"实体间边界线"后，塞族共和国控制区域面积比例为49%，而地图中"实体间边界线"划给塞族共和国的区域少于49%，故仲裁结果不应使塞族共和国管控面积减少；第二，《代顿协议》确认了塞族共和国已实际管控布尔奇科地区部分区域，并将其作为保障塞族共和国东西两部分之间的唯一走廊。仲裁庭否认了上述主张，认为《代顿协议》序言虽包括认可各方遵守"解决波黑问题基本原则"，但"解决波黑问题基本原则"文件中提到比例时，也明确表示双方另行协商可变更该比例；而《代顿协议》附录中的"实体间边界线"划分方式未遵从该比例，并约定将布尔奇科地区"实体间边界线"作为有待仲裁裁决的问题，双方实际上已变更约定，故该比例不具有法律拘束力；布尔奇科地区是否作为塞族共和国东西两部分之间的连通走廊也有待裁决。[20]

4. 遵循《代顿协议》确立的原则

仲裁庭指出，《代顿协议》是仲裁庭组成的依据，仲裁适用法律应包括《代顿协议》约定的各项原则：保障被驱逐的布尔奇科地区原居民返回和重建家园；保障居民收回财产和获得赔偿的权利；自由选择迁移和居住的权利。因此，仲裁裁决时需考察各方履行《代顿协议》确立原则的现状，并评估未来能否确保有效履行《代顿协议》。

仲裁庭对塞族共和国提交的声明文件及其当庭陈述进行评估，认定塞族共和国的主张和计划与《代顿协议》确立的法律原则相违背。第一，塞族共和国提交的声明，显示该国在其实际控制地区未执行《代顿协议》有关要求。第二，塞族共和国专门提交的"基本原则声明"表明，如裁决结果维持现有控制局面，至少在自由通行和原居民安置方面

---

[19] Western Sahara Case (Advisory Opinion), 1975 I. C. J. Reports 12, para. 79.
[20] "Arbitral Tribunal for Dispute over Inter-Entity Boundary in Brcko Area: Award in the Republika Srpska v. the Federation of Bosnia and Herzegovina (Control over the Brcko Corridor)", *International Legal Materials*, Vol. 36, No. 2, 1997, pp. 396-437, para. 82.

塞族共和国仍不会执行《代顿协议》。通行自由方面，在通往克罗地亚边境的走廊地带，仅有亚利桑那（Arizona）公路通行，其他道路无法通行，而到达与克罗地亚交界的萨瓦（Sava）河处，河上唯一公路桥仅允许行人通过，无法实现《代顿协议》规定的从布尔奇科地区到欧洲其他国家的自由商业通行；对于塞族控制区内的原居民，仅给予赔偿而不支持重建，该政策体现出维持塞族人口分布纯正性的意图；在经济重建计划中，不允许波斯尼亚族和克罗地亚族参与萨瓦河沿岸港口的建设，也不符合《代顿协议》所规定的保护原居民返回和重建家园的原则。仲裁庭还参考了其邀请的两位专家证人的意见。这两位专家证人分别来自联合国难民署和美国部队（原北约多国执行部队"IFOR"），具有波黑相关问题的丰富经验，他们一直认为原居民返回和重建家园是实现战后和平的基础。综上，仲裁庭认定塞族共和国对《代顿协议》的履行状况与未来治理计划均不符合《代顿协议》确立的各项原则，不支持塞族共和国管控布尔奇科地区的主张。[21]

5. 关于塞族共和国违反《代顿协议》的救济措施

在确认塞族共和国违反《代顿协议》原则且预期未来仍不履行该协议的情况下，仲裁庭讨论了相关消除影响和预防的救济措施。仲裁庭认为，如果裁决重新划定"实体间边界线"，将布尔奇科镇及周边由塞族共和国控制区域划归波黑联邦，是符合《代顿协议》及"仲裁条款"的，但这种方式可能过于严苛，故仲裁庭将按照《代顿协议》，并进一步结合公平原则，寻求更为和缓的救济措施。[22]

（二）基于公平原则的评估与调整

关于公平原则，仲裁庭认为，其至少包括公平性、公正性与合理性三个方面。在领土争端解决中，国际司法机构对该原则的考量因素为：第一，结合争议相关事实背景因素对争议各方利益进行平衡，包括政治、经济、历史、地理等特征；第二，与公平性有关的一系列衡平原则，如"净手原则"，按照该原则，存在有违公平行为的一方无权抗辩或追究对方责任。

---

[21] "Arbitral Tribunal for Dispute over Inter-Entity Boundary in Brcko Area: Award in the Republika Srpska v. the Federation of Bosnia and Herzegovina (Control over the Brcko Corridor)", *International Legal Materials*, Vol. 36, No. 2, 1997, pp. 396-437, paras. 82-85.

[22] Ibid., para. 86.

但总体来说，国际司法裁判在提到这些原则时，主要考虑对"公平"结果的影响而不是在推理过程中适用某项原则。

仲裁庭在本案裁决中考虑了以下影响公平原则的因素[23]：

（1）波黑联邦的现状和预期价值。波黑战争前，布尔奇科镇人口以穆斯林居民和克罗地亚族居民为主，波黑联邦对于保障这些原居民的返回和家园重建具有重大意义；而且波黑联邦提交的战后重建计划，提到未来与欧洲及世界各国的合作，需要保持布尔奇科地区的有效通行。

（2）塞族共和国的情况。布尔奇科地区是连通塞族共和国东西两部分的唯一走廊，在军事、交通、战略等方面对塞族共和国意义重大。如果波黑联邦单独管控布尔奇科地区，即便给予对方通行自由，实际上很难保证可充分实现塞族共和国对唯一连通走廊的各方面需求。

（3）仲裁裁决对布尔奇科地区居民的影响。波黑战争后，布尔奇科镇的人口中，多数为塞族难民，这些难民来自其他波斯尼亚族控制的地区。如果布尔奇科地区由波黑联邦单独管控，可能导致这些难民再次陷入无家可归的境地。无论相关的塞族人是否涉嫌实施刑事犯罪，在特别刑事法庭（前南斯拉夫问题国际刑事法庭）定罪量刑之前，这些塞族人不应被推定有罪，也不应再遭受任何形式的处罚。

（4）如果仲裁结果是单纯调整"实体间边界线"并认定该地区归属一方单独管控，容易产生"战胜方与战败方"的心理效果，这与仲裁目的相违背。仲裁目的是缓解战后双方紧张的对立关系、保障当地全部居民返回及重建的权利以及促进战后经济重建。

（5）国际社会利益。国际社会为维护波黑和平已经投入大量人力、物力，未来预计还会有投入，因此仲裁庭在作出裁决时，也需考虑地区稳定因素以及为实现波黑和平所需投入。

六、仲裁结果

本案仲裁庭没有直接划定"实体间边界线"，而是为履行《代顿协议》创建了一套临时监督机制。仲裁庭于1997年2月14日作出裁决。

---

[23] "Arbitral Tribunal for Dispute over Inter-Entity Boundary in Brcko Area: Award in the Republika Srpska v. the Federation of Bosnia and Herzegovina (Control over the Brcko Corridor)", *International Legal Materials*, Vol. 36, No. 2, 1997, pp. 396-437, paras. 88-94.

该裁决包括两部分内容：一是设立保障《代顿协议》有效履行的临时监督机制；二是后续程序事项安排。[24]

（一）设立履行《代顿协议》临时监督机制

仲裁庭决定在布尔奇科地区建立临时监督机制，以消除塞族共和国在原居民返回和重建家园、有效通行等方面违反《代顿协议》造成的影响，缓解战后紧张局势。该临时监督机制建立在国际社会驻波黑高级代表制度基础上，即由波黑高级代表办公室[25]在布尔奇科地区设立监督官办公室，由副代表担任监督官，对布尔奇科地区履行《代顿协议》进行为期至少一年的监督，并推动当地民主机制建设进程。鉴于当地局势的敏感性，布尔奇科地区监督官应会同波黑高级代表、和平执行理事会指导委员会（PIC Steering Board）、多国稳定部队（SFOR）共同制定履行方案。仲裁裁决还规定了监督官的具体工作职责。

（二）后续程序事项安排

前述临时监督期结束后，考虑到届时如立即划分双方的政治责任，可能不利于《代顿协议》的履行与布尔奇科地区民主政治建设，仲裁庭决定，任一方可于1997年12月1日至1998年1月15日就有关政治责任分配问题提出请求，仲裁庭将予以审理并在1998年3月15日前作出裁决，该等裁决属于本裁决的组成部分。相关方在向仲裁庭提交请求时还

---

[24] "Arbitral Tribunal for Dispute over Inter-Entity Boundary in Brcko Area: Award in the Republika Srpska v. the Federation of Bosnia and Herzegovina (Control over the Brcko Corridor)", *International Legal Materials*, Vol. 36, No. 2, 1997, pp. 396-437, para. 104.

[25] 波黑高级代表办公室（The Office of the High Representative, OHR）是依据《代顿协议》创设的。1995年11月21日，波黑共和国、塞族共和国、波黑联邦三方在美国代顿草签了《波黑和平总框架协议》；12月8—9日，和平执行会议在伦敦召开；12月14日，《代顿协议》在巴黎正式签署；12月15日，联合国安理会通过第1031号决议，认可《代顿协议》和伦敦会议的结论。伦敦会议对国际社会驻波黑高级代表的领导机构和任命程序作出了规定。会议决定成立和平执行理事会，作为前南斯拉夫国际会议的继续，成员包括55个国家和组织。同时成立了和平执行理事会指导委员会，为高级代表提供政治指导，其成员包含11个国家和组织，包括八国集团、欧盟主席国、欧盟委员会、伊斯兰会议组织的代表土耳其。高级代表由和平执行理事会或其指导委员会任命，然后提请安理会确认。见波黑高级代表办公室网站，http://www.ohr.int/?page_id=1139，最后访问日期：2020年2月18日。

需提交以下信息：对于可能需要仲裁庭后续采取行动的布尔奇科地区相关情况，监督官定期报告，由高级代表办公室转交仲裁庭；各方就相同问题的相关请求和意见。如临时监督期的有关安排存在阻碍《代顿协议》履行和民主化建设的情形，一方请求变更本裁决，则仲裁庭届时根据情况，决定将布尔奇科确立为波黑共和国的一个特区，在该特区内直接适用波黑共和国和该特区地方立法机构制定的法律。

七、仲裁的后续进展

1998年3月15日，仲裁庭作出补充裁决：[26] 确认继续执行1997年裁决所确立的临时监督机制，并对塞族共和国不履行《代顿协议》、不配合监督官的情况予以关注；确定仲裁庭将于1999年年初作出最终裁决，裁决结果取决于双方履行《代顿协议》的情况。

1999年3月5日，仲裁庭作出最终裁决：鉴于临时监督期内，塞族共和国仍未履行《代顿协议》和1997年仲裁裁决，而波黑联邦也没有完全履行，[27] 仲裁庭决定在布尔奇科建立波黑共和国直辖特区，独立于波黑联邦或塞族共和国两个实体且不受其管控；特区内不再划定"实体间边界线"；特区仅适用波黑共和国立法和特区地方立法。仲裁庭确认了此项安排不违背波黑共和国宪法，并将布尔奇科特区履行《代顿协议》方案作为裁决附录，当事方可于裁决后60日内对附录中与实际严重不符之处申请修正。除此之外，附录履行过程中如有未尽事宜由监督官依其职责裁量。

为确保后续执行，1999年仲裁裁决还在以下方面设置了罚则。第一，监督官依其职权对不执行裁决或《代顿协议》的行为可发布命令进行处理。第二，保留仲裁庭作为监督官的补充替代措施将一直存续，直至经高级代表准许后，监督官向仲裁庭通知以下两个条件已实现：双方已充分履行本裁决，建立起有关机构和机制；建立后的特区有关机构和机制已有效运行并将长期存续。第三，仲裁庭存续期间，对于任何一方

---

[26] Christoph Schreuer, "The Brcko Supplemental Award of 15 March 1998", *Leiden Journal of International Law*, Vol. 11, 1998, pp. 493-495.

[27] "Arbitral Tribunal for Dispute over Inter-Entity Boundary in Brcko Area: The Federation of Bosnia and Herzegovina v. the Republika Srpska (final award)", *International Legal Materials*, Vol. 38, 1999, pp. 534-550, paras. 8-11, 34-37.

不执行裁决的行为,仲裁庭均有权决定采取包括将布尔奇科地区改由另一方管控在内的措施。[28]

此后,布尔奇科地区监督官办公室一直在当地运行,直至 2012 年 8 月 31 日,高级代表决定撤销其设在布尔奇科地区的办公室,监督官也停止行使其职权。在其运行的 15 年里,监督官推动了当地在难民返回、经济重建、建立多种族机构以及教育体制建设等方面的进程。由于监督官只是中止履职,尚未从高级代表处得到相关条件已成就的书面确认,本案仲裁庭仍继续存在,监督官机制也可能在必要的时候被重新启动。[29] 布尔奇科地区的监督官机制,是《代顿协议》确立的高级代表监督机制的组成部分。时至今日,高级代表仍然在波黑共和国监督履行《代顿协议》和战后重建工作,并且每年向联合国安全理事会提交报告。

八、评 论

本案是一起领土划界相关的争端,从当事方来看,领土争端案件多发生在国家之间,而本案争议双方是同一国家内部的两个政治实体;从争议性质看,领土划界案件多基于领土主权而进行划分,而本案则是基于同一国家内两个政治实体对该国特定区域领土的管控权进行划分。本案仲裁庭先后作出三份裁决,在程序和实体方面都体现出不同于以往的特点,值得关注。

(一)仲裁庭基于《代顿协议》目的与履行对仲裁事项作出扩张解释

在 1997 年裁决中,仲裁庭将仲裁事项扩大解释为确定布尔奇科地区的管控权,仲裁结果既可以是对边界线的划定,也可以是对该地区管控相关的其他安排,突破了"仲裁条款"中"确定布尔奇科地区实体间边界线"的表述。可见,对于领土争端,当"仲裁条款"原有文字表述与

---

[28] "Arbitral Tribunal for Dispute over Inter-Entity Boundary in Brcko Area: The Federation of Bosnia and Herzegovina v. the Republika Srpska(final award)", *International Legal Materials*, Vol. 38, 1999, pp. 534-550, para. 12.

[29] 见布尔奇科监督官办公室官方网站,http://www.brckosupervizija.ba/web/,最后访问日期:2020 年 2 月 20 日。

争端解决目的和现状发生冲突时，仲裁机构有可能通过解释仲裁条款而修正对仲裁事项、争议焦点的理解。我们应当警惕仲裁庭利用管辖权的管辖权（compétence de la compétence）原则肆意扩大解释仲裁事项，从而扩大自己的仲裁权限。

（二）充分利用仲裁规则处理仲裁程序中的特殊问题

本案仲裁程序中有两点值得关注：一是部分仲裁员拒绝参加审理活动和签署仲裁裁决；二是仲裁庭于1997年2月至1999年3月先后作出三份裁决，且仲裁庭存在后续作出其他裁决的可能性。仲裁庭对这两个问题的处理和解释，体现出对仲裁规则的充分适用与解释。

对于仅有首席仲裁员签署裁决书的问题，一方面，按照《联合国国际贸易法委员会仲裁规则》第31条，争议双方可协商改变"多数一致"的规则。本案仲裁过程中，双方代表分别向仲裁庭致函表明，如无法达成多数一致则同意以首席仲裁员意见为准。另一方面，按照《仲裁规则》第34条第4款，仲裁员未签署的，裁决书应载明原因。本案裁决书表明，这两位仲裁员参加了全部审理活动及合议但最后拒绝签署裁决书。

在仲裁审理的初期，塞族共和国一方指定的仲裁员拒绝参加庭前审理活动，因其后来参加了庭审，故不构成仲裁庭权力的障碍。那么，如果该仲裁员一直拒绝参加庭审活动，是否会导致仲裁庭无法作出裁决？本案适用的仲裁规则是1976年通过的《联合国国际贸易法委员会仲裁规则》[30]，其中并未规定仲裁员拒绝参加审理的结果，仅在第13条和第14条关于更换仲裁员的规定中提到，对于仲裁员存在"不作为"的，当事方有权按照第9—12条规定提出异议。也就是说，仲裁员拒不出席审理活动，并不必然影响仲裁结果的有效性。

关于三份仲裁裁决，其内容都涉及实体问题，结果从临时监督机制到建立布尔奇科特区的转变，并且1999年裁决仍然为未来进一步作出裁

---

[30] 2010年修订版《仲裁规则》延续了1976年版的规定，仅在条款上整合为第11—13条关于仲裁员"回避与更换"。该仲裁员可能会被替换的情况是：按照第12条第3款，有权申请其回避；按照第13条第4款，如果其他当事方不同意该回避，或者被要求回避的仲裁员不辞职，提出回避的当事方坚持要求的，则该当事方应自回避通知发出之日起30天内，请求指定该仲裁员的机构就是否替换仲裁员作出决定。

决埋下伏笔。仲裁庭这样的做法，需要考虑与仲裁裁决终局性之间的冲突问题。本案的处理方式是，三份裁决之间是相互关联的。在1997年裁决中，仲裁庭对结果的临时性和未来裁决的情形进行了充分说明；1998年裁决也说明了1999年裁决需要解决的问题，而且这三份裁决都表明彼此构成仲裁裁决的组成部分。从另一个角度来看，《联合国国际贸易法委员会仲裁规则》第34条规定，仲裁庭可就不同问题在不同时间分别作出裁决。本案三份裁决虽然都涉及实体问题，但因不同时期提供给仲裁庭考量的公平因素不同，也可以理解为"针对不同问题"。

（三）本案创设了对一国之内多种族冲突领土的国际监督机制

本案三份仲裁裁决为布尔奇科地区治理创设了一套国际监督机制，这也是本案最明显的特点之一。在本案裁决以前，已有领土由国际社会共同监督治理的模式，但被监督治理的领土位于一国内部的情况，本案属首例。导致波黑战争的原因和波黑战后面临的问题是，波黑作为一个国家与国内不同种族关系紧张，这在布尔奇科地区体现得尤为明显，而解决该问题的关键就是如何实现各种族和平共处，防止再次爆发武装冲突和发生有违人道主义的罪行。

有人认为，对于未来仍可能发生的多种族国家解体后的种族与领土问题，布尔奇科地区的国际监督治理模式提供了可推广的范例，其关键在于四个方面：一是仲裁确立的确保《代顿协议》实际履行的民事监督官机制；二是为该地区的民主与立法改革设立独立的立法修订组织；三是有多国稳定部队的军事力量作为《代顿协议》及仲裁裁决得以执行的保障；四是维持国际监督机制的长效属性，不设置明确的退出期限。在具备以上四个要素的情况下，国际监督机制可以发挥维护地区长期和平稳定的作用，但这种作用需要相当长的周期才能显现。[31]

（四）本案裁决确认的相关国际法原则

就领土主权的确立而言，本案1997年的裁决确认了国际法上不承认原则、法律联系原则、公平原则与领土主权的相关性，需要引起我

---

[31] Peter C. Farrand, "Lessons from BRCKO: Necessary Components for Future Internationally Supervised Territories", *Emory International Law Review*, Vol. 15, No. 2, 2001, pp. 529-592.

们的重视。

仲裁庭援引不承认原则确认塞族共和国对其已占据的布尔奇科地区部分区域不具有当然的法律权利。仲裁庭还分析了该原则对应的救济问题，确认应将领土归还其原所属国，而本案所涉领土本身已归属于波黑共和国，波黑联邦作为波黑共和国内的一个政治实体，无权依据该原则主张对领土的管控权，故仲裁庭认为无须基于该原则对布尔奇科地区的管控权进行调整。

本案中，波黑联邦援引国际法院在西撒哈拉问题咨询意见中认定的法律联系原则，主张其与布尔奇科地区之间自古就存在"法律联系"，不受波黑联邦是否存在的影响。仲裁庭认为，这种基于历史、文化、经济的"法律联系"不同于领土主权，也不能据此产生领土主权的效力，并且认定本案双方与布尔奇科地区均有这种"法律联系"。同时，仲裁庭在一定程度上肯定了这种"法律联系"与领土实际管控之间的相关性，因为仲裁庭基于这种"法律联系"得出，未来布尔奇科地区的管控需要双方共同参与。

公平原则作为一项在领土划界案件中经常被援引的原则，在本案中也发挥了重要作用，仲裁庭基于公平原则而改写了由法律推理得出的结论。在本案中，仲裁庭的考量因素主要是国际社会对波黑战后和平与稳定的态度、各族居民或难民人权保障、争议双方客观上的地理与经济需求，在此基础上对各方利益进行平衡后得出一个对各方而言都符合公平原则的结果，在推理过程中并未进一步援引"净手原则"等。本案在衡量公平原则的过程中，虽然列出了各个因素，但这些因素分别发挥了多大的作用，仲裁庭并没有阐述，诸如经济需求等因素也并不是"非黑即白"的，这里的启示是，对于领土争议其中一方来说，需要从整体到局部各个因素中去找寻有利于己方的事实、证据、理论等，同时也要全面警惕公平原则对法律推理结论的调整作用。

（五）政治因素对仲裁裁决的影响

在1997年至1999年的三份裁决中，政治因素的影响体现在以下方面：第一，在对仲裁事项进行解释时，仲裁庭作出比"仲裁条款"更为宽泛的解释，根源是《代顿协议》临时划定的"实体间边界线"根本无法缓解双方的紧张冲突，塞族共和国签署协议后实际上并未执行，这样的政治环境下,划定"实体间边界线"是不合理的。第二,政治因素是仲裁庭衡量公平原则的因素。在1997年裁决中,仲裁庭指出,如仅从法律角度考虑,可得出将布尔奇科地区划归波黑联邦单独管控,但仲裁庭在考虑缓解双方紧张关系,维护战后和平,平衡双方在布尔奇科地区的政治与经济利益,保障各族居民返回与重建家园等一系列政治因素后,意识到仅基于法律得出结论容易激化双方矛盾,需寻求更和缓的解决方案。第三,从1997年裁决建立临时监督机制及设立监督官,到1999年裁决建立布尔奇科特区并强化国际监督机制,这既是基于《代顿协议》所规定的国际监督机制,也是对波黑战争及战后美国、俄罗斯、欧共体等国际社会各方干预现状的确认,从而确保国际社会可以合法监督《代顿协议》的履行,实现国际社会对波黑和平进程的预期。第四,仲裁庭用两年多的时间先后作出的三份裁决,仲裁结果的阶段性发展,也体现了其随波黑战后国内政治环境与《代顿协议》履行情况而变化。从初期发现塞族共和国很可能不履行《代顿协议》而建立临时监督机制,到中期包括联合国在内的国际社会各界敦促双方履行《代顿协议》而作出补充裁决,再到最后经过两年实践得出塞族共和国不履行《代顿协议》而波黑联邦履行也不充分,从而最终裁决设立布尔奇科特区并强化监督机制。

有学者在评价本案时指出,仲裁庭对政治因素的考量优于法律,在法律方面,仲裁结果就存在一些瑕疵或质疑,但评判本案也不能单纯从法律角度出发,结合当时的政治环境,本案仲裁结果可以说是最为理性的一种选择。[32] 也有学者认为,仲裁庭之所以分三次作出裁决,是因为波黑政治局势导致其无法及时作出裁判,即便1999年裁决名为"最终裁决",实际上提供的也没有超出一套政治解决方案,所以对于刚结束大规模、长期武装冲突的双方来说,通过仲裁解决领土争端并不是有效的方式,因为双方很难实质达成合意,从而更加难以执行仲裁裁决。[33]

---

[32] Miroslav Baros,"The Arbitral Tribunal's Award for the Dispute over the Inter-Entity Boundary in the Brcko Area: A Devastating Blow to the Principle of Consensuality or an Ephemeral Adjudicative Episode", *Journal of Conflict and Security Law*, Vol. 3, 1998, pp. 233-270.

[33] Carla S. Copeland, "The Use of Arbitration to Settle Territorial Disputes", *Fordham Law Review*, Vol. 67, 1999, pp. 3073-3108.

九、附 录

(一) 中英案件全名

1. 中文案件全名：布尔奇科仲裁案（波黑联邦/波黑塞族共和国）
2. 英文案件全名：Arbitration for the Brcko Area (The Federation of Bosnia and Herzegovina/The Republika Srpska)

(二) 案件的标准引用

1. Arbitral Tribunal for Dispute over Inter-Entity Boundary in Brcko Area: Award in the Republika Srpska v. the Federation of Bosnia and Herzegovina (Control over the Brcko Corridor), *International Legal Materials*, Vol. 36, No. 2, 1997, pp. 396-437.

2. Arbitral Tribunal for Dispute over Inter-Entity Boundary in Brcko Area: The Federation of Bosnia and Herzegovina v. The Republika Srpska (final award), *International Legal Materials*, Vol. 38, 1999, pp. 534-550.

(三) 主要参考文献

1. Christoph Schreuer, "The Brcko Supplemental Award of 15 March 1998", *Leiden Journal of International Law*, Vol. 11, 1998, pp. 493-495.

2. Shabtai Rosenne, "The International Court of Justice: An Essay in Political and Legal Theory", *The American Journal of International Law*, Vol. 54, 1960, p. 904.

3. Peter C. Farrand, "Lessons from BRCKO: Necessary Components for Future Internationally Supervised Territories", *Emory International Law Review*, Vol. 15, No. 2, 2001, pp. 529-592.

4. Miroslav Baros, "The Arbitral Tribunal's Award for the Dispute over the Inter-Entity Boundary in the Brcko Area: A Devastating Blow to the Principle of Consensuality or an Ephermeral Adjudicative Episode", *Journal of Conflict and Security Law*, Vol. 3, 1998, pp. 233-270.

（四）与本案主题相关的重要引用案件

1. Status of Eastern Carelia, Advisory Opinion, P. C. I. J., Series B, No. 5, 1923, p. 22.

2. Western Sahara (Advisory Opinion), 1975 I. C. J. Reports 12.

3. Legal Consequences for States of the Continued Presence of South Africa in Namibia (South West Africa), 1971 I. C. J. Reports 16 (Namibia Case).

（五）案件中的重要缩略语

ICTY   International Criminal Tribunal for the former Yugoslavia   前南斯拉夫问题国际刑事法庭

IEBL   Inter-Entity Boundary Line   实体间边界线

UNCITRAL   United Nations Commission on International Trade Law   联合国国际贸易法委员会

PIC   Peace Implementation Council   和平执行委员会

SFOR   Stabilisation Force in Bosnia and Herzegovina   多国稳定部队

（朱利江）

"塞加"号案
(圣文森特和格林纳丁斯诉几内亚)(迅速释放)
(1997年)

1997.11.13 圣文森特和格林纳丁斯就迅速释放"塞加"号及其船员的争端向国际海洋法法庭提起对几内亚的诉讼

1997.11.13 法庭发布命令,确定1997年11月21日为开庭审理的日期

1997.11.21 法庭举行公开庭审,并发布命令,延迟到1997年11月27日继续庭审

1997.11.26 几内亚向法庭递交辩诉状

1997.11.27/28 法庭两次公开开庭,听取各方的口头辩论和提出证据

1997.12.04 法庭就本案作出迅速释放判决(对管辖权作出一致判决;对实体问题诉求以12票对9票作出判决)

关键词:迅速释放(Prompt Release);迅速释放程序的独立性(Independent Character of the Proceedings for the Prompt Release);管辖权(Jurisdiction);可受理性(Admissibility);毗连区(Contiguous Zone);海关法(Customs Laws);海上加油(Bunkering at Sea);航行自由(Freedom of Navigation);紧追权(Right of Hot Pursuit);保证书(Bond);财政担保(Financial Security)

一、案件背景

"塞加"号是一艘油轮,1997年3月在圣文森特和格林纳丁斯(以下简称"圣文森特")取得临时登记,1997年11月取得永久登记。该船

的船主是塞浦路斯尼科西亚的塔博纳（Tabona）海运有限公司，承租人是在瑞士日内瓦注册的勒马尼亚海运集团有限公司，船长和船员都是乌克兰人，货主是瑞士日内瓦阿达克斯装卸服务公司。"塞加"号在西非近海岸向作业的渔船和其他船只供应汽油。[1]

1997年10月28日，"塞加"号停泊在几内亚专属经济区南部边界线以南，等候前来加油的渔船。几内亚海关缉私巡逻艇上的官员登上并逮捕了"塞加"号。在扣船的过程中，至少2名船员受伤。该船及船员被带往几内亚的科纳克里。直至1998年2月28日该船被释放，船长和其余6名船员仍被扣留。[2]

几内亚当局没有要求提供释放船只及其船员的保证书或其他财政担保，圣文森特也没有提供这种保证书或其他财政担保。1997年11月13日，圣文森特的代理人按照《联合国海洋法公约》（以下简称《公约》）第292条，通过传真向法庭的书记官处递交一份请求书，就迅速释放"塞加"号及其船员的争端对几内亚提起诉讼程序。法庭将圣文森特关于迅速释放"塞加"号的请求书作为第1号案件登记入案件总表，名为"塞加"号案（迅速释放）。[3]

二、判　决

（一）当事方请求

圣文森特向法庭提出两项诉求，请求法庭决定：第一，几内亚没有遵守《公约》第73条第2款的规定迅速释放"塞加"号及其船员。"塞加"号及其货物和船员应被立即释放，且无须提出任何保证书。圣文森特愿意将法庭合理确定的任何担保提交给法庭本身，但法庭不得决定圣文森特应该直接向几内亚提供任何担保。第二，释放"塞加"号及其船员应该提出的保证书或财政担保的数额、性质和形式。法庭有管辖权命令，在迅速释放时以及提出任何其他保证书或财政担保以确保释放之前，

---

[1] M/V "SAIGA" Case (Saint Vincent and the Grenadines v. Guinea), Prompt Release, Judgment, ITLOS Reports 1997, paras. 26, 28.

[2] Ibid., paras. 30, 33.

[3] Ibid., paras. 1, 4, 31.

"塞加"号连同船上的汽油应该归还原主国。[4]

几内亚也向法庭提出两项诉求,请求法庭决定:第一,撤销圣文森特的诉讼,因为几内亚并未犯有违法行为,也没有违反程序。几内亚所进行的和现在仍然进行的行动是为了保护其权利。第二,如果法庭有管辖权,则应认定圣文森特的指控没有充分根据。[5]

(二) 法庭的说理

1. 对请求书的管辖权

几内亚对法庭审理请求书的管辖权提出质疑。法庭首先依照《公约》第292条审议这个问题。法庭查明:第一,圣文森特和几内亚都是《公约》的缔约国,《公约》自1994年11月16日起对两国生效。第二,根据《公约》第292条,争端双方如果从船只被扣留时起10日内不能就释放被扣留船只问题提交另一个法院或法庭达成协议,则可向本法庭提出请求书。圣文森特的请求书满足这个条件。第三,扣留"塞加"号及其船员发生于1997年10月28日。1997年11月11日,圣文森特的律师哈伍德向几内亚外交部长传真一封信函,通知其已经获得圣文森特海事专员的授权,向法庭提起对几内亚政府的诉讼,要求他确保该船只及其船员立即得到释放。几内亚没有回复,当事双方也没有就释放问题提交另一法院或法庭达成协议。因此,圣文森特的请求书符合《公约》第292条规定的条件。[6]

对于几内亚关于圣文森特的代理人没有获得授权和质疑船主的身份的观点,法庭注意到,根据《公约》第292条第2款,迅速释放船只及其船员的请求书,可由船旗国或以该国名义提出。法庭指出,圣文森特总检察长于1997年11月18日以该国政府的名义给圣文森特海事专员的经核证授权文书和海事专员给圣文森特代理人的授权原件均已提交给书记官长,并记录在案,因而驳回几内亚的这项反对意见。至于船主的身份问题,则不是法庭根据《公约》第292条需要审议的问题,而且几内

---

[4] M/V "SAIGA" Case (Saint Vincent and the Grenadines v. Guinea), Prompt Release, Judgment, ITLOS Reports 1997, paras. 23-24.
[5] Ibid.
[6] Ibid., paras. 38-42.

亚没有质疑圣文森特是该船的船旗国。[7]

基于上述理由，法庭判定根据《公约》第292条其有管辖权审理圣文森特的请求书。[8]

2. 请求书的可受理性

法庭接着审议圣文森特请求书的可受理性问题，即它是否满足《公约》第292条所规定的其他条件。[9]

（1）《公约》第73条的适用

① 不遵守《公约》第73条的指控有论据或完全可行

对于被指控在提交适当的保证书或其他财政担保后，没有遵守《公约》关于迅速释放船只的规定的条件，《公约》中有3个条款明确提到这一点，即第73条第2款、第220条第6款和第7款以及至少在某种程度上第226条第1款（c）项。圣文森特和几内亚对此有不同意见。圣文森特在适用《公约》第292条时，提到第73条、第220条和第226条。此外，它还依据可以被称为对第292条的非限制性解释。按照这种解释，也可以主张第292条适用于违反国际法逮捕船只，而无须依据《公约》关于迅速释放船只或其船员的某个具体条款。圣文森特在此方面提及违反《公约》第56条第2款。在它看来，在《公约》（即第73条、第220条和第226条）允许扣留船只的情况下应该利用迅速释放程序，而在《公约》不允许的情况下不应该利用迅速释放程序，这是古怪的。几内亚则主张，圣文森特援引《公约》第73条没有依据，因为圣文森特没有提交保证书，第292条不适用于涉及走私的案件。而且，逮捕"塞加"号是合法的，这是"塞加"号在几内亚毗连区内违反海关法后被紧追的结果。[10]

由于圣文森特没有阐述适用《公约》第220条和第226条的观点，法庭因此审议《公约》第73条的适用问题。根据第73条和圣文森特的主张，法庭需要审议的问题是：在一个国家的专属经济区内给渔船加油（bunkering）是否应该被视为该沿海国行使其勘探、开发、养护和管理

---

[7] M/V "SAIGA" Case（Saint Vincent and the Grenadines v. Guinea），Prompt Release, Judgment, ITLOS Reports 1997，paras. 43-44.

[8] Ibid., para. 45.

[9] Ibid., para. 46.

[10] Ibid., paras. 52-54.

在专属经济区内生物资源的主权权利而进行的一项活动？如果是，违反沿海国有关这种加油的规则就等同于违反为管理有关专属经济区内生物资源的渔业和其他活动而制定的法律和规章，因而逮捕被指控违反这项规则的船只和船员属于《公约》第 73 条第 1 款的范畴，在提交适当的保证书或其他担保后迅速释放船只和船员将是沿海国根据第 73 条第 2 款的一项义务。如果沿海国没有迅速释放，则可援引第 292 条。[11]

对于上述问题，法庭指出，双方都可以提出支持和反对其观点的论据。[12] 对于这两种立场，法庭决定，其无须对其中的哪一种立场更有法律根据作出结论。就迅速释放"塞加"号的请求书的可受理性而言，注意到已经对没有遵守《公约》第 73 条第 2 款提出了控告和判定该控告有论据或完全可行就足够了。[13]

然而，几内亚却认为，逮捕"塞加"号符合国际法，不能依据《公约》第 292 条要求释放该船只。在几内亚看来，第一，给渔船加油必须被定性为违反其海关法；第二，加油发生在距离阿尔卡特拉兹（Alcatraz）岛不到 24 海里的几内亚毗连区内；第三，逮捕是合法的，因为"塞加"号是在按照《公约》第 111 条行使紧追权之后被逮捕的。[14]

法庭认为，几内亚依据紧追权的主张不满足行使紧追权的那些条件。虽然从"塞加"号航海日志记录的给渔船加油时它所处的地理坐标点和对相关地图的查阅中可以看出，给渔船加油完全可能是在几内亚毗连区内进行的，但是，几内亚为支持存在进行紧追的条件因而能够合法逮捕"塞加"号所提出的论据站不住脚，即使初步看来也是如此。第一，依照几内亚当局的第 29 号讯问记录（PV29），几内亚巡逻艇是在 1997 年 10 月 28 日晨 4 时通过雷达首次探测到"塞加"号，而依照航海日志，给渔船加油是在 10 月 27 日晨 4 时至下午 1 时 50 分进行的。第二，几内亚在第 29 号讯问记录和辩诉状中承认，紧追是在所指控的违法行为发生 1 日之后开始的，那时"塞加"号如其航海日志所显示，肯定不在几内亚毗连区内。然而，法庭认为它无须对逮捕"塞加"号是否合法作出判决，法庭需要决定的是逮捕之后的扣留是否违反《公约》关于在提

---

[11] M/V "SAIGA" Case (Saint Vincent and the Grenadines v. Guinea), Prompt Release, Judgment, ITLOS Reports 1997, para. 56.
[12] Ibid., paras. 57-58.
[13] Ibid., para. 59.
[14] Ibid., para. 60.

出适当的保证书或其他财政担保后迅速释放船只或其船员的规定。[15]

② 几内亚的行动属于《公约》第 73 条的范畴

第一，几内亚法律禁止给渔船加油。法庭指出，给渔船加油的法律或规章可以有理由被定性为有关沿海国行使其勘探、开发、养护和管理在专属经济区内生物资源的主权权利范围内的活动的法律或规章。由此需要讨论的问题是：几内亚是否有这种法律和规章？如果有，几内亚将它们定性为"海关"规章或"走私"规章是否与本案相关？在此方面有关的主要条款是扣留国当局在逮捕时所依据的那些条款。从第 29 号讯问记录来看，"塞加"号船长被控违反几内亚《海商法》第 40 条与禁止在几内亚未经许可而进口、运输和销售燃料的 1994 年 3 月 25 日第 94/007 号《海上捕鱼法》（94/007/CTRM）第 1 条。几内亚法律也将给渔船加油视为捕鱼所附属和与此相关的一种活动。《海上捕鱼法》第 4 条明确规定，以法律所允许以外的方法给持有几内亚政府所颁发捕鱼执照的渔船加油或图谋加油是一种违法行为。几内亚 1995 年 5 月 15 日第 95/13 号《海上捕鱼法》规定，"捕鱼"的定义包括"与捕鱼有关的行动"（第 3 条第 1 款），这类行动特别包括"给渔船提供供应或给海上渔船提供后勤支持的任何其他活动"[第 3 条第 1 款（c）项]。第 60 条第 1 款（k）项将"捕鱼违法行为"定义为违反与捕鱼有关的行动的规则的行为。第 29 条规定"与捕鱼有关的行动"必须获得执照。该执照显然可以包括供应燃油，因为第 94/007 号《海上捕鱼法》第 5 条规定，"除《海上捕鱼法》第 30 条（现行法第 29 条）的规定外，供应燃油必须获得执照"。此外，1985 年 2 月 23 日第 039 PRG/85 号命令的数个条款和几内亚《海上捕鱼法》实施总则均提及给捕鱼提供"后勤支持"的行动。[16]

第二，几内亚本身没有质疑第 73 条的可适用性。法庭指出，从几内亚所提交的书面陈述和文件来看，指控"塞加"号的违法行为也被视为侵犯几内亚在专属经济区内权利的行为。几内亚在其书面陈述中根据其《海商法》第 40 条，将几内亚在专属经济区内的权利定义为《公约》第 56 条规定的权利。第 73 条是《公约》一组条款（第 61 条至第 73 条）中的一部分，这些条款详尽发展了第 56 条有关勘探、开发、养护和管理

---

[15] M/V "SAIGA" Case (Saint Vincent and the Grenadines v. Guinea), Prompt Release, Judgment, ITLOS Reports 1997, paras. 61-62.
[16] Ibid., paras. 63-64.

专属经济区内生物资源的主权权利的规则。就涉及给渔船加油的违法行为而言，鉴于与《公约》第 56 条的文字一致，几内亚《海商法》第 40 条必须被解释为处理的是《公约》第 73 条所涵盖的事项。在此方面，几内亚在其书面陈述中拒绝圣文森特关于第 73 条适用的观点时，并没有直接质疑第 73 条的可适用性，相反，它只是将其论据限于尚未提交或承诺提交保证书。[17]

法庭进一步解释道，在指控"塞加"号船长所违反的规定中，第 29 号讯问记录含有几内亚《海商法》第 40 条。这意味着，违反这些实体条款就是在几内亚专属经济区内实施违法行为，因而涉及有关沿海国在此区域内权利和管辖权的事项。此外，第 29 号讯问记录一开始就提到几内亚巡逻艇接收到一艘油轮非法出现在几内亚专属经济区的消息，这意味着，如果不是涉嫌侵犯几内亚在专属经济区内的主权权利和管辖权，一艘油轮出现在专属经济区不可能被视为违法。在与《公约》第 56 条相关的《海商法》第 40 条提及几内亚在专属经济区的主权权利和管辖权所涵盖的几类事项中，依据几内亚立法和"塞加"号给渔船加油的事实，第 73 条提及的"勘探、开发、养护和管理生物资源的主权权利"是唯一能够与本案相关的权利。[18]

第三，指控"塞加"号在几内亚毗连区内加油缺乏证据。法庭指出，几内亚只是在庭审的最后阶段才指控"塞加"号的违法行为发生在毗连区内、该船是在依据《公约》第 111 条第 1 款紧追后被合法逮捕的。这就使得将其所称违反的法律定性为有关"海关"或"走私"的法律变得相当有疑问。事实上，给渔船加油发生在毗连区的唯一线索是"塞加"号航海日志所记录的位置，这是几内亚当局在逮捕之后才知道的。到提交辩诉状时，几内亚才表示所称违法行为发生在其专属经济区内。由于加油的位置靠近从阿尔卡特拉兹岛的低潮线起 24 海里的界线，唯一可能得出的极为精确的看法是加油发生在毗连区内。然而，这种看法缺乏证据。[19]

法庭认为，鉴于迅速释放船只和船员程序的独立性，法庭在对扣留

---

[17] M/V "SAIGA" Case (Saint Vincent and the Grenadines v. Guinea), Prompt Release, Judgment, ITLOS Reports 1997, paras. 65-67.

[18] Ibid., paras. 68-69.

[19] Ibid., para. 70.

国的法律作出定性时，并不受这种国家所做定性的约束。基于上述理由，法庭判定，在本程序中，几内亚的行动可以被视为在《公约》第73条的框架范围内。法庭之所以倾向于接受将这些法律与《公约》第73条相关联的定性，而非几内亚基于《公约》第111条所做的定性，是因为将禁止给渔船加油定性为"海关"法律会导致一个极具争议性的问题，即几内亚当局的行动从一开始即违反国际法，而依据第73条的定性允许作出如下假定，即几内亚相信它在逮捕"塞加"号时，是依据《公约》在其权利范围内行事。在一种暗含违反国际法的法律定性与避免这种潜在意义的法律定性之间，法庭必须选择后者。[20]

法庭指出，在判定圣文森特基于《公约》第73条所提出的主张具有充分依据之后，就无须对圣文森特关于非限制性解释《公约》第292条的观点表明立场。[21]

(2) 执行安理会1997年第1132号决议

几内亚提出的另一个依据是它遵守安理会1997年10月8日第1132号决议而逮捕"塞加"号。该决议第6段规定："所有国家均应阻止本国国民或从本国领土或使用悬挂本国国旗的船只或飞机，向塞拉利昂出售或供应石油和石油产品以及军火和各种有关物资。"几内亚指出，"塞加"号由于在几内亚水域内违反其法律而被几内亚巡逻艇追赶时，"躲在塞拉利昂水域内"。法庭拒绝几内亚的观点，认为几内亚称其目的是阻止"塞加"号在塞拉利昂从事非法活动是站不住脚的。[22]

(3)《公约》第73条的适用与没有提出保证书或其他财政担保

几内亚主张，因为没有提交保证书或其他担保，《公约》第73条不构成圣文森特请求书的基础。法庭认为，根据《公约》第292条，提交保证书或担保是违反《公约》规定使第292条的程序得以适用的一个条件，而非这种适用性的一个条件。换言之，要援引第292条，实际提交保证书或其他担保可能是不必要的，即使在《公约》规定违反行为构成请求书的基础时也是如此。因此，即使没有提交保证书，违反《公约》第73条第2款也是可能的。迅速释放的条件具有其自身的价值。在提交

---

[20] M/V "SAIGA" Case (Saint Vincent and the Grenadines v. Guinea), Prompt Release, Judgment, ITLOS Reports 1997, paras. 71-72.
[21] Ibid., para. 73.
[22] Ibid., para. 74.

保证书不可能，或者遭到拒绝，或者没有为沿海国法律所规定，或者据称所要求的保证书不适当时，迅速释放可以居于优先地位。无论如何，在本案中，几内亚没有按照《公约》第73条第4款的规定通知扣留事项；它拒不讨论保证书问题，与迅速释放申请相关的10天期限已经过去，仍无讨论该问题的意愿。在此情况下，法庭不可能认定圣文森特要对尚未提交保证书的问题负责。[23]

基于上述理由，法庭判定，请求书具有可受理性，圣文森特的指控在本程序中具有充分根据。因此，几内亚必须迅速释放目前被扣留或被剥夺自由的"塞加"号及其船员。[24]

3. 保证书的适当性

法庭接着依照《国际海洋法法庭规则》（以下简称《法庭规则》）第113条第2款决定是否必须提交保证书或其他担保，以及所应提交保证书或担保的性质和数额。[25]

法庭指出，迅速释放必须以提交适当的保证书或其他财政担保为条件。在此方面，法庭拒绝了圣文森特关于不应该提交保证书或财政担保（或者"象征性保证书"）的请求。法庭认为，鉴于迅速释放程序的性质，提交保证书或担保是必要的。[26]

法庭指出，按照《法庭规则》第113条第2款，法庭应该确定提交保证书或财政担保的数额、性质或形式。这项决定中最重要的指南是《公约》第292条第1款所载的指引，即保证书或其他财政担保必须是"适当的"。在法庭看来，适当性的标准包括保证书或财政担保的数额、性质和形式。保证书或财政担保的数额、形式和性质的整体平衡必须是适当的。法庭认为，在审议这种整体平衡时，它必须考虑"塞加"号所载汽油已经依据几内亚当局的命令在科纳克里港卸载的事实。根据圣文森特提交的几内亚没有质疑的文件，"塞加"号满载汽油4941.322吨，于1997年11月12日卸载完毕。[27]

法庭认为，考虑到所卸载汽油的市场价值和将汽油重新装回"塞

---

[23] M/V "SAIGA" Case (Saint Vincent and the Grenadines v. Guinea), Prompt Release, Judgment, ITLOS Reports 1997, paras. 75-78.
[24] Ibid., para. 79.
[25] Ibid., para. 80.
[26] Ibid., para. 81.
[27] Ibid., paras. 82-83.

加"号所可能存在的困难,将几内亚所卸载的汽油作为判决时它以实物或等值美元所持有,并在可能时予以退还的担保是适当的。法庭还认为,鉴于案情,根据《法庭规则》第 113 条第 3 款,该担保应该再予增加提交一笔数额为 40 万美元的财政担保,采用信用证或银行保函的形式,或者双方同意的任何其他形式。这是适当的。[28]

(三) 判决主文

1997 年 12 月 4 日,法庭一致判决,根据《公约》第 292 条其有权受理圣文森特提出的请求书。以 12 票对 9 票:

(1) 判决圣文森特的请求书具有可受理性;(2) 命令几内亚应该迅速释放"塞加"号及其船员;(3) 判决释放应该以提交适当的保证书或担保为条件;(4) 判决担保应由如下两部分组成:从"塞加"号所卸载的汽油以及以信用证、银行保函或双方同意的任何其他形式所提交的 40 万美元。

三、评 论

(一) 本案件的特点与法律问题

本案是法庭 1996 年成立后受理的第一个有关《公约》的解释或适用争端的案件;是《公约》第 292 条下第一个关于迅速释放船只及其船员的强制程序案件;是第一个确定《公约》下迅速释放程序独立于国内程序和其他国际程序(如案件实体问题所引起的附带程序)的案件;是第一个确定对争端当事方主张"评价标准"的案件,即对不遵守《公约》第 73 条的指控有论据或完全可行,如果必要,法庭可以审议案件实体问题的某些方面;是第一个明确迅速释放船只及其船员的条件和为释放而提交的保证书必须提交给扣留国的案件;是第一个确定保证书适当性标准的案件。本案涉及的法律问题包括:迅速释放案件的可受理性;

---

[28] M/V "SAIGA" Case (Saint Vincent and the Grenadines v. Guinea), Prompt Release, Judgment, ITLOS Reports 1997, paras. 84-85.

迅速释放程序与国内程序或其他国际程序的关系；迅速释放船只及其船员的条件；在一个国家的专属经济区内给渔船加油与该沿海国为行使其勘探、开发、养护和管理在专属经济区内生物资源的主权权利而进行管理的关系；对当事方主张的"评价标准"；以及保证书适当性的标准。

（二）评 述

法庭21名法官除对案件管辖权作出一致判决外，对判决主文中其他4个问题的判决都遭到其中9名法官的反对。法庭庭长门萨和安德森法官各自对判决书发表了反对意见，副庭长沃尔夫鲁姆与山本法官发表了联合反对意见，朴椿浩、纳尔逊、拉奥、武卡斯与恩迪亚耶法官发表了联合反对意见。在同意法庭判决的12名法官中，没有一位发表声明或个别意见。反对意见主要包括以下三个方面：

1. 请求书的可受理性

门萨、沃尔夫鲁姆、山本、朴椿浩、纳尔逊、拉奥、安德森、武卡斯和恩迪亚耶法官认为圣文森特的请求书不可受理。在他们看来，法庭不能仅仅凭借圣文森特指控几内亚没有遵守《公约》第73条的规定，就依据《公约》第292条命令迅速释放被逮捕的船只。不遵守指控必须有充分根据，而圣文森特的指控缺乏这种依据。[29]

第一，"塞加"号不是《公约》第73条第2款范围内的一艘"被逮捕的船只"。它是一艘油轮和远海服务船，不是一艘渔船。而且，几内亚逮捕该船是基于走私、违禁品和保护燃油税对其国民经济的重要性。在本案中没有足够理由将几内亚定性的指控从走私罪改变为渔业罪。[30]

第二，圣文森特没有解释几内亚是如何不遵守第73条的规定的。它没有提出证据证明几内亚当局对"塞加"号采取的行动是为了保护几内亚专属经济区内的鱼类种群而打击海上加油行为。事实上，几内亚主张它是根据其相关法律对"塞加"号的走私行为采取的行动。[31]

---

[29] Dissenting Opinion of President Mensah, paras. 7-8; Collective Dissenting Opinion of Judges Park, Nelson, Chandrasekhara Rao, Vukas and Ndiaye, paras. 17-26; Dissenting Opinion of Judge Anderson, paras. 6-10.

[30] Dissenting Opinion of Judge Anderson, paras. 6-10.

[31] Collective Dissenting Opinion of Judges Park, Nelson, Chandrasekhara Rao, Vukas and Ndiaye, paras. 11-16.

第三，法庭不应该强调几内亚《海商法》第 40 条的作用。几内亚海关当局逮捕"塞加"号的所有确定性事实都表明，这些行动实际上是几内亚官员依据他们认为适当的法律进行的。因此，法庭无权判定他们在逮捕时所明确依据的法律在事实上并不构成他们行动的基础。[32]

第四，对于沿海国根据《公约》第 73 条进行专属经济区渔业立法的范围和程度这类非常重要的问题，法庭表示意见是不适当的。这个问题无论是在具体方面还是一般性方面，都不是本案所争议的问题。[33]

第五，法庭从案件的一开始就完全无视几内亚对"塞加"号的指控，这改变了几内亚官员指控"塞加"号所没有援引或甚至没有提及的基础。法庭这样做无异于滥用职权。[34]

2. 专属经济区内渔船加油的法律性质

沃尔夫鲁姆和山本不同意判决书中涉及给渔船加油是否属于沿海国行使其勘探、开发、养护和管理专属经济区内生物资源的主权权利而进行管理的一种活动所表达的某些观点。他们认为，虽然判决书将相关解释定性为附带意见，但是这暗示管理有关专属经济区内给渔船加油的活动属于沿海国主权权利的范畴。从纯文本分析的角度，他们对于向渔船提供服务是否属于《公约》第 73 条第 1 款中"法律和规章"的范畴表示怀疑。该条第 3 款将"法律和规章"限于"渔业法律和规章"。"渔业法律和规章"在根据《公约》第 62 条第 4 款载明沿海国可以根据其渔业法处理的事项而制定的法律和规章中再次被提及。这个名单虽然不是详尽无遗的，但是它没有显示沿海国对渔业的权力可能仅仅因为商船为渔船提供服务而将这种与航行自由相关的活动包括在内。两位法官担忧，这个问题在判决书中以一般性术语来讨论可能妨碍法庭在未来作出决定。[35]

门萨同意上述两位法官的观点。[36] 安德森也表示赞同，认为加油是与航行有关的海洋国际合法用途。[37]

---

[32] Dissenting Opinion of President Mensah, paras. 9-22.
[33] Ibid., paras. 23-26.
[34] Ibid., para. 27.
[35] Collective Dissenting Opinion of Vice-President Wolfrum and Judge Yamamoto, paras. 21-25.
[36] Dissenting Opinion of President Mensah, para. 6.
[37] Dissenting Opinion of Judge Anderson, para. 14.

3. 《公约》第 292 条的非限制性解释

沃尔夫鲁姆和山本认为,判决书对所谓非限制性解释《公约》第292条没有表明立场。他们强调,根据对第292条的纯文本分析,该程序只有在《公约》含有涉及迅速释放的特别规定时才适用,这为《公约》的编纂历程所支持。《公约》第292条构成一种独特的程序,即干涉沿海国司法权力的一种特殊程序,因此必须予以谨慎和克制的解释。这意味着迅速释放程序是一种范围极其有限、有着明确规则的自成一体的程序。对法庭管辖权的一个重大限制进一步证明了这种程序的有限性,即在决定迅速释放问题时,法庭不得处理案件的实体问题(《公约》第292条第3款),这个问题留给有关国内法院来决定。[38] 这种观点完全符合国际法的一项最基本规则,即对国家独立的限制不能靠推定。[39]

朴椿浩、纳尔逊、拉奥、武卡斯和恩迪亚耶几位法官也拒绝非限制性解释观点,他们认为第292条的程序只适用于《公约》明确规定经提交保证书后释放船只的案件。在其他案件中,不存在救济的问题,因为逮捕和扣留是合法的,《公约》并没有要求在提交保证书后予以释放,或者适当的救济发生在提交给对实体问题具有管辖权的仲裁庭或其他法庭处理的案件中质疑逮捕或扣留本身的合法性之时。[40]

(三)判决的后续执行

根据《公约》第292条第4款和第296条,法庭所做迅速释放船只及其船员的判决对争端双方有拘束力。但是,几内亚并没有迅速释放"塞加"号及其船员,它拒绝接受所提交的保证书。几内亚法院判处1500万美元罚款,并判定圣文森特对罚款承担民事责任。[41]

---

[38] Collective Dissenting Opinion of Vice-President Wolfrum and Judge Yamamoto, paras. 14-20.

[39] E. D. Brown, "The M/V 'Saiga' Case on Prompt Release of Detained Vessels: The First Judgment of the International Tribunal for the Law of the Sea", *Marine Policy*, Vol. 22, No. 4-5, 1998, p. 324.

[40] See Dissenting Opinion of Judges Park, Nelson, Chandrasekhara Rao, Vukas and Ndiaye, paras. 23-25.

[41] Bernard H. Oxman, "The M/V 'Saiga' (Saint Vincent and the Grenadines v. Guinea), ITLOS Case No. 1", *The American Journal of International Law*, Vol. 92, No. 2, 1998, p. 282.

四、附 录

(一) 中英案件全名

1. 中文案件全名:"塞加"号案(圣文森特和格林纳丁斯诉几内亚)(迅速释放)

2. 英文案件全名: The M/V "SAIGA" Case (Saint Vincent and the Grenadines v. Guinea)(Prompt Release)

(二) 案件的标准引用

M/V "SAIGA" (Saint Vincent and the Grenadines v. Guinea), Prompt Release, Judgment, ITLOS Reports 1997.

(三) 主要参考文献

1. E. D. Brown, "The M/V 'Saiga' Case on Prompt Release of Detained Vessels: The First Judgment of the International Tribunal for the Law of the Sea", *Marine Policy*, Vol. 22, No. 4-5, 1997, pp. 307-326.

2. Bernard H. Oxman, "The M/V 'Saiga' (Saint Vincent and the Grenadines v. Guinea), ITLOS Case No. 1", *The American Journal of International Law*, Vol. 92, No. 2, 1998, pp. 278-282.

3. Barbara Kwiatkowska, "Inauguration of the ITLOS Jurisprudence: The Saint Vincent and the Grenadines v. Guinea M/V Saiga Cases", *Ocean Development & International Law*, Vol. 30, 1999, pp. 43-77.

4. Vaughan Lowe and Malcolm D. Evans, "The M/V Saiga: The First Case in the International Tribunal for the Law of the Sea", *The International and Comparative Law Quarterly*, Vol. 48, 1999, pp. 187-199.

5. 赵理海:《国际海洋法法庭:油轮"塞加"号案评介》,《中外法学》1998年第5期,第114—125页。

(余民才)

渔业管辖权案
（西班牙诉加拿大）

（1998年）

  1995.03.28 西班牙提起诉讼
  1995.04.21 加拿大驻荷兰大使通知法院，加拿大政府认为法院明显没有管辖权
  1995.04.27 法院院长约见双方代理人，加拿大代理人确认加拿大政府关于法院无管辖权的立场，各方同意管辖权问题应在实体问题之前单独确定，并约定提交管辖权问题书状的时间
  1995.09.27 西班牙递交诉状
  1996.02.29 加拿大递交辩诉状
  1996.04.17 西班牙表示递交答辩状的愿望，加拿大表示反对
  1996.05.08 法院命令指出进一步提供书状是不必要的
  1998.06.07—17 开庭审理
  1998.12.04 法院作出不具有管辖权判决（12票赞成，5票反对）
  关键词：争端的定性（Characterization of the Dispute）；强制管辖（Compulsory Jurisdiction）；保留的解释（The Interpretation of Reservation）

一、案件背景

  "艾斯泰"（Estai）号是一艘悬挂西班牙旗帜的船舶。1995年3月9日，加拿大政府船在距离加拿大海岸245海里处［该海域处于西北大西洋渔业组织管理区域第3L号分区（大沙洲区）］拦截登临该船，认为该船违反了加拿大《沿海渔业保护法》及其实施条例，因此扣押船舶并逮捕船长，并将其带到加拿大纽芬兰的圣约翰港，指控其有犯罪行为，特

别是非法捕捞格陵兰岛的比目鱼。该船部分捕获物被没收,船员被立即释放。船长在缴纳了保释金后,于 1995 年 3 月 12 日被释放。"艾斯泰"号在缴纳保证金后也于 1995 年 3 月 15 日被释放。[1]

在"艾斯泰"号被登临当日,西班牙向加拿大发出照会,而后欧共体及其成员国也向加拿大发出照会,均认为西班牙船舶的行为是发生在加拿大海岸 200 海里以外,加拿大的行为违反了国际法及《西北大西洋渔业组织管理公约》,要求加拿大立即释放船舶,赔偿损失,停止对悬挂欧共体成员国旗帜船舶的袭扰,立即废除其采取单方行动所依据的立法。[2]

1995 年 3 月 28 日,西班牙提起对加拿大的诉讼。西班牙主张法院享有管辖权的依据是西班牙及加拿大均根据《国际法院规约》第 36 条第 2 款接受法院的强制管辖。[3] 加拿大于 1985 年向国际法院递交强制管辖声明,1994 年 5 月 10 日,加拿大又递交了新声明,该声明与 1985 年的声明相比,在原有保留基础上增加了 2(d)保留项,即排除法院对"起因于或关于加拿大针对 1978 年《西北大西洋渔业未来多边合作公约》确定的西北大西洋渔业组织管理区域内捕鱼船舶所采取的养护和管理措施及其实施的争端"的管辖权[4]。同日,加拿大政府向议会提交修正《沿海渔业保护法》的 C-29 法案。该法案将《沿海渔业保护法》的适用区域扩展到西北大西洋渔业组织管理区域,并强调为了保护纽芬兰大沙洲的跨界种群,渔业保护官有权登临及检查在加拿大渔业水域或西北大西洋渔业组织管理区域的任何渔船,在有合理理由的情况下可使用武力。加拿大之后又修正了《刑法典》关于警察和其他执法人员使用武力的规定,修正后的规定同样适用于渔业保护官。1994 年 5 月 25 日和 1995 年 3 月 3 日,加拿大又两次修正了《沿海渔业保护条例》。第一次修正规定,加拿大渔业保护官可根据修正后的《沿海渔业保护法》"使用武力",同时对跨界种群进行了规定,将格陵兰岛的比目鱼列为其中之一;第二次修正将西班牙和葡萄牙的渔船列入第 21 节的表四范围,禁止每年 3

---

[1] Fisheries Jurisdiction (Spain v. Canada), Jurisdiction of the Court, Judgment, I. C. J. Reports 1998, p. 443, para. 19.
[2] Ibid., pp. 443-444, para. 20.
[3] Ibid., p. 435, para. 1.
[4] Ibid., p. 439, para. 14.

月 3 日至 12 月 31 日在特定区域捕捞及留存格陵兰岛的比目鱼。[5]

1995 年 4 月 16 日,欧共体和加拿大签订了协议。协议特别强调,为释放船舶及船长而缴纳的保释金不能被解释为欧共体或其成员国承认加拿大在 200 海里范围外对悬挂其他国家旗帜的船舶扣押或行使管辖权是合法的;加拿大检察长认为对"艾斯泰"号船舶及其船长的控告是违反公共利益的,这种情况下,保释金、保证金及捕获物将被返还。[6] 1995 年 4 月 18 日,加拿大检察长发布命令停止对"艾斯泰"号及其船长的诉讼。次日,保证金、保释金及其利息被退还,随后被没收的部分捕获物也被返还。1995 年 5 月 1 日,加拿大修正其《沿海渔业保护条例》,将西班牙和葡萄牙从第 21 节的表四中排除。西北大西洋渔业组织在 1995 年 9 月的年度会议上通过了《提高渔业控制和执行建议》,该建议被包含在 1995 年 4 月 20 日协议中,从 1995 年 11 月 29 日起对所有缔约国有执行效力。[7]

二、判 决

(一) 当事方请求

在 1995 年 3 月 28 日请求书中,西班牙提出以下诉求,请求法院宣布:

(1) 加拿大立法不能对抗西班牙,因为它是在对加拿大专属经济区以外的公海范围的外国船舶进行管辖;(2) 禁止加拿大对被诉行为再行起诉,并以赔偿金的形式对西班牙进行赔偿,赔偿金的数额必须包括西班牙遭受的所有损失和损害;(3) 加拿大登临悬挂西班牙旗帜的"艾斯泰"号船并对该船及船长采取强制措施和行使管辖权的行为违反了国际法原则及规范。[8]

---

[5] Fisheries Jurisdiction (Spain v. Canada), Jurisdiction of the Court, Judgment, I. C. J. Reports 1998, pp. 439-443, paras. 15-18.
[6] Ibid., pp. 444-445, para. 21.
[7] Ibid., p. 446, para. 22.
[8] Ibid., p. 437, para. 10.

在书面诉状中，西班牙强调其请求可受理，法院对其请求享有管辖权。[9]

在口头程序中，西班牙指出："我们一开始就注意到，争端的事由是加拿大无权对在公海上悬挂西班牙旗帜的船只采取行动，加拿大渔业立法不能被援引对抗西班牙，对西班牙船只的不法行为必须给予赔偿。这些事项不包括在加拿大对法院管辖权的保留条款中。我们还注意到，加拿大不能声称其保留的适用从属于其国家立法的唯一标准和它自己的评估，而无视法院根据《国际法院规约》第36条第6款享有的确定自己管辖权的权力。最后，我们注意到，在公海上使用武力扣押'艾斯泰'号和骚扰其他西班牙船只，以及使用加拿大C-29和C-8法案中规定的武力，都不包括在加拿大的保留中，因为这违反了《联合国宪章》的规定。综上，我们请求法院判决并宣布对本案有管辖权。"[10]

加拿大在辩诉状及1998年6月17日的庭审中均主张"请求法院裁判并宣布对西班牙的请求没有管辖权"[11]。

本案首先涉及的是管辖权问题，而管辖权问题的解决具体和以下问题有关：一是争端的定性；二是加拿大的行为是否被包含在其保留中，即关于加拿大保留的解释问题。

（二）法院对争端定性的说理

当事双方均不否认它们之间存在争端。但对争端的定性观点不同。西班牙将争端定性为加拿大无权在公海行使管辖权，加拿大修正的沿海渔业保护立法及条例对包括西班牙在内的第三国没有拘束力。西班牙同时认为，依据国际法，加拿大的行为已经侵犯了西班牙的权利，加拿大应对其进行赔偿。加拿大则主张双方的争端是其为了养护和管理渔业种群而对在西北大西洋渔业组织管理区域的渔船采取并执行措施而产生的。[12]

法院指出，毫无疑问请求国应在请求书中向法院阐明希望法院解决

---

[9] Fisheries Jurisdiction (Spain v. Canada), Jurisdiction of the Court, Judgment, I. C. J. Reports 1998, p. 437, para. 11.
[10] Ibid., pp. 437-438, para. 12.
[11] Ibid., pp. 437-438, paras. 11-12.
[12] Ibid., p. 446, para. 23.

的争端，并提出其请求。请求书中要表明"争端事由"并阐明"诉求的确切性质"。法院在援引以往案例的基础上，强调"在诉讼过程中，不可受理新的诉求，如果有新的诉求产生，就转换了最初提交的争端的事由"[13]。"为了确定它在一国起诉另一国诉讼中的任务，法院必须从审查请求书着手。"[14]"然而，可能发生当事方间对争端的真实事由或诉求的确切性质不确定或存在分歧的情况。这时，法院就不能仅仅考虑请求书的用语，也不能将自己束缚到请求国的诉求中。"[15]"即便是根据特别协定提起诉讼，在当事方之间对如何定性达不成一致意见时，法院也有权自己决定审查递交其解决的争端问题的所有相关文件。"[16]

"尽管要对请求国选择的争端的阐述给予特别关注，但是法院自身有权通过审查当事双方的立场，确定使当事方产生争端分歧的客观根据"，"法院不会将自身限定在请求国对确定争端事由的描述中"[17]。"法院将依据请求书及最后的诉求，同时也将根据外交换文、公开声明及其他密切相关的证据"[18]，"判断递交给它的真实的争端"[19]。"法院在确定争端时，将对争端本身与当事方用来支持其各自诉求的主张进行区分。"[20]

法院最后结合西班牙的请求及递交到法院的各种书面和口头抗辩对西班牙和加拿大之间的争端进行了定性。法院认为，引起本争端的具体行为是加拿大根据其修正的《沿海渔业保护法》及实施条例，在公海上

---

[13] Fisheries Jurisdiction (Spain v. Canada), Jurisdiction of the Court, Judgment, I. C. J. Reports 1998, pp. 447-448, para. 29.

[14] See Interhandel, Preliminary Objections, Judgment, I. C. J. Reports 1959, p. 21; Right of Passage over Indian Territory, Merits, Judgment, I. C. J. Reports 1960, p. 27; Nuclear Tests (Australia v. France), Judgment, I. C. J. Reports 1974, p. 260, para. 24.

[15] Fisheries Jurisdiction (Spain v. Canada), Jurisdiction of the Court, Judgment, I. C. J. Reports 1998, pp. 447-448, para. 29.

[16] See Territorial Dispute (Libyan Arab Jamahiriya/Chad), Judgment, I. C. J. Reports 1994, pp. 14-15, para. 19, p. 28, para. 57.

[17] Fisheries Jurisdiction (Spain v. Canada), Jurisdiction of the Court, Judgment, I. C. J. Reports 1998, pp. 448-449, para. 30.

[18] See Nuclear Tests (Australia v. France), Judgment, I. C. J. Reports 1974, pp. 262-263.

[19] See Maritime Delimitation and Territorial Questions Between Qatar and Bahrain, Jurisdiction and Admissibility, Judgment, I. C. J. Reports 1995, pp. 24-25.

[20] Fisheries Jurisdiction (Spain v. Canada), Jurisdiction of the Court, Judgment, I. C. J. Reports 1998, p. 49, para. 32.

对"艾斯泰"号进行紧追,并扣押船舶及逮捕船长。当事方间争端的实质是,这些行为是否侵犯西班牙依据国际法享有的权利,并需要进行赔偿。[21]

(三) 法院对保留的解释的说理

西班牙认为,加拿大已经根据《国际法院规约》第 36 条第 2 款通过声明接受了法院的管辖。[22] 加拿大则认为法院缺少对本诉讼的管辖权,因为该争端属于其 1994 年 5 月 10 日声明中的 2 (d) 项保留范围,同时,加拿大要求西班牙必须举证证明其认为加拿大如此清楚的保留没有排除法院管辖的原因。[23]

法院指出,管辖权确立与否不是当事方决定的问题,而是由法院决定的问题。管辖权问题是根据相关事实解决的法律问题,因此,当事方就管辖权问题无须承担举证责任,而是由法院结合所有的事实并考虑当事方提出的所有的主张"是否支持有管辖权的主张是占优势的""是否当事方存在赋予其管辖权的意图"来确定的。[24] 法院具体对下述问题进行了裁判:

1. 对接受法院强制管辖声明的解释

双方对用什么样的国际法规则解释根据《国际法院规约》第 36 条第 2 款作出声明的保留有不同意见。西班牙的观点是:第一,这种保留的解释不能让人认为允许保留国减损强制管辖制度,而且,有效原则意味着保留必须根据声明的宗旨和目的进行解释,即接受法院的强制管辖;第二,最大限度地按照《维也纳条约法公约》第 31 条规定的一般解释规则进行解释;第三,当文本模糊时,应适用不利解释规则,必须做对起草文本一方不利的解释;第四,对接受法院管辖的保留必须按照与《国际法院规约》《联合国宪章》及一般国际法相符而不是相违背的方式解释。[25] 加拿大强调保留和声明具有单方性质,应按照保留文本的上下

---

[21] Fisheries Jurisdiction (Spain v. Canada), Jurisdiction of the Court, Judgment, I. C. J. Reports 1998, pp. 449-450, paras. 33-35.
[22] Ibid., p. 450, para. 36.
[23] Ibid., p. 451, para. 39; p. 457, para. 61; p. 450, para. 36.
[24] Ibid., pp. 450-451, paras. 37-38.
[25] Ibid., p. 452, para. 43.

文，特别是保留国的本意以自然的方式进行解释。[26]

对于西班牙的第一种观点，法院指出，接受声明的条件或保留的用语本身并不能减损对已然表示的声明的广泛接受，相反，它界定了国家接受国际法院强制管辖的范围。因此，没理由对其进行严格解释。《国际法院规约》第36条第2款下声明的所有要素应与对法院管辖的接受作为整体，适用相同的解释原则进行解释。在接受法院管辖的新声明中增加的保留，不应被解释为对先前声明的广泛接受的减损，也没有理由对这一声明进行严格解释，而是要用适用于保留条款的解释规则来对新声明进行解释。[27] 法院认为有效原则在条约法及法院的理论中有重要作用，然而，对依据《国际法院规约》第36条第2款所做的声明保留首先应按照与保留国寻求的效果相一致的方式进行解释。[28]

针对西班牙的第二种观点，法院认为，接受法院强制管辖的声明，无论是否是对接受的具体限制，它都是一国主权的单方行为。该声明与依据《国际法院规约》第36条第2款作出声明的其他国家间建立了一致同意的联系及潜在的管辖权联系，"并对没有发表接受强制管辖声明的国家作出了持续的邀约"[29]。《国际法院规约》第36条第2款声明的解释制度与《维也纳条约法公约》确立的解释规则不相同。[30]

针对西班牙的第三种观点，法院指出："将按照自然合理的方式，并适当考虑保留国的意图及保留的目的来解释载有保留条款的声明的相关措辞。保留国的意图可以从相关条款本身及这些条款的上下文中推断，也可以对保留国起草保留条款的背景及打算实现的目的进行考查。"本案中法院也考查了加拿大部长声明、议会辩论、立法建议及新闻公报来进行解释。而且，正如本案一样，倘若替代既存声明的新声明包含保留，那么政府的本意也可以通过比较两个声明的用语来确认。[31] 不利解释规则可能在解释约定条款时发挥作用。然而，如前分析，该规则对本案中

---

[26] Fisheries Jurisdiction (Spain v. Canada), Jurisdiction of the Court, Judgment, I. C. J. Reports 1998, p. 452, para. 43.
[27] Ibid., pp. 452-453, paras. 44-45.
[28] Ibid., p. 455, para. 52.
[29] Land and Maritime Boundary Between Cameroon and Nigeria, Preliminary Objections, I. C. J. Reports 1998, p. 291, para. 25.
[30] Fisheries Jurisdiction (Spain v. Canada), Jurisdiction of the Court, Judgment, I. C. J. Reports 1998, p. 453, para. 46.
[31] Ibid., p. 454, paras. 49-50.

依据《国际法院规约》第 36 条第 2 款所做的单方声明保留的解释无法适用。[32]

针对西班牙的第四种观点，法院指出："国家可以基于各种理由对法院的管辖作出保留，准确地说，有时是因为国家自感其立场或政策的合法性比较脆弱才作出保留。"[33] "接受法院强制管辖的声明是任意的、单方的，发表声明的国家有绝对的自由选择如何发表声明。国家在发表声明时有权选择无条件及无期限地接受管辖，也可有条件及附保留地接受管辖。"[34] "国家可能对其某些行为与国际法相一致缺乏信心，这不能作为对同意法院管辖原则的例外自由进行保留。""一国接受法院的强制管辖与其特定行为和国际法相符有根本区别。前者需要同意，后者在法院已经确立管辖权并已充分听取当事双方的法律主张后，法院处理实体问题时才会涉及。""无论国家是否接受法院的管辖权，国家均对可归因于它的侵犯他国权利的行为承担责任。任何争端都要用和平的方式解决，而如何依据《联合国宪章》第 33 条规定的方式解决争端则留由当事方决定。"[35]

2. 对加拿大新增保留的解释

西班牙主张，无论加拿大的本意何在，其保留的用语没有涵盖该争端，法院对此有管辖权。西班牙的依据如下：（1）递交法院的争端不属于加拿大保留事由的范围；（2）在国际法上，修正的《加拿大沿海渔业保护法》及实施条例不能构成"养护和管理措施"；（3）保留仅仅适用于无国籍船或方便旗船；（4）追捕、登临及扣押"艾斯泰"号不能在国际法中被视为"实施"养护和管理"措施"。[36] 法院对这些主张进行了审查。

（1）递交法院的争端与加拿大保留事由的范围

法院指出，在排除其管辖的"起因于或关于"养护和管理措施及其

---

[32] Fisheries Jurisdiction (Spain v. Canada), Jurisdiction of the Court, Judgment, I. C. J. Reports 1998, pp. 454-455, para. 51.
[33] Ibid., p. 455, para. 54.
[34] Military and Paramilitary Activities in and against Nicaragua (Nicaragua v. United States of America), Jurisdiction and Admissibility, Judgment, I. C. J. Reports 1984, p. 418, para. 59.
[35] Fisheries Jurisdiction (Spain v. Canada), Jurisdiction of the Court, Judgment, I. C. J. Reports 1998, pp. 455-456, paras. 54-56.
[36] Ibid., p. 458, para. 61.

实施的规定中,保留没有减弱排除争端事由的标准。英文版本中"起因于或关于……争端"是在广义上使用的。保留用语不仅排除了直接事由有争议的措施及其实施的争端,而且排除了"关于"(concerning)这些措施的争端,甚至更广地排除了"起因于"(arising out of)这些措施的争端。也就是说,在缺少这些措施时,这些争端将不会产生。[37]

(2) 养护和管理措施的含义

法院必须确定本案争端的事由是否是保留中提到的措施或者措施的实施,或者二者兼具,或者关于这些措施,或者起因于这些措施。为了达到这一效果,法院必须决定的基本问题是明确"养护和管理措施"及"这些措施的实施"在保留上下文中的含义。[38] 法院表达了以下观点:

第一,"措施"与"立法的"性质的关系。法院认为,没有必要纠缠是否"措施"可能有"立法的"性质。正如当事方自己约定的,"措施"在通常意思上是足够宽泛的,可以包含任何行为、步骤或程序,对其实质内容或追寻的目标并无特别限制。大量国际公约将"法律"包含在它们所指的"措施"范围内。[39] 没有任何理由认为对加拿大的保留应区别对待。保留文本指的不是执行措施而是指向"加拿大",也就是说,国家作为一个整体,立法只是其中的一部分。而且正如法院已经指出的,保留的目的就是保持加拿大沿海渔业保护立法的"完整性"。如果持相反的观点,将是对声明本意的背离,剥夺了保留的有效性。[40]

法院进一步指出,加拿大的立法体系与其他国家一样,法规和实施条例是不能分割的。法规确立了整体框架,条例允许通过对法规的适用来满足不断变化的情况。实施法规的条例脱离法规不能单独存在,相反,法规可能需要通过执行条例实现其效力。[41]

第二,按照与国际法相符的方式解释国际文件的问题。法院同意西班牙指出的国际文件必须根据国际法解释的观点。然而,对加拿大提出的"养护和管理措施"只能是"与国际法相符"的措施,法院认为西班

---

[37] Fisheries Jurisdiction (Spain v. Canada), Jurisdiction of the Court, Judgment, I. C. J. Reports 1998, p. 458, para. 62.
[38] Ibid., p. 458, para. 63.
[39] 例如《公约》第61条和第62条关于"养护和管理措施"的规定。
[40] Fisheries Jurisdiction (Spain v. Canada), Jurisdiction of the Court, Judgment, I. C. J. Reports 1998, p. 460, para. 66.
[41] Ibid., p. 460, para. 67.

牙混淆了两个问题。一是试图确定某一概念是否被法律制度所知悉（本案中该法律制度是指国际法），该概念是否属于特定法律制度的适当范围，以及在此特定法律制度中，该概念是否有特殊含义。这一问题是识别问题。二是试图判断属于某一法律制度的某一概念范畴的具体行为是否违反了该制度的规范性规则。这一问题是合法性问题。[42]

该阶段，法院的任务仅仅是确定它是否对本争端有管辖权。为实现这一目的，法院必须解释加拿大保留中的术语，特别是保留中使用的"养护和管理措施"用语在国际法上的具体含义。按照国际法，一项措施要被识别为"养护和管理措施"，只要该措施的目的是养护和管理生物资源，并能满足不同的技术要求即可。在此意义上，国家在其缔结的条约中已对"养护和管理措施"作出了理解，特别典型的是1982年《公约》第62条第4款，国家实践及某些国际协定中都有所体现。可以采取养护和管理措施的主体以及养护和管理措施的适用区域，在国际法或国际协议中都没有将其视为界定养护和管理措施的要素。这些措施的来源根据、其影响的区域及其采取的方式都不属于养护和管理措施这一概念基本的固有的属性。相反，它们是根据国际法确定这些措施是否合法的要素。[43]

依据"自然合理的"方式解释保留中的用语，法院不能得出加拿大有意使用的"养护和管理措施"是与一般接受的国际法和实践不同的结论。而且，对该表达的任何其他解释都剥夺了保留的本来效果。[44] 法院的结论是：加拿大在修正的《沿海渔业保护法》及条例中采取的"措施"构成"养护和管理措施"，是在国际法及实践中通常理解的意义上使用的，是包含在加拿大的保留中的。[45]

（3）"船舶"的含义

法院指出，加拿大声明中提到的"捕鱼船舶"是指在该区域捕鱼的所有的船舶，没有例外。法院认为，西班牙所说的船舶仅是无国籍船或方便旗船的观点不能被接受，因为它与加拿大保留的文本及本意

---

[42] Fisheries Jurisdiction (Spain v. Canada), Jurisdiction of the Court, Judgment, I. C. J. Reports 1998, p. 460, para. 68.
[43] Ibid., pp. 461-462, paras. 69-70.
[44] Ibid., p. 462, para. 71.
[45] Ibid., p. 463, para. 73.

相违背。[46] 另外，法院指出，从加拿大渔业和海洋部部长及外交部长在下议院和上议院就该问题的回复中可以看出，C-29法案的主要目标是无国籍船和方便旗船，但它们不是唯一涉及的船舶。[47]

(4)"实施"养护和管理"措施"的含义

法院注意到，C-29法案通过后，《沿海渔业保护法》授权保护官登临和检查在西北大西洋渔业组织管理区域的任何渔船，如果保护官有合理根据认为使用武力逮捕船长或船员是必要的话，那么他可以"条例规定的方式和程度对外国渔船使用武力或使其丧失动力"。这种规定在各国渔业养护和管理的立法中是常见的，并且在1995年的《执行1982年12月10日〈联合国海洋法公约〉有关养护和管理跨界鱼类种群和高度洄游鱼类种群的规定的协定》第22条第1款中也有规定。[48]

(四) 判决主文

法院认为，本案争端起源于加拿大修正其沿海渔业保护立法及条例，并据此对西班牙的"艾斯泰"号紧追、登临、扣押。同样，法院也不怀疑该争端大量涉及这些事实。法院对这些事实进行法律识别后，得出的结论是：西班牙提交的争端构成"起因于"和"关于""加拿大针对西北大西洋渔业组织管理区域内船舶捕鱼采取的养护和管理措施"的争端。该争端属于1994年5月10日加拿大声明第2(d)项保留范围。法院因此宣布对该争端没有管辖权。[49]

法院注意到在1996年2月的辩诉状中，加拿大认为其与西班牙的任何争端均已解决，因为根据1995年4月20日欧盟和加拿大缔结的协议，在西班牙递交请求书时，西班牙的诉求就没有标的。虽然西班牙指出依据《国际法院规约》，法院有义务确认争端的存在，但是法院指出，在当事方认为从递交请求书起争端就没有标的时，法院是否仍然有理由裁判该争端，这是由法院自行决定的问题。法院已经得出结论，它对西班牙递交的案件没有管辖权。所以，法院认为无须自动确定是否该争端有

---

[46] Fisheries Jurisdiction (Spain v. Canada), Jurisdiction of the Court, Judgment, I. C. J. Reports 1998, pp. 463-464, para. 76.
[47] Ibid., p. 464, para. 77.
[48] Ibid., p. 466, para. 81.
[49] Ibid., p. 466, para. 87.

别于 1995 年 4 月 20 日欧共体与加拿大协议所指向的争端，法院也无须裁决其是未决争端。[50]

基于上述原因，法院以 12：5 判决：对 1995 年 3 月 28 日西班牙以请求书方式提交的争端没有管辖权。本案中，争端双方在国际法院没有本国籍的法官，西班牙选任托里斯·贝尔纳德为专案法官，加拿大选任拉隆德为专案法官。其中施韦贝尔院长、小田法官、科罗马法官、科艾曼斯法官发表了个别意见，副院长威拉曼特里、贝德贾维法官、兰杰瓦法官、韦列谢京法官、托里斯·贝尔纳德专案法官发表了反对意见。

三、评　论

本案是法院作出的涉及管辖权的判决。本案涉及的很多规则是对以往案件规则的再次确认，如"争端的定性""单方声明保留的解释规则"。但是法院也用自己的方式对"养护和管理措施"的含义等进行了说明，尤其是法院对"国家自感其立场或政策的合法性比较脆弱才作出保留"及"一国接受法院的强制管辖与其特定行为和国际法相符有根本区别"的论述具有一定的新意。本案发表个别意见及反对意见的法官共有 9 名，占庭审法官的一般以上，针对的问题也比较集中。

首先，关于争端的定性。争端的定性是法院确定管辖权的前提。本案中，法院认为引起本争端的具体行为是加拿大根据其修正的《沿海渔业保护法》及实施条例，在公海上对"艾斯泰"号进行紧追，并扣押船舶及逮捕船长。当事方间争端的实质是，这些行为是否侵犯了西班牙根据国际法享有的权利，并需要进行赔偿。对于这一定性，很多法官有不同意见，核心是认为法院转换了争端，重述了争端事由，而这种做法恰恰是法院不应为的。小田法官认为：法院没有充分理解争端的本质。[51] 韦列谢京法官指出：当事方之间的争端范围远广于对"艾斯泰"号的紧追和扣押及其后果。他认为，潜在的争端是当事方间对沿海国是否可以在公海的某一海域行使权利和义务的不同认识；或者更宽泛地说，是当事方间对海洋法的紧迫性与环境保护法的迫切性间关系的不同认识。法

---

[50] Fisheries Jurisdiction (Spain v. Canada), Jurisdiction of the Court, Judgment, I. C. J. Reports 1998, pp. 467-468, para. 88.
[51] Separate Opinion of Judge Oda, Judgment, p. 475, para. 3.

院没有正当理由重新定义并缩小争端事由，但是，法院有理由判决对争端的一些方面有管辖权，对争端的另一些方面没有管辖权。[52] 兰杰瓦法官认为，争端事由已经被转换了。他认为法院引用的案例没有一个证明了对请求国提起的争端进行重述是正当的，[53] 也没有先例授权法院有权转换请求国界定的事由的性质或条件，法院可以根据个案的具体情况调整争端的因素，但是法院绝不能用新的事由来替换请求国真实的争端。[54]《国际法院规约》第40条第1款及初步程序的附带性质也没有授权法院可以重述争端事由。因此，法院重述请求国争端事由没有法律根据。[55]贝德贾维法官[56]和托里斯·贝尔纳德法官都表达了相同的观点。[57]

其次，关于强制管辖声明保留的认定。本案中，西班牙就加拿大的保留提出异议，而加拿大认为其保留清楚明白，甚至要求西班牙举证证明为什么认为其如此清楚的保留没有排除管辖权。法院指出，这是法院需要判断的事情。施韦贝尔院长指出，在本案中，加拿大将其保留视为其声明的必要部分，法院不能随意地将保留认定为无效，同时将声明的其他部分视为是有效的。[58] 韦列谢京法官指出，在强制管辖的情况下，一国有加入或不加入选择条款体系及通过条件和保留来限制或不限制同意法院管辖的绝对自由。但是，这不意味着法院评估国家接受保留的作用减小，如果法院仅仅依照国家的法律文件来判断其是否有管辖权，那么法院没有履行其作为国际法的"机构及监管者"的义务。[59] 可能一国提出保留是因为"对其某些行为与国际法相符缺乏自信"[60]，基于此，希望避免法院对其行为的监督。如果一国的保留明确排除法院对该国与国际法不一致行为的审查，那么法院不能赋予这种保留以效力。总之，保留及条件不应削减强制管辖体制存在的理由。[61]

---

[52] Dissenting Opinion of Judge Vereshchetin, Judgment, pp. 573-574, para. 7.
[53] Dissenting Opinion of Judge Ranjeva, Judgment, p. 554, para. 4.
[54] Ibid., p. 555, para. 6.
[55] Ibid., p. 558.
[56] Dissenting Opinion of Judge Bedjaoui, Judgment, p. 525, para. 26.
[57] Dissenting Opinion of Judge Torres Bernardez, Judgment, pp. 628-629, paras. 118-119.
[58] Separate Opinion of President Schwebel, Judgment, p. 473, para. 10.
[59] Dissenting Opinion of Judge Vereshchetin, Judgment, pp. 575-576, para. 11.
[60] Fisheries Jurisdiction (Spain v. Canada), Jurisdiction of the Court, Judgment, I. C. J. Reports 1998, pp. 455-456, para. 54.
[61] Dissenting Opinion of Judge Vereshchetin, Judgment, pp. 575-576, para. 11.

再次，关于强制管辖声明保留的解释规则，法院在本案中运用的是自然合理的方式，适当考虑保留国的本意及保留目的。对此，兰杰瓦法官认为，对加拿大保留的解释既要关注国际法，也要考虑国内法；法院在考虑声明保留时，不仅要处理被告国单一的、单方的本意，也要考虑当事双方共同的意图。[62] 韦列谢京法官指出，声明或保留在通常用语或其他学科中可能有更宽泛或更狭义的含义，但是对法院而言，该术语的"自然通常"含义取决于在国际法中的含义。[63] 因此，对加拿大保留中的"养护和管理措施"，法院必须按照当代国际法体系接受的措施的方式进行解释，[64] 而且法院应该从假定保留国的意图与国际法相符开始。他认为，加拿大保留的范围等问题需要通过进一步分析事实和法律来确定，这些只能是在实体阶段完成。[65] 托里斯·贝尔纳德法官认为，法院应该解释的是加拿大声明及保留本身，而不是加拿大接受强制管辖声明的政治或其他方面的原因，[66] 应将声明及其保留根据国际法解释规则作整体解释，对保留的解释应同对声明的解释如出一辙。然而，本案在解释加拿大保留时，是以"保留制度"为基础进行的，将其与"声明制度"相区分。[67] 从法院采用的方法及相关法官的观点看，单纯依照国际法、国内法，还是二者兼具进行解释，单纯考虑保留国意图还是考虑当事双方共同意图进行解释，并没有一致看法。

最后，对于保留受何限制，托里斯·贝尔纳德法官认为，一国一旦进入国家同意体系，就不可避免要接受国际法基本规则。管辖权及程序规则均是由法院判断，而不是由当事国确定。一国无论怎样设计，都不能用保留的方式拒绝这些规则。[68] 选择条款制度下声明保留的自由是广泛的，但不是没有界限的。首要的限制来源于《国际法院规约》本身，另外，违反《联合国宪章》，违反强行法的保留也是无效的。而本案的保留不属于这种情况。[69] 但贝德贾维法官认为，法院不能也不应接受加

---

[62] Dissenting Opinion of Judge Ranjeva, Judgment, pp. 568-569, paras. 39-40.
[63] Dissenting Opinion of Judge Vereshchetin, Judgment, pp. 576-577, paras. 12-13.
[64] Ibid., p. 577, para. 14.
[65] Ibid., pp. 579-581, paras. 19-23.
[66] Dissenting Opinion of Judge Torres Bernardez, Judgment, pp. 656-657, para. 195.
[67] Ibid., p. 659, para. 202.
[68] Dissenting Opinion of Vice-President Weeramantry, Judgment, pp. 500-501, paras. 17-22.
[69] Dissenting Opinion of Judge Torres Bernardez, Judgment, pp. 634-636, paras. 134-139.

拿大的保留。法院没有认识到，加拿大的做法将严重损害"选择条款"制度的信誉。一国不能将其认为正确的行为递交法院裁判以示对国际正义的尊重，同时将其认为合法性存疑的行为避开被尊重的正义。声明国不能用这样的方式重塑选择条款制度体系，更不能"扭曲"该制度来适应其自相矛盾的要求，或者将这两种不相容的目的相混淆。[70]

我国虽未依据《公约》第287条选择第三方争端解决机构，但不可避免有国家滥用《公约》争端解决机制提起导致有约束力裁判的强制程序，使我国成为"争端"当事国。本案中对争端定性的论述是值得我们关注的。

四、附　录

（一）中英案件全名

1. 中文案件全名：渔业管辖权案（西班牙诉加拿大）
2. 英文案件全名：Fisheries Jurisdiction Case (Spain v. Canada)

（二）案件的标准引用

Fisheries Jurisdiction Case (Spain v. Canada), Jurisdiction of the Court, Judgment, I. C. J. Reports 1998, p. 432.

（三）主要参考文献

1. Barbara Kwiatkowska, "Spain v. Canada Fisheries Jurisdiction Judgment of 4 December 1998", *Hague Yearbook of International Law*, Vol. 12, 1999, pp. 1-16.

2. Michael Sean Sullivan, "The Case in International Law for Canada's Extension of Fisheries Jurisdiction beyond 200 Miles", *Ocean Development and International Law*, Vol. 28, 1997, pp. 203-268.

3. William T. Abel, "Fishing for an International Norm to Govern Straddling Stocks: The Canada-Spain Dispute of 1995", *University of Miami Inter-American*

---

[70] Dissenting Opinion of Judge Bedjaoui, Judgment, pp. 536-537, paras. 50-53.

Law Review, Vol. 27, 1996, pp. 553-583.

4. Adela Rey Aneiros, "Spain, the European Union, and Canada: A New Phase in the Unstable Balance in the Northwest Atlantic Fisheries", *Ocean Development and International Law*, Vol. 42, 2011, pp. 155-172.

(四) 与本案主题相关的重要引用案件

1. Certain Phosphate Lands in Nauru (Nauru v. Australia), Preliminary Objections, Judgment, I. C. J. Reports 1992, p. 266.

2. Interhandel, Preliminary Objections, Judgment, I. C. J. Reports 1959, p. 21.

3. Nuclear Tests (Australia v. France), Judgment, I. C. J. Reports 1974, p. 260.

4. Maritime Delimitation and Territorial Questions Between Qatar and Bahrain, Jurisdiction and Admissibility, Judgment, I. C. J. Reports 1995, p. 24.

5. Cases Concerning Fisheries, Judgment, I. C. J. Reports 1951, p. 126.

6. Minquiers and Ecrehos, Judgment, I. C. J. Reports 1953, p. 52.

7. Nottebohm, Second Phase, Judgment, I. C. J. Reports 1955, p. 16.

8. Military and Paramilitary Activities in and against Nicaragua (Nicaragua v. United States of America), Jurisdiction and Admissibility, Judgment, I. C. J. Reports 1984, p. 437.

9. Border and Transborder Armed Actions (Nicaragua v. Honduras), Jurisdiction and Admissibility, Judgment, I. C. J. Reports 1988, p. 76.

10. Factory at Chorzow, Jurisdiction, Judgment No. 8, 1927, P. C. I. J., Series A, No. 9, p. 32.

11. Phosphates in Morocco, Judgment, 1938, P. C. I. J., Series A/B, No. 74, p. 23.

12. Land and Maritime Boundary Between Cameroon and Nigeria, Preliminary Objections, I. C. J. Reports 1998, p. 291.

13. Anglo-Iranian Oil Co., Preliminary Objection, Judgment, I. C. J. Reports 1952, p. 105.

14. Aegean Sea Continental Shelf, Judgment, I. C. J. Reports 1978, p. 29.

15. Right of Passage over Indian Territory, Preliminary Objections, Judgment, I. C. J. Reports 1957, p. 142.

16. Northern Cameroons (Cameroon v. United Kingdom), Preliminary Objections, Judgment, I. C. J. Reports 1963, p. 38.

(五) 案件中的重要缩略语

NAFO　Northwest Atlantic Fisheries Organization　西北大西洋渔业组织

（曲　波）

"塞加"号(第2号)案
(圣文森特和格林纳丁斯诉几内亚)

(1999年)

1997.12.22 圣文森特和格林纳丁斯将其与几内亚关于"塞加"号的争端提起《联合国海洋法公约》附件七仲裁

1998.01.13 圣文森特和格林纳丁斯向法庭请求指示临时措施

1998.02.20 圣文森特和格林纳丁斯与几内亚通过换文,同意将圣文森特提起的仲裁程序移交给法庭

1998.03.11 法庭发布有关指示临时措施的命令

1999.07.01 法庭就本案实体问题作出判决(对管辖权作出一致判决;对实体问题诉求以18票对2票作出判决)

关键词:临时措施(Provisional Measure);管辖权(Jurisdiction);可受理性(Admissibility);真实联系(Genuine Link);用尽当地救济(Exhaustion of Local Remedies);求偿的国籍(Nationality of Claims);紧追权(Right of Hot Pursuit);逮捕(Arrest);合理且必要地使用武力(Use of Reasonable and Necessary Force);赔偿(Reparation);财政担保(Financial Security)

一、案件背景

国际海洋法法庭(以下简称"法庭")就"塞加"号案作出判决后,几内亚没有释放船只及其船员。相反,几内亚当局在科纳克里初审法庭对"塞加"号船长提起刑事程序,并认定圣文森特和格林纳丁斯(以下简称"圣文森特")应该承担民事责任。[1]

---

[1] M/V "SAIGA" (No.2) Case (Saint Vincent and the Grenadines v. Guinea), Judgment, ITLOS Reports 1999, paras.36-38.

1997年12月22日，圣文森特提交书面通知，将其与几内亚之间关于几内亚当局逮捕"塞加"号引起的争端依据《联合国海洋法公约》（以下简称《公约》）附件七提起仲裁，并请求指示临时措施。[2] 1998年2月20日，两国通过换文（以下简称"1998年协定"），同意将圣文森特就有关"塞加"号的争端提起的仲裁程序移交法庭。[3] 圣文森特提起的仲裁程序也因此终止。1998年1月20日，法庭发布命令，决定按当事各方请求的条件受理本案，将它登记入案件总表，名为"塞加"号（第2号）案。[4]

二、临时措施

（一）当事方请求

圣文森特请求法庭指示几内亚采取如下临时措施：（1）释放"塞加"号及其船员；（2）暂停执行科纳克里初审法庭1997年12月17日判决和上诉法院1998年2月3日判决；（3）停止并不再对任何人员或政府当局直接或间接执行上述两项判决；（4）停止对在几内亚12海里领海以外的海域从事加油活动的圣文森特船只执行海关与禁制品法；（5）停止干涉圣文森特船只享有《公约》第56条第2款和第58条及相关条款所规定的航行自由以及与这些自由有关的海洋其他国际合法用途的权利。[5]

几内亚则请求法庭全部驳回圣文森特指示临时措施的请求。[6]

---

[2] M/V "SAIGA" (No. 2) Case (Saint Vincent and the Grenadines v. Guinea), Judgment, ITLOS Reports 1999, para. 1.

[3] M/V "SAIGA" (No. 2) Case (Saint Vincent and the Grenadines v. Guinea), Provisional Measures, Order of 11 March 1998, ITLOS Reports 1998, p. 2.

[4] M/V "SAIGA" (No. 2) Case (Saint Vincent and the Grenadines v. Guinea), Judgment, ITLOS Reports 1999, para. 5.

[5] M/V "SAIGA" (No. 2) Case (Saint Vincent and the Grenadines v. Guinea), Provisional Measures, Order of 11 March 1998, ITLOS Reports 1998, paras. 21-23.

[6] Ibid., para. 24.

（二）法庭的说理

1. 初步管辖权

当事双方对于法庭是否具有管辖权存在不同意见。法庭认为，一方面，在指示临时措施之前，无须最终查明它对案件的实体问题具有管辖权。另一方面，它不得指示临时措施，除非圣文森特所援引的条款可以提供法庭可能具有初步管辖权的基础。由于圣文森特在本案中援引了《公约》第297条第1款，因而该条款提供了法庭具有初步管辖权的基础。[7]

鉴于在开始审议本命令之后，几内亚已经释放了"塞加"号及其船长和船员，法庭判定，在这种情况下，没必要再对释放问题指示临时措施。[8] 然而，法庭认为，在终局判决之前，双方应尽一切努力避免类似逮捕和扣留"塞加"号及其船员、可能恶化或扩大争端的事件发生。为了防止争端的恶化或扩大，在终局判决作出之前，双方应尽力找到可行的安排，而不妨碍各自对管辖权或实体问题的主张。任何一方为避免争端的恶化或扩大而采取的任何作为或不作为绝不应被理解为放弃其任何主张或承认争端另一方的主张。本命令也绝不妨碍有关法庭管辖权或案件实体的任何问题的解决，不影响双方对这些问题提出主张的权利。法庭还指出，根据《国际海洋法法庭规则》（以下简称《法庭规则》）第89条第5款，它可以指示与所提请求全部或部分不同的措施，这种措施具有约束力，根据《公约》第290条第6款，当事方应予遵守。[9]

2. 临时措施命令

1998年3月11日，法庭发布命令，指示如下临时措施：（1）一致指示几内亚不得对"塞加"号及其船长和其他船员以及与1997年逮捕和扣留船舶事件有关的船主或经营者采取或执行任何司法或行政措施；（2）建议圣文森特与几内亚在终局判决作出之前，应尽力作出可行安排，为此目的，两国应该确保各自当局或悬挂其旗帜的船舶不采取可能恶化或扩大争端的行动；（3）决定圣文森特与几内亚应该各自按照《法庭规则》第95条第1款的规定提交一份初步报告，提交时间不晚于

---

[7] M/V "SAIGA" (No.2) Case (Saint Vincent and the Grenadines v. Guinea), Provisional Measures, Order of 11 March 1998, ITLOS Reports 1998, paras. 27-30.

[8] Ibid., paras. 36-40.

[9] Ibid., paras. 41-51.

1998年4月30日,并授权庭长在该日期之后可以根据需要请求双方提交其他报告和信息。[10]

武卡斯法官和瓦里奥巴法官对临时措施命令发表了声明,莱恩法官发表了个别意见。[11]

三、判 决

(一) 当事方请求

圣文森特请求法庭判决:(1) 几内亚的各种行动侵犯了圣文森特及其船舶依据《公约》第56条第2款、第58条和相关条款享有航行自由和海洋其他国际合法用途的权利;(2) 几内亚的海关与禁制品法均不得在几内亚专属经济区内适用;(3) 几内亚没有按照《公约》第111条对"塞加"号合法地行使紧追权,应按照该条第8款赔偿"塞加"号所受的损失;(4) 几内亚违反《公约》第292条第4款和第296条,在经提交财政担保后,仍未立即释放"塞加"号及其船员;(5) 几内亚在其刑事法院对"塞加"号提起的程序中将圣文森特作为船旗国侵犯了圣文森特根据《公约》所享有的权利;(6) 几内亚立即归还从"塞加"号所卸载石油的等值价款;(7) 几内亚应该赔偿上述违法行为所造成的损失及利息。

几内亚则请求法庭判决:(1) 圣文森特的请求不可受理;(2) 几内亚的各种行动没有侵犯圣文森特及其船舶根据《公约》第56条第2款、第58条和相关条款享有航行自由和海洋其他国际合法用途的权利;(3) 几内亚的法律能够适用于管制和打击几内亚《海关法》第34条所规定的在海关半径区内向渔船销售汽油的行为;(4) 几内亚根据《公约》第111条合法地对"塞加"号行使紧追权,根据该条第8款不对"塞加"号的损失承担赔偿责任;(5) 几内亚没有违反《公约》第292条第4款和第296条;(6) 科纳克里初审法庭1997年12月12日作出的题为"负民事责任"的传票中载列圣文森特名称没有侵犯圣文森特根据

---

[10] M/V "SAIGA" (No. 2) Case (Saint Vincent and the Grenadines v. Guinea), Provisional Measures, Order of 11 March 1998, ITLOS Reports 1998, para. 52.

[11] Declaration of Judge Vukas, pp. 41-42; Declaration of Judge Warioba, pp. 43-45; Separate Opinion of Judge Laing, paras. 1-42.

《公约》所享有的权利;(7)几内亚没有义务向圣文森特立即归还与所卸载汽油等值美元的价款。

(二) 法庭的说理

1. 案件管辖权和诉求的可受理性

当事双方对法庭的管辖权没有争议,法庭确认其对本争端的实体问题具有管辖权。但是,几内亚就以下4个方面的问题对诉求的可受理性提出4项反对意见:(1)"塞加"号的登记;(2)"塞加"号与圣文森特之间的真实联系;(3)用尽当地救济;(4)求偿一方的国籍。

法庭逐项审议后认为,《公约》第91条将赋予船舶国籍的专属管辖权留给每个国家。因此,圣文森特是确定给予船舶国籍、船舶登记和悬挂其旗帜的权利的条件的国家。根据提交法庭的证据,"塞加"号在被逮捕时具有圣文森特的国籍。《公约》关于船舶与船旗国之间真实联系条件的条款,其目的在于更有效地确保履行船旗国义务,而非规定另一个国家据此质疑船舶在一个船旗国登记是否有效的标准。几内亚提出的证据不足以证明"塞加"号与圣文森特在关键日期时不存在真实联系。在本案中,圣文森特所主张遭到几内亚侵犯的权利是它根据《公约》第33条、第56条、第58条、第111条和第292条或根据国际法所享有的一切权利,而非有关给予外国人待遇的义务。即便接受几内亚关于圣文森特对所涉自然人或法人提出的某些求偿不是因圣文森特的权利受到直接侵犯而引起的论点,《公约》第94条和第217条也没有区分船旗国的国民和非国民,第100条、第110条第3款和第111条第8款还规定采取措施的国家应对没有正当理由的扣押所造成的"任何损失或损害"承担赔偿责任。此外,《公约》相关条款将船舶视为一个单元,而与船上人员的国籍无关。因此,法庭全部拒绝几内亚的反对理由。[12]

2. 逮捕"塞加"号

圣文森特主张,几内亚逮捕"塞加"号及随后采取的行动是违法的,因为"塞加"号没有违反可以对它适用的任何几内亚法律规章。即使几内亚所援引的法律适用于"塞加"号所进行的活动,这些法律也与

---

[12] M/V "SAIGA" (No. 2) Case (Saint Vincent and the Grenadines v. Guinea), Judgment, 1 July 1999, paras. 51-55.

《公约》相抵触。[13]

几内亚则声称,"塞加"号违反了1994年《打击在几内亚共和国进口、购买和销售燃料的欺诈行为的法律》(以下简称"L/94/007号法")第1条在几内亚海关半径区(customs radius)进口汽油。该条规定,"未经合法批准的自然人或法人在几内亚共和国内输入、运送、贮藏和分销燃料都是被禁止的"。几内亚辩称,按照几内亚《海关法》第34条,L/94/007号法第1条可适用于海关半径区内控制和查禁出售汽油给渔船的活动。依照《海关法》第34条,海关半径区包括海域和陆区。海域位于海岸线和从海岸算起250千米外部界限之间。几内亚宣称,它的一贯做法和几内亚法庭的一贯意见是,"几内亚一词包括海关半径区,从而禁止向几内亚进口汽油当然包括向海关半径区的任何部分输入这种汽油"。"塞加"号违反几内亚法这一事实已为上诉法院权威性地加以确认。在本案中不得质疑这项判决,因为法庭无权审理几内亚当局或其法院是否适当地适用几内亚国内法这个问题。[14]

法庭首先审查了几内亚关于法庭无权审议几内亚当局或法院适用几内亚国内法是否适当的问题。基于常设国际法院在1920年关于某些德国人在波兰上西利西亚的利益案的判决中所阐述的法理,即从国际法的观点看,"国内法如法律判决书或行政措施,只是表达国家意志和构成国家活动的事实。当然不是要求法院解释波兰法,但并不妨碍(国际)法院就适用该法时,对波兰之行为根据《日内瓦公约》是否符合其对德国的义务作出判决",本案法庭认为,没有任何事项妨碍其在本案中审理在将几内亚法律适用于"塞加"号方面,几内亚根据《公约》和一般国际法是否符合其对圣文森特的义务。否认法庭审理国内法的可适用性和范围的权力,在《公约》某些规定的框架内是完全不可接受的。依照几内亚也援引的一个条款,即《公约》第58条第3款,"各国在专属经济区内根据本公约行使其权利和履行其义务时,应适当顾及沿海国的权利和义务,并应遵守沿海国按照本公约的规定和其他国际法规则所制定的与本部分不相抵触的法律和规章"。这样,沿海国及其他国家根据《公约》的权利和义务不仅来自《公约》的规定,还来自沿海国按照《公

---

[13] M/V "SAIGA" (No. 2) Case (Saint Vincent and the Grenadines v. Guinea), Judgment, 1 July 1999, paras. 110, 117-119.

[14] Ibid., paras. 111-116.

约》的规定所制定的法律和规章。因此，法庭有权决定这种法律和规章与《公约》的一致性问题。[15]

法庭接着审议几内亚在其专属经济区内从海岸量起 250 千米的海关半径区内适用其《海关法》依据《公约》是否适当的问题。法庭指出，在专属经济区内，沿海国在人工岛屿、设施和结构方面有适用海关法律和规章的管辖权（《公约》第 60 条第 2 款）。但是，《公约》并未授权沿海国对上述部分以外的专属经济区任何其他部分适用其《海关法》。[16]

法庭继续讨论几内亚关于其法律禁止对海关半径区内的渔船供应汽油的法律基础是《公约》第 58 条的主张。法庭注意到，几内亚将该条第 3 款中的"其他国际法规则"作为在其海关半径区内适用和实施海关和禁运法的理由，几内亚将这些"其他国际法规则"说成是"为防止在其专属经济区内出现严重影响其公共利益的不正当经济活动而保护自己的固有权利"，或者说成是在存在危及基本公共利益的严重迫切危险的情况下的"危急情况原则"或者"习惯自保原则"。法庭认为，其必须区分几内亚提到的两个概念，即"公共利益"和"危急情况"。[17]

对于"公共利益"主张，法庭注意到，几内亚将其《海关法》适用于其在专属经济区所要保护的"主要公共利益"，据称是因为"像几内亚这样的发展中国家在其专属经济区内的非法近海加油活动而遭受了巨大财政损失"。"公共利益"的习惯国际法原则赋予几内亚阻止在航行的伪装下在其专属经济区内从事与航行无关的经济活动的权利。法庭指出，根据《公约》第 58 条第 3 款，沿海国有权在专属经济区内适用的"其他国际法规则"是那些与《公约》第五部分不相抵触的规则。诉诸"公共利益"原则将使沿海国有权禁止在专属经济区内的任何活动，并将之定性为影响其经济"公共利益"或造成其"财政损失"的活动，这将妨碍其他国家在专属经济区内的权利。因此，这与《公约》第 56 条和第 58 条有关沿海国在专属经济区内权利的规定相抵触。[18]

至于"危急情况"理论，法庭审查了几内亚根据一般国际法援引"危急情况"来证明其将《海关法》适用于专属经济区的合法性。法庭

---

[15] M/V "SAIGA" (No. 2) Case (Saint Vincent and the Grenadines v. Guinea), Judgment, ITLOS Reports 1999, paras. 120-124.
[16] Ibid., paras. 125-127.
[17] Ibid., paras. 128-129.
[18] Ibid., paras. 130-131.

引用了国际法院在加布奇科沃—大毛罗斯项目案（匈牙利诉斯洛伐克）的判决中所阐述的法理，指出"危急情况"的存在有两个条件。这些条件如国际法委员会《国家对国际不法行为的责任条款草案》第33条第1款所规定的：（1）这一行为是保护国家的基本利益免遭严重迫切危险的唯一方法；（2）这一行为并未严重损害对其存在义务的国家的基本利益。国际法院在赞同这些条件时表示，它们"反映了习惯国际法"。法庭认为，几内亚没有提出任何证据证明它的基本利益受到严重迫切的危险。无论几内亚从向渔船出售汽油所获最大限度的税收对其利益多么重要，都不能据此认为，保护这种利益的唯一方法是将其《海关法》扩大适用于专属经济区的那些部分。因此，法庭裁定，几内亚将其《海关法》适用于专属经济区之一部分的海关半径区，是违反《公约》的。因此，逮捕并扣留"塞加"号、起诉其船长并定罪、没收货物并将该船充公都是违反《公约》的。[19]

法庭还指出，双方要求其对沿海国和其他国家在诸如向海上渔船出售汽油的近海岸加油方面的权利作出宣判。法庭认为，本案要求其裁判的问题是几内亚所采取的行动是否符合《公约》规定。法庭认定，其根据可适用于本案的特殊情况的法律已就这一问题作出了定论，无须就沿海国及其他国家在专属经济区内给渔船加油的权利这个问题发表意见，因而不对这个问题作出任何裁决。[20]

3. 紧　追

圣文森特与几内亚对几内亚在逮捕"塞加"号时是否按照《公约》第111条合法地行使紧追权存在不同意见。圣文森特声称，几内亚扣押"塞加"号时，并未按照《公约》第111条合法地行使紧追权。既然"塞加"号并未违反几内亚按照《公约》可适用的法律和规章，那么扣押船舶就没有法律根据。几内亚当局没有充分理由认为"塞加"号犯有依照《公约》进行正当追逐的罪行。不但如此，所谓追逐是从"塞加"号在几内亚的毗连区外开始的。"塞加"号在几内亚专属经济区外即将离开该区时，于1997年10月28日清晨首先被雷达侦察到。该船跨越几内亚专属经济区的南部边界后才被扣押。不论追逐从何处何时开始，它

---

[19] M/V "SAIGA" (No. 2) Case (Saint Vincent and the Grenadines v. Guinea), Judgment, ITLOS Reports 1999, paras. 132-136.

[20] Ibid., paras. 137-138.

毕竟已经中断了。而且在追逐开始前，几内亚没有按《公约》第 111 条的要求发出视听停驶信号。[21]

几内亚对此则予以否认，声称从事追逐的官员是遵照《公约》第 111 条规定的一切要求进行的。几内亚表示，追逐是在几内亚当局获悉"塞加"号已违反或即将违反其海关和禁运法后不久于 1997 年 10 月 27 日开始的，追逐一直持续到 1997 年 10 月 28 日清晨该船被扣押为止。当"塞加"号仍在几内亚专属经济区时，追逐于 1997 年 10 月 28 日清晨开始，这是遵照《公约》第 111 条第 2 款行事的。1997 年 10 月 28 日清晨约 4 时，大巡逻艇 P328 号进入"塞加"号的视听范围内，并向该船发出了视听停驶信号。虽然逮捕"塞加"号是在几内亚专属经济区外进行的，但是，逮捕的地点不在船旗国或另一个国家的领海内，并未违反《公约》第 111 条。[22]

法庭注意到，根据《公约》第 111 条行使紧追权的条件是累积的。根据《公约》进行的紧追要合法，每一项条件都必须得到满足。在本案中，有几个条件并没有得到满足。[23] 第一，"塞加"号没有违反按照《公约》可适用的几内亚法律和规章，因而几内亚在此情形下行使紧追权没有法律基础。[24] 第二，关于所称 1997 年 10 月 27 日开始的紧追，法庭注意到，向其出示的证据表明，在几内亚海关和海军联合委员会发布命令时，几内亚当局根据所掌握的情报，仅是怀疑"塞加"号违反几内亚专属经济区的相关法律。法庭还注意到，在当时的情况下，几内亚没有向"塞加"号发出停驶的任何视听信号。所称的追逐也中断了，因为按照几内亚提供的证据，当其于 1997 年 10 月 26 日获悉"塞加"号已经改变航向的情报时，就将向北搜索"塞加"号的小巡逻艇（P35）召回。不论其最初开始追逐可能存在的法律依据是什么，这一召回构成任何追逐的明显中断。[25] 第三，至于所称于 1997 年 10 月 28 日开始的追逐，法庭注意到，几内亚提出的证据不足以支持其主张，即在开始所称追逐之前按照《公约》第 111 条第 4 款的要求应向"塞加"号发出必要的视听

---

[21] M/V "SAIGA" (No. 2) Case (Saint Vincent and the Grenadines v. Guinea), Judgment, ITLOS Reports 1999, paras. 139-141.
[22] Ibid., paras. 142-144.
[23] Ibid., para. 146.
[24] Ibid., para. 149.
[25] Ibid., para. 147.

停驶信号。虽然几内亚声称小巡逻艇进入"塞加"号视听所及的范围内时,曾鸣汽笛并开启警笛,但是,当时站在船桥上的船长和站在甲板上的一名制图员矢口否认小巡逻艇曾发出任何这种信号。无论如何,几内亚所称发出的信号不能被视为其开始追逐时发出的信号。[26] 因此,几内亚1997年10月28日命令"塞加"号停驶并逮捕该船是在没有正当理由且未按照《公约》规定行使紧追权的情况下进行的。[27]

法庭还注意到,几内亚在其答辩状中提出,对"塞加"号的行动至少部分是正当的,因为"塞加"号在几内亚阿尔卡特拉兹(Alcatraz)岛的毗连区内向渔船提供汽油。然而,几内亚在庭审中却说,"塞加"号在几内亚毗连区内的加油行为与本案无关。法庭指出,其对追逐"塞加"号合法性问题的审议并非基于几内亚关于违反《海关法》的行为发生于毗连区的主张。即使几内亚对"塞加"号采取的行动只是基于违反其毗连区的海关法,法庭对这一问题的结论亦是如此。因为即使"塞加"号在几内亚毗连区内供应汽油,在本案中几内亚也没有按照《公约》第111条的要求行使紧追权。[28]

4. 执法中使用武力

圣文森特与几内亚对于后者命令"塞加"号停驶并对其进行逮捕是否使用了过分且不合理的武力存在不同意见。圣文森特声称,几内亚停驶和逮捕"塞加"号使用了过分且不合理的武力。"塞加"号是一艘非武装的满载汽油的油轮,最大航速10节,几内亚当局使用大口径自动枪向它实弹射击。几内亚则否认其在登船、停驶和逮捕"塞加"号时使用的武力是过分的或不合理的。其辩称,执行逮捕的官员别无选择只能使用机枪,因为在反复向"塞加"号发出停驶的无线电信号和P35巡逻艇发出视听信号后,该船拒不停驶。几内亚坚持认为,使用机枪是最后采取的手段,它没有使用大口径实弹。对因使用武力而引起的任何损失责任应由船长和船员承担。[29]

法庭认为,在审议几内亚逮捕"塞加"号所使用武力的问题上,其

---

[26] M/V "SAIGA" (No. 2) Case (Saint Vincent and the Grenadines v. Guinea), Judgment, ITLOS Reports 1999, para. 148.
[27] Ibid., para. 150.
[28] Ibid., paras. 151-152.
[29] Ibid., paras. 153-154.

必须在可适用的国际法规则范畴内考虑逮捕的情况。尽管《公约》没有关于逮捕船舶时使用武力的明文规定，但是，根据《公约》第 293 条可予适用的国际法的要求，使用武力必须尽可能地予以避免，在使用武力不可避免时，不得超出当时情况下合理的和必要的限度。与在国际法的其他领域一样，人道主义的考虑也适用于海洋法。[30] 这些原则一直为海上执法活动所遵守。在海上，使一艘船舶停驶的通常做法是：首先用国际法公认的信号发出停驶的视听信号，如果船舶并没有停驶，则可采取一些其他行动，包括向船身开枪。只有在这些行动仍不见效时，追逐的船舶才可以将武力作为最后手段。即使如此，也必须向该船发出适当警告，并尽一切努力保证不危及生命。1995 年《执行 1982 年 12 月 10 日〈联合国海洋法公约〉有关养护和管理跨界鱼类种群和高度洄游鱼类种群的规定的协定》第 22 条第 1 款（f）项规定，执行养护和管理措施的检查员应该避免使用武力，但为确保检查员安全和在检查员执行职务时受到阻碍而必须使用者除外，且应以必要程度为限。使用的武力不应超过根据情况为合理需要的程度。[31]

在本案中，法庭注意到，在巡逻艇靠近"塞加"号时，它几乎满载汽油，最大航速为 10 节，因此，几内亚官员可轻而易举地登船。在程序的某一阶段，几内亚试图用"塞加"号曾企图炸沉巡逻艇来为其使用机枪辩解。但无论情况如何，几内亚的官员朝该船实弹射击，而没有按国际法和国际惯例的要求发出任何信号和警告，这是不可原谅的。[32]

法庭进一步指出，几内亚官员在船上也过度使用了武力。他们没有遭到抵抗就登上了船舶。尽管没有船员使用武力或以武力相威胁的证据，但几内亚官员在船舶甲板上却随意开枪。在强行进入机房后，他们又使用机枪使该船停驶。以这种方式使用武力，几内亚官员似乎无视该船及船上人员的安全。在此过程中，该船和机房与无线电房中的重要设备遭受重大损失。更严重的是，肆意使用机枪造成船上两名船员重伤。因此，几内亚在登上"塞加"号前后过度使用了武力，并危及人员生命，因而

---

[30] M/V "SAIGA" (No. 2) Case (Saint Vincent and the Grenadines v. Guinea), Judgment, ITLOS Reports 1999, para. 155.
[31] Ibid., para. 156.
[32] Ibid., para. 157.

侵犯了圣文森特根据国际法所享有的权利。[33]

5. 赔　偿

圣文森特要求法庭宣判，根据《公约》第 111 条第 8 款和《公约》第 304 条所适用的国际法，对几内亚侵犯其在《公约》下的权利所造成的损害负有赔偿责任。法庭认为，圣文森特对其直接遭受的损失以及"塞加"号遭受的损失或其他损害有权获得赔偿，包括该船运营中所涉及或与此有关的一切人员以及因为人身伤害、非法逮捕、扣留或其他形式的虐待对"塞加"号及其所有人员造成的损失或损害、对财产或没收财产引起的损害和包括利润损失在内的其他经济损失。[34]

对于由金钱损失、财产损失和其他经济损失引起的利息，法庭确定为赔偿额的 6%。在确定这一利率时，法庭特别考虑了费用发生地国家或获赔方主营业地所在地国家的商业情况。对包括利润损失在内的汽油价值确定了 8% 的较高利息，而对扣留及人身伤害、痛苦、伤残和心理伤害的赔偿确定了 3% 的较低利息。[35]

关于赔偿额，法庭在仔细审查了所提交的发票和其他文件后，确定连同利息在内的 2123357 美元的赔偿总额。[36] 至于圣文森特关于侵犯其有关船舶悬挂其旗帜的权利而要求赔偿的主张，法庭认为，它已经判定几内亚在本案所涉情况下在逮捕"塞加"号和过度使用武力方面错误地行动，侵犯了圣文森特的权利，因而这些宣判构成适当的赔偿。[37]

圣文森特还请求法庭判决几内亚赔偿因为非法逮捕"塞加"号而引起的注册收入损失，以及由于几内亚官员处理逮捕和扣留该船及其船员引起的时间损失。法庭注意到，圣文森特未曾提出证据证明，逮捕"塞加"号造成了其旗帜下的登记活动减少，收入遭受损失。因此，法庭认为，圣文森特官员发生的有关费用必须由其自己承担，因为这是履行一个船旗国的正常职能所引起的费用。法庭因而拒绝了圣文森特提出的这

---

[33] M/V "SAIGA" (No. 2) Case (Saint Vincent and the Grenadines v. Guinea), Judgment, 1 July 1999, paras. 158-159.

[34] Ibid., paras. 167-172.

[35] Ibid., para. 173.

[36] Ibid., paras. 174-175.

[37] Ibid., para. 176.

些赔偿要求。[38]

(三) 判决主文

1999年7月1日,法庭就"塞加"号(第2号)案的实体问题作出判决。法庭一致判决其对争端具有管辖权,几内亚并不被禁止对圣文森特请求的可受理性提出反对意见。法庭以18票对2票判决:

(1) 驳回几内亚关于在逮捕"塞加"号时该船没有在圣文森特登记的请求;(2) 驳回几内亚关于圣文森特与"塞加"号在被逮捕时不存在真实联系的请求;(3) 驳回几内亚关于没有用尽当地救济方法的请求;(4) 驳回几内亚关于圣文森特所提求偿涉及的人员不是其国民的请求;(5) 几内亚在逮捕"塞加"号、扣留该船及其船员、对船长进行起诉和定罪、没收该船及其货物方面,侵犯了圣文森特在《公约》下的权利;(6) 几内亚逮捕"塞加"号是以违反《公约》关于紧追权的规定行事的,因此侵犯了圣文森特的权利;(7) 几内亚停驶和逮捕"塞加"号过度使用武力,违反了国际法,侵犯了圣文森特的权利;(8) 驳回圣文森特关于几内亚在传票中将其列为应该承担民事责任的主体而且侵犯其根据国际法享有的权利的请求;(9) 驳回圣文森特关于几内亚没有遵守1997年12月4日判决迅速释放"塞加"号及其船员而侵犯其在《公约》下权利的请求;(10) 几内亚应该向圣文森特支付总额为2123357美元的赔偿金,包括利息。

四、评 论

(一) 本案的特点与法律问题

本案是法庭成立后发布第一份指示临时措施命令的案件,是发布第

---

[38] M/V "SAIGA" (No. 2) Case (Saint Vincent and the Grenadines v. Guinea), Judgment, 1 July 1999, para. 177.

一份实体问题判决的案件，是第一个从《公约》附件七仲裁程序转变为法庭程序的案件，是第一个涵盖附带程序与实体问题程序的案件，是第一个确定沿海国海关法不适用于专属经济区内特定区域以外的区域的案件，是第一个详细阐述紧追权行使条件的案件，是第一个完整阐述在执法中如何使用必要且合理的武力原则的案件。[39] 本案涉及的法律问题包括：《公约》与国内法的关系、国际法庭与国内法院的关系、船舶上个人权利与船旗国权利的关系、船旗国对船舶的责任、真实联系的意义、用尽当地救济、沿海国在其专属经济区内的管辖权、专属经济区内供应燃油与航行自由的关系、执法中使用武力、紧追权以及赔偿。

（二）评　述

法庭21名法官除对案件管辖权作出一致判决外，对其他问题的判决都遭到其中2名法官的反对。瓦里奥巴法官和恩迪亚耶法官发表了反对意见。此外，卡米诺斯、杨科夫、阿克勒、安德森、武卡斯、特雷韦斯和埃里克森法官发表了联合声明；门萨、沃尔夫鲁姆、赵理海、纳尔逊、钱德拉塞卡拉·拉奥、安德森、武卡斯和莱恩法官发表了个别意见。他们的意见涉及案件初步问题和实体问题，主要表现在如下方面：

1. "塞加"号登记与国籍

有6位法官对判决中关于"塞加"号登记及其国籍的结论予以进一步解释或者表示怀疑或反对。安德森表示，"塞加"号的国籍问题是由向法庭提起诉讼的法律资格问题间接引起的。这个问题导致法庭详细审议与逮捕理由无关的国籍和船舶登记这类技术问题。他强调，海洋法长久以来承认船旗国对赋予船舶国籍的所有问题具有准排他性权力，这特别体现在《公约》第91条和第94条。因此，其他国家质疑某一项特定登记的规范性和有效性在实体上和程序上的范围受到严格限制。对此问题，他认为，法庭需要查明圣文森特作为船舶国籍国的资格是否得以充分证明或者几内亚的反对意见是否具有事实依据。他断定，圣文森特能够证明"塞加"号在相关日期上具有其国籍，这为圣文森特的一贯做法所支持。相反，几内亚在提交辩诉状之前的行为与随后对圣文森特的资

---

[39] Louise de La Fayette, "ITLOS and the Saga of the Saiga: Peaceful Settlement of a Law of the Sea Dispute", *The International Journal of Marine and Coastal Law*, Vol. 15, 2000, pp. 355-356.

格提出反对意见前后不一致。他因而认为,判决应该从当事双方的各自行为和国际法律程序中公正的一般原则方面来理解。他还同意沃尔夫鲁姆在其个别意见中对圣文森特在临时登记上的行政做法所提出的批评。[40]

门萨则对"塞加"号在引起争端的事件时所具有的登记地位和国籍表示重大怀疑。他认为,"塞加"号在1997年10月28日是一艘无权悬挂圣文森特旗帜的船舶,因为在那一天该船的临时登记已经终止,并且没有根据圣文森特的法律给予其他登记。[41] 沃尔夫鲁姆不同意法庭关于"塞加"号的圣文森特登记及其国籍的结论,其理由有两个:第一,判决中的观点和相关理由没有准确反映船旗国在船舶登记方面的作用和《公约》赋予适当登记证明文件的重要性;第二,他不赞同作为判决中观点依据的事实评估。他认为,提交法庭的证据清楚表明"塞加"号在被逮捕时没有取得圣文森特的登记。[42]

纳尔逊表达了类似观点。他认为,"塞加"号临时登记的有效期不超过1年,因此,它的登记至少存在某些不合常理之处,比如没有延长临时登记或在临时登记终止后取得永久证书。因而他不同意判决中关于"塞加"号的圣文森特登记或国籍在相关时期没有消失的裁定。[43] 钱德拉塞卡拉·拉奥认为,提交法庭的证据表明,将所签发为期6个月的临时证书在没有获得延期和没有考虑到本案件的情况下仍视为在1年内有效,这是不合逻辑的。因此,圣文森特在相关时间内并不是"塞加"号的船旗国。[44]

瓦里奥巴和恩迪亚耶则完全不同意法庭对"塞加"号登记及其国籍的判决。瓦里奥巴认为,判决在整体上缺乏透明度。对于"塞加"号的国籍,他详细审查了《公约》第91条、圣文森特1982年《商船航运法》的规定以及当事双方提交的证据,断定"塞加"号在1997年10月被逮捕时不具有圣文森特的国籍。对于法庭认为圣文森特一直以船旗国身份行事的观点,他指出,这是试图修改《公约》,在第91条之外引入新的条件。事实上,一个国家的一贯行为应该导致其他国家将其接受为

---

[40] Separate Opinion of Judge Anderson, pp. 131-137.
[41] Separate Opinion of President Mensah, pp. 79-91.
[42] Separate Opinion of Vice-President Wolfrum, pp. 96-107.
[43] Separate Opinion of Judge Nelson, pp. 119-122.
[44] Separate Opinion of Judge Chandrasekhara Rao, pp. 126-129.

登记的一个条件的结论将违反该条款所规定的专属管辖原则。此外，法庭关于几内亚行为的观点似乎是适用禁止反言、排除或默认观念所致。但是，这些原则明显不适用于《公约》第91条的规定，这些对船舶登记和国籍的规定非常清楚。[45] 恩迪亚耶表达了类似观点。[46]

2. 用尽当地救济原则的解释与适用

沃尔夫鲁姆不同意法庭关于本案件的实体问题是一个仅涵盖直接侵犯圣文森特权利的问题，因而依据国际法不适用必须用尽当地救济原则的观点。他认为，在确定所提主张的性质和排除适用用尽当地救济原则方面，判决背离了国际法院的法理，而没有说明适当理由。判决应该决定的关键问题是，本案的实体问题是指控侵犯一个国家的权利，还是也包含指控侵犯个人的权利。在沃尔夫鲁姆看来，将侵犯航行自由权利所引起的主张定性为国家之间的争端是存疑的。[47] 钱德拉塞卡拉·拉奥强调，根据《公约》，本案是一艘船舶有权寻求赔偿的案件，因此在原则上，在圣文森特向法庭提出其请求之前，与"塞加"号遭逮捕有关的人员应该用尽几内亚的当地救济。[48]

瓦里奥巴指出，法庭没有审议圣文森特关于所指控行为直接侵犯其权利的主张是否有事实依据。这些主张是在没有审议证据的情况下予以初步接受的，而事实却表明，可能被侵犯的权利正是《公约》第111条第8款所规定的船舶的权利。事实上，这明显是一个外交保护而非对圣文森特造成直接损害的案件，因此应该适用用尽当地救济原则。[49]

3. 海上加油与航行自由

赵理海对海上加油与航行自由问题发表了个人意见。他认为，虽然原告声称有些国家或地区将近海加油视为它们的主要活动之一，但这并不意味着海上加油已成为各国的普遍做法。事实上，海上加油很难被认为是所有大公司从事的一项合法全球业务。对于原告主张海上加油是《公约》第58条第1款所规定的航行自由的一部分或者是一种与此相关的海洋国际合法用途，他指出，在专属经济区内给渔船加油不构成《公

---

[45] Dissenting Opinion of Judge Warioba, pp. 195-216.
[46] Dissenting Opinion of Judge Ndiaye, pp. 243-257.
[47] Separate Opinion of Vice-President Wolfrum, pp. 107-111.
[48] Separate Opinion of Judge Chandrasekhara Rao, pp. 129-130.
[49] Dissenting Opinion of Judge Warioba, pp. 217-233.

约》中的"航行"。此外,《公约》没有明文规定专属经济区的权利或管辖权以外归于沿海国有关的海洋用途自动属于公海自由的范畴。因此,海上加油不应该被视为公海航行自由或与此有关。[50] 莱恩表示,在缺乏充分论据和证据的情况下,他无法对海上加油的属性或具体确定的权利归属作出判断。然而,他认为,在全球经济秩序下,所有国家都享有一般性海上经济准入和非歧视的权利。因此,作为非领土性水域的合法利用者,所有国家在其各自职能或其他方面至少都容忍某种利用专属经济区的措施。[51]

安德森则将海上加油活动视为航行自由或其他海洋国际合法用途。他指出,几内亚在逮捕"塞加"号方面没有遵守《公约》第58条。[52] 武卡斯同样认为,《公约》的起草历程及其第五部分的内容没有将为任何类型的船舶提供海上加油视为对专属经济区的一种非法利用提供有效的理由。他相信,海上加油应该被视为《公约》第58条第1款中的一种"海洋国际合法用途"。[53]

五、附　录

(一) 中英案件全名

1. 中文案件全名:"塞加"号(第2号)案(圣文森特和格林纳丁斯诉几内亚)

2. 英文案件全名:M/V "SAIGA"(No. 2)Case(Saint Vincent and the Grenadines v. Guinea)

(二) 案件的标准引用

1. M/V "SAIGA"(No. 2)Case(Saint Vincent and the Grenadines

---

[50] Separate Opinion of Judge Zhao, pp. 113-115;赵理海:《油轮"塞加"号案评介(续)——本案的实质问题》,《中外法学》1999年第6期。

[51] Separate Opinion of Judge Laing, pp. 163-191.

[52] Separate Opinion of Judge Anderson, p. 137.

[53] Separate Opinion of Judge Vukas, pp. 140-153.

v. Guinea), Provisional Measures, Order of 11 March 1998, ITLOS Reports 1998, p. 24.

2. M/V "SAIGA" (No. 2) Case (Saint Vincent and the Grenadines v. Guinea), Judgment, ITLOS Reports 1999, p. 10.

(三) 主要参考文献

1. Bernard H. Oxman and Vincent Bantz, "The M/V 'Saiga' (No. 2) (Saint Vincent and the Grenadines v. Guinea), Judgment (ITLOS Case No. 2)", *The American Journal of International Law*, Vol. 94, 2000, pp. 140-150.

2. Louise de la Fayette, "International Tribunal for the Law of the Sea: The M/V 'Saiga' (No. 2) Case (St. Vincent and the Grenadines v. Guinea), Judgment", *The International and Comparative Law Quarterly*, Vol. 49, 2000, pp. 467-476.

3. Louise de La Fayette, "ITLOS and the Saga of the Saiga: Peaceful Settlement of a Law of the Sea Dispute", *The International Journal of Marine and Coastal Law*, Vol. 15, 2000, pp. 355-392.

4. 赵理海:《油轮"塞加"号案评介(续)——本案的实质问题》,《中外法学》1999年第6期。

(四) 与本案主题相关的重要引用案件

1. M/V "SAIGA" (Saint Vincent and the Grenadines v. Guinea), Prompt Release, Judgment, ITLOS Reports 1997, p. 16.

2. M/V "SAIGA" (No. 2) (Saint Vincent and the Grenadines v. Guinea), Provisional Measures, Order of 11 March 1998, ITLOS Reports 1998, p. 24.

3. Case Concerning the Gabčíkovo-Nagymaros Project (Hungary/Slovakia), Judgment, I. C. J. Reports 1997, p. 7.

4. Certain German Interests in Polish Upper Silesia, Merits, Judgment No. 7, 1926, P. C. I. J., Series A, No. 7, p. 19.

5. S. S. "I'm Alone" Case (Canada/United States, 1935), RIAA, Vol. Ⅲ, p. 1609.

6. The Red Crusadercase (Commission of Enquiry, Denmark-United Kingdom, 1962), I. L. R., Vol. 35, p. 485.

7. Factory at Chorzów, Merits, Judgment No. 13, 1928, P. C. I. J., Series A, No. 17, p. 47.

（五）案件中的重要缩略语

ICJ　International Court of Justice　国际法院
PCIJ　Permanent Court of International Justice　常设国际法院
RIAA　Reports of International Arbitral Awards　国际仲裁裁决报告
ILR　International Law Reports　国际法报告

（余民才）

"卡西基利/塞杜杜岛"案
(博茨瓦纳/纳米比亚)

(1999年)

1996.05.29 博茨瓦纳和纳米比亚合意将争端提交国际法院
1997.02.28 博茨瓦纳和纳米比亚分别提交诉状
1997.11.28 博茨瓦纳和纳米比亚分别提交辩诉状
1998.11.27 博茨瓦纳和纳米比亚分别提交答辩状
1999.02.15—03.05 国际法院举行公开庭审
1999.12.13 国际法院作出判决

关键词：主河道（Main Channel）；适航性（Navigability）；可视性（Visibility）；取得时效（Prescription）；保持占有（【拉】*Uti Possidetis*）；有效统治[1]（【法】*Effectivités*）

一、案件背景

卡西基利/塞杜杜岛（Kasikili/Sedudu Island），在纳米比亚被称为卡西基利岛（Kasikili），在博茨瓦纳被称为塞杜杜岛（Sedudu）。该岛面积约3.5平方千米，位于乔贝河（Chobe River）中，将河流分为南北两部分。[2] 卡西基利/塞杜杜岛正南方向（博茨瓦纳一侧）是乔贝河国家公园总部，有丰富的野生动物资源，河南岸是平均海拔在900米—1000米的陡峭沙脊，北边纳米比亚一侧则没有这样的地理特性。该岛位于赞比

---

[1] effectivités，常译为有效统治、有效控制、实际统治、实际控制、有效占有等，本书各案例根据情况选择不同译法，下文不再一一说明。——编者注
[2] Kasikili/Sedudu Island（Botswana/Namibia），Judgment, I. C. J. Reports 1999, p.1045, para. 11.

西河（Zambezi River）季节性洪泛平原中，每年从 3 月开始会被洪水淹没数月。[3]

1890 年，德国和英国达成《英德条约》，划分两国在西南非洲（Southwest Africa）的势力范围。[4] 20 世纪，本案所涉领土的地位多次发生变化。1966 年 9 月 30 日，博茨瓦纳在前英国贝专纳兰受保护国（Bechuanaland Protectorate）领土上独立建国。德国对西南非洲的统治也很快终结。1914 年第一次世界大战爆发后，英国从南罗德西亚（Southern Rhodesia）手中占领并统治了卡普里维地带（Caprivi Strip）。1919 年至 1966 年，南非被国际联盟委任统治西南非洲领土。其中 1921 年至 1929 年，南非将卡普里维地带委托给英国贝专纳兰受保护国管辖。1966 年，联合国大会通过决议结束了南非对西南非洲的委任统治，建立了联合国西南非洲理事会（后来的联合国纳米比亚理事会），负责管理纳米比亚。尽管有违联合国政策，南非仍维持对该区域的实际控制，直至 1990 年 3 月 21 日纳米比亚独立。[5]

纳米比亚独立后不久，就与博茨瓦纳关于卡西基利/塞杜杜岛周围的边界产生了分歧。在争端难以解决的情况下，两国呼吁津巴布韦总统提供斡旋。三国总统于 1992 年 5 月在卡萨内（Kasane）会面，并发布公报宣布应和平解决该争端，同时同意成立技术专家联合工作组来确定该地区的边界。1992 年 12 月，当事国就联合工作组的职权范围达成一致。1993 年 9 月至 1994 年 8 月，联合工作组展开调查。1994 年 8 月 20 日，联合工作组发布最终报告，称未能就该问题达成一致结论，并建议双方依据相关国际法规则和原则和平解决该争端。[6]

1995 年 2 月，三国总统在津巴布韦首都哈拉雷（Harare）会面，审查联合工作组报告，并决定将该争端提交国际法院，寻求有拘束力的最终判决。1996 年 2 月 15 日，博茨瓦纳和纳米比亚在博茨瓦纳首都哈博罗内（Gaborone）签署《特别协定》，同意将争端提交国际法院。[7] 1996 年 5 月 29 日，博茨瓦纳和纳米比亚外交部长通过一封署名时间为 1996

---

[3] Kasikili/Sedudu Island (Botswana/Namibia), Judgment, I. C. J. Reports 1999, p. 1045, para. 12.
[4] Ibid., para. 13.
[5] Ibid., para. 14.
[6] Ibid., para. 15.
[7] Ibid., para. 16.

年 5 月 17 日的联合信件将《特别协定》原始文本提交国际法院书记官处。该《特别协定》由两国于 1996 年 2 月 15 日签署后，于 1996 年 5 月 15 日生效。《特别协定》第 1 条规定："请求法院根据 1890 年 7 月 1 日《英德条约》以及国际法规则和原则，决定纳米比亚和博茨瓦纳在卡西基利/塞杜杜岛周围的边界，以及该岛屿的法律地位。"[8] 第 3 条还规定："适用于本争端的国际法规则和原则应是《国际法院规约》第 38 条第 1 款规定的那些。"[9]

二、判　决

（一）两国请求

博茨瓦纳在诉状和辩诉状中请求法庭裁判和宣布：（1）根据 1890 年《英德条约》第 3 条第 2 款，乔贝河在卡西基利/塞杜杜岛北部和西部的河道构成其主航道；（2）卡西基利/塞杜杜岛的主权排他性地归属于博茨瓦纳。[10] 在庭审中，博茨瓦纳增加了一项请求，即请求法庭基于乔贝河北部和西部河道的主航道决定两国在卡西基利/塞杜杜岛周围的边界。[11]

纳米比亚在诉状和辩诉状中请求法庭驳回博茨瓦纳的所有请求和主张，并裁判和宣布：（1）乔贝河在卡西基利/塞杜杜岛南部的河道为其主航道；（2）乔贝河在卡西基利/塞杜杜岛北部的河道不是其主航道；（3）纳米比亚及其前身一直占领、使用卡西基利岛，并对其进行主权管辖，此种情况至少从 1890 年起便被博茨瓦纳及其前身所知晓和默认；（4）纳米比亚和博茨瓦纳在卡西基利/塞杜杜岛周围的边界位于乔贝河南部河道的中心线；（5）卡西基利/塞杜杜岛属于纳米比亚主权领土的

---

[8] Special Agreement Between the Government of the Republic of Botswana and the Government of the Republic of Namibia to Submit to the International Court of Justice the Dispute Existing Between the Two States Concerning the Boundary around Kasikili/Sedudu Island and the Legal Status of the Island, Article I.

[9] Ibid., Article III.

[10] Kasikili/Sedudu Island (Botswana/Namibia), Judgment, I.C.J. Reports 1999, p.1045, para. 9.

[11] Ibid., para. 10.

一部分。在答辩状中，纳米比亚将上述第四个诉求中的"中心线"等同于"主航道"。[12]

（二）法院说理

1. 可适用法及条约解释规则

根据《特别协定》，1890 年《英德条约》是解决争端的首要法律渊源，博茨瓦纳和纳米比亚均承认该条约对其有拘束力。关于该条约解释规则，两国都不是 1969 年《维也纳条约法公约》的缔约国，但法院重申其在过去案件中关于该公约第 31 条反映了习惯国际法的观点。[13]

《特别协定》第 1 条还提及"国际法规则和原则"，第 3 条规定这些规则和原则"必须是《国际法院规约》第 38 条第 1 款规定的那些"。争端双方对于这是否允许法院采用纳米比亚基于取得时效的抗辩持不同观点。此外，双方还提及《联合国宪章》和《非洲统一组织宪章》中的原则，以及非洲统一组织（Organization of African Unity）国家元首和政府首脑会议于 1964 年 7 月 21 日在开罗通过的 AHG/Res.16（1）决议。根据该决议，非洲统一组织成员国承诺尊重各国独立时的边界，即保持占有原则。[14]

2. 1890 年《英德条约》的解释

（1）文本解释

1890 年《英德条约》第 3 条规定：

> 在西南非，德国的势力范围限于：
> （a）往南，从奥兰治河（Orange River）河口开始并沿该河北岸上溯至与东经 20 度交叉点处一线为界。
> （b）往东，从上述交叉点开始沿东经 20 度至与南纬 22 度平行线交叉点一线为界；该线向东沿该平行线至与东经 21 度交

---

[12] Kasikili/Sedudu Island (Botswana/Namibia), Judgment, I. C. J. Reports 1999, p. 1045, para. 9.

[13] Territorial Dispute (Libyan Arab Jamahiriya/Chad), Judgment, I. C. J. Reports 1994, p. 6, p. 21, para. 41; Oil Platforms (Islamic Republic of Iran v. United States of America), Preliminary Objections, Judgment, I. C. J. Reports 1996, p. 803, p. 812, para. 23.

[14] Kasikili/Sedudu Island (Botswana/Namibia), Judgment, I. C. J. Reports 1999, p. 1045, para. 19.

叉点处；然后沿该经度向北，至与南纬18度平行线交叉点处；向东沿该平行线至抵达乔贝河，并沿该河主航道中心线下至与赞比西河汇合处，并在那里结束。

德国根据本协议应有权通过在每一点的宽度都不少于20英里的狭长地带从其保护地自由进入赞比西河。

英国的势力范围往西和西北限于上述一线。该范围包括恩加米湖（Lake Ngami）。

上述边界的走向大体上根据1889年为英国政府官方编制的地图描绘。

该条款确定了当时英德势力范围的分界线在乔贝河主航道，但没有规定其确定标准。博茨瓦纳认为边界线应根据"乔贝河北部和西部航道的主航道"确定；纳米比亚则认为它"地处乔贝河南航道的中心线（即主航道）"。法院认为，这应首先确定主航道，为此需要参考国际法和国际实践的最常用标准来判断其通常意义。[15] 法院逐一考虑了争端双方提出的标准。

深度标准　博茨瓦纳提出，乔贝河北部河道的平均深度为5.70米，明显大于南部河道的2.13米。南部河道最浅处深度为1.5米—2米，明显小于北部河道。纳米比亚承认北部河道平均深度更大，但认为更重要的考量因素是航道在最浅河段的吃水深度，南北航道在这一点上并无明显区别。法院认为，乔贝河北部河道的平均深度甚至最小深度，都大于南部河道。[16]

宽度标准　1912年，贝专纳兰警察局伊森（Eason）上尉记录北部河道的宽度是南部河道的两倍。1925年至1985年对相关地区的航拍图片也显示北部河道的宽度大于南部河道。1975年6月、1995年3月和1996年6月拍摄的卫星图片显示，北部河道在旱季和雨季的宽度均大于南部河道。法院认为，除汛期之外，北部河道的宽度大于南部河道。[17]

水流量标准　法院认为，主航道要根据低水位线，而非汛期水位线

---

[15] Kasikili/Sedudu Island（Botswana/Namibia），Judgment, I. C. J. Reports 1999, p. 1045, para. 27.
[16] Ibid., para. 32.
[17] Ibid., para. 33.

确定。在汛期，卡西基利/塞杜杜岛被洪水淹没，整个地区成为一个湖泊，两条河道无法分辨，无法确定主航道。法院进一步认为，南部河道大部分河段在每年的大部分时间里无水。鉴于此，很难将南部河道视为乔贝河的主航道。[18]

可视性标准 纳米比亚主张，南部河道右岸的乔贝河脊（Chobe Ridge）非常陡峭并有河流植被，可轻易识别。法院认为，即使该河道右岸部分可从远处轻易识别，其他部分及左岸也无法轻易识别。因此，不能基于可视性或外观判定南部河道更应被视为主航道。[19]

河床结构标准 法院发现，北部河道没有曲流，南部河道曲流较多，这是河道支流的特点。纳米比亚承认南部河道更为弯曲，但依据河道的泥沙沉积就该航道的重要性得出了不同的结论。依据双方提交的抗辩、地图和图片，法院认为无法据此确定南部河道构成乔贝河的主要和自然延伸。[20]

适航性标准 适航性是综合深度、宽度、水流量的标准，还需考虑河道沿途的瀑布、湍流、浅点等自然障碍。法院认为，争端双方提供的数据表明卡西基利/塞杜杜岛周围的两个航道的适航性主要受水浅限制。根据适航条件和相关记录判断，北部河道更具有适航性。而平底观光船使用南方河道本身并不能证明后者更具适航条件，这些旅游船在南部河道通行的原因是该河道河岸上的野生动物景观，南部河道的旅游经济重要性并不改变其适航条件。[21]

基于上述考量，法院认为，根据1890年《英德条约》相关条款中用词的通常意义，乔贝河在卡西基利/塞杜杜岛周围的主航道是其北部河道。[22] 这一结论也得到了诸多现场考察结果的支持。[23]

（2）条约的目的和宗旨

尽管1890年《英德条约》划分的是英德的势力范围，但争端双方都认为这一条约确定了两国的边界。航行需要是英德划分其势力范围的

---

[18] Kasikili/Sedudu Island（Botswana/Namibia），Judgment, I. C. J. Reports 1999, p.1045, para. 37.
[19] Ibid., para. 38.
[20] Ibid., para. 39.
[21] Ibid., para. 40.
[22] Ibid., para. 41.
[23] Ibid., para. 42.

考虑要素之一，德国寻求取得《英德条约》第 3 条中的"每一点的宽度都不少于 20 英里的狭长地带"，是为了从其保护地自由进入赞比西河。该狭长地带南以乔贝河为界，从条约德文本所用的"主航道"一词看，该河被认为是适航的。[24] 此外，"主航道中心线"经英国政府建议才被纳入，这表明英国和德国一样也试图确保本国进出赞比西河的权利。为划分两国的势力范围，缔约方选择了乔贝河的主航道中心线为界，以在该可航行的河流上划定明确和可识别的边界。双方选择乔贝河的主航道为界，一方面旨在确保本国在该河道的航行自由，另一方面也希望尽可能准确地划定两国的势力范围。[25]

（3）条约之准备工作

条约之准备工作也支持法院的上述推理。关于英德势力范围的早期提议仅提及边界"沿乔贝河河道"，未提及任何河道。1890 年 6 月 25 日，英国建议在"中心线"前加上"主航道"。这一建议被德方接受并译为德文。可见，条约英文文本中的"中心线"和德文文本中的"主航道"含义相同，都准确表达了双方的意图。[26]

（4）嗣后实践

过去法院在解释条约时经常审查缔约方适用该条约的嗣后实践。法院逐一审查了博茨瓦纳和纳米比亚所提交的关于嗣后实践的证据：

1912 年"伊森报告"　1910 年左右，英国政府委派伊森上尉准备"关于乔贝河主航道的报告"，该报告提及，"无疑，北部河道应被认为是主航道"。法院认为，该报告不能被视为《维也纳条约法公约》第 31 条第 3 款（乙）项所指的"嗣后在条约适用方面……的惯例"，因为它从未通报给德国，而是一份内部报告，英国政府本身也未再使用过这份报告。[27]

1948 年联合报告及后续信件往来　1947 年，运输商人克尔（Ker）计划通过乔贝河北部河道向下游运送木材，为此请求卡普里维地带负责官员特罗洛普（Trollope）少校的许可，同时也向贝专纳兰政府通报此事。特罗洛普少校和贝专纳兰政府官员雷德曼（Redman）随后就北部河道的归属进行交涉，并于 1948 年 1 月 19 日发布《贝专纳兰受保护国和

---

[24] Kasikili/Sedudu Island (Botswana/Namibia), Judgment, I. C. J. Reports 1999, p. 1045, para. 44.

[25] Ibid., para. 45.

[26] Ibid., para. 46.

[27] Ibid., para. 55.

东卡普里维的边界：卡西基利岛》联合报告。南非政府和贝专纳兰政府随后就卡西基利岛的归属有多轮信件往来。法院认为，这些往来表明关于南非和贝专纳兰未就卡西基利/塞杜杜岛周边地区的边界位置和该岛的地位达成协议，因此不能构成《维也纳条约法公约》第31条第3款（乙）项下的"嗣后在条约适用方面确定各当事国对条约解释之协定之任何惯例"，同理，也不能构成（甲）项下的"当事国嗣后所订关于条约之解释或其规定之适用之任何协定"。[28]

1984年联合测量协议和1985年联合测量报告 1984年10月，博茨瓦纳自卫队和乘船通过乔贝河南部河道的南非军人交火。12月19日，两国代表决定尽快开展联合测量，以确定乔贝河的主航道。1985年7月，双方开展了联合测量，并于当月15日起草了测量报告。该报告结论部分认为，"乔贝河的主航道从塞杜杜/卡西基利岛的西部和北部通过"。博茨瓦纳随后要求南非正式接受该报告。南非对此未予回复，并建议暂维持现状，由博茨瓦纳与独立后的纳米比亚直接谈判解决。法院认定，南非与博茨瓦纳在1984年至1985年的协议仅限于指派联合专家组，两国没有就接受1985年7月联合测量结果达成任何协议。[29]

马苏比亚（Masubia）人的存在 纳米比亚提出，在长达一个世纪的时间里，博茨瓦纳及其继承国在完全知情的情况下对卡普里维的马苏比亚人对卡西基利/塞杜杜岛的控制和使用，以及对纳米比亚政权管辖该岛保持沉默。[30] 法院认为，这要构成"嗣后在条约适用方面确定各当事国对条约解释之协定之任何惯例"，应满足两个条件：第一，马苏比亚人占据卡西基利/塞杜杜岛必须与卡普里维当局的"1890年条约规定的边界沿乔贝河南部河道"这一认知相关联；第二，贝专纳兰当局对此完全知情，并同意这种做法是对1890年条约规定的边界的确认。关于第一个条件，法院认为尽管早期有地图标注南部河道为界，但它们都不是对1890年条约的官方解释，这些标注是卡普里维地带人在该岛上的间歇性存在的结果，这一存在和卡普里维当局的领土主张没有关联；关于第二个条件，法院认为贝专纳兰以及后来的博茨瓦纳容忍马苏比亚人在该岛

---

[28] Kasikili/Sedudu Island (Botswana/Namibia), Judgment, I. C. J. Reports 1999, p. 1045, para. 63.

[29] Ibid., para. 68.

[30] 纳米比亚还基于取得时效主张通过马苏比亚人的占有取得对卡西基利/塞杜杜岛的主权。

上的存在,是因为这与1890年条约的解释没有关联。[31] 法院认定,来自东卡普里维的马苏比亚人对卡西基利/塞杜杜岛的长期、和平、公开利用并不构成《维也纳条约法公约》第31条第3款(乙)项下的"嗣后在条约适用方面确定各当事国对条约解释之协定之任何惯例"。[32]

3. 地图证据

1890年《英德条约》第3条第2段规定两国势力范围"边界走向大体上根据1889年为英国政府官方编制的地图描绘"。但该地图并未标绘两国在本案所涉争议地区的边界线,也不是条约的附件。法院认定,1890年条约没有附图。[33] 尽管随后出版的一些地图标注卡西基利/塞杜杜岛南部河道为边界,但这是由于马苏比亚人对该岛的使用,法院已经认定这些实践不构成嗣后在1890年条约适用方面确定当事国对条约解释之协定的惯例。此外,1947年至1948年这一地区的领土争端出现时,卡普里维和贝专纳兰当地官员以及他们的上级政权都表达了对边界地点和卡西基利/塞杜杜岛的归属的不同看法。

鉴于不存在任何反映1890年条约缔约国意图的地图,双方及其继承国对标绘了边界的地图的有效性缺少明示或默示的协议,以及该地区边界的长期不明确性和地图之间的不一致性,法院认为,无法从本案地图证据中得出关于主航道的结果。法院进一步认为,地图证据无法支持法院已经通过其他与地图无关的手段得出的结论,也不能支持或改变法院关于1890年条约的文本解释的结果。[34]

4. 取得时效

纳米比亚还基于取得时效原则主张对卡西基利/塞杜杜岛的主权:

> 在贝专纳兰和博茨瓦纳当局完全知情、接受和默认的情况下,纳米比亚自这个世纪(20世纪)初开始对卡西基利岛持续、排他性地占据和使用,并行使主权管辖,纳米比亚通过取得时效获得对该岛的主权。[35]

---

[31] Kasikili/Sedudu Island (Botswana/Namibia), Judgment, I. C. J. Reports 1999, p. 1045, para. 74.

[32] Ibid., para. 75.

[33] Ibid., para. 84.

[34] Ibid., para. 87.

[35] Ibid., para. 90.

博茨瓦纳认为，《特别协定》意在仅基于1890年条约确定边界，纳米比亚基于取得时效和默认的抗辩不在《特别协定》约定的适用范围内。博茨瓦纳还认为，《特别协定》提及"国际法规则和原则"是多余的，因为条约解释通常都要考虑可适用的相关国际法规则。纳米比亚则认为，《特别协定》中的"国际法规则和原则"并不限于条约解释规则和原则，基于一般国际法规则和原则的抗辩也在法院考虑范围内。

法院注意到，即便《特别协定》未提及"国际法规则和原则"，法院也有权依据条约解释的一般规则解释1890年条约，这一用词另有含义。此外，第3条明确规定"适用于本争端的国际法规则和原则应是《国际法院规约》第38条第1款规定的那些"。可见，《特别协定》并不妨碍法院考虑纳米比亚基于取得时效提出的抗辩。[36]

纳米比亚提出，取得时效需要满足四个条件：国家的占有必须是主权性的；占有必须和平且不受干扰；占有必须公开；占有必须持续一段时间。博茨瓦纳对此并无异议。[37] 双方分歧的焦点在于马苏比亚人在该岛上存在的法律意义。纳米比亚认为，这种存在是一种"间接统治"，是对该岛行使可创设权利的国家权力；博茨瓦纳则认为，这属于私人行为，在国际法中没有意义。

法院认为，在本案中无须认定取得时效在国际法上的地位以及通过取得时效获得领土主权须满足的条件，纳米比亚由于未满足它自己提出的条件而未通过取得时效获得对卡西基利/塞杜杜岛的主权。首先，即便马苏比亚人和卡普里维当局存在效忠关系，纳米比亚也未证明该部落代表卡普里维当局行使国家职能；其次，南非对该岛提出主权主张后，贝专纳兰并未接受该主张，因此排除了默许。[38]

5. 航行权利

1992年5月24日《卡萨内公报》规定，"航行，包括游客的自由活动，应不受阻碍"。在诉讼程序中，博茨瓦纳重申这一政策适用于在乔贝河南部河道航行的纳米比亚游船，但要求这些游船遵守相关环保措施。

法院认定，争端双方已向对方承诺其国民及悬挂其国旗的船只在卡

---

[36] Kasikili/Sedudu Island (Botswana/Namibia), Judgment, I. C. J. Reports 1999, p. 1045, para. 93.
[37] Ibid., para. 94.
[38] Ibid., para. 98.

西基利/塞杜杜岛河道的航行不受阻碍。因此,在南部河道,纳米比亚的国民以及悬挂其国旗的船只有权享有与博茨瓦纳给予其国民以及悬挂其国旗的船只同等的待遇。两国国民以及悬挂它们当中任一国家国旗的船只在航行、环境保护等方面受同等限制。在北部河道,双方应同样赋予另一国家国民以及悬挂其国旗的船只同等的国民待遇。[39]

(三) 判决主文

法院以11票支持、4票反对,判定博茨瓦纳共和国和纳米比亚共和国之间的边界在绕卡西基利/塞杜杜岛的乔贝河沿其北部河道的深泓线。

以11票支持、4票反对,判定卡西基利/塞杜杜岛属于博茨瓦纳共和国领土的一部分。

一致判定在卡西基利/塞杜杜岛周围的两个河道里,博茨瓦纳共和国和纳米比亚共和国国民以及悬挂其国旗的船只享有同等的国民待遇。

三、评 论

(一) 可适用法及条约解释规则

关于可适用法,《特别协定》第1条要求根据"1890年7月1日《英德条约》以及国际法规则和原则"划定双方在该地区的边界。法院认为其中的"国际法规则和原则"不限于条约解释规则和原则,还包括《国际法院规约》第38条第1款规定的其他法源。学者认为,要处理领土问题,法院不可避免地要考虑有关领土地位的国际法规则和原则。法院在本案中的做法也得到厄立特里亚/埃塞俄比亚陆地划界案划界委员会的支持。[40]

关于条约的解释,尽管博茨瓦纳和纳米比亚都不是1969年《维也纳

---

[39] Kasikili/Sedudu Island (Botswana/Namibia), Judgment, I. C. J. Reports 1999, p. 1045, para. 103.

[40] Eritrea/Ethiopia Border Delimitation, Decision of 13 April 2002, https://pca-cpa.org/en/cases/99/, paras. 3.14-15.

条约法公约》的缔约国，但法院重申该公约第31条反映了习惯国际法。[41]据此，法院将该习惯国际法规则适用于1890年《英德条约》的解释，争端双方对此并无异议。[42]但小田法官在其个别意见中认为，在本案中《维也纳条约法公约》并不相关，因为根据第4条，该公约只适用于公约1980年生效后缔结的条约。[43]该意见会带来一个关于条约解释规则的时际法问题，即1980年前缔结的条约是根据缔结时的习惯国际法规则来解释，还是根据当今的习惯国际法解释。有学者支持后者，否则一方面很难确定当时的条约解释规则，另一方面将损害1969年《公约》的编撰努力。[44]

（二）界河"主航道"的确定

国家间以河为界地段的边界线的确定，主要有两种方法，即河流中心线和主航道中心线。河流中心线的划定较为简便，而采用主航道中心线主要是考虑到航行利益。本案中，1890年《英德条约》采用后者，但没有明确定义和固定标准。法院逐一审查了博茨瓦纳和纳米比亚提出的标准，并认定北部河道为乔贝河在该地区的主航道。对此，弗莱施豪尔法官在其反对意见中批评法院的许多结论"主观且缺少明确解释"，其最终结论"不具有说服力"。[45]

法院在判断主航道时非常侧重"适航性"，并认定北部河道更加适航，这受到多名法官的质疑。无疑，英德划分势力范围时的一个重要考量是保障德国从其保护地进入赞比西河的权利，当时河流是探索和开发非洲的"高速公路"，因此适航性是解释"主航道"的重要因素之一。但威拉曼特里法官、弗莱施豪尔法官和希金斯法官都指出，英德关于乔贝河适航的假设本身就是错误的，事实上它的大部分河段都是

---

[41] Territorial Dispute (Libyan Arab Jamahiriya/Chad), Judgment, I. C. J. Reports 1994, p. 21, para. 41; Oil Platforms (Islamic Republic of Iran v. United States of America), Preliminary Objections, Judgment, I. C. J. Reports 1996 (Ⅱ), p. 812, para. 23.

[42] Kasikili/Sedudu Island (Botswana/Namibia), Judgment, I. C. J. Reports 1999, p. 1045, para. 18.

[43] Kasikili/Sedudu Island (Botswana/Namibia), Separate Opinion of Judge Oda, I. C. J. Reports 1999, p. 1116, para. 4.

[44] Malcolm N. Shaw, "Case Concerning Kasikili/Sedudu Island (Botswana/Namibia)", *The International and Comparative Law Quarterly*, Vol. 49, 2000, p. 968.

[45] Dissenting Opinion of Judge Fleischhauer, I. C. J. Reports 1999, p. 1196, para. 4.

不可航行的。[46] 雷策克法官在其反对意见中认为，法院认定北部河道较深因而更加适航是在抽象地谈适航性，事实上更多被用于航行的是南部河道。[47] 在这一点上，希金斯法官认为南部河道的平底观光船的通行对确定主航道意义不大，因为绕该岛的航行并非英德当时的主要考量。[48]

国际法院专庭在陆地、岛屿和海上边界争端案（萨尔瓦多/洪都拉斯，尼加拉瓜参加）中曾指出，在相关文书经详细审查后仍无清晰准确的标识时，可以考虑用特定的地貌特征来提供容易识别的边界。[49] 本案一些法官认为，在1890年《英德条约》当事国对乔贝河适航性的假设有误的情况下，应将可视性作为判断主航道的重要标准，因为1890年条约的另一重要目的和宗旨就是清楚划分两国在非洲的势力范围。但即便是关于卡西基利/塞杜杜岛南北河道哪条更具有可视性这一问题，法官也存在不同观点。弗莱施豪尔法官认为，可最清晰划分边界的方法是沿乔贝河脊，它即使在洪泛季节也清晰可见，因此南部河道才是主航道。[50] 希金斯法官则认为，从航拍图像和卫星图像看，北部河道更清晰可见。[51]

法院还考察了争端双方提出的嗣后实践。帕拉-阿朗古伦法官在其反对意见中认为，1914年9月南罗德西亚占领了东卡普里维，第一次世界大战爆发后英国占领和控制该地区，1920年国联在西南非洲建立了委任统治。因此，考察关于1890年《英德条约》第3条解释的当事国嗣后惯例的关键时间节点为1914年。[52] 在1914年前，东卡普里维马苏比亚人是卡西基利/塞杜杜岛上的唯一部族，他们的占有是和平公开的，而博

---

[46] Dissenting Opinion of Vice-President Weeramantry, I. C. J. Reports 1999, p. 1153, paras. 54, 57; Dissenting Opinion of Judge Fleischhauer, para. 9; Declaration of Judge Higgins, I. C. J. Reports 1999, p. 1113, para. 6. 弗莱施豪尔法官还指出，缔约国的这一错误理解并不使其同意无效，但不能继续用来解释条约，否则将有悖善意解释原则。Dissenting Opinion of Judge Fleischhauer, para. 9.

[47] Dissenting Opinion of Judge Rezek, I. C. J. Reports 1999, p. 1233, para. 3; Dissenting Opinion of Vice-President Weeramantry, paras. 59-64. 威拉曼特里法官还认为，主航道不仅要考虑水深，还要考虑水流量或流速等。

[48] Declaration of Judge Higgins, para. 6.

[49] Land, Island and Maritime Frontier Dispute (El Salvador/Honduras: Nicaragua Intervening), I. C. J. Reports 1992, p. 351, para. 46.

[50] Dissenting Opinion of Judge Fleischhauer, para. 6.

[51] Declaration of Judge Higgins, para. 9.

[52] Dissenting Opinion of Judge Parra-Aranguren, I. C. J. Reports 1999, p. 1208, paras. 44, 88.

茨瓦纳也承认其首领在一定意义上是殖民统治的代理人。这反映了英德关于卡西基利/塞杜杜岛构成德国西南非洲的一部分以及乔贝河南部河道是主航道的理解的嗣后实践。[53]

威拉曼特里法官认为，考察卡普里维人对卡西基利/塞杜杜岛的使用和占有，应结合该地区的特殊地理特点和当时的人类使用占有模式。受气候和地理条件限制，人类居住是临时性的，生产活动也是偶然性的。[54] 1890 年至 1947 年，马苏比亚人在该岛未被淹没的时间里定期前去耕作。尽管这不是主权政府的占有行为，但在双方都知晓的情况下，如果这种行为有悖 1890 年条约，那么博茨瓦纳或其前身本应提出抗议或明确表示马苏里人得以在此开展活动是基于博茨瓦纳或其前身的宽容。[55] 因此，1890 年条约生效后当事国的实践表明双方认同南部河道为主航道。[56]

（三）取得时效

纳米比亚还基于取得时效主张马苏比亚人对卡西基利/塞杜杜岛进行长期、和平、受默许的占有，从而取得对该岛的主权。在取得时效原则在本案的可适用性问题上，只有科艾曼斯法官在其个别意见中认为这一主张"不具有可受理性"，[57] 大多数法官同意对《特别协定》第 1 条中的"国际法规则和原则"作广义解释，即不限于条约解释规则和原则。

法院认为，在本案中无须认定取得时效在国际法上的地位以及通过取得时效获得领土主权须满足的条件，因为纳米比亚未满足它自己提出的条件而未取得对卡西基利/塞杜杜岛的主权。[58] 在过去的一些案件中，当事方也提出其通过管理活动取得对争议领土的主权，法院都回避了取

---

[53] Dissenting Opinion of Judge Parra-Aranguren, para. 88.
[54] Dissenting Opinion of Vice-President Weeramantry, paras. 31-32.
[55] Ibid., para. 36.
[56] Ibid., para. 41.
[57] Separate Opinion of Judge Kooijmans, I. C. J. Reports 1999, p. 1144, para. 5.
[58] Kasikili/Sedudu Island (Botswana/Namibia), Judgment, I. C. J. Reports 1999, p. 1045, para. 97.

得时效占有的国际法地位及其构成要件问题。[59] 有学者指出，从完善解决领土争端可适用的国际法的角度看，法院在本案中未能明确取得时效的国际法地位及其构成要件是一个遗憾。[60] 但也有学者认为，法院实际上已经采纳了纳米比亚提出的取得时效标准，即占有必须是和平且不间断、公开、持续一定时间的。[61] 当然，相关活动应出于主权目的。[62] 国际法对此类活动的持续时间或程度没有固定标准，而取决于地形特征、人口状况、活动持续时间、反对国的活动等。[63] 但本案中弗莱施豪尔法官在反对意见中认为，法院本应指出南非 1920 年至 1966 年在该地区行使权力并非作为主权国家而是作为被委任国，取得时效不适用于委任统治国家。[64] 国际法院在西南非洲的国际地位咨询意见中曾明确指出，"这一新国际（委任统治）制度的建立并不涉及任何向南非联邦的领土割让或主权转移"。[65]

法院认为，马苏比亚人对卡西基利/塞杜杜岛的占有不是主权活动。[66] 对此，雷策克法官在其反对意见中认为，私人活动恰恰可以证明和平占有应得到法律的保护，[67] 除非相关定居活动是在另一国家的统治

---

[59] Case Concerning the Temple of Preah Vihear (Cambodia v. Thailand), Merits, Judgment of 15 June 1962, I. C. J. Reports 1962, p. 6, para. 30; Land and Maritime Boundary Between Cameroon and Nigeria (Cameroon v. Nigeria: Equatorial Guinea Intervening), Judgment, I. C. J. Reports 2002, p. 303, para. 219; Sovereignty over Pedra Branca/Pulau Batu Puteh, Middle Rocks and South Ledge (Malaysia/Singapore), Judgment, I. C. J. Reports 2008, p. 12, para. 123.
[60] 孔令杰编著：《领土争端成案研究》，社会科学文献出版社 2016 年版，第 200 页。
[61] Malcolm N. Shaw, "Case Concerning Kasikili/Sedudu Island (Botswana/Namibia)", The International & Comparative Law Quarterly, Vol. 49, 2000, p. 977.
[62] Sovereignty over Pedra Branca/Pulau Batu Puteh, Middle Rocks and South Ledge (Malaysia/Singapore), Joint Dissenting Opinion of Judges Simma and Abraham, I. C. J. Reports 2008, p. 116, para. 17.
[63] Eritrea/Ethiopia Border Delimitation, Decision of 13 April 2002, https://pca-cpa.org/en/cases/99/, para. 3. 29.
[64] Dissenting Opinion of Judge Fleischhauer, para. 11. 1920 年 12 月 17 日，南非被国联委任统治包括卡普里维地带在内的地区；1966 年联大结束这一委任统治后，南非在该地区的持续统治是非和平的。
[65] International Status of South-West Africa, Advisory Opinion, I. C. J. Reports 1950, p. 132.
[66] Kasikili/Sedudu Island (Botswana/Namibia), Judgment, I. C. J. Reports 1999, p. 1045, para. 98.
[67] Dissenting Opinion of Judge Rezek, para. 14.

下开展，或者与另一个国家的人群同时存在。[68] 他认为马苏比亚人的占有从 1890 年《英德条约》生效前后开始，至少持续至博茨瓦纳独立时，满足取得时效的所有条件，包括其他殖民国家的默许。[69] 事实上，在创设权利方面，私人活动在偏远、气候条件恶劣的地区也非常重要。常设国际法院在东格陵兰法律地位案（丹麦诉挪威）中指出，"在很多案件里，法院赋予很低程度的主权权利行使以效力，只要另一国不能提出更优的主张。当涉及人口稀少或无人居住国家的主权主张时尤其如此"。[70] 还有学者认为，在偏远或无人居住的领土，主权活动可以是实质上的（如军事或政府官员访问），也可以是形式上的（如立法）。[71]

（四）地图的证据效力

地图证据在国际划界中的意义不可一概而论。在边界争端案（布基纳法索/马里共和国）中，国际法院专庭对地图证据的证明价值总结如下：

> 地图仅构成在个案中准确性各异的信息；地图不能仅因其存在而构成领土的权源，即国际法认可的具有创设领土权利之固有法律效力的文件。当然，在某些情形下地图可取得此种法律效力，但在这种情况下该法律效力并不仅源自其自身的固有效力：这是因为此种地图构成所涉一国或多国意愿的外在表示。例如，若地图是官方文件的附图并构成该文件不可分割的一部分，它便有此种效力。除了这种有明确界定的情形，地图只是可靠性各异的不具有固有效力的证据，它们可与其他具体证据一同用于确定或重构真正的事实。[72]

---

[68] Dissenting Opinion of Judge Rezek, para. 15.
[69] Ibid., para. 12.
[70] Legal Status of Eastern Greenland, Judgment of 5 April 1933, P. C. I. J., Series A/B, No. 53, p. 46.
[71] Anthony Aust, *Handbook of International Law*, 2nd ed., Cambridge University Press, 2010, p. 38.
[72] Frontier Dispute (Burkina Faso/Republic of Mali), I. C. J. Reports 1986, p. 582, para. 54. 专庭还指出，地图的实际效力还取决于技术可靠性和来源中立性。Frontier Dispute (Burkina Faso/Republic of Mali), I. C. J. Reports 1986, p. 582, paras. 55-56.

本案中，国际法院确认了专庭的上述观点，[73] 并认定不存在反映1890年《英德条约》当事国意图的地图，其他地图则存在不明确性和不一致性，因此无法从中得出关于乔贝河主航道的结果。事实上，国际司法实践在涉及主权问题时对地图的处理一直非常谨慎。[74] 在厄立特里亚/埃塞俄比亚陆地划界案中，划界委员会特别注意了条约所附一幅地图，[75] 并指出非条约组成部分的地图的效力取决于其出处、比例和制图质量、与其他地图的一致性、争端方的使用情况、公开程度、受其负面影响方的接受或承认程度等要素。[76]

四、附　录

（一）中英案件全名

1. 中文案件全名："卡西基利/塞杜杜岛"案（博茨瓦纳/纳米比亚）
2. 英文案件全名：Kasikili/Sedudu Island（Botswana/Namibia）

（二）案件的标准引用

Kasikili/Sedudu Island（Botswana/Namibia），Judgment，I. C. J. Reports 1999，p. 1045.

（三）主要参考文献

1. Editors，"Case Concerning Kasikili/Sedudu Island（Botswana/Namibia）"，*Australian International Law Journal*，Vol. 17，2000，p. 282.

2. Malcolm N. Shaw，"Case Concerning Kasikili/Sedudu Island（Botswana/Namibia）"，*The International & Comparative Law Quarterly*，Vol. 49，2000，p. 964.

---

[73] Kasikili/Sedudu Island（Botswana/Namibia），Judgment，I. C. J. Reports 1999，para. 84.

[74] Island of Palmas（Netherlands/United States of America），4 April 1928，RIAA，Vol. Ⅱ，p. 852.

[75] Eritrea/Ethiopia Border Delimitation，Decision of 13 April 2002，https：//pca-cpa.org/en/cases/99/，paras. 3. 20，4. 8.

[76] Ibid.，para. 3. 21.

3. Salman M. A. Salman, "International Rivers as Boundaries", *Water International*, Vol. 25, 2000, p. 580.

4. J. T. Gathii, "Geographical Hegelianism in Territorial Disputes Involving Non-European Land Relations: An Analysis of the Case Concerning Kasikili/Sedudu Island (Botswana/Namibia)", *Leiden Journal of International Law*, Vol. 15, 2002, p. 581.

5. Anthony Aust, *Handbook of International Law*, 2nd ed., Cambridge University Press, 2010.

6. 孔令杰编著:《领土争端成案研究》,社会科学文献出版社2016年版。

7. 张卫彬:《论地图在国际法院解决领土争端中的证明价值——析地图证据之于钓鱼岛列岛争端》,《太平洋学报》2012年第4期。

8. 郑志华:《论国际法上地图证据的效力》,《法商研究》2013年第2期。

(四) 与本案主题相关的重要引用案件

1. Island of Palmas (Netherlands/United States of America), 4 April 1928, RIAA, Vol. II, p. 852.

2. Legal Status of Eastern Greenland, Judgment of 5 April 1933, P. C. I. J., Series A/B, No. 53, p. 22.

3. International Status of South-West Africa, Advisory Opinion, I. C. J. Reports 1950, p. 128.

4. Case Concerning the Temple of Preah Vihear (Cambodia v. Thailand), Merits, Judgment of 15 June 1962, I. C. J. Reports 1962, p. 6.

5. Frontier Dispute (Burkina Faso/Republic of Mali), I. C. J. Reports 1986, p. 582.

6. Land, Island and Maritime Frontier Dispute (El Salvador/Honduras: Nicaragua Intervening), I. C. J. Reports 1992, p. 351.

7. Territorial Dispute (Libyan Arab Jamahiriya/Chad), Judgment, I. C. J. Reports 1994, p. 6.

8. Oil Platforms (Islamic Republic of Iran v. United States of America), Preliminary Objections, Judgment, I. C. J. Reports 1996, p. 803.

9. Land and Maritime Boundary Between Cameroon and Nigeria (Cameroon v. Nigeria: Equatorial Guinea Intervening), Judgment, I. C. J. Reports 2002, p. 303.

10. Eritrea/Ethiopia Border Delimitation, Decision of 13 April 2002, at https://pca-cpa.org/en/cases/99/.

11. Sovereignty over Pedra Branca/Pulau Batu Puteh, Middle Rocks and South Ledge (Malaysia/Singapore), Judgment, I. C. J. Reports 2008, p. 12.

（五）案件中的重要缩略语

PCIJ　　Permanent Court of International Justice　　常设国际法院

ICJ　　International Court of Justice　　国际法院

（苏金远）

领土主权和海洋划界案
（厄立特里亚/也门）

（1998 年，1999 年）

1996.05.21 厄立特里亚和也门签订《原则协定》

1996.10.03 厄立特里亚和也门签订《仲裁协定》，合意仲裁分为两个阶段；两国分别指定仲裁员

1996.12.30—31 厄立特里亚和也门共同推举罗伯特·詹宁斯为首席仲裁员

1997.01.14 仲裁庭开始领土主权争端的仲裁程序

1997.09.01 厄立特里亚和也门提交领土主权争端阶段的诉状

1997.12.01 厄立特里亚和也门提交领土主权争端阶段的辩诉状

1998.01.26—1998.02.06 厄立特里亚和也门领土主权争端庭审

1998.10.09 仲裁庭作出领土主权争端的仲裁裁决

1999.03.09 厄立特里亚和也门提交海洋划界阶段的诉状

1999.06.09 厄立特里亚和也门提交海洋划界阶段的辩诉状

1999.07.05—1999.07.16 厄立特里亚和也门海洋划界争端庭审

1999.12.17 仲裁庭作出海洋划界争端的仲裁裁决

关键词：历史性所有权（Historic Title）；关键日期（Critical Date）；保持占有（【拉】*Uti Possidetis*）；有效统治（【法】*Effectivités*）；有效占有（Effective Occupation）；地图（Maps）；传统捕鱼体制（Traditional Fishing Regime）

一、案件背景

厄立特里亚和也门争议的岛群位于红海南部，北接苏伊士运河，南

接亚丁湾，处于连接地中海和阿拉伯海的航道上，极具航运和渔业价值。[1] 争议岛群包括一系列岛屿、小岛、岩礁和低潮高地，由北向南可大致分为四组：贾巴尔-塔叶和祖巴叶群岛（Jabal al-Tayr and Zubayr Group of Islands）、祖卡尔-哈尼什群岛（Zuqar-Hanish Islands）、海科克群岛（Haycocks Islands）和默哈巴卡群岛（Mohabbakahs Islands）。这些岛屿由于缺乏淡水资源而无法维持人类生活，只有从事捕鱼活动的红海沿岸渔民在此偶尔或短暂停留。岛屿周围地区拥有非常可观的油气和渔业资源，尤其是渔业资源，对两岸居民具有极为重要的经济和社会价值，是该地区传统渔业体制的重要组成部分。

厄立特里亚和也门之间关于红海海域岛屿主权争端由来已久。直至1941年，在长达50年的时间里，厄立特里亚一直是意大利的殖民地，二战期间英国曾占领过一段时间。二战后，厄立特里亚与埃塞俄比亚合并，并于1962年成为后者的一个行省。然而经过30年的内战，厄立特里亚于1993年通过签订协定的方式从埃塞俄比亚独立，成为独立国家。也门则是由北也门（1918年奥斯曼帝国解体后取得独立）和南也门（1967年脱离英属殖民地和南阿拉伯保护国）组成。[2] 厄立特里亚和也门独立后均针对位于红海海域的一系列岛屿、小岛、岩礁和低潮高地提出主权要求，由此引发1995年12月两国在大哈尼什（Greater Hanish）岛上的武装冲突，并以厄立特里亚占领大哈尼什岛，也门占领祖卡尔岛而告终。此次冲突事件之后，为了增进两国之间的友好关系并维持红海地区的整体稳定，两国协商同意以和平方式解决争议，并在埃及、埃塞俄比亚和法国的见证下，于1996年5月21日在巴黎签订了《原则协定》（Agreement on Principles），决定由双方协定组成仲裁庭最终解决两国长期以来关于领土主权及由此产生的海洋划界争议。随后，1996年10月3日，厄立特里亚和也门签订《仲裁协定》，请求仲裁庭分两个阶段对两国之间的争议作出裁决：第一阶段，仲裁庭应根据争议适用的国际法原则、规则和实践，尤其是基于历史性所有权（Historic Titles）解决领土主权争议，同时确定双方争议的范围；第二阶段，仲裁庭应在第一阶段作出裁决的

---

[1] B. Kwiatkowska, "The Eritrea-Yemen Arbitration: Landmark Progress in the Acquisition of Territorial Sovereignty and Equitable Maritime Boundary Delimitation", *Ocean Development & International Law*, Vol. 32, 2001, p. 2.

[2] N. S. M. Antunes, "The Eritrea-Yemen Arbitration: First Stage—The Law of Title to Territory Re-averred", *International and Comparative Law Quarterly*, Vol. 48, 1999, p. 362.

基础上，根据《联合国海洋法公约》以及相关因素划定两国的海洋界限。[3]

依据《仲裁协定》第1条第1款的规定，仲裁庭应由5名仲裁员组成。厄立特里亚指定史蒂芬·M.施韦贝尔和罗萨琳·希金斯两位法官为仲裁员，而也门指定的仲裁员为艾哈迈德·萨德克和基思·海特。两国共同推举罗伯特·Y.詹宁斯爵士为首席仲裁员。仲裁庭组成后，于1997年1月14日开始正式仲裁程序，并确定将常设仲裁法院书记官处作为仲裁庭的登记处。本案的诉讼程序分为两个阶段，分别针对领土主权和海洋划界问题作出裁决。1998年10月9日，仲裁庭在伦敦对第一阶段的仲裁事项作出裁决，并于1999年12月17日作出关于海洋划界的裁决。

二、仲裁裁决

（一）当事方请求

厄立特里亚和也门在《仲裁协定》中请求仲裁庭确定：依据国际法规则分两个阶段解决两国之间的领土主权和海洋划界争端。即在第一阶段，仲裁庭应依据可适用的国际法原则、规则和惯例，尤其是基于历史性所有权，确定争议领土的主权归属，并根据两国的主张和立场确定争议领土的范围；在第二阶段，仲裁庭应在其作出的领土主权裁决的基础上，依据《联合国海洋法公约》以及其他相关因素进行专属经济区和大陆架单一海洋划界。[4]

（二）仲裁庭裁决

1. 领土主权

（1）争议范围

厄立特里亚和也门无法就双方存在争议的岛屿范围达成一致，最终决定由仲裁庭裁决。仲裁庭从"关键日期"的角度出发，认为如果将《原则协定》的签订日期作为关键日期，就不会考虑《仲裁协定》签订

---

[3] Territorial Sovereignty and Scope of the Dispute (Eritrea/Yemen), Award of 9 October, 1998, Reports of International Arbitral Awards, Vol. XXII, 2006, p. 216, para. 7.

[4] Ibid., para. 7.

之后所发生的关键变化，仲裁庭只有在对双方提出关于领土主权的整体实体主张进行考察后，才能"基于双方各自的立场"确定领土主权归属。[5] 此外，仲裁庭认为确定"基于双方各自的立场"的时间点应该是《仲裁协定》签订之时双方的立场和主张，而不应该单纯基于《仲裁协定》的规定；[6] 而且他们实际上也通过其各种行为推翻了之前的主张，并提出其对于贾巴尔·塔叶和祖巴叶群岛的领土主权。[7] 由此，仲裁庭作出了有利于厄立特里亚的裁决，认定厄立特里亚和也门争议的岛屿范围包括贾巴尔·塔叶和祖巴叶群岛、海科克岛和默哈巴卡群岛在内的所有争议岛屿。[8]

(2) 本案的特殊情况

① 关键日期。仲裁庭首先注意到厄立特里亚和也门均提交了大量的历史证据以证明各自的领土主权主张，但认为双方仅在确定仲裁范围的时候提出了关键日期的概念，在涉及案件实质问题时并未提及。在这种情形下，仲裁庭认为应该遵循1966年麦克奈尔（McNair）勋爵在解决阿根廷和智利边界争端案时的做法，在不考虑与证据有关的日期的基础上考察提交给仲裁庭的所有证据。[9]

② 保持占有原则。也门在答辩状中提出保持占有原则，认为第一次世界大战后，随着奥斯曼帝国的解体，也门和厄立特里亚之间的边界应按照帝国解体之前各个行政单位之间的边界确定。对此，仲裁庭认为，保持占有原则适用的前提条件是"必须能够知晓组成奥斯曼帝国的各行政单位之间边界的具体位置"，但是根据现有的证据无法准确地确定相应的边界位置。仲裁庭还提及时际法，对保持占有原则适用于第一次世界大战之后的中东地区提出质疑，因为仲裁庭认为在当时该原则实质上仅适用于拉丁美洲。[10] 因此仲裁庭认为，也门提交的用以证明奥斯曼帝国解体后各岛屿位置的资料仅是对当时历史的一种推断。[11]

---

[5] Territorial Sovereignty and Scope of the Dispute (Eritrea/Yemen), Award of 9 October, 1998, Reports of International Arbitral Awards, Vol. XXII, 2006, p. 234, para. 87.
[6] Ibid., para. 88.
[7] Ibid., para. 89.
[8] Ibid., para. 90.
[9] Ibid., p. 236, para. 95.
[10] Ibid., pp. 236-238, paras. 96-99.
[11] Ibid., p. 238, para. 100.

③ 仲裁庭在第一阶段的任务。仲裁庭首先针对《仲裁协定》第2条第2款规定进行解释，指出双方在该款规定中请求仲裁庭对领土主权问题作出裁决，而并未要求仲裁庭确定将争议领土主权判归当事国一方所有，因此仲裁庭认为其可在权限范围内确定共同的主权或分别确定主权。仲裁庭接下来考虑双方均提出的历史性权利主张。厄立特里亚和也门在《仲裁协定》中明确请求仲裁庭"根据本案适用的国际法原则、规则和实践确定领土主权，特别是在历史性所有权的基础上"。仲裁庭首先从"title"的含义入手，认为它指的不是一种正在形成中的主张，而是一种已经形成的权利。[12] 仲裁庭指出，在国际法中，历史性所有权的概念众所周知，特别是在"历史性海湾"方面，这种海湾是由作为规制海湾一般规则的例外规则调整的。历史性海湾也依赖于一种"远古权利"（ancient title）——通过公认（common repute）而确立的所有权，这种所有权确立的时间如此之久以至于这种共同的认知本身即成为一种充分的权源。但是在国际法中，历史性所有权还有另外一种不同的含义：这种所有权通过时效或者默示的过程，或者通过长时期的占有而被创造或者固化，从而被法律接受为一个所有权。这些所有权也是历史性的，因为持续性和一段时间的流逝至关重要。[13] 仲裁庭指出，双方在仲裁协定中要求仲裁庭特别考虑历史性所有权意味着必须优先考虑历史性所有权依据，以防止仲裁庭在面对复杂的利益关系时忽视国际法中这种不以利用和占有为基础的权利类型，其本身即是一种占有的权利而不论国家事实上是否实施了占有行为。[14]

（3）历史性所有权

历史性所有权是也门提出的最重要的主张依据。也门将其对争议岛屿的领土主权追溯至中世纪，认为这些岛屿构成当时也门领土的一部分；尽管也门曾先后两次被奥斯曼帝国吞并，但这并不影响其对争议岛屿的主权；1923年《洛桑条约》签订之后，这些岛屿根据国际法中的返还原则返还给原来的主权者，即也门。对此，仲裁庭认为，也门历史性所有权和远古权利涉及某些需要考虑的历史因素：一是古代也门的地位以及

---

[12] Territorial Sovereignty and Scope of the Dispute (Eritrea/Yemen), Award of 9 October, 1998, Reports of International Arbitral Awards, Vol. XXII, 2006, p. 239, para. 105.

[13] Ibid., para. 106.

[14] Ibid., para. 107.

其领土是否包括争议岛屿在内；二是国际法中是否存在确定的"返还原则"；三是持续性在原始权利返还概念中的地位。[15] 对于第一个问题，仲裁庭认为必须将其置于 19 世纪末期到奥斯曼帝国解体这一对应时期内的历史和法律背景下考虑。仲裁庭对也门和奥斯曼帝国之间的特殊关系进行分析，指出在奥斯曼帝国解体之前，也门构成帝国的一部分，其统治范围仅局限在内陆的高山地区而不包括沿海地区。这一事实对也门主张的"返还原则"具有消极法律影响。[16] 在认定国际法中是否存在返还原则时，仲裁庭认为根据当时的法律，奥斯曼帝国对该地区的主权是合法的，这种合法性并不因为也门是《洛桑条约》的非缔约国以及它认为英国和意大利是红海地区的非法侵入者而有所削减。仲裁庭并不认为返还原则是国际法的一部分，该原则在本案中不适用。[17]

（4）国际条约与国家继承

仲裁庭对与争议岛屿相关的国际条约进行考察，最后得出结论：在 1918 年之前，毫无疑问土耳其拥有争议岛屿的主权，并根据 1923 年《洛桑条约》的规定最终放弃了对争议岛屿的主权。[18] 对于《洛桑条约》之后争议岛屿的主权归属，仲裁庭认为，尽管土耳其根据《洛桑条约》第 16 条规定放弃了对争议岛屿的主权，但这些岛屿并未变成无主地（*res nullius*），也并未自动返还给也门，其领土主权归属处于暂时不确定的状态，而留待利益相关国家在未来某个阶段予以确定。[19] 因此，《洛桑条约》所起的实际作用是阻却了厄立特里亚的主权要求。[20]

（5）有效占有行为的证据

仲裁庭首先明确指出，厄立特里亚和也门提交的对争议岛屿实施有效占有行为的证据尽管数量庞大，但是内容上鲜有作用，这主要是由于争议岛屿本身不适宜人类居住以及人类历史鲜有记载。现代国际法中关于领土取得的法律规则通常要求：通过持续与和平地执行国家职能和对领土进行有意识的国家权力展示，而且要根据争议领土的性质及其人口

---

[15] Territorial Sovereignty and Scope of the Dispute (Eritrea/Yemen), Award of 9 October, 1998, Reports of International Arbitral Awards, Vol. XXII, 2006, p. 242, para. 118.
[16] Ibid., pp. 242-243, para. 122.
[17] Ibid., p. 249, para. 125.
[18] Ibid., para. 151.
[19] Ibid., p. 253, para. 165.
[20] Ibid., para. 168.

的数量来调整认定持续与和平的标准。[21] 仲裁庭接下来对厄立特里亚和也门提交的证据进行分类并分别予以考察,主要包括:

1) 与岛屿有关的立法行为。仲裁庭认为双方提交的证据虽然都充满了对争议岛屿的主权要求,但是均未明确直接提及任何岛屿。[22] 最后仲裁庭得出结论:由于长时间以来两国都处于内战状态和不稳定的局势之下,厄立特里亚和也门提交的证据表明双方的立法行为均未直接具体提及争议岛屿。[23]

2) 与水域有关的活动。主要包括:①岛屿附近水域内活动的许可行为。仲裁庭认为无法从双方实施的与捕鱼相关的管制行为中得出确定的结论。②逮捕捕鱼船舶的活动。仲裁庭认为这些行为的时间跨度较小,因此很难认定这些行为是"国家权力持续、和平的展示"。[24]

3) 岛屿周边活动。①在岛屿周边进行巡航或登岛的许可。仲裁庭通过对埃塞俄比亚/厄立特里亚和也门在争议岛屿周边进行巡航或登岛的许可行为进行比较分析,尤其是第三国请求在争议岛屿附近巡航、停泊或登岛的行为,最后得出结论:也门的许可活动比厄立特里亚的数量更多。②向海上航行者或飞行者发布与争议岛屿海域相关的警告。仲裁庭认为发布警告的行为构成管理和维护灯塔活动的自然附属行为,尤其是在红海地区,而后一行为通常并不具有法律上的意义。发布警告的行为仅表明知晓具体位置,在这方面确定航海救助和位置的准确性而非证明从事此类活动的信息才是最重要的。③搜救活动。仲裁庭认为根据海洋法相关规定,海上人员和船舶负有一般义务对遇难船舶实施救助,因此从这些事件中无法推断出具有法律意义的结论。④在争议岛屿附近水域进行海军和海岸保卫巡防。仲裁庭按照不同历史阶段分别对厄立特里亚提出的证据进行考察和分析,但是无法根据这些证据得出确定的结论。⑤环境保护。仲裁庭并未对也门提出的证据进行考察。⑥个人从事的捕鱼活动。仲裁庭认为该类活动不具有相关性,是因为其重要性会随着人

---

[21] Territorial Sovereignty and Scope of the Dispute (Eritrea/Yemen), Award of 9 October, 1998, Reports of International Arbitral Awards, Vol. XXII, 2006, p. 268, para. 239.
[22] Ibid., p. 269, para. 241.
[23] Ibid., p. 273, para. 257.
[24] Ibid., p. 274, para. 264.

口和经济情况的变化而改变。[25]

4）岛屿上的活动。①双方的登岛活动。仲裁庭认为双方提交的相关证据无法证明各自实施了登岛行为。②在岛上修建军事哨所。根据双方提交的证据，仲裁庭认为这些证据证明在1995年之前，岛上尚未建有永久性的军事哨所，而只在1995年争端发生之后，岛上才建有一处永久性的军事哨所。③在岛上修建和维护设施的活动。仲裁庭认为厄立特里亚和也门提交的证据均未能证明双方在岛上从事修建和维护设施的活动，但是，仲裁庭认为也门投资总部鼓励在争议岛屿上投资的行为和意图是建立在当时也门对这些岛屿具有领土主权的基础之上的。④岛屿上活动的许可行为。仲裁庭认为，厄立特里亚的许可行为不能被认定为国家行为，而也门提交的证据主要针对的都是争议岛屿周边的水域而非岛屿本身。⑤岛屿上行使刑事或民事管辖权的行为。针对也门提交的证明其在岛屿上行使刑事或民事管辖权的证据，仲裁庭指出，这些活动并不具有实施也门国内法的性质，而是一种仅局限在某一地区内由从事捕鱼活动的个人而非也门的司法机关所实施的行为，从本质上看是一种私人性质的行为。⑥岛上间歇性的人类活动。仲裁庭从双方提交的各种证据中得出结论：首先，岛上未有人定居，长期以来岛上只是有人偶尔或季节性居住；其次，岛上未建有固定定居点，渔民采取多种居住形式；再次，从双方提交的证据无法推断出岛上是否有长期居住在此的家庭；最后，也门和厄立特里亚的渔民均来此进行季节性和临时性停留，他们的居住性质也是临时性和间歇性的。[26]

（6）地图的作用

仲裁庭注意到厄立特里亚和也门在不同时期基于不同目的而使用地图，并且这些地图以不同的方式与争端具有相关性。[27] 在对双方提交的地图资料进行权衡考察之后，仲裁庭分阶段得出相应的结论：

1）1872年之前的地图资料。尽管也门在总体上表明绝大多数的古代和19世纪的地图将争议岛屿划归阿拉伯而非非洲沿岸国家的势力范围，但是将争议岛屿精确地划归也门仍未被证实。

---

[25] Territorial Sovereignty and Scope of the Dispute (Eritrea/Yemen), Award of 9 October, 1998, Reports of International Arbitral Awards, Vol. XXII, 2006, p. 283, para. 313.

[26] Ibid., p. 290, paras. 353-356.

[27] Ibid., p. 291, para. 362.

2) 1872—1918年的地图资料。这一时期的地图资料确定无疑地证明争议岛屿处于奥斯曼帝国的统治之下。

3) 两次世界大战之间的地图资料。这一时期的地图资料有些前后矛盾，但大体上看，即使在《洛桑条约》签订之后，意大利仍企图将争议岛屿兼并，但是在官方地图上这种企图并未明确表现出来。

4) 战后的地图资料。从1950年的联合国地图的历史中无法推断出埃塞俄比亚在二战后从意大利取得争议岛屿的领土主权。

5) 1950—1992年的地图资料。这一时期的地图资料互相矛盾，充满不确定性。双方提交的官方地图中都存在着不一致的部分。但是总体上看，也门的地图资料在范围和数量上均比厄立特里亚的更加充分。

6) 1992—1995年的地图资料。双方在这一时期均公布了大量官方地图，明确提出对争议岛屿的主权要求，因此应该谨慎处理。[28]

(7) 开发许可活动

在争端产生之前，厄立特里亚和也门均与第三方签订了大量的石油开发许可合同，并将其作为证明各自领土主张的依据提交仲裁庭。仲裁庭在分别考察两国各自提交的许可合同之后，从总体上得出结论：双方签订的沿海石油开发合同不能作为确定争议岛屿主权的证据，也不能明显地增强各自的领土主张。[29] 然而这些石油开发许可合同对适用中间线来划分两国之间的海洋边界具有一定意义。[30] 根据之前得出的结论，仲裁庭认为，厄立特里亚和也门提交的证据仅适用于特定的某一个或某一组岛屿，因此无法从整体上确定争议岛屿的归属，必须根据双方提交的证据和各自的主张将争议岛屿划分为不同的组群，以分别确定各自的主权归属。[31]

2. 海洋划界

(1) 渔业一般问题

厄立特里亚和也门主要在五个问题上发生分歧：①总体的捕鱼活动；②捕鱼区的位置；③双方当事国对捕鱼活动的经济依赖性；④双方当事国人口对鱼类产品的消费情况；⑤捕鱼活动对双方主张的海洋界限

---

[28] Territorial Sovereignty and Scope of the Dispute (Eritrea/Yemen), Award of 9 October, 1998, Reports of International Arbitral Awards, Vol. XXII, 2006, p. 296, para. 388.
[29] Ibid., p. 309, para. 437.
[30] Ibid., para. 438.
[31] Ibid., pp. 315-316, para. 466.

的影响。仲裁庭分别对这五个问题作出结论:第一,关于总体上的捕鱼活动。仲裁庭认为红海的渔业对于厄立特里亚和也门两国及其国民均具有非常重要的意义,因此在进行海洋划界方面,渔业活动的考虑因素并不十分相关。[32] 第二,仲裁庭认为其不可能或者不必要就厄立特里亚或也门对渔业的依赖程度是否需要对海洋划界进行特别调整得出结论,因为渔业对于厄立特里亚和也门来说具有同等重要的意义。[33] 第三,关于渔区的具体位置。仲裁庭认为有充分的历史证据表明红海东海岸和西海岸的渔民可以自由地在整个红海地区进行传统捕鱼活动,而不论他们的国籍或实际居住的地点。[34] 第四,厄立特里亚和也门均主张如果仲裁庭采取对方提出的海洋界限进行划界将会对本国人口造成严重的饮食或健康威胁,但仲裁庭对此并不认同。仲裁庭指出,双方提交的证据充满矛盾和不确定性,以至于无法从中得出一般性的结论。[35] 因此仲裁庭最后得出结论:渔业作为一种现存的和未来的潜在资源对红海两岸国家的总人口和当地人口都非常重要。鱼类作为食物来源,对其进行开发及追求由此产生的价值,是人们的重要目的,这也是一种常识和司法意识。基于此,仲裁庭认为没有理由接受或反对双方所提出的海洋划界主张。[36] 第五,对于双方提出的海洋划界主张的影响,仲裁庭认为其不可能基于渔业的理由或其他不相关的理由接受或反对一方的主张。[37] 基于上述理由,仲裁庭得出结论:厄立特里亚和也门提出的捕鱼和渔业的理由不能对仲裁庭最后的海洋划界产生任何明显的影响。[38]

(2)石油许可协定

仲裁庭在本案第一阶段的裁决中指出,石油开发许可协定在一定程度上支持中间线的主张,但未考虑岛屿的主权归属,因此在进行海洋划界时应考虑仲裁庭在第一阶段所作出的裁决结果。厄立特里亚和也门之间所签订的石油开发许可协定也提及两岸的中间线,但这并不意味着海

---

[32] Second Stage of the Proceedings Between Eritrea and Yemen (Maritime Delimitation), Award of 17 December, 1999, Reports of International Arbitral Awards, Vol. XXII, 2006, p. 350, para. 63.
[33] Ibid., para. 64.
[34] Ibid., p. 351, paras. 65-69.
[35] Ibid., para. 70.
[36] Ibid., p. 352, para. 71.
[37] Ibid., para. 73.
[38] Ibid., pp. 352-353, para. 74.

洋界限必须完全沿着厄立特里亚所主张的"历史性中间线",协定中的中间线的划定并未考虑争议岛屿的主权归属问题。[39]

(3) 传统捕鱼体制

仲裁庭认为传统捕鱼体制不应对海洋划界产生实质影响,指出传统的捕鱼体制是红海两岸渔民的惯例,在厄立特里亚和也门之间平等适用。[40] 两国的渔民可以在该区域自由航行、从事捕鱼活动而不受对方的干涉,因此厄立特里亚和也门可以自由作出共同的承诺以保护传统的捕鱼体制,但在法律上这种承诺并不是必需的。[41]

(三) 裁决主文

1. 领土主权裁决

(1) 默哈巴卡群岛。仲裁庭首先否定了也门对于默哈巴卡群岛的原始性历史所有权(original historic title)以及也门提出的"返还"依据,而是从该群岛的地理位置出发,认为构成该群岛的四个主要的小岛,即萨叶岛(Sayal Islet)、哈尔比岛(Harbi Islet)、平岛(Flat Islet)和高岛(High Islet)中,除高岛位于沿海国领海 12 海里范围之外,其他三个小岛均位于 12 海里范围之内。[42] 根据 1923 年《洛桑条约》第 6 条规定,位于一国领海范围内的岛屿属于沿海国,根据当时的国际法,一国的沿海国领海范围是 3 海里,但现在已经扩张至 12 海里,而且在厄立特里亚从埃塞俄比亚脱离之前的 1953 年,埃塞俄比亚通过一项法令明确规定其领海范围为 12 海里,而也门却从未提出相应的要求。[43] 因此,相较于也门,厄立特里亚的权利主张更为有利。对于位于厄立特里亚 12 海里领海范围之外的高岛,仲裁庭认为,由于默哈巴卡群岛一直以来都被视为一个整体,其主权归属应由其作为一部分的整体决定。[44] 仲裁庭最终裁

---

[39] Second Stage of the Proceedings Between Eritrea and Yemen (Maritime Delimitation), Award of 17 December, 1999, Reports of International Arbitral Awards, Vol. XXII, 2006, para. 83.
[40] Ibid., p. 357, para. 92.
[41] Ibid., p. 361, para. 111.
[42] Territorial Sovereignty and Scope of the Dispute (Eritrea/Yemen), Award of 9 October, 1998, Reports of International Arbitral Awards, Vol. XXII, 2006, para. 467.
[43] Ibid., p. 317, paras. 471-472.
[44] Ibid., p. 318, para. 475.

决构成默哈巴卡群岛的岛屿、小岛、岩礁和低潮高地，包括但不限于萨叶岛、哈尔比岛和高岛的领土主权属于厄立特里亚。[45]

（2）海科克群岛。在确定海科克群岛的领土主权时，仲裁庭分为不同的历史阶段考察该群岛的历史。在19世纪中叶，海科克群岛的历史与红海灯塔联系紧密，但是根据奥斯曼帝国苏丹在1841年、1866年和1873年颁布的法令，位于非洲的红海沿岸地区及其附近的岛屿都处于埃及的管辖和管理范围内，其范围毫无疑问扩展至默哈巴卡群岛和海科克群岛。当时的领海范围为3海里，并且根据地理临近原则（portico doctrine），如果不存在明确的既得权利，则位于海岸附近的岛屿应处于最近的沿海国管辖范围内。[46] 19世纪末期，英国在该地区修建灯塔的行为表明西南海科克（South West Haycock）处于意大利而非奥斯曼帝国的管辖范围内。[47] 1930年，当意大利政府在西南海科克岛上修建灯塔时，其与英国政府之间的通信表明该岛位于厄立特里亚红海海岸的"直接临近范围之内"。[48] 对于厄立特里亚提出的继承理论，仲裁庭认为其存在适用上的困难。最后，仲裁庭认为地理临近原则仍具有说服力，并与沿岸附近的岛屿属于沿海国的一般观念相符合，除非另一更有利的权利得以确定，而也门未能证明这一更有力的主张。[49]

仲裁庭认定，海科克群岛的岛屿、小岛、岩礁和低潮高地，包括但不限于东北海科克（North East Haycock）、中海科克（Middle Haycock）、西南海科克的主权归属厄立特里亚。

（3）西南岩礁（South West Rock）。仲裁庭认为有证据证明在不同的历史时期，西南岩礁被认为是非洲沿海国家管辖权的东部界限；同时双方认为，在19世纪90年代英国政府挑选灯塔的候选岛屿时，意大利的回复确定了其对于西南岩礁的管辖权，而且对于英国政府提出的将意大利的意见通知也门的建议，意大利并未提出反对；而且这一做法也反映在一战后瓜分奥斯曼帝国放弃的领土行为中，将西南岩礁以东的所有

---

[45] Territorial Sovereignty and Scope of the Dispute (Eritrea/Yemen), Award of 9 October, 1998, Reports of International Arbitral Awards, Vol. XXII, 2006, p. 318, para. 475.
[46] Ibid., para. 477.
[47] Ibid., p. 319, para. 478.
[48] Ibid., para. 479.
[49] Ibid., para. 480.

领土置于"阿拉伯大陆独立的酋长国"范围之内。[50] 基于此，仲裁庭将西南岩礁的领土主权归属厄立特里亚所有。

（4）祖卡尔-哈尼什群岛。仲裁庭在考察双方提交的历史证据的基础上，认为厄立特里亚的继承主张以及也门的原始权利主张均不成立，因此应该根据双方在《仲裁协定》签订之前较近时期内对争议岛屿实施主权的行为进行判断。[51] 在这方面，也门向仲裁庭提交了发生于1989年初期至1991年中期的48份对争议群岛实施主权行为的证据，其中主要涉及1989年伦敦灯塔会议的决定、1989年7月在塔叶岛上修建灯塔的行为以及在政府支持下修建的探险和露营地，还包括在大哈尼什岛上修建飞机场以及准许也门公司开发旅游项目的行为。[52] 相比较而言，厄立特里亚提出的证据则无法证明其对争议群岛实施了持续、充分的主权行为。[53] 此外，仲裁庭还认为有证据表明在奥斯曼帝国时期，争议岛屿处于阿拉伯沿海国管辖范围内；双方提交的证据还表明，英国外务办公室（British Foreign Office）的历史资料证明这些岛屿最终也将归还阿拉伯国家统治。[54] 仲裁庭最终将构成祖卡尔-哈尼什群岛的岛屿、小岛、岩礁和低潮高地裁定为也门的领土。

（5）贾巴尔-塔叶岛和祖巴叶群岛。仲裁庭对贾巴尔-塔叶岛和祖巴叶群岛主权归属的认定同样基于双方提交的对争议岛屿实施国家主权行为的证据。在该问题上，仲裁庭认为双方均未提交充分和持续的证据证明在争议岛屿及其附近实施主权行为，但是鉴于其所处偏远的地理位置极不适于人类居住的地理属性，只需很少的证据即可证明其主权的归属。[55] 由于争议岛屿与其上修建灯塔的行为密切相关，仲裁庭首先考察了红海灯塔的修建历史，认为在岛屿上修建灯塔的行为虽与领土主权的取得无关，但是自1989年伦敦灯塔会议之后，事态发生了显著变化。由于此次会议是最后一次会议，与会国对会议后灯塔的管理和维护行为作出安排。虽然仍未涉及岛屿主权问题，但是此次会议决定由也门负责管

---

[50] Territorial Sovereignty and Scope of the Dispute (Eritrea/Yemen), Award of 9 October, 1998, Reports of International Arbitral Awards, Vol. XXII, 2006, p. 320, para. 483.

[51] Ibid., p. 325, para. 503.

[52] Ibid., p. 326, para. 507.

[53] Ibid., para. 504.

[54] Ibid., pp. 326-327, para. 508.

[55] Ibid., p. 329, para. 523.

理和维护灯塔,仲裁庭认为这一行为反映了与会国允许在未来可预见的时间范围内也门在争议岛屿上的持续存在,而这一公认的事实则是历史性所有权固化的一个重要因素。此外仲裁庭还认为,也门对于争议领土的主权还可通过其与石油开发公司签订的石油开发勘探合同的行为得到补充,而对此埃塞俄比亚从未提出异议。[56] 相反,当厄立特里亚与石油公司签订合同时,也门则提出了明确的反对,尽管是在《仲裁协定》签订之后。[57] 仲裁庭最终认定贾巴尔-塔叶岛和组成祖巴叶群岛的岛屿、小岛、岩礁和低潮高地为也门领土。

(6) 传统捕鱼体制。仲裁庭指出,伊斯兰传统的领土主权观念与西方不同,领土的含义也与现代国际法中的领土不同,而且尊重和考虑地区性的法律传统将有利于双方在该地区重新建立和发展互信和持续性的合作关系。[58] 基于双方提交的证据,仲裁庭在分别确定争议岛屿的领土主权之后,裁定由于该地区的传统捕鱼体制已经长期存在,也门应该承担确保厄立特里亚和也门的渔民能够自由进入传统捕鱼区以及在该地区行使传统捕鱼权的义务,以确保该地区以捕鱼为生的渔民的利益。[59]

2. 海洋划界裁决

厄立特里亚和也门在《仲裁协定》中请求仲裁庭对两国间的领海、专属经济区和大陆架进行单一划界,即单一国际海洋界限。在谨慎听取双方的要求后,仲裁庭指出这一单一国际海洋界限应为一条两国海岸线之间的中间线。[60] 随后又确定这一中间线应从两国海岸的低潮线量起。[61] 在此基础上,仲裁庭分别确定国际海洋界限北段、中段和南段的海洋边界。在这一过程中,仲裁庭针对两国海岸附近的岛屿、小岛、岩礁和低潮高地在海洋划界中的地位进行确定。最后,仲裁庭既未接受厄立特里亚的主张,也未采纳也门的主张,而是在分别确定三段界限的基础上,选定了29个控制基点作为划定两国边界的基点。

---

[56] Territorial Sovereignty and Scope of the Dispute (Eritrea/Yemen), Award of 9 October, 1998, Reports of International Arbitral Awards, Vol. XXII, 2006, pp. 328-329, paras. 516-521.

[57] Ibid., p. 329, para. 522.

[58] Ibid., para. 525

[59] Ibid., pp. 329-330, para. 526.

[60] Second Stage of the Proceedings Between Eritrea and Yemen (Maritime Delimitation), Award of 17 December, 1999, Reports of International Arbitral Awards, Vol. XXII, 2006, p. 245, para. 132.

[61] Ibid., p. 246, para. 135.

三、评 论

(一) 裁决执行

仲裁庭在裁决作出的当天将裁决送交厄立特里亚外交部长海勒·乌尔顿赛(Haile Woldense)以及也门驻伦敦的大使侯赛因·阿卜杜拉·厄尔-艾姆里(Hussein Abdullah El-Amri)。1999年12月20日,外交部长乌尔顿赛在新闻发布会上感谢法国在解决双方争端和缔结《仲裁协定》过程中所发挥的重要作用,以及英国政府和国际法院在仲裁程序进行过程中所提供的帮助,同时对1999年仲裁裁决"在国际法以及两国人民和国家密切利益的基础上"解决争端的方式表示认同和接受。[62] 在1999年12月21日于阿斯马拉举行的新闻发布会上,他再次强调了"该争端通过法律解决不仅为红海沿海国之间建立和谐国家关系奠定了基础,也为巩固该地区的和平与稳定以及增进和平、发展和互利开辟了新的道路"。[63] 也门方面也表达了同样的看法。也门的外交部副部长阿卜杜拉·穆罕默德·阿尔-赛迪(Abdulla Mohammed Al-Saidi)表示,1999年仲裁裁决"代表了两国长期以来在外交上的努力以及政治和外交关系的重大历史性进展",并且"这一争端的解决应为解决阿拉伯国家、地区和国际的争端提供方法"。[64] 厄立特里亚和也门均作出将遵守和执行1998年和1999年裁决的承诺。[65]

(二) 学界观点

国内外学界对于本案并未给予充分重视和关注,而且学界的关注仅

---

[62] Press Release Issued on 20 December 1999 by the Ministry of Foreign Affairs of Eritrea, "Tribunal Decides Maritime Boundary Between Eritrea and Yemen in the Red Sea to Constitute Median from Coastlines", UN Doc. S/1999/1265.

[63] Eritrea Minister, "Hanish Resolution Paves Way for Cooperation", http://allafrica.com/stories/199912220039.html, 14 August, 2017.

[64] Border Verdict (http://www.y.net.ye/yementimes/99/iss51/front.htm) and Interview with Minister Al-Saidi, http://www.y.net.ye/yementimes/99/iss51/intrview.htm, 15 August, 2017.

[65] See note 62, note 63, note 64.

是在本案仲裁裁决刚刚作出之后的时期。对于本案仲裁庭作出的两个仲裁裁决,学界大多是肯定的态度,认为无论是领土主权争议还是海洋划界争议的解决都具有非常重要的意义。[66] 仲裁庭在确定领土主权归属时充分尊重和考虑与西方领土主权概念不同的伊斯兰主权观念的做法也得到了学者的肯定。[67] 另外,学者对于本案仲裁裁决在维护地区和平与稳定方面给予高度的肯定,认为厄立特里亚和也门积极通过仲裁方式解决两国之间的领土主权和海洋划界争端,为其他争端的解决树立了典范。[68] 学界对本案的评价主要集中在以下三个方面。

首先,本案仲裁庭提出了一个新的概念,即取得领土主权的"绝对的最低程度上的要求"[69](absolute minimum requirement)。这个概念是仲裁庭在最后结论部分考察"国家和政府职能展示"的证据时提出的。仲裁庭先援引了常设国际法院在东格陵兰岛法律地位案中的论述,认为确定领土主权的归属是一个相对性的问题。然而仲裁庭指出另一个重要的原则:领土主权问题是国际法中非常重要的问题,因此确定领土主权的取得必须存在某些"绝对的最低程度上的要求",原则上这不应该是一个相对性的问题。[70] 本案的仲裁庭所面临的困境是,根据双方提出的证明对争议岛屿进行有效占有的证据并不能确定主权的归属。仲裁庭指出,在这种情况下,强调相对性并无帮助,而应该寻找有助于确定领土主权归属的其他因素,如地理状况、其他国家的态度,等等。[71] 然而也有学者对仲裁庭这种"绝对的最低程度上的要求"提出批评和质疑,认为其偏离了国际司法实践已经确立的原则,并增加现存国际关系中的不稳定因素。[72] 如果确立一项"绝对的最低程度上的要求"标准,那么

---

[66] B. Kwiatkowska, "The Eritrea-Yemen Arbitration: Landmark Progress in the Acquisition of Territorial Sovereignty and Equitable Maritime Boundary Delimitation", *Ocean Development & International Law*, Vol. 32, 2001, p. 14.

[67] Ibid., p. 15.

[68] C. Johnson, "Case Analysis: Eritrea-Yemen Arbitration", *Leiden Journal of International Law*, Vol. 13, 2000, p. 446.

[69] Territorial Sovereignty and Scope of the Dispute (Eritrea/Yemen), Award of 9 October 1998, Reports of International Arbitral Awards, Vol. XXII, 2006, p. 313, para. 453.

[70] Ibid., para. 453.

[71] Ibid., para. 457.

[72] N. S. M. Antunes, "The Eritrea-Yemen Arbitration: First Stage—The Law of Title to Territory Re-Averred", *International and Comparative Law Quarterly*, Vol. 48, 1999, pp. 375-376.

对当事国实施行为的比较和权衡将不复存在，只需将国家行为与这项标准进行比较，这必然产生一个问题：如果国家实施行为的数量、范围和程度无法达到这项标准，争议领土就会面临被宣告为"无主地"的风险，这无疑会对既存的国际秩序造成冲击，从而引起国际社会领土状况的混乱。

其次，仲裁庭突出强调了"公认"对于"历史性所有权"以及"历史性固化"理论的重要意义。在阐明"历史性所有权"的具体含义时，仲裁庭认为其含义之一是一种"古代的所有权"：一种通过"公认"的方式而长期确立的所有权，这种共识本身即可成为充分的确定所有权的基础，[73]而并不依赖于对领土的利用或占有行为。[74]这种"公认"首先体现为其他国家对领土主权归属的态度。在确定贾巴尔-塔叶岛和祖巴叶群岛的主权归属时，"公认"发挥了决定性的作用，但仲裁庭并未对"公认"作出任何准确的定义。

最后，在考察双方提交的证明有效占有行为的证据时，仲裁庭将这些证据分为与水域有关的活动以及与岛屿本身有关的活动，并对这两部分进行了非常细致的考察，尤其是与水域有关的活动。通常情况下，是否构成有效占有要求考察国家的行为是否直接涉及争议领土，但是正如本案争议岛屿一样，如果岛屿无人居住，且其本身的经济、社会意义也无法引起国家足够的关注和重视，那么在确定这些岛屿的主权归属时，国家在这些岛屿周边水域，尤其是领海范围内所进行的活动也便具有了某些相关性和推断意义。在本案中，仲裁庭虽然并未遵循国际法的一般性司法实践，严格按照"条约—保持占有—有效占有"的顺序考察双方提交的证据，但可以看出，在确定争议领土的主权归属时，仲裁庭仍然遵循某些优先顺序，即首先考虑"历史性所有权"与国家继承的问题，再考虑有效占有规则。对此，仲裁庭对以前国际判例的突破即是，在根据有效占有规则考察双方提交的证据之后，仍然不能确定领土主权最终归属时，地理临近原则等其他因素也可成为取得领土主权的根据。由此可以看出，在面对领土主权争端时，尤其是关于地处偏远、无人居住、经济和社会价值不足以引起国家重视的领土争端，仲裁机构通常会对争

---

[73] Territorial Sovereignty and Scope of the Dispute (Eritrea/Yemen), Award of 9 October 1998, Reports of International Arbitral Awards, Vol. XXII, 2006, p. 239, para. 106.

[74] Ibid., para. 106.

端双方提交的所有证据进行更为全面、综合的考察,这些证据在不同的案件中具有不同的证明力,且证据数量并不是一个决定性或非常重要的因素。[75] 总体来说,仲裁庭对证据的考察过程是一个在行为的性质、数量上进行权衡、优先选择的过程。[76]

四、附 录

(一) 中英案件全名

1. 中文案件全名
第一阶段:厄立特里亚和也门领土主权仲裁案
第二阶段:厄立特里亚和也门海洋划界仲裁案
2. 英文案件全名
Award of the Arbitral Tribunal in the First Stage of the Proceedings Between Eritrea and Yemen (Territorial Sovereignty and Scope of the Dispute)
Award of the Arbitral Tribunal in the Second Stage of the Proceedings Between Eritrea and Yemen (Maritime Delimitation)

(二) 案件的标准引用

第一阶段:Territorial Sovereignty and Scope of the Dispute (Eritrea/Yemen), Award of 9 October, 1998, Reports of International Arbitral Awards, Vol. XXII, 2006, pp. 209-332.

第二阶段:Second Stage of the Proceedings Between Eritrea and Yemen (Maritime Delimitation), 17 Award of December 1999, Reports of International Arbitral Awards, Vol. XXII, 2006, pp. 335-410.

(三) 主要参考文献

1. B. Kwiatkowska, "The Eritrea-Yemen Arbitration: Landmark Progress

---

[75] S. P. Sharma, *Territorial Acquisition, Disputes and International Law*, Martinus Nijhoff Publishers, 1997, p. 196.

[76] N. S. M. Antunes, "The Eritrea-Yemen Arbitration: First Stage—The Law of Title to Territory Re-Averred", *International and Comparative Law Quarterly*, Vol. 48, 1999, p. 382.

in the Acquisition of Territorial Sovereignty and Equitable Maritime Boundary Delimitation", *Ocean Development & International Law*, Vol. 32, 2001, pp. 1-25.

2. N. S. M. Antunes, "The Eritrea-Yemen Arbitration: First Stage—The Law of Title to Territory Re-Averred", *International and Comparative Law Quarterly*, Vol. 48, 1999, pp. 362-382.

3. C. Johnson, "Case Analysis: Eritrea-Yemen Arbitration", *Leiden Journal of International Law*, Vol. 13, 2000, pp. 427-446.

(四) 与本案主题相关的重要引用案件

1. Fisheries Case (United Kingdom v. Norway), Judgment, I. C. J. Reports 1951, pp. 116-144.

2. Argentine-Chile Frontier Case (Argentine/Chile), Award of December 9, 1966, Reports of International Arbitral Awards, Vol. XVI, pp. 109-182.

3. The Island of Palmas (or Miangas) Case (Netherlands/U. S. A.), Award of 4 April, 1928, Reports of International Arbitral Awards, Vol. II, pp. 829-871.

4. Minquiers and Ecrehos (France/United Kingdom), Judgment, I. C. J. Reports 1953, pp. 47-73.

5. Legal Status of Eastern Greenland (Denmark v. Norway), Judgment, 4 April 1933.

(黄　影)

"卡莫柯"号案
(巴拿马诉法国)(迅速释放)
(2000年)

2000.01.14 巴拿马以外交部长信函通知法庭

2000.01.17 巴拿马向国际海洋法法庭提交迅速释放"卡莫柯"号及其船长的申请

2000.01.17 国际海洋法法庭庭长发出命令,确定庭审日期为2000年1月27—28日

2000.01.26 书面程序结束后法庭进行初步审议

2000.01.28 庭审程序结束

2000.02.07 国际海洋法法庭作出判决(管辖权——一致同意;可受理性——19票赞成,2票反对;担保数量——15票赞成,6票反对;担保形式——19票赞成,2票反对)

关键词:迅速释放(Prompt Release);用尽当地救济(Exhaustion of Local Remedies)

一、案件背景[1]

"卡莫柯"(Camouco)号为巴拿马籍渔船。巴拿马向"卡莫柯"号颁发了巴塔哥尼亚齿鱼(Patagonian toothfish)底延绳钓捕鱼(longline bottom fishing)许可证,允许"卡莫柯"号在南大西洋的国际水域进行

---

[1] The "Camouco" Case (Panama v. France), Prompt Release, Judgment of 7 February 2000, ITLOS Case No. 5, https://www.itlos.org/cases/list-of-cases/case-no-5/. 本案是"塞加"号案之后国际海洋法法庭审理的第二件有关迅速释放的案件。参见吴慧:《国际海洋法法庭研究》,海洋出版社2002年版。

捕鱼。1999年9月16日,"卡莫柯"号赴南部海域(southern seas)从事底延绳钓捕鱼作业。

1999年9月28日15时29分,法国"弗洛里尔"(Floréal)号护卫舰在法属克罗泽(Crozet)群岛专属经济区内对"卡莫柯"号实施了登临检查。该舰作出的第1/99号《违法行为调查报告》(以下简称《调查报告》)显示,1999年9月28日13时28分,"卡莫柯"号在克罗泽群岛的专属经济区内进行底延绳钓捕鱼作业;"卡莫柯"号对"弗洛里尔"号的呼叫未予理睬并试图逃逸,且向海中投弃了48个包裹(含文件)。其中的一个包裹被法国当局打捞上来,内装有重34千克的新鲜齿鱼,并且该船的鱼舱中还发现了6吨冷冻齿鱼;航行日志进一步表明,"卡莫柯"号进入克罗泽群岛的专属经济区时未事先进行申报。《调查报告》指出,"卡莫柯"号船长的下列活动触犯了法国法律[2]:(1)在法国管辖的克罗泽群岛专属经济区内从事非法捕鱼活动;(2)进入克罗泽群岛专属经济区时未申报渔船所载的6吨冷冻齿鱼;(3)悬挂外国国旗时隐瞒船只的标识;(4)企图逃避海事管理机构的检查。

"卡莫柯"号及船上的渔获物、导航通信设备、文件被扣押;"卡莫柯"号船长拒绝在此调查报告上签字。

巴拿马主张"卡莫柯"号仅试图沿南北方向穿越该海域,否认该船进入克罗泽群岛专属经济区内捕鱼。巴拿马声称,该船忘记向法国当局申报进入克罗泽群岛专属经济区,船上没有新鲜的齿鱼,6吨冷冻齿鱼是在专属经济区之外的海域捕捞的;并且,船长否认法国当局打捞上来的包裹为他的船员所弃,称船员所投弃的包裹只装有垃圾[3]。

1999年10月7日,法国地区和部门海事理事会(The Regional and Departmental Directorate of Maritime Affairs)拟定了《船舶扣押调查报告》(No.052/AM/99)。该报告声明"卡莫柯"号应予以扣押,船舶估值为2000万法国法郎。法国当局评估船上的齿鱼数量为7600千克,价值为38万法郎[4]。1999年10月7日,"卡莫柯"号船长被起诉并被置于法院的监管之下,护照亦被法国当局扣押。

---

[2] The "Camouco" Case (Panama v. France), Prompt Release, Judgment of 7 February 2000, ITLOS Case No.5, para.29.

[3] Ibid., para.32.

[4] Ibid., para.33.

1999年10月8日，法国地区和部门海事理事会提请圣保罗（Saint-Paul）初审法院批准扣留"卡莫柯"号，并请求法院授权只有在向保证金及委托办公室（The Deposits and Consignments Office）提供不少于1500万法国法郎的保证金以及其他费用之后才能获释[5]。

圣保罗初审法院在审议了调查报告中所指控的违法行为，并考虑船舶的价值以及处罚等问题后，依据法国国内法[6]作出如下命令：批准扣留"卡莫柯"号；船只的释放必须以提供担保为先决条件，保证金数额为2000万法国法郎的现金、保兑支票或银行支票。

1999年10月22日，船主和"卡莫柯"号船长向圣保罗初审法院起诉紧急审理此案，请求迅速返还被扣留船只，并要求法院减少保证金的数额。起诉书中特别指控法国未履行《联合国海洋法公约》（以下简称《公约》）第73条第2款和第292条所要求的"合理"担保的义务[7]。

1999年12月14日，圣保罗初审法院作出命令驳回该申请。法院称："由主审法官适用《刑事诉讼法》第142条的规则确定保证金数额，法官根据案件的事实情况作出判决，并不要求法官说明为保证支付罚金和保证诉讼过程中被告出庭这两个目的而作出相应裁决的法律依据。"巴拿马向圣但尼（Saint-Denis）上诉法院提起上诉的同时，于2000年1月17日依据《公约》第292条向国际海洋法法庭（以下简称"法庭"）提出迅速释放"卡莫柯"号及其船长的申请[8]。

二、双方的诉讼请求

巴拿马请求法庭[9]：

（1）宣布法庭对依据《公约》第292条提出的请求具有管辖权。

---

[5] The "Camouco" Case (Panama v. France), Prompt Release, Judgment of 7 February 2000, ITLOS Case No. 5, para. 34.

[6] 《第83-582号法（修正）》第3条、《第66-400号法》第2条和第4条、《刑事诉讼法》（The Code of Criminal Procedure）第142条。

[7] The "Camouco" Case (Panama v. France), Prompt Release, Judgment of 7 February 2000, ITLOS Case No. 5, para. 41.

[8] Ibid., para. 6.

[9] Ibid., para. 24.

(2) 宣布巴拿马 2000 年 1 月 17 日提出的申请具有可受理性。

(3) 宣布法国逮捕"卡莫柯"号及所采取的措施没有及时而且妥善地通知巴拿马，违反了《公约》第 73 条第 4 款。

(4) 判决法国没有遵守《公约》的规定迅速释放"卡莫柯"号船长。

(5) 判决法国没有遵守《公约》的规定迅速释放"卡莫柯"号。

(6) 判决法国对"卡莫柯"号船长采取的刑事性临时措施构成非法扣留，违反《公约》第 73 条第 3 款。

(7) 要求法国在获得 130 万法国法郎的合理保证金（扣除已扣留的货物价款 35 万法国法郎，最后的最高保证金为 95 万法国法郎）后，应迅速释放"卡莫柯"号及其船长。

(8) 要求该保证金以某一欧洲大银行的银行担保形式支付，并将其委托给法庭，以确保该保证金能被及时转交法国当局，从而确保法国释放被扣船只及其船长。

(9) 根据《法庭规则》第 64 条第 4 款，将该案的判决书译成西班牙文。

法国请求法庭[10]：

(1) 宣布巴拿马要求迅速释放船只及其船长的请求不可受理。

(2) 若法庭判决法国应迅速释放"卡莫柯"号，保证金应不少于 2000 万法国法郎，支付形式应为保兑支票或银行汇票。

三、管辖权及可受理性的审议

（一）管辖权

巴拿马指控法国在合理的保证金或其他财政担保经提供后没有遵守

---

[10] The "Camouco" Case (Panama v. France), Prompt Release, Judgment of 7 February 2000, ITLOS Case No. 5, para. 24.

《公约》的规定,将该船只或其船员迅速释放。法国对此予以否认[11]。

法庭认为,《公约》第292条对国际海洋法法庭就此类案件的管辖权的要件作出了规定。巴拿马和法国均为《公约》缔约国[12],双方对巴拿马在争端事件发生时至案件审理时作为"卡莫柯"号船旗国的地位不存在争议。争端双方从船只及其船员被扣留时起10日内未能就将释放问题提交其他任何法院或法庭达成协议。法庭指出,巴拿马根据《公约》第292条第2款的规定已适时提出申请,且该申请符合《国际海洋法法庭规则》(以下简称《法庭规则》)第110条和第111条的规定[13]。

法庭还指出,当事方没有对法庭管辖权提出异议。据此,法庭裁决对该申请拥有管辖权[14]。

(二) 关于《公约》第292条可受理性问题

当事方对法庭可否受理该案件存在争议,因此法庭审议了以下有关《公约》第292条的问题。

根据《公约》第292条第1款规定,迅速释放的申请是基于扣留国未遵守《公约》规定,在合理的保证书或其他财政担保经提供后仍然没有将该船只或其船员迅速释放而提出的。根据《法庭规则》第113条第2款,如果法庭认定该指控证据充足,则法庭将命令扣留国在被扣留国提供了合理保证金或其他财政担保后迅速释放被扣船只和船员[15]。

法庭在宣布证据是否充足之前,必须考虑法国对受理可能性的抗辩[16]。法国对案件的可受理性问题提出了两点抗辩意见:

第一,巴拿马在"卡莫柯"号被扣留3个月之后才提出申请,在此期间完全不作为;而《公约》第292条中规定的"迅速释放"带有紧

---

[11] The "Camouco" Case (Panama v. France), Prompt Release, Judgment of 7 February 2000, ITLOS Case No. 5, para. 43.

[12] 巴拿马于1996年7月1日批准《公约》,1996年7月31日《公约》对其生效。法国于1996年4月11日批准《公约》,1996年5月11日《公约》对其生效。

[13] The "Camouco" Case (Panama v. France), Prompt Release, Judgment of 7 February 2000, ITLOS Case No. 5, para. 45.

[14] Ibid., paras. 47-48. 法庭判决,根据《公约》第292条,国际海洋法法庭对巴拿马提出的申请具有管辖权(全票赞成)。

[15] The "Camouco" Case (Panama v. France), Prompt Release, Judgment of 7 February 2000, ITLOS Case No. 5, para. 49.

[16] Ibid., para. 50.

急、紧迫性的内在特征（characteristics of dispatch and urgency），由于巴拿马没有迅速采取行动，已经构成类似于"禁止反言"的条件，所以迅速释放的申请不具有可受理性[17]。巴拿马辩称，第292条并未规定提出申请的时间限制，而且其并不存在法国所主张的延迟。因为直到1999年12月14日（圣保罗初审法院发布命令驳回减少保证金申请的日期），巴拿马才确切地获知其应提供的保证金数额为2000万法国法郎。

双方对法国通知巴拿马扣留"卡莫柯"号的时间也存在争议。巴拿马认为，法国未能遵守《公约》第73条第4款的规定，未将抓捕和扣押"卡莫柯"号以及对被扣船只已采取的措施和将要采取的措施通知巴拿马。即便将法国驻巴拿马大使馆给巴拿马外交部的通报视为《公约》第73条第4款所要求的通知，巴拿马获悉此事也已经是1999年11月11日之后的事，而这时船只已被扣押很久[18]。

法国则主张，早在1999年10月1日，留尼汪（Réunion）地方当局就已通知巴拿马驻巴黎总领馆，"卡莫柯"号船长因违反克罗泽群岛专属经济区的渔业法规成为调查报告中的调查对象，"卡莫柯"号已被转移到留尼汪的加利特港（Portdes-Galets），从而该船长会在圣但尼地方法院接受审判。巴拿马否认其驻巴黎总领馆收到过此通知[19]。

法庭未支持法国的主张，法庭认为根据《公约》第292条，一旦法庭确认申请的指控证据充足，船只和船员就应获得迅速释放。法国关于延迟提出申请的抗辩没有任何意义。《公约》第292条不要求船旗国在船只或船员被扣留后的某个特定期限内提出申请。《公约》第292条所提及的10日期限，是使争端各方可以将释放问题提交给当事方协议的法院或法庭，并不意味着未在10日内向法院或法庭提出申请或超过10日才向法庭提出申请，则该申请便不能作为第292条迅速释放的申请[20]。

第二，该案在法国国内法的诉讼程序中处于上诉审阶段，而圣但尼上诉法院裁判的目的与本案追求的结果完全相同。因此，法国主张巴拿马无权援引作为对国内法院判决"双重救济"的《公约》第292条的程序。法国提请法庭注意《公约》第295条有关用尽当地救济的规定；法

---

[17] The "Camouco" Case (Panama v. France), Prompt Release, Judgment of 7 February 2000, ITLOS Case No. 5, para. 51.
[18] Ibid., para. 54.
[19] Ibid., para. 53.
[20] Ibid., para. 54.

国同时承认，这一规则并不是启动第292条程序的先决条件[21]。巴拿马则主张，诉诸国内法庭的诉讼并不能损害依据《公约》第292条援引法庭管辖权的权利[22]。

法庭认为，将用尽当地救济的规定或类似规则引入《公约》第292条是不合逻辑的。第292条的立法目的是，在国内法院判决其承担不合理的保证金或者国内法上没有规定支付合理的保证金后予以释放的规定时，船只或船员可以获得释放的机会，从而使船主和其他受到扣留影响的人可以避免因长期扣押而造成的损失。第292条规定，在法院或法庭裁定的保证书或其他财政担保经提供后，扣留国当局应迅速遵从法院或法庭关于释放船只或其船员的裁定；法院或法庭应迅速处理关于释放的申请，并且应仅处理释放问题，而不影响主管的国内法庭对该船只、其船主或船员的任何案件的是非曲直的审理，以保护沿海国的利益[23]。

《公约》第292条是独立的补救办法，而非对国内法院判决的上诉审，任何有违第292条目的和宗旨的限制都不应该用来解释第292条。第292条允许在被扣留后短时间内提出申请，但通常在如此短的期间内并不能用尽当地救济[24]。

法庭在此审理了法国是否违反《公约》第73条第3款、第4款的问题。法庭认为，依据《公约》第292条所确立的管辖权范围，仅包括在保证金或其他财政担保经提供后仍未执行立即释放被扣船只和船员的案件。但是，《公约》第73条第3款、第4款的规定与第2款的规定不同，并不是关于管辖权的条款，因此法庭不能受理关于指控违反这两个条款的申请。但法庭没有否认《公约》第73条第2款与第4款存在一定的联系[25]。

法庭认为，以上分析也适用于巴拿马之前所提出的两个主张：(1) 法国违反了《公约》关于航行自由的规定；(2) 法国国内法与《公约》不相容[26]。

---

[21] The "Camouco" Case (Panama v. France), Prompt Release, Judgment of 7 February 2000, ITLOS Case No. 5, para. 55.
[22] Ibid., para. 56.
[23] Ibid., para. 57.
[24] Ibid., para. 58.
[25] Ibid., para. 59.
[26] Ibid., para. 60.

四、关于违反《公约》第73条第2款的审议

巴拿马指控法国没有遵守《公约》,在提出适当的保证书或其他财政担保后,法国仍未立即释放船只和船长。在本案中,"卡莫柯"号船长以违反法国有关专属经济区渔业资源的法律为由受到起诉,毫无疑问,这是关于《公约》第73条的问题[27]。

法国认为,根据《公约》第73条第2款,提供保证金或其他财政担保是释放被扣船只和船员的前提条件;巴拿马应在"卡莫柯"号被扣留后立即提供保证金或其他财政担保,而巴拿马未提供任何担保。因此,巴拿马的指控缺乏充分的证据,国际海洋法法庭应予以驳回[28]。

而巴拿马则辩称,提供保证金不是提出《公约》第292条迅速释放申请的先决条件[29]。

为了澄清提供保证金或其他财政担保并不是依据第292条提出申请的先决条件,法庭回顾了1997年"塞加"号案判决的要点:支付保证金或提供财政担保是适用《公约》第292条的条件,但是支付保证金或提供其他财政担保不是提起第292条规定程序的必要条件。即使在没有提出保证金或其他担保的情况下,仍有可能违反《公约》第73条第2款。"迅速性"要件具有独立的价值,当不可能支付保证金,或支付保证金被拒收,或者沿海国的法律未规定,或者主张保证金不合理时,它就会发挥这种效果[30]。

法庭接着分析了"合理"的保证金应当是什么。

巴拿马在其请求中认为,法国法院所判决的2000万法国法郎的保证金是不适当的,合理保证金应为130万法国法郎,货物价值(35万法国法郎)应从中扣除。

而法国则主张,因为对"卡莫柯"号船长和其船主的最大可能的处罚可以高于3000万法国法郎,所以法国法院判决的巴拿马应提供的保证

---

[27] The "Camouco" Case (Panama v. France), Prompt Release, Judgment of 7 February 2000, ITLOS Case No. 5, paras. 57-58.
[28] Ibid., para. 62.
[29] Ibid., para. 62.
[30] Ibid., para. 63.

金是适当的[31]。

法庭为了确认法国法院所判决的2000万保证金是否适当，回顾了"塞加"号（第2号）案[32]的判决所确认的保证金合理性的标准：合理的标准应包括保证金或其他财政担保的数额、性质和形式；保证金或其他财政担保的数额、性质和形式整体上应是平衡的[33]。

法庭认为，在评价保证金或其他财政担保的适当性时应将下面几个因素考虑在内：（1）被控违法行为的严重性；（2）依据扣留国法律规定可能实施的处罚；（3）被扣留船只和货物的价值；（4）扣留国征收的保证金数额及其支付形式[34]。

本案中，法庭注意到被控违法行为的严重性，法国国内法上可对"卡莫柯"号船长处以500万法国法郎的罚金[35]。法国还主张，"卡莫柯"号所属公司负有连带责任，对它的处罚金额可以是对船长罚金的5倍。法庭注意到该公司并未受到起诉。

《法庭规则》第111条第2款（b）项规定，释放船只和船员的申请中应包括确定船只价格的相关资料，仅船只本身的价值不能成为确定保证金或其他财政担保金额的主要因素。该案中，争端各方在"卡莫柯"号的价值上有争议。在庭审中，巴拿马主张"卡莫柯"号的价值为3717571法国法郎，法国对此未表示反对。法国所认定的"卡莫柯"号的价值为2000万法国法郎，然而没有证据能证明这一点。法庭还注意到，法国称"卡莫柯"号所载的货物价值为38万法国法郎，但这些货物已被法国当局没收和出售。

基于上述考虑，法庭认为该案中2000万法国法郎的保证金是不合理的[36]。

双方对"卡莫柯"号渔船被扣留的事实没有争议，但对船长是否被扣留有争议。船长现正处于法院监管（supervision）中，其护照被法国

---

[31] The "Camouco" Case (Panama v. France), Prompt Release, Judgment of 7 February 2000, ITLOS Case No. 5, para. 64.

[32] M/V "SAIGA" (Saint Vincent and the Grenadines v. Guinea), Judgment of 1 July 1999, ITLOS Case No. 2.

[33] The "Camouco" Case (Panama v. France), Prompt Release, Judgment of 7 February 2000, ITLOS Case No. 5, para. 66.

[34] Ibid., para. 67.

[35] Ibid., para. 68.

[36] Ibid., paras. 64-70.

当局扣押，因而无法离开留尼汪。鉴于此，法庭认为，根据《公约》第292条第1款命令释放船长是比较妥当的。

基于上述理由，法庭认为可以受理该请求。巴拿马的指控理由充分，法国应在巴拿马提供保证金或其他财政担保后迅速释放"卡莫柯"号及其船长[37]。关于保证金或其他财政担保的形式和数额，依据《法庭规则》第113条第2款，由法庭最后认定：保证金或其他财政担保应为800万法国法郎；除非双方另有协议，应为银行担保。担保人负责向法方支付法国国内法院终审判决，或裁决或双方协商达成的保证金数额，数额不超过800万法国法郎。

巴拿马请求法庭命令银行担保委托给法庭，以便妥善交付给法国。《法庭规则》第114条规定了保证金或其他财政担保委托给法庭的程序；第113条第3款规定，除当事双方另有协议外，保证金或其他财政担保须向扣留国提供。由于双方未另行达成协议，法庭未支持巴拿马的此项请求。

五、个别意见与反对意见

纳尔逊副庭长提出两点个别意见，但他强调这些个别意见不构成对法庭判决的反对意见或者异议。（1）《公约》第292条第3款规定法庭处理并且只能处理有关释放的问题，且不得违背当地法院对相同问题的处理。这意味着如果法国法院受理了有关迅速释放的请求，国际海洋法法庭受理该问题就要受到限制，这样的规定与第292条本身的目的相违背。（2）合理保证金。首先，法庭有义务决定什么是"合理"；其次，合理取决于特定案件的特定情况，即法庭不仅有义务考虑判决书第67段提到的因素，还应该考虑法国方面在答辩状中提到的"案件发生地点克罗泽群岛专属经济区的非法捕鱼的情况"[38]。

安德森法官基于以下4项理由，反对本案的可受理性、迅速释放船只和对船长的判决、保证金数额为800万法国法郎，且反对以银行担保

---

[37] The "Camouco" Case (Panama v. France), Prompt Release, Judgment of 7 February 2000, ITLOS Case No. 5, paras, 71-72.

[38] Separate Opinion of Vice-President Nelson, https://www.itlos.org/fileadmin/itlos/documents/cases/case_ no_ 5/published/C5-J-7_ feb_ 20-SO_ N. pdf.

的方式提供保证金。(1) 关于可受理性。安德森法官认为，《公约》第292 条旨在保护经济价值与人道主义，释放必须以合理的保证为前提；同时，《公约》第五部分的目的是保护沿海国家海洋生物资源和一国在捕鱼方面政策法律的有效实施等，这些是更值得考虑的较大价值。(2) 未用尽当地救济。其一，国内法院有极大的自由裁量空间，在证据收集、事实判断和法律适用上有不可替代的地位，只有当巴拿马有非常充分的依据时，才可以向法庭提出要求减少保证金。其二，"卡莫柯"号船主在法国国内法院一审判决后提出上诉，当二审法院维持一审判决时又向当地另一法院提出诉讼，随后立即向国际海洋法法庭起诉，此时法国国内的诉讼程序仍在进行，违反用尽当地救济原则（《公约》295 条）。安德森法官不赞成判决第 57 段、第 58 段的论证逻辑[39]，他认为等待法国上诉法院的判决结果并不会影响《公约》第 292 条的立法目的。其三，各国不同的法律体系中刑事诉讼程序虽然不同，但都秉持保障人权的原则，保障当事人获得公正审判的权利。所以在本案这种情势下，法庭受理本案只是无谓地浪费诉讼资源。(3) 在确定保证金数额方面，应当考虑事实和法律，且不应只考虑《公约》第 292 条，而是要把《公约》作为一个整体；如果国内法院的保证金数额是合理的，法庭就不应当作出迅速释放的决定。(4) 沿海国家的立法与执行。其一，《公约》第 73 条对非法捕鱼的界定以及罚金和刑罚的上限没有规定，保证金应当与罚金相关联；其二，本案中罚款应考虑重量因素；其三，不仅处罚船长，还应当处罚船主；其四，为了保护资源、防止非法捕猎，法国采取相应保护措施所产生的费用是非常高昂的，同时，为了防止违法者以同样方式再犯，保证金有必要不低于判决处罚的数额。综上，本案国内法院对保证金数量的判决没有超过其自由裁量的空间，没有超出"合理"的范围，应当驳回巴拿马此项请求[40]。

武卡斯法官虽然也对判决提出了除管辖权外的反对意见，但主要是

---

[39] 判决第 57 段认为，《公约》第 292 条不能适用用尽当地救济原则，因为该条款的目的就是避免在国内法加不合理保证金而延长扣留时间时，能够尽快释放船只及船员，或者提交保证金后仍然不释放而对船主造成本可以避免的损失。判决第 58 段认为，《公约》第 292 条允许被扣留者在短期内提起诉讼，而在短时间内用尽当地救济是不现实的，为了实现该条款的立法目的，适用该条款不应有任何限制。

[40] Dissenting Opinion of Judge Anderson, https://www.itlos.org/fileadmin/itlos/documents/cases/case_ no_ 5/published/C5-J-7_ feb_ 20-DO_ A. pdf.

因为对可受理性的异议，所以对其余判决也都持反对意见。武卡斯法官认为在该案中，对《公约》第 292 条"迅速释放"概念的错误理解是导致认为本案可受理的原因。该船所属公司连同巴拿马政府在向当地法院起诉要求启动迅速释放的紧急程序后，又向国际海洋法法庭以同样理由起诉，违反了诉讼原则。在没有新情况的背景下，巴拿马没有理由在"卡莫柯"号被扣留 100 天后又向国际海洋法法庭起诉[41]。

此外，国际海洋法法庭虽然判决命令法国在保证金经提供后必须迅速释放被扣船只及其船长，但是判决中并没有论证为什么法国（被告）必须承担此项义务。门萨法官声明应当在判决中阐述"法国违反《公约》第 73 条第 2 款"的主张具有充分的根据[42]。

六、评 论

本案是关于《公约》第 292 条以及第 295 条的解释与适用问题的迅速释放案件，判决对若干争议的论点的分析反映出此类案件中需要关注的问题。

第一，在涉及可受理性问题时，《公约》第 295 条所规定的用尽当地救济原则成为关注的焦点。《公约》第 292 条的立法目的是，当国内法院判决其承担不合理的保证金或者国内法上没有支付合理的保证金后予以释放的规定时，船只或船员可以获得释放的机会；同时也规定了释放不影响在主管的国内法庭对该船只、其船主或船员的任何案件的是非曲直的判断，保护了沿海国的利益。法庭的迅速释放程序与扣留国的国内法程序相互独立，虽然形式上有寻求两次救济的可能性，但是本质上迅速释放程序与法国国内法院审理的实质问题具有不同性质。

第二，如果在国内法院审理期间不能向国际海洋法法庭提交申请，则会迫使当事国在二者之间作出选择，事实上会妨碍当事国充分利用国内救济[43]。在《公约》第 292 条迅速释放的规定之下，法庭采用了较为

---

[41] Dissenting Opinion of Judge Vukas, https：//www.itlos.org/fileadmin/itlos/documents/cases/case_ no_ 5/published/C5-J-7_ feb_ 20-DO_ V.pdf.

[42] Declaration of Judge Mensah, https：//www.itlos.org/fileadmin/itlos/documents/cases/case_ no_ 5/published/C5-J-7_ feb_ 20-D_ M.pdf.

[43] Bernard H. Oxman and Vincent P. Bantz, "The 'Camouco'(Panama v. France)(Judgment)", *American Journal of International Law*, Vol.94, No.4, 2000, p.713.

均衡的判断标准。一方可能需要等待国内法院的判决结果，甚至之后需要及时将该结果递交并上诉至更高级别的国内法院，在这个过程中需要保证不损害船旗国在10天等待期之后在任何时间内向国际海洋法法庭提请释放的权利。法庭认为，强行延迟受理案件以等待国内法院未决的上诉结果是对《公约》第292条规定的违背。因为该条明确要求法庭毫不迟延地审理该事项。若在国内法院尚未作出裁判时暂停船旗国向法庭提出释放请求的权利，则可能会最终阻碍用尽当地救济，例如，在国际海洋法法庭作出决定前，国内的上诉期限已过时效。国内法院和国际法院在当事双方以及相关问题甚至关于保证金的争端上，都不必保持一致[44]。

第三，即使适用用尽当地救济原则，例如，当事人在国内法院同时提出迅速释放的请求，从本案判决的论证逻辑上看，将国内程序视为迅速释放程序的前置程序的反对意见也难以成立。法庭解释《公约》第292条的立法目的是允许受害者在短期内提起诉讼，而即使公正审判权得到充分保障，在短时间内用尽当地救济是不现实的，为了实现该条款的立法目的，适用该条款不应有任何限制。法庭的这个解释是将迅速释放归于"不能"用尽当地救济的情况，导致可以不适用《公约》第295条。

第四，在确定合理保证金金额时，是否需要充分考虑案件的是非曲直等事实问题也存在争议。法庭认为，《公约》对于保证金的要求和标准是自主的，不由国内法决定，而保证金达到"合理"程度的构成条件取决于具体事实。问题在于在具体的情景下最终结果是否真的合理地平衡了迅速释放的权利及审判和处罚的权利[45]。事实上，在考虑国内法上通常处罚结果的情况下，在确定担保金额上限时对于当事方行为的是非曲直的判断难以避免，这个结果事实上会左右最终的判断结果。由于案件千差万别，在何种程度上判断当事方行为的是非曲直难以具有客观的基准，在这个问题上分歧显而易见。

---

[44] Jonathan Lux and Philip Carney, "The Camouco Case: Panama v. France" (Seizure of Ship for Unlawful Fishing), *International Business Lawyer*, Vol. 28, No. 10, 2000, p. 461.

[45] Bernard H. Oxman and Vincent P. Bantz, "The 'Camouco' (Panama v. France) (Judgment)", *American Journal of International Law*, Vol. 94, No. 4, 2000, p. 719.

七、附 录

(一) 中英案件全名

1. 中文案件全名:"卡莫柯"号案(巴拿马诉法国)(迅速释放)
2. 英文案件全名:The "Camouco" Case (Panama v. France)(Prompt Release)

(二) 案件的标准引用

The "Camouco" Case (Panama v. France), Prompt Release, Judgment of 7 February 2000, ITLOS Case No.5, https://www.itlos.org/cases/list-of-cases/case-no-5.

(三) 主要参考文献

1. Bernard H. Oxman and Vincent P. Bantz,"The'Camouco'(Panama v. France)(Judgment)", *The American Journal of International Law*, Vol.94, No.4, 2000, pp.713-721.

2. Jonathan Lux and Philip Carney,"The Camouco Case: Panama v. France"(Seizure of Ship for Unlawful Fishing), *International Business Lawyer*, Vol.28, No.10, 2000, p.461.

3. Bernard H. Oxman and Vincent P. Bantz,"Prompt Release of Vessels and Crews-Exhaustion of Local Remedies-Lispendens-Amount and Form of Reasonable Bond—UN Convention on the Law of the Sea", *The American Journal of International Law*, Vol.94, No.4, 2000, pp.713-721.

4. Yoshifumi Tanaka,"Prompt Release in the United Nations Convention on the Law of the Sea: Some Reflections on the ITLOS Jurisprudence", *Netherlands International Law Review*, Vol.51, No.2, 2004, pp.237-271.

5. 赵理海:《渔轮"卡莫柯号"案》,《中外法学》2000年第4期,第504—509页。

6. 吴慧:《国际海洋法法庭研究》,海洋出版社2002年版。

(四) 与本案主题相关的重要引用案件

M/V "SAIGA" (No. 2) Case (Saint Vincent and the Grenadines v. Guinea), Judgment, ITLOS Reports 1999.

(五) 案件中的重要缩略语

ITLOS　The International Tribunal for the Law of the Sea　国际海洋法法庭

UNCLOS　United Nations Convention on the Law of the Sea　《联合国海洋法公约》

（赵英军）

南方蓝鳍金枪鱼案
（澳大利亚和新西兰诉日本）
（2000 年）

1999.07.15 澳大利亚和新西兰提起《联合国海洋法公约》附件七仲裁程序

1999.07.30 澳大利亚和新西兰分别向国际海洋法法庭请求规定临时措施

1999.08.09 日本向法庭提交声明，反对法庭对本案行使管辖权

1999.08.16 法庭发布合并临时措施申请的命令

1999.08.18—20 法庭举行关于临时措施请求的庭审

1999.08.27 法庭规定临时措施

2000.02.11 日本向附件七仲裁庭提交管辖权和可受理性的初步反对意见

2000.04.03 澳大利亚和新西兰提交关于管辖权的共同答辩状

2000.05.07—11 在世界银行总部召开关于管辖权的听证会

2000.05.10 仲裁庭向当事方提出关于管辖权的问题

2000.05.26 各方向仲裁庭提交答复

2000.08.04 仲裁庭作出先决问题裁决，裁定无管辖权

关键词：争端的实质（Essence of the Dispute）；条约平行（Parallelism of Treaties）；《公约》第 281 条（UNCLOS Article 281）；渔业（Fisheries）

一、案件背景

南方蓝鳍金枪鱼是《联合国海洋法公约》（以下简称《公约》）附件一列举的高度洄游物种之一。为了控制南方蓝鳍金枪鱼的过度捕捞，

澳大利亚、新西兰和日本三国从 1982 年开始非正式地管理蓝鳍金枪鱼的捕捞。1985 年，日本与澳大利亚和新西兰一起设置了南方蓝鳍金枪鱼的全球可捕捞量（a global total allowable catch，TAC）。1989 年，三国一致同意将该全球可捕捞量设定为 11750 吨，三国的配额分别是：日本 6065 吨，澳大利亚 5265 吨，新西兰 420 吨。但南方蓝鳍金枪鱼的数量仍然持续下降。三国设定的全球可捕捞量限制的效果在很大程度上被来自韩国、印度尼西亚等国以及方便旗国的渔民的捕鱼活动所抵消。因而，全球可捕捞量限制是否能够使南方蓝鳍金枪鱼种群得到恢复，如何降低科学不确定性等问题，是各方存有分歧的地方。

1993 年，三国缔结了《南方蓝鳍金枪鱼养护公约》（Convention for the Conservation of Southern Bluefin Tuna，以下简称《养护公约》）。1994 年 5 月，该公约成立的南方蓝鳍金枪鱼养护委员会（以下简称"委员会"）将三国的全球可捕捞量总额仍然设置为 11750 吨。尽管日本一直要求增加总量及其配额，但委员会内部就此问题并未达成一致，因此实践中三国一直维持着 1994 年设置的总量及配额。日本在委员会内部施压，要求增加其全球可捕捞量，开始提出将日本的配额每年增加 6000 吨，后来减为 3000 吨。日本还在委员会提议三国共同开展实验性捕鱼项目（experimental fishing program，EFP），在已停止捕捞活动的海域收集数据，减少鱼类种群恢复的科学不确定性。日本开始提议实验性捕鱼项目的规模设定为在商业性捕鱼配额之外，每年捕捞 6000 吨，时间持续 3 年，后来将该要求降低为每年 3000 吨。但委员会对该项目的规模和方式未能达成一致。1998 年，日本宣布将从 1998 年夏天开始单方面施行为期 3 年的实验性捕鱼项目，当年捕获量预估为 1464 吨。澳大利亚和新西兰与日本多次交涉未果，围绕日本单方面实施捕鱼项目的争议产生。澳大利亚决定将争端提交《公约》附件七仲裁程序进行解决，并决定在仲裁庭组建完成之前请求国际海洋法法庭规定临时措施，要求日本立刻停止单方面实验性捕鱼项目。新西兰也同步采取了相应的行动，提出了与澳大利亚相同的请求，成为本案的共同申请方。澳、新两国是否有权在《养护公约》之外寻求《联合国海洋法公约》第十五部分第二节中的争端解决程序救济，附件七仲裁庭是否对本案具有管辖权等，是本案争议的焦点。

本案争端所涉及的关键性条款是《养护公约》第 16 条，其规定：

1. 如果两个或两个以上缔约方之间在本公约的解释或执行方面出现任何争端,这些缔约方应相互协商,以期通过谈判、调查、调停、调解、仲裁、司法解决或它们自己选择的其他和平手段解决争端。

2. 上述未解决的争端应在争端所有当事方同意的情况下提交国际法院或仲裁解决;但如不能就提交国际法院或仲裁达成协议,争端各方应继续以第 1 款所述的任何和平手段寻求争端的解决。

3. 争端提交仲裁的,仲裁庭应按本公约附件的规定组成。附件为本公约的组成部分。

作为对日本单方面行动的回应,澳大利亚和新西兰正式要求启动《养护公约》第 16 条第 1 款规定的紧急磋商和谈判。尽管各方付出了大量的努力,但仍未能就相关问题达成协议。在 1999 年 5 月的一次会议中,日本告知澳、新两方,如果日本关于 1999 年实验性捕鱼项目的建议不被接受,则日本将在 6 月 1 日重新开始单方面的实验性捕鱼。澳、新两方告知日方,如果日本重新开始单方面的实验性捕鱼,则这一行为将被视为终止《养护公约》第 16 条第 1 款下的谈判。日本在 6 月 1 日重新开启实验性捕鱼项目,但申明日本不欲终止谈判。1999 年 6 月 23 日和 7 月 14 日,三方再次就争端的性质、争端解决的方式等问题交换了意见。日本提议按照《养护公约》第 16 条第 2 款,通过仲裁解决争端,但不准备停止其实验性捕鱼项目;澳、新两方不接受,提出将提交《联合国海洋法公约》第十五部分中的附件七仲裁程序审理此案。

1998 年 8 月 31 日,澳大利亚和新西兰照会日本,就南方蓝鳍金枪鱼的养护和管理问题该两国与日本存在争端。1999 年 7 月 15 日,澳大利亚、新西兰分别向日本发出通知,启动《联合国海洋法公约》附件七仲裁程序。[1] 在附件七仲裁庭组建完成之前,澳、新两国于 7 月 30 日又

---

[1] Southern Bluefin Tuna (Australia and New Zealand v. Japan), Award on Jurisdiction and Admissibility, 4 August 2000, Arbitral Tribunal constituted under Annex VII of UNCLOS, Reports of International Arbitral Awards, Vol. XXIII, p. 4.

向国际海洋法法庭（以下简称"法庭"）请求规定临时措施。[2] 8月16日，法庭将两国的临时措施请求合并为一个程序。由于法庭中没有澳大利亚或新西兰籍的法官，根据《国际海洋法法庭规约》第17条，澳、新两国有权指定一名专案法官（judge ad hoc）。两国随后联合提名伊万·希勒作为本案的专案法官。

二、法庭的临时措施命令

（一）当事方的请求和权利主张

澳大利亚和新西兰在1999年8月20日的公开庭审中请求法庭规定以下临时措施：

（1）日本立刻停止南方蓝鳍金枪鱼的实验性捕鱼项目。

（2）日本对南方蓝鳍金枪鱼的年度捕捞量应限定在委员会上次同意的配额范围内，并扣除日本1998年和1999年单方面施行实验性捕鱼项目的捕捞量。

（3）在争端最终解决前，各方在捕捞蓝鳍金枪鱼时应遵守预防原则。

（4）各方应确保不采取使争端加剧或扩大，或有碍于解决提交至附件七仲裁庭的争端的任何行为。

（5）各方应确保不采取可能对执行附件七实体裁决时的各方权利造成损害的任何行为。[3]

日本在1999年8月20日的公开庭审中请求法庭：

（1）拒绝澳大利亚和新西兰关于临时措施的请求。

（2）附件七仲裁庭不具有初步管辖权（prima facie jurisdiction），因而法庭也无权规定临时措施。[4]

（3）如果法庭认为附件七仲裁庭具有初步管辖权，且法庭有权规定临时措施，则根据《国际海洋法法庭规则》第89条第5款，法庭规定的

---

[2] Southern Bluefin Tuna Cases (New Zealand v. Japan; Australia v. Japan), List of cases: No. 3 and 4, Provisional Measures, Order of 27 August 1999, ITLOS, Reports of Judgments, Advisory Opinions and Orders, p. 281.

[3] Ibid., p. 291, para. 34.

[4] Ibid., p. 290, para. 33.

临时措施应为：澳大利亚和新西兰应就存在的主要问题，包括关于继续开展实验性捕鱼项目的协议、各方在 2000 年的全球可捕捞量和配额，紧急并负有善意地重启为期 6 个月的谈判，以达成一致意见。如果 6 个月内未达成一致，则应将有关分歧，按照各方已经达成协议的方式，提交由独立科学家组成的专门小组解决。[5]

争端双方对于临时措施的争议聚焦在是否可以初步证明附件七仲裁庭具有管辖权，以及本案是否情况紧急，有必要在附件七仲裁庭组成之前作出临时措施。

对于附件七仲裁庭的初步管辖权，澳大利亚和新西兰认为，日本单方面开展实验性捕鱼项目的行为违反了《联合国海洋法公约》第 64 条、第 116 条至 119 条中的义务，违反了《养护公约》和习惯国际法规则。依据《联合国海洋法公约》第 288 条第 1 款，本案中的附件七仲裁庭应具有管辖权。两国还主张，由于《养护公约》并没有规定导致有拘束力裁判的程序，因而未满足《联合国海洋法公约》第 282 条中的条件，附件七仲裁程序不应排除适用。[6] 日本则先提出本案的争端为科学问题，不是法律问题，后又提出本案争端事关《养护公约》的解释或适用，而非《联合国海洋法公约》，因而日本认为附件七仲裁庭不应具有管辖权。日本还提出，《养护公约》规定了争端解决程序，因而根据《联合国海洋法公约》第 282 条，第十五部分规定的程序（包括附件七仲裁程序）应排除适用。即便不排除适用，日本认为澳大利亚和新西兰没有履行《联合国海洋法公约》第 283 条规定的交换意见的义务，理由是澳大利亚和新西兰只在谈判的后期才开始把双方的争端界定为《联合国海洋法公约》的争端，双方并没有就争端充分地交流意见。[7]

对于情况是否紧急，澳大利亚和新西兰认为，日本单方面实施的实验性捕鱼项目已经侵犯了两国在《联合国海洋法公约》第 64 条、第 116 条至 119 条中的权利，如果庭审期间日本继续捕捞南方蓝鳍金枪鱼，则

---

[5] Southern Bluefin Tuna Cases (New Zealand v. Japan; Australia v. Japan), List of cases: No. 3 and 4, Provisional Measures, Order of 27 August 1999, ITLOS, Reports of Judgments, Advisory Opinions and Orders, p. 292, para. 35.

[6] Ibid., p. 294, para. 54.

[7] Southern Bluefin Tuna (Australia and New Zealand v. Japan), Response of the Government of Japan to Request for Provisional Measures & Counter-Request For Provisional Measures, pp. 182-184, paras. 74-82.

会对两国在本案中的权利造成直接损害。两国还提出，日本单方面实施的实验性捕鱼项目违反了《联合国海洋法公约》第64条和第118条规定的养护和管理高度洄游鱼种（南方蓝鳍金枪鱼）的合作义务，该行为已经构成对这一物种的威胁。现有科学证据证明，实验性捕鱼项目捕捞南方蓝鳍金枪鱼可能危及该鱼群的生存。然而日本却主张本案不存在规定临时措施的紧急情况，因为现有科学证据证明实验性捕鱼项目的开展不会对南方蓝鳍金枪鱼种群造成威胁，反而有利于对种群修复的评估。

此外，日本还主张澳大利亚和新西兰存在恶意。理由是：澳、新两国终止了关于联合实施实验性捕鱼项目的磋商和谈判；两国在不存在任何争议，且未用尽《联合国海洋法公约》第十五部分规定的其他争端解决程序（尤其是第281条规定的"已协议用自行选择的和平方法来谋求解决争端"的情形）时，就草率地诉诸《联合国海洋法公约》项下的强制程序。因而日本请求法庭规定临时措施，要求澳大利亚和新西兰两国履行义务，继续就本案科学性争议开展谈判。

（二）法庭的说理

1. 附件七仲裁庭是否有初步管辖权

关于争端的性质，法庭指出当事方存在法律分歧。关于《养护公约》与《联合国海洋法公约》之间的关系，法庭认为，前者并未排除缔约方就南方蓝鳍金枪鱼养护援引《联合国海洋法公约》的权利，澳、新两国所援引的《联合国海洋法公约》条款似乎可以作为附件七仲裁庭管辖权的基础。《养护公约》也未排除《联合国海洋法公约》第十五部分第二节的适用。由于澳大利亚、新西兰与日本之间开展的谈判既是《养护公约》的要求，也是《联合国海洋法公约》的要求，澳大利亚、新西兰给日本的外交照会中也援引了《联合国海洋法公约》条款，且两国均认为与日本的谈判已经终止，法庭认为当缔约方认定解决争端的可能途径已经用尽时，并无义务再履行《联合国海洋法公约》第十五部分第一节中的程序要求；当事方援引第十五部分第二节程序的条件已经满足。因此，法庭根据初步证明认为附件七仲裁庭具有管辖权。

2. 是否情况紧急有此必要

法庭注意到，各方在1999年及以后仍要继续开展商业捕捞，《养护公约》的非缔约方对南方蓝鳍金枪鱼的捕捞量自1996年起显著增加，法庭指出各方应谨慎地采取养护措施，防止对鱼群造成严重损害，还应加强与非缔约方的合作，确保对南方蓝鳍金枪鱼种群的最优利用。法庭还留意到，南方蓝鳍金枪鱼的养护措施在科学上具有不确定性，各方对养护措施是否起到了改善作用存有不同意见。由此，法庭认为规定临时措施的紧急情况是存在的，用以保全争端各方其各自的权利，避免种群的退化。法庭同时还提出，实验性捕鱼项目中的捕获量不能成为超出各方约定配额的理由。日本明确承诺1999年的实验性捕鱼项目将于8月31日终止，但对于1999年之后的项目实施日本并未作出任何承诺。基于上述情况，法庭认为规定临时措施是合理的。

（三）临时措施命令

1999年8月27日法庭发布命令，规定如下临时措施：

1. 在仲裁庭组建完成之前：

（1）澳大利亚、日本和新西兰要确保不采取可能激化或者扩大争端的行为。

（2）澳大利亚、日本和新西兰要确保不采取任何可能妨碍仲裁庭实体裁决的行为。

（3）澳大利亚、日本和新西兰要确保各自的年捕获量不超过各方最后同意的配额，分别是5265吨、6065吨和420吨，除非各方另有协议。在计算1999年和2000年的年捕获量时，在不妨碍仲裁庭裁决的基础上，应当考虑日本在1999年实验性捕鱼项目中的捕获量。

（4）澳大利亚、日本和新西兰要避免实施捕获南方蓝鳍金枪鱼的实验性捕鱼项目，除非获得其他各方的同意，或者如第（3）项规定，实验性捕获量从各国的年度配额中扣除。

（5）澳大利亚、日本和新西兰应该立即重启谈判，以期达成南方蓝鳍金枪鱼养护和管理措施的协议。

（6）澳大利亚、日本和新西兰应该进一步努力与其他国家和捕鱼团体在捕捞南方蓝鳍金枪鱼问题上达成协议，以促进养护和最佳鱼群利用目标的实现。[8]

---

[8] Southern Bluefin Tuna Cases (New Zealand v. Japan; Australia v. Japan), List of cases: No. 3 and 4, Provisional Measures, Order of 27 August 1999, ITLOS, Reports of Judgments, Advisory Opinions and Orders, pp. 297-299, para. 90.

2. 决定每一当事方都应不迟于 1999 年 10 月 6 日按照《国际海洋法法庭规则》第 95 条第 1 款的要求，向法庭提交初步报告；授权法庭庭长在此日期之后视情况要求各方提交进一步的报告和信息。

三、附件七仲裁庭的裁决

（一）当事方的请求和权利主张

在附件七仲裁庭的审理过程中，日本就管辖权和可受理性问题提出了初步反对意见，请求《联合国海洋法公约》附件七仲裁庭裁定：

（1）本案争端已经变为虚假的争端（Moot），不应继续审理。
（2）仲裁庭对申请方提出的请求不具有管辖权，或者
（3）这些请求不具有可受理性。[9]

澳大利亚和新西兰否认日本的初步反对意见，请求仲裁庭裁定：

（1）对于日本的实验性捕鱼项目及相关行动是否属于《联合国海洋法公约》管辖范围这一问题，当事方存有分歧。
（2）当事方之间存在《联合国海洋法公约》第十五部分规定的关于《公约》解释和适用的争端。
（3）《公约》第十五部分关于管辖权的所有条件都已经满足；以及
（4）日本对争端可受理性的反对不成立。[10]

1. 日本的立场

日本认为仲裁庭不具有管辖权，本案争端不具有可受理性。日本从

---

[9] Southern Bluefin Tuna (Australia and New Zealand v. Japan), Award on Jurisdiction and Admissibility, 4 August 2000, Arbitral Tribunal constituted under Annex VII of UNCLOS, Reports of International Arbitral Awards, Vol. XXIII, p. 37, para. 42.

[10] Ibid., p. 37, para. 43.

四个方面论证这一立场。

首先，日本提出本案不是关于《联合国海洋法公约》解释和适用的争端。理由如下：

（1）本案争端是《养护公约》解释和适用的争端，而非《联合国海洋法公约》解释和适用的争端。第一，习惯国际法和《联合国海洋法公约》都没有要求日本必须在获得他国同意的情况下才能开展实验性捕鱼项目，这一要求是《养护公约》的规定。第二，关于实验性捕鱼项目的争端在《养护公约》成立的委员会中已经存在五年，争端双方之间的磋商和谈判也都是在《养护公约》框架下开展的。在争端开始阶段，澳大利亚、新西兰也只在该《养护公约》框架下进行抗议，并未提及《联合国海洋法公约》。因此，争端的实质为是否违反《养护公约》。澳大利亚和新西兰援引《联合国海洋法公约》和习惯法的真实目的是为寻求法庭的临时措施，从而避开《养护公约》关于合意条件的规定。[11]

（2）《联合国海洋法公约》在1994年才生效，三个当事国直到1996年才都批准《公约》，在该《公约》对其生效前的26个月时间内，《养护公约》是调整三国法律关系的条约，《联合国海洋法公约》的生效不应该增加各方在养护蓝鳍金枪鱼方面的法律义务。因而在三国养护金枪鱼的问题上，规范性条约应是《养护公约》而非《联合国海洋法公约》。[12]

（3）如果按照缔结时间考虑，《联合国海洋法公约》缔结在先，且为框架性、总括性的条约，根据"后法优先""特别法优先"原则，细化和执行该《公约》的执行性协议应优先适用。这种优先适用既体现在实体规则方面，也体现在程序方面，因此《养护公约》第16条是本案管辖权的决定性条款。虽然理论上一个行为可能违反两个或两个以上条约，但本案不存在这种可能性。[13]

（4）本案没有将《联合国海洋法公约》缔约国韩国、印度尼西亚列为被告，表明真正的争端不是该《公约》下的争端，而是有关《养护公

---

[11] Southern Bluefin Tuna (Australia and New Zealand v. Japan), Award on Jurisdiction and Admissibility, 4 August 2000, Arbitral Tribunal constituted under Annex Ⅶ of UNCLOS, Reports of International Arbitral Awards, Vol. XXIII, pp. 22-23, para. 38 (a).

[12] Ibid., p. 23, para. 38 (b).

[13] Ibid., p. 23, para. 38 (c).

约》的争端。[14]

（5）《养护公约》与《联合国海洋法公约》规定相一致，并没有减损后者各缔约方的权利和义务，符合《联合国海洋法公约》第311条和第64条的要求。

其次，即便本案争端既属于《养护公约》下的争端，也属于《联合国海洋法公约》下的争端，后者的争端解决机制也不适用。

（1）《联合国海洋法公约》第280条规定缔约国可于任何时候协议用自行选择的任何和平办法解决它们之间有关该《公约》的解释或适用的争端。本案中当事方已经选择了《养护公约》第16条中规定的方式解决争端。[15]

（2）《养护公约》第16条属于《联合国海洋法公约》第281条规定的情形。由于第16条第2款明确规定，在未取得各方一致同意的情况下，争端不应诉诸国际法院和仲裁，因而根据《联合国海洋法公约》第281条的规定，该《公约》第十五部分规定的程序不应适用。[16]

（3）当今有许多条约的争端解决条款都没有设置强制性机制，如果通过援引《联合国海洋法公约》强制争端解决程序就能取代其他条约中的争端解决条款，将严重违背这些条约的缔约方本意。日本举例，《国际捕鲸管制公约》（International Convention for the Regulation of Whaling）中并没有争端解决的条款，如果适用《联合国海洋法公约》中的强制程序，则任何该《公约》缔约国都可以对捕鲸国提起诉讼或仲裁，这将严重扰乱原条约的机制安排。[17]

再次，日本还主张，退一步讲，如果仲裁庭认为争端是关于《联合国海洋法公约》解释或适用的争端，仲裁庭也不应进入实体审理程序，原因是本案不符合《公约》强制争端解决程序启动的条件。具体理由如下：

（1）《联合国海洋法公约》第281条规定了当事国在"已协议用自行选择的和平方法来谋求解决争端"的情形下，适用该《公约》强制程

---

[14] Southern Bluefin Tuna (Australia and New Zealand v. Japan), Award on Jurisdiction and Admissibility, 4 August 2000, Arbitral Tribunal constituted under Annex VII of UNCLOS, Reports of International Arbitral Awards, Vol. XXIII, p. 23, para. 38 (d).

[15] Ibid., p. 25, para. 38 (g).

[16] Ibid., p. 25, para. 38 (h).

[17] Ibid., pp. 25-26, para. 38 (i).

序的条件，其一是"诉诸这种方法而仍未得到解决"，其二是"争端各方间的协议并不排除任何其他程序"。针对第一个条件，日本提出澳大利亚和新西兰并没有用尽解决争端的方法，如日本提议的《养护公约》规定的调停和仲裁，却滥用了《联合国海洋法公约》的强制争端解决程序。针对第二个条件，《养护公约》规定在当事方意见不一致时，应适用第 16 条第 1 款规定的程序，这明确排除了单方面提交其他程序，包括《联合国海洋法公约》强制程序的适用性。澳大利亚和新西兰请求法庭规定临时措施的做法本身就违反了《养护公约》的这一规定。[18]

（2）按照《联合国海洋法公约》第 282 条的规定，如果协议中规定了导致有拘束力裁判的程序，则该程序应替代该《公约》第十五部分规定的程序。第 282 条中的"其他方式协议"即指国际法院的任择条款，日本、澳大利亚和新西兰都发表过接受国际法院管辖的声明，但本案中的申请方并没有寻求国际法院解决争端，这违反了《联合国海洋法公约》第 282 条规定的义务（即便澳大利亚、新西兰向国际法院提起诉讼，日本也会以任择条款的保留为由，反对国际法院的管辖权）。[19]

（3）《联合国海洋法公约》第 283 条规定了当事方就解决争端交换意见的义务。然而本案当事方进行的所有外交通信中都没有提及根据第 283 条开展谈判，这一谈判也不应由争端一方单方面终止。[20]

最后，即便仲裁庭认定其具有管辖权，且符合启动《联合国海洋法公约》强制程序的条件，日本也主张本案争端不具有可受理性。理由有三：一是本案争端是科学问题而非法律问题，当事方对于养护鱼类种群的一般义务并没有争议，争议点在于有关南方蓝鳍金枪鱼科学预测和决策的准确性；二是申请方的主张陈述中没有清楚说明反对日本何种行为，只是笼统不清地援引了《联合国海洋法公约》条款，导致本案诉因不明；三是本案争端事由消失，因为日本已经准备接受澳大利亚在 1999 年提议的捕捞限量，如果实验性捕捞项目结果证明需要进一步减少捕获量，日本也将信守承诺。[21]

---

[18] Southern Bluefin Tuna (Australia and New Zealand v. Japan), Award on Jurisdiction and Admissibility, 4 August 2000, Arbitral Tribunal constituted under Annex Ⅶ of UNCLOS, Reports of International Arbitral Awards, Vol. XXIII, pp. 26-27, para. 39（b）.

[19] Ibid., p. 27, para. 39（c）.

[20] Ibid., p. 27, para. 39（d）.

[21] Ibid., p. 28, paras. 39（a）-（c）.

2. 澳大利亚和新西兰的立场

澳大利亚和新西兰支持本案的管辖权和可受理性，理由如下：

（1）法庭在临时措施命令中已经认定了仲裁庭具有初步管辖权，22个法官作出的结论和说理应受到重视。法庭并没有接受日本的观点，提出本案的争端不仅有科学性质，也与法律相关；《养护公约》并不排除当事方援引《联合国海洋法公约》的权利，特别是援引《公约》第十五部分第二节程序的权利。法庭还认为，当缔约方认定解决争端的可能途径已经用尽时，并无义务再履行《公约》第十五部分第一节中的程序要求，因而本案满足了启动第二节强制程序的条件。[22]

（2）《联合国海洋法公约》建立了综合性的海洋法律制度，第十五部分也是综合、全面的海洋争端解决机制。排除适用该《公约》第十五部分的情形有明确规定，但这些规定在本案都不适用。《联合国海洋法公约》第297条第3款还特别规定，"对本公约关于渔业的规定在解释或适用上的争端，应按照第二节解决……"此款中规定的唯一例外情形在本案也不存在。[23]

（3）争端并非仅为科学争议，还是法律争端。日本不仅没有采取必要措施养护南方蓝鳍金枪鱼种群，还采取含有商业捕捞成分的单边实验性捕鱼项目，因而本案争端是关于养护鱼类种群义务的争端。日本违反了《联合国海洋法公约》第64条、第116条至119条的义务，根据该《公约》第300条，以及国际法原则，这属于法律争端。[24]

（4）判断一个争端是否是关于某条约解释或适用的争端，关键看一项行为是否可以用该条约中规定的标准或义务进行合理的衡量。澳大利亚、新西兰援引国际法院的案例提出，对于争端性质的判断，应当将争端本质与条约义务条款进行比对；在交换意见环节没有援引该条约并不妨碍启用该条约的争端解决条款。一个条约是否适用也可能成为该条约解释或适用的问题。[25]

（5）本案是关于《联合国海洋法公约》解释或适用的争端。澳大利

---

[22] Southern Bluefin Tuna (Australia and New Zealand v. Japan), Award on Jurisdiction and Admissibility, 4 August 2000, Arbitral Tribunal constituted under Annex VII of UNCLOS, Reports of International Arbitral Awards, Vol. XXIII, p. 29, para. 41 (a).

[23] Ibid., p. 29, para. 41 (b).

[24] Ibid., pp. 30-31, para. 41 (c).

[25] Ibid., p. 31, para. 41 (d).

亚、新西兰指出，本案争端是日本单方面的实验性捕鱼项目是否违反养护和合作养护南方蓝鳍金枪鱼的义务，是否违反《联合国海洋法公约》第64条、第116条至119条的义务。澳大利亚和新西兰还反驳了日本的主张，提出加入区域性组织和条约并不意味着已经履行了《联合国海洋法公约》中的合作义务。[26]

（6）《联合国海洋法公约》第283条规定的"交换意见"的义务已经履行，日本执意开展单方面实验性捕鱼项目是不能接受的，可视为终止谈判的行为。澳大利亚和新西兰指出，因当事一方的单方面行动产生争端时，如果各种努力都证明谈判无法解决该争端，即便该当事方提出要继续谈判，另一方也有权利诉诸强制争端机制。澳大利亚、新西兰还提出，《联合国海洋法公约》第282条并不适用，原因是《养护公约》并未规定"导致有拘束力裁判的程序"，不符合这一条的适用条件。[27]

（7）"后法优先""特别法优先"的原则不适用于本案，因为《养护公约》并不能涵盖所有《联合国海洋法公约》相关的义务，前者旨在履行后者关于养护高度洄游种群的义务，而不能作为逃避后者义务的途径。虽然日本在《养护公约》谈判时拒绝接受强制仲裁的提议，但这不能排除《联合国海洋法公约》第十五部分的适用性。[28]

（8）多个条约中的争端解决条款相互之间应有累积效应，而不应相互抵消和削减。[29] 只有当两个条约存在不一致时，才会出现排除适用的情形，《联合国海洋法公约》第311条也规定了在出现冲突时该《公约》应优先适用。此外，澳大利亚、新西兰还指出，《养护公约》第16条并不是《联合国海洋法公约》第280条规定的各方选择的争端解决方式，原因是第16条不是关于《联合国海洋法公约》的解释或适用的争端的条款，《公约》第281条的条件亦不满足。《公约》第十五部分第一节提供了当事方自行选择方法解决争端的选项，如果争端仍得不到解决，则第二节就应发挥作用。本案当事方都没有按照第287条作出程序的选择，

---

[26] Southern Bluefin Tuna (Australia and New Zealand v. Japan), Award on Jurisdiction and Admissibility, 4 August 2000, rendered by the Arbitral Tribunal constituted under Annex Ⅶ of UNCLOS, Reports of International Arbitral Awards, Vol. XXIII, p. 32, para. 41 (e).

[27] Ibid., pp. 32-33, para. 41 (g).

[28] Ibid., p. 33, para. 41 (g).

[29] Ibid., p. 34, para. 41 (h).

应当适用附件七仲裁程序。[30]

(9) 本案只是与日本的争端,不涉及其他第三方。虽然当前申请方也在与第三方国家开展谈判,但当前尚未构成法律上的争端。此外,尽管日本在最后一次提议中作出了关于捕获量的妥协,但并不能消除本案争端,因为双方的争议不仅在于实验性捕鱼项目捕获的数量,更在于该项目本身的质量。而这方面日本并未作出任何承诺。[31]

(二) 仲裁庭的说理和裁决

仲裁庭认为法庭在临时措施中只是初步证明仲裁庭的管辖权,对本案的实体争端是否具有管辖权仍应由仲裁庭判定。

仲裁庭首先否定了日本关于争端事由不存在的观点,提出本案争端不仅事关实验性捕鱼项目的数量,还关乎该项目的质量及其他因素,即便日本现在同意将实验性捕鱼项目的捕获量进行缩减,也并不意味着未来在养护委员会作出决定之前日本停止或限制进行该项目。[32] 仲裁庭认为,争端的核心是双方对蓝鳍金枪鱼全球可捕捞量的分歧,对日本单方面开展实验性捕鱼项目的不同认识,以及这些争端仅仅与《养护公约》有关,还是与《养护公约》和《联合国海洋法公约》都有关。[33]

仲裁庭认为,判断当事方之间的"真实争端",以及是否"合理地"与声称违反的条约义务相关,是仲裁庭的责任。仲裁庭引用国际法院的案例(石油平台案和渔业管辖权案)指出,要回答这一问题,就需要判断相关主张是否属于该条约规定的范围,要客观地分析争端和双方立场,不仅要看各方的最终请求,也要考察相互之间的外交通信、公开声明等相关证据。[34] 仲裁庭认为本案的争端主要是关于最大可捕捞量以及日本单方面开展的实验性捕鱼项目,这属于《养护公约》设立的委员会的职能范围,本案争端的主要要素都在该委员会内发生。双方对于本案争端

---

[30] Southern Bluefin Tuna (Australia and New Zealand v. Japan), Award on Jurisdiction and Admissibility, 4 August 2000, rendered by the Arbitral Tribunal constituted under Annex Ⅶ of UNCLOS, Reports of International Arbitral Awards, Vol. XXIII, pp. 34-36, paras. 41 (i) & (g) & (k).

[31] Ibid., p. 36, paras. 41 (1) & (m).

[32] Ibid., p. 38, para. 46.

[33] Ibid., p. 38, para. 47.

[34] Ibid., pp. 38-39, para. 48.

属于《养护公约》之下的争端并无异议,双方的异议在于本案是否也属于《联合国海洋法公约》下的争端。

针对日本提出的"特别法优先"的主张,仲裁庭认为,虽然国际法和国内法律体系都承认这一原则,但无论是国际法还是国内法,一个特定争端涉及一个以上条约是非常普遍的,经常在实体内容或争端解决条款上存在条约并行的现象。当前国际法律义务源于各条约义务的累加和积累;在国家实践中,执行协定不一定会替代框架性条约对缔约国施加的义务。《联合国海洋法公约》在某些方面的规定(例如第117条和第119条中关于对国民采取措施的义务和禁止差别对待渔民的规定)并没有涵盖在《养护公约》中。因此,仲裁庭认为本案争端不仅事关《养护公约》,而且与《联合国海洋法公约》有关,是两个公约下的单一争端。[35]

仲裁庭对《养护公约》第16条和《联合国海洋法公约》第281条进行了重点解释。仲裁庭首先判定《养护公约》第16条属于《联合国海洋法公约》第280条和第281条第1款中"自行选择"的争端解决协议。当事方按照前者的要求进行了"长时间、激烈和严肃的谈判",在谈判中申请方援引了后者的规定,但日本否定了《联合国海洋法公约》的相关性,仲裁庭认为这些谈判可视为满足了该《公约》第283条中的义务。尽管第16条中争端解决方法并未用尽,如申请方未接受日本关于启用《养护公约》下的调停和仲裁的提议,尽管第16条第2款规定"如不能就提交国际法院或仲裁达成协议,争端各方应继续以第1款所述的任何和平手段寻求争端的解决",仲裁庭指出,当事方并无义务进行无限期的谈判,当事方可以自行判定谈判无法解决争端,这也符合《联合国海洋法公约》第281条第1款和第283条的立法目的。[36]

仲裁庭接着考察了《联合国海洋法公约》第281条第1款的第二个条件"并不排除任何其他程序",这里指的是《公约》第十五部分第二节中规定的"导致有拘束力裁判的强制程序"。《养护公约》第16条虽然没有在字面上明确排除《公约》第十五部分第二节中的强制程序,但

---

[35] Southern Bluefin Tuna (Australia and New Zealand v. Japan), Award on Jurisdiction and Admissibility, 4 August 2000, rendered by the Arbitral Tribunal constituted under Annex Ⅶ of UNCLOS, Reports of International Arbitral Awards, Vol. XXIII, pp. 40-42, paras. 52, 54.

[36] Ibid., pp. 42-43, para. 55.

这种排除可以从第 16 条的体系解释中推定。第 16 条第 1 款强调了确定争端解决的方式应具有合意性；第 16 条第 2 款要求提交诉讼或仲裁应当合意，如果达不成合意，则应再返回第 16 条第 1 款协商争端解决方法。仲裁庭认为，第 2 款不仅再次强调了提交诉讼或仲裁必须经过当事方合意，还表明第 16 条的本意就是要将该条项下的争端排除适用未经所有当事方接受的强制程序的可能性。第 16 条第 3 款规定在诉诸仲裁的情况下，应选择《养护公约》附件中的仲裁。这一款表明第 16 条中的仲裁不是《联合国海洋法公约》第十五部分第二节中规定的强制仲裁，而是《养护公约》附件中规定的合意的、自治的仲裁。仲裁庭还指出，第 16 条第 1 款和第 2 款的规定源于《南极条约》第 11 条，二者基本相同。考虑到《南极条约》的缔约方意图（其中一个大国从意识形态上就反对国际诉讼和仲裁），显然这一规定的本意就是要排除强制管辖。因此，仲裁庭认为第 16 条满足了《联合国海洋法公约》第 281 条第 1 款中关于"排除任何其他程序"的要求。[37]

对于《联合国海洋法公约》第十五部分争端解决机制，仲裁庭认为这一机制并没有建立综合性的强制管辖程序，而在多个条款中设置了当事国自主选择的机制，充分尊重当事国的选择。《公约》生效前后缔结的许多条约都排除了单方面提交诉讼或仲裁，有的明确要求争端应该通过各方同意的程序解决，有的还要求当事方继续寻求自行选择的和平方法来解决。这些国家实践表明《公约》缔约国可以协议排除《公约》第十五部分第二节的适用。[38]

仲裁庭还提出，如果《联合国海洋法公约》和渔业协议缔约国的行为非常恶劣，结果异常严重，不排除仲裁庭依据《公约》第 300 条规定实施管辖权的情形。仲裁庭还就本案的可受理性指出，本案并非仅为科学争端，且本案也不存在滥用程序的情形。[39]

基于上述理由，仲裁庭最终以 4∶1 的投票撤销了法庭规定的临时措施，裁定仲裁庭对本案不具有管辖权。

---

[37] Southern Bluefin Tuna (Australia and New Zealand v. Japan), Award on Jurisdiction and Admissibility, 4 August 2000, rendered by the Arbitral Tribunal constituted under Annex Ⅶ of UNCLOS, Reports of International Arbitral Awards, Vol. XXIII, pp. 43-44, paras. 56-59.
[38] Ibid., pp. 44-46, paras. 60-63.
[39] Ibid., p. 46, paras. 64-65.

四、评 论

本案是启动《联合国海洋法公约》附件七仲裁程序的第一案,也是在国家间仲裁中拒绝行使管辖权的罕见案例。本案仲裁庭的肯尼思·基思仲裁员就本案的管辖权发表了个别意见。本案裁决和个别意见对于《公约》第十五部分第二节规定的强制程序的管辖权问题具有重要意义。这种重要意义体现在以下几个方面:

第一,《联合国海洋法公约》强制争端解决程序的地位。本案仲裁庭与提出个别意见的仲裁员基思就这一问题产生了分歧。基思试图从《公约》第十五部分框架、《公约》目的和宗旨、谈判准备资料等方面,论证《公约》第十五部分规定的强制性争端解决机制是综合性的海洋争端解决机制,除了《公约》条款中明确规定的可排除或限制适用的情形,其他有关《公约》解释和适用的争端都应接受该强制程序的管辖。当事方若要排除这一机制的适用,应作出清晰的意思表示。

基思的这一观点是不正确的。正如本案仲裁庭指出:《公约》远未建立一个真正全面的、有拘束力的强制管辖制度,《公约》第281条第1款允许缔约国将第十五部分第二节强制程序的适用限定为所有当事方均同意提交的案件。[40] 如果第十五部分第一节的规定不能得到有效遵守,就会实质上剥夺缔约国基于国家主权自行选择争端解决方式的权利,从而违反国家同意原则,破坏《公约》第十五部分的平衡和完整。相关司法或仲裁机构在行使确定自身管辖权方面的权力时,也必须充分尊重缔约国自行选择争端解决方式的权利。

第二,《公约》第281条的解释。第281条有两个重要条件:一是已协议自行选择和平方法解决争端;二是这种方法排除任何其他程序。本案的关键问题之一是《养护公约》第16条是否满足这两个条件。本案仲裁庭认为两个条件都得到了满足,而基思持相反意见。对于第一个条件,基思认为第16条只列出了解决争端的各项"选择",并未要求当事方适用某种具体"方法",故不满足。对于第二个条件,基思认为《联

---

[40] Southern Bluefin Tuna (Australia and New Zealand v. Japan), Award on Jurisdiction and Admissibility, 4 August 2000, rendered by the Arbitral Tribunal constituted under Annex Ⅶ of UNCLOS, Reports of International Arbitral Awards, Vol. XXIII, p. 45, para. 62.

合国海洋法公约》第281条的适用条件非常严格,只有当事方以"清晰的措辞"排除适用该《公约》强制争端解决程序,才符合第281条的"排除任何其他程序"的要求。而从《养护公约》和《联合国海洋法公约》条款的通常意义和两条约的目的及宗旨可以推断出,第16条并没有排除《公约》第十五部分第二节的强制程序。

基思分别从《养护公约》第16条和《联合国海洋法公约》两个层面进行了解释:首先,第16条并没有规定关于《养护公约》的争端"只能"在该公约的程序下解决,不能提交到任何其他法庭或第三方进行解决。第16条意在强调只要当事方同意,可以采用该条规定的程序,无论是否具有法律拘束力。但这一条不能排除当事方在该条约之外另行同意,针对其他条约解释或适用的争端可以适用其他解决方式。其次,基思还从《公约》第281条第1款的通常意义、第十五部分的架构,以及《公约》强制争端解决机制的重要作用等方面,来说明若想通过援引第281条第1款来排除《公约》强制争端解决程序的适用,需要有"清晰的措辞"以达到排除的效果,例如自行选择的和平方法是唯一的解决方法,且不能诉诸任何其他程序。[41] 然而,《养护公约》第16条并没有此类表述,不符合第281条的适用条件。因此,仲裁庭应当具有管辖权。

基思的上述意见存在诸多漏洞。其一,对于第一个条件,第281条仅提及"协议"一词,并没有对其形式作出任何限制性规定。根据《维也纳条约法公约》第31条的规定,按照条约文字的通常意义,"协议"应指任何意思表示一致或合意的行为,不管采取何种形式或使用何种载体——无论是口头还是书面,无论为一个或多个文件,还是多个文件的具体条款,都应视为构成第281条中的"协议"。其二,对于第二个条件,《公约》没有对"排除"作出界定,"排除"可包括任何明示或默示的排除形式,有关协议是否具有排他的效力,关键在于协议当事方的真实意图,而非作出意思表示的具体方式。对此,本案仲裁庭不仅认为《公约》第281条下的"排除"不能被解释为"明文排除",而且认为关于排除的明确性所应达到的程度没有统一标准。如果当事方之间的协议要求争端必须通过当事方同意的程序解决,也可能产生排除其他程序的效果。仲裁庭还认为,缺乏明文排除不是"决定性的",起决定性作用

---

[41] Southern Bluefin Tuna (Australia and New Zealand v. Japan), Separate Opinion of Justice Sir Kenneth Keith, para. 18.

的是明显的意图和当事国间共识的存在与否。因此，按照本案仲裁庭的解释，第281条中的"排除"，不应解读为"明文排除"。相关文件只要表达出排除的意思，体现当事国排除的意图即满足了该条"排除"的要求。然而在"南海仲裁案"（菲律宾诉中国）附件七仲裁的裁决中，该仲裁庭却采纳了基思的观点，还在基思"清晰的措辞"的标准之上更进一步，将第281条中的"排除"解读为"明文排除"，背离了本案仲裁庭裁决的观点，目的就是降低启动《公约》第十五部分第二节强制程序的门槛。这一做法严重减损了《公约》第281条对启动强制程序的限制性条款的价值。

第三，《公约》与其他公约或国际协定之间的平行和重叠关系。在个别意见中，基思分析了本案中两条约平行或重叠的三种不同类型：一是存在于两个条约的实体义务；二是只存在于《养护公约》的实体义务（如符合秘书处预算等义务）；三是只存在于《联合国海洋法公约》的实体义务（例如本案裁决中所提及的对国民采取措施的义务，以及对第三国的义务等）。本案中澳大利亚和新西兰认为仲裁庭有管辖权的理由之一就是本案属于第一类和第三类争端，不仅有涉及两个条约的义务，还有仅涉及《联合国海洋法公约》的义务。

仲裁庭肯定了条约平行现象的普遍性，指出国家的国际义务是各条约实体和程序规定的累加和积累的结果，而非相互折减的结果。当事国之间的某项争端可能涉及一个以上的条约，执行性的条约往往不能替代框架性条约中的所有义务。当事国将海洋争端提交《联合国海洋法公约》强制程序时，通常难以依据"特别法优先"原则排除管辖权，而此时该《公约》处理不同条约之间争端解决程序适用的条款，如第280条、第281条、第282条、第288条等条款的解释就显得至关重要。

需要注意的是，如何处理《联合国海洋法公约》与其他海洋区域性条约之间的关系是一个复杂的问题。本案仲裁庭将《公约》和《养护公约》视为相互累加的关系，并以《公约》第281条第1款为依据，提出《养护公约》第16条排除了《公约》强制争端解决机制的适用。与本案处理方式不同的是，在混合氧化物核燃料工厂案（爱尔兰诉英国）附件七仲裁案、关于《保护东北大西洋海洋环境公约》（1992年9月22日签署，1998年3月25日生效）第9条中获取信息的争端（爱尔兰诉英国）中，法庭和仲裁员都将《公约》和《保护东北大西洋海洋环境公约》视为平行且相互独立的机制。尽管《保护东北大西洋海洋环境公约》本身规定了强制争端解决机制，但法庭和仲裁庭并未依据第 282 条排除《联合国海洋法公约》强制程序的适用。

五、附 录

（一）中英案件全名

1. 中文案件全名：南方蓝鳍金枪鱼案（澳大利亚和新西兰诉日本）
2. 英文案件全名：Southern Bluefin Tuna（Australia and New Zealand / Japan）

（二）案件的标准引用

Southern Bluefin Tuna（Australia and New Zealand / Japan）, Award on Jurisdiction and Admissibility, 4 August 2000, Arbitral Tribunal constituted under Annex Ⅶ of the United Nations Convention on the Law of the Sea, Reports of International Arbitral Awards, United Nations, 2006, Vol. XXIII, pp. 1-57.

（三）主要参考文献

1. Alan Boyle,"Southern Bluefin Tuna Cases", *Max Planck Encyclopedia of Public International Law*, www. mpepil. com.

2. Alan Boyle,"The Southern Bluefin Tuna Arbitration", *The International and Comparative Law Quarterly*, Vol. 50, 2001, p. 447.

3. Barbara Kwiatkowska, "The Australia and New Zealand v. Japan Southern Bluefin Tuna（Jurisdiction and Admissibility）, Award of the First Law of the Sea Convention Annex Ⅶ Arbitral Tribunal", *The International Journal and Marine and Coastal Law*, Vol. 16, 2001, p. 239.

4. Moritaka Hayashi,"The Southern Bluefin Tuna Cases：Prescription of Provisional Measures by the International Tribunal for the Law of the Sea", *Tulane Environmental Law Journal*, Vol. 13, 2000, p. 361.

5. Leah Sturtz,"Southern Bluefin Tuna Case：Australia and New Zealand v. Japan", *Ecology Law Quarterly*, Vol. 28, 2001, p. 455.

6. Cesare Romano, "The Southern Bluefin Tuna Dispute: Hints of a World to Come... Like It or Not", *Ocean Development and International Law*, Vol. 32, 2001, p. 313.

(四) 与本案主题相关的重要引用案件

1. Fisheries Jurisdiction (Spain v. Canada), Jurisdiction of the Court, Judgment, I. C. J. Reports 1998, p. 432.
2. Case Concerning Oil Platforms (Islamic Republic of Iran v. United States of America), Preliminary Objections, Judgment, I. C. J. Reports 1996, p. 803.

(五) 案件中的重要缩略语

UNCLOS   United Nations Convention on the Law of the Sea   《联合国海洋法公约》

ITLOS   International Tribunal for the Law of the Sea   国际海洋法法庭

ICJ   International Court of Justice   国际法院

TAC   a global total allowable catch   全球可捕捞量

EFP   experimental fishing program   实验性捕鱼项目

(张小奕)

拉森诉夏威夷王国仲裁案

（2001 年）

1999.10.30 拉森与夏威夷王国缔结《仲裁协议》，确定仲裁请求，约定仲裁适用的规则是《争端当事方间只有一方是国家的仲裁选择规则》（以下简称《仲裁选择规则》），仲裁庭设于海牙常设仲裁法院，由1名仲裁员组成

1999.11.08 拉森根据《仲裁协议》第8条，发出《仲裁通知》，提起仲裁

1999.12.03 双方修订了《仲裁通知》和《仲裁协议》，由《联合国国际贸易法委员会仲裁规则》（以下简称《贸法会仲裁规则》）替代《仲裁选择规则》

2000.01.25 双方签订进一步的《特别协议》，确认适用的仲裁规则是《贸法会仲裁规则》

2000.02.28 签订《仲裁协议》修正案，约定仲裁员由3人组成

2000.05.22 拉森提交诉状

2000.05.25 夏威夷王国提交诉状

2000.06.09 3人仲裁庭组成

2000.06.22 拉森提交辩诉状

2000.06.23 夏威夷王国提交辩诉状

2000.06.09—2000.06.23 仲裁庭发布第一号和第二号程序令

2000.07.17 仲裁庭发布第三号程序令，提出需要解决的三个先决问题

2000.08.02 双方签订第二号《特别协议》，要求仲裁庭发布中间裁决，确定夏威夷国家地位是否继续存在

2000.09.05 仲裁庭发布第四号程序令，认为夏威夷国家继续存在

问题是实体问题,要求当事方在 9 月 25 日之前对第三号程序令提到的问题约定提交答辩状的时间表

2000.09.30 拉森对第三号及第四号程序令问题提交答辩状,请求对先决问题进行庭审

2000.11.14 夏威夷王国对第三号及第四号程序令问题提交答辩状,请求对先决问题进行庭审

2000.12.07—08、11—12 开庭审理

2001.02.05 仲裁庭作出裁决(全体一致)

关键词:可裁判的争端(Justiciable Dispute);必要当事方(Necessary Parties);货币黄金案原则(Monetary Gold Principle)

一、案件背景

本案请求方兰斯·保罗·拉森(Lance Paul Larsen)是夏威夷居民,尼尼亚·帕克斯(Ninia Parks)女士是其律师及代理人。被请求方是"摄政委员会代表的夏威夷王国"(以下简称"夏威夷王国"),戴维·基努·赛(David Keanu Sai)先生是其代理人,加里·维克托·迪宾(Gary Victor Dubin)是其律师。[1]

本案争端的发生与夏威夷王国的历史有关。夏威夷王国在 19 世纪曾是一个独立国家,被美国、英国和其他国家认可。1898 年 7 月 6 日,夏威夷岛被并入美国,1993 年,美国总统克林顿代表美国为推翻夏威夷王国向夏威夷原住民致歉。[2] 拉森因夏威夷王国在其境内持续非法实施及执行美国法而被非法监禁,并可能面临更长的监狱之刑,为避免进一步入狱判刑,并阻止美国法的适用执行,拉森向常设仲裁法院提起仲裁。[3]

二、裁 决

(一)当事方请求

根据 1999 年 10 月 30 日拉森与夏威夷王国达成的《仲裁协议》,拉

---

[1] Larsen v. Hawaiian Kingdom, Award of 5 February 2001, PCA Case 1999-01, p. 1, paras. 1.1-1.3.

[2] Ibid., p. 19, para. 7.4.

[3] Ibid., p. 4, para. 2.3.

森主张夏威夷王国在其领土管辖范围内允许美国国内法非法对其适用,这持续违反了1849年《夏威夷与美国间友好、通商及航海条约》,也违反了1969年《维也纳条约法公约》规定的国际法原则及国际礼让原则。[4] 1999年11月8日的《仲裁通知》表达了同样的请求。[5] 在2000年1月25日的《特别协议》及2000年8月2日的第二号《特别协议》中,拉森要求仲裁庭根据1907年《海牙第四公约》和《海牙第五公约》及国际法规则和原则,确定拉森作为夏威夷人的权利是否被侵犯,如果被侵犯,拉森是否可以从夏威夷王国政府获得赔偿。[6]

在之后当事方的诉状和辩诉状中,可以看到拉森的诉求是:因为夏威夷岛被美国长期占领,根据国际法,拉森作为夏威夷人的权利被侵犯。拉森要求夏威夷王国对其进行赔偿,因为其政府有责任和义务保护夏威夷人的权利,即便是在战争期间和被占领期间。如果这些诉求被确认,拉森进一步请求仲裁庭阐明他可以获得"何种类型的赔偿",特别是是否有任何方式可以迫使夏威夷王国政府采取强制措施保护其权利。[7] 因此,拉森要求仲裁庭裁判并宣布:根据国际法,摄政委员会代表的夏威夷王国有义务和责任采取措施保护拉森的夏威夷国籍,因为夏威夷王国未履行这一义务,因此有责任对拉森进行赔偿。[8]

被请求方在诉状和辩诉状中均请求仲裁庭宣布:依据国际法,拉森作为夏威夷人的权利被侵犯,但拉森无权因其权利被侵犯而从夏威夷王国获得赔偿,应对夏威夷人权利被侵犯承担责任的是美国政府。[9]

可见,当事方间对第一个问题,即因美国对夏威夷岛长期占领致拉森权利被侵犯看法一致,但对第二个问题,即由谁对拉森进行赔偿存在分歧。在此基础上,仲裁庭关注的是,是否第一个问题确实引发当事方间的争端,或者更确切地说,引发的是每个当事方与美国对请求方的待遇方面的争端。如果是后者,仲裁庭似乎无法解决该争端,因为美国不是仲裁协议的缔结方。仲裁庭认为,只有仲裁庭对第一个问题给出肯定

---

[4] Larsen v. Hawaiian Kingdom, Award of 5 February 2001, PCA Case 1999-01, p.2, para. 2. 1.

[5] Ibid., pp. 3-4, para. 2. 3.

[6] Ibid., p. 5, para. 3. 3; p. 11, para. 5. 8.

[7] Ibid., p. 7, para. 5. 3; p. 10, para. 5. 6.

[8] Ibid., pp. 38-39, para. 12. 8.

[9] Ibid., pp. 7-8, para. 5. 4.

答案时，才会出现第二个问题。仲裁庭不能就第一个问题进行推测或假定。[10] 仲裁庭指出，在处理这些实体问题前，有一些先决问题需要解决。如《仲裁协议》第1条下的"争端"是否是根据《贸法会仲裁规则》能够仲裁的争端，或者是仲裁庭根据国际法有管辖权裁决的争端。当事方没有提出这些问题，并不重要。仲裁庭有权根据《仲裁协议》第6条和《贸法会仲裁规则》第15条第1款来确定这些问题。[11] 总之，根据《仲裁协议》第6条和《贸法会仲裁规则》第15条第1款，有以下先决问题需要解决：第一，《贸法会仲裁规则》对非合同争端的适用；第二，当事方之间是否存在可裁判的争端；第三，美国是否为此争端的必要当事方。[12] 同时，该案涉及摄政委员会代表的夏威夷王国的地位与先决问题的关系。[13] 仲裁庭逐一进行了裁决。

（二）仲裁庭对摄政委员会代表的夏威夷王国的地位及其与先决问题关系的说理

第二号《特别协议》第1条规定：根据《贸法会仲裁规则》第32条第1款，当事方要求仲裁庭根据1843年11月28日的《英法宣言》及国际法规则和原则，发布中间裁决，证明以夏威夷王国为政府的夏威夷国家地位持续存在。[14]

当事方的立场是，一旦夏威夷王国被承认为一个国家，该国被其他国家兼并期间，其国家地位将无限期地持续存在。[15] 但是在庭审阶段，为了仲裁程序目的及确定实体争端的目的，双方律师均承认涉及夏威夷地位的这些问题应当被推迟，仲裁庭应首先考虑第三号程序令中识别的三个先决问题，即《贸法会仲裁规则》对非合同争端的适用问题、当事方间是否存在可裁决的争端及美国是否为该争端必要当事方。[16] 因此，仲裁庭认为它没有必要在目前的裁决中考虑或决定夏威夷王国是否可以

---

[10] Larsen v. Hawaiian Kingdom, Award of 5 February 2001, PCA Case 1999-01, pp. 13-14, para. 6. 2.
[11] Ibid., p. 13, para. 6. 2.
[12] Ibid., p. 15, para. 6. 3.
[13] Ibid., pp. 18-19, para. 7. 3.
[14] Ibid., pp. 10-11, para. 5. 7.
[15] Ibid., pp. 22-23, para. 9. 2.
[16] Ibid., p. 23, para. 9. 3; p. 15, para. 6. 3.

被接受为由摄政委员会代表的当事方,仲裁庭也认为它没有必要考虑从国际法角度夏威夷王国是否继续存在。[17]

(三) 仲裁庭对仲裁规则适用问题的说理

当事方最初选择的仲裁规则是《仲裁选择规则》,后又约定适用《贸法会仲裁规则》。但从后续阶段看,双方对仲裁规则的适用有所摇摆。如拉森在答辩状中曾更倾向于适用《仲裁选择规则》,但在庭审中,拉森律师指出请求方将就适用的规则提交仲裁庭裁决。[18] 拉森律师请求仲裁庭适用《仲裁选择规则》,根据是仲裁庭将首先依据1899年和1907年《和平解决国际争端公约》及《仲裁选择规则》来判断夏威夷王国是否为国家。[19] 被请求方的答辩状也表示其更倾向于适用《仲裁选择规则》,同时请求仲裁庭在当事方同意的情况下根据这些规则启动程序。被请求方律师虽指出夏威夷王国地位问题可以依据《仲裁选择规则》或《贸法会仲裁规则》审理,但是夏威夷王国地位问题可能被视为先决问题或者推迟至实体问题时解决。[20] 如前所述,双方及仲裁庭均同意夏威夷王国地位问题应推迟审理。[21] 那么排除这一问题,仲裁庭应适用《贸法会仲裁规则》还是《仲裁选择规则》?

仲裁庭认为,本案适用的规则是《贸法会仲裁规则》。虽然《贸法会仲裁规则》第1条第1款规定[22],适用该规则的争端是与合同有关的争端,本案不存在合同关系,这使本案适用《贸法会仲裁规则》存在难点;但适用《仲裁选择规则》更有疑难问题,因为《仲裁选择规则》适用的条件是争端一方是国家,而本案中争端的一方是否是国家,恰好是该案要解决的问题,这决定了《仲裁选择规则》无法适用。[23] 而且常

---

[17] Larsen v. Hawaiian Kingdom, Award of 5 February 2001, PCA Case 1999-01, p. 23, para. 9. 4.
[18] Ibid., p. 20, para. 8. 3.
[19] Ibid., p. 20, para. 8. 4.
[20] Ibid., p. 20, para. 8. 4.
[21] Ibid., p. 23, paras. 9. 3-9. 4.
[22] 《贸法会仲裁规则》第1条第1款规定:"在合同双方当事人书面同意凡与该合同有关的争议应按联合国国际贸易法委员会仲裁规则交付仲裁时,该争议应根据本规则予以解决,但双方当事人倘书面约定对此有所修改时,则从其约定。"
[23] Larsen v. Hawaiian Kingdom, Award of 5 February 2001, PCA Case 1999-01, p. 21, para. 8. 6.

设仲裁法院是基于授权为仲裁提供便利,它作为管理机构涉及的案件范围远比 1899 年和 1907 年的《和平解决国际争端公约》覆盖的范围广得多。[24] 因此,既无理由也无必要同意当事方适用《仲裁选择规则》的请求。[25] 当事方也接受了《贸法会仲裁规则》的适用。[26] 所以,在确定适用《贸法会仲裁规则》的前提下,仲裁庭重点解决的是该规则对非合同争端能否适用的问题。

虽然《贸法会仲裁规则》第 1 条规定,"在合同双方当事人书面同意凡与该合同有关的争议应按联合国国际贸易法委员会仲裁规则交付仲裁时,该争议应根据本规则予以解决",但本案提交仲裁的争端不是当事方之间"与该合同有关的"争端,或者是涉及当事方之间任何其他合同或准合同的争端。[27] 因此本案的一个先决问题是:是否《仲裁协议》第 1 条的争端根据《贸法会仲裁规则》是一个可仲裁的争端。[28] 这样《贸法会仲裁规则》对非合同争端的适用问题成为本案的一个先决问题。

仲裁庭首先分析了《联合国国际贸易法委员会国际商事仲裁示范法》的效力,而后指出,《联合国国际贸易法委员会国际商事仲裁示范法》和《贸法会仲裁规则》为当事方约定用仲裁方式解决争端提供了一套便利的规则,很多仲裁机构,包括常设仲裁法院都将其视为仲裁规则。争端或者仲裁协议的当事方为了诉讼目的,也能进一步明示或默示地修改《贸法会仲裁规则》的条款。[29] "适用规则问题对考虑和确定争端不是决定性的,仲裁取决于争端发生前或发生后当事方的同意,当事方可就适用的争端解决机构或其他程序规则达成一致意见。当事方可以约定在常设仲裁法院下仲裁,但适用常设仲裁法院规则以外的规则,包括《贸法会仲裁规则》作为仲裁规则。"[30] 对争端解决来说,在将《贸法

---

[24] 参见 1899 年《和平解决国际争端公约》第 21 条及 1907 年《和平解决国际争端公约》第 42 条。
[25] Larsen v. Hawaiian Kingdom, Award of 5 February 2001, PCA Case 1999-01, pp. 21-22, para. 8.8.
[26] Ibid., p. 26, para. 10.9.
[27] 《贸法会仲裁规则》于 1976 年 12 月 15 日通过,曾于 2010 年修订,而后又新增了 2013 年通过的第 1 条第 4 款。本案发生在 1999 年,适用的仍是最初的规则。
[28] Larsen v. Hawaiian Kingdom, Award of 5 February 2001, PCA Case 1999-01, p. 13, para. 6.2.
[29] Ibid., p. 25, para. 10.5.
[30] Ibid., p. 25, para. 10.6.

会仲裁规则》视为非指定性及非强制性规则的情况下，没有理由能够说明为什么《贸法会仲裁规则》不能适用于非合同争端。例如，当事方可以约定侵权争端，或者占有或环境责任的争端适用《贸法会仲裁规则》。而且，当事方也可以约定与它们之间任何合同都无关的争端适用《贸法会仲裁规则》。仲裁当事方可以用明示或默示的方式在任何争端中采用或适用《贸法会仲裁规则》。"[31]

基于上述原因，仲裁庭认为《贸法会仲裁规则》可适用于非合同争端仲裁，包括当事方之一是或可能是国家的争端。[32]

（四）仲裁庭对可裁判的争端及必要当事方问题的说理

本案中被请求方承认请求方拉森的权利被侵犯，但认为对此应承担责任的是美国，而美国不是仲裁协议的缔约方，因此，仲裁庭必须对当事方间是否存在可裁判的争端及必要当事方问题进行裁决，这也是本案的先决问题。

1. 当事方间争端的要件

仲裁庭强调，"国际仲裁庭的功能是裁判当事方间的争端，而不是作出抽象的裁决。所以，如果当事方之间不存在争端，那么仲裁庭不能进行裁决"[33]。这一原则具体体现在："当事方间的争端必须是法律争端，即涉及当事方各自权利义务的问题。在诉讼时，争端必须在当事方间实际发生，而不是一个假设案件，以至于作出没有目的的裁决。国际仲裁庭的目的不是去裁决纯粹的历史性问题或无关当事方法律权利义务的争论，国际仲裁庭的裁决根据法律程序在当事方之间是可执行的"[34]。仲裁庭认为，这些规则没有理由不适用于本案。《贸法会仲裁规则》第1条第1款关于当事方之间争端的要求是明确的，值得注意的是，常设仲裁法院《仲裁选择规则》第1条第1款有同样规定。基于此，仲裁庭认为存在争端是必须满足的要件。"仲裁当事方均主张存在争端是不够的，仲裁功能的本质要求仲裁庭认真检查当事方的诉求目的，确保当事方确

---

[31] Larsen v. Hawaiian Kingdom, Award of 5 February 2001, PCA Case 1999-01, pp. 25-26, para. 10.7.
[32] Ibid., p. 27, para. 10.10.
[33] Ibid., pp. 27-28, para. 11.3.
[34] Ibid., pp. 27-28, para. 11.3.

实揭示了争端的存在,并在不符合该点时,拒绝管辖。"[35]

2. 必要当事方——货币黄金案原则

仲裁庭指出:"如果要裁决的主题将是非诉讼当事方国家的权利义务,则仲裁庭不能裁决当事方间的争端。"[36] 这一原则在国际法院审理的1943年从罗马运走的货币黄金案中确立,而后在国际法院审理的尼加拉瓜和针对尼加拉瓜的军事和准军事活动案,陆地、岛屿和海上边界争端案(萨尔瓦多/洪都拉斯),瑙鲁境内的一些磷酸盐地案(瑙鲁诉澳大利亚),东帝汶案(葡萄牙诉澳大利亚)中都有所阐述。[37] 当事双方均建议货币黄金案原则应仅限于在国际法院的诉讼程序中适用,不应扩展至具有混合特征的仲裁程序,但是双方都未详细阐述这一论点。[38] 被请求方的律师努力说服法庭,国际法院确立的货币黄金案原则并不令人满意。他通过分析国内法院,尤其是美国法院采用的方法进行论证。他认为仲裁庭不需要询问非当事方的利益是否构成裁决的"主题",而应询问是否对非当事方有造成重大损害的风险。既然仲裁庭的裁决只对当事方有约束力,在本案中对非当事方便不存在造成损害的风险。[39] 请求方律师认为不应因担心美国权利而阻碍仲裁庭行使管辖权,因为美国在夏威夷没有权利。[40] 仲裁庭认为货币黄金案原则在国际仲裁中适用,理由如下。

第一,仲裁庭认为国际法院适用的检验标准是正确的。在本案的背景下,用国内法中的做法进行类比是不能令人信服的。"同意原则是国际法庭管辖的根本,这与确定国内法院管辖的范围是极不相关的。另外,国内法院一般享有使第三方参加诉讼的权力,这种权力是仲裁庭所缺少的。如果仲裁庭对非当事方行为的合法性或非法性作出决定,这将是对国际法中同意原则的侵犯。"[41]

第二,仲裁庭指出:"从国际法院的判决,特别是1943年从罗马运走的货币黄金案及瑙鲁境内的一些磷酸盐地案判决,可以清楚地看到国

---

[35] Larsen v. Hawaiian Kingdom, Award of 5 February 2001, PCA Case 1999-01, pp. 28-29, paras. 11.6-11.7.
[36] Ibid., p. 29, para. 11.8.
[37] Ibid., p. 30, paras. 11.9-11.15.
[38] Ibid., p. 32, para. 11.16.
[39] Ibid., p. 33, para. 11.18.
[40] Ibid., p. 34, para. 11.22.
[41] Ibid., pp. 33-34, para. 11.20.

际法院已经拒绝了'损害检验'而赞成'主题检验'。尽管在国际法中没有遵循先例原则，但是只有在令人信服的情况下，适用国际法并受国际法约束的仲裁庭才不会背离国际法院一系列判决确定的原则。"[42]

第三，仲裁庭认为，请求方律师混淆了实体法与管辖权。正如国际法院在东帝汶案判决中解释的，"对世义务（erga omnes）与同意行使管辖权是两件不同的事情。当某一判决意味着对不是案件当事方的另一国家行为的合法性进行评价时，不管所援引的义务性质如何，法院都不能对另一国家行为的合法性进行裁决。这种情况下，即使有关权利是对世义务的权利，法院也不能行使管辖权。"[43] 而且，值得注意的是货币黄金案中，法院提到的是"合法利益"而不是缺席国家的"权利"。[44] 因此，即使（为了辩论）接受了请求方律师假定的美国在夏威夷没有权利，仲裁庭既不能裁决该问题，也不能在假定该主张正确的前提下启动程序。因为如果该裁决牵涉或需要对美国或任何其他非当事方国家行为的合法性进行评价作为当事方间裁决的必要基础，那么仲裁庭不能裁决本案中被请求方行为的合法性。[45]

第四，本案不存在适用货币黄金案原则的例外。完整起见，仲裁庭注意到货币黄金案原则的适用可能存在例外。如果针对缺席第三方的法律裁决可以按照给定的方式作出（例如，由于安全理事会就这一问题作出权威决定），则该原则很可能不适用。[46] 当裁决涉及对缺席第三方仅仅是事实裁决而不牵涉或要求对第三方行为或法律观点的法律评价时，该原则也可能不适用。然而，在本案中，当事方没有寻求依赖该原则任何可能的例外，特别是其承认仲裁庭需要做的事情远多于调查单纯事实，[47] 当

---

[42] Larsen v. Hawaiian Kingdom, Award of 5 February 2001, PCA Case 1999-01, p. 34, para. 11.21.

[43] East Timor (Portugal v. Australia), Judgment, I.C.J. Reports 1995, p. 102, para. 29.

[44] Larsen v. Hawaiian Kingdom, Award of 5 February 2001, PCA Case 1999-01, pp. 34-35, para. 11.22.

[45] Ibid., p. 35, para. 11.23.

[46] 在东帝汶案中，国际法院拒绝葡萄牙的主张，认为在1898年条约缔结时，印度尼西亚对该领土的非法管理在这个意义上是"既定的"。East Timor Case (Portugal v. Australia), I.C.J. Reports 1995, p. 104, para. 32.

[47] Larsen v. Hawaiian Kingdom, Award of 5 February 2001, PCA Case 1999-01, p. 35, para. 11.24.

事方没有表达可能成立的调查委员会的问题。[48]

3. 本案中争端的判断及必要当事方问题

基于以上原因，仲裁庭有必要确定：是否本案当事方间存在法律争端，如果是这样，仲裁庭能否在非本案当事国的利益构成裁决主题时，就该争端作出裁决。这两个问题是紧密相连且需要同时考虑的。仲裁庭认为，本案没有仲裁庭能够行使管辖权的争端。[49]

第一，当事方的诉状及辩诉状均没有显示双方之间存在争端。仲裁庭分析了请求方和被请求方的诉求后指出，整个案件清楚地提出了当事方间是否存在真实争端的问题，以及当事方与美国间的争端问题。本案也清楚地提出了仲裁庭是否能在没有就美国行为的合法性、非法性进行裁决的情况下就对本案作出裁决。这些是仲裁庭关注的问题，也相应导致仲裁庭发布了第三号程序令。[50]

第二，为了避免仲裁庭有必要就第三号程序令中提出的问题进行庭审，当事方最初对第三号程序令的反应是修改《特别协议》。然而，当事方的这一行动没有改变仲裁庭对争端的要求及对货币黄金案原则适用的关切。尽管当事方可以通过协议确定仲裁庭的管辖范围，但这并不意味着它们因此有权，甚至可以因此迫使法庭无视国际法的基本要求，即当事方间必须存在真实争端，仲裁庭不得作出评价非当事国行为合法性的裁决。[51] 仲裁庭认为，本案中当事方间不存在争端，而是与第三国存在争端。换句话说，递交仲裁的争端不是仲裁协议当事方间的争端，而是它们中的每一方与第三方间的争端。[52]

仲裁庭指出，在整个诉求中，当事方间就以下主张达成一致意见：在任何时候，夏威夷都没有合法并入美国，因此，根据国际法，夏威夷王国仍然存在；请求方是夏威夷国民，被请求方有权并且被要求代表夏威夷行事，因此被请求方有义务保护请求方。当事方之间关于这些主张没有争端。庭审中，夏威夷王国代理人与请求方一致赞成：递交到仲

---

[48] Larsen v. Hawaiian Kingdom, Award of 5 February 2001, PCA Case 1999-01, p. 43, para. 13.3.
[49] Ibid., p. 36, paras. 12.1-12.2.
[50] Ibid., p. 37, paras. 12.2-12.5.
[51] Ibid., pp. 37-38, para. 12.6.
[52] Ibid., p. 38, para. 12.7.

庭的这些问题不是当事方之间有争议的案件。[53] 仲裁庭认为，当事方间可识别的争端仅仅出现在是否被请求方没有履行对请求方保护的义务，但是基于货币黄金案原则，仲裁庭无法裁判该争端。换句话说，如果存在争端，该争端涉及"保护义务"。而当谈及"保护义务"时，不可避免地回溯到对美国行为的评判，但是基于货币黄金案原则，仲裁庭无法对美国行为作出裁决。那么在仲裁庭对美国行为合法性不进行裁决的情况下，不能对被请求方是否没有履行对请求方的义务进行判断。准确地说，货币黄金案原则排除了仲裁庭这样做。[54]

仲裁庭指出，还有一个更为根本的问题。请求方声称被请求方没有充分保护他的依据是基于以下假设：夏威夷王国在国际法上仍是一个独立的国家。双方律师也明显表达了这一立场。但是如前所述，在美国缺席的情况下，法庭既不能裁定夏威夷不属于美国，也不能在假定它不属于美国的情况下进行仲裁。无论哪种做法都是无视国际法中仲裁职能的核心原则。[55]

（五）裁决主文

根据上述原因，仲裁庭全体一致裁决：

（a）当事方之间不存在能够仲裁的争端。

（b）无论如何，仲裁庭都无法审议当事方提出的问题，因为美国不是本程序的当事方，美国也没有同意参加该仲裁；因此，仲裁庭裁决仲裁程序不可继续。[56]

三、评论

本案中，拉森因权利被侵犯，向夏威夷王国请求赔偿，因为夏威夷

---

[53] Larsen v. Hawaiian Kingdom, Award of 5 February 2001, PCA Case 1999-01, pp. 39-40, paras. 12.12-12.13.
[54] Ibid., pp. 40-41, para. 12.14.
[55] Ibid., pp. 41-42, para. 12.18.
[56] Ibid., p. 44.

王国有责任保护拉森作为夏威夷人的权利。双方同意将争端提交仲裁，并希望仲裁庭处理夏威夷王国的国际法地位问题。但是仲裁庭认为在解决实体问题前，应先解决一些先决问题，包括当事方约定的《贸法会仲裁规则》对非合同争端的适用、可裁判的争端及必要当事方问题，当事方后来也同意了仲裁庭的观点，认为夏威夷王国地位问题应当推迟。仲裁庭在审理先决问题后，认为仲裁程序不可继续，这样夏威夷王国地位这一敏感问题被回避了。

本案是第一个适用货币黄金案原则的仲裁案件，也提出了国际仲裁中如何适用国际法院确立的规则问题。本案中，正如仲裁庭指出的，递交仲裁的争端不是仲裁协议当事方间的争端，而是它们中的每一方与第三方间的争端，[57] 即与美国的争端。仲裁庭也指出："国际仲裁庭的功能是裁判当事方间的争端，而不是作出抽象的裁决。所以，如果当事方之间不存在争端，那么仲裁庭不能进行裁决。"[58] 仲裁庭本可以根据缺乏法律争端而进行裁决。没有法律争端，《贸法会仲裁规则》不适用，不论当事人如何约定。[59] 但是仲裁庭没有这样裁决，而是用大量的篇幅对货币黄金案原则进行讨论，最后得出该原则在本案同样适用的结论。

货币黄金案原则，也称不可或缺的第三方原则，来源于国际法院审理的1943年从罗马运走的货币黄金案。该案中，国际法院指出：为了确定意大利是否有权得到黄金，必须确定阿尔巴尼亚是否对意大利有国际不法行为，阿尔巴尼亚是否有义务进行赔偿。"在没有得到阿尔巴尼亚同意的情况下去裁断它的国际责任，违背了在《国际法院规约》中体现的已被公认的国际法原则，即只有在国家同意的情况下，国际法院才能对该国行使管辖权。"[60] 而后国际法院审理的尼加拉瓜和针对尼加拉瓜的军事和准军事活动案，陆地、岛屿和海上边界争端案（萨尔瓦多/洪都拉斯），瑙鲁境内的一些磷酸盐地案，东帝汶案对货币黄金案原则都有所阐述。在瑙鲁境内的一些磷酸盐地案中，国际法院指出："尽管法

---

[57] Larsen v. Hawaiian Kingdom, Award of 5 February 2001, PCA Case 1999-01, p. 38, para. 12.7.

[58] Ibid., pp. 27-28, para. 11.3.

[59] David J. Bederman and Kurt R. Hilbert, "Lance Paul Larsen v. the Hawaiian Kingdom", *Hawaiian Journal of Law & Politics*, Vol. 1, 2004, p. 89.

[60] Case of the Monetary Gold Removed from Rome in 1943 (Preliminary Question), Judgment, I. C. J. Reports 1954, p. 32.

院对瑙鲁指称澳大利亚应负责任或责任内容的裁决可能对另外两个有关国家的法律地位造成影响,但无须以该法律地位的裁决为基础,法院就可对瑙鲁对澳大利亚的诉求作出裁决。因此,法院不能拒绝行使管辖。"[61] 东帝汶案中,法院指出:"如果不先讨论为何印度尼西亚不可能合法缔结1989年条约,而据称葡萄牙却能这样做的问题,就不能评价澳大利亚的行为。法院裁决的主题必须是确定的,考虑到印度尼西亚进入并留在东帝汶的情况,其是否可能代表东帝汶缔结有关大陆架资源的条约,在缺少印度尼西亚同意的情况下,法院不能作出这样的裁定。"[62] 本案仲裁庭肯定了货币黄金案原则在国际仲裁中的适用,并指出:"尽管在国际法中没有遵循先例原则,但是只有在令人信服的情况下,适用国际法并受国际法约束的仲裁庭才不会背离国际法院一系列判决确定的原则。"[63] 但也有学者认为,货币黄金案原则不适用于国际仲裁,因为"货币黄金案原则是国际法院作为国际社会的法院这一特殊地位发展形成的,国际仲裁庭与国际法院地位不同";"第三方的权利一般不被视为不承认国际仲裁或对国际仲裁裁决置之不理的根据,因为仲裁裁决只对争端当事方有约束力";"除非违反公共政策,否则仲裁庭应行使管辖权,但货币黄金案原则不属于公共政策的范围"[64]。

此外,对于《贸法会仲裁规则》能否适用于非合同争端问题,仲裁庭持肯定观点,并指出:争端或者仲裁协议的当事方为了诉讼目的,也能进一步明示或默示地修改《贸法会仲裁规则》的条款[65]。对此,有学者指出:仲裁庭没有对《贸法会仲裁规则》第1条不适用于非商业性争端采取原则立场,而是绕道不可或缺的第三方,这可能会产生一种危险的趋势。仲裁当事方可以故意修改《贸法会仲裁规则》,以适用于非合同纠纷。它们可能通过援引拉森诉夏威夷王国仲裁案对不可或缺当事方的解释来避免不可受理的裁决。《贸法会仲裁规则》适用于非合同争

---

[61] Certain Phosphate Lands in Nauru (Nauru v. Australia), Preliminary Objections, Judgment, I. C. J. Reports 1992, pp. 261-262, para. 55.

[62] East Timor (Portugal v. Australia), Judgment, I. C. J. Reports 1995, p. 102, para. 28.

[63] Larsen v. Hawaiian Kingdom, Award of 5 February 2001, PCA Case 1999-01, p. 34, para. 11. 21.

[64] Noam Zamir, "The Applicability of the Monetary Gold Principle in International Arbitration", Arbitration International, Vol. 33, 2017, p. 537.

[65] Larsen v. Hawaiian Kingdom, Award of 5 February 2001, PCA Case 1999-01, p. 25, para. 10. 5.

端可能导致法律效力存疑且执行有问题的宣告性的判决形式。[66]

四、附 录

(一) 中英案件全名

1. 中文案件全名：拉森诉夏威夷王国仲裁案
2. 英文案件全名：Larsen v. Hawaiian Kingdom

(二) 案件的标准引用

Larsen v. Hawaiian Kingdom, Award of 5 February 2001, PCA Case 1999-01, p. 1.

(三) 主要参考文献

1. David J. Bederman and Kurt R. Hilber, "Lance Paul Larsen v. the Hawaiian Kingdom", *Hawaiian Journal of Law & Politics*, Vol. 1, 2004.

2. Noam Zamir, "The Applicability of the Monetary Gold Principle in International Arbitration", *Arbitration International*, Vol. 33, 2017.

(四) 与本案主题相关的重要引用案件

1. Northern Cameroons Case (Republic of Cameroon v. United Kingdom), Preliminary Objections, Judgment, I. C. J. Reports 1963, p. 15.

2. East Timor Case (Portugal v. Australia), Judgment, I. C. J. Reports 1995, p. 90.

3. Case of the Monetary Gold Removed from Rome in 1943 (Preliminary Question), Judgment, I. C. J. Reports 1954, p. 19.

4. Corfu Channel Case, Preliminary Objection, Judgment, I. C. J. Reports 1949, p. 15.

---

[66] David J. Bederman and Kurt R. Hilbert, "Lance Paul Larsen v. the Hawaiian Kingdom", *Hawaiian Journal of Law & Politics*, Vol. 1, 2004, pp. 90-91.

5. Land, Island and Maritime Frontier Dispute (El Salvador/Honduras), Application to Intervene, Judgment, I. C. J. Reports 1990, p. 92.

6. Certain Phosphate Lands in Nauru (Nauru v. Australia), Preliminary Objections, Judgment, I. C. J. Reports 1992, p. 240.

(五) 案件中的重要缩略语

UNCITRAL United Nations Commission on International Trade Law 联合国国际贸易法委员会

PCA Permanent Court of Arbitration 常设仲裁法院

(曲　波)

"大王子"号案
(伯利兹诉法国)

(2001年)

2001.03.21 伯利兹就释放"大王子"号渔船争端向法庭起诉法国

2001.03.21 法庭确定2001年4月5日和6日为开庭审理请求书的日期

2001.03.28 法国就伯利兹的请求书提交书面意见

2001.03.29 伯利兹就法国的书面意见提交答辩状

2001.04.04 法国提名让-皮埃尔·科特为专案法官

2001.04.05 法庭举行开庭前的初步审议

2001.04.05—06 法庭举行三次公开庭,以便听取当事双方的口头辩论和举证

2001.04.20 法庭就本案作出迅速释放判决(对管辖权以12票对9票作出判决)

关键词:迅速释放(Prompt Release);管辖权(Jurisdiction);船舶登记(Registration of Ships)

一、案件背景

"大王子"(Grand Prince)号是一艘拖网渔船,在2000年12月26日遭逮捕时悬挂伯利兹旗帜。同一天,其在法属南部和南极领土凯尔盖朗群岛(Kerguelen Islands)的专属经济区内因涉嫌非法捕鱼和进入该海域前未报告而为一艘法国护卫舰"雪月"(Nivose)号所登临。随后,"大王子"号在法国海军的监督下改变航向,于2001年1月9日抵达留

尼汪岛（Réunion）的加来港口（Port-des-Galets）。法国当局扣押了船上渔获物（约18吨）、渔具与鱼饵（40吨）、该船舶及其设备与文件，对船长提起指控。[1]

2001年1月12日，留尼汪岛圣保罗初审法院发出命令，确认逮捕"大王子"号，并确定以现金、保兑支票或银行汇票的形式向信贷银行办事处提交总额为11400000法国法郎的保证金作为释放该船的条件。2001年1月23日，留尼汪岛圣但尼刑事法院下令没收该船及其设备、渔具和渔获物，并立即执行。[2]

2001年1月31日，船主对刑事法院的判决提起上诉，上诉法院预定在2001年9月13日予以审理。2001年2月19日，船主向圣保罗一审法院提出申请，请求在提交保证支付该法院所确定保证金数额的银行担保后释放"大王子"号。但是，这项请求被圣保罗一审法院在2001年2月22日驳回。[3] 2001年3月21日，伯利兹依据《联合国海洋法公约》（以下简称《公约》）第292条向国际海洋法法庭（以下简称"法庭"）递交控告法国的请求书，要求迅速释放悬挂其旗帜的渔船"大王子"号。法庭将该请求书作为第8号案件列入案件总表，并称之为"大王子"号案。[4]

二、判　决

（一）当事方请求

伯利兹请求法庭宣判：（1）法庭依据《公约》第292条对其请求有管辖权。（2）其请求是可受理的。（3）法国没有遵守《公约》第73条第2款的规定迅速释放"大王子"号。[5]

法国则请求法庭驳回以伯利兹名义提出的所有请求，并宣判请求书

---

[1] "Grand Prince" (Belize v. France), Prompt Release, Judgment, ITLOS Reports 2001, paras. 32-42.
[2] Ibid., paras. 43-50.
[3] Ibid., paras. 51-53.
[4] Ibid., paras. 2, 7.
[5] Ibid., paras. 31, 54-56.

是不可受理的。[6]

(二) 法庭的说理

法庭首先审查它对伯利兹的请求是否有管辖权的问题。确定法庭管辖权必须满足的条件载于《公约》第292条。法庭注意到，伯利兹和法国都是《公约》缔约国。伯利兹于1983年8月13日批准《公约》，《公约》于1994年11月16日对其生效。法国于1996年4月11日批准《公约》，《公约》于1996年5月11日对其生效。伯利兹主张，法国没有遵守《公约》第73条第2款的规定迅速释放船舶，它所确定的保证金也不适当，双方自船舶被扣留之时起10日内没有根据《公约》第292条第1款就争端提交另一个法院或法庭达成协议，因此，法庭根据《公约》第292条对本案具有管辖权。法国则辩称，"大王子"号已经为法国主管法院判处没收，因而请求标的已丧失，伯利兹的请求是不可受理的。而且，无论如何，法庭无权管辖本案，因此必须对伯利兹关于法庭有管辖权的诉求予以驳回。[7]

依据《公约》第292条第2款，法庭审议了哪个实体有权寻求释放被扣留船舶的问题。在此方面，有权在一个适当法院或法庭中提出释放问题的是船舶的船旗国，任何其他实体只能以船旗国的名义提出请求。《公约》第292条第2款规定，释放请求仅可由船旗国或以该国名义提出。[8] 法庭指出，原告负有初始责任证明伯利兹在提交请求书时是船旗国。在履行这种举证责任方面，原告提交了如下文件：伯利兹总检察长2001年3月15日签发的信函；伯利兹国际商事海事登记局颁发的临时航行证书；伯利兹国际商事海事登记局于2001年3月30日颁发的证明文件。法庭注意到，临时航行证书的颁发日期是2000年10月16日，其终止日期是2000年12月29日。[9]

法庭接着讨论了临时航行证书终止后，在伯利兹的登记是否继续存在的问题，或者自2001年1月4日船舶登记注销后是否可能再登记的问

---

[6] "Grand Prince" (Belize v. France), Prompt Release, Judgment, ITLOS Reports 2001, paras. 31, 57-61.
[7] Ibid., paras. 62-65.
[8] Ibid., para. 66.
[9] Ibid., paras. 67-69.

题。对于双方提交法庭的涉及船舶在伯利兹登记事项的文件，法庭认为，这些文件初步显示，临时航行证书终止、船舶登记注销和注销登记中止的事项相互矛盾，前后不一，所有这些都使人对在提交请求书时船舶的地位产生合理的怀疑。这种怀疑涉及法庭的管辖权问题。根据国际裁判的既定法理，法庭必须时刻查明它有审理所提交案件的管辖权。因此，法庭有权自行审查其管辖权的基础，必须查明请求书是按照《公约》第292条第2款的规定以伯利兹名义提交的。[10]

法庭在此方面提及1999年"塞加"号（第2号）案判决中所阐述的意见，即如同争端中的其他事实一样，船舶的国籍是一个基于双方所提交的证据进行裁判的事实问题。对于《公约》中有关船舶国籍的第91条，根据伯利兹1989年《商船登记法》，渔船悬挂伯利兹旗帜的权利来源于登记行为。因此，除非像"大王子"号那样的渔船在伯利兹登记，否则伯利兹就不是这类船舶的船旗国。必须有充分证据表明一艘船舶已经登记，并据此有权在相关时间悬挂伯利兹的旗帜。[11]

法庭注意到，伯利兹根据1989年《商船登记法》颁发给"大王子"号的唯一文件是临时航行证书。这份文件载明其终止日期是2000年12月29日。原告没有主张船主希望延长临时航行证书，或者临时航行证书为另一份法律文书所取代。提交给法庭的是伯利兹国际商事海事登记局分别于2001年3月26日和2001年3月30日签发的一封信函和一份证明文件。这两个文件的目的初步看来是用于授权船主向法庭提出"申诉"。这一点尤其为伯利兹国际商事海事登记局2001年3月26日的信函所证明。该信函显示，船主希望有机会"向海洋法法庭提起申诉，为自己所受指控辩护"，伯利兹国际商事海事登记局"认为允许受影响方自己提起申诉是公正的，为此目的，我们请求主管当局授权各船主在上述法庭提起诉讼"。[12]

法庭注意到，伯利兹国际商事海事登记局2001年3月30日证明文件所提及的关于"大王子"号"仍然被视为在伯利兹登记"的主张，认为这种主张包含想象的成分，没有充分基础能够证明伯利兹是可以根据

---

[10] "Grand Prince"(Belize v. France), Prompt Release, Judgment, ITLOS Reports 2001, paras. 76-77.

[11] Ibid., paras. 81-83.

[12] Ibid., para. 84.

《公约》第 292 条提起请求书的该船舶的船旗国。伯利兹国际商事海事登记局颁发的文件不能被视为《公约》第 91 条第 2 款范围内的"文件"。因为伯利兹国际商事海事登记局颁发的文件在性质上是行政信函，不是从事伯利兹商事海事登记的任何实体所颁发的文件或者是法律所要求的任何其他行动。而且，这些文件是在本案中提交请求书之后颁发的。伯利兹国际商事海事登记局的文件必须与临时航行证书和伯利兹外交部 2001 年 1 月 4 日照会结合起来解释。初步看来，临时航行证书在 2000 年 12 月 29 日终止。伯利兹递送法国的照会是官方信函，阐述了伯利兹政府对船舶登记的法律立场。在载明该船在伯利兹登记之后，照会指出，这是该船舶第二次被报告犯有违法行为，伯利兹当局所采取的惩罚措施是注销其登记，自 2001 年 1 月 4 日起生效。如果一份文件规定所采取的措施自该文件所发布之日起生效，这种措施的生效不能说是取决于任何未来发生的事件。在照会提到"注销登记今日生效"词语时，采取注销登记的行为必须被视为从 2001 年 1 月 4 日开始。总检察长 2001 年 3 月 15 日的信函并不比伯利兹国际商事海事登记局的文件更加清楚地说明了该船舶的登记和国籍问题。[13]

法庭援引"塞加"号（第 2 号）案指出，在任何时候都与争端存在实质联系的船旗国的行为是确定船舶国籍或登记的一个重要考虑因素。在本案中，原告并非基于"大王子"号是一艘具有其国籍的船舶而在任何时间都以与争端存在实质联系的方式行事。相反，2001 年 1 月 4 日，伯利兹通过照会将其自该日期起生效的注销"大王子"号登记的决定通知法国。而且，为加强登记机关注销船舶登记的权力，伯利兹 1996 年修改了 1989 年《商船登记法》。新法律第 25 节规定了对违法船舶注销登记或罚款的处罚措施。给"大王子"号颁发的临时航行证书符合第 25 节的规定，这是伯利兹为履行其打击非法捕鱼的国际义务而作出的努力。[14]

对于是否需要进一步澄清"大王子"号在伯利兹登记的问题，法庭认为，与该船舶登记因而与其国籍相关的资料（临时航行证书）、伯利兹外交部的照会、伯利兹国际商事海事登记局的文件和其他文件，均不

---

[13] "Grand Prince"（Belize v. France），Prompt Release，Judgment，ITLOS Reports 2001，paras. 85-88.
[14] Ibid., paras. 89-91.

存在争议。所涉问题为这些文件在本程序中的法律效力,而该问题应该依据提交法庭的资料来解决。鉴于临时航行证书失效、"大王子"号的登记被注销和对呈交法庭的材料的全面评估,法庭判定,原告所提交的书面证据未能证明在提交请求书时伯利兹是船舶的船旗国,法庭认定其没有管辖权审理该请求书。因此,法庭认为无须处理当事方在其他管辖权和可受理性问题以及请求书的实体问题方面的主张。[15]

(三) 判决主文

2001年4月20日,法庭以12票对9票,判决其根据《公约》第292条没有管辖权审理伯利兹所提交的请求书。[16]

三、评 论

(一) 本案的特点与法律问题

本案涉及非法捕鱼问题,是法庭第一个判决对原告的迅速释放请求没有管辖权的案件,也是法庭处理的第四个涉及迅速释放被扣留船舶及其船员的案件。本案的核心问题是船舶的登记与国籍。

(二) 评 述

卡米诺斯、兰热尔、杨科夫、山本、阿克勒、武卡斯、马斯特、埃里克森和热苏斯9位法官对法庭判决发表了联合反对意见,纳尔逊与沃尔夫鲁姆法官和科特专案法官发表了声明,安德森、莱恩和特雷韦斯发表了个别意见。他们的意见主要集中于法庭的管辖权和"大王子"号是否具有伯利兹的国籍,但是各自的侧重点有所不同。

卡米诺斯、兰热尔、杨科夫、山本、阿克勒、武卡斯、马斯特、埃里克森和热苏斯9位法官不赞同法庭的判决。他们认为,法庭在审议"大王子"号的国籍问题时,在法国没有在程序中质疑伯利兹船旗国地

---

[15] "Grand Prince" (Belize v. France), Prompt Release, Judgment, ITLOS Reports 2001, paras. 92-94.

[16] Ibid., para. 95.

位的情况下,背离了它在之前的"塞加"号案、"卡莫柯"号案和"蒙特·卡夫卡"号案判决中采取的立场。在这三个案件中,所涉船舶的国籍没有受到质疑。首先,法庭不能基于所掌握的文件就判定"大王子"号的登记已经为伯利兹当局所撤销。法庭在推理上过于倚重伯利兹外交部2001年照会,而不太重视提交给它的其他文件。实际上,这封照会应该被解释为只是表明伯利兹当局正在处理"大王子"号的注销登记问题。其次,伯利兹主管当局对"大王子"号在伯利兹登记所做的声明足以支持伯利兹履行了证明"大王子"号具有其国籍的初始责任。[17]

安德森法官则支持判决不就"大王子"号的法律地位问题向原告寻求进一步信息的决定,因为本案具有特殊性,即伯利兹任命的代理人对于伯利兹不同政府部门和机构的声明表现出的看法前后不一,没有清楚地向法庭作出解释。而且,从证据上看,"大王子"号的地位根据《公约》第292条存在许多不确定性。[18] 沃尔夫鲁姆法官认为,原告未能证明在提交请求书时,"大王子"号已在伯利兹国际商事海事登记局登记。伯利兹官员有关"大王子"号作出登记的声明不能被视为《公约》第91条范围内的登记,否则,法庭的管辖权就将取决于国家官员的一个决定,而有关国家却无须实质性履行一个船旗国的责任。[19] 莱恩法官表达了类似观点。他认为,伯利兹国际商事海事登记局副登记官员2001的信函和临时证书不符合船舶登记的法定条件,并不构成国籍的重要物质因素。伯利兹政府或准政府机构对国籍问题所做的非正式和临时性说明也不能成为影响管辖权问题的决定性因素。[20] 纳尔逊法官则表示,伯利兹外交部2001年的照会必须予以特别重视,因为根据一贯和普遍的做法,一个国家的外交部长就当前问题向外国外交代表所表达的意见对该国有拘束力,或者至少具有很强的说服力。而该照会清楚表明,撤销"大王子"号的登记自2001年1月4日生效。[21]

特雷韦斯法官则从关键日期角度进一步阐述对"大王子"号国籍问题的看法。在他看来,对于原告作为"大王子"号船旗国地位的相关时

---

[17] Joint Dissenting Opinion of Judges Caminos, Marotta Rangel, Yankov, Yamamoto, Akl, Vukas, Marsit, Eiriksson and Jesus, pp. 66-69.

[18] Separate Opinion of Judge Anderson, pp. 54-57.

[19] Declaration of Judge Wolfrum, pp. 49-50.

[20] Separate Opinion of Judge Laing, pp. 58-62.

[21] Declaration of Vice-President Nelson, pp. 47-48.

间，判决书并没有表示明确立场。他认为，伯利兹在相关日期上不是"大王子"号的船旗国。3月26日和30日的两份文件以及其他文件没有表明船主对临时航行证书失效或者对注销登记处罚采取补救措施。有关事实证明，"大王子"号的登记即使在相关日期仍然存在，其唯一目的是提交《公约》第292条下的请求书。这是一种人为的拟制。无论其名称是什么，"大王子"号这种性质的"登记"不能被视为《公约》第91条范围内的"登记"。只有第91条范围内的登记才能使一个国家成为《公约》第292条的船旗国。[22]

科特专案法官认为，管辖权问题是法庭审议本案的核心。伯利兹为支持其主张，引入"迅速没收"这个国际法新概念，以此指控法国提起刑事程序是为了逃避《公约》的义务，架空第292条的规定。对此他指出，指控欺诈《公约》是一件严肃的事情，法庭不应该一笔带过。如果要证明存在"欺诈《公约》"或"迅速没收"，就必须证明刑事起诉的目的是逃避《公约》第292条的规定。如果这样，法庭就将有权重新定性国内程序，判决自己具有管辖权。但是，本案明显不属于这种情形。[23]

四、附　录

（一）中英案件全名

1. 中文案件全名："大王子"号案（伯利兹诉法国）
2. 英文案件全名："Grand Prince"（Belize v. France）

（二）案件的标准引用

"Grand Prince"(Belize v. France), Prompt Release, Judgment, ITLOS Reports 2001, p. 17.

（三）主要参考文献

1. Bernard H. Oxman and Vincent P. Bantz, "The 'Grand Prince'

---

[22] Separate Opinion of Judge Treves, pp. 63-65.
[23] Declaration of Judge *ad hoc* Cot, pp. 51-52.

(Belize v. France)", Judgement, ITLOS Case No. 8, *The American Journal of International Law*, Vol. 96, 2002, pp. 219-225.

2. Ryszard Piotrowicz, "The Song of the Volga Boatmen-Please Release Me", *Australian Law Journal*, Vol. 77, 2003, pp. 160-163.

(四) 与本案主题相关的重要引用案件

1. M/V "SAIGA" (Saint Vincent and the Grenadines v. Guinea), Prompt Release, Judgment, ITLOS Reports 1997, p. 16.

2. M/V "SAIGA" (No. 2) (Saint Vincent and the Grenadines v. Guinea), Judgment, ITLOS Reports 1999, p. 10.

3. Appeal Relating to the Jurisdiction of the ICAO Council (India v. Pakistan), Judgment, I. C. J. Reports 1972, p. 46.

4. "Camouco" (Panama v. France), Prompt Release, Judgment, 7 February 2000, ITLOS Reports 2000, p. 10.

5. "Monte Confurco" (Seychelles v. France), Prompt Release, Judgment, ITLOS Reports 2000, p. 86.

(五) 案件中的重要缩略语

ITLOS Reports International Tribunal for the Law of the Sea Reports 国际海洋法法庭报告

I. C. J. Reports Reports of the International Court of Justice 国际法院报告

IMMARBE International Merchant Marine Registry of Belize 伯利兹国际商事海事登记局

ICAO International Civil Aviation Organization 国际民用航空组织

(余民才)

厄立特里亚/埃塞俄比亚陆地划界案

（2002 年）

2000.12.12 厄立特里亚和埃塞俄比亚共同决定成立边界委员会处理两国陆地边界争端

2001.01.26 厄立特里亚指定扬·保尔松和斯蒂芬·施韦贝尔为边界委员会委员，埃塞俄比亚指定博拉·阿吉博拉和阿瑟·沃茨为边界委员会委员

2001.02.20 伊莱休·劳特派特接受边界委员会主席任命，厄立特里亚/埃塞俄比亚边界委员会组成，委员会书记官处设在常设仲裁法院

2001.05.15 扬·保尔松先生辞去边界委员会委员职务

2001.06.12 厄立特里亚另行指定迈克尔·赖斯曼接替委员职务

2001.06.20 边界委员会通过《程序规则》

2001.12.10—21 开庭审理

2002.04.13 边界委员会作出《关于厄立特里亚国和埃塞俄比亚联邦民主共和国边界划分的决定》（全体一致）

关键词：划界（Delimitation）；勘界（Demarcation）；尊重独立时边界原则（Principle of Respect for the Borders Existing at Independence）；条约边界（Treaty Border）；保持占有（【拉】*Uti Possidetis*）；条约解释（Treaty Interpretation）；共同意图（Common Will）；时际法（Intertemporal Law）；嗣后行为（Subsequent Conduct）；有效控制（【法】*Effectivités*）；证据（Evidence）；地图（Map）；条约性地图（Treaty Map）；几何划界方法（Geometric Method of Delimitation）；主航道（Main Channel）

一、案件背景

（一）争端的产生与发展

埃塞俄比亚和厄立特里亚是北非东部两个陆地接壤的国家，两国边界西起两国与苏丹三国领土交界处，东至两国与吉布提三国领土交界处。埃塞俄比亚历史上一直是一个独立的国家，厄立特里亚的情况则不同。19世纪80年代以前，厄立特里亚的大部分领土属于奥斯曼帝国和埃及当局。19世纪80年代，意大利开始在该地区建立殖民地。1889年，埃塞俄比亚和意大利签署《乌查里条约》（Treaty of Uccialli），确立了埃塞俄比亚帝国和当时意大利所占厄立特里亚的边界。1890年1月，意大利正式建立厄立特里亚殖民地。1893年，埃塞俄比亚废除《乌查里条约》。1896年阿杜瓦（Adwa）战役后，埃塞俄比亚和意大利达成边界临时安排。随后，两国分别于1900年、1902年和1908年缔结了三份边界条约（以下简称"1900年条约""1902年条约""1908年条约"），处理厄立特里亚殖民地和埃塞俄比亚帝国的全部共同边界。但上述条约边界实际上没有完全划定，且从未勘定。[1]

1935年，意大利入侵、占领并最终吞并整个埃塞俄比亚。1941年，英国赶走占领埃塞俄比亚和厄立特里亚的意大利军队，建立英国军事管理当局管理两个国家，管理当局总部设在亚的斯亚贝巴（Addis Ababa）。1942年1月31日，英国军事管理当局结束对埃塞俄比亚的控制，但继续控制厄立特里亚。[2]

1952年9月11日，按照联合国大会第390A（V）号决议，成立厄立特里亚和埃塞俄比亚联邦，联邦主权属于埃塞俄比亚王国。[3] 联邦成立当天，埃塞俄比亚宣布1900年条约、1902年条约和1908年条约三份条约无效。1952年11月14日，埃塞俄比亚又将厄立特里亚并为本国的

---

[1] Eritrea-Ethiopia Boundary Commission, Decision Regarding Delimitation of the Border Between the State of Eritrea and the Federal Democratic Republic of Ethiopia, paras. 2.7, 2.20.

[2] Ibid., para. 2.8.

[3] Ibid., para. 2.9.

一个省。[4] 厄立特里亚人民自此开始寻求独立。1993年4月，厄立特里亚通过全民公决独立。[5] 当月27日，厄立特里亚正式独立并成为联合国会员国。两天之后的29日，埃塞俄比亚宣布承认厄立特里亚的主权和独立。1993年7月30日，两国政府签署《友好合作协定》。[6]

因对两国边界的确切位置存在争议，1998年5月，两国在边界地区爆发武装冲突。经过国际社会和双方的一再努力，两国先是接受了非洲统一组织于6月提出的《框架协定》（Framework Agreement），后又于1999年9月14日达成《执行〈框架协定〉技术性安排》（Technical Arrangement for the Implementation of the Framework Agreement）。2000年6月18日，两国签署《停止敌对行为协定》（Agreement on the Cessation of Hostilities），后最终于2000年12月12日签署《阿尔及尔协定》[以下称为《12月协定》（December Agreement）]。[7]《12月协定》规定两国永久结束军事敌对行动，并成立一个边界委员会来处理两国的划界和勘界问题。[8]

（二）双方合意成立边界委员会处理边界争端

在《12月协定》的第4条，两国合意成立边界委员会处理边界争端。相关规定如下：

1. 按照《框架协定》和《停止敌对行为协定》的规定，双方重申尊重独立时边界的原则，该项原则已载入非洲统一组

---

[4] Eritrea-Ethiopia Boundary Commission, Decision Regarding Delimitation of the Border Between the State of Eritrea and the Federal Democratic Republic of Ethiopia, para. 2.10.

[5] Ibid., para. 2.11.

[6] Ibid., para. 2.12.

[7] See Agreement Between the Government of the Federal Democratic Republic of Ethiopia and the Government of the State of Eritrea (hereinafter "December Agreement").《12月协定》第4条约定成立边界委员会处理边界争端，第5条约定成立赔偿委员会处理对在相关冲突中"因一国政府反对对方政府、一国国民（包括自然人和法人）反对对方政府或者对方所有或控制的实体而产生的损失、损害或伤害"提出的所有索赔事宜。上述边界案和赔偿案的书记官处都设在常设仲裁法院，案号分别为2001-01和2001-02。赔偿事宜涉及边界事宜，但与边界划分没有直接关联，对边界委员会的工作没有影响，本文不予介绍。

[8] Eritrea-Ethiopia Boundary Commission, Decision Regarding Delimitation of the Border Between the State of Eritrea and the Federal Democratic Republic of Ethiopia, para. 2.13.

织 1964 年开罗峰会通过的 AHG/Res. 16（1）决议，边界应以相关殖民条约和可适用的国际法为基础加以确定。

2. 双方同意成立一个由 5 名成员组成的中立的边界委员会，由其在相关殖民条约（1900 年条约、1902 年条约和 1908 年条约）和可适用的国际法的基础上划分殖民条约边界（colonial treaty border）并勘界。委员会无权按照公允和善良原则作出决定。

3. 边界委员会设于海牙。

…………

15. 双方同意委员会的划界和勘界决定是终局性的，具有拘束力。各方都应尊重所决定的边界以及对方的领土完整和主权。[9]

（三） 两国的权利主张

在书面审理和庭审阶段，双方都向边界委员会提交了自身的权利主张，都要求委员会按照己方所提交的地图中标绘的边界线裁判并宣布两国边界。[10]

二、划界决定

本案争端涉及厄立特里亚和埃塞俄比亚两国边界的确切位置。[11] 关于两国的西段边界，双方都同意：一旦塞提特河（Setit）与另一条河流的交汇点确定后，边界大致朝东北方向直到默勒卜河（Mareb）与安贝萨河（Mai Ambessa）的交汇处；然而埃方认为边界首先延伸至马伊特卜

---

[9] December Agreement, Article 4, Decision, para. 1. 2.

[10] Eritrea-Ethiopia Boundary Commission, Decision Regarding Delimitation of the Border Between the State of Eritrea and the Federal Democratic Republic of Ethiopia, para. 1. 20. 双方各自主张的中段边界线、西段边界线、东段边界线参见 http：//pcacase. com/web/sendAttach/798。

[11] Eritrea-Ethiopia Boundary Commission, Decision Regarding Delimitation of the Border Between the State of Eritrea and the Federal Democratic Republic of Ethiopia, para. 2. 14.

河（Maiteb）的源头，从那里才开始沿直线向东北方向延伸。[12] 关于中段边界，双方对默勒卜河—贝莱萨河—穆纳河边界线（line Mareb-Belesa-Muna）没有争议，但由于1900年条约所附地图中的地形和地名与当前地图不一致，双方就上述河流的具体名称和位置出现了分歧。[13] 关于东段边界，双方对该段边界的起点和终点，以及边界线的划设方式都存在争议。[14]

依据《12月协定》的授权，边界委员会的任务是划分两国的边界并勘界。为此，委员会决定先处理划界问题（第一阶段），第二阶段再处理勘界问题，并于2002年4月13日作出《划界决定》。决定包括五个方面的实质内容：第一，委员会的任务与可适用的国际法；第二，1900年条约涵盖的两国中段边界；第三，1902年条约涵盖的两国西段边界；第四，1908年条约涵盖的两国东段边界；第五，界河中的边界线。在上述分析的基础上，委员会全体一致作出了划分两国边界的决定，并附上相应的地图。

（一）边界委员会的任务与可适用的国际法

边界委员会的任务由《12月协定》第4条第1款和第2款规定。依照上述规定，委员会认为必须处理三个问题：特定条约的解释、可适用的国际法和当事方的嗣后行为，以及与1964年非洲统一组织峰会决议的相关性。[15]

1. 特定条约的解释

当事双方均同意三份殖民条约涵盖了两国的全部共同边界。其中，1900年条约涵盖中段边界，1902年条约涵盖西段边界，1908年条约涵盖东段边界。这些条约的含义因而构成争端的核心。边界委员会表示在解释条约的含义时，将适用条约解释的一般规则，即条约应依其用语按其上下文并参照条约之目的及宗旨所具有之通常意义，善意解释之。该规

---

[12] Eritrea-Ethiopia Boundary Commission, Decision Regarding Delimitation of the Border Between the State of Eritrea and the Federal Democratic Republic of Ethiopia, para. 2.21.

[13] Ibid., paras. 2.25-2.31.

[14] Ibid., para. 2.33.

[15] Ibid., para. 3.2.

则各要素指导解释者探求缔约方的真正目的,或者说"共同意图"[16]（common will）。

对于有关解释条约时应适用"同时代"理论[17]（doctrine of "contemporaneity"）的观点,委员会认同并表示在解释条约时将谨记这种方法。[18] 对于双方有关当事方的嗣后实践或行为在条约解释时也发挥重要作用的观点,委员会表示必须强调此种实践的功能并不只与条约解释相关,它们也很有可能影响当事方之间的法律关系。[19] 无论如何,有效嗣后行为给条约可能带来的变化的性质和范围是由裁判机构在个案中评判的事项。[20] 委员会还强调,为了阐明条约用语的当时含义,裁判机构可以考虑裁判当时的科学知识状况。[21] 委员会最后指出,条约的"解释过程可能涉及尽力查明缔约方的共同意图。这种情形下,在（缔结条约的）准备工作或者当事方的嗣后行为中寻找有关共同意图的证据是有帮助的"[22]。

2. 可适用的国际法和当事方的嗣后行为

边界委员会认为"可适用的国际法"不限于与条约解释有关的国际法,也包括"确定争议边界所一般适用的国际法规则,特别是与当事方行为的影响有关的规则"[23]。本案中,当事方的行为分为三大类:地图;由行为当事方在地面实施的有效控制（effectivités）;可作为自认或声索证据的外交及其他信函,包括当事方在委员会面前的自认。[24]

（1）地图

1900年条约附有地图,双方也向边界委员会提交了大量地图作为证据。对此,边界委员会意识到国际性法庭对地图持谨慎态度。例如,尽管地图具有信息性,但是它们并不必然精确或者客观地反映地面的现实

---

[16] Eritrea-Ethiopia Boundary Commission, Decision Regarding Delimitation of the Border Between the State of Eritrea and the Federal Democratic Republic of Ethiopia, para. 3.4.
[17] 可将其理解为时际法原则（doctrine of intertemporal law）的另一种表达。
[18] Eritrea-Ethiopia Boundary Commission, Decision Regarding Delimitation of the Border Between the State of Eritrea and the Federal Democratic Republic of Ethiopia, para. 3.5.
[19] Ibid., para. 3.6.
[20] Ibid., para. 3.9.
[21] Ibid., para. 3.12.
[22] Ibid., para. 3.13.
[23] Ibid., para. 3.15.
[24] Ibid., para. 3.16.

情况。(地图展示的)地形受制于制作地图时的知识(技术)水平;绘制人在为自身利益制作边界地图时,也存在自私自利的可能。[25] 地图是条约一部分的,它就具有条约的法律性质,对当事方有拘束力。[26] 不属于条约一部分的地图的影响各不相同,谈判中使用的地图可能具有特殊重要性。源自第三方的地图(视情况不同),或者比例太小以至于相关情况要通过猜测才能得知的地图,不可能具有很大的法律价值或证据价值。[27] 委员会还认为,在有些情形中,不是地图"单独地",而是地图和其他相关情况一起产生重大的法律效果。[28] 至于有主张认为边界能够通过它的"鲜明特征"(signature)来确定,委员会不反对这一观点,但会谨慎处理。[29] 委员会还表示,一些地图中的"免责声明"(disclaimers)不会自动剥夺一幅地图的证据价值。[30]

(2) 当事方在地面实施的有效控制

边界委员会认为,一国以主权名义开展的地面活动,无论是宣示国家立场,包括通过立法、行政或司法活动宣示对争议区域的管辖,还是明示或默示反对对方国家作出的行为,都能产生作用。这种活动的持续时间和强度没有确定的标准。它们的影响取决于领土的性质和人口的规模、实施此种活动的期间以及对方国家任何抵触行为(包括抗议)的程度。(这些行为的)法律结果可能是改变了由条约确立的边界,但不是必然如此。[31]

(3) 可作为自认或声索证据的外交及其他信函等

边界委员会指出,前述有关条约解释的论述适用于在"可适用的国际法"范围内证明偏离或变更条约的行为,因为它们是对条约本身的实际解释。对这种行为无须再进行阐述,除非它可能扩大至在审理中作出的声索或自认。[32]

---

[25] Eritrea-Ethiopia Boundary Commission, Decision Regarding Delimitation of the Border Between the State of Eritrea and the Federal Democratic Republic of Ethiopia, para. 3. 19.
[26] Ibid., para. 3. 20.
[27] Ibid., para. 3. 21.
[28] Ibid., para. 3. 22.
[29] Ibid., para. 3. 24.
[30] Ibid., paras. 3. 26-3. 27.
[31] Ibid., para. 3. 29.
[32] Ibid., para. 3. 30.

3. 与1964年非洲统一组织峰会决议的相关性

1998年6月10日,非洲统一组织各国和政府首脑向当事方提供了供其考虑的框架协定要素。框架协定基于三项原则,其中第三项原则为"尊重1964年非洲统一组织峰会决议所载独立时的边界"[33]。两国接受了框架协定。委员会认为,《12月协定》引入该决议具有一个特别的后果,那就是:当事方同意确定两国边界的日期为厄立特里亚独立之日,即1993年4月27日。该日期之后的发展将不会予以考虑,除非它们是一系列已明确确立行为的延续或确认,或者双方明文协议。[34]

通过对上述三要素的分析,边界委员会形成了一个确定两国边界的"两步走"方法:第一步,通过对相关边界条约进行解释来确定条约边界;第二步,考虑条约缔结后的发展来对条约边界进行调整。接下来,委员会按照上述方法分别基于1900年条约、1902年条约和1908年条约对两国间的中段边界、西段边界和东段边界进行了划分。

(二) 1900年条约所涵盖中段边界

埃塞俄比亚和意大利缔结的1900年条约(英文版)第1条规定:"缔约双方确认托马特—托德鲁克—默勒卜河—贝莱萨河—穆纳河一线(line Tomat-Todluc-Mareb-Belesa-Muna)为厄立特里亚和埃塞俄比亚的边界。"[35]该条所指分界线划分了两国自苏丹边界起自西向东的边界,包括西段边界和中段边界。但是在1902年条约中,两国修改了西段边界。因此,在1902年条约缔结后,1900年条约只处理中段边界。《12月协定》需要委员会确定的1900年条约边界即两国间的中段边界。

委员会先对1900年条约及其所附地图进行了解释,再根据双方的嗣后行为以及审理中当事方对事实的自认对条约解释的结果进行调整,以此确定两国间的中段边界。

1. 1900年条约的解释

边界委员会表示,1900年条约对两国中段边界仅提到了三条河流的名称以及"默勒卜河—贝莱萨河—穆纳河一线"这种简单的描述。但

---

[33] 尊重独立时边界原则实际是保持占有 (*uti possideits*) 原则的另一种表达。
[34] Eritrea-Ethiopia Boundary Commission, Decision Regarding Delimitation of the Border Between the State of Eritrea and the Federal Democratic Republic of Ethiopia, para. 3.36.
[35] 托马特和托德鲁克为城镇名,默勒卜、贝莱萨和穆纳为河流名。

是，所附地图对此进行了澄清。所附地图属于"条约性地图"，对确定两国边界至关重要。委员会认为，条约性地图的解释应适用与条约约文解释相同的国际法规则。[36] 在当时条件下，出版的有限地图无法提供足够的细节和可靠性。该条约性地图是在1894年出版的"肖朗地图"（de Chaurand's Map）基础上制作的，委员会认为后者与如何理解本条约性地图具有直接相关性。[37] 随后，委员会结合"肖朗地图"上的信息分析了条约性地图上各段的具体情况，初步确定了各分段边界和1900年条约边界的东起点。

2. 两国的嗣后行为

两国都声称在条约缔结以后，通过对相关地区行使主权的方式确立了本国对这些地区的主权，且得到对方的承认。[38] 边界委员会仔细审查了双方提交的证明其确立主权的证据，以确定双方是否以某种方式对条约解释边界进行了变更或调整。这些证据大多是各种旨在表明行使主权管辖的行政行为，证明主权主张或者对方对该主权主张默认的外交或其他类似信函、记录以及地图。委员会主要考虑了双方争议比较大的4个地区，分别是（自西向东）贝莱萨河流域西部、贝莱萨河流域东部、恩德里河（Endeli）流域和1900年条约终点周边地区［双方称为巴达（Bada）地区］。[39] 经审查，委员会发现绝大多数证据质量都参差不齐甚至相互矛盾；一些证据所涉地理情况不具体，对领土主权的影响难以确定；极少数证据证明力较强，需要依其对条约解释边界进行调整。委员会据此对涉及贝莱萨河流域西部的卡多纳堡（Fort Cadorna）、贝莱萨河流域东部的扎拉姆贝萨（Zalambessa）、恩德里河流域的东部和南部的条约解释边界进行了微调。

（三）1902年条约所涵盖的西段边界

1902年条约属于1900年条约的附件。但与1900年条约不同，1902年条约是埃塞俄比亚、意大利和英国[40]之间的三方边界条约。1902年

---

[36] Eritrea-Ethiopia Boundary Commission, Decision Regarding Delimitation of the Border Between the State of Eritrea and the Federal Democratic Republic of Ethiopia, para. 4. 8.

[37] Ibid., para. 4. 9.

[38] Ibid., para. 4. 61.

[39] Ibid., paras. 4. 63-4. 91.

[40] 条约涉及苏丹和厄立特里亚的边界划分，当时苏丹由英国管理。

条约没有附图，约文内容中也不包含地图。该条约（英文版）第1条规定：

> 此前确定为托马特—托德鲁克一线的埃塞俄比亚和厄立特里亚之间的条约边界，双方同意按下列方式修改：
>
> （边界）始于乌姆哈杰尔（Khor Um Hagar）与塞提特河的交界处，新边界沿着塞提特河到达该河与马伊特卜河（Maieteb）的交汇处，然后沿着马伊特卜河向前直到在默勒卜河与安贝萨河交汇处注入默勒卜河，将塔库拉（Mount Ala Tacura）留给厄立特里亚。
>
> 自塞提特河与马伊特卜河交汇处至默勒卜河与安贝萨河交汇处的边界线应由意大利和埃塞俄比亚代表团划分，以将库纳马（Cunama）部落划归厄立特里亚。[41]

第2条规定：

> 苏丹和厄立特里亚之间的边界应始于瑟卜德拉特（Sabderat），沿着阿布贾马勒（Abu Jamal）直到乌姆哈杰尔与塞提特河的交界处，而不是英国和意大利代表团1901年4月16日所签署条约（No.343）划分的边界。[42]

边界委员会依据上述条文先确定了西段边界的西起点，然后划分了塞提特河—默勒卜河段边界。

1. 西段边界的西起点

为确定该西起点，边界委员会还仔细考察了与西起点确定相关的其他诸多条约，包括在1902年条约之前或与其同时订立的1901年4月16日苏丹和厄立特里亚之间的划界协定、1901年11月22日苏丹和厄立特里亚之间的划界协定及1902年5月15日苏丹和埃塞俄比亚之间的边界协定，1902年条约之后订立的1903年2月18日苏丹和厄立特里亚之间的边界协定、1916年2月1日苏丹和厄立特里亚之间的边界协定以及

---

[41] Eritrea-Ethiopia Boundary Commission, Decision Regarding Delimitation of the Border Between the State of Eritrea and the Federal Democratic Republic of Ethiopia, para. 5.3.
[42] Ibid., para. 5.4.

1972 年 7 月 18 日埃塞俄比亚承认上述协定边界的换文。[43] 委员会考察后认定，1903 年 2 月的勘界将三国交界点移至与罗扬河（Khor Royan）相对的塞提特河北岸。[44] 该三国交界点应确定为两国西段边界的西起点。[45]

2. 塞提特河—默勒卜河段边界

这段边界是 1902 年条约边界中争议最大的部分，即边界从塞提特河折向并沿着另一条河直到默勒卜河与安贝萨河的交汇处这一部分。该另一条河的名称在条约英文版本中为"Maieteb"，而在阿姆哈拉文版本中则为"Maiten"。问题的焦点是：1902 年条约到底指的是哪一条河？[46] 就此，边界委员会仍然采取了两步走的方式：先对 1902 条约进行解释；再根据条约的嗣后发展来对条约解释边界进行调整。

（1）条约解释

边界委员会指出，为对 1902 年条约作出适当的解释，需要根据条约的目的和宗旨、上下文和谈判历史、当事方适用条约的嗣后行为来对条约第 1 条进行解释，所有这些都是为了确定当事方的"共同意图"。[47]

第一，关于条约条款。委员会面临的困难是，即使是同一地理特征，它在不同地图上的位置也不相同。为此，委员会先后审查了多份地图，并将它们与 1894 年的"肖朗地图"进行了对比，最后认定意大利的谈判代表奇科迪科拉（Major Ciccodicola）在条约缔结后所撰写报告中提及的"达罗地图"（the Mai Daro Map）是谈判中所使用的地图，1902 年条约中提及的"Maiteb"是"达罗地图"中的"Meeteb"，或者"肖朗地图"中的"Maietebbe-Meeteb"。[48]

第二，关于条约的目的和宗旨。委员会认为，1902 年条约的目的和宗旨可从两个层面来理解：在一般层面，条约无疑旨在划分边界；从特殊层面来看，条约意图将塔库拉留给厄立特里亚，但更重要的是将库纳

---

[43] Eritrea-Ethiopia Boundary Commission, Decision Regarding Delimitation of the Border Between the State of Eritrea and the Federal Democratic Republic of Ethiopia, paras. 5.8-5.11.
[44] Ibid., para. 5.11.
[45] Ibid., para. 5.12.
[46] Ibid., para. 5.13.
[47] Ibid., para. 5.16.
[48] Ibid., paras. 5.17-5.27.

马划归厄立特里亚。[49]

第三，关于1902年5月的谈判与条约主要目标之间的关系。委员会进一步考察了1902年5月谈判的相关情况，认定谈判双方实际所指河流（马伊特卜河）与默勒卜河之间边界的细节留待以后划定；正式的边界从未划定；两国在1902年条约中虽然提到"Maiteb"，但并非指"western Maiteb"。[50]

（2）条约的嗣后发展

边界委员会主要考虑了条约缔结后30多年的发展。其原因是，两国边界至20世纪30年代早期已经基本固定；虽然两国在1930年以后不时讨论边界的情况，但主要是通过不同方式确认现状。[51] 委员会按时间顺序分别具体审查了1902年至1935年的相关官方文件和信函、地图、报告以及其他官方行为。[52]

（3）对1935年情况的评估

由于意大利1935年开始入侵埃塞俄比亚，争端双方提交的证据也大量涉及1935年及其以后发生的事情，边界委员会专门对侵略发生前两国的法律立场进行了评估。委员会评估后认为，1935年两国塞提特河至默勒卜河之间的边界（沿点6至界点9边界线）已经固定，对双方具有拘束力；剩下的问题是1935年以后是否存在需要考虑的新发展。[53]

（4）1935年以后的情况

边界委员会接着考察了1935年以后发生的主要事件，包括意大利入侵埃塞俄比亚、第二次世界大战爆发、英国军队占领厄立特里亚、厄立特里亚的政治未来等战后发展、埃塞俄比亚和厄立特里亚联邦的成立以及联邦的终结。委员会认定这些事件对两国边界没有影响，当今的边界仍然是1935年就已确定的边界。[54]

---

[49] Eritrea-Ethiopia Boundary Commission, Decision Regarding Delimitation of the Border Between the State of Eritrea and the Federal Democratic Republic of Ethiopia, paras. 5.28-5.36.
[50] Ibid., paras. 5.37-5.43.
[51] Ibid., para. 5.45.
[52] Ibid., paras. 5.46-5.81.
[53] Ibid., paras. 5.83-5.90.
[54] Ibid., para. 5.91.

(四) 1908 年条约所涵盖的东段边界

1908 年条约一共有 6 个实体条款,处理两个不同的事项,没有附图。[55] 就边界划分事项,该条约第 1 条规定:"(东段)边界始于 1900 年 7 月 10 日条约确定的厄立特里亚殖民地和提格雷(Tigre)之间边界的最东起点,沿着距离海岸 60 公里的平行线向东南方向延伸,直到与法国占领的索马里边界的交界点。"该条确立了一种划界的几何方法。[56]

边界委员会认为,为确定 1908 年条约涵盖的东段边界,需要就如下四个问题作出决定:第一,1908 年条约的性质;第二,(东段)边界的起点;第三,(东段)边界的终点;第四,绘制边界的方法。[57] 一旦适用第 1 条完成划界后,另有两个问题必须处理:1908 年以后行使主权管辖行为的后果(如果有);与第 1 条划界不一致的地图证据的客观性(materiality)和证明力。[58]

关于 1908 年条约的性质。厄立特里亚提出本条约"不影响划界","需要做的工作是将第 1 条的划界公式适用在该地区的地图上"。埃塞俄比亚不同意厄立特里亚的立场。[59] 委员会认定厄立特里亚的观点没有根据。《12 月协定》明确授权委员会在包括 1908 年条约在内的殖民条约基础上划界并勘界,而且 1908 年条约边界并非自然边界(如界河或分水岭),而是一个公式;确定该条约边界需要对其他重要事项作出一系列辅助决定,例如需要对诸如"海岸"等词汇进行解释,这些都必然影响

---

[55] 1908 年条约系用意大利文和阿姆哈拉文缔结,但两国在本程序中均同意英文翻译版准确表达了条约内容,因此边界委员会采用条约的英文翻译版。除正文所引第 1 条和第 4 条外,条约第 2 条规定:"两国政府承诺根据地形的性质和变化情况,通过共同协议尽快实地标定上述边界线。"关于相应边界的管理体制,条约第 3 条规定:"两国政府承诺通过共同协议尽快在传统居住和惯常居住的基础上确定各自生活在边界地区的独立部落。"条约第 5 条规定:"两国政府正式承诺不越过边界线行事,不允许本国的独立部落越过边界实施暴力行为侵害边界另一边的部落;居住在边界的部落之间或因其产生问题或发生事件时,两国政府应共同协议加以解决。"条约第 6 条规定:"两国政府相互承诺不采取可产生问题或导致事件或打扰边界部落平静的任何行为,也不允许本国独立部落采取上述任何行为。"

[56] Eritrea-Ethiopia Boundary Commission, Decision Regarding Delimitation of the Border Between the State of Eritrea and the Federal Democratic Republic of Ethiopia, para. 6.2.

[57] Ibid., para. 6.10.

[58] Ibid., para. 6.11.

[59] Ibid., para. 6.11.

边界的具体位置。[60]

关于绘制边界的方法。首先是划界的几何性质。委员会认定条约第 1 条确定的几何划界方法排除了 1908 年前实施的主权管辖行为对划界的影响，只有地形的性质和变化才是对几何边界进行调整时需要考虑的因素。[61] 其次是边界委员会任务的划界性质。委员会认为，既然根据厄立特里亚提出的重新划界的方法所得结果与它提交作为证据的地图并不完全一致，委员会在现阶段的任务仍然是划界。[62] 再次是"海岸"的含义。双方都认为"海岸"是指大陆而非岛屿的海岸线，边界委员会确认这一点。[63] 最后是委员会采用的划界方法。委员会发现，依两国各自提出的不同的划界方法绘出的边界线很多是重叠或几乎重叠的。[64] 委员会认定实施条约第 1 条的最优方法是：使用 1908 年边界所涉地区的厄立特里亚海岸线的卫星图像，然后从已确定的"海岸"向内陆移动 60 公里距离。[65] 为此，委员会确定了界点 32 至界点 39 和界点 41 共 9 个东段边界界点，界点之间以直线连接，另加一个调整界点 40 共 10 个界点来共同确定东段边界。[66]

关于嗣后行为的影响。委员会认定除了在布雷（Bure）这个地方双方的行为一致表明边界应从两个检查站的中点穿过，其他相关行为都无法表明存在对几何边界进行调整的必要。[67]

关于地图证据。双方提交的很多地图上绘制的边界各不相同，许多地图的比例尺太小以及部分地图明显与 1908 年条约规定不符。委员会认为它们不过反映了对 1908 年条约的一般意识以及边界线的大致位置；它们从相反角度表明 1908 年条约设想的划界和勘界并未进行。[68]

边界委员会在上述考虑的基础上确定了两国间的东段边界，并表示

---

[60] Eritrea-Ethiopia Boundary Commission, Decision Regarding Delimitation of the Border Between the State of Eritrea and the Federal Democratic Republic of Ethiopia, para. 6.14.

[61] Ibid., para. 6.17.

[62] Ibid., para. 6.18.

[63] Ibid., para. 6.19.

[64] Ibid., para. 6.20.

[65] Ibid., para. 6.21.

[66] Ibid., para. 6.22.

[67] Ibid., para. 6.32. 在布雷处只需要对几何边界进行些许调整即可，所以边界委员会在界点 39 和界点 41 之间插入了调整界点 40。

[68] Ibid., para. 6.33.

将在勘界时"根据地形的性质和变化"进行适当调整。[69]

(五) 界河中的边界线

1900年条约和1902年条约都将一些河流作为边界的关键组成部分：自西向东界河分别有塞提特河、默勒卜河、贝莱萨河与穆纳河。但是，条约并没有具体确定边界线应在河流的何处。边界委员会在庭审中就此专门询问了双方。双方都支持将河流主航道作为分界线的原则，支持将河流中分界线的确定推迟到勘界阶段，并表示在不同河段可能需要考虑不同的因素。[70]

委员会同意将确定界河界线的问题推迟到勘界阶段处理。同时表示，现状不应发生变化；界河界线应依旱季主航道的位置确定，应尊重利用河流的当地居民的习惯性权利。[71]

(六) 决定主文

边界委员会就两国边界划分所做决定主文如下：

8.1 基于上述理由，委员会全体一致决定厄立特里亚和埃塞俄比亚的边界线如下：

A. 西段边界

(i) 边界始于厄立特里亚、埃塞俄比亚和苏丹三国领土交界处（界点1），然后沿着该界点相对方向向塞提特河中部延伸。

(ii) 边界继续沿着塞提特河向东，直至塞提特河与托姆萨（Tomsa）河的交汇处（界点6）。

(iii) 边界在界点6折向东北方向，走直线一直到达默勒卜河与安贝萨河的交汇处（界点9）。

B. 中段边界

(i) 边界始于默勒卜河与安贝萨河的交汇处（界点9）。

---

[69] Eritrea-Ethiopia Boundary Commission, Decision Regarding Delimitation of the Border Between the State of Eritrea and the Federal Democratic Republic of Ethiopia, para. 6.44.

[70] Ibid., paras. 7.1-7.2. 双方都没有提及最深航道作为分界线的问题，也都不支持通过具体的坐标在河流中确定一条永久的分界线。

[71] Ibid., para. 7.3.

(ii) 然后沿着默勒卜河向东,直至默勒卜河与贝莱萨河的交汇处(界点 11)。

(iii) 从界点 11 开始,边界沿着贝莱萨河的上游方向向前,直到贝莱萨 A 河与贝莱萨 B 河注入贝莱萨河的地方(界点 12)。

(iv) 边界自界点 12 先向东再向东南沿着上面的贝莱萨 B 河向前,并偏离该河流以便将特赛罗那(Tserona)及其周边留给厄立特里亚。边界沿距离特赛罗那当前外缘大约 1 公里处绕过特赛罗那,确切位置在勘界时再行确定。

(v) 此后,边界重新沿着贝莱萨 B 河向前,一路朝南达到界点 14。边界从该界点折向西南,沿着从该方向未命名支流向上游直到支流的发源地(界点 15)。边界从该界点直线穿过分水岭到达贝莱萨 A 河支流的发源地(界点 16)。然后沿着支流向下直至该支流与贝莱萨 A 河的交汇处(界点 17)。边界接着向贝莱萨 A 河上游沿着厄立特里亚主张的边界线到达界点 18,以便将卡多纳堡及其周边留在厄立特里亚境内。厄立特里亚主张的边界线在其 2001 年 12 月 20 日最终诉求中所指 1:100000 苏联地图上精确标绘。界点 18 位于阿迪格拉特至扎拉姆贝萨公路中线以西 100 米处。

(vi) 自界点 18 开始,边界沿着公路中线以西 100 米向扎拉姆贝萨方向与公路平行向前,直至扎拉姆贝萨当前外缘以南约 1 公里处。为了将扎拉姆贝萨及其周边留给埃塞俄比亚,边界折向西北方向,沿距离城镇当前外缘约 1 公里处绕过扎拉姆贝萨。边界直至大约分界点 20 处再次与条约线相交,并将厄立特里亚的旧海关留在厄立特里亚境内。扎拉姆贝萨当前外缘的精确位置将在勘界时确定。

(vii) 边界自界点 20 一直沿穆纳河下游向前,直至穆纳河与恩达达西姆河(Enda Dashim)交汇处(界点 21)。

(viii) 在界点 21,边界折向西北,沿着恩达达西姆河上游向前,直至界点 22。自该界点,边界离开恩达达西姆河,向北沿着恩达达西姆河的一条支流到达界点 23。边界在界点 23 折向东北方向,沿着一条更高的支流直至其发源地(界点 24)。

(ix) 边界自界点 24 走直线穿过陆地到达界点 25。该界点是恩德里河支流其中一个源头的发源地。然后，边界沿着支流向前到达其与恩德里河的交汇处（界点 26）。

（x）自界点 26，边界沿着恩德里河一路向下，直至恩德里河与穆纳河的交汇处（界点 27）。

（xi）自界点 27，边界继续沿穆纳/恩德里河下游向前。大约自界点 28 处靠近伦达科马（Rendacoma）的地方开始，该条河流也被称为拉加里河（Ragali）。

（xii）自界点 28，边界线继续沿穆纳/恩德里/拉加里河下游向前，直至位于盐湖的西北的界点 29。然后，边界走直线达到界点 30，再走直线达到本段边界的最后一个分界点（界点 31）。

C. 东段边界

边界自界点 31 始，由连接界点 32 至界点 40 的共 10 个分界点的各段直线组成。界点 41 位于与吉布提的交界处，界点 40 位于布雷两个检查站的中点处。

边界委员会决定了两国西段、中段和东段边界。[72]

三、后续勘界情况

划界决定作出后，两国立即宣布完全接受该决定，并敦促边界委员会尽快为两国勘界。[73] 委员会随即于 2002 年 7 月 8 日发布了《勘界指南》（Demarcation Directions），并在阿斯马拉（Asmara）、亚的斯亚贝巴和阿迪格拉特（Adigrat）建立了现场办公室。[74] 东段边界的勘界工作自 2003 年 3 月开始，至当年 8 月，界桩的位置都已确定。[75] 当委员会准备开始中段和西段边界的勘界工作时，埃塞俄比亚对划界决定的部分内容

---

[72] 边界委员会决定的两国西段、中段和东段边界，参见 https：//pcacases. com/web/sendAttach/798。

[73] See https：//pca-cpa. org/en/cases/99/；see also Eritrea-Ethiopia Boundary Commission, Statement by the Commission, 27 November 2006, para. 4.

[74] Eritrea-Ethiopia Boundary Commission, Statement by the Commission, 27 November 2006, para. 5.

[75] Ibid., para. 8.

提出疑问，当事双方就勘界问题陷入僵局，委员会的勘界工作无法继续。[76]

为重启勘界工作，委员会多次与当事双方召开或试图召开会议协商，均未能成功。[77] 委员会随后定期（每三个月一次）向联合国秘书长报告情况，并通过秘书长将情况转告给安理会；安理会至少 14 次呼吁两国遵守《12 月协定》项下义务，也没有成功。[78] 2006 年 11 月 27 日，委员会发表声明，提出通过使用图像处理和地形建模技术来确定界桩位置的替代方法勘界。[79] 声明表示，如果 2007 年 11 月底当事双方还无法就界桩的放置达成一致，边界将按照声明附件所列界桩位置点自动完成勘界。[80] 2007 年 9 月 6 日和 7 日，委员会再次与当事双方召开会议，但是没有达成任何协议。[81] 2007 年 11 月 30 日，委员会决定声明附件确定的界桩位置对两国具有拘束力，勘界结束。[82]

2018 年 6 月 5 日，埃塞俄比亚宣布完全接受并将全面执行《12 月协定》和边界委员会的划界决定。同年 9 月 17 日，两国签署和平协定《吉达协定》（Jiddah Agreement）。

四、评 论

本案双方的全部争议边界由三份殖民条约所涵盖，双方也明确指示边界委员会以该三份殖民条约和可适用的国际法为基础来划分边界。边界委员会就此采用了两步划界的简单方法：第一步，通过对条约约文进行解释确定一条条约解释边界；第二步，通过考察双方的嗣后行为对条约解释边界进行适当调整，以反映实际变化。除此之外，本案还有如下三个方面的法律问题值得关注。

---

[76] See https://pca-cpa.org/en/cases/99/; see also Eritrea-Ethiopia Boundary Commission, Statement by the Commission, 27 November 2006, paras. 8-11.

[77] Eritrea-Ethiopia Boundary Commission, Statement by the Commission, 27 November 2006, para. 12.

[78] Ibid., para. 13.

[79] Ibid.

[80] Ibid., para. 22.

[81] See https://pca-cpa.org/en/cases/99/, last visited 29 April 2018.

[82] Ibid.

（一） 本案的类型

常设仲裁法院将本案类型标为"国家间仲裁"[83]（inter-state arbitration）。从争端解决协定的达成、争端解决机构的成立和组成（包括对成员资格的质疑），以及争端解决程序（规则）等方面来看，本案与仲裁非常类似。不过，一些关键用语的表述与仲裁明显不同，如争端解决机构称为"边界委员会"而非仲裁庭，其成员称为"委员"而非仲裁员，这可能会让当事方更容易接受。毕竟这些用语不会立刻让人将其与第三方争端解决方式联系起来。通过双方合意成立"边界委员会"的方式来解决边界争端，或许可以为那些对仲裁和诉讼比较敏感的国家解决相关争议提供一种选择。

（二） 地图的证据效力

委员会在本案中讨论了多种情况下地图作为证据的效力问题。首先，条约性地图是条约的一部分，具有条约的法律性质，对当事方有拘束力。不属于条约一部分的地图的影响各不相同，要根据诸多因素来确定。这些因素包括：地图的出处、比例和绘图质量；与其他地图的一致性；当事方对地图的使用情况；地图的公开程度；受地图不利影响的当事方对地图的接受或默认程度，或者地图违反该地图制作当事方的利益程度等。

其次，在非条约性地图中，谈判过程中所使用的地图可能具有特殊重要性。源自第三方的地图（视情况不同），或者比例太小以至于相关情况要通过猜测才能得知的地图，不可能具有很大的证据价值。但是，由当事一方官方机构制作，其比例足以识别所绘制的争议边界区域，通常可以购买的地图，不论是出现在制作该地图的国家还是其他地方，也不论受到该地图不利影响的当事方是否采取行动或作出回应，可以产生重大的法律后果。[84] 委员会还认为，地图本身的法律分量可能较小，但是如果制图水平令人满意，它在作为诸如默认行为的物质基础方面可能

---

[83] See https://pca-cpa.org/en/cases/99/, last visited 29 April 2018.
[84] Eritrea-Ethiopia Boundary Commission, Statement by the Commission, 27 November 2006, para. 3.21.

具有重大的法律意义。[85]

再次，关于具有"鲜明特征"的边界地图。委员会认为，边界的性质要求它们在地理上是具体的。仅展示边界的一般形状向某个方向倾斜，或者在某地方上升、下降或弯曲是不够的。但是，如果一般形状足够清晰和具体，其本身是独特的，且以一致或大体一致的方式在一系列地图上，特别是在争议双方出版或使用的地图上清晰地描绘了这一独特形式，委员会必须赋予这一一般形状以适当的法律效果。这样的地图可能表明对边界条约中规定的边界线及其大概位置的普遍认识和接受。但是，在条约附有组成其一部分的说明性地图时，上述地图不产生任何影响。[86]

最后，关于载有"免责声明"的地图。委员会认为此种地图仍然表明，在制作地图的当时和当地，绘制人员对地图上的特征进行了具体的观察。免责声明仅仅表示制作地图的机构（或其政府）不被视为被授予法律上承认地图所标绘边界或者边界所涉国家领土权利的权力。[87] 对受地图不利影响的国家而言，免责声明不能被认为降低了该国对地图中有问题的特征进行抗议的必要。这种免责声明（无论其可能对地图内容产生何种法律效果）也不能排除一国自己出版问题地图的事实。是否需要作出回应取决于地图的性质和所呈现地理特征的重要性。地图依然是对地理事实的描述，特别是受地图不利影响的国家自己制作并传播该地图，甚至用地图来对抗自身利益时。免责声明可能会影响地图的（证据）分量，但不会排除地图作为证据的可采性。[88]

（三）其他法律问题

关于条约解释。就有关条约解释可适用的国际法规则，边界委员会没有谈及在三份殖民条约缔结当时或此后较近的时间是否存在相关规则，也没有提及1969年《维也纳条约法公约》第31条之规定。但是，《维也纳条约法公约》第31条第1款规定正是委员会所阐明的条约解释的一般规则。当事双方没有对委员会的做法提出异议，只是提出应适用"同时

---

[85] Eritrea-Ethiopia Boundary Commission, Statement by the Commission, 27 November 2006, para. 3.22.

[86] Ibid., para. 3.24.

[87] Ibid., paras. 3.26-3.27.

[88] Ibid., para. 3.28.

代"原则。这实际上是时际法原则。委员会在解释过程中,特别是在确定条约所指多条河流的名称和位置时;也适用了该原则。

关于嗣后实践。在本案中,嗣后实践的法律意义体现在两个方面。首先是作为《维也纳条约法公约》第 31 条第 3 款意义上"应与上下文一并考虑"的要素,与其他要素一起用来确定条约约文的含义。如在确定 1902 年条约所涵盖西段边界的西起点时,边界委员会甚至考察了 1972 年的相关换文。其次是作为对适用条约解释的国际法规则作出的解释有实质影响的重要因素。后一方面在本案中体现得更为明显,表现在委员会划界过程的第二步。委员会一开始就阐明它对嗣后实践的理解不限于条约解释。[89]

关于界河界线的确定。本案双方都接受界河界线应依旱季时的主航道位置确定,且应尊重利用河流的当地居民的习惯性权利。

五、附　录

(一) 中英案件全名

1. 中文案件全名:厄立特里亚/埃塞俄比亚陆地划界案
2. 英文案件全名:Eritrea/Ethiopia Border Delimitation

(二) 案件的标准引用

Eritrea/Ethiopia Border Delimitation, Decision of 13 April 2002, available at https://pca-cpa.org/en/cases/99/.

(三) 主要参考文献

1. Marcelo Gustavo Kohen, "The Decision on the Delimitation of the Eritrea/Ethiopia Boundary of 13 April 2002: A Singular Approach of International Law Applicable to Territorial Disputes", in Marcelo Gustavo Kohen ed., *Promoting Justice, Human Rights and Conflict Resolution*

---

[89] Eritrea-Ethiopia Boundary Commission, Statement by the Commission, 27 November 2006, para. 3.6.

through International Law, Martinus Nijhoff Publisher, 2007, pp. 767-779.

2. Malcolm N. Shaw, "Title, Control, Closure? The Experience of the Eritrea-Ethiopia Boundary Commission", *International and Comparative Law Quarterly*, Vol. 56, No. 4, 2007, pp. 755-796.

3. Kaiyan Homi Kaikobad, "The Eritrea-Ethiopia Boundary Commission: A Legal Analysis of the Boundary Delimitation Decision of 13th April 2002 and Relevant Subsequent Decisions", in Andrea de Guttry ed., *The 1998-2000 War Between Eritrea and Ethiopia: An International Legal Perspective*, T. M. C. Asser Press, 2009, pp. 171-223.

4. J. G. Merrills, "Reflections on Dispute Settlement in the Light of Recent Arbitrations Invovling Eritrea", in Aristotle Constantinides and Nikos Zaikos eds., *The Diversity of International Law: Essays in Honour of Professor Kalliopi K. Koufa*, Martinus Nijhoff Publisher, 2009, pp. 109-130.

5. Francesco Chiapparelli, "The Boundary Dispute Between Eritrea and Ethiopia", in *International Conflicts and Human Rights: Caucasus, Balkans, Middle East and Horn of Africa*, Satura, 2010, pp. 333-350.

6. James D. Fry, "Ethiopian Exceptionalism and the Eritrea-Ethiopia Boundary Commission", *African Journal of International and Comparative Law*, Vol. 25, No. 2, 2017, pp. 135-157.

(四) 与本案主题相关的重要引用案件

1. Argentina/Chile Frontier Case (1966), 38 ILR 10, at p. 89 (1969).

2. Serbian Loans, P. C. I. J., Series A, Nos. 20/21, p. 5, at p. 38 (12 July 1929).

3. Legal Consequences for States of the Continued Presence of South Africa in Namibia (South West Africa) Notwithstanding Security Council Resolution 276 (1970), I. C. J. Reports 1971, at p. 22.

4. Temple of Preah Vihear (Cambodia v. Thailand) (Merits), I. C. J. Reports 1962, p. 6.

5. Nuclear Tests Case (Australia v. France), I. C. J. Reports 1974, p. 253, at pp. 267-268.

6. Arbitral Award in the Dispute Concerning Certain Boundary Pillars

Between the Arab Republic of Egypt and the State of Israel, 80 ILR 226 (1988), 27 ILM 1421 (1988).

7. Case Concerning Kasikili/Sedudu Island (Botswana/Namibia), I. C. J. Reports 1999, p. 1060.

8. Case Concerning the Frontier Dispute (Burkina Faso v. Mali), I. C. J. Reports 1986, at p. 582, para. 55.

（刘　衡）

利吉丹岛与西巴丹岛主权争端案
（印度尼西亚/马来西亚）

（2002年）

1997.05.31 印度尼西亚和马来西亚达成《特别协定》，同意将争端提交国际法院

1998.05.14 双方根据各自外交程序互换批准文书，《特别协定》生效

1998.11.02 两国根据《特别协定》正式请国际法院审理所请求裁判的问题

1998.11.10 法院指令案件书面程序的时限

1999.09.14 应双方关于延期提交的书面请求（1999年8月18日），法院作出关于辩诉状延期提交的命令

1999.11.02 双方按时提交诉状

2000.05.11 应双方关于延期提交的书面请求（2000年5月8日），法院作出关于辩诉状继续延期一个月提交的命令

2000.08.02 双方按时提交辩诉状

2000.10.19 应双方关于延期提交的书面请求（2000年10月14日），法院作出关于答辩状延期提交的命令

2001.02.22 菲律宾请求法院向其公开本案相关卷宗材料，但法院未批准（2001年03月25日）

2001.03.02 双方按时提交答辩状

2001.03.13 菲律宾请求根据《国际法院规约》第62条参加本案

2001.03.28 双方通过联名信件通知法院不再提交复辩状

2001.05.02 双方提交针对菲律宾参诉申请的书面意见

2001.05.17 在专案法官穆罕默德·沙哈布登辞职（2001年3月20

日）之后，印度尼西亚指派托马斯·弗朗克为专案法官

2001.06.25—29 法院就菲律宾参诉申请进行开庭审理
2001.10.23 国际法院判决菲律宾无权参诉
2002.06.03—12 法院就本案实体问题进行开庭审理
2002.12.17 国际法院作出关于本案实体问题的判决

关键词：非当事国参诉（Non-Party Application）；管辖连接（Jurisdictional Link）；具有法律性质之利益（An Interest of a Legal Nature）；主权争端（Sovereignty Dispute）；条约之准备工作（【法】*Travaux Preparatoires*）；继承（Succession）；有效统治（【法】*Effectivités*）；关键日期（Critical Date）

一、案件背景

利吉丹岛和西巴丹岛（马来语分别为 Pulau Ligitan 和 Pulau Sipadan，以下合称"涉案两岛"或"两岛"）位于苏拉威西海的西北方，婆罗洲（加里曼丹岛）的东北方，正好处于印度尼西亚、马来西亚和菲律宾三国之间。两个岛屿在地理上更偏向印度尼西亚一方，但同时与马来西亚在婆罗洲的住人岛屿更相近。

利吉丹岛位于从达纳万（Danawan）和西阿米（Si Amil）群岛向南延伸的星状礁石群的最南端，具体位置在北纬4°09′、东经118°53′。该岛距仙本那半岛（Semporna peninsula）的丹戎图图岬角（Tanjung Tutup）21海里，西巴丹岛以东15.5海里。利吉丹岛属于利吉丹环礁中最大的一部分，位于环礁的最东端。整个环礁南北长约20公里，东西宽约15公里。该岛常年位于海平面之上，大部分为沙地，并为一些低矮的植被和零星的树木覆盖，没有常住人口，岛南端建有一座灯塔[1]。

西巴丹岛比利吉丹岛略大，但面积也只有0.13平方千米，具体位置在北纬4°06′、东经118°37′。西巴丹岛是个林木茂密的火山岩岛屿，环礁中心岛屿高度为600米至700米。在20世纪80年代之前，该岛上没有

---

[1] Sovereignty over Pulau Ligitan and Pulau Sipadan Indonesia/Malaysia, Judgment, I. C. J. Reports 2002, p. 13, para. 14.

常住人口；其后，由于水下潜水旅游的发展，开始有人居住。[2]

本案争端可以溯源到这一区域苏丹王国（主要是布伦干苏丹国和苏禄苏丹国）的相关历史，以及殖民宗主国（包括德国、英国、西班牙、荷兰以及美国）的系列实践。在获得独立地位之后，印度尼西亚与马来西亚两国从20世纪60年代开始颁发针对婆罗洲东岸海域的石油勘探许可证书。日本的海上油气勘探公司在利吉丹岛和西巴丹岛海域附近相继发现丰富的油气资源之后，马来西亚和印度尼西亚两国对这两个岛屿的主权归属及其周边海域的界限划分的长期争议逐渐变得具体化。

1991年10月，印度尼西亚和马来西亚设立了联合工作组研究利吉丹岛和西巴丹岛的地位问题，但没有得出任何结论。其后，此问题由双方授权的特派使者予以解决，后者在1996年6月建议将争端提交国际法院。[3] 1997年5月31日，两国在吉隆坡签署了《特别协定》，请求国际法院"在条约、协议和双方提交的任何其他证据的基础上，对利吉丹岛和西巴丹岛的主权归属作出判决"[4]。该协议于1998年5月14日经双方互换批准文书后生效。同年11月2日，两国根据该《特别协定》将争端提交给国际法院。

在诉状、辩诉状、答辩状以及口头环节中，印度尼西亚主张：

> 基于印度尼西亚在诉状和答辩状以及口头环节中列明的理由，印度尼西亚共和国请求法院裁判并宣布：
> （1）利吉丹岛的主权归于印度尼西亚共和国；并且
> （2）西巴丹岛的主权也归于印度尼西亚共和国。[5]

在诉状、辩诉状、答辩状以及口头环节中，马来西亚主张：

> 马来西亚谨请求法院裁判并宣布利吉丹岛和西巴丹岛的主权均归于马来西亚。[6]

---

[2] Sovereighty over Pulau Ligitan and Pulau Sipadan Indonesia/Malaysia, Judgment, I. C. J. Reports 2002, p. 13, para. 14.
[3] Ibid., p. 21, para. 31.
[4] See Art. 2, Special Agreement.
[5] Sovereighty over Pulau Ligitan and Pulau Sipadan Indonesia/Malaysia, Judgment, I. C. J. Reports 2002, pp. 12-13, paras. 12-13.
[6] Ibid., pp. 12-13, paras. 12-13.

二、菲律宾参诉申请的审理和判决

第三国申请参诉是本案在程序上的一个主要特点。[7] 2001年3月13日，根据《国际法院规约》第62条的规定，菲律宾申请以非当事国（non-party）的形式参加本案，理由是其认为本案的进程和裁判会影响其"具有法律性质之利益"（an interest of a legal nature），其主要关切点在于：

（1）在合理程度内维持并保护菲律宾共和国政府根据其对北婆罗洲领土范围内的统治主权所享有的历史权利和法律权利，以免这些权利受到法院就利吉丹岛和西巴丹岛主权问题所做决定的（可能）影响。

（2）申请参诉以告知法院菲律宾共和国的历史权利和法律权利可能被法院判决影响的性质和程度。

（3）更深入体会法院在全盘性冲突防范，而非仅是法律纠纷的解决中所扮演的不可或缺的角色。[8]

作为合意提诉本案的双方，印度尼西亚和马来西亚均认为菲律宾未能证明其对本案裁判存在"具有法律性质之利益"，并请求法院驳回菲律宾的申请。[9] 2001年10月23日，国际法院以14票对1票判决菲律宾无权参加本案。在判决中，法院依次审理了以下问题。

（一）参诉申请的提交时间和支持性文档材料清单

根据《国际法院规则》第81条第1款的规定，基于《国际法院规约》第62条提请参加诉讼的，"应当尽早提交申请，且不得晚于书面程序截止日"；但是"如属例外情形，迟于书面程序截止日提交的申请也

---

[7] Sovereignty over Pulau Ligitan and Pulau Sipadan (Indonesia/Malaysia), Application for Permission to Intervene, Judgment, I. C. J. Reports 2001, p. 575.
[8] Ibid., p. 9, para. 7.
[9] Ibid., pp. 10-11, paras. 12-13.

可以被受理"。[10] 印度尼西亚和马来西亚均主张菲律宾参诉申请的提交时间太迟，因而并不满足这一时间要求。但是菲律宾认为其并没有迟于规则所要求的时间提交申请，事实上它甚至不可能在一个更早的时间提交参诉申请，因为菲律宾只有在申请获取本案卷宗材料而法院将予拒绝时，才可能决定提交参诉申请。[11]

基于以下理由，法院认为菲律宾参诉申请的提交时间未满足"尽早"的要求。首先，早在菲律宾提出参诉申请两年前，本案争端由法院受理的通知就已经分派给各国。其次，菲律宾提出参诉申请时，印度尼西亚和马来西亚已经完成了三轮书面材料的提交，而根据它们双方的《特别协定》，这前三轮书面程序是强制性的。再次，菲律宾代理人在开庭时明确声称其政府"意识到在2001年3月2日之后，印度尼西亚和马来西亚将可能不再考虑按照《特别协定》的约定进行第四轮书面材料的提交"。最后，没有任何规则或判例表明菲律宾强调的申请获取案卷材料和提出参诉申请这两个程序之间存在必然联系。[12]

法院同时澄清，由于《特别协定》中表明印度尼西亚和马来西亚将经历四轮书面程序，因此在菲律宾提出参诉申请时，没有人会预知第四轮书面程序将被取消。因此，不得认定菲律宾违反了《国际法院规则》第81条第1款中关于"必须在书面程序截止日之前提交"的禁止性时间条件。[13]

通过回顾法院在先前案例中对类似问题的处理，法院最终认为无法以时间因素为由反对菲律宾的参诉申请，[14] 并转而考察《国际法院规则》第81条第3款有关参诉申请中"应当包含一份支持性材料的清单"的要求是否满足。

在简要回顾印度尼西亚和马来西亚的主张之后，结合判例，法院认为虽然菲律宾在其参诉申请中没有包含此类支持性材料，但这并未违反《国际法院规则》第81条第3款的形式要求，因为该条规则实际上要求的

---

[10] Art. 81.1, Rules of the Court.
[11] Sovereignty over Pulau Ligitan and Pulau Sipadan (Indonesia/Malaysia), Application for Permission to Intervene, Judgment, I.C.J. Reports 2001, pp. 12-13, para. 19.
[12] Ibid., pp. 13-14, paras. 20-22.
[13] Ibid., pp. 14-15, paras. 23-24.
[14] Ibid., p. 15, para. 25.

是：如果附支持性材料，则必须同时包含一份这些支持材料的清单。[15]

（二）管辖连接

缺乏充分的管辖连接（jurisdictional link）是马来西亚反对菲律宾参诉的第二个理由。对此，法院回顾了在陆地、岛屿和海上边界争端案（萨尔瓦多/洪都拉斯，尼加拉瓜参加）中设立的标准，认为只有当申请参诉方希望"自己也成为案件当事国"的情况下，才需要对管辖连接进行充分论证。本案中，由于菲律宾只申请以非当事国形式参诉，所以即使其与本案当事国缺乏管辖连接，也不能作为反对菲律宾参诉的依据。[16]

（三）具有法律性质之利益

为了论证其参诉申请符合《国际法院规约》第62条所要求的"具有法律性质之利益"，菲律宾辩称本案当事国间的岛屿主权争端涉及对一系列条约、协议的解释，而这将影响北婆罗洲的法律定位——后者被菲律宾政府认为属于其合法关注点。[17] 但是，在仔细考察菲律宾的理由之后，法院发现菲律宾关于北婆罗洲主权可能受本案影响的主张并非基于法院可能对涉案两岛主权归属所做的最终判决，而是可能受到法院对印度尼西亚和马来西亚之间条约的解释的影响。[18]

在评判第三国是否可能基于原案判决推理而非原案主要争点提出参诉申请时，法院寻求对《国际法院规约》第62条进行文义考察，并认为其中有关"具有法律性质之利益"的要求，不一定只体现在原案的判决主文中，也可能体现在形成判决主文的必备推理步骤之中。[19]

法院继而考察此种"利益"的性质，尤其是该"利益"是否必须与原案主要争点直接相关。为此，法院细致分析了大陆架案（突尼斯/阿拉伯利比亚民众国）（申请允许参加）中马耳他的参诉申请程序。[20] 法

---

[15] Sovereignty over Pulau Ligitan and Pulau Sipadan（Indonesia/Malaysia）, Application for Permission to Intervene, Judgment, I. C. J. Reports 2001, pp. 15-16, paras. 27-29.
[16] Ibid., pp. 17-18, paras. 31-36.
[17] Ibid., p. 18, para. 38.
[18] Ibid., p. 24, para. 45.
[19] Ibid., p. 25, para. 47.
[20] Continental Shelf（Tunisia/Libyan Arab Jamahiriya）, Application to Intervene, Judgment, I. C. J. Reports 1981.

院的结论是,这种评判必须结合具体案件的情形作出具体判断。因此,法院需要转而分析菲律宾对于北婆罗洲的主权主张是否可能受到法院对原案中涉案两岛主权归属的判决或其相关推理的影响,为此,菲律宾需要承担举证责任。[21] 但在罗列和组织其所能举证的相关材料和辩论逻辑时,菲律宾并未能让法院感到信服。[22]

需要特别指出,小田法官在关于菲律宾参诉申请判决的反对意见中认为,菲律宾此前要求阅览卷宗的请求被驳回,在这种情形下,仍然要求菲律宾能够证明其"具有法律性质之利益"将受到本案影响,就是不合理的。相反,举证责任应该由原案当事国来承担,即应当由印度尼西亚和马来西亚来证明原案的判决将不会影响菲律宾的利益。[23]

三、实体问题的审理和判决

针对双方就本案实体问题提出的诉求与主张,法院依次审理了以下三个问题。

(一) 1891 年《英荷条约》第 4 条

印度尼西亚主张涉案两岛主权的第一个法律基础是 1891 年 6 月 20 日英国和荷兰签订的《划分荷属婆罗洲和处于英国保护下的国家之间边界的条约》,亦即 1891 年《英荷条约》或 1891 年条约。该条约第 4 条规定:

> 从北纬 4°10′起,东部海岸线的边界线应当是沿着这条纬线继续向东,并穿过塞巴蒂克岛(Island of Sebittik):位于该纬线以北的岛屿部分应完全归于英属北婆罗洲公司,而位于该纬线以南的岛屿部分完全归于荷兰。

---

[21] Sovereignty over Pulau Ligitan and Pulau Sipadan (Indonesia/Malaysia), Application for Permission to Intervene, Judgment, I. C. J. Reports 2001, pp. 26-27, paras. 52-60.

[22] Ibid., pp. 32-33, paras. 81-83.

[23] Indonesia/Malaysia, Application for Permission to Intervene, Dissenting Opinion of Judge Oda.

对于本条规定的理解，双方存在分歧。主要争议点在于，该条款中划定的"边界线"是否可被解释为划分海域中岛屿归属的界限。在印度尼西亚看来，这个条约无论是从条约的规定还是从目的、宗旨方面都确认涉案两岛属于印度尼西亚，因为根据这个条约，"北纬4°10′线是划分英国和荷兰在该地区权利的界限"。印度尼西亚认为，北纬4°10′线并不是海域的界限，而是划分该海域中的岛屿归属的界限。由于涉案两岛位于北纬4°10′线以南，根据该条约的规定，应当属于荷兰所有。作为荷兰的权利继承国，印度尼西亚应当享有涉案两岛主权。[24] 对此，马来西亚持不同的理解。在马来西亚看来，从该条约第4条规定的内容来看，北纬4°10′线并不是划分有关海域中的岛屿归属的界限，而只是划分婆罗洲东北部有关岛屿的陆地边界线以及向东延伸的海域边界线。[25]

尽管印度尼西亚并不是1969年《维也纳条约法公约》的缔约国，但是法院认为，《维也纳条约法公约》第31条和第32条的规定反映了习惯国际法规则，而且印度尼西亚并没有对适用这些规则提出任何异议，因此，法院在本案中能够按此方式解释1891年条约第4条。[26]

1. 条约的通常含义

印度尼西亚对1891年条约第4条的理解是：该条款划定的分界线并不是在塞巴蒂克岛的东部海岸线截止。而马来西亚则认为这条分界线从塞巴蒂克岛的西部海岸线开始，但是到东部海岸线截止。

印度尼西亚认为，如果缔约双方希望划定一条不会延伸到塞巴蒂克岛以东海域的分界线，那么其必定会使用一种不同的措辞清晰地表达此含义，正如该条约第3条所采取的形式那样。此外，在条约的英文文本中，第4条的两句话是通过":"（冒号）分开，在文法上，通常会将冒号后的表达理解为对前文的发展或澄清，而不是对前文的限缩或扭曲。因此，第4条后半句对于塞巴蒂克岛按照北纬4°10′这条纬线进行分配的描述，应当被理解为对于其前半句确立北纬4°10′这条纬线一直继续向东延伸的一种解释，而非限制。[27] 马来西亚强调分界线"穿过塞巴蒂克

---

[24] Sovereignty over Pulau Ligitan and Pulau Sipadan Indonesia/Malaysia, Judgment, I. C. J. Reports 2002, p. 22, para. 34.

[25] Ibid., p. 22, para. 35.

[26] Ibid., pp. 24-25, paras. 37-38.

[27] Ibid., p. 25, para. 39.

岛"的条约用语的通常含义,应当被理解为"从该岛的西海岸到东海岸截止"。基于条约的荷兰语文本,马来西亚进一步认为第 4 条中的两句表达以";"(分号)连接,在文法上,分号连接的前后两句话通常在语法和功能上有密切联系。因此,第 4 条后半句对于塞巴蒂克岛的分配表明"穿过塞巴蒂克岛"的表述只覆盖该岛的范围。[28]

法院认为,两国的分歧主要在于对该条约英文版中的"穿过"(across)和荷兰文版中的"穿过"(over)的理解不同。法院承认,这两个词的确存在歧义。根据一般理解,"穿过"可能是只穿过塞巴蒂克岛,也可能是穿过这个岛后继续向海洋延伸。此外,印度尼西亚和马来西亚还对"沿着这条纬线继续延伸向东"(shall be continued eastward along that parallel)有不同的理解。在法院看来,"继续延伸"也是有歧义的。1891 年条约第 1 条规定了两国边界的起始点,第 2 条和第 3 条规定了该边界线如何从起始点向其他方向延伸。因此,当第 4 条规定"应当继续延伸向东"时,其并非一定意指延伸至塞巴蒂克岛以外。仅基于第 4 条英文与荷兰文两种文本中不同标点符号的使用,也无法得出分界线将继续延伸到海面的推论。[29]

法院强调,如果缔约双方希望避免这种含混不清的话,原本可以选择在文本中清楚约定在塞巴蒂克岛东海岸线以外,还应沿着北纬 4°10′这条纬线来区分两国的主权归属。缔约双方对此事项的沉默,事实上支持了马来西亚的立场。[30] 这种判断可以得到"边界线"(boundary line)这个术语所具通常含义的支持,因为"边界"(boundary)很难被认为赋予如印度尼西亚所主张的那种、超越塞巴蒂克岛延伸到海面上的解读。[31]

2. 条约的上下文

印度尼西亚提出,荷兰在缔结 1891 年条约时为寻求国内通过而制作的"解释性备忘录"(explanatory memorandum)及其所附地图,构成解释该条约第 4 条的关键上下文。法院回顾了印度尼西亚和马来西亚在这个问题上所持的立场,[32] 并作出推理。

---

[28] Sovereignty over Pulau Ligitan and Pulau Sipadan Indonesia/Malaysia, Judgment, I. C. J. Reports 2002, pp. 25-26, para. 40.
[29] Ibid., pp. 26-27, para. 41.
[30] Ibid., p. 27, para. 42.
[31] Ibid., p. 27, para. 43.
[32] Ibid., pp. 27-28, paras. 44-45.

首先，从该备忘录所反映的情况来看，对塞巴蒂克岛的划分倡议由荷兰提出，但是谈判时双方都没有提到这条分界的纬线是塞巴蒂克岛以东海域上岛屿的分界线，而且尤其需要指出的是，对于利吉丹岛和西巴丹岛，备忘录也只字未提。[33]

其次，在备忘录后附地图中，以不同颜色的线标记代表当时相关当事方的主张，而最终被同意接受的红色线，沿着北纬 4°10′这条纬线一直向东延伸到马布岛（Mabul Island）南端。但是对于该地图中红色线的含义，备忘录未做任何说明，在荷兰议会中也未做任何讨论。法院认为，这表明在缔约时，利吉丹岛和西巴丹岛以及其他岛屿并未被当事方看作存在争议因此需要清楚界分的领土。因此法院判断，向海域延伸的红色线并非为解决塞巴蒂克岛之外海域争端而特意作出。[34]

尤为重要的是，在法院看来，备忘录后附地图的法律价值有限，因为该文件并没有提交给英国政府，只是提交给了英国在海牙的外交代表机关。英国政府没有对备忘录后附地图中的红线作出反应，这种沉默不应被理解为一种默示同意。简言之，此"解释性备忘录"无法构成《维也纳条约法公约》第 31 条第 2 款第 1 项规定的"全体当事国间因缔结条约所订与条约有关之任何协定"，也无法构成第 2 项规定的"一个以上当事国因缔结条约所订并经其他当事国接受为条约有关文书之任何文书"[35]。

3. 条约的目的和宗旨

依赖相关判例和 1891 年条约"序言"部分有关"缔约方希望确定'边界'（boundaries，英文采用了复数形式）"的措辞，印度尼西亚主张条约的目的是对塞巴蒂克岛及其以东海域的划界。马来西亚认为"序言"清楚表明该条约的目的是"确定婆罗洲岛上荷兰领地以及该岛中处于英国保护之下国家之间的边界"；而条约中有关塞巴蒂克岛的条款显示，缔约者对该岛的关注点仅限于确保接入河流的通道，因为这是当时进入婆罗洲内陆的唯一手段，因此，条约目的被清晰无误地限定为"陆

---

[33] Sovereighty over Pulau Ligitan and Pulau Sipadan Indonesia/Malaysia, Judgment, I. C. J. Reports 2002, pp. 28-29, para. 46.
[34] Ibid., p. 29, para. 47.
[35] Ibid., pp. 29-30, para. 48.

地边界条约"。[36]

在这个问题上，法院支持了马来西亚的立场，认为1891年条约的目的和宗旨是划定缔约方在婆罗洲岛上的领地边界。这种认定得到了条约内容框架的佐证：条约第1条明确规定了"边界……应当从婆罗洲东岸的4°10′纬线开始"，第2条、第3条紧接着描述了分界线的西向延伸，并确定该分界线在西海岸终止。在法院看来，之所以加入第4条对于塞巴蒂克岛的划界进行说明，是因为该岛正好在划界起点的对岸，而且直接决定着接入河流的通道。法院得出结论，认为缔约方没有意图要对塞巴蒂克岛以东海域及其中的岛屿（包括涉案两岛）进行主权归属的划分。[37]

4. 条约之准备工作

鉴于以上考察和推理，法院认为没有必要再诉诸签约过程中的"准备工作"，但根据此前判例，法院可以对补充材料进行一定的分析以佐证其对条约文本的解释。

在简要复述印度尼西亚和马来西亚就"准备工作"提出的主张和证据之后，[38] 法院回顾了缔约双方在缔约实践之前领土争端的演化，并特别指出1889年联合委员会就是专为解决"内陆边界线"而设立。此后，联合委员会的主要精力也即投入在婆罗洲岛东北海岸的主要争议区域，直到1889年7月最后一次会议时，才由英国代表提出边界应当同时穿过塞巴蒂克岛。荷兰方面反对这种将内陆边境线延伸到海域的提议。将塞巴蒂克岛用北纬4°10′纬线划分的明确意见，也是其后才得以提出，荷兰驻伦敦大使在1891年2月2日致英国外交大臣的函中表明荷兰同意此种界分方式；而后者在其1891年2月11日的回信中认可这一合意并附上一份协议草案。该草案中的第4条与1891年条约的第4条措辞几乎别无二致，唯一区别在于：英文本草案中使用分号连接前后两句，而正式条约文本中使用的是冒号。但是在欠缺其他"准备工作"对这一变化提供更明确的解释之前，这个细节也无法反映出更多其他信息。[39]

---

[36] Sovereignty over Pulau Ligitan and Pulau Sipadan Indonesia/Malaysia, Judgment, I. C. J. Reports 2002, pp. 30-31, paras. 49-50.

[37] Ibid., p. 31, para. 51.

[38] Ibid., pp. 32-33, paras. 54-55.

[39] Ibid., pp. 33-34, para. 56.

而作为缔约准备文件的众多地图草图上，有不少用铅笔标记的平行线或其他记号，尽管认为从这些记号中不太可能作出什么有意义的推导，但法院还是特别指出一个例外。在为联合委员会会议准备的一份外交部备忘录中，对于分界线的几个节点做了文字描述并且制作了相应的地图。通过分析围绕此文件和地图展开的后续实践，法院进一步确认，当时缔约双方的谈判兴趣仅限于塞巴蒂克岛的内陆边界线，而没有考虑该岛以东海域的其他岛屿划分。[40]

5. 条约的嗣后实践

法院首先简明回应了印度尼西亚认为荷兰"解释性备忘录"及其地图构成嗣后实践的主张，认为基于与此前推理的类似理由，备忘录和地图无法被视为"《维也纳条约法公约》第31条第3款提到的嗣后协定或嗣后惯例"。[41]

印度尼西亚主张的另一个嗣后实践是1893年订立的，针对1850年和1878年系列隶属协议的修正案。此修正案之目的，系为践行1891年条约的划界实践对领土版图重新确立。修正案中明确规定，"打拉根岛和纳努根岛（Islands of Tarakan and Nanukan）以及位于边界线以南部分的塞巴蒂克岛……应当归于布伦干苏丹所有，包括位于分界线以南海域、从属于（belong to）上述三个岛的小岛"。但是，法院认为"从属于"的措辞表明，修正案中涉及的小岛在地理上与三个岛应当非常接近，而远在40海里开外的利吉丹岛和西巴丹岛显然无法解释为修正案所覆盖的小岛。[42]

针对英荷两国在1915年和1928年的后续缔约实践以及印度尼西亚和马来西亚的不同主张，[43] 法院首先考察了1915年缔约前各方的关键通信往来和换文，认为这次缔约系起因于英、荷双方对于边界线的不同意见，这主要涉及对1891年条约第2条的解释。为此设立的联合委员会在1912年到1913年进行了地界勘测和划界工作。1915年协议确定的边界与1891年条约的规定并非完全一致，因此对于印度尼西亚将其理解为

---

[40] Sovereignty over Pulau Ligitan and Pulau Sipadan Indonesia/Malaysia, Judgment, I. C. J. Reports 2002, p. 34, para. 57.

[41] Ibid., p. 35, paras. 59-61.

[42] Ibid., pp. 35-36, paras. 62-64.

[43] Ibid., pp. 36-38, paras. 65-69.

独立划界协议，以及其据此作出的推论，在法院看来均无法成立。[44] 事实上，联合委员会将其划界直接定义为从塞巴蒂克岛的东岸为起点，一直沿着分界线往西行进的实践；而作为完全划分塞巴蒂克岛上两国边界的文件，1915年协议对于分界线是否延伸到塞巴蒂克岛以东的海域只字未提；这些迹象再次印证了法院此前对于第4条的解释。[45] 从英荷1928年协议第1条载明的目的出发，法院认定其在性质上属于比1915年协议更为具体的法律文件，专为澄清1891年条约中的事项而定，并非一个独立的划界条约。[46]

1922年到1926年，荷兰政府内部有过关于塞巴蒂克岛以东领海划界问题的争论。经过考察该时期的相关信函，法院认为，作为当时拥有最多信息的荷兰当局也不认为1891年条约对于塞巴蒂克岛以东海域按照北纬4°10′线进行了划界。[47]

此外，印度尼西亚还以20世纪60年代其与马来西亚在相关海域进行石油勘探开采许可的授权实践为例，试图以双方的实践证明在该海域中北纬4°10′分界线的存在。法院认为，这种石油许可授权的实践并未囊括涉案两岛，而且印度尼西亚在1966年的授权以及马来西亚在1968年的授权都默契地以4°10′纬线两边缩进30″为边界，联系当时两国即将就大陆架进行谈判的事实，这种在实践上的克制安排显然无法与印度尼西亚的主张相印证。[48]

6. 对地图的考察

印度尼西亚和马来西亚双方都提供了若干地图并以此作为其主张的证据。[49] 法院回顾了其在判例中总结的法理：仅那些能够表达相关国家意志的地图，才具有构成领土主权证据的法律效力。以此为判断基础，法院认为本案中双方提供的众多地图都无法体现缔约双方就分界线将往塞巴蒂克岛以东海域延伸的共同观点。[50]

---

[44] Sovereighty over Pulau Ligitan and Pulau Sipadan Indonesia/Malaysia, Judgment, I. C. J. Reports 2002, pp. 38-40, paras. 70-71.
[45] Ibid., pp. 40-41, para. 72.
[46] Ibid., p. 41, para. 73.
[47] Ibid., pp. 41-43, paras. 75-77.
[48] Ibid., p. 43, paras. 78-793.
[49] Ibid., pp. 44-46, paras. 81-87.
[50] Ibid., p. 46, paras. 88-89.

（二）国家继承

印度尼西亚在第二轮口头环节提出，即使1891年条约无法支持其对涉案两岛的主权主张，那么其仍然可以依据国家继承的规定对其前任国家就涉案两岛的主权权利进行继承。在印度尼西亚看来，涉案两岛原属于布伦干苏丹国所有，其后根据条约转移给了荷兰，而印度尼西亚获得独立地位后，理应从荷兰手中继承涉案两岛的主权。[51] 对此，马来西亚表示反对，认为布伦干苏丹国从未享有对涉案两岛的主权。[52] 法院结合此前关于荷兰和布伦干苏丹国间系列隶属协议及其1893年修正案所做的推理，继续认为其中规定的"附属于上述三个岛屿的小岛"并不包括利吉丹岛和西巴丹岛，因为它们远在40海里开外。在法院看来，所谓的"附属"必须是相当邻近（the immediate vicinity），显然涉案两岛无法达到作为三岛"附属"的标准。因此，涉案两岛不包括在荷兰和布伦干苏丹国之间的协议中，印度尼西亚自然也就无法从荷兰一方继承对于涉案两岛的主权。[53]

马来西亚也主张其能够通过国家继承的规则来确立对于涉案两岛的主权。马来西亚为此构建了一条"继承权利链条"（chain of title），认为：涉案两岛原先属于苏禄苏丹国所有，随后依次转移给了西班牙、美国，又转移给了作为北婆罗洲国家保护国的英国，最后转移给了马来西亚。[54]

法院确认，涉案两岛的名称在马来西亚提供的所有国际法律文件中都没有被提及，而且在苏禄苏丹国将其所有权利和权力转移给婆罗洲时，涉案两岛也未被包含在内。[55]

接着，法院先讨论涉案两岛是否属于苏禄苏丹国所有。在1885年西班牙、德国和英国达成的议定书，以及1836年苏禄苏丹国向西班牙的投降书中，苏禄苏丹国的领土边界均没有得到明确界定。马来西亚辩称北婆罗洲的居民曾经不时利用这两个无人居住的岛屿，并试图据此建立涉

---

[51] Sovereignty over Pulau Ligitan and Pulau Sipadan Indonesia/Malaysia, Judgment, I. C. J. Reports 2002, p. 48, para. 94.
[52] Ibid., p. 48, para. 95.
[53] Ibid., p. 48, para. 96.
[54] Ibid., pp. 48-53, paras. 97-107.
[55] Ibid., p. 53, para. 108.

案两岛与苏禄苏丹国之间的隶属关系。法院认为,即便这种联系存在,其本身也不足以证明苏禄苏丹国对利吉丹岛和西巴丹岛拥有主权,也无法证明其对涉案两岛进行了实际的管控。[56]

法院继而讨论涉案两岛主权是否转移给西班牙的问题。法院注意到,在1878年7月22日苏禄苏丹国和西班牙签订的条约中,虽然使用了"割让苏禄群岛及其附属领地"的措辞,但是并没有明确规定包括涉案两岛。根据1878年条约或者1885年议定书,均无法推断西班牙在这些法律文件中有意将利吉丹岛和西巴丹岛囊括在内。但是由于苏禄苏丹国明确将39海里[57]以外所有它可能拥有的岛屿让渡给西班牙,这反而使它没有依据在1903年宣称这些岛屿均在1878年被授予阿尔弗雷德·登特(Alfred Dent)和奥弗贝克男爵(Baron von Overbeck)。法院的最终推论是,西班牙是唯一可能通过文件证明对涉案两岛拥有主权的国家,相反,代表北婆罗洲国的英国以及荷兰在当时都无法通过明示或默示宣称其对利吉丹岛和西巴丹岛的主权。[58]

对于岛屿主权是否从西班牙转移到美国,法院注意到,1898年和约并未涵盖涉案两岛,而1900年条约对于卡加延苏禄(Cagayan Sulu)和锡布图岛(Sibutu)及其附属之外的岛屿都未明确提及将由西班牙割让给美国;尽管如此,美国仍可能继承西班牙对于包括涉案两岛在内的、北婆罗洲39海里以外岛屿的权利。[59]

1930年美国与英国签订的一项条约对美属菲律宾群岛与英属北婆罗洲之间的界限做了规定,明确该界限以南和以西的岛屿属于英属婆罗洲。由于该界限刚好从涉案两岛的东北角向东和向北延伸,因此从效果上来说它们已经被条约划给英国;由于在条约文件中并没有提到涉案两岛,因此还不能说美国通过这个条约放弃了对利吉丹岛和西巴丹岛的主权。但是,从后来英国对涉案两岛行使主权的行为并没有遭到任何国家的异议可以推断,英国当时取得了这两个小岛的主权,直到1963年7月9日英国允许马来西亚(包括北婆罗洲及其附近岛屿)独立。[60] 1969年,

---

[56] Sovereighty over Pulau Ligitan and Pulau Sipadan Indonesia/Malaysia, Judgment, I. C. J. Reports 2002, pp. 53-54, paras. 109-110.
[57] Ibid., p. 18, para. 20.
[58] Ibid., pp. 54-55, paras. 111-114.
[59] Ibid., p. 55, paras. 115-117.
[60] Ibid., pp. 55-56, paras. 118-122.

印度尼西亚根据1891年条约对马来西亚在这两个小岛的主权行为提出了抗议。[61]

综上，法院不能接受马来西亚提出的"继承权利链条"的主张，因为没有充分证据表明苏禄苏丹国以降，至西班牙、美国以及英国其对于涉案两岛拥有清晰的主权，因此，马来西亚也无法继承基于条约的主权权属。[62] 基于此前判例确立的法理，法院将最终转而考察"有效统治"（effectivités），并希望借此能够确立主权。[63]

（三）有效统治

印度尼西亚和马来西亚均以"有效统治"作为其对涉案两岛依据条约享有主权的佐证。马来西亚还进一步主张，如若条约权利无法得到承认，其可凭借对于涉案两岛的持续性和平占有和管理——而印度尼西亚或其前任国家均未表示反对——享有主权。[64]

印度尼西亚为此提供的证据包括：荷兰皇家海军的军舰、印度尼西亚海军的军舰一直在涉案两岛周边海域巡游；印度尼西亚的渔民一直在这两个岛屿周围海域捕鱼；1960年颁布了《印度尼西亚共和国水域法》，确定了划定领海的直线基线和划定群岛水域的群岛基线的基点；等等。[65]

马来西亚也认为自己对这两个岛屿进行了有效的统治。马来西亚提出的对这两个岛屿有效统治的证据有：马来西亚政府每年都在这两个小岛上捕捉海龟和收集海龟蛋，而海龟和海龟蛋是这两个小岛上非常重要的经济资源；1933年，英国在这两个小岛上设立了鸟类的栖息场所，以后马来西亚一直都在管理这个场所；20世纪60年代，英属北婆罗洲在这两个小岛上设立了灯塔，此后马来西亚一直都对灯塔进行行政管理等。[66]

法院认为，既然从1891年《英荷条约》以及国家继承中都不能判断涉案两岛的主权归属，那么就应当独立地考虑国际法上的有效统治理论。法院首先回顾了常设国际法院在东格陵兰案（丹麦诉挪威）中的有

---

[61] Sovereighty over Pulau Ligitan and Pulau Sipadan Indonesia/Malaysia, Judgment, I. C. J. Reports 2002, p. 57, para. 123.
[62] Ibid., p. 57, para. 124.
[63] Ibid., p. 57, para. 126.
[64] Ibid., p. 57, para. 127.
[65] Ibid., pp. 58-59, para. 130.
[66] Ibid., pp. 59-60, paras. 131-132.

关论述。在该案中，常设国际法院指出：

> 一项主权要求若非基于一些特定的文件或权利（例如条约中的继承权），而是基于持续不断地展示统治行为而提出，那么其必须符合两项基本要素：以主权者身份采取行动的意图和意志，以及此种统治行为的实际实施或展示。
>
> 此外，在审理此类有关特定领土主权争议的案件时，任何法庭均须考虑其他国家提出主权要求的程度。……
>
> 纵览领土主权争端案件的判决记录，不可能不注意到：在许多案件中，一方提出的证明其实施了主权行为的证据十分微弱，但是如果争端另一方无法提出更为充分的主张，那么法院也会接受前者的主张。当主权争议发生在那些人口稀少或无人居住的地方时，情况尤其如此。

法院指出，对于像本案中利吉丹岛和西巴丹岛这样的无人居住或者没有常住人口，又没有重要的经济价值的小岛来说，一般不太可能进行和维持有效统治。但是，法院认为，对于产生争议后的有效统治行为倒是必须考察的。此时的有效统治包括颁布有关的法律和规章，这些法律和规章必须明确说明争议岛屿的名称。法院认为，本案中的《印度尼西亚共和国水域法》并没有明确提到利吉丹岛和西巴丹岛，因此不能算是与处理这个案件有关的法律和规章。印度尼西亚也没有足够的证据能够证明荷兰海军和印度尼西亚海军曾经在这两个小岛的附近海域巡游。而印度尼西亚渔民的活动不能被视为印度尼西亚政府的行为。综上，印度尼西亚提供的证据并不能充分证明其有行使主权的意愿和行使主权的能力。[67]

对于马来西亚提供的证据，法院认为，在岛上捕捉海龟和收集海龟蛋、设置鸟类的栖息所可以被视为对这两个小岛行使有效统治的证据，因为马来西亚的有关法律和规章明文提到了这两个小岛。管理灯塔的行为一般情况下并不是行使主权的行为。[68] 但是，法院在卡塔尔诉巴林的海洋划界和领土问题案中则认为：

---

[67] Sovereighty over Pulau Ligitan and Pulau Sipadan Indonesia/Malaysia, Judgment, I. C. J. Reports 2002, p. 62, paras. 137-141.

[68] Ibid., pp. 62-64, paras. 142-147.

巴林实施的一些特殊的行为，比如在岛上钻井的行为，是有争议的主权行为。但是在这么小的岛屿上设置有利于航海的设施则是有意义的。在本案中，考虑到契塔亚拉达岛（Qit'at Jaradah）的大小，巴林政府在该岛上实施的行为足以被视为在行使主权权力。[69]

据此，法院认为，马来西亚以及英国对涉案两岛的管理虽然有限，但是手段却非常多样，包括立法、行政和准司法行为。这些多样化的管理行为持续了很长的时间，充分显示了国家行使主权的意图。而且，法院注意到，在马来西亚和英国进行这些管理的时候，印度尼西亚和荷兰从来没有提出过抗议。尤其重要的是，对于1962年和1963年马来西亚在涉案两岛上修筑灯塔的行为，印度尼西亚竟然也未提任何异议。[70]

鉴于以上对双方提供证据的比较，法院认为，马来西亚的证据更能支持其对利吉丹岛和西巴丹岛的主权。

（四）判决主文

法院最终判决的执行段落如下：

> 法院以16票对1票判决，利吉丹岛和西巴丹岛的主权归马来西亚所有。[71]

四、评　论

（一）反对意见以及附带声明

弗朗克法官在反对意见中的主要观点包括：首先，法院最后依据"有效统治"判定主权归属的证据，双方都只能提供一些无足轻重的事实，无

---

[69] Maritime Delimitation and Territorial Questions Between Qatar and Bahrain（Qatar v. Bahrain），Judgment, Merits, I. C. J. Reports 2001, pp. 99-100, para. 197.

[70] Sovereignty over Pulau Ligitan and Pulau Sipadan Indonesia/Malaysia, Judgment, I. C. J. Reports 2002, p. 64, para. 148.

[71] Ibid., p. 65, para. 150.

法形成一个非常清晰而有说服力的判断意见，难以让人信服。其次，1891年条约的目的就是确认领土界限避免引起争端，法院判决最后无视这一法律渊源的明确目的，对它弃而不用的处理方式不当。最后，界定领土纷争的条约理应被广义解释以达到其定分止争的效果，而不宜被轻易解释为根据该条约无法判明，从而去寻求位阶靠后且证据更弱的认定标准。[72]

小田法官在判决书附带声明中指出[73]：前殖民宗主国英国与荷兰之间，以及20世纪60年代之前的马来西亚与印度尼西亚之间，就这两个涉案岛屿的主权归属都不存在任何争议；而到20世纪60年代的时候，马来西亚与印度尼西亚突然就这个问题开始有争端，其实质原因，是对于该岛周边海域蕴含的丰富油气资源的争夺。《大陆架公约》第6条可能会使利吉丹岛和西巴丹岛这样"非常微小、鲜有社会意义和经济意义"（extremely small, socially and economically insignificant）的岛屿在大陆架划界时作用甚微。此外，现在确定大陆架划界问题的主要法律依据之一——《联合国海洋法公约》第83条——规定要达成"一个公平解决方案"（an equitable solution）。即使根据本判决确认了两个小岛的主权归属，这也与进一步的大陆架划界（这是双方真正的分歧所在）是两个问题，前者对后者并无直接的正面或负面影响。换言之，小田认为"本案判决几乎没有解决任何真正的问题"。[74]

（二）主要评论梳理

第一，关于本案的背景和实质争点。自1958年《大陆架公约》实施以来，世界范围内海底油气储备丰厚的地区的周边国家开始就海上划界问题展开谈判并签署有关条约。在这个过程中，印度尼西亚也和它的周边国家进行了谈判。[75] 据称，印度尼西亚在这些谈判中采取较为保守

---

[72] Indonesia/Malaysia, Dissenting Opinion of Judge Franck.
[73] Indonesia/Malaysia, Declaration of Judge Oda.
[74] John G. Butcher, "The International Court of Justice and the Territorial Dispute Between Indonesia and Malaysia in the Sulawesi Sea", *Contemporary Southeast Asia*, Vol. 35, No. 2, 2013, p. 247.
[75] 例如在1971年和1972年，印度尼西亚与澳大利亚就帝汶（Timor）以及阿拉弗拉海（Arafura Sea）区域的大陆架划分达成了协议。印度尼西亚与马来西亚之间的谈判启动时间更早，有关马六甲（Malacca）海峡以及南中国海区域的大陆架划界问题，两国已经在1969年的一个条约以及1971年的一个三边条约（另一个缔约方是泰国）中达成合意。

和退让的姿态，主要是考虑当时它希望在群岛水域主权问题上获得这些国家的支持。为了获得在两岛周边大陆架划界谈判中的有利地位，从而进一步确认其在相关海域的油气资源所有权，印度尼西亚和马来西亚两国才对涉案两岛的主权问题久谈不下。当时从法理上的一个观察是：根据《大陆架公约》第1条第2款的规定，岛屿在确认大陆架归属问题上可以参照大陆本身的地位。

要解决双方分歧，除继续通过双边谈判的方式来寻求解决之外，还可以考虑根据《东南亚友好合作条约》（Treaty of Amity and Cooperation in Southeast Asia）提交一个特设高级委员会（High Council）进行仲裁。后一种方案受印度尼西亚青睐，但是马来西亚有所担忧——因为根据《东南亚友好合作条约》的规定，高级委员会委员将由东盟成员国的代表构成，而当时马来西亚几乎与其他东盟国家都有领土和海洋划界争端。这个争端的起因与它和印度尼西亚之间的类似，导火索就是其在1979年12月发布的地图。

对于将主权争端交由国际法院审理，两国均有疑虑，印度尼西亚一方的担忧尤为严重。事实上，自1969年争端明显化以来，印度尼西亚一直不愿意提交国际法院解决争端。20世纪90年代中期，双方开始由特别调解员（interlocutor）展开对话，最终向双方政府提交了国际法院审理的方案。部分原因是，时任印度尼西亚总统苏哈托一方面可能希望与马来西亚维持更紧密的经济合作（而这种接受国际法院审判的让步将被视为善意的释放），另一方面可能希望向印度尼西亚人民展现"印度尼西亚是一个尊崇法治的国家"。而更为重要的是，仅就"两个岛屿的主权问题"提诉，被双方评估认为是可以接受的方案。一方面，双方都认为己方有很大的胜面，而一旦主权主张得到确认，将使己方在后续的大陆架资源争夺中获得更有利的谈判筹码；另一方面，即使失败，也是在可以接受的范围内，因为不利判决的后果还不至于使败诉方在大陆架资源争端问题上毫无胜算。另外，如果选择就海洋划界争端提交国际法院解决，菲律宾势必在判决过程当中被卷入——事实上，本案对于菲律宾参诉申请的拒绝，也正是因为本案只解决岛屿的主权归属问题，这部分实现了本案争端双方诉讼策略的预期。

第二，关于菲律宾的参诉申请。除了法院在判决中所列举的理由，小田法官在原案最终判决的附带声明中还提到一个影响菲律宾能否参诉的关键因素：本案依据合意提诉双方的申请，只解决涉案两岛屿的主权归属问题，而不解决海域或大陆架的划界问题——如前所述，这可能恰恰是原案争端双方在其《特别协定》中如此约定的原因所在。

第三，关于争议领土主权归属的一般考察顺序。本案实体问题判决主文的总体推理论证，印证了以下关于争议领土主权归属的一般考察顺序：首先考察争议领土在争端发生前是否已经存在合法所有者（基于划界条约、国家继承等原因）；如果已经有明确的合法所有者，那么不论被哪一方实际控制，该有争议的领土应当属于明确的合法所有者；如果没有明确的合法所有者，那么根据"有效统治"原则，有争议的领土就应当属于实际控制更为有效的一方。

第四，关于"有效统治"判断的适用限制。有效统治原则的关键在于，"衡量当事国实施的管理行为的效力从而将主权判给更为有效的一方"。如前所述，这种逻辑容易造成"谁控制有效，谁取得主权"的印象。这种印象的负面作用是明显的：国家将实施各种管理行为以加强对争议领土的控制，通过制造证据确保本国的控制更为有效。由于存在竞争性权利主张，若当事国都对领土实施管理行为，很可能发生冲突，这将给国际和平与安全带来不稳定的因素。为了避免产生不良后果，有效统治原则的适用应当受到一定限制。因此，需要结合"关键日期""无异议"等规则来对"有效统治"的适用进行合理限制。

首先，确定关键日期作为有效统治判断的时间节点。关键日期的作用在于：一旦确定，它就将当事国的权利状态凝固，"在该日期之后实施的任何行为将不予考虑，除非该行为是作为先前行为的正常延续和该行为不是用来改善当事国已经确定的法律地位"[76]。在本案中，法院就以印度尼西亚、马来西亚对两岛的主权归属发生争端的1969年作为关键日期，并考察了1969年之前的有效管理行为。这种结合关键日期适用有效统治原则，拒绝考察关键日期之后行为的做法，能够有效减少当事国在争议发生后因意图"加强控制"而采取进一步行动，并导致冲突加剧的可能性，有利于避免争议领土相关局势的进一步恶化。

其次，结合"无异议"规则判断对有效统治的可能争议。本案中法院在衡量双方管理行为强度的同时，注意到印度尼西亚及荷兰对马来西亚实施管理行为的事实并未表示异议，认为印度尼西亚的沉默意味着对

---

[76] Malcolm Shaw, *International Law*, 6th Edition, Cambridge University Press, 2008, p. 509.

马来西亚有效统治的默认。

(三) 判决后各界反应

本案虽然解决了岛屿主权的归属，但是未能就苏拉威西领海权作出裁决，争端双方都仍然宣称拥有该海域的主权。除涉案两岛之外，处于边境地区的其他数个岛屿在本案之后仍然存在纠纷的隐患。

1. 胜诉方马来西亚的态度

作为胜诉方，马来西亚显然欢迎法院的判决结果。案件胜诉后，马来西亚对于通过国际法院解决争端，显得更加积极。就在本案提交国际法院审判的同年，马来西亚和新加坡实际上已经就解决双方之间的岛屿归属争端达成合意，想提请国际法院审理。而在本案审结之后，马来西亚就毫不耽误地促成了这个新案的审理。

在更为实质的意义上，马来西亚希望本案判决能够使涉案两岛周边大陆架的资源归属形成有利于己的结果。就在本案判决结果公布后不久，马来西亚外交部副部长即发言声称："最重要的是，主权归属已经得到确认，那么现在我们就能来看一看海洋边界怎么划分，我们就此问题的相关双边谈判也能够（在本判决的基础上）顺利推进。"[77] 但事后看来，这个愿望只是过于乐观的单边预期。

2. 败诉方印度尼西亚的态度

印度尼西亚方原本对胜诉抱有很大的希望，所以对于其后的败诉结果感到震惊，也就并不令人意外。此外，印度尼西亚国内局势的转变，也加剧了问题的复杂性。此前同意合意提诉并签署特别协议的苏哈托总统下台，印度尼西亚从独裁转为相对民主，其国内决策程序不再像此前那样可能获得单方的、集中的推动。

事实上，印度尼西亚对于涉案两岛南端安巴拉特（Ambalat）海域开始有所动作。2004 年年末，印度尼西亚授权一家美国石油公司勘探该海域的油气资源。2005 年 2 月，马来西亚政府也授权荷兰皇家壳牌公司勘探附近海域的油气资源，而这两个授权许可的海域有所重叠，因而引发事实上的冲突。

---

[77] Carolyn Hong, "Decision Won't Hurt Ties, Says Syed Hamid", *New Straits Times*, 18 December, 2002.

在此事件后，马来西亚主动提出可以考虑"共同开发"的建议，但是印度尼西亚"领土问题不容谈判"的态度，使这个建议付诸实践的可能性为零。同时，双方也不太可能再将这个问题提交国际法院解决。

五、附　录

（一）中英案件全名

1. 中文案件全名：利吉丹岛与西巴丹岛主权争端案（印度尼西亚/马来西亚）

2. 英文案件全名：Sovereignty over Pulau Ligitan and Pulau Sipadan (Indonesia/Malaysia)

（二）案件的标准引用

Sovereignty over Pulau Ligitan and Pulau Sipadan (Indonesia/Malaysia), Judgment, I. C. J. Reports 2002, p. 625.

（三）主要参考文献

1. John G. Butcher, "The International Court of Justice and the Territorial Dispute Between Indonesia and Malaysia in the Sulawesi Sea", *Contemporary Southeast Asia*, Vol. 35, No. 2, 2013, pp. 235-257.

2. David Colson, "Sovereignty over Pulau Ligitan and Pulau Sipadan (Indonexia/Malaysia)", *The American Society of International Law*, Vol. 97, No. 2, 2003, pp. 398-406.

3. J. G. Merrills, "Sovereignty over Pulau Ligitan and Pulau Sipadan (Indonexia/Malaysia), Merits, Judgment of 17 December 2002", *The International and Comparative Law Quarterly*, Vol. 52, No. 3, 2003, pp. 797-802.

4. 朱利江：《马来西亚和印度尼西亚岛屿主权争议案评析》，《南洋问题研究》2003 年第 4 期，第 60—69 页。

5. 邵建平、刘盈：《国际法院对岛礁争端的裁量与南海维权——东南亚国家的经验及其对中国的启示》，《当代亚太》2012 年第 5 期，第

138—156 页。

6. 曲波：《有效控制原则在解决岛屿争端中的适用》，《当代法学》2010 年第 1 期，第 144—151 页。

7. 黄瑶、凌嘉铭：《从国际司法裁决看有效控制规则的适用——兼论南沙群岛主权归属》，《中山大学学报》（社科版）2011 年第 4 期，第 169—180 页。

（四）与本案主题相关的重要引用案件

1. Interpretation of Article 3, Paragraph 2, of the Treaty of Lausanne, Advisory Opinion, 1925, P. C. I. J., Series B, No. 12.

2. Frontier Dispute (Burkina Faso/Republic of Mali), Judgment, I. C. J. Reports 1986.

3. Territorial Dispute (Libyan Arab Jamahiriya/Chad), I. C. J. Reports 1994.

4. Maritime Delimitation and Territorial Questions Between Qatar and Bahrain (Qatar v. Bahrain), Jurisdiction and Admissibility, Judgment, I. C. J. Reports 1995.

5. Kasikili/Sedudu Island (Botswana/Namibia), Judgment, I. C. J. Reports 1999 (Ⅱ).

6. Land and Maritime Boundary Between Cameroon and Nigeria (Cameroon v. Nigeria: Equatorial Guinea Intervening), Judgment, Merits, I. C. J. Reports 2002.

（五）案件中的重要缩略语

TAC　Treaty of Amity and Cooperation in Southeast Asia　《东南亚友好合作条约》

（杨　帆）

"蒙特·卡夫卡"号案
(塞舌尔诉法国)(迅速释放)

(2000年)

2000.11.27 塞舌尔就释放"蒙特·卡夫卡"号渔船及其船长向国际海洋法法庭起诉法国

2000.11.27 法庭庭长发布命令,确定2000年12月7日和8日为开庭审理请求书的日期

2000.11.28 塞舌尔提交请求书原件

2000.12.06 法国提交辩诉状

2000.12.06 法庭进行开庭前的初步评议

2000.12.07—08 法庭举行四次公开庭审,听取当事方的口头辩论,进行举证

2000.12.18 法庭就本案作出迅速释放判决(对管辖权和可受理性作出一致判决,对迅速释放问题以多数票作出判决)

关键词:迅速释放(Prompt Release);管辖权(Jurisdiction);可受理性(Admissibility);适当的保证金(Reasonable Bond);财政担保(Financial Security)

一、案件背景

"蒙特·卡夫卡"(Monte Confurco)号是一艘悬挂塞舌尔旗帜的渔船,一直在国际水域从事延绳钓作业(long-line fishing)。2000年11月8日,该船在法国领土凯尔盖朗群岛(Kerguelen Islands)的专属经济区内因涉嫌非法捕捞和进入该海域前未报告而为一艘法国侦查舰"花月"(Floreal)号所登临。随后,"蒙特·卡夫卡"号在法国海军的监督下改

变航向，于 2000 年 11 月 19 日抵达留尼汪岛（Réunion）的加来港口（Port-des-Galets）。法国当局扣押了该船舶及其设备与文件、船上渔获与渔具，船长受到指控，并为法院所监管。[1]

2000 年 11 月 22 日，留尼汪岛圣保罗的一审法院发布命令，在以现金、保兑支票或银行汇票向信贷银行办事处提交总额为 56400000 法国法郎的保证金后，可予释放"蒙特·卡夫卡"号渔船。[2]

2000 年 11 月 27 日，塞舌尔根据《联合国海洋法公约》（以下简称《公约》）第 292 条提出请求书控告法国，要求迅速释放悬挂其旗帜的渔船"蒙特·卡夫卡"号及其船长。该请求书被列入法庭案件总表作为第 6 号案件，称为"蒙特·卡夫卡"号案。[3]

二、判　决

（一）当事方请求

塞舌尔请求法庭判决：（1）法庭根据《公约》第 292 条对本案有管辖权。（2）本请求具有可受理性。（3）法国违反《公约》第 73 条第 4 款，没有向塞舌尔及时通知逮捕"蒙特·卡夫卡"号渔船。（4）法国所确定的担保及其数额、性质和形式不具有适当性。（5）法国没有遵守《公约》的规定迅速释放被逮捕船舶的船长，对船长采取的刑事性措施构成事实上的非法扣留。[4]

法国则请求法庭判决：（1）法国主管法院确定的释放"蒙特·卡夫卡"号渔船的保证金是适当的。（2）塞舌尔的请求不可受理。[5]

（二）法庭的说理

1. 案件管辖权和可受理性

塞舌尔声称，法国没有遵守《公约》第 73 条的规定迅速释放其船

---

[1] "Monte Confurco"（Seychelles v. France), Prompt Release, Judgment, ITLOS Reports 2000, paras. 27-36.
[2] Ibid., paras. 37-46.
[3] Ibid., paras. 2, 6.
[4] Ibid., paras. 26, 50.
[5] Ibid., paras. 26, 51-54.

舶及其船长，法国确定的保证金数额过大，双方自扣留时起 10 日内没有达成将此事件提交另一个法院或法庭的协议，因此，法庭根据《公约》第 292 条对本案有管辖权。[6]

法庭首先审查它是否有管辖权。《公约》第 292 条规定了法庭具有管辖权必须满足的条件。法庭注意到，塞舌尔和法国都是《公约》的缔约国，塞舌尔作为"蒙特·卡夫卡"号渔船的船旗国的地位在事件发生时和庭审时都没有争议。而且，双方对自扣留时起 10 日内将扣留引起的释放问题提交任何其他法院或法庭没有达成协议，请求书是以塞舌尔名义依据《公约》第 292 条第 2 款适当提交的，请求书满足《国际海洋法法庭规则》第 110 条和第 111 条所规定的条件。而且，法国也没有质疑法庭的管辖权。因此，法庭有权审理该请求书。[7]

对于可受理性，塞舌尔声称，将"蒙特·卡夫卡"号渔船的船长置于法国法院的监管下构成事实上的扣留，严重侵犯其人身权利，这违反《公约》第 73 条第 3 款。法国没有依据《公约》第 73 条第 4 款将逮捕船舶之事及时通知塞舌尔。法国则辩称，依据《公约》第 292 条，法庭的管辖权并不能扩大到审理塞舌尔提出的指控，而且其所提指控没有事实根据。法国法院的监管并不等同于扣留，因为这种监管没有剥夺船长的自由。法国也将对船舶及其船长采取的措施通知了塞舌尔驻巴黎总领事馆。[8]

法庭指出，正如它在"卡莫柯"号案中所述，有关指控违反《公约》第 73 条第 3 款和第 4 款的主张是不可受理的。[9] 但是，有关指控不遵守《公约》第 73 条第 2 款的请求是可受理的，塞舌尔所提指控在这些程序中具有充分基础。[10]

2. 保证金的适当性

法庭接着处理保证金的适当性问题。

（1）法庭关于保证金适当性的说理

塞舌尔主张，法国在经提交适当的保证金或其他财政担保后没有遵

---

[6] "Monte Confurco" (Seychelles v. France), Prompt Release, Judgment, ITLOS Reports 2000, para. 56.
[7] Ibid., paras. 57-60.
[8] Ibid., paras. 61-62.
[9] Ibid., para. 63.
[10] Ibid., para. 91.

守《公约》第73条第2款的规定。塞舌尔认为,法国圣保罗初审法院确定总额为56400000法国法郎的保证金作为释放"蒙特·卡夫卡"号渔船及其船长的条件不符合《公约》第73条第2款的规定,因为它是不适当的。法国则请求法庭判定,法国国内法院确定的保证书是适当的。[11]

法庭指出,在经提交迅速释放船只及其船员的请求书时,根据《法庭规则》第113条,法庭必须决定请求书所提指控是否具有充分基础。如果具有充分基础,则必须决定要提交释放船舶或船员的保证书或其他财政担保的数量、性质和形式。法庭为此必须审查法国法院确定的保证金是否具有适当性,并注意到在这些程序中决定保证金适当性的标准是《公约》第73条。[12]

法庭认为,第73条确定了两种利益:沿海国采取必要的适当措施以确保遵守其所制定的法律规章的利益,以及船旗国确保其船舶及其船员在遭到扣留后得到迅速释放的利益。该条款在这两种利益之间达成了公正的平衡。它规定在提出保证金或其他财政担保后迅速释放船舶及其船员,从而保护船旗国和因扣留船舶及其船员而受影响的其他人员的利益。释放被扣留船舶及其船员的唯一限制条件是适当的保证金。同样,《公约》第292条的目的是协调船旗国其船舶及船员获得迅速释放的利益与扣留国确保船长出庭和接受处罚的利益。[13]

法庭接着指出,《公约》第73条和第292条达成的利益平衡提供了它对保证金的适当性进行评估的指导性标准。在决定扣留国确定保证金或其他财政担保方面所做评估是否适当时,法院将把扣留国的法律及其法院的判决作为相关的因素。然而,法庭强调,依据《公约》第292条,这并不意味着它是一个对国内法院的判决进行审查的上诉机构。[14]

法庭认为,保证金的数额不应该过分,不应该与涉嫌违法行为的严重性无关。《公约》第292条的目的是确保沿海国在确定保证金时,遵守《公约》第73条第2款所规定的条件,即依据对相关因素的评估,沿海国所确定的保证金是适当的。在评价保证金的适当性时,法庭可以审

---

[11] "Monte Confurco" (Seychelles v. France), Prompt Release, Judgment, ITLOS Reports 2000, paras.64-66.
[12] Ibid., paras.67-69.
[13] Ibid., paras.70-71.
[14] Ibid., para.72.

查争端的事实和寻求支持当事方所提主张的证据。依据《公约》第292条，法庭决定一份适当的保证金必须以《公约》和其他不与《公约》相抵触的国际法规则为依据。法庭提及在2000年"卡莫柯"号案中具体提出的、与评估保证金或其他财政担保的适当性有关的因素。但是，法庭指出，这并非一份详尽的因素清单，也非确定它们各自所起具体作用的严格规则。所有这些因素均是补充"塞加"号案所阐明的适当性的标准。[15]

（2）评估本案保证金的适当性所适用的相关因素

法庭接着将各种因素适用于本案，即涉嫌违法行为的严重性，根据法国法律对涉嫌违法行为进行处罚的程度，所扣留"蒙特·卡夫卡"号渔船、渔获量和渔具的价值。对于涉嫌违法行为的严重性，法庭注意到，它们涉及养护专属经济区内的渔业资源；处罚的程度根据法国法律对涉嫌违法行为具有可处罚性；这些处罚突出表明这种违法行为具有严重性；塞舌尔也承认"蒙特·卡夫卡"号渔船船长没有通知船舶进入凯尔盖朗群岛的专属经济区；船上载有大量齿鱼，装备有无线电话设备和能够收发电话信号的国际海事通信卫星站；当事双方对于根据法国法律可予作出的处罚似乎没有不同意见。这些法律规定可给予罚款，对损害进行赔偿，可能没收船舶、渔具和非法捕捞的渔获物。[16]

对于船舶的价值，在庭审程序中，代表塞舌尔的专家证言估计为345680美元，法国没有对此提出异议。法庭认为，这个估计是适当的。对于船货的价值，双方估计船上渔获量的价值为9000000法国法郎。法国当局估计所没收渔具的价值为300000法国法郎，塞舌尔对此估价没有异议。对于所扣留渔获量和渔具的价值，由于圣保罗初审法院的命令没有规定要没收船上渔获和渔具，因此，该法院所确定的保证金数额没有计算它们的价值。法国认为，扣留船上渔获和渔具不属于法庭考虑的事项，而是法国法律中一个不同程序的主题。然而，法庭认为，所扣留渔获量和渔具的价值也是与评估保证金的适当性有关的一个考虑因素，因为扣留渔获、渔具和船舶都与相同罪行有关，就《公约》第292条而言，这些是同一程序的组成部分。对于船上158吨齿鱼，法庭认为，所提交

---

[15] "Monte Confurco" (Seychelles v. France), Prompt Release, Judgment, ITLOS Reports 2000, paras. 73-76.

[16] Ibid., paras. 77-83.

的信息没有提供充分理由推定船上的所有或大部分渔获是在凯尔盖朗群岛的专属经济区内捕捞的，也没有提供清晰的线索表明该船舶在遭到拦截之前位于专属经济区的时间期限。因此，法国法院确定的 56400000 法国法郎的保证金在《公约》第 292 条意义的范围内是不适当的。[17]

对于船长所处的形势，当事双方对于其是否被拘留存在分歧。由于船长"目前处于法院监管之下，其护照被法国当局没收，因而不能离开留尼汪岛"。因此，法庭认为根据《公约》第 292 条第 1 款命令释放船长是适当的。[18]

鉴于上述理由，法庭裁定，法国必须在经提出本法庭所决定的保证金或其他财政担保后迅速释放"蒙特·卡夫卡"号渔船及其船长。[19]

（3）保证金或其他财政担保的形式与数额

对于依照《法庭规则》第 113 条第 2 款应该提出的保证金或其他财政担保的数额、性质和形式问题，法庭认为，财政担保的总额应该是 18000000 法国法郎。在考虑保证金或其他财政担保的数额、形式和性质的总体平衡时，法庭认为，法国当局没收的船上 158 吨渔获的货币价值相当于 9000000 法国法郎，这应该被视为可提出的或者法国可能归还给塞舌尔的财政担保。除非双方另有协议，塞舌尔应该以银行保函的形式再向法国提出 9000000 法国法郎的担保。法庭注意到，在"卡莫柯"号案中其决定保证金应该采用银行保函的形式，且判决在执行中没有遇到什么困难，因此，法国主张现金或保兑支票是保证金的唯一可能形式不具有适当性。[20]

（三）判决主文

2000 年 12 月 18 日，法庭作出判决：

（1）一致判定其依据《公约》第 292 条有管辖权审理以塞舌尔名义提出的请求；塞舌尔关于法国没有遵守《公约》第 73

---

[17] "Monte Confurco" (Seychelles v. France), Prompt Release, Judgment, ITLOS Reports 2000, paras. 84-89.
[18] Ibid., para. 90.
[19] Ibid., para. 91.
[20] Ibid., paras. 92-95.

条第3款和第4款的诉求不可受理；塞舌尔关于指控没有遵守《公约》第73条第2款的诉求是可受理的。

（2）以19票对1票，认定塞舌尔所提指控具有充分依据。

（3）以19票对1票，判定法国应该在经提出法庭所确定的保证金或其他财政担保后迅速释放"蒙特·卡夫卡"号渔船及其船长。

（4）以17票对3票，决定保证金或其他财政担保由以下部分组成：9000000法国法郎作为法国当局所没收158吨渔获的货币等值物和一份数额为9000000法国法郎的保证金。

（5）一致决定保证金应该采用银行保函的形式，或者双方同意的任何其他形式。

（6）以18票对2票，决定银行保函只有在法国所持担保的货币等值物不足以支付法国主管国内法院的终局判决或决定所可能确定的数额时才得要求提供。[21]

三、评　论

（一）本案的特点与法律问题

本案是法庭首次澄清根据《公约》第73条第3款和第4款提出的指控不可受理的案件，也是法庭处理的第三个涉及迅速释放被扣留船舶及其船员的案件。本案的主要问题是以塞舌尔名义所提请求书的可受理性和保证金或其他财政担保的适当性。

（二）法官的说理

门萨、武卡斯和恩迪亚耶法官对法庭判决发表了声明，纳尔逊法官发表了个别意见，安德森、莱恩和热苏斯法官发表了反对意见。他们的意见涉及请求书的可受理性、判决书所表示某些意见的合理性和保证金的适当性。

---

[21] "Monte Confurco"(Seychelles v. France), Prompt Release, Judgment, ITLOS Reports 2000, para. 96.

1. 可受理性

安德森法官同意依据《公约》第73条第3款和第4款提出的指控不可受理，而根据第73条第2款提出的请求书具有可受理性。他欢迎判决书在此方面所做的澄清。对于根据第73条第2款所提指控的实体问题，安德森认为，判决书本来应该更加专注于是否提出不遵守《公约》第73条第2款的问题。安德森注意到，判决书第54段的专家证据表明，在"蒙特·卡夫卡"号渔船船长宣称进入凯尔盖朗群岛的专属经济区之前进行捕捞的海域，不可能捕捞齿鱼。他因此接受如下推定：在进入某个专属经济区时没有告知船上渔获量的情况下，船上的所有渔获应被推定为在该专属经济区内所捕捞。因此，他不同意法庭的结论。[22]

2. 判决书所表示某些意见的合理性

门萨法官认为，判决书中对《公约》第292条迅速释放程序所发表的许多意见既无必要，也无正当理由。特别是，其中某些意见近乎法庭在法国国内法院定案之前试图审理案件的实体问题。比如，在判决书的第88段中，法庭似乎批评圣保罗一审法院在确定保证金时所依据的基础。为此原因，他指出，法庭应该克制表示可能暗含批评国内法院程序和判决的意见。这种批评对于法庭决定经提交适当的保证金之后释放船舶及其船员的问题没有必要。在他看来，法庭在判决书第88段中表达的意见超越了必要性和适当性的限度。[23]

武卡斯法官不同意判决书中基于所称凯尔盖朗群岛的专属经济区所表示的所有意见或结论。他认为，在不适于人类居住和无人居住的群岛海岸以外建立专属经济区，这是否符合第三次联合国海洋法会议创立该特殊法律制度的原因，以及《公约》有关专属经济区条款的文字和精神，是相当有疑问的。[24]

3. 保证金的适当性

恩迪亚耶法官认为，保证金的适当性主要依据案件事实和相关情况来判断，也可以从后果来观察或确定。在此方面，他注意到，在迅速释放程序中，一种趋势是原告通常指控扣留国确定的保证金或财政担保过高。保证金应该与所指控的违法行为成比例，不应该具有惩罚或威慑的

---

[22] Dissenting Opinion of Judge Anderson, pp. 127-131.

[23] Declaration of Judge Mensah, pp. 118-121.

[24] Declaration of Judge Vukas, p. 122.

性质。否则，对保证金数额的质疑可能将法庭变成对国内法院所做判决进行上诉的一个机构。法庭不是这样的一个机构。[25]

纳尔逊法官强调，在迅速释放程序中，法庭的唯一任务是确定保证金的适当性。对于法国主张在第 73 条第 2 款的法文本中"足够的"（suffisante）一词与英文本中"适当的"（reasonable）一词并非具有相同的意思，纳尔逊分析了这两个词语的细微区分。他注意到，尽管法文本使用了"足够的"一词，但是，它与英文本的"适当的"一词具有相同的意义，或者至少必须推定具有相同的意义。法文本使用"足够的"一词没有增添任何新的意义。[26]

安德森法官认为，在确定补充担保的数额时，法庭应该考虑船上的渔获和渔具根据可适用的法律已经得到保障。因此，法庭没有必要决定已经得到保障的物项可以被视为担保，渔获的市场价值也不可能正好是 9000000 法国法郎。对于保证金的形式，安德森同意银行保函是一种适当的形式。但是，他不同意判决书中认为当银行保函根据其国内法律只是一份有效的法律文件时才可采用的论点。[27]

莱恩法官不同意保证金的数额，他认为应该低于 9000000 法国法郎，而非 18000000 法国法郎。他进一步指出，保证金的适当性应该与《公约》和迅速释放制度相关的那些原则性关注协调一致，也必须建立在《公约》对经济、人道和其他事项关注之上，还必须建立在迅速释放是一种独立的、自主的国际机制这一事实的基础上。然而，法庭在本案中确定的担保数额在某种程度上将这一点变得模糊不清，这可能不正确地传达了前后矛盾的信号。对于适当性这个具有多重因素的概念，法庭的阐释应该明确地、全面地以这类同义词为基础：比例性、平衡、公平、适当、一致性、适宜性、可容忍和不过度。[28]

热苏斯法官不同意大多数法官对确定适当的保证金所采取的立场。在他看来，保证金的准确数额应取决于案件的具体情况，即船舶、被扣留货物和其他资产的价值、依据扣留国法律可判处的罚款和其他处罚，同时考虑赋予这些相关因素中的每一项因素以不同权重。这是确定保证

---

[25] Declaration of Judge Ndiaye, pp. 123-126.
[26] Separate Opinion of Vice-President Nelson, p. 124.
[27] Dissenting Opinion of Judge Anderson, pp. 131-132.
[28] Dissenting Opinion of Judge Laing, pp. 133-138.

金适当性的一个更好标准,能够确保沿海国的权利与船旗国的权利之间的平衡。判决书将法国所扣留渔获的价值视为保证金的一部分也是不明智的,因为法国国内法将这种渔获规定为没收的对象。[29]

四、附　录

(一) 中英案件全名

1. 中文案件全名:"蒙特·卡夫卡"号案 (塞舌尔诉法国)
2. 英文案件全名:"Monte Confurco" (Seychelles v. France) (Prompt Release)

(二) 案件的标准引用

"Monte Confurco" (Seychelles v. France), Prompt Release, Judgment, ITLOS Reports 2000, p. 86.

(三) 主要参考文献

1. Vaughan Lowe, "The International Tribunal for the Law of the Sea: Survey for 2000", *International Journal of Marine and Coastal Law*, Vol. 16, 2001, pp. 549-570.
2. Erik Franckx, "'Reasonable Bond' in the Practice of the International Tribunal for the Law of the Sea", *California Western International Law Journal*, Vol. 32, 2001-2002, pp. 303-342.

(四) 与本案主题相关的重要引用案件

1. M/V "SAIGA" (Saint Vincent and the Grenadines v. Guinea), Prompt Release, Judgment, ITLOS Reports 1997, p. 16.
2. "Camouco" (Panama v. France), Prompt Release, Judgment, ITLOS Reports 2000, p. 10.

---

[29] Dissenting Opinion of Judge Jesus, pp. 139-144.

(五) 案件中的重要缩略语

ITLOS　International Tribunal for the Law of the Sea　国际海洋法法庭

CCAMLR　Convention on the Conservation of Antarctic Marine Living Resources　《南极海洋生物资源养护公约》

（余民才）

"伏尔加河"号案
(俄罗斯诉澳大利亚)(迅速释放)
(2002年)

2002.12.02 俄罗斯就迅速释放"伏尔加河"号渔船及其船员的争端向国际海洋法法庭对澳大利亚提起诉讼

2002.12.02 法庭发布命令,确定2002年12月12日和13日为开庭审理的日期

2002.12.04 澳大利亚指定希勒为专案法官

2002.12.07 俄罗斯向法庭提交请求书原件

2002.12.07 澳大利亚向法庭递交辩诉状

2002.12.11 希勒庄严宣誓后,获准以专案法官身份参与本案程序

2002.12.11 法庭举行初步审议

2002.12.12—13 法庭四次公开开庭,听取各方的口头辩论和提出证据

2002.12.23 法庭就本案作出迅速释放判决(对管辖权和可受理性作出一致判决;对迅速释放的问题以19票对2票作出判决)

关键词:迅速释放(Prompt Release);管辖权(Jurisdiction);可受理性(Admissibility);适当的保证书(Reasonable Bond);非财政性保证书(Non-financial Bond)

一、案件背景

"伏尔加河"(The Volga)号是一艘悬挂俄罗斯旗帜的长线捕鱼船,其船主是俄罗斯奥尔伯斯有限公司(Olbers Co. Limited)。2000年11月24日,俄罗斯向"伏尔加河"号渔船颁发在俄罗斯大陆架和专属经济

区、公海以及外国沿海区域进行捕鱼的执照,有效期为3年。2002年2月7日,"伏尔加河"号渔船被指控在澳大利亚领土赫德岛(Heard Island)和麦克唐纳群岛(McDonald Islands)的专属经济区内非法捕鱼,为澳大利亚皇家海军护卫舰"堪培拉"(HMAS Canberra)号上的军事人员在澳大利亚专属经济区之外的公海所登临。随后,"伏尔加河"号渔船被护送到西澳大利亚港口弗里曼特尔(Fremantle),于2002年2月19日抵达。第二天,澳大利亚当局扣留了渔船,包括渔获、渔网和设备,并依据1991年《渔业管理法》拘留了船长及其船员。[1]

2002年2月27日,澳大利亚当局基于保证书的需要,对"伏尔加河"号渔船估价100万美元,船上燃油、润滑油和设备总值约147460澳元。3月6日,西澳大利亚简易程序法庭指控"伏尔加河"号渔船大副、捕捞船长和捕捞引航员犯有刑事罪,命令他们在缴纳保释金和上交护照与海员证书的条件下可获得保释。但是,这3名西班牙船员在保释金缴纳后仍未获准离开珀斯。6月14日,西澳大利亚最高法院提高每位船员的保释金数额。[2]

2002年12月2日,俄罗斯依据1982年《联合国海洋法公约》(以下简称《公约》)第292条就释放"伏尔加河"号渔船及其船员的争端向国际海洋法法庭(以下简称"法庭")提起控告澳大利亚的请求书。该请求书被列入法庭案件总表作为第11号案件,称为"伏尔加河"号案。[3]

在法庭开始审议案件后,3名西班牙船员获准在遵守某些保释条件的情况下离开澳大利亚,返回西班牙。2002年12月16日,西澳大利亚最高法院全庭维持其在6月14日作出的判决,要求提交释放"伏尔加河"号渔船所需总额为3332500澳元的保证书。其中,船舶、燃油、润滑剂和捕鱼设备的估价为1920000澳元,412500澳元用于确保支付对3名船员的可能罚款;1000000澳元用于装载可完全运行的渔船监测系统和在法律程序结束之前执行养护南极海洋生物资源委员会的养护措施。[4]

---

[1] The "Volga" Case (Russian Federation v. Australia), Prompt Release, Judgment, ITLOS Reports 2002, paras. 30-36.

[2] Ibid., paras. 37-44, 51.

[3] Ibid., paras. 1, 4.

[4] Ibid., paras. 46, 53, 71-72.

二、判　决

（一）当事方请求

俄罗斯请求法庭判决：（1）法庭根据《公约》第 292 条有管辖权审理其请求；（2）本请求书是可受理的；（3）澳大利亚违反《公约》第 73 条第 2 款的规定，所确定的释放"伏尔加河"号及其 3 名船员的条件是不适当的；（4）在船主提交总额不超过 500000 澳元或者法庭确定适当的保证金的情况下，澳大利亚应该释放"伏尔加河"号及其 3 名船员；（5）前一项保证书所采取的形式。[5]

澳大利亚则请求法庭驳回俄罗斯提出的请求。[6]

（二）法庭的说理

1. 案件管辖权和可受理性

法庭首先审议它是否有管辖权审理俄罗斯的请求以及该请求书是否可以受理的问题。关于管辖权，法庭裁定它有管辖权审理本案，其理由是：（1）澳大利亚没有对法庭的管辖权提出异议。（2）俄罗斯和澳大利亚都是《公约》的缔约国。（3）俄罗斯作为"伏尔加河"号渔船的船旗国的地位没有争议，且双方自扣留船只之时起 10 日内没有达成协议将释放问题提交给任何其他法院或法庭处理。（4）俄罗斯依据《公约》第 292 条第 2 款适时提交了请求书，该请求书满足《国际海洋法法庭规则》第 110 条和第 111 条的条件。[7]

至于可受理性，俄罗斯指控澳大利亚没有遵守《公约》第 73 条第 2 款关于迅速释放船只及其船员的规定，因为澳大利亚确定的保证书无论如何都是不适当的。澳大利亚不接受这种指控，认为它所确定的保证书是适当的。然而，澳大利亚同意请求书依据《公约》第 292 条是可受理的。[8]

---

[5] The "Volga" Case (Russian Federation v. Australia), Prompt Release, Judgment, ITLOS Reports 2002, para. 29.

[6] Ibid., paras. 29, 60.

[7] Ibid., paras. 55-57.

[8] Ibid., para. 58.

法庭注意到，俄罗斯的指控是澳大利亚没有遵守《公约》第73条第2款之规定，这是《公约》第292条第1款所涉及的"在适当的保证书或其他财政担保经提供后将该船只或其船员释放"的一个条款。法庭由此认定本案的请求书是可受理的。[9]

2. 保证金的适当性

(1) 保证金适当性的考虑因素

对于争端当事双方在保证金的适当性方面的争议，法庭认为，要根据《公约》第292条对此作出评价，它必须适用《公约》或者其他不与《公约》相抵触的国际法规则。法庭援引它在"卡莫柯"号案和"蒙特·卡夫卡"号案判决书中对于评价保证金的适当性所表示的意见后，指出评价保证金的适当性必须适当考虑扣留国所设定的保证金或担保的条件，以及具体案件的所有情况。[10]

法庭接着讨论在评价保证书的适当性时各种因素在本案中的适用，包括所涉罪行的严重性、扣留国法律可作出的处罚、所扣留船舶和所没收货物的价值以及保证书的数额。对于在本案中被指控所犯罪行的严重性，法庭注意到澳大利亚提出的理由强调国际社会对于非法的、不受管制的、未报告的捕鱼的关注，并重视有关国家包括《南极海洋生物资源养护公约》缔约国为处理该问题所采取措施及要达到的目标。然而，法庭强调，在本程序中，它的任务是依据《公约》第292条评估澳大利亚所设定的保证书是否适当。《公约》第292条所规定程序的目的在于确保在扣留国法院的司法程序结束之前，经提出适当的保证书后迅速释放船只和船员。在作出评估所需考虑的因素中，其中之一是依据澳大利亚法律对被指控的罪行所可能作出的处罚。法庭可以依据这些处罚来评价所指控罪行的严重性。法庭进一步注意到，俄罗斯没有否认根据澳大利亚法律对3名船员指控的罪行是严重的罪行。根据澳大利亚法律，对这3名船员可能判处的最高罚金总额是1100000澳元，船只及其设备和船上渔获可被没收。[11]

法庭认为，澳大利亚对释放船只所要求提出的1920000澳元是船只、

---

[9] The "Volga" Case (Russian Federation v. Australia), Prompt Release, Statement, ITLOS Reports 2002, para. 59.

[10] Ibid., paras. 62-65.

[11] Ibid., paras. 66-70.

燃油、润滑剂和捕鱼设备的总价值，双方不存在争议，因而根据《公约》第292条是适当的。至于3名船员，法庭注意到，他们已经离开澳大利亚，因此，对他们设定保证书已经不再具有实际意义。[12]

至于其他两个非财政性条件，即船只装载渔船监测系统及向澳大利亚当局提交有关船主和船只最终受益船主具体情况的信息，澳大利亚认为，装载渔船监测系统的目的是防止船只被释放之后继续从事非法捕鱼，且由于支付保证书是一笔重大交易，它有权知道是谁安排的这笔交易。俄罗斯则认为，这种条件无论在第73条第2款还是整个《公约》中都找不到基础，因为提出金钱意义上的保证书或担保是唯一可以确定的条件。[13]

法庭认为，在本程序中考虑一个沿海国是否有权在行使其在《公约》下的主权权利时设定这样的条件是不适当的。在这些程序中，它需要决定的问题是，《公约》第73条第2款中"保证书或其他担保"是否可以包含这类条件。在解释"保证书或其他担保"的概念时，必须从其上下文并根据其目的和宗旨来看待。相关的上下文包括《公约》中那些涉及在经提出保证书或担保后迅速释放船只和船员的条款。这些条款是第292条、第220条第7款和第226条第1款（b）项。它们使用了"保证书或其他财政担保"以及"保证书和其他适当财政担保"术语。从这一上下文来看，第73条第2款中"保证书或其他担保"术语应该被理解为财政性质的保证书或担保。这一上下文也表明，如果《公约》打算设置除保证书或其他财政担保以外的其他条件，它会这样明文规定。因此，《公约》第226条第1款（c）项规定，"无论何时如船只的释放可能对海洋环境引起不合理的损害威胁，可拒绝释放或以驶往最近的适当修船厂为条件予以释放"。由此可见，在据称违反《公约》第73条第2款而适用《公约》第292条方面，非财政性条件不能被视为保证书和其他财政担保的组成部分。与《公约》第292条结合起来理解，第73条第2款的目的和宗旨是给船旗国提供一种机制，使其因被指控非法捕鱼而遭逮捕的船只和船员在经提出从财政方面评估具有适当性的财政性担保后获得迅速释放。在这种担保中纳入与财政无关的其他条件将破坏这种目的和宗旨。[14]

---

[12] The "Volga" Case (Russian Federation v. Australia), Prompt Release, Statement, 7 December 2002, paras. 71-74.

[13] Ibid., para. 75.

[14] Ibid., paras. 76-77.

对于澳大利亚要求船主支付1000000澳元"良好行为保证书"（good behaviour bond）作为释放"伏尔加河"号渔船及其船员担保的一部分的主张，澳大利亚解释道，这部分担保是为了确保"伏尔加河"号渔船在国内法律程序结束之前遵守澳大利亚法律和澳大利亚作为缔约国的相关条约，该船舶在没收程序结束之前除得到许可或无害通过外，不得进入澳大利亚领海，以及确保该船舶"不被继续用于从事刑事犯罪行为"。法庭认为，在《公约》第292条程序的框架内，对于施加"良好行为保证书"这类条件是否属于沿海国合法行使其在专属经济区内的主权权利，它不能采取某种立场。它需要决定的问题是"良好行为保证书"是否属于《公约》第73条第2款和第292条意义范围内的保证书或担保。法庭认为，1000000澳元"良好行为保证书"不能被视为《公约》第73条第2款中的保证书或担保。该条款涉及对被指控违反扣留国法律而"被逮捕的"船只予以释放的保证书或担保。第73条作为一个整体所表述的是在对被指控违反沿海国法律规章方面的执行措施。预防未来违反沿海国法律的"良好行为保证书"不是《公约》第73条第2款范围内的一种适当保证书或担保。[15]

对于俄罗斯提出的在评价保证书的适当性时还必须考虑澳大利亚在公海上扣留船只的情况的主张，法庭认为，与扣留"伏尔加河"号渔船有关的问题和本迅速释放程序无关，因此在评价保证书的适当性时，它不会考虑扣留"伏尔加河"号渔船的情况。[16]

对于"伏尔加河"号渔船遭逮捕时船上的渔获与饵料，法庭注意到，它们已被澳大利亚当局出售。俄罗斯请求法庭将出售所得视为船主为释放船只及其船员而提出的担保。然而，澳大利亚不同意这个观点，因为渔获依据其国内法律是可被没收的。法庭承认，依据澳大利亚法律，"伏尔加河"号渔船上的渔获是可被没收的，条件是国内法院认定渔获是在澳大利亚的专属经济区内非法捕捞。但是，法庭又指出，澳大利亚可能有义务将出售所得返还船主，如果国内法院判定渔获不是在澳大利亚专属经济区内捕捞的。事实上，渔获、船只及其船上燃油、润滑剂和设备都构成澳大利亚要求的担保，以确保国内法院的终局判决能够得到完全执行。然而，

---

[15] The "Volga" Case (Russian Federation v. Australia), Prompt Release, Statement, 7 December 2002, paras. 78-80.

[16] Ibid., paras. 81-83.

《公约》第292条的保证书或其他财政担保目的只是在于确保澳大利亚对船只的可能权利以及对船员的可能罚款。既然澳大利亚已经持有出售渔获所得,那么对这种渔获要求提出保证书是不必要的。因此,本案并不引起将出售所得包含在保证书内或者排除在保证书外的问题。[17]

基于上述考虑并顾及案件的所有情况,法庭认为澳大利亚所要求的保证书依据《公约》第292条是不适当的。因此,法庭判定,指控没有遵守《公约》第73条第2款的请求书在这些程序中具有充分依据,因而澳大利亚在经提出法庭所确定的保证书或其他财政担保后必须迅速释放"伏尔加河"号渔船。[18]

(2) 保证书或其他财政担保的数额与形式

对于保证书的数额,法庭认为,释放船只、燃油、润滑剂和捕鱼设备的保证书的总额应该是1920000澳元。至于法庭可以命令的任何保证书或财政担保的形式,俄罗斯主张,银行保函是法庭依据《法庭规则》第113条第2款有权命令的一种适当的担保形式。澳大利亚则认为,一种适当的担保形式应是为澳大利亚当局所托管的现金或者某家澳大利亚银行发出的银行保函。法庭认为,除非当事双方另有协议,保证书或其他担保应该采用由设立在澳大利亚或者与某家澳大利亚银行具有相应安排的银行所发出的银行保函的形式。[19]

(三) 判决主文

2002年12月23日,法庭宣布判决:

(1) 一致决定它根据《公约》第292条有管辖权审理俄罗斯提交的请求书;(2) 一致决定俄罗斯指控不遵守《公约》第73条第2款的请求书是可受理的;(3) 以19票对2票,裁定俄罗斯指控澳大利亚没有遵守《公约》关于在经提出适当的保证书或其他财政担保后迅速释放船只或其船员的规定具有充分依据;(4) 以19票对2票,裁定澳大利亚在经提出法庭所确

---

[17] The "Volga" Case (Russian Federation v. Australia), Prompt Release, Statement, 7 December 2002, paras. 84-87.
[18] Ibid., paras. 88-89.
[19] Ibid., paras. 90-93.

定的保证书或其他担保后应当迅速释放"伏尔加河"号；(5)以 19 票对 2 票，裁定应当向澳大利亚提出数额为 1920000 澳元的保证书或其他担保；(6) 一致裁定保证书应当采取由设立在澳大利亚或与某家澳大利亚银行具有相应安排的银行发出的银行保函的形式，或者当事双方同意的任何其他形式。[20]

三、评 论

(一) 本案的特点与法律问题

本案是法庭拒绝将履行某种非财政性要求作为释放被扣留船只条件的第一个案件，是法庭处理的第六个涉及迅速释放被扣留船舶及其船员的案件，也是法庭处理的第四个涉及在南极洲海域非法捕鱼的案件。本案涉及的法律问题主要是为释放船舶及其船员而确定的保证书的适当性以及将履行某种非财政性要求作为释放船只条件的合规性。

(二) 评 述

武卡斯和马斯特法官对法庭判决书发表了声明，科特法官发表了个别意见，安德森法官和希勒专案法官发表了反对意见。他们的意见主要涉及海洋权利、养护专属经济区资源和适当保证书的数额与条件。

武卡斯法官不同意判决书中有关基于赫德岛和麦克唐纳群岛的所谓专属经济区而作出的所有意见或结论。在他看来，澳大利亚这两个无人居住群岛比"蒙特·卡夫卡"号案中凯尔盖朗群岛的面积小得多，澳大利亚对距离其海岸数千英里之遥的这些小岛不应该拥有广阔的大洋海域，因为赫德岛和麦克唐纳群岛不可能有沿海岸捕鱼社区。赫德岛偶尔有人光顾，麦克唐纳群岛则极少有人光顾。赫德岛表面的大部分为冰雪所覆盖，麦克唐纳群岛是赫德岛以西 25 海里处的一群无人居住的岩石小岛。他认为，在岩礁和其他小岛周围建立专属经济区毫无意义，是违反国际法的。[21] 马斯特法官认为，本案的某些方面可能引起发达国家，特别是希望取得更

---

[20] The "Volga" Case (Russian Federation v. Australia), Prompt Release, Statement, 7 December 2002, para. 95.

[21] Declaration of Vice-President Vukas, pp. 42-48.

高经济发展水平的年轻国家的担忧。他指出，新海洋法承认沿海国对其享有主权或者管辖权的海域的资源进行利用的专属主权权利。然而，本案表明，如果澳大利亚所提指控经证明是真实的，那么它很难保护这些资源免遭任何严重的和循环往复的破坏。如果像法国或者澳大利亚这样的国家都不总是能提供保护，那么新的发展中国家所面临的局势可能更加严峻，不论它们面向的是大洋还是较小的海域。他还指出，很多人会坚定地支持沿海国捍卫自己的权利，以保护其资源免遭具有毁灭性后果的任何非法的、不受管制的和未报告的利用。[22]

科特法官对非法捕鱼的程度和沿海国的"自由裁量范围"（margin of appreciation）发表了意见。对于非法捕鱼问题，他认为，澳大利亚采取的预防和执行措施属于有关国际组织为打击非法的、不受管制的和未报告的捕鱼所做努力的范畴。它们符合《公约》第56条的规定，是沿海国为勘探、开发、养护和管理专属经济区的自然资源的目的而依主权权利所采取的。在行使执法权时，沿海国可以规定它们认为合适的金钱处罚，并在《公约》或其他可适用的国际协定的框架内建立有关逮捕、扣押和在经提出保证书后予以释放的规则。法庭有义务尊重沿海国在养护生物资源方面行使其主权权利的措施，特别是当这些措施应该从联合国粮农组织和《南极海洋生物资源养护公约》采取共同努力的角度来看待时。在本案中，保释金的数额属于澳大利亚自由裁量权的范围，它有权确定一个更高的数额以遏制潜在的违法者。对于自由裁量范围问题，科特法官指出，只要保证书不是"不适当的"，法庭就无须以其裁量权取代沿海国的裁量权。然而，澳大利亚当局错误理解《公约》第73条第2款和第292条所规定的适当保证书的法律性质，将一种纯财政性质的保证书转变为一种法院的监管措施。更加重要的是，对保证书或财政担保附加条件不可避免地将使迅速释放程序复杂化并降低其效率，这将损害其迅速性特征，背离第292条程序的目的，扭曲其意义。因此，澳大利亚无权在适当保证书数额中加入"良好行为保证书"条件。[23]

专案法官希勒不同意法庭减少澳大利亚当局所确定的保证书数额的决定。他认为法庭应该支持澳大利亚所确定保证书的数额和条件，因为法庭在评价《公约》第73条第2款和第292条的保证书的适当性时应该给予本

---

[22] Declaration of Judge Marsit, p. 49.
[23] Separate Opinion of Judge Cot, pp. 50-56.

案事实和具体情况以更大权重，考虑与保证书的适当性直接相关的那些事实以外的事实，在船主、经营者和渔业公司作为一方与沿海国作为另一方之间达成新的平衡。[24] 安德森法官同意专案法官希勒的意见。他认为，《公约》第 73 条对在释放被逮捕船只而施加非财政性条件方面没有明文限制，它所要求的只是以保证书或其他担保形式表现出予以同意释放的所有条件，包括资金数额、担保的条件和形式。因此，良好行为保证书是第 73 条第 2 款意义范围内的一种"保证书"。[25]

四、附　录

（一）中英案件全名

1. 中文案件全名："伏尔加河"号案（俄罗斯诉澳大利亚）（迅速释放）
2. 英文案件全名：The "Volga" Case (Russian Federation v. Australia) (Prompt Release)

（二）案件的标准引用

"Volga" (Russian Federation v. Australia), Prompt Release, Judgment, ITLOS Reports 2002, p. 10.

（三）主要参考文献

1. Adrienne J. Oppenheim, "The Plight of the Patagonian Toothfish: Lessons from the Volga Case", *Brooklyn Journal of International Law*, Vol. 30, 2004, pp. 293-328.

2. Ryszard Piotrowicz, "The Song of the Volga Boatmen-Please Release Me", *Australian Law Journal*, Vol. 77, 2003, pp. 160-163.

3. Md. Saiful Karin, "Conflicts over Protection of Marine Living Resources: The Volga Case Revisited", *Goettingen Journal of International Law*, Vol. 3, 2011, pp. 101-128.

---

[24] Dissenting Opinion of Judge *ad hoc* Shearer, pp. 66-72.
[25] Dissenting Opinion of Judge Anderson, pp. 57-65.

4. Dolliver Nelso, "The Volga Case", *Australian and New Zealand Maritime Law Journal*, Vol. 18, 2004, pp. 7-13.

5. Michael White and Stephen Knight, "ITLOS and the Volga Case: The Russian Federation v. Australia", *Australian and New Zealand Maritime Law Journal*, Vol. 17, 2003, pp. 39-53.

6. Warwick Gullett, "Prompt Release Procedures and the Challenge for Fisheries Law Enforcement: The Judgement of the International Tribunal for the Law of the Sea in the Volga Case (Russian Federation v. Australia)", *Federal Law Review*, Vol. 31, 2003, pp. 395-408.

7. Chester Brown, "'Reasonableness' in the Law of the Sea: The Prompt Release of the Volga", *Leiden Journal of International Law*, Vol. 16, 2003, pp. 621-630.

（四）与本案主题相关的重要引用案件

1. M/V "SAIGA" (Saint Vincent and the Grenadines v. Guinea), Prompt Release, Judgment, ITLOS Reports 1997, p. 16.

2. "Camouco" (Panama v. France), Prompt Release, Judgment, ITLOS Reports 2000, p. 10.

3. "Monte Confurco" (Seychelles v. France), Prompt Release, Judgment, ITLOS Reports 2000, p. 86.

（五）案件中的重要缩略语

UNCLOS　United Nations Convention for the Law of the Sea　《联合国海洋法公约》

EEZ　Exclusive Economic Zone　专属经济区

CCAMLR　Commission for the Conservation of Antarctic Marine Living Resources　《南极海洋生物资源养护公约》

AFZ　Australian Fishing Zone　澳大利亚渔区

AFMA　Australian Fisheries Management Authority　澳大利亚渔业管理局

VMS　Vessel Monitoring System　渔船监测系统

（余民才）

"朱诺商人"号案
(圣文森特和格林纳丁斯诉几内亚比绍)
(迅速释放)

(2004年)

2004.11.18 圣文森特和格林纳丁斯依据《联合国海洋法公约》第292条,就其与几内亚比绍之间的争端向国际海洋法法庭提起诉讼

2004.11.19 国际海洋法法庭发布命令,确定12月1—2日为本案庭审的时间,并通知双方当事国

2004.12.01 国际海洋法法庭举行公开庭审

2004.12.06—07 国际海洋法法庭进行了四场公开庭审,双方代理人口头陈述

2004.12.18 国际海洋法法庭发布判决书

关键词:迅速释放(Prompt Release);保证书或其他财政担保(Bond and Other Financial Security);船舶国籍变更(Change in the Nationality of the Vessel);船舶所有权变更(Change of the Ownership of the Vessel)

一、案件背景

"朱诺商人"(Juno Trader)号是一艘装载冷冻货物的船舶,该船在圣文森特和格林纳丁斯注册登记,并悬挂该国国旗。该船船东为设立于英属维京群岛的朱诺冷冻有限公司,船长为俄罗斯人尼古拉·玻特金(Nikolay Potarykin)。2004年9月19日到23日,"朱诺商人"号于毛里塔尼亚专属经济区海域从其姐妹船"朱诺勇士"(Juno Warrior)号,一艘持毛里塔尼亚专属经济区捕捞许可证的拖网渔船上转载了一批渔获,

包括箱装的冷冻鱼和鱼粉,此次转载得到了毛里塔尼亚政府的书面确认。[1] 随后,"朱诺商人"号离开毛里塔尼亚水域,并驶向其卸货的目的地加纳。

2004年9月26日,"朱诺商人"号驶入几内亚比绍的专属经济区。当日,几内亚比绍的"卡西尼"(Cacine)号海军军舰在该国的专属经济区执行常规航道控制和监督任务时,发现未经通报进入的"朱诺商人"号冷冻货物运输船。几内亚比绍军舰欲登临检查,但在拦截"朱诺商人"号时遭到对方抵制,几内亚比绍方面的汽艇进行了枪击并致后者一名船员受伤,最终几内亚比绍国家渔业检查和控制局(Fisheries Inspection Service)的官员登临"朱诺商人"号,但"朱诺商人"号船长拒绝在对方提供的记录上签字。随后,"朱诺商人"号被带至几内亚比绍首都比绍,船长和船员被扣留在该船上,并由武装人员看管。[2]

几内亚比绍国家渔业检查和控制局对"朱诺商人"号上货物进行了样品随机抽检分析,并认定"朱诺商人"号上的多数渔获属于几内亚比绍管辖水域内的品种。[3] 10月18日,几内亚比绍渔业控制专业委员会(Fisheries Control Technical Committee of Guinea-Bissau)开会研究本案。该委员会认定"朱诺商人"号上所载鱼种与几内亚比绍管辖海域的鱼种类似,并提出包括"朱诺商人"号违法捕鱼应受到罚款等四项处罚建议。[4] 10月19日,几内亚比绍部长间海事控制委员会(Interministerial Maritime Control Commission)召开会议,就此案作出如下决定:

1. "朱诺商人"号违反几内亚比绍渔业立法,应缴纳罚款175398欧元。

2. 根据《几内亚比绍一般渔业法》第58条,因"朱诺商人"号船长不配合几内亚比绍方的登临检查而曾试图逃离,对该船船长罚款8770欧元。

3. 由于"朱诺商人"号在未经授权的情况下,在几内亚比绍海域转载渔获,因此将该船上所有渔获收归几内亚比绍国

---

[1] The "Juno Trader" Case (Saint Vincent and the Grenadines v. Guinea-Bissau), Judgment of 18 December 2004, para. 35.
[2] Ibid., paras. 38-40.
[3] Ibid., para. 41.
[4] Ibid., para. 42.

家所有。

4. 要求上述罚款自本决定发出之日起15日内支付完毕。[5]

10月20日，几内亚比绍将上述决定书面告知"朱诺商人"号船东，并要求对方立即执行。

对于几内亚比绍方面的行动，"朱诺商人"号船东与几内亚比绍部长间海事控制委员会进行了积极交涉。在协调无果的情况下，"朱诺商人"号船东于11月1日致函几内亚比绍，申请延期15日偿付应由该船偿付的罚款。11月3日，该船东偿付了要求船长偿付的8770欧元罚款。[6] 随后，船东保护公司代表"朱诺商人"号所投保的船东保赔协会（P&I Club），于11月10日致函几内亚比绍政府，表示愿意应要求向其赔付总额不超过50000欧元款项，以换取对"朱诺商人"号及其船员的释放，并于11月18日支付了一张金额为50000欧元的保函。[7] 11月23日，应"朱诺商人"号船东的起诉，比绍地方法院作出决定。该决定命令立即暂停10月19日几内亚比绍部长间海事控制委员会的决定，直到法院对本案有一个确定的判决为止。原有命令的相关法律后果亦暂停，包括：

1. 立刻将旨在出售原告船舶（"朱诺商人"号）上查获的鱼和鱼粉的任何程序取消或宣告无效。

2. 立刻解除不允许"朱诺商人"号船员离开比绍港的禁令，并立刻归还船员的护照。

3. 立刻暂停要求"朱诺商人"号船长支付罚款，并且不得动用已寄出的银行保函，直到本案有一个确定的处理判决为止。[8]

然而，几内亚比绍国家渔业检查和控制局却于12月3日致函"朱诺

---

[5] The "Juno Trader" Case（Saint Vincent and the Grenadines v. Guinea-Bissau）, Prompt Release, Judgment, ITLOS Reports, 2004, para. 43.
[6] Ibid., paras. 49-50.
[7] Ibid., para. 51.
[8] Ibid., para. 35.

商人"号船东,声称根据 8 月 22 日第 6－A/2000 号法令第 60 条第 3 款,自 2004 年 11 月 5 日起,"朱诺商人"号船的所有权已转移给几内亚比绍政府,理由是该船未能付清几内亚比绍部长间渔业控制委员会于 2004 年 10 月 19 日发布的命令中要求其偿付的罚款。[9] 自此,"朱诺商人"号船东与几内亚比绍政府就该船、其船员的释放以及罚款问题的争端陷入僵局。

2004 年 11 月 18 日,圣文森特和格林纳丁斯政府依据《联合国海洋法公约》(以下简称《公约》) 第 292 条,以电子信函的方式向国际海洋法法庭书记官处提交请求书,就有关"朱诺商人"号船及其船员的释放问题,单方面提起了针对几内亚比绍的诉讼。随后,该请求书的作准副本也被发给几内亚比绍外交部长、几内亚比绍驻布鲁塞尔大使馆,以及几内亚比绍常驻纽约联合国代表团。[10] 12 月 6—7 日,国际海洋法法庭举行了四场公开庭审,双方代理人进行了口头陈述。在庭审中,圣文森特和格林纳丁斯陈述了其诉讼请求,并在庭审结束前提交了最终诉求。

二、判　决

(一) 当事方请求

本案是由圣文森特和格林纳丁斯单方面提起的针对几内亚比绍的"迅速释放船只和船员"的案件。在庭审结束前,圣文森特和格林纳丁斯宣读了其最终诉求 (final submissions),请求法庭:

1. 宣布依据 1982 年《公约》第 292 条,国际海洋法法庭对原告的请求享有管辖权。
2. 宣布原告的诉求具备可受理性。
3. 宣布被告已经违反《公约》第 73 条第 2 款,原因是被告设定的释放"朱诺商人"号船及其所有船员的条件不但与之不一致,而且不合理。

---

[9] The "Juno Trader" Case (Saint Vincent and the Grenadines v. Guinea-Bissau), Prompt Release, Judgment, ITLOS Reports, 2004, para. 53.
[10] Ibid., paras. 1-2.

4. 发布被告在无须原告提供保证书或其他财政担保的情况下，释放"朱诺商人"号船及其所有船员的命令，在被告已经提供的情况下，由被告返还已经缴纳的保证金或其他财政担保。

5. 作为备选，也可以在船东提供保证书或其他财政担保的情况下，发布被告释放"朱诺商人"号船及其所有船员的命令，但这种保证书或其他财政担保的金额必须由法庭根据本案的特殊情形适当设定。

6. 在上述情形下，由法庭发布一个关于上述保证书或其他财政担保形式的命令。

7. 发布一个由被告取消没收"朱诺商人"号船上所有渔获决定的命令。

8. 发布一个由被告支付原告的诉讼费用的命令。[11]

针对圣文森特和格林纳丁斯方面的请求，几内亚比绍则请求法庭：

1. 宣布：依据《公约》第292条，法庭对圣文森特和格林纳丁斯提出的请求无管辖权；或者圣文森特和格林纳丁斯在本案中提出的诉求不具有可受理性；再或者圣文森特和格林纳丁斯在本案中提出的请求欠缺依据。

2. 作为一个附属的请求，如果法庭判决几内亚比绍必须在一收到对方提供的保证金或其他财政担保时就立即释放"朱诺商人"号船及其船员，则请求法庭命令：

（1）保证金应该不低于1227214.00欧元。

（2）保证金应该以银行保函的形式开具，该银行应为几内亚比绍境内银行或与境内银行存在业务安排的境外银行。

（3）该银行保函应该载明，其出具是为了几内亚比绍释放与2004年10月19日由几内亚比绍部长间海事控制委员会作出的决定相关的"朱诺商人"号船只；同时，出具人承诺其将应要求支付由几内亚比绍国内权威机构作出的最终判决、裁决或

---

[11] The "Juno Trader" Case (Saint Vincent and the Grenadines v. Guinea-Bissau), Judgment of 18 December 2004, para. 31.

决定所规定的金额。

3. 决定圣文森特和格林纳丁斯应该支付几内亚比绍与本诉讼有关的费用,但不包括与本案有关的海洋法信托基金可能会支付给几内亚比绍的经济援助。[12]

(二) 法庭说理

1. 管辖权

法庭关于其对本案拥有管辖权的论证主要围绕《公约》第292条展开。法庭首先论证,在本案中,原告和被告均加入《公约》,且《公约》对两国均已生效;同时,两国在"朱诺商人"号船及船员被扣留起10日内,并未就船及船员的释放问题向任何法庭或仲裁庭起诉达成一致。因此,本案符合《公约》第292条第1款规定的向法庭提起诉讼的条件。

法庭接着论证本案是否符合《公约》第292条第2款规定的,"这种释放的申请,仅可由船旗国或以该国名义提出"。法庭分别介绍了原告和被告对此问题的不同看法,然后作出决定。

被告主张,根据"大王子"号案(伯利兹诉法国),法庭拥有管辖权要求原告在船只被扣留时以及原告提交请求书时,原告必须均为该船舶的船旗国。本案中法庭对原告诉求无管辖权。理由是:根据几内亚比绍的国内法令,"朱诺商人"号船的所有权在2004年11月5日已通过被没收而转移至几内亚比绍政府。故在原告起诉时,其已不再是"朱诺商人"号的船旗国,不符合《公约》第292条第2款的要求。

原告则认为法庭对本案有管辖权。理由有二:一是被告对"朱诺商人"号船及其船长的罚款决定,以及原告的不付款导致该船被被告没收,这些已经被被告国内法院所暂停;二是"朱诺商人"号船被没收的决定是在12月3日告知原告的,而这一问题在11月18日船东由船东保赔协会出具金额为50000欧元的保函,以及11月23日比绍国内地区法院作出决定时,并未提出。

法庭认定其对本案有管辖权。这是因为比绍地区法院的裁定已经暂停了10月19日几内亚比绍部长间海事控制委员会的决定,直到法院对

---

[12] The "Juno Trader" Case (Saint Vincent and the Grenadines v. Guinea-Bissau), Judgment of 18 December 2004, para. 31.

本案有一个确定的判决为止;原有命令的相关法律后果亦暂停,例如,地区法院的决定会导致原命令中基于不付款而施加的任何处罚,包括对船只的没收处罚不予适用。因此,"朱诺商人"号船的所有权并没有发生转移,更不用说其国籍发生变更了。相应地,被告有关原告在提交请求书时(2004年11月18日)并非"朱诺商人"号船的船旗国的主张没有法律依据。法庭认定其对该案有管辖权。

2. 可受理性

在庭审中,被告主张原告的诉求不具备可受理性,并提出三点理由:一是"朱诺商人"号船及其设备与渔获目前是几内亚比绍的财产,因此几内亚比绍并不是扣留船舶,而是作为合法的所有者占有该船舶;二是由于《公约》第292条项下进行诉讼的可能性已经被几内亚比绍的国内程序所代替,因此本案案由消失(moot);三是在本案中,并不存在针对船舶被扣留是违反《公约》第73条第1款的严重指控,因此也不存在对《公约》第73条第2款的违反。

法庭认为,针对上述第一个理由,基于船舶所有权的改变来反对诉求可受理性的提法与被告反对法庭对本案的管辖权的理由相似。基于同样的理由,法庭拒绝了被告的此项反对意见。而针对第三个理由,法庭认为,根据原告的诉求,"朱诺商人"号船是由于被指控违反了适用于几内亚比绍专属经济区内的渔业法而被扣留,而被告并未对此提出异议。因此该理由不成立。

法庭据此判决,本案中原告的诉求具有可受理性。本案的判决书没有对上述被告提及的第二个理由进行反驳,但由门萨法官和沃尔夫鲁姆法官共同提交的个别意见对此进行了分析(参见本文第三部分)。

3. 《公约》第73条第2款的不遵守问题

《公约》第73条第2款规定,"被逮捕的船只及其船员,在提出适当的保证书或其他担保后,应迅速获得释放"。

本案的原告指控被告违反了该条款,理由是被告设立的释放"朱诺商人"号船及其所有船员的条件与此要求不符,且并不是适当的。此外,在原告已经提供金额为50000欧元的银行保函后,被告仍然没有释放船只或船员。

被告则辩称,由于"朱诺商人"号船的所有权已经转移至几内亚比绍政府,该船舶并不是《公约》第292条所指的"扣留";而且金额为

50000欧元的保证金并不够,不能满足几内亚比绍国内法或《公约》中的要求。

法庭认为,被告违反了《公约》第73条第2款,应该迅速释放"朱诺商人"号船及其所载的渔获和船员。法庭提出了三点理由:第一,缴纳保证金以换取对船舶和船员的释放并不是扣留国提出的,而扣留国没有对船东提供保证金的行为进行回应,且未通知船东其所提供的保证金金额并不是适当的。[13]第二,在本案中,双方并没有就《公约》第73条第4款中"扣留国通知船旗国的义务"提出异议。然而,第73条第4款与第2款关系密切,扣留国迅速释放船舶和船员的义务包括其对人道主义、法律的正当程序(due process of law),以及公平性等因素的考量。[14]如果扣留国不履行迅速通知船旗国的义务,船旗国就无法及时、有效地援引《公约》第73条第2款以及第292条来维护本国船舶的权益。在本案中,几内亚比绍并没有履行迅速通知船旗国的义务。第三,双方当事国对"朱诺商人"号上的船员是否仍然处于被扣留状态有不同看法。[15]法庭审理后认定,"朱诺商人"号船的船员仍然在几内亚比绍境内,且由该国进行管辖,并宣布,所有船员都应该可以无条件地离开几内亚比绍。[16]

4. 决定适当的保证金的相关要素

根据《国际海洋法法庭规则》第113条第2款,法庭认为原告的诉求确有依据时,必须决定保证书或其他财政担保的金额、性质和形式,以便换取对船舶和船员的释放。为此目的,法庭考察了以往的判例,特别是1999年巴拿马诉法国的"卡莫柯"号案和2000年塞舌尔诉法国的"蒙特·卡夫卡"号案。

法庭认为,"卡莫柯"号案中提出了决定适当的保证金的四个要素,即:(1)被指控违法行为的严重性;(2)已经实施的处罚或根据扣留国的法律可以实施的处罚;(3)被扣留船舶和被查扣渔获的价值;以及(4)由扣留国认定的保证金的金额和其形式。[17]而在"蒙特·卡夫卡"

---

[13] The "Juno Trader" Case (Saint Vincent and the Grenadines v. Guinea-Bissau), Judgment of 18 December 2004, para. 75.
[14] Ibid., paras. 76-77.
[15] Ibid., para. 78.
[16] Ibid., para. 79.
[17] Ibid., para. 82.

号案中，法庭认为《公约》第 292 条的目的在于平衡船旗国和船舶扣留国即沿海国的利益，而这种平衡为法庭评估保证金的合理性提供了一个指导标准。法庭认为，合理性/适当性（reasonableness）的认定不能与案件的事实分开。[18] 基于这种考虑，法庭对本案的相关事实又进行了厘清。在此基础上，法庭认为"卡莫柯"号案中的四个要素可以作为决定适当的保证金金额的参考依据。

5. 保证书或其他财政担保的金额和形式、诉讼费用分担

基于上述确定保证金的参考要素，法庭经过审理，最后认定本案应该由原告以银行保函的方式向被告提供金额为 300000 欧元的保证金。同时，银行保函应由几内亚比绍境内的银行或与境内银行有相应安排的境外银行出具，如果双方同意的话，也可以采用其他形式。

关于本案的诉讼费用的支付问题，法庭参考了《国际海洋法法庭规约》第 34 条的规定，"除法庭另有裁定外，费用应由当事各方自行负担"[19]。在本案中，法庭认为没有必要不遵守此一般规则，因此最后判决，由当事双方负担各自的诉讼费用。

（三）判决主文

本案法庭经过审理，于 2004 年 12 月 18 日发布了判决。判决主文由法庭的所有法官以"一致同意"的方式作出，内容包括：

（1）认定：依据 1982 年《公约》第 292 条，法庭对圣文森特和格林纳丁斯于 2004 年 11 月 18 日提起的诉求享有管辖权。

（2）认定：原告针对被告违反《公约》第 73 条第 2 款的诉求具备可受理性。

（3）认定：原告关于被告在原告提供适当的保证书或其他财政担保的情况下，没有遵守《公约》第 73 条第 2 款的规定迅速释放"朱诺商人"号船及其船员的指控，确有依据。

（4）决定：几内亚比绍应该在收到法庭认定的保证书或其

---

[18] The "Juno Trader" Case (Saint Vincent and the Grenadines v. Guinea-Bissau), Judgment of 18 December 2004, para. 84.

[19]《国际海洋法法庭规约》第 34 条。

他担保之后,迅速释放"朱诺商人"号船及其货物,同时其船员应该可以无条件地离开几内亚比绍。

(5) 决定:关于保证书或其他财政担保问题的处理:①已经支付给几内亚比绍 8770 欧元;和②需再行支付几内亚比绍 300000 欧元。此外,之前已经由船东保赔协会出具的金额为 50000 欧元的保函必须退还原告。

(6) 决定:金额为 300000 欧元的保证金应该以银行保函的方式,由几内亚比绍境内的银行或与境内银行有相应安排的境外银行出具,如果双方同意的话,也可以采用其他形式。

(7) 决定:各当事国分别承担己方的费用支出。[20]

三、评 论

本案是国际海洋法法庭审理的第七个有关"迅速释放"的案件。本案中涉及的一些法律问题,如保证书或其他财政担保金额确定的合理性标准、程序等问题并不都是因本案的发生而出现的新问题。然而,本案中有些法律问题,如船舶所有权的转移与船舶国籍或船旗之间的关系,在当时引起了广泛的讨论,至今仍对各国有一定的借鉴意义。

(一) 船舶所有权的转移与船舶国籍或船旗之间的关系

船舶国籍的确定是确定《公约》下谁有资格提起"迅速释放"之诉的关键,而船舶所有权的转移是否必然引起船舶国籍的变化是一个相关问题。在本案中,几内亚比绍声称"朱诺商人"号在提起诉讼之前根据几内亚比绍国内法的规定,其所有权已经转移至该国,其船舶的船旗也随之改变。那么,船舶被没收是否意味着船舶所有权的转移?船舶所有权转移是否意味着船舶的国籍也随之改变?

关于船舶被没收是否意味着船舶所有权的转移问题,门萨法官和沃尔夫鲁姆法官共同提交的个别意见对此进行了讨论。两位法官强调沿海国行使权利必须以《公约》和其他相关国际法规则为限,包括那些保护

---

[20] The "Juno Trader" Case (Saint Vincent and the Grenadines v. Guinea-Bissau), Judgment of 18 December 2004, para. 104.

人权、保护公平审判和程序正义的规则[21]。在此基础上，他们同意本案判决中认定的《公约》规定的"迅速释放"的义务包括对人道主义和程序正义的基本考量。[22]根据法庭的判例，一方当事国国内法的内容和影响属于一个事实问题，而法庭在作出此选择时必须依据一个基础，即根据《公约》和一般国际法，当事国的义务包括不否认正义或适当的法律程序，特别是那些涉及外国人财产权利的法律和司法程序。在本案中，几内亚比绍国内法规定，当外国船东在15天内或者由部长间海事控制委员会授予的延期时间内没有全部缴纳由该委员会认定的罚款时，船舶的所有权即自动转移至几内亚比绍。这样的规定没有给船东任何行政或司法救济，显失公平，故这种转移所有权的影响不能被认定为终局性的。

特雷韦斯法官发表的个别意见对于本案判决中将人道主义以及法律和公平的程序正义纳入考量因素表示欢迎，认为这是对国际海洋法法庭判例的新发展。[23]而恩迪亚耶法官发表的个别意见则表达了不同的看法。他一方面支持本案有关"朱诺商人"号船只所有权的变动并不自动导致船旗变更的判决，另一方面，他认为法庭不应该就该船的所有权是否发生变动进行判决，因为这是沿海国的权限，法庭对此应该接受而不是对该实体问题进行审理，而且这种做法可能会导致"幽灵船"（Phantom flag）的出现。[24]

关于船舶所有权的转移与船旗之间的关系问题，《公约》第292条第2款规定，释放船只和船员的申请只能由船旗国或以其名义提出。门萨法官和沃尔夫鲁姆法官认为，船只所有权的转移并不必然导致船旗的改变。从法律的角度看，船只的国籍是某个船只与国家在管辖权上的关联，船只的国籍国就是船旗国或其船只有权悬挂该国旗帜的国家，船旗国的法律适用于该船只。《公约》第94条对船旗国的义务进行了详细的规定。鉴于船旗国对船只的重要性，船旗的改变必须按照该船旗国的具

---

[21] 在本案中，拉奥（Chandrasekhara Rao）法官发表的个别意见也提出了庭审中程序问题的重要性，特别是法庭应该给予双方当事人同等的机会来表达其诉求及其理据。Separate Opinion of Judge Chandrasekhara Rao, Judgment of 18 December 2004, p. 64.

[22] Joint Separate Opinion of Judges Mensah and Wolfrum, Judgment of 18 December 2004, p. 57.

[23] Separate Opinion of Judge Treves, Judgment of 18 December 2004, p. 71, para. 1.

[24] Separate Opinion of Judge Ndiaye, Judgment of 18 December 2004, pp. 81-82, paras. 26, 30.

体规定和程序来进行,这些程序也必须符合与船旗有关的国际法的规定。[25] 两位法官认为,在本案中,根据船旗国的国内法或《公约》,"朱诺商人"号船旗并没有发生变更。

(二)保证书或其他财政担保金额的"合理性/适当性标准" (reasonableness criteria)

保证书或其他财政担保金额是否适当是《公约》下"迅速释放"案件无法回避的一个重要议题。然而,国际海洋法法庭的法官们在决定保证金的适当性/合理性问题上有两种不同的观点和方法。[26] 一种观点认为,保证金的适当性应该主要参考沿海国有关的规章和决定。如在"卡莫柯"号案中,安德森法官认为国内法院能最好地考虑事实和该国的法律[27];沃尔夫鲁姆法官也主张,法庭不该无视有关沿海国的执法政策而确立自己的制度,或以自己的决定取代沿海国的裁量权,他认为只有在国内的决定或措施是违反国际法、滥用权力而非真诚地作出决定或作出的决定不成比例时,国际海洋法法庭才能干预。[28] 另一种观点认为,保证金的适当性应该由一个国际标准来评估。例如,特雷韦斯法官就认为合理的保证金必须是基于《公约》的一个国际的概念,它不必与国内法上认为合理的观点一致。[29] 莱恩法官也认为,保证金的合理性应是国际的标准,由国际海洋法法庭决定,他认为法庭的作用既不是执行扣船国的国内法,也不是执行《公约》的实体规定,而是适用国际确定的合理性的客观标准。[30]

在本案中,勒基法官提出确定保证金合理性的四个标准:(1)保证金不能是惩罚性的,也不能在一方有罪的假定基础上作出;(2)保证金的目的是确保原告会回到被告的国内法院为自己辩护,而本案的被告,如果胜诉的话,也不会在经济上有所损失;(3)罪行的严重性;(4)存

---

[25] Joint Separate Opinion of Judges Mensah and Wolfrum, Judgment of 18 December 2004, p. 61, para. 10.

[26] 凌岩:《论迅速释放船只和船员程序——以国际海洋法法庭 20 年实践为例》,《边界与海洋研究》2017 年第 2 期,第 52 页。

[27] "Camouco" Case, Dissenting Opinion of Judge Anderson.

[28] "Camouco" Case, Dissenting Opinion of Judge Wolfrum, paras. 11, 14.

[29] "Camouco" Case, Dissenting Opinion of Judge Treves, para. 4.

[30] "Camouco" Case, Dissenting Opinion of Judge Laing.

在必要性的情况下，对证据进行评估。[31]

那么，上述标准或因素之间是否存在优先次序？朴椿浩法官发表的个别意见认为，法庭关于保证书或其他财政担保金额的"合理性标准"是逐渐发展和演变的。总体上，本案考虑的"合理性标准"的要素要比之前判例中的更为广泛。在之前与"迅速释放"有关的案件中，法官们对《公约》的文义解释值得借鉴。例如，《公约》第 73 条第 2 款和第 292 条中的"合理性"（reasonable）一词，法语与英语的表达并不一致。朴椿浩法官认为，如果在司法上这两种语言的词义是一样的，除非这两种不同的表述导致语义上的明显背离，否则并不是在所有情形下都要求这种词义的一致性。[32] 此外，他指出，"卡莫柯"号案的判决列出了合理性标准的四个要素，而本案的原告却错误地将这四个要素解读为是根据重要性的顺序排列，因而排在前两位的是最重要的两个要素。[33] 实际上，在"蒙特·卡夫卡"号案中，法庭就曾指出"其无意就每个要素所占的权重确定僵化的规则"[34]。

克罗金法官、安德森法官和科特法官的联合声明对上述标准中"罪行的严重性"（the gravity of the alleged offences）的概念进行了进一步阐释。法庭在本案判决中四次提到这一概念[35]，并将之作为评估保证书或其他财政担保"适当性"的一个重要因素。三位法官一方面对法庭的判决推理表示支持，另一方面，强调法庭在评估保证书或其他财政担保的"具体金额"时，应该同等地对指控罪行的证据予以考量，并认为本案中判决的保证金金额偏高，应该再降低一些。[36] 三位法官作出这一评论主要是基于国家实践，特别是普通法国家的司法实践。他们认为，在英美法国家，当法官或司法官员释放一位被刑事指控但尚未审判的、处于监禁状态的嫌疑人时，在确定保释金金额之前，需要考量那些支持指

---

[31] Separate Opinion of Judge Ndiaye, Judgment of 18 December 2004, p. 92, para. 44.
[32] Separate Opinion of Judge Park, Judgment of 18 December 2004, p. 55.
[33] Ibid.
[34] "Monte Confurco" Case (Seychelles v. France), Prompt Release, Judgment, ITLOS Reports 2000, p. 109, para. 76.
[35] The "Juno Trader" Case (Saint Vincent and the Grenadines v. Guinea-Bissau), Judgment of 18 December 2004, paras. 82, 85, 89.
[36] Joint Declaration of Judges Kolodkin, Anderson and Cot, Judgment of 18 December 2004, pp. 49-50.

控和定罪的证据的性质和证明力。[37] 由于这种情形与《公约》第292条项下的法庭的任务并无不同，这一做法也应该适用于本案。这三位法官的联合声明得到了学界的积极回应[38]，然而，三位法官仅仅基于普通法国家的司法实践得出这一结论，而忽视了包括大陆法系国家在内的其他国家的实践，似乎是可以完善的地方。

（三）法庭是否应当审理或评估证据

在国际司法或仲裁中，证据问题是法庭必须经常面对的问题。涉及科学性或技术性较强的证据时，法庭通常会借助专家证人的作用。在本案中，勒基法官通过发表个别意见对证据的评估问题进行了讨论。他首先提出，对《公约》第292条第3款[39]存在两种解读。一是该条款意味着法庭不能考虑案件的实体问题或评估证据，而只能决定保证书或其他财政担保是否合理；二是法庭在必要情形下，可以评估证据。勒基法官支持第二种观点，认为应该对法庭的管辖权做广义解读，因为在某些情形下，法庭为了作出一个衡平的决定就有必要对证据进行评估。[40]总的来说，勒基法官的观点似乎更接近国际司法实践。

（四）案由消失的认定

在案件中，原告诉求的案由消失可能会导致该诉求缺乏可受理性，那么应当如何认定诉求的案由消失呢？在本案中，法庭并未对被告提出的第二个认为原告的诉求不具备可受理性的理由进行反驳。该理由认为，由于《公约》第292条项下进行诉讼的可能性已经被几内亚比绍的国内程序所代替，因此本案中原告的请求目的即案由已经消失。门萨法官和沃尔夫鲁姆法官共同提交的个别意见对此进行了分析。他们认为，当国

---

[37] Joint Declaration of Judges Kolodkin, Anderson and Cot, Judgment of 18 December 2004, p. 49.
[38] See, e. g., Tullio Treves, "The International Tribunal for the Law of the Sea", *The Italian Yearbook of International Law*, Vol. 14, 2004, pp. 299-300.
[39] 《公约》第292条第3款规定："法院或法庭应不迟延地处理关于释放的申请，并且应仅处理释放问题，而不影响在主管的国内法院对该船只、其船主或船员的任何案件的是非曲直。扣留国当局应仍有权随时释放该船只或其船员。"
[40] Separate Opinion of Judge Ndiaye, Judgment of 18 December 2004, pp. 88-89, paras. 27-28, 30.

内法律程序已经完成时，迅速释放程序的案由即不复存在；然而，本案中被告采取的没收船舶这一执法行动并不意味着法律程序已经完成，特别是，本案审理时，在几内亚比绍国内的司法程序尚在进行之中，这时，根据《公约》第 292 条，"朱诺商人"号船仍然是一艘被扣押着的船舶，这一性质只有在符合国际法标准的、适当的国内法律程序完成之后才会改变。[41]

四、附　录

（一）中英案件全名

1. 中文案件全名："朱诺商人"号案（圣文森特和格林纳丁斯诉几内亚比绍）（迅速释放）

2. 英文案件全名：The "Juno Trader" Case (Saint Vincent and the Grenadines v. Guinea-Bissau) (Prompt Release)

（二）案件的标准引用

"Juno Trader" (Saint Vincent and the Grenadines v. Guinea-Bissau), Prompt Release, Judgment, ITLOS Reports 2004, p. 17.

（三）主要参考文献

1. Tullio Treves, "The International Tribunal for the Law of the Sea", *The Italian Yearbook of International Law*, Vol. 14, 2004, pp. 299-300.

2. Bantz, P. Vincent, "View from Hamburg: The Juno Trader Case or How to Make Sense of the Coastal State's Rights in the Light of Its Duty of Prompt Release", *University of Queensland Law Journal*, Vol. 24, 2005, pp. 415-444.

3. 凌岩：《论迅速释放船只和船员程序——以国际海洋法法庭 20 年实践为例》，《边界与海洋研究》2017 年第 2 期，第 43—55 页。

---

[41] Joint Separate Opinion of Judges Mensah and Wolfrum, Judgment of 18 December 2004, para. 12.

（四）与本案主题相关的重要引用案件

1. "Camouco" Case (No. 5) (Panama v. France), ITLOS Reports 2000, pp. 29-31, paras. 59, 67.

2. "Monte Confurco" Case (No. 6) (Seychelles v. France), Prompt Release, Judgment, ITLOS Reports 2000, pp. 86, 108-109, paras. 71, 72, 74 and 76.

3. "Grand Prince" Case (No. 8) (Belize v. France), Prompt Release, Judgment, ITLOS Reports 2001, p. 17.

4. M/V "SAIGA" Case (No. 2) (Saint Vincent and the Grenadines v. Guinea), Judgment, ITLOS Reports 1999, p. 10.

（五）案件中的重要缩略语

ITLOS International Tribunal for the Law of the Sea 国际海洋法法庭
UNCLOS United Nations Convention on the Law of the Sea 《联合国海洋法公约》

（施余兵）

边界争端案
(贝宁/尼日尔)

(2005 年)

2002.05.03 贝宁、尼日尔依《特别协定》将边界争端提交国际法院

2002.11.27 国际法院决定由 5 位法官组成分庭审理

2003.08.27 贝宁、尼日尔分别提交诉状

2003.11.20 分庭第一次开庭,安排两位专案法官宣誓

2004.05.28 贝宁、尼日尔分别提交辩诉状

2004.12.17 贝宁、尼日尔分别提交答辩状

2005.03.07—08,10—11 国际法院分庭举行公开庭审

2005.07.12 国际法院分庭作出判决

关键词:依法保持占有(【拉】*Uti Possidetis Juris*);实际统治(【法】*Efféctivités*);关键日期(Critical Date);地图证据(Value of Maps as Evidence)

一、案件背景

贝宁和尼日尔为西非邻国。贝宁面积约 11.3 万平方千米,南邻大西洋,西邻多哥,西北毗邻布基纳法索,北邻尼日尔,东邻尼日利亚。尼日尔面积 12.7 万平方千米,南邻尼日利亚,西南与贝宁接壤,西邻布基纳法索,西北与马里接壤,北邻利比亚和阿尔及利亚,东邻乍得。两国争议边界分为两段:西边的梅克鲁河段,即以贝宁、尼日尔和布基纳法索三国边界的交汇点为起点,大致沿西南—东北向延伸至梅克鲁河和尼日尔河的交汇处;东边的尼日尔河段,即自梅克鲁河和尼日尔河交汇处

起,沿尼日尔河向东南方向延伸 150 千米至两国与尼日利亚边界的交汇点。界河中有众多岛屿,两国对岛屿数量、主权归属也存在争议。其中,莱泰岛(the Island of Lete)是最大的岛屿,面积约 40 平方千米,土地肥沃,牧草茂盛,有常住居民。

贝宁和尼日尔在独立前均为法国的殖民地,是法属西非(French West Africa)的组成部分。贝宁独立前是法属西非的达荷美殖民地(the former colony of Dahomey),1960 年 8 月 1 日独立,成立达荷美共和国,1975 年改为贝宁共和国。尼日尔 1960 年 8 月 3 日宣布独立,其对应的领土在殖民时期经历了多次行政区划调整。独立前夕,双方在莱泰岛发生冲突。后来,两国建立达荷美—尼日尔联合委员会,先后在 1961 年和 1963 年开会讨论边界问题。1963 年 10 月,达荷美和尼日尔有关莱泰岛的危机加剧,两国分别发布白皮书,阐明各自在边界问题上的立场。后来,两国曾尝试和平解决争端,但莱泰岛的主权问题始终无法解决,并在 1993 年、1998 年发生了冲突事件。1994 年 4 月 8 日,贝宁和尼日尔缔结协定,成立联合划界委员会。委员会于 1995 年至 2000 年举行了六轮谈判,两国专家仍不能在划界问题上达成共识,委员会建议两国政府将争端提交国际法院解决。2001 年 6 月 15 日,两国缔结特别协定,决定将包括莱泰岛主权争端在内的边界争端提交国际法院。2002 年 5 月 3 日,两国通知国际法院书记官长,将特别协定规定的两国边界争端提交国际法院,请求国际法院:(1)确定贝宁和尼日尔在尼日尔河段的边界线;(2)明确哪一国对尼日尔河内岛屿特别是莱泰岛享有主权;(3)确定两国在梅克鲁河段的边界线。

二、判 决

(一)当事方请求

根据《特别协定》第 1 条的规定,当事方同意将边界争端提交按照《国际法院规约》第 26 条第 2 款组成的分庭,并且每一方选定一位专案法官。根据 2002 年 11 月 27 日指令,法院一致决定由 5 位法官组成分庭审理该案。分庭由法官兰杰瓦、科艾曼斯、亚伯拉罕和专案法官贝德贾维、本努纳组成,国际法院副院长兰杰瓦法官担任分庭庭长。

贝宁、尼日尔在 2003 年 8 月 27 日前提交了各自的诉状,并于 2004 年 5 月 28 日前提交了辩诉状。2004 年 7 月 2 日,分庭庭长与当事方举行会议,就后续程序问题确认当事方的意见,双方均希望被授权提交第三轮书状(a third pleading)。根据 2004 年 7 月 9 日的《程序令》,法庭授权当事方在 2004 年 12 月 17 日前提交答辩状(Replies)。2005 年 2 月 11 日,尼日尔致函法院,希望按照《国际法院规则》第 56 条规定提交 2 份新材料,贝宁不反对尼日尔提交新材料。

贝宁请求法院判决:

(1)贝宁和尼日尔两国边界线从北纬 11°54′15″、东经 2°25′10″坐标点,沿梅克鲁河中间线直到北纬 12°24′29″、东经 2°49′38″坐标点,再从该点沿尼日尔河左岸直到北纬 11°41′44″、东经 3°36′44″坐标点。

(2)尼日尔河中的所有岛屿的主权,特别是莱泰岛主权归贝宁所有。

尼日尔请求法院判决:

(1)贝宁和尼日尔的边界沿独立时所确定的尼日尔河的深泓线,从北纬 12°24′27″、东经 2°49′36″坐标点,到北纬 11°41′40.7″、东经 3°36′44″坐标点。

(2)边界线决定岛屿归属:位于深泓线与河流右岸之间的岛屿属于贝宁;位于深泓线与河流左岸之间的岛屿属于尼日尔。

(3)按照独立时确定的深泓线在贝宁和尼日尔之间的岛屿分配应被视为最终的。

(4)对于加亚—马朗维尔(Gaya-Malanville)之间的桥梁上的边界是那些结构的中间线。

(5)贝宁和尼日尔在梅克鲁河段的边界分为两段:第一段是梅克鲁河和尼日尔河汇合点与巴黎子午线和阿塔克拉山脉交汇点(坐标为北纬 11°41′50″、东经 2°20′14″)之间的直线;第二段是后一点到萨伊和法达大区(the cercles of Say and Fada)的前边界与法达和阿塔克拉大区(the cercles of Fada and

Atacora)前边界的交汇点(坐标为北纬 11°44′37″、东经 2°18′55″)之间的连线。[1]

(二) 分庭的说理

1. 法律适用及证据问题

《特别协定》第 6 条(法律适用)规定,适用于本案的国际法规则和原则是《国际法院规约》第 38 条第 1 款规定的那些原则和规则,包括"国家延续从殖民时期继承的边界原则,即边界不变原则"。分庭认为,从《特别协定》和当事方陈述可以看出,当事方一致同意根据保持占有原则确定两国边界。在适用保持占有原则时,分庭必须确定法国殖民当局留下的边界。当事方认为,分庭应考虑它们各自独立时的边界,即 1960 年 8 月 1 日和 3 日两国的边界。但分庭注意到,在这两个非常近的日期之间,边界没有发生变化。

关于如何适用保持占有原则,当事方存在不同观点。第一,分庭是否可以考虑独立后的实际情况。尼日尔认为,为了确保裁决对当事方的意义和价值,该原则不禁止分庭在适当情况下考虑独立后的实际情况,而且要求分庭为此目的仅考虑目前存在的那些岛屿。贝宁辩称,如果严格适用保持占有原则,为了确定岛屿在独立时的主权归属,参照当前情势将是不能接受的。分庭认为,无论如何,当事方同意,按照保持占有原则,应该参考适用法国殖民地法的实际情势即独立时存在的那些情势,确定它们之间的共同边界。然而,分庭特别强调,考虑尼日尔河中的众多岛屿属于哪一方的问题,必须在与当前实际情况的关系中评估陆地边界,并且在履行《特别协定》第 2 条赋予的职责时,分庭不能无视所涉河段某些岛屿可能出现或消失的情况。

第二,分庭是否可以根据独立后的文件或地图确定两国边界。尼日尔认为,在确定两国边界时,不限于独立前的资料和地图,独立后的某些文件和地图,不仅证明目前的实际情势,而且可以确立殖民时代存在的情势。相反,贝宁认为,分庭应该根据关键日期前的研究报告和文件作出裁决。分庭指出,在适用保持占有原则以确定那时存在的情势时,理论上不排除独立后的地图、研究报告或其他文件的相关性。无论如何,

---

[1] Frontier Dispute (Benin/Niger), Judgment, I. C. J. Reports 2005, p. 16, para. 16.

保持占有原则的效果是冻结领土所有权,对独立之后文件的审查不能导致对关键日期时"领土面貌"(photograph of the territory)的任何改变,当然,除非这些文件明确表明当事方同意这种改变。

第三,当事方按照保持占有原则讨论了后殖民时代有效管辖的法律价值。当事双方均不时地援引各自政府 1960 年独立后对争议领土的主权行为,以证明其主张的法律所有权。分庭认为,这种方法不应当必然被排除在外,正如分庭在陆地、岛屿和海洋边界案中指出的:在某些情况下——它们能够表明保持占有时的边界,即有效占有与确定该边界之间的关系的确存在——考虑独立后有效管辖的文件证据是可能的。[2]

分庭记得,当事方承认,按照保持占有原则,必须根据法国殖民地地法(droit d'outre-mer)确定边界线以及尼日尔河中的岛屿归属。当事方认同殖民地法的相关规则,但对它们的解释存在分歧。分庭认为,在这种情况下提到国内法时,该法并非"本身适用(仿佛存在着此类法律和国际法之间的法律接替),只是与其他因素共同构成事实因素,或作为'殖民地遗产'……的证据"。[3]

分庭指出,根据 1895 年 6 月 16 日法兰西共和国总统令,法属西非领土的管辖集中于中央,由总督(Governor-General)行使。法属西非由众多殖民地组成,分别由副总督(Lieutenant-Governor)治理。殖民地下设大区(cercles),由大区将军(commandants de cercle)管理管辖;大区由分区(subdivisions)组成,分区由分区长治理。分区下设市镇(cantons),市镇下是村庄。分庭注意到,当事方也承认,殖民地的设立和取消属于宗主国法国当局权限,根据第三共和国宪法,由法国总统按照法令行使,1946 年 10 月 27 日新宪法通过后,由议会行使。对于同一殖民地内设立分区的权力,属于法属西非总督,1957 年后移交给地方代表机构。

1904 年 10 月 18 日的法国总统令第 5 条规定,为了重组法属西非,赋予总督"在政策委员会中并根据副总督的建议,决定各殖民地行政区划"的权力。在 1912 年 11 月 3 日第 114c 号有关组建行政区划的通知中,总督将第 5 条解释为赋予其"权力确立……大区的数量和范围",

---

[2] Land, Island and Maritime Frontier Dispute (El Salvador/Honduras: Nicaragua Intervening), Judgment, I. C. J. Reports 1992, p. 399, para. 62.

[3] Frontier Dispute (Burkina Faso/Mali), Judgment, I. C. J. Reports 1986, p. 568, para. 30.

而这些大区构成"在各殖民地内设立构成实际行政单位的大区……数量和范围的权力",但同时指出,"经认可,承认副总督保留采取措施来确定在这些大区设立分区的权力。"根据这一通知,"凡涉及行政区,即严格意义上的领土单位的任何措施,也就是影响大区存续(设立或取消)、范围、名称或行政中心位置的措施",都将由政策委员会通过一项法令予以确认;副总督不仅要"通过留待总督批准的法令,界定这些区各自确切具体的地形边界",还要通过地方决策,决定"在这些大区内……确定区的数量和范围……及其中心所在的位置"。[4]

为了更好理解当事方在边界、尼日尔河中岛屿主权问题上立场的历史背景,分庭简要回顾了在殖民地时期相关领土法律地位的演变情况。[5]

分庭接下来介绍了与边界争端相关的主要文件,包括有关尼日尔河段划界、河内岛屿主权归属的文件和地图资料,与梅克鲁河段划界有关的文件和地图,以及当事方为支持各自主张而提交的大量地图和图片资料。[6] 在谈到地图的证据价值时,分庭引用了国际法院分庭在边界争端案(布基纳法索/马里)判决中的表述:"地图只是其准确性因个案而不同的信息,地图自身并不能构成一个领土的所有权;除了作为官方文件的附图并且构成该文件不可分割的一部分而具有法律拘束力,地图仅仅可以作为间接证据,与其他证据一起以确立或重构真实事实。"[7] 分庭表示,将根据这一原则评价本案当事方援引的地图。

2. 实体问题的说理

(1) 尼日尔河段的边界及岛屿归属问题

① 所有权的证据

根据《特别协定》第2条(a)和(b)款的规定,双方请求分庭确定两国在尼日尔河段的边界,然后明确河中岛屿的主权归属。分庭指出,在本案中,这些领土边界只不过是同一殖民当局下设的不同行政区划(administrative divisions)或殖民地的边界,只是在独立(被称为"关键日期")时这些界限才成为国际边界。在那时(关键日期)之前,划界问题受法国殖民地法调整。如上所述,在适用保持占有原则时,法国法

---

[4] Frontier Dispute (Benin/Niger), Judgment, I. C. J. Reports 2005, p. 25, para. 31.

[5] Ibid., pp. 25-28, paras. 32-36.

[6] Ibid., pp. 28-34, paras. 37-44.

[7] Frontier Dispute (Burkina Faso/ Mali), Judgment, I. C. J. Reports 1986, p. 582, para. 54.

不是作为法本身在起作用，而是众多事实中的一个事实性因素，或者证明被称为关键日期时"殖民遗产"的证据。[8] 由于当事方实际上同时取得了独立，1960年8月1日至3日可以被视为关键日期。分庭指出，按照分庭在边界争端案（布基纳法索/马里）中的做法，它将首先考虑当事方援引的各种管制或行政行为。因此，作为主权根据，合法所有权优于有效占有。[9]

在这方面，分庭记得，当事方同意，在审议的这段时间，设立殖民地或领土的权力1946年前属于法兰西共和国总统，之后属于法国议会，而根据1904年10月18日总统令，殖民地分区可由法属西非总督设立。在1912年11月3日第114c号通知中，法属西非总督决定，主要行政区即大区由总督设立，但副总督有权在大区内设立的行政区包括分区、市镇、村等。

分庭进一步回顾，1894年设立后的初期，达荷美殖民地在尼日尔河两岸都有领土。在1900年7月23日的法令中，法属西非总督设立了第三军事区，该领土"将包括在1898年6月14日《英法条约》中属于法国势力范围的萨伊与乍得湖之间的尼日尔河左岸区域"。1900年12月20日的法国总统令规定，"在尼日尔河和乍得湖"之间成立第三军事区。该总统令在法律效力层级中高于法令，但未提及1900年7月23日的法令。在分庭看来，无论如何，还必须将总统令视为是对总督所发布的法令的确认，因为它包括了尼日尔河和乍得湖之间的同一地区。

贝宁声称，1900年7月23日法令确立了第三军事区与尼日尔河左岸达荷美殖民地之间的边界，规定尼日尔河及河中岛屿为该殖民地的一部分。贝宁进一步争辩说，1954年8月27日，尼日尔临时总督在一封信中承认了由此确定的边界，信中称"尼日尔地区的边界沿该河最深处，从班德菲村（Bandofay）到尼日尔边境"。因此该河段中的所有岛屿是达荷美领土的一部分。[10] 尼日尔否认1900年7月23日决议确立了边界；在它看来，相关措辞只是意在表明新设立领土的地理范围。尼日尔还指出，之后很快达成了一个共识，即边界是由"该河的河道"构成，这只

---

[8] Frontier Dispute (Burkina Faso/Mali), Judgment, I. C. J. Reports 1986, p. 568, para. 30.
[9] Ibid., pp. 586-587, para. 63.
[10] Frontier Dispute (Benin/Niger), Judgment, I. C. J. Reports 2005, p. 35, para. 51.

能说明，边界在该河的河道中。[11]

分庭认为，1900年7月23日法令以及1900年12月20日设立第三军事区的法兰西总统令，不能被解释为确定了两个殖民地的边界。其中，地理名称只能看成是一般意义上指明新设立领土的范围；法令中"尼日尔河左岸区域"和总统令中的"尼日尔"等用语清楚地表明，这些区域脱离了先前所归属的达荷美殖民地。1900年7月23日和12月20日的法律文件没有确定任何边界，当时的认识也是如此，这也得到了1901年9月7日法国殖民地事务部长致法属西非总督信函的确认，其中提到："尼日尔河的河道是最好的分界线。"虽然信函没有确定边界，但分庭认为它提供了足够的证据证明在此之前没有划分边界。分庭得出结论，对贝宁关于1900年7月23日法令将边界定在尼日尔河左岸并且该边界独立前一直有效的主张不予支持。[12]

在分析了尼日尔临时总督1954年8月27日信函的背景、内容后，分庭指出，鉴于它认为1900年7月23日法令没有确立边界，此信就不能像贝宁所声称的那样被视为对这种边界的权威证明。分庭进一步指出，根据法国殖民地法，一个殖民地的副总督没有权力单方面划定殖民地外部边界，该信本身不能被贝宁援引作为边界位于该河左岸的法律依据。分庭裁决，无法支持贝宁的主张，即1900年7月23日命令和1954年8月27日信为其提供了边界在左岸的合法所有权。[13]

尼日尔援引的支持其合法所有权的证据，为法属西非总督1934年12月8日和1938年10月27日发布的法令。法令重组达荷美殖民地内部行政结构，并在其中说明了各大区的边界。在这两个法令中，对康迪大区西北边界的描述是："尼日尔河在与梅克鲁河汇合前的河道。"分庭首先指出，这两个法令均为总督颁布，设立、划定和调整殖民地大区属于法属西非总督的权限。由于这些法令描述了这些大区与同属总督管辖的毗邻殖民地之间的边界，它们本身不具有专属内在特点，但也可作为殖民地间关系的依据。因此，根据这些法令，可以确定尼日尔河河道构成这些殖民地间的边界。然而，分庭不能推论出边界位于河内的具体位置：是最深线还是中间线。在这方面分庭注意到这些法令使用的术语与1901

---

[11]　Frontier Dispute（Benin/Niger），Judgment，I.C.J. Reports 2005，p.35，para.52.
[12]　Ibid.，p.36，paras.53-56.
[13]　Ibid.，pp.36-40，paras.57-67.

年信函中的术语相同，并且都不明确。"河道"（course of the river）概念包含各种可能：边界是两岸中的其中一岸或河内的某处。因此，分庭裁决，尼日尔河道无意指明边界的确切位置；1934年和1938年法令没有确立在河中的边界，不支持尼日尔的所有权主张。[14]

② 作为确定边界根据的有效占有

当事双方均不能提供殖民地时期以管制或行政行为为根据的所有权的证据，分庭转而审查双方提供的与有效占有有关的证据，以审查是否能够作为确定尼日尔河段边界线以及河中岛屿特别是莱泰岛主权归属的根据。分庭注意到，国际法院之前在许多案件中对有效占有与所有权之间的关系作过裁决，与本案最相关的是边界争端案（布基纳法索/马里）。国际法院分庭在该案中指出，在评价有效占有和所有权之间的法律关系时，"必须在若干个可能性之间作出区分"，即 "有效占有并非在任何情况下都与合法所有权同时存在，但必须考虑这一点"。[15]

分庭首先分析了被双方视作有效占有的1954年之前的各种活动。其中提到1914年7月3日（尼日尔）加亚大区将军、行政副官萨杜（Sadoux）致（达荷美）梅耶（Moyen）——尼日尔大区指挥官的信。萨杜写信的唯一目的是确定何时发放放牧许可，并划分这两个殖民地当地法庭的管辖权。行政副官萨杜信中附有边界地区岛屿清单，该清单是根据对整个河流的勘查而编制的，其中也指出了根据每个岛屿相对于主航道的位置而决定归属哪个殖民地的问题。他将主航道界定为，"河流的主要水道，不是最宽的水道，而是最低水位上唯一可以航行的水道"。萨杜表示，如果对清单内容有异议的话，可来加亚进行商谈。虽然档案文件中没有回信，然而双方举行了会议并签订了一个协定。1917年5月，《加亚大区专题报告》声称："1914年7月，加亚大区区长在该地与康迪大区将军举行了磋商，他们提议向各自殖民地首脑建议将尼日尔永久航道视为边界。尽管那些建议从来没有被官方批准，但自那时起它们一直被作为解决坡尔斯（Peuhls）不同部落争端的基础。"报告中还提到被加亚管理的莱泰岛。尽管达荷美1919年曾就加亚对莱泰岛的管辖提出异议，但是，被公认为暂时妥协的1914年安排，似乎在后来一直得到了

---

[14] Frontier Dispute (Benin/Niger), Judgment, I. C. J. Reports 2005, pp. 40-41, paras. 68-74.
[15] Frontier Dispute (Burkina Faso/Mali), Judgment, I. C. J. Reports 1986, p. 587, para. 63.

遵守。[16]

分庭又提到从 1954 年到 1960 年关键日期的有效占有问题。分庭忆及，1954 年 8 月 27 日，尼日尔临时总督在一封信中称，边界位于"最高水位线，河流左岸，从班德菲村到尼日尔边境"。分庭注意到，在此期间，达荷美更加频繁地提出有权管辖莱泰岛的主张。[17]

根据掌握的证据，分庭认为，1914 年至 1954 年，由 1914 年萨杜信函确立的暂时妥协总的来说得到了尊重，并且在此期间，双方均视尼日尔河主航道为边界。因此，尼日尔对该线左侧的所有岛屿行使管辖权，达荷美对右侧的所有岛屿行使管辖权。尼日尔对莱泰岛的管辖权利基于实际理由偶尔被质疑，但在法律上、事实上都没有受到挑战。至于加亚对面的岛屿，分庭认为，根据 1914 年萨杜信函确立的暂时妥协，这些岛屿被视为在达荷美的管辖之下，并且它没有收到这些岛屿被达荷美康迪大区之外的其他地方管辖的任何资料。因此，分庭认为，在这段河流中，边界经过这三个岛屿的左边。分庭认定，1954 年至 1960 年的情况不甚明了。显而易见的是，似乎双方均偶尔对这些岛屿特别是莱泰岛提出权利主张，并偶尔采取一些管理行为，以表明权利。然而，根据掌握的证据，分庭无法断定对莱泰岛的管辖。1954 年该岛的管辖权毫无疑问属于尼日尔，之后实际上被转移给达荷美，或由达荷美接管。在这一问题上，分庭注意到，1960 年 7 月 1 日（达荷美）马朗维尔宪兵的一份报告中提到，莱泰岛目前仍在加亚大区管辖之下。考虑到这些因素和本案情况，特别是根据双方提供的证据，分庭得出结论，贝宁和尼日尔之间的边界沿独立时的尼日尔河主航道，公认在加亚对面的三个岛屿附近，边界从这些岛屿左侧经过。因此，贝宁对位于边界与尼日尔河右岸之间的岛屿享有所有权，尼日尔对于边界线与尼日尔河左岸之间的岛屿享有所有权。[18]

③ 边界线在主航道中的确切位置

接下来，分庭需要确定边界线在主航道中的确切位置，即独立时的河流深泓线。

分庭注意到，长期以来，对尼日尔的许多水文和地形测量已经完

---

[16] Frontier Dispute (Benin/Niger), Judgment, I. C. J. Reports 2005, pp. 42-44, paras. 82-88.
[17] Ibid., pp. 44-46, paras. 90-97.
[18] Ibid., pp. 46-47, paras. 98-103.

成，每次确定的河流主航道位置非常相近。这表明河床相对稳定，发生的任何沉积作用很少导致主航道位置的明显改变。无论在殖民时期还是在独立后时期，似乎都是如此。鉴于必须确定独立时的边界线，分庭认为，1967—1970 年由荷兰工程咨询集团（NEDECO）完成的中部尼日尔河适航性调查报告，对关键日期时的情势提供了最有价值的信息。考虑到河床的稳定性，可以认为，1967—1970 年的情况实际上就是 1960 年时的情况。在这方面，分庭认为，1967—1970 年的勘测是由一个以专业性和经验性著称的独立公司完成的，这点非常重要，勘测结果载入一份报告提交给了包括本案当事方在内的四个沿岸国政府。另外，荷兰工程咨询集团的研究结果在公开之际未受到质疑，并且被之前和后来的研究所证实。

分庭指出，荷兰工程咨询集团第 36 号地图表明，在与加亚对面的部分，河流有两个航道。就目前所知，不可能说哪一个航道一贯较深。分庭认为，在加亚对面的三个岛屿部分，边界是左航道的深泓线，即从北纬 11°52′29″、东经 3°25′34″坐标点到北纬 11°51′55″、东经 3°27′41″坐标点，从该点偏离航道，在这些岛屿中的最后一个岛屿卡塔古古（Kata Goungou）的左边经过，之后在北纬 11°51′41″、东经 3°28′53″坐标点回归主航道。两国边界由此按照 1970 年荷兰工程咨询集团报告中所指的航道深泓线，从这条线与梅克鲁河中间线的交汇点一直到两国与尼日利亚边界交汇点。最后，分庭提供了一个表格，指明编号从 1 到 154 的坐标点，贝宁和尼日尔两国边界线沿这些坐标点所在的尼日尔河顺流而下。

④ 河中岛屿的主权归属

分庭接着确定尼日尔河中每个岛屿的归属。分庭注意到，它没有收到可靠资料说明在 1960 年和 1967—1970 年出现新的岛屿或岛屿消失的情况。至于后来，分庭指出，尼日尔所提到的一个岛屿即桑迪桐嘎巴鲁（Sandi Tounga Barou），在 1973 年前的地图上均无法找到，从 1973 年起其的确出现在各种航拍照片和地球观测实验系统照片上。因此，分庭认为必须确定该岛属于哪一方。至于尼日尔最终意见中称属于贝宁的派肯咖（Pekinga）岛，分庭注意到，该岛在荷兰工程咨询集团报告附件的地图上看不出是独立的岛，反而更像是贝宁一侧河岸的一部分。然后，判决列举了尼日尔河相关河段的所有岛屿，指明每个岛屿的归属。最后，分庭指出，对岛屿归属问题作出的判决不影响对这些岛屿可能存在的任何私法权利。

⑤ 尼日尔加亚和贝宁马朗维尔之间两座桥梁上的边界

尼日尔请求分庭对加亚和马朗维尔之间两座桥梁上的边界作出裁决。贝宁辩称,《特别协定》并未涉及该事项,因此分庭对尼日尔的请求没有管辖权。分庭认为,在《特别协定》中,"请求法院确定……尼日尔河段的……边界线"。由于加亚和马朗维尔之间的桥梁位于该河段,分庭认为它对这些桥梁上的边界争端享有管辖权。[19]

尼日尔称,考虑到当事方在平等基础上建设、维护这些建筑,这些桥梁是它们的共同财产,边界应该在每个桥梁的中间位置。贝宁则辩称,桥梁上边界的位置与桥下河流的边界线位置不吻合,导致法律适用的困难。

分庭注意到,当事方均未主张在国际河流桥梁划界问题上存在习惯国际法规则,援引的各种先例均以双边协定为根据。分庭认为,在当事方之间没有协定的情况下,解决方案将是水路边界垂直延伸。这一解决方案符合下述一般理论,即边界是国家主权区域的分界线,不仅包括地球表面,而且包括地下和上空;此外,该解决方案是将水路上的边界垂直延伸,避免了相互接近的几何平面上有两个不同的边界。

分庭裁决,加亚和马朗维尔之间桥梁上的边界沿河流中的边界线划分。这一裁决不损害贝宁和尼日尔在平等基础上共同出资就使用和保养这些桥梁达成的仍然有效的安排。分庭强调,两座桥梁上的边界问题,完全独立于这两座属当事方共有的桥梁的所有权问题。

(2) 梅克鲁河段的边界线

关于两国在梅克鲁河段的边界线,贝宁认为,边界是梅克鲁河的中间线,直到两国与布基纳法索的边界。在尼日尔看来,两国在该河段的边界包括两段:第一段是梅克鲁河和尼日尔河交汇点至巴黎子午线和阿塔克拉山脉交汇点之间沿西南走向的直线。第二段从第一段的末端到萨伊和法达大区前边界与法达大区和阿塔科拉大区之间的前边界的交汇点。这是由监管文件造成的,在殖民时期,监管文件界定了达荷美和尼日尔之间的这一段边界。该文件即 1907 年 3 月 2 日命令,将法达-恩吉尔马 (Fada-N'Gourma) 和萨伊大区合并为上塞内加尔和尼日尔殖民地(后来由尼日尔继承),1909 年 8 月 12 日和 1913 年 4 月 23 日的命令修改了上

---

[19] Frontier Dispute (Benin/Niger), Judgment, I. C. J. Reports 2005, p. 55, paras. 119-120.

塞内加尔和尼日尔殖民地与达荷美的边界。分庭称，它首先要通过适用保持占有原则，确定1960年8月关键日期时殖民地之间的边界。为此目的，有必要先审查当事方援引的法定所有权，然后按照判决早先阐述的规则，对只为确认或补充（法定所有权）的有效占有加以审议。

1907年3月2日的命令旨在将当时属于达荷美的法达-恩吉尔马和萨伊大区与相邻殖民地合并，从而改变了上塞内加尔和尼日尔殖民地与达荷美殖民地之间的边界。该命令的第1条规定了新的殖民地边界："从多哥边界起，顺吉尔马大区目前的边界，直到阿塔克拉山脉，顺山脉顶峰直达巴黎子午线，由此成东北走向沿直线而行，直到梅克鲁河与尼日尔河的汇合处终结。"分庭认为，这种边界划分显然与梅克鲁河河道不符，从而倾向于支持尼日尔的观点。

分庭认为，它无法接受贝宁提出的观点，即1919年3月1的命令暗含地废除或修改了1907年3月2日有关这部分殖民地边界的命令。1919年命令创立了上沃尔特殖民地，该殖民地是从上塞内加尔和尼日尔殖民地剥离了一些大区，包括法达-恩吉尔马和萨伊。不过，没有任何迹象表明1919年命令的制定者有意质疑1907年所界定的殖民地间边界。[20]

但这还不足以反驳贝宁对相关部分边界走向提出的主张。首先，分庭注意到，1919年命令在引述和执行条款中均未提及1907年命令，也未像之前命令那样，确切地重新界定殖民地边界。事实上，1919年命令仅提及构成上沃尔特的各大区，以此界定了上沃尔特的领土，并通过这一方式间接界定了上沃尔特与周边殖民地——特别是达荷美——之间的边界。正是通过1919年3月1日命令第1条对大区的明确划分界定了殖民地间边界，不过，划分大区当时属于总督职权范围。因此，可以断定，1919年命令没有质疑1907年命令所规定的殖民地间边界，也没有影响总督未来按照其在这方面的正常职权通过确定大区边界来修改边界的权力。

其次，分庭指出，如尼日尔所主张，明确界定各边界的1907年3月2日命令，从未被取消或修改，或事实上被同级或上级当局的其他文书所取代。不过，分庭强调，按照保持占有原则，不仅取决于法定所有权，而且要考虑殖民者主管当局平时，特别是在行使殖民权力过程中，解释或行使这些所有权的方式。分庭注意到，1927年后颁布的行政文书在法

---

[20] Frontier Dispute (Benin/Niger), Judgment, I. C. J. Reports 2005, pp. 59-60, paras. 129-134.

院从未遭到过质疑，也没有证据证明殖民当局由于不当偏离1907年命令所定的界限而遭到批评。

分庭认定，至少从1927年起，主管当局就将梅克鲁河作为达荷美和尼日尔之间的边界，这就是1960年8月独立时的法律情势。在这种情况下，分庭认为，为了适用保持占有原则，没有必要寻找有效占有情况，因为只有在为了补充或排除怀疑或者不存在法定所有权的情况下，有效占有才是有关的，但从来不能优先于与其不同的所有权。分庭特别指出，当事双方在有关部分所依赖的有效控制相对来说都不具有说服力。[21] 根据这一结论，分庭指出，双方1973—1974年关于迪奥东加（Dyodyonga）大坝的谈判所产生的争端没有意义。因为分庭没有必要裁决谈判所产生的文件是否为尼日尔设定了具有法律约束力的义务。

最后，分庭确定贝宁和尼日尔之间边界在梅克鲁河中的确切位置。分庭记得，国际法院在"卡西基利/塞杜杜岛"案（博茨瓦纳/纳米比亚）中指出："当代规定河道边界的条约或公约，在可航行河流，通常深泓线是边界，不可航行河流，两岸之间的中间线是边界，尽管不能说实践是完全一致的。"[22] 分庭在本案中认为，当事方没有向其提供任何文件来帮助确定梅克鲁河的深泓线。分庭注意到，梅克鲁河的深泓线与中间线之间很可能几乎没有区别，但考虑到各种情况，包括河流不可航行，沿梅克鲁河中间线将能更令人满意地符合在确定国际边界上的法律确定性要求。

因此，分庭判决，在梅克鲁河段，贝宁和尼日尔之间的边界是该河流的中间线。

3. 裁决主文

基于上述理由，分庭：

（1）以4∶1裁决贝宁和尼日尔在尼日尔河段的边界线沿下述路线：
——沿该河流主航道深泓线，从该线与梅克鲁河中间线交会点直到北纬11°52′29″、东经3°25′34″坐标点。

---

[21] Frontier Dispute (Benin/Niger), Judgment, I. C. J. Reports 2005, pp. 62-63, para. 141.
[22] Kasikili/SeduduIsland (Botswana/Namibia), Judgment, I. C. J. Reports 1999 (Ⅱ), p. 1062, para. 24.

——从该点起，左侧航道深泓线到北纬11°51′55″、东经3°27′41″坐标点，从该点起，边界从该航道转向卡塔古古岛（the island of Kata Goungou）左侧，然后在北纬11°51′41″、东经3°28′53″坐标点重新回到主航道。

——从这后一点，主航道深泓线一直延伸到两国与尼日利亚的边界。

并且，该边界线顺流而下通过编号从1到154的坐标点。

（2）以4∶1裁决：位于上述边界线和尼日尔河右岸之间的岛屿属于贝宁，位于边界线与该河左岸之间的岛屿属于尼日尔。

（3）以4∶1判决：贝宁和尼日尔在加亚和马朗维尔之间桥梁上的边界沿河中的边界线划分。

（4）分庭一致判决：贝宁和尼日尔在梅克鲁河的边界是该河流的中间线，从该线与尼日尔河主航道的深泓线交会点一直到两国与布基纳法索的边界。[23]

专案法官本努纳不同意分庭关于贝宁和尼日尔在尼日尔河段、河内岛屿归属、桥梁边界问题上的前三项裁决，也不接受这些裁决的理由。然而，他同意分庭第（4）项裁决，即贝宁和尼日尔在梅克鲁河段边界线的裁决。他认为，根据法律所有权和实际统治，尼日尔河段的边界线位于该河的左岸，河内所有岛屿均属贝宁。在专案法官本努纳看来，分庭对横跨尼日尔河的两座桥梁上的边界争端没有管辖权。

三、评 论

贝宁、尼日尔两国同为法国殖民地，独立前边界争端一度激化，两国曾试图通过谈判协商解决争端，但一直未能取得进展。最后，两国将争端提交国际法院。分庭在解决两国边界争端时适用保持占有原则，进一步确认了该原则在国际法中的地位，特别在适用该原则时阐明了合法所有权与有效控制原则的关系等法律问题。

---

[23] Frontier Dispute (Benin/Niger), Judgment, I. C. J. Reports 2005, pp. 64-65, para. 146.

(一) 依法保持占有原则在国际法中的地位

依法保持占有原则（Uti possidetis juris）是拉丁语的表述，是罗马物权法中的规则，意思是继续占有你所占有的（may you continue to possess such as you do possess）。17世纪早期，英格兰詹姆士一世援引该规则承认西班牙对西半球某些地区的占有。19世纪，拉丁美洲国家在摆脱西班牙殖民统治取得独立后，曾援引该原则确定国家边界，同时阻止殖民国家将边界地区作为无主地建立新殖民地。20世纪60年代以来，该原则也适用于非洲、亚洲。南斯拉夫、苏联解体后，该原则也适用于新独立国家之间的领土争端。[24] 按照保持占有原则，新独立国家特别是非殖民化过程中新独立国家，接受独立前中央集权制国家、殖民国家的行政区划边界，将其作为它们独立后的国界，该原则旨在保持新独立国家独立和边界稳定。近年来，国际法院在许多边界或领土争端中适用该原则。[25] 然而，如何适用保持占有原则，特别是该原则与一般国际法的关系并非没有争论。[26]

本案当事方在《特别协定》中要求分庭适用《国际法院规约》第38条规定的国际法原则和规则，包括"国家继承殖民化留下的边界原则，即那些边界的不可变更性"。分庭将该规定解释为保持占有原则。分庭援引国际法院分庭布基纳法索/马里边界争端案裁决指出，该原则旨在确保对独立时的领土边界的尊重，将殖民时期行政区划边界承认为国际边界。[27] 在适用保持占有原则时，分庭根据法国殖民地法阐明当事方独立时的边界；不过，分庭在提到殖民地法时，并不是将它作为法律，而是作为确定独立时众多其他事实中的一个事实性因素，或者表明殖民遗产的证据。专案法官本努纳同意分庭按照法国殖民地法查明独立时的

---

[24] S. Terrett, *The Dissolution of Yugoslavia and the Badinter Arbitration Commission*, Ashgate Aldershot, 2000.

[25] In particular, see the Frontier Dispute (Burkina Faso/Mali), Judgment, I. C. J. Reports 1986; Case Concerning the Land, Island and Maritime Frontier Dispute (El Salvador v. Honduras), Judgment, I. C. J. Reports 1992; and Case Concerning the Territorial Dispute (Libyan Jamahiriya v. Chad), Judgment, I. C. J. Reports 1994.

[26] Surya P. Sharma, *Territorial Acquisition, Disputes and International Law*, Martinus Nijhoff Publisher 1997, pp. 119-125.

[27] Frontier Dispute (Burkina Faso/Mali), Judgment, I. C. J. Reports 1986, pp. 586-587, para. 63, and p. 566, para. 23.

边界，但认为没有必要研究殖民地时期法律发生的各种变化，只适用紧邻独立时的殖民地法，而且两个国家独立后，只适用对其有拘束力的国际法原则、规则。[28]

根据《国际法院规约》，国际法院在裁决案件时只能适用国际法。在分庭看来，保持占有原则已经是一般国际法的一部分。在解决争端时，应该适用关键日期时的国际法，本案的关键日期是两国独立时，而独立时的国际法就是保持占有原则。分庭在适用保持占有原则时提到殖民地法，只是将其作为一种事实，没有将其作为法律予以适用。[29] 虽然为了维护国际安全，保持占有原则寻求将殖民时期的法律所有权转化为国际法中的法律所有权，但用于使这些领土制度有效的机制其法律地位是不同的。这种不同是正当的，否则，将造成国际法庭适用殖民地法的效果。[30] 两国独立后，作为国际法主体，当然适用一般国际法原则、规则。分庭根据国际法考虑当事方独立后的地图、行为和实际情势，在查明其法律意义时明确指出，它们对独立时的边界仅有理论上的相关性，除非意在改变独立时的边界。

（二）法定所有权与有效控制的关系

在适用保持占有原则时，核心是确定殖民化时期各殖民地行政区划范围，特别是独立时的边界。当事方可能提供与行政区划有关的各种早期文件、皇家敕令、法规，行使权力的行为、事实以支持各自主张。那么，在审查这些证据时，法庭究竟应按哪种标准——法定所有权或有效控制——来确定独立时的边界？另外，二者的关系如何？一种观点认为，应按照殖民化时的法定所有权确定行政区划、边界；另一种观点认为，应该按照实际管理事实确定行政区划、边界。按照上述标准确定的

---

[28] Dissent Opinion of Bennouna, Frontier Dispute (Benin/Niger), Judgment, I. C. J. Reports 2005, pp. 154-155, paras. 6-12.

[29] 适用依法保持占有原则与殖民国家的殖民地法存在着密切关系，这可从该原则术语中的 juris 看出来，不过不是指国际法，而是指按照殖民地法的行政区划的法律地位。the Land, Island and Maritime Frontier Dispute (El Salvador v. Honduras), Judgment, I. C. J. Reports 1992, p. 387, p. 559, para. 333.

[30] Stephen Allen, "Case Concerning the Frontier Dispute (Benin/Niger)", *International and Comparative Law Quarterly*, Vol. 55, 2006, pp. 732-733.

边界线有时不一致，常常发生混乱。[31]

在处理法定所有权与有效控制之间的关系时，分庭援引国际法院分庭对边界争端案（布基纳法索/马里）裁决：按照保持占有原则，作为主权的根据，法律上的所有权优于有效占有。[32] 分庭注意到，当事方也承认，应该根据法国殖民地法确定法定所有权。如上所述，分庭提到法国殖民地法不是将其作为法来适用，而是将其视为证明法定所有权的事实。分庭首先审查法定所有权，在不能确定法定所有权时，分庭才考虑有效占有。分庭同样援引国际法院分庭对边界争端案（布基纳法索/马里）的裁决，"必须在若干个可能性之间作出区分"，即"有效性并非在任何情况下都与法律所有权同时存在，但它一定是永远被考虑的"[33]。在法定所有权与有效占有的关系问题上，专案法官本努纳赞同多数法官的意见，但不赞同多数法官对有关事实法律意义的认定和判断。

（三）关键日期

在领土争端中，法庭一般将争端正式产生的时间作为关键日期，根据关键日期时的时际法、行为、事实和情势裁决当事方权利主张的是非曲直，当事方该日期之后的行为、事实不能影响当时的情势。在非殖民化过程中，殖民国家撤出后，原来的殖民地产生新国家。在适用保持占有原则解决这些新国家边界、领土争端时，国际法院通常将独立时作为关键日期。例如，国际法院分庭在边界争端案（布基纳法索/马里）中指出，保持占有原则的主要特征是冻结了独立时的领土所有权，该时间通常成为确定新独立国家国际边界的关键日期。[34] 在本案中，分庭分析说，这些领土边界只不过是从属于同一殖民当局的不同行政区划或殖民地的边界。只是在独立即"关键日期"时，这些界限才成为国际边界。[35] 当然，在不同争端中，当事方独立时间可能不一致，理论上存在究竟以哪一国的独立时间作为关键日期的问题。实际上，虽然两国独立

---

[31] Surya P. Sharma, *Territorial Acquisition*, *Disputes and International Law*, Martinus Nijhoff Publisher 1997, p. 120.
[32] Frontier Dispute (Burkina Faso/Mali), Judgment, I. C. J. Reports 1986, p. 568, para. 30.
[33] Ibid., p. 587, para. 63.
[34] Ibid., p. 568, para. 30.
[35] Frontier Dispute (Benin/Niger), Judgment, I. C. J. Reports 2005, p. 34, para. 46.

时间相差几天或几个月，但只能存在一条明确的共同边界。因此，不能将关键日期理解为一天，实际上可以将一段时间视为关键日期。[36]

另外，在是否应该考虑关键日期之后情势的问题上，当事方存在不同观点。分庭强调，应该根据独立时的情势确定边界，但理论上不能排除独立后的地图、研究报告、实践情况与独立时边界的相关性。无论如何，保持占有原则的效果是冻结领土所有权，对独立后文件的审查不能导致对关键日期时"领土面貌"的任何改变，除非这些文件明确表明当事方同意这种改变。实际上，胡伯（Max Huber）法官在帕尔马斯岛案、国际法院在敏基埃和埃克里荷斯岛案中也一再申明，关键日期后的行为、事实不再影响当时的法律情势，是反对当事方关键日期后的意在改善其法律地位的单方面行为，不排除关键日期后的行为、事实对关键日期时法律情势的解释、说明。正如分庭在陆地、岛屿和海洋边界案（萨尔瓦多/洪都拉斯，尼加拉瓜参加）中指出的："在某些情况下，考虑独立后有效管辖的文件证据是可能的……在它们对保持占有边界具有证明作用时，前提是有效管辖与边界确定之间的关系的确存在。"[37]

（四）国内法在国际诉讼中的地位

国际法院在裁判案件时应该适用国际法，分庭在提到国内法时将其作为能证明法律所有权的事实和证据，没有将其作为法律予以适用。

分庭在诉讼过程中严格区分相关概念、原则在国内法、国际法中的差别，强调不能混用。例如，贝宁辩称，在明确解决边界问题前，暂时妥协按照其性质表明，尼日尔殖民当局以权利者名义行为的意图是不存在的，因此尼日尔不能援引 1914 年至 1954 年以及 1954 年至 1960 年间对莱泰岛的行政管理行为确立尼日尔河道边界及其对争议岛屿的所有权。分庭认为，作为主权者行使权力的意图和意志是国际法中的概念，不能简单地转化为殖民地法概念。分庭在适用保持占有原则时的唯一任务是

---

[36] 例如，在边界争端案（布基纳法索/马里）中，马里于 1960 年 6 月 20 日独立，布基纳法索于 1960 年 8 月 5 日独立。在边界争端案（贝宁/尼日尔）中，贝宁于 1960 年 8 月 1 日独立，尼日尔于 1960 年 8 月 3 日独立。由于当事方实际上同时取得了独立，因此，分庭将 1960 年 8 月 1 日至 3 日期间作为关键日期。See Dirdeiry M. Ahmed, *Boundary and Secession in Africa and International Law*, Cambridge University Press 2015, pp. 147-148.

[37] Land, Island and Maritime Frontier Dispute (El Salvador/Honduras: Nicaragua Intervening), Judgment, I. C. J. Reports 1992, p. 399, para. 62.

查明达荷美或者尼日尔是否对该地区有效行使了权力，作为本案当事方它们现在是主权国家。[38] 同样，分庭宣称国家有效占有概念也不能被移植到殖民地法中。实际上，国际法院在许多案件中对国家有效占有（state effectivities）和殖民有效占有（colonial effectivities）之间作出区分。在边界争端案（布基纳法索/马里）中，分庭将殖民有效占有界定为"行政当局的行为作为在殖民时期对地区有效行使领土管辖权的证据"。[39] 在陆地、岛屿和海洋边界案（萨尔瓦多/洪都拉斯，尼加拉瓜参加）中，贝尔纳德法官对国家实际统治和殖民地实际统治进行了区分。殖民地实际统治旨在说明殖民地政府的行为作为在殖民时期行使有效领土管辖权的证据，不是国际法规则；国家实际统治是指作为国家而不是所有权者或无权占有者的有效占有和/或统治。[40]

四、附　录

（一）中英案件全名

1. 中文案件全名：边界争端案（贝宁/尼日尔）
2. 英文案件全名：Frontier Dispute (Benin/Niger)

（二）案件的标准引用

Frontier Dispute (Benin/Niger), Judgment, I. C. J. Reports 2005, p. 1.

（三）主要参考文献

1. Barker, Craig, "Decision of International Tribunal: International Court of Justice. I. Case Concerning the Frontier Dispute (Benin/Niger)", *International and Comparative Law Quarterly*, Vol. 55, 2006, pp. 729-742.

---

[38] Frontier Dispute (Benin/Niger), Judgment, I. C. J. Reports 2005, pp. 132-133, paras. 101-102.

[39] Frontier Dispute (Burkina Faso Mali), Judgment, I. C. J. Reports 1986, pp. 586-587, para. 63.

[40] See the Separate Opinion of Judge Torres Bernardez in the Land, Island and Maritime Frontier Dispute (El Salvador v. Honduras), Judgment, I. C. J. Reports 1992, pp. 640-1, paras. 22-3.

2. Dirdeiry M. Ahmed, *Boundaries and Secession in Africa and International Law: Challenging UtiPossidetis*, Cambridge University Press, 2015.

3. 孔令杰编著:《领土争端成案研究》,社会科学文献出版社 2016 年版,第 279—297 页。

(四) 与本案主题相关的重要引用案件

1. Legal Status of Eastern Greenland (Denmark v. Norway), Judgment, PCIJ, Series A/B No. 53, 1933, 22-147.

2. Frontier Dispute (Burkina Faso/Mali), Judgment, I. C. J. Reports 1986, p. 1.

3. Land, Island and Maritime Frontier Dispute (El Salvador/Honduras: Nicaragua intervening), Judgment, I. C. J. Reports 1992, p. 1.

(五) 案件中的重要缩略语

ICNAF   International Commission for the Northwest Atlantic Fisheries 北大西洋渔业国际委员会

(王军敏)

柔佛海峡填海造地案
（马来西亚/新加坡）

（2003 年，2005 年）

2003.07.04 马来西亚依据《联合国海洋法公约》第 287 条及附件七第 1 条提出"照会及诉求声明"，对新加坡启动领海划界仲裁案，并要求关于填海工程的临时措施。马来西亚任命卡迈勒·侯赛因为仲裁员

2003.07.29 新加坡任命伯纳德·奥克斯曼为仲裁员

2003.09.05 马来西亚向国际海洋法法庭提出临时措施申请

2003.09.20 新加坡针对马来西亚的申请，向法庭作出回应

2003.09.24 由于法庭缺乏马来西亚与新加坡籍的法官，依据《国际海洋法法庭规约》第 17 条第 3 款，马来西亚任命卡迈勒·侯赛因，新加坡任命伯纳德·奥克斯曼作为专案法官，并获接受

2003.09.25—27 国际海洋法法庭举行庭审，讨论马来西亚的临时措施请求

2003.10.08 国际海洋法法庭全体一致作出几项临时措施命令，成立独立专家小组（GOE）对新加坡填海造地项目进行一年期之研究

2003.10.10 法庭庭长依据《公约》附件七第 3 条（e）项，任命克里斯托弗·平托作为仲裁员及仲裁庭庭长，伊万·希勒及阿瑟·沃茨为仲裁员

2004.07.19 仲裁庭制定其程序规则，按照程序规则第 2 条指定常设仲裁法院（PCA）的国际事务局（International Bureau）作为本仲裁案的书记处

2004.09.24 独立专家小组对于德光（Pulau Tekong）岛 D 区的填海工程，完成初步报告，提交国际海洋法法庭及仲裁庭

2004.11.08 独立专家小组提出最终版研究报告，提交双方及仲裁庭

2004.12.22 独立专家小组对双方提出简报，结束其工作

2005.01.10 双方与仲裁庭在海牙举行会议，将业已达成《解决协议草案》之事告知仲裁庭

2005.05.18 双方共同致函仲裁庭，告之《解决协议》已于4月26日完成签署，并依该协议之条款生效，结束了在2003年7月4日马来西亚启动的仲裁案。《解决协议》请求仲裁庭依照协议的条款制作裁决书

2005.09.01 仲裁庭依照《解决协议》作出裁决书，并将《解决协议》当成附件

关键词：填海造地（Land Reclamation）；临时措施（Provisional Measures）；交换意见的义务（Obligation for Exchange of Views）；"不恶化争端"的义务（Obligation not to Aggravate the Dispute）；"急迫性"的条件（Requirement for the Urgency of the Situation）

一、案件背景：被临时措施抢尽风头的划界争端

新加坡是一个地小人稠的城市国家，在1965年独立之时，国土面积为724.4平方千米[1]（2019年）。国土面积增加归功于有计划的填海造地行为，但引起周边国家的疑虑，特别是新加坡在其与马来西亚间的柔佛海峡东侧填海造地，引发马来西亚在2003—2005年援引《联合国海洋法公约》的争端解决机制，希望能够延缓填海工程，并且了解状况。本评述将说明两国如何使用《公约》的两个争端解决机构，也就是国际海洋法法庭[2]以及《公约》附件七仲裁庭[3]来协助解决争端。

在马来西亚向国际海洋法法庭提起意图延缓新加坡填海工程的临时措施前，马来西亚启动《公约》附件七仲裁庭想解决的第一个问题，其实是两国重叠领海的划界争端。在马来西亚于2003年7月4日启动仲裁

---

[1] 数据参见中国外交部网站，https://www.fmprc.gov.cn/web/gjhdq_676201/gj_676203/yz_676205/1206_677076/1206x0_677078/，最后访问日期：2020年7月1日。

[2] 国际海洋法法庭关于本案（ITLOS Case No.12）的信息，详见：https://www.itlos.org/cases/list-of-cases/case-no-12/，最后访问日期：2020年7月1日。

[3] 常设仲裁法院关于本案（No.2004-05）的信息，详见：https://pca-cpa.org/en/cases/108/，最后访问日期：2020年7月1日。

而提交的"照会及诉求声明"中,第一项诉求是请求仲裁庭对两国 1995 年协定当中 W25 及 E47 两个点之外的海域,划出两国领海的疆界线。第二项诉求是请求仲裁庭宣告新加坡违反了《公约》的义务以及习惯国际法的义务,因为新加坡启动并持续填海工程,但没有适当知会马来西亚,亦未咨商马来西亚。第三项诉求是请求仲裁庭宣告新加坡基于前述国际义务的违反,有如下义务:

(1) 在马来西亚领海当中停止填海工程,并在该海域恢复原状。

(2) 暂停目前填海工程,直到新加坡发布填海工程对于环境可能造成的影响与受影响的沿海地区的评估报告,以及

(3) 作为评估程序的一个面向,

(a) 提供马来西亚目前及未来工程的所有信息,包含填海的程度、工程实施方法、填海材料来源与种类、沿海地区保护机制的设计与补偿项目;

(b) 提供马来西亚机会来评论这些工程项目与工程的潜在冲击,特别是在考虑马来西亚提供的资料之后;

(c) 跟马来西亚针对任何其他尚未解决的问题进行谈判。

(4) 考量评估报告与必要的咨商及谈判,修正填海工程计划,将危险降到最低,或是避免危险,并且降低或消除海洋污染以及对海洋环境的负面影响。

(5) 就桥梁建设与其他可能限制经由柔佛海峡抵达沿岸及港口的工程,对马来西亚提供充足与适时的信息,并且考量马来西亚提出的意见,以便确保国际法中的海域通行权不受侵犯。

(6) 除上述措施之外,在马来西亚与其国民受到填海工程损害的程度之内,提供完全的赔偿;赔偿的金额若两国不能协议决定,则由仲裁庭决定之。[4]

马来西亚于 2003 年 8 月 25 日向新加坡提出照会,对于新加坡在柔佛海峡内的填海造地行动,特别是在第 20 号地区(Point 20)的工程,感到忧虑。马来西亚主张:新加坡在毫不知会、从未咨商马来西亚的情况下进行损及马来西亚权益的填海工程。新加坡未曾分享内部的环境影

---

[4] Land Reclamation in and around the Straits of Johor (Malaysia v. Singapore), Provisional Measures, Order of 8 October 2003, ITLOS Reports 2003, p. 10, at 15-16. https://www.itlos.org/fileadmin/itlos/documents/cases/case_no_12/12_order_081003_en.pdf.

响评估报告给马来西亚,并忽视马来西亚所提跨境冲击之信息。马来西亚一再向新加坡提出程序及实质的问题,新加坡却表示无意暂停填海工程,亦无意调整施工进度。甚至有消息指出,新加坡在柔佛海峡东边德光岛周围的填海工程加速进行,这使得马来西亚必须付出高成本来补救跨境的损害。具体而言,马来西亚担心新加坡的填海工程损及:(1) 航运;(2) 沿岸沉淀;(3) 敏感区域的水力及水质情况;(4) 海流方向;(5) 海底沉淀物。此外,马来西亚担心新加坡不提供精细的水文环境研究报告,使马来西亚关切的问题无法得到可信赖的答案。马来西亚另外从新闻报道得知新加坡在柔佛海峡东面入口处的填海工程〔德光岛及乌敏(Pulau Ubin)岛〕还包含建设(到新加坡岛的)跨海大桥、水闸、堤道、海底隧道,这将阻碍柔佛海峡的航行。马来西亚认为新加坡的填海工程改变了海岸线的走向,关闭了大面积的海域,造成严重的后果。新加坡未对马来西亚提供后果的说明,也没有跟马来西亚共同进行相关研究,这违反了《公约》,因此马来西亚有权寻求救济,包括向国际海洋法法庭申请临时措施。马来西亚呼吁新加坡:(1) 暂停德光岛的填海工程;(2) 未与马来西亚咨商前,不展开设计或兴建连接新加坡岛跟周边小岛的桥梁、水闸、海底隧道。任何此类连接工程建设均不得损及既有的进入柔佛海峡与穿过该海峡的权利。此项建议不损及两国各自的法律立场。[5]

针对马来西亚的照会,新加坡在2003年9月2日回函,拒绝暂停填海工程,同时认为其填海工程不会对马来西亚产生负面影响。新加坡否认填海工程有加速进行的事实。据此,马来西亚认为双方不同的立场(或争端)业已明白展现。[6]

早在2003年7月4日,马来西亚就已寻求新加坡同意采取特定临时措施。马来西亚表示,若新加坡不愿采取临时措施,则应同意将临时措施的议题提交国际海洋法法庭解决。新加坡在7月17日回函主张,在当下的阶段采取临时措施,时机并不成熟。但新加坡表示愿意跟马来西亚

---

[5] See Request for Provisional Measures submitted by Malaysia, in the dispute concerning Land Reclamation Activities by Singapore impinging upon Malaysia's Rights in and around the Straits of Johor inclusive of the Areas around Point 20, Malaysia v. Singapore, 4 September 2003, pp. 6-9, https://www.itlos.org/fileadmin/itlos/documents/cases/case_no_12/request_malaysia_eng.1.pdf.

[6] Ibid., p. 9.

会谈。马来西亚自始至终寻求的是，针对新加坡的填海工程建立一个适当的咨商、通知、信息交换的机制。在两国会谈当中，新加坡愿意提供一些信息，但不愿暂停填海工程。马来西亚认定新加坡迟缓应对，系刻意采取拖延战术，对于马来西亚的关切不愿尝试配合。两个星期过去，两国并未对于临时措施的程序及实质内涵达成共识，因此马来西亚依据《公约》第290条第5款向国际海洋法法庭提出临时措施申请（这也是马来西亚律师在2003年9月5日在法庭庭审宣读的最终诉求），主张法庭应命令新加坡：

（1）在仲裁庭组建完成前，暂停所有位于两国海域边界附近，或是马来西亚主张为其领海的区域内［特别是德光岛及大士（Tuas）岛附近海域］的填海工程。

（2）就新加坡尚未执行的填海项目，向马来西亚提供所有信息，包含填海的程度、工程实施方法、填海材料来源与种类、沿海地区保护机制的设计与补偿项目。

（3）为马来西亚提供机会来评估这些项目与工程对马来西亚的冲击，特别是在考虑马来西亚提供的资料之后。

（4）同意跟马来西亚针对任何其他尚未解决的问题进行谈判。[7]

新加坡律师则在2003年9月27日的庭审提出最终诉求如下：

（1）请求法庭驳回马来西亚针对临时措施的申请。

（2）请求法庭要求马来西亚负担新加坡在诉讼程序中支付的费用。[8]

以下讨论在国际海洋法法庭的场域，马来西亚提起的临时措施申请案，经历如何的推理过程，法庭最后作出异于马来西亚申请诉求的临时措施。附件七仲裁庭因接受两国签署的《解决协议》[9]作出裁决，本文遂无须讨论仲裁庭之推理过程。

---

[7] See Request for Provisional Measures submitted by Malaysia, in the dispute concerning Land Reclamation Activities by Singapore impinging upon Malaysia's Rights in and around the Straits of Johor inclusive of the Areas around Point 20, Malaysia v. Singapore, 4 September 2003, pp. 9-10.

[8] Land Reclamation in and around the Straits of Johor (Malaysia v. Singapore), Provisional Measures, para. 24.

[9] Award on Agreed Terms, Case Concerning Land Reclamation by Singapore in and around the Straits of Johor (Malaysia v. Singapore), 1 September 2005, https://pcacases.com/web/sendAttach/1126.

二、案件受理机构的裁决和推理

国际海洋法法庭面对马来西亚的临时措施申请，在 2003 年 10 月 8 日作出命令。依据《公约》第 290 条，在仲裁庭组建完成之前：（1）若法庭认定临时措施对于"维护争端双方各自的权利"或"避免海洋环境的严重伤害"系适合之举，（2）若法庭认定即将组建的仲裁庭对于该争端具备表面上的管辖权，同时（3）若法庭认定其紧急情况使得临时措施成为必要之举，在三个条件都满足的情况下，法庭有权作出临时措施的命令。[10]

（一）附件七仲裁庭是否具备表面上的管辖权

国际海洋法法庭考虑到，双方对于"争端之存在"没有争议。[11] 在本案中，马来西亚主张双方存在《公约》第 2、第 15、第 123、第 192、第 194、第 198、第 200、第 204、第 205、第 206、第 210、第 300 条的解释及适用的争端。马来西亚主张依据《公约》第 288 条第 1 款，仲裁庭对于依据第十五部分提交的关于《公约》的解释或适用的争端，应有管辖权。[12]

1. 《公约》第 283 条的条件是否满足

新加坡主张《公约》第 283 条的条件并未满足，因为双方针对此争端解决尚未通过谈判或其他和平方式有"意见之交换"。新加坡还主张，谈判作为启动《公约》第十五部分强制争端解决程序的先决要件，并未展开，条件并未满足。[13]

法庭认为，从《公约》第 283 条第 1 款的文字来看，双方皆认为存在争端，在这样的情况下，第 283 条仅要求双方针对争端之解决，通过"谈判或其他和平方式"，迅速交换意见。同时，迅速交换意见的义务，

---

[10] ITLOS/Press 84, 8 October 2003. Order in the Case Concerning Land Reclamation by Singapore in and around the Straits of Johor (Malaysia v. Singapore).

[11] Land Reclamation in and around the Straits of Johor (Malaysia v. Singapore), Provisional Measures, para. 36.

[12] Ibid., paras. 31-32.

[13] Ibid., paras. 33-34.

平等地适用于争端双方。[14] 在这样的情况下，法庭考量两国的作为如下。

就马来西亚而言，马来西亚主张在启动附件七仲裁之前，其业已数度向新加坡提出外交照会，对新加坡在柔佛海峡填海工程表达顾虑，呼吁两国举行高阶官员会谈，尽快讨论此事，期望能够友好地解决。马来西亚又说，新加坡的回应是：断然拒绝接受马来西亚的主张，并要求马来西亚提出新的事证或论点，否则高阶官员会谈没用。[15]

就新加坡而言，新加坡主张一直以来都让马来西亚知道，其有意愿跟马来西亚谈判，只要马来西亚的顾虑能够具体化。但是马来西亚在2003年7月4日前，并未提供具体的研究报告来说明马来西亚的顾虑所在。新加坡另外表示，在2003年7月4日收到马来西亚启动仲裁的文件后，两国同意在该年8月13—14日会谈，期盼友好解决争端。新加坡又说，马来西亚后来突然终止这样的谈判计划，坚持新加坡必须立即暂停填海工程，否则不谈。[16]

再就马来西亚而言，马来西亚表示在新加坡继续其填海工程的情况下，更多的意见交换是不能被期待的。争端一方若是作出"业已穷尽获致协议的可能"的判断，就不再负担执行意见交换的义务了。[17]

法庭则认为，双方不能解决此争端，也不能针对解决争端的方式达成协议，这是事实。在南方蓝鳍金枪鱼案中，法庭曾认为："当一个《公约》缔约方作出业已穷尽解决争端之机会的判断后，则无义务持续执行第十五部分第一节的程序。"在混合氧化物核燃料工厂案中，法庭也认为："当一个争端国作出获致协议的机会业已穷尽的判断后，没有持续执行交换意见之义务。"法庭认为本案中，马来西亚在这样的情况下，若是作出"意见之交换不能获致正面的结果"的判断，则无持续执行交换意见的义务。再者，两国在8月3—4日进行谈判，双方协议：此项谈判不损及马来西亚诉诸附件七仲裁的权利，也不损及马来西亚向国际海洋法法庭申请临时措施的权利。此外，8月3—4日的谈判，在马来西亚启动附件七仲裁之后发生，马来西亚决定终止谈判，跟《公约》第

---

[14] Land Reclamation in and around the Straits of Johor (Malaysia v. Singapore), Provisional Measures, paras. 35-38.
[15] Ibid., paras. 39-40.
[16] Ibid., paras. 41-43.
[17] Ibid., paras. 44-45.

283 条的适用无关。因此,国际海洋法法庭认为,《公约》第 283 条的适用条件业已满足。[18]

法庭另外援引国际法院在喀麦隆和尼日利亚间陆地和海洋边界案所做的判决,"《联合国宪章》跟习惯国际法都找不到这样的原则,那就是:穷尽外交谈判系将争端提交法院的前提要件"[19]。

2. 《公约》第 281 条的条件是否满足

新加坡主张,曾经邀请马来西亚谈判解决争端,亦获马来西亚接受。双方会议于 2003 年 8 月 13—14 日举行,因而启动一个基于合意的谈判程序。作为其法律后果,两国业已展开《公约》第 281 条规范之谈判流程,目的在于友好解决两国间的争端。[20]

法庭考量马来西亚接受这样的要求,是在马来西亚业已启动附件七仲裁之后。再者,两国在 8 月 13—14 日以及嗣后的会谈,系基于"此会谈不损及马来西亚持续适用附件七仲裁以及马来西亚向国际海洋法法庭提起临时措施的权利"之共识下而为。因此,《公约》第 281 条并不适用于本案的状况。又因为在本案中新加坡并未提出其他管辖权的抗辩,法庭裁定:附件七仲裁庭对于本案争端具备表面的管辖权。[21]

(二) 马来西亚临时措施申请是否具备可受理性

新加坡主张马来西亚的临时措施申请案不具备可受理性,因为马来西亚"未能具体指出……为了维护争端方各自的权利或是避免对于海洋环境造成严重伤害……不作出临时措施的可能的后果",这是《国际海洋法法庭规则》[22]第 89 条第 3 款所要求的条件。此外,马来西亚的申请案并未指出"情况的急迫性",这是《国际海洋法法庭规则》第 89 条第 4 款所要求的条件。[23]

---

[18] Land Reclamation in and around the Straits of Johor (Malaysia v. Singapore), Provisional Measures, paras. 46-51.
[19] Ibid., para. 52.
[20] Ibid., para. 53.
[21] Ibid., paras. 55-59.
[22] Rules of the Tribunal, https: //www.itlos.org/fileadmin/itlos/documents/basic_texts/Itlos_8_E_17_03_09.pdf.
[23] Land Reclamation in and around the Straits of Johor (Malaysia v. Singapore), Provisional Measures, para. 60.

法庭认为：马来西亚在其临时措施申请书中，业已指出临时措施所要维护的权利，是跟海洋及海岸环境的保护相关的权利，以及维护马来西亚海岸线到海洋的渠道畅通的权利，特别是经由柔佛海峡东面入口进入马来西亚的权利。马来西亚主张这些权利被《公约》条文所保证，马来西亚也把这些条文罗列出来。再者，马来西亚也主张，在其与新加坡的外交信函的往来，以及双边咨商的过程中，马来西亚一再指出哪些权利受到波及，以及相关的法源。法庭认定，马来西亚满足了《国际海洋法法庭规则》第89条第3—4款所要求的条件，因此马来西亚的申请案具备可受理性。[24]

（三）临时措施申请是否有必要性

新加坡主张，附件七仲裁庭的组建在即，不会晚于2003年10月9日，因此没有必要下达临时措施命令。[25] 国际海洋法法庭则认为，《公约》第290条第5款规定，法庭在附件七仲裁庭组建完成之前，有权制定临时措施。《公约》第290条并未对国际海洋法法庭临时措施的执行时间有这样的限制。再者，所谓的时间短暂，对于判断"情况的急迫性"或是临时措施的适用期间，并非决定性之因素。所谓"情况的急迫性"之判断，应该考量的是，附件七仲裁庭能够"修正、撤销、确认这些措施"的时间点系从何时开始。法庭认为，临时措施的实施期间，会超过附件七仲裁庭组建完成的时间点。[26]

马来西亚质疑新加坡在大士岛填海，也就是第20号地点附近的工程，此地位于马来西亚领海。马来西亚希望国际海洋法法庭就这里的工程作出临时措施"暂停施工"的命令。法庭认为，大士岛位于马来西亚领海，就临时措施命令下达而言，依据《公约》第290条第5款，其并不构成充分的理由。此外，法庭认为，马来西亚提供的证据不能显示"情况的急迫性"，在附件七仲裁庭审理本案实体问题的时候，新加坡的工程未必会对马来西亚领海造成无法恢复的伤害。因此，法庭认为，就新加坡在大士岛填海，也就是第20号地点附近的工程，尚未出现"情况

---

[24] Land Reclamation in and around the Straits of Johor (Malaysia v. Singapore), Provisional Measures, paras. 61-63.
[25] Ibid., para. 66.
[26] Ibid., paras. 67-69.

的急迫性",不适宜在此时就此作出临时措施的命令。[27]

(四) 新加坡对于马来西亚四项临时措施申请之正面回应

国际海洋法法庭考量认为,新加坡在庭审时,对于马来西亚所提四项临时措施诉求,皆有所回应。

对于马来西亚第二项诉求,也就是"就新加坡尚未执行的填海项目,向马来西亚提供所有信息,包含填海的程度、工程实施方法、填海材料来源与种类、沿海地区保护机制的设计与补偿项目",新加坡律师在庭审中指出,新加坡业已对马来西亚提出要约,将向马来西亚分享所需之信息。这个要约记载于新加坡2003年7月17日的照会,以及8月21日的信函。[28]

对于马来西亚第三项诉求,也就是"为马来西亚提供机会来评估这些项目与工程对马来西亚的冲击,特别是在考虑马来西亚提供的资料之后",新加坡律师在庭审时明确表示,将给予马来西亚完全的机会对于填海工程提供评估。同时,在新加坡进行德光岛及乌敏岛到新加坡岛的桥梁工程前,若是工程影响马来西亚的海峡通行权,新加坡将知会并咨商马来西亚。[29]

对于马来西亚第四项诉求,也就是"新加坡应同意跟马来西亚针对任何其他尚未解决的问题进行谈判",新加坡律师在庭审中明确表示,愿意并准备跟马来西亚进行谈判。[30]

在2003年9月27日的庭审中,马来西亚表示,鉴于新加坡在庭审中对于前述临时措施之需求提出澄清,马来西亚愿意在国际海洋法法庭作出正式记录之后,接受新加坡提出的这些保证。法庭也就把这些保证列入记录。[31]

再就马来西亚第一项诉求而言,也就是"在仲裁庭组建完成前,暂停所有位于两国海域边界附近,或是马来西亚主张为其领海的区域(特

---

[27] Land Reclamation in and around the Straits of Johor (Malaysia v. Singapore), Provisional Measures, paras. 70-73.
[28] Ibid., para. 76.
[29] Ibid., para. 77.
[30] Ibid., para. 78.
[31] Ibid., paras. 79-81.

别是德光岛及大士岛附近海域）内的填海工程",马来西亚律师在庭审中强调,填海工程很重要,马来西亚并不主张拥有否决权。马来西亚律师在庭审中还表示,在德光岛 D 区的填海工程最令人关切,若是新加坡可以在国际海洋法法庭作出公开承诺,在附件七仲裁庭作出裁决前暂停该区的填海作业,而且这些承诺可以列入法庭的正式记录,马来西亚的顾虑将大幅减轻。[32] 关于马来西亚此一顾虑,新加坡律师也作出承诺:"倘若马来西亚考虑过新加坡提供的资料,相信新加坡还有一些疏漏之处,或对一些资料作出错误解读。马来西亚若能够指出具体违法的后果,而这些后果可以经由暂停某些填海工程而被排除,新加坡将会谨慎研究马来西亚所提之证据。倘若证据非常充分,新加坡将采取严肃态度重新检视其填海工程,并考量必要及妥当步骤,包含暂停工程,以处理负面后果。"[33]

此外,新加坡也接受马来西亚的提案,跟马来西亚共同赞助一个独立的科学调查团队,调查双方决定的事项。最后,新加坡律师在 2003 年 9 月 27 日庭审的最后诉求中提到:"关于马来西亚第一项诉求,即要求新加坡立即停止填海工程,这一点业已被马来西亚律师修正。新加坡指出,关于 D 区的施工,新加坡在共同调查团队结束其工作前,不会进行不可挽回的行动。"此项承诺也被法庭列入正式记录。[34]

（五）当事国"不恶化争端"及"合作避免海洋污染"的义务

法庭指出,争端各当事国在争端解决的过程中均有义务不采取恶化争端的行为。各当事国均有义务不创造无法补救的情况,也有义务避免采取伤害共同调查团队研究目的的作为。此外,考量新加坡跟马来西亚在柔佛海峡内与四周分享同一海洋环境,法庭提到混合氧化物核燃料工厂案法院的裁决:"合作的义务,是《公约》第十二部分及习惯国际法下避免海洋环境污染规范的基本原则。这个原则所生的权利,法庭得认定为系依据《公约》第290条适合去维护者。"[35]

---

[32] Land Reclamation in and around the Straits of Johor (Malaysia v. Singapore), Provisional Measures, paras. 82-84.
[33] Ibid., para. 85.
[34] Ibid., paras. 86-88.
[35] Ibid., paras. 90-92.

法庭认为，原来马来西亚指责新加坡片面进行填海工程，影响马来西亚在其领海内对自然资源的权利，侵犯了马来西亚对于海洋环境的整体权利。而新加坡主张填海工程并未对马来西亚造成重大影响，新加坡也进行必要措施以检视工程对于周遭海域的负面冲击。然而，对马来西亚管辖海域内的新加坡填海工程，新加坡并未进行环境影响评估工作。因此，不能排除在本案特定状况下，填海工程可能对于海洋环境造成负面冲击。再者，本案的记录显示，两国在马来西亚启动附件七仲裁前，并未充分合作。然而，两国在庭审中，态度有所转变。新加坡也作出特定承诺，被法庭列入正式记录。因而急需在这些承诺的基础上努力以确保迅速及有效的合作，以执行这些承诺。鉴于填海工程对于海洋环境可能造成的冲击，审慎原则要求两国建立机制来交换信息，并评估环境中的危机，双方更应设计出处理这种危机的方法。基于两国皆负担"不采取损及附件七仲裁庭实体裁决之执行的行为"的义务，依据《国际海洋法法庭规则》第89条第5款，法庭有权下令异于临时措施申请诉求的临时措施，两国皆有义务"避免采取恶化或扩大提交附件七仲裁庭的争端的行为"。再者，依据《国际海洋法法庭规则》第95条第1款，任一争端国皆被要求依照临时措施的要求，向法庭提交一份报告及信息。依据《公约》第290条第5款，两国应把报告提交给附件七仲裁庭，除非仲裁庭作出不同裁定。而在本案中，国际海洋法法庭认为应该遵循一般原则，要求两个争端国负担各自的诉讼费用。[36]

（六）临时措施命令

基于前述理由，法庭所有法官全体一致作出下列四个临时措施命令：

第一，在附件七仲裁作出裁定前，依据《公约》第290条第5款，马来西亚与新加坡应合作，并应为了合作之目的展开谈判，达成下列目标。

（1）迅速成立独立专家团队，任务为：

（a）在两国同意的任务基础上，在一年之内，研究并判定新加坡填海工程造成的后果，并在适当的情况下，对于应采取哪些措施以处理填

---

[36] Land Reclamation in and around the Straits of Johor (Malaysia v. Singapore), Provisional Measures, paras. 93-105.

海工程的负面后果，提出建议；

(b) 对于德光岛 D 区的填海工程，尽快准备一个初步报告。

(2) 对于新加坡的填海工程，定期交换信息，并定期评估工程的危险或后果。

(3) 执行在庭审中双方作出的承诺，同时避免作出跟承诺矛盾的行为。此外，在不损及各自在附件七仲裁庭中所持立场的情况下，为了对如何处理德光岛 D 区的填海工程（包含暂停工程或是调整工程）尽快达成协议，彼此咨商。这样的协议是为了确保本段（a）所指之研究完成之前，新加坡进行的填海工程不会对于执行其承诺的能力造成负面影响。

第二，命令新加坡，考虑独立专家团队的报告后，不得在填海工程进行中对马来西亚的权利造成不可挽回的伤害，也不得对海洋环境造成严重危害。

第三，裁定：在 2004 年 1 月 9 日之前，马来西亚与新加坡各应向法庭及附件七仲裁庭提交《国际海洋法法庭规则》第 95 条第 1 款提及的初步报告，除非仲裁庭另有裁决。

第四，裁定：双方各自负担诉讼费用。[37]

三、评 论

本案因为仅是临时措施申请的准否判定，判决篇幅短。但是，本案法庭所做的判定，包含 9 个法官各自的声明及意见，澄清了几个《公约》条文，颇有研究的价值。

第一，承办临时措施申请案的司法机关，没有义务完全按照申请的诉求下达临时措施的命令。本案最后的临时措施，跟马来西亚申请的内容不符合。法庭在本案主要的考量，就是"急迫性"的有无，以及被告国（新加坡）的态度。

第二，临时措施的申请，成功地让马来西亚逼迫新加坡（1）澄清填海工程的具体内容，（2）跟马来西亚合作研究填海对于环境的影响，以及（3）跟马来西亚谈判。马来西亚原来提交附件七仲裁庭的诉求第一项，是两国的领海划界。后来因为临时措施的申请与法庭辩论，加上

---

[37] Land Reclamation in and around the Straits of Johor (Malaysia v. Singapore), Provisional Measures, para. 106.

庭外谈判，划界诉求不再是议题。新加坡参加诉讼，原来不愿意澄清的立场，必须在法庭澄清。原来不愿回答的问题，必须在法庭回答。

第三，新加坡在庭审最后一天的陈述，展现弹性。"倘若马来西亚考虑过新加坡提供的资料，相信新加坡还有一些疏漏之处，或对一些资料作出错误解读，马来西亚若能够指出具体违法的后果，而这些后果可以经由暂停某些填海工程而被排除，新加坡将会谨慎研究马来西亚所提之证据。倘若证据非常充分，新加坡将采取严肃态度重新检视其填海工程，并考量必要及妥当步骤，包含暂停工程，以处理负面后果。"[38] 因此，科特法官跟纳尔逊法官认为新加坡的陈述，业已承担改善情况的义务。[39] 纳尔逊法官认为法庭没有必要再对新加坡下达临时措施的命令。而法庭还下达临时措施的命令，就违反了"应推定善意的原则"。[40] 也就是说，一方既然在庭上作出承诺，应该视为该方将善意执行之，除非存在反证。安德森法官更认为，新加坡自己在法庭承担义务，消除了临时措施的"急迫性"的前提条件，法庭不应在此种情况下下达命令。[41]

第四，本案从头到尾体现"谈判"作为解决争端的方法。马来西亚启动临时措施申请，很大程度上化解了马新两国的谈判僵局。其实，就《公约》第十五部分的适用而言，谈判有多重意涵。首先，谈判可以澄清、界定及具体化两国的争端。[42] 而争端之存在，是启动争端解决程序的必要条件。其次，谈判可以作为解决争端的方法。谈判不必因为争端方业已将争端交付司法机关解决而终止，谈判可以跟司法审判并行。[43] 谈判可以抢在司法仲裁判决做成前解决争端，然后要求司法仲裁机关停止审理，因为两方的争端已经解决。[44] 这些都是在"谈判没有陷入僵局"的情况下可能的发展。

---

[38] Land Reclamation in and around the Straits of Johor (Malaysia v. Singapore), Provisional Measures, para. 85.
[39] Ibid., pp. 57, 30.
[40] Ibid., pp. 30-31.
[41] Ibid., p. 32.
[42] Ibid., p. 48. 参见恩迪亚耶法官的个别意见。
[43] Ibid., p. 50. 参见恩迪亚耶法官的个别意见。他援引国际法院在爱琴海大陆架案的判决作为支持。
[44] Ibid., p. 50. 参见恩迪亚耶法官的个别意见。他援引国际法院在爱琴海大陆架案的判决作为支持。国际法院在该案判决书中援引巴基斯坦战俘审判案（Trial of Pakistani Prisoners of War）为证。

第五，若是谈判陷入僵局，争端方必然得以启动《公约》附件七仲裁吗？这不一定。因为启动附件七仲裁，要看《公约》第十五部分的条件是否满足。被告很可能主张，两国什么都没谈到，莫名其妙就被告上法庭，所以《公约》第十五部分第一节的条件尚未满足。就原告而言，必然主张谈判陷入僵局之前，"该谈的"已经谈了：首先，基于双方的谈判，已然界定了双方的争端内容，确定争端之存在。其次，谈判陷入僵局前，原告业已尝试跟被告交换意见，以满足《公约》第283条的条件。但因被告不合作，使原告作出"靠谈判解决争端的可能性已经耗尽"的判断，原告"交换意见"的义务因而解除，遂可启动《公约》第十五部分第二节的仲裁，也就是附件七仲裁。

第六，若是被告主张，在原告启动附件七仲裁后，两国展开谈判，深入交换意见，颇有成效，因而，原告所谓"被告不配合，致令原告绝望，原告遂无须承担《公约》第283条的交换意见义务，方才启动附件七仲裁"的主张，不能成立。这种说法，就是本案新加坡的主张，但为时已晚。法庭在本案中认为，启动附件七仲裁后的恢复谈判，与第283条的适用无关。[45] 在马来西亚启动附件七仲裁后，新加坡无法通过"重回谈判桌"让附件七仲裁刹车。但是，这不代表新加坡回到谈判桌毫无意义。毕竟本案最后争端的解决，不是靠附件七仲裁庭，而是靠两国在附件七仲裁庭作出裁决前，使用谈判手段抢先一步完成的。

第七，前面第四点提到，谈判可以作为解决争端的方法。这里牵涉一个问题，是否争端双方负有义务在穷尽谈判的可能后，才能将争端提交司法解决[46]（the rule of prior exhaustion of the negotiation process）？关于这点，热苏斯法官在其个别意见中有详细讨论。"只用谈判，而不用其他争端解决方式来解决争端的义务，必须基于条约或是其他法律上有效的国家同意之表述。"[47] 恩迪亚耶法官在其个别意见中也提到，这种义务虽然存在于少数几个公约，比如说《国际联盟盟约》第13条第1款，[48]

---

[45] Land Reclamation in and around the Straits of Johor (Malaysia v. Singapore), Provisional Measures, pp. 50-51.
[46] 就诉讼策略而言，这是被告国可能用来抗辩的理由。
[47] Land Reclamation in and around the Straits of Johor (Malaysia v. Singapore), Provisional Measures, p. 53.
[48] Ibid., p. 49.

但并不存在于习惯国际法。[49] 换言之，除非有条约科以这种义务，否则争端当事国在提交其争端给国际司法机关解决的过程中，有权持续使用谈判作为解决争端的方法。依据热苏斯法官的分析，《公约》第279、第281、第283条都没有为缔约国彼此之间创造"以谈判解决《公约》的解释或适用的争端的义务"[50]。因此，被告国（新加坡）不得以原告国（马来西亚）尚未完成谈判，作为主张原告国无权启动附件七仲裁的理由。

第八，热苏斯法官在其个别意见中解释《公约》第279条，认为该条的目的在于重申一项普遍性的义务，即"争端国有义务仅使用和平方式（而不使用非和平方式）解决《公约》的解释或适用的争端"。第279条提及《联合国宪章》第33条第1款，而第33条第1款提到和平解决国际争端的方式，谈判仅是其中之一。第279条并未创造"使用谈判作为解决争端的方式"的义务。[51]

第九，热苏斯法官说，"只用谈判，而不用其他争端解决方式，来解决争端的义务，必须基于条约或是其他法律上有效的国家同意之表述"[52]。《公约》第281条体现了这样的要求。在该条规范之下，争端国若已协议选择特定的解决争端方式（比如谈判），那么在争端发生时，就应使用谈判来解决争端。争端国如何改变这种既定的争端解决方式，弃谈判而使用《公约》第十五部分规定的方式（比如附件七仲裁）呢？依照第281条需要具备两个条件：（1）争端方选定的争端解决方式（谈判）未能解决争端；以及（2）争端方的协议并未排除其他争端解决的方式。但是，如何满足第一个条件？谁决定"谈判"不能解决争端，是单方决定，还是争端国共同协议决定？热苏斯法官认为不能容许单方决定（单方宣称"使用谈判解决争端的可能性已经穷尽"，进而选用其他解决争端的方式），而应由争端国共同协议决定（谈判不再能解决争端了）。[53]

第十，热苏斯法官认为，《公约》第283条第1款系指争端发生后，争端当事国应迅速交换意见，来选择使用哪一种方式解决争端。该条并

---

[49] Land Reclamation in and around the Straits of Johor (Malaysia v. Singapore), Provisional Measures, p. 50.
[50] Ibid., pp. 52-56.
[51] Ibid., p. 53.
[52] Ibid..
[53] Ibid., pp. 53-54.

未衫以《公约》缔约方使用"谈判"作为解决争端之义务。若是在争端当事国交换意见后,找不到一个双方都能接受的争端解决方式,依据《公约》第286条,就可以使用《公约》第十五部分第二节的争端解决方式解决之。问题是,如何决定"找不到一个双方都能接受的争端解决方式",是单方决定？还是要由争端国共同决定？这就是在本案中发生的情况,法庭认为,单方决定即可。[54] 热苏斯法官也这样认为。[55]

四、附　录

（一）中英案件全名

1. 中文案件全名：

国际海洋法法庭：柔佛海峡填海造地案（马来西亚/新加坡）（临时措施）

常设仲裁法庭：柔佛海峡填海造地案（马来西亚/新加坡）

2. 英文案件全名：

ITLOS：Case Concerning Land Reclamation by Singapore in and around the Straits of Johor（Malaysia v. Singapore），Provisional Measures

PCA：Case Concerning Land Reclamation by Singapore in and around the Straits of Johor（Malaysia v. Singapore）

（二）案件的标准引用

1. ITLOS List of Cases No. 12：Land Reclamation in and around the Straits of Johor（Malaysia v. Singapore），Provisional Measures，Order of 8 October 2003，ITLOS Reports 2003，p. 10.

2. PCA Case No. 2004-05：Case Concerning Land Reclamation by Singapore in and around the Straits of Johor（Malaysia v. Singapore），Award on Agreed Terms，1 September 2005.

---

[54] Land Reclamation in and around the Straits of Johor（Malaysia v. Singapore），Provisional Measures，pp. 47-48.

[55] Ibid., p. 54.

（三）主要参考文献

1. Zou Keyuan, "The International Tribunal for the Law of the Sea: Procedures, Practices, and Asian States", *Ocean Development & International Law*, Vol. 41, No. 2, 2010, pp. 131-151.

2. Nigel Bankes, "Precluding the Applicability of Section 2 of Part XV of the Law of the Sea Convention", *Ocean Development & International Law*, Vol. 48, No. 3-4, 2017, pp. 239-268.

3. Zou Keyuan, "Legal Control of Environmental Disputes in East Asia", *Journal of International Wildlife Law & Policy*, Vol. 13, No. 1, 2010, pp. 63-90.

（四）与本案主题相关的重要引用案件

1. Southern Bluefin Tuna Cases (Australia and New Zealand/Japan), Order of 27 August 1999, paras. 60, 82.

2. The MOX Plant Case, Order of 3 December 2001, para. 60.

3. Case Concerning the Land and Maritime Boundary Between Cameroon and Nigeria (Cameroon v. Nigeria), Preliminary Objections, Judgment, I. C. J. Reports 1998, p. 303.

4. Mavrommatis Jerusalem Concessions, Judgment No. 5, 1925, P. C. I. J., Series A, No. 5, p. 43.

5. Lake Lanoux Arbitration (France v. Spain), 1957, ILR, Vol. 24, p. 126.

6. The Aegean Sea Continental Shelf Case, I. C. J. Reports 1976, p. 3, at p. 11.

7. The Great Belt Case, I. C. J. Reports 1991, p. 12, at p. 18.

8. The Nuclear Tests Case (Australia v. France), I. C. J. Reports 1973, p. 99, at p. 106.

9. Mavrommatis Palestine Concessions, Judgment No. 2, 1924, P. C. I. J., Series A, No. 2, p. 15.

10. South West Africa, Preliminary Objections, Judgment, I. C. J. Reports 1962, pp. 345-346.

11. Trial of Pakistani Prisoners of War, I. C. J. Reports 1973, p. 347.

12. Military and Paramilitary Activities in and against Nicaragua, Jurisdiction and Admissibility, Judgment, I. C. J. Reports 1984, p. 440, paras. 106-108.

13. Land and Maritime Boundary Between Cameroon and Nigeria, Preliminary Objections, Judgment, I. C. J. Reports 1998, p. 303.

14. Electricity Company of Sofia and Bulgaria, Order of 5 December 1939, P. C. I. J., Series A/B, No. 79, p. 199.

（五）案件中的重要缩略语

ITLOS　International Tribunal for the Law of the Sea　国际海洋法法庭
PCIJ　Permanent Court of International Justice　常设国际法院
ICJ　International Court of Justice　国际法院

（高圣惕）

专属经济区和大陆架划界争端案
（巴巴多斯诉特立尼达和多巴哥）

（2006年）

2004.02.16 巴巴多斯提起附件七仲裁程序，并提交《诉求声明和仲裁通知》

2004.04.16 常设仲裁法院回复将作为仲裁程序的秘书处

2004.05.19 仲裁庭庭长、双方的顾问以及秘书处成员举行电话会议，关于一些程序事项的时限达成意见

2004.05.26 双方按时提交关于书面程序的时限和次序问题的书面陈述

2004.06.07 仲裁庭签发第一份程序令，规定双方分别提交诉状和辩诉状的时限

2004.08.23 仲裁庭签发第二份程序令，通过本仲裁的《程序规则》；规定巴巴多斯提交答辩状以及特立尼达和多巴哥提交复辩状的时限；仲裁地为海牙；除非双方另行达成一致，口头程序在伦敦举行

2004.09.17 仲裁庭签发第三份程序令，规定双方分别提交答辩状和复辩状的时限

2004.10.26 仲裁庭签发第四份程序令，驳回特立尼达和多巴哥关于披露信息和文件的申请

2004.11.01 巴巴多斯按时提交诉状

2004.12.23 特立尼达和多巴哥提交《初步反对声明书》

2005.06.09 巴巴多斯按时提交答辩状

2005.08.17 特立尼达和多巴哥按时提交复辩状

2005.10.23 与双方协商后，仲裁庭任命长于水道测量的戴维·格雷（David Gray）为本案专家，并提供技术报告

2005.10.17—28 仲裁庭在伦敦举行了开庭审理

2006.04.11 仲裁庭作出裁决

关键词：外大陆架（Outer Continental Shelf）；海洋划界（Maritime Delimitation）；单一海域边界（Single Maritime Boundary）；临时等距离线（The Provisional Equidistance Line）；等距离/相关情况（Equidistance/Relevant Circumstances）；海岸锋面（Coastal Frontage）；相关海岸（The Relevant Coast）；默认和禁止反言（Acquiescence and Estoppel）；公平解决（Equitable Solution）

一、案件背景

巴巴多斯由单一岛屿构成，面积441平方千米，人口约27万人，位于多巴哥东北116海里处。特立尼达和多巴哥共和国主要由特立尼达岛和多巴哥岛构成，两岛分别为4828平方千米和300平方千米，位于南美洲东北部，与委内瑞拉最近之处不足7海里。

1978年，巴巴多斯制定了《海域边界和管辖法》（Marine Boundaries and Jurisdiction Act），旨在将管辖范围扩大到领海以外。[1] 1986年，特立尼达和多巴哥通过了《群岛水域和专属经济区法》（Archipelagic Waters and Exclusive Economic Zone Act），将其定性为群岛国，并根据《联合国海洋法公约》主张专属经济区。[2] 此外，1990年，特立尼达和多巴哥与委内瑞拉缔结了《海洋和海底区域划界条约》，与其后1991年的换文一并称为1990年《特立尼达—委内瑞拉协定》（1990 Trinidad-Venezuela Agreement）。[3]

从20世纪70年代起直至2003年，双方就油气勘探和渔业进行了多次会议和谈判，达成了一些谅解。[4] 1990年，双方达成《特立尼达和多巴哥与巴巴多斯渔业协定》（以下简称"1990年《渔业协定》"），对

---

[1] Dispute Relating to the Delimitation of the Exclusive Economic Zone and the Continental Shelf (Barbados v. Trinidad and Tobago), Award of the Arbitral Tribunal of 11 April 2006, para. 47.

[2] Ibid., para. 49.

[3] Ibid., para. 51.

[4] Ibid., paras. 46, 48.

巴巴多斯渔民在特立尼达和多巴哥的专属经济区捕鱼进行管理。[5] 2000年至2003年，双方就海域边界和渔业进行了多轮谈判，并达成多份《联合报告》（Joint Report）。2003年11月，双方确定在2004年2月举行第六轮谈判。但2004年2月6日，特立尼达和多巴哥拘捕了巴巴多斯的渔民，指控其涉嫌非法捕鱼。[6]

2004年2月16日，巴巴多斯就其与特立尼达和多巴哥之间的海域边界争端提起了仲裁程序。巴巴多斯提出，本仲裁程序根据《公约》第286条以及附件七提起，涉及划定双方专属经济区和大陆架的单一海域边界。[7]

在2005年6月9日的答辩状中，巴巴多斯提出对程序问题的最终诉求，主张仲裁庭对巴巴多斯的诉求具有管辖权和可受理性。[8] 巴巴多斯反对特立尼达和多巴哥与"外大陆架"（outer continental shelf）有关的诉求，认为这超出了提交仲裁庭的争端的范围。[9] 2004年12月23日，特立尼达和多巴哥在《初步反对声明书》中提出，巴巴多斯的诉求不属于仲裁庭的管辖权范围，即使属于也不具有可受理性；鉴于这类反对的性质，应与实质问题合并，在仲裁庭的最终裁决中一并确定。[10]

本案没有单独的初步程序，就实质问题而言，巴巴多斯在《诉求声明和仲裁通知》中提出："仲裁庭应在双方海岸之间绘制临时中间线，以作为划界过程的开始。该中间线应按照特殊情况，即巴巴多斯渔民在中间线南部长期的传统手工捕鱼活动予以调整，并因此实现公平解决。公平解决应以图示方式划定巴巴多斯的专属经济区，承认和保护巴巴多斯人的渔业活动。"[11]

特立尼达和多巴哥提出："在水域相对有限的西部即加勒比海部分，

---

[5] Dispute Relating to the Delimitation of the Exclusive Economic Zone and the Continental Shelf (Barbados v. Trinidad and Tobago), Award of the Arbitral Tribunal of 11 April 2006, para. 52.
[6] Ibid., paras. 54-55.
[7] Ibid., para. 1.
[8] Ibid., para. 186.
[9] Ibid., paras. 62-65.
[10] Ibid., para. 20.
[11] 巴巴多斯诉求的单一海域边界线，其图示参见 Award, paras. 12-13, available at http://www.pcqcases.com/web/send Attach/1116。

没有依据偏离中间线,而该线也是巴巴多斯再三承认的和公平的。在东部即大西洋部分的情况迥异,双方是或者接近于海岸相邻国家。特立尼达和多巴哥有正面向东投影到大西洋部分的海岸锋面,有权拥有完整的海域包括大陆架。巴巴多斯的诉求,在大西洋部分截断了该海岸锋面的权利范围,显然是不公平的。因此,等距离线需要在 A 点(北纬 11°45.80′、西经 59°14.94′)开始进行调整。"[12]

2006 年 4 月 11 日,仲裁庭作出本案裁决。

二、程序问题的推理和裁决

(一)《公约》附件七仲裁的程序性条件

特立尼达和多巴哥提出,巴巴多斯的诉求整体上不具有可受理性,未能符合《公约》的程序性前置条件。[13]

仲裁庭指出,双方都是《公约》的当事国,受《公约》第十五部分争端解决程序规定的约束。由于双方都未根据《公约》第 287 条选择争端解决程序,根据第 287 条第 3 款的规定,应视为双方接受了《公约》附件七仲裁。[14] 同时,双方也都未根据《公约》第 298 条作出书面声明,以排除某些类别的争端。[15]

本案中,从 20 世纪 70 年代起,双方就所涉海域的渔业和油气资源进行了多次协商;2000 年开始举行了多轮谈判,但未能达成协定。仲裁庭认为,双方未能在合理期限内达成协定,根据《公约》第 74 条第 2 款和第 83 条第 2 款,可诉诸《公约》第十五部分规定的程序。[16]

---

[12] 特立尼达和多巴哥提出的分界线,其图示参见 Award, paras. 14-15, available at http://www.pcqcases.com/web/send Attach/1116。

[13] Dispute Relating to the Delimitation of the Exclusive Economic Zone and the Continental Shelf (Barbados v. Trinidad and Tobago), Award of the Arbitral Tribunal of 11 April 2006, para. 65.

[14] Ibid., para. 191.

[15] Ibid., para. 192.

[16] Ibid., paras. 193-195.

1. 《公约》第 281 条的规定[17]

仲裁庭指出,尽管双方未达成正式协定(formal agreement),但已经在实践中达成一致(have agreed in practice),即通过谈判谋求解决争端;而这是双方根据《公约》第 74 条第 2 款和第 83 条第 2 款有责任推进的。

第一,双方的谈判记录足以表明,争端涉及分界线的法律依据以及分界线自身。在双方未就可适用的法律规则达成一致的事实情况下,双方更不可能达成需要适用适当规则的海域分界线。因此,双方通过谈判达成划界是不切实际的。[18]

第二,尽管一般国际法确立了谈判义务,此项义务并不要求当事方在谈判已经表明是徒劳时,仍然继续进行谈判。[19] 双方确定了在 2004 年 2 月举行进一步谈判的事实,并不妨碍巴巴多斯合理地认为长期谈判未果,是时候提起《公约》第十五部分的争端解决程序。[20]

第三,双方事实上的协定(*de facto* agreement)并未排除进一步的程序,由于其选择的和平解决争端程序即谈判未能达成解决之目标,无论根据《公约》第 74 条第 2 款和第 83 条第 2 款,还是第 281 条第 1 款,《公约》第十五部分程序均得以适用。[21]

2. 《公约》第 283 条的规定

根据《公约》第 283 条第 1 款的规定,"迅速就以谈判或其他和平方法解决争端一事交换意见"。仲裁庭认为,《公约》第 283 条适用于《公约》的所有条款,针对的是"发生争端"的情势,即争端解决过程的第一步、争端已经发生这一客观事实。而《公约》第 74 条和第 83 条涉及不同的过程,施加了一项达成划界的义务,这必然涉及当事方的谈判,并使当事方在谈判未能达成协定时诉诸《公约》第十五部

---

[17] 《公约》第 281 条第 1 款规定:"作为有关本公约的解释或适用的争端各方的缔约各国,如已协议用自行选择的和平方法来谋求解决争端,则只有在诉诸这种方法而仍未得到解决以及争端各方间的协议并不排除任何其他程序的情形下,才适用本部分所规定的程序。"

[18] Dispute Relating to the Delimitation of the Exclusive Economic Zone and the Continental Shelf (Barbados v. Trinidad and Tobago), Award of the Arbitral Tribunal of 11 April 2006, para. 198.

[19] Ibid., para. 199.

[20] Ibid., para. 199.

[21] Ibid., para. 200.

分。在此情况下，第十五部分及其第283条并不是该过程的第一步，而是当事方在"合理期限"（本案中已有数年）内谋求以谈判解决划界问题之后。[22]

仲裁庭认为，《公约》第283条第1款不能合理地解释为，要求双方在数年谈判未能解决争端后，仍然应进一步就谈判解决争端单独交换意见。实践中，当事方依据《公约》第十五部分第一节所承担的唯一相关的义务，是诉诸谈判解决争端。在划界争端中，该项义务与《公约》第74条和第83条所施加的达成划界协定的义务相重叠。[23] 第283条第1款对谈判解决争端的要求，就第74条和第83条而言，已经归入业已进行的后二者所要求的谈判之中。[24]

而《公约》第74条第1款和第83条第1款所要求的谈判解决，也不能被视为"已经终止而争端仍未得到解决"的"解决争端的程序"，不能因此可以适用第283条第2款，并继而要求当事方在划界谈判失败和终止后"迅速着手交换意见"。如此要求进一步交换意见，不是第283条第2款的目的，也不切实际。[25]

与此相似，第283条第1款也不能合理地解释为，在谈判未能达成协定时，要求当事方应当单独举行会议，就"以其他和平方式"解决争端"交换意见"。所要求的交换意见已经包含在（未果的）谈判内了。而且，第283条更适用于要求共同讨论以设立某种机制（如调解或调停）的程序，而不是第十五部分赋予当事方有权单方面援引附件七仲裁程序的情况。[26]

3. 争端当事方单方面提起附件七仲裁程序的权利

特立尼达和多巴哥提出，巴巴多斯依据《公约》第286条单方面诉求单一海域边界是"武断、任性和滥用其权利"（arbitrary and capricious and an abuse of its rights），提出的是一项非善意的诉求。[27]

---

[22] Dispute Relating to the Delimitation of the Exclusive Economic Zone and the Continental Shelf (Barbados v. Trinidad and Tobago), Award of the Arbitral Tribunal of 11 April 2006, para. 201.
[23] Ibid., para. 206.
[24] Ibid., para. 202.
[25] Ibid., para. 205.
[26] Ibid., para. 203.
[27] Ibid., para. 93.

对此，仲裁庭认为，《公约》第十五部分赋予争端当事方单方面提起附件七仲裁程序的权利。如果有关国家不得不首先讨论诉诸该仲裁程序的可能性，特别是在划界争端中，另一方可能作出《公约》第298条第1款（a）项（i）目的排除声明，这一单方权利就会被否定。《公约》附件七仲裁的国家实践表明，该仲裁程序有被单方面提起的风险，而这是《公约》争端解决机制的固有组成部分。[28]

《公约》第287条以及附件七第1条明确规定，"经争端任何一方请求"可以将未解决的争端提交仲裁，明确赋予当事一方援引《公约》仲裁程序的单方面权利。[29] 因此，第74条第2款和第83条第2款一般性地规定"有关国家"诉诸第十五部分程序，应理解为根据第十五部分的规定而行为，不一定需要双方的联合行动。[30]

同样，不能将单方面援引仲裁程序自身视为违反《公约》第300条的滥用权利，或者违反一般国际法的滥用权利。《公约》第286条赋予一种单方权利，其单方面行使也是条约所赋予权利的直接适用。这种情况，如同《国际法院规约》第36条所规定的"任择条款"声明对诉讼程序的启动。[31]

本案中，巴巴多斯已经根据《公约》第287条选择了提交附件七仲裁。仲裁庭根据《公约》第288条，对任何按照第十五部分规定提交的有关《公约》解释和适用的争端，具有管辖权。[32] 附件七第1条允许任何争端当事方以书面通知提交仲裁。巴巴多斯提交了书面通知，附有一份关于其诉求及该诉求所依据的理由的说明，从而符合《公约》对仲裁申请的要求。[33]

---

[28] Dispute Relating to the Delimitation of the Exclusive Economic Zone and the Continental Shelf (Barbados v. Trinidad and Tobago), Award of the Arbitral Tribunal of 11 April 2006, para. 204.

[29] 上述裁决中的"第287条"应为"第286条"之误。"经争端任何一方请求"是《公约》第286条的措辞，而不是第287条；《公约》附件七也没有该措辞。

[30] Dispute Relating to the Delimitation of the Exclusive Economic Zone and the Continental Shelf (Barbados v. Trinidad and Tobago), Award of the Arbitral Tribunal of 11 April 2006, para. 207.

[31] Ibid., para. 208.

[32] Ibid., para. 209.

[33] Ibid., para. 211.

(二) 仲裁庭对 200 海里外大陆架划界的管辖权

关于构成本争端的事项的范围，双方的分歧在于划界是否包括"外大陆架"，即超出 200 海里范围的大陆架部分。

巴巴多斯提出，仲裁庭对本争端具有管辖权，但不包括特立尼达和多巴哥诉求所涉 200 海里外大陆架边界的部分。[34] 特立尼达和多巴哥在谈判中从未提出可能的外大陆架划界问题。[35] 本案所涉争端，也与双方可能的超出 200 海里的外大陆架的划界无关。[36] 而且，特立尼达和多巴哥提议划定特立尼达和多巴哥超出 200 海里的外大陆架，将损害巴巴多斯 200 海里范围内专属经济区的权利，并干扰大陆架界限委员会的核心职能。[37]

特立尼达和多巴哥提出，《联合报告》表明，特立尼达和多巴哥从第一轮谈判即谋求达成超出 200 海里的边界。[38] 而且，特立尼达和多巴哥谋求的是确立"外大陆架"的方向和方位，而不是其终点，并不与大陆架界限委员会的职能相重叠。[39]

仲裁庭认为，有待处理的争端包括外大陆架，原因是：第一，这一争议点构成了巴巴多斯所提交争端的一部分，或者与其足够密切。第二，法律上只有单一的大陆架，并没有"内大陆架"和单独的"外大陆架"之分。[40] 而且，由于"外大陆架"属于所提交争端的范围，仲裁庭认为无须考虑第十五部分第一节的程序要求，特别是单独考虑第 283 条"交换意见"的规定。[41]

---

〔34〕 Dispute Relating to the Delimitation of the Exclusive Economic Zone and the Continental Shelf (Barbados v. Trinidad and Tobago), Award of the Arbitral Tribunal of 11 April 2006, paras. 67-72, 80-82.

〔35〕 Ibid., para. 80.

〔36〕 Ibid., para. 81.

〔37〕 Ibid., para. 82.

〔38〕 Joint Report of the 1st Round of Maritime Boundary Negotiations, Trinidad and Tobago Counter-Memorial, Annex Volume 2 (2) Part 1 No. I, p. 6; 2nd Round, Volume 2 (2) Part 1 No. 2, pp. 8-9; 5th Round, Volume 2 (2) Part 1 No. 5, p. 9.

〔39〕 Dispute Relating to the Delimitation of the Exclusive Economic Zone and the Continental Shelf (Barbados v. Trinidad and Tobago), Award of the Arbitral Tribunal of 11 April 2006, para. 87.

〔40〕 Ibid., para. 213.

〔41〕 Ibid., para. 214.

(三) 仲裁庭对相关渔业制度的管辖权及附带救济问题

1. 仲裁庭对相关渔业制度的管辖权

巴巴多斯提出，如果仲裁庭不予调整临时等距离线，则应裁决，巴巴多斯渔民被准许到特立尼达和多巴哥的专属经济区捕捞飞鱼种群。[42]

仲裁庭认为，这一事项可以作为划界应考虑的相关情况，将在实质问题部分予以处理。但仲裁庭没有管辖权就其适当的渔业制度作出实体裁决，这种制度涉及单独可分的实体问题，既不构成划界争端的一部分，也不是巴巴多斯所寻求救济的一种形式。[43] 而且，该争端自身并未提交给仲裁庭，双方的书状也未指明这类争端。[44]

仲裁庭指出，作为影响划界过程的相关情况，巴巴多斯捕鱼活动的方式自身是仲裁庭应予以考虑的事项。但是，考虑捕鱼活动以确定划界过程，完全不同于考虑捕鱼活动以对双方在所涉海域的权利和责任进行裁决。由于《公约》第297条第3款（a）项规定，沿海国并无义务同意将"任何有关其对专属经济区内生物资源的主权权利的争端"提交《公约》附件七争端解决程序，后者不属于仲裁庭管辖范围。[45]

2. 附带救济问题

巴巴多斯明确提出，其与特立尼达和多巴哥专属经济区内捕鱼权有关的诉求，依据的是这种权利作为划界争端中所附带的救济（a remedy infra petita）而予以裁决。[46] 巴巴多斯援引一些案例提出，对渔业准入的裁决是本案诉求所附带的救济。[47]

仲裁庭认为，巴巴多斯所援引的案例并不能支持其诉求，例如，在厄立特里亚—埃塞俄比亚边界委员会案[48]中，边界委员会明确将其权力

---

[42] Dispute Relating to the Delimitation of the Exclusive Economic Zone and the Continental Shelf (Barbados v. Trinidad and Tobago), Award of the Arbitral Tribunal of 11 April 2006, para. 273.

[43] Ibid., para. 215.

[44] Ibid., paras. 277-278.

[45] Ibid., para. 276.

[46] Ibid., paras. 277-278.

[47] Ibid., paras. 277-278.

[48] Eritrea-Ethiopia Boundary Commission (Determinations, 7 November 2002), PCA Archives.

限于对"任何为履行其划分和划定边界的职权范围所必需的事项"作出裁决。这样，本案中的类推即考虑捕鱼活动以确定是否需要调整临时等距离线，而就实施仲裁庭裁决的海域边界而言，并没有必然要求针对渔业准入自身进行裁决。[49]

因此，仲裁庭认为，就确立巴巴多斯渔民在所涉海域的捕鱼准入权而言，仲裁庭没有作出此种裁决的管辖权。依据《公约》第 297 条第 3 款（a）项规定的限制，此种裁决将在仲裁庭的管辖权范围外；而且就仲裁庭有管辖权的本争端而言，这超出了诉求的范围（ultra petita）。[50]

不过，双方都请求仲裁庭就巴巴多斯在所涉海域捕鱼的问题发表意见，其中巴巴多斯请求仲裁庭"裁定一项非专属捕鱼用途的制度"，而特立尼达和多巴哥请求"裁定巴巴多斯 20 世纪 70 年代末期之前并没有在所涉海域进行捕鱼"。[51]

在卡塔尔和巴林之间海洋划界和领土问题案（卡塔尔诉巴林）中，国际法院也未判决任何救济措施，只是提请注意与双方立场有关的法律规定，而该立场因法院划定的边界线所产生。[52] 仲裁庭认为，遵循国际法院在卡塔尔与巴林之间海洋划界和领土问题案中的做法是适当的，即提请注意划定边界线必然产生的某些事项。[53] 飞鱼在双方的海域内出现。根据《公约》第 63 条第 1 款的规定，双方必然承担责任，"设法就必要措施达成协议"，协调并确保飞鱼种群的养护和发展。[54] 而且，双方都在法庭强调指出，其有意愿就飞鱼种群的捕捞需求合理地解决争端。特立尼达和多巴哥的官员在本案审理中还声明，其准备和巴巴多斯进行谈判以达成渔业准入协定。[55]

仲裁庭指出，国家代表在国际法庭作出的承诺对该国具有拘束力，并成为应据此行为的法律义务。这也符合该国家代表作为国家和法庭的

---

[49] Dispute Relating to the Delimitation of the Exclusive Economic Zone and the Continental Shelf (Barbados v. Trinidad and Tobago), Award of the Arbitral Tribunal of 11 April 2006, para. 281.
[50] Ibid., para. 283.
[51] Ibid., para. 283.
[52] Ibid., para. 282.
[53] Ibid., para. 284.
[54] Ibid., paras. 285-286.
[55] Ibid., paras. 287-290.

联系人的作用。[56] 因此，特立尼达和多巴哥已经按其所述承担了一项义务，即与巴巴多斯善意谈判，以达成巴巴多斯在所涉海域获得渔业准入的协定。在此情况下，就谈判以达成协定的义务而言，拉诺湖（Lac Lanoux）仲裁案关于该谈判义务的实现和性质的裁决适用于本案。[57] 特立尼达和多巴哥谈判以达成渔业准入协定的意愿，符合其根据上述《公约》规定所承担的责任。仲裁庭还表示希望双方能尽快达成协定。[58]

2006年4月11日，仲裁庭在裁决主文中对管辖权和可受理性问题一并作出裁决。

三、实体问题的推理和裁决

（一）海洋划界的基本考虑

仲裁庭首先简述了考察本案海洋划界问题的指南。

关于适用法，《公约》第293条、第74条第1款和第83条第1款规定了专属经济区和大陆架的划界。海岸相向或相邻的国家，"应在《国际法院规约》第38条所指国际法的基础上以协议划定，以便得到公平解决"。仲裁庭认为，这类简明规定事实上允许广泛考虑与划界有关的条约和习惯法规则，以及国际法的一般原则、国际性法院和法庭的裁决和学术文献。[59]

关于划界过程，仲裁庭进行了详述：

第一，作为法律发展的结果，划界的起点在于一国对既定海域的权利范围（the entitlement of a State to a given maritime area）。大陆架一度是国家除领海外的主要海域，自然延伸为其权利范围提供了依据（basis）。此后，专属经济区的出现意味着新的发展路径，即以海岸的距离（distance）为依据。[60] 事实上，距离作为权利范围的依据逐渐与自

---

[56] Dispute Relating to the Delimitation of the Exclusive Economic Zone and the Continental Shelf (Barbados v. Trinidad and Tobago), Award of the Arbitral Tribunal of 11 April 2006, para. 291.
[57] Ibid., para. 292.
[58] Ibid., para. 293.
[59] Ibid., paras. 219-223.
[60] Ibid., para. 224.

然延伸相互交织。《公约》第76条对大陆架的界定彰显了其相互关系，两者具有互补作用；《公约》第56条所规定的专属经济区制度中，距离成为沿海国对其具有权利范围的唯一依据。[61] 在200海里范围内，距离是专属经济区和大陆架权利范围共同的依据。[62]

第二，出于便利和避免实际困难，在权利范围相重叠的国家间确立单一海域边界，是法律制度的协调（harmonization）趋势不可避免的另一发展。[63] 事实上，大陆架和专属经济区作为不同的制度共存，两者并不能相互替代。正如国际法院在卡塔尔和巴林之间海洋划界和领土问题案中指出：

> 法院认为，单一海洋划界的概念并不源于多边条约，而是源于国家实践并由此得到解释。各国希望确立不受截断的边界线，以划定归属其管辖的不同的而有部分重合的海域。[64]

除了极少数例外如托里斯海峡（Torres Strait），绝大多数国家实际采取了单一海域边界；而国际性法院和法庭也支持这类实践，或者认为边界线理论上可分但实践中相重合。[65]

第三，公平是达成海洋划界应予以考虑的要素。就法律结果的稳定性和确定性而言，公平考虑自身不是一个精确的概念。实现可预见的、客观确定的划界标准，而不是缺乏精确法律或方法依据的主观结论，强调公平的作用在法律之内而不是超出法律。[66] 这类客观标准包括确认与所划界海域相毗邻的相关海岸，以及适用于某些地理情况的等

---

[61] Dispute Relating to the Delimitation of the Exclusive Economic Zone and the Continental Shelf (Barbados v. Trinidad and Tobago), Award of the Arbitral Tribunal of 11 April 2006, para. 225.
[62] Ibid., para. 226.
[63] Ibid., para. 227.
[64] Maritime Delimitation and Territorial Questions Between Qatar and Bahrain (Qatar v. Bahrain), Judgment, I. C. J. Reports 2001, para. 173.
[65] Dispute Relating to the Delimitation of the Exclusive Economic Zone and the Continental Shelf (Barbados v. Trinidad and Tobago), Award of the Arbitral Tribunal of 11 April 2006, para. 235.
[66] Ibid., para. 230.

距离原则。[67] 为了符合法治内的可预见性、稳定性以及灵活性，以实现公平要求，其他划界标准和方法有：划界应避免一方侵蚀另一方大陆架的自然延伸或其相当于专属经济区的海域，尽可能避免截断相关海岸线的海域投影，以及不成比例的结果应予以纠正，等等。[68]

第四，根据国际司法机构的实践，除了极少数例外，地理特征（geographical character）标准要优于区域特定标准（area-specific criteria），后者包括地形方面（geomorphological aspects）或资源特定标准，如渔业可捕量。[69]

根据每个划界案件的特定案情，这类标准可能适用或不适用。在确定划界方法时需要确认相关情况，这种确认越来越附属于地理考虑之中，特别是参照相关海岸线的长度和海岸构造，及其相向、相邻或其他关系。[70]

海岸不仅是海域权利范围的依据，按照公平标准也构成必须考虑的"相关情况"，因此海岸长度对划界具有明显影响。海岸整体走向及其在划界海域的投影，也对划界具有较大影响。[71] 实践中，国际性法院和法庭在不同场合考虑了海岸锋面及长度对海洋划界的影响，并且认为海岸长度的差别应予以考虑，特别是其差别较大时。[72]

在比例作为相关情况适用时，国际法院并未采取海岸长度及其比例关系的数学计算，而是对临时划界的公平性进行最终检验，以保证划界结果不至于造成总体上的不成比例。[73] 因此，比例成为划界公平性检验的最后阶段，对考虑各种其他因素所达成的分界线进行检验，以保证最终结果的公平性。[74]

在国际性法院和法庭的判决中，对待资源相关标准（resource-related criteria）较为谨慎，并未将其作为普遍适用的相关情况。例外是在格陵

---

[67] Dispute Relating to the Delimitation of the Exclusive Economic Zone and the Continental Shelf (Barbados v. Trinidad and Tobago), Award of the Arbitral Tribunal of 11 April 2006, para. 231.
[68] Ibid., para. 232.
[69] Ibid., para. 228.
[70] Ibid., para. 233.
[71] Ibid., para. 239.
[72] Ibid., para. 237.
[73] Ibid., para. 238.
[74] Ibid., para. 240.

兰和扬马延之间区域海洋划界案（丹麦诉挪威）中，国际法院将分界线和渔业问题一并作出裁决。不过，国际性法院和法庭并未完全排除渔业这一因素的作用，而是如同缅因湾区域海洋边界划界案（加拿大/美国），将其限制在所采取的分界线可能造成"灾难性后果"的情况下适用。[75]

第五，确定分界线通常包括两步：第一步是将临时等距离线作为假定及实践起点。在许多情况下，等距离线自身并不能保证公平结果。第二步是按照个案中的相关情况对临时等距离线进行考察和检验，以确定是否有必要对临时等距离线进行调整，以实现公平结果。这种方法通常称为"等距离/相关情况"（equidistance/relevant circumstances）规则。[76]

根据前述，仲裁庭认为，几乎没有单一分界线是完全公平的，只能尽可能实现公平和令人满意的结果。[77]

（二）临时等距离线西部的划界

双方同意，临时等距离线的西部位于双方相向海岸之间。特立尼达和多巴哥支持仲裁庭在此部分划定的等距离线。巴巴多斯则提出，巴巴多斯渔民传统上以手工方式在多巴哥岛的海岸西北、北部和东北海域捕鱼，主要捕捞"飞鱼，一种随季节迁徙到多巴哥海域的远洋鱼类种群"。而且，飞鱼不仅是巴巴多斯的主要食材，也是其历史、经济和文化的重要组成部分。[78] 因此，该临时等距离线应进行较大调整。

仲裁庭指出，如前所述，临时绘制的等距离线应考虑相关情况予以调整，即等距离/相关情况规则。如果仲裁庭认定，巴巴多斯提出的三个核心事实情况不能得出结论，则不需要对这类情况是否具有必要性作出裁决。[79]

---

[75] Dispute Relating to the Delimitation of the Exclusive Economic Zone and the Continental Shelf (Barbados v. Trinidad and Tobago), Award of the Arbitral Tribunal of 11 April 2006, para. 241.

[76] Ibid., para. 242.

[77] 双方主张的分界线，以及双方同意的等距离线部分，其图示参见 Award, pp. 74-75, available at http://www.pcacases.com/iveb/send Attach 1116。

[78] Dispute Relating to the Delimitation of the Exclusive Economic Zone and the Continental Shelf (Barbados v. Trinidad and Tobago), Award of the Arbitral Tribunal of 11 April 2006, paras. 246-247.

[79] Ibid., para. 265.

巴巴多斯提出的第一项核心主张，即其渔民传统上捕捞多巴哥的离岸飞鱼已达数个世纪。但是，支持此项主张的证据显然是不完整和不确定的。20世纪80年代之前的文献记录非常单薄。仲裁庭认为，其书面报告可能只是传闻证据和口头传统的记录而已，不应被赋予不适当的权重。不过，与所描述事件差不多同一时期形成的报告，特别是巴巴多斯官方出具的报告，应被赋予实质权重，并且比本争端发生后以及为本仲裁目的而形成的宣誓书更为重要。

而这类同一时期的报告表明，巴巴多斯在本来为公海的海域中捕捞飞鱼，这一远程作业基本上始于1978—1980年冰船引入之后。巴巴多斯渔民的宣誓书作为直接证据，也证实了在此之前其并未在多巴哥离岸捕鱼。如此短的时间，并不足以形成一项传统。一旦特立尼达和多巴哥的专属经济区得以确立，无论是否有协定的授权，巴巴多斯渔民在这类海域捕鱼并不能产生非专属的捕鱼权，更不用说使巴巴多斯有权调整等距离线。[80]

对于第二项主张，巴巴多斯未能证实，其渔民过去或现在未能在所涉海域获得准入是灾难性的（catastrophic）。仲裁庭认为，巴巴多斯民众严重依赖渔业，而飞鱼渔业则是其重中之重。巴巴多斯国民拥有约190艘冰船，而不能再像以前那样在多巴哥捕鱼，对其家庭和生计都具有重大影响，也给巴巴多斯的经济造成了损失。但是，损害不等于灾难（injury does not equate with catastrophe）。国际经济关系中的损害也不是调整边界的充分的法律理由；至于是否是巴巴多斯渔民准入特立尼达和多巴哥专属经济区的充分理由，将另行处理。[81]

对于第三项主张，尽管有证据表明，与巴巴多斯渔民青睐于多巴哥海域捕鱼相比，特立尼达和多巴哥渔民偏好在近岸海域捕鱼；但该证据并不是确定性的，而且并不能证实已授予巴巴多斯渔民在特立尼达和多巴哥近岸海域的准入权。[82]

仲裁庭指出，前述事实认定是决定性的，因此不能对西部的临时等距离线进行调整。而且，即使巴巴多斯成功举证其一项或所有核心的事

---

[80] Dispute Relating to the Delimitation of the Exclusive Economic Zone and the Continental Shelf (Barbados v. Trinidad and Tobago), Award of the Arbitral Tribunal of 11 April 2006, para. 266.
[81] Ibid., para. 267.
[82] Ibid., para. 268.

实主张，法律上也并非一定要进行调整。以国民在公海的传统捕鱼活动为依据，对两国间的国际海域边界进行确定，总体上是例外。除了菲茨莫里斯（Gerald Fitzmaurice）法官的阐发，以及国际法院在1993年格陵兰和扬马延之间区域海洋划界案的判决，习惯国际法和协定国际法都不支持这项原则。[83]

根据前述，仲裁庭得出结论，西部的等距离线是双方在此的分界线。[84]

（三）临时等距离线中部的划界

对于临时等距离线的中间部分，从巴巴多斯主张的D点（北纬11°53.72′、西经59°28.83′）至特立尼达和多巴哥主张的A点，约16海里长，双方没有提出调整临时等距离线的要求。[85] 因此，该部分临时等距离线即为分界线。

（四）临时等距离线东部的划界

临时等距离线的东部从特立尼达和多巴哥主张的A点，向东延伸到巴巴多斯主张的E点（北纬10°41.03′、西经57°18.83′）。双方对此部分有一系列的分歧。

1. 海域边界的性质及200海里外大陆架问题

双方在临时等距离线东部都有对大陆架和专属经济区的权利范围，[86] 分歧在于海域边界的性质。巴巴多斯请求仲裁庭确定专属经济区和大陆架的单一海域边界；而特立尼达和多巴哥认为，大陆架和专属经济区具有独立的和不同的制度，因此可能有不同的分界线。[87]

仲裁庭认为，在本案中这一问题基本是学理性的，因为特立尼达和多巴哥承认，事实上没有理由针对专属经济区和大陆架划出不同的分界

---

[83] Dispute Relating to the Delimitation of the Exclusive Economic Zone and the Continental Shelf (Barbados v. Trinidad and Tobago), Award of the Arbitral Tribunal of 11 April 2006, para. 269.
[84] Ibid., para. 271.
[85] Ibid., para. 294.
[86] Ibid., para. 295.
[87] Ibid., para. 296.

线。根据特立尼达和多巴哥的书状所述，独立边界线的需要看来与其对200海里外大陆架区域的诉求有关。但是，就双方各自200海里内专属经济区和大陆架的权利范围而言，仲裁庭将在确定其边界线时对200海里外大陆架的主张予以处理。[88] 因此，在双方相重叠的诉求范围内，仲裁庭将确定单一边界线，而不涉及专属经济区和大陆架在法律上分别存在的问题。[89]

而对于200海里外大陆架问题，特立尼达和多巴哥提出，根据《公约》第76条第4款至第76条第6款，应根据其大陆架外部界限对等距离线进行调整，特别是其大陆边（continental margin）的外缘不应被巴巴多斯的200海里专属经济区所中断。[90] 对于超出其200海里范围而处于巴巴多斯200海里内的海域，特立尼达和多巴哥认为，根据一般国际法和《公约》第56条第3款，对大陆架的主张优先于对专属经济区的主张。[91] 巴巴多斯在水体的专属经济区权利，不应剥夺特立尼达和多巴哥先前存在的对大陆架的主权权利。

巴巴多斯则提出，在未能按照《公约》第76条确立其权利范围之前，特立尼达和多巴哥不能主张外大陆架的权利。[92] 如果裁决特立尼达和多巴哥在巴巴多斯的专属经济区内具有大陆架权利，将造成海床和水体权利之间不可行的相重叠情况。[93] 仲裁庭认为，其有管辖权决定与超出200海里大陆架的部分有关的海洋划界。但是，仲裁庭所确定的单一海域边界并未超出200海里。因此，仲裁庭无须处理大陆架和专属经济区的海域关系问题，对特立尼达和多巴哥所提出主张的实质问题不发表意见。[94]

2. 等距离/相关情况适用于本案

双方同意划界采取等距离/相关情况方法，[95] 分歧在于该划界原则

---

[88] Dispute Relating to the Delimitation of the Exclusive Economic Zone and the Continental Shelf (Barbados v. Trinidad and Tobago), Award of the Arbitral Tribunal of 11 April 2006, para. 297.
[89] Ibid., para. 298.
[90] Ibid., para. 367.
[91] Ibid., para. 174.
[92] Ibid., para. 179.
[93] Ibid., para. 180.
[94] Ibid., para. 368.
[95] Ibid., para. 300.

如何适用于本案，特别是相关情况的内容，以及其所要求进行调整的程度和位置。[96]

第一，是否应区别所划界海域的不同部分及其相关海岸。

特立尼达和多巴哥主张，有必要区分不同的地理区域，并称为"加勒比部分"和"大西洋部分"。在"加勒比部分"双方的海岸线相向，而在涉及广阔海域的"大西洋部分"，双方海岸呈现相邻状态。有待划界的不同部分应适用不同的标准，而不应适用等距离方法。与相向海岸相比，在临时等距离线延伸至相邻海岸时，应考虑海岸的特定构造及其长度。为此特立尼达和多巴哥还援引国际法院的多个案例，以及国际水道测量组织（International Hydrographic Organization）对加勒比海东部界线的报告。[97]

仲裁庭认为，根据本争端海域的地形特征，将其区分为两个部分并没有说服力。没有任何部分可以称为狭窄的条带、廊道或海峡，也没有在某些点面向海洋开放的海湾。本案所涉海域与北海划界的海域大相径庭，后者存在英国海峡和爱尔兰海入口的西部通道（the Western Approaches）的空间关系；也与卡塔尔和巴林之间海洋划界和领土问题案所涉的狭窄海域不同。本案的地形特征也不同于面向大西洋开放的缅因湾，双方海岸的空间关系并未被任何狭窄处、海岬或凸起所阻断。[98] 国际水道测量组织的报告就区分两部分海域而言也不足为信，该报告只是试图确认广泛的地貌，并不比将太平洋区分为东部、中央和西部更为精确。而且，《公约》第74条和第83条也未区别相向还是相邻海岸，并没有理由以此适用不同的划界方法。[99]

根本上决定划界的是地理要素，特别是所划界海域连接陆地的开端而不是终端。正如缅因湾区域海洋边界划界案指出的，划界的持续是陆地决定海洋原则不可避免的表现。[100] 因此，相向海岸和相邻海岸的区

---

[96] Dispute Relating to the Delimitation of the Exclusive Economic Zone and the Continental Shelf (Barbados v. Trinidad and Tobago), Award of the Arbitral Tribunal of 11 April 2006, para. 301.

[97] Ibid., para. 308.

[98] Ibid., para. 313.

[99] Ibid., paras. 314-315.

[100] Case Concerning Delimitation of the Maritime Boundary in the Gulf of Maine Area (Canada/United States), Judgment, I. C. J. Reports 1984, para. 226.

分,除了有限的地形情况,在涉及广阔海域的划界中并无意义。[101]

第二,仲裁庭依次考察了三个主要的"相关情况"。

一是相关海岸及其投影。仲裁庭认为,海岸锋面是与划界有关的情况,其相对长度可能要求对临时等距离线进行调整。国际法院在格陵兰和扬马延之间区域海洋划界案中指出,"双方各自海岸长度的差别如此之大,以至于在划界过程中必须予以考虑"。[102]

仲裁庭认为,在确定相关海岸锋面的构成时,基点并非起到决定性的作用。有助于等距离线计算的基点在技术上可以识别,而且本案中已经确认。在此范围内,基点对划界和绘制临时等距离线起到作用,但相关海岸锋面严格地说并非基点位置的结果。海岸线对划界的影响不是因为其长度的数学比例或基点对绘制等距离线的作用,而是因为其在实现公平合理结果方面的重要意义。[103]

巴巴多斯提出,特立尼达和多巴哥的海岸线绝大部分并非直面争议海域,而是向东南方向偏离。如果不重塑地形,不考虑特立尼达和多巴哥全境的实际地理方位,则不应考虑这部分海岸线。[104] 对此仲裁庭指出,如果更广泛地看海岸锋面,问题在于其是否以投射或直面的方式作为整体毗邻所争议海域,从而与划界有关,而不是其是否为绘制等距离线提供了基点。在此关系中,特立尼达岛有明显与所争议海域毗邻的海岸锋面,多巴哥岛的海岸线也是如此。这类锋面是调整等距离线所应予以考虑的相关情况。[105]

仲裁庭指出,双方与海岸走向及其对划界影响的分歧,很大程度上是由于双方将不同的地理因素作为依据,且双方的论点有矛盾之处。巴巴多斯提出的是特立尼达和多巴哥群岛基线所形成的走向,但同时主张群岛基点不能用以计算等距离线。而特立尼达和多巴哥依据其大部分海

---

[101] Dispute Relating to the Delimitation of the Exclusive Economic Zone and the Continental Shelf (Barbados v. Trinidad and Tobago), Award of the Arbitral Tribunal of 11 April 2006, para. 316.

[102] Case Concerning Maritime Delimitation in the Area Between Greenland and Jan Mayen (Denmark v. Norway), Judgment, I. C. J. Reports 1993, para. 68.

[103] Dispute Relating to the Delimitation of the Exclusive Economic Zone and the Continental Shelf (Barbados v. Trinidad and Tobago), Award of the Arbitral Tribunal of 11 April 2006, para. 329.

[104] Ibid., para. 330.

[105] Ibid., para. 331.

岸线的实际位置，但同时主张群岛基线可用于绘制等距离线的基点，不用于确定海岸走向。[106]

仲裁庭认为，海岸线的走向是由海岸而不是基线来确定的。对于因特定地理特征可以采取直线基线或群岛基线的海域而言，基线是一种便利确定海域外部界限的方法。同时，特立尼达岛和多巴哥岛较为广阔的海岸锋面及其所导致双方海岸长度的差别，是划界应予以考虑的相关情况。[107]

二是比例。仲裁庭指出，在考察临时划界的公平性时，比例是应予考虑的一种相关情况，但在确定海域归属时并不要求机械地适用数学比例。比例的作用是作为一种最后的检验，对划界的最后结果进行考察，以保证最终结果的公平性。[108] 因此，仲裁庭将不采用任何形式的数学或比例方法，这必然导致法律上属于一方的海域归于另一方；而是在考虑其他相关情况特别是海岸锋面对分界线的影响后，根据比例对分界线进行检验。[109]

三是地区考虑，即划界对整体地区的影响。特立尼达和多巴哥援引几内亚/几内亚比绍海洋仲裁案提出，公平划界不能忽视所涉地区其他已经作出或有待作出的划界。为了避免等距离线产生截断影响，其与委内瑞拉在巴巴多斯以南地区的划界，以及法属瓜德罗普和马提尼克（Guadeloupe and Martinque）与多米尼加在巴巴多斯以北地区的划界，应在本案中予以考虑。[110]

对于双方所举出协定与本案的相关性及影响，仲裁庭认为，法属瓜德罗普和马提尼克与多米尼加的协定与本案并无关联。巴巴多斯所援引的巴巴多斯、圭亚那《共同合作区条约》，除非其体现了巴巴多斯海域诉求的限制范围，否则对本案划界没有影响。[111]

而1990年《特立尼达—委内瑞拉协定》中的情况有所不同。尽管

---

[106] Dispute Relating to the Delimitation of the Exclusive Economic Zone and the Continental Shelf (Barbados v. Trinidad and Tobago), Award of the Arbitral Tribunal of 11 April 2006, para. 333.

[107] Ibid., para. 334.

[108] Ibid., para. 337.

[109] Ibid., para. 338.

[110] Ibid., paras. 339-340.

[111] Ibid., para. 349.

对巴巴多斯并无约束力，但该协定确立了特立尼达和多巴哥海域权利范围的南部界限。该界限有不利于特立尼达和多巴哥的偏离，位于其与委内瑞拉的中间线以北。在无损于巴巴多斯或者第三国权利的情况下，仲裁庭在确定特立尼达和多巴哥海域主张的范围内考虑 1990 年《特立尼达—委内瑞拉协定》。根据该协定的规定，特立尼达和多巴哥已经放弃了部分海域，因此仲裁庭所绘制的分界线不会涉及其不再主张的海域。特立尼达和多巴哥也没有这样提出要求。因此，就特立尼达和多巴哥的诉求而言，该协定部分确定了双方相重叠海域的最大范围。[112]

第三，特立尼达和多巴哥提出的临时等距离线的转向点问题。

特立尼达和多巴哥提出，等距离线从 A 点开始应向北进行调整。[113] 自 A 点开始，双方的海岸从相向转为相邻，而双方海岸线长度比例也转为 8.2∶1。因此，特立尼达和多巴哥提出，应从 A 点开始，以 88 度的大地方位角将等距离线调整至特立尼达和多巴哥专属经济区的外部界限即 B 点（北纬 11°13.30′、西经 61°15.00′）。[114] 仲裁庭已经指出，就双方毗邻相重叠诉求海域的海岸锋面而言，应考虑其海岸长度的较大差别对等距离线进行调整。[115] 以及，由于等距离线向外延伸，除了根据相关情况在某些点可能偏离等距离线，没有必要区分相向或相邻海岸。[116]

特立尼达和多巴哥提出，A 点与"多巴哥领海最北的点相去不远"。仲裁庭指出，领海及其基线与相关海岸的确定无关，A 点和多巴哥领海的关系也不足以作为 A 点成为等距离线转向点的理由。而且，在地形上，A 点位于任何相关海岸锋面的北边很远处。特立尼达岛和多巴哥岛海岸锋面的投影并不接近 A 点，只是与更远的东南部划界有关。[117]

特立尼达和多巴哥的主张和其用以确定相关海岸锋面的方法有关。特立尼达和多巴哥沿着其所认为的东向的海岸锋面，建构了长 69.1 海里的南北向的矢量；继而将该矢量置于其所主张专属经济区的外部界限即

---

[112] Dispute Relating to the Delimitation of the Exclusive Economic Zone and the Continental Shelf (Barbados v. Trinidad and Tobago), Award of the Arbitral Tribunal of 11 April 2006, paras. 344-348.

[113] Ibid., para. 319.

[114] Ibid., paras. 351-353.

[115] Ibid., para. 350.

[116] Ibid., para. 355.

[117] Ibid., paras. 356-357.

B 点，距离其专属经济区和巴巴多斯—圭亚那等距离线的交会处 63.8 海里。特立尼达和多巴哥提出，使用 A 点作为转向点，该矢量将赋予所主张的海岸锋面以完全效力。[118] 仲裁庭认为，不仅没有"相关情况"证实 A 点可以作为转向点，矢量方法自身在法律上和方法上也没有根据。事实上，这种方法必然包括整个海岸线的径直投影，同时在不考虑相关地形情况下使投影向北移动，然后以该投影的北部界限作为双方的分界线。这种人为的建构使等距离和相关情况的划界方法完全遭到废弃。[119]

3. 对等距离线北部的默认和禁止反言

巴巴多斯提出，特立尼达和多巴哥对等距离线北部存在默认和禁止反言（acquiescence and estoppel）。

仲裁庭认为，在等距离线北部特立尼达和多巴哥所主张的海域，巴巴多斯的活动并没有决定性的法律意义。就确立特立尼达和多巴哥的默认和禁止反言而言，零星授权的地震勘探、石油特许以及巡航，尽管相关但并不是充分的证据。另外，也没有证据证实，特立尼达和多巴哥进行了与在这类海域行使管辖有关的重要活动。[120] 而且，国际法院在陆地和海洋边界案（喀麦隆诉尼日利亚）中指出，除非双方存在明确或默示的协定，油井自身不属于相关情况。尽管国际法院在爱琴海大陆架案中认为地震问题具有意义，但所适用的是临时措施，与海域边界的最终判决无关。

1978 年巴巴多斯制定的国内法规定，在与邻国没有协定的情况下，专属经济区边界应为等距离线。这也不构成任何形式的承认或默认。

因此，仲裁庭认为，任何一方的活动或其回应自身并不构成本案应予以考虑的因素。[121]

4. 仲裁庭对等距离线的调整

根据前述，仲裁庭已经裁定，等距离线不应在 A 点进行调整，而是沿东南方向径直延伸。[122] 同时仲裁庭认为，特立尼达和多巴哥所述的海

---

[118] Dispute Relating to the Delimitation of the Exclusive Economic Zone and the Continental Shelf (Barbados v. Trinidad and Tobago), Award of the Arbitral Tribunal of 11 April 2006, para. 358.

[119] Ibid., para. 360.

[120] Ibid., para. 363.

[121] Ibid., paras. 364-366.

[122] Ibid., para. 369.

岸锋面是应予以考虑的相关情况。该海岸锋面毗邻划界海域，长度较长，应赋予其对划界一定的影响，并因此对等距离线进行调整，才符合《公约》第74条和第83条实现公平结果的要求。[123]

因此，等距离线适当的偏转点位于等距离线和大地线（the geodetic line）会合的地方，该大地线由以下两点连接：群岛基线在小多巴哥岛（Little Tobago Island）的转向点，以及特立尼达和多巴哥南部海域边界与其200海里专属经济区界限的交会点。仲裁庭将该等距离线的偏转点称为"10"。这样将同时赋予特立尼达岛和多巴哥岛的海岸锋面以效力。[124]

从点10开始，分界线沿直线至终点，即特立尼达和多巴哥南部海域边界与其200海里专属经济区界限的交会点。仲裁庭将该交会点称为"11"。该终点是分界线与特立尼达和多巴哥根据1990年协定最南部海域边界的交会处，也标志着双方单一海域边界的终端。在作出这类调整时，仲裁庭尽可能不使分界线产生截断影响。[125]

作为公平解决的最终测试，仲裁庭按照比例对上述分界线进行了检验，避免产生总体不成比例的划界结果。仲裁庭认为，临时等距离线完全受双方较短的相向海岸影响，但不能忽视构成海岸锋面的较长相关海岸线的影响。并不是海岸长度的比例问题，而是仅依据其中的一种影响将会造成不成比例。仲裁庭对等距离线进行的偏转，既反映了该海岸锋面对划界整体海域的合理影响，也避免了径直向东投影而造成的不成比例。[126]

（五）裁决主文

在上述基础上，仲裁庭划定了双方的海域边界，包括特立尼达和多巴哥的南部海域边界。[127]

---

[123] Dispute Relating to the Delimitation of the Exclusive Economic Zone and the Continental Shelf (Barbados v. Trinidad and Tobago), Award of the Arbitral Tribunal of 11 April 2006, para. 372.
[124] Ibid., para. 373.
[125] Ibid., paras. 374-375.
[126] Ibid., paras. 377-379.
[127] 仲裁庭所划定双方的海域边界，其图示参见 Award, pp. 114 - 115., available at https://www.pcacases.com/web/sendAttach/1116。

2006年4月11日，仲裁庭在裁决主文中裁定对以下事项具有管辖权：

（1）以绘制单一海域边界的方式，在双方诉求相重叠的海域对归属任一方的大陆架和专属经济区进行划界。

（2）在此方面，包括对与超出200海里大陆架的部分有关的海域边界进行划界。

（3）尽管有管辖权考虑未来的分界线对巴巴多斯在划界所涉海域的捕鱼活动的影响，但对于可确定为构成特立尼达和多巴哥专属经济区一部分的海域来说，没有管辖权对适用于该海域适当的渔业制度作出实体裁决。

关于实质问题的裁决主文如下：

（1）双方的国际海域边界为一系列大地线，这类大地线由本裁决第382段按次序列出的点连接而成。

（2）双方与上述海域边界不一致的诉求不予接受。

（3）双方有责任达成协调和确保飞鱼种群的养护和发展所必需的措施，并善意谈判和达成协定。在符合该协定规定的限制和条件以及特立尼达和多巴哥在所管辖海域养护和管理生物资源的权利和责任的情况下，特立尼达和多巴哥应给予巴巴多斯渔民在其专属经济区内的渔业准入。[128]

四、评　论

本案是自1969年北海大陆架案后第十二起海洋划界案，也是《公约》附件七仲裁第一起海洋划界案。[129] 而且，与之前的附件七仲裁案相

---

[128] Dispute Relating to the Delimitation of the Exclusive Economic Zone and the Continental Shelf (Barbados v. Trinidad and Tobago), Award of the Arbitral Tribunal of 11 April 2006, paras. 384-386.

[129] Arbitral Tribunal Award, Annex Ⅶ UNCLOS Bardabos v. Trinidad and Tobago, *The International Journal of Marine and Coastal Law*, Vol. 21, Issue 4, 2006, pp. 523-534.

比，本案是第一个就实质问题作出裁决的案件。[130] 仲裁庭对之前的海洋划界案特别是1993年格陵兰和扬马延之间区域海洋划界案、2001年卡塔尔和巴林之间海洋划界和领土问题案等，进行了总结并有所发展，较为系统地阐明了单一海域边界的法理，公平原则和各种划界方法和标准的关系，以及等距离线/相关情况划界方法的适用。

根据本案审议和裁决的顺序，以下将依次述评本案较重要的法律发展。

（一）关于附件七仲裁启动的程序性条件

根据《公约》第287条的规定，《公约》第十五部分第一节和第三节对附件七仲裁程序的启动规定了一系列前置条件。

对于《公约》第281条第1款的"协议"，仲裁庭作出了具有灵活性的解释："协议"可以包括实践中达成的"事实上的协定"，而不要求正式协定。这彰显了国际法院在爱琴海大陆架案等案中的做法，即并不拘泥于相关文件的形式，而是通过考察协议背景和当事双方真实意图来确定是否构成协议。[131]

对于《公约》第283条与第74条和第83条的关系，仲裁庭认为：《公约》第283条第1款对谈判解决争端的要求，就第74条和第83条而言，已经归入了业已进行的后者所要求的谈判之中。而且，在划界争端中，由于所要求的交换意见已经包含在（未果的）谈判内，第283条第1款和第283条第2款都不能适用。[132]

不得不指出，仲裁庭的上述裁决使得在海洋划界争端中，《公约》第283条规定的程序性条件归于多余或无效，有违有效解释原则。这种解释的后果之一，是实践中无法区分和审查当事方依据《公约》第74

---

[130] Barbara Kwiatkowska, "The 2006 Barbados/Trinidad and Tobago Award: A Landmark in Compulsory Jurisdiction and Equitable Maritime Boundary Delimitation", *The International Journal of Marine and Coastal Law*, Vol. 22, Issue 1, 2007, pp. 7-60. 在柔佛海峡填造地案（马来西亚/新加坡）附件七仲裁中，马来西亚的诉求包括领海划界，但争端双方同意该争议问题通过友好谈判予以解决。因此仲裁庭并未对实质问题作出裁决。

[131] 例如1978年爱琴海大陆架案（希腊诉土耳其）。See Aegean Sea Continental Shelf Case (Greece v. Turkey), Judgment, I. C. J. Reports 1978, pp. 39-44, paras. 97-107.

[132] Dispute Relating to the Delimitation of the Exclusive Economic Zone and the Continental Shelf (Barbados v. Trinidad and Tobago), Award of the Arbitral Tribunal of 11 April 2006, paras. 201-206.

条和第 83 条进行的谈判,与适用第 283 条进行的谈判或交换意见是否针对同一事项或争端。特别是仲裁申请方在提起仲裁时,可能加入许多根本未在划界谈判中提出的事项或争端,从而导致对第 283 条的规避。正如拉奥法官认为的:"第 283 条对交换意见的要求,并非空洞的形式,听任于争端当事方肆意而为。在这点上的义务必须善意履行,而法庭也有职责对此进行审查。"[133]

仲裁庭还认为,《公约》第 287 条以及附件七第 1 条明确规定,"经争端任何一方请求"可以将未解决的争端提交仲裁,明确赋予援引《公约》仲裁程序的单方面权利;《公约》第 286 条赋予一种单方面权利,其单方面行使也是条约所赋予权利的直接适用。

应当指出,仲裁庭对所谓启动仲裁"单方面权利"的裁决,既无法律意义,又明显缺乏法理依据。如同任何其他国际争端解决机制,在《公约》确立了"争端解决条款"的情况下,任一当事方当然可能主动援引某个条款提起仲裁或司法程序——正如《公约》第 287 条第 3 款的规定。仅就此而言,这的确是某种意义上的"单方面权利"。但是,这种援引和程序的启动是否符合"争端解决条款",是否符合相关的程序性条件和例外的限制,则不应也不可能是该当事方"单方面"确定的。这是仲裁庭应当进行审查和客观确定的事项。而且,"经争端任何一方请求"是《公约》第 286 条的措辞,而不是第 287 条和附件七第 1 条的措辞。仲裁庭在裁决"单方面权利"的相关段落,对《公约》第 287 条和第 286 条的混用,很可能难以直面《公约》第 286 条对所谓"单方面权利"的明文限制:"在第三节限制下,有关本公约的解释或适用的任何争端,如已诉诸第一节而仍未得到解决……"

(二)海域划界中的 200 海里外大陆架问题

这一问题就海洋划界而言具有程序和实体的双重意义。就程序问题而言,仲裁庭认为,超出 200 海里范围的大陆架部分的划界,构成专属经济区和大陆架划界争端的一部分,或者与其密切相关,因此仲裁庭具有管辖权。从实体问题来看,由于仲裁庭认为所确定的单一海域边界并

---

[133] Case Concerning Land Reclamation by Singapore in and around the Straits of Johor (Malaysia v. Singapore), Order of 10 September 2003, Separate Opinion of Judge Chandrasekhara Rao, para. 11.

未超出 200 海里，因此无须处理大陆架和专属经济区的海域关系问题，对其实质问题并未发表意见。

海洋划界特别是确定单一海域边界的争端中，200 海里外大陆架的划界涉及多个方面的问题。一是根据《公约》第 76 条第 8 款的规定，大陆架界限委员会未提出建议从而确定 200 海里外大陆架外部界限的情况，是否妨碍当事方先行划界，以及是否阻挠仲裁庭或法庭的管辖权和可受理性。有评论者认为：沿海国尚未确立大陆架外部界限并不构成司法机构是否享有划界管辖权的障碍。司法机构对沿海国提交的 200 海里外大陆架划界争端具有管辖权，这一点更多地被司法裁决所接受[134] 与本案的结论相似，在 2017 年印度洋海洋划界案（索马里诉肯尼亚）中，国际法院明确指出："大陆架外部界限不确定以及因此 200 海里外区域特定边界终点的确切位置不确定，未必妨碍有关国家或法院在大陆架界限委员会提出建议之前在适当情况下进行划界"；"200 海里外大陆架外部界限的程序不应妨碍双方划定海洋边界，这意味着划界可独立于大陆架界限委员会的建议进行，这与本法院的判例一致。"[135]

二是本案中仲裁庭总结了单一海域边界的法理，还提出了"单一大陆架"的概念，即大陆架自身并不区分 200 海里以内或以外的大陆架。

三是在一方要求根据其可能的 200 海里外大陆架对等距离线进行调整时，在划定单一海域边界时，不仅提出了 200 海里外大陆架可能被分界线"截断"，还可能产生"灰区"问题。[136]

本案中，特立尼达和多巴哥主张，其 200 海里外大陆架与巴巴多斯的专属经济区相重叠，需要解决大陆架与专属经济区权利的关系问题。但是，仲裁庭以单一海域边界并未超出 200 海里为由，避免对其实质问题进行阐明。由此，仲裁庭解决了本案的争端，但并未解决问题本身，尤其是分界线对特立尼达和多巴哥 200 海里外大陆架的截断效果问题。2010 年，特立尼达和多巴哥与格林纳达达成协定，划定两国各自的专属

---

[134] 黄瑶、廖雪霞：《论大陆架外部界限的确立与 200 海里以外大陆架划界的关系》，《当代法学》2013 年第 6 期，第 136 页。

[135] Case Concerning Maritime Delimitation in the Indian Ocean (Somalia v. Kenya), Preliminary Objections, Judgment, I. C. J. Reports 2017, paras. 51-105.

[136] 吴继陆：《海洋划界中的"灰区"问题》，《国际法研究》2017 年第 1 期。

经济区和大陆架。[137] 至此，特立尼达和多巴哥与邻国的主要海域边界都已经划定，难以再主张 200 海里外大陆架。而地理上巴巴多斯具有较宽的向海面，本案确立的海域边界仅仅限制了其南部和东部，巴巴多斯在其北部仍然可以继续主张 200 海里外大陆架。事实上，2008 年 5 月 8 日，巴巴多斯正式向大陆架界限委员会提交 200 海里外大陆架外部界限的申请。这样，与特立尼达和多巴哥相比，巴巴多斯在此方面的优势明显。

(三) 海洋划界一方在另一方专属经济区内的渔业准入问题

这一问题也具有程序和实体的双重意义。一方面，仲裁庭指出，就确立巴巴多斯渔民在所涉海域的捕鱼准入权而言，涉及单独可分的实体问题，既不构成划界争端的一部分，也不能成为划界争端中所附带的救济。巴巴多斯在书状中没有明确提出这类争端，根据不诉不理 (non ultra petita) 规则，仲裁庭没有作出此种裁决的管辖权。另一方面，作为影响划界过程的相关情况，巴巴多斯捕鱼活动的方式自身是仲裁庭应予考虑的事项。但是，巴巴多斯所举出的三项主张，都未能提供确定性的证据，因此不能对西部的临时等距离线进行调整。仲裁庭指出："损害不等于灾难"，国际经济关系中的损害也不是调整边界的充分的法律根据；即使巴巴多斯成功举证其一项或所有核心的事实主张，法律上也并非一定要进行调整。在海洋划界中，以国民在公海的传统捕鱼活动为依据，对两国间的国际海域边界进行确定，总体上是例外。

尽管如此，仲裁庭对巴巴多斯的渔业准入问题作出了相当灵活的处理。双方都请求仲裁庭就此问题发表意见，特立尼达和多巴哥的官员在庭审中还陈述，其准备与巴巴多斯进行谈判以达成渔业准入协定。仲裁庭因此指出，特立尼达和多巴哥已经按其所述承担了一项义务，即与巴巴多斯善意谈判，以达成巴巴多斯在所涉海域获得渔业准入的协定。在裁决主文中，仲裁庭明确裁决："特立尼达和多巴哥应给予巴巴多斯渔民在其专属经济区内的渔业准入。"从促进双方有效解决海洋争端来看，与 2012 年孟加拉湾海洋划界案 (孟加拉国/缅甸) 和 2014 年孟加拉湾海洋划界案 (孟加拉国诉印度) 附件七仲裁等案相似，仲裁庭的处理方式值得提倡。

---

[137] U. S. Department of State, Trinidad and Tobago: Archipelagic and other Maritime Claims and Boundaries, Limits in the Seas No. 131, 2014.

(四) 对等距离/相关情况划界方法的总结和法律发展

仲裁庭较为系统地总结了等距离/相关情况划界方法,以及其法律发展。

一是"确定性、公平及稳定性"是划界过程不可或缺的组成部分,但公平的作用在法律之内而不是超出法律。二是等距离及根据相关情况进行后续调整能保证一定程度的确定性,以避免主观性裁决。三是客观确定的划界标准包括确认与所划界海域相毗邻的相关海岸,以及适用于某些地理情况的划界方法的等距离原则。同时,应避免一方侵蚀另一方大陆架的自然延伸或其相当于专属经济区的海域;避免截断相关海岸线的海域投影;以及对不成比例的结果应予纠正。四是除了极少数例外,地理特征标准要优于区域特定标准,后者包括地形方面或资源特定标准如渔业可捕量。五是零星授权的地震勘探、石油特许以及巡航等活动,并不构成当事方对海域边界的某种承认、默认和禁止反言。

与其他海洋划界案相比,本案裁决还有两点值得注意。一是仲裁庭选择了海岸自身的基点,即正常基线下的基点,避免对双方直线基线或群岛基线的合法性进行认定。对于本案对客观标准的强调,有评论者指出:海岸地理成为唯一肯定和确定的会影响等距离线调整的因素,可以说,海洋划界本质上事关空间而不是其他。[138] 也因此,在仲裁庭绘制临时等距离线后,再调整的幅度就相当有限。伯纳德·奥克斯曼评论本案时甚至指出,"外交中没有什么比临时更为持久"(in diplomacy nothing is more permanent than the provisional)。[139]

二是仲裁庭认为,比例是划界公平性检验的最后阶段,对考虑各种其他因素所达成的分界线进行检验,以保证最终结果的公平性。但是,仲裁庭并未如同黑海海洋划界案那样,明确将比例检验作为一个单独的划界阶段,只是将比例视为一种可以据此调整等距离线的相关情况。

---

[138] Yoshifumi Tanaka, "Barbados/Trinidad and Tobago Maritime Delimitation Commentary (2006)", available at http://www.haguejusticeportal.net/index.php?id=633.

[139] Bernard H. Oxman, "The Barbados/Trinidad and Tobago Arbitration: The Law of Maritime Delimitation: Back to the Future", available at https://media.law.miami.edu/faculty-administration/pdf/bernard-oxman/oxman-barbados-trinidad-arbitration.pdf.

(五) 等距离/相关情况对相向或相邻海岸的适用

在海洋划界中,当事方的海岸可能有相向和相邻并存的情况,考虑到海岸的特定构造及其长度,是否应适用不同的划界方法和标准?对此仲裁庭指出,相向海岸和相邻海岸的区分,除了有限的地形情况,如双方海岸的空间关系并未被任何狭窄处、海岬或凸起所阻断,在涉及广阔海域的划界中并无意义。但同时,海岸锋面是划界有关的情况,其相对长度可能要求对临时等距离线进行调整。本案中,特立尼达岛和多巴哥岛较为广阔的海岸锋面及其所导致的双方海岸长度的差别,是划界应予考虑的相关情况。

五、附 录

(一) 中英案件全名

1. 中文案件全名:专属经济区和大陆架划界争端案(巴巴多斯诉特立尼达和多巴哥)

2. 英文案件全名:Dispute Relating to the Delimitation of the Exclusive Economic Zone and the Continental Shelf (Barbados v. Trinidad and Tobago)

(二) 案件的标准引用

Dispute Relating to the Delimitation of the Exclusive Economic Zone and the Continental Shelf (Barbados v. Trinidad and Tobago), Award of the Arbitral Tribunal of 11 April 2006, available at https://www.pcacases.com/web/sendAttach/1116.

(三) 主要参考文献

1. Andon Blake and Gary A. Campbell, "Conflict over Flying Fish: The Dispute Between Trinidad & Tobago and Barbados", *Marine Policy*, Vol. 31, No. 3, 2007, pp. 327-335.

2. Barbara Kwiatkowska, "The 2006 Barbados/Trinidad and Tobago

Award: A Landmark in Compulsory Jurisdiction and Equitable Maritime Boundary Delimitation", *The International Journal of Marine and Coastal Law*, Vol. 22, Issue 1, 2007, pp. 7-60.

3. D. Bodansky, Barbara Kwiatkowska, "Barbados/Trinidad and Tobago: Award on Jurisdiction and Merits", *American Journal of International Law*, Vol. 101, No. 1, 2007, pp. 149-157.

4. "Arbitral Tribunal Award, Annex VII UNCLOS Bardabos v. Trinidad and Tobago", *The International Journal of Marine and Coastal Law*, Vol. 21, Issue 4, 2006, pp. 523-534.

5. Bernard H. Oxman, *The Barbados/Trinidad and Tobago Arbitration Award of* 2006, The Hague: T. M. C. Asser Press, 2009.

6. Bernard H. Oxman, "The Barbados/Trinidad and Tobago Arbitration: The Law of Maritime Delimitation: Back to the Future", available at https://media.law.miami.edu/faculty-administration/pdf/bernard-oxman/oxman-barbados-trinidad-arbitration.pdf.

7. Yoshifumi Tanaka, "Barbados/Trinidad and Tobago Maritime Delimitation Commentary", 2006, available at http://www.haguejusticepo rtal. net/index.php? id=633.

8. U. S. Department of State, Trinidad and Tobago: Archipelagic and other Maritime Claims and Boundaries, Limits in the Seas No. 131, 2014.

9. 吴继陆:《海洋划界中的"灰区"问题》,《国际法研究》2017 年第 1 期,第 84—93 页。

10. 黄瑶、廖雪霞:《论大陆架外部界限的确立与 200 海里以外大陆架划界的关系》,《当代法学》2013 年第 6 期,第 127—138 页。

(四) 与本案主题相关的重要引用案件

1. Maritime Delimitation and Territorial Questions Between Qatar and Bahrain (Qatar v. Bahrain), Judgment, I. C. J. Reports 2001, p. 40.

2. Case Concerning the Land and Maritime Boundary Between Cameroon and Nigeria (Cameroon v. Nigeria), Judgment, I. C. J. Reports 1996, p. 275.

3. Case Concerning Maritime Delimitation in the Area Between Greenland and Jan Mayen (Denmark v. Norway), Judgment, I. C. J. Reports 1993, p. 38.

4. Applicability of the Obligation to Arbitrate under Section 21 of the UN Headquarters Agreement of 26 June 1947, Advisory Opinion, I. C. J. Reports 1988, p. 12.

5. Case Concerning Frontier Dispute (Burkina Faso/Republic of Mali), Judgment, I. C. J. Reports 1986, p. 554.

6. Continental Shelf (Libyan Arab Jamahiriya/Malta), Judgment, I. C. J. Reports 1985, p. 13.

7. Case Concerning Delimitation of the Maritime Boundary in the Gulf of Maine Area (Canada/United States), Judgment, I. C. J. Reports 1984, p. 246.

8. Case Concerning Continental Shelf (Tunisia v. Libyan Arab Jamahiriya), Judgment, I. C. J. Reports 1982, p. 18.

9. Western Sahara, Advisory Opinion, I. C. J. Reports 1975, p. 18.

10. Fisheries Jurisdiction Case (United Kingdom v. Iceland), Judgment, I. C. J. Reports 1974, p. 3.

11. The Jurisprudence of the ICJ on Unilateral Declarations: Nuclear Tests, I. C. J. Reports 1974, p. 253.

12. The North Sea Continental Shelf Cases (Federal Republic of Germany v. Denmark; Federal Republic of Germany v. The Netherlands), Judgment, I. C. J. Reports 1969, p. 4.

13. South West Africa Cases (Ethiopia v. South Africa; Liberia v. South Africa), Preliminary Objections, Judgment, I. C. J. Reports 1962, p. 319.

14. Case Concerning Right of Passage over Indian Territory (Portugal v. India), Judgment, I. C. J. Reports 1960, p. 6.

15. The Mavrommatis Palestine Concessions (Greece v. Britain), P. C. I. J., 1924, Series A, No. 2.

16. Case Concerning Land Reclamation by Singapore in and around the Straits of Johor (Malaysia v. Singapore), Provisional Measures, Order of 8 October 2003, ITLOS Reports 2003, p. 10.

17. MOX Plant (Ireland v. United Kingdom), Provisional Measures, Order of 3 December 2001, ITLOS Reports 2001, p. 95.

18. The Southern Bluefin Tuna Cases (New Zealand v. Japan; Australia v. Japan), Provisional Measures, Order of 27 August 1999, ITLOS Reports 1999, p. 83.

19. Arbitration Between Newfoundland and Labrador and Nova Scotia Concerning Portions of the Limits of Their Offshore Areas as Defined in the Canada-Nova Scotia Offshore Petroleum Resources Accord Implementation Act and the Canada-Newfoundland Atlantic Accord Implementation Act, Award of the Tribunal in the Second Phase, 26 March 2002.

20. Eritrea-Yemen Arbitration (Maritime Delimitation), Award of 17 December 1999, Permanent Court of Arbitration, 1999.

21. Dispute Concerning Filleting within the Gulf of St Lawrence (Canada/France), Award of 17 July 1986.

22. Lac Lanoux Arbitration (France v. Spain), Award of 16 November 1957.

23. Georges Pinson (France v. United Mexican States), Award of 13 April 1928.

(五) 案件中的重要缩略语

PCA　Permanent Court of Arbitration　常设仲裁法院

UNCLOS　United Nations Convention on the Law of the Sea　《联合国海洋法公约》

CLCS　Commission on the Limits of the Continental Shelf　大陆架界限委员会

ILR　International Law Reports　《国际法报告》

RIAA　United Nations Reports of International Arbitral Awards　《联合国国际仲裁裁决报告书》

（陈喜峰）

"丰进丸"号案
(日本诉俄罗斯)(迅速释放)

(2007年)

2007.07.06 日本根据《联合国海洋法公约》第292条,向法庭递交请求书,要求俄罗斯释放"丰进丸"号及其船员

2007.07.06 书记官长照会俄罗斯外交部长,俄罗斯在不迟于庭审开始前96小时提出辩诉状(如期提交)

2007.07.09 日本请求书原件交送法庭

2007.07.17 法庭按照《国际海洋法法庭规则》第68条进行初步审议

2007.07.19、07.20和07.23 庭审

2007.08.06 法庭判决(全体一致的判决)

关键词:迅速释放(Prompt Release);保证书(Bond);财政担保(Financial Security)

一、案件背景

"丰进丸"号(Hoshinmaru)是一艘悬挂日本国旗的渔船,船舶所有人是日本的池田水产(Ikeda Suisan)股份有限公司,包括船长在内的17名船员均是日本人。根据2007年5月14日从俄罗斯获得的渔业许可,该船在2007年5月15日至7月31日有权在俄罗斯专属经济区三个不同区域使用流网捕捞下列鱼类:101.8吨红大马哈鱼、161.8吨大马哈鱼、7吨库页岛的鲑鳟鱼、1.7吨银鲑及2.7吨春鲑。[1]

---

[1] "Hoshinmaru" (Japan v. Russian Federation), Prompt Release, Judgment, ITLOS Reports 2005-2007, p. 29, paras. 27-28.

2007年6月1日，"丰进丸"号在堪察加半岛东海岸俄罗斯专属经济区捕鱼时，俄罗斯巡逻艇命令其停船，并进行登临检查。检查发现在表层的大马哈鱼下还有红大马哈鱼。因此，认为该船涉嫌违法行为，即通过大马哈鱼和红大马哈鱼捕捞量替换的方式隐藏了部分红大马哈鱼的捕捞量，捕捞日志和每日船舶报告也错误记录了数据。[2]

6月2日，俄罗斯提供的扣留报告指出了扣留"丰进丸"号的原因，也记录了"丰进丸"号船长拒绝将船舶开往堪察加彼得罗巴甫洛夫斯克港（Petropavlovsk-Kamchatskii）并拒绝签署扣留报告的情况。同日，俄罗斯国家海洋监察局将对"丰进丸"号检查和扣留的情况通知了日本驻符拉迪沃斯托克（Vladivostok）总领事。[3]

为司法程序目的，6月3日，"丰进丸"号被护航至堪察加彼得罗巴甫洛夫斯克港。6月4日，俄罗斯启动了行政诉讼程序，并于6月13日要求船舶所有人提供便利行政诉讼的文件。6月26日，根据《俄罗斯刑法典》"严重损害及使用自推进方式非法捕鱼"的规定，俄罗斯启动了对"丰进丸"号船长的刑事诉讼。[4]

6月6日及6月8日，日本驻俄罗斯使馆照会俄罗斯外交部，要求俄罗斯在日本根据《联合国海洋法公约》（以下简称《公约》）第73条第2款提供合理的保证金后，释放"丰进丸"号和其船员。6月12日，同样的照会递交给俄罗斯驻日本使馆。6月29日，俄罗斯启动评估船舶的程序，并于7月6日致函"丰进丸"号船舶所有人代表，要求船舶所有人提供船舶评估的信息。同日，俄罗斯向日本驻俄罗斯使馆递交照会，指出在提供保证金后，被扣留的"丰进丸"号船舶及其船员将会被迅速释放，但保证金的数额正在确定中。2007年7月13日，俄罗斯外交部通知日本使馆保证金数额是25000000卢布，其中包括损害赔偿金7927500卢布。[5]

在俄罗斯要求船舶所有人提供船舶评估信息及俄罗斯照会日本驻俄罗斯使馆的同日，即2007年7月6日，日本以电子邮件方式向法庭递交请求书，要求俄罗斯释放"丰进丸"号船舶及其船员。同日，副本通过

---

[2] "Hoshinmaru"（Japan v. Russian Federation）, Prompt Release, Judgment, ITLOS Reports 2005-2007, pp. 29-30, paras. 29-30.

[3] Ibid., pp. 30-31, paras. 31-33.

[4] Ibid., pp. 31-37, paras. 34-44.

[5] Ibid., p. 38, paras. 47-50.

电子邮件和传真送达俄罗斯驻柏林大使馆。在该案审理过程中,俄罗斯将保证金数额减少为 22000000 卢布。[6]

二、判　决

(一) 当事方请求

日本在请求书中指出:依据《公约》第292条,请求法庭判决:

(1) 根据《公约》第 292 条,法庭对日本的请求有管辖权,因为俄罗斯扣留"丰进丸"号船舶及船员的行为违反了《公约》第 73 条第 2 款下的义务。

(2) 宣布该请求可受理,日本的指控有依据,俄罗斯违反了《公约》第 73 条第 2 款下的义务。

(3) 命令俄罗斯释放"丰进丸"号船舶及船员。

俄罗斯请求法庭发布以下命令:

(1) 日本的请求是不可受理的。

(2) 日本的主张没有依据,俄罗斯已经履行了《公约》第 73 条第 2 款的义务。[7]

请求书递交后,日本在 2007 年 7 月 18 日用信函的方式提交了补充声明,指出俄罗斯释放"丰进丸"号保证金是过迟安排的,且保证金的数额不合理。保证金的确定没有解决俄罗斯未遵守《公约》规定的在日本已经提供了保证金或其他财政担保后迅速释放船舶或船员的争端。尽管日本目前没有必要在庭审中提出保证金的诉求,但是日本将强调请求书中的所有其他方面。[8]

---

[6] "Hoshinmaru"(Japan v. Russian Federation), Prompt Release, Judgment, ITLOS Reports 2005-2007, p. 39, para. 51.

[7] Ibid., pp. 25-26, para. 22.

[8] Ibid., p. 27, para. 23.

庭审开始前，俄罗斯也递交了补充声明，指出俄罗斯不接受日本的指控。俄罗斯认为其保证金是在合理的时间内确定的。对于日本提出的"日本目前没有必要提出保证金的诉求"这一声明，俄罗斯认为该声明至少暗含日本认为俄罗斯未全部履行《公约》相关条款义务。对此，俄罗斯不同意。[9]

双方在2007年7月23日提出了最终诉求。日本要求法庭判决：(1) 宣布根据《公约》第292条，法庭对日本的请求有管辖权，因为俄罗斯扣留"丰进丸"号的行为违反了《公约》第73条第2款下的义务；(2) 宣布该请求可受理，日本的指控有充分依据，俄罗斯违反了《公约》第73条第2款下的义务；(3) 命令俄罗斯释放"丰进丸"号船舶。在2007年7月25日的信函中，日本代理人要求更正最后诉求原始版本的(1) 和(3)，因为文书错误，这两部分中的"船员"一词被遗漏了。根据《国际海洋法法庭规则》（以下简称《规则》）第65条第4款该更正得到庭长许可后被接受。俄罗斯的最终诉求仍是请求法庭发布以下命令：(1) 日本的请求是不可受理的；(2) 日本的主张没有依据，俄罗斯已经履行了《公约》第73条第2款的义务。[10]

从当事方的最终诉求看，本案的核心问题体现在：第一，管辖权问题；第二，可受理性问题，日本主张其请求可受理，俄罗斯持相反观点；第三，《公约》第73条第2款遵守的问题，日本主张俄罗斯未遵守该条款下的义务，俄罗斯主张其已履行该义务；第四，保证书或其他财政担保问题。

(二) 法庭关于管辖权问题的说理

依据《公约》第292条，法庭认为，其对该案有管辖权：第一，日本和俄罗斯均是《公约》缔约国，日本于1996年6月20日批准《公约》，同年7月20日《公约》在日本生效；俄罗斯于1997年3月12日批准《公约》，同年4月11日《公约》在俄罗斯生效。日本主张俄罗斯没有履行《公约》第73条第2款规定的在提出合理的保证书或其他财政担保后，迅速释放船舶和船员的规定，且双方在扣留船舶10日内没有达

---

[9] "Hoshinmaru" (Japan v. Russian Federation), Prompt Release, Judgment, ITLOS Reports 2005-2007, p. 27, para. 24.

[10] Ibid., pp. 28-29, paras. 25-26.

成协议将船舶释放问题交由其他法院或法庭处理。这符合《公约》第292条第1款的规定。第二，双方对"丰进丸"号船旗国的地位没有争议，该案是由船旗国提出的，而且"丰进丸"号船长和船员仍然在堪察加彼得罗巴甫洛夫斯克港，这符合《公约》第292条第2款的规定。第三，日本提出的迅速释放船舶的请求符合《规则》第110条和第111条的规定。《规则》第110条强调释放被扣留的船舶或其船员的申请，得按照《公约》第292条的规定由船旗国或以船旗国的名义提出；第111条规定请求书中应包括一份关于事实和请求书所基于的法律理由的简明陈述。日本的请求符合这些规定。基于上述原因，法庭认为对该案有管辖权。[11]

（三）法庭关于可受理性的说理

俄罗斯认为法庭不应受理此案，具体理由是：第一，日本的请求是要求俄罗斯确定保证金数额并释放船舶和船员。2007年7月13日，俄罗斯通知日本其确定的保证金数额是25000000卢布（后将保证金数额修改为22000000卢布[12]），在支付该保证金后，船舶和包括船长在内的船员将被允许离开俄罗斯。俄罗斯认为日本起诉的后续事件，即俄罗斯已经确定保证金的数额，使该请求没有标的。[13] 第二，俄罗斯主张日本请求书中释放船舶的请求过于模糊和概括。俄罗斯认为，该请求如此不具体，既不能使法庭认为其正当，也让俄罗斯无法进行辩诉。俄罗斯也主张法庭没有权力根据《公约》第292条决定释放被扣船舶的条件。根据《规则》第113条第2款，法庭仅能决定为释放船舶和船员而提供的保证书或财政担保的数额、性质及形式。[14]

对于俄罗斯的第一个理由，法庭认为，尽管确定可受理性的决定性日期是递交请求书的日期，递交请求书的后续事件仍可能导致案件失去

---

[11]　"Hoshinmaru"（Japan v. Russian Federation）, Prompt Release, Judgment, ITLOS Reports 2005-2007, pp. 40-41, paras. 53-59.

[12]　Ibid., p. 39, para. 51.

[13]　Ibid., p. 41, para. 62.

[14]　Ibid., p. 42, para. 67.

标的。[15] 然而，本案中，法庭认为俄罗斯确定保证金没有使请求失去标的。法庭援引"塞加"号案，在该案中，法庭认为一国可以在保证金数额没有确定的情况下，根据《公约》第 292 条提出请求；也可以在保证金确定但认为扣留国确定的保证金不合理时，根据《公约》第 292 条提出请求。[16] 法庭确认这一做法符合法理，并强调法庭有权决定根据《公约》第 292 条确定的保证金是否合理。法庭认为当事方之间争端的性质没有改变，但是争端的范围已经被缩小，已经由船舶释放的法律争端转变为保证金是否合理的争端。[17]

对于俄罗斯的第二个理由，法庭认为没有价值，日本的请求是建立在《公约》第 292 条和第 73 条第 2 款的基础上的。法庭指出它并不是要确定释放被扣船舶的条件，而是根据《公约》第 292 条第 3 款赋予法庭的权力来审查保证书或其他财政担保的合理性，以及在此基础上确定船舶和船员的释放。[18]

因此，法庭认为该请求是可受理的。[19]

（四）法庭关于不遵守《公约》第 73 条第 2 款的说理

日本要求法庭宣布俄罗斯没有遵守《公约》第 73 条第 2 款，因为俄罗斯在日本提供了合理的保证书或财政担保后，没有迅速释放船舶及船员。[20] 俄罗斯认为其已迅速确定了保证金，且保证金数额正当。[21]

对于保证金是否被迅速确定，法庭注意到《公约》没有规定确定保证金的具体时间，[22] 但就《公约》第 292 条的目的而言，确定保证金的

---

[15] 法庭提到了相关案例：Nuclear Tests（Australia v. France），Judgment, I. C. J. Reports 1974, p. 272, para. 62; Border and Transborder Armed Actions（Nicaragua v. Honduras），Jurisdiction and Admissibility, Judgment, I. C. J. Reports 1988, p. 95, para. 66; Arrest Warrant of 11 April 2000（Democratic Republic of the Congo v. Belgium），Provisional Measures, Order of 8 December 2000, I. C. J. Reports 2000, p. 197, para. 55。
[16] The "SAIGA" Case, ITLOS Reports 1997, p. 35, para. 77.
[17] "Hoshinmaru"（Japan v. Russian Federation），Prompt Release, Judgment, ITLOS Reports 2005-2007, p. 42, paras. 64-66.
[18] Ibid., p. 43, para. 68.
[19] Ibid., p. 43, para. 69.
[20] Ibid., p. 43, para. 70.
[21] Ibid., pp. 44-45, paras. 78, 83.
[22] The "Camouco" Case, ITLOS Reports 2000, p. 28, para. 54.

时间应该是合理的。《公约》第 292 条也没有要求船旗国在船舶或船员被扣留后多久才可提起诉讼，但根据第 292 条第 1 款，船旗国向法庭启动这一程序的最早日期是从船舶被扣留起 10 日。[23]

在保证金数额合理性问题上，法庭援引先前判决对合理保证金的阐述。[24] 法庭认为，保证金的数额应该与被指控的违法行为的严重性成比例。《公约》第 292 条的设计是确保沿海国在确定保证金时，遵循《公约》第 73 条第 2 款的要求，也就是根据相关因素评估保证金确定的合理性。[25]《公约》第 292 条第 3 款只能解决释放问题，不损害国内法庭对船舶、船舶所有人或船员任何案件是非曲直的判断。但是，为了对俄罗斯确定保证金的合理性进行正确评价，法庭不会阻止审查案件事实。法庭强调它这样做绝不是要起到上诉法院的作用。[26] 法庭认为 22000000 卢布的保证金是不合理的，对船舶所有人和船长按照最大惩罚确定保证金也是不合理的，根据没收的船舶计算保证金同样是不合理的。法庭也注意到俄罗斯自己的规章并没有规定在评估保证金时将被扣押的船舶价值包括在内。[27]

基于上述原因及本案具体情况，法庭判决俄罗斯没有履行《公约》第 73 条第 2 款规定，日本请求有充分根据，俄罗斯必须迅速释放"丰进丸"号，包括船上捕捞物及船员。[28]

（五）法庭关于保证书或其他财政担保的数额和形式的说理

日本主张被指控的行为不是无许可捕鱼或过度捕鱼，而是在有许可的前提下错误记录了捕捞量。而且红大马哈鱼也属于许可捕捞范围，因

---

[23] "Hoshinmaru"（Japan v. Russian Federation）, Prompt Release, Judgment, ITLOS Reports 2005-2007, p. 44, paras. 78-80.

[24] 法庭引用的案例包括：The "Camouco" Case, ITLOS Reports 2000, p. 31, para. 67; The "Monte Confurco" Case, ITLOS Reports 2000, p. 109, para. 76; The "Volga" Case, ITLOS Reports 2002, p. 32, para. 65; The "Juno Trader" Case, ITLOS Reports 2004, p. 41, para. 85。

[25] "Hoshinmaru"（Japan v. Russian Federation）, Prompt Release, Judgment, ITLOS Reports 2005-2007, p. 47, para. 88.

[26] "Monte Confurco" Case, ITLOS Reports 2000, pp. 108-109, para. 74, p. 108, para. 72.

[27] "Hoshinmaru"（Japan v. Russian Federation）, Prompt Release, Judgment, ITLOS Reports 2005-2007, p. 48, para. 93.

[28] Ibid., p. 48, para. 94.

此不能认为日本捕捞的行为损害或危及了该鱼种。[29] 不同于法庭以往处理的案件，本案所涉"丰进丸"号不是无许可捕鱼，俄罗斯和日本在事发海域有密切的渔业合作。

法庭认为"丰进丸"号船长的违法行为不应被视为轻微违法行为或纯粹技术性的违法行为。对捕捞量的监控是管理海洋生物资源的最基本的方式之一，不仅俄罗斯有权适用和执行这一措施，而且《公约》第61条第2款也规定应通过正当的养护和管理措施，确保专属经济区内生物资源的维持不受过度开发的危害。[30]

基于如上考虑，法庭认为保证金的总数额是10000000卢布。保证金应向俄罗斯指定的银行账户支付，或者，如果日本愿意，可以采用银行保函方式。[31]

（六）判决主文

基于上述原因，法庭一致判决：

（1）根据《公约》第292条，法庭对日本提起的请求有管辖权。

（2）日本提出的俄罗斯未履行《公约》第73条第2款的请求是可受理的。

（3）日本关于俄罗斯在日本提供适当的保证书或其他财政担保的情况下，没有遵守《公约》第73条第2款的规定迅速释放"丰进丸"号船舶及其船员的指控，确有充分根据。

（4）在收到法庭确定的保证书或其他担保后，俄罗斯应迅速释放"丰进丸"号，包括船上捕捞物，船长及船员可无条件地离开俄罗斯。

（5）保证金数额是10000000卢布。

（6）保证金向俄罗斯指定的银行账户支付，或者，如果日本愿意，可以通过在俄罗斯或与俄罗斯有业务往来的银行采用

---

[29] "Hoshinmaru"（Japan v. Russian Federation）, Prompt Release, Judgment, ITLOS Reports 2005-2007, p. 49, para. 97.
[30] Ibid., pp. 49-50, paras. 98-99.
[31] Ibid., p. 50, paras. 100-101.

银行保函方式。[32]

克罗金法官、特雷韦斯法官、勒基法官、特克法官提交了声明，柳井法官发表了个别意见。

三、评 论

本案是国际海洋法法庭审理的第八个关于"迅速释放"的案件。本案涉及"管辖权的确定""可受理性的判断""保证书或其他财政担保金额确定的合理性标准"等法律问题都已在其他迅速释放案件中有所涉及。

本案中"丰进丸"号的捕鱼行为不是一般意义的非法的、未管制的、未报告的捕鱼行为（IUU），而是在有许可的情况下未按规定捕鱼产生的违法行为。这种情况下如何确定保证金的数额？法庭最后确定的保证金数额远低于俄罗斯确定的保证金数额。本案中，法庭认为保证金的数额应该与被指控的违法行为的严重性成比例，保证金不应将船舶价值计算在内。但事实上，法官对于保证金的数额能否包括船舶的价值，是否是惩罚性的分歧较大。克罗金法官认为，法庭确定的保证金没有考虑违法行为的严重性，保证金包括船舶的价值。[33] 勒基法官认为，在确定保证金时，应该平衡沿海国和船旗国的利益。保证金应确保对沿海国的惩罚考虑了被指控违法行为的严重性和对沿海国渔业及海洋环境的管制。他认为俄罗斯确定的保证金过高。[34] 柳井法官认为，保证金数额需要考虑三个因素：一是本案船舶持有有效许可捕鱼，在许可范围内错误记录了捕捞数量，所以很难相信"丰进丸"号错误记录捕捞量这一违法行为将导致对俄罗斯专属经济区大马哈鱼及鲑鳟鱼资源养护的损害；二是本案两国间就渔业问题有长期的双边合作历史；三是俄罗斯专属经济区的大马哈鱼及鲑鳟鱼养护水平很高。因此，"丰进丸"号持有有效许可在许可范围内错误记录了捕捞数量的违法行为不能被视为将导致俄罗斯专

---

[32] "Hoshinmaru" (Japan v. Russian Federation), Prompt Release, Judgment, ITLOS Reports 2005-2007, pp. 51-52, para. 102.

[33] Declaration of Judge Kolodkin, Judgment, ITLOS Reports 2005-2007, p. 54.

[34] Declaration of Judge Lucky, Judgment, ITLOS Reports 2005-2007, pp. 57-58.

属经济区大马哈鱼及鲑鳟鱼的损害。如果在确定保证金时，这一相对低程度的违法与以上提到的渔业资源已经被适当考虑，那么较低标准的保证金将得以确立。[35]

另外，关于确定保证金的时间限制，《公约》对船舶被扣留后，扣留国在多长时间内确定保证金，没有作出明确规定。法庭认为应结合《公约》第292条的目的来进行判断。这一点是得到认同的。特克法官提出，迅速释放的目的是确保被扣留的船舶在履行了扣留国的国内行政或刑事程序后可流动，同时考虑到重要的人道主义因素，应尽可能缩短被扣留船舶不允许离开扣留国的时间。与迅速释放程序的基本目标相一致，保证金或其他财政担保应该尽早确定，这一点不仅适用于船舶，也适用于船舶所有人和船旗国。船舶所有人应迅速采取行动支付扣留国确定的保证金，除非它认为保证金不合理。在这种情况下，《公约》第292条下的迅速释放程序应该尽可能通过船旗国或视情况以该国名义启动。特克法官还指出，确定保证金的确切时间也取决于扣留国实施调查的复杂程度，因此将视具体案件而不同。然而根据《公约》第292条的规定，扣留船舶和船员后最多1个月确定保证金应是合理的。万一船旗国根据《公约》第292条启动迅速释放程序，如果它认为保证金或其他财政担保不合理，扣留船舶和/或船员的时间加在一起最长不超过2个月。[36]

四、附　录

（一）中英案件全名

1. 中文案件全名："丰进丸"号案（日本诉俄罗斯）（迅速释放）
2. 英文案件全名：The "Hoshinmaru" Case（Japan v. Russian Federation）（Prompt Release）

（二）案件的标准引用

1. "Hoshinmaru"（Japan v. Russian Federation），Order of 9 July 2007，

---

[35] Separate Opinion of Judge Yanai, Judgment, ITLOS Reports 2005-2007, pp. 61-63.
[36] Declaration of Judge Turk, Judgment, ITLOS Reports 2005-2007, pp. 59-60.

ITLOS Reports 2005-2007, p. 12.

2. "Hoshinmaru" (Japan v. Russian Federation), Prompt Release, Judgment, ITLOS Reports 2005-2007, p. 18.

（三）主要参考文献

1. Eric Franckx, "Reasonable Bond in the Practice of the International Tribunal for the Law of the Sea", *California Western International Law Journal*, Vol. 32, 2001, p. 303.

2. 张相君：《迅速释放案件中沿海国与渔业国之间的利益平衡——国际海洋法法庭第 14 号和第 15 号案件评述》，《中国海洋法学评论》2008 年第 2 期，第 140—149 页。

（四）与本案主题相关的重要引用案件

1. Nuclear Tests (Australia v. France), Judgment, I. C. J. Reports 1974, p. 253.

2. Border and Transborder Armed Actions (Nicaragua v. Honduras), Jurisdiction and Admissibility, Judgment, I. C. J. Reports 1988, p. 69.

3. Arrest Warrant of 11 April 2000 (Democratic Republic of the Congo v. Belgium), Provisional Measures, Order of 8 December 2000, I. C. J. Reports 2000, p. 182.

4. "Camouco" Case (Panama v. France), Prompt Release, Judgment, ITLOS Reports 2000, p. 10.

5. "Monte Confurco" Case (Seychelles v. France), Prompt Release, Judgment, ITLOS Reports 2000, p. 86.

6. "Volga" Case (Russian Federation v. Australia), Prompt Release, Judgment, ITLOS Reports 2002, p. 10.

7. "Juno Trader" Case (Saint Vincent and the Grenadines v. Guinea-Bissau), Prompt Release, Judgment, ITLOS Reports 2004, p. 17.

8. Maritime Delimitation and Territorial Questions Between Qatar and Bahrain (Jurisdiction and Admissibility), Judgment, I. C. J. Reports 1994, p. 112.

9. Temple of Preah Vihear, Merits, Judgment, I. C. J. Reports 1962, p. 6.

(五) 案件中的重要缩略语

ITLOS　International Tribunal for the Law of the Sea　国际海洋法法庭

(曲　波)

"富丸"号案
(日本诉俄罗斯)(迅速释放)

(2007年)

2007.07.06 日本根据《联合国海洋法公约》第292条,向法庭递交请求书,要求俄罗斯释放"富丸"号及其船员
2007.07.09 日本请求书原件交送法庭
2007.07.17 俄罗斯提交辩诉状
2007.07.20 法庭按照《国际海洋法法庭规则》第68条进行初步审议
2007.07.21和07.23 庭审
2007.08.06 法庭判决(全体一致的判决)

关键词:迅速释放(Prompt Release);没收(Confiscation);船旗国利益(Interests of the Flag State);沿海国利益(Interests of the Coastal State)

一、案件背景

"富丸"(Tominmaru)号是一艘悬挂日本国旗的拖网渔船,由日本的金井渔业(Kanai Gyogyo)公司所有并运营。根据俄罗斯当局签发的捕鱼许可,该船被授权从2006年10月1日至12月31日在俄罗斯专属经济区西白令海区域捕捞明太鱼1163吨、鲽鱼18吨。10月31日,"富丸"号在俄罗斯指定的专属经济区捕鱼时,俄罗斯官员登临该船,而后俄罗斯联邦安全服务指挥部东北边境海岸警卫队(Northeast Border Coast Guard Directorate of the Federal Security Service of the Russian Federation,以下简称"东北边境海岸警卫队")检查了该船,认为"富丸"号船舶有5.5吨未上

报的明太鱼。随后,该船被改道护航至阿瓦钦斯基湾(Avachinskiy Bay)接受进一步调查。11月8日对"富丸"号的检查结果是,在船上发现了不少于20吨的已清理内脏的明太鱼,且未记载于捕捞日志,其中的一些鱼类是禁止捕捞的。最后的调查结果是,"富丸"号非法捕鱼62186.9千克,对俄罗斯海洋生物资源损害总计达8800000卢布(约等于345000美元)。[1]

2006年11月8日,根据《俄罗斯刑法典》第253条第2款规定,"富丸"号船长被提起刑事诉讼,"富丸"号作为重要证据被扣留在阿瓦钦斯基湾。2006年11月14日,根据《俄罗斯行政违法行为法典》,船舶所有人被提起行政诉讼。[2]

2006年12月8日,船舶所有人向地区间检察官办公室(Inter-district Proscecutor's Office)递交确定保证金释放船舶的请求。但船舶所有人并未支付要求的8800000卢布保证金。而后,船舶所有人向东北边境海岸警卫队及堪察加彼得罗巴甫洛夫斯克市法院(以下简称"市法院")提出针对船舶所有人的行政违法行为确定船舶保证金的请求。市法院拒绝了该请求,原因是《俄罗斯行政违法行为法典》未规定行政违法案件在提供保证金后可释放财产,扣留财产问题应在行政违法案件解决后再处理。2006年12月28日,市法院作出没收"富丸"号的判决,同时对金井渔业公司处以水生生物资源双倍费用的行政处罚,总计达2865149卢布50戈比。[3]

2007年1月6日,船舶所有人向堪察加半岛地区法院(以下简称"地区法院")上诉,地区法院维持了市法院的判决。而后,船舶所有人根据监督审查程序对地区法院的判决申请再审。2007年4月9日,根据俄罗斯联邦财产管理机构(Federal Agency on Management of Federal Property)的命令,"富丸"号被作为俄罗斯联邦财产在联邦财产登记处(Federal Property Register)登记。2007年5月15日,市法院作出船长提供罚款和赔偿金的判决。2007年5月30日,船长在支付了罚款但是没有提供赔偿金的情况下回到日本。2007年7月26日,俄罗斯最高法院驳回

---

[1] "Tomimaru"(Japan v. Russian Federation), Prompt Release, Judgment, ITLOS Reports 2005-2007, pp. 83-84, paras. 22-25.

[2] Ibid., pp. 84-86, paras. 26-32.

[3] Ibid., pp. 87-89, paras. 35-42.

了再审申请。[4]

2007年7月6日，日本以电子邮件方式向法庭递交请求书，要求俄罗斯释放"富丸"号及其船员。该案作为第15号案进入法庭案件列表，案件名为"富丸"号案。

二、判　决

（一）当事方请求

在请求书中，日本请求法庭判决：法庭对该案有管辖权；日本的请求可受理，俄罗斯违反了《联合国海洋法公约》（以下简称《公约》）第73条第2款下的义务；命令俄罗斯释放船舶和船员。而俄罗斯请求法庭发布以下命令：日本的请求不可受理；日本的主张没有依据，俄罗斯已经履行了《公约》第73条第2款的义务。[5]

2007年7月23日，双方在最终诉求中重申了以上观点。[6] 该案的核心问题包括：管辖权问题；可受理性问题；《公约》第73条第2款义务遵守的问题，该问题的解决又涉及"富丸"号被俄罗斯没收的问题。

（二）法庭关于管辖权问题的说理

根据《公约》第292条，法庭认为其对该案有管辖权：第一，日本和俄罗斯均是《公约》缔约国，日本于1996年6月20日批准《公约》，同年7月20日《公约》在日本生效；俄罗斯于1997年3月12日批准《公约》，同年4月11日《公约》在俄罗斯生效。日本主张俄罗斯没有履行《公约》第73条第2款规定的在提出合理的保证书或其他财政担保后，迅速释放船舶和船员，且双方在扣留船舶10日内没有达成协议将船舶释放问题交由其他法院或法庭处理。这符合《公约》第292条第1款的规定。第二，双方对"富丸"号船旗国的地位没有争议，该案是由船旗国提出的，这符合《公约》第292条第2款的规定。第三，日本提出

---

[4] "Tomimaru" (Japan v. Russian Federation), Prompt Release, Judgment, ITLOS Reports 2005-2007, pp. 89-90, paras. 43-46.

[5] Ibid., pp. 81-82, para. 20.

[6] Ibid., pp. 82-83, para. 21.

的迅速释放船舶的请求符合《国际海洋法法庭规则》（以下简称《规则》）第110条和第111条规定。《规则》第110条强调释放被扣留的船舶或其船员的申请，得按照《公约》第292条的规定由船旗国或以船旗国的名义提出；第111条规定请求书中应包括一份关于事实和请求书所基于的法律理由的简明陈述。日本的请求符合这些规定。[7]

（三）法庭关于可受理性问题的说理

与"丰进丸"号案一样，俄罗斯主张日本提出的释放船舶的请求过于模糊和概括。俄罗斯认为，该请求如此不具体，既不能使法庭认为其正当，也让俄罗斯无法对其辩诉。俄罗斯也主张法庭没有权力根据《公约》第292条决定释放被扣船舶的条件。根据《规则》第113条第2款，法庭仅能决定为释放船舶和船员而提供的保证书或财政担保的数额、性质及形式。法庭采用了与"丰进丸"号案同样的认定方式，认为日本的请求是建立在《公约》第292条和第73条第2款基础上的，法庭行使的是《公约》第292条第3款下的权力，在审查保证书或其他财政担保是否合理后，确定船舶和船员的释放。[8]

（四）法庭关于没收效力的说理

俄罗斯认为地区法院没收"富丸"号的判决使日本的诉求丧失标的。因为根据《公约》第292条第3款，法庭在审查释放请求时，应仅处理释放问题，而不影响主管的国内法庭对该船只、船主或船员的任何案件是非曲直的判断。俄罗斯认为其国内法院已经考虑了该案的是非曲直，国内法院作出的判决已经生效且被执行。因此，法庭没有权力审查迅速释放的申请。[9]

日本认为"富丸"号被没收一案在俄罗斯是未决的，俄罗斯最高法院可以宣布2007年1月24日地区法院的判决无效。日本进一步强调，即使"富丸"号已被俄罗斯没收，但其国籍没有变。如果没收被扣船舶可以阻止法庭行使迅速释放案件的管辖权，那么《公约》下的迅速释放

---

[7] "Tomimaru"（Japan v. Russian Federation）, Prompt Release, Judgment, ITLOS Reports 2005-2007, pp. 91-92, paras. 49-55.
[8] Ibid., p. 92, paras. 57-58.
[9] Ibid., p. 93, para. 59.

义务和程序将失去所有实际意义。船舶所有权改变不同于船舶国籍的转变，由于"富丸"号仍然是日本船，日本有权提出迅速释放申请，无论船舶所有人为何国籍。[10]

关于没收对船舶国籍的影响，法庭认为没收船舶本身不会导致船籍的自动改变或丧失。没收改变了船舶所有权，但是船舶所有权和船舶国籍是不同的问题。根据《公约》第91条，每个国家应确定对船舶给予国籍、船舶登记的条件。船舶具有其有权悬挂的旗帜所属国家的国籍，正如《公约》第94条指出的，国家和悬挂其旗帜的船舶的法定联系构成权利义务关系。鉴于《公约》第94条规定的船旗国的重要职责，及船旗国根据《公约》第292条在启动迅速释放程序中的关键作用，不能假定船舶所有权的转变自动导致船舶国籍的改变或丧失。[11]

对于没收船舶是否使《公约》第292条下迅速释放的请求丧失标的，法庭认为，尽管许多国家在其管理和养护海洋生物资源的立法中有没收渔船措施的规定，但《公约》第73条没有提到船舶没收。对此问题的解决需要考虑迅速释放程序的目的和宗旨。[12]《公约》第73条确立了沿海国遵守法律规章采取适当措施的利益和船旗国通过提供保证书或其他财政担保确保船舶迅速释放利益的平衡。[13]

法庭强调根据《公约》第292条作出的判决必须是"不影响主管的国内法庭对该船只、船员的任何案件是非曲直的判断"，这也是维持沿海国利益和船旗国利益平衡的因素。没收渔船不是以推翻《公约》设立的平衡船旗国利益和沿海国利益的方式使用的。没收渔船是沿海国依据国内法作出的，这一行为不应妨碍船舶所有人诉诸国内司法救济权利的行使，不应妨碍船旗国诉诸《公约》下的迅速释放程序，不应以与适当法律程序的国际标准不一致的方式进行，不正当且轻率作出的没收判决将损害《公约》第292条的作用。在这一语境下，法庭强调，《公约》第292条的目的是促使船旗国适时采取行动，只有船舶所有人和船旗国在合理时间内采取行动，或者是诉诸扣留国国内司法体制或根据《公约》第292条启动释放程序时，第292条的目标才能实现。法庭强调，

---

[10] "Tomimaru" (Japan v. Russian Federation), Prompt Release, Judgment, ITLOS Reports 2005-2007, p. 94, paras. 62, 64-65.

[11] Ibid., p. 95, para. 70.

[12] Ibid., pp. 95-96, paras. 71-73.

[13] "Monte Confurco" Case, ITLOS Reports 2000, p. 108, para. 70.

当案件仍然处于扣留国国内司法程序时，国内法院没收船舶的判决不会妨碍法庭考虑迅速释放船舶申请。法庭注意到俄罗斯最高法院判决终结了国内法院的程序，其裁决是终局的，日本也没有主张该程序与适当法律程序的国际标准不一致，没有指控没收的程序阻挠了其诉诸国内或国际救济的可能性。法庭认为，在这种情况下作出《公约》第292条下释放船舶的判决将违反国内程序，也违背了《公约》第292条第3款的目的和宗旨。[14]

（五）判决主文

法庭一致同意，认定日本的请求不再有任何标的，法庭无须作出裁决。[15]

纳尔逊法官、柳井法官递交了声明，热苏斯法官、勒基法官发表了个别意见。

三、评　论

"富丸"号案是法庭的第15号案，是法庭审理的第九个关于"迅速释放"的案件，也是日本提出第14号案"丰进丸"号案时，同时向法庭提起的迅速释放案。两起案件起因虽然相似，都是日本渔船超出俄罗斯许可范围捕鱼，被俄罗斯扣留，并进入俄罗斯的国内司法程序，但与"丰进丸"号案不同的是，在"富丸"号案中，日本向法庭起诉时，俄罗斯的国内司法程序已经完成，并判决没收"富丸"号。法庭因此认为该案请求缺少标的，无须判决。由于两起案件进展过程有所差异，最后法庭对两起案件的处理方式和结果也有所不同。本案中"管辖权的确定""可受理性的判断"等法律问题在之前的案件中已经有所涉及，但是法庭对"在扣留国采取国内司法程序时，不得打破沿海国与船旗国利益的平衡"的论述值得关注。

另需注意的是，国内法院的没收判决与《公约》迅速释放程序的关系，即国内法院的判决与法庭的职能如何平衡。法庭结合《公约》第

---

[14] "Tomimaru"（Japan v. Russian Federation）, Prompt Release, Judgment, ITLOS Reports 2005-2007, pp. 96-97, paras. 72-80.

[15] Ibid., p. 98, para. 82.

292 条设立的本质，指出当案件仍然处于扣留国国内司法程序时，国内法院没收船舶的判决不会防止法庭考虑迅速释放船舶申请。但是当国内司法程序已经完成，船舶已经被没收时，法庭无须判决。对此，很多法官表达了类似意见，如门萨法官指出"法庭应该尽可能克制发表可能暗含对国内法院程序和裁决的批评的声明"[16]。纳尔逊法官也同意此观点[17]。这实际上意味着当国内司法程序已经完成并有相应制裁措施时，法庭应尊重国内司法程序。

对于保证金的提供与迅速释放程序的正确功能，柳井法官的声明对如何设置保证金及确保迅速释放的合理性提供了借鉴：国内法下的保证金或其他财政担保应该是统一的、不被分隔的，被扣押的船舶和船员在提供保证金或其他财政担保后应该被迅速释放，这不受制于相同的保证金或其他条件的限制；国内迅速释放程序，包括保证金或其他担保，应该是简单透明的，被扣押船舶及其船旗国才能够容易理解所涉沿海国的相关程序，这将防止扣留国和船旗国的冲突；扣留国应该决定保证金或其他担保的数额并将合理的迅速释放告知船舶所有人和其他利益相关人，因为不适当延迟迅速释放程序将导致船舶所有人的经济损失和船员的人道主义问题；为了确保执行的公正性，迅速释放程序应建立在适当法律程序原则基础上[18]。

四、附　录

（一）中英案件全名

1. 中文案件全名："富丸"号案（日本诉俄罗斯）（迅速释放）
2. 英文案件全名："Tomimaru" Case (Japan v. Russian Federation) (Prompt Release)

---

[16] Separate Opinion of Judge Mensah, "Monte Confurco" Case, Prompt Release, Judgment, ITLOS Reports 2000, p. 121.
[17] Declaration of Judge Nelson, Judgment, ITLOS Reports 2005-2007, pp. 100-101.
[18] Declaration of Judge Yanai, Judgment, ITLOS Reports 2005-2007, p. 103.

（二）案件的标准引用

"Tomimaru"（Japan v. Russian Federation）, Prompt Release, Judgment, ITLOS Reports 2005-2007, p. 74.

（三）主要参考文献

1. Yann-Huei Song, "Prompt Release of Fishing Vessels: The Hoshinimaru and Tomimaru Cases（Japan v. Russian Federation）and the Implications for Taiwan", *Chinese（Taiwan）Yearbook of International Law and Affairs*, Vol. 25, 2007, p. 1.

2. 张相君:《迅速释放案件中沿海国与渔业国之间的利益平衡——国际海洋法法庭第 14 号和第 15 号案件评述》,《中国海洋法学评论》2008 年第 2 期, 第 140—149 页。

（四）与本案主题相关的重要引用案件

"Monte Confurco"（Seychelles v. France）, Prompt Release, Judgment, ITLOS Reports 2000, p. 86.

（五）案件中的重要缩略语

ITLOS　International Tribunal for the Law of the Sea　国际海洋法法庭

（曲　波）

圭亚那诉苏里南仲裁案
（圭亚那诉苏里南）

（2007 年）

2004.02.24 圭亚那将其与苏里南之间的争端提交《联合国海洋法公约》附件七仲裁程序

2004.06.15 附件七仲裁庭组建完毕

2005.05.20 苏里南对管辖权和可受理性提出先决性抗辩

2005.05.26 苏里南请求将管辖权和可受理性问题作为初步事项，与实体问题分开审理

2005.07.07—08 仲裁庭分别就资料获取和是否应分开审理听取了当事双方的意见

2005.07.18 仲裁庭就初步反对事项发布命令，决定合并审理

2006.12.07—20 开庭审理

2007.09.17 仲裁庭就本案的管辖权和实体问题一并作出裁决

关键词：先决性抗辩（Preliminary Objections）；武力威胁（A Threat of the Use of Force）；第 74 条第 3 款和第 83 条第 3 款下的义务 [Obligation under Articles 74（3）and 83（3）]；临时安排（Provisional Arrangements）；海洋划界（Maritime Delimitation）；附件七仲裁（Annex Ⅶ Arbitration）

一、案件背景

圭亚那和苏里南位于南美洲的东北部，海岸相邻。圭亚那曾是英国殖民地，1966 年获得独立。苏里南曾是荷兰殖民地，1975 年获得独立。科兰太因河（Corentyne River）构成两国向海的边界。科兰太因河从大西洋海岸向陆 50 海里的水域可通航，有两条通航水道，东部水道承载了

大多数航运,为主要航道;西部水道靠近圭亚那一侧,规模较小。[1]1936 年,英国和荷兰当局建立"混合边界委员会",并建议两国的海岸边界应沿科兰太因河圭亚那一侧的河岸,陆地边界的终点应选择圭亚那河岸的界点(又称"1936 年界点"或"界点 61")。混合边界委员会考虑到苏里南对科兰太因河的控制权和进入权,建议将从"1936 年界点"起,沿方位角北偏东 10 度的直线(又称"10 度线")作为两国领海的界限。1939 年曾将此建议写入条约草案,但由于第二次世界大战的爆发,该条约未能缔结。[2]

圭亚那和苏里南分别于 1977 年和 1978 年将领海宽度从 3 海里扩展至 12 海里。双方未能就海洋划界方案达成一致。圭亚那主张以等距离线划定,苏里南则坚持以"10 度线"划界,这使得 31600 平方千米富含油气资源的海域成为争议海域。1998 年,圭亚那授予加拿大 CGX 资源公司(CGX Resourse Inc.)在部分争议海域的特许经营权。1999 年 CGX 资源公司派出海上钻井平台"桑顿"(C. E. Thornton)号在争议海域开展地震测试和钻探,遭到了苏里南的抗议。苏里南政府分别于 2000 年 5 月 11 日和 31 日通过外交渠道要求圭亚那停止在争议海域的一切石油勘探活动。2000 年 5 月 31 日,苏里南政府还要求 CGX 资源公司立即停止在该相关区域的一切活动。

2000 年 6 月 3 日,两艘苏里南海军巡逻舰前往事发海域靠近 CGX 资源公司的"桑顿"号钻井平台,要求钻油船及其配套船只在 12 小时内离开苏里南领海,否则"后果自负"。据当时"桑顿"号上的工作人员描述,2000 年 6 月 4 日午夜时分刚过,当时正在进行取芯程序,苏里南海军的两艘炮艇抵达他们所在的位置。炮艇通过无线电联系"桑顿"号及其配套船只,告知他们当前位于苏里南的水域之中,要求他们在 12 小时内离开,并警告他们如果不遵守这一要求则"后果自负"。苏里南海军多次重复这一命令。"桑顿"号的一个负责人说:"我将苏里南海军的命令理解为,如果我们不在 12 小时内撤离的话,炮艇有权对钻井平台和配套船只使用武力。"这位负责人还补充道:"根据他在海洋和石油业 40

---

[1] In the Matter of an Arbitration Between Guyana and Suriname, Arbitral Tribunal Constituted in Accordance with Annex Ⅶ of the UNCLOS, Award of the Arbitral Tribunal, 17 September 2007, paras. 125-137.

[2] Ibid., paras. 137-139.

余年的工作经验,苏里南海军对'桑顿'号发出的使用武力的威胁是史无前例的。"但是苏里南军方的一名少校却辩称:"即使'桑顿'号不离开指定水域,我们也完全不会使用武力。我们没有接到任何相关的指示,并且当时船上也没有合适的武器可以行使武力。我们甚至没有接到过登上钻井平台的指令,没有想过要动用武力。"[3] 随后,"桑顿"号的船员将石油钻塔与海床分离并撤离该水域,苏里南巡逻舰在"桑顿"号撤离的过程中全程跟随。在此之后,CGX 资源公司的工作人员也未重返争议海域。[4] 这一事件称为"CGX 事件"。

2004 年 2 月 24 日,圭亚那对苏里南提起附件七仲裁程序。两国均为《联合国海洋法公约》(以下简称《公约》)缔约国,分别于 1993 年 11 月 16 日和 1998 年 7 月 9 日批准该公约,双方均未依据《公约》第 287 条选择任何争端解决程序,因而本案适用附件七仲裁程序。

二、裁　决

(一) 当事方请求

圭亚那在其 2004 年 2 月 24 日"通知和主张声明"中提出仲裁请求,并在起诉状和答辩状中进一步阐明其请求。圭亚那请求仲裁庭裁决并宣布[5]:

(1) 驳回苏里南的先决性抗辩。

(2) 圭亚那与苏里南之间领海和管辖海域的单一海洋边界是从"界点 61"开始,沿北偏东 34 度线延伸至 200 海里的界限。[6]

(3) 苏里南在圭亚那主权海域和其他合法管辖的海域中对

---

[3] In the Matter of an Arbitration Between Guyana and Suriname, Arbitral Tribunal Constituted in Accordance with Annex Ⅶ of the UNCLOS, Award of the Arbitral Tribunal, 17 September 2007, paras. 433-437.

[4] Ibid., paras. 150-151.

[5] Ibid., para. 157.

[6] Ibid., Map 1.

圭亚那的领土完整，以及圭亚那的国民、代理人及其他合法出现在上述海域的人员使用武力，违反了1982年《联合国海洋法公约》《联合国宪章》及以和平方法解决争端的一般国际法；苏里南有义务对其国际不法行为导致的损害进行赔偿，赔偿金额不少于33851776美元。

（4）在两国就大陆架和专属经济区划界达成协议之前，苏里南违反了1982年《联合国海洋法公约》第74条第3款和第83条第3款中关于当事方应尽一切努力作出实际性的临时安排的义务，危害和阻碍了最后协议的达成，苏里南应承担国家责任，并对圭亚那进行赔偿。

2005年5月23日，苏里南就仲裁庭的管辖权和案件的可受理性正式提交先决性抗辩，请求仲裁庭裁决并宣布[7]：

（1）仲裁庭对圭亚那的仲裁请求不具有管辖权。

（2）即便仲裁庭具有管辖权，圭亚那的第二项和第三项请求也不具有可受理性。

且基于以上原因，仲裁庭应当立即终止仲裁程序。

苏里南在其辩诉状和复辩状中请求仲裁庭[8]：

（1）支持苏里南的先决性抗辩。或

（2）A. 拒绝圭亚那提出的仲裁请求。

B. 裁定苏里南与圭亚那之间的单一海洋边界是从"1936年界点"开始沿北偏东10度线延伸至距领海基线200海里的界限[9]。

C. 裁定并宣布，圭亚那授权特许经营者在两国争议海域钻探采勘的行为违反了《公约》第74条第3款和第83条第3款中规定的法律义务，危害和阻碍了两国海洋边界最后协议的达成。

---

[7] In the Matter of an Arbitration Between Guyana and Suriname, Arbitral Tribunal Constituted in Accordance with Annex Ⅶ of the UNCLOS, Award of the Arbitral Tribunal, 17 September 2007, para. 160.

[8] Ibid., para. 161.

[9] Ibid., Map 1.

D. 裁定并宣布，圭亚那违反了《公约》第 74 条第 3 款和第 83 条第 3 款中规定的"尽一切努力作出实际性的临时安排"的法律义务。

（二）仲裁庭说理

1. 海洋划界

（1）管辖权问题

圭亚那认为双方在 1975 年至 2000 年都曾试图解决争议的海洋边界，在 2000 年 6 月之后双方都作出很多努力，试图解决争议。圭亚那认为，双方已经满足《公约》第 283 条的要求，履行了交换意见的义务。截至 2004 年 2 月，双方已经用尽一切直接协商或者通过第三方协商的方式，没有必要再进行协商。圭亚那和苏里南双方均未依据《公约》第 287 条第 1 款声明选择争端解决程序，依据《公约》第 287 条第 3 款，双方均被视为接受附件七所规定的仲裁。再者，双方均未根据《公约》第 298 条作出任择性例外声明，因而附件七仲裁程序应得以适用。另外，圭亚那认为本案争端仅涉及《公约》第 15 条、第 74 条、第 83 条、第 279 条的解释和适用，不涉及海洋划界问题，因为双方对于"界点 61"作为两国陆地边界的终点和海洋边界的起点的地位是没有异议的。故仲裁庭有权依据《公约》第 9 条确定科兰太因河的河口和海洋划界的起点，并从该点进行两国海洋划界。[10]

苏里南则认为双方未就"1936 年界点"达成共识，仲裁庭对圭亚那和苏里南之间的海洋划界不享有管辖权。苏里南坚称，无论是当事双方，还是其前宗主国历史上的协商或其他实践，都未曾对"1936 年界点"位置达成终局的协议，"1936 年界点"充其量只能成为划界协议前的建议，两国间陆地边界的终点是未确定的。在苏里南看来，本案是一个典型的"混合型"争端，陆地边界的终点始终与海洋边界的位置紧密联系在一起。[11] 陆地边界的终点是本案的一个实质性分歧，而陆地领土的争端不

---

[10] In the Matter of an Arbitration Between Guyana and Suriname, Arbitral Tribunal Constituted in Accordance with Annex Ⅶ of the UNCLOS, Award of the Arbitral Tribunal, 17 September 2007, paras. 165-170.

[11] Guyana v. Suriname, Arbitration under Annex Ⅶ of UNCLOS, Preliminary Objections, 23 May 2005, pp. 3-4, paras. 1-9.

应在《公约》框架下处理。最后苏里南指出，仲裁庭无权根据《公约》第 9 条和第 10 条确定科兰太因河的横越河口的直线。因为划定海岸基线或封闭线的权利属于沿岸国，而非法庭或仲裁庭，它们仅有权判断沿岸国划界的方式是否违反国际法。[12]

基于以上理由，苏里南提出先决性抗辩，认为仲裁庭不具有管辖权，本案不具有可受理性，要求仲裁庭在正式仲裁之前应当先对先决性抗辩进行庭审。而圭亚那则认为苏里南提出的先决性抗辩并不属于先决内容，不必暂停仲裁程序而举行先行庭审程序。仲裁庭邀请双方对这一问题进行了面对面辩论。在这次辩论后，仲裁庭于 2005 年 7 月 18 日就苏里南的先决性抗辩作出 2 号命令，认为苏里南方提出的先决性抗辩所涉及的事实和争议与案件实体问题的争点重合，不应当被认定为案件的先决问题。故仲裁庭将针对苏里南先决性抗辩的裁决推到最终裁决中一并进行裁定。[13]

仲裁庭指出，苏里南曾在庭审中承认，如果双方在领海边界问题上曾达成过一致，能够确定两国海洋划界的起点，则仲裁庭对两国的海洋划界可行使管辖权。鉴于本裁决实体部分裁定双方海洋划界起始点是科兰太因河西岸的低水位线与穿过 1936 年确定的标记 "B"（Marker B）的北偏东 10 度线的交会点[14]，所以仲裁庭对两国的海洋划界争端具有管辖权。[15]

（2）领海划界

① 苏里南的主张

苏里南主张两国的领海界线应从 "1936 年界点" 沿方位角北偏东 10 度而划定，"1936 年界点" 和 "10 度线" 的结合正是为了满足荷兰对其领水水道航运的管理需要。荷兰和英国通过多年来的默示或事实协定、默认或禁止反言接受了上述界限，从 1939 年到 1965 年都一致将其作为

---

[12] In the Matter of an Arbitration Between Guyana and Suriname, Arbitral Tribunal Constituted in Accordance with Annex Ⅶ of the UNCLOS, Award of the Arbitral Tribunal, 17 September 2007, paras. 174-182.

[13] Guyana v. Suriname, Arbitration under Annex Ⅶ of UNCLOS, Order No. 2 of 18 July 2005, p. 2.

[14] In the Matter of an Arbitration Between Guyana and Suriname, Arbitral Tribunal Constituted in Accordance with Annex Ⅶ of the UNCLOS, Award of the Arbitral Tribunal, 17 September 2007, Map 2.

[15] Ibid., para. 280.

两国领海的分界线。荷兰对其主权下的科兰太因河水道的航运应具有完全的控制和管理权,这构成《公约》第 15 条中的"特殊情况"。两国历史上对"10 度线"的接受不因领海宽度的增加而改变,仲裁庭应依据时际法,根据两国在 1936 年接受"10 度线"作为领海边界的目的和宗旨,认定这一边界的适用应延伸至两国领海 12 海里外部界限。[16]

② 圭亚那的主张

圭亚那认为两国领海的界线是从"界点 61"沿北偏东 34 度方位角延伸至 12 海里外部界限的分界线。圭亚那主张,这条分界线在历史上得到了双方的承认,构成"历史性等距离线"(historical equidistance line)。即使这条线不被认为是等距离线,双方从 1966 年起就遵守这条线的行为也足以构成调整等距离线的"特殊情况"。圭亚那承认 1936 年至 1965 年两国一直遵守"10 度线",但这种遵守只限于 3 海里的领海范围。3 海里之外的领海分界线应采用等距离原则划定,按照"荷兰 217 海图"(Dutch chart 217)和"英国 1801 海图"(British chart 1801),这条等距离线基本沿北偏东 34 度线。[17]

圭亚那指出,《公约》第 15 条中的"特殊情况"包括当事方的行为,尤其是油气特许权中的临时协定(modus vivendi)和殖民政府的行为。截至 20 世纪 60 年代早期,因长期未实际使用,科兰太因河西部水道的航行需求已经消失。因此,英国在 1965 年提议的条约草案中,建议将"界点 61"作为两国领海分界线的起点,但领海分界线应采用等距离线原则。圭亚那认为,依据《公约》第 15 条,没有任何理由将临时等距离线作出有利于苏里南的调整,理由是苏里南从未主张过"10 度线"以东海域的历史性所有权,司法实践中很少将航行需要作为具有决定效力的特殊情况。在缺乏实际航行需要的情况下,航行因素只是"纯粹假设性的因素"(purely hypothetical one),不能作为调整等距离线的特殊情况。[18]

③ 仲裁庭裁决

仲裁庭认为,在没有相反协议的情况下,《公约》第 15 条将等距离

---

[16] In the Matter of an Arbitration Between Guyana and Suriname, Arbitral Tribunal Constituted in Accordance with Annex Ⅶ of the UNCLOS, Award of the Arbitral Tribunal, 17 September 2007, paras. 281-287.

[17] Ibid., para. 288.

[18] Ibid., paras. 291-294.

中间线作为海岸相邻或相向国家间领海划界的首要方法，除非存在历史性所有权或其他特殊情况，否则不应采用与上述规定不同的方法划定领海界限。[19] 本案中，荷兰殖民政府基于对科兰太因河的排他性主权而主张对河流水道航行的控制权，进而主张将"10度线"作为两国的领海界限，这一主张得到了两国30年的承认和遵守。但双方对苏里南在科兰太因河的航海利益和已建立的航海实践是否能构成两国领海划界的特殊情况仍然存在分歧。[20] 国际法院和法庭都没有对特殊情况进行完全列举，本案仲裁庭通过对既往案例的考察，得出如下结论：便利性、适航性，以及在本国水域中航行的需求等都是仲裁庭应当考虑的特殊情况。因此，本案中苏里南在科兰太因河的航海利益和已建立的航海实践可以构成调整中间线的特殊情况。鉴于两国已经长期接受"10度线"作为其领海分界线，仲裁庭认为在3海里领海范围内适用"10度线"作为两国的领海边界是合理的。仲裁庭进一步将领海边界的起始点确定为科兰太因河西岸的低水位线与穿过"1936年界点"（Marker B）的10度线之间的交界点。[21]

关于3海里至12海里的领海划界，仲裁庭认为如果将"10度线"自动适用于3海里以外领海，则违背了因航行和控制权这一特殊情况而采用"10度线"的初衷，所以有必要从双方历史协议所确定的点划定一条便于航行的分界线[22]。仲裁庭最终确定将"10度线"在3海里处的终点，与仲裁庭为两国大陆架和专属经济区所划界限及12海里外部界限交界点之间的最短连线作为两国3海里到12海里的领海边界。[23]

（3）大陆架和专属经济区划界

仲裁庭认为，依据《公约》第74条和第83条以及相关国际实践，等距离原则在大陆架和专属经济区划界中占据重要地位。[24] 无论是海岸相向还是相邻，大陆架和专属经济区划界通常采用两步走的方法：一是确定临时等距离线，二是通过考察个案的相关情况，确定是否对临时等

---

[19] In the Matter of an Arbitration Between Guyana and Suriname, Arbitral Tribunal Constituted in Accordance with Annex Ⅶ of the UNCLOS, Award of the Arbitral Tribunal, 17 September 2007, paras. 295-297.

[20] Ibid., paras. 299-300.

[21] Ibid., paras. 302-307, Map 2.

[22] Ibid., para. 314.

[23] Ibid., para. 323.

[24] Ibid., paras. 331-335.

距离线进行调整,以便实现公平结果。[25]

仲裁庭将采用角平分线的案例与本案进行区分,认为海洋划界并非重塑地形,而应在尊重当事国地形特征的基础上弱化可能产生的不公平结果。本案中两国海岸的地形并不具备不寻常的特征,不具备放弃适用等距离线方法而采用角平分线的条件;[26] 两国海岸的地形并没有显著的凹凸,相关海岸线的地理构造也不具备调整或改变临时等距离线的特殊情况。[27] 关于两国的石油特许行为,仲裁庭提出油田本身不构成两国海洋划界的相关情况,除非当事方存在明示或默示的协议。仲裁庭认为本案中两国并没有就油气开采达成此类协议,故两国的油气开采实践在划界中不予考虑。[28]

2. 苏里南涉嫌违法使用武力和威胁

圭亚那在第三项仲裁请求中提出:苏里南在圭亚那主权海域和其他合法管辖的海域中对圭亚那的领土完整,以及圭亚那的国民、代理人及其他合法出现在上述海域的人员使用武力,违反了1982年《联合国海洋法公约》《联合国宪章》及使用和平方法解决争端的一般国际法;苏里南有义务对其国际不法行为导致的损害进行赔偿,赔偿金额不少于33851776美元。[29]

(1) 管辖权和可受理性

对于圭亚那的第三项仲裁请求,苏里南提出关于管辖权和可受理性的五项抗辩。第一,苏里南认为仲裁庭无权管辖违反《联合国宪章》或习惯国际法的事项;[30] 第二,苏里南提出,"CGX事件"发生后至本案提起时,圭亚那从未就其认为苏里南的执法行为违反《公约》第279条或第301条的意见告知苏里南,未履行《公约》第283条交换意见的义务,故而仲裁庭对这一请求不应具有管辖权;[31] 第三,苏里南认为圭亚那的请求事关沿海国对非生物资源的主权权利,根据《公约》第297

---

[25] In the Matter of an Arbitration Between Guyana and Suriname, Arbitral Tribunal Constituted in Accordance with Annex VII of the UNCLOS, Award of the Arbitral Tribunal, 17 September 2007, para. 340.
[26] Ibid., paras. 372-375.
[27] Ibid., para. 377.
[28] Ibid., para. 390.
[29] Ibid., para. 401.
[30] Ibid., para. 402.
[31] Ibid., paras. 407-410.

条,仲裁庭不应行使管辖权;[32] 第四,苏里南提出圭亚那的请求缺乏善意,根据"净手原则"(doctrine of clean hands),圭亚那的请求不具有可受理性;[33] 第五,苏里南认为在海洋划界案中,如果争议海域内发生国家责任事件,则关于违反《公约》和其他国际法义务的赔偿请求不应具有可受理性。[34]

仲裁庭并没有采纳苏里南的上述抗辩。对于第一项抗辩,仲裁庭引用国际海洋法法庭在"塞加"号案中的裁决意见:尽管《公约》本身并没有包含使用武力扣押船舶的条款,但《公约》第293条规定可适用"与本公约不相抵触的国际法规则"。国际法要求尽可能地避免使用武力,且不能超过合理和必要的限度,这一人道主义原则在海洋法领域也应当适用。仲裁庭认为这是对第293条的合理解释。不仅如此,仲裁庭还指出,正如后面的裁决意见,苏里南的行为还违反了《公约》第74条第3款和第83条第3款,因而仲裁庭具有管辖权。[35]

对于第二项抗辩,仲裁庭认为本案的主要争端是海洋划界争端,当事双方就主要争端进行过数十年的谈判磋商,而本项请求中的"CGX事件",无论被定性为边界事件还是执法活动,都只是双方真正争端的附带问题,因而圭亚那没有义务就本案附带性的武力使用或武力威胁问题进行单独的意见交换。[36]

对于第三项抗辩,仲裁庭认为《公约》第297条第3款(a)项只限制了对专属经济区内生物资源的主权权利或权利行使的争端行使管辖权,而本请求是关于非生物资源主权权利的事项,不包含在此项限制中。[37]

对于第四项抗辩,仲裁庭梳理了"净手原则"在国际司法实践中的适用情况。这一学说在某些国际法院判决的反对意见中曾被引用,还曾出现在常设国际法院的判决意见中。但国际法院在多个案件中都拒绝适

---

[32] In the Matter of an Arbitration Between Guyana and Suriname, Arbitral Tribunal Constituted in Accordance with Annex Ⅶ of the UNCLOS, Award of the Arbitral Tribunal, 17 September 2007, para. 411.
[33] Ibid., para. 417.
[34] Ibid., para. 423.
[35] Ibid., paras. 405-406.
[36] Ibid., para. 410.
[37] Ibid., paras. 414-415.

用这一学说,也从未以这一学说为依据拒绝某项请求或救济的可受理性。通过案例的梳理,仲裁庭总结出"净手原则"适用的重要条件,即某一当事方并不是寻求对过去发生的违法行为的救济,而是在自身未予履行对等义务(reciprocal obligation)的情况下,意图迫使对方在未来履行该义务。仲裁庭认为,即使"净手原则"可以在国际司法和仲裁案件中适用,圭亚那的此项请求也不符合"净手原则"的适用条件,原因有三:一是该请求是对苏里南过去的违法行为寻求救济,而不是寻求苏里南未来履行义务;二是圭亚那并没有在"CGX事件"后授权钻探活动,在提出该请求时并没有违反《公约》;三是双方的主张并非基于相互对等的义务,圭亚那的请求针对苏里南不诉诸武力或武力威胁的义务,而苏里南的抗辩针对圭亚那不在争议海域授权钻探的义务,这两个义务并不对应。[38]

关于第五项抗辩,仲裁庭指出,进行武力威胁或使用武力的争端并非只有在破坏领土完整或政治独立时才能构成可求偿的请求。《公约》并没有提出争议海域中的武力使用问题不能存在于海洋划界争端中,否则将会极大削弱禁止使用武力这一国际法基本原则。因此,第五项抗辩亦不能成立。[39]

(2)武力威胁或使用武力

为判断苏里南在"CGX事件"中的行为是否构成武力威胁或使用武力,仲裁庭考察了这一事件中主要参与者的证言,这些证词提到苏里南海军的命令和警告:"12小时内离开","否则后果自负"。这些证人对此警告的理解是,如果12小时内不离开该海域,苏里南的巡逻舰将对平台和作业船只使用武力。仲裁庭认为这一命令构成明确的武力威胁。至于这种武力威胁是否违反《公约》《联合国宪章》和一般国际法,仲裁庭参考了国际法院的相关意见:判断某种使用武力的意图是否构成《联合国宪章》第2条第4款中的"武力威胁"取决于多个因素,如果该武力的使用本身就是不合法的,则使用这种武力的意图和准备就构成宪章所禁止的"武力威胁";只有当武力使用合法时,这种准备才是符合宪章

---

[38] In the Matter of an Arbitration Between Guyana and Suriname, Arbitral Tribunal Constituted in Accordance with Annex Ⅶ of the UNCLOS, Award of the Arbitral Tribunal, 17 September 2007, paras. 418-422.

[39] Ibid., paras. 423-424.

的。然而,仲裁庭也提出,应该参照《关于各国依〈联合国宪章〉建立友好关系及合作之国际法原则宣言》对武力使用进行分类,区别非严重武力使用与构成武装袭击的严重武力使用。[40]

(3) 执法活动

苏里南主张"CGX事件"的性质应属于沿海国合理、适当的执法活动。通过援引渔业管辖权案和"塞加"号案,苏里南试图证明,阻止相关作业船只的活动并与之喊话是执法中惯常采取的行动,不应构成使用武力或进行武力威胁。仲裁庭承认,国际法允许执法活动在必要、合理的限度内使用武力,但基于本案证人的证言,仲裁庭认为"CGX事件"更应定性为军事行动威胁,而非执法活动,违反了《公约》《联合国宪章》和一般国际法。[41]

苏里南又提出其在"CGX事件"中采取的行为属于针对圭亚那不法行为的合法反制措施。但仲裁庭指出,国际法不允许一国在反制措施中使用武力或进行武力威胁,一国在面对本案争端的情况下,应当诉诸《公约》第十五部分第二节的强制程序,在情况紧急时可根据《公约》第290条请求法院或法庭规定临时措施,而不应采取单边武力威胁。[42]

(4) 国家责任

对于苏里南因进行武力威胁而承担的国家责任,仲裁庭认为本案的海洋划界结果使得圭亚那获得了对事发海域的不可争辩的所有权,圭亚那所受损失已经得到了充分补偿,因而拒绝了苏里南关于其他补偿的请求。[43]

3. 双方是否履行《公约》规定的临时安排义务

圭亚那在第四项仲裁请求中提出:在两国就大陆架和专属经济区划界达成协议之前,苏里南违反了1982年《联合国海洋法公约》第74条第3款和第83条第3款中关于当事方应尽一切努力作出实际性的临时安排的义务,并危害和阻碍了最后协议的达成,苏里南应承担国家责任,并对圭亚那进行赔偿。相应地,苏里南在复辩状中请求仲裁庭裁定圭亚

---

[40] In the Matter of an Arbitration Between Guyana and Suriname, Arbitral Tribunal Constituted in Accordance with Annex Ⅶ of the UNCLOS, Award of the Arbitral Tribunal, 17 September 2007, paras. 425-440.

[41] Ibid., paras. 441-445.

[42] Ibid., para. 446.

[43] Ibid., paras. 451-452.

那在争议海域特许油气勘探等行为违反了上述义务。[44]

（1）管辖权和可受理性

和前述针对圭亚那第三项诉讼请求的反驳一样，苏里南也在此项请求的抗辩中提出了关于本案管辖权和可受理性的反对意见。有三点理由：一是圭亚那未履行《公约》第283条第1款规定的交换意见的义务，故而仲裁庭对这一请求不应具有管辖权；二是根据"净手原则"，圭亚那的请求不具有可受理性；三是只有在1998年8月8日《公约》对两国都生效后的行为才与本项请求有关。[45]

对苏里南提出的关于《公约》第283条交换意见的义务以及"净手原则"的意见，仲裁庭基于第三项请求的管辖权和可受理性裁定中相同的理由予以否定。对于苏里南提出的第三项反对理由，仲裁庭认为，尽管1998年8月8日之前的行为不能作为仲裁庭裁决的基础，但可以为仲裁庭判断和解释此后的行为提供事实背景。[46]

（2）《公约》第74条第3款和第83条第3款规定的义务

仲裁庭认为《公约》第74条第3款和第83条第3款为缔约国设置了两项义务，即在划界协议达成之前，尽一切努力作出实际性的临时安排的义务，以及不危害和阻碍最后协议达成的义务。前者要求当事方开展善意的谈判和磋商，并为达成临时安排作出相应让步，以期实现相关海域非生物资源的共同开发。[47] 后者要求当事方的行为以不影响最后协议的达成为限度。仲裁庭重申，在油气勘探和开发问题上，应允许当事方在争议海域开展两类活动：一是按照当事方临时安排所开展的活动；二是不危害和阻碍最后协议达成的单边活动，其中，不引起海洋环境物理变化的活动通常属于此类活动。因此，应当区分造成海洋环境永久性物理变化的活动，如油气开采，与未造成相关物理变化的活动，如地震探测等。仲裁庭指出，前者也是法院或法庭判断是否规定临时措施的标准。此类造成永久性物理变化的活动必须按照当事方之间达成的协议来开展。这种区分能够在鼓励争议双方在争议海域开展相关经济

---

[44] In the Matter of an Arbitration Between Guyana and Suriname, Arbitral Tribunal Constituted in Accordance with Annex Ⅶ of the UNCLOS, Award of the Arbitral Tribunal, 17 September 2007, para. 453.

[45] Ibid., paras. 457-458.

[46] Ibid., para. 458.

[47] Ibid., paras. 460-462.

活动，与限制可能危害和阻碍最后协议达成的有关活动之间实现微妙的平衡。[48]

结合本案事实，仲裁庭认为苏里南在1998年8月8日之前的行为（未能按照1991年两国达成的谅解备忘录派代表进行磋商谈判，在后续几年内也没有回应圭亚那关于进一步开展磋商的提议）未能满足"尽一切努力作出实际性的临时安排"的要求。尽管这些事实不能构成苏里南违反《公约》的基础，但苏里南1998年之后的行为却与此保持了一致，构成对《公约》义务的违反。尤其是当得知圭亚那特许经营者在争议海域的勘探计划后，苏里南本应本着谅解和合作的精神与圭亚那回到谈判桌进行磋商，将立刻中止探勘活动作为进一步谈判的条件，但它却采取了强硬的单边行动，导致了"CGX事件"的发生。[49]

仲裁庭认为圭亚那同样违反了"尽一切努力作出实际性的临时安排"的义务，因为圭亚那应该在更早的时候就将其特许的勘探计划告知苏里南，并与之进行磋商。"CGX事件"发生后，圭亚那邀请苏里南进行谈判的做法是为了缓解紧张局势，不足以消除圭亚那的上述义务。仲裁庭指出，圭亚那符合"尽一切努力作出实际性的临时安排"的义务的做法包括：将计划中的勘探活动详细地正式告知苏里南，寻求与苏里南开展合作，主动提出与苏里南分享并邀请苏里南担任观察员，与苏里南进行收益分成。[50]

（3）宣告式救济

鉴于双方都要求仲裁庭确认对方从事了违反《公约》的行为，法院认为在某些情形下，可以通过宣告存在权利的侵犯或义务的违反来达到救济的效果。仲裁庭认为两国都违反了"尽一切努力……不危害和阻碍最后协议的达成的义务"，圭亚那因其造成海洋环境永久变化的钻探活动而违反此项义务，而苏里南因其在"CGX事件"中的武力威胁而违反此项义务。[51]

---

[48] In the Matter of an Arbitration Between Guyana and Suriname, Arbitral Tribunal Constituted in Accordance with Annex Ⅶ of the UNCLOS, Award of the Arbitral Tribunal, 17 September 2007, paras. 462-469.

[49] Ibid., paras. 474-476.

[50] Ibid., para. 477.

[51] Ibid., paras. 485-486.

(三) 裁决主文

对于案件的管辖权和可受理性，仲裁庭裁定[52]：

(1) 对于在当事双方权利主张重叠海域，通过单一边界划定各方领海、大陆架和专属经济区的界限，仲裁庭有管辖权。

(2) 对于圭亚那指控苏里南非法使用武力或武力威胁，违反《公约》《联合国宪章》和一般国际法，仲裁庭有管辖权。

(3) 对于当事方关于《公约》第74条第3款和第83条第3款中关于当事方应尽一切努力作出实际性的临时安排的义务，以及不危害和阻碍最后协议的达成的义务的各自主张，仲裁庭有权审查并作出裁决。

对于案件的实体问题，仲裁庭裁定[53]：

(1) 圭亚那和苏里南之间的国际海洋边界是由按顺序连接裁决第328段和第400段所确认的一连串点的一系列测地线构成的。

(2) 苏里南2000年6月3日将CGX资源公司石油钻机和"桑顿"号钻井船驱逐出争议海域的行为构成武力威胁，违反了《公约》《联合国宪章》和一般国际法；但拒绝圭亚那要求仲裁庭发布命令防止苏里南再次进行武力威胁并要求苏里南进行赔偿的请求。

(3) 圭亚那和苏里南都违反了《公约》第74条第3款和第83条第3款中关于当事方应尽一切努力作出实际性的临时安排的义务，以及不危害和阻碍达成终局的划界协议的义务。

(4) 双方其他与本裁决不一致的诉讼请求都被驳回。

---

[52] In the Matter of an Arbitration Between Guyana and Suriname, Arbitral Tribunal Constituted in Accordance with Annex Ⅶ of the UNCLOS, Award of the Arbitral Tribunal, 17 September 2007, para. 487.

[53] Ibid., para. 488.

三、评 论

(一) 仲裁庭适用《公约》第 293 条确立管辖权

本案仲裁庭适用《公约》第 293 条对圭亚那第三项请求确立管辖权的做法值得商榷。仲裁庭认为其有权裁决有关违反《联合国宪章》和一般国际法的指控,理由是《公约》序言最后一段规定,"本公约未予规定的事项,应继续以一般国际法的规则和原则为准据",确认了一般国际法的适用性;国际海洋法法庭在"塞加"号案中也认为法庭不仅有权适用《公约》,还有权适用那些习惯国际法(包括关于使用武力的习惯法)的规范。

仲裁庭的上述意见至少存在两处误读:一是仲裁庭将"违反《联合国宪章》和一般国际法的争端"视为"有关《公约》解释或适用的争端",这与《公约》争端解决机制设立目的不符。《公约》的争端解决机制是用来解决有关《公约》的解释或适用的争端,不能用于解决其他条约或一般国际法争端。[54] 二是混淆了管辖权确立问题和实体阶段裁判法律适用问题。当争端被提交到《公约》的争端解决机制时,首先应根据《公约》第 288 条判断该争端是否与《公约》的解释或适用有关,从而确定法院或法庭是否具有管辖权。在确定具有管辖权的前提下,法院或法庭才能根据《公约》第 293 条适用《公约》以及与《公约》不相抵触的国际法规则对争端作出裁判。

(二)《公约》第 74 条第 3 款和第 83 条第 3 款的解释和适用

本案的重要意义主要体现在当事国海洋划界前的相关义务,以及如何在争议海域合法地开展油气勘探等活动。

首先,仲裁庭详细解释了当事国在完成专属经济区和大陆架划界之前依据《公约》第 74 条第 3 款和第 83 条第 3 款应履行的义务,即尽一切努力作出实际性的临时安排的义务,以及不危害和阻碍最后协议的达成的义务。仲裁庭认为《公约》设置这两项义务的目的在于同时实现对

---

[54] 高健军:《〈联合国海洋法公约〉争端解决机制研究》,中国政法大学出版社 2014 年版,第 11 页。

争议海域相关活动的促进和限制。在解释"不危害和阻碍最后协议的达成"这一义务时，仲裁庭参考了国际法院规定临时措施的标准，即是否可能对海床和底土造成永久性破坏。但同时指出，违反《公约》此项义务的门槛应低于规定临时措施的门槛。如果一项单方面开展的活动对海洋物理环境造成了永久性破坏，则不仅符合国际法院和法庭规定临时措施的条件，也当然地违反《公约》规定的关于"不危害和阻碍最后协议的达成"的义务。

其次，仲裁庭在裁决的附带意见中对勘探钻井活动和地震探测活动作出区分。仲裁庭认为，不同于勘探钻井行为，为探测油气而单方面开展的地震探测活动并没有对海洋物理环境造成永久性影响。然而随着科技的不断进步，现代探测活动可以帮助沿海国有效预知油气资源的状况，从而使其处于更加有利的地位。此类活动也可能妨害另一方在大陆架的主权权利和专属管辖权。因此，对于探测活动是否违反《公约》第74条第3款和第83条第3款中"不危害和阻碍最后协议的达成的义务"，似乎不能一概而论，在不同情形下可能得出不同结论。

最后，本案为沿海国如何在争议海域合法地开展油气勘探等活动提供了重要的指导性建议。仲裁庭指出，两类活动允许在争议海域进行：一类是按照争端各方达成的临时安排而开展的活动；另一类是不危害或阻碍最后协议达成的单边活动。仲裁庭还举例说明本案中当事方正确的处理方法：一国应尽早将详细的特许勘探计划告知另一当事国，寻求两国间的合作；进行特许经营的沿海国应主动邀请另一当事国在其勘探计划中担任观察员，并与之分享勘探的成果或进行收益分成。如果特许经营国未履行上述义务而单方面开展勘探活动，则另一当事国仍应进行磋商谈判，并将立刻中止探勘活动作为下一步谈判的条件；若情况紧急，需要保全争端各方权利或防止对海洋环境的严重损害，则另一当事国可根据《公约》第290条请求法院或法庭规定临时措施，而不应单方面采用武力或进行武力威胁。

四、附　录

（一）中英案件全名

1. 中文案件全名：圭亚那诉苏里南仲裁案（圭亚那诉苏里南）

2. 英文案件全名: In the Matter of an Arbitration Between Guyana and Suriname

(二) 案件的标准引用

In the Matter of an Arbitration Between Guyana and Suriname, Award of 17 September 2007, Arbitral Tribunal Constituted under Annex Ⅶ of the United Nations Convention on the Law of the Sea, Reports of International Arbitral Awards, United Nations, 2012, Volume XXX, pp. 1-144.

(三) 主要参考文献

1. Judge Peter Tomka, "The Law of Maritime Delimitation: Towards Stability and Cooperation", PCA Award Series, The Hague, 2012.

2. Stephen Fietta, "Guyana/Suriname", *American Journal of International Law*, Vol. 102, 2008, pp. 119, 120.

3. Dominic Roughton, "Rights (and Wrongs) of Capture: International Law and the Implications of the Guyana/Suriname Arbitration", *Journal of Energy & Natural Resources Law*, Vol. 26, 2008, p. 374.

4. Alexander Aizenstatd, "Guyana v. Suriname Maritime Boundary Arbitration", *Max Planck Encyclopedia of Public International Law*, www.mpepil.com.

(四) 与本案主题相关的重要引用案件

1. UK-French Continental Shelf, 54 I. L. R. 1979, p. 5.

2. St-Pierre et Miquelon (Canada v. France), 95 I. L. R. p. 645.

3. Qatar/Bahrain, Merits, Judgment, I. C. J. Reports 2001, p. 40.

4. Barbados/Trinidad and Tobago, 45 I. L. M. 2006, p. 798.

5. Delimitation of the Maritime Boundary in the Gulf of Maine Area, Judgment, I. C. J. Reports 1984, p. 246.

6. M/V "SAIGA" (No. 2) (Saint Vincent and the Grenadines v. Guinea), Judgment of 1 July 1999, ITLOS Reports 1999, p. 10.

7. Land and Maritime Boundary Between Cameroon and Nigeria (Cameroon v. Nigeria: Equatorial Guinea Intervening), Judgment, I. C. J. Reports 2002,

p. 303.

8. North Sea Continental Shelf (Federal Republic of Germany v. Denmark; Federal Republic of Germany v. Netherlands), Judgment, I. C. J. Reports 1969, p. 3.

9. Fisheries Jurisdiction (Spain v. Canada), Jurisdiction of the Court, Judgment, I. C. J. Reports 1998, p. 432.

10. Eritrea/Yemen Ⅱ, 119 I. L. R. 1999, p. 417, The Eritrea-Yemen Arbitration Awards of 1998 & 1999, Permanent Court of Arbitration Award Series 2005, available at http://www.pca-cpa.org.

（五）案件中的重要缩略语

UNCLOS United Nations Convention on the Law of the Sea 《联合国海洋法公约》

ITLOS International Tribunal for the Law of the Sea 国际海洋法法庭

ICJ International Court of Justice 国际法院

（张小奕）

加勒比海领土和海洋争端案
(尼加拉瓜诉洪都拉斯)

(2007 年)

1999.12.08　尼加拉瓜将其与洪都拉斯在加勒比海的海洋划界相关争议向国际法院提起诉讼

2000.03.21　国际法院命令设定以下时限：2001 年 3 月 21 日尼加拉瓜提交诉状（按时提交）；2002 年 3 月 21 日洪都拉斯提交辩诉状（按时提交）

2002.06.13　国际法院命令设定以下时限：2003 年 1 月 13 日尼加拉瓜提交答辩状（按时提交）；2003 年 8 月 13 日洪都拉斯提交复辩状（按时提交）

2007.03.05—23　开庭审理（14 次）

2007.10.08　国际法院就本案作出判决（法官以 15∶2 通过了关于单一海洋边界的起讫点的判定。法官以 14∶3 通过了单一海洋边界的具体走向。法官以 16∶1 通过了双方应经真诚协商确定边界的终点和未尽事宜。）

关键词：等分线（Bisectors）；关键日期（Critical Date）；保持占有（【拉】*Uti Possidetis*）；有效统治（【法】*Effectivités*）

一、案件背景

尼加拉瓜与洪都拉斯原属西班牙的殖民地，于 1821 年成为独立国家。两国于 1823 年加入中美洲联邦共和国[1]（the Federal Republic of

---

[1] 中美洲联邦共和国，又称中美洲联合省（The United Provinces of Central America），位于中美洲，存在于 1823 年至 1840 年，由洪都拉斯、尼加拉瓜、危地马拉、萨尔瓦多、哥斯达黎加等组成。

Central America），于 1838 年退出联邦，分别保留其原拥有的领土。1850年，尼加拉瓜与西班牙签署条约，承认尼加拉瓜共和国是一个自由的、主权独立的国家，并拥有一切目前其所属和以后其所属的包括岛屿在内的领土主权，但条约没有明确列出尼加拉瓜附属岛屿的名称。1866 年，洪都拉斯与西班牙签订了一份类似的独立条约，提到洪都拉斯对其沿岸岛屿的主权。同样，该条约没有将属于洪都拉斯的岛屿的名称明确列出。这为两国的边界争端埋下了伏笔。此后，两国曾试图划定边界并分别于 1869 年和 1870 年签署了两份条约，但均未生效。

（一）陆地划界

1894 年 10 月，尼加拉瓜与洪都拉斯成功签署了一份边界条约（the Gámez-Bonilla Treaty，以下简称"1894 年边界条约"）。该条约于 1896 年 12 月生效。其中，第 2 条依据保持占有原则，规定两国分别对独立日当时原尼加拉瓜省和洪都拉斯省的区域拥有领土主权。该条约规定将成立一个联合划界委员会推进两国划界工作。1900 年至 1904 年，联合划界委员会的工作取得了很大进展，但是对在大西洋沿岸部分地区的边界划定未能取得一致意见。根据该条约第 3 条，两国随后将争端提交给西班牙国王阿方索十三世裁决，裁决书中以科科河（River Coco）河口为起点划了一条边界线[2]。但尼加拉瓜拒绝承认该判决书的有效性。两国历经多次努力仍不能解决边界争端，1957 年发生边界冲突，同年，美洲国家组织理事会（the Council of the Organization of American States）接手处理此事。经过该理事会特设委员会的调停，尼加拉瓜和洪都拉斯同意将争端提交国际法院解决。从此两国开始了边界争端的漫长司法过程。

洪都拉斯于 1958 年 7 月递交了申请书，要求国际法院宣判：尼加拉瓜不执行裁决"构成违反国际义务"[3]，尼加拉瓜有义务执行裁决；尼加拉瓜则要求法院宣判"阿方索裁决书不具备有拘束力的裁决的特征"，认为裁决书简略、矛盾和模糊从而不具有可执行性，两国的合法边界应

---

[2] 该线从位于格拉西亚斯-阿迪奥斯海角（Cape Gracias a Dios）的科科河河口起到波蒂略-特奥德萨马特（Portillo de Teotecacinte）止。
[3] Case Concerning Territorial and Maritime Dispute Between Nicaragua and Honduras in the Caribbean Sea（Nicaragua v. Honduras），Judgment，I. C. J. Reports 2007，para. 40.

为裁决书产生之日（1906年12月23日）前的状态。[4] 经审理，国际法院注意到，当事双方是按照1894年边界条约约定的程序将争议提交西班牙国王阿方索十三世解决，尼加拉瓜全程参与了仲裁过程，裁决书在执行条款中明确指出了科科河河口为分界点并且进行了解释，因而阿方索1906年裁决书有效且有拘束力，关于裁决书缺乏执行性的理由不成立，尼加拉瓜有义务执行裁决。

随后，由于尼加拉瓜和洪都拉斯未能就如何执行1906年裁决达成一致意见，尼加拉瓜请求美洲和平委员会（Inter-American Peace Committee）介入，并成立了联合划界委员会解决两国的边界争端。联合划界委员会确定两国的陆地边界起点位于科科河河口（北纬14°59.8′、西经83°08.9′）。[5] 至此，两国陆地边界争端告一段落。

（二）海上划界

1963年至1979年，两国曾就海洋划界相关问题进行过友好磋商，但未取得成效。1979年，两国发生海洋渔业纠纷，双方通过外交照会互相指责对方。[6] 此后直至20世纪90年代，两国一直因海洋边界线问题互相指责与抗议，具体表现为两国分别通过了涉及争议岛屿和争议海域的国内法；频繁在北纬15度线附近抓扣或攻击对方渔船；与第三方的海洋划界协议涉及争议岛屿和海域等。上述事件体现在一系列的外交换文中。

1979年12月19日，尼加拉瓜通过有关大陆架和邻近海域的法律。洪都拉斯于1982年1月11日颁布了新宪法。两国均通过法律主张200海里的专属经济区，并各自强调其对相关岛屿及临近海域在历史上、地理上、法律上的权利。在1982年3月给尼加拉瓜的照会中，洪都拉斯宣称两国的海上传统边界为"北纬15度线"。[7] 作为回应，尼加拉瓜在1982年4月给洪都拉斯的外交照会中宣称，尼加拉瓜从不认为与洪都拉

---

[4] Case Concerning Territorial and Maritime Dispute Between Nicaragua and Honduras in the Caribbean Sea (Nicaragua v. Honduras), Judgment, I. C. J. Reports 2007, para. 40.
[5] Ibid., para. 47.
[6] 争议区域位于北纬15度线以北的加勒比近岸海域。
[7] 1962年联合划界委员会确定的具体纬度为北纬14°59.8′，国际法院在判决书中，为便于描述，采用了"15th parallel"的表述，因此，本文简化表述为"北纬15度线"。

斯在加勒比海存在任何的海洋边界线。1986年8月2日，洪都拉斯和哥伦比亚签署海洋边界协定，尼加拉瓜在9月8日的外交照会中，指出洪都拉斯和哥伦比亚的海洋边界协定涉及历史上、地理上和法律上属于尼加拉瓜的岛屿、邻近水域和大陆架。洪都拉斯在于9月29日的外交照会中对尼加拉瓜上述主张予以反驳的同时，表达了与其开展海洋划界的意愿。1990年9月，两国外交部通过联合声明，成立海洋事务联合委员会，预防和解决两国的海洋问题。[8] 20世纪90年代末，应尼加拉瓜请求，中美洲法院（the Central American Court of Justice）介入其中，但也未能最终解决两国的海洋争端。

二、判　决

（一）当事方请求

尼加拉瓜在请求书中援引《美洲和平解决条约》（也称为《波哥大公约》）第31条以及两国根据《国际法院规约》第36条第2款规定所做接受法院强制管辖权的声明为法院行使管辖权的依据。1999年12月8日，尼加拉瓜将其与洪都拉斯在加勒比海的海洋划界相关争议向国际法院提起诉讼。国际法院于2000年3月21日发布命令，规定尼加拉瓜提交诉状的时限为2001年3月21日，洪都拉斯提交辩诉状的时限为2002年3月21日，两国均按时提交。2002年6月13日，国际法院再次发布命令，同意进行第二轮抗辩，规定尼加拉瓜提交答辩状的时限为2003年1月13日，洪都拉斯提交复辩状的时限为2003年8月13日，两国均按时提交。两国海洋争议的焦点是：两国在争议海域是否存在一条海洋边界，以及海洋边界的起点和走向问题。

尼加拉瓜的诉讼请求可归纳为：（1）两国在加勒比海争议海域的领海、专属经济区和大陆架划定单一海洋边界，海洋分界线从位于北纬15°02′00″、西经83°05′26″距河口约3英里的定点开始延伸；（2）分界线的起始点是科科河主要河口的主航道中线，该点已由西班牙国王在1906

---

[8] Case Concerning Territorial and Maritime Dispute Between Nicaragua and Honduras in the Caribbean Sea (Nicaragua v. Honduras), Judgment, I. C. J. Reports 2007, para. 61.

年仲裁裁决中予以确定;(3)请求法院在不损害上述事项的情况下决定争议地区岛屿和岩礁的主权问题。

洪都拉斯的主张可归纳为:(1)法院划定的海洋边界线起点应位于北纬14°59.8′、西经83°05.8′,1962年联合划界委员会确定的位于北纬14°59.8′、西经83°08.9′的点到法院划定的海洋分界线起点所构成的分界线,应由当事双方在1906年12月23日西班牙国王所定的对双方均有约束力的边界基础上协商确定,并考虑到科科河河口地理特征的变化;(2)划分洪都拉斯与尼加拉瓜领海、专属经济区和大陆架的单一海洋边界,从北纬14°59.8′、西经83°05.8′的地点开始向东沿北纬14°59.8′线延伸,作为现有的海洋边界或调整过的等距离线(equidistance line),直至第三国的管辖海域边缘;(3)洪都拉斯对位于北纬15度线以北尼加拉瓜称属其所有的伯贝礁(Bobel Cay)岛、南礁(South Cay)岛、萨凡纳礁(Savanna Cay)岛和皇家港礁(Port Royal Cay)岛等群岛及所有其他岛屿、珊瑚礁、岩石、浅滩和暗礁享有主权。

(二)国际法院的说理

国际法院对尼加拉瓜与洪都拉斯的海洋边界争端作出判决,判决加勒比海中的四个小岛的主权归洪都拉斯所有;[9] 重新确定了两国领海、大陆架和专属经济区的单一边界及边界的起始点。本案涉及岛屿归属和海洋划界两个方面的问题。就海洋划界而言,双方争议的焦点是:两国是否存在海洋边界以及单一海洋边界的起点和走向问题。

1. 争议岛屿归属

国际法院在就所有证据进行审查后,判定洪都拉斯基于对争议岛屿的有效统治,拥有争议岛屿的主权。[10] 在判定争议岛屿主权归属的过程中,国际法院主要对以下几点做了考量:

(1)关键日期的确定

尼加拉瓜认为关键日期应该为1977年,因为当年两国开始海洋划界谈判时涉及争议海域的岛屿归属问题。但在提交给国际法院的申请中,尼加拉瓜没有对北纬15度线以北地区的岛屿提出主权要求,直到2001

---

[9] Case Concerning Territorial and Maritime Dispute Between Nicaragua and Honduras in the Caribbean Sea (Nicaragua v. Honduras), Judgment, I. C. J. Reports 2007, para. 227.
[10] Ibid.

年3月21日，尼加拉瓜交给国际法院的备忘录中才首次提及这些岛屿。尼加拉瓜同时表达了对争论地区的所有岛屿和岩礁的主权诉求，但没有提供可以确定主权归属的任何法律依据。

洪都拉斯不同意尼加拉瓜将1977年作为关键日期的主张，因为在当时两国对争议海域的交涉中并没有讨论相关岛屿的归属问题。洪都拉斯方面认为，关键日期应为两国的独立日期1821年，或者应不早于2001年尼加拉瓜首次宣布对这些岛屿拥有主权的时间。由于直到2001年，尼加拉瓜才对争议海域的岛屿提出主权主张，国际法院将关键日期定为2001年。[11]

（2）保持占有原则的适用

洪都拉斯将该原则作为取得争议岛屿主权的基础。尼加拉瓜则表示，任何一方不能以该原则为依据取得岛屿主权。

洪都拉斯认为，由于该原则在与两国边界有关的1894年边界条约、1906年阿方索裁决书和1960年中美洲法院判决书中曾作为划界的基础，因此该原则不仅适用于两国陆地边界的划分，而且适用于两国海洋边界的划分，因此，洪都拉斯拥有北纬15度线以北的争议海域中的岛屿主权。

尼加拉瓜不反对该原则可用于岛屿主权的确定，但是认为该原则不适用于本案。因为不能确定殖民地时期各岛屿究竟属于哪一个省管辖，因而也不能判断各省独立建国后对岛屿进行了持续占有。相反，尼加拉瓜认为，由于这些岛屿距离尼加拉瓜的爱丁堡礁（Edinburgh Cay）岛比距离洪都拉斯的任何领土都要近，故尼加拉瓜对这些岛屿拥有主权。

国际法院肯定了保持占有原则在陆地和岛屿归属问题上的作用，但认为本案中，在殖民地时期，由于争议岛屿的位置距离大陆较远，并且没有经济价值和战略价值，殖民地当局并没有对上述岛屿进行有效统治。[12]鉴于此，法院认为依据保持占有原则不能确定殖民地时期争议岛屿究竟属于当时的尼加拉瓜省还是洪都拉斯省，也不能确定殖民地当局是否对该岛屿实行了有效统治。从而，不能依据该原则确定尼加拉瓜或者洪都拉斯对争议岛屿拥有主权。[13]

---

[11] Case Concerning Territorial and Maritime Dispute Between Nicaragua and Honduras in the Caribbean Sea (Nicaragua v. Honduras), Judgment, I. C. J. Reports 2007, para. 129.

[12] Ibid., para. 166.

[13] Ibid., para. 167.

(3) 后殖民时期的有效统治

国际法院对各方提交的后殖民时期对争议岛屿进行有效统治的证据进行了审查。

立法、司法和行政管理。洪都拉斯宣称其对争议岛屿实施了立法、司法和行政的管理并提供了大量的证据以支持其主张。尼加拉瓜在这方面没有提供证据,但认为洪都拉斯的证据并不能证明洪都拉斯对争议岛屿实施了有效统治。洪都拉斯对争议岛屿的主权主张基于其宪法和《1936年农业法》。如在洪都拉斯曾施行过的三部宪法[14]中,罗列了属于洪都拉斯的岛屿,并提到了很多位于大西洋的岛屿的名称。但在所列岛屿名单中,没有争议的岛屿。因此,对洪都拉斯基于国家立法和行政管理对争议岛屿的主权要求,国际法院未予支持。[15]

刑法和民法的实施。洪都拉斯通过列举一系列事例说明,其民法和刑法已经在争议岛屿生效且实施。国际法院认为,洪都拉斯提供的关于刑法和民法实施的证据在本案中是具有法律效果的。因为这些行为发生在20世纪90年代,在关键日期2001年之前。刑事诉讼与本案有关,因为犯罪行为发生在争议岛屿上(南礁岛和萨凡纳礁岛)。关于1993年的毒品管制行为,虽然未必构成洪都拉斯的刑法在争议岛屿执行和适用的例子,但洪都拉斯许可美国药品执行管理局(The United Sates Drug Enforcement Administration,DEA)飞越国家领空以及提到的四个岛屿,可视为一个国家的主权行为,构成有效统治。[16]

移民管理。法院认为,洪都拉斯提交的关于对移民实施了管理的证据在证明有效统治上具有法律意义,尽管这些行为始于20世纪90年代后期。为牙买加人和尼加拉瓜人颁发工作许可证和签证显示洪都拉斯行使了监管权。1999年,洪都拉斯移民当局派人到四个争议岛屿详细记录外国人在南礁岛、皇家港礁岛和萨凡纳礁岛的生活情况(伯贝礁岛在那个时候无人居住,但在此之前一直有人居住)。尽管洪都拉斯对争议岛屿的移民政策主要是监控而非管理,但移民局官员到访体现了洪都拉斯在争议岛屿实施了管辖权。法院认为,这可以视为对争议岛屿实行了有

---

[14] 三部宪法分别颁布于1957年、1965年和1982年。
[15] Case Concerning Territorial and Maritime Dispute Between Nicaragua and Honduras in the Caribbean Sea (Nicaragua v. Honduras), Judgment, I. C. J. Reports 2007, para. 181.
[16] Ibid., para. 185.

效统治。[17] 尼加拉瓜未提出其于 1990 年前后对争议岛屿实施移民管理的抗辩。

渔业活动管理。洪都拉斯认为给渔民颁发渔业许可证的行为属于政府授权行为。洪都拉斯称："许多渔民在此区域工作并按照洪都拉斯授予的许可利用这些岛屿，他们中的一些人住在岛上，还有一些人只是造访……"[18] 洪都拉斯提到在萨凡纳礁岛上建设房屋是经政府授权和许可的。[19] 洪都拉斯还提到，渔民在南礁岛上存储捕鱼设备也是以当地政府的渔业许可为基础的。[20] 洪都拉斯就上述主张提供了相应的证据，包括证言。法院认可洪都拉斯管理渔船和岛上设施属于行政和立法控制的证据。[21] 尼加拉瓜提出其 20 世纪 50 年代和英国在相关海域重新确定捕捞海龟权利的磋商也是对争议岛屿拥有主权的体现，同时提供了一份 1958 年由英国人绘制的地图作为关联证据。[22] 但法院注意到，此地图无法证明在绘制人看来争议岛屿清晰地、毫无疑问地属于尼加拉瓜。而且此绘图行为并非是在英国政府的指令下进行的。法院认为，上述尼加拉瓜和英国之间的海龟捕捞争议在认定有效统治中不具有法律效力。[23]

公共工程建设。洪都拉斯主张，位于伯贝礁岛上处于其管理下的公共工程，如 1975 年的 10 米波天线建设，反映了该国对争议岛屿的有效统治。建造天线是洪都拉斯授权的石油勘探活动不可分割的组成部分。石油公司定期将关于这些活动的报告包括交税金额上交洪都拉斯政府。法院认为，上述行为如天线建设是在政府授权石油开发活动的背景下进行的，相关活动的缴税进一步证明了天线建造是政府授权行为。国际法院由此认定洪都拉斯提到的公共工程建设构成有效统治[24]。

国际法院认为，洪都拉斯的若干政策和措施表明其对争议岛屿实施了有效统治，洪都拉斯对争议岛屿实施的治理表明其在有目的地行使主

---

[17] Case Concerning Territorial and Maritime Dispute Between Nicaragua and Honduras in the Caribbean Sea (Nicaragua v. Honduras), Judgment, I. C. J. Reports 2007, para. 189.
[18] Ibid., para. 190.
[19] Ibid., para. 191.
[20] Ibid., para. 192.
[21] Ibid., para. 195.
[22] Ibid., para. 197.
[23] Ibid., para. 198.
[24] Ibid., para. 207.

权。而尼加拉瓜并没有表现出对争议岛屿进行管理的意图，也没有足够的证据证明其对争议的岛屿实施了管理。[25] 在关于有效统治的认定过程中，国际法院对海军巡防和石油开发的相关证据也进行了审查。由于双方在这两方面提供的证据很少，且有关海军巡防以及海上石油开发的证据和争议岛屿关系不大，国际法院认为提交的这两方面证据不能视为构成有效统治的证据。

（4）地图的证据效力

争端双方提交了大量的地图资料，用以支持各自的领土主张。国际法院认为，争端双方提交的地图不能明确地说明哪一方对这些争议岛屿行使了主权。[26] 这些地图都不是有效的法律文件的组成部分，也没有更明确地构成尼加拉瓜和洪都拉斯之间边界条约的组成部分。[27] 鉴于此，国际法院认定，双方提供的地图本身不能支持各自对北纬15度线附近岛屿主权的主张。[28]

（5）第三国和双边协定的承认

洪都拉斯宣称，很多国家承认其对争议岛屿的主权。例如：1975年，阿根廷政府请求洪都拉斯允许其飞行器飞越争议岛屿；1977年，牙买加请求允许进入争议岛屿所属海域对12名因海难落水的公民进行营救等。尼加拉瓜也举例说明第三国承认其对争议岛屿的主权。国际法院认为，没有证据支持双方主张的对这些岛屿的主权得到了第三国的承认。双方提供的一些证据呈现的是偶发事件，既不是一贯的，也不是连续的，没有明确承认争议岛屿的主权归属，也没有暗示哪国对争议岛屿拥有主权。[29]

洪都拉斯还特别提到哥伦比亚与洪都拉斯签署的1986年协定和哥伦比亚与牙买加签署的1993年协定，认为："……据此，哥伦比亚和牙买加承认洪都拉斯对直到北纬15度线的小塞拉纳岛（滩）（the bank of Serranilla）的水域和岛屿，即哥伦比亚和牙买加围绕该滩建立的联合管理区以西享有主权和管辖权。"[30]

---

[25] Case Concerning Territorial and Maritime Dispute Between Nicaragua and Honduras in the Caribbean Sea (Nicaragua v. Honduras), Judgment, I. C. J. Reports 2007, para. 208.
[26] Ibid., para. 214.
[27] Ibid., para. 218.
[28] Ibid., para. 219.
[29] Ibid., para. 224.
[30] Ibid., para. 222.

国际法院注意到，尼加拉瓜并没有默认上述哥伦比亚分别与洪都拉斯和牙买加签署的条约，而是一直持反对立场。这些与第三方签署的条约不能视为第三方对争议岛屿归属的承认。[31]

国际法院在判决书中还回顾了在开庭审理时提到的一个自由贸易协定，该协定于1998年4月16日在圣多明戈签署，缔约方包括尼加拉瓜、洪都拉斯、哥斯达黎加、危地马拉、萨尔瓦多和多米尼加共和国。该协定已分别于2001年和2002年在洪都拉斯和尼加拉瓜生效。洪都拉斯主张，协议原文本2.01条的一个附件定义了洪都拉斯的领土范围，包括帕德坎佩切（Palo de Campeche）和米迪亚卢纳（Media Luna）礁，米迪亚卢纳这一用语一直以来用来指代争议海域的全部岛屿，尼加拉瓜总统签署了这一协议。尼加拉瓜则主张，在协议的批准过程中，尼加拉瓜国会通过的是经由所有签署国同意的修订了的协定文本，不包含2.01条的附件。国际法院注意到，在上述附件中，没有提到四个争议岛屿的名称，也没有确凿的证据表明Media Luna这一用语具有洪都拉斯提到的那样的含义。鉴于此，国际法院认为，没有必要就此协定做进一步的审查并确定其在案件审理中的地位。[32]

2. 争议海域划界

（1）是否存在传统海洋边界线

洪都拉斯认为两国之间事实上存在一条传统海洋边界线，该线是从科科河河口一个定点（该点于1906年由西班牙国王就尼加拉瓜和洪都拉斯的陆地边界所作出的仲裁裁决确定）的纬度线上向东延伸的直线。双方围绕此问题进行了激烈的争论并各自提供了若干证据。

① 是否适用保持占有原则

洪都拉斯认为，保持占有原则适用于两国海洋划界。洪都拉斯认为1894年边界条约中提及的保持占有原则和1906年阿方索裁决书适用于两国海洋边界的划分，北纬15度线构成两国的海洋边界线。此外，洪都拉斯宣称，两国1821年独立后继承的海洋边界为：自格拉西亚斯-阿迪奥斯角（以下简称"格角"）开始，沿北纬15度线向东延伸6海里；依据保持占有原则，其拥有北纬15度线以北的大陆架和专属经济区的相关权

---

[31] Case Concerning Territorial and Maritime Dispute Between Nicaragua and Honduras in the Caribbean Sea (Nicaragua v. Honduras), Judgment, I. C. J. Reports 2007, para. 225.

[32] Ibid., para. 226.

利。洪都拉斯主张，在独立之前，格角即为洪都拉斯省和尼加拉瓜省两个殖民地政府管辖区域的沿海海域的分界点。[33]

尼加拉瓜则认为，独立前洪都拉斯省和尼加拉瓜省的领海管辖权属于马德里的西班牙政府，不属于地方当局，也不属于总督。西班牙政府主张的6海里领海与两省的领海无关。专属经济区和大陆架作为现代概念，其海上边界不应依据保持占有原则予以确定。[34]

国际法院认为，保持占有原则在特定条件下可以用于海洋划界，如历史性海湾和领海的划分。但此案中，即使国际法院接受洪都拉斯主张格角标志着洪都拉斯省和尼加拉瓜省之间海洋管辖权的划分，洪都拉斯依然不能提供令人信服的证据以说明：为什么海洋分界线应从此点开始并沿北纬15度线延伸。这仅能说明西班牙政府有利用经纬线进行行政区划的倾向，而不能证明殖民地当局也有这种倾向。从而，法院不支持洪都拉斯的主张。[35]

法院进一步观察到两国依据保持占有原则分别取得了独立前洪都拉斯和尼加拉瓜两省管辖下的大陆、岛屿和领海的主权。然而，国际法院发现不能根据保持占有原则确定争议岛屿的归属。在殖民地时期，西班牙政府也未对两省的海洋辖区进行过划分，甚至领海都没有划分。可以认为，独立的各国取得了领海主权，但没有法律事实可以确定相邻国家的海洋分界线走向。考虑到本案的具体情况，不能依据保持占有原则将两国的海洋分界线确定为北纬15度线。[36]

法院申明，1906年阿方索裁决书依据保持占有原则对陆地边界进行了划分，但没有涉及两国海洋划界，也没有将两国的海洋边界确定为沿北纬15度线延伸。一方面，裁决书确定了大西洋海岸两国陆地边界的边界点；另一方面，裁决书中没有任何暗示可以将沿北纬15度线理解为海洋分界线。

因此，法院不支持洪都拉斯关于依据保持占有原则确定两国海洋分界线为沿北纬15度线的主张。[37]

---

[33] Case Concerning Territorial and Maritime Dispute Between Nicaragua and Honduras in the Caribbean Sea (Nicaragua v. Honduras), Judgment, I. C. J. Reports 2007, paras. 229-230.
[34] Ibid., para. 231.
[35] Ibid., para. 232.
[36] Ibid., para. 234.
[37] Ibid., para. 235.

② 是否存在默示协议

洪都拉斯认为两国之间存在双方均默认的事实上的海洋边界，即北纬 15 度线；尼加拉瓜则表示从未接受也从未承认北纬 15 度线是两国的海洋边界。洪都拉斯的依据有两个，其一是上文提到的保持占有，其二是在 1979 年桑地诺革命前后的大量事实。而且洪都拉斯认为，依据《联合国海洋法公约》第 15 条、第 74 条和第 83 条，两国之间的默认构成了具有法律拘束力的协定，从而，此默认边界即为两国法定边界。[38]

洪都拉斯主张，[39] 在阿方索裁决书中，尼加拉瓜对北纬 15 度线以北的陆地和海洋的主权要求遭到拒绝，这可作为传统边界线的最早出处。洪都拉斯特别指出，科科马里纳[40]（Coco Marina）的工作区域横跨北纬 15 度线，这可以作为尼加拉瓜明确承认传统海洋边界线的不容置疑的证据。

洪都拉斯认为，争议区域的渔业生产活动表明两国默认北纬 15 度线为海洋分界线。洪都拉斯发放的渔业许可证涉及的渔区向南直到北纬 15 度线；1986 年，尼加拉瓜也开始发放此区域的渔业许可证，但 1987 年遭到洪都拉斯的抗议后，撤销了上述许可证。洪都拉斯认为由于其在该海域实施了渔业政策而尼加拉瓜没有类似政策，两国已将北纬 15 度线视为海洋边界线。

洪都拉斯海军自 1976 年成立以来，在北纬 15 度线以北的巡逻活动履行了诸多职能，如保障洪都拉斯的国家安全、渔业法和移民法的实施等。相反，尼加拉瓜不能提供证据表明其海军的巡逻是为了尼加拉瓜法律在北纬 15 度线以北地区的施行。

洪都拉斯宣称，若干第三国行为证明北纬 15 度线为两国的传统海洋边界线。如 1977 年，牙买加政府请求进入洪都拉斯水域以营救 12 名因海难于萨凡纳礁附近落水的牙买加公民；2000 年 10 月，美国国家影像制图局（United States National Imagery and Mapping Agency）出版

---

[38] Case Concerning Territorial and Maritime Dispute Between Nicaragua and Honduras in the Caribbean Sea (Nicaragua v. Honduras), Judgment, I. C. J. Reports 2007, para. 237.
[39] Ibid., paras. 237-243.
[40] 一家石油公司，由洪都拉斯的石油公司联合会（Union Oil Company of Honduras）和总部在尼加拉瓜的中美洲石油公司联盟（Union Oil Company of Central America）合资组建，并得到两国政府支持，公司运作成本由两国分担。

的地理特征词典（Gazetteer of Geographic Features）认为，尼加拉瓜最北端的岛屿位于北纬14°59′。国际机构，如联合国粮农组织（FAO）、联合国开发计划署（UNDP）、美洲开发银行（Inter-American Development Bank）均在一定程度上承认北纬15度线为两国的海洋边界。洪都拉斯指出，第三国（特别是牙买加和美国）和国际组织（如FAO）认为争议地区的渔业收获应属于洪都拉斯。

洪都拉斯同时出示了一些渔民的宣誓，证明北纬15度线曾经是，将来也是两国的海洋边界。

洪都拉斯认为，该地区有使用经纬线作为海洋分界线的惯例。如两国于1928年、1986年和1993年分别与哥伦比亚达成的双边协定，均将北纬15度线视为两国海洋边界线。洪都拉斯提出，1928年尼加拉瓜与哥伦比亚签署的条约将两国的海洋边界确定为沿西经82度向北到北纬15度线。1986年洪都拉斯与哥伦比亚签署的海洋划界条约显示，哥伦比亚承认北纬15度线以北海域属于洪都拉斯。

尼加拉瓜则认为[41]，前述的科科马里纳项目需要由两国的石油公司合作而不是由一方的石油公司或他国的石油公司单独执行，正说明了在项目区域没有默认边界。若存在默认边界，该项目完全可以由一国的石油公司独立完成，而无须多国合作。关于洪都拉斯提出的第三国和国际组织对北纬15度线作为两国海洋边界线的大致承认，尼加拉瓜认为有断章取义之嫌，而且缺乏关联性和可信性。如在洪都拉斯引用的联合国粮农组织报告中有免责声明：若有涉及，不代表该报告对海洋划界发表任何观点。尼加拉瓜认为，洪都拉斯最早在1982年才开始关注北纬15度线以北海域的归属；同年，洪都拉斯军队针对尼加拉瓜在争议地区的立场发动了一系列的袭击。尼加拉瓜出示了一批抗议洪都拉斯入侵的外交函件。

国际法院认为，证明默认边界存在的证据必须是令人信服的。永久边界的确定是一件非常重要的事情；在特定情况下，实际控制线可能是双方均同意的具有法律效力的边界，更普遍的情况是，实际控制线在本质上是临时边界，或者仅仅是为特定的、有限的目的，如为了共同开发稀缺资源服务的界限而已。即使在一定的时期存在一条海洋边界，这仍

---

[41] Case Concerning Territorial and Maritime Dispute Between Nicaragua and Honduras in the Caribbean Sea (Nicaragua v. Honduras), Judgment, I. C. J. Reports 2007, paras. 248-250.

被视为有别于国际边界（International boundary）。[42]

国际法院审查了 1986 年洪都拉斯与哥伦比亚签署的海洋划界条约和 1993 年哥伦比亚与牙买加签署的海洋划界条约。1986 年条约规定，洪都拉斯与哥伦比亚海洋边界的最东点为北纬 15 度线与西经 82 度线的交点。按照洪都拉斯的观点，1993 年条约承认 1986 年条约的有效性，从而承认洪都拉斯对北纬 15 度线以北海域和岛屿的管辖权。而尼加拉瓜对上述边界安排一直表示反对。[43]

国际法院注意到，洪都拉斯外交部 1982 年 5 月 3 日的外交照会关于存在一个沿北纬 15 度线的默认边界是不确定的。在该照会中，洪都拉斯外交部同意尼加拉瓜外交部的观点：洪都拉斯与尼加拉瓜之间不存在具有法律效力的海洋边界，建议两国至少应构建一条临时边界以避免更多的边界事件。[44]

综上，法院判定当事国之间不存在具有法律效力的默认边界。

（2）海上边界的确定

关于海上划界，尼加拉瓜请求国际法院作如下判决：①分界线从位于北纬 15°02′00″、西经 83°05′26″处，距科科河河口约 3 英里的一个定点开始延伸，作为两国在争议海域领海、专属经济区和大陆架的单一海洋边界；②分界线的起始点位于科科河河口的主航道中线，该点于 1906 年由西班牙国王确定。

洪都拉斯请求国际法院作如下判决：①边界线起点应位于北纬 14°59.8′、西经 83°05.8′；②在本案中，从联合划界委员会于 1962 年确定的位于北纬 14°59.8′、西经 83°08.9′的地点到法院划定的海洋分界线起点所构成的分界线，应由当事双方在 1906 年 12 月 23 日西班牙国王所定的对双方均有拘束力的边界基础上协商确定，并考虑到科科河河口地理特征的变化；③从北纬 14°59.8′、西经 83°05.8′的地点开始向东沿北纬 14°59.8′线延伸至第三国的管辖区边缘，是现有海洋边界或调整过的等距离线，是划分洪都拉斯与尼加拉瓜领海、专属经济区和大陆架的单一海洋边界。

在确定两国不存在默认海洋边界的基础上，国际法院对两国进行了

---

[42] Case Concerning Territorial and Maritime Dispute Between Nicaragua and Honduras in the Caribbean Sea (Nicaragua v. Honduras), Judgment, I. C. J. Reports 2007, para. 253.
[43] Ibid., para. 255.
[44] Ibid., para. 257.

海洋划界。关于海上边界的确定，国际法院分为五个步骤：适用法律，划界区域及方法，角平分线的构建，岛屿周围海域划界，边界起讫点。

第一，适用法律。双方均请求国际法院为争议海域确定单一海洋边界，以划分各自的领海、专属经济区和大陆架。尽管尼加拉瓜在提起诉讼时还不是《公约》的缔约国，但其于 2000 年 5 月 3 日签署《公约》。尼加拉瓜和洪都拉斯（1993 年 10 月 5 日签署《公约》）均承认《公约》的效力并同意《公约》中的相关条款适用于本案中的海洋划界争端。[45]

第二，划界区域及方法。国际法院否定了等距离方法在本案中的适用。国际法院认为，由于科科河河口的不稳定性，任何在河口上选取的作为划界起点的基点，都可能在未来造成不合理的结果。

国际法院指出，在领海划界中，《公约》第 15 条和 1958 年《领海及毗连区公约》第 12 条第 1 款特别地提到了等距离/特殊情况方法[46]（equidistance/special circumstances approach）。国际法院通过援引北海大陆架案进一步阐释：在某些情况下，虽然片面地使用等距离线对领海划界产生的扭曲效果比较小，但在延伸出大陆架时扭曲效应是极大的。[47]《公约》第 74 条和第 83 条对大陆架和专属经济区的划分的表述非常清楚，即"应在国际法的基础上以协议划定"（agreement on the basis of international law），"得到公平解决"（achieve an equitable solution）。[48]

国际法院强调，在采用单一海洋边界划定不同海域的海洋边界的情形下，法院多次明确表示通常采用公平原则/相关因素方法（equitable principles/relevant circumstances method），在这些海域，该方法适合取得公平的结果。[49]"这一方法，与领海划界中的等距离/特殊情况方法非常相似，包括首先划一条等距离线，接下来考虑是否存在需要调整或改变此线的因素，以取得'公平的结果'（equitable result）。"[50]

---

[45] Case Concerning Territorial and Maritime Dispute Between Nicaragua and Honduras in the Caribbean Sea (Nicaragua v. Honduras), Judgment, I. C. J. Reports 2007, para. 261.

[46] Ibid., para. 269.

[47] North Sea Continental Shelf (Federal Republic of Germany/Denmark; Federal Republic of Germany/Netherlands), Judgment, I. C. J. Reports 1969, p. 37, para. 59.

[48] Case Concerning Territorial and Maritime Dispute Between Nicaragua and Honduras in the Caribbean Sea (Nicaragua v. Honduras), Judgment, I. C. J. Reports 2007, para. 270.

[49] Ibid., para. 271.

[50] Land and Maritime Boundary Between Cameroon and Nigeria (Cameroon v. Nigeria: Equatorial Guinea intervening), Judgment, I. C. J. Reports 2002, p. 441, para. 288.

国际法院还援引卡塔尔和巴林之间海洋划界和领土问题案，提到单一海洋边界的概念并非来自多边条约法，而是来自国家实践。国家这样做的原因是希望为需划界的不同海域——领海、专属经济区和大陆架划定一条连续的、同一的边界。确定单一海洋边界需遵守不偏不倚的准则或综合标准，从而公平适用于任何一方。在确定领海边界时，法院必须首先应用习惯国际法中有关领海划界的原则和规则，还要考虑其终极任务是划定一条单一海洋边界并服务于其他目的。[51]

国际法院解释了等距离线方法在海洋划界实践中得到广泛运用的原因：由于其具有科学性且相对易操作，从而具有一定的内在价值。然而，国际法院强调，这并不意味着等距离方法自然而然地优于其他划界方法；在特别情形下，可能存在不宜适用等距离方法的因素。[52]

尼加拉瓜认为，在本案中等距离/特殊情况方法不能适用。两国交界处的科科河河口的不稳定性和近岸海域中小岛屿的不确定性，使得以该处为基点构建一条临时等距离线非常困难。因此，尼加拉瓜建议法院参照海岸地貌，以两国海岸线的近似直线为边，构建该两条近似直线所成夹角的角平分线，以其作为完整的单一海洋边界。[53]

洪都拉斯认为，沿北纬15度线存在一条默认的单一海洋边界。洪都拉斯承认在特定情况下，垂线（perpendiculars）和平分线（bisectors）等几何划界方法能够产生公平的划界结果；至于等距离线，洪多拉斯也赞同由于科科河河口的不稳定，需要采取技术措施保证海洋边界不会因河口变化而变动。然而，洪都拉斯坚持，北纬15度线精确地反映了两国的东向海岸，可以视为经过调整的和简化了的等距离线。[54]

两国陆地边界的终点——格角是一个靠近两边凹形海岸的急剧突起。国际法院考虑到此地形特征，认为从两岸选取的基点有任何变化或误差，将导致等距离线不成比例地放大。同时，双方都认为科科河河口水下沉积物形成的三角洲以及向北的海岸线和格角的南部呈现积极的动态变化，以此处的基点构建等距离线确实有些武断和不合理。双方在边界基点方面也没有达成一致意见。鉴于上述地形地貌特征以及科科河

---

[51] Case Concerning Territorial and Maritime Dispute Between Nicaragua and Honduras in the Caribbean Sea (Nicaragua v. Honduras), Judgment, I. C. J. Reports 2007, para. 265.
[52] Ibid., para. 272.
[53] Ibid., para. 273.
[54] Ibid., para. 274.

口的不稳定性,法院无法确定海洋边界基点,也无法为单一海洋边界构建一条临时的等距离线。[55] 国际法院注意到,《公约》第 15 条包含划定中间线的例外,综合考虑各方面因素,法院认为本案属于《公约》第 15 条规定的特殊情况,因而等距离方法[56]不能应用于本案。[57]

第三,角平分线的构建。由于等距离线法不适用于本案,国际法院转而考察涉案双方提出的替代方案的可行性。有案例表明,在某些情况下,当等距离线法不适用时,角平分线法是一个可以接受的替代方案。[58]

法院否定了洪都拉斯提出的关于北纬 15 度线的默认单一海洋边界的存在。尼加拉瓜曾提出过角平分线（bisector of the angle）法,而洪都拉斯也曾表示在特定情况下,平分线（bisector）法可以产生公平效果。因此,法院考虑,原则上以两国的海岸线近似线为基础构建一条角平分线作为两国海洋边界线的基础。

法院援引了若干案例以证明角平分线的可操作性和符合公平原则,如缅因湾区域海洋边界划界案、大陆架案（突尼斯/阿拉伯利比亚民众国）、几内亚—几内亚比绍海洋划界仲裁案、卡塔尔和巴林之间海洋划界和领海问题案、喀麦隆和尼日利亚间陆地和海洋边界案、北海大陆架案。

最终,法院确定的角平分线的方位角为与经线的夹角为 70°14′41.25″。[59]

第四,岛屿周边海域划界。双方同意伯贝礁岛、南礁岛、萨凡纳礁岛和皇家港礁岛四个岛屿拥有领海。法院采用等距离线方法确定了岛屿

---

[55] Case Concerning Territorial and Maritime Dispute Between Nicaragua and Honduras in the Caribbean Sea (Nicaragua v. Honduras), Judgment, I. C. J. Reports 2007, paras. 277-281.

[56] 判决中涉及等距离（equidistance）性质的表述有三种：其一,approach（第 269、第 273 段）；其二,method（第 271、第 272、第 287、第 289 段）；其三,principle（第 281 段）。但综观判决书全文,二个词的意义均严格侧重于"方法",而非"原则"；唯一一次使用"equidistance principle",是用于否定的语境中,此处有一般性规则（the general rule）之意。

[57] Case Concerning Territorial and Maritime Dispute Between Nicaragua and Honduras in the Caribbean Sea (Nicaragua v. Honduras), Judgment, I. C. J. Reports 2007, para. 281.

[58] Ibid., para. 283.

[59] 关于该角平分线的示意图,参见 Territorial and Maritime Dispute Between Nicaragua and Honduras in the Caribbean Sea (Nicaragua v. Honduras), Judgment, I. C. J. Reports 2007, p. 750。

周边的海域分界线。

洪都拉斯主张,这些岛屿应该拥有完全的 12 海里领海,除与邻国领海有重叠的海域之外。尼加拉瓜对上述岛屿可以产生 12 海里的领海没有异议,但是鉴于这些岛屿的面积和不稳定性,出于公平考虑,岛屿的领海应仅在 3 海里内。若给予其 12 海里领海,将导致争议海域的面积划分不成比例。[60]

国际法院认为,根据《公约》第 3 条,"每一国家有权确定其领海的宽度,直至从按照本公约确定的基线量起不超过 12 海里的界限为止",认定争议岛屿的领海宽度为 12 海里。如此一来,洪都拉斯的四岛屿,即伯贝礁岛、南礁岛、萨凡纳礁岛和皇家港礁岛与尼加拉瓜的爱丁堡礁岛领海之间存在重叠,需要划界。国际法院再次提到其对划界方法的看法:"最符合逻辑和广泛实践的方法是:首先临时划一条等距离线,接下来考虑该线是否存在必须予以调整的特殊情况。"[61]

在审理中,国际法院认为不存在特殊情况,因此适用等距离线确定两国岛屿的领海重叠海域的分界线[62]。

第五,边界起讫点。当事国双方在书状中同意,两国间海上边界的起点应与大陆沿岸有一些距离,但对起点的具体位置持有不同看法。考虑到科科河河口冲积的结果,双方在书状中表达了将起点定位在科科河河口向东 3 海里的地方的一致意见。双方的分歧是:从科科河河口哪个位置量起 3 海里,方向如何。依据已有的判例(几内亚—几内亚比绍海洋划界仲裁案),法院将两国海洋边界的起点判定为距离 1962 年联合划界委员会确定的两国交界处 3 海里的角平分线上的一点(北纬 15°00′52″、西经 83°05′58″)[63]。

由于两国均未提出海洋边界的终点,而且终点的确定关系第三国的

---

[60] Case Concerning Territorial and Maritime Dispute Between Nicaragua and Honduras in the Caribbean Sea (Nicaragua v. Honduras), Judgment, I. C. J. Reports 2007, para. 300.

[61] Maritime Delimitation and Territorial Questions Between Qatar and Bahrain (Qatar v. Bahrain), Merits, Judgment, I. C. J. Reports 2001, p. 94, para. 176.

[62] 关于两国岛屿附近海域划界示意图,参见 Territorial and Maritime Dispute Between Nicaragua and Honduras in the Caribbean Sea (Nicaragua v. Honduras), Judgment, I. C. J. Reports 2007, p. 753。

[63] 关于两国海上边界起点的示意图,参见 Territorial and Maritime Dispute Between Nicaragua and Honduras in the Caribbean Sea (Nicaragua v. Honduras), Judgment, I. C. J. Reports 2007, p. 757。

利益,法院没有对边界终点进行裁决。

法院判决争议岛屿归属洪都拉斯。在明确指出等距离方法不适用于本案的情况下,法院用公平原则,并考虑了历史的、现实的以及划界区域的自然状况等相关因素,用双方当事国所请求的单一界限划分了两国的领海、专属经济区和大陆架的分界线。

(三) 判决主文

综上,国际法院作出判决:

一致判定:伯贝礁岛、萨凡纳礁岛、皇家港礁岛和南礁岛的主权归洪都拉斯所有。

以 15 票赞成,2 票反对,判定:两国单一海洋边界的起点。[64]

以 14 票赞成,3 票反对,判定:海洋边界的走向,[65] 直至可能影响第三国权利的区域。

以 16 票赞成,1 票反对,判定:双方须秉承善意,协商解决 1906 年仲裁裁决所确定的陆地边界终点和本次划定的海洋边界的起点之间的海洋边界。[66]

---

[64] 该起点位于北纬 15°00′52″、西经 83°05′58″。

[65] 从北纬 15°00′52″、西经 83°05′58″的起点开始,两国间的单一海洋边界沿 70°14′41.25″的方位线 (azimuth) 延伸至 A 点 (北纬 15°05′25″、西经 82°52′54″),与伯贝礁岛 12 海里领海的外部界限相交。从 A 点开始,边界沿伯贝礁岛领海外部界限向南延伸,至 B 点 (北纬 14°57′13″、西经 82°50′03″),与爱丁堡礁岛的 12 海里领海的外部界限相交。从 B 点起,边界继续沿洪都拉斯的伯贝礁岛、皇家港礁岛、南礁岛和尼加拉瓜的爱丁堡礁岛的领海的中间线,经过 C 点 (北纬 14°56′45″、西经 82°33′56″) 和 D 点 (北纬 14°56′35″、西经 82°33′20″),直至 E 点 (北纬 14°53′15″、西经 82°29′24″),并在此与南礁岛和爱丁堡礁岛的 12 海里领海外部界限相交。从 E 点开始,边界沿南礁岛领海外部边缘的弧线向北到 F 点 (北纬 15°16′08″、西经 82°21′56″)。从 F 点起,继续沿 70°14′41.25″的方位线延伸,直至可能影响第三国权利的区域。Territorial and Maritime Dispute Between Nicaragua and Honduras in the Caribbean Sea (Nicaragua v. Honduras), Judgment, I. C. J. Reports 2007, p. 754.

[66] Case Concerning Territorial and Maritime Dispute Between Nicaragua and Honduras in the Caribbean Sea (Nicaragua v. Honduras), Judgment, I. C. J. Reports 2007, para. 321.

三、评 论

针对本案，两位法官提交了个别意见，[67] 一位法官提交了反对意见，[68] 两位法官提交了声明。[69]

国际法院明确判决争议岛屿归属洪都拉斯。就岛屿归属而言，国际法院在本案中重点考察分析了关键日期、保持占有、有效统治、第三国承认等因素。其中，有效统治在本案中对判断争议岛屿的最终归属起到了关键作用。洪都拉斯对争议岛屿有目的地行使了主权行为，构成对争议岛屿的有效统治。相反，尼加拉瓜因无证据表明其有对争议岛屿进行管理的意愿，也无对争议岛屿进行实际管理的证据，最后法院判决争议岛屿的主权归洪都拉斯所有。有效统治应具备两个要件，即主观上有实施控制的意愿，客观上有实施控制的行为。但当一国的主观意图没有明确表示时，完全可以通过一国的客观表现来实现。[70] 本案结合双方提交的证据，重点审查了立法和行政管理、移民管理、渔业活动管理、公共工程建设、海军巡防和石油开发等事项。国家实施的管理行为，或者授权管理或授权开展的活动在判定岛礁主权归属时有重要的意义。

就海洋划界而言，法院着重就以下两方面问题进行审查和评议：一是审查并讨论了涉案双方提供的论据，否定了存在传统海洋边界的主张；二是根据双方的要求具体确定了单一海洋边界，此过程涉及单一海洋边界的划定原则、划定方法、岛屿海域划界、边界起讫点等问题。本案中，国际法院援引大量案例说明，等距离方法之所以在划界实践中得到广泛应用，原因是其科学特征和适用的简便性，但等距离方法并不优先于其他的划界方法，在某些情况下可能存在不适合运用等距离线的因素。大量案例表明，海洋划界争端的和平解决，不论是以何种方式来进行的，都离不开对公平原则的考量和适用。[71] 本案中，在指出等距离方法不适

---

[67] Separate Opinion of Judge Ranjeva, Judge Koroma.
[68] Dissenting Opinion of Judge ad hoc Torres Bernárdez.
[69] Declaration of Judge Parra-aranguren; Judge ad hoc Gaja.
[70] 曲波：《有效控制原则在解决岛屿争端中的适用》，《当代法学》2010 年第 1 期，第 146—148 页。
[71] 罗国强、叶泉：《争议岛屿在海洋划界中的法律效力——兼析钓鱼岛作为争议岛屿的法律效力》，《当代法学》2011 年第 1 期，第 121 页。

用于本案的情况下,法院明确提到了公平原则、强调公平结果,考虑双方诉求以及划界区域的地形地貌等所有相关因素,用单一界限划分了两国的领海、专属经济区和大陆架的边界。

该案关于海洋边界起点和终点的判决不同于以往案例。法院认为,海洋边界的起讫点应该位于 1962 年联合划界委员会确定的陆地边界界点沿等分线向海 3 海里处的定点。该海洋边界的起始点和 1906 年仲裁裁决所确定的陆地边界界点之间的分界线,由双方再行协商决定。至于该边界的终点,法院也未作出明确的判定,只是提到应该至第三国管辖范围为止。法院补充说明其已公正地考虑了任何第三国在该区域可能存在的任何合法利益。并强调在不影响第三国权利的情况下,海洋边界可以超出西经 82 度经线,但不能超出从领海基线量起 200 海里范围。

四、附 录

(一) 中英案件全名

1. 中文案件全名:加勒比海领土和海洋争端案(尼加拉瓜诉洪都拉斯)
2. 英文案件全名:Case Concerning Territorial and Maritime Dispute Between Nicaragua and Honduras in the Caribbean Sea (Nicaragua v. Honduras)

(二) 案件的标准引用

Case Concerning Territorial and Maritime Dispute Between Nicaragua and Honduras in the Caribbean Sea (Nicaragua v. Honduras), Judgment, I. C. J. Reports 2007, pp. 659-764.

(三) 主要参考文献

1. Coalter G. Lathrop, "Introductory Note to International Court of Justice (ICJ): Territorial and Maritime Dispute Between Nicaragua and Honduras in the Caribbean Sea", *International Legal Materials*, No. 6, 2007, pp. 1050-1052.
2. Coalter G. Lathrop, "Territorial and Maritime Dispute Between Nicaragua

and Honduras in the Caribbean Sea (Nicaragua v. Honduras)", *American Journal of International Law*, No. 1, 2008, pp. 113-119.

3. Chul-Won SUH, "An Analysis of Maritime and Territorial Dispute Between Nicaragua and Honduras", *The Korean Journal of International Law*, No. 2, 2008, pp. 237-261.

4. Elizabeth A. Kirk, "Case Concerning Territorial and Maritime Dispute Between Nicaragua and Honduras in the Caribbean Sea (Nicaragua v. Honduras), Judgment, I. C. J. Reports 2007", *The International and Comparative Law Quarterly*, No. 3, 2008, pp. 701-709.

5. Pieter H. F. Bekker, "Land and Maritime Boundary Between Cameroon and Nigeria (Cameroon v. Nigeria; Equatorial Guinea Intervening)", *The American Journal of International Law*, No. 2, 2003, pp. 387-398.

6. Zhao Wei, "Case Concerning Territorial and Maritime Dispute Between Nicaragua and Honduras in the Caribbean Sea", *China Oceans Law Review*, No. 2, 2007, pp. 162-565.

7. Zhang Weibin, "The Tripartite Hierarchy Rule for Territorial Disputes before the International Court of Justice", *World Economics & Politics*, No. 5, 2011, pp. 77-93.

8. 罗国强、叶泉：《争议岛屿在海洋划界中的法律效力——兼析钓鱼岛作为争议岛屿的法律效力》，《当代法学》2011年第1期。

9. 曲波：《有效控制原则在解决岛屿争端中的适用》，《当代法学》2010年第1期。

10. 张华：《国际司法裁决中的海洋划界方法论解析》，《外交评论》2012年第6期。

11. 赵伟：《尼加拉瓜和洪都拉斯在加勒比海的领土和海洋边界争端案（尼加拉瓜诉洪都拉斯，1999—2007）》，《中国海洋法学评论》2007年第2期。

（四）与本案主题相关的重要引用案件

1. Arbitral Award Made by the King of Spain on 23 December 1906, Judgment, I. C. J. Reports 1960, pp. 215-217.

2. Fisheries Jurisdiction (Spain v. Canada), Jurisdiction of the Court,

Judgment, I. C. J. Reports 1998, p. 447, para. 29.

3. Certain Phosphate Lands in Nauru (Nauru v. Australia), Preliminary Objections, Judgment, I. C. J. Reports 1992, p. 267, para. 69.

4. Prince von Pless Administration, Order of 4 February 1933, P. C. I. J., Series A/B, No. 52, p. 14.

5. Socieétée Commerciale de Belgique, Judgment, 1939, P. C. I. J., Series A/B, No. 78, p. 173.

6. North Sea Continental Shelf (Federal Republic of Germany/Denmark; Federal Republic of Germany/Netherlands), Judgment, I. C. J. Reports 1969, p. 51, para. 96.

7. Aegean Sea Continental Shelf (Greece v. Turkey), Judgment, I. C. J. Reports 1978, p. 36, para. 86.

8. Maritime Delimitation and Territorial Questions Between Qatar and Bahrain (Qatar v. Bahrain), Merits, Judgment, I. C. J. Reports 2001, p. 97, para. 185.

9. Sovereignty over Pulau Ligitan and Pulau Sipadan (Indonesia/Malaysia), Judgment, I. C. J. Reports 2002, p. 682, para. 135.

10. Mavrommatis Palestine Concessions, Judgment No. 2, 1924, P. C. I. J., Series A, No. 2, p. 11.

11. Frontier Dispute (Burkina Faso/Republic of Mali), Judgment, I. C. J. Reports 1986, p. 567, para. 26.

12. Land, Island and Maritime Frontier Dispute (El Salvador/Honduras: Nicaragua Intervening), Judgment, I. C. J. Reports 1992, p. 558, para. 333, p. 589, para. 386.

13. Legal Status of Eastern Greenland, Judgment, 1933, P. C. I. J., Series A/B, No. 53, pp. 45-46.

14. Minquiers and Ecrehos (France/United Kingdom), Judgment, I. C. J. Reports 1953, p. 71.

15. Case Concerning the Chamber of the Court in the Gulf of Maine, Judgment, I. C. J. Reports 1984, p. 327, para. 194.

16. North Sea Continental Shelf (Federal Republic of Germany/Denmark; Federal Republic of Germany/Netherlands), Judgment, I. C. J. Reports 1969, pp. 17-18.

17. Continental Shelf (Tunisia/Libyan Arab Jamahiriya), Judgment, I. C. J. Reports 1982, p. 91, para. 130.

18. Continental Shelf (Libyan Arab Jamahiriya/Malta), Judgment, I. C. J. Reports 1985, pp. 26-28, paras. 21-23.

19. Land and Maritime Boundary Between Cameroon and Nigeria (Cameroon v. Nigeria: Equatorial Guinea Intervening), Judgment, I. C. J. Reports 2002, paras. 238, 245 and 307.

（五）案件中的重要缩略语

ICJ　International Court of Justice　国际法院

UNCLOS　United Nations Convention on the Law of the Sea　《联合国海洋法公约》

OAS　Organization of American States　美洲国家组织

CACJ　Central American Court of Justice　中美洲法院

DEA　The United States Drug Enforcement Administration　美国药品执行管理局

PCIJ　Permanent Court of International Justice　常设国际法院

EEZ　Exclusive Economic Zone　专属经济区

FAO　Food and Agriculture Organization of the United States　联合国粮农组织

UNDP　United Nations Development Programme　联合国开发计划署

（密晨曦）

混合氧化物核燃料工厂案
（爱尔兰诉英国）
（2008年）

2001.10.25 爱尔兰把其与英国间"有关混合氧化物核燃料厂、放射性物质的跨界移动以及爱尔兰海海洋环境保护的争端"提交《联合国海洋法公约》附件七下的仲裁程序

2001.11.09 爱尔兰向国际海洋法法庭请求采取临时措施

2001.11.18 国际海洋法法庭开庭

2001.12.03 国际海洋法法庭作出关于临时措施的命令

2002.01.21 爱尔兰提交仲裁通知和修改后的诉求声明

2002.02 本案附件七仲裁庭组成

2002.02.07 附件七仲裁庭作出关于修改后爱尔兰诉求声明的第1号命令

2002.10.10 附件七仲裁庭作出关于提交书状的期限的第2号命令

2003.05.13 欧共体委员会就爱尔兰违反《欧共体条约》第10条、第292条以及《欧洲原子能共同体条约》第192条、第193条正式致函爱尔兰

2003.06.24 附件七仲裁庭作出关于中止管辖权、实质问题程序以及请求采取进一步临时措施的第3号命令

2003.10.15 欧共体委员会决定在欧洲法院对爱尔兰提起诉讼

2003.10.21 爱尔兰请求附件七仲裁庭中止仲裁程序

2003.10.30 欧共体委员会在欧洲法院对爱尔兰提起诉讼

2003.11.14 附件七仲裁庭作出关于进一步中止管辖权与实质问题程序的第4号命令

2006.05.30 欧洲法院作出判决

2007.01.22 附件七仲裁庭作出关于中止争端当事方提交定期报告的第 5 号命令

2008.06.06 附件七仲裁庭作出关于终止仲裁程序的第 6 号命令

关键词：专属管辖（Exclusive Jurisdiction）；临时措施（Provisional Measure）；欧洲法院（European Court of Justice）；《联合国海洋法公约》附件七仲裁庭（UNCLOS Annex Ⅶ Tribunal）

一、案件背景

爱尔兰海是一个半闭海，位于爱尔兰岛和大不列颠岛之间。它北界苏格兰，东界英格兰，南界威尔士，西界爱尔兰，总面积约 10 万平方千米。爱尔兰海是世界上核污染最严重的海域之一，主要污染源是位于英国西北部坎布里亚郡谢拉菲尔德（Sellafield，Cumbria）的核排放与核废料。本案中的混合氧化物（MOX）核燃料工厂（以下简称"MOX 工厂"）就位于谢拉菲尔德。谢拉菲尔德是英国核活动的主要区域。20 世纪 40 年代中期，为国防需要，英国在谢拉菲尔德生产钚反应堆。20 世纪 50 年代中期，英国开始在谢拉菲尔德建设商用动力反应堆。

爱尔兰始终高度关注英国在谢拉菲尔德的核活动。原因是，谢拉菲尔德临近爱尔兰海，面向人口密集的爱尔兰东部海岸地区，距离爱尔兰首都都柏林只有 200 千米。爱尔兰担心，一旦在谢拉菲尔德发生核泄漏，爱尔兰可能面临灭顶之灾，而核活动导致的放射性核废料以液态或气态形式排入爱尔兰海也会损害爱尔兰的渔业利益。20 世纪 70 年代中期，在爱尔兰的抗议下，英国政府驳回英国核燃料公司（BNFL）——该公司由英国政府全资拥有，也是本案中 MOX 工厂的运营方——部分拥有的一家公司提出的在爱尔兰海海底建造核废料储存库的申请。

20 世纪 90 年代以来，英国强化了在谢拉菲尔德的商用核活动。英国核燃料公司在 MOX 示范工厂基础上大幅增加该混合氧化物燃料的产量，以便用于压水式反应堆和沸水反应堆。由于此前英国的核反应堆中从未使用过混合氧化物燃料，因此 MOX 工厂运营具有实验的性质，这加剧了爱尔兰的担忧。自 1993 年 MOX 示范工厂建设以来，爱尔兰持续向英国表达反对在谢拉菲尔德生产混合氧化物燃料；尤其是 1999 年以来，爱尔兰在与英国的交涉中已经明确援引《联合国海洋法公约》（以下简称《公约》）表达其对于 MOX 工厂的立场。爱尔兰海的其他沿岸国如挪威，也对英国批准 MOX 工厂可能加剧爱尔兰海的核污染表达了关切。

1996 年以来，英国核燃料公司申请在 MOX 示范工厂的基础上正式运营 MOX 工厂。就此申请，英国政府向公众征询意见并开展内部评估，尤其是对可能的恐怖袭击进行了针对性评估。[1] 2001 年 10 月 3 日，英国作出决定，认为根据欧洲原子能共同体第 96/29 号指令，生产混合氧化物燃料是合法的。[2]

爱尔兰强烈反对英国政府的上述决定。10 月 23 日，爱尔兰致函英国指出，除非英国政府有意中止向 MOX 工厂发放许可或不允许其运营，否则任何进一步的沟通已经没有意义。在次日的复函中，英国表示无意中止向 MOX 工厂发放许可或不允许其运营。25 日，爱尔兰通报英国，认为"紧急情形"业已出现。当晚，爱尔兰决定根据《公约》附件七请求成立仲裁庭（以下简称"附件七仲裁庭"）审理两国间的争端。应注意，英国政府的上述决定没有确定向 MOX 工厂发放许可或批准运营的具体时间。为此，10 月 30 日，爱尔兰致函英国咨询何时向 MOX 工厂发布许可或批准运营，但未获回复。不过，在一份日期为 10 月 17 日的函件中，英国核燃料公司指出将在 11 月 23 日采取"不可逆的措施"——注入钚，这是生产混合氧化物燃料的必经步骤——开始 MOX 工厂的运营。11 月 6 日，爱尔兰获悉英国把 MOX 工厂试运营日期延至 12 月 20 日。爱尔兰认为，在其已经提起《公约》附件七程序的情况下，英国的这一举动表明其确实有意向 MOX 工厂发放许可或批准其运营。[3] 据此，爱尔兰向国际海洋法法庭（以下简称"法庭"）请求采取临时措施。

事实上，在提起《公约》附件七程序前的 2001 年 6 月 15 日，爱尔兰已经根据《保护东北大西洋海洋环境公约》就英国建设 MOX 工厂违反该公约第 9 条（信息获取）启动仲裁程序。不过，在 2003 年 7 月 2 日作出的最终裁决中，仲裁庭判定英国并未违反第 9 条。[4]

---

[1] Written Response of the United Kingdom, ITLOS, 15 November 2001, para. 26-72.
[2] Decision on Secretary of State for Environment, Food and Rural Affairs and the Secretary of State for Health on Justification for the Manufacture of MOX Fuel, 3 October 2001.
[3] Request for Provisional Measures and Statement of Case of Ireland, ITLOS, 9 November 2001, paras. 51-54.
[4] Dispute Concerning Access to Information under Article 9 of the OSPAR Convention (Ireland versus United Kingdom of Great Britain and North Ireland), PCA, Final Award, 2 July 2003.

爱尔兰寻求在欧共体之外解决与另一成员国之间的争端引起了欧共体委员会的密切关注。2003年5月15日,欧共体委员会致函爱尔兰,指出其把与英国之间的争端诉诸《保护东北大西洋海洋环境公约》及《联合国海洋法公约》项下争端解决机制违反了《欧共体条约》第10条、第292条及《欧洲原子能共同体条约》第192条、第193条。在7月15日的复函中,爱尔兰表示其不同意欧共体委员会的观点。10月30日,欧共体委员会向欧洲法院提起诉讼。2006年5月30日,欧洲法院判决支持了欧共体委员会的主张。[5] 由于欧洲法院的判决对爱尔兰具有拘束力,2007年2月15日,爱尔兰代表通知常设仲裁法院国际事务局——作为附件七仲裁庭的书记处,爱尔兰撤销对英国提出的诉求。据此,仲裁庭于2008年6月6日作出第6号命令,决定终止仲裁程序。

二、附件七仲裁庭的初步管辖权问题

依据《公约》第290条第5款,法庭在决定采取临时措施前要确定附件七仲裁庭对本案具有初步管辖权。对此问题,爱尔兰与英国的立场针锋相对。

爱尔兰认为,附件七仲裁庭对其与英国之间的争端具有管辖权。理由是:

第一,依据《公约》第288条第1款,附件七仲裁庭对其与英国之间的争端具有管辖权。[6] 该争端"涉及《公约》某些条文,尤其是第123条、第192至194条、第197条、第206条、第207条、第211条、第212条以及第213条的解释与适用"。[7] 爱尔兰的诉求不涉及《保护东北大西洋海洋环境公约》的解释与适用。[8]

第二,把争端诉诸《公约》项下争端解决机制没有违反欧共体法。诉诸《公约》项下争端解决机制的争端涉及的是《公约》,并非《欧共体条约》《欧洲原子能共同体条约》或者《保护东北大西洋海洋环境公

---

[5] Case C-459/03 (Commission v. Ireland), Judgment of the Court (Grand Chamber), 30 May 2006.

[6] Provisional Measures Order, ITLOS, para. 37.

[7] Ibid., para. 36.

[8] Ibid., para. 45.

约》的解释或适用。[9]《保护东北大西洋海洋环境公约》仲裁庭与欧洲法院的管辖权并未"扩大到涵盖提交给附件七仲裁庭的争端包含的所有事项",而《公约》、《欧共体条约》、《欧洲原子能共同体条约》以及《保护东北大西洋海洋环境公约》项下"权利和义务是累加的",据此,上述公约或条约的缔约国可以依其选择利用其中任何一个或者所有上述法律。[10]

第三,爱尔兰已经履行《公约》第283条第1款规定的交换意见义务。[11]两国间的一系列通信表明,1996年以来爱尔兰一直寻求就MOX工厂的运营以及放射性物质的跨国移动与英国交换意见,但后者或是置之不理,或是迟延回复;即便回复,英国也不提供实质性的资料或信息。[12]

英国认为,附件七仲裁庭无权审理其与爱尔兰之间的争端。理由是:

第一,爱尔兰的行为违反了《公约》第282条。[13]爱尔兰已经依据《保护东北大西洋海洋环境公约》解决争端,即在提起附件七仲裁程序的四个月前,爱尔兰已经根据该公约启动仲裁程序。[14]不过,英国并没有细致讨论爱尔兰分别根据《联合国海洋法公约》与《保护东北大西洋海洋环境公约》提起的仲裁程序是否针对同一个争端。

第二,爱尔兰的行为违反了欧共体法的规定。《欧共体条约》以及《欧洲原子能共同体条约》针对成员国之间的争端规定了多种争端解决机制,包括诉诸欧洲法院。这两个条约禁止欧共体成员国把涉及欧共体法项下的争端诉诸两个条约项下争端解决机制之外的其他争端解决机制。爱尔兰指控的某些事项属于两个条约以及欧共体据此作出的相关指令的

---

[9] Provisional Measures Order, ITLOS, para. 45.
[10] Ibid., paras. 46, 47.
[11] Written Response of the United Kingdom, para. 5.
[12] Request for Provisional Measures and Statement of Case of Ireland, paras. 67-77.
[13] 第282条规定:"如果作为有关本公约的解释或适用之争端当事方的缔约国已经通过一般性、区域性或双边的协定或以其他方式达成同意,经争端任何一方要求,应将这种争端提交给可以作出具有拘束力裁判的一种程序,则该程序应代替本部分规定的程序而适用,除非争端各方另有协议。"
[14] Written Response of the United Kingdom, paras. 2-3, 135-136; Provisional Measures Order, ITLOS, paras. 38-40.

调整范围之内,欧洲法院对此享有专属管辖权。[15]

第三,爱尔兰的行为违反《公约》第 283 条第 1 款。两国之间的往来通信并不构成《公约》所说的"就争端交换意见"。[16] 英国不止一次提议与爱尔兰在最高级别的层面上交换意见,但被后者拒绝。爱尔兰认为只要英国维持对 MOX 工厂的许可,就不可能解决两国之间的争端,但 MOX 工厂的许可问题恰恰就是争端之所在,因此爱尔兰的回复构成了拒绝交换意见,[17] 因此也就违反了第 283 条第 1 款。直言之,第 283 条规定的条件——针对通过谈判或其他和平方法解决争端交换意见——"尚未成就"。[18]

依据《公约》第 290 条第 5 款,法庭在决定采取临时措施前要确定附件七仲裁庭具有初步管辖权。法庭认定,附件七仲裁庭对本案争端具有初步管辖权。[19] 理由有四:第一,《保护东北大西洋海洋环境公约》、《欧共体条约》和《欧洲原子能共同体条约》项下争端解决程序"系解决上述协定的解释或法律适用而引发的争端,而非解决在《公约》项下引发的争端";[20] 第二,即便它们"规定了与《公约》项下相似或相同的权利或义务",这些协定项下的权利或义务"也独立于《公约》项下的权利或义务而存在";[21] 第三,由于"在上下文、宗旨、目的、缔约方的嗣后实践以及准备性工作方面存在的差别,关于条约解释的国际法规则在适用于不同条约中的相同或类似条款时可能不会得出相同的结果";[22] 第四,在认为不可能达成一致意见的情况下,爱尔兰"没有义务继续交换意见"。[23] 换言之,法庭认为英国与爱尔兰已经就争端交换了意见。

此后成立的附件七仲裁庭赞成法庭的认定,认为其对本案具有初步

---

[15] Written Response of the United Kingdom, paras. 2-3; Provisional Measures Order, ITLOS, paras. 41-43.

[16] Provisional Measures Order, ITLOS, para. 56.

[17] Written Response of the United Kingdom, para. 5; Provisional Measures Order, ITLOS, para. 57.

[18] Provisional Measures Order, ITLOS, para. 54.

[19] Ibid., para. 62.

[20] Ibid., para. 49.

[21] Ibid., para. 50.

[22] Ibid., para. 51.

[23] Ibid., para. 60.

管辖权。理由包括：第一，爱尔兰与英国都是《公约》缔约国；第二，仲裁庭依法根据《公约》第十五部分以及附件七成立；第三，爱尔兰显然是依据《公约》提出诉求；第四，两国都认为针对 MOX 工厂存在争端；第五，该争端显然涉及《公约》的解释与适用；第六，不存在任何明显排除仲裁庭管辖权的情况。[24] 不过，意识到本案涉及欧洲法院的管辖权，仲裁庭的态度显然颇为审慎。仲裁庭认为："在着手就实质问题作出最终裁决之前，仲裁庭必须绝对确信其具有管辖权。并且，即使是着手听审提交给仲裁庭的争端中的实质问题，仲裁庭也至少要确保对其管辖权不存在重大怀疑。"[25] 仲裁庭认为，英国提出的管辖权抗辩涉及"国际法问题"与"欧共体法问题"，但英国基于"国际法"依据提出的抗辩不能成立。原因是，爱尔兰的主张，即诉求涉及《保护东北大西洋海洋环境公约》，并不改变该争端"本质上涉及《联合国海洋法公约》解释与适用的特点"，并且《保护东北大西洋海洋环境公约》"实质上涵盖了导致触发适用《公约》第281条或第282条的本案争端的范围"。[26] 同时，仲裁庭承认，如果爱尔兰直接依据《公约》以外的法律文件提出相关诉求，它就不能审理这些诉求，然而，爱尔兰实际上是依据《公约》提出诉求的。[27]

不过，欧共体法问题引发的管辖权问题较为复杂。在庭审开始前五天，欧共体委员会致函仲裁庭，提及它正在考虑是否根据《欧共体条约》第226条在欧洲法院对爱尔兰提起诉讼，该诉讼将涉及欧洲法院对本案争端是否具有专属管辖权。仲裁庭认为，争端所涉事项涉及爱尔兰和英国必须遵守的"一个独立的法律秩序"（欧共体法律秩序），并且它们必须在"欧共体的组织框架内"加以确定，[28] 因而其管辖权"关键性地取决于"上述欧共体法问题的解决。[29] 在此情况下，仲裁庭尽管相信"至少《公约》中的某些条款不在欧共体专属管辖与职权范围内"，但认为目前不宜审理涉及这些事项的实质问题。[30] 总之，鉴于欧共体法律秩

---

[24] Order No.3, Annex 7 Arbitral Tribunal, para.14.
[25] Ibid., para.15.
[26] Ibid., para.18.
[27] Ibid., para.19.
[28] Ibid., para.24.
[29] Ibid., para.23.
[30] Ibid., para.26.

序的特殊性,并且考虑不同司法机构间"应该相互尊重和礼让",以及"如果导致就同一问题作出两个相互冲突的决定,则无益于解决双方之间的争端",[31] 仲裁庭认为在上述问题未获解决的情况下不继续审理争端的实质问题。据此,仲裁庭决定中止对本案管辖权与实质问题的审理。仲裁庭要求争端当事方分别或共同采取行动,加快解决涉及欧共体法的问题并向仲裁庭报告有关进展。

欧洲法院判决认定,爱尔兰把其与英国之间的争端诉诸《保护东北大西洋海洋环境公约》及《公约》项下争端解决机制违反了《欧共体条约》第10条、第292条以及《欧洲原子能共同体条约》第192条、第193条。从实体角度看,[32] 欧洲法院认为,爱尔兰一方面违反了《欧共体条约》第292条,即侵犯了该条赋予欧洲法院对于涉及欧共体法解释与适用之争端的专属管辖权,另一方面其违反了《欧共体条约》第292条以及《欧洲原子能共同体条约》第193条,因为它把涉及实施欧共体法之"措施"的解释与适用的争端提交给附件七仲裁庭。[33] 欧洲法院认为,欧共体及其成员国缔结的国际协定不影响《欧共体条约》针对欧共体与成员国之间的职权分配所做的安排。[34] 尤其是,在1998年提交给联合国秘书长的声明中,欧共体已经针对在《公约》项下其与欧共体成员国之间的管辖权分配问题做了详细说明。[35] 欧洲法院认为,混合氧化物核燃料工厂案涉及的《公约》条款属于欧共体的职权范围,因而围绕MOX工厂的争端涉及《欧共体条约》第292条所说的"欧共体条约的解释或适用"。[36] 换言之,爱尔兰的行为涉及欧共体法律秩序。爱尔兰也援引了欧共体的相关指令——部分指令被明确列举在1998年声明中

---

[31] Order No. 3, Annex 7 Arbitral Tribunal, para. 28.

[32] 从程序的角度看,欧洲法院认为爱尔兰违反了《欧共体条约》第10条和《欧洲原子能共同体条约》第192条,因为它未能与欧共体机构进行合作,并且未能提前就其行动向欧共体机构作出通报,或者与其进行磋商。Judgment of ECJ, para. 59.

[33] Judgment of ECJ, para. 59.

[34] Ibid., para. 123.

[35] Declaration concerning the competence of the European Community with regard to matters governed by the United Nations Convention on the Law of the Sea of 10 December 1982 and the Agreement of 28 July 1994 relating to the implementation of Part XI of the Convention, at http://www.un.org/Depts/los/convention_agreements/convention_declarations.htm#European Community Upon signature. See also Judgment of ECJ, para. 8.

[36] Judgment of ECJ, paras. 126, 127.

——以此证明英国违反了这些指令。[37] 换言之,爱尔兰的行为涉及欧共体为实施国际条约而采取的"措施"。[38] 欧洲法院还认为,附件七仲裁庭作出的裁决对争端当事方具有拘束力。[39] 换言之,爱尔兰的行为将影响欧共体法律秩序。

三、临时措施

爱尔兰首先向法庭请求采取临时措施。在附件七仲裁庭成立后,爱尔兰也请求仲裁庭采取临时措施。

1. 法庭对于临时措施请求的处理

2001年11月9日,爱尔兰请求法庭发布命令,采取以下四项临时措施:

(1) 英国立即暂停于2001年10月3日向MOX工厂发放的许可,或者采取其他必要措施防止MOX工厂运营产生的直接影响;

(2) 英国立即确保与运营或筹备运营MOX工厂的活动相关的放射性物质、材料或废料不会运入或者运出其拥有主权或行使主权权利的水域;

(3) 英国确保不采取恶化、扩大提交给附件七仲裁庭的争端,或者给解决此类争端造成更多困难的行动(爱尔兰也承诺不会采取恶化、扩大争议或者给解决争端造成更多困难的行动);并且

(4) 英国确保在执行附件七仲裁庭所做决定时不会采取可能损害爱尔兰的权利的行动(爱尔兰也不会针对英国采取类似的行动)。[40]

---

[37] Judgment of ECJ, para. 151.
[38] 爱尔兰主张,它只是把欧共体的相关指令作为一种不具有拘束力的"事实"加以援引,目的是增进对《公约》条款的解释。Judgment of ECJ, para. 144. 换言之,爱尔兰认为其无意根据欧共体的相关指令主张权利。显然,这一主张没有为欧洲法院所接受。
[39] Judgment of ECJ, para. 129.
[40] Provisional Measures Order, ITLOS, para. 27.

爱尔兰的理由包括：第一，如果 MOX 工厂在英国履行《公约》项下义务之前就开始运营，爱尔兰在《公约》某些条款，尤其第 123 条、第 192—194 条、第 197 条、第 206 条、第 207 条、第 211 条、第 212 条以及第 213 条项下的权利会被侵犯；第二，一旦钚被运往 MOX 工厂并且工厂开始运营，排入海洋环境的某些排放物会产生不可逆的后果；第三，如果工厂开始运营，放射性泄漏或排放的危险会极大地增加；第四，工厂开始运营本身已经构成近乎不可逆的一个步骤，而单凭停止向海洋生态系统排放钚不可能将其恢复到 MOX 工厂运行前的状态。[41]

在请求法庭采取临时措施时，爱尔兰主张适用预警原则。爱尔兰认为，预警原则的作用有二：第一，英国应当证明 MOX 工厂运营导致的排放物以及其他后果不会产生损害；第二，指导法庭评估相关情势的紧急性。[42] 换言之，对于英国而言，爱尔兰意在通过适用预警原则获得程序性利益，即举证责任倒置，据此证明可能存在损害后果的不应当是爱尔兰，而应当是英国。另外，对法庭而言，法庭在评估是否决定采取临时措施时既要基于既有的确切事实，也要考虑未来的风险。总之，爱尔兰旨在通过主张适用预警原则以提高临时措施请求获得法庭支持的可能性。

英国主张法庭驳回爱尔兰的临时措施请求。[43] 理由包括：第一，英国已经证明 MOX 工厂运营产生的污染风险——如果有的话——将是极其微小的。第二，在附件七仲裁庭成立前，MOX 工厂开始运营不会对海洋环境造成严重的污染，或者对爱尔兰的权利造成不可修复的损害。第三，即便爱尔兰在附件七仲裁项下胜诉，MOX 工厂的运营抑或在生产系统中添加钚也不是不可逆的。但是，停止运营会在技术与经济方面给运营商带来困难。第四，爱尔兰没有证明 MOX 工厂的运营会对爱尔兰的权利造成不可修复的损害或者对海洋环境造成严重的污染。第五，混合氧化物燃料生产造成的安全风险几乎可以忽略不计，并且英国在保护谢拉菲尔德的工厂区域方面已经采取了非常广泛的安全防范措施。第六，英国希望在短期内与爱尔兰就仲裁庭的组成达成协议。第七，英国在 2001 年 11 月 20 日的公开开庭中已经作出多项承诺，比如 MOX 工厂开始

---

[41] Provisional Measures Order, ITLOS, paras. 67-70.
[42] Ibid., para. 71.
[43] Ibid., para. 28.

运营不会导致新的放射性材料运进或运出谢拉菲尔德；直至2002年10月，MOX工厂不会运出混合氧化物燃料；在上述任何一个期间内，废弃核燃料不会运进热氧化处理厂（THORP）。[44] 由于上述原因，英国也明确指出预警原则不能适用于本案。[45]

法庭驳回爱尔兰提出的采取临时措施之请求。法庭指出它"并未发现在附件七仲裁庭成立前的短期内相关情势紧急到要求法庭依爱尔兰所请规定采取临时措施"。[46] 尽管如此，法庭

（1）一致同意，

在附件七仲裁庭作出决定之前，按照《公约》第290条第5款决定采取如下临时措施。

爱尔兰与英国应当合作，为此目的双方应当立即进行磋商，以便：

（a）就MOX工厂开始运行对爱尔兰海域造成的可能后果交换进一步的信息；

（b）监控MOX工厂的运营对爱尔兰海域造成的风险和影响；

设计适当的措施以防止MOX工厂的运营可能导致的海洋环境污染。

（2）一致同意，

决定爱尔兰与英国应当根据《法庭规则》第95条第1款，最迟于2001年12月17日提交初步报告；并且授权庭长——如果他认为有必要——在该日期之后要求争端当事方提交进一步的报告与信息。

法庭决定采取有别于爱尔兰请求的"替代性临时措施"的理由包括：第一，开展合作之义务是《公约》第十二部分以及一般国际法确立的防止海洋环境污染的一项基本原则，也是依据《公约》第290条可以妥为保全的权利；第二，根据《国际海洋法法庭规则》（以下简称《法

---

[44] Provisional Measures Order, ITLOS, paras. 72-79.
[45] Ibid., para. 79.
[46] Ibid., para. 81.

庭规则》)第89条第5款,法庭可以规定采取与所请求措施完全或部分不同的措施;第三,基于审慎考虑,爱尔兰与英国应当就MOX工厂运营的风险或影响交换信息,以及设计应对这些风险或影响的适当方法展开合作;第四,爱尔兰与英国都应当确保彼此不采取任何可能恶化或扩大提交给附件七仲裁庭的争端的行动。[47]

前已指出,附件七仲裁庭于2003年6月24日决定中止仲裁程序。但仲裁庭指出,如果任何争端当事方认为有必要采取临时措施以保全各自的权利或防止对海洋环境造成严重损害,仲裁庭愿意考虑采取临时措施的可能性。[48] 事实上,鉴于"中止审理可能持续的期间、在欧洲法院提起诉讼的可能性,以及此前所说的英国在仲裁程序进行过程中的行动"等情形,[49] 在仲裁庭决定中止仲裁程序前的6月16日,爱尔兰向仲裁庭请求采取"进一步的临时措施",以"保全爱尔兰在《公约》项下的权利,并避免海洋环境遭受破坏"。[50]

2. 附件七仲裁庭对临时措施请求的处理

相较于请求法庭采取的临时措施,爱尔兰向附件七仲裁庭请求采取更多的临时措施。这些"进一步的临时措施"涉及四项:排放、合作、评估、救济。[51] 这一请求遭到英国的反对。英国认为:(1)MOX工厂排放到爱尔兰海的所有放射性物质是"极其少的",不会对爱尔兰海的海洋环境造成严重损害或严重威胁;(2)MOX工厂的排放物不会对爱尔兰主张的权利造成不可修复的损害;(3)英国已经完全遵守法庭作出的命令;(4)相关情势在法庭针对临时措施请求作出命令后并未发生变化,因此修改或补充该命令缺乏依据;(5)英国向爱尔兰作出了一些承诺。此外,遵守爱尔兰所寻求的一些措施将造成MOX工厂被关闭至少几个月;如果爱尔兰的请求在实质问题审理阶段未获支持,关闭行为将给英国和英国核燃料公司造成严重损害。[52]

与法庭不同,附件七仲裁庭针对临时措施做了更加细致的一般性讨

---

[47] Provisional Measures, ITLOS, paras. 82, 84, 85.
[48] Order No. 3, Annex 7 Arbitral Tribunal, para. 31.
[49] Ibid., para. 34.
[50] Ibid., para. 32.
[51] Request for Further Provisional Measures, Annex 7 Arbitral Tribunal, para. 9. See also Order No. 3, Annex 7 Arbitral Tribunal, para. 33.
[52] Order No. 3, Annex 7 Arbitral Tribunal, paras. 46-48.

论。仲裁庭指出，临时措施的目的有二，即保全双方各自的权利，防止海洋环境受到损害。[53] 仲裁庭认为，从临时措施的目的看，防止海洋环境受到严重损害是《公约》明确认定的特殊考虑因素，因而首先处理海洋环境损害问题是"适当的"。[54] 仲裁庭认为，《公约》第290条第1款的规定表明，这一损害必须是"严重的"。[55] 关于保全争端当事方的权利，仲裁庭赞同国际司法实践得出的结论，即要在这方面采取临时措施，必须满足两个条件，即"紧急性"与争端当事方的权利受到"不可修复的损害"。[56]

最终，附件七仲裁庭驳回爱尔兰的请求。具体内容包括：第一，确认法庭命令采取的临时措施。因此，争端当事方要继续履行此前法庭命令采取的临时措施。第二，驳回爱尔兰针对排放与评估提出的采取临时措施的请求。关于排放，仲裁庭认为，根据它获得的较之法庭在作出临时措施命令时多得多的资料，无法得出与法庭不同的结论；尤其是，英国代表已经声明不会产生新的排放，因而爱尔兰所说的相关权利受到不可修复之侵害的紧急与严重的风险并不存在，据此没有理由针对排放采取临时措施。[57] 关于评估，仲裁庭认为，评估是本案实质问题中的关键性部分，因而在现阶段没有理由采取任何临时措施，仲裁庭也无法确切地告诉英国在这个阶段要做什么。[58] 第三，关于爱尔兰与英国间的合作与信息提供。考虑到爱尔兰没有要求修改法庭于2001年12月3日作出的命令，两国之间的合作已经有所改善，两国各自尚未建立坚实的机构间安排，以及现在没有必要解决在合作与信息提供过程中发生的争端中的事实性问题，[59] 仲裁庭认为没有必要在法庭所做临时措施命令的基础上作出进一步的命令。

四、法官针对临时措施问题的个别意见

法庭的临时措施命令与附件七仲裁庭第3号命令都是以一致同意方

---

[53] Order No.3, Annex 7 Arbitral Tribunal, para. 52.
[54] Ibid., para. 53.
[55] Ibid., para. 55.
[56] Ibid., para. 58.
[57] Ibid., paras. 55, 61-62.
[58] Ibid., para. 63.
[59] Ibid., paras. 64-67.

式作出的。值得注意的是，针对附件七仲裁庭作出的第 3 号命令，没有仲裁员发表个别意见。与此不同，多达 13 位法庭法官分别或联合发表了个别意见。尤其是，虽然没有投反对票，但专案法官塞凯伊不同意法庭驳回爱尔兰提出的采取临时措施的请求。他认为，法庭毕竟在讨论面临困难的情况下采取了一些替代性临时措施。[60]

法官们的个别意见主要集中于以下问题：第一，关于附件七仲裁庭的初步管辖权。根据《公约》第 290 条第 5 款，法庭在决定是否命令采取临时措施时要认定即将成立的附件七仲裁庭具有初步管辖权。然而，争端当事方往往会对附件七仲裁庭是否对争端具有管辖权产生分歧。诱发分歧的一个重要原因是，各国往往针对相同或类似的事项缔结所谓的"平行条约"，并且这些条约各自包含争端解决机制。《公约》第 282 条即意在确定在特定争端中适用《公约》项下争端解决程序抑或其他争端解决程序的问题。

对于第 282 条在立法价值上是否包含一种优先性判断，以及法庭在本案中适用第 282 条的妥当性，多位法官发表了意见，但这些意见之间是存在差别的。安德森法官认同法庭的做法，认为第 282 条不构成劳特派特法官在 20 世纪 40 年代提出的主张，即"明显地排除"（obviously excluding）特定争端解决机构的管辖权。[61] 换言之，他认为第 282 条没有包含优先适用非《公约》项下争端解决机制的价值判断。纳尔逊法官认为，对第 282 条的理解应该结合第 280 条进行，后者规定"公约的任何规定均不损害任何缔约国于任何时候协议利用自行选择的任何和平方法解决它们之间就本公约的解释或适用发生的争端的权利"。他认为，《公约》第十五部分第一节的整体目的是，确保以和平方式解决涉及《公约》解释或适用的争端并不当然要诉诸《公约》规定的争端解决机制，这是《公约》起草者的意图所在。[62] 这表明，纳尔逊法官不认为第 282 条蕴含着任何争端解决程序具有优先性的价值判断，即第 282 条是价值中立的。值得注意的是，他认为法庭命令第 51 段可能导致第 282 条或第 281 条无效——如下所述，这与热苏斯法官的观点是一致的。特雷韦斯法官认为，在解释第 282 条时，不应当根据这样一种一般性观念，

---

[60] Separate Opinion of *ad hoc* Judge Székely.
[61] Separate Opinion of Judge Anderson.
[62] Separate Judge of Vice-President Nelson.

即不得推定对主权设定了限制，或者国家在没有作出同意的情况下不得被推定接受诉诸强制性裁判，而应当根据国家可以自由地利用对其生效的条约项下可资利用的任何强制性裁判方式。[63] 沃尔夫鲁姆法官认为，法庭本可进一步指出，《公约》第十五部分旨在向第287条所指的机构赋予职能，从而使其针对涉及《公约》解释与适用的争端作出决定，除非争端当事方另行达成协议。他认为，如果考虑《公约》第十五部分的宗旨，就不能推定在争端当事方之间存在这样一种协议。他认为，将涉及《公约》解释与适用的争端交给其他机构解决的意图必须在相关协定中予以明确规定。[64] 这表明，沃尔夫鲁姆法官认为，第282条应该被推定为《公约》项下的争端解决机制应当优先适用。热苏斯法官更多地结合本案案情讨论第282条诱发的管辖权问题。在他看来，法庭所做的临时措施命令第48段到第53段对《公约》第282条的适用以及《公约》与《保护东北大西洋海洋环境公约》的关系所做的法律解释实际上回避了条约的平行性问题。其结果是，争端当事方选择适用第282条规定的争端解决程序——《公约》项下或者其他条约项下的——的权利可能被不当剥夺了，或者说"在实践中会导致第282条无法实施"。因而，他不同意法庭所做的这些法律解释。他认为，从诉讼过程中可以清楚地发现，《保护东北大西洋海洋环境公约》涵盖的争端和爱尔兰在该公约仲裁庭提起的诉求，以及提交给附件七仲裁庭的争端是不同的，前者更加狭窄，因而该公约在本案中并不适用，进而第282条在本案中并不适用。[65]

第二，关于法庭命令采取临时措施的条件。虽然采取临时措施的条件是如此重要，但只有门萨法官详细讨论了这一问题。[66] 他认为，只有当被请求的法院或仲裁庭认定满足了以下两个条件时，命令采取临时措施才是适当的：首先，法庭或仲裁庭必须认定，如果没有采取临时措施，任何争端一方的权利就可能会受到损害，即发生权利损害的可能性是可信的。其次，权利的损害是不可修复的，不可能使受损害的一方实质性地恢复到没有发生被指控违法行为情形前的状态，或者说权利的侵害"不能简单地通过支付补偿金，或赔偿或返还其他物质的形式加以补

---

[63] Separate Opinion of Judge Treves.
[64] Separate Opinion of Judge Wolfrum.
[65] Separate Opinion of Judge Jesus.
[66] Separate Opinion of Judge Mensah.

偿"。在出现依据《公约》第 290 条提出请求的情形下，法庭也可以防止对海洋环境造成严重损害为由命令采取临时措施。他指出，更重要的是，法庭根据第 290 条第 1 款与第 5 款命令采取临时措施的条件是不同的。他认为导致这一差别的原因是：在第 1 款项下，处理临时措施问题与实质问题的是同一个争端解决机构，并且其已经依法受理了争端；在第 5 款项下，处理临时措施问题的是一个无权处理实质问题的争端解决机构，而它处理临时措施问题是因为处理实质问题的争端解决机构尚未组建。直言之，上述两个条件只是法庭根据第 290 条第 1 款命令采取临时措施的条件，它们是法庭依据第 290 条第 5 款命令采取临时措施的必要但非充分的条件。除满足上述两个条件外，法庭根据第 290 条第 5 款命令采取临时措施还要满足"紧急性"条件。进而，他认为，法庭根据第 290 条第 1 款抑或第 5 款命令采取临时措施也会影响它采取什么方法评估提交给它的证据，直言之，在第 5 款项下，法庭只能根据提交给它的证据判断相关权利被侵害在处理实质问题的争端解决机构成立之前是否存在合理的可能性。显然，本案中法庭是根据第 5 款，而非第 1 款命令采取临时措施。

第三，关于法庭对于爱尔兰在请求采取临时措施方面所依据的理由作出的判定与法庭命令采取替代性临时措施之间的关系。除专案法官塞凯伊外，其他发表个别意见的法官都认同法庭作出的认定，即在本案情形下，法庭不认为在附件七仲裁庭成立前的短期内情势的紧急性足以要求法庭应爱尔兰请求命令采取临时措施，但多位法官认为法庭没有准确、充分地说明上述关系。比如，虽然安德森法官赞成法庭的结论，但他认为正确的做法应该是——或者说"法庭本可以更进一步"，针对爱尔兰主张的权利保全以及第 290 条所指的对海洋环境造成严重损害得出如下结论，即"没有迹象表明在附件七仲裁庭成立前原告主张的权利会受到不可修复的侵害，或者对海洋环境会造成严重的损害"[67]。特雷韦斯法官也认为，法庭未能更明确地提供其决定不依爱尔兰所请采取临时措施的理由是令人遗憾的。

与上述两位法官相比，专案法官塞凯伊的意见尖锐得多。他认为，法庭针对爱尔兰所提临时措施之请求作出的判定与其命令采取的替代性

---

[67] Separate Opinion of Judge Anderson.

临时措施之间存在"内在的冲突"。他注意到,法庭并未明确指出它"没有发现在附件七仲裁庭成立之前,爱尔兰在防止海洋环境受到污染方面拥有的应受保护的权利遭到不可修复的损害或者海洋环境遭到严重污染"。他认为,如果法庭作出此种认定,它就应该拒绝爱尔兰的临时措施请求。他也不同意法庭在临时措施命令中的认定,即在本案中,"法庭并未发现在附件七仲裁庭成立前的短期内相关情势紧急到要求法庭依爱尔兰所请规定采取临时措施"。他提出,如果法庭认为本案中紧急性是不充分的,那么命令争端当事方"立即"进行磋商的依据是什么?如果法庭认为本案存在某种程度的紧急性,并且合作既是《公约》第十二部分与一般国际法的一项原则,也是爱尔兰在《公约》第290条项下的一项权利,那么法庭为什么不担心英国在后续行动中无视其承担的合作义务?他认为,上述"内在的冲突"至少在某些方面恰恰表明爱尔兰为请求采取临时措施而提出的主张"很大程度上是恰当的"。

第四,关于科学与预警原则或方法。在联合发表的声明中,[68] 卡米诺斯等七位法官注意到,本案争端的特点是,争端当事方对于 MOX 工厂运营可能对爱尔兰海海洋环境造成的后果的科学证据完全没有一致意见。七位法官认为,在涉及科学不确定的情形下,他们原本预期法庭遵循其在南方蓝鳍金枪鱼案(澳大利亚和新西兰诉日本)附件七仲裁中采取的做法从而命令采取维持现状的措施,但法庭并没有这么做。七位法官认为,法庭要求争端当事方进行磋商有助于它们在科学证据方面达成共同的理解。无论如何,七位法官支持法庭作出的临时措施命令,主要原因是,英国已经保证在相关期间内不会有此种运输行为,并且他们接受英国作出的"工厂开始运营以及在生产过程中使用钚元素并非是不可逆"的声明。安德森法官认为,他不能确信爱尔兰主张的权利是否会受到不可修复的损害。在特雷韦斯法官看来,虽然法庭没有提及预警原则或方法,但看来它在法庭的推理中发挥了作用。他认为,法庭的临时措施命令可以被理解为指出争端当事方提交的涉及科学的主张未能足够精准地集中于 MOX 工厂的运营在附件七仲裁庭被请求采取临时措施前的几个月内,是否会导致爱尔兰海域的放射性显著增加,或者存在显著增加的危险;并且,把海洋环境面临的风险与 MOX 工厂在相关期间内开

---

[68] Joint Declaration of Judges Caminos, Yamamoto, Park, Akl, Marsit, Eiriksson and Jesus.

始运营相联系的科学证据既不够扎实也不够聚焦,从而影响法官关于这些证据对于讼争行为与海洋环境面临的风险之间的因果关系是否具有结论性意义的讨论。沃尔夫鲁姆法官认为,国际环境法中的预警原则或预警方法是否已经成为习惯国际法的组成部分尚不明确,但他指出法庭在南方蓝鳍金枪鱼案(澳大利亚和新西兰诉日本)附件七仲裁作出的命令中并未提及预警原则或方法。他认为,即便预警原则被认为是习惯国际法的组成部分,爱尔兰也无法援引该原则或方法。原因是,如果法庭命令采取临时措施以保护在爱尔兰管辖范围内的海洋环境,它只有在对爱尔兰海域的放射性、MOX 工厂的潜在影响以及这种影响是否损害爱尔兰的权利作出总体评估之后才能这么做,而这属于附件七仲裁庭在实质问题阶段要处理的。他还指出在临时措施阶段适用预警原则可能导致的风险,即当原告有充分理由主张其权利可能被侵犯或者海洋环境可能面临严重风险时,同意采取临时措施就变得水到渠成,而这与临时措施的功能不相符合。

专案法官塞凯伊对于法庭在涉及科学的证据方面所做的认定提出严厉批评。他认为,法庭未能正确地认定科学方面的证据。他认为,法庭听信了英国提交的片面、肤浅的证据(比如《环境影响声明》,其认为该声明根据任何标准来看都是"完全不合格的");相反,"在缺乏任何法律或科学依据的情况下",法庭在爱尔兰指控存在发生损害之风险方面作出有利于英国的结论。他认为英国没有遵守其在《公约》第 102 条、第 103 条、第 194 条以及第 207 条项下的预防义务。

第五,关于争端当事方之间的合作。根据法庭作出的临时措施命令,争端当事方之间的合作是一项临时措施。沃尔夫鲁姆法官认为,他完全赞同命令第 82 到第 84 段——认为合作义务是国际环境法中最重要的原则,在邻国的利益受到威胁时尤其如此。他认为,合作义务意味着国际法律秩序的总体方向发生了重要转变。它平衡了国家主权原则,由此确保共同体利益与个体性的国家利益都会得到考虑。与此不同,虽然安德森法官认为争端当事方之间的合作是重要的,但他认为基于《公约》第 123 条的合作要求"在许多方面可以被认为是把国家间合作的一般义务——规定于《联合国宪章》第 2 条——以及更广泛的'近邻'(*voisinage*)义务适用于海洋法";并且,第 123 条的规定方式是柔性的("应该"/"应当尽力"),即半闭海的沿岸国要努力"或直接或通过适当的区域性组织"在某些问题上协调行动,因此爱尔兰基于第 123 条提出的采取临时措施的请求

"没有什么可以审查的"。由此，他认为"鼓励"争端当事方就爱尔兰当前关切的事项进一步进行"交流"已经足矣。

五、评　论

爱尔兰于 2007 年撤回对英国的诉求，附件七仲裁庭于次年发布第 10 号命令，决定终止仲裁程序，因而，仲裁庭不仅没有审理本案的实质问题，而且没有根据情势的发展审查争端当事方的主张、此前法庭发布的临时措施命令以及仲裁庭自身针对管辖权和临时措施问题所做决定的妥当性。尽管如此，本案仍然有若干问题值得重视。

第一，关于附件七仲裁庭的初步管辖权问题。从第 282 条文本的角度看，决定《公约》项下争端解决机构，抑或由一般性、区域性或双边协定项下争端解决机构或者争端当事方以其他方式同意的争端解决机构对特定争端具有管辖权的是"争端"本身的性质，直言之，所提交的争端应当是"关于《公约》解释或适用的争端"。从英国提交的书面回复看，英国侧重从欧共体法，而非《公约》第 282 条的角度排除附件七仲裁庭的初步管辖权。其原因或许是，英国意识到诉诸第 282 条的胜算可能不大，因为法庭或附件七仲裁庭可能有内在的动力采取一种有利于维护其管辖权的方式解释第 282 条，但它们可能不得不更加尊重欧共体法对于欧共体与其成员国之间的职权分配，因为它们显然不愿意介入欧共体内部法律秩序的运作。直言之，这可能是英国采取的一个诉讼策略。法庭则从《公约》第 282 条的角度证成附件七仲裁庭的初步管辖权，同时似乎有意回避讨论欧共体法对于仲裁庭初步管辖权的影响。

具体来说，在认定附件七仲裁庭具有初步管辖权时，虽然法庭认为"由于提交给附件七仲裁庭的争端涉及《公约》，而非其他协定的解释与适用，因而只有《公约》项下的争端解决程序才是与该争端有关的"，[69]但法庭提及它尤其考虑"在上下文、宗旨、目的、缔约方的嗣后实践以及准备性工作方面存在的差别，关于条约解释的国际法规则在适用于不同条约中的相同或类似条款时可能不会得出相同的结果"。[70] 其言下之意似乎是，即便欧洲法院对本案争端具有管辖权，也不排除仲裁庭的管辖权。

---

[69] Provisional Measures Order, ITLOS, para. 52.
[70] Provisional Measures Order, ITLOS, para. 51.

然而，这就导致了一个问题，即关于条约解释的国际法规则在法庭认定附件七仲裁庭的初步管辖权方面到底发挥了多大作用？或许就是由于这一原因，热苏斯法官和安德森法官认为法庭的做法可能导致第 282 条在实践中变得"无法实施"或者"无效"了，而沃尔夫鲁姆法官则认为法庭在管辖权方面"走得太远了"。

值得注意的是，在欧洲法院判决认定爱尔兰把争端提交《保护东北大西洋海洋环境公约》仲裁庭与附件七仲裁庭违反了欧共体法、侵犯了欧共体的专属管辖权后，附件七仲裁庭在第 5 号命令中没有直接说明它是否接受欧洲法院判决对于欧共体专属管辖的认定。仲裁庭只是指出其注意到了该判决，但在决定保留对争端管辖的同时却决定不继续审理案件。[71] 由于爱尔兰最终撤回对英国的诉求而导致仲裁程序被终止，因此人们无法知道如果爱尔兰不撤回诉求，仲裁庭最终会如何对待欧洲法院的判决。换言之，仲裁庭对于实质问题阶段的管辖权的立场并不明确，它只是由于爱尔兰撤回诉求而没有成为一个讼争问题。尽管如此，临时措施命令第 51 段可能蕴含的法庭对于不同争端解决机构如何协调管辖权的态度确实是意味深长的。事实上，尽管仲裁庭赞成法庭对其初步管辖权的判断，但没有专门表明其对于第 51 段的看法，这本身就是意味深长的。

然而，至少国际法院的实践表明，由于临时措施在功能、效力以及性质上的特殊性，较之针对实质问题阶段的管辖权认定，法院对于临时措施阶段的初步管辖权认定要宽松得多。事实上，在 1999 年关于使用武力合法性的案件（Legality of Use of Force）之前，国际法院从未纯粹以缺乏初步管辖权为由驳回临时措施请求。[72]

第二，关于临时措施。关于临时措施的法律规则至少在 20 世纪 20 年代已经确立，其时就有过关于临时措施的国际司法实践。[73]《常设国际法院规约》第 41 条规定，"法院应当有权力指示（indicate）——如其认为情势有此需要——为保全任何争端当事方的各自权利所必要的任何

---

[71] Order No. 5, Annex 7 Arbitral Tribunal.

[72] Shouvik Bhattacharya, "Proceedings at Your Own Risk: Evaluating a New Principle of International Law for Provisional Measures", *Yale Journal of International Law*, Vol. 38, 2013, p. 515.

[73] Cameron A. Miles, "The Origins of the Law of Provisional Measures before International Courts and Tribunals", *Zeitschriftfürauslä ndischesöffentliches Recht und Völkerrecht* 73（2013），s. 615.

临时措施。在最终决定作出前，被建议采取的临时措施应当被立即通知给争端当事方及行政院"。这一规定几乎被原文纳入《国际法院规约》第 41 条。实际上，有关采取临时措施的条件及临时措施命令的效力在 20 世纪 20 年代，尤其在废除 1865 年 11 月 2 日中国—比利时条约案（比利时诉中国）〔Denunciation of the Treaty of 2 November 1865 Between China and Belgium（Belgium v. China）〕中已经做了阐明与澄清，比如临时措施是为了保全争端解决过程中当事方的权利、当事方的权利可能受到不可修复的损害、临时措施命令不影响争端解决机构在实质问题上的裁判等。[74] 国际争端解决的实践表明，临时措施"从根本上说是例外的，从本质上说是可以自由裁量的"，这意味着争端解决机构"应当保持相当的克制，以确保它不去处理，或者似乎要处理超越其职权范围的事务"。[75]

虽然关于临时措施的实践历史颇为悠久，但直到进入 20 世纪 90 年代，国际争端解决机构才较多地针对临时措施问题作出决定。这一方面是由于争端解决现实的客观需要（比如国际争端解决机构数量及其受理的案件大幅增加、争端更加复杂），另一方面，也不排除争端当事方把请求采取临时措施作为一种诉讼策略，即尽管国际法实践公认争端解决机构在处理临时措施问题时不得涉及实质问题，关于临时措施的决定不影响后续实质问题的裁判，并且临时措施随后可能被修改或撤销，但特定争端当事方仍有可能把请求采取临时措施作为影响其他争端当事方的权益，乃至影响后续争端解决过程的一种手段。本案中，英国在反对爱尔兰提出的临时措施请求时就指出，爱尔兰所请求的临时措施——如果获得法庭支持——会给 MOX 工厂造成极大的困难，从而损害英国的权利。

较之《常设国际法院规约》与《国际法院规约》中的临时措施条款，《公约》第 290 条有两个重要的变化：一是第 290 条用"规定"（prescribe）取代了《国际法院规约》第 41 条中的"指示"，这一变化明确了根据《公约》作出的临时措施命令对争端当事方具有拘束力；二是除为了保全争端当事方的各自权利外，第 290 条规定了临时措施的另

---

[74] Denunciation of the Treaty of 2 November 1865 Between China and Belgium（Belgium v. China），P. C. I. J.，Ser. A，No. 8，1927，pp. 6-7.
[75] Separate Opinion of Mensah.

一个目的,即"防止对海洋环境的严重损害"——这是《公约》整体追求实现的目的与宗旨之一。与前者不同,"防止对海洋环境的严重损害"不仅涉及争端当事方的利益,而且涉及非争端当事方乃至国际社会的利益。由于保护海洋环境超越了争端当事方的利益,而涉及更广泛的利益,争端解决机构在决定其是否具有初步管辖权,以及决定是否采取临时措施、采取哪些临时措施时都可能受到这一因素的影响。在本案中,法庭命令采取替代性临时措施的一个重要考虑因素是《公约》第十二部分以及国际环境法确立的合作原则,这一"原则"为法庭在"规则"之外命令采取临时措施提供了重要依据。

诚如门萨法官所说,《公约》第290条第1款、第5款规定了采取临时措施的两种情形,进而确立了两种情形下采取临时措施的条件:就第1款项下的临时措施而言,必须满足两个条件,即争端当事方的权利或者海洋环境可能受到损害,损害是不可修复的。就第5款项下的临时措施而言,还必须满足一个特殊条件,即在被法庭认定具有初步管辖权的争端解决机构组建前存在"紧急性"。

本案中,法庭是根据第5款命令采取临时措施的。虽然法庭明确指出其没有发现在附件七仲裁庭组建前的短期内相关情势紧急到要依照爱尔兰所请采取临时措施,但法庭确实没有明确指出第1款规定的两个条件是否已经具备。这一做法招致多位法官的批评。导致法庭采取这一做法的原因可能是,从法律方面看,可以认为前两个条件涉及的是"是非"问题,即法庭必须作出"是"或"否"的回答。与此不同,第三个条件涉及的是"程度"问题,即法庭根据既有证据认定不存在争端当事方所说的"紧急性",但存在法庭所认为的"紧急性"。从事实方面看,鉴于本案涉及复杂的科学问题,法庭可能认为在短时间内就前两个条件贸然作出"是"或"否"的回答可能是不可靠的。原因是,从2001年11月9日爱尔兰提出临时措施请求到12月3日法庭作出临时措施命令只有短短的23天。[76] 其结果是,虽然法庭并不认同存在爱尔兰所说的紧急性,但显然认为存在法庭所理解的紧急性。如前所述,在专案法官塞凯伊看来,法庭事实上认为本案中存在某种程度的紧急性。显然,这正

---

[76] 实践表明,国际法院通常在一周到两个月内对紧急性问题作出认定。See Inna Uchkunova, "Provisional Measures before the International Court of Justice", *Law & Practice of International Courts & Tribunals*, Vol. 12, 2013, p. 394.

是法庭在拒绝爱尔兰所请求之临时措施的同时命令采取替代性临时措施的原因，而其规范依据则是《公约》第 290 条第 1 款和《法庭规则》第 89 条第 5 款——二者都规定法庭可以规定采取全部或部分不同于争端当事方所请求的临时措施。显然，较之涉及"是非"的前两个条件，法庭在作为第三个条件的"程度"项下有较大的自由裁量空间。

值得注意的是，虽然一些法官不认为采取临时措施的条件已经具备，但基于其他因素的考虑，他们往往仍然支持——或者不反对——采取临时措施。比如，前国际法院副院长小田介绍说，在国际法院审理的涉及《维也纳领事关系公约》的一系列临时措施案中，他一再表明其认为法院不应该指示采取临时措施，但由于"人道原因"他仍然支持法院针对临时措施问题作出的决定。[77]

第三，关于预警原则。较之传统的海洋活动，现当代海洋活动大量地涉及科学技术的运用，这是国际争端解决机构面临的一个突出挑战。本案同样如此。如前所述，卡米诺斯等七位法官在联合发表的声明中指出，本案争端的特点是，争端当事方在 MOX 工厂运营对爱尔兰海海洋环境的影响的科学证据问题上完全没有达成一致意见。专案法官塞凯伊批评法庭未能正确地理解证据。安德森法官也认为他"不能确信"爱尔兰主张的权利是否会受到不可修复的损害。

可以发现，法庭的临时措施命令具有两个特点。第一，鉴于预警原则或方法的法律性质尚不明确，[78] 法庭没有明确承认在裁判推理中运用了预警原则或方法，但它提到了"谨慎注意"。[79] 显然，"谨慎注意"正是预警原则或方法所要求的。因此，特雷韦斯法官认为，虽然法庭没有提及预警原则或方法，但看来它在法庭的推理中发挥了作用。第二，法庭确立了合作性的裁判逻辑。直言之，法庭的临时措施命令不仅把开展"合作"作为替代性临时措施，据此推动作为争端当事方的爱尔兰与英

---

[77] Vienna Convention on Consular Relations (Para. v. U. S.), Provisional Measures Order, 1998 I. C. J. 248, 262 (Apr. 9) (declaration of Judge Oda); see also LaGrand (Ger. v. U. S.), Provisional Measures Order, 1999 I. C. J. 9, 20 (Mar. 3) (declaration of Judge Oda) (I voted in favour of the Order *solely* for humanitarian reasons.); Avena and Other Mexican Nationals (Mex. v. U. S.), Provisional Measures Order, 2003 I. C. J. 77, 93 (Feb. 5) (declaration of Judge Oda) ([My] doubts have already been clearly expressed... in connection with two similar cases decided by the Court.).

[78] Separate Opinion of Wolfrum.

[79] Provisional Measures Order, ITLOS, para. 84.

国之间的合作;它还规定了争端当事方的报告义务,据此推动争端当事方与争端解决机构之间的合作。

六、附 录

(一) 中英案件全名

1. 中文案件全名:混合氧化物核燃料工厂案(爱尔兰诉英国)
2. 英文案件全名:MOX Plant (Ireland v. United Kingdom)

(二) 案件的标准引用

1. MOX Plant (Ireland v. United Kingdom), Provisional Measures, Order of 3 December 2001, ITLOS Reports 2001, p. 95.

2. MOX Plant (Ireland v. United Kingdom), Order No. 6, Termination of Proceedings, at https://pcacases.com/web/sendAttach/870.

3. Case C-459/03 (Commission v. Ireland), Judgment of the Court (Grand Chamber), 30 May 2006.

(三) 主要参考文献

1. Chester Brown, "Provisional Measures before the ITLOS: The MOX Plant Case", *International Journal of Marine & Coastal Law*, Vol. 17, 2005, p. 267.

2. Patrick T. Eicher, "International Forum Shopping: The Mox Plant Case and the ECJ", *Dublin University Law Journal*, Vol. 30, 2008, p. 367.

3. Jasper Finke, "Competing Jurisdiction of International Courts and Tribunals in Light of the MOX Plant Dispute", *German Yearbook of International Law*, Vol. 49, 2006, p. 307.

4. Nikolaos Lavranos, "The MOX Plant and Ijzeren Rijn Dispute: Which Court Is the Supreme Arbiter", *Leiden Journal of International Law*, Vol. 19, 2006, p. 223.

5. Nikolaos Lavranos, "MOX Dispute: Court of Justice of the European Communities", *European Constitutional Law Review*, Vol. 2, 2006, p. 456.

6. Nikolaos Lavranos, "Protecting Its Exclusive Jurisdiction: The Mox Plant-Judgment of the ECJ", *Law & Practice of International Courts & Tribunals*, Vol. 5, 2006, p. 479.

7. Francisco Orrego Vicuna, "The International Tribunal for the Law of the Sea and Provisional Measures: Settled Issues and Pending Problems", *International Journal of Marine & Coastal Law*, Vol. 22, 2007, p. 451.

8. Yoshifumi Tanaka, "Provisional Measures Prescribed by ITLOS and Marine Environmental Protection", *American Society of International Law Proceedings*, Vol. 108, 2014, p. 365.

9. Moritaka Hayashi, "The Southern Bluefin Tuna Cases: Prescription of Provisional Measures by the International Tribunal for the Law of the Sea", *Tulane Environmental Law Journal*, Vol. 13, 2000, p. 361.

10. Shouvik Bhattacharya, "Proceedings at Your Own Risk: Evaluating a New Principle of International Law for Provisional Measures", *Yale Journal of International Law*, Vol. 38, 2013, p. 511.

11. Inna Uchkunova, "Provisional Measures before the International Court of Justice", *Law & Practice of International Courts & Tribunals*, Vol. 12, 2013, p. 391.

12. Eckhard Hellbeck, "Provisional Measures of the International Court of Justice—Are They Binding", *ASILS International Law Journal*, Vol. 9, 1985, p. 169.

13. Lawrence Collins, "The Relationship Between Provisional and Protective Measures and Jurisdictionto Determine the Merits", *Recueil des cours*, 1992, p. 32.

14. Campbell Maclachlan, "The Continuing Controversy over Provisional Measures in International Disputes", *International Law Forumdu Droit International*, Vol. 7, 2005, p. 5.

15. Paolo Palchetti, "The Power of the International Court of Justice to Indicate Provisional Measures to Prevent the Aggravation of a Dispute", *Leiden Journal of International Law*, Vol. 21, 2008, p. 623.

16. Karin Oellers-Frahm, "Expanding the Competence to Issue Provisional Measures—Strengthening the International Judicial Function", *German Law Journal*, Vol. 12, 2011, pp. 1279-1294.

17. Alexandra C. Traviss, "Temple of Preah Vihear: Lessons on Provisional Measures", *Chinese Journal of International Law*, Vol. 13, 2012, p. 317.

18. Antonios Tzanakopoulos, "Provisional Measures Indicated by International Courts: Emergence of a General Principle of International Law", *Revue Hellénique de Droit International*, Vol. 57, 2004, p. 53.

19. Robert D. Sloane, "Measures Necessary to Ensure: The ICJ's Provisional Measures Order in Avena and Other Mexican Nationals", *Leiden Journal of International Law*, Vol. 17, 2004, p. 673.

20. Giorgio Gaja, "Requesting the ICJ to Revoke or Modify Provisional Measures", *Law & Practice of International Courts & Tribunals*, Vol. 14, 2015, p. 1.

21. Cameron A. Miles, "The Origins of the Law of Provisional Measures before International Courts and Tribunals", *Zeitschriftfürauslä ndischesöffentliches Recht und Völkerrecht*, 73 (2013), s. 615.

（四）与本案主题相关的重要引用案件

1. Southern Bluefin Tuna (Australia v. Japan), Order of 3 August 1999, ITLOS Reports 1999, p. 268.

2. Passage through the Great Belt (Finland v. Denmark), Provisional Measures, Order of 29 July 1991, I. C. J. Reports 1991, p. 12.

3. Certain Criminal Proceedings in France (Republic of the Congo v. France), Provisional Measure, Order of 17 June 2003, I. C. J. Reports 2003, p. 102.

（五）案件中的重要缩略语

OSPAR　Convention for the Protection of the Marine Environment of the Northeast Atlantic　《保护东北大西洋海洋环境公约》

MOX　Mixed Oxide　混合氧化物燃料

THORP　Thermal Oxide Reprocessing Plant　热氧化处理厂

BNFL　British Nuclear Fuels　英国核燃料公司

（蔡从燕）

黑海海洋划界案
（罗马尼亚诉乌克兰）

（2009 年）

2004.09.16 罗马尼亚将其与乌克兰在黑海的大陆架和专属经济区的划界争端提交国际法院诉讼程序

2014.11.19 国际法院指令双方提交诉状和辩诉状的时限

2005.08.19 罗马尼亚按时提交诉状

2006.05.19 乌克兰按时提交辩诉状

2006.06.30 国际法院指令双方提交答辩状和复辩状的时限

2006.12.22 罗马尼亚按时提交答辩状

2007.06.08 国际法院应乌克兰要求，将提交复辩状的时限延长

2007.07.06 乌克兰按延长的时限提交复辩状

2007.08.23 罗马尼亚告知法院，希望根据《国际法院规则》第56条提交一份新文件

2008.01.23 罗马尼亚提交补充解释后，国际法院授权罗马尼亚提交该份新文件

2008.09.02—19 国际法院公开审理

2009.02.03 国际法院就本案作出判决（全体一致）

关键词：黑海（Black Sea）；海洋划界（Maritime Delimitation）；相关海岸（The Relevant Coast）；相关海域（The Relevant Area）；划界方法（Delimitation Methodology）；临时等距离线（The Provisional Equidistance Line）；相关情况（Relevant Circumstances）；不成比例检验（The Disproportionality Test）；单一海域边界（The Single Maritime Boundary）

一、案件背景

（一）争端产生的经纬

本案涉及罗马尼亚和乌克兰在黑海的大陆架和专属经济区的划分，以确立单一的海域边界。[1] 争端所涉海域位于黑海的西北部。黑海是封闭海，海域面积大约43.2万平方千米，以达达尼尔海峡等与地中海相连。在黑海西北部，多瑙河三角洲（Danube Delta）以东约20海里，有一处自然地物名为蛇岛（Serpents' Island）。蛇岛是高潮地物，面积约为0.17平方千米，周长约为2000米。[2]

1997年6月2日，双方缔结了《睦邻友好和合作关系条约》（Treaty on Good Neighborliness and Cooperation）及其《补充协定》（Additional Agreement），该条约及协定于1997年10月22日生效。根据《补充协定》第4款的规定，两国"应就黑海大陆架和专属经济区的划界进行谈判"，"在《睦邻友好和合作关系条约》生效后三个月内，尽快"启动此类谈判。1998年1月两国启动了谈判，但直至2004年9月，未能达成任何协定。[3]

1940年至2003年，罗马尼亚和苏联或乌克兰达成了一系列关于国界的协定。其中，1948年2月4日罗马尼亚和苏联签署的《划定国家边界线议定书》（以下简称"1948年《议定书》"）规定，蛇岛的领土主权归属苏联。[4] 2003年6月17日，罗马尼亚和乌克兰达成了《罗马尼亚和乌克兰关于国家边界制度的条约》（Treaty on the Regime of the State Border Between Romania and Ukraine，以下简称"2003年《边界制度条约》"），于2004年5月27日生效。

2004年9月16日，罗马尼亚向国际法院提交了起诉请求书，就双方

---

[1] Maritime Delimitation in the Black Sea (Romania v. Ukraine), Judgment, I. C. J. Reports 2009, para. 17.
[2] Ibid., paras. 14-16.
[3] Ibid., para. 18.
[4] Ibid., para. 56.

在黑海的大陆架和专属经济区的划界,针对乌克兰启动了诉讼程序。[5]

2009年2月3日,法院作出判决,划分双方在黑海大陆架和专属经济区的单一海域边界。

(二) 最终诉求

罗马尼亚在起诉请求书中提出,《国际法院规约》第36条第1款和1997年《补充协定》第4(h)条为国际法院对本案的管辖权提供了依据;[6] 并在庭审中提出如下最终诉求:

> 罗马尼亚请求法院根据国际法,特别是《补充协定》第4条规定的准则,对罗马尼亚和乌克兰之间的大陆架和专属经济区划定单一海域边界;罗马尼亚保留在本诉讼程序中补充、修改或调整该项诉求的权利。请求法院划定两国在黑海海域的单一边界。[7]

在辩诉状及庭审中,乌克兰提出:

> 乌克兰请求法院判决,双方的大陆架和专属经济区应做如下划定:
> 从2003年《边界制度条约》第1条确认的点1开始,其坐标为北纬45°05′21″、东经30°02′27″,分界线向东南方向延伸到点2,其坐标为北纬44°54′00″、东经30°06′00″;然后沿着156°的大地方位角到点3,其坐标为北纬43°20′37″、东经31°05′39″,最后沿着同样的大地方位角,使边界直至可能涉及第三国利益的点。[8]

---

[5] Maritime Delimitation in the Black Sea (Romania v. Ukraine), Judgment, I. C. J. Reports 2009, para. 1.
[6] Ibid., para. 1.
[7] Ibid., paras. 11-13.
[8] Ibid., para. 12.

二、初步法律问题的推理和判决

如前述，罗马尼亚提出，1997年《补充协定》第4（h）条为国际法院对本案的管辖权提供了依据。1997年《补充协定》第4（h）条规定：

> 如此类谈判在不超出启动谈判后2年的合理期限内，未能确定达成上述协定，罗马尼亚和乌克兰同意，在《罗马尼亚和乌克兰关于国家边界制度的条约》生效后，应任何一方请求，双方大陆架和专属经济区的划界问题应提交国际法院解决。但是，如国际法院认为该条约未能生效是另一方的过失所致，法院可以在该条约生效前审查与大陆架和专属经济区有关的请求。[9]

法院认为，根据该争端解决条款（the compromissory clause）的原文，任何一方将本案提交法院应符合两个条件：一是"在不超出启动谈判后2年的合理期限内"，未能达成划界协定；二是《边界制度条约》的生效。事实上，此类谈判已逾6年，未能达成任何协定，而且《边界制度条约》已经于2004年生效。[10]

争端双方同意上述条件已经得到满足，但对法院管辖权的确切范围以及适用法存在分歧。

（一）管辖权的确切范围

乌克兰提出，2003年《边界制度条约》已经确定了在F点，即罗马尼亚所称2003年《边界制度条约》所确定的双方领海的交会点，和X点即罗马尼亚所称环蛇岛12海里弧线的终点之间的第一段边界，划分了罗马尼亚的专属经济区和大陆架与乌克兰蛇岛的领海。[11] 法院的管辖权

---

[9] Maritime Delimitation in the Black Sea (Romania v. Ukraine), Judgment, I. C. J. Reports 2009, para. 20.

[10] Ibid., para. 21.

[11] Ibid., para. 23.

限于划分双方的专属经济区和大陆架,而不包括其他有关海域特别是双方各自的领海。因此,法院需要进行的划界,从双方所同意的领海边界的交会点(F点)开始,涉及紧接此终点以东和以南的大陆架和专属经济区的某些海域。法院没有管辖权对上述F点和X点之间的部分进行划界,这涉及划分乌克兰的领海与罗马尼亚所声称的大陆架和专属经济区海域。[12]

对此,法院指出,乌克兰并没有提出,根据国际法,在一国的领海与另一国的专属经济区和大陆架之间,原则上不能有进行划分的分界线;而是提出,前述《补充协定》第4(h)条表明,双方无意就所涉蛇岛领海的外部界限进行划界。[13]

法院认为,就分界线两侧是否始终需要有大陆架和专属经济区而言,《补充协定》第4(h)条的措辞并没有倾向性(neutral),需要按照《补充协定》的目的和宗旨并在其上下文中予以解释。双方的《补充协定》和《睦邻友好和合作关系条约》同日缔结。《睦邻友好和合作关系条约》第2条第2款规定,双方应另外达成《边界制度条约》,并"解决双方在黑海的专属经济区和大陆架的划界问题"。《补充协定》第4条还规定,双方应就划界协定进行谈判。法院认为,双方旨在全面解决所有的边界问题,无论是陆地还是海洋。如果按照乌克兰的狭义解释,法院将不能"解决双方的划界问题"。[14]

法院得出结论,其并没有双方领海划分的管辖权,而有双方大陆架和专属经济区划分的管辖权。由于双方未能达成任何专属经济区和大陆架的划界协定,法院将解决双方所有尚未解决的此类事项。[15] 因此,就分界线的某一段可能导致一国的大陆架和专属经济区与另一国领海向海面界限的划界而言,法院可以对此行使管辖权。[16]

---

[12] Maritime Delimitation in the Black Sea (Romania v. Ukraine), Judgment, I. C. J. Reports 2009, para. 24.

[13] Ibid., para. 26. 法院在此援引尼加拉瓜和洪都拉斯在加勒比海的领土和海洋争端案指出,该案已经就这种分界线作出了判决。See Territorial and Maritime Dispute Between Nicaragua and Honduras in the Caribbean Sea, Judgment of 8 October 2007.

[14] Maritime Delimitation in the Black Sea (Romania v. Ukraine), Judgment, I. C. J. Reports 2009, para. 27.

[15] Ibid., para. 29.

[16] Ibid., para. 30.

（二）本案的适用法

就本案的适用法而言，双方主要存在三个争议点。

罗马尼亚提出，第一，双方同意，罗马尼亚和苏联于1949年、1963年和1974年所达成的纪要是有拘束力的协定。[17] 这些协定以及2003年《边界制度条约》，确定了海域边界的起始部分，应作为1982年《联合国海洋法公约》第74条第4款、第83条第4款意义上"关于划界的协定"予以考虑。法院应保证其适用。[18] 第二，1997年《补充协定》第4条所承认的原则，不仅适用于双方的外交谈判，也适用于法院对本争端的最终解决。这类原则包括：《联合国海洋法公约》第121条及其国家实践和国际司法判决；相邻海域的等距离线和相向海域的中间线；公平原则和比例方法，及其国家实践和国际司法判决；任一方不得质疑所划界海域相邻领土的主权；考虑所划界海域的特殊情况。[19] 如果双方旨在限制其适用，则《补充协定》应有明确规定。[20] 第三，乌克兰接受《补充协定》所规定的划界原则，特别是《公约》第121条第3款在划界中的可适用性。而罗马尼亚在签署和批准《公约》时曾经作出声明："无人居住的没有经济生活的岛屿，绝不影响属于沿海国大陆海岸的海域的划界。"因此，蛇岛除了对双方领海划界的效力，再无其他效力。[21]

乌克兰对罗马尼亚的上述主张全部否认。乌克兰特别提出，罗马尼亚关于《公约》第121条的声明不同于保留，"并不修改所指条约的法律效力"，也未要求其他缔约方作出任何答复。因此，法院不必考虑罗马尼亚的声明。[22]

对于双方生效的协定，法院认为，其是否构成《公约》第74条第4款和第83条第4款意义上的划界协定，取决于法院如何处理罗马尼亚的

---

[17] Maritime Delimitation in the Black Sea (Romania v. Ukraine), Judgment, I. C. J. Reports 2009, para. 32.
[18] Ibid.
[19] Ibid., para. 33.
[20] Ibid., para. 34.
[21] Ibid., para. 35.
[22] Ibid., para. 39.

主张，即这类协定是否确立了有待法院决定的海域边界的起始部分。[23]

对于《补充协议》第4（a）条至第4（e）条所述原则，法院指出，该条款的前言规定，双方应根据这类原则和程序就划界协定进行"谈判"，表明双方旨在谈判中考虑这类原则，而不是对法院适用法的规定。法院同时指出，在作为相关国际法规则一部分的范围内，这类原则自身仍然可能被适用。鉴于《公约》对双方都已生效，法院将适用该《公约》第74条第1款和第83条第1款所确定的海洋划界原则。[24]

对于罗马尼亚的前述声明，法院指出，根据《公约》第310条的规定，这种声明应无意排除或改变《公约》适用于缔约国的法律效力。因此，法院将按照1969年《维也纳条约法公约》第31条对《公约》的相关规定及其案例法进行解释和适用，罗马尼亚的声明自身对法院的解释没有影响。[25]

三、实体问题的推理和判决

法院针对双方的主张[26]，依次审理了以下问题。

（一）双方现有的海洋划界

对于蛇岛周围是否已达成全面的海域边界，以及划界的起点，双方存在分歧。主要争议点在于：一是按照双方已确定的陆地和领海边界，确定划界的起点；二是蛇岛周围是否已达成海域边界及其性质，特别是是否存在乌克兰领海与罗马尼亚大陆架和专属经济区的划分。[27]

1. 双方已达成边界的范围

罗马尼亚提出，尽管双方海域边界的终点并未被具体的地理坐标指明，但1949年《总纪要》（the General Procès-Verbal of 1949）确定了双

---

[23] Maritime Delimitation in the Black Sea (Romania v. Ukraine), Judgment, I. C. J. Reports 2009, para. 40.

[24] Ibid., para. 41.

[25] Ibid., para. 42.

[26] 双方的主张，其图示参见 Judgment, p. 12, available at https：//www.icj-cij.org/public/files/case-related/132/132-20090203-JUD-01-00-EN.pdf。

[27] Maritime Delimitation in the Black Sea (Romania v. Ukraine), Judgment, I. C. J. Reports 2009, para. 43.

方已达成边界的范围。[28]

法院指出,1949 年《总纪要》作为苏联—罗马尼亚联合边界委员会的工作成果,是 1948 年《议定书》的实施。[29] 1948 年《议定书》规定:"蛇岛位于黑海,在多瑙河河口以东,归于(苏联)。"[30] 1949 年 9 月《国家边界叙述纪要》(Procès-Verbal of the Description of the State Boundary)则包含了对上述边界的叙述,该国界线从第 1052 界址标志(boundary mark)开始直至第 1439 界址点(border point),同时涉及国家边境地区的陆地边界和直至 1439 点的海洋边界。[31]

在 1439 界址点相关的单独纪要中,其示意图(sketch-maps)显示的边界线使用了相同的界址点:自河口(1437 点)沿海岸线至 1438 点,并延伸到 1439 界址点;随后超出环蛇岛的弧线 5 海里,直至弧线结束的点,该点位于单独纪要所附示意图的边缘。[32]

此后,双方经过系列纪要和条约,最终达成了 2003 年《边界制度条约》,参照包括 1961 年条约在内的历次划界文件,并规定:"从 1439 界址标志(浮标),该点位于乌克兰蛇岛的领海的外部界限上,直至北纬 45°05′21″、东经 30°02′27″的点,该点是罗马尼亚国界穿过蛇岛领海外部界限的交会点。"[33]

罗马尼亚以"从"(from)、"继续沿着海域边界区的外缘"(goes on the exterior margin of the marine boundary zone)等措辞为依据,提出环蛇岛 12 海里弧线的终点即 X 点是已达成边界的终点。

法院认为,这种主张不能成立。罗马尼亚论点存在的主要问题,是其论点不能被 1948—1949 年划界过程所证实,就蛇岛以东的点而言也未达成协定。[34] 第一,同时期的地图和示意图都未到达 X 点附近。第二,相关协定都是关于"国界"(State borders),这种表达难以适用于陆地领土以外的区域,包括领海。第三,1949 年《总纪要》以及后续协定并未

---

[28] Maritime Delimitation in the Black Sea (Romania v. Ukraine), Judgment, I. C. J. Reports 2009, para. 47.
[29] Ibid., para. 55.
[30] Ibid., para. 56.
[31] Ibid., para. 57.
[32] Ibid., para. 59.
[33] Ibid., paras. 60-61.
[34] Ibid., para. 65.

指明终点，1439界址点也不是终点，关于1439界址点的《总纪要》所附示意图的确指出了终点可能出现的位置。但是，134图更清晰和权威地指出了稍有不同的位置。与示意图不同，134图是1949年《总纪要》的一部分，标明了1438和1439边界标志，只有一小段弧线超出了1439界址点。最后，尽管134图的其他部分直至地图的边缘，该弧线结束的点却并非如此。实际上，该点非常接近罗马尼亚12海里领海与环蛇岛12海里弧线交会之处。134图上弧线的终点和2003年《边界制度条约》的相关坐标相差250米。[35]

因此，1949年，双方同意国界从1439界址点开始，继之以环蛇岛12海里弧线，但没有指明任何终点。而根据2003年《边界制度条约》第1条，双方国界的终点位于双方领海边界交会的点，法院称该点为"点1"（point 1）。[36]

2. 乌克兰的领海与罗马尼亚的专属经济区和大陆架是否已划定边界线

《公约》第74条第4款和第83条第4款规定，如果有关国家间存在现行有效的协定，关于划定专属经济区和大陆架的界限问题，应"按照该协定的规定加以决定"。法院指出，两条款中的"协定"是指划定专属经济区或大陆架界限的协定。国家实践表明，通过新协定以某一海域已达成的边界划定另一海域是可行的，这通常发生于国家同意将其大陆架边界适用于专属经济区。同样，如果国家有意将其已达成的领海边界用于大陆架和/或专属经济区的划定过程，也将为此达成新的协定。[37]

本案中，1949年诸协定并未提到大陆架或专属经济区，只有1997年《补充协定》明确涉及大陆架和专属经济区的划界。但该《补充协定》也没有确立大陆架和专属经济区的边界，所规定的在划界谈判中应予以考虑的因素中，也没有提到现有的协定。因此，1949年协定并不属于《公约》第74条或第83条意义上的协定。[38]

进一步的问题在于，根据《公约》第311条第2款，就超出领海的

---

[35] Maritime Delimitation in the Black Sea (Romania v. Ukraine), Judgment, I. C. J. Reports 2009, para. 64.

[36] Ibid., para. 66.

[37] Ibid., para. 69.

[38] Ibid., para. 70.

海域而言，苏联在 1949 年是否放弃（renounce）了当时和以后可能有的权利？1949 年诸协定并未明确规定对这类海域的权利放弃问题，因此需要考虑是否存在默示的（implied）放弃。

罗马尼亚提供了苏联、乌克兰等在 1949 年诸协定之后的地图，地图都超出了双方 12 海里领海的交会点。法院认为，苏联当时的目标是通过条约巩固和稳定其已经获得的领土，包括蛇岛。就 1949 年协定所规定蛇岛弧线的意义而言，2003 年《边界制度条约》第 1 条明确规定，"缔约双方的领海自基线起测量，在其外部界限的交会点，应永久具有 12 海里的宽度"。无论罗马尼亚的海岸线或基线如何变动，环蛇岛的 12 海里弧线绝不能被罗马尼亚的领海所侵蚀。[39] 法院进一步认为，蛇岛的 12 海里弧线在处理国界问题的地图中出现，只是表示领海向海面的界限。苏联在 1949 年诸协定中承认其国界沿着蛇岛领海的外部界限，并不意味着苏联因此放弃了对其他海域的权利依据（entitlements）。[40]

因此，与 1949 年诸协定相关的，仅仅是苏联和罗马尼亚沿着蛇岛 12 海里界限对国界的划定。苏联并未丧失 12 海里领海之外其他任何海域的权利依据。就大陆架和专属经济区的划界而言，双方并不存在任何有效的协定。[41]

（二）相关海岸和相关海域

1. 相关海岸

法院指出，国家对大陆架和专属经济区的权利依据，通过海岸或海岸线的投影，以陆地决定海洋原则作为基础。就双方能据以生成国家对大陆架和专属经济区的各种权利（rights）的海岸而言，由于划界的任务是通过绘制相关海域的分割线以解决双方相重叠的诉求，重要问题就在于确定其投影相重叠的海岸。[42] 确定相关海岸具有两个不同而密切有关的作用，一是确定在案件的具体情况下何者构成了相重叠的海域诉求；二是在划界过程的第三和最终阶段，以各自海岸长度之比及分界线两侧

---

[39] Maritime Delimitation in the Black Sea (Romania v. Ukraine), Judgment, I. C. J. Reports 2009, paras. 71-75.
[40] Ibid., para. 75.
[41] Ibid., para. 76.
[42] Ibid., para. 77.

海域面积之比，检验是否存在不符合比例之处。[43]

　　法院简述了双方各自对相关海岸的立场。[44] 双方同意，罗马尼亚的整个海岸构成了就划界而言的相关海岸。其中，罗马尼亚海岸的第一段，自乌克兰界河的终点至萨卡林半岛（Sacalin Peninsula）为止，具有双重性质，其既是乌克兰北部海岸的相邻海岸，也是克里米亚半岛海岸的相向海岸。法院按照其整体走向，确定罗马尼亚相关海岸的长度约为 248 千米。[45]

　　双方都认为乌克兰的相关海岸包括：在塔尔汗库特角（Cape Tarkhankut）和萨利赫角（Cape Sarych）之间的克里米亚半岛；以及从双方共同的领土边界起向北延伸一小段距离，继而沿东非方向直至涅斯特鲁/第聂伯河峡湾（Nistru/Dniester Firth，罗马尼亚称之为"S 点"）。[46]

　　双方的分歧，涉及从 S 点开始延伸至塔尔汗库特角的海岸。[47] 对此争议点，法院首先回顾了两项支撑其案例法的原则：一是陆地决定海洋，海岸向海方向的投影生成了对海域的诉求；二是与划界相关的海岸，所生成的投影应与另一方海岸的投影相重叠。[48]

　　法院没有接受乌克兰的主张，即卡尔基尼斯基海湾（Karkinits'ka Gulf）的海岸构成了相关海岸的一部分。法院认为，该海湾的海岸彼此相对，其海底延伸也未与罗马尼亚海岸的延伸相重叠。卡尔基尼斯基海湾的海岸并未投影到有待划定的海域范围内。同样，雅霍伊斯基海湾（Yahorlyts'ka Gulf）的海岸线和第聂伯河峡湾也不会被法院考虑。[49]

　　同时，法院在卡尔基尼斯基海湾的入口处画了一条线，起点是普利波易利角（Cape Priboiny），该角位于塔尔汗库特斯基（Tarkhankuts'ky Peninsula）半岛的西北端、塔尔汗库特角的略偏北方向；终点是面向待划界海域的乌克兰北部海岸的东端。法院认为，如此处理诸如卡尔基尼斯基海湾这样重要的地形，有助于明确哪些海岸将不予考虑，以及哪些

[43]　Maritime Delimitation in the Black Sea (Romania v. Ukraine), Judgment, I. C. J. Reports 2009, para. 78.
[44]　Ibid., paras. 80-87, 90-97.
[45]　Ibid., para. 88.
[46]　Ibid., paras. 90-94.
[47]　Ibid., para. 98.
[48]　Ibid., para. 99.
[49]　Ibid., para. 100.

海域不属于相关海域。但是，这条线作为卡尔基尼斯基海湾的"替代"，其自身并不能投影到有待划界的海域范围内，也不能生成对任何海域的权利依据。法院在计算乌克兰相关海岸的总长度时，没有将这条线包括在内。[50]

对于 S 点和塔尔汗库特角之间的乌克兰海岸的剩余部分，法院注意到，黑海的西北部分最宽处略宽于 200 海里，而自北至南的宽度不超过 200 海里。由于这一地理构造，乌克兰朝南的海岸所生成的投影与罗马尼亚海岸的投影相重叠。因此，法院将乌克兰这部分的海岸视为相关海岸。[51]

此外，法院认为，除了蛇岛是否作为基点的问题，蛇岛的海岸很短，对双方相关海岸的总长度没有实际影响。[52]

综上，乌克兰相关海岸的长度约为 705 千米，[53] 法院还认定了双方的相关海岸[54]。

2. 相关海域

法院认为，"相关海域"的法律概念应作为海洋划界方法的一部分。一是依据在整体地理环境中相关海岸的构造，以及构成其向海投影的方式，相关海域可能包括某些海域而排除那些与本案无密切关系的海域。二是相关海域与划界方法的最后阶段，即与对不成比例（disproportionality）的核实有关。[55] 法院进一步指出，就划界过程的最后阶段而言，对相关海域的计算并不意味着精确，而是大体上的。划界的目标是实现公平划界，而不是海域的平等分配。[56]

对于黑海北部的相关海域，如前所述，法院认为从 S 点至塔尔汗库特角一线以北的乌克兰海岸属于相关海岸。因此，位于该海岸正南方的海域属于划界海域的范围，但不包括法院在入口画了一条线的卡尔基尼

---

[50] Maritime Delimitation in the Black Sea (Romania v. Ukraine), Judgment, I. C. J. Reports 2009, para. 100.

[51] Ibid., para. 101.

[52] Ibid., para. 102.

[53] Ibid., para. 103.

[54] 其图示参见 Judgment, p. 37, available at https://www.icj-cij.org/public/files/case-related/132/132-20090203-JUD-01-00-EN.pdf。

[55] Maritime Delimitation in the Black Sea (Romania v. Ukraine), Judgment, I. C. J. Reports 2009, para. 110.

[56] Ibid., para. 111.

斯基海湾。

对于相关海域的南部界限，因保加利亚和土耳其位于黑海以南，划界将局限于任何可能涉及第三方利益的海域以北。双方对西南和东南的"三角地"（triangle）是否应作为相关海域存在分歧。法院指出，在这两个三角地，罗马尼亚和乌克兰的海域权利依据都相重叠。在西南的三角地，以及在东南三角地西端的一小块海域，可能涉及第三方的权利依据。不过，仅为了大体上确认双方相重叠权利依据的目的，可以将这类海域作为相关海域，而不会影响第三方的权利依据。根据这些考虑，法院认为，在本案情况下将西南和东南的三角地纳入相关海域的计算是适当的。[57]。

（三）划界方法和划界阶段

法院在其案例法的基础上详述了划界方法，并运用到本案的划界阶段中。

1. 划界方法

划界的第一阶段，法院将运用具有几何上的客观性同时又适合所划界海域地理的方法，确立一条临时分界线。就相邻海岸而言，除非在特定案件中有充分理由，将以等距离线作为临时分界线。就相向海岸而言，将以两海岸的中间线作为临时分界线（the provisional delimitation line）。由于划界方法相同，"等距离线"和"中间线"的不同措辞并不会产生不同的法律后果。[58] 在此阶段，法院不会涉及任何可能的相关情况（relevant circumstances），临时分界线以客观数据为依据严格按照几何学标准进行绘制。[59]

在构建单一目的的分界线时，法院可能会在一定程度上偏离双方为其领海选择的基点。就构建相邻国家间的临时等距离线而言，法院为此目的选择其基点时，将考虑双方的海岸线。等距离线和中间线将从两国海岸最适当的点开始构建，并特别注意那些位置最接近所划界海域的凸

---

[57] Maritime Delimitation in the Black Sea (Romania v. Ukraine), Judgment, I. C. J. Reports 2009, paras. 112-114. 双方相关海域的图示参见 Judgment, p. 45, available at https://www.icj-cij.org/public/files/case-related/132/132-20090203-JUD-01-00-EN.pdf。

[58] Ibid., para. 116.

[59] Ibid., paras. 118-119.

出的海岸点。以此采用的临时等距离线,在很大程度上取决于双方海岸的自然地形和最临海的点。[60]

根据《公约》第74条和第83条,最后确定的分界线应公平地解决争端。在第二阶段,法院应考虑是否存在要求对临时等距离线进行调整或改变的因素,以实现公平结果。法院也表明,在分界线涉及多个管辖权重叠的区域时,"所谓公平原则/相关情况方法通常可用,因为在这类海域该方法也能实现公平的结果"。[61]

最后,在第三阶段,法院对双方相关海岸的长度比和参照分界线各自相关海域的面积比,核实是否因存在显著的不成比例,使分界线导致不公平的结果。这不是表明双方各自的海域应与其海岸长度具有比例关系,正如法院所述:"海域的分享因此是划界的结果,而不是相反。"[62]

2. 确立临时等距离线

在此阶段,法院确认双方相关海岸的适当基点以及在海岸走向上具有显著改变的海岸,以此方式连接所有这类基点的线所形成的几何图形体现了海岸线的整体走向。

法院指出,本案中的地形显示,相关海岸生成相重叠权利依据范围的能力表明存在两种海域,其中的海岸分别相邻或相向。首先,就罗马尼亚的海岸而言,由于该海岸与乌克兰的海岸既相邻又相向,等距离线和中间线得以确立的重要基点是相同的。其次,由于乌克兰的海岸由两部分组成,分别与罗马尼亚的海岸相邻或相向,所以应据此分别确定其基点。再次,应确认海岸在何处从相邻转为相向,从而导致等距离线走向的改变。最后,法院需要考虑蛇岛在基点的选择中是否具有相关性。[63]

自罗马尼亚和保加利亚边界开始的罗马尼亚海岸,在萨卡林半岛几乎垂直地折向北方,而罗马尼亚和乌克兰的海岸彼此相向。法院认为,萨卡林半岛在高潮时也高出水面,属于陆地并且构成了罗马尼亚大陆的

---

[60] Maritime Delimitation in the Black Sea (Romania v. Ukraine), Judgment, I. C. J. Reports 2009, para. 117.

[61] Territorial and Maritime Dispute Between Nicaragua and Honduras in the Caribbean Sea (Nicaragua v. Honduras), Judgment, I. C. J. Reports 2007 (Ⅱ), p. 741, para. 271.

[62] Maritime Delimitation in the Area Between Greenland and Jan Mayen (Denmark v. Norway), Judgment, I. C. J. Reports 1993, p. 67, para. 64.

[63] Maritime Delimitation in the Black Sea (Romania v. Ukraine), Judgment, I. C. J. Reports 2009, paras. 127-128.

一部分。该半岛的地形特征及其可能的沙地性质,并不影响其与海洋划界有关的自然地形要素。就确定临时等距离线而言,选择在萨卡林半岛上的基点(北纬 44°50′28″、东经 29°36′52″)是适当的,该基点也恰好与罗马尼亚根据《公约》第 16 条向联合国通报的基点相符合。[64]

接着的问题在于,是否可以选择罗马尼亚位于穆苏拉海湾(Musura Bay)海岸上一个地点作为基点。穆苏拉海湾的南岬是罗马尼亚海岸向克里米亚半岛方向最突出的部分,并且位于双方海岸相邻的海域,这两个地形特征使其可能被选择为基点。不过,由于穆苏拉海湾的南岬建有一道 7.5 千米长向海延伸的苏里纳堤坝(Sulina dyke),必须在该堤坝向海一端和连接大陆的一端之间作出选择。[65]

鉴于大陆架和专属经济区的宽度自领海基线开始测量,法院首先考虑,是否可以将苏里纳堤坝视为《公约》第 11 条意义上的"构成海港体系组成部分的永久海港工程"。法院忆及该条涉及领海划界问题,规定如下:

> 为了划定领海的目的,构成海港体系组成部分的最外部永久海港工程被视为海岸的一部分。近岸设施和人工岛屿不应被视为永久海港工程。[66]

苏里纳堤坝无疑具有永久性,法院考察了该建筑是否能被描述为"构成海港体系组成部分"。法院指出,苏里纳堤坝的功能与港口不同,本案中的苏里纳堤坝用于保护前往多瑙河河口的航运以及位于该河口的港口。法院认为,有理由以个案方式解决这一问题;而《公约》的缔约准备工作并未排除对"海港工程"进行严格解释的可能性,在问题涉及划分领海向海面的海域时,更是如此。[67]

对于将苏里纳堤坝用作划界的基点,法院考虑了罗马尼亚根据《公约》第 16 条向联合国发出的通知是否具有相关性。罗马尼亚在该通知中,将苏里纳堤坝向海一端作为绘制其领海基线的基点。乌克兰对这类

---

[64] Maritime Delimitation in the Black Sea (Romania v. Ukraine), Judgment, I. C. J. Reports 2009, para. 129.
[65] Ibid., para. 130.
[66] Ibid., para. 132.
[67] Ibid., para. 134.

基点的选择没有提出反对意见。[68]《公约》第 16 条规定，"测算领海宽度的基线……和（领海的）分界线应在海图上标出"，而且"沿海国应将各该海图或坐标表的一份副本交存于联合国秘书长"。由于《公约》第 57 条和第 76 条第 1 款均规定，这类海域可以"从测算领海宽度的基线量起"，延伸至 200 海里的距离，问题在于，就本划界而言是否必须保留苏里纳堤坝向海一端。[69]

法院指出，为测量大陆架和专属经济区宽度而确定的基点，和为划分相邻/相向国家大陆架和专属经济区而确认用于绘制等距离线/中间线的基点，是两个不同的问题。在第一种情况下，根据《公约》第 7 条、第 9 条、第 10 条、第 12 条和第 15 条的规定，沿海国可以确定相关的基点。不过，沿海国确定其基点总会有国际层面的问题。在第二种情况下，海洋划界涉及两个或两个以上国家，法院不应仅以当事一方选择的基点作为依据。在划分大陆架和专属经济区时，法院必须参考相关海岸的自然地形来选择基点。[70]

就作为构建临时等距离线的相关基点而言，关于苏里纳堤坝向海一端所具备的具体特征，法院指出，无论该堤坝的长度，并没有令人信服的证据证明该堤坝直接用于港口活动。因此，法院不认为苏里纳堤坝向海一端是临时等距离线适当的基点。另外，虽然苏里纳堤坝向陆地一端可能不是罗马尼亚大陆的组成部分，但的确是该大陆上的一个固定点。就划界第一阶段的相关基点而言，与苏里纳堤坝向海一端不同，其向陆地一端的有利之处在于，不会使建筑设施具有比大陆自然地形更大程度的重要性。[71] 法院认为，苏里纳堤坝连接罗马尼亚大陆的向陆地一端应作为确立临时等距离线的基点。

法院因此以萨卡林半岛和苏里纳堤坝向陆地一端作为罗马尼亚海岸的基点。[72]

对于乌克兰海岸的相关基点，法院认为，在相邻部分采用乌克兰一侧的茨冈卡岛（Tsyganka Island）的东南端是适当的，该东南端正好与

---

[68] Maritime Delimitation in the Black Sea (Romania v. Ukraine), Judgment, I. C. J. Reports 2009, para. 135.
[69] Ibid., para. 136.
[70] Ibid., para. 137.
[71] Ibid., paras. 138-139.
[72] Ibid., para. 141.

罗马尼亚的苏里纳堤坝向陆地一端相对应。其位置也很重要，因为该东南端是乌克兰海岸在此相邻海域最突出的点。[73] 在相向海岸部分，塔尔汗库特角是克里米亚海岸面向罗马尼亚海岸最临海的点，克里米亚海岸线在此显著突出，其形状使塔尔汗库特角成为适当的相关基点。克里米亚海岸向海显著突出的另一个点是赫尔松涅斯角（Cape Khersones），这一地形也使该角成为所选择的相关基点。因此，法院以茨冈卡岛、塔尔汗库特角以及赫尔松涅斯角作为乌克兰海岸的基点。[74]

对于蛇岛是否可以作为临时等距离线的基点问题，法院指出，在有些情况下，沿海岛屿会被视为一国海岸的一部分，特别是在海岸由一连串链式岛屿（fringe islands）构成的时候。因此，在厄立特里亚/也门仲裁案（第二阶段：厄立特里亚和也门海洋划界仲裁案）中，仲裁庭认为某些链式岛屿构成了当事一方海岸线的组成部分，而将基点置于链式岛屿的低潮线上。但是，蛇岛是一个单独的岛屿，距离大陆约20海里，并不能成为构成乌克兰"海岸"的链式岛屿之一。将蛇岛作为海岸的相关部分，相当于将外来因素"嫁接"到乌克兰的海岸线上（grafting an extraneous element onto Ukraine's coastline），结果成为司法意义上的地理重塑（a judicial refashioning of geography），而这在海洋划界的法律或实践中都没有依据。因此，法院认为，蛇岛不能作为构成乌克兰海岸构造的一部分，也不应将蛇岛的任何地点选择为临时等距离线的基点。在基点选择的基础上，法院确定了临时等距离线。[75]

3. 相关情况

法院援引其先前的案例法指出，绘制临时等距离线后，法院应"接着（考虑）是否存在要求对该等距离线进行调整或改变的因素，以实现'公平结果'"。自北海大陆架案以来，法院的案例法通常将这类因素称为"相关情况"。其作用在于，对运用几何方法以当事双方海岸上的确定基点所绘制的临时等距离线，根据案件的特定情况核实其是否公平。如果存在不公平，法院应调整该临时等距离线，以实现《公约》第74

---

[73] Maritime Delimitation in the Black Sea (Romania v. Ukraine), Judgment, I. C. J. Reports 2009, paras. 142-144.
[74] Ibid., paras. 145-148.
[75] Ibid., p. 57.

条和第83条所要求的"公平解决"。[76]

法院根据自身绘制的临时等距离线考虑了双方所提出的因素。

一是海岸长度的不成比例（disproportion between lengths of coasts）。法院指出，海岸各自的长度在确认临时等距离线的过程中并不能起到作用。划界与资源或海域的分配相比具有不同的功能。在临时等距离线最初确立的过程中，并不存在比例原则。如果双方海岸的长度差距显著，法院可能会选择将这一地形事实作为相关情况，要求对临时等距离线进行某些调整。

法院回顾了先前案件对比例问题的判决后进一步指出，在缅因湾区域海洋边界划界案（加拿大/美国）中，法院认为"在某些情况下，同一划界海域的两国海岸长度的不对等，仍可能产生适当的后果"[77]。但值得指出，法院是在讨论何者构成"国际海域划界可能考虑的公平标准"的情况下如此阐明的：[78]

> 考虑到双方各自海岸的长度自身并不是一种作为划界直接依据的标准，也不是可用于实施划界的方法。法院承认，提出这一概念主要是作为一种手段，并且通过运用与该概念无关的方法，以核实依据其他标准初步确立的临时划界线，能否被视为符合特定案件的某些地形特征，以及对临时分界线作出相应调整是否合理。法院在此方面的看法可概括为，肯定不能通过双方在相关海域各自海岸的长度比直接划分所争议的海域，但同样可以肯定的是，以其他依据所实现的划界导致海岸长度存在实质性比例失调时，构成一种要求进行适当调整的情况。[79]

本案中，以法院所确定的前述相关海岸为基础，罗马尼亚和乌克兰

---

[76] Maritime Delimitation in the Black Sea (Romania v. Ukraine), Judgment, I. C. J. Reports 2009, para. 155.

[77] Delimitation of the Maritime Boundary in the Gulf of Maine Area (Canada/United States of America), Judgment, I. C. J. Reports 1984, p. 313, para. 157.

[78] Maritime Delimitation in the Black Sea (Romania v. Ukraine), Judgment, I. C. J. Reports 2009, para. 167.

[79] Delimitation of the Maritime Boundary in the Gulf of Maine Area (Canada/United States of America), Judgment, I. C. J. Reports 1984, p. 323, para. 185.

之间的海岸长度比约为 1 : 2.8。[80] 法院认为，乌克兰和罗马尼亚的相关海岸没有特别显著的差别，并不需要就此对临时等距离线进行调整。双方相关海岸的长度无疑存在差异，但法院已经排除了卡尔基尼斯基海湾的海岸。法院进一步指出，乌克兰相关海岸的相当一部分与乌克兰海岸的其他部分一样，投影的是同一个海域，这只是强化而没有扩大乌克兰的权利依据。[81]

二是黑海的封闭性质和该海域已经生效的划界。法院分析了两项涉及黑海的划界协定。第一项是 1978 年 6 月 23 日的《黑海大陆架划界协定》，由土耳其和苏联缔结。第二项是土耳其和保加利亚于 1997 年 12 月 4 日签署的协定，确定了瑞佐伍斯卡/穆特鲁德拉河（Rezovska/Mutludere River）河口区域的边界，划分了两国在黑海的海域。法院在考虑本案单一海域边界的端点时，将考虑土耳其和保加利亚之间以及土耳其和乌克兰之间已达成的海洋划界。不过，法院认为，鉴于前述划界协定以及黑海的封闭性质，无须对临时等距离线进行调整。[82]

三是对蛇岛的恰当定性，以及蛇岛在黑海大陆架和专属经济区划界中的作用。

在划界的第二阶段，由于临时分界线附近存在小岛，法院可能被要求决定是否对该临时分界线进行调整。如国际法院的案例所示，如果会对临时分界线造成不成比例的影响，有时法院不会考虑非常小的岛屿，或者不赋予这类岛屿完全的对海域的权利依据。[83] 在第一阶段，法院已经确定，蛇岛不能作为构建临时等距离线的基点，因为蛇岛并未构成海岸整体构造（the general configuration of the coast）的一部分。在第二阶段，法院需要确定，存在于海洋划界区域的蛇岛是否构成要求调整临时分界线的相关情况。

本案中所有有待划界的海域，都位于从双方大陆海岸生成的大陆架和专属经济区的范围内，而且距离乌克兰大陆海岸都不超过 200 海里。法院注意到，蛇岛位于乌克兰大陆海岸以东约 20 海里处，位于多瑙河三角洲区域。鉴于这一地理构造，以及在乌克兰与罗马尼亚划界的情况下

---

[80] Maritime Delimitation in the Black Sea (Romania v. Ukraine), Judgment, I. C. J. Reports 2009, paras. 104-105.
[81] Ibid., para. 168.
[82] Ibid., para. 177.
[83] Ibid., para. 185.

法院已经确认了划界海域的南部界限，任何可能由蛇岛生成的大陆架和专属经济区，都不会投影到乌克兰大陆海岸所生成权利依据的范围之外。而且，蛇岛向东可能生成的任何权利依据，都完全被乌克兰西部和东部大陆海岸生成的权利依据所包容。法院还注意到，即使乌克兰认为蛇岛符合《公约》第 121 条第 2 款的规定，乌克兰也没有因为存在于划界海域的蛇岛而将相关海域扩大到其大陆海岸所生成权利依据的范围外。[84]

鉴于上述，法院无须考虑蛇岛是否属于《公约》第 121 条第 2 款或第 3 款的范围，也不必考虑其是否与本案有关。除了因蛇岛的 12 海里领海弧线而产生的影响，蛇岛不应对本案的划界产生影响。[85]

此外，法院还简明考虑了其他可能作为相关情况的因素。对于双方的行为，诸如石油和天然气特许权，渔业活动和海军巡逻等，[86] 法院指出，如专属经济区和大陆架划界争端案（巴巴多斯诉特立尼达和多巴哥）附件七仲裁所述，"国际性法院和法庭一直更为谨慎地对待与资源有关的标准，一般而言并不将这一因素作为相关情况予以适用"[87]，双方所述的国家活动并不构成本案中的相关情况。[88] 对于截断效果（cutting off effect），法院指出，法院绘制的临时等距离线避免了此类缺失，以合理和相互平衡的方式使双方的相邻海岸能够就海域权利依据而言产生效力。因此，法院认为无须因截断效果对临时等距离线进行调整。[89] 对于安全考虑，法院提出的临时等距离线充分尊重了双方正当的安全利益。因此，没有必要依据安全考虑对临时等距离线进行调整。[90]

根据上述，法院认为没有必要对临时等距离线进行调整。

4. 不成比例检验（the disproportionality test）

法院参考了双方各自的海岸长度以及海域分配，对分界线是否会导致任何显著的不成比例进行核实。法院同意以下意见：

---

[84] Maritime Delimitation in the Black Sea (Romania v. Ukraine), Judgment, I. C. J. Reports 2009, para. 187.
[85] Ibid., para. 188.
[86] Ibid., paras. 189-192.
[87] Award of 11 April 2006, RIAA, Vol. XXVII, p. 214, para. 241.
[88] Maritime Delimitation in the Black Sea (Romania v. Ukraine), Judgment, I. C. J. Reports 2009, para. 198.
[89] Ibid., para. 201.
[90] Ibid., para. 204.

是不成比例而不是任何一般性的比例原则构成了相关标准或因素……绝不会是在性质上完全重塑的问题……这是一个纠正不成比例以及由特定地形构造或特征所产生的不公平效果问题。[91]

大陆架和专属经济区不是按照双方各自海岸线长度的比例来分配。相反，法院将在事后核实其构建的分界线是否公平。[92] 这种核实只能是大概意义上的。对海岸长度的评估曾经运用了不同的技术，而国际法一直没有明确要求，是否应遵循实际的海岸线，或者应使用基线，或者应当将与内水有关的海岸排除在外。

法院不能不指出，对于何种海岸长度的差别可以构成显著的不成比例，从而表明分界线不公平并要求进行调整这一问题，多年来各法庭以及国际法院自身都曾得出不同的结论。在每个案件中，这仍然是有待法院评估的问题，应参考有关区域的整体地形加以考虑。[93]

本案中，法院依据各个海岸的大体走向对其进行了测量。法院没有使用双方所建议的基线，也未包括海湾或深水湾水域旁边的海岸线。鉴于本划界最后阶段的目的是保证没有明显的不成比例，这类测量必然是不精确的。法院在第三阶段指出，罗马尼亚和乌克兰各自海岸长度的比例约为1：2.8，而罗马尼亚和乌克兰相关海域的比例约为1：2.1。因此，所构建并且已经慎重对相关情况进行核实的分界线，无须作出任何改变。[94]

（四）划分大陆架和专属经济区的海域边界

法院指出，划分大陆架和专属经济区的海域边界不能归为区分国家领土的国界。海域边界确定了海洋区域的界限，沿海国根据国际法享有特定目的的主权权利。国界确定了国家主权的领土界限。因此，可以采

---

[91] Anglo-French Continental Shelf Case, RIAA, Vol. XXIII, p. 58, para. 101.
[92] Maritime Delimitation in the Black Sea (Romania v. Ukraine), Judgment, I. C. J. Reports 2009, para. 211.
[93] Ibid., paras. 212-213.
[94] Ibid., paras. 214-216.

用划分专属经济区和大陆架的海域边界这一措辞,其性质并不存在混淆。[95]

法院确立的海域边界线从点 1 开始,点 1 是罗马尼亚领海的外部界限与乌克兰环蛇岛领海的交会点,也是 2003 年《边界制度条约》第 1 条规定的地点。从点 1 开始,海域边界线沿蛇岛 12 海里领海弧线前行,直至该弧线与从罗马尼亚和乌克兰相邻海岸开始的等距离线的交会点,即点 2。该等距离线参照苏里纳堤坝向陆地一端和茨冈卡岛东南端的各个基点所划分。从点 2 开始,海域边界线继续沿着等距离线向东南方向前行,直至点 3,亦即临时等距离线的 A 点。在点 3,该等距离线受到位于萨卡林半岛上的基点的影响。[96]

从点 3 开始,海域分界线沿着等距离线向东南方向前进直至点 4,亦即临时等距离线的 B 点。在点 4,该等距离线受到乌克兰相向海岸的塔尔汗库特角上的基点的影响,并转向东—南—南方向。从点 4 开始,海域边界线沿着罗马尼亚和乌克兰相向海岸的等距离线前行,直到点 5,亦即临时等距离线的 C 点。点 5 受罗马尼亚海岸的萨卡林半岛以及乌克兰海岸的塔尔汗库特角和赫尔松涅斯角上的基点控制。从点 5 开始,海域边界线继续沿着等距离线向南前行,直至抵达第三国权利可能受到影响的海域。[97]

(五) 判决主文

法院以全体一致的方式通过了最终判决,其主文如下:

> 法院一致判决,罗马尼亚和乌克兰在黑海的大陆架和专属经济区进行划分的单一海域边界应从点 1 开始,该点 1 已为双方 2003 年《边界制度条约》第 1 条所同意。从点 1 沿着乌克兰蛇岛 12 海里领海的弧线直至点 2,其坐标为北纬 45°03′18.5″、东经 30°09′24.6″。在点 2,该弧线与罗马尼亚和乌克兰相邻海

---

[95] Maritime Delimitation in the Black Sea (Romania v. Ukraine), Judgment, I. C. J. Reports 2009, para. 217.
[96] Ibid., para. 218.
[97] 法院最终确定的分界线,图示参见 Judgment, p. 76, available at https://www.icj-cij.org/public/files/case-related/132/132-20090203-JUD-01-00-EN.pdf。

岸的等距离线相交。从点 2 开始，海域边界线应沿着等距离线经过点 3，其坐标为北纬 44°46′38.7″、东经 30°58′37.3″，以及点 4，其坐标为北纬 44°44′13.4″、东经 31°10′27.7″，直至点 5，其坐标为北纬 44°02′53.0″、东经 31°24′35.0″。从点 5 开始，海域边界线按照 185°23′54.5″的大地方位角继续沿着等距离线向南，直至抵达第三国权利可能受到影响的海域。[98]

四、评 论

本案是国际法院划定单一海域边界的案件，当事双方已经完成陆地领土划界并确定海洋地物归属，是一起单纯的海洋划界案。法院在前案的基础上，对相关海岸、相关海域、划界方法和划界阶段等海洋划界问题进行了较为系统的阐述，并在不成比例检验等方面有新的发展。正如评论者指出：在黑海海洋划界案中，国际法院第一次全面地、完整地阐述了三阶段海洋划界论。[99]

法院的判决是一致通过的，没有反对意见、个别意见或声明。[100] 有本案的评论指出，本案"不太可能引发划界圈太大的兴奋和争议"[101]。实际上，尽管判决结果更大程度上符合原告罗马尼亚的主张[102]，但双方都承认判决是"客观的"。也许正因为如此，本案关于划界方法和划界阶段的阐发，为法院 2012 年领土与海洋争端案（尼加拉瓜诉哥伦比亚）、2014 年海洋争端案（秘鲁诉智利）、2018 年尼加拉瓜在边界地区进行的

---

[98] Maritime Delimitation in the Black Sea (Romania v. Ukraine), Judgment, I. C. J. Reports 2009, para. 219.

[99] 吴继陆、郑雷：《论国际海洋划界中的成比例检验问题》，《太平洋学报》2015 年第 7 期，第 3 页。

[100] 迄今国际法院没有任何反对意见、个别意见或声明的案件只有三起，另外两起分别是：Haya de la Torre (Colombia v. Peru), Request for Interpretation of the Judgment of 20 November 1950 in the Asylum Case (Colombia v. Peru)。

[101] Coalther G. Lathrop, "Maritime Delimitation in the Black Sea (Romania v. Ukraine): International Court of Justice", American Journal of International Law, Vol. 103, No. 3, 2009, p. 546.

[102] 与双方主张的海域分界线相比，两种分界线相重叠的海域部分是双方争议的实际焦点，而法院最终确定的分界线使该部分的 80% 左右归于罗马尼亚。

某些活动案（哥斯达黎加诉尼加拉瓜），国际海洋法法庭 2012 年孟加拉湾海洋划界案（孟加拉国/缅甸）、2014 年孟加拉湾海洋划界案（孟加拉国诉印度）附件七仲裁等所援引和适用。以下将依次述评本案较重要的法律发展，并就其中较为关键的争议点和结论进行评析。

第一，在管辖权、适用法、双方已达成的海域边界等问题中，都涉及双方领海的交会点和蛇岛 12 海里领海弧线终点之间的海域部分是否已经完成划界。法院认定，该海域并未完成划界，根据 2003 年《边界制度条约》第 1 条，双方国界的终点位于双方领海边界的交会点。

法院的判决有两点值得注意。一是法院区分了"国界"（或"国家边界"）和海域边界，指出划分大陆架和专属经济区的海域边界不能归为区分国家领土的国界，所谓"国界"主要适用于陆地领土（或"领陆"）区域，甚至难以适用于领海。二是法院承认没有划分双方领海的管辖权，只是划分双方的大陆架和专属经济区，而该海域涉及乌克兰蛇岛的领海及罗马尼亚的大陆架和专属经济区的划分。对此，法院仅指出：就海域分界线两侧是否始终需要有大陆架和专属经济区而言，《补充协定》第 4（h）条的措辞并不明确。实际上，法院通过对《补充协定》第 4（h）条的扩大解释，将一方领海与另一方大陆架和专属经济区的划界，归入双方大陆架和专属经济区的划界范围内。诚然，2003 年《边界制度条约》第 1 条明确规定，"缔约双方的领海自基线起应永久具有 12 海里的宽度"，由于蛇岛的领海宽度已经固定，减轻了该海域领海/大陆架和专属经济区划界的实际争端；但对于其他具有相似海洋地物和地形而没有达成领海固定宽度的争议海域来说，这就可能成为法院需要直面的问题。此外，作为解决争端的国际司法机构，法院有权对当事方提出的诉求和争端的主题事项（subject matter）进行界定和解释，但囿于管辖权同意的原则，法院也应遵循一定的限制条件。《国际法院规约》第 40 条第 1 款和《国际法院规则》第 38 条第 2 款，分别要求"争端的主题事项"和"诉求的确切性质"应在请求书中指明。即使是当事方，提出的"新诉求应内含于请求书"[103]（an additional claim must have been

---

[103] Temple of PreahVihear (Cambodia v. Thailand), Merits, Judgment, I. C. J. Reports 1962, p. 36.

implicit in the application），或 "因请求书的主题事项所涉问题而直接产生"[104]（arise directly out of the question which is the subject matter of that application）。这同样应为国际法院参照。

第二，法院在本案中系统地阐述了划界方法，并将其运用到划界阶段。与之前的案例法相比，本案明确增加了第三阶段，即不成比例检验。这种检验是指，参考双方各自的海岸长度以及海域分配，以核实分界线是否会导致任何显著的不成比例。法院指出，划界的目标不是平分海域，也不在于实现比例份额。对比例的检验自身不是一种划界方法，而是一种审核手段：对以其他方法达成分界线而归于一方或另一方的海域面积以及各自海岸的长度，审核其是否由于比例显著失调而需要调整。[105]

从本案划界的整体结构上看，法院实际上采取了六个划界步骤：确定根据双方现有协定或已经同意达成的边界，确定相关海岸和相关海域，根据整体地形和海岸构造等确立临时分界线，考虑所有相关情况予以适当调整，对分界线进行不成比例检验以及最终确定海域分界线。

在这些步骤中，一些因素或问题在多个步骤中出现，并具有不同的作用。如相关海岸、相关海域既是划界的前提基础，也会在划界阶段中再次出现。本案不仅详述了相关海岸的含义，还阐明了其具有两个不同而密切有关的作用，一是确定在案件的具体情况下何者构成了相重叠的海域权利主张；二是在划界的最后阶段，以各自海岸长度之比及分界线两侧海域面积之比，检验是否存在不符合比例之处。本案还指出，相关海域应作为海洋划界方法的一部分。一是依据在整体地理环境中相关海岸的构造及其向海投影的方式，排除那些与本案无密切关系的海域；二是相关海域也与不成比例检验有关。

第三，在确立临时分界线的划界阶段中，基点的选择非常关键。特别是本案采取临时等距离线，基点的选择很大程度上控制了等距离线的走向。这也是本案富有争议的地方。

法院明确区别了两种基点，即为测量大陆架和专属经济区宽度而确定的基点，以及为划分相邻/相向国家大陆架和专属经济区而确认用于绘

---

[104] Fisheries Jurisdiction（Federal Republic of Germany v. Iceland），Merits, Judgment, I. C. J. Reports 1974, p. 203, para. 72; Certain Phosphate Lands in Nauru（Nauru v. Australia），Preliminary Objections, Judgment, I. C. J. Reports 1992, p. 266, para. 67.

[105] Maritime Delimitation in the Black Sea（Romania v. Ukraine），Judgment, I. C. J. Reports 2009, para. 110.

制等距离线/中间线的基点。法院指出,海洋划界涉及两个或两个以上国家,法院不应仅以当事一方选择的基点作为依据。在划分大陆架和专属经济区时,法院必须参考相关海岸的自然地形来选择基点。以此采用的临时等距离线,在很大程度上取决于双方海岸的自然地形和最临海的点。

本案中,由于穆苏拉海湾的南岬是罗马尼亚海岸向克里米亚半岛方向最突出的部分,这一地形使该部分建有的苏里纳堤坝可能成为基点。不过,对于苏里纳堤坝是否为《公约》第 11 条意义上的"构成海港体系组成部分的永久海港工程",法院强调其与海港不同,在涉及划分领海向海面的海域时,应该对"永久海港工程"进行严格解释。法院最终指出:"没有令人信服的证据证明该堤坝直接用于港口活动",以及"苏里纳堤坝向陆地一端可能不是罗马尼亚大陆的组成部分"。而选择苏里纳堤坝为基点,是位于该堤坝向海一端还是连接大陆的一端?罗马尼亚根据《公约》第 16 条向联合国发出的通知中,将苏里纳堤坝向海一端作为其领海基线的基点。法院则认为,应选择苏里纳堤坝向陆一端作为基点,这样不会使建筑设施具有比大陆自然地形更大程度的重要性。

另一个问题是蛇岛是否可以成为适当的基点。罗马尼亚提出,乌克兰在根据《公约》第 16 条向联合国通报的基点中,根本未提及蛇岛。[106] 而乌克兰答复,蛇岛采取正常基线,本来就不必向联合国通报。而且,如果苏里纳堤坝这样的人工设施都可以作为基点,则蛇岛更应该成为基点。[107] 对此,法院认为,蛇岛不能为构成乌克兰"海岸"的链式岛屿之一。将蛇岛作为海岸的相关部分,相当于将外来因素"嫁接"到乌克兰的海岸线上;结果成为司法意义上的地理重塑。蛇岛并未构成海岸整体构造的一部分,也不应将蛇岛的任何地点作为临时等距离线的基点。

第四,如上述,法院将蛇岛排除在临时等距离线的基点范围外,简单地归为是否属于"海岸整体构造"的问题,这涉及判决中与蛇岛有关的其他几个方面。

划界阶段的临时等距离线所考虑的海岸、自然地形、整体构造等,以相关海岸作为前提;而相关海岸是以能生成相重叠的向海投影为标准,相关海岸的确定也依赖于法院所选择的有限点,它自身就成为一种司法

---

[106] Maritime Delimitation in the Black Sea (Romania v. Ukraine), Judgment, I. C. J. Reports 2009, para. 123.

[107] Ibid., para. 124.

性的地形重塑，绝不是自然海岸。对于相关海岸，法院已经指出，除了蛇岛是否作为基点的问题，蛇岛的海岸很短，对双方相关海岸的总长度没有实际影响，因此不予考虑。[108] 但这不仅是海岸长短的问题。相关海岸的认定，主要标准是所生成的海域权利依据范围与另一方相重叠的能力。因此，法院回避了蛇岛是否具有超出12海里领海的海域权利依据问题，或者说蛇岛是否符合《公约》第121条意义上的岛屿。而且，蛇岛的海岸如果不能被认定为本案相关海岸的一部分，则后续确立临时等距离线时，更难选择蛇岛作为基点。仅就此而言，法院以蛇岛海岸长度的数量标准预设了其是否能确立相关基点。

而作为予以考虑的相关情况之一，蛇岛对划界的影响再次被提出。法院指出，任何可能由蛇岛生成的大陆架和专属经济区，都不会投影到乌克兰大陆海岸所生成权利依据的范围之外。因此，就本案划界而言，法院无须考虑蛇岛是否属于《公约》第121条第2款或第3款的范围，也不必考虑其是否与本案有关。

从这个意义上说，本案不是对岛屿或岩礁法律地位及其权利依据范围进行认定的案例；即使涉及岛屿是否作为临时分界线的基点，或者是否是应予以考虑的相关情况，也不应为整体地形和海岸构造不同的其他划界案例所机械地援引。

最后值得指出，双方分界线的南部仍然是开放性的，有待双方和第三国诸如土耳其、保加利亚另行划定。而土耳其和乌克兰海域边界的最西部，以及土耳其和保加利亚之间，也仍然有部分海域尚未划定。因此，不排除黑海各沿岸国之间继续产生新的海洋划界争端的可能性。

五、附　录

（一）中英案件全名

1. 中文案件全名：黑海海洋划界案（罗马尼亚诉乌克兰）
2. 英文案件全名：Maritime Delimitation in the Black Sea（Romania v. Ukraine）

---

[108] Maritime Delimitation in the Black Sea（Romania v. Ukraine）, Judgment, I. C. J. Reports 2009, para. 102.

(二) 案件的标准引用

Maritime Delimitation in the Black Sea (Romania v. Ukraine), Judgment, I. C. J. Reports 2009, p. 61.

(三) 主要参考文献

1. Coalther G. Lathrop, "Maritime Delimitation in the Black Sea (Romania v. Ukraine): International Court of Justice, February 3, 2009", *American Journal of International Law*, Vol. 103, No. 3, 2009, pp. 543-549.

2. Nilufer Oral, "International Court of Justice: Case Concerning Maritime Delimitation in the Black Sea (Romania v. Ukraine), Judgment of 3 February 2009", *The International Journal of Marine and Coastal Law*, Vol. 25, No. 1, 2010, pp. 115-141.

3. D. H. Anderson, "Maritime Delimitation in the Black Sea Case (Romania v. Ukraine)", *Law and Practice of International Courts and Tribunals*, Vol. 8, No. 3, 2009, pp. 305-327.

4. Yoshifumi Tanaka, "Reflections on Maritime Delimitation in the Romania/Ukraine Case before the International Court of Justice", *Netherlands International Law Review*, Vol. 56, No. 3, 2009, pp. 333-366.

5. Claudia Tofan, *The World Court Case of Romania v. Ukraine: Maritime Delimitation in the Black Sea*, The Hague, the Netherlands: International Courts Association, 2009.

6. Shiqiang Seok-Yong Lee, "ICJ Decision on the Black Sea Maritime Delimitation Case", *Seoul Law Review*, Vol. 20, No. 2, 2012, pp. 1-33.

7. Burak Unveren, *The Global Politics of Romania-Ukraine Relations Maritime Delimitation in the Black Sea Case*, Saarbrücken AV Akademikerverlag, 2017.

8. 史久镛、高健军:《国际法院判例中的海洋划界》,《法治研究》2011年第12期。

9. 吴继陆、郑雷:《论国际海洋划界中的成比例检验问题》,《太平洋学报》2015年第7期。

10. 张卫彬:《2009年罗马尼亚诉乌克兰黑海划界案评析》,《中国海洋法学评论》2009 年第 2 期。

(四) 与本案主题相关的重要引用案件

1. Sovereignty over Pedra Branca/Pulau Batu Puteh, Middle Rocks and South Ledge (Malaysia/Singapore), Judgment, I. C. J. Reports 2008, p. 12.

2. Application of the Convention on the Prevention and Punishment of the Crime of Genocide (Bosnia and Herzegovina v. Serbia and Montenegro), Judgment, I. C. J. Reports 2007, p. 43.

3. Territorial and Maritime Dispute Between Nicaragua and Honduras in the Caribbean Sea (Nicaragua v. Honduras), Judgment, I. C. J. Reports 2007, p. 659.

4. Land and Maritime Boundary Between Cameroon and Nigeria (Cameroon v. Nigeria: Equatorial Guinea Intervening), Judgment, I. C. J. Reports 2002, p. 303.

5. Maritime Delimitation and Territorial Questions Between Qatar and Bahrain (Qatar v. Bahrain), Judgment, I. C. J. Reports 2001, p. 40.

6. Maritime Delimitation in the Area Between Greenland and Jan Mayen (Denmark v. Norway), Judgment, I. C. J Reports 1993, p. 38.

7. Continental Shelf (Libyan Arab Jamahiriya/Malta), Judgment, I. C. J. Reports 1985, p. 13.

8. Delimitation of the Maritime Boundary in the Gulf of Maine Area (Canada/United States of America), I. C. J. Reports 1984, p. 246.

9. Military and Paramilitary Activities in and against Nicaragua (Nicaragua v. United States of America), Jurisdiction and Admissibility, Judgment, I. C. J. Reports 1984, p. 392.

10. Continental Shelf (Tunisia/Libya Arab Jamahiriya), Judgment, I. C. J. Reports 1982, p. 18.

11. North Sea Continental Shelf (Federal Republic of Germany/Denmark; Federal Republic of Germany/Netherlands), Judgment, I. C. J. Reports 1969, p. 3.

12. Fisheries (United Kingdom v. Norway), Judgment, I. C. J. Reports 1951, p. 116.

13. Barbados v. Trinidad and Tobago, Award of 11 April 2006, RIAA, Vol. XXVII, 2008, p. 147.

14. Award of the Arbitral Tribunal in the Second Stage of the Proceedings Between Eritrea and Yemen (Maritime Delimitation), Award of 17 December 1999, RIAA, Vol. XXII, 2001, p. 335.

15. Delimitation of the Maritime Boundary Between Guinea and Guinea-Bissau, Decision of 14 February of 1985, RIAA, Vol. XIX, 1990, p. 149.

16. Anglo-French Continental Shelf Case, Decision of 30 June 1977, RIAA, Vol. XXIII, 1980, p. 3.

（五）案件中的重要缩略语

UNCLOS　United Nations Convention on the Law of the Sea　《联合国海洋法公约》

ILC　International Law Commission　国际法委员会

（陈喜峰）

航行权和相关权利争端案
（哥斯达黎加诉尼加拉瓜）

（2009 年）

2005.09.29 哥斯达黎加向国际法院书记官处提交请求书，就在圣胡安河上的"航行权和相关权利争端"对尼加拉瓜提起诉讼

2005.11.29 法院发布命令，确定 2006 年 8 月 29 日和 2007 年 5 月 29 日分别为双方提交诉状和辩诉状的日期，双方均准时提交

2007.10.09 法院发布命令，确定 2008 年 1 月 15 日和 2008 年 7 月 15 日分别为双方提交回复答辩状和复辩状的日期，双方均准时提交

2008.11.27 哥斯达黎加告知法院，希望根据《国际法院规则》第 56 条提交 5 份新文件

2008.12.10 尼加拉瓜告知法院，不同意哥斯达黎加提交新文件的请求

2008.12.18 法院告知双方，根据《国际法院规则》第 56 条第 3 款，授权哥斯达黎加提交这 5 份文件中的 4 份

2009.03.02—03.12 国际法院举行庭审

2009.07.13 法院作出本案判决

关键词：航行权（Navigational Rights）；自给性捕鱼（Subsistence Fishing）；条约解释（Treaty Interpretation）；演变解释（Evolutionary Interpretation）；嗣后惯例（Subsequent Practice）；一般用语（Generic Term）

一、案件背景

本案涉及哥斯达黎加和尼加拉瓜在圣胡安河（San Juan River）航行权和相关权利的争端。圣胡安河全长约 205 千米，流经尼加拉瓜和哥斯

达黎加的边界，从尼加拉瓜湖流向加勒比海。自19世纪以来，两国围绕圣胡安河的航行权就一直存在纠纷。两国曾在1858年签署边界条约（以下简称"1858年《边界条约》"），确定了哥斯达黎加和尼加拉瓜之间从太平洋到加勒比海的分界线。在距尼加拉瓜城镇卡斯蒂略维耶荷（Castillo Viejo）3英里处与加勒比海之间的区域，1858年《边界条约》沿圣胡安河右岸确定了两国的边界，赋予尼加拉瓜对圣胡安河水域的主权和主权管辖权（dominion and sovereign jurisdiction），也确认了哥斯达黎加拥有在圣胡安河下游"以商业为目的"（con objetos de comercio）的永久航行权。也就是说，根据1858年《边界条约》，尽管尼加拉瓜拥有圣胡安河的主权，但由于边界位于圣胡安河右岸（即哥斯达黎加一岸，以下简称"哥斯达黎加沿岸"），[1] 1858年《边界条约》也确认了哥斯达黎加拥有自由航行权。[2] 1956年1月9日，哥斯达黎加和尼加拉瓜缔结了"弗尼尔-塞维利亚协定"（the Fournier-Sevilla Agreement），双方同意促进往来尤其是在圣胡安河上的往来，且加强合作以维护共同边界。[3] 20世纪80年代，圣胡安河上有关航行的各种矛盾和事件开始出现。[4] 1998年7月，双方就圣胡安河上的航行权争议升级，分歧凸显。[5]

2005年9月29日，哥斯达黎加就圣胡安河上的航行权和相关权利问题向国际法院书记官处提交请求书。在请求书中，哥斯达黎加援引了多个法院管辖权依据：一是哥斯达黎加和尼加拉瓜分别于1973年2月20日和1929年9月24日根据《国际法院规约》第36条所做声明；二是双方于2002年9月26日签订的《托瓦尔-卡尔德拉协定》（the Tovar-Caldera Agreement）；三是《美洲和平解决条约》（the American Treaty on Pacific Settlement）第31条各款，该条约根据其第60条被正式命名为《波哥大公约》[6]（The Pact of Bogotá）。尼加拉瓜没有提出管辖权方面的初步反对意见，也按照法院的程序命令按时提交相关辩诉状和复辩状。[7] 法院

---

[1] Dispute regarding Navigational and Related Rights (Costa Rica v. Nicaragua), Judgment, I. C. J. Reports 2009, paras. 16, 30.
[2] Ibid., para. 19.
[3] Ibid., para. 23.
[4] Ibid., para. 24.
[5] Ibid., para. 26.
[6] Ibid., para. 1.
[7] Ibid., para. 28.

在判决主文中并未提及自身的管辖权确立问题。

二、法庭说理与判决

哥斯达黎加在最后提交的诉讼请求中,要求法院裁定并宣布尼加拉瓜违反国际义务,造成哥斯达黎加无法在圣胡安河上自由行使其航行权及相关权利。哥斯达黎加还特别要求法院判定并宣布,依其行为判断,尼加拉瓜共和国违反了以下义务:

(a) 允许所有哥斯达黎加船只及其乘客在圣胡安河上以商业为目的自由航行,包括货物、乘客运输和旅游运输的义务;

(b) 不向该河上的哥斯达黎加船只及其乘客收取任何费用的义务;

(c) 不要求在该河上行使自由航行权的个人携带护照或获得尼加拉瓜签证的义务;

(d) 不要求哥斯达黎加船只及其乘客在该河上任何尼加拉瓜哨站停靠的义务;

(e) 不以其他形式阻碍其行使自由航行权,包括航行时刻表和有关悬挂旗帜规定的义务;

(f) 允许哥斯达黎加船只及其乘客于此类航行中在航行区域岸边(这一带的航行十分频繁)的任何地点停靠,除非两国政府明确达成一致,否则无须支付任何费用的义务;

(g) 允许哥斯达黎加某些官方船只在圣胡安河上航行,其目的包括该河右岸边界岗哨人员携官方设备(含军用武器和弹药)更换和再次补给,以及有关文件特别是《克利夫兰裁决》(The Cleveland Award)第 2 条所规定保护目的的义务;

(h) 依照 1858 年 4 月 15 日签订的条约及 1888 年《克利夫兰裁决》对其所做的阐释,根据 1956 年 1 月 9 日签署的双边协定第 1 条,协助和促进圣胡安河上的交通运输的义务;

(i) 允许哥斯达黎加沿岸居民进行自给性捕鱼的义务。[8]

---

[8] Dispute regarding Navigational and Related Rights (Costa Rica v. Nicaragua), Judgment, I. C. J. Reports 2009, para. 13.

由此，法院依次解决了如下几个问题：哥斯达黎加在圣胡安河上的自由航行权及其范围；尼加拉瓜是否拥有以及在多大程度上拥有对哥斯达黎加船只的航行实施管理的权利，以及为此目的，尼加拉瓜在争端期间决定和实施的具体措施是否与哥斯达黎加的权利相一致；哥斯达黎加所声称的其居住在河岸的居民从事自给性捕鱼（subsistence fishing）的权利问题；以及基于前述问题的适当补救。

（一）哥斯达黎加在圣胡安河上的自由航行权及其范围

双方同意，根据 1858 年《边界条约》，哥斯达黎加拥有在哥斯达黎加沿岸的自由航行权（a right of free navigation）。这段河流属于尼加拉瓜，但哥斯达黎加拥有自由航行权。双方对于权利的法律基础意见不一，尤其对于权利所涵盖的航行类型有争议。[9]

1. 哥斯达黎加自由航行权的法律基础

法院认为，习惯国际法中是否以及在何种程度上存在哥斯达黎加提出的所谓"国际河流"航行制度，或者尼加拉瓜声称的"含有国际因素的国内河流"，均不是本案需要讨论的问题。1858 年《边界条约》已经规定双方在圣胡安河的航行规则；再结合双方一些约定，以及就这些约定所作出的仲裁裁决（1888 年《克利夫兰裁决》)[10] 或司法决定（1916 年中美洲法院决定）[11]，就能够解决现在法院面临的问题。

---

[9] Dispute regarding Navigational and Related Rights (Costa Rica v. Nicaragua), Judgment, I. C. J. Reports 2009, para. 31.

[10] 由于尼加拉瓜多次质疑 1858 年《边界条约》的有效性，双方曾将此问题交由美国总统格罗弗·克利夫兰（Stephen Grover Cleveland）仲裁。此外，双方达成一致意见，如果 1858 年《边界条约》被认定为有效，那么格罗弗·克利夫兰总统还需决定哥斯达黎加作战船只或税务船只是否能够在圣胡安河上航行。1888 年 3 月 22 日，格罗弗·克利夫兰作出了裁决，认为 1858 年《边界条约》有效。他进一步声明，根据 1858 年《边界条约》第 6 条，哥斯达黎加作战船只无权在圣胡安河上航行，但是与"以商业为目的"航行相关的税务船可在该河上航行。

[11] 1914 年 8 月 5 日，美国与尼加拉瓜签订《布里安-查莫罗条约》(The Chamorro-Bryan Treaty)，该条约给予美国通过圣胡安河建造和维护一条大洋间运河的永久和"专属所有权"。1916 年 3 月 24 日，哥斯达黎加在中美洲法院（the Central American Court of Justice）对尼加拉瓜提起诉讼，称尼加拉瓜没有履行 1858 年《边界条约》第 8 条的义务，即在进行任何运河修建项目前与哥斯达黎加协商。1916 年 9 月 30 日，中美洲法院裁定，由于没有与哥斯达黎加协商，尼加拉瓜没有履行 1858 年《边界条约》和 1888 年《克利夫兰裁决》中界定的其对哥斯达黎加的义务。

1858年《边界条约》第6条规定，尼加拉瓜拥有整个圣胡安河由源头至出海口全面和专属的主权，同时也赋予哥斯达黎加在这条沿着两国边界的河流上拥有"以商业为目的"（条约西班牙用语为"con objetos de comercio"）的自由航行的"永久性权利"（a perpetual right，条约西班牙用语为"los derechos perpetuos"）。此外，第6条规定，两个沿岸国家的船只均有权在任何一方河岸自由停靠而不被征收任何税（条约西班牙用语为"ninguna clase de impuestos"），另有约定除外。该条约与航行权利相关的规定，还有第2条、第4条和第8条。1956年《弗尼尔-塞维利亚协定》同样提及双方需要根据1858年《边界条约》和《克利夫兰裁决》，以合作促进和便利圣胡安河上的航行。

就这两个条约相关条款的解释，法院认为需要结合1888年《克利夫兰裁决》和1916年中美洲法院决定。虽然这两个决定并没有直接讨论法院目前面临的问题，但由于1888年《克利夫兰裁决》讨论了1858年《边界条约》事项，1916年中美洲法院认定尼加拉瓜的一些行为违反了1858年《边界条约》第8条，法院必须考虑这两个决定。[12]

2. 哥斯达黎加自由航行权的范围

在确定哥斯达黎加自由航行权的法律基础之后，双方对于这种权利具体适用范围（field of application）有较大争议，尤其是1858年《边界条约》中的"永久权利"所包括的范围。两国之间的分歧主要涉及对第6条"以商业为目的……自由航行权"（条约西班牙用语为"libre navegación...con objetos de comercio"）的解释。

（1）"以商业为目的……自由航行权"的含义和范围

1858年《边界条约》的唯一作准文本是西班牙文本，但双方对于将第6条翻译成英文和法文也有不同的理解。尼加拉瓜认为，"con objetos de comercio"翻译成法文是"avec des marchandises de commerce"，翻译成英文是"with articles of trade"。这里的"objetos"在具体和实质意义上是指一个"对象"（objects）。因此，哥斯达黎加根据该条所享有的自由航行权仅涉及计划在商业交易中出售货物的运输航行。但对于哥斯达黎加来说，翻译成法文是"à des fins de commerce"，英文是"for the purposes of commerce"；"objetos"是抽象意义上的理解，1858年《边界条约》规定的自由航行权的

---

[12] Dispute regarding Navigational and Related Rights (Costa Rica v. Nicaragua), Judgment, I. C. J. Reports 2009, paras. 32-41.

范围也因此尽可能地大，不仅包括货物的运输航行，还包括旅客的运输航行。法院在分别解释第6条中"con objetos"和"comercio"含义前，提出了一些初步观察。

① 三个初步观察意见

首先，法院认为，1969年《维也纳条约法公约》第31条和第32条是习惯国际法，法院将依此解释条约。

其次，法院不接受尼加拉瓜提出的狭义解释的观点。即使是一项为限制一国主权而缔结的条约，法院解释这项条约时也必须跟解释其他条约一样，采用相同的解释方法。也就是说，并不是限制性条约的解释也得用限制性的解释方法。

从第6条的文本看，双方并不打算在尼加拉瓜的河流主权与哥斯达黎加的自由航行权之间建立任何"永久性"（perpetual）的次序，这些权利都是相互平衡的。尼加拉瓜的主权只有在不影响哥斯达黎加实质自由航行权的情况下才得以肯定；哥斯达黎加的自由航行权虽然是"永久性"的，但也只有在不损害尼加拉瓜领土主权的情况下才能获得。因此，要对"libre navegación... con objetos de comercio"作限制性解释的理由不成立。

最后，双方均援引1888年《克利夫兰裁决》或1916年中美洲法院决定，法院认为这两份文件所处理的问题与法院现在要处理的问题不一样，因此，双方的阐释法院均不接受。[13]

② "con objetos"的含义

法院认为，哥斯达黎加的语义解释主张更为合理。哥斯达黎加主张"con objetos"的含义是"以……为目的"（for the purposes of），尼加拉瓜则认为是"以……物品为对象"（with articles of）。法院认为，这两种主张的区别在于，解释是抽象的还是具体的。事实上，西班牙语"objetos"一词包含了这两种含义，需结合上下文和语境来理解。法院将尼加拉瓜的理解放回到整个第6条中，发现这种解释将使该条款没有意义且难以理解。相反，第6条在哥斯达黎加提出的解释下，则连贯好懂。

法院继续考察了其他条款与条约，得出了相同的结论。

第一，1858年《边界条约》第8条也使用了"objetos"一词。在第

---

[13] Dispute regarding Navigational and Related Rights (Costa Rica v. Nicaragua), Judgment, I. C. J. Reports 2009, paras. 42-49.

8 条里该词只能作"目的"的抽象含义理解，故有理由推断，双方在缔结 1858 年《边界条约》时是倾向于从抽象意义上理解"objetos"；或者说，它们在条约实践中所熟悉的是该词的抽象含义。

第二，双方缔结的另一项条约。1857 年 12 月 8 日，双方签署了一项条约，尽管这个条约从未得到批准与生效，但就圣胡安河的航行问题，1857 年的条约中不但有 1858 年《边界条约》的用语，还包括了"artículos de comercio"一词，这个词应翻译为商业中的"物品"（articles）或"商品"（goods）。1858 年《边界条约》取代了 1857 年的条约，这表明在缔结条约时，双方并不是使用"objetos de comercio"这一用语来提及商业交易的有形财产。因此，法院有理由相信，双方在两个连续的条约中针对同一事项前后使用了两个不同表述，这说明在双方看来，这两个表述的意思是不一样的。

第三，1887 年双方在克利夫兰仲裁程序中向克利夫兰总统提交了各自的 1858 年《边界条约》英译本。当时双方都用同一个词来表达"con objetos de comercio"，即"以商业为目的"（for the purposes of commerce）。尽管这也有可能是当时翻译的错误，并不必然能够被认为这是双方的真实意思，但在 1858 年《边界条约》缔结不久后所表现出来的这种一致性（concurrence），对于双方是怎么理解"con objetos de comercio"的，依然是一个重要提示（a significant indication）。法院注意到且认可这种提示。[14]

③ "商业"（commerce）的含义

问题仍未解决。即使现在已经确定"con objetos de comercio"的意思是"以商业为目的"，但在第 6 条的范围内，双方对落脚点"商业"（commerce）一词仍有争议，自由航行权的具体范围仍有待确定。

法院不接受双方对此词含义的理解。如果按照哥斯达黎加的理解，几乎所有形式的航行都能囊括其中，那规定"以商业为目的"的意义何在？明确说明可行使权利的目的，就意味着排除其他非此目的的彼目的，超出此目的的行为要取得合法性，必须有其他的法律基础。至于尼加拉瓜的狭义解释，法院也不接受。虽然法院在过往判例中，也坚持条约用语的缔结原意（original meaning）解释，但这并不意味着，如果一个用

---

[14] Dispute regarding Navigational and Related Rights（Costa Rica v. Nicaragua），Judgment, I. C. J. Reports 2009，paras. 50-56.

语的含义已经与它当时缔结时的含义不再相同,法院在解释时不顾及当前的含义。1969年《维也纳条约法公约》第31条第3款(b)项明确提到了当事方的嗣后实践,而且在某些情况下当事方是能够预测到缔结条约时的一些用语有其发展的能力或发展的意义的。因此,在这种情况下,为了尊重当事方在缔结条约时的共同意图,而不是偏离这一点,应该在每次适用条约时,根据每个不同的场合(occasion),考虑到有关用语的含义,这一点完全可以借鉴(fully transposable)法院在1978年爱琴海大陆架案(希腊诉土耳其)判决中对条约保留方面的解释。

1858年《边界条约》第6条所用的"comercio"一词就是这样一种情况。首先,这是一个通称,指的是一类活动。其次,1858年《边界条约》是一个没有规定终止日期的条约,并且这个条约从一开始就打算建立一个以永久性为特征的法律制度。

法院由此明确,体现哥斯达黎加自由航行权范围的"商业"一词,必须理解为在每一次适用条约时的含义,这并不一定是其缔结时的原意。假定"商业"这个用语在今天的意义与条约缔结时的19世纪中叶的意思并不相同,那么为实施该条约所必须接受的应该是该词今天所具有的含义。因此,法院认定,自由航行的权利既适用于货物运输,也适用于人员运输(人员运输能适用的重要原因是需要付费)。另外,任何不以商业交易为目的的运输,都不能认为是第6条的"以商业为目的",尤其是用于执行政府任务的船舶,或者提供非商业性的公共服务的船舶。[15]

(2)哥斯达黎加自由航行权的权利范围

确定了"以商业为目的……自由航行权"的含义和范围后,法院将考虑属于哥斯达黎加的自由航行权所涵盖的活动范围。

① 私人航行

自由航行权包括两类私人航行:运载以商业交易为目的的货物的船只航行,以及以对价提供服务的、运载旅客的船只航行。这两类航行都是没有争议的,值得讨论的是这样一类航行,即哥斯达黎加沿河岸村庄的居民为满足基本生活需求的一些不收费航行,例如带孩子上学或接受医疗等。法院已经表示不赞同广泛地理解"商业"一词,但这并不意味着这些航行就因此受限。法院认为需要考虑整个1858年《边界条约》,

---

[15] Dispute regarding Navigational and Related Rights (Costa Rica v. Nicaragua), Judgment, I. C. J. Reports 2009, paras. 57-71.

特别是那些确定两国边界的规定。也就是说,即使条约中没有明确规定哥斯达黎加沿岸居民有非商业航行权,也需考察是否有其他条款规定了这一权利,或者说这种权利在某种程度上是解释其他条款的必然结果(necessary consequence)。法院认为,考虑该地区所处的地理位置,1858年《边界条约》缔结当时并不打算剥夺构成两国边界线的圣胡安河哥斯达黎加沿岸居民使用该河满足其基本生活需求的权利。考虑该条约缔结的历史背景、序言和第1条中所规定的条约目的和宗旨,法院认为边界之所以如此划定是当事双方为沿岸的哥斯达黎加居民保留了最小航行权以维持该河沿岸村民的正常生活。该项权利虽然不能从第6条的语言表述中得出,但可以从该条约的整体规定,尤其是边界线的设立方式中推断出来。

② 官方船只

1858年《边界条约》第6条的航行,并不区分船舶的官方或私人身份,而是建立在是否以商业为目的的基础上。从这个角度来看,区分官方或私人船舶没有法律意义。一般来说,以维护公共秩序和非营利性公用事业为目的的哥斯达黎加船只,尤其是警卫船只的航行,不属于1858年《边界条约》第6条的范围。法院认为,某些哥斯达黎加官方船只也可以享有为满足岸上居民基本生活需求的航行权,因为在特定情况下,官方船只也被用于向居民提供日常生活所需物品。[16]

(二) 尼加拉瓜的航行管理权

法院转而处理尼加拉瓜对哥斯达黎加航行管理权(power of regulation of navigation)的问题。

法院认为,尼加拉瓜有权制定规则管理哥斯达黎加基于1858年《边界条约》获得的自由航行权利,但这种权力不是无限的,受到各方权利和义务的限制,因而在此权力下制定的管理规则应该具有如下五个特点。一是这些规则不能使自由航行权无法行使或受到阻碍;二是这些规定必须与1858年《边界条约》条款一致,如第6条中的禁止单方面征税;三是管理规定必须出于法律目的,如航行安全、预防犯罪及公共安全和边

---

[16] Dispute regarding Navigational and Related Rights (Costa Rica v. Nicaragua), Judgment, I. C. J. Reports 2009, paras. 72-84.

境管制；四是规则不得有歧视性，在一些如制定时刻表等具体事务方面，规定如果适用于哥斯达黎加船只，则必须同样适用于尼加拉瓜船只；五是不得不合理，也就是说规则给行使航行权所带来的不利影响，不能明显地超出措施目的。

法院现在要考虑，尼加拉瓜是否有义务通知哥斯达黎加其采取的航行管理措施，或者说尼加拉瓜是否有义务在采取措施之前通知哥斯达黎加并与之磋商。由于1858年《边界条约》对此没有明确的规定，法院基于以下三个理由，认为尼加拉瓜有义务通知哥斯达黎加其制定的关于圣胡安河上航行管理的规定，但该义务不扩展至制定规则前的通知或磋商。第一，双方于1956年签订"弗尼尔-塞维利亚协定"。该协议中当事双方同意就圣胡安河上的航行问题进行合作。第二，两国在圣胡安河上都拥有权利，一国是主权国家，一国是有航行权的国家。就航行这一事项，出于航道航行的实际需要，主权国家有义务告知拥有航行权国家相关要求。第三，正是由于管理、规制本身的性质，如果管理规定是为了使另一方的活动受限，则必须将这些规定告知受限方。[17]

至于尼加拉瓜采取的一些遭到哥斯达黎加反对的具体措施的合法性问题，法院认为，尼加拉瓜采取的要求签证和旅游卡，以及要求行使自由航行权的船只、船只运营者和乘客支付费用的措施，违背了1858年《边界条约》规定的义务。但类似停驶及身份确认要求、离境清关证明、制定航行的时间表、悬挂国旗要求等措施，法院则认为是合法合理的。[18]

（三）自给性捕鱼

由于自给性捕鱼[19]（subsistence fishing）是哥斯达黎加在请求书提出之后增加的新请求，尼加拉瓜就此提出了诉求可受理性的反对意见。法院认为，在本案的情况下，自给性捕鱼的主张和哥斯达黎加请求书之间的联系十分密切；就良好司法（the due administration of justice）来说，

---

[17] Dispute regarding Navigational and Related Rights（Costa Rica v. Nicaragua），Judgment，I. C. J. Reports 2009，paras. 85-97.

[18] Ibid.，paras. 102-133.

[19] 本文将"subsistence fishing"译为"自给性捕鱼"，与国际法院官网中文版的《国际法院判决、咨询意见和命令摘要（2008—2012年）》中使用的译法保持一致。与"subsistence fishing"相关的概念还包括"手工捕鱼"（artisanal fishing）、"传统捕鱼"（traditional fishing）等，但其含义并不完全相同。

法院认为哥斯达黎加未在请求书中明确提及该主张并未损害法院对案件的理解。因此,法院不接受尼加拉瓜的反对意见。[20]

在考虑哥斯达黎加自给性捕鱼权的主张时,法院认为,双方均同意哥斯达黎加沿岸居民是以生存为目的(for subsistence purposes)而捕鱼,不存在商业性捕鱼问题。法院注意到,当事双方既未曾试图定义自给性捕鱼,也未曾要求法院提供定义。但可以肯定的一点是,自给性捕鱼由来已久。法院指出,就这种自给性捕鱼的性质而言,考虑到该地区地处偏远、人口较少且分布松散,这一长久存在的捕鱼惯例不可能以任何正式形式载入官方记录。在法院看来,尼加拉瓜未能否认长期存在的、未受干扰和未受质疑的权利的存在,这一点十分重要。法院认为,哥斯达黎加居民拥有这样的惯有权利,但该项权利的行使应遵守尼加拉瓜一些适当的管理措施,尤其是为了保护资源和环境而采取的渔业管理措施。同时,法院不认为该权利可扩展至船只在河上的渔业活动。尼加拉瓜应尊重圣胡安河哥斯达黎加沿岸居民以生存为目的在其沿岸从事自给性捕鱼的惯有权利。[21]

(四) 判决主文

基于上述说理,法院判决主文如下:

(1) 关于哥斯达黎加依照1858年《边界条约》在圣胡安河的航行权利

一致通过:裁定哥斯达黎加拥有在圣胡安河上以商业为目的自由航行的权利;哥斯达黎加以商业为目的的航行权包括乘客运载;在圣胡安河上乘坐哥斯达黎加行使自由航行权船只的人员无须购买尼加拉瓜旅游卡;哥斯达黎加履行治安职能的船只无权在圣胡安河上航行;哥斯达黎加无权以该河右岸边界治安岗位人员更换和再次补给为目的,携带官方设备,包括军用武器和弹药,在圣胡安河上航行。

以9票对5票:裁定在圣胡安河上乘坐哥斯达黎加行使自由航行权船只的人员,无须获得尼加拉瓜签证。

以13票对1票:裁定圣胡安河哥斯达黎加一岸的居民,因日常生活

---

[20] Dispute regarding Navigational and Related Rights (Costa Rica v. Nicaragua), Judgment, I. C. J. Reports 2009, paras. 134-139.

[21] Ibid., paras. 140-144.

需要快捷交通方式,有权在该河航行,在沿岸社区之间开展往来。

以 12 票对 2 票:裁定在特定情况下,如果快捷交通方式是满足居民需要的一项条件,为向沿岸居民提供必需服务,哥斯达黎加有权仅使用官方船只在圣胡安河上航行。

(2) 关于尼加拉瓜在圣胡安河航行区域管理航行的权利

一致通过:裁定尼加拉瓜有权要求圣胡安河上的哥斯达黎加船只及其乘客,在途经的第一个和最后一个尼加拉瓜边岗停靠;尼加拉瓜有权要求在圣胡安河上旅行的人员携带护照或者身份证件;尼加拉瓜有权向行使哥斯达黎加自由航行权的哥斯达黎加船只发放离岸检查证书,但无权在发放此类证书时收取费用;尼加拉瓜有权为圣胡安河上行驶的船只制订航行时刻表;尼加拉瓜有权要求装有桅杆或炮塔的哥斯达黎加船只悬挂尼加拉瓜国旗。

(3) 关于自给性捕鱼

以 13 票对 1 票:裁定圣胡安河哥斯达黎加一岸居民在该岸进行自给性捕鱼应作为习惯权受到尼加拉瓜的尊重。

(4) 关于尼加拉瓜履行 1858 年《边界条约》对其规定的国际义务的情况

以 9 票对 5 票:裁定当尼加拉瓜要求在圣胡安河上乘坐行使自由航行权的哥斯达黎加船只的人员取得尼加拉瓜签证时,没有履行 1858 年《边界条约》所规定的义务。

一致通过:裁定当尼加拉瓜要求在圣胡安河上乘坐行使自由航行权的哥斯达黎加船只的船上人员购买尼加拉瓜旅游护照时,尼加拉瓜没有履行 1858 年《边界条约》所规定的义务;当尼加拉瓜要求行使自由航行权的哥斯达黎加船只的操作人员在获取离港检查证书时缴纳费用,尼加拉瓜没有履行 1858 年《边界条约》所规定义务;驳回哥斯达黎加和尼加拉瓜提交的其他主张。

斯科特尼科夫法官和塞普尔韦达·阿莫尔法官各自发表了个别意见;专案法官纪尧姆发表了声明。

三、评　论

本案主要涉及条约的演变解释,以及演变解释与根据嗣后惯例解释之间的关系,除此之外还有关于自给性捕鱼作为惯例的分析等值得关注的法律问题。

法院在本案解释条约时考虑了时间因素，因而是"演变解释"的一个重要案例。几乎所有涉及演变解释或动态解释的研究都会提及本案，法院在解释"商业"一词时的如下论述值得关注：

> 当事方在条约中使用了一般性术语，各方必须意识到，这些术语的含义可能会随着时间的推移而发生变化，如果条约已经生效很长一段时间或者是一个"持续存在"的条约，那么作为一般规则，当事方必须被推定为意识到这些术语的含义也是不断变化的。[22]

需要注意的是，法院的解释仍然是基于"缔约方在缔结条约时的共同意图"[23]（the parties' common intention at the time the treaty was concluded）。法院提到了其在1978年爱琴海大陆架案管辖权判决中的推理。在该案中，由于"领土地位"一词是一个"一般用语"（a generic term），以及该条约的"持续存在"（duration）性质，当年的法院以演变的方式解释了"领土地位"。[24] 本案也是如此解释"商业"一词的。当事国当年缔结条约时"商业"一词没有包括服务的意思，但在解释和适用该词的今天，含义出现了变化。法院认为，1858年《边界条约》具有长久性质，"商业"也有"一般用语"性质，当事国在缔约时的意图是想赋予这样一个"一般用语"随时间的变化而变化的含义，也就是说，法院演变解释的落脚点仍然是当事方的意图，即使这个意图是法院所推定的。

就法院这个推理与分析，斯科特尼科夫法官的意见值得关注。他不同意法院采取演变解释，他和法院的多数意见是殊途同归的，但推理过程不一样。他认为，通过嗣后惯例可以得出同样的结论，哥斯达黎加在圣胡安河经营旅游业"至少长达十年"，而尼加拉瓜"从未"对此提出

---

[22] Dispute regarding Navigational and Related Rights（Costa Rica v. Nicaragua），Judgment, I. C. J. Reports 2009, paras. 64, 66.

[23] Ibid., para. 64. 但是，斯科特尼科夫法官对此有反对的意见，他认为，没有任何证据证明，双方在缔结条约时，打算给予"商业"一词不断变化的含义。See Separate Opinion of Judge Skotnikov, para. 5.

[24] Dispute regarding Navigational and Related Rights（Costa Rica v. Nicaragua），Judgment, I. C. J. Reports 2009, para. 65.

过抗议,而且"一直允许旅游航行",这样的嗣后惯例使得服务能被包括在"商业"用语范畴内,而不是去推定当事国当时的意图。[25]

国际法委员会的两个专题,"国际法不成体系问题:国际法多样化和扩展引起的困难"及"与条约的解释相关的嗣后协定和嗣后惯例"对此均有讨论。在后一专题中,特别报告员格奥尔格·诺尔特(Georg Nolte)的报告,以及起草委员会一读暂时通过的结论草案案文有较全面的梳理和初步的草案结论。[26] 在条约解释中,是推定当事国缔约时的意图,还是通过嗣后惯例解释一般用语的变化含义?这是稳定性与国际法注重灵活性和动态性之间矛盾的反映。这个案件给我们这样一种启示与思考,即如果国际法庭或仲裁庭在解释条约时,同时有当事国某项共同的嗣后实践,那么演变解释与嗣后实践解释就可以共存。这是值得持续研究的问题。

除此之外,法院对"自给性捕鱼"的论述也较为典型。自给性捕鱼在一段很长的时间内存在,但这种由来已久的自主性捕鱼惯例对尼加拉瓜是否具有拘束力,当事双方就此存在分歧。在法院看来,尼加拉瓜长期以来没有否认,没有质疑,也没有阻挠这样一种惯例的存在,这十分重要。因此,法院的结论是,尼加拉瓜应尊重圣胡安河哥斯达黎加沿岸居民以生存为目的的惯有权利,但哥斯达黎加居民的该项权利也应接受尼加拉瓜一些适当的管理。

本案的两个当事国就圣胡安河上的航行权和相关权利存在多年的纠纷,即使在本案结束以后,争端依然没有解决。例如,本案与国际法院于 2015 年 12 月 16 日就尼加拉瓜在边界地区开展的某些活动案和哥斯达黎加沿圣胡安河修建道路案所做的判决密切相关,是本案的一个重要后续发展。虽然后来的案件是一个与双方建设工程和环境法上的权利与义务相关的案件,但双方就自由航行权的摩擦与争端依然存在,双方就 1858 年《边界条约》的解释和适用仍存在不同看法。[27]

---

[25] Separate Opinion of Judge Skotnikov, para. 9.
[26] "Analytical Guide to the Work of the International Law Commission: Subsequent Agreements and Subsequent Practice in Relation to Interpretation of Treaties", International Law Commission, http://legal.un.org/ilc/guide/1_11.shtml.
[27] Certain Activities Carried out by Nicaragua in the Border Area (Costa Rica v. Nicaragua) and Construction of a Road in Costa Rica along the San Juan River (Nicaragua v. Costa Rica), Judgment, I. C. J. Reports 2015, p. 665.

四、附　录

(一) 中英案件全名

1. 中文案件全名：航行权和相关权利争端案（哥斯达黎加诉尼加拉瓜）

2. 英文案件全名：Dispute regarding Navigational and Related Rights (Costa Rica v. Nicaragua)

(二) 案件的标准引用

Dispute regarding Navigational and Related Rights (Costa Rica v. Nicaragua), Judgment, I. C. J. Reports 2009, p. 213.

(三) 主要参考文献

1. M. Fitzmaurice, "Dynamic (Evolutive) Interpretation of Treaties: Part I", *Hague Yearbook of International Law*, Vol. 21, 2008, p. 101.

2. M. Fitzmaurice, "Dynamic (Evolutive) Interpretation of Treaties: Part II", *Hague Yearbook of International law*, Vol. 22, 2009, p. 3.

3. Georg Nolte, "Between Contemporaneous and Evolutive Interpretation: The Use of 'Subsequent Practice' in the Judgment of the International Court of Justice Concerning the Case of Costa Rica v. Nicaragua (2009)", in Holger P. Hestermeyer et al (eds.), *Coexistence, Cooperation and Solidarity* (2 vols.), Martiuns Nijhoff Publishers, 2011, pp. 1675-1684.

4. Tanaka, Yoshifumi, "Navigational Rights on the San Juan River: A Commentary on the Costa Rica v. Nicaragua Case", *Hague Justice Journal*, Vol. 4, 2009, pp. 215-225.

5. Martin Dawidowicz, "The Effect of the Passage of Time on the Interpretation of Treaties: Some Reflections on Costa Rica v. Nicaragua", *Leiden Journal of International Law*, Vol. 24, 2011, pp. 201-222.

6. P-M Dupuy, "Evolutionary Interpretation of Treaties: Between Memory and Prophecy", in E. Cannizzaro et al (eds.), *The Law of Treaties Beyond*

the Vienna Convention, Oxford: OUP, 2011.

(四) 与本案主题相关的重要引用案件

1. Island of Palmas Case (Netherlands, USA), 4 April 1928, RIAA, Volume Ⅱ, pp. 829-887.

2. Aegean Sea Continental Shelf (Greece v. Torkey), Judgment, I. C. J. Reports 1978, p. 3.

3. Factory at Chorzów, Merits, Judgment No. 13, 1928, P. C. I. J., Series A, No. 17, p. 63.

4. Military and Paramilitary Activities in and against Nicaragua (Nicaragua v. United States of America), Jurisdiction and Admissibility, Judgment, I. C. J. Reports 1984, p. 392.

5. Application of the Convention on the Prevention and Punishment of the Crime of Genocide (Bosnia and Herzegovina v. Serbia and Montenegro), Judgment, I. C. J. Reports 2007, p. 43.

6. Case Concerning Rights of Nationals of the United States of America in Morocco (France v. United States of America), Judgment, I. C. J. Reports 1952, p. 176.

7. Kasikili/Sedudu Island (Botswana/Namibia), Judgment, I. C. J. Reports 1999, p. 1045.

8. Territorial and Maritime Dispute (Nicaragua v. Colombia), Preliminary Objections, I. C. J. Reports 2007, p. 832.

9. Certain Phosphate Lands in Nauru (Nauru v. Australia), Preliminary Objections, Judgment, I. C. J. Reports 1992, p. 240.

10. Temple of Preah Vihear (Cambodia v. Thailand), Merits, Judgment, I. C. J. Reports 1962, p. 6.

11. Fisheries Jurisdiction (Federal Republic of Germany v. Iceland), Merits, Judgment, I. C. J. Reports 1974, p. 3.

(何田田)

阿卜耶伊地区划界仲裁案
(苏丹政府/苏丹人民解放运动)

(2009 年)

2008.06.08 仲裁程序启动

2008.07.07 苏丹政府和苏丹人民解放运动签署《苏丹政府和苏丹人民解放运动关于阿卜耶伊地区边界划分问题的仲裁协议》(以下简称《仲裁协议》)

2008.07.11 双方向常设仲裁法院秘书处提交了《仲裁协议》

2008.07.16 常设仲裁法院秘书长向仲裁双方提交仲裁员名单

2008.08.14—15 仲裁双方任命指定仲裁员

2008.10.27 特设仲裁庭组建完成

2008.12.18 仲裁双方提交书面诉状 (书面陈述阶段开始)

2009.02.28 仲裁双方提交第二轮书面诉状 (书面陈述阶段结束)

2009.04.16 特设仲裁庭通过第 2 号程序令,任命道格拉斯·文森特·贝尔格雷 (Douglas Vincent Belgrave) 先生和比尔·罗伯逊 (Bill Robertson) 先生担任专家

2009.04.18—23 口头陈述阶段

2009.07.22 特设仲裁庭作出裁决

关键词:阿卜耶伊地区 (Abyei Area);自裁管辖权 (【德】*Kompetenz-Kompetenz*);超出授权 (Excess of Mandate);合理标准 (Standard of Reasonableness);部落解释 (Tribal Interpretation);领土解释 (Territorial Interpretation);不说明理由 (Failure to State Reasons);传统放牧权 (Traditional Grazing Rights);最佳可用证据 (Best Available Evidence)

2009 年的阿卜耶伊地区划界仲裁案,是指在苏丹南北内战的背景

下，当时苏丹国内边界划分的案件。在 2011 年南苏丹独立前，苏丹南北方对阿卜耶伊（Abyei）地区的具体面积与归属存在分歧，"阿卜耶伊问题"便成为苏丹和平进程中的重要障碍性因素。2008 年，苏丹政府与苏丹人民解放运动（Sudan People's Liberation Movement，SPLM）试图寻求以仲裁的方式解决该问题。

一、案件背景

阿卜耶伊地区位于南北苏丹之间，既是"南北苏丹的桥梁，联系着苏丹人民"[1]，也是南北苏丹文化和族群的分界所在。阿卜耶伊镇（Abyei Town）位于基尔河（Bahr el Arab / Kir）以北。基尔河因其流向沿途居住着不同的部落，而有着不同的名字。阿卜耶伊镇是南苏丹主要部族丁卡人（the Dinka）中的恩哥克丁卡人（Ngok Dinka）世代的家园。恩哥克丁卡是一个约有 30 万人的部落，部落内分别有 9 个酋长领地（Chiefdoms），每个酋长领地都有永久居住区（an area of permanent habitation）和季节性放牧区（seasonal grazing areas）之分。据说，恩哥克丁卡人通过部落祖先与土地有着精神上的联系。米塞里亚人（Misseriya）生活在恩哥克丁卡人的北面，以放牧为生，每年都要穿过阿卜耶伊到南方游牧。[2]

（一）争端缘由

阿卜耶伊问题可追溯至 20 世纪初。1905 年，英国殖民当局为便于统治，将阿卜耶伊地区由当时的扎勒河州（Bahr el Ghazal）划归科尔多凡州（Kordofan）管辖。1956 年 1 月 1 日，苏丹独立，随后，内战爆发。1983 年，南北方因宗教、族群矛盾爆发了第二次内战。阿卜耶伊地区第二次处于这场内战的地理中心，这次内战持续时间长，造成约 200 万人死亡，苏丹经济遭受重大破坏，人民生活苦不堪言。[3] 2002 年 7 月，苏

---

[1] Arbitration regarding the Delimitation of the Abyei Area (Government of Sudan v. Sudan People's Liberation Movement/Army), Final Award of 22 June 2009, UNRIAA, Vol. XXX, para. 102.
[2] Ibid., paras. 103-107.
[3] Ibid., paras. 108-109, para. 110.

丹政府与苏丹人民解放运动签署了议定书，结束了第二次内战。该议定书按 1956 年苏丹独立时的南北分界线将苏丹分为南北两部分，允许苏丹南方成立自治政府，并在六年过渡期后通过全民公决的方式决定是否独立。[4]

2004 年 5 月，苏丹政府与苏丹人民解放运动签署了《阿卜耶伊议定书》（Abyei Protocol）。值得注意的是，该议定书第 1.1.2 节将阿卜耶伊地区界定为"1905 年转归（transfer）科尔多凡管辖的 9 个恩哥克丁卡人酋长领地"[5]（the area of the nine Ngokkinka chiefdoms transferred to Kordofan in 1905），该议定书还规定，阿卜耶伊地区居民同时拥有西科尔多凡州[6]（Western Kordofan）与扎勒河州居民的双重身份。与此同时，议定书规定成立了"阿卜耶伊边界委员会（Abyei Boundery Commission）以确定阿卜耶伊地区范围"。

2004 年 12 月，双方签署了《关于阿卜耶伊边界委员会的谅解》（Understanding on Abyei Boundaries Commission, Abyei Appendix，以下简称《阿卜耶伊谅解》），规定了边界委员会的组成。边界委员会由各方提名的代表，以及 5 名"在历史、地理和其他相关领域的公正专家"（以下简称"边界委员会专家"）组成[7] 2005 年 1 月 9 日，苏丹南北双方在内罗毕正式签署《全面和平协定》，该协定再次确认了上述各文件的承诺和约束力。[8]

在调查过程中，边界委员会专家通过听取双方代表意见，走访阿卜耶伊地区及其邻近地区的居民，查阅苏丹、英国等地方的档案馆、图书馆中与殖民统治同时期的有关文件以确定该地区的边界。[9] 边界委员会

---

[4] Arbitration regarding the Delimitation of the Abyei Area (Government of Sudan v. Sudan People's Liberation Movement/Army), Final Award of 22 June 2009, para. 110

[5] Ibid., para. 113. 在本仲裁裁决中，这一界定构成仲裁庭解释的关键所在，裁决书中将之称为 "Abyei Area or Formula"。

[6] 科尔多凡是历史上苏丹中部的一个省。1994 年拆分为三个新的联邦州：北科尔多凡州、南科尔多凡和西科尔多凡州。2005 年 8 月，西科尔多凡州被撤销，其领土被划入南北科尔多凡州，作为履行苏丹政府与苏丹人民解放运动之间《全面和平协议》的一部分。2013 年 7 月，西科尔多凡州重新建立。

[7] Arbitration regarding the Delimitation of the Abyei Area (Government of Sudan v. Sudan People's Liberation Movement/Army), Final Award of 22 June 2009, para. 115.

[8] Ibid., para. 118.

[9] Ibid., para. 125.

专家报告的决定是在科学分析和研究的基础上作出的,是"最终的、具有约束力的"[10]。2005年7月,边界委员会专家向苏丹总统提交了《阿卜耶伊边界委员会专家报告》(Abey Boundary Commission Report)。

为了确定9个恩哥克丁卡人酋长领地的具体范围,报告引入了"主要权利"(dominant rights)与"次要权利"(secondary rights)概念。委员会认为在1905年之前恩哥克丁卡人已在基尔河以北地区(至北纬10°10′)建立了永久居住地,而米塞里亚人却没有,因此恩哥克丁卡人在基尔河以北一带享有"主要权利",而米塞里亚人只能拥有"次要权利"。恩哥克丁卡人和米塞里亚人,至少从共管期间开始的记录表明,他们在包括戈兹(Goz)在内的地区共同享有"次要权利"。阿卜耶伊地区的北部边界穿过戈兹地区。[11]

(二) 双方合意提交仲裁

边界委员会专家的报告公布后,双方之间就边界委员会专家是否超出授权产生了分歧。2008年6月8日,双方在喀土穆(Khartom)签署了《国内流离失所者返回路线图和执行阿卜耶伊议定书》[12](以下简称《阿卜耶伊路线图》)。通过《阿卜耶伊路线图》,双方承诺将此争端提交仲裁,承诺"遵守并执行仲裁庭的裁决"。《阿卜耶伊路线图》由不久后通过的《苏丹政府和苏丹人民解放运动关于阿卜耶伊地区边界划分问题的仲裁协议》(以下简称《仲裁协议》)实施。[13] 2008年7月7日,苏丹政府和苏丹人民解放运动签署《仲裁协议》。[14] 《仲裁协议》规定,2008年6月8日为仲裁程序启动的日期。[15]

根据《仲裁协议》的第1.2条和第1.3条,双方同意组成仲裁庭以解决争议,[16] 指定常设仲裁法院作为仲裁书记处。[17] 2008年7月11

---

[10] Arbitration regarding the Delimitation of the Abyei Area (Government of Sudan v. Sudan People's Liberation Movement/Army), Final Award of 22 June 2009, para.117.
[11] Ibid., paras.130, 131.
[12] Ibid., paras.134.
[13] Ibid., paras.133-135.
[14] Ibid., para.1.
[15] Ibid., para.17.
[16] Ibid., para.3.
[17] Ibid., para.5.

日，双方向常设仲裁法院秘书处提交了《仲裁协议》。[18] 2008年10月27日，特设仲裁庭组建完成，5名仲裁员分别是：皮埃尔-马瑞·迪普伊、奥恩·哈苏奈、格哈德·哈夫纳、迈克尔·瑞斯曼和斯蒂芬·施韦贝尔。[19]

（三）仲裁事项

根据《仲裁协议》第2条，仲裁庭要裁定的问题如下：

（a）根据双方在《全面和平协定》之前达成的所有协议，边界委员会专家是否超出了《阿卜耶伊议定书》所要求的，并经《阿卜耶伊谅解》"边界委员会职权范围"和"议事规则"[20] 所重申的授权，即超出确定并标明"1905年转归科尔多凡管辖的9个恩哥克丁卡人酋长领地"的任务；

（b）根据本条（a）项，如果仲裁庭确定边界委员会专家没有超出授权，则应作出声明，全面和立即执行边界委员会报告的裁决。

（c）根据本条（a）项，如果法庭确定边界委员会专家超出授权，则应作出声明，并根据双方的请求，在地图上确定（划定）1905年转归科尔多凡管辖的9个恩哥克丁卡人酋长领地。[21]

二、裁决和推理

在案件审理过程中，苏丹政府与苏丹人民解放运动均提供了大量证据以证明各自主张。仲裁庭对双方提供的所有证据进行了细致的研究和分析。在裁决书"仲裁庭的分析"部分，仲裁庭从7个方面对双方的主

---

[18] Arbitration regarding the Delimitation of the Abyei Area (Government of Sudan v. Sudan People's Liberation Movement/Army), Final Award of 22 June 2009, para. 4.

[19] Ibid., paras. 7-16.

[20] 职权范围由双方起草；程序规则由边界委员会专家负责起草。Ibid, Final Award of 22 June 2009, paras. 120, 121.

[21] Arbitration regarding the Delimitation of the Abyei Area (Government of Sudan v. Sudan People's Liberation Movement/Army), Final Award of 22 June 2009, para. 6.

张进行了考察与推理,其中比较重要的问题包括以下 3 个方面。

(一) 仲裁庭审理过程和适用法律的确定

仲裁庭首先根据《仲裁协议》第 2 条,确定了自身任务的顺序:即仲裁庭的第一项任务是根据相关规则,确定边界委员会专家的行为和决定是否"超出其授权"[22]。只有在确定了"边界委员会专家超出其授权"的情况下,仲裁庭才会根据《仲裁协议》第 2 条 (c) 项,启动第二项任务,即在边界委员会专家超越授权的范围内,就具体问题达成仲裁庭自己的结论。这是"两项完全不一样的法律任务"[23] (two distinct juridical tasks)。仲裁庭强调,关于第一项任务,它将不会对边界委员会的调查结果进行评判,仅会调查边界委员会专家对其授权的解释以及在此之上的行为是否合理。只有在第二项任务中,仲裁庭才会重新审阅所有证据材料。

根据《仲裁协议》第 3 条,仲裁庭确定了审理案件应适用的法律,包括《全面和平协定》《阿卜耶伊议定书》《阿卜耶伊谅解》《2005 年苏丹临时宪法》,以及其他仲裁庭认为相关的一般法律原则。[24]

(二) 对阿卜耶伊边界委员会专家是否超出授权的判断

根据《仲裁协议》的用语和授予仲裁庭任务的范围和限度 (scope and limit),在第一项任务中,仲裁庭将不会分析和评判边界委员会专家结论的实质正确性,[25] 仅就边界委员会专家报告中那些可分别讨论的部分展开独立分析。[26]

仲裁庭认为,要确定边界委员会是否超出授权,得首先确定边界委员会的性质。边界委员会很有特点,没有一个完整的标准来评估委员会专家的行为;那么,边界委员会的性质必须从其组建协定、委员会的组成、双方的行为,以及边界委员会在苏丹和平进程中的作用等方面来确定。

---

[22] Arbitration regarding the Delimitation of the Abyei Area (Government of Sudan v. Sudan People's Liberation Movement/Army), Final Award of 22 June 2009, para. 396.
[23] Ibid., para. 397.
[24] Ibid., para. 425.
[25] Ibid., para. 410.
[26] Ibid., para. 424.

这些因素将成为确定边界委员会专家履行其职责的规范框架（normative framework）和适当行为（proper conduct）的基础。[27]

仲裁庭指出，在国际法中有很多差异较大的国际争端解决机构或方法，在争端解决这一问题上，国际法是很具创新精神的。经过考虑组建边界委员会的《阿卜耶伊议定书》等相关文书、组建的背景等因素，仲裁庭认为，边界委员会有两个基本特征：事实调查的权力和最终作出具有约束力决定的权力。[28]边界委员会专家虽然不是法律专家，但他们均是在历史、地理和其他相关领域得到认可的专家，当事双方要求他们"以科学的方法"作出最终有约束力的决定。因此，仲裁庭多数意见认为，能做决定（decision-making function）是边界委员会的重要特征（defining characteristic of the ABC）。[29]

1. 审查标准的确定

在确定边界委员会的性质后，仲裁庭提出，审查边界委员会专家解释和实施（interpretation and implementation）其任务的标准必须是合理性标准。但合理性标准在解释和实施上略有不同。[30] 仲裁庭认为，虽然边界委员会不是严格意义上的裁判机构，但这并不意味着它缺乏自裁管辖权，[31] 边界委员会当然可以解释和决定自己的任务范围。[32] 在这种情况下，问题就在于自裁管辖权理论是否要求仲裁庭尊重最初决策者对于其权力范围的解释呢？仲裁庭引用了国际法院在 1989 年 7 月 31 日仲裁裁决案（几内亚比绍诉塞内加尔）中所提出的"明显违反"（manifest breach）标准，以及审查机构必须尊重原决策者对其自身能力解释的观点，[33] 认为国际法院已经提供了审查标准的最佳做法，这可以类比到当前程序中，即只要边界委员会专家对其任务的解释是当事双方可预期的、合理的即可。因此，只要解释合理，仲裁庭就必须尊重边界委员会专家

---

[27] Arbitration regarding the Delimitation of the Abyei Area (Government of Sudan v. Sudan People's Liberation Movement/Army), Final Award of 22 June 2009, para. 452.
[28] Ibid., para. 475.
[29] Ibid., para. 483.
[30] Ibid., para. 489.
[31] Ibid., para. 502.
[32] Ibid., para. 503.
[33] Ibid., paras. 505, 506.

的解释。[34]

边界委员会专家对其任务的解释,与他们基于此解释所实施的行为是两个问题,必须区分讨论。仲裁庭认为,边界委员会专家对其任务的实施能从各个角度审查,例如边界委员会决定是否有"明显的实质性错误"(substantive errors)、"边界委员会专家是否为决定叙明合适的理由"[35](stated appropriate reasons)。根据《仲裁协议》第2条(a)项,仲裁庭认为,边界委员会决定是否有错误这一问题,不属于仲裁庭的审查范围,当前仲裁庭只能就"是否说明合适理由"开展审查。边界委员会专家对其决定不说明理由,或者理由不充分,将会导致"超出其授权"。这是当前仲裁庭的职权。同时,仲裁庭也提出,其认识到边界委员会专家在决定过程中,处理了很多不准确、不充分的证据,甚至是一些间接证据。在这个问题上,仲裁庭了解边界委员会专家在评估此类证据时无法避免主观性,但是,这不构成委员会专家可以不在报告中说明理由的原因。[36]

2. 边界委员会专家对自身权限范围的解释是否超出授权

仲裁庭依据合理性标准就边界委员会对其授权范围的解释是否合理进行了讨论,认为其不构成超出授权。仲裁庭指出,就确定并标明"1905年转归科尔多凡管辖的9个恩哥克丁卡人酋长领地"这一短语或公式(the Formula)的解释,简单地考察应适用的法律文本,并不能决定性地发现,"转归"是涉及表明领土层面的"地区",还是涉及部落层面的"9个恩哥克丁卡酋长领地"。仲裁庭认为,从字面意思看,两种解释都是可以的。[37]

边界委员会专家将其理解为确定并标明"1905年转归科尔多凡管辖的9个恩哥克丁卡人酋长领地"(即采用"部落解释"),仲裁庭认为,这是合理的。除了字面含义,仲裁庭所依据的一个主要理由是《阿卜耶伊议定书》等相关文本的目的和宗旨。

阿卜耶伊冲突的和平解决是分阶段进行的。边界委员会的工作其实

---

[34] Arbitration regarding the Delimitation of the Abyei Area (Government of Sudan v. Sudan People's Liberation Movement/Army), Final Award of 22 June 2009, paras. 504-510.
[35] Ibid., para. 511.
[36] Ibid., para. 534.
[37] Ibid., para. 580.

就是为阿卜耶伊地区未来的全民投票做准备，使恩哥克丁卡人以及其他在阿卜耶伊地区生活的居民能够投票选择留在北方或加入南方，这些都是文本的目的与宗旨，这些因素在解释"公式"时不得不考虑。[38] 依据"领土解释"（territorial interpretation），以 1905 年的省界为确定标准，虽然也是可以的，但这样的解释和适用非常僵硬，可能会导致恩哥克丁卡人的分裂，并破坏全民投票的目的。相反，"部落解释"更有可能包括整个恩哥克丁卡社区的居民。正如边界委员会专家自己所称，他们认为这样做，更能了解"人们住在哪里，他们习惯在哪里放牧，以及他们习惯在哪里与其他人分享放牧和饮水的地方"。[39] 因此，边界委员会的"部落解释"比"领土解释"更符合文本的初衷，更为合理。[40]

3. 边界委员会专家的行为是否超出授权

仲裁庭对边界委员会专家的实际行为是否合理进行了分析，得出了不一样的结论。在确定北部边界时，仲裁庭同意边界委员会专家将恩哥克丁卡人的永久居住范围定为北纬 10°10′的做法，但是，仲裁庭否认将共享"次要权利"区域往北推至北纬 10°35′，以及将阿卜耶伊地区的边界定在北纬 10°22′的合理性，因为边界委员会专家给出的理由并不充足。[41] 边界委员会专家划定共享"次要权利"区域和阿卜耶伊地区边界的唯一理由似乎是戈兹地区的存在。但是，仲裁庭认为，划界的本质就是要切实执行，确实需要尊重待划定地区的地理环境。如果划界者希望将地理特征作为其决定边界的唯一基础，那么必须给出合适的理由，以阐明这个地理特征对边界确定发挥决定性作用，且优于其他各方可能提出来的理由。边界委员会专家报告没有表明为什么戈兹地区的北部边界应该与阿卜耶伊地区的北部边界相关；边界委员会专家没有提供任何理由解释为何以地理特征确定边界。从北部边界存在本身来看，也看不出任何不证自明的相关性。[42]

在确定西部边界时，仲裁庭认为边界委员会的决定完全不合理，因为专家报告根本就没有对其边界划定过程有详细说明，仅在总结部分以"其

---

[38] Arbitration regarding the Delimitation of the Abyei Area (Government of Sudan v. Sudan People's Liberation Movement/Army), Final Award of 22 June 2009, para. 594.
[39] Ibid., para. 598.
[40] Ibid., para. 599.
[41] Ibid., para. 674.
[42] Ibid., paras. 691-694.

他边界应以现行边界为准"的表述一笔带过。而在确定东部边界时，边界委员会专家划界的唯一依据是苏丹人民解放运动提供的一张草图，更为矛盾的是，边界委员会专家既认为此图是"非决定性的"（inconclusive），却又以此作为唯一依据（exclusively）完成划界。虽然边界委员会专家对证据的判断并不是仲裁庭根据《仲裁协议》第2条（a）项的审查任务，但基于此，仲裁庭认为边界委员会专家对东部边界的解释是不充分的。[43]

（三）对阿卜耶伊地区边界的重新划定

在确定了边界委员会专家部分超出授权后，仲裁庭随即启动了第二项任务，即在不脱离边界委员会专家合理的"部落解释"基础上，根据现有的证据，重新划定阿卜耶伊地区。

仲裁庭认为边界委员会专家在阿卜耶伊地区北部确定的纬度是合理的，可继续保留，[44] 但北纬 10°35′ 和北纬 10°22′30″ 的边界线归于无效。[45]

由于阿卜耶伊地区的西部和东部边界不是由边界委员会专家根据其任务规定划定的，因此，仲裁庭现在必须按照《仲裁协议》第2条（c）项重新划定东西边界。[46] 仲裁庭仔细审查后发现，已有的证据不足以精确勘定边界，[47] 不得不通过其认为最佳可用证据（best available evidence，BAE），在"部落解释"的基础上重新确定。至于什么是最佳可获得证据，仲裁庭认为，"基于一个特定的事实，必须根据所有情况来确定，而不是以证据是书面还是口头的形式来确定"。[48]

仲裁庭审视各类证据后发现，苏丹政府和苏丹人民解放运动均没有对两位人类学家——保罗·豪威尔（Paul P. Howell）和伊恩·坎尼森（Ian Cunnison）提供的证据材料提出异议。同时，仲裁庭清楚豪威尔的资料所反映的时期并不是 1905 年当时，但是，这些资料反映了大量恩哥克丁卡人历史上的定居点，以及米塞里亚人迁移模式的具体、持续、稳

---

[43] Arbitration regarding the Delimitation of the Abyei Area (Government of Sudan v. Sudan People's Liberation Movement/Army), Final Award of 22 June 2009, paras. 705-706.
[44] Ibid., para. 710.
[45] Ibid., para. 711.
[46] Ibid., para. 712.
[47] Ibid., para. 713.
[48] Ibid., para. 714.

定的生态学记录。两个族群的生活方式是长期且稳定的。坎尼森教授曾在当地居住两年多，对该地区有广泛深入的了解，熟知恩哥克丁卡人的酋长及其历史。他也再次确认了豪威尔提供的上述证据资料。因此，仲裁庭倾向于认可这些对当地局势、生活方式、族群互动有充分理解和分析的资料，而不是一些信息有限的报告。重要的是，坎尼森教授的分析没有受到双方的质疑。[49] 因此，上述两位人类学家的研究成果便成为仲裁庭重新确定阿卜耶伊地区边界的关键性证据。[50] 通过对豪威尔和坎尼森研究成果的审查，并结合其他相关证据，仲裁庭将阿卜耶伊地区的北部、西部与东部边界分别调整为北纬10°10′、东经27°50′和东经29°00′。[51]

在重新确定阿卜耶伊地区边界的同时，仲裁庭强调，仲裁庭的权力仅限于在地图上确定阿卜耶伊地区的边界；在双方实际的划界过程中不应忽视该地区及其附近其他族群的传统权利。仲裁庭认为米塞里亚人在阿卜耶伊放牧的传统权利不应因阿卜耶伊地区边界的改变而受影响。仲裁庭强调，"在传统土地利用模式占主导地位的地区，对领土的主权性权利并不是唯一相关的因素"。[52]

裁决书中在相关分析部分，同时记载了哈夫纳仲裁员就边界委员会的性质，以及"领土解释"还是"部落解释"更为"正确"而发表的不同观点。哈夫纳认为，边界委员会是一个事实调查机构，"领土解释"更为正确。[53] 哈苏奈法官则以裁决附件的方式，提交了一份67页的异议意见，他既不同意仲裁庭的结论，也不同意其分析和推理，认为仲裁庭和边界委员会专家相似，远远地超出了其职权范围。[54]

三、评 论

本案是一个国内边界划分的案件，也是一个一方当事方为非国家的案件；此外，本案还为在武装冲突的情况下如何解决国内边界争端提供

---

[49] Arbitration regarding the Delimitation of the Abyei Area (Government of Sudan v. Sudan People's Liberation Movement/Army), Final Award of 22 June 2009, para. 724.
[50] Ibid., paras. 714-719.
[51] Ibid., para. 770.
[52] Ibid., para. 748.
[53] Ibid., paras. 455, 484, 485, 542, 666, 696.
[54] Dissenting Opinion of His Excellency Judge Awn Shawkat Al-Khasawneh Member of the International Court of Justice.

了一个独特的例子。[55] 本案涉及"国际法中机构审查标准的确定和适用""条约的解释和适用""自裁管辖权""不同类型证据的证明力""仲裁庭在认定事实方面所起的作用"等诸多问题。该案对程序法的贡献甚于对划界问题的判例法贡献。

第一，本案深入而广泛地讨论了审查另一个机构所做决定的原则或标准。例如，裁决书中提到了国内法院对于行政机构决定的司法审查，也讨论了上诉审查、审查标准等。裁决书所提出的审查标准将在其他案件或其他领域中得到讨论或适用。

第二，本案还就证据的可采性以及口头证人证言的证明力提出了一些看法。国际法中的证据规则，目前无论在国际仲裁还是国际司法领域，都没有太多的规则或先例。国际性法庭或仲裁庭在程序中更倾向于接受和采信书面证据。但在本案中，仲裁庭认为，在认定过去的事实时，在涉及没有记载书面传统的相关地区中，口头证言也具备一定的证明力，但口头证言需要与其他证据相互佐证，才能成为确定事实的关键证据。法律和证据所需要的确定性、真实性，以及尊重传统、司法经济和效率等目标之间如何协调与平衡，同样是本案仲裁庭所面临的一个巨大挑战。

第三，本案讨论了传统权利。仲裁庭通过《全面和平协定》和《阿卜耶伊议定书》确认双方对居住在阿卜耶伊地区人们传统权利保护的意图，并强调"在传统土地利用模式占主导地位的地区，对领土的主权性权利并不是唯一相关的因素"。但同样值得注意的是，仲裁庭是在发现了双方在本案中通过条约表现出来的意图和特殊安排后才作出的处理，如果要从本案的一些判断推出关于历史性权利的其他规则或原则，需要注意到本案的具体案情，做更多的分析。

第四，仲裁为阿卜耶伊问题的解决提供了契机。从解决冲突的角度看，本案显示了仲裁这种和平解决争端的程序在执行和平协议方面发挥的作用。和平协议往往存在执行和实施困难的问题，当事方极少诉诸国际法中规定的争端解决方式，本案可谓是一个独特的例子。有意思的是，仲裁庭在裁决书中确认了国际法在解决争端上的创新性与灵活性，肯定了双方之前通过边界委员会解决争端的努力。遗憾的是，本案裁决的后

---

[55] Brooks W. Daly, Garth Schofield, "Abyei Arbitration", *Max Planck Encyclopedia of Public International Law*, Vol. 23, 2010, para. 1.

续情况并不太理想,虽然南苏丹已经建国,但阿卜耶伊地区至今仍频繁发生武装冲突。

四、附　录

(一) 中英案件全名

1. 中文案件全名:阿卜耶伊地区划界仲裁案(苏丹政府/苏丹人民解放运动)

2. 英文案件全名:Award in the Arbitration regarding the Delimitation of the Abyei Area Between the Government of Sudan and the Sudan People's Liberation Movement/Army

(二) 案件的标准引用

Arbitration regarding the Delimitation of the Abyei Area (Government of Sudan v. Sudan People's Liberation Movement/Army), Final Award of 22 June 2009, UNRIAA, Vol. XXX, pp. 145-416.

(三) 主要参考文献

1. Brooks Daly, "The Abyei Arbitration: Procedural Aspects of an Intra-state Border Arbitration", *Leiden Journal of International Law*, Vol. 23, 2010, pp. 801-823.

2. Brooks W. Daly, Garth Schofield, "Abyei Arbitration", in *Max Planck Encyclopedia of Public International Law*, Oxford University Press, 2015.

3. Luka Biong Deng, "Justice in Sudan: Will the Award of the International Abyei Arbitration Tribunal be Honoured?", *Journal of Eastern African Studies*, Vol. 4, 2010, pp. 298-313.

4. Freya Baetens, Rumiana Yotova, "The Abyei Arbitration: A Model Procedure for Intra-State Dispute Settlement in Resource-Rich Conflict Areas?", *Goettingen Journal of International Law*, Vol. 47, 2011, pp. 417-446.

5. 姜恒昆、周军:《苏丹南北关系中的阿卜耶伊问题》,《西亚非洲》2011 年第 7 期。

（四）与本案主题相关的重要引用案件

1. Anglo-Iranian Oil Co. Case (jurisdiction), Judgment, I. C. J. Reports 1952, p. 93.

2. Nottebohm Case (Preliminary Objection), Judgment, I. C. J. Reports 1953, p. 111.

3. Case Concerning the Arbitral Award Made by the King of Spain on 23 December 1906, Judgment, I. C. J. Reports 1960, p. 192.

4. Western Sahara, Advisory Opinion, I. C. J. Reports 1975, p. 12.

5. Frontier Dispute, Judgment, I. C. J. Reports 1986, p. 554.

6. Arbitral Award of 31 July, 1989 (Guinea-Bissau v. Senegal), Judgment, I. C. J. Reports 1991, p. 53.

7. Sovereignty over Pulau Ligitan and Pulau Sipadan (Indonesia/Malaysia), Judgment, I. C. J. Reports 2002, p. 625.

8. Land and Maritime Boundary Between Cameroon and Nigeria (Cameroon v. Nigeria: Equatorial Guinea Intervening), Judgment, I. C. J. Reports 2002, p. 303.

9. Arrest Warrant of 11 April 2000 (Democratic Republic of the Congo v. Belgium), Judgment, I. C. J. Reports 2002, p. 3.

10. Application of the Convention on the Prevention and Punishment of the Crime of Genocide (Croatia v. Serbia), Preliminary Objections, Judgment, I. C. J. Reports 2008, p. 412.

11. Eritrea-Yemen Arbitration (Territorial Sovereignty and Scope of the Dispute), Award of 9 October 1998, Permanent Court of Arbitration, 1998.

12. Eritrea-Yemen Arbitration (Maritime Delimitation), Award of 17 December 1999, Permanent Court of Arbitration, 1999.

（五）案件中的重要缩略语

ABC　　Abyei Boundary Commission　　阿卜耶伊边界委员会

（何田田）

担保国责任咨询意见案

（2011 年）

2010.05.06 国际海底管理局理事会通过决议向国际海洋法法庭海底争端分庭提出咨询意见请求

2010.05.14 咨询意见请求提交分庭

2010.08.19 书面意见提交截止日期

2010.09.14 分庭开庭进行庭审

2011.02.01 分庭就本案发表咨询意见

关键词：区域（The Area）；海底争端分庭（Seabed Disputes Chamber）；咨询意见（Advisory Opinion）；担保国责任与义务（Responsibilities and Obligations of States）

一、案件背景

国际海底区域（以下简称"区域"）是指国家管辖范围以外的海床及其底土，蕴藏着丰富的能源和矿产资源。《联合国海洋法公约》第十一部分对"区域"所适用的法律制度作出专门规定。"区域"内资源的勘探和开发等事项由国际海底管理局（International Seabed Authority，以下简称"管理局"）代表全人类进行管理和协调。《公约》第 153 条规定，"区域"内的活动应当以管理局企业部以及缔约国或国营企业，或在缔约国担保下的具有缔约国国籍或由这类国家或其国民有效控制的自然人或法人与管理局协作的方式进行。[1] 国际海底开发特有的担保制度

---

[1] "Article 153 System of Exploration and Exploitation", http://www.un.org/Depts/los/convention_agreements/texts/unclos/unclos_e.pdf.

为开发国际海底带来法律保障的同时，也带来了若干需要进一步澄清和解决的法律问题：《公约》以及1994年《关于执行1982年12月10日〈联合国海洋法公约〉第十一部分的协定》（以下简称"1994年《协定》"）对担保国的责任与义务作了相应规定，但这些规定不够具体、明确，在理解上容易产生分歧。随着区域矿产资源勘探和开发活动日趋频繁，进一步明晰《公约》及相关法律文件对担保国责任与义务的规定就成为国际社会亟待解决的问题。

2008年4月10日，管理局收到了两份由瑙鲁海洋资源公司（瑙鲁为担保国）和汤加近海采矿有限公司（汤加为担保国）提交的申请书，请求核准在克拉里恩-克利珀顿（Clarion-Clipperton）中央太平洋断裂带多金属结核保留区内开展勘探多金属结核工作计划。随后，申请书被转交管理局的法律和技术委员会。2009年5月5日，瑙鲁海洋资源公司和汤加近海采矿有限公司通知管理局秘书处，请求推迟审议其勘探多金属结核工作计划的申请。法律和技术委员会在第15届会议上决定推迟审议该申请。2010年3月1日，瑙鲁代表团向管理局提交了一份就担保国的责任和赔偿责任问题请国际海洋法法庭海底争端分庭（以下简称"分庭"）提供咨询意见的提议。瑙鲁认为，发展中国家的自身技术能力和经济实力有限，如果其担保的个人或实体在"区域"活动中造成环境污染等损害，可能无力承担相应的法律风险。由此产生的赔偿责任或费用将远远超过诸如瑙鲁这样的发展中国家的经济能力。虽然《公约》中有相关条款涉及担保国的责任和义务问题，但仍有必要进一步明晰。4月27日，管理局理事会将瑙鲁提案列入第16届会议议程。经过广泛讨论，理事会在第161次会议上决定不采纳瑙鲁的提案，而就三个更具有普遍意义的具体的问题向分庭请求咨询意见。5月6日，管理局理事会通过第ISBA/16/C/13号决议，根据《公约》第191条，请求海底争端分庭就以下三个问题发表咨询意见：

（1）根据《公约》以及1994年《协定》，《公约》缔约国对"区域"内活动的担保应承担哪些责任和义务？

（2）在缔约国根据《公约》第153条第2款（b）项担保的实体没有遵守上述公约及协定的情况下，其赔偿责任的范围是什么？

（3）担保国必须采取何种适当措施来履行《公约》，特别是第139条和附件三以及1994年《协定》为其规定的义务？

此案被国际海洋法法庭列为第 17 号案，即"关于担保个人和实体在国际海底区域内活动的国家所承担的责任和义务咨询意见"（以下简称"担保国责任咨询意见案"）。5 月 14 日，管理局秘书长将咨询意见请求通过电函方式提交分庭。[2]

二、审理程序

2010 年 5 月 17 日，法庭书记官处根据《国际海洋法法庭规则》（以下简称《法庭规则》）第 133 条第 1 款的规定[3]，将咨询意见请求通知所有《公约》缔约国；18 日，将咨询意见请求通知联合国秘书长。同日，法庭发布程序令，根据《法庭规则》第 133 条第 2 款和第 3 款[4]，邀请管理局、作为管理局大会观察员的有关政府间国际组织以及《公约》缔约国于 8 月 9 日前提交书面意见（后延长至 8 月 19 日）；根据第 133 条第 4 款[5]，法庭确定庭审于 9 月 14 日举行。分庭指出，上述案件审理日程是根据《公约》第 191 条的要求，即"海底争端分庭的咨询意见应作为紧急事项提出"而设定的。

---

[2] Responsibilities and Obligations of States with respect to Activities in the Area, Advisory Opinion, ITLOS Reports 2011, pp. 14-15, paras. 1-3.

[3] "Article 133 1. The Registrar shall forthwith give notice of the request for an advisory opinion to all States Parties", https：//www. itlos. org/fileadmin/itlos/documents/basic_ texts/Itlos _ 8_ E_ 17_ 03_ 09. pdf.

[4] "Article 133 2. The Chamber, or its President if the Chamber is not sitting, shall identify the intergovernmental organizations which are likely to be able to furnish information on the question. The Registrar shall give notice of the request to such organizations. 3. States Parties and the organizations referred to in paragraph 2 shall be invited to present written statements on the question within a time-limit fixed by the Chamber or its President if the Chamber is not sitting. Such statements shall be communicated to States Parties and organizations which have made written statements. The Chamber, or its President if the Chamber is not sitting, may fix a further time-limit within which such States Parties and organizations may present written statements on the statements made", https：//www. itlos. org/fileadmin/itlos/documents/ basic_ texts/Itlos_ 8_ E_ 17_ 03_ 09. pdf.

[5] "Article 133 4. The Chamber, or its President if the Chamber is not sitting, shall decide whether oral proceedings shall be held and, if so, fix the date for the opening of such proceedings. States Parties and the organizations referred to in paragraph 2 shall be invited to make oral statements at the proceedings", https：//www. itlos. org/fileadmin/itlos/ documents/basic_ texts/Itlos_ 8_ E_ 17_ 03_ 09. pdf.

在法庭设定的期限内，有 12 个缔约国和 3 个政府间国际组织提交书面意见。提交书面意见的缔约国包括：英国、瑙鲁、韩国、罗马尼亚、荷兰、俄罗斯、墨西哥、德国、中国、澳大利亚、智利和菲律宾；提交书面意见的国际组织包括：管理局、国际海洋金属联合组织（Interoceanmetal Joint Organization）和国际自然保护联盟（International Union for Conservation of Nature）。此外，绿色和平理事会（Stichting Greenpeace Council，即国际绿色和平组织）和世界自然基金会（World Wide Fund for Nature）共同提交了书面意见，并请求法庭将其身份视为"法庭之友"（amici curiae）。8 月 27 日，书记官处通知上述两个国际组织，由于其书面意见并非依据《法庭规则》第 133 条所提交，因此法庭并不能将其视为本案法律文书，但仍可以发送至向法庭提交书面意见的缔约国和国际组织。9 月 1 日，联合国环境规划署（United Nations Environment Programme）在已超过法庭设定的提交书面意见截止日期的情况下向法庭提交了一份书面意见。法庭庭长决定，该书面意见应当作为案件材料收录。9 月 10 日，分庭裁定绿色和平理事会及世界自然基金会不得以"法庭之友"身份参加本案程序。9 月 14—16 日，分庭开庭进行本案庭审，共有 9 个缔约国和 3 个政府间国际组织参加。参加庭审的缔约国包括：阿根廷、智利、斐济、德国、墨西哥、瑙鲁、荷兰、俄罗斯、英国；参加庭审的国际组织包括：管理局、政府间海洋学委员会（Intergovernmental Oceanographic Commission）、国际自然保护联盟。2011 年 2 月 1 日，分庭发表了咨询意见。

三、咨询意见

1. 分庭在咨询案件中的角色

分庭是受权独立行使职权的司法机构。通过咨询管辖权和诉讼管辖权，对《公约》第十一部分及有关附件的解释和适用拥有专属权力。分庭的咨询管辖权与国际海底管理局大会和理事会的职能密切相关。分庭的咨询意见在本质上是协助大会和理事会以符合《公约》有关规定的方式行使职权。依据《公约》第 159 条第 10 款[6]所请求的咨询意见的功能是协助大会的决议程序；依据《公约》第 191 条[7]所请求的咨询意见的功能是解决理事会工作范围内所产生的法律问题。上述职能的基本目标是确保国际海底区域的良好治理。[8]

2. 管辖权

分庭首先需要确定其在本案中对国际海底管理局理事会提交的咨询请求是否具有管辖权。分庭指出，其咨询管辖权源于《公约》第 191 条，该条规定：分庭经大会或理事会请求，应对它们活动范围内发生的法律问题提出咨询意见；这种咨询意见应作为紧急事项提出。分庭认为，该条规定了分庭行使咨询管辖权必须满足的三个条件：第一，请求是由理事会提出的；第二，请求涉及的是法律问题；第三，这些法律问题是在理事会的活动范围内发生的。[9]

关于第一个条件，分庭认为，《公约》第 191 条赋予理事会向分庭请求咨询意见的权力，本案中请求咨询意见的决定是由理事会作出的。《理事会议事规则》（以下简称《议事规则》）第 56 条第 1 款规定，作为一般规则，理事会的决议应当采取协商一致的方式。1994 年《协定》第三部分第 2 段规定，"作为一般规则，管理局各机构的决议应当采取协商一致的方式"。按照《公约》第 161 条第 8 款（e）项和《议事规则》第

---

[6] "Article 159 Composition, procedure and voting...10. Upon a written request addressed to the President and sponsored by at least one fourth of the members of the Authority for an advisory opinion on the conformity with this Convention of a proposal before the Assembly on any matter, the Assembly shall request the Seabed Disputes Chamber of the International Tribunal for the Law of the Sea to give an advisory opinion thereon and shall defer voting on that proposal pending receipt of the advisory opinion by the Chamber. If the advisory opinion is not received before the final week of the session in which it is requested, the Assembly shall decide when it will meet to vote upon the deferred proposal", http://www.un.org/Depts/los/convention_agreements/texts/unclos/unclos_e.pdf.

[7] "Article 191 Advisory opinions. The Seabed Disputes Chamber shall give advisory opinions at the request of the Assembly or the Council on legal questions arising within the scope of their activities. Such opinions shall be given as a matter of urgency", http://www.un.org/Depts/los/convention_agreements/texts/unclos/unclos_e.pdf.

[8] Responsibilities and Obligations of States with respect to Activities in the Area, Advisory Opinion, 1 February 2011, ITLOS Reports 2011, pp. 23-24, paras. 25-30, https://www.itlos.org/fileadmin/itlos/documents/cases/case_no_17/17_adv_op_010211_en.pdf.

[9] Ibid., p. 24, paras. 31-32.

59条,"协商一致"的含义是指没有任何正式反对。正如理事会在书面意见中所指出的,"理事会作出向分庭请求咨询意见的决议没有遭到反对,因而可以被视为是以协商一致的方式作出的"。因此,分庭认为,本案存在一项有效的由理事会提交的咨询请求。[10]

关于第二个条件,分庭注意到,理事会所提交的三个问题是关于"《公约》缔约国对'区域'内的担保活动所承担的法律责任与义务"、"《公约》缔约国没有遵守公约规定所导致的赔偿责任的范围"以及"担保国履行其在《公约》下的责任所必须采取的措施"。上述问题涉及对《公约》条款的解释,属于一般国际法问题。正如国际法院所指出的,"以法律术语表达的、提出国际法问题的……并且能够根据国际法回答的问题,在性质上属于法律问题"[11]。因此,分庭认为,理事会所提交的问题具有法律性质。[12]

关于第三个条件,分庭认为,应当根据《公约》和1994年《协定》有关条款对理事会权能的规定来确定其活动范围。《公约》第十一部分第四节规定了国际海底管理局的权力和职能。根据第162条第1款和第2款(a)项规定,理事会为管理局的执行机关。理事会应有权依本公约和大会所制定的一般政策,制定管理局对于其权限范围以内的任何问题或事项所应遵循的具体政策,"就管理局职权范围内所有问题和事项监督和协调本部分规定的实施,并提请大会注意不遵守规定的情事"。1994年《协定》第三节第11款(a)项和第一节第6—11款授予理事会根据《公约》附件三(探矿、勘探和开发的基本条件)第6条核准工作计划的职责。《公约》第162条第2款(a)项授权理事会"按照第153条第4款和管理局的规则、规章及程序,对'区域'内活动行使控制权"。因此,分庭认为,理事会所提法律问题属于其活动范围内的事项,因为这些问题涉及理事会的权力行使和职能,包括理事会核准工作计划的权力。[13]

---

[10] Responsibilities and Obligations of States with respect to Activities in the Area, Advisory Opinion, ITLOS Reports 2011, pp. 24-25, paras. 33-36.

[11] 参见"2010年科索沃单方面宣布独立是否符合国际法的咨询意见"第25段、"1975年西撒哈拉问题的咨询意见"第15段。

[12] Responsibilities and Obligations of States with respect to Activities in the Area, Advisory Opinion, ITLOS Reports 2011, p. 25, paras. 37-40.

[13] Ibid., pp. 25-26, paras. 41-44.

综上，分庭拥有对理事会所提请求发表咨询意见的管辖权。

3. 可受理性

接下来，分庭考虑本案的可受理性问题。部分参加咨询程序的缔约国认为，《公约》第 191 条"应当发表"（shall give）的措辞与《国际法院规约》第 65 条第 1 款中"可以发表"（may give）的措辞存在明显区别。根据这种区分，上述缔约国认为，与国际法院在咨询程序中具有裁量权相反，分庭一旦确定其管辖权，就没有拒绝咨询请求的裁量权。分庭认为，虽然注意到《公约》第 191 条和《国际法院规约》第 65 条措辞之间的差别，但是，它在本案中没有必要就该差异对于可受理性问题产生的后果得出明确结论。分庭对理事会的请求发表咨询意见是恰当的，因此将继续审理本案。[14]

4. 实体问题

分庭首先确定其可适用的法律和所请求问题的范围。根据《公约》第 293 条第 1 款和《国际法院规约》第 38 条，分庭认为，它应该适用"本公约和其他与本公约不相抵触的国际法规则"，"按照本公约制定的管理局规则、规章和程序"以及有关"区域"内活动的"合同的条款"。同时，根据 1994 年《协定》第 2 条第 1 款，《公约》第十一部分应与 1994 年《协定》一道作为单一文书来解释和适用，且该《协定》与第十一部分如有任何不一致的情况，应以该《协定》的规定为准。可适用的程序规范包括《国际法院规约》第 40 条第 2 款和《法庭规则》第 H 节。[15]

接下来，分庭指出，本案中所请求问题的范围是通过解释这些问题中涉及的"责任"（responsibility）和"赔偿责任"（liability）这两个关键概念来实现的。按照 1969 年《维也纳条约法公约》的条约解释规则，尤其是第 31 条和第 33 条，分庭比较了《公约》英文本与同样作准的其他 5 种语言文本（西班牙文、法文、阿拉伯文、中文和俄文）以及管理局 2000 年《"区域"内多金属结核探矿和勘探规章》（以下简称《结核规章》）和 2010 年《"区域"内多金属硫化物探矿和勘探规章》（以下简称《硫化物规章》）在这些术语上的用法。分庭认为，《公约》第 139 条第 1 款和第 2

---

[14] Responsibilities and Obligations of States with respect to Activities in the Area, Advisory Opinion, ITLOS Reports 2011, pp. 26-27, paras. 46-49.

[15] Ibid., pp. 27-28, paras. 50-56.

款、第 235 条第 1 款以及附件三第 4 条第 4 款中的"责任"与《公约》第 304 条和附件三第 22 条中的"赔偿责任"并不具有相同的含义。前者"责任"是指"义务",即初级义务(primary obligation),而"赔偿责任"则是指次级义务(secondary obligation),即违反初级义务的后果。此外,与"赔偿责任"一并使用的"责任"亦指违反初级义务的后果。因此,本案第一个问题中的"法律责任与义务"中的义务是指初级义务,即担保国根据《公约》必须做什么;第二个问题中的"赔偿责任"是指违反担保国义务的后果。[16]

关于第一个问题,分庭首先界定"担保"和"区域内活动"两个术语的含义。《公约》的缔约方是国家,而非国内法实体。分庭认为,《公约》在"区域"资源勘探和开发制度中设立担保国的目的在于,为所有国家的共同利益促使《公约》第十一部分所规定的"人类共同继承财产"原则得以遵守和实现。担保国的这一角色规定在《公约》第 153 条第 4 款(协助管理局)和第 137 条第 2 款(代表全人类行使)中。而"区域内活动"则专门指那些在国际海底区域勘探和开发矿产资源的活动。[17]

分庭将该问题中担保国的法律义务分为两类:一是确保义务;二是直接义务。分庭认为,《公约》中涉及担保国责任的核心条款是第 139 条第 1 款、第 153 条第 4 款(特别是最后一句)和附件三第 4 条第 4 款(特别是第一句)。根据上述条款,担保国必须"确保"(to ensure)所担保的承包者在"区域"内活动时应"按照"(in conformity)或者"遵守"(in compliance with)这些规则进行。"这些规则"是指"本部分"(第十一部分),"与其有关的附件的有关规定和管理局的规则、规章和程序以及按照第 153 条第 3 款核准的工作计划",附件三第 4 条第 4 款所规定的"合同条款和公约下有关义务"。[18]

分庭指出,第一个问题的核心是《公约》第 139 条第 1 款及附件三第 4 条第 4 款中"有责任确保"(responsibility to ensure)的含义。"确保义务"是担保国根据国际法所承担的义务。承包者违反义务的行为并不

---

[16] Responsibilities and Obligations of States with respect to Activities in the Area, Advisory Opinion, ITLOS Reports 2011, pp. 28-31, paras. 57-71.
[17] Ibid., pp. 32-38, paras. 74-97.
[18] Ibid., pp. 38-40, paras. 99-104.

当然地使担保国也违反义务。担保国的责任承担仅限于其未能"确保"承包者遵守其义务。这种义务的意义在于,《公约》中有关"区域"内活动的规则能对国家所担保的具有国内法地位的承包者具有拘束力。这种义务是"行为"义务,而非"结果"义务,是一种"尽职"的义务[19](obligation of due diligence)。

关于"尽职"义务,分庭认为,对其进行准确定义并不容易,因为"尽职"的标准会随时代变化而变化,它取决于风险的水平和具体的活动。例如,探矿的风险低于勘探活动,而勘探的风险低于开发活动。根据《公约》第153条第4款(最后一句)、第139条第2款(最后一句)和附件三第4条第4款,"尽职"的"确保义务"要求担保国在其法律制度范围内采取必要的措施,包括法律、规章和行政措施,其适用标准是这些措施必须"合理恰当地确保"(reasonably appropriate for securing)承包者遵守其义务。[20]

分庭认为,担保国的义务并不限于"尽职"的"确保义务"。担保国根据《公约》和相关法律文件,还承担着独立遵守以确保其所担保的承包者遵守某些特定行为的义务,这种义务被称为"直接义务"。担保国遵守这些义务可被视为其履行"尽职"的"确保义务"的一个相关方面。

担保国最重要的"直接义务"包括:(1)在对"区域"内活动的控制方面协助管理局的义务(《公约》第153条第4款);(2)采取预先防范措施的义务(1992年《里约环境与发展宣言》第15项原则、《结核规章》第31条第2款和《硫化物规章》第33条第2款及这两个规章的附件四"标准合同条款"第5.1节);(3)采用最佳环境做法的义务(《硫化物规章》第33条第2款及其附件四第5.1节);(4)在管理局为保护海洋环境发布紧急指令时采取措施提供保证的义务(《结核规章》第32条第7款和《硫化物规章》第35条第8款);(5)确保在污染造成损害的情况下可以诉诸赔偿程序的义务(《公约》第235条第2款);(6)进行环境影响评价的义务(1994年《协定》附件第1节第7款、《结核规章》第31条第6款和《硫化物规章》第33条第6款,以及

---

[19] Responsibilities and Obligations of States with respect to Activities in the Area, Advisory Opinion, ITLOS Reports 2011, pp. 40-41, paras. 107-110.

[20] Ibid., pp. 43-44, paras. 117-120.

《公约》第206条和第153条第4款）。根据国际法院的实践，一般国际法并未"指明环境影响评价的范围和内容"。虽然《公约》第206条也未具体规定环境影响评价的范围和内容，但上述规章明确指出"区域"内活动应履行环境影响评价的义务。[21]

最后，分庭审查作为发展中国家的担保国在适用上述两种义务时是否应享有优惠待遇（preferential treatment）。这种考察主要基于《公约》序言关于"这些目标将有助于实现公正公平的国际经济秩序，这种秩序将照顾到全人类的利益和需要，特别是发展中国家的特殊利益和需要"的规定，第148条关于"第十一部分规定应促进发展中国家有效参加'区域'内活动"的规定以及第140条第1款关于"区域"内活动应"特别考虑到发展中国家……的利益和需要"的规定。分庭认为，根据《公约》第140条第1款和第148条，促进发展中国家参与"区域"内活动，并顾及其特殊利益和需要的总体目的是在《公约》第十一部分中以"按照本部分的具体规定"来实现的。这意味着，除了第十一部分具体条款的规定，没有一个一般性条款要求考虑这种利益和需要。《公约》第十一部分中若干条款的目的均是确保发展中国家享有优惠待遇。这些条款包括：发展中国家可以就保留给管理局的深海海底区域提出工作计划（《公约》附件三第8条和第9条）；在促进"区域"内海洋科学研究的国际合作方面应确保"为了发展中国家的利益"制订各种方案（《公约》第143条第3款）；管理局和缔约国应促进向发展中国家转让技术和向发展中国家的人员提供培训机会（《公约》第144条第1款和第2款，以及1994年《协定》附件第5节）；管理局在行使其权力和职责时应给予发展中国家特别考虑（《公约》第152条）；理事会在建议、核准有关公平分享从"区域"内活动中所获得的财政和其他利益时应"特别考虑发展中国家的利益和需要"[《公约》第160条第2款（f）项和（i）项，以及第162条第2款（o）项和（i）项]。[22]

然而，《公约》有关担保国责任的一般条款中没有哪一个条款"具体规定"要给予作为发展中国家的担保国以优惠待遇。因此，有关担保国责任的一般条款同样适用于所有担保国，无论是发展中国家还是发达

---

[21] Responsibilities and Obligations of States with respect to Activities in the Area, Advisory Opinion, ITLOS Reports 2011, pp. 44-52, paras. 121-150.

[22] Ibid., pp. 52-53, paras. 151-157.

国家。同等对待作为发展中国家的担保国与作为发达国家的担保国有助于防止设在发达国家的商业企业为了不受规章的严格控制和约束，转而到发展中国家设立公司、取得其国籍进而获得其担保。"方便"担保国的蔓延将危及统一适用严格的海洋环境保护标准、危及"区域"内活动的安全进行，以及危及对人类共同继承财产的保护。但是，这并不排除那些确立担保直接义务的规则可以对作为发达国家和发展中国家的担保国规定不同待遇。例如，《结核规章》和《硫化物规章》均提到《里约环境与发展宣言》第15项原则。根据该原则，各国应"依其能力"采取预先防范措施。因此，遵守采取预先防范措施义务的条件对作为发达国家的担保国来说可能要比对作为发展中国家的担保国更为严格。[23]

关于第二个问题，分庭首先指出此问题应适用的法律。与担保国没有遵守其义务引起责任的范围有关的条款是《公约》第139条第2款、第235条、第304条、附件三第4条第4款第二句和第22条，以及《结核规章》和《硫化物规章》有关赔偿责任的规则。这些条款规定了不同的赔偿责任渊源，即有关缔约国赔偿责任的规则（第139条第2款第一句）、有关担保国赔偿责任的规则（第139条第2款第二句）和有关承包者与管理局赔偿责任的规则（附件三第22条）。由于第139条第2款和第304条"不妨碍"（without prejudice）条款分别提到"国际法规则"及"现行规则的适用和国际法上其他有关赔偿责任规则的发展"，因此，分庭需考虑习惯法，特别是国际法委员会关于国家责任的相关规则，作为《公约》中有关担保国赔偿责任规则的补充。[24]

担保国的赔偿责任是它没有履行其在《公约》或相关法律文件下的义务所引起的，担保国并不对所担保的承包者没有履行其义务的行为承担责任。然而，担保国的责任与所担保的承包者没有遵守其义务，因而造成损害之间存在联系。依据《公约》第139条第2款和附件三第4条第4款，引起担保国的责任必须满足两个条件，即担保国没有履行其义务和存在损害。这两个条件意味着，担保国没有履行其义务但不存在损害，或者存在损害但担保国履行了其义务，都不引起担保国的责任。[25]

---

[23] Responsibilities and Obligations of States with respect to Activities in the Area, Advisory Opinion, ITLOS Reports 2011, pp. 53-55, paras. 158-163.
[24] Ibid., pp. 55-56, paras. 164-169.
[25] Ibid., p. 57, paras. 170-174.

担保国没有履行其义务可以是违反该国深海海底采矿制度的作为或不作为。由于担保国义务有"直接义务"和"确保义务",因此义务的性质也影响赔偿责任的范围。损害包括对"区域"及构成人类共同继承财产的资源的损害和对海洋环境的损害。有权请求赔偿的主体可以是管理局、进行深海海底采矿的实体、其他海洋使用者和沿岸国。担保国没有履行其尽职义务与所担保的承包者造成损害之间必须存在因果关系,也就是说,损害必须是担保国没有履行其义务的结果。这种因果关系不能靠推测,必须得到证明。[26]

担保国的责任是可以豁免的,前提是它已经采取了确保所担保的承包者切实遵守其义务的一切必要和适当措施。但是,这种责任的豁免不适用于担保国没有履行其直接义务的情形。[27]

接下来,分庭考察《公约》第139条第2款(第二句)项下担保国责任的范围问题。包括:责任的标准、多国担保(承包者为一个以上缔约国所担保)的责任承担、赔偿额和赔偿形式,以及承包者赔偿责任与担保国赔偿责任的关系。分庭认为,关于责任的标准,担保国不承担严格责任(无过失责任),仅在没有履行尽职义务时才承担责任。关于多国担保,各担保国应承担共同和连带责任,除非管理局规章另有规定。关于赔偿额,应限于实际损害(actual amount of damage)。赔偿形式则取决于实际损害与恢复原状的技术可行性,可以单独或合并采取恢复原状、补偿和抵偿的方式。关于担保国责任与其所担保的承包者责任之间的关系,分庭认为,二者平行存在,不是共同和连带责任的关系,担保国没有剩余责任(residual liability)。[28]

《公约》和相关法律文件所确立的责任制度没有解决担保国履行其义务而承包者不能完全履行其责任和担保国没有履行其义务但没有发生损害的责任问题。分庭认为,前述"不妨碍"条款提供了有关国家责任的习惯国际法解决路径。对于前者,习惯国际法没有这方面的责任规则,管理局可以考虑建立一个信托基金来补偿根据《公约》没有得到赔偿的损害。对于后者,担保国违法行为的后果由习惯国际法决定。而且,这

---

[26] Responsibilities and Obligations of States with respect to Activities in the Area, Advisory Opinion, ITLOS Reports 2011, pp. 57-60, paras. 175-184.

[27] Ibid., pp. 60-61, paras. 185-187.

[28] Ibid., pp. 61-65, paras. 188-205.

种责任规则还可以在深海海底采矿制度、条约或习惯国际法方面得到发展。[29]

关于第三个问题，分庭指出，这一问题的焦点是担保国为履行其根据《公约》，特别是第 139 条、附件三和 1994 年《协定》规定的义务，必须采取何种"必要和适当措施"。分庭认为，回答这个问题的出发点是《公约》第 153 条，因为该条第一次使用了担保国的概念，并规定担保国必须"按照第 139 条采取一切必要措施"。《公约》第 139 条第 2 款规定，"如果缔约国已依据第 153 条第 4 款和附件三第 4 条第 4 款采取一切必要和适当措施，以确保切实遵守"，担保国不对其根据《公约》第 153 条第 2 款（b）项所担保的一个实体没有遵守《公约》第十一部分而造成的损害承担赔偿责任。《公约》附件三第 4 条第 4 款规定，如果担保国已制定法律和规章并采取行政措施，而这些法律和规章及行政措施在其法律制度范围内可以合理地被认为足以使在其管辖下的人遵守，则该国对其所担保的承包者因不履行义务而造成的损害，不承担赔偿责任。因此，根据这些条款，在担保国义务与责任制度上，"必要和适当措施"具有两种相互联系但不同的功能：一是确保承包者遵守其在《公约》和相关法律文件以及相关合同下的义务；二是免除担保国对所担保的承包者所造成的损害承担赔偿责任。[30]

"必要和适当措施"是指担保国必须制定法律规章和采取行政措施。法律规章和行政措施的范围和内容取决于担保国的法律制度。这类法律规章和行政措施的目的是建立积极监督所担保的承包者相关活动的执行机制，以及协调担保国与管理局的活动。而且，担保国的法律规章和行政措施应该在承包者与管理局的合同有效期内一直有效。虽然这种法律规章和行政措施的存在并不是承包者与管理局订立合同的一个先决条件，但是它是担保国遵守其尽职义务和免除其责任的一个必要条件。按照《结核规章》第 30 条和《硫化物规章》第 32 条，担保国可以采取的国家措施还应该包括承包者在勘探阶段结束以后的义务。[31]

关于国家措施的形式，分庭认为，仅仅一个合同安排不能被视为担

---

[29] Responsibilities and Obligations of States with respect to Activities in the Area, Advisory Opinion, ITLOS Reports 2011, pp. 65-66, paras. 208-211.
[30] Ibid., pp. 66-68, paras. 213-217.
[31] Ibid., pp. 68-69, paras. 218-222.

保国遵守了义务。因为根据《公约》附件三第4条第4款，担保国采取的措施必须是法律规章和行政措施的形式。合同义务不能确定除所担保的承包者之外的实体能够要求担保国承担的法律义务。同时，合同往往缺乏透明度，可能无法公开获得。实际上，《公约》附件三、《结核规章》和《硫化物规章》都没有要求担保国与承包者之间的担保协议应该向管理局提交，或者可以公开获得。另外，仅有合同安排不能满足担保国根据《公约》第153条第4款所规定的协助管理局的义务。[32]

关于国家措施的必要性和适当性，分庭认为，《公约》将决定什么措施能够使担保国免除其责任的问题留给了担保国自身，由担保国在其法律制度范围内决定。但是，担保国的决定不是没有限制的，它所采取的措施必须"可以合理地认为足以"确保在其管辖下的个人遵守。因此，担保国必须诚实地行事，按照合理的、相关联的和有利于全人类利益的方式，客观地考虑各种选择。分庭指出，《公约》和相关法律文件的许多条款为担保国的选择提供了具体指南。担保国国内法必须包括的规定应特别涉及所担保的承包者的财政与技术能力、颁发担保证书的条件、对承包者不遵守的处罚以及执行分庭裁决。在海洋环境保护方面，担保国的法律规章和行政措施不能比管理局采取的措施宽松，或者在效力上低于国际规则、规章和程序。此外，确保所担保的承包者切实履行其合同义务也是担保国法律规章和行政措施的内容之一。[33]

四、评 论

总体上看，分庭关于本案的咨询意见，既客观、科学地解释了《公约》和相关法律文件中关于担保国的法律责任和义务的条款和规定，也认真地考虑了深海海底资源开发所涉及的各方的立场和利益。

本咨询意见有两大特点：一是特别强调担保国应采取法律、规章和行政措施，以履行其"确保义务"，二是特别重视"区域"内活动的海洋环境和生态保护问题，明确了担保国应履行的"直接义务"。

尽管咨询意见在"顾及发展中国家有效参与'区域'内活动的利益

---

[32] Responsibilities and Obligations of States with respect to Activities in the Area, Advisory Opinion, ITLOS Reports 2011, pp. 69-70, paras. 223-226.

[33] Ibid., pp. 70-73, paras. 227-241.

和需要"的问题上,没有明确为属于发展中国家的担保国在承担责任和义务方面规定"共同但有区别的责任",但分庭在咨询意见中强调,为使发展中国家能够在国际海底区域开发中与发达国家处于平等的地位,对《公约》中涉及发展中国家特殊利益和需求的条款和规定,应积极创造条件以有效执行。

不同于诉讼案件,咨询意见一般不具有法律拘束力。但从以往的国际司法实践看,咨询意见往往被视为对一般国际法的权威陈述。国际海洋法法庭作为海洋法领域最重要的国际司法机构之一,就国家担保个人和实体在"区域"内活动的责任和义务所发表的咨询意见,作为最有力的"软法"的作用是毋庸置疑的,对今后"区域"内活动以及国际海洋法特别是深海和国际海底规则的发展有着重要而深远的影响。

五、附 录

(一) 中英案件全名

1. 中文案件全名:关于担保个人和实体在国际海底区域内活动的国家所承担的责任和义务咨询意见案

2. 英文案件全名:Responsibilities and Obligations of States Sponsoring Persons and Entities with respect to Activities in the Area

(二) 案件的标准引用

Responsibilities and Obligations of States with respect to Activities in the Area, Advisory Opinion, 1 February 2011, ITLOS Reports 2011, p. 10.

(三) 主要参考文献

1. Jianjun Gao, "The Responsibilities and Obligations of the Sponsoring States Advisory Opinion", *Chinese Journal of International Law*, Vol. 12, Issue 4, 2013, pp. 771-786.

2. K. Russell LaMotte, "Introductory Note to the International Tribunal for the Law of the Sea: Responsibilities and Obligations of States Sponsoring Persons and Entities with Respect to the Activities in the Area (Request for

Advisory Opinion Submitted to the Seabed Disputes Chamber)", *International Legal Materials*, Vol. 50, 2011, p. 455.

3. 高之国、贾宇、密晨曦：《浅析国际海洋法法庭首例咨询意见案》，《环境保护》2012 年第 16 期，第 51—53 页。

4. 余民才：《担保国责任与义务咨询意见评述》，《重庆理工大学学报》（社会科学版）2012 年第 1 期，第 53—60 页。

（四）与本案主题相关的重要引用案件

1. Accordance with International Law of the Unilateral Declaration of Independence in respect of Kosovo, Advisory Opinion, 22 July 2010.

2. Western Sahara, Advisory Opinion, I. C. J. Reports 1975, p. 12.

3. Pulp Mills on the River Uruguay (Argentina v. Uruguay), Judgment, I. C. J. Reports 2010, p. 14.

4. Southern Bluefin Tuna (New Zealand v. Japan; Australia v. Japan), Provisional Measures, ITLOS Reports 1999, p. 280.

（五）案件中的重要缩略语

ITLOS　International Tribunal for the Law of the Sea　国际海洋法法庭

UNCLOS　United Nations Convention on the Law of the Sea　《联合国海洋法公约》

ISA　International Seabed Authority　国际海底管理局

IOC　Intergovernmental Oceanographic Commission　政府间海洋学委员会

WWF　World Wide Fund for Nature　世界自然基金会

（叶　强）

孟加拉湾海洋划界案
（孟加拉国/缅甸）

（2012 年）

2009.10.08 孟加拉国就其与缅甸海域划界单方提起《联合国海洋法公约》附件七程序

2009.11.04 缅甸作出基于《联合国海洋法公约》第 287 条下的声明，接受国际海洋法法庭管辖其与孟加拉国在孟加拉湾的海域划界争端

2009.12.12 孟加拉国作出基于《联合国海洋法公约》第 287 条下的声明，接受国际海洋法法庭管辖其与缅甸在孟加拉湾的海域划界争端

2009.12.13 孟加拉国致信法庭庭长，称基于上述两个声明，根据《联合国海洋法公约》第 287 条第 4 款规定，国际海洋法法庭成为解决两国海域划界争端的唯一司法机构

2009.12.14 法庭将本案列入案件总表

2010.01.14 缅甸作出声明，撤回其于 2009 年 11 月 4 日所做的声明

2010.01.25—26 两国同意将 2009 年 12 月 14 日确定为在国际海洋法法庭启动诉讼程序的日期

2009.12.13 孟加拉国提名沃恩·洛为专案法官（2010 年 9 月 13 日由托马斯·门萨替换）

2010.08.12 缅甸提名伯纳德·H. 奥克斯曼为专案法官

2011.09.08—24 开庭审理（15 次）

2012.03.14 国际海洋法法庭就本案作出判决

关键词：200 海里以远大陆架划界（Delimitation Beyond 200 Nautical Miles）；无害通过（Innocent Passage）；等距离方式划界三段论（Equidistance/Three-Stage-Methodology）；自然延伸原则（Principle of Natural Prolongation）；大陆架界限委员会（Commission on the Limits of

Continental Shelf）；灰色区域（Grey Area）

一、案件背景

孟加拉国和缅甸是孟加拉湾沿岸的两个邻国，孟加拉国位于孟加拉湾的北部和东北部，缅甸位于孟加拉湾东部。为解决两国在孟加拉湾东北部海域划界的复杂问题，1974年至2010年，两国进行了多次协商，分别在1974年11月23日和2008年4月1日签订了协商后的"会议纪要"（agreed minutes）。[1] 但是，两国的这些协商并没有达成一个一致的海洋边界。

孟加拉国和缅甸都是《联合国海洋法公约》（以下简称《公约》）的缔约国。2009年10月8日，孟加拉国根据《公约》第十五部分和附件七，单方面就其与缅甸之间的海域划界争端提起仲裁程序。当时，缅甸与孟加拉国均未就《公约》第287条关于强制程序的选择作出任何声明，这意味着两国均"应被视为已接受附件七所规定的仲裁"。[2] 但是，2009年11月4日，缅甸根据《公约》第287条第1款作出声明，选择接受国际海洋法法庭（以下简称"法庭"）来"解决缅甸联邦和孟加拉国人民共和国关于在孟加拉湾的海域划界争端"。[3]。2009年12月12日，孟加拉国作出几乎相同的声明，要求法庭审理该争端。2009年12月13日，孟加拉国外交部长在写给法庭的信中表示，"鉴于孟加拉国和缅甸一致同意法庭对此案的管辖权，依据《公约》第287条第4款，孟加拉国认为贵庭是解决双方争端的唯一司法机构"[4]。

---

[1] Dispute Concerning Delimitation of the Maritime Boundary Between Bangladesh and Myanmar in the Bay of Bengal（Bangladesh/Myanmar），Judgment of 14 March 2012，p. 4，https：//www.itlos.org/fileadmin/itlos/documents/cases/case_ no_ 16/published/C16_ Judgment.pdf. 本文在作者的英文评述的基础上，对照本案例集写作体例要求，做了修改。See Zhang Xinjun，"The ITLOS Judgment in the Bay of Bengal Case Between Bangladesh and Myanmar"，*Chinese Journal of International Law*，Vol. 12，2013，pp. 255-280.

[2] 《联合国海洋法公约》第287条第3款。

[3] Dispute Concerning Delimitation of the Maritime Boundary Between Bangladesh and Myanmar in the Bay of Bengal（Bangladesh/Myanmar），Judgment I. C. J. Reports 2012，para. 3.

[4] Ibid.，para. 2.

二、判　决

(一) 当事国的请求

在庭审时双方分别向法庭作出的最后诉求中，孟加拉国请求法庭审理并判决：

(1) 孟加拉国和缅甸领海间的海域边界应为双方 1974 年协商并于 2008 年再次确认的那条线。构成该边界线的 7 个点的坐标均在其诉状和答辩状的书面陈述中；

(2) 从 7 号点开始，孟加拉国和缅甸间的海域边界朝 215 度方位角延伸，直到答辩状陈述第 2 段所记载的坐标点为止；和

(3) 从那一点起，孟加拉国和缅甸间的海域边界沿着缅甸正常基线向外 200 海里的边界线的轮廓，直到答辩状陈述中第三段所记载的坐标点为止。

缅甸则请求法庭判决：

(1) 缅甸和孟加拉国之间的单一海域边界应按复辩状中的 A 点延伸到 G 点……

(2) 从 G 点开始，边界线继续朝西南方向，沿 231°37′50.9″方位角的等距离线延伸，直到第三国的权利可能受到影响的区域为止。[5]

(二) 判决说理

1. 管辖权

法庭认为，作为《公约》成员国的两造通过各自在《公约》第 287

---

[5] Dispute Concerning Delimitation of the Maritime Boundary Between Bangladesh and Myanmar in the Bay of Bengal (Bangladesh/Myanmar), Judgment, ITLOS Reports 2012, para. 32.

条第 1 款之下作出的声明,已经接受了法庭的管辖权,且所提主题事项(subject matter)在法庭管辖事项之内。因此,基于双方协议,法庭有权划定两国在领海、专属经济区以及 200 海里内的大陆架的海域界限;对于 200 海里以远大陆架划界也具有管辖权。[6] 法庭在本案中作出肯定其 200 海里以远大陆架划界的管辖权的决定时,认为无论是《公约》有关大陆架权原(entitlement)的条款还是划界的条款,都没有区分 200 海里以内和 200 海里以远的大陆架。[7] 法庭注意到,附件七仲裁的专属经济区和大陆架划界争端案(巴巴多斯诉特立尼达和多巴哥)中,仲裁庭正是基于单一大陆架(single continental shelf)的上述概念,决定有权对 200 海里以远的大陆架划界管辖。[8] 事实上,缅甸曾对法庭是否在 200 海里以远大陆架划界上有管辖权这一问题有疑问,但后来收回了这一疑义。[9]

2. 领海划界以及缅甸在孟加拉国圣马丁岛附近领海的通过权

首先,法庭考虑两国于 1974 年和 2008 年达成的会议纪要——其中的条款涉及与领海边界线有关的点或坐标——能否确实如孟加拉国所主张的那样,成为国际法上的"协议"(agreement),进而构成两国领海分界线的划分依据。

法庭重申,考虑到《公约》第 15 条的目的及宗旨,"协议"一词是指具有法律约束力的协议。法庭审查了与两份会议纪要有关的语言和情况,发现这两份会议纪要仅是对谈判过程中达成的有条件的共识的记录,并不是两国之间的"协议"。[10]

其次,法庭考虑孟加拉国提交的宣誓口供(affidavit),其是否能够构成一个证据,证明存在与领海内的边界有关的默认或事实上的"协议"。这些宣誓口供要么只是一些私人意见,要么与本案审理的最终结果有利害关系,因而不能被看作客观而公正的证据。[11] 并且,缅甸在

---

[6] Dispute Concerning Delimitation of the Maritime Boundary Between Bangladesh and Myanmar in the Bay of Bengal (Bangladesh/Myanmar), Judgment, ITLOS Reports 2012, paras. 49-50, 506.

[7] Ibid., para. 361.

[8] Ibid., para. 362.

[9] Ibid., para. 348.

[10] Ibid., paras. 56-99.

[11] Ibid., paras. 113-114.

1974年会议纪要之后的行为并不表明存在一个默认的或事实上的边界协议，因为"要有强有力的证据才能认定存在一项被默认的法律协议"。[12] 法庭也拒绝了孟加拉国所提出的有关禁止反言的主张。法庭判决两国之间不存在《公约》第15条所称之"领海划界协议"。[13]

接下来，法庭通过适用《公约》第15条对孟加拉国和缅甸之间的领海进行划界。法庭发现，缅甸为限制圣马丁岛（St Martin's Island）对划界产生的影响所援引的那些判例和国家实践虽然与专属经济区和大陆架的划界有关，但与领海划界问题并不相关。而在那些岛屿不能在领海划界方面起到完全效力（full effect）的判例和国家实践中，涉案岛屿通常是"无关紧要的海洋地物"——然而本案中的圣马丁岛显然不属于这样的情况。[14] 因此，圣马丁岛必须在双方的领海划界中起到完全效力，即两国领海的分界线为圣马丁岛与缅甸海岸之间的一条等距离线，该线终止于两国领海不再重叠的一点。法庭确定的划界线由孟加拉国给出的坐标确定。[15]

对于法庭提出的有关缅甸船只在孟加拉国圣马丁岛附近领海的通过权问题，孟加拉国回复称，它"将继续尊重这些通过权以充分履行法律义务"[16]。这一保证得到了法庭的确认。

3. 200 海里内专属经济区和大陆架划界

在海域划界方法上，两国的立场完全冲突。缅甸要求适用所谓的"等距离线/相关情况"原则，孟加拉国则声称等距离方法在本案中不能产生公平（衡平）的结果，因而主张以215度角平分线划界。[17]

法庭首先注意到，在《公约》第74条第1款或第83条第1款中都没有特定的划界方法，"缺乏一种确定的划界方法引起了人们在增强划界过程的客观性和可预测性问题上更大的关注"。[18] 法庭进一步指出，

---

[12] Dispute Concerning Delimitation of the Maritime Boundary Between Bangladesh and Myanmar in the Bay of Bengal (Bangladesh/Myanmar), Judgment, ITLOS Reports 2012, para. 117. Citing Territorial and Maritime Dispute Between Nicaragua and Honduras in the Caribbean Sea (Nicaragua v. Honduras), Judgment, I. C. J. Reports 2007, para. 253.

[13] Ibid., para. 506.

[14] Ibid., paras. 146-152.

[15] Ibid., paras. 153-169.

[16] Ibid., paras. 173-176.

[17] Ibid., paras. 216-219.

[18] Ibid., para. 228.

有关海洋划界的判例法"减少了在海洋划界和选择划界方法上的主观性和不确定性因素"。[19]

法庭注意到在格陵兰和扬马延岛之间区域海洋划界案（丹麦诉挪威）中产生的所谓"等距离/相关情况"方法（二阶段法）。该方法被证明适用于之后的大部分有关划界的司法或仲裁案件，并且在黑海海洋划界案（罗马尼亚诉乌克兰）中由二阶段法发展为三阶段法。[20] 法庭转而研究了一些适用角平分线划界方法的案例，该方法被认为"在效果上近似于等距离方法"。[21]

对孟加拉国提出的角平分线划界方法，法庭认为确定角平分线时依据的双方各自海岸的一般走向（终点决定角度，进而决定角平分线的方向）不能避免其主观性。特别是，由于法院拒绝了孟加拉国对缅甸相关沿岸的描述［仅到比夫角（Bhiff Cape）］，且承认缅甸的相关海岸必须延伸到奈吉拉斯角（Cape Negrais）的主张，孟加拉国用以确定角度（角平分线方向）的缅甸海岸的一般走向就无法再为法院所接受了。[22]

法庭的结论是，"判例法上的发展更倾向于等距离/相关情况方法"。[23]。在本案中适用此划界方法时，法庭将沿用三阶段方法。[24]

法庭首先确定一条临时的等距离线（第一阶段）。在选择划界基点时，法庭排除了圣马丁岛，因为它会阻断从缅甸海岸向海洋方向的投影，导致"司法重塑地理"的后果。[25]

因此，法庭采用了缅甸提出的 5 个划界基点（$\beta 1$，$\beta 2$，$\mu 1$，$\mu 2$，$\mu 3$），再加上一个法庭选择的新基点（$\mu 4$），构成一条临时等距离线（T1，T2，T3）。[26]

法庭继续进行第二阶段分析。首先，由于孟加拉国沿岸的凹陷，法庭所划定的临时等距离线对孟加拉国向海洋方向的投影产生了阻断影响，这构成了调整临时等距离线的一个相关情况。其次，圣马丁岛不是调整

---

[19] Dispute Concerning Delimitation of the Maritime Boundary Between Bangladesh and Myanmar in the Bay of Bengal (Bangladesh/Myanmar), Judgment, ITLOS Reports 2012, para. 226.
[20] Ibid., paras. 229-233.
[21] Ibid., para. 234.
[22] Ibid., paras. 235-237.
[23] Ibid., para. 238.
[24] Ibid., paras. 239-240.
[25] Ibid., paras. 264-265.
[26] Ibid., paras. 273-274.

临时等距离线的一个相关情况。最后，对于孟加拉国沉积体系，法院也不认为它是相关情况，因为 200 海里内单一划界的位置和方向是"由双方沿岸地理状况，而不是根据划界区域海底地质地貌的情况决定"[27]。

在第三阶段，法庭调整了临时等距离线。法庭承认对于划界调整"没有神奇的公式"[28]。法庭认为，调整应当从坐标为北纬 32.0°03′32.0″、东经 91°50′31.8″的 X 点开始，此点被认为是等距离线开始切断孟加拉国沿岸向南延伸的一点。法庭进一步认为调整线的方向不应当与 215 度方位角开始的测量线不同。最终，法庭决定划界线从北纬 20°26′39.2″、东经 92°9′50.7″的 9 号点开始（领海划界线的终点），通过一条测量线连接 10 号点（T1 点，临时等距离线的第一个拐点），直至 11 号点（X 点，调整临时等距离线的起点）。从此点开始划界线沿 215 度方位角方向一直延伸至一个位于从测量孟加拉国领海宽度基线开始至 200 海里处的点。[29]

4. 200 海里以远大陆架划界

缅甸反对法庭进一步对 200 海里以远大陆架进行划界，认为法院即使确定此种管辖权存在，考虑到《公约》第 76 条中大陆架界限委员会（以下简称"委员会"）的职能，也不能行使此项管辖权。缅甸认为，"委员会的建议是确定沿海国 200 海里以远大陆架外部界限（《公约》第 76 条第 8 款之下沿海国以委员会的建议为基础，确定其外部界限），以及沿海国具有潜在的权原的 200 海里以远大陆架区域的前提，因此也是司法划分 200 海里以远大陆架上自然资源的主权权利重叠区域的前提"[30]。缅甸声称，"颠倒程序、对范围未知的权利进行裁判，不仅会使法庭与《公约》下的其他组织发生冲突，还会使之与《公约》的整个结构和国际海洋治理体系相冲突"[31]。缅甸进一步主张，即使法庭认为在这一时点（决定有管辖权）也可以受理本案请求——缅甸不认为可以受理——法庭也不应当作出判决，而是推迟至委员会作出相关建议。[32]

---

[27] Dispute Concerning Delimitation of the Maritime Boundary Between Bangladesh and Myanmar in the Bay of Bengal (Bangladesh/Myanmar), Judgment, ITLOS Reports 2012, para. 322.

[28] Ibid., para. 327, citing Arbitration Between Barbados and Trinidad and Tobago, Decision of 11 April 2006, RIAA, Vol. XXVII, para. 373.

[29] Ibid., paras. 337-340.

[30] Ibid., para. 345.

[31] Ibid., para. 345.

[32] Ibid., para. 349.

法庭通过审视《公约》规定的法庭和委员会各自的职能，来考虑其是否适宜（appropriate）对 200 海里以远大陆架进行划界。[33] 法庭认为，在《公约》建立的机构框架下不同的条约机构的活动是互补的（complementary）。[34] 法庭承认，沿海国有权依据《公约》第 76 条第 8 款，确立最终的和具有约束力的外部界限是第 76 条结构上的一个"关键因素"，同时，委员会在公约下"发挥重要作用"[35]。但是，法庭澄清了在《公约》第 83 条下的大陆架的划界与《公约》第 76 条下确定大陆架外部界限之间的区别，划界争端解决机构的职能是通过《公约》第 83 条和第十五部分赋予争端解决程序的，包括国际法院、法庭和仲裁庭。[36] 法庭注意到《公约》明文规定委员会的工作不妨碍划界，[37] 由此类比推论，司法仲裁机构对大陆架划界进行管辖，也不妨碍（without prejudice）委员会行使在确定大陆架外部界限有关事项上的职能。[38]

法庭在考察了《公约》生效后的两个未行使管辖的案件后认为，"是否应当对划界行使管辖权取决于每个案件的具体程序和实体情况"[39]。法庭在进一步考察裁判机构和委员会在《公约》下的不同职能后发现，在本案的特定情形下，其甚至有义务审理这一争端。

法庭注意到根据《大陆架界限委员会议事规则》第 46 条及其附件一，在存在领土和海洋争端时，委员会不应考虑争端任何一方所提交的（200 海里以远大陆架界限）情报，也不会给出建议。除非所有的争端当事国事先同意，才可以考虑"争议区域"中提交的情报。[40] 法庭注意到正是由于此原因，委员会推迟考虑缅甸提交的 200 海里以远大陆架界限的情报，也推迟考虑孟加拉国提交的 200 海里以远大陆架界限的情报。[41]

鉴于本案当事国在其他途径上几乎不可能达成一致意见，法庭发

---

[33] Dispute Concerning Delimitation of the Maritime Boundary Between Bangladesh and Myanmar in the Bay of Bengal (Bangladesh/Myanmar), Judgment, ITLOS Reports 2012, para. 371.
[34] Ibid., para. 373.
[35] Ibid., paras. 374-375.
[36] Ibid., para. 376.
[37] Ibid., para. 378.
[38] Ibid., para. 379.
[39] Ibid., para. 384.
[40] Ibid., paras. 385-386.
[41] Ibid., paras. 387-389.

现，如果它不依据《公约》第 83 条的规定，对 200 海里外大陆架进行划界从而解决争端，那么依据《公约》第 76 条争端当事国大陆架的外部界限就无法确立。这不仅无法解决长期的争议，也无助于《公约》的有效运行。[42] 此结果"……将违背《公约》的目标及宗旨。这两个《公约》为确保其条款有效执行而创设的机构对此不作为，会使缔约国身陷无法充分获得其在大陆架上所享有权利的境地"[43]。因此，法庭认为在本案中其"有义务审理该争端并对当事国 200 海里外大陆架进行划界。此划界并不阻碍根据《公约》第 76 条第 8 款确立大陆架外部界限"[44]。

为履行这一义务，法庭指出，划界所预设的前提是存在一个权原重叠区域（an area of overlapping entitlements）。因此，任何划界的第一步是判定是否存在权原以及这些权原是否重叠。[45] 法庭确信本案第一个要审议的问题是是否存在 200 海里以远的大陆架权原的重叠，否则它可能就是在处理一个假设性问题。[46] 这样，在权原和权原重叠问题上，法庭和委员会的职能和权限的关系再次成为必须考虑的问题。在这一问题上，法庭总结的缅甸的立场是，委员会的建议是"沿海国具有潜在的权原的 200 海里以远大陆架区域的前提，因此也是司法划分 200 海里以远大陆架上自然资源的主权权利重叠区域的前提"[47]。

法庭首先考虑是否能够确定双方 200 海里以远的大陆架权原这一问题。[48] 缅甸对法庭是否有权限处理双方在 200 海里以远大陆架权原的问题提出质疑，主张只有委员会才具备此种权限。[49] 缅甸强调确定 200 海

---

[42] Dispute Concerning Delimitation of the Maritime Boundary Between Bangladesh and Myanmar in the Bay of Bengal (Bangladesh/Myanmar), Judgment, ITLOS Reports 2012, paras. 391-392.

[43] Ibid., para. 392.

[44] Ibid., para. 394.

[45] Ibid., para. 397.

[46] Ibid., para. 399.

[47] Ibid., para. 345. 这一观点，似乎来源于缅甸的辩护人 Bjorn Kunoy。他认为，"从技术意义上来说，在大陆架界限委员会认可相关沿海国家提出的外大陆架界限之前，有关 200 海里以远大陆架权原重叠的争端，只是假设"。Bjorn Kunoy, "The Admissibility of a Plea to an International Adjudicative Forum to Delimit the Outer Continental Shelf Prior to the Adoption of Final Recommendations by the Commission on the Limits of the Continental Shelf", *International Journal of Marine and Coastal Law*, Vol. 25, 2010, p. 248.

[48] Dispute Concerning Delimitation of the Maritime Boundary Between Bangladesh and Myanmar in the Bay of Bengal (Bangladesh/Myanmar), Judgment, ITLOS Reports 2012, para. 401.

[49] Ibid., para. 400.

里以远大陆架权原是划界的前提，而这一问题上委员会的角色十分重要。[50]

法庭的观点是，200海里以远大陆架权原和大陆架的外部界限是两个不同的问题。[51] 法庭认为，确立大陆架外部界限这一单方行为能否对抗他国，取决于沿海国是否满足《公约》第76条的要求，特别是沿海国向委员会提交200海里以远大陆架界限的情报的义务以及委员会对此的建议。[52] 大陆架外部界限的确立需要沿海国向委员会正式提交200海里以远大陆架界限的情报，并在后者作出建议后确立为"最终和有约束力"的，但这并不意味着沿海国的大陆架权原取决于任何程序要求。[53] 法庭认为，大陆架权原来自对陆地领土的主权，这并不一定要求必须确立其外部界限，正如《公约》第77条第3款所指出的那样。[54] 因此，大陆架外部界限的不确定并不阻止法庭考虑大陆架权原的问题和划界问题。[55]

法庭进一步考虑由其解释《公约》第76条是否适当（whether it is appropriate to interpret Article 76）。在审查了《公约》第76条的结构后法庭认为，委员会作为《公约》授予建议功能的一个科学技术机构，可以就缔约国提交200海里以远大陆架界限的情报，考虑那些执行《公约》第76条时出现的科学和技术性问题，而法庭能够解释和适用《公约》，包括第76条。[56] 在解释和适用第76条的过程中，法庭可能会处理一些没有争议的科学材料，也可能需要求助于专家。[57] 法庭进一步注意到，本案中当事国并没有对科学材料本身提出异议，而是在《公约》第76条的法律意义上存在分歧。因此，在本案中，200海里以远大陆架权原的问题"显著表现为法律问题"，法庭"可以并且应当决定双方的权原"。[58]

---

[50] Dispute Concerning Delimitation of the Maritime Boundary Between Bangladesh and Myanmar in the Bay of Bengal （Bangladesh/Myanmar），Judgment，ITLOS Reports，para. 405.
[51] Ibid., para. 406.
[52] Ibid., para. 407.
[53] Ibid., paras. 407-408.
[54] Ibid., para. 409.
[55] Ibid., para. 410.
[56] Ibid., para. 411.
[57] Ibid., para. 411.
[58] Ibid., paras. 412-413.

当事国双方对下列科学材料依据《公约》第 76 条如何解读看法不同（因此在 200 海里以远大陆架权原的问题上有不同看法）：（1）孟加拉国的沉积体系；和（2）印度地壳板块与缅甸地壳板块之间的边界。孟加拉国认为，前者显示了孟加拉国的陆地构成及孟加拉湾的海床和海底层之间存在着地质和地貌的连续性。[59] 对于后者，孟加拉国将其界定为"一个明显被破坏或中断的海床"，表明"两个独立的大陆架之间，或两个独立的自然延伸之间的无可争辩的界限"。[60]

这一主张导致双方对这两个事实内在的科学问题在《公约》第 76 条解释中的法律意义产生了分歧，特别是其中的"自然延伸"的条款。《公约》第 76 条第 1 款中的"自然延伸"必须延伸到"大陆边外缘"。法庭认为，虽然"大陆边外缘"是决定大陆架范围的重要因素，并且可以使用《公约》第 76 条第 4 款提供的特定方法对此精确确定，但该条款并没有对自然延伸概念作出阐述。为此，法庭指出，"对 200 海里以远大陆架能够主张的权利，应根据《公约》第 76 条第 4 款规定的大陆边外缘来确定。除此以外的解释都将背离《公约》第 76 条的文本，乃至它的目的及宗旨"[61]。

法庭认为，大陆架能够主张的权利问题源于双方就什么构成"大陆边"（continental margin）存在分歧。[62] 法庭认为，尽管双方向委员会提交的 200 海里以远大陆架界限的情报提示了重叠区域，但在"是否存在大陆边还明显不确定"的情形下，其进行 200 海里以远大陆架的划界可能还是会蹉跎。[63] 法庭认为，本案中的孟加拉湾存在着极厚的沉积岩这一"独特情形"（unique situation）。[64] 法庭注意到，这一极厚的沉积岩覆盖了孟加拉湾海床，包括邻接缅甸和孟加拉国的区域，而双方在向委员会提交的 200 海里以远大陆架情报中都包括相关数据以表示其各自 200 海里以远至大陆边的大陆架权原很大程度上是基于《公约》第 76 条第 4

---

[59] Dispute Concerning Delimitation of the Maritime Boundary Between Bangladesh and Myanmar in the Bay of Bengal（Bangladesh/Myanmar），Judgment, ITLOS Reports 2012, para. 416.
[60] Ibid., para. 417.
[61] Ibid., para. 437.
[62] Ibid., para. 442.
[63] Ibid., para. 443.
[64] Ibid., para. 444.

款（a）项和（i）项规定下的沉积岩厚度。[65] 通过有关孟加拉湾特殊性质的无可争议的科学证据和两国在案件审理中提交的信息，法庭发现这样一个令其满意的事实，即一个连续的和实质性沉积岩层从缅甸沿岸地区一直延伸到距岸200海里外。[66] 法庭认为，孟加拉国和缅甸都有200海里以远大陆架的权原，当事国双方提交委员会的正式文件也明确表明该争议中的区域存在权原的重叠。[67]

法庭认为，200海里以远大陆架划界适用的划界方法不应与在200海里内的大陆架划界上采用的不同，即应该同样适用等距离/相关情况方法。[68] 法庭认为孟加拉国海岸的凹型仍然构成一个特殊情况，并一直影响到200海里外。200海里以远的划界线应与其之前在200海里以内根据215度方位角的确定调整过的划界线保持相同方向，直至其延伸到第三方可能受到影响的区域。[69]

然而，由于200海里以内的划界线延伸到距孟加拉国海岸200海里以远，并继续延伸至缅甸的200海里以内的区域，因此产生了一个"灰色区域"。此区域在孟加拉国海岸200海里以远、缅甸海岸200海里以内，但位于划界线上孟加拉国一侧。[70] 法庭指出，在此区域仅有大陆架重叠，而没有专属经济区重叠，因此"灰色区域"的分界线是一条划分双方大陆架的划界线。[71]

这一划界导致的结果是：该"灰色区域"的海床和底土尽管位于缅甸的专属经济区内，但被划定为孟加拉国的大陆架。然而，这条划界线并没有限制缅甸在其专属经济区范围内上覆水域的权利。法庭将此情况和沿海国的专属经济区内其他国家所享有的公海自由相类比，发现在同一海域内一项法律制度与另一项法律制度共存并不会引发什么问题。《公约》针对这样的情况，规定了沿海国在行使其权利和履行其义务时应当对其他国家的权利和义务尽适当顾及义务。对于在同一区域行使各

---

[65] Ibid., para. 445.
[66] Dispute Concerning Delimitation of the Maritime Boundary Between Bangladesh and Myanmar in the Bay of Bengal (Bangladesh/Myanmar), Judgment, ITLOS Reports 2012, para. 446.
[67] Ibid., para. 449.
[68] Ibid., para. 455.
[69] Ibid., para. 462.
[70] Ibid., para. 463.
[71] Ibid., para. 471.

自权利和管辖权所导致的任何不便，法庭建议双方应达成进一步协议以解决问题。[72]

最后，为了确保衡平地解决争端，法庭在进行了比例性测试后，认为调整后的等距离线不需要进一步移动。[73]

（三）判决主文

法庭：

（1）全体一致，决定它具有管辖权，有权对关于当事双方领海、专属经济区和大陆架海域边界的划定作出裁决；

（2）以21票对1票，决定它关于大陆架的管辖权包括200海里以远大陆架的划界；

（3）以20票对2票，决定当事双方不存在《公约》第15条意义上关于领海划界的协议；

（4）以21票对1票，决定根据缔约方于1966年达成的协议，以1984世界大地坐标系（WGS-84）为测量基准，单一海域边界应当从1号点（北纬20°42′15.8″、东经92°22′07.2″）开始，沿测地线延伸至2号点（北纬20°40′45.0″、东经92°20′29.0″）。从2号点开始，单一海域边界应沿中间线至8号点（北纬20°22′46.1″、东经92°24′09.1″），该中间线由圣马丁岛和缅甸间等距离线点的连线的测地线构成。从8号点开始，单一海域边界沿圣马丁岛12海里领海弧线，朝西北方向延伸，与当事双方间专属经济区和大陆架边界线相交于9号点（北纬20°26′39.2″、东经92°9′50.7″）。

（5）以21票对1票，决定从9号点开始，单一海域边界沿测地线到10号点（北纬20°13′06.3″、东经92°00′07.6″），然后沿另一条测地线延伸至11号点（北纬20°03′32.0″、东经91°50′31.8″）。从11号点开始，单一海域边界线继续沿215度方位角的测地线延伸，到从测算孟加拉国领海宽度的基线起200海里的界限为止。

（6）以19票对3票，决定200海里界限以远，海域边界应继续从11号点开始，沿判决主文第5段中215度方位角的测地线延伸，到第三方权利可能被影响的区域为止。

---

[72] Dispute Concerning Delimitation of the Maritime Boundary Between Bangladesh and Myanmar in the Bay of Bengal（Bangladesh/Myanmar），Judgment, ITLOS Reports, paras. 472-476.

[73] Ibid., para. 499.

三、评 论

(一)《公约》第 287 条下争端解决机构更换("移管")的管辖权问题

在《公约》的强制性争端解决程序中,附件七下的仲裁程序被认为是默认程序。[74] 一方当事国可以对另一方当事国单方面提起这一仲裁程序,解决当事国有关《公约》解释或适用的争端,前提是所提交的争端不属于《公约》第 297 条和第 298 条规定的限制及例外情况,且该争端诉诸《公约》第十五部分第一节仍未得到解决。当仲裁程序不可避免时,当事国可以依据协议,选择其他的一种争端解决程序以代替附件七仲裁。[75] 法庭有时也会成为一种替代方案。[76]

这恰好是本案中发生的情况。附件七仲裁程序提起后,两国作出两份内容一致的声明,接受了法庭的管辖权。这两份一致的声明对法庭管辖权的基础可以源于两种类型合意存在不同的解读。第一种解释是两国根据《公约》第 287 条第 1 款分别作出的声明,同意法庭解决关于《公约》的解释或适用的争端。如上述声明所述,本案争端的主题事项(关于孟加拉国与缅甸在孟加拉湾的海洋划界),属于这一范畴。另一种是"双方合意"接受法庭管辖权,而这时的管辖事项,并不是《公约》第 287 条下的《公约》的解释或适用的争端,而是两国在孟加拉湾之间的特定海域的划界问题,这也反映在双方的两份声明中。

在本案中,两国的同意既不是同时作出的,也不是在单一的文件中

---

[74] 默认程序意味着:(1)不受强制声明所涉及的争议当事一方,应当视为接受仲裁;(2)如果争端当事国没有接受相同的争端解决程序,除非当事国另行同意,否则只能提交仲裁。参见《公约》第 287 条第 3 款和第 5 款。

[75] 一方当事国很可能因为经济原因避开附件七的仲裁。附件七规定了法庭仲裁的费用,包括其成员的报酬,应由争端双方等额承担。参见《公约》附件七第 7 条。另一方面,法庭审理特定案件不需要任何费用。相反,法庭的预算,包括成员的报酬和法庭的费用,是在缔约国大会上决定的。参见《公约》附件六《联合国海洋法法庭规约》第 18 条和第 19 条。

[76] 发生于本案之前的相关案件:M/V "SAIGA" (No. 2) (Saint Vincent and the Grenadines v. Guinea), Judgment, ITLOS Reports 1999, p. 17, para. 5; Conservation and Sustainable Exploitation of Swordfish Stocks (Chile/European Community), Order of 20 December 2000, ITLOS Reports 2000, p. 148; M/V "Virginia G" (Panama/Guinea-Bissau), Judgment, ITLOS Reports 2014, p. 4.

作出的。因此，可能会产生这样一个问题，即这种同意是否采用了"双方合意"接受法庭管辖的"特别协议"的形式。[77] 然而，双方均认为，这两项声明反映了《国际海洋法法庭规则》第 55 条所指的特别协议，该协议构成了法庭管辖权的基础。[78] 本案中孟加拉国通过提交通知的方式而不是通过发出请求书向法庭提交本案。[79] 因此，法庭将孟加拉国通知下提交的案件材料归类为"特别协议"。

法庭在对两项基础审查之后，认为它具有管辖权，但是没有指明本案的管辖权到底是基于哪一项基础，或至少哪一项基础与本案有关。此种方法与国际法院实践有所不同，后者确认其管辖权时需要指出至少一种管辖依据。[80] 本案法庭在管辖权基础问题上的模糊可能影响《公约》第 297 条和第 298 条的"管辖权的限制和例外"的适用情形。适用上述条款能够排除的是《公约》某些条款的解释或适用中的争端，但当这些争端是由双方协议提交时，并不会受到限制。[81] 不过这一情况在本案中并没有出现。

然而，这里至少还存在一个潜在问题，即《公约》第 287 条程序选择框架内争端解决机构的更换可能引起法庭和附件七仲裁之间管辖权竞合的复杂问题。如果附件七仲裁程序根据《公约》第 287 条的规定作为一种默认程序被提起，则在随后根据同一条规定作出的接受法庭的管辖权的声明，将难以被认为自动导致依据附件七产生的仲裁管辖权基础无效这一后果。但是，当管辖权的新的基础建立在第十五部分第二节以外（如根据特别协议提交案件）时，上述的管辖权竞合将不会发生。根据《公约》第 280 条规定，[82] 即使该部分的程序已经开始，当事国也可以

---

[77] Separate Opinion of Judge Ndiaye, paras. 16-21, www. itlos. org/fileadmin/itlos/documents/cases/case_ no_ 16/7-C16. op_ ind. Ndiaye. orig. F. pdf.

[78] Memorial submitted by Bangladesh, para. 4.4, www. itlos. org/fileadmin/itlos/documents/cases/case_ no_ 16/Memorial_ Bangladesh. pdf; Counter-Memorial of Myanmar, para. 1.9, www. itlos. org/fileadmin/itlos/documents/cases/case_no_16/ Counter_Memorial_ Myanmar. pdf.

[79] 法庭程序可以通过特别协议的通知或发出请求书作出。参见《国际海洋法法庭规约》第 24 条，《法庭程序》（Rules of the Tribunal）第 54 条和第 55 条。

[80] 但是没有必要去判断其他基础的有效性，或者根本不去考虑其他的基础。See Takane Sugihara & Kokusai Shiho Saiban Seido, *Institution of the International Court of Justice*, Youhikaku Publishing, 1996, pp. 128-130.

[81] Declaration of Judge Treves, para. 12, www. itlos. org/fileadmin/itlos/documents/cases/case_ no_ 16/ 5-C16. decl. Treves. orig. E. pdf.

[82]《公约》第 280 条："本公约的任何规定均不损害任何缔约国于任何时候协议用自行选择的任何和平方法解决它们之间有关本公约的解释或适用的争端的权利。"

在任何时候协议排除第十五部分的条款。[83]

在本案中,双方表明同意将争端提交法庭的两个单独声明反映了一个"特别协议",这显然是打算将解决此项特定争端——而非某一类争端(例如,有关《公约》的解释或适用)——的管辖权授予法庭。

(二) 缅甸在圣马丁岛周围的孟加拉国领海的通过权:"无害通过"?

法庭在划定孟加拉国和缅甸之间的领海界限时给予孟加拉国的圣马丁岛完全效力。由此确立的边界"基本上与1974年11月23日会议纪要中设想的相同"[84]。在1974的会议纪要中,孟加拉国保证在设想的领海边界孟加拉国一侧允许"缅甸船只自由和不受妨碍地航行"[85]。法庭进一步向孟加拉国询问此前就已经讨论的有关缅甸船只进入圣马丁岛领海的问题。[86] 法庭得到了孟加拉国的答复,即孟加拉国有继续尊重这些通过权的法律义务,并将其作为孟加拉国的承诺。[87]

但是,无论根据《公约》第17条,还是习惯法规则,[88] 缅甸都显然享有在孟加拉国领海的"无害通过权"。和孟加拉国对《公约》第17条"无害通过权"的限制性解释相比,[89] 此项承诺就缅甸通过孟加拉国上述领海而言,更有弹性并更为宽容。考虑到上述背景,孟加拉国的这一承诺在孟缅关系上是重要的。否则,对法庭而言获得这样的承诺是

---

[83] Myron H. Nordquist et al. (eds.), *United Nations Convention on the Law of the Sea*, 1982: *A Commentary*, Martinus Nijhoff Publishers, Vol. 5, 2002, pp. 20-21.

[84] 门萨法官和奥克斯曼法官的共同声明,参见 Joint Declaration of Judges ad hoc Mensah and Oxman, https://www.itlos.org/fileadmin/itlos_documents/cases/case_no_16/published/C16_joint_TM_BO.pdf.

[85] 1974会议纪要第3点。Dispute Concerning Delimitation of the Maritime Boundary Between Bangladesh and Myanmar in the Bay of Bengal (Bangladesh/Myanmar), Judgment I. C. J. Reports 2012, para. 57.

[86] Ibid., para. 171.

[87] Ibid., paras. 174-176.

[88] Maritime Delimitation and Territorial Questions Between Qatar and Bahrain (Qatar v. Bahrain), Judgment, I. C. J. Reports 2001, para. 223.

[89] 尤其是孟加拉国在宣布批准《公约》的同时,认为"无害通过"需对军舰和核动力船做一些限制。参见《孟加拉国宣言(2001年7月27日)》第3条和第4条。www.un.org/Depts/los/convention_agreements/convention_declarations.htm#BangladeshUpon ratification, https://treaties.un.org/Pages/ViewDetailsIII.aspx?src=TREATY&mtdsg_no=XXI-6&chapter=21&Temp=mtdsg3&clang=_en#EndDec.

多余的。通过在此特定区域内为缅甸确立这样一种"独一无二"的通行权，法庭避开了《公约》在"无害通过权"解释事项上的经典冲突。

（三）"自然延伸"的含义和权原的确定

"自然延伸"在《公约》第 76 条第 1 款和随后的段落中的确都没有被明确定义。但令人惊讶的是，法庭也真的让它处于这种"未定义"的境地，而不考虑有关"自然延伸"的判例，及关于其含义的习惯法规则的发展。法庭似乎完全不曾讨论习惯国际法在这一事项——对同一主题事项下的条约规则的解释和适用上，所起到的作用。在大陆架仲裁案（英国/法国）中，双方均为 1958 年《大陆架公约》的缔约国，因此，"等距离/特殊情况"原则（《大陆架公约》第 6 条）是适用的；但仲裁庭仍然考虑了 1969 年北海大陆架案中国际法院确定的习惯法原则（衡平原则/特殊情况），并指出"习惯法的规则是对 1958 年《大陆架公约》第 6 条的解释和执行的一种相关甚至基本的手段"。[90]

毫无疑问，关于"自然延伸"含义的习惯法规则是确实存在的。[91] 自然延伸"当然地""初始地"存在，被认为是"固有权利"。[92] 这一固有权利体现在《公约》第 77 条第 3 款中，其意义在于大陆架的确立不依赖于任何程序上的要求。

将《公约》中的大陆架制度与《联合国宪章》第 51 条中的自卫权概念作一类比将非常有趣，因为两者均涵盖一种固有权利，而这种固有权利的法律基础性质上是习惯，且包含程序要件。[93] 国际法院明确支持

---

[90] Delimitation of the Continental Shelf Between the United Kingdom of Great Britain and Northern Ireland, and the French Republic (UK, France), Decision of 30 June 1977, RIAA Vol. XVII, para. 75.

[91] Continental Shelf (Libyan Arab Jarnahiriya/Malta), Judgment, I. C. J. Reports 1985, p. 13, para. 43.

[92] North Sea Continental Shelf, Judgement, I. C. J. Reports 1969, p. 3, para. 19.

[93] Charter of the United Nations, Art. 51 ("[...] Measures taken by Members in the exercise of this right of self-defense shall be immediately reported to the Security Council [...]"). 有关《联合国宪章》第 51 条解释中的习惯性固有权利和程序要件，其进一步讨论参见 Jia Bingbing, "The Relations Between Treaties and Custom", *Chinese Journal of International Law*, Vol. 9, 2010. 在大陆架制度中，尽管国家对大陆架的权利是固有的，《公约》第 76 条第 8 款仍设定了程序条件，参见 Bay of Bengal, Judgment of 14 March 2012, paras. 407-408。

这样一种观点，即这样的条约规则仅在习惯法的固有权利的基础上才有意义。[94]《联合国宪章》第51条没有直接规定自卫权的具体内容，当事国在为受到武力攻击作出反应的合法性进行辩护时，均考虑习惯法上自卫权内在的必要性和相称性标准。[95] 这意味着"两个条件同样适用于《宪章》第51条"。[96]

不幸的是，本案中法庭没有考虑自然延伸的含义，尽管其含义在习惯国际法中已经十分明显。在习惯国际法下，判例法已将物理事实或地质（连续性）作为构建自然延伸的一个重要因素。[97] 马尔科姆·埃文斯（Malcolm Evans）曾经从判例法的角度出发，认为除非在"共架"的情形中，"自然延伸"中的地质和地貌方面的连续性在确立沿海国对大陆架管辖的法律基础上至关重要。[98]

此外，值得注意的是，《公约》第76条所确立的条约规则与习惯法规则不同，不仅因为前者引入了距离基准作为大陆架的权原或法律基础的另一要素，还因为此条款规定的是自然延伸必须扩展到"大陆边外缘"。虽然法庭认为后者是大陆架法律概念中的一个必备因素，但它同时也承认这两个概念"密切相关，它们指的是同一区域"[99]。在"大陆边外缘"被认为是不可分割的一部分的情况下，《公约》第76条中的自

---

[94] Military and Paramilitary Activities in and against Nicaragua（Nicaragua v. United States of America），Merits，Judgment，I. C. J. Reports 1986，p. 14，para. 176.

[95] Ibid.，paras. 176，194.

[96] Legality of the Threat or Use of Nuclear Weapons，Adversary Opinion，I. C. J. Reports 1996，p. 245，para. 41.

[97] 有关物理事实和地质（连续性）在构建"自然延伸"中的重要性，参见 North Sea Continental Shelf Cases，Judgement，paras. 43，51 and 95；Delimitation of the Continental Shelf Between the United Kingdom of Great Britain and Northern Ireland，and the French Republic（UK，France），Decision of 30 June 1977，RIAA Vol. XVⅡ，pp. 427-428，paras. 104-109，esp. para. 107. Continental Shelf（Tunisia/Libyan Arab Jamahiriya），Judgment，I. C. J. Reports 1982，paras. 61，93 and 133；Delimitation of the Maritime Boundary in the Gulf of Maine Area，Judgment，I. C. J. Reports 1984，pp. 274-276，paras. 44-47；Delimitation of the Maritime Boundary Between Guinea and Guinea-Bissau，Decision of 14 February 1985，RIAA Vol. ⅩⅨ，para. 117. Court of Arbitration for the Delimitation of Maritime Areas Between Canada and France：Decision in Case Concerning Delimitation of Maritime Areas（St. Pierre and Miquelon），31 ILM（1992），para. 23。

[98] Michael Evans，*Relevant Circumstances and Maritime Delimitation*，Oxford University Press，1989，pp. 116-118.

[99] Bay of Bengal，Judgment of 14 March 2012，para. 434.

然延伸的含义应获得进一步阐明。

在本案中，孟加拉国声称其依据《公约》第 76 条第 4 款拥有 200 海里以远的大陆架，理由是自然延伸扩展到了大陆边。与此同时，孟加拉国质疑缅甸对 200 海里以远的大陆架的权利，理由是缅甸一方的大陆架缺乏自其陆地领土的连续性。[100] 相当可信的是，连续性仍然内含于界定自然延伸含义的《公约》的内容中（当然关于大陆边的内容也被加进去了），因为"同一主题事项上的（和条约规定）不一致的习惯法并不是无关紧要的，它可以使得一个'新的'条约规则的意义和范围更为简明并且明确该条约规则无意规范的那些内容"[101]。

围绕自然延伸的上述问题，本案可以从大陆架界限委员会获得更权威的观点，因为委员会的职能涉及对包含第 4 款在内的《公约》第 76 条[102] 具体条款的实施。在大陆架界限委员会的实践中，沿海国向委员会提交的关于陆地延伸的连续性是适用《公约》第 76 条第 4 款以建立一个大陆边外缘的前提条件。[103] 然而，要增加此论点的可信度，似乎有必要审查委员会在解释《公约》第 76 条中的作用。

（四）在 200 海里以远大陆架事项上委员会和法庭各自的职能及相互关系

在本案中，管辖权问题并不涉及委员会和法庭各自的职能及相互关系。[104] 法庭对其在 200 海里以远大陆架划界的管辖权的裁决是基于这样一种观点：它有权对整个大陆架进行管辖。这一推论符合先例。

然而，这是司法仲裁机构第一次在委员会对 200 海里以远大陆架提

---

[100] 孟加拉国认为，缅甸没有超过其海岸线 50 海里的自然延伸。Bay of Bengal, Judgment of 14 March 2012, para. 441.

[101] Mark E. Villiger, *Customary International Law and Treaties*, Martinus Nijhoff Publishers, 1985, p. 270.

[102] A. G. Oude Elferink, "The Continental Shelf beyond 200 Nautical Miles: The Relationship Between the CLCS and Third Party Dispute Settlement", in A. G. Oude Elferink and D. R. Rothwell eds, *Oceans Management in the 21st Century: Institutional Frameworks and Responses*, Martinus Nijhoff Publishers, 2004, p. 112.

[103] Bjorn Kunoy, "Establishment of the Outer Limits of the Continental Shelf: Is Crossing Boundaries Trespassing?", *International Journal of Marine and Coastal Law*, Vol. 26, 2011, p. 329.

[104] 它最初被质疑，但缅甸撤销了对法庭管辖权的异议。

出建议之前，行使这样的管辖权。[105] 换言之，这里的问题不是关于法庭管辖权的问题，而是是否行使的问题。值得注意的是，法庭认为，是否行使应根据个案情况分别进行评估判定。[106]

法庭确信是否行使的关键是存在两造能够主张权利的重叠，否则它可能就是在处理一个假设性问题。但是，在《公约》第76条规定下，如何确定权利重叠的存在？一种观点认为，"从技术意义上来说，在大陆架界限委员会认可相关沿海国家提出的外大陆架界限之前，有关200海里以远大陆架的权利主张重叠的争端，只是假设"[107]；与之相反的观点是，如果沿海国家已经向委员会提交了其拟议的200海里以远大陆架界限——这一动作表明沿海国"从表面上来看已秉持善意地执行了《公约》第76条的规定"[108]，则划定200海里以远大陆架的请求对于司法机关而言便是可以受理的。[109]

---

[105] 在下列情况下，法院或法庭拒绝对200海里以远的大陆架进行划界：Arbitration Between Barbados and Trinidad and Tobago, Decision of 11 April 2006, RIAA, Vol. XXVII, pp. 147-251; Territorial and Maritime Dispute Between Nicaragua and Honduras in the Caribbean Sea (Nicaragua v. Honduras), Judgment, I. C. J. Reports 2007, p. 659; Court of Arbitration for the Delimitation of Maritime Areas Between Canada and France: Decision in Case Concerning Delimitation of Maritime Areas (St. Pierre and Miquelon), 31 ILM (1992)。

[106] Bay of Bengal, Judgment of 14 March 2012, para. 384 ("whether [...] should exercise its jurisdiction depends on the procedure and substantive circumstances of each case"). This position had been reflected by Mr. Philippe Gautier (Registrar, the Tribunal) in his earlier article commenting the ruling of ICJ in Nicaraguan v. Honduras case (2007). See Philippe Gautier, "Comments on Procedural Issus Relating to the Establishment of Rights over the Continental Shelf", in Gao Zhiguo, Zhang Haiwen, Zhang Haisheng and Li Jiabiao eds, *Technical and Legal Aspects of the Regimes of the Continental Shelf and the Area*, China Ocean Press, 2011, p. 199 ("the importance of this finding should not be overestimated since this particular question was not the subject of arguments by the parties in the case").

[107] Bjorn Kunoy, "The Admissibility of a Plea to an International Adjudicative Forum to Delimit the Outer Continental Shelf Prior to the Adoption of Final Recommendations by the Commission on the Limits of the Continental Shelf", *International Journal of Marine and Coastal Law*, Vol. 25, 2010, p. 248.

[108] A. G. Oude Elferink, "Submissions of Coastal States to the CLCS in Cases of Unresolved Land or Maritime Disputes", in M. H. Nordquist, J. N. Moore & T. H. Heidar eds., *Legal and Scientific Aspects of Continental Shelf Limits*, Martinus Nijhoff Publishers, 2004, p. 274.

[109] Bjorn Kunoy, "The Admissibility of a Plea to an International Adjudicative Forum to Delimit the Outer Continental Shelf Prior to the Adoption of Final Recommendations by the Commission on the Limits of the Continental Shelf", *International Journal of Marine and Coastal Law*, Vol. 25, 2010, p. 248.

《公约》第 76 条在 200 海里以远的大陆架规定上是模糊的。一个精确的解释需要对科学证据的技术分析,这在本条款中似乎授权给委员会,尽管原则上,司法机关仍保有在法律条文解释上的最终发言权。[110] 在美国行政法中存在所谓的"谢弗林尊让"(Rule of Chevron Deference),该规则假定,司法机关应当礼让某一在事实搜集和分析方面更能胜任的机构对法律的解释,前提是立法者对其从事这样行为的授权是其立法意图。[111]

假设"谢弗林尊让"已经获得一般法律原则的地位,[112] 并因此阻止法庭确定的大陆架的权利范围——这取决于"精确"解释《公约》第 76 条,现在仍然不清楚法庭是否也应当推迟决定是否存在权利重叠。无论是作为管辖问题还是作为受理可能性问题,权原重叠存在(争端存在)的判断门槛较低,解释活动仅需要存在表面依据即可。[113]

在争端提交法庭之前,双方已经根据《公约》第 76 条第 8 款向委员会正式提交了各自所主张的大陆架外部界限信息。然而,法庭也不同意第二种观点;它将不会仅通过双方向委员会作出的提交来决定是否存在权利重叠,特别是在"是否存在大陆边还明显不确定"的情形下。[114] 相反,法庭通过对审理中两国提交的科学证据和信息的审查,发现这样一个令其满意的事实,即一个连续的和实质性沉积岩层从缅甸沿岸地区一直延伸到距岸 200 海里以远,并据此认为,孟加拉国和缅甸都有 200 海里以远大陆架的权利。随后,法庭提到了当事国双方对委员会的提交——以确定两国之间存在权利重叠的区域。

但是,即使为了审查相关主张的提出是否具有《公约》第 76 条所

---

[110] 即使在判断一个国家单方面建立的大陆架的外边界的有效性或可靠性方面,这也是正确的,不管怎么说,它将由一个司法机构决定,尽管委员会的考虑或建议是这样的。例如,一个司法机构对关于大陆架外部界限是否"基于这些建议"的争议有管辖权。See Gudmundur Eiriksson, "The Case of Disagreement Between a Coastal State and the Commission on the Limits of the Continental Shelf", in Myron H. Nordquist, John Norton Moore & Tomas H. Heidar eds, *Legal and Scientific Aspects of Continental Shelf Limits*, Martinus Nijhoff Publishers, 2004, p. 258.

[111] See in general Cass R. Sunstein, "Law and Administration after Chevron", *Columbia Law Review*, 1990, Vol. 90, pp. 2071, 2094-2096.

[112] 《国际法院规约》第 38 条第 1 款(c)项。

[113] 张新军:《国际法上的争端和钓鱼诸岛问题》,《中国法学》2011 年第 3 期,第 176—190 页。

[114] Dispute Concerning Delimitation of the Maritime Boundary Between Bangladesh and Myanmar in the Bay of Bengal (Bangladesh/Myanmar), Judgment I. C. J. Reports 2012, para. 443.

规定的表面依据,也有必要澄清委员会和法庭在解释本条款时各自应发挥什么作用。法庭的观点是,既然有问题的不是各方已经达成一致的地质和地貌数据,而是这些地质和地貌数据在解释《公约》第76条时的法律意义,那么相关的事项"在本质上就主要是法律的",这意味着法庭"在本案中能够而且应该决定涉案方的权利"。[115] 法庭认为,委员会在解释《公约》第76条时的作用,无论如何,仅限于缔约国就提出的科学材料存在不同看法的时候。

然而,委员会的角色不仅是澄清科学和技术证据,[116] 而且要澄清其本身对《公约》所载科学、技术和法律术语的解释。[117] 正如一位学者所总结的那样,"如果不进行对《公约》的法律解释工作,大陆架界限委员会就不能实现其获得的授权"。[118] 委员会被认为拥有"剩余的法律功能"。[119]

需要进一步注意的是,根据《大陆架界限委员会议事规则》第46条及其附件一,委员会不应考虑在"争端区域"所提交的申请,也不会给出建议,因为未经缔约方同意,委员会不能这样做。[120] 很明显,委员会应首先有权自行决定是否存在争议——无论是大陆架划界争端,

---

[115] Dispute Concerning Delimitation of the Maritime Boundary Between Bangladesh and Myanmar in the Bay of Bengal (Bangladesh/Myanmar), JudgmentI. C. J. Reports 2012, para. 413.

[116] CLCS/11-Scientific and Technical Guidelines of the Commission on the Limits of the Continental Shelf, Point 1. 2, http: //daccess-dds-ny. un. org/doc/UNDOC/GEN/N99/171/08/IMG/N9917108. pdf? Open Element.

[117] Ibid., Point 1. 3.

[118] Bjorn Kunoy, *Establishment of the Outer Limits of the Continental Shelf*, Martinus Nijhoff Publishers, 2004, p. 326.

[119] Jia Bingbing, "Effect of Legal Issues, Actual of Implicit, Upon the Work of the CLCS: Suspensive or without Prejudice?", *Chinese Journal of International Law*, Vol. 11, 2012, pp. 109-110.

[120] See CLCS/40/Rev. 1—Rules of Procedure of the Commission on the Limits of the Continental Shelf, http: //daccess-dds-ny. un. org/doc/UNDOC/GEN/N08/309/ 23/PDF/N0830923. pdf? Open Element, Rule 46 ("In case there is a dispute in the delimitation of the continental shelf between opposite or adjacent States or in other cases of unresolved land or maritime disputes, submissions may be made and shall be considered in accordance with Annex I to these Rules") and Annex I [Specifically para. 5 (a) of Annex I provides: "5 (a) In cases where a land or maritime dispute exists, the Commission shall not consider and qualify a submission made by any of the States concerned in the dispute. However, the Commission may consider one or more submissions in the areas under dispute with prior consent given by all States that are parties to such a dispute"].

还是悬而未决的领土或海洋争端,[121] 才能主动推迟审议未获所有国家的同意所提交的申请。这里的"争端"不仅包括地质、地理或水文意义上的争端,还包括法律性质意义上的争端。[122] 有人建议,"大陆架界限委员会将为附件一意义上的争端的成立设立一个低门槛"[123],这意味着"委员会的(审理范围)将包括表面上看起来存在争端的所有地方"[124]。

在本案中,法庭关于继续进行 200 海里以远大陆架的划界的决定可以看作法庭通过解释"无可争议的数据"以确定两造向委员会提交的正式申请所建立的主张。在此,委员会的作用是辅助法庭完成对请求可受理性的考察。然而,法庭也认为,在委员会对双方正式提交的申请搁置审议的情况下,它有义务对这一请求作出裁决。对此可以进行这样解读,即法庭关于可受理性的裁定已延缓至委员会对《公约》第 76 条进行表面解释并作出争端是否存在的结论之时,此时委员会行使其剩余法律职能。

总的来说,本案是国际海洋法法庭审理的第一个海洋划界案。此案对法庭十分重要,不仅因为海洋划界的主题在海洋法律事务中十分重要,还因为这样一个争端主题的判决要求对《公约》以及与之相容的国际法进行全面解读。这是法庭建立其声誉的一个机会,尤其是考虑到与之竞争的其他司法机关(例如国际法院)已经取得了在该领域的声誉。

正如本文所观察到的,法庭在面对某些极具争议性的实体问题时相当活跃。法庭留给大家的总体印象是,它在解决这些问题方面所扮演的

---

[121] Jia Bingbing,"Effect of Legal Issues, Actual of Implicit, Upon the Work of the CLCS: Suspensive or without Prejudice?", pp. 117-118. Elferink is also of the view that "Annex I to the Rules of Procedure recognizes that the competence with respect to such dispute rests with States [...] it [CLCS] will make an independent evaluation of the existence of a dispute". See A. G. Oude Elferink,"Submissions of Coastal States to the CLCS in Cases of Unresolved Land or Maritime Disputes", p. 266.

[122] However, Jia is of the view that "for the dispute goes beyond the scope of Article 76 [...] there even more reason that the CLCS should resort to another body with the competence to determine it". See Jia Bingbing,"Effect of Legal Issues, Actual of Implicit, Upon the Work of the CLCS: Suspensive or without Prejudice?", p. 118.

[123] A. G. Oude Elferink,"Submissions of Coastal States to the CLCS in Cases of Unresolved Land or Maritime Disputes", p. 266.

[124] Ibid., p. 268.

角色是温和的,其判决是平衡的。法庭在是否继续进行200海里以远大陆架的划界这一最具挑战性问题上对委员会和法庭各自的职能及相互间关系的说理,已被国际法院在领土与海洋争端案(尼加拉瓜诉哥伦比亚)中所引用。[125]

法庭采取了一种积极的立场,手段就是频繁通过"目的和宗旨"来解释《公约》有关条款。[126] 这种解释方法似乎在法庭最近判决的案件中占主导地位。[127] 既然《公约》作为"一揽子交易"被接受,那么其大部分条款留有解释的空间是可以理解的。但法庭采用上述方法对《公约》进行解释或适用,在行使这种自我宣称的"造法功能"[128] 方面会走多远,缔约国对此的反应将有待观察。

鉴于此,在前已述及的富有争议的问题上,法官在个别意见和个人声明中表现出来分歧也就不足为怪了。然而,在参与本案审理的20余位法官中,判决主文中投反对票的法官却是非常少的。法庭的这种团结一

---

[125] Territorial and Maritime Dispute (Nicaragua v. Colombia), Judgment, I. C. J. Reports 2012, paras. 125, 127 and 129. In the Judgment, the Court cited the Bay of Bengal ruling on this matter (para. 127). Moreover and presumably under the influence of ITLOS reasoning in the Bay of Bengal, the Court took note of Nicaragua's "Preliminary Information" submitted to the Commission and saw that it "falls short of meeting the requirements for information on the limits of the continental shelf beyond 200 nautical miles which 'shall be submitted coastal State to the Commission' in accordance with paragraph 8 of Article 76 of UNCLOS" (para. 127), and accordingly found that Nicaragua "has not established that it has a continental margin [...]"(para. 129). This approach looks more sophisticated if compared with its ruling in the Territorial and Maritime Dispute between Nicaragua and Honduras, according to which the Court would have simply set aside Nicaragua's request by declaring that "any claim of continental shelf rights beyond 200 miles must be in accordance with Article 76 of the Convention and reviewed by the Commission on the Limits of the Continental Shelf established thereunder". See Territorial and Maritime Dispute Between Nicaragua and Honduras in the Caribbean Sea (Nicaragua v. Honduras), Judgment, I. C. J. Reports 2007, para. 319.

[126] Bay of Bengal, Judgment of 14 March 2012, para. 89 (on Art. 15); para. 372 and para. 392 (on the role and relation of the Tribunal and the Commission on the matter of continental shelf beyond 200 nm); paras. 435 and 437 (on the notion of natural prolongation).

[127] See also Responsibilities and Obligations of States Sponsoring Persons and Entities with Respect to Activities in the Area (Request for Advisory Opinion submitted to the Seabed Disputes Chamber), 1 February 2011, para. 57, http://www.itlos.org/fileadmin/itlos/documents/cases/case_ no_ 17/adv_ op_ 010211. pdf.

[128] Declaration of Judge Wolfrum, www.itlos.org/fileadmin/itlos/documents/cases/ case_ no_ 16/C16. decl. Wolfrum. rev. E. pdf.

致值得珍视和庆幸,希望这不是出于法庭内部的政治,而是出于法庭"在《公约》框架内解释和使之逐步发展的任务和责任"[129]。

四、附 录

(一) 中英案件全名

1. 中文案件全名:孟加拉湾海洋划界案(孟加拉国/缅甸)
2. 英文案件全名:Dispute Concerning Delimitation of the Maritime Boundary Between Bangladesh and Myanmar in the Bay of Bengal (Bangladesh/Myanmar)

(二) 案件的标准引用

Delimitation of the Maritime Boundary in the Bay of Bengal (Bangladesh/Myanmar), Judgment, ITLOS Reports 2012, p. 4.

(三) 主要参考文献

1. Zhang Xinjun, "The ITLOS Judgment in the Bay of Bengal Case Between Bangladesh and Myanmar", *Chinese Journal of International Law*, Vol. 12, 2013, pp. 255-280.

2. Marcin Kaldunski & Taduesz Wasilewski, "The International Tribunal for the Law of the Sea on Maritime Delimitation: The Bangladesh v. Myanmar Case", *Ocean Development & International Law*, Vol. 45, 2014, pp. 123-170.

3. Robin Churchill, "The Bangladesh/Myanmar Case: Continuity and Novelty in the Law of Maritime Boundary Delimitation", *Cambridge Journal of International Law*, Vol. 1, 2012, pp. 137-152.

4. A. G. Oude Elferink, "ITLOS's Approach to the Delimitation of the Continental Shelf beyond 200 Nautical Miles in the Bangladesh/Myanmar Case: Theoretical and Practical Difficulties", in Rüdiger Wolfrum, Maja

---

[129] Declaration of Judge Wolfrum, www. itlos. org/fileadmin/itlos/documents/cases/ case_ no_ 16/C16. decl. Wolfrum. rev. E. pdf.

Seršić and Trpimiršošić eds., *Contemporary Developments in International Law*, BRILL, 2015, pp. 230-249.

5. Erik Franckx, "Navigating Between Consolidation and Innovation: Bangladesh/Myanmar (International Tribunal of the Law of the Sea, Judgement of 14 March 2012)", *Ocean Yearbook*, Vol. 27, 2013, pp. 435-458.

6. D. H. Anderson, "Delimitation of the Maritime Boundary in the Bay of Bengal (Bangladesh/Myanmar)", *American Journal of International Law*, Vol. 106, 2012, pp. 817-824.

7. Abdullah Al Faruque, "Judgment in Maritime Boundary Dispute Between Bangladesh and Myanmar: Significance and Implications under International Law", *Asian Yearbook of International Law*, Vol. 18, 2012, pp. 62-84.

8. Clive Schofield & Anastasia Telesetsky, "Grey Clouds or Clearier Skied Ahead? Implications of the Bay of Bengal Case", *Law of the Sea Reports*, Vol. 3, 2012.

9. 黄瑶、廖雪霞:《国际海洋划界司法实践的新动向——2012年孟加拉湾划界案评析》,《法学》2012年第12期,第80—92页。

(四) 与本案主题相关的重要引用案件

1. Maritime Delimitation in the Area Between Greenland and Jan Mayen, Judgment, I. C. J. Reports 1993, p. 38.

2. Maritime Delimitation and Territorial Questions Between Qatar and Bahrain, Merits, Judgment, I. C. J. Reports 2001, p. 40.

3. North Sea Continental Shelf, Judgement, I. C. J. Reports 1969, p. 3.

4. Territorial and Maritime Dispute Between Nicaragua and Honduras in the Caribbean Sea (Nicaragua v. Honduras), Judgment, I. C. J Reports 2007, p. 659.

5. Arbitration Between Barbados and the Republic of Trinidad and Tobago, Decision of 11 April 2006, RIAA, Vol. XXVII, p. 147.

(五) 案件中的重要缩略语

ITLOS International Tribunal for the Law of the Sea 国际海洋法法庭
UNCLOS United Nations Convention on the Law of the Sea 《联合国

海洋法公约》

CLCS　The United Nations Commission on the Limits of the Continental Shelf　大陆架界限委员会

（张新军）

领土与海洋争端案
（尼加拉瓜诉哥伦比亚）

（2007年，2012年）

2001.12.06 尼加拉瓜向法院书记官处提交请求书，就其与哥伦比亚之间"领土所有权和海洋划界"的一组相关法律问题的争端，起诉哥伦比亚

2003.04.28 尼加拉瓜提交诉状（Memorial）的最后期限

2003.07.21 哥伦比亚提出对法院管辖权的初步反对意见

2003.09.24 法院发布命令，暂停实质问题审理

2004.01.26 尼加拉瓜就初步反对意见提交书面陈述意见

2007.06.04—06.08 公开庭审

2007.12.13 法院作出初步反对意见判决

2008.02.11 院长在程序令中确定2008年11月11日为哥伦比亚提交辩诉状（Counter-Memorial）的新期限

2008.12.18 法院程序令指示尼加拉瓜于2009年9月18日前提交答辩状（Reply）、哥伦比亚于2010年6月18日前提交抗辩状（Rejoinder）

2010.02.25 哥斯达黎加提交申请，要求允许参加本案

2010.06.10 洪都拉斯提交申请，要求允许参加本案

2011.05.04 法院判决不同意哥斯达黎加请求参加（9∶7）

2011.05.04 法院判决不同意洪都拉斯请求参加（13∶2）

2012.04.23—05.04 公开庭审

2012.11.19 法院作出实体问题判决

关键词：初步反对（Preliminary Objection）；争端的主题事项（Subject Matter of the Dispute）；依法保持占有（【拉】*Uti Possidetis Juris*）；实际统治（【法】*Effectivités*）；关键日期（Critical Date）；第三

国立场（Position Taken by Third States）；地图的证据价值（Evidentiary Value of Map）；200 海里外大陆架划界（Delimitation of a Continental Shelf Extending beyond 200 Nautical Miles）；相关海岸（Relevant Coast）；相关海域（Relevant Maritime Area）；海洋地物的海域权利（Entitlements Generated by Maritime Feature）；权重线（Weighted Line）；相关情况（Relevant Circumstance）；不成比例检验（Disproportionality Test）

一、案件背景

尼加拉瓜和哥伦比亚是加勒比海隔海相望的国家，两国大陆海岸之间存在若干岛屿和其他海洋地物，其中包括接近尼加拉瓜大陆海岸的大玉蜀黍岛和小玉蜀黍岛（Mangle Grande，Mangle Chico），也叫玉米岛（Corn Islands），以及更远一些的圣安德烈斯（San Andrés）群岛等。[1]

1928 年 3 月 24 日，两国签署《哥伦比亚和尼加拉瓜关于争议领土问题的条约》（以下简称《1928 年条约》），表示"两国愿意结束它们之间的领土争端"，其第 1 条规定："尼加拉瓜共和国承认哥伦比亚共和国对圣安德烈斯岛、普罗维登西亚岛（Providencia）、圣卡塔利娜岛（Santa Catalina）以及组成圣安德烈斯群岛（San Andrés Archipelago）的其他岛屿和礁石的完全主权。本条约不适用于龙卡多尔礁（Roncador）、基塔苏埃尼奥礁（Quitasueño）和塞拉纳礁（Serrana）。哥伦比亚和美利坚合众国之间对龙卡多尔礁、基塔苏埃尼奥礁和塞拉纳礁的主权存在争议。"[2] 1930 年 5 月 5 日两国签署《关于互换批准书的议定书》（以下简称《1930 年议定书》），规定"上述《1928 年条约》第 1 条中提到的圣安德烈斯和普罗维登西亚群岛不得延伸至格林尼治西经 82 度以西"[3]。

1948 年尼加拉瓜、哥伦比亚和美国等在哥伦比亚的波哥大签署《波哥大公约》[4]（Pact of Bogotá）。第 31 条规定："承认国际法院对审理缔

---

[1] 地理背景参见 Territorial and Maritime Dispute（Nicaragua v. Colombia），Preliminary Objections，Judgment，I. C. J. Reports 2007，p. 832，https：//www.icj-cij.org/files/case-related/124/124-20071213-JUD-01-00-EN.pdf。

[2] Ibid.，p. 832，para. 18.

[3] Ibid.，p. 832，para. 20.

[4] 也译作《波哥大宪章》，全称为《美洲和平解决条约》（American Treaty on Pacific Settlement）。

约国之间的所有法律争端根据事实本身（ipso facto）具有强制管辖权；只要本条约有效就无须达成任何特别协定。"[5] 第 6 条规定："前述程序不得适用于由当事国之间的安排或国际性法院和仲裁庭的裁决已解决的问题，也不适用于那些受本条约签订之日已生效的协定或条约管辖的问题。"[6]

哥伦比亚 1969 年 6 月 4 日外交照会抗议尼加拉瓜石油勘探开采权和勘察许可范围包括基塔苏埃尼奥及其周围海域以及向东越过 82 度经线，认为《1930 年议定书》中已注明将 82 度经线作为圣安德烈斯和普罗维登西亚群岛领海的西边界线。1971 年 6 月 23 日，尼加拉瓜正式要求保留其对龙卡多尔、基塔苏埃尼奥、塞拉纳周围地区大陆架的权利，并认为这些地物是其大陆架的组成部分。尼加拉瓜认为《1930 年议定书》提及的 82 度经线没有确定两国海洋边界，82 度经线只构成了圣安德烈斯群岛的界限。[7]

1972 年 9 月 8 日，哥伦比亚和美国签署一份条约（以下简称《1972 年条约》）并互换照会：美国政府宣布放弃对上述三组地物的主权要求，《1928 年条约》不适用于龙卡多尔礁、基塔苏埃尼奥礁、塞拉纳礁；哥伦比亚认为其应为相关暗滩和礁石的所有权国。[8]

尼加拉瓜 1972 年 10 月 4 日宣布对龙卡多尔、基塔苏埃尼奥、塞拉纳行使主权，于 10 月 7 日抗议哥伦比亚和美国的《1972 年条约》。1980 年 2 月 4 日，尼加拉瓜宣布《1928 年条约》是在美军入侵尼加拉瓜后任命傀儡总统背景下签订的，不具备任何法律效力。此后尼加拉瓜基本保持上述立场不变。

1993 年，哥伦比亚阻止尼加拉瓜渔民以及其许可的渔民在其主张的海域捕鱼。1995 年至 2002 年，双方均抓捕了对方的渔船。在此期间双方对争议问题进行了官方会谈，但未达成一致意见。

2001 年 12 月 6 日，尼加拉瓜向法院提交请求书（application），要求法院裁决并宣布争议岛屿为尼加拉瓜领土，并要求确定尼加拉瓜和哥伦比亚专属经济区和大陆架单一海洋边界。尼加拉瓜还保留向哥伦比亚

---

[5] Territorial and Maritime Dispute (Nicaragua v. Colombia), Preliminary Objections, Judgment, I. C. J. Reports 2007, p. 832, para. 55.
[6] Ibid., p. 832, para. 56.
[7] Ibid., p. 832, para. 24.
[8] Ibid., p. 832, para. 26.

的索赔权,因哥伦比亚占有相关岛屿以及直至82度经线的海洋空间构成不当得利等。[9]

2003年4月28日为尼加拉瓜提交诉状的最后期限。尼加拉瓜在其诉状中请求法院宣判:(1)争议中的岛屿、礁石和暗滩的主权属于尼加拉瓜;(2)《1928年条约》不具有法律效力,或该条约已被终止,该条约没有沿着西经82度线划定海域分界线;(3)若哥伦比亚拥有相关地物的主权,则岛屿应作为飞地并取得12海里领海权利,其他礁石划出3海里飞地;(4)两国海洋划界为两国大陆海岸间的中间线单一海洋边界。[10]

2007年12月13日,法院就哥伦比亚初步反对意见作出判决(以下简称"2007年判决"):对当事双方主张的海洋地物(圣安德烈斯岛、普罗维登西亚岛和圣卡塔利娜岛以外)的主权和海洋划界争端有管辖权。

2012年11月19日,法院作出实体问题裁决[11](以下简称"2012年判决"),判定争议地物主权属于哥伦比亚,并划定了两国间的海洋边界。

二、2007年初步反对意见判决

2007年判决重点处理了争端主题事项以及两项初步反对意见。

(一)争端的主题事项

尼加拉瓜认为:(1)两国之间的争端由一组相关的法律问题构成,涉及领土所有权和海洋划界[12];(2)争端的主题事项是确定单一海洋边界,领土所有权问题是最终确定海洋区域的必要的先决条件[13];(3)《1928年条约》是否已解决两国间的所有问题才是"争端的真正目的"和"本案的实质"。[14] 哥伦比亚认为,争论中的问题已由《1928年

---

[9] Territorial and Maritime Dispute (Nicaragua v. Colombia), Preliminary Objections, Judgment, I. C. J. Reports 2007, para. 11.
[10] Ibid., para. 12.
[11] Territorial and Maritime Dispute (Nicaragua v. Colombia), Judgment, I. C. J. Reports 2012, p. 624.
[12] Territorial and Maritime Dispute (Nicaragua v. Colombia), Preliminary Objections, Judgment, I. C. J. Reports 2007, para. 34.
[13] Ibid., para. 35.
[14] Ibid., para. 36.

条约》所解决，尼加拉瓜的真实目的是海洋划界而不是确定海洋地物的主权。[15]

法院注意到，尼加拉瓜提交的各项问题涉及《1928 年条约》的有效性或是否终止，《1928 年条约》和《1930 年议定书》是否涵盖或解决了双方的所有争议问题（包括圣安德烈斯群岛的地理范围，龙卡多尔礁、基塔苏埃尼奥礁和塞拉纳礁的主权问题，以及海洋划界问题）。法院认为，这些问题是本案争端的组成部分，均涉及一个单一问题，即：《1928 年条约》和《1930 年议定书》是否已经解决双方关于岛屿及海洋地物主权和海洋边界走向的争议；但是这并未构成双方争端的主题事项，而是一个初步问题。[16] 构成双方关于实体问题争端的主题事项有两方面：第一，领土主权（双方主张的岛屿及其他海洋地物）；第二，双方之间的海洋边界走向。[17]

（二）第一项初步反对意见

法院将哥伦比亚依据《波哥大公约》提出的初步反对认定为"第一项初步反对意见"；依据双方任择性条款声明提出的为"第二项初步反对意见"。[18]

哥伦比亚认为，尼加拉瓜提出的问题在缔结《波哥大公约》时均被仍有效的条约（《1928 年条约》及《1930 年议定书》）所解决，法院对这些问题没有管辖权。这一问题必须在初步反对阶段得到处理。[19]

尼加拉瓜认为依据《波哥大公约》第 31 条法院有管辖权，因为《1928 年条约》及《1930 年议定书》是无效的（invalid），或者在《波哥大公约》之前已经终止；即使不属于这种情形，《1928 年条约》也未涵盖现在双方争议的所有问题。并且哥伦比亚在本阶段不可以对这些问题发表意见，因为这需要审查本案的实体问题。[20]

法院认为，为确定法院是否有管辖权，必须确定在《波哥大公约》

---

[15] Territorial and Maritime Dispute (Nicaragua v. Colombia), Preliminary Objections, Judgment, I. C. J. Reports 2007, para. 37.
[16] Ibid., para. 40.
[17] Ibid., para. 42.
[18] Ibid., para. 12.
[19] Ibid., para. 43.
[20] Ibid., para. 44.

签订之日，尼加拉瓜所提问题是否已依据该条约第 6 条"受仍生效协定或条约管辖"。没有证据显示包括尼加拉瓜在内的缔约国在缔结《波哥大公约》时认为《1928 年条约》是无效的。1932 年 5 月 25 日，尼加拉瓜向国际联盟登记了《1928 年条约》及《1930 年议定书》，将《1928 年条约》作为有约束力的协定；哥伦比亚已于 1930 年 8 月 16 日将该条约在国际联盟登记。[21]

法院忆及，尼加拉瓜第一次提出《1928 年条约》"无效或缺乏效力"是在 1980 年 2 月 4 日。50 多年来尼加拉瓜一直认为《1928 年条约》是有效的，即使在 1933 年年初最后一支美国军队撤出尼加拉瓜后也是如此。尼加拉瓜在 1969 年回应哥伦比亚关于 82 度经线构成两国海洋边界的主张时，没有表示《1928 年条约》无效，而是认为《1928 年条约》和《1930 年议定书》不影响两国间的海洋划界。尼加拉瓜 1971 年向美国交涉，要求保留对龙卡多尔、基塔苏埃尼奥、塞拉纳的主权时，也没有对《1928 年条约》的效力提出质疑。[22]

法院认为，关键问题是《1928 年条约》在《波哥大公约》缔结之日（在 1948 年而非 1969 年）是否有效，没有必要处理《1928 年条约》在 1969 年是否终止的问题。

法院认为，关于《1928 年条约》列明的圣安德烈斯群岛中的三组岛屿主权问题，法院没有管辖权，因为这些岛屿的主权问题已为该条约所解决。《1928 年条约》第 1 条第 1 款规定："尼加拉瓜共和国承认哥伦比亚共和国对圣安德烈斯岛、普罗维登西亚岛、圣卡塔利娜岛以及组成圣安德烈斯群岛的其他小岛和礁石的完全主权。"[23] 从第 1 条规定的字面上能很清楚地看出，圣安德烈斯岛、普罗维登西亚岛、圣卡塔利娜岛的主权问题，已在《波哥大公约》第 6 条意义上由《1928 年条约》解决。

关于圣安德烈斯群岛其余部分的范围及组成问题，《1928 年条约》没有提供答案，该问题在 1948 年《波哥大公约》第 6 条意义上没有解决。[24] 关于龙卡多尔礁、基塔苏埃尼奥礁和塞拉纳礁的主权问题，《1928 年条约》第 1 条第 2 款规定："本条约不适用于龙卡多尔礁、基塔

---

[21] Territorial and Maritime Dispute（Nicaragua v. Colombia），Preliminary Objections，Judgment，I. C. J. Reports 2007，para. 78.

[22] Ibid., para. 79.

[23] Ibid., para. 86.

[24] Ibid., para. 97.

苏埃尼奥礁和塞拉纳礁。哥伦比亚和美利坚合众国之间对龙卡多尔礁、基塔苏埃尼奥礁和塞拉纳礁的主权存在争议。"[25] 该款规定很清楚：该条约不适用于这3个海洋地物，法院对该问题有管辖权。

《1928年条约》及其《1930年议定书》仅表明圣安德烈斯群岛的西部界限被确定在西经82度。双方批准《1928年条约》前的讨论显示两国无意通过该条约及其议定书划定海洋边界。两国1977年、1995年和2001年关于划界问题的谈判也不足以证明两国已确定海洋边界。[26]

（三）第二项初步反对意见

尼加拉瓜和哥伦比亚分别于1929年9月24日和1937年10月30日依据《常设国际法院规约》第36条作出接受强制管辖的声明。[27] 法院已在处理上述第一项初步反对意见时确定了对本案争端其他问题的管辖权，若再审查法院是否可依据任择性声明确定对其他问题的管辖权将是毫无意义的。[28]

三、2012年领土及海洋争端判决

2012年11月19日，法院作出实体问题判决，以下按判决书标题及次序介绍其重要内容。

（一）地　理

2012年判决书第18—24段介绍了本案所涉地理状况（见本文"案件背景"及相关部分，此处从略）。

（二）领土主权

1. 争议海洋地物能否被据为领土

法院认为，必须决定争议地物是否"可被据为领土"（capable of

---

[25] Territorial and Maritime Dispute（Nicaragua v. Colombia），Preliminary Objections，Judgment，I. C. J. Reports 2007，para. 98.
[26] Ibid.，paras. 115-120.
[27] Ibid.，paras. 121-122.
[28] Ibid.，para. 132.

appropriation）。依据国际法，岛屿无论多小均可被据为领土，但是低潮高地不能被据为领土。双方同意 6 个争议地物是可被据为领土的岛屿，但对名为基塔苏埃尼奥的海洋地物是否能作为岛屿存在争议。[29]

法院需要决定的问题是：在基塔苏埃尼奥是否存在高潮时高于水面的自然形成的陆地区域。本案在多年前（有时是数十年前）完成的调查与该问题无关，尼加拉瓜依赖的海图对该问题没有多大证明价值，这些海图是用来显示基塔苏埃尼奥地区的航行危险，而不是为了区分哪些地物在高潮时高于或低于水面。[30] 只有同期证据（contemporary evidence）才与该问题相关，其中史密斯报告是最重要的，因为该报告是基于对基塔苏埃尼奥状况的实际观测和科学评估。据美国宇航局的描述，哥伦比亚接受的潮汐模型在浅水区是不准确的，基塔苏埃尼奥四周水域非常浅。基塔苏埃尼奥礁上的地物很小，即使按照史密斯报告采用的勒诺布尔潮汐模型，除 QS32 外，在高潮时只有 1 个地物（QS24）高出水面 30 厘米；只有 4 个现场测量的地物高出 20 厘米、第 5 个地物（QS30）从船上测得 23.2 厘米；其余 27 个地物均低于 20 厘米。[31] 不管适用何种潮汐模型，QS32 在高潮时总是高于水面，即使按照尼加拉瓜适用的潮汐模型，QS32 在高潮时露出水面约 70 厘米，可被据为领土。[32] 法院在审查了双方提供的关于潮汐差的信息和分析后，认定其他地物为低潮高地。[33]

2. 争议海洋地物的主权

在处理争议海洋地物的主权问题时，双方考虑了《1928 年条约》和依法保持占有（uti possidetis juris），哥伦比亚诉诸有效统治（effectivités），还涉及尼加拉瓜的承认、第三方的立场和地图证据。[34]

（1）《1928 年条约》和圣安德烈斯群岛的组成

依据《1928 年条约》，哥伦比亚对圣安德烈斯岛、普罗维登西亚岛、圣卡塔利娜岛，"以及组成圣安德烈斯群岛的其他岛屿和礁石"拥有主权。为处理争议海洋地物主权问题，法院需要首先查明圣安德烈斯群岛

---

[29] Territorial and Maritime Dispute (Nicaragua v. Colombia), Judgment, I. C. J. Reports 2012, paras. 25-27.
[30] Ibid., para. 35.
[31] Ibid., para. 36.
[32] Ibid., para. 37.
[33] Ibid., para. 38.
[34] Ibid., para. 39.

的组成。[35]

哥伦比亚认为：①在殖民时代和后殖民时代，圣安德烈斯群岛的岛礁都被视为一组（a group）；②该群岛的概念和组成在签署《1928年条约》和《1930年议定书》时保持不变；③82度经线作为领土分界线划分了领土，两国之间不再存在领土问题；④尼加拉瓜同意将龙卡多尔礁、基塔苏埃尼奥礁和塞拉纳礁排除在《1928年条约》范围外，实际上是接受了它们是圣安德烈斯群岛的组成部分。[36]

法院注意到《1928年条约》没有列明圣安德烈斯群岛的组成，《1930年议定书》仅限定圣安德烈斯群岛的西部界限却没有标明该群岛的东部范围。《1928年条约》提及"组成圣安德烈斯群岛的其他岛屿和礁石"，这可理解为包括距离该条约第1条列明岛屿最近的海洋地物。阿尔布科克礁（Alburquerque Cays）和东-东南礁（East-Southeast Cays）分别距离圣安德烈斯群岛20海里和16海里，可被视为圣安德烈斯群岛的组成部分。不能仅仅基于地理位置或历史档案明确回答圣安德烈斯群岛的组成问题，双方提交的材料都不足以澄清该问题。《1928年条约》不适用于龙卡多尔礁、基塔苏埃尼奥礁和塞拉纳礁，这一规定本身不足以说明它们是否为圣安德烈斯群岛的组成部分。双方提交的历史材料均不具有排他性，没有特别说明哪些地物被视为群岛组成部分。[37]

（2）依法保持占有

法院曾指出："依法保持占有原则之法（jus）并非国际法，而是独立前主权国家的宪法或行政法，在本案中是西班牙殖民法。极有可能该法自身并未明确边缘地区或人口少经济意义小的地区（隶属何方）。"[38] 依法保持占有原则在本案中不足以决定争议海洋地物主权，因为没有清楚的证据表明在独立前或独立时争议海洋地物是属于哥伦比亚还是尼加拉瓜。[39]

---

[35] Territorial and Maritime Dispute (Nicaragua v. Colombia), Judgment, I. C. J. Reports 2012, para. 42.

[36] Ibid., paras. 49-51.

[37] Ibid., paras. 52-55.

[38] Land, Island and Maritime Frontier Dispute (El Salvador/Honduras: Nicaragua intervening), Judgment, I. C. J. Reports 1992, para. 333.

[39] Territorial and Maritime Dispute (Nicaragua v. Colombia), Judgment, I. C. J. Reports 2012, paras. 64-65.

(3) 实际统治（*effectivités*）

① 关键日期（critical date）

法院忆及，争端明确化的日期之后的行为"一般而言对确立或确定主权是没有任何意义的"[40]，"除非此类行为是先前行为的正常延续（normal continuation），而当事方并非旨在提高其法律地位"[41]。法院认为，没有迹象显示双方在1969年之前存在争端，哥伦比亚并不质疑尼加拉瓜提出的关键日期，故1969年6月12日为本案关键日期。[42]

② 有效统治方面的审查

哥伦比亚认为有效统治证实其对争议海洋地物的优先权源（prior title），而尼加拉瓜主要依赖依法保持占有原则（principle of *uti possidetis juris*）。[43]

法院忆及，被视为主权活动的行为主要包括但不限于：立法行为或行政控制行为，适用或执行刑事或民事法律的行为，移民管理行为，渔业或其他经济活动管理行为，海军巡逻及搜救行动。[44] 法院又忆及，"对较小的海洋地物而言，确立其主权可基于质与量上相对温和的国家权力展示"[45]。需要考虑的一个重要因素是提出竞争性主权要求的另一国家采取的涉及争议岛屿的主权活动达到的程度及范围。[46] 常设国际法院指出："检视领土主权案件裁决记录不可能不发现，在众多案件中若另一方无法提出更优胜的主张，即使一方实际上很少实施主权权利，法庭也会认为其满足了法律要求。对人口少或动荡不安国家的地区的主权要求而言，尤其如此。"[47]

---

[40] Territorial and Maritime Dispute Between Nicaragua and Honduras in the Caribbean Sea (Nicaragua v. Honduras), Judgment, I. C. J. Reports 2007 (Ⅱ), pp. 697-698, para. 117.

[41] Sovereignty over Pulau Ligitan and Pulau Sipadan (Indonesia/Malaysia), Judgment, I. C. J. Reports 2002, p. 682, para. 135.

[42] Territorial and Maritime Dispute (Nicaragua v. Colombia), Judgment, I. C. J. Reports 2012, para. 71.

[43] Ibid., para. 72.

[44] Territorial and Maritime Dispute Between Nicaragua and Honduras in the Caribbean Sea (Nicaragua v. Honduras), Judgment, I. C. J. Reports 2007 (Ⅱ), pp. 713-722, paras. 176-208.

[45] Ibid., p. 712, para. 174.

[46] Territorial and Maritime Dispute (Nicaragua v. Colombia), Judgment, I. C. J. Reports 2012, para. 80.

[47] Legal Status of Eastern Greenland, Judgment, 1933, P. C. I. J., Series A/B, No. 53, p. 46.

法院注意到，哥伦比亚提及的主权活动虽然大多是针对包括所有争议海洋地物在内的海域实施的，但许多是专门针对争议海洋地物的。[48] 法院分类考察以下哥伦比亚对争议海洋地物实施的有效统治活动。[49]

公共管理和立法。1920 年圣安德烈斯群岛总督向政府提交了关于该群岛在 1919 年 5 月—1920 年 4 月公共管理运行情况的报告，特别提及龙卡多尔礁、基塔苏埃尼奥礁和塞拉纳礁为哥伦比亚的领土，且构成圣安德烈斯群岛不可分割的组成部分。1968 年 12 月 16 日，哥伦比亚一协会通过了有关阿尔布科克礁、东-东南礁、塞拉纳礁、龙卡多尔礁、基塔苏埃尼奥礁、塞拉尼拉礁（Serranilla Cays）和巴约努尔沃礁（Bajo Nuevo Cays）的决议。

经济管理活动。1871 年 4 月，哥伦比亚议会颁布法律，允许出租在阿尔布科克礁、龙卡多尔礁和基塔苏埃尼奥礁上采集鸟粪和采摘椰子的权利。1871 年 9 月，哥伦比亚地方政府发布命令，禁止在阿尔布科克礁、龙卡多尔礁和基塔苏埃尼奥礁采掘鸟粪。1871 年 12 月，哥伦比亚地方政府批准了有关阿尔布科克礁椰树林的合同。1893 年，哥伦比亚地方政府颁发了在塞拉纳礁上开采鸟粪和磷灰石的许可证。1893 年、1896 年、1915 年、1916 年和 1918 年，哥伦比亚有关部门签订或终止了关于在塞拉纳礁、塞拉尼拉礁、龙卡多尔礁、基塔苏埃尼奥礁和阿尔布科克礁上采掘鸟粪的合同。1914 年和 1924 年，哥伦比亚发布公告，禁止未经哥伦比亚政府批准的渔船在圣安德烈斯群岛捕鱼，采掘鸟粪和磷灰石；并列明圣安德烈斯群岛中哥伦比亚政府管辖的地物，包括：圣安德烈斯岛、普罗维登西亚岛、塞拉纳礁、塞拉尼拉礁、龙卡多尔礁、巴约努尔沃礁、基塔苏埃尼奥礁、阿尔布科克礁、东-东南礁。

公共工程。哥伦比亚自 1946 年起参与了阿尔布科克礁和东-东南礁上的灯塔维护。1963 年，哥伦比亚海军采取措施维护东-东南礁上的灯塔。1968 年，哥伦比亚采取进一步的措施检查和维修东-东南礁、基塔苏埃尼奥礁、塞拉纳礁和龙卡多尔礁上的灯塔。

执法措施。1892 年，哥伦比亚财政部部长指示派船只到普罗维登西亚地区，以便他能够访问龙卡多尔礁和基塔苏埃尼奥礁，禁止在当地采

---

[48] Territorial and Maritime Dispute (Nicaragua v. Colombia), Judgment, I. C. J. Reports 2012, para. 81.

[49] 下文所述六类活动均见 2012 年判决第 82 段。

掘鸟粪。1925年，哥伦比亚地方政府发布命令，派政府官员前往基塔苏埃尼奥礁，抓扣涉嫌非法捕捞的英国籍船只。1968年11月，哥伦比亚有关部门扣押了一艘在基塔苏埃尼奥礁及其附近海域捕鱼的美国籍船只，检查它是否遵守了哥伦比亚的捕鱼规定。

海军访问和搜救行动。哥伦比亚海军分别于1937年、1949年、1967—1969年访问了塞拉纳礁、基塔苏埃尼奥礁和龙卡多尔礁。1969年，哥伦比亚海军在阿尔布科克礁和基塔苏埃尼奥礁附近海域实施了搜救行动。

领事辖区。1913年和1937年，哥伦比亚总统承认德国领事官员的管辖范围拓展至圣安德烈斯岛、普罗维登西亚岛和龙卡多尔礁。

法院认为，哥伦比亚对阿尔布科克礁、巴约努尔沃礁、东-东南礁、基塔苏埃尼奥礁、龙卡多尔礁、塞拉纳礁和塞拉尼拉礁实施的主权活动，是先前主权活动的正常延续。[50] 哥伦比亚在数十年间对争议海洋地物连续不断、始终如一地行使了主权。行使主权活动是公开的，且无证据表明在关键日期之前遭到尼加拉瓜的抗议。此外，哥伦比亚就这些岛屿实施主权活动的证据与尼加拉瓜未提交任何主权活动证据形成了鲜明对比。法院认为上述事实强有力地支持了哥伦比亚对争议海洋地物的主权主张。[51]

（4）尼加拉瓜的承认

哥伦比亚主张，尼加拉瓜自身曾承认哥伦比亚对争议海洋地物的主权。根据1900年9月11日的《鲁伯特裁决》（Loubet Award），莫斯基托海岸和巴拿马地峡之间的岛屿由圣安德烈斯县管辖，这些岛屿无一例外地属于哥伦比亚。[52] 1900年9月22日尼加拉瓜就该裁决提出抗议并声明：这些岛屿和其他海洋地物目前为尼加拉瓜军事占据，且由尼加拉瓜有关行政部门负责管理。但哥伦比亚强调，双方目前存在争议的岛屿均不位于尼加拉瓜在抗议照会中所指的地理范围内，尼加拉瓜实际上主张主权的仅为大玉蜀黍岛和小玉蜀黍岛以及非常邻近莫斯基托海岸的岛礁及其他海洋地物。目前争议的岛屿在1900年并未被尼加拉瓜军事占据

---

[50] Sovereignty over Pulau Ligitan and Pulau Sipadan (Indonesia/Malaysia), Judgment, I. C. J. Reports 2002, p. 682, para. 135.

[51] Territorial and Maritime Dispute (Nicaragua v. Colombia), Judgment, I. C. J. Reports 2012, para. 84.

[52] Unites Nations, Reports of International Arbitral Awards (RIAA), Vol. XXVIII, p. 345.

且由其有关行政部门负责管理。关于美国及哥伦比亚之间存在争议的龙卡多尔礁、基塔苏埃尼奥礁和塞拉尼拉礁，尼加拉瓜从未提出抗议或主张权利。[53]

法院认为，尼加拉瓜对《鲁伯特裁决》的反应在一定程度上支持了哥伦比亚的例证。虽然该裁决明确提及哥伦比亚对阿尔布科克礁及本案中的其他争议岛屿的主权问题，尼加拉瓜的抗议仅限于大小玉蜀黍岛和距离本国海岸较近的某些地物，并未对本案所涉争议海洋地物提出任何抗议。这表明尼加拉瓜在当时并未对这些海洋地物主张主权。[54] 法院还注意到，尼加拉瓜在《1928年条约》中同意将龙卡多尔礁、基塔苏埃尼奥礁和塞拉纳礁排除在条约范围之外，其理由是美国和哥伦比亚关于这些地物存在主权争端。条约如此规定且尼加拉瓜没有同时提出保留，表明尼加拉瓜当时对这些地物没有提出任何主权要求。[55]

法院认为，尼加拉瓜的上述行为虽不构成对哥伦比亚拥有争议地物主权的承认，但支持了哥伦比亚的主张。[56]

（5）第三方立场

哥伦比亚提出，众多第三方国家承认哥伦比亚对争议海洋地物的主权。其中来自英国政府的证据显示，英国官方不仅将圣安德烈斯群岛视为一个整体，还承认它们属于哥伦比亚的领土。此外，所有邻国均承认哥伦比亚对圣安德烈斯群岛的主权。[57]

尼加拉瓜认为，美国根据《1972年条约》放弃相关地物的主权并不意味着美国承认哥伦比亚的主权。任何第三方对哥伦比亚权利的承认，均不能用来对抗尼加拉瓜。[58]

法院认为，来自英国政府及其管理当局的通信显示，英国认为哥伦比亚拥有圣安德烈斯群岛的主权，并据此承认阿尔布科克礁、巴约努尔沃礁、龙卡多尔礁、塞拉纳礁和塞拉尼拉礁为哥伦比亚的领土。《1972年条约》可能暗示美国承认哥伦比亚对龙卡多尔礁和塞拉纳礁的主权，

---

[53] Territorial and Maritime Dispute (Nicaragua v. Colombia), Judgment, I. C. J. Reports 2012, para. 86.
[54] Ibid., para. 88.
[55] Ibid., para. 89.
[56] Ibid., para. 90.
[57] Ibid., para. 92.
[58] Ibid., paras. 93-94.

但该条约并未如此明确规定。在尼加拉瓜提出抗议后，美国政府表示对这些地物的主权不持任何立场。哥伦比亚与邻国的条约并不构成其他缔约方对哥伦比亚主权主张的明确承认，哥伦比亚不能依据这些双边条约来对抗尼加拉瓜。

综上，这些证据并不构成第三方对哥伦比亚主权的承认，但在一定程度上支持哥伦比亚的论据。[59]

(6) 地图的证据价值

哥伦比亚提出其官方地图一直将争议地物标为圣安德烈斯群岛的组成部分，并视之为领土的一部分。其外交部在《1928年条约》和《1930年议定书》缔结前后的1920年和1931年出版的两幅官方地图均用图例将圣安德烈斯及普罗维登西亚群岛标为哥伦比亚领土，均标绘了全部争议地物。1931年地图反映了尼加拉瓜和哥伦比亚的缔约结果，沿西经82度线标绘了一条线，该线以西写有"尼加拉瓜共和国"字样。[60] 第三国出版的多幅地图对圣安德烈斯群岛做了详略不同的标绘，均未将争议地物或位于西经82度线以东的其他地物标绘为尼加拉瓜的领土。尼加拉瓜在1980年之前出版的地图从未将圣安德烈斯群岛中的任何海洋地物（玉米岛除外）视为其领土。[61]

尼加拉瓜质疑哥伦比亚提交的地图和海图的证据价值。这些地图均无任何图例，无法确定其准确意义，至多将西经82度线标绘为圣安德烈斯岛、普罗维登西亚群岛及其附近岛礁和玉米岛之间的分界线。

法院曾指出，"地图本身，以及仅仅凭借地图的存在并不构成领土权源，即国际法认可的为创设领土权利之目的，具有内在法律效力的文件"[62]。地图证据作为主权权源证据作用有限。[63] 法院注意到，尼加拉瓜1980年之前出版的地图从未显示尼加拉瓜拥有争议地物；相反，哥伦比亚的地图，甚至部分尼加拉瓜地图，至少将某些较大的地物标示为哥

---

[59] Territorial and Maritime Dispute (Nicaragua v. Colombia), Judgment, I. C. J. Reports 2012, para. 95.

[60] Ibid., para. 96.

[61] Ibid., paras. 97-98.

[62] Frontier Dispute (Burkina Faso/Republic of Mali), Judgment, I. C. J. Reports 1986, p. 582, para. 54.

[63] Territorial and Maritime Dispute (Nicaragua v. Colombia), Judgment, I. C. J. Reports 2012, para. 100.

伦比亚领土,而无一为尼加拉瓜领土。因此,虽然地图证据在本案中的价值有限,但其在一定程度上支持了哥伦比亚的主张。[64]

3. 关于岛屿主权的结论

法院在考虑了双方提出的全部理据和证据后得出结论,是哥伦比亚而非尼加拉瓜拥有如下地物的领土主权:阿尔布科克礁、巴约努尔沃礁、东-东南礁、基塔苏埃尼奥礁、龙卡多尔礁、塞拉纳礁和塞拉尼拉礁。

(三) 尼加拉瓜 200 海里外大陆架划界主张的可受理性及考虑因素

尼加拉瓜在第一(3)项最终诉求[final submission I (3)]中请求法院"以等分当事双方重叠大陆架权利的方式确定一条大陆架边界",认为最终诉求列明的争端主题事项与其请求书中的并无根本不同。[65]

哥伦比亚坚持尼加拉瓜改变了最初请求(original request),其关于大陆架的新主张未暗含于请求书或诉状中。关于 200 海里外大陆架的权利问题以及外大陆架划界是基于地质和地貌因素的,单一海洋边界仅仅基于地理因素。外大陆架划界是一个新主张,法院需要处理一系列额外事实和法律问题。因此,尼加拉瓜的主张是不能被受理的。[66]

法院注意到,尼加拉瓜第一(3)项最终诉求提出的主张是与请求书和诉状中提出的主张相关的一项新主张。但"仅仅一项主张是新主张这一事实本身并不能使该主张不可受理"[67]。"决定性的原因在于这一主张与提起诉讼的请求书中表述的主张之间的关联性质。"两项主张之间存在一般性质的连接是不充分的,一项新争端必须满足任一种检验:新主张要么暗含于请求书,要么直接出自请求书的主题事项。[68]

法院注意到,最初主张涉及双方专属经济区和大陆架划界,外大陆架的主张属双方之间海洋划界争端范畴,不能说改变了该争端主题事项。

---

[64] Territorial and Maritime Dispute (Nicaragua v. Colombia), Judgment, I. C. J. Reports 2012, paras. 100-102.

[65] Ibid., paras. 104-106.

[66] Ibid., para. 107.

[67] Territorial and Maritime Dispute Between Nicaragua and Honduras in the Caribbean Sea (Nicaragua v. Honduras), Judgment, I. C. J. Reports 2007 (Ⅱ), p. 695, para. 110.

[68] Ahmadou Sadio Diallo (Republic of Guinea v. Democratic Republic of the Congo), Judgment, I. C. J. Reports 2010 (Ⅱ), p. 657, para. 41.

因此尼加拉瓜第一（3）项最终诉求可以被受理。[69]

法院现在处理是否应划分双方大陆架重叠权利的大陆架边界。哥伦比亚不是《联合国海洋法公约》（以下简称《公约》）的缔约国，本案适用的法律是习惯国际法。《公约》第76条第1款所述的大陆架定义构成习惯国际法的一部分。[70]《公约》缔约国提出的对200海里以外大陆架的任何权利主张都必须符合《公约》第76条，而且必须经根据《公约》设立的大陆架界限委员会审议。尼加拉瓜仅提交了初步信息，并承认这些资料不足以让委员会提出建议。[71] 因此，尼加拉瓜尚未确定其大陆边外缘向东扩展，足以同从哥伦比亚大陆海岸算起的200海里大陆架重叠。法院不可支持尼加拉瓜第一（3）项最终诉求中关于双方大陆海岸之间大陆架划界的主张。[72]

（四）海洋边界

1. 法院的任务

鉴于上述决定，法院必须考虑要进行何种划界。[73] 本案是通过尼加拉瓜的请求书而不是双方的特别协定提交法院的。按照尼加拉瓜的要求，海洋划界包括：尼加拉瓜大陆及邻近岛屿的专属经济区和大陆架，同哥伦比亚所属岛屿的不同海域之间进行划界。[74] 哥伦比亚要求，在尼加拉瓜外缘岛屿与圣安德烈斯群岛之间构建中间线，以划定两国专属经济区和大陆架的单一海洋边界。[75] 法院需要划定哥伦比亚海域权利及自尼加拉瓜海岸200海里以内大陆架和专属经济区权利之间的边界。[76]

2. 可适用的法律

哥伦比亚不是《公约》缔约国，双方同意适用关于海洋划界的习惯国际法，并且双方认为《公约》第74条、第83条和第121条的规定都

---

[69] Territorial and Maritime Dispute (Nicaragua v. Colombia), Judgment, I. C. J. Reports 2012, paras. 111-112.
[70] Ibid., paras. 113-118.
[71] Ibid., para. 127.
[72] Ibid., paras. 128-131.
[73] Ibid., para. 132.
[74] Ibid., paras. 133-134.
[75] Ibid., para. 135.
[76] Ibid., para. 136.

反映了习惯国际法。[77] 法院认为，"由《公约》第 121 条第 2 款规定给予岛屿的海域权利，参照第 3 款的规定受到明确限定。第 3 款规定不能维持人类居住或其本身经济生活的岩礁没有专属经济区和大陆架，该款规定在一项久已确立的原则（岛屿无论大小均享有与其他陆地领土相同的地位，并因此产生与其他陆地领土相同的海域权利）和《公约》认可的更为广泛的海域权利之间建立了基本的关联，法院发现第 3 款已经成为习惯国际法的一部分。《公约》第 121 条规定的岛屿法律制度构成了一个不可分割的制度，该制度的所有规定均具有习惯国际法的地位。"[78]

3. 相关海岸

陆地通过其海岸或海岸前沿的投射统领海洋，相关海岸的向海投射产生重叠，海洋划界的任务包括在相关海域划出分隔线以解决重叠主张。[79]

（1）尼加拉瓜相关海岸

尼加拉瓜坚持其相关海岸包括其在加勒比海的整个大陆海岸，以及被视为大陆海岸完整组成部分的各岛屿。自北部与洪都拉斯的边界至南边与哥斯达黎加的边界，用直线连接相关海岸长 453 千米；若按自然形态则为 701 千米。[80] 哥伦比亚同意尼加拉瓜大陆海岸和岛屿海岸长度为 453 千米，但若按自然形态则为 551 千米而非 701 千米。[81]

法院认为，尼加拉瓜珍珠角（Punta de Perlas）附近一段海岸朝向正南方，并未向潜在权利重叠区投射，不属于相关海岸。按其大陆海岸一般方向，长度为 531 千米。尼加拉瓜海岸附近系列岛屿的东侧海岸与大陆平行，并不增加相关海岸的长度。[82]

（2）哥伦比亚相关海岸

尼加拉瓜坚持，哥伦比亚的相关海岸仅为圣安德烈斯岛、普罗维登西亚岛和圣卡塔利娜岛向尼加拉瓜投射的西侧海岸，长 21 千米；其余地

---

[77] Territorial and Maritime Dispute (Nicaragua v. Colombia), Judgment, I. C. J. Reports 2012, paras. 137-138.
[78] Ibid., para. 139.
[79] Ibid., paras. 140-141.
[80] Ibid., para. 143.
[81] Ibid., para. 144.
[82] Ibid., para. 145.

物的海岸不是相关海岸且总长不超过 1 千米。[83] 哥伦比亚认为其岛屿的所有海岸均应计算在内，因为这些岛屿的海域权利是向所有方向辐射的。较大岛屿的海岸 61.2 千米加上其他较小地物的海岸共计 74.39 千米。[84]

法院忆及，海洋划界中相关海岸的权利投射必须重叠。[85] 法院已经决定在尼加拉瓜海岸和哥伦比亚所属地物之间划界，由于潜在权利重叠区域远远扩展到哥伦比亚岛屿东部，必须考虑这些岛屿的整个海岸，而不仅是朝西的海岸。最重要的岛屿是圣安德烈斯岛、普罗维登西亚岛和圣卡塔利娜岛，用两条短直线连接普罗维登西亚岛和圣卡塔利娜岛，两岛之间彼此相向的海岸不包括在相关海岸之内。按照这些岛屿的一般方向，其相关海岸长约 58 千米。[86] 法院还必须将阿尔布科克礁、东-东南礁、龙卡多尔礁和塞拉纳礁的海岸线视为相关海岸线的一部分，计约 7 千米。法院没有将基塔苏埃尼奥礁、塞拉尼拉礁和新浅滩的海岸计算在内。[87] 哥伦比亚的相关海岸合计 65 千米。哥伦比亚和尼加拉瓜相关海岸（分别为 65 千米和 531 千米）长度之比为 1∶8.2。[88]

4. 相关海域

法院认为，相关海域面积的计算是粗略的而非精确的，其目的在于达到公平的划界结果而不是均等划分海域。[89] 相关海域由双方潜在权利重叠区构成，本案相关区域自尼加拉瓜海岸向东延伸至 200 海里。[90] 在北部和南部均涉及第三国的利益。在北部，法院 2007 年的判决确定了尼加拉瓜和洪都拉斯的边界，[91] 还需考虑哥伦比亚和牙买加 1993 年协议确定的两国边界；在南部，哥伦比亚和巴拿马 1976 年签署边界协议（1977 年生效），哥伦比亚和哥斯达黎加 1977 年签署边界协议。[92] 法院

---

[83] Territorial and Maritime Dispute (Nicaragua v. Colombia), Judgment, I. C. J. Reports 2012, paras. 146-147.
[84] Ibid., paras. 148-149.
[85] Ibid., para. 150.
[86] Ibid., para. 151.
[87] Ibid., para. 152.
[88] Ibid., para. 153.
[89] Ibid., para. 158.
[90] Ibid., para. 159.
[91] Territorial and Maritime Dispute Between Nicaragua and Honduras in the Caribbean Sea (Nicaragua v. Honduras), Judgment, I. C. J. Reports 2007 (Ⅱ), pp. 760-763.
[92] Territorial and Maritime Dispute (Nicaragua v. Colombia), Judgment, I. C. J. Reports 2012, para. 160.

多次强调,在海洋划界中第三方的权利不得受到影响,[93] 尼加拉瓜和哥伦比亚均同意两国之间的权利重叠区不越过既有边界。[94] 哥伦比亚和牙买加的"共同制度区"也不包括在相关海域之内。[95] 法院确定的相关海域面积约 209280 平方千米。[96]

5. 海洋地物的海域权利（entitlement）

法院认为此刻考虑本案中不同地物产生的权利是适宜的。[97]

（1）圣安德烈斯岛、普罗维登西亚岛和圣卡塔利娜岛

双方同意这三个岛屿有权拥有领海、专属经济区和大陆架,其权利可向各个方向延伸至 200 海里。[98]

（2）阿尔布科克礁、东-东南礁、龙卡多尔礁、塞拉纳礁、塞拉尼拉礁和新浅滩

尼加拉瓜认为这些地物皆为《公约》第 121 条第 3 款规定的岩礁,没有专属经济区和大陆架,这些岛屿面积小、无固定人口,并且每个岛屿均无任何形式的经济生活。[99] 若想公平解决这些岛屿周边的权利重叠,应只限定这些岛屿为 3 海里的飞地。[100]

哥伦比亚坚持这些岛屿应享有与陆地领土相同的海域权利,包括 12 海里领海、专属经济区和大陆架。这些岛礁上有哥伦比亚武装部队的住房及其他设施,其中数个岛屿上设有通信设施和直升机机场,一些岛屿上有当地渔民活动,不属于《公约》第 121 条第 3 款的岩礁。[101] 即便是岩礁也应拥有 12 海里领海,当一国领海的权利与另一国专属经济区和大陆架权利重叠时,领海的主权具有优先性。[102]

法院先忆及塞拉尼拉和新浅滩位于本案相关海域之外,本案不必处理其海域权利问题,且圣安德烈斯岛、普罗维登西亚岛和圣卡塔利娜岛

---

[93] Territorial and Maritime Dispute (Nicaragua v. Colombia), Judgment, I. C. J. Reports 2012, para. 161.
[94] Ibid., para. 162.
[95] Ibid., para. 163.
[96] Ibid., paras. 164-166.
[97] Ibid., para. 167.
[98] Ibid., para. 168.
[99] Ibid., para. 171.
[100] Ibid., para. 172.
[101] Ibid., para. 173.
[102] Ibid., para. 174.

的200海里权利可完全覆盖塞拉尼拉礁或新浅滩的类似权利。[103] 领海的海域权利与其他陆地领土相同，当今国际法对沿海国享有权利的领海的宽度设定为12海里，哥伦比亚在其所有领土上均建立了12海里领海。虽然《公约》第15条规定在与他国领海重叠的情况下一国的领海可能受到限制，但本案不存在这种重叠。相反，重叠存在于哥伦比亚各岛屿产生的领海权利与尼加拉瓜专属经济区和大陆架权利之间，这两种权利的性质是不同的。[104] 依据久已确立的习惯国际法原则，沿海国对其领海中的海床和水体拥有主权。[105] 相比之下，沿海国就专属经济区和大陆架享有特定的权利，而不是主权。[106]

法院指出，当一国岛屿领海权利和另一国专属经济区及大陆架权利重叠时，法院和其他国际性法庭从未限制该国在其岛屿周围确定12海里领海。[107] 既然双方同意圣安德烈斯、普罗维登西亚和圣卡塔利娜三个岛屿有专属经济区和大陆架，且上述地物均位于这三个岛屿的200海里之内，上述地物在相关区域内产生的权利均与这三个岛屿的专属经济区和大陆架权利重叠，因此没有必要确定这些更小岛屿的确切地位。[108]

（3）基塔苏埃尼奥礁

法院已经列明基塔苏埃尼奥礁上的一个地物（Q32）为岛屿，其他53个地物为低潮高地。哥伦比亚有权在测算领海宽度时使用Q32这一岛屿12海里内的两处低潮高地（Q53和Q54）。双方都没有主张Q32不是《公约》第121条第3款规定的岩礁，该地物不产生大陆架或专属经济区的权利。[109]

6. 划界方法

尼加拉瓜认为在本案地理背景下法院常用的方法（首先构建中间线，然后根据有关情况调整或移动，最后检测划界结果是否不成比例）

---

[103] Territorial and Maritime Dispute (Nicaragua v. Colombia), Judgment, I. C. J. Reports 2012, para. 175.

[104] Ibid., para. 177.

[105] Maritime Delimitation and Territorial Questions Between Qatar and Bahrain (Qatar v. Bahrain), Merits, Judgment, I. C. J. Reports 2001, p. 93, para. 174.

[106] Territorial and Maritime Dispute (Nicaragua v. Colombia), Judgment, I. C. J. Reports 2012, para. 177.

[107] Ibid., para. 178.

[108] Ibid., para. 180.

[109] Ibid., para. 183.

并不适合。哥伦比亚海岸长度不及尼加拉瓜大陆海岸的1/20，中间线反而会将3/4的相关区域划归哥伦比亚。哥伦比亚的岛屿都极小且位于尼加拉瓜的大陆架上。适合本案的划界方法是将这些岛屿作为飞地，飞地之外是尼加拉瓜的专属经济区和大陆架。[110]

哥伦比亚坚持采用法院多年来在海洋划界案中使用的方法，认为尼加拉瓜建议的飞地法毫无根据地偏离了法院和其他法庭的标准实践，没有考虑哥伦比亚岛屿产生的位于尼加拉瓜200海里线以东的海域权利。[111]

法院再次解释了大陆架和专属经济区划界时通常采用的三阶段程序，[112] 并决定在本案中采用这种"标准方法"。[113] 首先，确立一条临时划界线，使用具有几何学上的客观性并适合区域地理的方法建立等距离线或中间线，除非存在迫不得已的原因（compelling reasons）使得无法建立临时划界线。[114] 其次，考虑是否存在需要对临时等距离/中间线进行调整或移动的相关情况，若存在则进行调整或移动，还可能采用其他技术（如在孤立的岛屿周边建立飞地）以达到公平的结果。[115] 最后，进行不成比例检验，评估调整或移动后该线的效果，衡量双方在相关海域所得份额是否与其相关海岸明显不成比例。[116]

法院强调"当然不会机械地适用三阶段的步骤（three-stage process）。法院已认识到，并非每个案件都适合临时等距离/中间线"。[117] 在本案中建立中间线后会出现一个异常情况：大部分相关海域将位于哥伦比亚主要岛屿的东侧。[118] 另一相关情况是海岸长度的显著差异。但这些情况都将在第二阶段考虑，不影响临时中间线的构建。[119] 尼加拉瓜一开始就采用飞地方法，划界"结果在很大程度是被预先注定的（pre-ordained）"。[120]

---

[110] Territorial and Maritime Dispute (Nicaragua v. Colombia), Judgment, I. C. J. Reports 2012, paras. 184-186.
[111] Ibid., paras. 187-189.
[112] Ibid., para. 190.
[113] Ibid., para. 199.
[114] Ibid., para. 191.
[115] Ibid., para. 192.
[116] Ibid., para. 193.
[117] Ibid., para. 194.
[118] Ibid., para. 196.
[119] Ibid., para. 197.
[120] Ibid., para. 197.

7. 确定基点及构建临时中间线

法院在选择合适的基点构建临时中间线时必须依照相关海岸的自然地理。[121] 尼加拉瓜近岸岛屿是其海岸组成部分，并可作为测算尼加拉瓜大陆架和专属经济区权利的基线，可为构建中间线提供所有基点。[122] 哥伦比亚基塔苏埃尼奥不应作为构建中间线的基点，因为高潮时露出水面的部分仅1平方米，在如此小的地物上设置基点会扭曲相关地理，会"在法律上重塑地理"[123]。基塔苏埃尼奥距离圣卡塔利娜38海里，以其为基点的中间线将明显更接近尼加拉瓜。塞拉纳礁也是一个偏远狭小的地物，若被设置基点"会对临时中间线产生与其面积及重要性不相称的显著影响"[124]。法院依据双方岛屿上的基点构建了临时中间线，标绘于第8号示意图上。[125]

8. 相关情况

（1）相关海岸长度差异

法院判例得出两个结论：第一，只有相关海岸长度差异是巨大的，才要求对临时界线进行调整或移动；[126] 第二，"考虑海岸长度差异并不意味着直接和机械地使用双方海岸的长度关系"[127]。本案中哥伦比亚和尼加拉瓜的海岸长度比为1∶8.2，这毫无疑问是个巨大的差异，需要调整或移动临时界线。[128]

---

[121] Maritime Delimitation in the Black Sea (Romania v. Ukraine), Judgment, I. C. J. Reports 2009, para. 137.

[122] Territorial and Maritime Dispute (Nicaragua v. Colombia), Judgment, I. C. J. Reports 2012, para. 201.

[123] Maritime Delimitation in the Black Sea (Romania v. Ukraine), Judgment, I. C. J. Reports 2009, para. 149.

[124] Territorial and Maritime Dispute (Nicaragua v. Colombia), Judgment, I. C. J. Reports 2012, para. 202.

[125] 参见国际法院报告第701页。Territorial and Maritime Dispute (Nicaragua v. Colombia), Judgment, I. C. J. Reports 2012, p. 624, https：//www.icj-cij.org/files/case-related/124/124-20121119-JUD-01-00-EN.pdf.

[126] Delimitation of the Maritime Boundary in the Gulf of Maine Area (Canada/United States of America), Judgment, I. C. J. Reports 1984, p. 323, para. 185; Maritime Delimitation in the Black Sea (Romania v. Ukraine), Judgment, I. C. J. Reports 2009, p. 116, para. 164.

[127] Maritime Delimitation in the Area Between Greenland and Jan Mayen (Denmark v. Norway), Judgment, I. C. J. Reports 1993, p. 69, para. 69.

[128] Territorial and Maritime Dispute (Nicaragua v. Colombia), Judgment, I. C. J. Reports 2012, para. 211.

(2) 整体地理背景

尼加拉瓜认为,哥伦比亚的岛屿就像墙一样阻碍尼加拉瓜进入岛屿以东大片海域直至其200海里线,这一大片海域完全是尼加拉瓜海岸的自然投射。[129] 哥伦比亚认为,尼加拉瓜的飞地法会产生截断效果,会牺牲这些岛屿的专属经济区和大陆架。[130]

法院反复澄清,200海里内的划界与地质地貌因素无关,尼加拉瓜和哥伦比亚位于同一大陆架上。[131] 法院认为,临时中间线势必将尼加拉瓜海岸投射区域截掉3/4;这种截断效果是相距许多海里的几个小岛产生的,这些小岛的海岸不能被视为连续的大陆海岸。截断效果(cut-off effect)是一个需要对临时中间线进行调整或移动的相关原因。[132] 同时,任何调整和移动均不得截断哥伦比亚与其岛屿向东海域产生的权利,否则就是以产生截断的方式去消除截断。法院必须避免任一方与其海岸投射区域完全截断。[133]

(3) 双方行为

哥伦比亚认为其多年来在西经82度以东整个海域管理渔业活动、开展科学探测及派遣海军巡逻。尼加拉瓜认为,哥伦比亚试图再次证明《1928年条约》沿西经82度线建立了海洋边界,但相关活动均不构成关于边界的默示协议,也非相关情况。[134]

法院认为,哥伦比亚试图说明在西经82度线以东的双方行为构成了本案的相关情况,以西经82度线为划界线是公平的。虽然行为在合适的情形下可以作为相关情况加以考虑,但国际性法院或法庭的判理显示,行为通常都没有这种效果。本案中双方行为并非例外,尚不足以构成对临时中间线进行调整或移动的相关情况。[135]

(4) 安全及执法考虑

双方提及毒品走私相关安全及执法问题。法院注意到对专属经济区

---

[129] Territorial and Maritime Dispute (Nicaragua v. Colombia), Judgment, I. C. J. Reports 2012, para. 212.
[130] Ibid., para. 213.
[131] Ibid., para. 214.
[132] Ibid., para. 215.
[133] Ibid., para. 216.
[134] Ibid., paras. 217-218.
[135] Ibid., paras. 219-220.

和大陆架的控制通常与安全考虑并不相关，也不影响航行权；但是法院认为，如果海洋划界极为接近一国海岸，正当的安全关切可能成为相关原因。[136]

(5) 公平获取自然资源

法院注意到并赞同"慎重地对待与资源相关的标准，通常不将该因素作为相关情况来适用"[137]，本案也不例外。[138]

(6) 该地区已划边界

法院考虑并回答了两个问题：第一，哥伦比亚和哥斯达黎加、牙买加和巴拿马之间的协议是否说明这些国家承认哥伦比亚在相关区域不同部分的海域权利；第二，这些边界协定是否对本案中法院要采取的行为施加了限制，因为法院应尊重第三国的权利。[139]

首先，法院认可相关国家对哥伦比亚在特定区域权利的承认，但这种承认并非法院在划定尼加拉瓜和哥伦比亚海洋边界时必须考虑的相关情况，因为国际法的一项基本原则是"两国条约本身不得影响第三国的权利"。因此哥伦比亚与上述国家签订的条约"在面对尼加拉瓜时不能使得哥伦比亚有权获得比它原本得到的更大的海域份额"[140]。

其次，不证自明的是法院判决除约束当事方外不约束任何其他国家。法院划出的边界仅处理对哥伦比亚而言的尼加拉瓜的权利，反之亦然，不会妨碍第三国的任何主张。[141]

9. 海洋边界走向

法院认为其需要考虑两个相关情况对临时中间线进行改变：一是两国相关海岸显著的长度差异（1∶8.2）；二是整体地理背景，哥伦比亚的岛屿位于尼加拉瓜 200 海里大陆架之内，双方的潜在权利延伸至岛屿

---

[136] Territorial and Maritime Dispute (Nicaragua v. Colombia), Judgment, I. C. J. Reports 2012, para. 222.
[137] Tribunal Award of 11 April 2006, RIAA, Vol. XXVII, p. 214, para. 241；ILR, Vol. 139, p. 523.
[138] Territorial and Maritime Dispute (Nicaragua v. Colombia), Judgment, I. C. J. Reports 2012, para. 223.
[139] Ibid., para. 226.
[140] Ibid., para. 227.
[141] Ibid., para. 228.

东侧,这要求"不得将任何一方与其海岸投射所至任何区域完全截断"[142]。法院认为,若将哥伦比亚限定在其岛屿周围的一系列飞地之内,即使这些飞地为 12 海里,也会将哥伦比亚与其主要岛屿东侧大面积海域截断。尼加拉瓜的 12 海里飞地提议还会产生杂乱无章的图景(disorderly pattern):在尼加拉瓜的海洋空间中散布若干哥伦比亚的飞地,这对海洋资源有序管理、治安维护和海洋公共秩序都会带来极为不幸的影响;若对相关区域的划分更简单、更连贯,会达到更好的效果。[143]

鉴于此,法院将相关区域分为两部分来考虑如何改变临时中间线:在西侧相关海域,由于两国海岸长度存在显著差异,将临时中间线向东做大幅度移动,但不得切入哥伦比亚岛屿 12 海里领海。这需要分别赋予尼加拉瓜和哥伦比亚岛屿上的基点以不同的权重/分量[144](different weights),按照 3∶1 的比例建立权重线[145](weighted line)。如此建立的权重线是弯曲的,折点众多,在实际使用中会造成困难。法院进一步将折点数量减少至 5 个,用测地线连接,得到简化的权重线[146](simplified weighted line)。

法院在考虑海岸长度差异及截断效果后认为,要达到公平解决,应从第 1 点和第 5 点沿纬度线将边界线延续至尼加拉瓜的 200 海里线。[147]法院确定了两国海洋边界走向(见判决第 237—238 段及"执行条款"部分的描述),并绘制了边界走向。[148]

10. 不成比例检验

进行不成比例检验并非适用严格的比例原则(principle of strict proportionality),海洋划界目的并非在双方相关海岸长度之比与其各自相关区域份额之比之间建立对应关系。[149] 在本案中,上述调整后的边界线

---

[142] Territorial and Maritime Dispute (Nicaragua v. Colombia), Judgment, I. C. J. Reports 2012, para. 229.
[143] Ibid., para. 230.
[144] Ibid., para. 233.
[145] 简化前的权重线参见国际法院 2007 年判决,http://www.isj-cij.org/files/case-related/124/124-20071213-JUD-01-00-EN.pdf, p. 711。
[146] 简化后的权重线参见国际法院 2007 年判决,http://www.isj-cij.org/files/case-related/124/124-20071213-JUD-01-00-EN.pdf, p. 712。
[147] 同上,第 714 页。
[148] Territorial and Maritime Dispute (Nicaragua v. Colombia), Judgment, I. C. J. Reports 2012, para. 236.
[149] Ibid., paras. 239-240.

划给双方相关区域的比例约为 1 : 3.44（有利于尼加拉瓜），而相关海岸之比约为 1 : 8.2。

法院忆及，选择上述划界线旨在确保各方均免受"截断效果"的影响，这就要求哥伦比亚的岛屿与其东侧的专属经济区和大陆架权利不被截断；另个一考虑是，"哥伦比亚的主要岛屿不应被分割成孤立的区域，每个岛屿均被尼加拉瓜的专属经济区所包围，并且划界必须考虑对促进地区海洋秩序的需求"[150]，划界应当"既是公平的，又在现实中尽可能令人满意，同时达到稳定的法律结果的要求"[151]。

法院认为，上述边界线并未导致严重的不成比例，并未产生不公平的划界结果。[152]

（五）尼加拉瓜的其他请求

尼加拉瓜在其最终申请书中请求法院裁定并宣告，"哥伦比亚阻止或以其他方式妨碍尼加拉瓜获取和处置其位于西经82度线以东的自然资源，违反了哥伦比亚按照国际法承担的义务"[153]。哥伦比亚认为尼加拉瓜的请求没有根据（unfounded）。[154]

法院注意到，尼加拉瓜的该请求是在海洋边界相关诉讼中提出的，该边界在法院裁决前尚未确定。上述判决并未将尼加拉瓜主张的整个海域都判归尼加拉瓜，相反，将所涉部分海洋空间判归哥伦比亚。尼加拉瓜的主张没有根据。

（六）判决主文

法院：（1）一致认为，哥伦比亚拥有位于阿尔布科克礁、新浅滩、东-东南礁、基塔苏埃尼奥、龙卡多尔礁、塞拉纳礁和塞拉尼拉礁的岛屿的主权；

---

[150] Territorial and Maritime Dispute (Nicaragua v. Colombia), Judgment, I. C. J. Reports 2012, para. 244.

[151] Barbados/Trinidad and Tobago Case, Award of 11 April 2006, RIAA, Vol. XXVII, p. 215, para. 244; ILR, Vol. 139, p. 524.

[152] Territorial and Maritime Dispute (Nicaragua v. Colombia), Judgment, I. C. J. Reports 2012, paras. 245-247.

[153] Ibid., para. 248.

[154] Ibid., para. 249.

（2）以 14∶1 认为，尼加拉瓜最终申请书第三项要求具有可受理性，即请求法院判决并宣布"在由尼加拉瓜和哥伦比亚大陆海岸构成的地理和法律框架中，划界的适当形式是均分双方大陆架权利重叠部分的大陆架边界"；

（3）一致认为不能支持尼加拉瓜最终请求书第三项要求；

（4）一致决定，划分尼加拉瓜和哥伦比亚大陆架和专属经济区的单一海洋边界为连接各点的测地线：从点 1 开始，海洋边界线沿北纬 13°46′35.7″线向正东延伸直至距离测算尼加拉瓜领海宽度的基线 200 海里界限。自第 9 点（北纬 12°24′09.3″、西经 81°14′43.9″）边界线沿北纬 12°24′09.3″，直至尼加拉瓜距离测算领海宽度的基线 200 海里界限；

（5）一致决定，环绕基塔苏埃尼奥和塞拉纳的单一海洋边界应分别沿着 Q32 及其 12 海里之内低潮高地的 12 海里弧线、塞拉纳及其邻近岛礁 12 海里弧线；

（6）一致驳回尼加拉瓜在其最终诉求中提出的请求，即请求法院裁定并宣告，哥伦比亚阻止尼加拉瓜获取于 82 度经线以东的自然资源，违反了哥伦比亚按照国际法承担的义务。[155]

四、评　论

本案是关于领土主权、海洋划界和海洋执法争端的典型案例，也是迄今为止与南海争端（中菲"南海仲裁案"）最相似、最密切的案例。

（一）争端定性或争端主题事项的确定

本案中，尼加拉瓜的真实目的是海洋划界和索赔，但将毫无希望获得支持的主权要求也作为争端的一部分提出，这使法院不得不对《1928 年条约》和《1930 年议定书》的内容及其有效性作出解释和裁决。此外，尼加拉瓜还"诱导"法院对低潮高地是否可被据为领土、哥伦比亚的圣安德烈斯群岛是否为一个整体等"先决问题"作出裁决，尽可能缩小哥伦比亚相关岛屿获得海域权利的法律空间。从法院的判决看，尼加

---

[155] Territorial and Maritime Dispute (Nicaragua v. Colombia), Judgment, I. C. J. Reports 2012, para. 251.

拉瓜的这一策略是可行的。

(二) 群岛及低潮高地的法律地位

2012 年判决在处理领土主权问题时，很突兀地提出应先解决"低潮高地是否可被据为领土"的问题。按照《1928 年条约》及哥伦比亚的主张，法院本应首先确定圣安德烈斯群岛的群岛法律地位及其构成，因为《1928 年条约》明确提及"组成圣安德烈斯群岛的其他岛屿和礁石"[156]，而且哥伦比亚一直主张对整个群岛（包括其中的低潮高地）的主权。法院本应该先确定本案中哪些低潮高地属于圣安德烈斯群岛的组成部分，若依据哥伦比亚提供的证据的确不能判定某些或某个低潮高地为其完整不可分割的组成部分，再处理这些或某个低潮高地的法律地位才是妥当的、有说服力的。此外，法院在否定低潮高地可被据为领土时，仅简单重复既有观点，没有做分析论证。实际上，法院在本案中采用了一种分步走、分开判的方式处理领土归属：先在 2007 年的裁决中依据《1928 年条约》处理了圣安德烈斯群岛中 3 个岛屿（圣安德烈斯、普罗维登西亚和圣卡塔利娜）的归属，2012 年裁决通过低潮高地问题减少争议地物的范围和数量，并有针对性地选择相关证据（主要是有效统治）判定其余 7 个地物的归属。

(三) 海洋划界方法的使用

法院在划界方法使用方面遭到很多批评。虽然法院判决声称，"简化的权重线表现了临时中间线的移动"[157]，但有多位法官认为在本案中如此构建临时等距离/中间线实无必要。如，基思法官认为，双方海岸的巨大差异"使得以临时中间线开始变得极为困难，甚至不可能，即使考虑相关情况对该中间线进行调整或移动"[158]。法院完全可以采用若干其他更加直接的方法，达到公平解决的目的，而不需要对通常的方法进行

---

[156] Territorial and Maritime Dispute (Nicaragua v. Colombia), Preliminary Objections, Judgment, I. C. J. Reports 2007, p. 832, para. 18.

[157] Territorial and Maritime Dispute (Nicaragua v. Colombia), Judgment of 19 November 2012, para. 236.

[158] Declaration of Judge Keith, Territorial and Maritime Dispute (Nicaragua v. Colombia), Judgment of 19 November 2012, p. 744.

重大的修正。[159] 薛法官认为法院的权重线"产生一个问题，与其说这是临时中间线的移动，不如说是按照 3∶1 的比例重构一条新线"。诸多学者包括该案的法官对使用三阶段方法提出不同观点。[160]

法院在确定哥伦比亚相关海岸时，将其主要岛屿东西两侧的海岸均计算在内，这在法院判决中是第一次这样处理，但是合乎逻辑的、合理的。另外，法院除了以避免截断效果为由拒绝尼加拉瓜以飞地方式限定哥伦比亚岛屿权利范围，还强调飞地方法"对海洋资源有序管理、维护治安和海洋公共秩序都会带来极为不幸的影响"[161]。这是值得注意的。

（四）第三方利益及地区秩序

法院在确定相关区域和考察相关情况时均注意到本案涉及该地区已划边界和第三国利益问题。但法院除了重申"两国条约本身不得影响第三国的权利""法院判决除约束当事方外不约束任何其他国家"，对该判决在实际执行过程中对第三方必然会产生的影响，没有提供进一步的说明。如依据哥伦比亚与巴拿马、哥斯达黎加签订的划界条约，原本划归哥伦比亚的部分海域现在判归尼加拉瓜，既有条约该如何执行？尼加拉瓜是否应与巴拿马、哥斯达黎加再商签新的划界协定？法院的判决实际上改变了既有的地区法律秩序（不管这种秩序是否合理公正），将建立新秩序的任务或权利留给了各当事方。

（五）与"南海仲裁案"的异同及关联

本案与"南海仲裁案"在诸多方面高度类似并密切关联。（1）本案实质目的为海洋划界但将领土问题作为争端组成部分；"南海仲裁案"声称不涉及领土或划界问题，但各主要问题均为领土—海洋划界争端的组成部分。（2）一方（哥伦比亚或中国）主张的领土（圣安德烈斯群岛或南沙群岛）位于另一方（尼加拉瓜或菲律宾）的 200 海里之内，这对

---

[159] Declaration of Judge Keith, Territorial and Maritime Dispute (Nicaragua v. Colombia), Judgment of 19 November 2012, p. 745.

[160] Gao Jianjun, "A Note on the Nicaragua v. Colombia Case", *Ocean Development & International Law*, Vol. 44, No. 3, pp. 219-234.

[161] Territorial and Maritime Dispute (Nicaragua v. Colombia), Judgment, I. C. J. Reports 2012, para. 230.

双方海域权利主张、权利重叠及海洋划界方法选择均至关重要。（3）群岛组成及低潮高地的法律地位在两案中均有重要影响。本案依据既有国际条约分步判定群岛各组成部分的主权，而"南海仲裁案"完全无视中国对南沙群岛作为一个整体的基本立场；两案均直接声明低潮高地不能据为领土，而没有具体考查是孤立的低潮高地还是群岛或大陆海岸一部分的低潮高地。法院及"南海仲裁案"仲裁庭的做法是不妥的。（4）本案中数名法官和律师均在"南海仲裁案"中扮演重要角色，而且"南海仲裁案"（2013 年 1 月 22 日）是紧接着本案判决（2012 年 11 月 19 日）提起的。这其中的政治问题、程序问题及实体问题都值得深思及进一步研究。

五、附　录

（一）中英案件全名

1. 中文案件全名：领土与海洋争端案（尼加拉瓜诉哥伦比亚）
2. 英文案件全名：Territorial and Maritime Dispute （Nicaragua v. Colombia）

（二）案件的标准引用

1. Territorial and Maritime Dispute （Nicaragua v. Colombia），Preliminary Objections，Judgment，I. C. J. Reports 2007，p. 832.
2. Territorial and Maritime Dispute （Nicaragua v. Colombia），Judgment，I. C. J. Reports 2012，p. 624.

（三）主要参考文献

1. Nienke Grossman,"International Decisions: Territorial and Maritime Dispute （Nicaragua v. Colombia）", *American Journal of International Law*, Vol. 107，2013，p. 393.

2. David P. Riesenberg,"Introductory Note to The International Court of Justice: Territorial and Maritime Dispute （Nicaragua v. Colombia）", *International Legal Materials*，Vol. 52，No. 1，2013，pp. 1-71，Published

by American Society of International Law and Cambridge University Press.

3. Yoshifumi Tanaka, "Reflections on the Territorial and Maritime Dispute Between Nicaragua and Colombia before the International Court of Justice", *Leiden Journal of International Law*, Vol. 26, 2013, pp. 909-931.

4. Louise Angélique de La Fayette, "Territorial and Maritime Dispute Case (Nicaragua v. Colombia)", *Max Planck Encyclopedia of Public International Law*, Oxford University Press, 2015.

5. Lorenzo Palestini1, "The Territorial and Maritime Dispute (Nicaragua v. Colombia): On Territorial Sovereignty and the International Court of Justice's 'Failure to Rule' on the Geographical Scope of the Archipelago of San Andrés", *The Law and Practice of International Courts and Tribunals*, Vol. 15, 2016, pp. 56-80.

6. Gao Jianjun, "A Note on the Nicaragua v. Colombia Case", *Ocean Development & International Law*, Vol. 44, 2013, pp. 219-234.

（四）与本案主题相关的重要引用案件

1. Ahmadou Sadio Diallo (Republic of Guinea v. Democratic Republic of the Congo), Judgment, I. C. J. Reports 2010 (Ⅱ).

2. Arbitration Between Barbados and the Republic of Trinidad and Tobago, RIAA, Vol. XXVII.

3. Barbados/Trinidad and Tobagocase, Award of 11 April 2006, RIAA, Vol. XXVII.

4. Delimitation of the Maritime Boundary in the Gulf of Marine Area (Canada/United States of America), Judgment, I. C. J. Reports 1984.

5. Frontier Dispute (Burkina Faso/Republic of Mali), Judgment, I. C. J. Reports 1986.

6. Guyana/Suriname Case (2007), Permanent Court of Arbitration Award Series (2012).

7. Land and Maritime Boundary Between Cameroon and Nigeria (Cameroon v. Nigeria: Equatorial Guinea Intervening), Judgment, I. C. J. Reports 2002.

8. Land, Island and Maritime Frontier Dispute (El Salvador/Honduras: Nicaragua Intervening), Judgment, I. C. J. Reports 1992.

9. Maritime Delimitation and Territorial Questions Between Qatar and Bahrain (Qatar v. Bahrain), Merits, Judgment, I. C. J. Reports 2001.

10. Maritime Delimitation in the Area Between Greenland and JanMayen (Denmark v. Norway), Judgment, I. C. J. Reports 1993.

11. Maritime Delimitation in the Black Sea (Romania v. Ukraine), Judgment, I. C. J. Reports 2009.

12. Sovereignty over Pulau Ligitan and Pulau Sipadan (Indonesia/Malaysia), Judgment, I. C. J. Reports 2002.

13. Territorial and Maritime Dispute Between Nicaragua and Honduras in the Caribbean Sea (Nicaragua v. Honduras), Judgment, I. C. J. Reports 2007 (Ⅱ).

(吴继陆)

陆地边界争端案
(布基纳法索/尼日尔)
(2013 年)

2010.05.12 布基纳法索和尼日尔合意将案件提交国际法院
2010.07.21 案件送达国际法院书记官处
2011.04.20 布基纳法索和尼日尔分别提交诉状
2012.01.20 尼日尔和布基纳法索分别提交辩诉状
2012.10.08—17 法院开庭进行本案庭审
2013.04.16 法院就本案发表判决

关键词：保持占有（【拉】*Uti Possidetis*）；地图（Map）；特别协定（Special Agreement）

一、案件背景

布基纳法索和尼日尔为西非内陆邻国。布基纳法索前身是 1919 年建立的上沃尔特（Upper Volta）殖民地，尼日尔前身是 1922 年建立的尼日尔殖民地，两殖民地曾经都是法属西非（French West Africa）的一部分。法属西非由一位总督（governor general）负责管理，并划分为若干殖民地。各个殖民地由副总督（lieutenant governor）进行管理，各殖民地边界（cercles）的确立和变更则属总督的职权。

1926 年 12 月 28 日，法国总统颁布法令将隶属于上沃尔特殖民地的部分地区划入尼日尔殖民地，并要求重新确定两个殖民地之间的边界。于是在 1927 年 8 月 31 日，法属西非临时总督发布了确定两殖民地之间边界的命令（Arrêté，以下简称《1927 年命令》）；同年 10 月 5 日，发布对该命令的勘误（Erratum，以下简称《1927 年勘误》）。1932 年，上沃尔特殖民地解体，其领土被划归尼日尔、法属苏丹和科特迪瓦。但1947年，根据第47－1707号法律，又按照1932年边界重建了上沃尔特。1958年，上沃尔特殖民地和尼日尔殖民地分别改称上沃尔特共和国和尼日尔共和国。1984年8月4日，上沃尔特改名为布基纳法索。

取得独立后，两国政府一直努力确定两国间的边界。1964年6月23日，双方签订议定书并建立联合委员会（Joint Commission）进行划界。该议定书将《1927年命令》《1927年勘误》，以及1960年由法国国家地理学会（Institut Géographique National, France, IGN）制作的比例尺为1∶200000的地图（以下简称"1960年地图"）确定为基本文件。但是联合委员会没有完成该划界工作。两国于20世纪80年代中期重启划界谈判。1987年3月28日，两国签订协议及议定书（以下分别简称《1987年协议》《1987年议定书》），同时建立联合勘界技术委员会（Joint Technical Commission on Demarcation of the Frontier）开展划界工作。《1987年议定书》再次确认两国之间的边界走向应符合《1927年命令》、《1927年勘误》、"1960年地图"，以及双方均接受的其他有关文件。

经过双方共同努力，两国间的部分边界得以划定。但是对桐同天文坐标（astronomic marker of Tong Tong）到波同弯起始点（beginning of the Botou bend）之间的边界一直无法达成共识。

2009年2月24日，布基纳法索和尼日尔政府签署《特别协定》，决定将两国间上述边界争端提交国际法院解决。同年11月20日，《特别协定》生效。两国通过日期为2010年5月12日的联名信件（joint letter of notification）将争端正式提交法院。

2010年7月20日，提交案件的通知送达国际法院书记官处。《特别协定》第1条规定，争端双方同意将它们的边界争端提交法院，并且每一方都将挑选一名专案法官。《特别协定》第2条说明争端主题事项（subject of the dispute）如下：

请法院：

1. 确定两国之间从桐同天文坐标（北纬14°25′04″、东经00°12′47″）到波同弯起始点（北纬12°36′18″、东经01°52′07″）这一段边界的走向；

2. 将双方就联合勘界技术委员会在划定布基纳法索和尼日尔边界的工作中有关下列各段的结果所达成的共识记录在案。

（a）从恩古玛高地（heights of N'Gouma）至桐同天文坐标段；

（b）从波同弯起始点至梅克鲁河（River Mekrou）段。

在《特别协定》第3条第1款中，双方请法院批准以下书面程序。

（a）每一方在法院受理案件后至迟9个月内提交一份诉状；

（b）每一方在交换诉状后至迟9个月内提交一份辩诉状；

（c）应双方之中任何一方的要求提交任何其他书状都应获得法院批准或指示。

《特别协定》第7条对"法院判决"约定如下：

1. 双方接受法院根据本《特别协定》作出的判决为具有拘束力的终局判决；

2. 从判决作出之日起，双方将在18个月之内开始划定边界的工作；

3. 如在执行判决时遇到困难，任何一方均可根据《国际法院规约》第60条请求法院予以解释；

4. 双方请法院在其判决书中提名3位专家酌情协助当事双方的划界工作。

最后，《特别协定》第10条载有以下"特别承诺"：

在法院判决之前，双方承诺在两国边境地区民众中保持和平、安全与安宁，不采取任何侵入争议地区的行动，并定期召开行政官员和治安部门会议。

关于社会经济基础设施的建设，双方承诺在实施之前举行初步协商。

除《特别协定》外，两国还于2009年10月29日和11月2日互换照会，以体现就边界地段的选定所达成的共识。

法院于 2010 年 9 月 14 日发出命令，确定 2011 年 4 月 20 日和 2012 年 1 月 20 日分别为双方提交诉状和辩诉状的期限。上述书状均在规定时限内提交。双方均认为没有必要提交更多书状。

法院根据《国际法院规则》第 54 条第 1 款，确定 2012 年 10 月 8—17 日进行案件庭审。

二、当事各方的主张及依据

首先，关于桐同天文坐标至陶天文坐标（Tao astronomic marker）的边界，双方对于应通过一条直线还是一条经过威伯里点（Vibourié marker）的折线连接两个坐标点，从而形成该段边界存在争议。其次，对于陶天文坐标至塞尔巴河（River Sirba）的博瑟班戈（Bossébangou）的边界，由于《1927 年命令》并没有明确界定此段边界应如何划设，因此，布基纳法索认为，在该命令并无明确规定的情况下，就应该用直线划设；尼日尔则认为这一情况属于"命令内容不明"，应该参考"1960 年地图"。最后，关于博瑟班戈区域的边界走向，当事双方对于上述边界线的终点是否到达塞尔巴河存在争议。布基纳法索认为，边界线应当到达塞尔巴河右岸，这样全部河流属于布基纳法索；尼日尔则认为，边界线并未到达塞尔巴河，而是在距河 30 千米处转向西南方向。

三、判　决

（一）法院的管辖权

法院首先须确定本案当事方提交的最终诉讼请求（final submissions）和争端的主题事项。

法院指出，无论当事方以单方请求书方式，还是以双方《特别协定》方式向法院提交案件，法院都应以当事方"最终诉讼请求"为裁判争端的范围。然而，在以《特别协定》作为法院管辖权唯一基础的情况下，一方当事人在其最终诉求中提出的任何请求，只有在其处于《特别协定》所授予法院的管辖权范围内时，法院才能行使管辖权，这也是法院须依职权加以确定的事项。[1]

　　布基纳法索在庭审中指出,其最终诉求与其在书面程序中所提请求内容一致。在书面程序中,布基纳法索请求法院裁决其与尼日尔之间三段边界的走向:(1)从恩古玛高地至桐同天文坐标段;(2)从桐同天文坐标到波同弯起始点段;(3)从波同弯起始点至梅克鲁河段。[2] 法院认为,上述第(1)项和第(3)项请求与《特别协定》条款不完全相符。布基纳法索并未请求法院将当事双方就上述两段边界的划界结果所达成的共识记录在案,而是请法院根据当事双方同意的依联合勘界技术委员会作出的结论进行划界。虽然这种文字表述的差异并不会在本质上导致最终划出的边界有所不同,但布基纳法索的请求在性质上与《特别协定》第2条第2点的规定不同:前者在本质上是请求法院将双方协议作为法院裁判的实质内容,而后者则是请求法院注意当事双方之间存在划界协议并将其记录在案,二者是完全不同的问题。因此,从字面上看,布基纳法索的上述请求可能超越《特别协定》授予法院的管辖范围,从而导致法院拒绝对其行使管辖权。[3]

　　法院进一步指出,它有权对当事方的最终诉求进行适当解释,尽可能使其符合《特别协定》授予法院的管辖范围。在本案中,如果布基纳法索没有使用准确的语言对所提诉求进行阐述,则法院可以将上述两项诉求解释为"将双方协议记录在案",从而使其与《特别协定》授予法院的管辖范围相符。[4] 不过,即使一项诉求属于《特别协定》授予法院的管辖范围,也并不足以使法院受理该诉求。法院还需确保这一诉求的目的属于《国际法院规约》(以下简称《规约》)所定义的"司法职能"范围。[5] 当事方通过《特别协定》授予法院的管辖权范围并不能改变《规约》所规定的法院司法职能。因此,法院需确定《特别协定》第2条第2点所请求内容的目的是否符合《规约》所赋予其的司法职能。

　　法院认为,对于诉讼案件,《规约》第38条第1款规定法院的职能

---

[1] Frontier Dispute (Burkina Faso/Niger), Judgment, I. C. J. Reports 2013, pp. 68-69, paras. 41-42.
[2] Ibid., pp. 53-58, paras. 9-10.
[3] Ibid., p. 69, para. 43.
[4] Ibid., p. 69, para. 44.
[5] Ibid., p. 69, para. 45. See Northern Cameroons (Cameroon v. United Kingdom), Preliminary Objections, Judgment, I. C. J. Reports 1963, p. 29.

是"根据国际法裁判争端"。因此,当事方在诉讼案件中向法院提出的请求,不仅必须与有效的管辖权基础相联系,而且还必须始终与法院"裁判争端"的司法功能相关。[6] 法院应当客观地确定本案中是否存在争议,在这方面不受当事方主张的限制。

在本案中,当事双方的《特别协定》十分清楚地表明:"得益于联合勘界技术委员会的工作,双方已就部分边界达成协议……双方完全接受(委员会)就上述边界的工作结果。"而《特别协定》第2条第2点的规定正是请求法院将上述协议记录在案。鉴于此,双方关于上述协议的主题事项并不存在任何争议。[7] 当事双方达成的协议内容是否在形式上被纳入具有法律拘束力的文件也并不重要。裁决上述协议将超越法院的司法职能。[8] 因此,在本案提交法院之时仍然存在于当事双方之间的唯一争端主题事项,是从桐同天文坐标到波同弯起始点段的边界,即联合勘界技术委员会未能完成的部分。法院接下来将仅对该争端进行审理。[9]

(二)可适用的法律

接下来,法院确定裁决本案可适用的法律(Applicable Law)。当事双方提交的《特别协定》第6条规定,解决争端应适用《国际法院规约》第38条第1款所规定的国际法规则和原则,包括延续殖民时期边界不变原则和《1987年协议》,关于延续殖民时期边界不变原则,法院在边界争端案(布基纳法索/马里)[10] 中认为:"不应忽视保持占有(*uti possidetis*)原则,因为该原则的适用才符合对边界不变的尊重。"在本案中,《特别协定》对延续殖民时期边界不变原则的适用提供了具体的指引。《特别协定》第6条要求适用《1987年协议》。《1987年协议》规定了划界的具体规则。其中第1条规定:"从恩古玛高地延伸至法达(Fada)和萨伊(Say)的前边界与梅克鲁河的交界处之间的边界,已由

---

[6] Frontier Dispute (Burkina Faso/Niger), Judgment, I. C. J. Reports 2013, p. 70, paras. 47-48. See Nuclear Tests (Australia v. France), Judgment, I. C. J. Reports 1974, pp. 270-271, para. 55; Nuclear Tests (New Zealand v. France), Judgment, I. C. J. Reports 1974, p. 476, para. 58.

[7] Frontier Dispute (Burkina Faso/Niger), Judgment, I. C. J. Reports 2013, p. 70, para. 50.

[8] Ibid., p. 71, para. 53.

[9] Ibid., p. 73, para. 59.

[10] Frontier Dispute (Burkina Faso/Republic of Mali), Judgment, I. C. J. Reports 1986.

《1927年命令》以及《1927年勘误》所确定。"第2条规定："两国边界应当根据《1927年命令》和《1927年勘误》所确定的界限进行划设，如果上述命令内容仍不足以确定边界，则应按照'1960年地图'以及/或者当事双方均同意适用的其他相关文件加以确定。"[11] 不过，由于当事双方认为除"1960年地图"之外并不存在它们共同认可的其他文件，因此法院将首先考虑《1927年命令》和《1927年勘误》，只有当二者无法充分说明边界走向时，才会考虑"1960年地图"的作用。法院认为，尽管"1960年地图"是在政府的主持下制作的，但它并不是官方文件。在边界争端案（布基纳法索/马里）中，分庭认为"在国际边界和领土争端案件中，地图仅仅构成一种准确性因案而异的信息"；但是，"在考虑地图制作日期及其来源中立性的前提下，当缺乏其他证据或其他证据不足以充分说明准确界限时，该地图的证明价值则是决定性的"。[12] 在本案中，根据《1987年协议》第2条的规定，当《1927年命令》和《1927年勘误》内容不明时，"1960年地图"具有决定性作用。[13]

（三）边界的走向

因此，法院将首先确定《1927年命令》和《1927年勘误》是如何确定边界的，以及是否能够充分地描述边界。法院将存在争端的边界分为四段：

（1）桐同天文坐标至陶天文坐标；
（2）陶天文坐标至塞尔巴河的博瑟班戈；
（3）博瑟班戈至塞尔巴河与萨伊纬线（Say parallel）的交点；
（4）塞尔巴河与萨伊纬线的交点至切恩吉利巴村（village of Tchenguiliba）以西1200米处，也就是《特别协定》所称的"波同弯起始点"。[14]

1. 桐同天文坐标至陶天文坐标的边界

法院指出，当事双方对桐同天文坐标的准确位置并无争议，但对于陶天文坐标准确位置的描述则稍有差异。不过，法院认为并无必要确定

---

[11] Frontier Dispute (Burkina Faso/Niger), Judgment, I. C. J. Reports 2013, p. 74, para. 64.
[12] Ibid., pp. 582, 586, paras. 54, 62.
[13] Ibid., pp. 75-76, paras. 65-69.
[14] Ibid., p. 77, paras. 70-71.

该坐标的准确位置，因为双方对此并未形成争端。双方在后续划界过程中共同确定该坐标点即可。

法院注意到，双方都未在"1960年地图"上划出这段边界。尼日尔的主张建立在一份由多利（Dori）和泰拉（Téra）行政当局于1935年4月13日签署的协议记录（Record of Agreement，以下简称《1935年协议》）的基础上。《1935年协议》是为解决多利和泰拉两个族群之间关于土地的纠纷而制定的。不过，《1935年协议》起草时上沃尔特殖民地已不复存在（1932年上沃尔特解体），所以两个行政当局试图通过《1935年协议》确定的边界纯属尼日尔殖民地的一条内部界限。法院认为，只有当上沃尔特于1947年在先前的界限之内重新建立时，威伯里点才能在确定殖民地边界方面具备有效的相关性。然而，尼日尔没有提出任何证据来证明在1947年后，特别是在1960年这一关键日期，威伯里点被认为是上沃尔特和尼日尔之间的边界。[15]

显然，认为威伯里点应位于边界之上的主张是地形认识错误所导致的。法院认为，按照《1935年协议》，殖民地行政当局认为桐同和陶两个天文坐标之间应用一条直线相连，并且错误地认为威伯里点位于该直线上。因此，法院得出结论，两国在桐同天文坐标至陶天文坐标间的边界是一条连接两点的直线。[16]

2. 陶天文坐标至塞尔巴河的博瑟班戈的边界

法院认为，不能接受布基纳法索的直线主张，理由如下：第一，根据《1927年命令》的上下文，该命令曾明确使用过"沿直线"的表述，比如对第4段边界表述为"从该点起，边界线沿东—南—东方向，沿直线到达切恩吉利巴村以西1200米处"。因此，如果该命令的起草者认为边界是直线，那么应该直接使用"沿直线"的措辞。没有使用这种表述则可理解为并非"沿直线"。[17] 第二，法院认为应当注意这样一个事实，即《1927年命令》以1926年12月28日法国总统关于"移交尼日尔殖民地行政中心并规定法属西非的领土变更"的法令（以下简称《1926年法令》）为基础。因此，《1926年法令》构成《1927年命令》的

---

[15] Frontier Dispute (Burkina Faso/Niger), Judgment, I. C. J. Reports 2013, pp. 77-79, paras. 72-77.

[16] Ibid., p. 79, paras. 78-79.

[17] Ibid., pp. 81-82, paras. 86-88.

重要组成部分。《1926年法令》具有双重目的。首先，将上沃尔特殖民地的部分领土转移到尼日尔殖民地；其次，授权法属西非殖民地总督划设尼日尔和上沃尔特两殖民地之间的新边界。在制定《1927年命令》时，总督要求两殖民地副总督协助。1927年2月2日两殖民地副总督达成协议（以下简称《2月2日协议》），但认识到该协议并不明确，而要求继续调查准确边界。《1927年命令》重复了《2月2日协议》中有待继续调查的规定，因此，《1927年命令》所规定的边界仍然存在不确定性。[18] 第三，当事国在《1927年命令》的具体实施过程中，对于一个名为邦加雷（Bangare）的村落，双方一直认为其位于尼日尔殖民地内。但是如果采用直线划定边界，则该村会被划归布基纳法索。[19]

因此，法院得出结论，《1927年命令》对陶天文坐标至塞尔巴河的博瑟班戈的边界的规定属于《1987年协议》所称的"命令内容仍不足以确定边界"的情况。上述边界应按照"1960年地图"加以确定。

3. 博瑟班戈区域的边界走向

法院认为，《1927年命令》明确规定该段边界并未在博瑟班戈村停止，而是到达（reach）塞尔巴河，终点位于塞尔巴河上或其河岸上。同时，法院注意到《1927年命令》使用的措辞是"到达"，而不是下一条规定使用的"穿过"（cut）。这表明边界并没有穿过塞尔巴河并抵达右岸。此外，没有证据表明该段河流完全属于某个殖民地，考虑到两岸人民对资源的需要以及安全要求，法院得出结论，该段边界线的终点位于塞尔巴河中间线上。[20]

4. 边界线南段的走向

塞尔巴河与萨伊纬线的交点是边界南段的起点。法院认为，争端双方在该段边界的有关行为的证据，并未显示双方就该边界走向存在通过嗣后行为而形成的明示或默示的协议。因此，法院不需要考虑《1987年协议》所确立的划界标准是否可能受到该种明示或默示协议的影响。根据《1927年命令》，此段边界应由直线划定。法院得出结论，塞尔巴河右岸与萨伊纬线的交点至波同弯起始点之间的边界由一条连接两点的直

---

[18] Frontier Dispute (Burkina Faso/Niger), Judgment, I. C. J. Reports 2013, pp. 82-83, paras. 89-93.

[19] Ibid., pp. 83-84, paras. 94-95.

[20] Ibid., p. 85, paras. 100-101.

线构成。[21]

法院在按照缔约方要求确定了两国边界走向后指出，希望双方在对其主权范围内的领土行使权力时，应适当考虑有关人口的需求，特别是游牧和半游牧民族的需求，同时应化解由于边界的出现而可能给上述人口带来的困难。法院注意到，当事方已经在区域和双边基础上，特别是根据《1987年协议》之"议定书"第三章，鼓励这种合作的进一步扩展。[22]

（四）对专家的提名

根据《特别协定》第7条第4款，双方请求法院在其判决中提名3名专家，以在必要时协助它们在争端地区进行边界划定。双方在庭审提交的最终诉讼请求重申了该请求。然而，法院认为，考虑本案的特殊情况，在此时进行提名是不恰当的。法院将在确定双方的意见特别是有关专家行使实际职能的意见后，通过命令的方式对专家进行提名。[23]

（五）判决主文

法院判决如下：

（1）一致同意，驳回布基纳法索在最终诉求第1项和第3项中提出的请求。

（2）一致决定，布基纳法索和尼日尔两国间桐同天文坐标（北纬14°24′53.2″、东经00°12′51.7″）至陶天文坐标（其准确坐标由本判决第72段所确定的方式由当事双方加以决定）的边界由连接两点的一条直线构成。

（3）一致决定，从陶天文坐标起，两国边界的走向应遵循"1960年地图"上的边界线，直到该线与塞尔巴河的中线相交于坐标点北纬13°21′15.9″、东经01°17′07.2″。

（4）一致决定，从上述坐标点起，两国边界的走向为塞尔巴河上游的中线，直至与"1960年地图"上的边界线再次交会

---

[21] Frontier Dispute (Burkina Faso/Niger), Judgment, I. C. J. Reports 2013, p. 90, paras. 108-111.

[22] Ibid., p. 90, para. 112.

[23] Ibid., p. 92, para. 113.

于坐标点北纬 13°20′01.8″、东经 01°07′29.3″。此后，边界的走向转向西北并继续沿"1960 年地图"所绘制的方向，直至到达地理坐标点北纬 13°22′28.9″、东经 00°59′34.8″，此后边界线转向南，离开"1960 年地图"上的界限并继续沿直线向西直至到达地理坐标点北纬 13°22′28.9″、东经 00°59′30.9″，即萨伊纬线与塞尔巴河右岸的交点，此后沿子午线向南直到与坐标点北纬 13°06′12.08″、东经 00°59′30.9″相交。

（5）一致决定，从上述坐标点到波同弯起始点（北纬 12°36′19.2″、东经 01°52′06.9″），两国边界的走向为两点间的一条直线。

（6）一致决定，后续将通过命令形式按照 2009 年 2 月 24 日《特别协定》第 7 条第 4 款的规定对 3 名专家进行提名。

四、评　论

判决作出后，尼日尔政府发言人兼司法部长马鲁·阿马杜（Marou Amadou）于 2013 年 4 月 17 日接受媒体采访时表示，尼日尔对判决表示满意。[24]

国际法院在本案的判决中分析了应当适用的法律，并对事实进行了认定，最终解决了两国之间的边界争端。判决再次确认"保持占有原则"在解决前殖民地国家领土争端中的重要作用。在本案中，法院为了证明殖民地时期的原有边界，《1927 年命令》以及"1960 年地图"均发挥了重要作用。下文将从保持占有原则以及地图在领土争端解决中的作用，结合其他判决，进行评述。

（一）保持占有原则及其证据

保持占有原则的价值核心在于确保原殖民地国家取得独立时边界线的稳定性。该边界线是指归属于同一主权的不同行政管理部分或殖民地之间的界限。在上述政治实体取得独立的情况下，适用保持占有原则将

---

[24]《尼日尔对解决与布基纳法索边界争端表示满意》，凤凰网，2013 年 04 月 17 日，http://news.ifeng.com/world/detail_ 2013_ 04/17/24329975_ 0.shtml，最后访问日期：2018 年 6 月 8 日。

使行政管理边界转变为国家间边界。20世纪50年代起非洲开始了去殖民化运动。为了维持独立后非洲国家间的和平稳定，非统首脑会议于1964年"郑重声明，所有成员国保证尊重非洲国家独立时业已存在的边界"。这一声明虽然没有明确规定保持占有原则，但国际法院认为，正是因为适用保持占有原则，才有对边界不变的遵守。不能将保持占有原则理解为仅适用于拉丁美洲国家，该原则具有普遍适用性，是与去殖民化相关的被牢固确立的国际法原则。通过分析国际法院判决可以发现，关于原属同一殖民国家的新独立国家之间的领土争端，一般首先适用保持占有原则，以维持领土关系的稳定性和连续性。在本案中，争端双方都曾是法国的殖民地，双方确认适用的可适用的法律中也明确承认遵守保持占有原则。

保持占有原则的意义在于将殖民时期的行政边界转变成为新独立国家间边界。但是保持占有原则本身并不能确定具体的边界走向和领土归属。适用保持占有原则的前提是存在殖民当局所划定的分界线，要求当事方提供各种证据证明行政边界的具体位置和走向。一般而言，法院将优先考虑殖民时期的立法和行政文件，也会考虑其他可以证明边界走向的官方文件。此外，适用保持占有原则必须注意原殖民地与新独立国家之间在政治实体范围上的一致性。在本案中，在确定第一段边界走向时布基纳法索认为根据《1927年命令》，该边界应当是连接桐同天文坐标和陶天文坐标点之间的一条直线；尼日尔则提出根据《1935年协议》该边界应当是一条经过威伯里点的折线。国际法院经审理认为，《1935年协议》起草时上沃尔特殖民地已不复存在（1932年上沃尔特解体），所以两个行政当局试图通过《1935年协议》确定的边界纯属尼日尔殖民地的一条内部界限，不得作为殖民地间界限并通过保持占有原则确立为两国间边界。

（二）地图的作用

国际法院在边界争端案（布基纳法索/马里）中认为："在划界和国际领土争端案中，地图信息的准确性要根据案件具体情况确定。"法院对地图的作用采取一种审慎的态度：地图本身并不能构成领土权利的来源；尽管有些地图可能具有证明领土权利取得的法律效力，但这种法律效力源于地图客观表达了相关国家的意志，例如地图附属于正式的文件，作为文件的一部分而存在。地图的证据效力主要取决于地图的技术可靠性和来源的中立性。在本案中,对于当事方提交的法国国家地理学会绘制的地图,法院认为该地图的绘制主体具有中立性,尽管地图本身不具有取得法律权利的作用,但是其直观地反映了殖民当局在确定边界坐标和走向时的可采信信息。

在本案中,"1960年地图"能否发挥重要作用取决于双方在《1987年协议》第2条中的约定,即"两国边界应当根据《1927年命令》和《1927年勘误》所确定的界限进行划设,如果上述命令内容仍不足以确定边界,则应按照'1960年地图'以及/或者当事双方均同意适用的其他相关文件加以确定"。这一约定表明,"1960年地图"客观反映了两国的意志。此外,法院还考虑了1975年1月27日法国国家地理学会编制的一份文件,以说明"1960年地图"是如何绘制的,该文件表明:"地图上标明的边界线是根据边境地区官员提供的信息以及实地从村落首领和当地居民收集的信息绘制的。"这表明该地图绘制的技术可靠。

在类似案件中,还有一种情况下地图可以发挥相对作用,即地图反映了绘制它的国家或政府与其利益相反的观点、意愿或承认、默示。例如,在2012年领土与海洋争端案(尼加拉瓜诉哥伦比亚)中,尼加拉瓜公布的地图没有将争议海洋地物标记为本国领土;相反,这些海洋地物被尼加拉瓜发行的部分地图绘制为哥伦比亚领土。因此,法院认为,尽管地图证据在该案中的效力有限,但是确实为哥伦比亚的主张提供了一定支持。

综上,地图在领土争端中一般效力有限,只有辅助和进一步证明的作用。如果赋予地图重要证据效力,一般要满足以下条件之一:第一,反映当事国的意志,例如这些地图附属于正式的文件,成为文件的一部分,或者当事方主动通过约定赋予地图较高的证据效力;同时,地图的绘制技术可靠,来源中立,与已有信息和证据不相冲突。第二,地图反映了与绘制地图一方相反的主张。

五、附　录

(一)中英案件全名

1. 中文案件全名:陆地边界争端案(布基纳法索/尼日尔)
2. 英文案件全名:Frontier Dispute (Burkina Faso/Niger)

（二）案件的标准引用

Frontier Dispute （Burkina Faso/Niger）, Judgment, I. C. J. Reports 2013, p. 44.

（三）主要参考文献

1. 《国际法院的报告》，联合国大会第六十七届会议（A/67/4）第219—221段。

2. 宋岩：《布基纳法索和尼日尔"边界争端案"评述》，《科教导刊》（电子版）2014年第7期，第130—132页。

3. 《国际法院就布基纳法索和尼日尔间的边境争端做出裁决》，联合国新闻网，2013年4月16日，https：//news. un. org/zh/story/2013/04/192062，最后访问日期：2018年6月8日。

（四）与本案主题相关的重要引用案件

1. Frontier Dispute （Burkina Faso/Republic of Mali）, Judgment, I. C. J. Reports 1986.

2. Northern Cameroons （Cameroon v. United Kingdom）, Preliminary Objections, Judgment, I. C. J. Reports 1963.

3. Nuclear Tests （Australia v. France）, Judgment, I. C. J. Reports 1974.

4. Nuclear Tests （New Zealand v. France）, Judgment, I. C. J. Reports 1974.

5. Free Zones of Upper Savoy and the District of Gex （Second Phase）, P. C. I. J. , Series A, No. 24.

6. Société Commerciale de Belgique, Judgment, 1939, P. C. I. J. , Series A/B, No. 78.

（五）案件中的重要缩略语

IGN　　Institut Géographique National, France　　法国国家地理学会
ICJ　　International Court of Justice　　国际法院
PCIJ　　Permanent Court of International Justice　　常设国际法院

（叶　强）

"路易莎"号案
（圣文森特和格林纳丁斯诉西班牙）
（2010年，2013年）

2010.11.24 圣文森特和格林纳丁斯依据《国际海洋法法庭规则》第54条，就其与西班牙之间有关"路易莎号"船只被扣的争端向国际海洋法法庭提起诉讼；同时，依据《联合国海洋法公约》第290条第1款，请求法庭就本案规定临时措施

2010.12.23 国际海洋法法庭就圣文森特和格林纳丁斯的请求发布命令。该命令以17：4的多数票决定不予规定临时措施

2011.01.12 法庭发布命令，将圣文森特和格林纳丁斯提交诉状和西班牙提交辩诉状的截止日期分别确定为2011年5月11日和2011年10月11日。随后，圣文森特和格林纳丁斯向法庭申请延期

2011.04.28 法庭发布命令，将圣文森特和格林纳丁斯提交诉状的截止日期延至2011年6月10日，将西班牙提交辩诉状的截止日期延至2011年11月10日

2011.09.30 法庭发布命令，规定圣文森特和格林纳丁斯以及西班牙提交答辩状的截止日期分别为2011年12月11日和2012年2月11日

2011.11.04 法庭发布命令，应西班牙延期的请求，将西班牙提交辩诉状的截止日期延至2011年12月12日，将圣文森特和格林纳丁斯提交答辩状的截止日期延至2012年2月10日，将西班牙提交答辩状的截止日期延至2012年4月10日

2012.07.04 法庭在听取双方当事国的意见后，以命令的方式将庭审的日期确定为2012年10月4日。随后，法庭在2012年10月4日至2012年10月12日，一共组织了13场庭审

2013.05.28 国际海洋法法庭发布判决书

关键词：临时措施（Provisional Measure）；初步管辖权（【拉】*Prima Facie* Jurisdiction）；实体问题管辖权（Jurisdiction on the Merits）；交换意见的义务（Obligation to Exchange Views）；用尽当地救济（Exhaustion of Local Remedies）；争端（Dispute）；主题事项（Subject Matter）；声明的范围（Scope of the Declarations）；船舶的国籍（Nationality of Vessels）

一、案件背景

"路易莎"（Louisa）号是一艘悬挂圣文森特和格林纳丁斯旗帜的船舶。该船只由赛琪海洋科学研究公司（Sage Maritime Scientific Research Inc.）负责运营，船东为赛琪海洋科学研究公司的附属企业赛琪海洋合伙有限公司（Sage Maritime Partners Ltd.）。[1] 这两家公司均在美国得克萨斯州注册。

2004年8月20日，"路易莎"号船到达西班牙港口加的斯（Cadiz），此后到10月，该船一直在西班牙的领海和内水进行作业。此次作业主要是对海底进行勘察，了解是否存在油气资源，而作业的依据是西班牙政府于2004年4月5日发给图皮特公司（Tupet Sociedad de Pesquisa Martima S. A.）的许可证。该许可证授予图皮特公司在12个月的期限内可以对海底进行取样，并撰写海底环境影响报告。圣文森特和格林纳丁斯认为，根据2004年6月9日签署的《海底地质形成的勘察与研究协议》（Agreement for the Exploration and Study of Marine Geological Formations），赛琪海洋科学研究公司与图皮特公司是合作伙伴关系。该协议第1.01节第1条规定了这两家公司在海洋科研和勘探方面的合作关系，以及双方在营救失事船舶等方面的优先合作关系；该协议第1.03节和第1.04节则规定双方合作时，在员工附属等方面各自独立，当双方发现失事船只、历史性文物，或任何有价值的物品时，应将所有发现物作为双方分享的总价值。[2]

自2004年10月起，"路易莎"号船一直停靠在西班牙的圣玛丽亚港（El Puerto de Santa María），直到2006年2月1日，西班牙政府才对该船

---

[1] ITLOS Case No. 18, M/V "Louisa" (Saint Vincent and the Grenadines v. Kingdom of Spain), Judgment, ITLOS Reports 2013, para. 44.

[2] Ibid., para. 47.

进行了登临检查和扣留。西班牙政府表示,其在搜查该船时发现多种海底考古文物,以及被认为属于战争武器的 5 支突击步枪和 1 支手枪。[3] 据称,西班牙采取这些行动的依据是其加的斯第四刑事调查法院(以下简称"第四法院")于 2005 年 11 月 30 日签发的命令。[4] 而圣文森特和格林纳丁斯则声称,西班牙政府的这些行动并没有得到"路易莎"号船长的许可,且没有通知该国驻当地的领事馆。[5] 对此,西班牙在其辩诉状中指出,西班牙驻牙买加大使馆曾于 2006 年 3 月 15 日照会圣文森特和格林纳丁斯外交、通商和贸易部,为履行必要的程序,西班牙已于 2 月 1—2 日由加的斯第四法院对悬挂圣文森特和格林纳丁斯旗帜的"路易莎"号商船的进入和注册事宜进行了处理。[6] 而圣文森特和格林纳丁斯则认为,这些交流并不构成有效的对船旗国的通知,其通知内容并没有涉及对该船只的登临和检查。[7]

直至庭审结束,"路易莎"号船仍被西班牙基于加的斯第四法院的刑事诉讼程序而扣押。根据该法院于 2010 年 10 月 27 日发布的公诉状,依照西班牙刑法,"路易莎"号船被扣押的原因是其作为一种犯罪工具,被用来持有和保存战争武器,以及实施毁坏西班牙历史性文物的犯罪。[8]

2006 年 2 月 1 日,西班牙政府扣押了另一艘"双子座Ⅲ"(Gemini Ⅲ)号船,该船注册地不明,由赛琪海洋科学研究公司于 2005 年 2 月购得。2005 年年初,"双子座Ⅲ"号船从事原先由"路易莎"号船进行的作业,但于 2005 年 4 月停止作业,随后该船于 9 月 5 日以光船租赁的方式被转租给一家注册于西班牙的公司。西班牙称,在 2005 年 12 月 15 日之前,"双子座Ⅲ"号船停靠在西班牙的一个干船坞上。[9]

双方争议的另一个问题是有关人员逮捕和监禁的问题。

2006 年 2 月 1 日,西班牙政府扣留"路易莎"号船,同时逮捕了 3 名船上人员并将其监禁。他们包括盖勒·桑多(Geller Sandor)和舒斯

---

[3] M/V "Louisa" (Saint Vincent and the Grenadines v. Kingdom of Spain), Judgment, ITLOS Reports 2013, para. 48.

[4] Ibid., para. 49.

[5] Ibid., para. 50.

[6] Ibid., paras. 51-52.

[7] Ibid., para. 53.

[8] Ibid., para. 54.

[9] Ibid., para. 57.

凯·扎舒特（Szuszky Zsolt）这两位匈牙利籍的船员，以及美国籍的阿尔巴·阿韦拉（Alba Avella）。阿尔巴·阿韦拉女士是另一名船员马里奥·阿韦拉（Mario Avella）的女儿，但她不是船员，而是作为一名游客暂住船上。她在作证时指出，她被逮捕后遭受了非人道的对待，并在被逮捕5天后才有机会见到法官。

圣文森特和格林纳丁斯称，这3名被逮捕的船上人员均无法离开西班牙，因为他们的护照被西班牙当局没收了8个月，并被要求在此期间定期向西班牙政府报告自己的情况。西班牙则辩称，其并未侵犯这3名人员的基本人权，而是严格按照法律办事。根据西班牙加的斯第四法院于2010年10月27日公布的公诉状，阿韦拉先生被起诉实施了持有和保存战争武器的罪行，美国籍的约翰·福斯特（John Foster）作为"路易莎"号船的船东之一也被提起公诉，罪名是持有和保存战争武器，并且持续地对西班牙的历史性文物造成损坏。[10] 该公诉判决在上诉后被维持原判。据西班牙称，直到庭审结束，西班牙国内的刑事诉讼程序仍未完结。

上述争端发生后，圣文森特和格林纳丁斯于2010年11月24日依据《国际海洋法法庭规则》（以下简称《规则》）第54条，就其与西班牙之间有关"路易莎"号船只被扣的争端向国际海洋法法庭（以下简称"法庭"）提起诉讼；同时，依据《联合国海洋法公约》（以下简称《公约》）第290条第1款，请求法庭就本案规定临时措施。

二、临时措施命令

（一）当事方请求

圣文森特和格林纳丁斯在将争端提交国际海洋法法庭的同时，也依据《公约》第290条第1款，请求法庭就本案在作出最后判决之前规定临时措施，以防止对海洋环境的严重损害。2010年12月11日，圣文森特和格林纳丁斯提交了关于规定临时措施请求的最终诉求。该国请求法庭：

---

[10]　M/V "Louisa"（Saint Vincent and the Grenadines v. Kingdom of Spain）, Judgment, ITLOS Reports 2013, paras. 61-64.

（1）宣布法庭依据《公约》第287条和第290条，对该国提起的针对"路易莎"号船只被扣而采取临时措施的请求，具有管辖权；

（2）宣布此项请求具备可受理性，圣文森特和格林纳丁斯的陈述有充分的法律依据，西班牙违反了其在《公约》下的义务；

（3）命令西班牙在法庭认定相关条款和情形具备合理性的情况下，释放"路易莎"号船和其附属船"双子座Ⅲ"号，并且圣文森特和格林纳丁斯不用提供保证书和其他财政担保；

（4）命令西班牙归还其自2006年起扣留的科研资料和财产；

（5）规定适当的临时措施，例如颁发命令，要求西班牙当局与圣文森特和格林纳丁斯的代理或代表会面讨论解决问题的办法，或者其他重要的措施；以及

（6）命令西班牙支付圣文森特和格林纳丁斯产生的与此项请求相关的费用，包括但不限于代理费、律师费、专家费、交通住宿费和其他补贴。[11]

在同日召开的庭审中，针对圣文森特和格林纳丁斯提起的临时措施的请求，西班牙亦提出其最终诉求，请求法庭：

（1）拒绝圣文森特和格林纳丁斯提起的有关规定临时措施的请求；

（2）拒绝圣文森特和格林纳丁斯提起的规定所有类型的临时措施的请求；并且

（3）命令圣文森特和格林纳丁斯偿付西班牙代理费，西班牙代表团在合理限度内的所有其他费用，以及由法庭确认的、基于此次请求而产生的所有相关费用。[12]

---

[11] ITLOS Case No. 18, M/V "Louisa"（Saint Vincent and the Grenadines v. Kingdom of Spain）, Provisional Measures, Order of 23 December 2010, para. 33.

[12] Ibid., para. 35.

(二) 国际海洋法法庭关于临时措施请求的说理和命令

1. 法庭关于临时措施请求的说理

法庭注意到，根据《公约》第290条第1款，在规定临时措施前，法庭应当证明其对原告于2010年11月24日提起的、关于"路易莎"号船的争端，具有初步（prima facie）管辖权。为此，法庭分两步对此进行论证。

第一步，法庭通过论证，认定其对本案中的争端具有初步管辖权。这主要包括以下三个方面的原因。

首先，西班牙在加入《公约》时所做的声明，选择国际海洋法法庭作为"处理与《公约》的解释和适用有关的争端的机构"，而圣文森特和格林纳丁斯在加入《公约》时所做的声明，也选择国际海洋法法庭作为"处理与其船只的逮捕或扣留有关的争端的机构"。[13] 两国对圣文森特和格林纳丁斯作为"路易莎"号船的船旗国并无异议，且两国均认为"双子座Ⅲ"号船在被扣留时并没有悬挂圣文森特和格林纳丁斯的旗帜，而此问题可以在诉讼的后续阶段处理。圣文森特和格林纳丁斯认为法庭对此请求具有初步管辖权（基于《公约》第87、第245和第303条）[14]，西班牙亦不否认法庭可能对此享有初步管辖权。[15]

其次，根据《公约》第283条的规定，在就《公约》的解释和适用发生争端时，争端双方有"交换意见的义务"。西班牙认为，在本案中双方并未就通过谈判或其他和平方法解决争端交换意见，因此未能履行这一义务可能会影响法庭的管辖权。法庭认为，在原告提起请求时，从本案的情形可初步得知，当时存在一个与《公约》的解释和适用有关的争端。[16] 法庭认为，在本案提起诉讼之前，圣文森特和格林纳丁斯海事部门曾经向西班牙的港口部门要求提供更多的、关于"路易莎"号船被扣的信息，但并没有如愿；而且圣文森特和格林纳丁斯常驻联合国代表团也曾于2010年10月26日照会西班牙常驻联合国代表团，反对西班牙

---

[13] M/V "Louisa" (Saint Vincent and the Grenadines v. Kingdom of Spain), Provisional Measures, Order of 23 December 2010, paras. 40-41.

[14] Ibid., para. 48.

[15] Ibid., para. 50.

[16] Ibid., para. 56.

持续扣留"路易莎"号船和其附属船的行为。可见,原告已经履行了"交换意见的义务"。

最后,法庭认为,在本案中,"用尽当地救济"的问题应该在后续诉讼程序中予以解决;且在此阶段,法庭不必证明其对本案的实体问题具有管辖权。[17]

第二步,法庭通过论证,认为在本案的情形下,并不存在可能会给双方当事国利益带来不可修复的损害的(irreparable prejudice)、真实和紧迫的危险(a real and imminent risk),因此并无必要规定临时措施。[18]

《公约》第290条第1款规定,法庭可以规定临时措施,以"保全争端各方其各自的权利或防止对海洋环境的严重损害"。本案中,圣文森特和格林纳丁斯主张,将船舶扣留在西班牙圣玛丽亚港的时间越久,就越有可能对海洋环境造成威胁,而西班牙则对此予以否认。[19] 法庭认为,虑及《公约》第192条已经赋予各国保护和保全海洋环境的义务,当事双方均有谨慎行事以避免给海洋环境造成严重损害的义务。[20]

2. 法庭关于临时措施的命令

国际海洋法法庭于2010年12月23日发布关于临时措施的命令:

(1)以17票对4票,认定:根据本案的情形,法庭没有必要规定《公约》第290条第1款项下的临时措施;

(2)以17票对4票,决定:将双方当事国在本诉讼中提交的有关诉讼费用分担的事项,留待本案最终判决中予以考虑。[21]

(三)个别意见或反对意见

五位法官就国际海洋法法庭发布的临时措施命令分别发表了个别意

---

[17] M/V "Louisa"(Saint Vincent and the Grenadines v. Kingdom of Spain), Provisional Measures, Order of 23 December 2010, paras. 68-69.
[18] Ibid., paras. 68-69.
[19] Ibid., paras. 73-75.
[20] Ibid., paras. 76-77.
[21] Ibid., para. 83.

见或反对意见。五位法官均同意本案中法庭不应该规定临时措施,但只有白珍铉法官认为本案中法庭具有初步管辖权,其他四位法官均认为法庭不具有初步管辖权。

1. 白珍铉法官意见

白珍铉法官就本案发表了个别意见,陈述了其对法庭不规定临时措施命令的支持。白法官首先从逻辑上分析,认为法庭在本案中需要解决的第一个问题就是决定在本案两个当事国之间是否存在一个初步的争端,以及这个争端是否与《公约》的解释或适用有关。白法官根据常设国际法院的判例首先指出,争端指的是当事双方"对某项法律或事实存在异议,对法律观点或利益存在冲突"[22]。在本案中,圣文森特和格林纳丁斯认为"路易莎"号船在西班牙水域持证进行油气勘探活动,西班牙则认为"路易莎"号船从事的是毁坏西班牙文物的犯罪,可见争端存在[23]。那么,这项争端是否涉及《公约》的解释或适用呢?白法官认为,在本阶段法庭无须证明原告的主张足够有力(sufficiently arguable or plausible),只需要证明法庭"可能"(might)对本案的实体问题具有管辖权,这是因为初步管辖权的门槛是相当低的。[24] 而原告提及的被告可能违反《公约》第87条即可满足此项要求。

此外,法庭要具备初步管辖权还需要考察原告的主张具备可受理性。本案中,被告主张原告没能进行"交换意见"以及"用尽当地救济"。就前者而言,白法官支持法庭的观点,就后者而言,他认为,正如"塞加号"(第2号)案判决所指的,原告所主张的被告违反《公约》下的义务会给原告造成损害,但这种损害并不适用"用尽当地救济"中所适用的规则。[25] 此外,白法官也认为,在本案中,并不存在"真实和紧迫的危险"会对当事国权利造成损害,他认为,法庭没有必要也不适合规定临时措施,来预防对海洋环境可能的严重损害。[26] 在这一方面,专家证人在没有实地考察的情况下提交的意见不具有说服力。[27]

---

[22] Mavrommatis Palestine Concessions, Judgment No. 2, 1924, P. C. I. J., Series A, No. 2, p. 11.
[23] Separate Opinion of Judge Paik, Order of 23 December 2010, pp. 72-73, paras. 4-6.
[24] Ibid., p. 73, para. 7.
[25] Ibid., p. 74, paras. 8-9.
[26] Ibid., p. 74, paras. 10-11.
[27] Ibid., p. 75, paras. 14-15.

2. 沃尔夫鲁姆法官意见

吕迪格·沃尔夫鲁姆法官就本案发表了反对意见。他的观点是在本案中法庭并没有初步管辖权，因此本案法庭应该直接拒绝原告有关规定临时措施的请求。

沃尔夫鲁姆法官首先讨论了《公约》第290条第1款所规定的临时措施的本质和目标，他认为这种"保全争端各方其各自权利或防止对海洋环境的严重损害"的目的，是不同于第292条下的"船只和船员迅速释放"程序之目的的，后者强调的是沿海国和船旗国利益的平衡[28]，而本案关于临时措施的命令并不能体现这种目的。其次，沃尔夫鲁姆法官认为，本案中法庭并没有可以审理实体问题的初步管辖权。他提出的理由主要包括：（1）规定临时措施构成对被告主权权利的侵犯，因此这种侵犯的合法性只有在相关国家接受法庭的初步管辖权之后才得以建立。[29] 在本案中，法庭必须将一国提交申请时已经知晓的事实予以考量，必须结合原告援引的法律基础，判定是否可以建立法庭对实体问题的初步管辖权，这项工作不能留到实体诉讼阶段再处理。[30]（2）即便被告没有对法庭的初步管辖权提出质疑，法庭也应该分析其是否具备初步管辖权。[31]（3）在本案中，双方当事国对《公约》所做的声明表明，法庭对与"双子座Ⅲ"号船有关的实体问题显然不存在初步管辖权；就"路易莎"号船而言，原告提起诉讼的法律依据（《公约》第73条、第87条、第226条、第245条和第303条）并不构成法庭享有初步管辖权的依据。[32] 此外，沃尔夫鲁姆法官还认为，本案中当事国双方并未进行《公约》第283条第1款项下规定的"交换意见"。这是因为无论是原告的海事部门还是被告的港口部门均不是能够代表各自国家进行外交活动的部门；而且原告的意图是在交换意见之前就启动诉讼程序，这是与一般国际法所规定的程序法相冲突的。[33]

3. 特雷韦斯法官意见

图利奥·特雷韦斯法官也就本案发表了反对意见。他认为，本案

---

[28] Dissenting Opinion of Judge Wolfrum, Order of 23 December 2010, p. 78, para. 5.
[29] Ibid., p. 80, para. 11.
[30] Ibid., p. 81, para. 12.
[31] Ibid., p. 81, para. 13.
[32] Ibid., pp. 82-84, paras. 16-26.
[33] Ibid., p. 85, para. 28.

中,圣文森特和格林纳丁斯提起的规定临时措施的请求不具有可受理性,法庭对此无初步管辖权。原因至少包括两点:第一,本案中,并不存在一个与《公约》的解释和适用有关的争端。根据国际法院的判例,这样的争端必须在原告提起诉讼的当天(这一天可以被认为是"关键日期")就存在。[34] 而在本案中,在原告于2010年11月24日提起诉讼时,两个当事国对《公约》的解释或适用并不存在不同意见,因此本案就不具备可受理性。第二,本案中并不存在符合《公约》第283条第1款规定的"交换意见"。在本案中,原告所认为的"交换意见"并不符合第283条第1款的要求。原告海事部门向被告港口部门提交的请求仅仅是相关信息,并非意图"通过谈判或其他和平方式解决争端";此外,原告对被告的照会意在反对西班牙对船只和船员的抓扣以及对方未尽通知义务,同样不构成"交换意见"。[35]

4. 科特法官意见

皮埃尔·科特法官就本案发表了反对意见。他认为,在本案中,法庭并不拥有初步管辖权。首先,他分析了本案中西班牙的国内刑事诉讼进程。他预计西班牙国内法院将于2011年3月30日开始审理本案,且法院的公诉也是可以上诉的,而圣文森特和格林纳丁斯向国际海洋法法庭提起的诉求反映了其希望通过法庭来增加西班牙在《公约》下的国际责任的意图。其次,他认为本案发生的海域属于西班牙的主权海域,西班牙对此享有排他性的主权,西班牙并不负有原告所声称的"通知"的义务。最后,科特法官认为原告所提起的《公约》第73条、第87条、第216条、第218条、第220条、第245条和第303条在本案中均不相关或无法适用,法庭对本案不享有初步管辖权。

5. 戈利岑法官意见

弗拉基米尔·戈利岑法官就本案发表反对意见,同样认为法庭对本案不享有初步管辖权。他首先将《公约》第290条第1款规定临时措施的条件分解为三项,即双方当事国之间存在一个争端,这个争端被正式提交给法庭,以及根据前两个条件的满足情况并考虑其他因素,法庭必须依据《公约》第十五部分享有初步管辖权。就第一项条件而言,戈利岑法官认为双方就对船舶的持续扣留以及合适的通知方法存在争端,但

---

[34] Dissenting Opinion of Judge Treves, Order of 23 December 2010, p. 88, para. 6.
[35] Ibid., p. 90, para. 11.

由于船只被扣的水域是西班牙的主权水域，西班牙执法的依据是其国内法，这些争端就不属于与《公约》的解释或适用有关的争端。就第二项条件而言，此争端被提交法庭之前，双方当事国并没有履行《公约》所规定的"交换意见"的义务。此外，原告所援引的西班牙违反《公约》的相关条款与本案并无关联或者无法适用于本案，故法庭对本案不享有初步管辖权。

三、判　决

（一）当事方请求

在庭审的最后阶段，圣文森特和格林纳丁斯宣读了其最终诉求，其请求法庭：

(1) 宣布法庭对原告的请求享有管辖权；
(2) 宣布原告的请求具备可受理性；
(3) 宣布被告已经违反了《公约》第73条第2款和第4款、第87条、第226条、第227条、第300条、第303条；
(4) 命令被告释放"双子座Ⅲ"号船并返还没收的财产；
(5) 宣布被告对"路易莎"号船和"双子座Ⅲ"号船的登临和扣押是非法的；
(6) 宣布被告对马里奥·阿韦拉、阿尔巴·阿韦拉、盖勒·桑多和舒斯凯·扎舒特的关押是非法的，并且侵犯了他们的人权，违反了《公约》规定；
(7) 宣布被告对马里奥·阿韦拉、阿尔巴·阿韦拉、盖勒·桑多、舒斯凯·扎舒特和约翰·福斯特实施了非正义的对待，并且侵犯了约翰·福斯特的财产权；
(8) 命令被告不得对马里奥·阿韦拉、阿尔巴·阿韦拉、盖勒·桑多、舒斯凯·扎舒特和约翰·福斯特，以及赛琪海洋科学研究公司进行报复，包括不得对这些个人启动任何有关逮捕、关押或起诉的程序，或者在西班牙国内法院启动没收他们财产的程序；
(9) 命令被告不得针对马里奥·阿韦拉和约翰·福斯特的

利益采取任何不利于他们的行动，包括不得在西班牙国内法院启动对他们持续的起诉；

（10）命令按照以下数额并加上法定的利息，对个人予以赔付：①马里奥·阿韦拉：810000 欧元；②阿尔巴·阿韦拉：275000 欧元；③盖勒·桑多：275000 欧元；④舒斯凯·扎舒特：275000 欧元；⑤约翰·福斯特：1000 欧元；

（11）命令对赛琪海洋科学研究公司给予金额为 4755144 美元的损失赔偿，同时给予金额在 3500000—40000000 美元的机会成本赔偿；

（12）命令对圣文森特和格林纳丁斯给予金额为 500000 欧元的赔偿，以抵销该国在本案中支出的费用，以及本案对该国的尊严、诚信和船舶注册业务可能造成的损害；

（13）偿付该国在本案中由于此项请求而支出的合理的律师费和成本，在金额上不得低于 500000 欧元。[36]

西班牙则请求法庭：

（1）圣文森特和格林纳丁斯提起的诉讼不具有可受理性，应该不予受理；
（2）本案法院对此案没有管辖权；
（3）原告附带提起的有关西班牙违反《公约》义务的主张没有法律依据；
（4）驳回原告所有的诉讼请求；
（5）宣布，本案原告必须支付被告因参与此案而产生的费用，且金额不低于 500000 美元。[37]

（二）法庭关于管辖权问题的说理和判决

1. 法庭关于管辖权问题的说理

由于圣文森特和格林纳丁斯与西班牙均加入了《公约》，而《公约》

---

[36] M/V "Louisa" (Saint Vincent and the Grenadines v. Kingdom of Spain), Judgment, ITLOS Reports 2013, para. 43.
[37] Ibid., para. 43.

与管辖权有关的条款主要包括《公约》第 286 条、第 287 条第 4 款、第 288 条第 1 款和第 4 款，以及《国际海洋法法庭规约》第 21 条，本案法庭主要结合这些条款，从以下三个方面对其管辖权进行了论证。

(1) 声明的范围对管辖权的影响

西班牙于 1997 年 1 月 15 日批准了《公约》，并于 2002 年 7 月 19 日发表了一个针对《公约》第 287 条的声明。该声明指出，"西班牙政府依据《公约》第 287 条第 1 款，选择国际海洋法法庭作为解决与《公约》的解释或适用有关的争端的方法"。[38] 圣文森特和格林纳丁斯于 1993 年 10 月 1 日批准了《公约》，并于 2010 年 11 月 22 日发表了一个针对《公约》第 287 条的声明。该声明指出，该国"选择国际海洋法法庭作为解决与该国船舶的逮捕或扣留有关的争端的方法"。[39]

西班牙认为法庭只能对这两份声明所表达的共同的法律适用部分拥有管辖权，换言之，法庭仅对明确提及船舶的"逮捕"或"扣留"的争端有管辖权。[40] 圣文森特和格林纳丁斯则反对西班牙的解释，认为其声明应该延伸至包含《公约》内所有可能对其船舶的逮捕或扣押产生影响的条款。[41]

法庭注意到，《公约》各缔约国针对第 287 条的适用范围做了不同的声明，正如国际法院在 1957 年某些挪威债券案（Certain Norwegian Loans）中所判定的，法庭的管辖权只存在于双方当事国所发表的不同内容的声明的共同部分。[42] 由于一国的声明相当于该国所做的一个单方行为，对该声明进行解释的重点就必须放在作出该声明国家的意图（intention）方面，在本案中需要重点考察声明范围较窄的圣文森特和格林纳丁斯的国家意图。那么，圣文森特和格林纳丁斯所发表的声明是否仅指《公约》中明确提及"逮捕"或"扣留"字样的条款呢？法庭从两个方面对此进行了论证。首先，从文义解释的角度看，法庭认为，该声明中使用的"关于"（concerning）一词意味着"该声明并不仅仅指明确包含'逮捕'或'扣留'字样的条款"（articles which expressly

---

[38] M/V "Louisa" (Saint Vincent and the Grenadines v. Kingdom of Spain), Judgment, ITLOS. Reports 2013, para. 74.
[39] Ibid., para. 75.
[40] Ibid., para. 77.
[41] Ibid., para. 78.
[42] Ibid., para. 81.

contain the word arrest or detention),而应该指"所有可能对该国船舶的逮捕或扣留产生影响的《公约》条款"(any provision of the Convention having a bearing on the arrest or detention of vessels)。[43] 其次,该国在请求书中将其声明解释成"涵盖与该国船舶的逮捕或扣留有关的所有主张",从圣文森特和格林纳丁斯发表声明时的意图看,西班牙对圣文森特和格林纳丁斯所发表的声明的狭义解读是不合理的。基于以上考虑,法庭认定,圣文森特和格林纳丁斯所发表的声明涵盖"该国船舶的逮捕或扣留,以及与之相关的所有事项(all matters connected therewith)"。[44]

此外,圣文森特和格林纳丁斯所发表声明中的"该国的船舶"除了包括"路易莎"号船,是否也应该涵盖"双子座Ⅲ"号船?

圣文森特和格林纳丁斯认为,"双子座Ⅲ"号船虽然不悬挂该国旗帜,但其作为"路易莎"号船的附属船,两船之间具有内在联系,而一艘与另一艘船之间具有"内在联系"的船不需要其自己的旗帜。换言之,该国认为"双子座Ⅲ"号船也属于"该国的船舶"而应纳入该声明的范围。对此,法庭认为,这两艘船是独立地进行工作的,它们之间的协同工作仅存在于2005年2月至4月这一期间,随后"双子座Ⅲ"号船被租赁给其他公司。可见,"双子座Ⅲ"号船有自己独立的身份。在本案中,法庭对"双子座Ⅲ"号船不享有管辖权。

(2)初步管辖权和实体问题管辖权

法庭于2010年12月23日发布临时措施命令,那么这一命令所基于的法庭对本诉讼所享有的初步管辖权,是否会对本案中法庭对实体问题的管辖权产生影响呢?圣文森特和格林纳丁斯认为,法庭认定其享有初步管辖权本身,会对法庭处理本案实体问题的管辖权提供充分的支持(ample support);而西班牙则认为,这两者之间并不存在关联。[45]

法庭认为,法庭享有初步管辖权与其是否对实体问题享有管辖权两者之间并无关联。首先,正如法庭在作出临时措施的命令中所指出的,法庭在作出有关临时措施的命令时,并不需要确认原告主张的权利肯定

---

[43] M/V "Louisa" (Saint Vincent and the Grenadines v. Kingdom of Spain), Judgment, ITLOS Reports 2013, para. 83.
[44] Ibid., para. 84.
[45] Ibid., paras. 89-90.

存在，也不需要其对本案的实体问题享有管辖权。[46] 其次，只有在法庭审议了当事国的请求书和庭审之后，才能决定其是否对本案的实体问题享有管辖权。换言之，法庭对实体问题的管辖权，并不是建立在法庭对当事一方提起的规定临时措施的请求拥有初步管辖权的基础之上的。[47]

（3）争端的存在与主题事项

在本案中，双方当事国均认可案件起因于"路易莎"号船及其船员被抓扣，但双方却对是否存在一个与《公约》的解释或适用有关的争端产生异议。法庭认为，根据《国际海洋法法庭规约》第 24 条第 1 款、《国际海洋法法庭规则》第 54 条第 1—2 段，以及国际法院的判例，原告在提起诉讼时，其诉状必须明确地包含该案中存在的争端，以及该争端的主题事项。[48] 法庭认为，本案中存在两个方面的争端：一方面涉及船舶及其船上的人员被抓扣，另一方面与这些人员所受到的待遇相关。前者涉及圣文森特和格林纳丁斯依据《公约》第 73 条、第 87 条、第 226 条、第 227 条和第 303 条所提出的主张，后者涉及该国在书面程序结束后方才提出的依据《公约》第 300 条的主张。[49]

① 与船舶及其船上的人员被抓扣有关的争端及法律依据

第一，原告主张，西班牙扣留"路易莎"号船及其船员的做法违反了《公约》第 73 条，法庭认为这一主张不成立。《公约》第 73 条规制的是在沿海国专属经济区内对生物资源的勘探和开发，而本案并非发生在这一水域，而且本案中的扣留是针对原告的船只违反西班牙国内法而被诉诸其国内刑事诉讼所采取的措施，该措施涉及西班牙保护该国领土上的水下文化遗产和对战争武器的持有与处置。[50]

第二，原告主张，西班牙扣留"路易莎"号船及其船员的做法，客观上使得"路易莎"号船无法进入公海，违反了《公约》第 87 条规定的"公海自由"，法庭认为这一主张不成立。《公约》第 87 条规定的公海自由，并不意味着可以不管"路易莎"号船正由于西班牙国内的法律

---

[46] M/V "Louisa" (Saint Vincent and the Grenadines v. Kingdom of Spain), Judgment, ITLOS Reports 2013, para. 91.
[47] Ibid., para. 92.
[48] Ibid., paras. 94-95.
[49] Ibid., para. 96.
[50] Ibid., para. 104.

诉讼程序被扣留，而仍然授权该船自由离开港口并进入公海。[51]

第三，原告主张，西班牙扣留"路易莎"号船及其船员，事实上进行了不适当的逮捕和检查，以及歧视性对待，违反了《公约》第 226 和第 227 条，法庭认为这一主张不成立。《公约》第 226 条和第 227 条规制的是各国特别是沿海国，通过执法行动来保护海洋环境。而本案中，"路易莎"号船被扣留是由于其涉嫌违反西班牙国内有关保护该国领土上的水下文化遗产和对战争武器的持有与处置的法律。由于此刑事诉讼程序正在西班牙国内进行，《公约》第 226 条和第 227 条并不适用于本案。

第四，原告主张，西班牙扣留"路易莎"号船及其船员的做法违反了《公约》第 303 条，法庭认为这一主张不成立。《公约》第 303 条规定了沿海国在保护发现的考古和历史文物方面的义务，与本案无关。后来原告也在其答辩中声称，该国对《公约》第 303 条的援引属于错误，转而提及第 304 条，但法庭认为，第 304 条有关损害赔偿责任的规定，只有在确定法庭对本案的实体问题具有管辖权之后才能适用。

② 与船舶上的人员被抓扣后所受待遇相关的争端及法律依据

圣文森特和格林纳丁斯于 2012 年 9 月 25 日给法庭书记官长发函，提出在本案中西班牙侵犯人权的行为违反了《公约》第 300 条。[52] 在后续的庭审中，该国主张，《公约》第 300 条"可以被独立地适用"，双方当事国对该条款适用上的异议构成了一个争端，而法庭可以据此并依据《公约》第 288 条第 1 款，对本案享有管辖权。[53] 同时，第 300 条中所包含的善意和正当程序原则（principles of good faith and due process）是与滥用权利紧密相连的，西班牙当局为了本国利益而不公正地对待"路易莎"号船上人员的行为，就属于滥用权利的行为。[54] 鉴于西班牙之前在书面回应原告的临时措施请求时，曾经援引过第 300 条，根据"禁止反言"原则，西班牙亦无法辩解这一条与本案无关。[55]

西班牙反对圣文森特和格林纳丁斯的上述主张。主要理由包括：圣文森特和格林纳丁斯直到庭审阶段才首次提出适用《公约》第 300 条的

---

[51] M/V "Louisa" (Saint Vincent and the Grenadines v. Kingdom of Spain), Judgment, ITLOS Reports 2013, para. 109.
[52] Ibid., para. 127.
[53] Ibid., paras. 129-130.
[54] Ibid., para. 132.
[55] Ibid., para. 133.

问题,这一做法违反了"权利平等原则"(principle of equal arms/*égalité des armes*),在事实上剥夺了西班牙在庭审中为自己辩护的权利;[56] 权利被滥用只有在《公约》对行使这些权利、管辖权和自由的方式予以认可的情况下才可能被援引,也只有当这些权利、管辖权和自由被滥用,第 300 条才有可能适用;[57] 针对对方"禁止反言"的说法,西班牙认为其并不反对《公约》第 300 条的适用,它认为这一条可以适用于《公约》中的每一条,但圣文森特和格林纳丁斯并没有指出在本案中究竟应该适用哪一条。[58] 换言之,西班牙认为第 300 条应该与《公约》中的其他条款结合在一起适用,而不能单独适用。

法庭认为,"根据《公约》第 300 条的文义,该条不能被单独援引",并且"只有当《公约》所认可的(具体的)权利、管辖权和自由被滥用时",该条才可以适用。[59] 此外,根据法理和国际法院的判例,任何一项可受理的诉求必须直接或隐含地体现在原告提交的请求书中,在一份请求书中所提交的争端不能被转换成另一项在本质上不同的争端。在本案中,原告在书面程序结束后提交的与《公约》第 300 条有关的争端是一个在其请求书中并不存在的、新的争端,其争端的主题事项已经变更。因此,法庭认为,《公约》第 300 条不能作为圣文森特和格林纳丁斯提交的诉求的基础。

法庭认定,本案原告提交诉状时,在双方当事国之间并不存在一项与《公约》的解释或适用有关的争端。因此,法庭对本案不享有管辖权。

2. 判决主文

判决主文由法庭的所有法官以多数票决或一致同意的方式作出,内容包括:

(1)以 19 票对 2 票,认定:法庭对由圣文森特和格林纳丁斯于 2010 年 11 月 24 日提起的诉讼无管辖权。

---

[56] M/V "Louisa"(Saint Vincent and the Grenadines v. Kingdom of Spain), Judgment, ITLOS Reports 2013, para. 128.
[57] Ibid., para. 134.
[58] Ibid., para. 135.
[59] Ibid., para. 137.

(2) 一致同意，决定：各当事国分别承担本方的诉讼费用。[60]

四、评　论

本案是国际海洋法法庭审理的有关"临时措施"叠加船舶被扣实体问题的案件。尽管法庭在此之前也审理过涉及《公约》的解释或与适用的争端，但本案是其审理的第一件它必须明确地解决与《公约》的解释或适用有关的争端的案件。[61] 本案中有些法律问题，如判定争端存在的法律标准，《公约》第 283 条"交换意见"的义务，第 295 条"用尽当地救济"的解释与适用，以及《公约》第 300 条等，在当时引起了广泛的讨论，至今仍然对各国有一定的借鉴意义。

（一）加入《公约》的声明对管辖权的影响

缔约国加入《公约》时经常会发表针对《公约》第 287 条第 1 款的声明，选择某个国际司法或仲裁机构以解决与《公约》或某个比《公约》范围更窄的具体事项的解释或适用有关的争端。在这样的声明中，一般会使用 concerning 一词来表达"与……有关的"之意，而对 concerning 一词的解释将直接影响该案中被选择的国际司法或仲裁机构的管辖权。

在本案中，西班牙批准《公约》时所发表的声明指出，其选择国际海洋法法庭作为解决"与《公约》的解释或适用有关的（concerning）"争端的机构，而圣文森特和格林纳丁斯发表的声明则选择国际海洋法法庭作为解决"与该国船舶的逮捕或扣留有关的（concerning）"争端的机构。法庭认为，法庭的管辖权只存在于双方当事国所发表的不同内容的声明的共同部分，并结合圣文森特和格林纳丁斯的国家意图，根据

---

[60] M/V "Louisa"（Saint Vincent and the Grenadines v. Kingdom of Spain），Judgment，ITLOS Reports 2013，para. 160. 在法庭于 2010 年 12 月 23 日发布的有关临时措施的命令中，法庭决定将双方当事国在本诉讼中提交的有关诉讼费用分担的事项，留待本案的最终判决中予以考虑。根据《国际海洋法法庭规约》第 34 条，"除法庭另有裁定外，费用应由当事各方自行负担"。在本案中，法庭认为没有必要不遵守此一般规则，因此最后判决，由当事双方负担各自的诉讼费用，包括临时措施和实体问题两个诉讼阶段的费用。

[61] Declaration of Judge Paik，Judgment of 28 May 2013，p. 52，para. 13.

concerning 一词的含义将之解释为"所有可能对该国船舶的逮捕或扣留产生影响的《公约》条款"或者"该国船舶的逮捕或扣留,以及与之相关的所有事项",从而影响了本案中法庭管辖权的范围。

本案是少有的国际海洋法法庭裁定其对规定临时措施以及审理实体问题均不具有管辖权的案件。遗憾的是,本案中法庭谨慎处理其管辖权的理念,以及对某些法律问题的解释和适用,并没有被其后的某些案件所遵循。例如,本案法庭对 concerning 一词的解读并没有被菲律宾单方面提起的"南海仲裁案"所谓裁决所遵循,"南海仲裁案"所谓仲裁庭实际上将"关于划定海洋边界的争端"解释成"划定海洋边界本身的争端",从而错误裁定仲裁庭拥有管辖权。[62]

(二) 判定争端的法律标准

明确案件中存在一个与《公约》的解释或适用有关的争端是确立国际司法或仲裁机构拥有管辖权的关键。白珍铉法官在发表的声明中指出,本案采取了通常的用来决定一个案件中是否存在与《公约》的解释或适用有关的争端的方法,即考察在一方当事国主张的事实与其援引的条约条款之间是否存在一个连接或关联(a link or connection),换言之,考察一方当事国的主张是否可以纳入其所援引的条约条款的适用范围。[63] 白法官赞成使用这种方法,但也指出这种方法存在的一个问题,就是难以确定需要建立多大的连接或关联才能判定这种争端的存在。他认为,这种关联的程度并无统一的标准,应该因案情而异。[64] 在本案中,确定法庭的初步管辖权所需的关联性并不高,但确定实体问题管辖权的关联性要求就比较高。

其他两位法官则对"争端"的判定提出了较低的门槛。例如,恩迪亚耶法官在他发表的个别意见中提出"争端的现实存在"(actuality of the dispute)的概念,他认为这一概念指的是诉讼程序启动之前,由原告对被告进行的外交活动(diplomatic approaches)。[65] 外交活动是一个案件取得可受理性的前提条件,通过事前的外交谈判可以使法庭获得对该

---

[62] 中国国际法学会:《南海仲裁案裁决之批判》,外文出版社 2018 年版,第 83 页。
[63] Declaration of Judge Paik, Judgment of 28 May 2013, p. 51, para. 10.
[64] Ibid., p. 53, para. 18.
[65] Separate Opinion of Judge Ndiaye, Judgment of 28 May 2013, p. 73, para. 58.

案的管辖权。恩迪亚耶法官认为，这一规则已经为众多的国际条约所采纳。勒基法官则认为，本案双方当事国在诉状和庭审中，对《公约》相关条款在本案中的适用表达了不同的意见，这就构成了一种当事国之间的争端。[66]

（三）与"交换意见"和"用尽当地救济"相关的可受理性问题

1. 《公约》第283条规定的双方当事国"交换意见"的义务

关于《公约》第283条的讨论主要集中在原告的举证责任，以及该条与可受理性之间的关系上。就举证责任而言，恩迪亚耶法官在他发表的个别意见中认为，在本案中原告负有证明这项义务已被履行的举证责任，但其并没有做到这一点;[67]而勒基法官则通过发表的反对意见主张，本案中的当事国已经履行了《公约》下"交换意见"的义务。[68]就该条与可受理性之间的关系而言，恩迪亚耶法官反对本案判决中提及的，他认为法庭在没有管辖权的情况下就判断原告是否满足"交换意见"的义务。他认为法庭的管辖权既来自《公约》和《国际海洋法法庭规约》的规定，也来自双方当事国的声明，而当两国对此存在争议时，法庭有义务解决此问题。[69] 勒基法官则认为，即便当事国没有履行第283条规定的"交换意见"的义务，也不意味着法庭就应该不受理此案。[70]

2. 《公约》第295条规定的当事国"用尽当地救济"的义务

在本案的临时措施阶段，法庭就指出，"用尽当地救济"的问题应该在后续实体诉讼程序中予以解决。而恩迪亚耶法官则在他发表的个别意见中认为，《公约》第295条设定的"用尽当地救济"的义务并没有被本案当事国履行，这也导致原告提起的诉讼不具备可受理性。[71] 他指出，《公约》第295条的立法目的是在国家的主权与国际法的要求之间取得一个平衡，因此将"用尽当地救济"作为原告的诉求具备可受理性的一个前置条件。[72] 在本案中，西班牙当局早在2006年3月15日就通

---

[66] Dissenting Opinion of Judge Lucky, Judgment of 28 May 2013, p. 158, para. 14.
[67] Separate Opinion of Judge Ndiaye, Judgment of 28 May 2013, p. 63, para. 26.
[68] Dissenting Opinion of Judge Lucky, Judgment of 28 May 2013, p. 160, para. 21.
[69] Separate Opinion of Judge Ndiaye, Judgment of 28 May 2013, p. 67, para. 38.
[70] Dissenting Opinion of Judge Lucky, Judgment of 28 May 2013, p. 159, para. 17.
[71] Separate Opinion of Judge Ndiaye, Judgment of 28 May 2013, p. 104, para. 144.
[72] Ibid., p. 96, paras. 130-132.

知圣文森特和格林纳丁斯有关"路易莎"号船被登临和搜查的事实。然而，直到四年后原告才通过给对方发邮件的方式作出回应。原告于2010年10月26日通知西班牙其诉讼意图，在此日期之前原告并没有采取任何与"路易莎"号船有关的措施。

（四）《公约》第300条的解释与适用

原告在庭审中首次援引《公约》第300条是否会产生一个新的主张，这是存在争议的问题。本案中，法庭认定原告在书面程序结束后提交的与《公约》第300条有关的争端是一个在其请求书中并不存在的、新的争端，其争端的主题事项已经变更。而詹姆斯·卡特卡法官则在其发表的个别意见中认为，在本案中原告援引《公约》第300条，并不会如法庭在判决中所宣称的那样，产生一个新的主张（new claim）。[73] 他认为，这是一个额外的主张（additional claim），国际法院的相关判例表明，一个额外的主张是指在诉状或主题事项中所明示或暗示地包含的主张。[74] 被告也多次在其书面文书中明确地援引第300条。这表明，在庭审期间首次援引《公约》第300条并不会产生一个新的主张。热苏斯法官在其反对意见中赞成卡特卡法官的意见，认为对诉求的"发展"（development）并不会引入"新的"（new）诉求；他同时指出，本案中"路易莎"号船和船员被抓扣是由于西班牙认定其违反了西班牙规制领海内活动的国内法，而这也是《公约》所规定的。

《公约》第300条应该如何适用是另一个值得探讨的问题。本案法庭认为，《公约》第300条不能被单独援引，但各位法官对于应该如何适用该条存在不同看法。例如，热苏斯法官指出，《公约》第300条可以与第2条第3款一起构成本案中法庭享有管辖权的法律依据。[75] 布盖岱亚法官一方面支持热苏斯法官的看法，另一方面，他认为，《公约》第300条可以与《公约》序言部分的最后一段一起适用。[76] 此外，他还认

---

[73] Separate Opinion of Judge Kateka, Judgment of 28 May 2013, p. 127, para. 12.

[74] Separate Opinion of Judge Ndiaye, Judgment of 28 May 2013, p. 127, para. 12.

[75] Dissenting Opinion of Judge Jesus, Judgment of 28 May 2013, pp. 145-146, 153, paras. 22, 27, 61.

[76] Separate Opinion of Judge Bouguetaia, Judgment, ITLOS Reports 2013, p. 137, para. 37. 《公约》序言最后一段，即"确认本公约未予规定的事项，应继续以一般国际法的规则和原则为准据"。

为，法庭在判决书第 154 段中关于"它不能（处理）但注意到人权问题"的提法，是不可取的。尊重人权已经成为一种对世义务，[77] 法庭可以在此问题上对保护人权作出更具体的贡献。[78] 勒基法官在发表的反对意见中主张，当有必要援引《公约》第 300 条，且没有可以指导的方法时，法官可以对该条给予宽泛和丰富的解释。[79] 由菲律宾单方面提起的"南海仲裁案"所谓裁决甚至将第 300 条解释成该条包括了"不得加剧或扩大争端的义务"。[80] 结合该案部分法官的个别意见以及嗣后的国际司法或仲裁实践，我们不难发现，国际上存在对《公约》第 300 条扩大解释的趋势。

（五）船舶的国籍问题

船舶国籍的重要性在许多涉及"迅速释放"和"临时措施"的案件中都有清晰的体现。在"朱诺商人"号案中，船舶国籍的重要性在于其决定了原告是否具备提诉资格，而本案中船舶的国籍是判定原告加入《公约》时所做声明适用范围的一个重要因素。

本案中关于船舶国籍的举证责任引起了一定的讨论。白珍铉法官在其声明中指出，船舶国籍的举证责任是由主张该船舶属于其所有的国家承担，[81] 在本案中即由圣文森特和格林纳丁斯举证。然而，有些国家并不要求那些较小的、不从事国际航行的船舶进行注册，在这种情况下，如果圣文森特和格林纳丁斯能够举证，就可以证明"双子座Ⅲ"号船作为"路易莎"号船舶的附属船可能会拥有与其母船一样的国籍。[82] 恩迪亚耶法官在他发表的个别意见中指出，在本案中，圣文森特和格林纳丁斯应该承担《公约》第 94 条赋予它的责任，而要有效地履行这些责任就必须确认《公约》第 91 条第 1 款规定的"国家和船舶之间的真正联系"。[83] 在本案中，原告并没有证明该国与"双子座Ⅲ"号船之间的

---

[77] Separate Opinion of Judge Bouguetaia, Judgment, ITLOS Reports 2013, p. 133, para. 14.
[78] Ibid., p. 137, para. 38.
[79] Dissenting Opinion of Judge Lucky, Judgment, ITLOS Reports 2013, p. 165, para. 42.
[80] 中国国际法学会：《南海仲裁案裁决之批判》，外文出版社 2018 年版，第 356—358 页。
[81] Declaration of Judge Paik, Judgment, ITLOS Reports 2013, pp. 49-50, para. 4.
[82] Ibid., p. 50, para. 6.
[83] Separate Opinion of Judge Ndiaye, Judgment, ITLOS Reports 2013, p. 93, para. 94.

联系，相应地，与该国提起的法律行动有关的诉求也就不具备可受理性。[84]

五、附　录

（一）中英案件全名

1. 中文案件全名："路易莎"号案（圣文森特和格林纳丁斯诉西班牙）

2. 英文案件全名：The M/V "Louisa" Case（Saint Vincent and the Grenadines v. Kingdom of Spain）

（二）案件的标准引用

1. M/V "Louisa"（Saint Vincent and the Grenadines v. Kingdom of Spain），Provisional Measures，Order of 23 December 2010，ITLOS Reports 2008-2010，p. 58.

2. M/V "Louisa"（Saint Vincent and the Grenadines v. Kingdom of Spain），Judgment，ITLOS Reports 2013，p. 4.

（三）主要参考文献

1. Yoshifumi Tanaka，"A Note on the M/V 'Louisa' Case"，*Ocean Development & International Law*，Vol. 45，2014，pp. 205-220.

2. Yoshifumi Tanaka，"Current Legal Developments：International Tribunal for the Law of the Sea"，*International Journal of Marine and Coastal Law*，Vol. 26，2011，pp. 481-490.

3. 中国国际法学会：《南海仲裁案裁决之批判》，外文出版社2018年版，第356—358页。

4. 张丽娜：《国际海洋法法庭临时措施管辖权的影响因素》，《社会科学辑刊》2014年第5期，第56—62页。

---

[84] Separate Opinion of Judge Ndiaye，Judgment，ITLOS Reports 2013，p. 95，para. 125.

（四）与本案主题相关的重要引用案件

1. Certain Norwegian Loans, Judgment, I. C. J. Reports 1957, p. 9, at p. 23.

2. Armed Activities on the Territory of the Congo (New Application: 2002) (Democratic Republic of the Congo v. Rwanda), Jurisdiction and Admissibility, Judgment, I. C. J. Reports 2006, p. 6, at p. 39, para. 88.

3. Mavrommatis Palestine Concessions, Judgment, No. 2, 1924, P. C. I. J., Series A, No. 2, p. 11.

4. M/V "SAIGA" (No. 2) (Saint Vincent and the Grenadines v. Guinea), Judgment, ITLOS Reports 1999.

（五）案件中的重要缩略语

ITLOS　International Tribunal for the Law of the Sea　国际海洋法法庭
UNCLOS　United Nations Convention on the Law of the Sea　《联合国海洋法公约》

（施余兵）

南太平洋区域渔业管理组织
竹筴鱼捕捞限额案

(2013 年)

2013.04.19 俄罗斯向南太平洋执行秘书提出反对意见
2013.05.21 专家审议组成立（常设仲裁法院提供行政协助）
2013.06.07 专家审议组发布第 1 号程序指令
2013.06.13 南太平洋区域渔业管理组织委员会主席兼代理执行秘书提交信息文件和辅助材料
2013.06.21 智利、中国台北、欧盟和新西兰提交书面意见
2013.07.01 专家审议组于海牙和平宫举行庭审
2013.07.05 专家审议组作出调查结论和建议

关键词： 捕捞限额（Catch Limit）；养护与管理措施（Conservation and Management Measure）；替代措施（Alternative Measures）；不合理的歧视（Unjustifiable Discrimination）

一、案件背景

本案是《南太平洋公海渔业资源养护与管理公约》（以下简称《养护与管理公约》）生效后第一个在《养护与管理公约》下成立专家审议组，首次就公约的相关历史、组织以及俄罗斯所提出的反对意见进行审议，并作出调查结论与建议的案件。[1]《养护与管理公约》设立了南太平洋区域渔业管理组织委员会（以下简称"委员会"）。本案审理时，该

---

[1] PCA Case No. 2013-14: Review Panel Established under the Convention on the Conservation and Management of High Seas Fishery Resources in the South Pacific Ocean, https://pca-cpa.org/en/cases/33/.

委员会有 11 个成员。[2]

(一) 争端产生的过程

1. 《养护与管理公约》生效前的状况

在起草《养护与管理公约》期间，竹笋鱼资源的可持续性管理是谈判各方高度关注的问题。2006 年第一次国际磋商会议上成立了科学工作组 (Science Working Group)，提供有关渔业资源的科学数据。[3] 2007 年通过了《临时措施》，[4] 与会各方将核查其船只在《临时措施》规定的区域内的渔业状况，并向临时秘书处提交适当的数据。[5] 科学工作组成立后就开始关注竹笋鱼存量下降的状况，其于 2009 年对渔业和其他指标进行了全面审查，以此作为向起草大会提出建议的基础。[6]

根据科学工作组的建议，在 2009 年最后一次国际磋商中，与会各方通过经修订的《临时措施》，同意自 2010 年起至《养护与管理公约》生效期间自愿使捕捞量维持在 2007 年、2008 年或 2009 年的水平。[7] 2010 年科学工作组发布的第一份评估报告显示，如果捕捞量继续保持在 2010

---

[2] 本案审理时，委员会成员为：澳大利亚、伯利兹、智利、库克群岛、古巴、欧盟、丹麦法罗群岛、韩国、新西兰、俄罗斯、中国台北。中华人民共和国于 2013 年 7 月 6 日成为该组织成员。

[3] Report of the First International Meeting on the Establishment of the Proposed South Pacific Regional Fisheries Management Organisation held on 14-17 February 2006, https：//www.sprfmo.int/assets/Meetings/Meetings-before-2013/International-Consultations-2006-to-2009/IntCons-1-2006-Wellington-New-Zealand/SPRFMO-IntConf-1-2006-Report.pdf.

[4] 2007 Interim Measures Adopted by Participants in Negotiations to Establish South Pacific Regional Fisheries Management Organisation, https：//www.sprfmo.int/assets/Meetings/Meetings-before-2013/International-Consultations-2006-to-2009/IntCons-3-2007-Renaca-Chile/SPRFMO-Interim-Measures-Final.pdf.

[5] Organisation Information Paper, paras.7, 10-11. Information Paper for the Review Panel Established under Article 17 and Annex II of the Convention on the Conservation and Management of High Seas Fishery Resources in the South Pacific Ocean to Consider the Objection by the Russian Federation to the Conservation and Management Measure for Trachurusmurphyi (CMM1.01), https：//files.pca-cpa.org/SPRFMO/2013063_SPRFMO_Information_Paper_ENG.pdf.

[6] Organisation Information Paper, paras.12-13.

[7] Ibid., para.14.

年的水平,则竹筴鱼的数量会进一步大幅下降。[8]

第二次筹备会议在 2011 年通过了另一项《临时措施》,将 2011 年捕捞量限制在 2010 年的 60%。[9] 成员方一致确认在 2012 年将捕捞量减少到 2010 年的 40%。[10]

2. "拉法耶特"号法律地位的争议

2009 年 11 月 17 日,俄罗斯通知临时秘书处,"拉法耶特"(Lafayette)号将在 2009 年进入《养护与管理公约》规定的海域内(以下简称"公约区域")作为"中层拖网渔船"捕捞竹筴鱼。"拉法耶特"号原本是俄罗斯的一艘大型加工船,《养护与管理公约》其他成员方质疑该船不属于通常的拖网渔船。

委员会认为该船在 2009 年 12 月前没有从事捕捞活动,所以未将"拉法耶特"号列入当时从事捕捞竹筴鱼的船只名单。[11] 委员会审议的数据文件也未包含 2010 年俄罗斯的捕捞数据。

俄罗斯向临时秘书处提供了"拉法耶特"号 2010 年度在公约区域的竹筴鱼渔获量的数据,[12] 提请执行秘书将其列入捕捞竹筴鱼的船只名单。[13] 但秘鲁提供的数据显示,2010 年 4 艘秘鲁船舶向"拉法耶特"号转运了 31275 吨渔获物,各方质疑转运的渔获物不应计入"拉法耶特"号的捕捞数据中。俄罗斯辩称,当某一艘船获得了较高的配额却发生无法完成配额的情况时,可能雇用其他船只以帮助它完成配额,这种情况属于租赁或出租船只的服务;[14] 并主张转运的捕获物应计入该船的捕捞量中。

3.《竹筴鱼养护和管理措施》

委员会在第一次会议上通过了《竹筴鱼养护和管理措施》(Conservation and Management Measure for Trachurusmurphyi Adopted by the Commission on 1 February 2013,CMM 1.01),从成员方以及合作非缔约方(Cooperating

---

[8] Organisation Information Paper, para. 15; Hearing Transcript, p. 18; Report of the 9th SWG Meeting, p. 3.
[9] Organisation Information Paper, para. 16.
[10] Ibid.
[11] Findings and Recommendations, paras. 27-28.
[12] Ibid., paras. 32-34.
[13] Ibid., para. 31.
[14] Ibid., para. 47.

Non-Contracting Party，CNCPs）的渔船总吨位（GT）以及捕捞量两方面对竹筴鱼捕捞进行了限制。[15] 该措施包括 2013 年对部分成员方及合作非缔约方的总捕捞量和个别捕捞量的限额，俄罗斯未获得任何配额。

俄罗斯认为该决议不合理地在形式上或事实上对委员会成员进行歧视，与 1982 年《公约》以及 1995 年颁布的《执行 1982 年 12 月 10 日〈联合国海洋法公约〉有关养护和管理跨界鱼类种群和高度洄游鱼类种群的规定的协定》（以下简称 1995 年《协定》）中的国际法规则不一致。俄罗斯决定在 2013 年将其捕捞量限制在科学工作组建议的总允许渔获量内，并在适当的时候将捕捞限额通知南太平洋区域渔业管理组织委员会秘书处[16]。

（二）俄罗斯的反对意见

俄罗斯正式向秘书处提交了 2010 年俄罗斯竹筴鱼捕捞量为 41315 吨的数据。然而，委员会在制定 2013 年捕捞限额的过程中完全忽视了该数据，俄罗斯因此没有获得任何捕捞配额，俄罗斯认为这构成歧视。俄罗斯反对委员会在 2013 年通过的《竹筴鱼养护和管理措施》。

根据《竹筴鱼养护和管理措施》第 6 段的规定，各方同意 2013 年将竹筴鱼的总允许渔获量限制在 36 万吨，而各国在总允许渔获量中所占的份额与 2010 年相同。据此，俄罗斯自行确立了在公约区域内捕捞限额为 19944 吨，以此作为"替代措施"。

为了得出调查结果并作出建议，专家审议组将俄罗斯上述结论称为"反对意见"，并将俄罗斯提到的"总允许渔获量中的捕捞量配额"作为"决定"的内容。

---

[15] Findings and Recommendations，para. 50. 《竹筴鱼养护和管理措施》规定，成员方以及合作非缔约方应将公约区域的竹筴鱼渔船的总吨位限制在 2007 年、2008 年或 2009 年在公约区域从事捕捞作业的船舶总吨位。只要各成员方及合作的非缔约方的总吨位水平不超过限额，成员方以及合作的非缔约方可以更换它们的渔船。根据《竹筴鱼养护和管理措施》第 1 项规定，该地区 2013 年竹筴鱼的总捕捞量应限制在 36 万吨。成员方和合作的非缔约方将以与 2010 年捕捞量相同的比例分配《竹筴鱼养护和管理措施》适用的地区和捕捞限额（总计 36 万吨：伯利兹 1031 吨、智利 249796 吨、中国 29256 吨、欧盟 31046 吨、丹麦法罗群岛 5355 吨、韩国 3764 吨、秘鲁 18636 吨、瓦努阿图 21116 吨）。

[16] Findings and Recommendations，para. 51.

二、审议过程

俄罗斯反对委员会通过的《竹筴鱼养护和管理措施》，并援引《养护与管理公约》第 17 条提出反对意见。本案专家审议组根据《养护与管理公约》第 17 条和附件二设立，[17] 其在审议了俄罗斯的反对意见和成员方的意见后，向代理执行秘书转交了根据《养护与管理公约》第 17 条第 5 款（e）项和附件二第 9 段的规定作出的调查结果和建议。

专家审议组于 2013 年 6 月 7 日发布了第 1 号程序指令，其中包括书面材料所应包括的内容：

（1）除歧视性问题外，委员会的决定是否违反《养护与管理公约》，或 1982 年《公约》、1995 年《协定》以及其他相关国际法的规定；该决定事实上和法律上的基础，委员会作出该决定的权限以及专家审议组关于该决定的权限。

（2）《竹筴鱼养护和管理措施》是否对俄罗斯构成形式上或事实上不合理的歧视，以及构成不合理歧视的标准、方式。

（3）确定替代措施是否是与《竹筴鱼养护和管理措施》相符的标准和方式，以及与其第 5 段、第 6 段、第 7 段和第 11 段的相关性。

（4）关于《养护与管理公约》附件二第 10 段（a）项和（j）项，俄罗斯所提及的捕捞限额是否是一种与委员会的决定具有同等效果的替代措施。专家审议组要求将替代措施的问题列入俄罗斯在 2013 年 6 月 14 日前应提交的备忘录中。

（5）关于《养护与管理公约》附件二第 10 段（b）项，是否对（d）项中所提及的捕捞限额作了具体修改，这是否会成为与《竹筴鱼养护和管理措施》等效的一种替代措施。

（6）关于《养护与管理公约》附件二第 10 段（c）项，其他替代措施是否等效于俄罗斯所反对的《竹筴鱼养护和管理措施》相关决定。

南太平洋区域渔业管理组织委员会主席兼代理执行秘书提交了信息

---

[17] 2013 年 4 月 30 日，俄罗斯通知代理执行秘书，贝加什夫（Kamil A. Bekyashev）教授被任命为专家审议组成员。卡瓦哈尔（Sra. Valeria Carvajal）夫人随后被委员会主席指定为专家审议组成员。2013 年 5 月 21 日，根据俄罗斯与委员会主席的协议，奥克斯曼教授被任命为专家审议组的主席。荷兰海牙常设仲裁法院（PCA）在审议过程中提供行政协助。

文件和辅助材料，智利、中国台北、欧盟和新西兰提交了书面意见。随后，俄罗斯就新西兰提交的书面材料提交了意见。

2013年7月1日，庭审在海牙的和平宫举行。来自智利、中国台北、俄罗斯和南太平洋区域渔业管理组织的代表团出席了庭审。俄罗斯、智利代表、委员会主席和委员会代理执行秘书进行了口头陈述。

三、专家审议组的调查结果与建议

（一）各方主要争点

专家审议组总结了各成员方所提出的与其调查结论和建议相关的论点。

1. 程序的有效性问题

智利指出，俄罗斯提出反对意见不符合《养护与管理公约》第17条第2款的要求。[18] 首先，就第17条第2款（a）项所规定的提出反对意见的及时性而言，智利认为，俄罗斯提交第二份文件时，"提出反对意见的期限"已届满。因此，俄罗斯不能增加新的事实和诉求。

智利进一步指出，俄罗斯的反对意见没有按照第17条第2款（b）项（i）目的规定详细说明其提出反对的理由，因为俄罗斯在第一封信函（2013年4月19日）中主张，提出反对意见的理由是委员会没有考虑俄罗斯2010年渔获量数据，"因此构成了不合理的歧视"；此后，俄罗斯又提出，在分配2013年配额时不应该考虑2010年度的渔获量数据。智利指出，上述两个论点不仅相互矛盾，而且是不同性质的，不能认为这是详细说明反对意见的理由。[19]

在第17条第2款（b）项（ii）目下，智利认为俄罗斯没有采取替代措施，俄罗斯提出基于2010年数据的所谓替代措施，与它最初的立场是矛盾的。俄罗斯曾经主张不应该使用2010年的渔获量数据，这构成对该年度没有渔获量的国家的歧视。

智利的结论是，委员会适当地采用了2010年的数据来确定2013年

---

[18] Findings and Recommendations, para. 59.
[19] Ibid., para. 60.

配额，而俄罗斯已经放弃了对其提出异议的机会，或者说俄罗斯没有提出异议的合法依据。[20]

2.《竹筴鱼养护和管理措施》及《养护与管理公约》第21条第1款的关系

俄罗斯认为，委员会的"决定"和《养护与管理公约》不一致，该委员会有义务在《养护与管理公约》第21条第1款项下进行判断。《竹筴鱼养护和管理措施》既涉及保护和管理，也涉及配额的分配，因此也应与第21条第1款有关。[21]

俄罗斯主张，2010年的捕捞数据并不是确定成员方捕捞限额的合理依据。因为修订后的临时措施是自愿的，没有约束力，这些措施"不可能"作为一个先例，或作为委员会未来进行管理决策的参考。而且，委员会无权审查《养护与管理公约》生效之前的2010年捕捞数据。修订后的临时措施限制了捕捞量，2010年的捕捞量并没有反映出这些参与者真实的捕捞能力。俄罗斯表示，没有其他区域性的渔业管理组织使用特定年份作为依据来确定总允许渔获量以及配额。[22]

委员会主席认为，《竹筴鱼养护和管理措施》中采取的措施并未涉及《养护与管理公约》第21条第1款：在制定《竹筴鱼养护和管理措施》时，其没有依据第21条进行决策；相反，措施的制定者试图找到一种可接受的手段以减少当前的捕捞量，从而使总量达到一种可以合理承担的水平[23]。

委员会主席强调，与会者意识到，他们正在采取一项为期一年的措施，以便在迫切需要减少渔获量的同时，不妨碍今后的配额或根据《养护与管理公约》第21条第1款作出的决定。在《竹筴鱼养护和管理措施》序言部分中提到，第21条第2款涉及在一个沿海国家管辖范围内适用这些措施的可能性，而不是为了援引第21条第1款规定的标准。当在《竹筴鱼养护和管理措施》中规定这些措施时，委员会在《养护与管理公约》第8条下行使了其广泛的职能。

欧盟认为，《竹筴鱼养护和管理措施》的法律依据是《养护与管理

---

[20] Findings and Recommendations, para. 61.
[21] Ibid., para. 62.
[22] Ibid., para. 63.
[23] Ibid., para. 64.

公约》。《养护与管理公约》第21条第1款是有关配额分配的主要条款，但不是以潜在的捕捞能力作为标准。欧盟强调，"历史产量、过去和当前捕捞方式及实践"是在决定分配配额时应采用的标准。

最后，智利根据《养护与管理公约》第3条第1款（a）项（iv）目提出，该委员会有权利和义务核实数据。尽管《养护与管理公约》于2012年8月生效，但采取措施是以现有数据为依据，并不构成对该公约的溯及适用；因此，智利主张委员会可以自由地使用2010年或其他年份的数据。

3. 违反相关国际法

俄罗斯主张，委员会的决定违反了1982年《公约》第87条、第116条和第119条，以及1995年《协定》第8条，1982年《公约》第119条禁止在保护环境中受到歧视。

智利认为，《养护与管理公约》与相关国际法一致，而《竹筴鱼养护和管理措施》是依据《养护与管理公约》第8条制定的，也是符合国际法的。

新西兰表示，委员会的这一决定与1982年《公约》第119条以及1995年《协定》第5条（a）—（e）项一致。[24]

4. 形式上或事实上的歧视

俄罗斯认为，在确定2013年捕捞配额方面，俄罗斯代表团在预备会议、工作组和委员会的会议上已经提供了详细的信息；而委员会的决定没有采信俄罗斯2010年的数据是对俄罗斯的不合理的歧视。俄罗斯认为它在适当的时候已经提供了所有必要的数据，即使缺乏一部分数据也不能成为排除俄罗斯2010年捕捞量数据的理由。而且，2007年以来，其他国家也存在没有报告数据的情况，但这些国家并没有以同样的方式被排除在外。

在俄罗斯看来，委员会选择在计算捕捞配额时使用2010年捕捞数据是另一种形式的歧视。使用一年的数据来计算它的捕捞限额对于任何一个在公约区域没有捕鱼的国家都是歧视。如果以俄罗斯申报的2010年捕捞量41315吨作为基数，则2013年分配给它的实际捕捞配额应为19944吨，而不是零吨。[25]

---

[24] Findings and Recommendations, paras. 70-72.
[25] Ibid., paras. 73-75.

新西兰、智利和欧盟反驳了俄罗斯的主张。新西兰认为，俄罗斯提供的信息不充分，所以委员会根据《养护与管理公约》第3条的规定采取了适当的步骤，决定不考虑俄罗斯提供的数据，并不存在歧视。

欧盟和智利方面主张，除了秘书处提出的上述事实，排除俄罗斯2010年的数据是合理的，因为俄罗斯未能提供"支持其数据的可靠性"的信息。俄罗斯2010年报告的41315吨中有31275吨是来自秘鲁船只的转运，2010年捕捞量的大部分是重复计算的数据。智利特别指出，俄罗斯违反了2009年《临时措施》第15段，其未能在2010年每个月月末30天内提交有关月度捕捞量的信息。俄罗斯未按照2009年《临时措施》第14段规定的数据标准，提供关于2010年捕捞活动的信息。智利认为"拉法耶特"号没有能力从事捕捞活动，而这是俄罗斯无法否认的事实。

在庭审中，对于以2010年的数据作为基准是否构成了歧视的问题，新西兰和智利主张，《竹筴鱼养护和管理措施》获得通过的时候，俄罗斯并没有对使用2010年的数据提出任何异议；而且，在2011年和2012年通过的临时措施以及《竹筴鱼养护和管理措施》中，与会者和委员会同意将2010年数据用于这些具体措施。[26] 新西兰和智利主张俄罗斯应受禁止反言规则的约束。

鉴于俄罗斯在2011年1月签署了《养护与管理公约》，智利还认为，根据《维也纳条约法公约》第18条，俄罗斯负有不得在条约生效前妨碍其目的及宗旨的义务。[27]

5. 替代措施

俄罗斯根据2010年捕捞量的数据，计算出它有权获得总允许渔获量的5.54%，即19944吨，这样做可以将其他成员方以及合作非缔约方的比例调整为《竹筴鱼养护和管理措施》的比例。[28]

在反对意见中，俄罗斯提出如下的替代措施：俄罗斯政府按照2010年数据获得相应的配额比例（总捕捞量的5.54%），根据2013年竹筴鱼的捕捞量分配原则，确定俄罗斯的竹筴鱼捕捞限额相当于19944吨。[29] 在庭审中，俄罗斯进一步阐述了其替代措施：俄罗斯所提措施的替代性

---

[26] Findings and Recommendations, para. 81.

[27] Ibid., para. 82.

[28] Ibid., para. 84.

[29] Ibid., para. 83.

质是指，无论俄罗斯渔船在2013年竹筴鱼的实际捕捞量是多少，如果委员会成员方实际捕捞量总计达到《竹筴鱼养护和管理措施》所设定的36万吨的总允许渔获量，则俄罗斯将在公约区域停止捕捞竹筴鱼。所以这种方法的适用应该被视为《竹筴鱼养护和管理措施》的等效措施，并且和《养护与管理公约》的目标一致。[30]

（二）专家审议组的认定

专家审议组认为，2013年4月19日俄罗斯致代理执行秘书的信函符合《养护与管理公约》第17条第2款的规定。俄罗斯不受其先前的立场或声明的影响，享有在这一条款下提出反对意见的权利。其后提出的解释和论据以及修改反对意见并不违反第17条第2款（a）项60天期限的规定[31]。

俄罗斯向专家审议组明确表示，当达到《竹筴鱼养护和管理措施》规定的36万吨总允许渔获量时，在公约区域作业的俄罗斯船只将停止捕捞。因此，反对意见并不是针对未能将俄罗斯2010年报告的捕捞量列入计算总允许渔获量，而仅针对《竹筴鱼养护和管理措施》没有给俄罗斯任何配额。俄罗斯质疑这一决定的合法性，并声称该决议在《养护与管理公约》第17条第2款（c）项的意义上不合理地歧视俄罗斯。专家审议组注意到，《竹筴鱼养护和管理措施》第6段、第7段和第11段适用于直接从海上捕捞竹筴鱼，而不适用于从另一艘船转移渔获物的情形[32]。

专家审议组认为，没有给予俄罗斯任何配额，是由于委员会依据2010年数据来计算2013年捕捞配额。受不确定性因素的影响，委员会决定拒绝考虑2010年"拉法耶特"号的捕捞量。基于这些资料，专家审议组认为，没有足够的依据来确定"拉法耶特"号报告的捕捞量的来源是否有部分属于秘鲁船只。

俄罗斯在南太平洋捕捞竹筴鱼有重要的历史渊源，其积极参与筹备会议和委员会，在工作组的工作中也发挥了重要作用。在《竹筴鱼养护和管理措施》的第5段中，俄罗斯被赋予一定的"捕捞努力量"。

虽然智利、欧盟和新西兰认为，根据2010年数据确定2013年个别

---

[30] Findings and Recommendations, para. 86.
[31] Ibid., para. 87.
[32] Ibid., paras. 88-90.

成员方和合作非缔约方的总允许渔获量和捕捞限额是合理的，然而在书面材料或庭审中，它们并未提出令人信服的论点来说明为什么没有将任何捕捞限额分配给俄罗斯，也没有提出令人信服的论据，以证明不给予俄罗斯捕捞配额而使其他成员获得额外的捕捞配额是合理的。[33]

据此，专家审议组得出结论认为，没有将任何配额分配给俄罗斯，构成对俄罗斯不合理的歧视。根据书面材料和口头陈述中的理由，并根据《养护与管理公约》第17条第2款（c）项规定的其他异议的理由以及附件二第10段所述的不同后果，专家审议组还得出结论认为，该决定不违反《养护与管理公约》，或者1982年《公约》或1995年《协定》所反映的其他有关国际法的规则。[34]

对于俄罗斯提出的反对意见，新西兰在其书面材料中声称，如果给予俄罗斯任何捕捞配额都将会改变总允许渔获量，或者改变对其他成员的配额，或两者兼而有之。因此，这种分配配额不能产生与决定同等的效果。

专家审议组的结论认为，《养护与管理公约》第17条第1款和第2款不能分割，两者都适用于决定捕捞量配额。专家审议组注意到，俄罗斯声明在达到总允许渔获量的情况下将停止捕鱼，这在很大程度上消除了对其反对意见的影响。但即使是在这一限制条件下，俄罗斯额外获得的捕捞量配额，仍可能会影响一个或多个成员方或合作非缔约方的配额。[35]

因此，专家审议组认为，与《竹筴鱼养护和管理措施》具有同等效力的替代措施，应设法避免与总允许渔获量的不一致。

（三）专家审议组的调查结果及建议

鉴于上述情况，根据《养护与管理公约》第17条第5款（e）项，专家审议组作出调查结果及建议：[36]

（1）委员会的决定在形式上或事实上构成对俄罗斯的不正当歧视；

---

[33] Findings and Recommendations, para. 92.
[34] Ibid., para. 93.
[35] Ibid., paras. 96-99.
[36] Ibid., para. 100.

（2）俄罗斯采取的替代措施，实际上并不等同于俄罗斯所反对的决定；

（3）下列措施是与决定等效的替代措施：

俄罗斯授权在俄罗斯注册的船只于 2013 年在公约区域捕获竹筴鱼：

①只有在俄罗斯从该组织依据《养护与管理公约》第 3 条第 1 款（a）—（v）项所报告的数据中得出结论，2013 年的总捕捞量将不会达到《竹筴鱼养护和管理措施》第 6 段所提到的 36 万吨的总允许渔获量时；且②直到本组织报告已经达到这个总允许渔获量为止。

（4）俄罗斯所反对的委员会决定与 1982 年《公约》或 1995 年《协定》或其他相关国际法的规定并不矛盾。

专家审议组成员卡瓦哈尔发表了独立意见，[37]倾向于适用《养护与管理公约》附件二条 10 段（i）或（j）项的规定审查俄罗斯的替代措施。

四、评 论

本案是《养护与管理公约》生效后第一个依据该公约第 17 条组成专家审议组并作出建议的案件。除事实问题的争议外，本案涉及两个主要的法律问题。

第一，关于分配配额的标准。俄罗斯所提交的数据受到广泛质疑，委员会也未认可俄罗斯所申报的 2010 年渔获量数据。但本案中，专家审议组并未对数据的真实性进行审查，这不是因为事实关系复杂，而是因为仅审查 2010 年度数据的真实性并不能判断配额的合理性。正如俄罗斯所主张的，仅以 2010 年度渔获量数据作为分配配额的依据，对于当年度没有捕捞的当事方而言是不合理的。专家审议组着重审查了不给予俄罗斯任何配额的决定是否属于不合理的歧视，这涉及依据何种标准来决定捕捞量配额的问题。

---

[37] Separate Opinion of Sra. Valeria Carvajal, dated on 5 July 2013.

《竹筴鱼养护和管理措施》的一项重要的机能是通过限制渔获量配额实现渔业资源的养护，也是委员会作出决定的主要依据，其规定使用2010年渔获量数据作为计算配额的基准。在《竹筴鱼养护和管理措施》起草过程中，俄罗斯并没有对此表示反对。即便如此，委员会在决定配额时，还是需要重视《竹筴鱼养护和管理措施》同《养护与管理公约》第21条第1款的关系，二者也是判断委员会的决定在形式上或事实上是否构成不合理歧视的标准。本案中，委员会仅着重考虑了2010年的数据的重要性，未考虑俄罗斯的历史捕捞量及其对科学研究的贡献等第21条第1款所规定其他标准。

《竹筴鱼养护和管理措施》的法律依据是《养护与管理公约》，其并不是独立于该公约的措施与规定，而且《竹筴鱼养护和管理措施》中也明确提到了《养护与管理公约》的第4条、第20条和第21条。该公约第21条是关于参加公约区域渔业资源捕捞的主要规定。在决定参与渔业资源捕捞以及分配配额时，应考虑渔业资源状况以及对该资源的现有"捕捞努力量"，也应根据相关程度考虑第21条第1款列明的其他10项标准。[38] 俄罗斯在南太平洋有捕捞竹筴鱼的历史渊源，并积极参与筹备会议和委员会，在工作组的工作中也发挥了重要作用。因此，专家审议组得出结论认为，缺乏充分的依据来说明没有将任何捕捞限额分配给俄罗斯的原因，这构成了不合理的歧视。

第二，关于认定等效的替代措施及其判断要素。俄罗斯政府按照2010年数据获得相应的配额比例（总捕捞量的5.54%），确定俄罗斯的捕捞限额相当于19944吨。俄罗斯主张的替代措施是指，无论俄罗斯渔

---

[38] 《南太平洋公海渔业资源养护与管理公约》第21条"参与渔业资源的捕捞"
   1. 对参与任何渔业资源的捕捞作成决定时，包括总允许渔获量或总允许捕捞努力量的分配，委员会应考虑该渔业资源状况以及对该资源的现有捕捞努力量，并按相关程度考虑如下标准：
   (a) 公约区域的历史产量、过去和当前捕捞方式及实践；
   (b) 遵守依据本公约制定的养护与管理措施情况；
   (c) 显示有能力和愿望对渔船行使有效船旗国控制；
   (d) 对渔业资源养护与管理做出的贡献，包括提供准确数据以及有效的监测、控制、监视和执法；
   ……
   (j) 在对渔业资源开展的科学研究以及公布此类研究结果方面作出的贡献。
   参见本书编写委员会：《国际渔业条约和文件选编》，海洋出版社2015年版，第454页。

船在 2013 年的实际捕捞量是多少，如果委员会成员方实际捕捞量总计达到《竹筴鱼养护和管理措施》所设定的 36 万吨的总允许渔获量，则俄罗斯将在公约区域停止捕捞。俄罗斯认为这种方法保证了《竹筴鱼养护和管理措施》所设定的总允许捕捞量，是与《养护与管理公约》的目标一致的等效的措施。[39]

专家审议组强调等效替代措施包括两个要件，即年度总捕捞量与各成员方的配额。俄罗斯的提案虽然维持了年度总捕捞量，但实质上却改变了各方的配额。俄罗斯额外获得的配额，必然会影响一个或多个其他成员方或合作非缔约方的已经获得的配额。因此专家审议组得出结论认为，俄罗斯提出的替代措施与委员会决定的措施不是等效的。[40] 专家审议组认为，与《竹筴鱼养护和管理措施》等效的替代措施，应设法避免与总允许渔获量不一致，也要避免对其他成员以及合作非缔约方的配额产生影响。

专家审议组对等效替代措施的要件做了较为严格的解释，如果适用这两个要件则几乎不可能存在等效的替代措施。专家审议组提出了一种例外的情况，只有在委员会公布的数据显示 2013 年的总捕捞量将达不到《竹筴鱼养护与管理措施》第 6 段所提到的 36 万吨的总捕捞量时，俄罗斯才可以捕捞剩余的份额。这意味着，只有当获得配额的成员方由于某种原因导致自身预计达不到捕捞量配额时，俄罗斯才可以获得这部分配额。虽然实质上仍然是俄罗斯占用了其他成员方的配额，但俄罗斯并不是单方面决定占用其他成员方的配额。专家审议组的等效替代措施的核心是，任何替代措施既要保证总捕捞量不变，又不能影响各成员方对于自己配额的合理预期。

值得注意的是，专家审议组没有对俄罗斯可能获得份额的上限作出建议，依据建议中的替代措施，理论上俄罗斯最多可以获得全部其他成员方完不成的那部分配额，甚至有可能超过自己主张的 19944 吨捕捞限额。虽然实际上几乎不会出现其他成员方完不成配额的情况，但从理论论证上看，专家审议组建议的替代措施在这一点上尚存讨论的余地。

此外，专家审议组成员卡瓦哈尔夫人在个人意见中表示，其更倾向于在《养护与管理公约》附件二第 10 段（i）或（j）项所规定的情形

---

[39] Findings and Recommendations, para. 86.
[40] Ibid., paras. 96-99.

下考虑本案的这种替代措施。[41] 本案涉及确认客观事实的问题,专家审议组没有足够的依据来确定"拉法耶特"号报告的捕捞量的来源是否有部分属于秘鲁船只;所以专家审议组认为,没有将任何配额分配给俄罗斯,构成对俄罗斯不合理的歧视。本案专家组建议中的替代措施就是以不合理的歧视为前提的。但是,卡瓦哈尔夫人还是对此持怀疑态度,如果不构成歧视,则附件二第 10 段 (j) 项规定的以不构成歧视的决定为前提的替代措施自然就被提及,这也是本案值得思考的问题。

五、附　录

(一) 中英案件全名

1. 中文案件全名:南太平洋区域渔业管理组织竹筴鱼捕捞限额案
2. 英文案件全名:Review Panel Established under the Convention on the Conservation and Management of High Seas Fishery Resources in the South Pacific Ocean

(二) 案件的标准引用

PCA Case No. 2013-14:Review Panel Established under the Convention on the Conservation and Management of High Seas Fishery Resources in the South Pacific Ocean, https://pca-cpa.org/en/cases/33/.

(三) 主要参考文献

1. H. Schiffman, "The South Pacific Regional Fisheries Management Organization (SPRFMO): An Improved Model of Decision-Making for Fisheries Conservation?", *Journal of Environmental Studies and Sciences*, Vol. 3 (2), 2013, pp. 209-216.

2. 林兆然:《区域渔业管理组织的异议审查机制》,《国际法研究》2019 年第 3 期,第 43—63 页。

---

[41] Separate Opinion of Sra. Valeria Carvajal, dated on 5 July 2013.

(四) 与本案主题相关的重要引用案件

PCA Case No. 2018-13: Review Panel Established under the Convention on the Conservation and Management of High Seas Fishery Resources in the South Pacific Ocean, https://pca-cpa.org/en/cases/156/.

(五) 案件中的重要缩略语

CMM 1.01　Conservation and Management Measure for Trachurusmurphyi Adopted by the Commission on 1 February 2013　竹筴鱼养护和管理措施

CNCP　Cooperating Non-Contracting Party　合作非缔约方

GT　Gross Tonnage　总吨位

PCA　Permanent Court of Arbitration　常设仲裁法院

SPRFMO　South Pacific Regional Fisheries Management Organisation 南太平洋区域渔业管理组织

SWG　Science Working Group　科学工作组

(赵英军)

"自由"号案
（阿根廷诉加纳）

（2013年）

2012.10.29 阿根廷就其与加纳之间关于"自由"号教学护卫舰被加纳扣留和被加纳法院采取限制措施的争端提起《联合国海洋法公约》附件七仲裁程序

2012.11.14 阿根廷在《公约》附件七仲裁庭组成之前，针对其"自由"号教学护卫舰被加纳扣留的争端，向国际海洋法法庭请求规定临时措施

2012.11.20 国际海洋法法庭签发本案第一份命令，将2012年11月29日确定为本案公开庭审的日期，并将之通知双方当事国

2012.11.29—30 法庭召开了四场庭审。在庭审的最后一天（11月30日），阿根廷和加纳分别提交其最终诉求

2012.12.15 法庭签发规定临时措施的命令

2013.02.04 根据《公约》附件七第3条，本案组建的仲裁庭由5名仲裁员组成，包括奥恩·哈苏奈法官、埃尔莎·凯利法官、托马斯·门萨法官、伯纳德·奥克斯曼教授，以及布鲁诺·西玛法官（仲裁庭庭长）

2013.05.21 本案仲裁庭庭长与常设仲裁法院的书记官长签署任命协议；同一天，本案仲裁庭在荷兰海牙召开第一次程序会议

2013.07.31 仲裁庭制定本案的程序规则，签发第一号程序令，并制定程序时间表

2013.09.11 双方当事国通知仲裁庭，双方已就争端的解决达成协议

2013.09.27 双方当事国代表签署和解协议，并请求本案仲裁庭签

发一份有关终结本仲裁程序的命令

2013.11.11 本案仲裁庭签发终结本仲裁程序的命令

关键词：临时措施（Provisional Measure）；初步管辖权（【拉】*Prima Facie* Jurisdiction）；交换意见的义务（Obligation to Exchange Views）；情况紧急（Urgence of the Situation）；国家机关的行为（Conduct of Organs of a State）；禁止反言（Estoppel）

一、案件背景

"自由"号教学护卫舰（Frigate ARA Libertad）是一艘悬挂阿根廷旗帜的军舰，主要用于海军学员日常培训。2012年6月4日，加纳政府授权该舰访问加纳，并将其授权的决定通过外交渠道发给阿根廷政府。10月1日，"自由"号护卫舰按预定时间抵达加纳，并参加了由加纳政府在该舰上组织的一个正式的欢迎仪式。10月2日，加纳官员向该舰送来了由加纳最高法院（Superior Court of Judicature of Ghana）签发的命令，要求"自由"号护卫舰不得离开其所在的加纳特马（Tema）港。[1] 10月4日，加纳港口当局依据加纳最高法院的命令，要求取得该舰上有关该船的文书和旗柜（flag locker），但遭到对方拒绝。

加纳最高法院签发在加纳特马港逮捕"自由"号护卫舰的命令，起因是一家名为"NML资本有限公司"的外国金融机构申请加纳执行美国和英国国内法院关于解决其与阿根廷债务关系的判决。该公司替阿根廷偿还了其债务，现要求阿根廷还本付息。[2] 而加纳最高法院批准了该公司的执行请求。

阿根廷通过外交等渠道多方协调和谈判，仍无法解决其"自由"号教学护卫舰被加纳扣留和被加纳法院采取限制措施的争端。在此情况下，2012年10月29日，阿根廷依据《公约》第287条和附件七第1条，将其与加纳之间的争端提起附件七仲裁程序。11月14日，阿根廷依据《公约》第290条第5款，在依据《公约》提交仲裁的法庭组成之前，

---

[1] Request for Provisional Measures under Article 290, Paragraph 5 of the Convention, submitted by Argentina on 14 November 2012, para. 6.

[2] Joint Separate Opinion of Judge Wolfrum and Judge Cot, p. 368, para. 19, in "ARA Libertad" Case (Argentina v. Ghana), Provisional Measures, Order of 15 December 2012, ITLOS Reports 2012, p. 332.

针对其"自由"号教学护卫舰被加纳扣留的争端，向国际海洋法法庭请求规定临时措施。[3]

二、临时措施命令

（一）当事方请求

本案是由阿根廷单方面提起的针对加纳的有关"临时措施"的案件。根据《国际海洋法法庭规则》第75条第2款，在庭审的最后阶段，阿根廷宣读了其最终诉求。基于阿根廷在法庭上已经表达的意见，在《公约》附件七仲裁法庭设立之前，阿根廷请求法庭规定以下临时措施：

（1）加纳无条件地允许阿根廷"自由"号护卫舰离开加纳的特马港及其管辖水域，并且为此目的允许其重新补给。

（2）阿根廷请求法庭同等地拒绝由加纳向法庭提交的所有诉求。[4]

针对阿根廷方面的最终诉求，加纳提出，基于本国在2012年11月29—30日庭审中所提交的法律和事实文书，以及于2012年11月28日提交的书状，加纳请求法庭：

（1）拒绝阿根廷在2012年11月14日所提交的规定临时措施的请求；同时，

（2）命令阿根廷偿付加纳在参加此诉讼程序中所支出的所有费用。[5]

---

[3] "ARA Libertad" Case (Argentina v. Ghana), Provisional Measures, Order of 15 December 2012, ITLOS Reports 2012, paras. 30-31. 在国际海洋法法庭签发规定临时措施的命令后，本案的《公约》附件七仲裁程序继续进行，由于本案双方当事国最终就本案中争端的解决签署了和解协议，2013年11月11日，本案仲裁庭签发终结本仲裁程序的命令，并表示将按照相关规则将本案中由当事国提交的保证金的结余部分，等额返还给双方当事国。本文仅讨论法庭签发临时措施命令的相关说理、命令与评论。

[4] Ibdi., para. 28.

[5] Ibid., para. 29.

(二) 法庭关于规定临时措施问题的说理和命令

1. 法庭关于规定临时措施问题的说理

在本案中,法庭要规定《公约》第 290 条第 5 款项下的临时措施,必须同时满足其具备初步管辖权、双方当事国已履行《公约》第 283 条项下"交换意见"的义务,以及"情况紧急有此必要"的要求。据此,法庭从三个方面对其是否应该规定临时措施进行了说理。

(1) 初步管辖权与军舰依据《公约》第 32 条是否在内水享有豁免权

根据《公约》第 290 条第 5 款,本案法庭在规定临时措施之前,必须"根据初步证明认为将予组成的法庭具有管辖权"。本案双方当事国就此问题展开了辩论。

阿根廷认为加纳扣留"自由"号教学护卫舰的行为违反了《公约》的规定,阿根廷和加纳之间的争端涉及对《公约》第 18 条第 1 款 (b) 项、第 32 条、第 87 条第 1 款 (a) 项,以及第 90 条的解释和适用。

具体的理由包括:第一,根据《公约》第 18 条第 1 款 (b) 项,"无害通过"的定义不仅包括"驶往内水",还包括"驶出内水",而"自由号护卫舰驶出(加纳内水至)阿根廷"的权利却被加纳剥夺了;[6] 第二,"自由"号护卫舰停靠加纳特马港是经加纳同意的合法行为,而加纳扣留"自由"号护卫舰的行为实际上剥夺了该舰离开加纳港口、前往公海,其所享有的《公约》第 87 条和 90 条航行自由的权利;[7] 第三,《公约》第 32 条规定的是在习惯国际法下特殊的、独立的一种豁免权,[8] 该条中使用"本公约规定"而不是"本部分规定",表明本条规定对军舰的豁免权不仅适用于领海,也适用于内水;《公约》第 8 条规定了内水的定义,这一条却是在题为"领海和毗连区"的《公约》第二部分项下,这也佐证了阿根廷论断的合理性。[9]

---

[6] "ARA Libertad" Case (Argentina v. Ghana), Provisional Measures, Order of 15 December 2012, ITLOS Reports 2012, para. 41.

[7] Ibid., paras. 42-43.

[8] Ibid., para. 44.《公约》第 32 条规定,"A 分节和第三十及第三十一条所规定的情形除外,本公约规定不影响军舰和其他用于非商业目的的政府船舶的豁免权"。

[9] Ibid., paras. 45-48.

对阿根廷的主张，加纳予以反驳。加纳认为，《公约》并没有规定港口制度和内水制度，阿根廷主张的《公约》第 18 条第 1 款（b）项、第 32 条、第 87 条第 1 款（a）项，以及第 90 条并不适用于本案中的内水。[10] 因此，本案中并不存在与《公约》的解释和适用有关的争端，法庭对本案不存在初步管辖权。[11]

法庭认为，在规定临时措施之前，其并不需要证明阿根廷主张的权利均"肯定地"存在，它只需要证明由起诉国援引的条款能够给本案中根据附件七建立的仲裁庭的管辖权提供一个可能的基础。[12] 因此，法庭首先认为，阿根廷主张的《公约》第 18 条第 1 款（b）项、第 87 条第 1 款（a）项、第 90 条与在内水中的军舰的豁免权无关，这些条款无法给本案中的附件七仲裁庭提供一个初步管辖权；其次，法庭认为《公约》第 32 条尽管在题为"领海和毗连区"的第二部分项下，但本部分有些条款是可以适用于所有海域的，例如第 29 条规定的军舰的定义。[13] 法庭认为，本案中双方当事国就《公约》第 32 条的适用存在不同的观点，换言之，双方当事国就《公约》第 32 条的解释和适用存在争端。该条给本案中的附件七仲裁庭提供了初步管辖权。

（2）《公约》第 283 条项下"交换意见"的义务

本案中，阿根廷主张，2012 年 10 月 4 日阿根廷外交部长给他的加纳同行发函，阿根廷驻加纳大使给加纳提出请求，以及该国派出一个高级别代表团于 2012 年 10 月 16—19 日访问加纳，阿根廷通过这些活动与加纳就如何解决争端交换了意见。[14] 对于这些事实，加纳没有提出异议。阿根廷认为，法庭的判例表明，当一缔约国确认无法就如何解决争端与另一国达成协议时，该国就不再负有与对方进行"交换意见"的义务。[15] 鉴于此，法庭认为，《公约》第 283 条项下规定的"交换意见"的义务本案双方当事国已经履行。

---

[10] "ARA Libertad" Case (Argentina v. Ghana), Provisional Measures, Order of 15 December 2012, ITLOS Reports 2012, paras. 53-55.

[11] Ibid., para. 51.

[12] Ibid., para. 60.

[13] Ibid., paras. 61-64.

[14] Ibid., para. 69.

[15] MOX Plant (Ireland v. United Kingdom), Provisional Measures, Order of 3 December 2001, ITLOS Reports 2001, p. 95, p. 107, para. 60.

(3)《公约》第 290 条第 5 款项下 "情况紧急有此必要" 的要求

根据《公约》第 290 条第 5 款，本案法庭在规定临时措施之前，必须要求 "情况紧急有此必要"。本案双方当事国就此问题展开了辩论。

阿根廷认为，无视军舰的豁免权将会带来 "真实的和严重的"（real and serious）风险，因为加纳已经陈述过其意图是就本案的实体问题进行规定，而无视军舰所应享有的豁免权；同时，在本案 2012 年 11 月 7 日的事件中，加纳港口当局试图登临 "自由" 号护卫舰并强制将其移至其他停泊位，也造成了严重的危险。[16]

加纳则主张，在本案中并不存在任何真实的和紧迫的危险，也没有给阿根廷的权利带来任何不可逆转的损害，因此，不存在规定临时措施的紧迫性。[17] 而且，本案中，阿根廷可以通过给加纳法院支付保证金的方式确保其军舰得到释放；此外，在加纳国内法院对此案的审理尚未完全终结之前，没有必要申请额外的救济措施来防止阿根廷的权利受到损害。[18]

法庭认为，本案中 "自由" 号护卫舰符合《公约》第 29 条所规定的 "军舰" 的定义，一艘军舰代表了其船旗国所享有的主权。[19] 根据一般国际法，军舰在一国的内水也享有豁免权，对于这一点加纳并无异议。[20] 此外，2012 年 11 月 7 日加纳港口当局强制登临和移动 "自由" 号军舰的行为恶化了局势，这表明在附件七仲裁庭组建之前规定临时措施具有紧迫性。[21] 最终，法庭以命令的方式规定了本案的临时措施。

2. 法庭关于规定临时措施问题的命令

本案法庭经过审理，于 2012 年 12 月 15 日签发了规定临时措施的命令。

(1) 一致同意，决定：在依据《公约》附件七组建的仲裁庭作出裁决之前，根据《公约》第 290 条第 5 款，规定以下临

---

[16] "ARA Libertad" Case（Argentina v. Ghana），Provisional Measures，Order of 15 December 2012，ITLOS Reports 2012，paras. 83-84.
[17] Ibid., paras. 79, 88.
[18] Ibid., para. 92.
[19] Ibid., paras. 93-94.
[20] Ibid., para. 95.
[21] Ibid., para. 99.

时措施：

　　加纳必须立刻无条件释放"自由"号护卫舰，必须确保"自由"号护卫舰及其指挥官和船员，能够离开加纳特马港以及加纳管辖的海域，必须确保为了实现上述目的"自由"号护卫舰可以重新得到补给。

　　（2）一致同意，决定：阿根廷和加纳必须在 2012 年 12 月 22 日之前，将本判决书第 103 段提及的初步报告提交给法庭，并且授权法庭庭长在此日期之后，视情形需要，请求双方当事国提供此类信息。

　　（3）一致同意，决定：各当事国分别承担本方的费用支出。[22]

三、评　论

　　本案是国际海洋法法庭审理的第一个涉及将军舰予以扣留的"临时措施"案件。本案中的一些法律问题，特别是《公约》第 290 条第 5 款下的初步管辖权问题，在法庭法官以及学界中引起了一些讨论。

（一）初步管辖权的确定方法

　　与《公约》第 290 条第 1 款要求国际海洋法法庭依据初步证明确定其初步管辖权不同，第 5 款要求法庭依据初步证明确定附件七仲裁庭的初步管辖权，因此，理论上国际海洋法法庭似乎应该克制地对此进行审查。然而，有学者认为，本案中法庭对初步管辖权采用了非常宽泛的解释，甚至出现国际海洋法法庭降低《公约》第 290 条第 5 款案件中初步管辖权门槛的趋势，这不难从法庭"强硬探讨"《公约》有关外国军舰是否在一国内水享有豁免权问题条款的措辞看出来。[23]

　　本案法庭认为，《公约》第 32 条，"本公约规定不影响军舰和其他用于非商业目的的政府船舶的豁免权"，可以被解释为将《公约》规定

---

[22] "ARA Libertad" Case (Argentina v. Ghana), Provisional Measures, Order of 15 December 2012, ITLOS Reports 2012, para. 108.

[23] 郝雅烨子：《〈联合国海洋法公约〉争端解决机制下的临时措施制度研究》，法律出版社 2019 年版，第 59—60 页。

的军舰豁免权从公海扩大到内水，从而可以构成初步管辖权的基础。这一解释除受到一些学者批评外，本案中的沃尔夫鲁姆法官与科特法官在其共同发表的个别意见中也对此提出不同意见，他们认为，根据《公约》第32条，军舰的豁免权应该只适用于领海，而不适用于内水。[24] 而勒基法官则在其发表的个别意见中表示，对《公约》中条款的解读应该结合国际法及《公约》中的条款进行整体解读；他认为，《公约》第32条的适用应该包括内水，这不仅是因为该条的条文并未明确排除军舰在内水中的豁免权，也因为如果结合其他国际法规则来看，外国军舰在一国的内水中也应该享有豁免权。[25]

可见，如何确立《公约》第290条第5款下临时措施的初步管辖权审查标准是一个争议较大的问题。沃尔夫鲁姆法官与科特法官在其共同发表的个别意见中提出了他们的论证思路。他们认为，必须通过以下三个步骤来确定本案中依据《公约》附件七建立的仲裁庭对本案的实体问题是否享有初步管辖权。第一步，确定仲裁庭享有初步管辖权应该适用何种标准。[26] 根据国际法院的判例，标准应该包括具备可以为之提供法律基础的相关条约条款和现有事实依据。[27] 尽管《公约》第293条规定了法庭也可以适用与《公约》不相冲突的一般国际法，但与习惯法规则的解释和适用有关的争端并不会使法庭对此产生管辖权，除非这种习惯国际法规则已经被并入《公约》。[28] 第二步，确定双方当事国之间是否存在一个法律争端。[29] 两位法官认为，在本案中存在两个不同的争端。一是NML资本有限公司和阿根廷之间的一种由私法和国际私法规制的争端，这种争端受纽约州的法律、英国的法律或者加纳的法律规制；另一个是阿根廷与加纳之间对在加纳港口停靠的军舰是否享有管辖权，以及

---

[24] Joint Separate Opinion of Judge Wolfrum and Judge Cot,"ARA Libertad" Case (Argentina v. Ghana), Provisional Measures, Order of 15 December 2012, ITLOS Reports 2012, pp. 370, 373, paras. 26, 43.

[25] Separate Opinion of Judge Lucky,"ARA Libertad" Case (Argentina v. Ghana), Provisional Measures, Order of 15 December 2012, ITLOS Reports 2012, p. 388, para. 38.

[26] Joint Separate Opinion of Judge Wolfrum and Judge Cot,"ARA Libertad" Case (Argentina v. Ghana), Provisional Measures, Order of 15 December 2012, ITLOS Reports 2012, p. 366, para. 11.

[27] Ibid., p. 367, para. 16.

[28] Ibid., p. 365, para. 7.

[29] Ibid., p. 366, para. 11.

该军舰是否享有执法豁免的争端,此争端是受国际公法规制的,在本案中,法庭需要论证该争端是否成立以确定仲裁庭是否享有初步管辖权。[30] 第三步,双方当事国提供的事实和法律依据是否足以使法庭作出仲裁庭具有初步管辖权的判决。[31] 两位法官根据条约解释认为,外国军舰在一国内水享有豁免是习惯国际法上的规则,但这一规则并没有通过《公约》第32条被并入《公约》,因此,依据《公约》第32条,本案中附件七仲裁庭对本案实体问题并不具有初步管辖权。[32] 勒基法官在其发表的个别意见中则表示,本案双方当事国之间,存在一个与《公约》第18条第1款、第87条第1款、第32条的解释和适用有关的争端,本案法庭对审理"规定临时措施的请求"具有管辖权。

(二) 国家授权行为与禁止反言原则的适用

什么样的行为可以被视为国家行为是国际法中的一个基本问题,也是临时措施案件中经常需要识别的问题。在本案中,加纳辩称该国政府基于权力制衡的政治制度设计,无法干预该国法院发布的扣留阿根廷军舰的法令,而其法院的行为也确实与加纳政府之前邀请"自由"号军舰访问并停靠该国港口的事实相冲突。对此,本案中的一些法官也提出了个别意见,并提供了相关理据。

沃尔夫鲁姆法官与科特法官在其共同发表的个别意见中指出,根据国际法,一国政府不得依据本国宪法来逃避其国际义务,而这也被常设国际法院的实践多次援引。[33] 由联合国国际法委员会起草的《国家责任条款草案》也规定,任何国家机关的行为,包括根据一国国内法规定享有国家机关地位的任何个人或实体的行为,根据国际法均应被视为该国的行为。[34] 同时,两位法官认为,"禁止反言"作为一项被接受的国际法的原则,包括程序上和实体上两个方面的义务。在本案中,由于加纳政府先前已经正式授权阿根廷军舰访问特马港,因此,在本案中加纳就

---

[30] Joint Separate Opinion of Judge Wolfrum and Judge Cot, "ARA Libertad" Case (Argentina v. Ghana), Provisional Measures, Order of 15 December 2012, ITLOS Reports 2012, p. 368, paras. 19-20.
[31] Ibid., p. 366, para. 11.
[32] Ibid., pp. 375-376, paras. 48-51.
[33] Ibid., p. 377, para. 55.
[34] Ibid.

会被禁止反对《公约》附件七下的仲裁庭对本案享有管辖权,并且不能反对法庭根据《公约》第 290 条规定临时措施。[35] 勒基法官在其发表的个别意见中就国家机关行为与国家行为之间关系的法律问题也发表了论述,其观点基本与沃尔夫鲁姆法官和科特法官共同发表的个别意见一致。

拉奥法官在其发表的个别意见中讨论了"禁止反言"原则,并重点批驳了沃尔夫鲁姆法官与科特法官在其共同发表的个别意见中所提观点的不足之处。他指出,根据国际判例和学者学说,"禁止反言"本身并不会对本案中附件七仲裁庭的初步管辖权产生影响。[36] 沃尔夫鲁姆法官与科特法官认为本案中附件七仲裁庭没有管辖权,但法庭可以规定临时措施,对此拉奥法官质疑道,"法庭要是没有管辖权的话,又如何可以规定临时措施呢?"[37]

(三)"情况紧急"的认定标准

国际海洋法法庭和《公约》附件七仲裁庭都将"情况紧急"作为规定临时措施的必要条件,然而,法庭在这个问题上并没有给出清晰的认定标准。有学者认为,在国际海洋法法庭"保全争端各方的各自权利"案件中,认定"情况紧急"既要求面临"迫在眉睫的危险或风险",也要考虑与"不可弥补的损害"之间的联系;而在"防止对海洋环境的严重损害"临时措施的案件如南方蓝鳍金枪鱼案中,国际海洋法法庭则将"谨慎和小心"(prudence and caution)作为评估"情况紧急"的关键。[38]

在本案中,法庭认为,加纳当局在没有指挥官授权的情况下强制登临"自由"号军舰并以武力将之移动到另一泊位,并且可能重复这种活动,凸显出在附件七仲裁庭组建之前规定临时措施的紧迫性。白珍铉法官在其发表的声明中讨论了临时措施的问题。首先,他认为就《公约》

---

[35] Joint Separate Opinion of Judges Wolfrum and Judge Cot,"ARA Libertad" Case (Argentina v. Ghana), Provisional Measures, Order of 15 December 2012, ITLOS Reports 2012, p. 378, paras. 58-60.

[36] Separate Opinion of Judge Chandrasekhara Rao, "ARA Libertad" Case (Argentina v. Ghana), Provisional Measures, Order of 15 December 2012, ITLOS Reports 2012, pp. 360-361, paras. 9, 12.

[37] Ibid., p. 361, para. 13.

[38] 郝雅烨子:《〈联合国海洋法公约〉争端解决机制下的临时措施制度研究》,法律出版社 2019 年版,第 104—105 页。

第 290 条第 5 款规定临时措施而言，要衡量是否达到"情况紧急"，法庭可以考虑四大因素，即（1）规定临时措施所需要保护的权利或法律利益的本质，（2）短暂性，（3）由当事国作出的、不得采取不利于当事国利益行动的保证，以及（4）保护争端当事国的各自利益［需要做"不可修复的损害测试"（the test of "irreparable prejudice"）］。[39] 白法官认为在本案中这四大因素都已具备，因此法庭应该规定临时措施。其次，白法官主张临时措施的内容必须遵循同时保护双方当事国利益的原则。[40]

勒基法官在其发表的个别意见中也讨论了《公约》第 290 条第 5 款规定的"紧迫性"（urgency）问题。鉴于双方当事国各执一词，勒基法官指出，在证明当事国所提供的"宣誓书"（affidavits）的价值时，法庭必须将这些书面材料的"可靠性"（credibility）和提供这些信息的当事国的利益作为重要因素予以考量。[41]

四、附　录

（一）中英案件全名

1. 中文案件全名："自由"号案（阿根廷诉加纳）
2. 英文案件全名："ARA Libertad" Case (Argentina v. Ghana)

（二）案件的标准引用

1. "ARA Libertad" Case (Argentina v. Ghana), Provisional Measures, Order of 15 December 2012, ITLOS Reports 2012, p. 332.

2. "ARA Libertad" Arbitration Case (Argentina v. Ghana), Termination Order of 11 November 2013, PCA 2013-11.

---

[39] Declaration of Judge Paik, "ARA Libertad" Case (Argentina v. Ghana), Provisional Measures, Order of 15 December 2012, ITLOS Reports 2012, pp. 352-353, paras. 2-5.
[40] Ibid., p. 355, para. 9.
[41] Separate Opinion of Judge Lucky, "ARA Libertad" Case (Argentina v. Ghana), Provisional Measures, Order of 15 December 2012, ITLOS Reports 2012, p. 385, para. 21.

（三）主要参考文献

1. Thomas E. Robins, "The Peculiar Case of the ARA Libertad: Provisional Measures and Prejudice to the Arbitral Tribunal's Final Result", *Harvard Negotiation Law Review*, Vol. 20, 2015, pp. 265-288, available at: http://www.hnlr.org/wp-content/uploads/HNR107_crop.pdf.

2. Seline Trevisanut, "Twenty Years of Prompt Release of Vessels: Admissibility, Jurisdiction, and Recent Trends", *Ocean Development & International Law*, Vol. 48, No. 3-4, 2017, pp. 300-312.

3. 凌岩：《论迅速释放船只和船员程序——以国际海洋法法庭 20 年实践为例》，《边界与海洋研究》2017 年第 2 期，第 43—55 页。

4. 郝雅烨子：《〈联合国海洋法公约〉争端解决机制下的临时措施制度研究》，法律出版社 2019 年版。

（四）与本案主题相关的重要引用案件

1. MOX Plant (Ireland v. United Kingdom), Provisional Measures, Order of 3 December 2001, ITLOS Reports 2001, p. 95, p. 107, para. 60.

2. M/V "Louisa" (Saint Vincent and the Grenadines v. Kingdom of Spain), Provisional Measures, Order of 23 December 2010, ITLOS Reports 2008-2010, p. 58, p. 70, para. 80.

3. Southern Bluefin Tuna Cases (New Zealand v. Japan; Australia v. Japan), Provisional Measures, Order of 27 August 1999, para. 77.

（五）案件中的重要缩略语

ITLOS　International Tribunal for the Law of the Sea　国际海洋法法庭

UNCLOS　United Nations Convention on the Law of the Sea　《联合国海洋法公约》

（施余兵）

海洋争端案
（秘鲁诉智利）
（2014 年）

2008.01.16　秘鲁将其与智利之间的争端单方提交国际法院
2008.03.31　法院裁定秘鲁于 2009 年 3 月 20 日之前提交诉状，智利于 2010 年 3 月 9 日之前提交辩诉状
2009.03.20　秘鲁提交诉状
2010.03.09　智利提交辩诉状
2010.04.27　法院裁定秘鲁于 2010 年 11 月 9 日之前提交答辩状、智利于 2011 年 7 月 11 日之前提交复辩状
2010.11.09　秘鲁提交答辩状
2011.07.11　智利提交复辩状
2012.12.03—14　国际法院举行实体问题公开庭审
2014.01.27　国际法院作出实体问题判决

关 键 词：海洋划界（Maritime Delimitation）；默示协议（Tacit Agreement）；单一海洋边界（Single Maritime Boundary）；三步划界法（Three-Stage Procedure）；临时等距离线（Provisional Equidistance Line）；不成比例检验（Disproportionality Test）

一、案件背景

秘鲁和智利均位于南美大陆西岸，彼此毗邻，陆地边界线从海平面一直向东延伸，相邻海岸线相对平整光滑。秘鲁和智利分别于 1818 年和 1821 年从西班牙独立。1879 年，智利向秘鲁和玻利维亚宣战，发动了

"太平洋战争"（1879—1883），[1] 并在 1883 年的《智利—秘鲁和平友好条约》（以下简称《安孔条约》）中，取得了秘鲁割让的部分领土。[2] 其后，围绕部分割让领土的归属问题，两国无法达成共识，直到 1929 年，这一领土争议才在美国的调解下得到解决，两国遂缔结了《关于解决塔克纳和阿里卡归属争端的条约》（以下简称《利马条约》）以确定陆地领土边界。尽管《利马条约》确立了"双方不再存有关于边界问题的争端"，但是，秘鲁和智利的海洋边界并未在条约中得到确定。

1947 年，秘鲁和智利两国先后发表单边声明（分别是秘鲁《1947 年法令》和智利《1947 年宣言》，合称"两国 1947 年声明"），均宣称其各自对于距离其海岸线 200 海里以内海域的权力。[3] 在 1952 年、1954 年以及 1967 年，智利、厄瓜多尔与秘鲁又相继谈判缔结了包括《1952 年圣地亚哥宣言》[4] 和《关于特别海洋边界区域的协议》[5]（以下简称《1954 年协议》）在内的 12 项涉及海域和渔业的法律文件。

1986 年，秘鲁首次就海洋划界争端与智利进行法律意义上的沟通，并宣称"《1954 年协议》……无法再满足缔约方对安全的需求"。[6] 对

---

[1] 玻利维亚于 1879 年 11 月即退出战争，并于 1884 年 4 月 4 日与智利达成了《停战协议》，临时性约定：玻利维亚将它全部海岸线以及"阿塔卡马沙漠"[Atacama Desert，今安托法加斯塔（Antofagasta Region）] 都割让给智利。这一临时约定被其后 1904 年的《玻利维亚—智利和平友好条约》永久化，使得玻利维亚成为一个无海岸线的国家，而智利与秘鲁成为邻国。作为交换，智利同意修建一条铁路连接拉帕斯（La Paz）与阿里卡（Arica）港，并承诺将确保玻利维亚通过智利港口进行贸易的运输自由。

[2] 根据《安孔条约》第 3 条，对秘鲁"暂时性"割让的塔克纳（Tacna）和阿里卡二省，智利的占领只能维系十年，在这之后，两国将通过公民投票来决定未来去向。

[3] Maritime Dispute (Peru v. Chile), Judgment, I. C. J. Reports 2014, pp. 14-16, para. 19.

[4] 除《1952 年圣地亚哥宣言》（1952 Santiago Declaration）之外，还有《南太平洋水域海上捕捞操作规则》（Regulation for Maritime Hunting Operations in the Waters of the South Pacific）、《关于南太平洋渔业问题的联合声明》（Joint Declaration Concerning Fishing Problems in the South Pacific），以及《关于"南太平洋海洋资源开发与保护会议"常设委员会组织的协议》（Agreement relating to the Organization of the Permanent Commission of the Conference on the Exploitation and Conservation of the Marine Resources of the South Pacific）等 4 份法律文件于 1952 年 8 月在圣地亚哥召开的"南太平洋海洋资源开发与保护会议"上生效。Maritime Dispute (Peru v. Chile), Judgment, p. 16, para. 20.

[5] 全称为《智利、厄瓜多尔、秘鲁关于特别海洋边界区域的协议》（Agreement Between Chile, Ecuador, and Peru relating to a Special Maritime Frontier Zone），该协议于 1954 年 12 月 4 日在利马签订，智利和秘鲁分别于 1967 年 8 月 16 日和 1955 年 5 月 6 日批准。

[6] Note of the Peruvian Embassy in Chile No. 50-4-M/17 of 23 May 1986.

此,智利没有作出任何官方回应。2000年9月,智利根据《联合国海洋法公约》(以下简称《公约》)的有关规定向联合国秘书长交存载明正常基线和直线基线、大陆架、领海以及一些能够指示大地基准面(geodetic datum)坐标详细数据的图表,并指出南纬18°21′00″纬线应当构成秘鲁和智利间的海洋边界线。[7] 秘鲁随后向智利发出照会,[8] 并在次年向联合国秘书长发出一份普通照会,[9] 强调其与智利之间的海洋边界并没有得到国际法上的认定。

2004年7月,秘鲁要求正式对话,以在60天内确定海洋边界。[10] 但是智利政府随后反驳称两国之间不存在海洋划界争端,争议已经通过多年前的国际协定得到解决。[11] 2005年11月,秘鲁通过外交照会宣称,在两国之间不存在既定海洋边界,并对智利关于《1952年圣地亚哥宣言》和《1954年协议》作出的解释表示不同意见。同时,秘鲁议会投票通过《关于界定秘鲁海上区域基线的法律》(《第28621号法令》),[12] 意图第一次精确划定秘鲁共和国海上边界的范围,并将内水定义为直线基线以内的水域。

智利认为,此举对其主权造成了影响。作为回应,智利议会于2006年12月提议通过法律创制"阿里卡和帕里纳科塔大区"(Arica-Parinacota)。[13] 这进而引发两国之间新的外交敌对情绪。秘鲁提出官方抗议,认为智利的一连串举动系对两国共同疆域进行划界。直到智利宪法法院裁定这部法律中那些拟设立新边界的部分违宪,[14] 这一次对抗才告终结,但是双方外交部长仍重申并强调其各自关于海洋边界的不同主张。

---

[7] Chile, M. Z. N. 37. 2000. LOS (Maritime Zone Notification) 29 September 2000, Law of the Sea Information Circular (LOSIC), Vol. 12, 2000, p. 55.
[8] Note of the Peruvian Ministry of Foreign Affairs of 20 October 2000.
[9] Note 7-1-SG/005 of 9 January 2001, Law of the Sea Information Circular (LOSIC), Vol. 13, 2001, pp. 19-20.
[10] Note (GAB) No. 6/43.
[11] Note No. 16723 of 10 September 2004, signed by Soledad Alvear, then Chilean Minister of Foreign Affairs.
[12] Law No. 28621, Diario Oficial (Lima), 4 November 2005.
[13] 这一法律最终得到实施,参见 Law No. 20.175, Diario Oficial (Santiago), 11 April 2007。
[14] 根据《智利宪法》第93条第1段,智利宪法法院有权在一些特殊规范发布之前,对其合宪性进行审查和裁定。See Chilean Constitutional Tribunal (Tribunal Constitucional Chileno), Judgment of 26 January 2007, Rol No. 719-2007.

2007年7月，秘鲁宣布拟向国际法院提交针对智利政府的申诉请求，并称其已就这一决定与智利"最高当局"做了沟通。[15] 随后，根据《第28621号法令》的规定，秘鲁修订了其沿海省份外部分界线的相关海图，将靠近智利方向的海洋区域标记为"争端区域"。[16]

最终，2008年1月16日，在几年努力仍未获成效之后，秘鲁向国际法院递交单方申请，开始针对智利的和平解决海洋争端的程序。秘鲁寻求将签订于1948年4月30日的《美洲和平解决条约》（《波哥大公约》）第31条作为国际法院的管辖权基础。[17]

二、判　决

（一）当事方请求

在请求书中，秘鲁请求法院裁判和宣告：

（1）秘鲁共和国与智利共和国间各自海洋区域的分界线，应起始自"康科迪亚点"（Point Concordia）——该点被定义为以阿里卡-拉帕斯（Arica-La Paz）铁路沿线跨越柳塔河（River Lluta）的第一座大桥为圆心、以10公里为半径的圆弧线与低潮线的相交点，沿着双方基线的等距离中间线，直到距离基线200海里远的点；并且

（2）在共同海上边界终点处，秘鲁有权在距离其基线200海里的海上区域行使排他主权权力。[18]

在辩诉状、复辩状以及口头环节中，智利请求法院"驳回秘鲁的所有请求"，并裁判和宣告：

---

[15] Speech of Peru's President Alan Garcia to the Congress, 28 July 2007.
[16] 需要指出的是，这是自1947年秘鲁最高法令宣称200海里的海洋区域之后，这一声明首次在海图中得到反映。
[17] Maritime Dispute (Peru v. Chile), Judgment, p. 11, para. 1.
[18] Ibid., p. 13, para. 14.

（1）智利和秘鲁的各自海上区域已经通过协议完全确定；

（2）海洋区域的权利划界，应该按照最靠近海岸边界标志的、两国陆地边境线的纬度来确立，即在 WGS84 基准面下定位为南纬 18°21′00″的纬线；以及

（3）秘鲁对于该纬度平行线以南的海域没有任何权利主张。[19]

（二）法院关于实体问题的说理

针对双方诉求，法院依次审理了以下问题。

1. 海洋划界协议

为解决秘鲁与智利之间的争端，法院必须首先确定两国间是否实际存在根据协议确立的海域边界。为此，法院检视了历史上两国之间缔结的一系列宣言、条约和协定等文件，以及两国的相关实践。[20]

（1）两国 1947 年声明

秘鲁《1947 年法令》第 3 段称，秘鲁行使控制与保护权的范围是"从海岸起直到距离海岸 200 海里的海岸平行线"；而智利《1947 年宣言》第 3 段称，其权力行使的范围是"从智利领土海岸延伸至 200 海里的平行线段内"。法院认为，虽然两国声明都采用了"平行线"（*tracé parallèle*）方法来确定各自海洋权利的投射范围，但是这不足以证明双方具有认定其最终海洋边界是平行线的清晰意图。[21] 根据两国 1947 年声明的措辞及其体现出的临时性和条件性的特征，法院认为不能将这两个声明解释为双方之间有关海洋划界的共同理解。但是，鉴于两国在其各自声明中都提出对相关海洋权利和管辖权的主张，法院认为，声明文件包含了两国将来确立海洋边界的意图。[22]

（2）《1952 年圣地亚哥宣言》

在回顾两国缔约实践的历史时，法院已经确认两国均认同《1952 年

---

[19] Maritime Dispute (Peru v. Chile), Judgment, p. 13, para. 14.
[20] Ibid., pp. 17-19, para. 24.
[21] Ibid., pp. 19-25, paras. 37-43.
[22] Ibid., p. 25, para. 44.

圣地亚哥宣言》具有国际条约的性质。[23] 因而，法院的任务是判明该条约是否在两国之间划定了海上边界。[24]

宣言文件第 4 段引起的双方分歧最大，该段规定：

> 如存在岛屿领土，200 海里海洋区域的规定也应适用于此类岛屿或群岛的整个海岸。如果一缔约国所属的某个岛屿或群岛位于另一缔约国延及的 200 海里海洋区域以内，那么该岛屿或该群岛所享有的海洋区域应当被该相关国家靠海的陆地边界点所在的纬度线所限制。[25]

智利认为该段措辞系为对一项普遍同意规则在特别情形下的适用，即确定两国海洋边界的一般规则为经过其陆地边界起点的纬度线，而在存在岛屿的情况下，也以该纬度线作为边界。秘鲁则认为，该段措辞仅是对岛屿享有的海洋权利的规定，并不涉及各国大陆海岸的权利问题；而且岛屿的问题仅存在于厄瓜多尔与秘鲁之间，秘鲁与智利的争议海域内并无岛屿问题。[26]

根据《维也纳条约法公约》中规定的条约解释方法，法院首先考虑了《1952 年圣地亚哥宣言》文本的通常意义，并指出宣言不存在对两国大陆海域进行划界的明确表述，只是确定了向海的 200 海里海域的外部界限，而未确定秘鲁和智利两国横向的海域边界。其次，法院从目的和宗旨的角度进行考察，发现宣言的目的和宗旨主要在于通过扩大对其沿岸海域的管辖范围，保护和维持缔约国的自然资源，促进经济发展。此外，法院对条约之准备工作做了简要考察，发现智利向 1952 年会议提交的海洋划界建议未被采纳。最后，法院得出结论，《1952 年圣地亚哥宣言》并未如智利所主张的，将穿过秘鲁和智利向海的陆上边界点、向太平洋伸展出去的纬线，确立为两国的横向海域边界线。[27]

---

[23] Maritime Dispute (Peru v. Chile), Judgment, p. 16, para. 21.
[24] Ibid., p. 25, para. 48.
[25] Ibid., pp. 25-26, para. 49.
[26] Ibid., pp. 27-28, paras. 51-56.
[27] Ibid., pp. 29-30, paras. 57-61.

(3) 1954 年系列协议

秘鲁与智利于 1954 年签订了一系列协议,[28] 由于这些协议并未都对两国海域是否存在边界以及边界的位置或性质作出约定,[29] 法院重点分析了《1954 年协议》。

《1954 年协议》序言表明,由于缺乏足够的航海技术或必要的装备来确定其在海上的准确位置,"相邻的缔约国间经常发生人工操纵的小型船只过失越过边界的违法行为",因此,缔约国希望建立一个海上特别区域,以"避免产生摩擦或冲突"。该协议第 1 条进而规定在距离海岸 12 海里处建立一个从构成两国海洋边界的纬度线的南北两侧各拓宽 10 海里的特别区域,作为"容忍区"(zone of tolerance)。[30]

法院认为,该协议序言和第 1 条的措辞能够清楚表明两国之间的确已经存在海洋边界。[31] 但是,《1954 年协议》并没有指出两国于何时、采用何种方式确定了海洋边界,而仅能反映两国之间曾经达成了默示协议(tacit agreement)。鉴于确立永久海洋边界的极度重要性,证明相关默示协议存在的证据必须极具说服力(compelling)。[32] 法院注意到,两国 1947 年声明和《1952 年圣地亚哥宣言》可以表明,两国对于海洋划界存在逐步发展的共识;而在确认两国存在默示协议的问题上,《1954 年协议》的证明效力是决定性的。[33]

(4) 1968—1969 年的灯塔安排

两国于 1968—1969 年就分别建设灯塔达成了协议安排。法院指出,尽管灯塔安排的目的及其涉及的地域范围都是有限的,而且促成该项安

---

[28] 除《1954 年协议》之外,还有《对 200 海里海洋区域主权声明的补充约定》(Complementary Convention to the Declaration of Sovereignty on the Two-Hundred-Mile Maritime Zone,即《1952 年圣地亚哥宣言补充约定》,《制裁体系公约》(Convention on the System of Sanctions),《关于签约国海域监控措施的协定》(Agreement relating to Measures of Supervision and Control in the Maritime Zones of the Signatory Countries),《关于颁发南太平洋资源开发许可的公约》(Convention on the Granting of Permits for the Exploitation of the Resources of the South Pacific),《南太平洋常设委员会年度例会制度公约》(Convention on the Ordinary Annual Meeting of the Permanent Commission for the South Pacific)。

[29] Maritime Dispute (Peru v. Chile), Judgment, pp. 33-36, paras. 74-79.

[30] Ibid., p. 34, para. 81.

[31] Ibid., p. 40, para. 91.

[32] Territorial and Maritime Dispute Between Nicaragua and Honduras in the Caribbean Sea (Nicaragua v. Honduras), Judgment, I. C. J. Reports 2007 (Ⅱ), p. 735, para. 253.

[33] Maritime Dispute (Peru v. Chile), Judgment, pp. 36-40, paras. 80-91.

排的协商记录也并不指向任何既存的划界协议，但是灯塔安排的重要性在于，它与《1954年协议》一起，确认了一条海洋边界已经确立的事实。[34]

2. 默示海洋边界的性质

在确认默示海洋划界协议存在的基础上，法院接着检视该默示协议所指向的海洋边界的性质。智利认为该通用边界可以适用于海床、底土和水域；秘鲁则主张《1954年协议》所指向的边界，仅与沿海渔业管理以及在近岸海域为航行和捕鱼提供便利相关。

法院认为，要确定默示协议所指向的边界的性质，必须联系两国1947年声明和《1952年圣地亚哥宣言》，而后两者中提出的主张都明确地指向了海床、底土和水域，并且秘鲁和智利在当时和之后都没有对这些空间进行区分。据此法院确认，根据默示海洋划界协议所确认的边界应该是一条划分水域、海床和底土的单一边界。[35]

3. 默示海洋边界的范围

为进一步确认默示协议所确定的海洋边界的范围，法院考察了两国渔业活动的范围、同时期海洋法的发展，以及两国在20世纪50年代早期和1954年之后的有关实践。

首先，法院分析了两国渔业活动的范围，并注意到在20世纪50年代早期，两国捕获的鱼种通常在距离海岸60海里处，且主要是通过小型渔船所捕获。结合秘鲁与智利在争议海域附近重要的沿岸港口城市的位置，以及《1954年协议》为小型渔船沿特定纬度线设立容忍区的目的，法院判断，当时为进行主要的渔业活动，从智利一侧主要港口出发的小型渔船向西北开出海洋边界起点60海里的范围，均不会超过容忍区确立的平行线，而从秘鲁一侧主要港口出发的小型渔船向西南开出100海里左右时，会触达容忍区确立的平行线。因此，根据渔业活动判断，两国在形成对海洋边界合意的时期，不太可能认定这一默示边界一直延伸到200海里的宽度。[36]

其次，在考察了同时期其他国家围绕海域划界问题的有关实践以及国际法委员会的相关提案之后，法院得出初步结论，认为就其掌握的证

---

[34] Maritime Dispute (Peru v. Chile), Judgment, pp. 41-42, para. 99.
[35] Ibid., p. 42, paras. 100-102.
[36] Ibid., pp. 43-45, paras. 104-108.

据来看,两国当时默示存在的海洋边界不可能超过从起点开始延伸80海里的距离。[37]

再次,法院分别考察了两国在20世纪50年代的立法实践和执法实践。法院发现,不论是秘鲁1955年通过的《关于200海里海域的最高决议》,还是智利于1953—1963年先后通过的五项法令,抑或是秘鲁、智利和厄瓜多尔于1955年签署的《加入圣地亚哥宣言的议定书》(Protocol of Accession to the 1952 Santiago Declaration),均无助于确定《1954年协议》所确认存在的海洋边界的范围;直到20世纪80年代中期,两国之间的执法实践都集中在距离两国海岸不超过60海里的海域内,而且通常更靠近海岸。[38]

复次,针对两国在20世纪50年代以后的有关实践,法院先后考察了1968—1969年灯塔建设的安排、1975—1976年智利与玻利维亚展开的关于领土互换的协商、20世纪80年代秘鲁与智利两国在联合国第三次海洋法会议上的立场,以及两国在1986年之后的相关立法和执法实践。法院认为,以上实践与确定两国默示海洋划界协议的具体范围均没有关系。[39]

最后,法院认为两国提交给法院的远洋捕鱼的信息也不足以确认两国海洋边界的准确范围。法院承认,此举的确给确认两国海洋边界的具体长度留下了一定程度的不确定性,但基于对有关证据的整体性评估,法院得出正式结论:两国之间合意的默示海洋边界的范围,是从两国陆地边界起点沿着纬度平行线向外延伸80海里的距离。[40]

4. 两国海洋边界的划定

(1) 海洋边界的起点

秘鲁和智利均同意,两国的陆地边界由1929年《利马条约》确立并划定。《利马条约》第2条规定,两国陆地边界的起点定于"康科迪亚"点,该点位于柳塔河上的桥以北10公里处。根据《利马条约》第3条设立的混合委员会在进行边界划界时,为标记陆地边界确定了一系列界标,并将两国陆地边界的第一个标记点定为"一号界标"(Boundary Marker No. 1)。在确定海洋边界起点的问题上,秘鲁主张应基于"康科

---

[37] Maritime Dispute (Peru v. Chile), Judgment, p. 48, para. 117.
[38] Ibid., pp. 49-52, paras. 119-129.
[39] Ibid., pp. 52-55, paras. 130-135.
[40] Ibid., p. 54, paras. 149-151.

迪亚"点来确定两国海洋边界的界限,而智利则主张两国海洋边界的界限应为穿过"一号界标"的纬度平行线。

法院首先认定,秘鲁和智利关于海洋边界起点平行线位置的争议在2000年10月已经得到具体化,因此对于该时间点之后两国围绕该争议采取的相关措施,法院将不予考虑。[41] 接着法院注意到,在两国为1968—1969年灯塔建设安排所做的准备工作中,双方均意图将穿过"一号界标"的纬度平行线确立为海洋边界的界限,此意图不仅在双方授权代表的文书交往中得到印证,也被两国按照商定安排进行灯塔建设的措施所确认。[42] 在认定两国提供的地图证据对确定本争点事项无实质帮助之后,法院得出结论:1968—1969年的灯塔安排作为极具说服力(compelling)的证据能够确认,秘鲁智利两国的海洋边界的起点应是经过"一号界标"的纬度平行线与低潮线的交点。[43]

结合以上对默示海洋边界长度的判决,法院进一步确定:秘鲁和智利之间通过默示协议达成的单一海洋边界,应从上述海洋边界的起点开始,沿着"一号界标"纬度平行线向外延伸至80海里处。[44] 法院将这一默示单一海洋边界的终点命名为A点(Point A),并在接下来的判决中继续处理两国的海洋划界问题。

(2)从A点开始的海洋划界

尽管秘鲁并非《公约》缔约国,但法院注意到秘鲁代理人正式声明、秘鲁宪法等官方文件措辞,系以符合《公约》的方式作出,同时注意到《公约》有关大陆架和专属经济区划界的第74条第1款和第83条第1款能够反映习惯国际法,因此确定将此两条作为本案海洋划界的法律依据。[45] 法院接着考察了其在系列判例中所确认的,[46] 为"寻求公平方案通常采用的三步划界方法":第一步,作出一条临时等距离线,除非有很充分的理由阻止该等距离线的作出;第二步,考虑是否存在为

---

[41] Maritime Dispute (Peru v. Chile), Judgment, pp. 62-63, para. 162.
[42] Ibid., pp. 63-64, paras. 164-174.
[43] Ibid., p. 65, para. 176.
[44] Ibid., p. 66, para. 177.
[45] Ibid., p. 66, paras. 178-179.
[46] Maritime Delimitation in the Black Sea (Romania v. Ukraine), Judgment, I. C. J. Reports 2009, pp. 101-103, paras. 116-122; Territorial and Maritime Dispute (Nicaragua v. Colombia), Judgment, I. C. J. Reports 2012 (Ⅱ), pp. 695-696, paras. 190-193.

获得公平结果,需要调整该临时等距离线的有关情况;第三步,进行不成比例检验(disproportionality test),以评估双方所得的划界区域与其各自的海岸长度之间是否显著不成比例。[47]

在适用三步划界法之前,法院首先确定,本案等距离中间线划界的起点应该位于两国默示单一海洋边界的终点 A 点。法院注意到,在一些判例中,由于当事国之间有在先的划界协议,因此确定海洋划界并非都是从当事国海岸低水位线的某点开始。[48] 尽管如此,本案选择如此远离两国陆地边界的海上一点作为海洋划界的起点,也是"非同寻常"的。[49]

法院在适用三步划界法的过程中逐项确认:第一步,为构建临时等距离线,先以 A 点为圆心、80 海里为半径,确定秘鲁海岸线上的首个基点。接着在该基点西北方向的秘鲁海岸线上选取那些"最靠近划界区域"的沿海处的各点,与智利海岸线上相对应的基点构建临时等距离线。[50] 按照此方法,临时等距离线从 A 点起向西南方向延伸,直到其与距离智利海岸 200 海里的界限交会于 B 点(Point B)。从 B 点开始,秘鲁智利两国的海洋权利区域不再重叠,因此法院将 B 点沿智利海岸 200 海里界限向南延伸,直至其与距离秘鲁海岸 200 海里的界限交会于 C 点(Point C)。[51] 第二步,由于当事国海岸线均较为平滑,本案中无须特别考虑需对临时等距离线作出调整的"相关情况"。[52] 第三步,鉴于本案海洋划界系从远离两国陆地边界的海上一点开始,法院回顾了以往关于不成比例检验的判例,认为此步检验的目的并非苛求精确,可以采取一种粗略的评估,并确认第一步的划界不存在显著不成比例、导致临时等

---

[47] Peru v. Chile, Judgment, p. 66, para. 180.
[48] Delimitation of the Maritime Boundary in the Gulf of Maine Area (Canada/United States of America), Judgment, I. C. J. Reports 1984, pp. 332-333, para. 212; Land and Maritime Boundary Between Cameroon and Nigeria (Cameroon v. Nigeria: Equatorial Guinea intervening), Judgment, I. C. J. Reports 2002, pp. 431-432, paras. 268-269; Maritime Delimitation in the Black Sea (Romania v. Ukraine), Judgment, I. C. J. Reports 2009, p. 130, para. 218.
[49] Peru v. Chile, Judgment, p. 67, para. 183; Peru v. Chile, Separate, Partly Concurring and Partly Dissenting, Opinion of Judge ad hoc Orrego Vicuna, para. 27.
[50] Maritime Dispute (Peru v. Chile), Judgment, pp. 67-68, para. 185.
[51] Maritime Dispute (Peru v. Chile), Judgment, p. 68, paras. 186-190. 国际法院划定的临时等距离中间线可以参见判决中的图示,Peru v. Chile, Judgment, p. 69, Sketch-map No. 3。
[52] Ibid., p. 70, paras. 191.

距离线的公平性受到质疑的情形。[53]

5. 秘鲁的第二项诉求

在第二项诉求中，秘鲁要求法院确认：秘鲁对其领海基线200海里内，而智利领海基线200海里以外因而被智利认为是公海的"外三角区域"拥有海洋权利。法院认为，其已经对秘鲁和智利两国200海里海洋区域的重叠部分作出划界，因此不需要对这个问题再进行判定。[54]

（三）法院关于实体问题的判决主文

法院于2014年1月27日作出实体判决：

（1）以15票对1票，判定划分秘鲁共和国与智利共和国各自海域的单一海上边界的起点为穿过"一号界标"的纬线与低潮线的交界点。

（2）以15票对1票，裁定该单一海上边界线的起始段应沿穿过"一号界标"的纬线往西延伸。

（3）以10票对6票，裁定该单一海上边界的起始段应延伸到距离单一海上边界起点80海里处的一点A点为止。

（4）以10票对6票，裁定该单一海上边界线应从A点起沿着与秘鲁共和国海岸线和智利共和国海岸线等距离线继续向西南方向延伸，直至与距离智利共和国的领海基线200海里的界限交界点B点。从B点开始，该单一海上边界应沿该界限继续向南延伸，直至与分别距离秘鲁共和国和智利共和国双方领海基线200海里的两条分界线的交界点C点重合。

（5）以15票对1票，裁定对于秘鲁提出的第二项诉求无须进行具体推理。[55]

通卡院长和阿莫尔副院长在法院判决书后附上了声明；[56] 小和田法

---

[53] Maritime Dispute（Peru v. Chile），Judgment, pp. 70-72, paras. 192-194.
[54] Ibid., p. 68, paras. 187-189.
[55] Peru v. Chile, Judgment, pp. 72-73, para. 198. 法院在本案中划定的秘鲁和智利两国的最终海上边界图示，参见 Peru v. Chile, Judgment, p. 71, Sketch-map No. 4。
[56] Declaration of President Tomka, pp. 75-82. Declaration of Vice-President Sepúlveda Amor, pp. 83-86.

官在法院判决书后附上了个别意见;[57] 斯科特尼科夫法官在法院判决书后附上了声明;[58] 薛捍勤法官、加亚法官、班达里法官和奥雷戈·比库尼亚专案法官在法院判决书后附上了联合反对意见;[59] 多诺霍法官和加亚法官在法院判决书后附上了声明;[60] 塞布廷德法官在法院判决书后附上了反对意见;[61] 纪尧姆专案法官在法院判决书后附上了声明;[62] 奥雷戈·比库尼亚专案法官在法院判决书后附上了部分赞同、部分反对的个别意见[63]。

三、评　论

本案是国际法院首次认定当事国之间存在默示海洋划界协议的案件,也是国际法院首次将远离两国海岸的海上一点作为起点,用等距离划界法划分两国海域的案件。

(一) 个别意见和反对意见以及附带声明

本案关于海洋划界部分的判决以 10 票对 6 票作出,表明法官们在海洋划界起点的确定以及海洋边界的确定这两个问题上分歧较大。此外,对于默示划界协议的证明,法官们也存在不同看法。这些都集中反映在多位法官附上的个别意见和反对意见以及附带声明中。

1. 关于海洋划界起点的确定

通卡院长在其附带声明中称,他并不认为两国的"单一海上边界的起始段应延伸到距离单一海上边界起点 80 海里处的一点",[64] 法院在最

---

[57] Separate Opinion of Judge Owada, pp. 87-98.
[58] Declaration of Judge Skotnikov, pp. 99-100.
[59] Joint Dissenting Opinion of Judges Xue, Gaja, Bhandari and Judge *ad hoc* Orrego Vicuna, pp. 101-110.
[60] Declaration of Judge Donoghue, pp. 111-112. Peru v. Chile, Declaration of Judge Gaja, pp. 113-114.
[61] Dissenting Opinion of Judge Sebutinde, pp. 115-121.
[62] Declaration of Judge *ad hoc* Guillaume, pp. 122-125.
[63] Separate, Partly Concurring and Partly Dissenting, Opinion of Judge *ad hoc* Orrego Vicuna, pp. 126-135.
[64] Declaration of President Tomka, para. 1.

终判决中确定的"特别海上区域仅延伸80海里"的推断并无充分证据。[65] 通卡院长指出，一个根本问题是：当事方明显为实现特定目的而缔结的《1954年协议》，是否能够以默示方式确定双方既存的海洋边界只往外延伸80海里？尤其是当时双方公开宣称它们各自的海洋区域至少延伸至200海里处。[66]

值得指出，小和田法官虽然最终认同法院关于海洋划界起点的认定，但是他在个别意见中提出了一种相异于现有判决的论证路径。他认为，秘鲁和智利两国在行使海洋管辖权的过程中，特别是在渔业活动的管辖中，通过《1952年圣地亚哥宣言》《1954年协议》以及1968—1969年灯塔建设安排等实践，逐渐达成一项默认的共识，即以一条纬度平行线作为两国海洋管辖权分界线。两国之后的实践也进一步加深了其对这一默认共识的接受。而这一默认共识直接来源于两国渔业实践，这才导致两国的海洋边界必须以两国当时实际的渔业活动范围为界，并成为他认定两国的默示海洋边界延伸80海里进而被定为海洋划界起点的原因。[67]

2. 关于海洋边界的确定

斯科特尼科夫法官的附带声明集中表达了他对于海洋边界范围的不同看法。他认为，在两国1947年声明和《1952年圣地亚哥宣言》下产生的海洋边界，应当被认为是在两国之间生效且对协议双方具有法律拘束力，即便它不对第三国产生效力。[68] 换言之，他实际上支持按照200海里的标准来确认两国之间既存的海洋边界。

薛法官、加亚法官、班达里法官和奥雷戈·比库尼亚专案法官的联合反对意见主张，《1952年圣地亚哥宣言》第4段虽然没有明确指向两国大陆之间的海洋划界，但是，当它使用"岛屿在距离一国大陆海岸不足200海里"的措辞时，就表明两国对于大陆海岸的划界已经有了某种标准，否则将无法判断该岛屿是否位于某国的200海里距离范围之内。因此，他们进一步依据"有效解释"的条约解释规则，[69] 认为"条约

---

[65] Declaration of President Tomka, para. 3.
[66] Ibid., para. 4.
[67] Separate Opinion of Judge Owada, paras. 26-27.
[68] Declaration of Judge Skotnikov, para. 4.
[69] Free Zones of Upper Savoy and the District of Gex, Order of 19 August 1929, P. C. I. J., Series A, No. 22, p. 13.

的每一个条款都应当在考虑条约的目的和宗旨的情况下被赋予意义和效力"。[70] 鉴于此,《1952年圣地亚哥宣言》中明确载明的200海里声明,对于确定两国的海洋边界范围应该起到关键性作用——如果不是决定性作用的话。但是这一点在现有判决推理中没有得到应有的认可。

奥雷戈·比库尼亚专案法官是唯一一位反对法院关于秘鲁第二项诉求判决的法官。他的主要主张是:在确定A、B、C点后进行海洋划界的不成比例检验时,应该联系秘鲁第二项诉求所指向的"外三角区域"的权属一并考虑。现有判决既没有按照纬度平行线对两国海域进行划界,致使智利丧失了判决海洋边界线以北的三角区域,又确认秘鲁对于"外三角区域"享有权利——这在比库尼亚专案法官看来,就是不公平因而不合比例的。[71]

3. 关于默示划界协议的证明

阿莫尔副院长在其附带声明中认为,法院将《1954年协议》视为证明默示协议存在的决定性证据的做法值得商榷,因为这种论证根本没有达到法院此前判例中确立的,"证明默示海洋划界协议的证据需要极具说服力"的证明标准。[72] 阿莫尔副院长进一步提出:"尽管国际法没有要求国家间海洋划界协议须采取特定的形式或手段,但在确立海洋边界这么重大的事项上,特别考虑到当时是智利和秘鲁在海洋法问题上活跃于国际舞台的时期,只依赖于双方《1954年协议》中所包含的孤立且有限的信息是不够的,还需要更多的附加证据。"[73]

小和田法官在个别意见中也认为现有判决主要依靠《1954年协议》得出存在默示边界的结论缺乏说服力。他认为:"无论是默示的陆地边界还是海洋边界,其存在都非常罕见,因为国家对于领土主权这一问题极为用心,在涉及领土转让这一问题时,国家通常都会极为小心和慎重。"[74]

塞布廷德法官是唯一一位在判决书第二项决定中投反对票的,其反

---

[70] Joint Dissenting Opinion of Judges Xue, Gaja, Bhandari and Judge *ad hoc* Orrego Vicuna, paras. 5-6.

[71] Separate, Partly Concurring and Partly Dissenting, Opinion of Judge *ad hoc* Orrego Vicuna, para. 34.

[72] Case Concerning Territorial and Maritime Dispute Between Nicaragua and Honduras in the Caribbean Sea (Nicaragua v. Honduras), Judgment, I. C. J. Reports 2007, p. 735, para. 253.

[73] Peru v. Chile, Declaration of Judge Sepúlveda-Amor, para. 10.

[74] Peru v. Chile, Separate Opinion of Judge Owada, para. 12.

对意见的核心是：在本案中，国际法院此前判例中确立的关于默示海洋划界协议的证明标准无法得到充分满足。[75] 首先，两国均未明确援引《1954年协议》作为证明既存海洋边界的法律基础。智利的一贯主张是，《1952年圣地亚哥宣言》确立了其与秘鲁之间的通用海洋边界，而《1954年协议》只是对此前确立的海洋边界的一项来自国家实践的侧面印证。在塞布廷德法官看来，这至少表明两国并没有以《1954年协议》作为默示达成海洋边界的合意。[76] 其次，法院判决中对默示协议存在的推理逻辑是：《1954年协议》构成了默示划界协议的确认；此前两国1947年声明以及《1952年圣地亚哥宣言》则属于对默示划界协议合意的预演。塞布廷德法官认为此推理无法让人信服，《1954年协议》本身并不足以明确地证明一条单一边界的存在，相反，需要综合考察双方有关的国家实践。[77] 最后，塞布廷德法官认为包括20世纪50年代系列缔约行为在内的当事方国家实践的主要目的，系为对双方的共同资源进行规范，并防范第三国或其他非国家实体的不当行为，而非为划定通用海洋之边界。[78]

（二）主要评论梳理

1. 关于默示划界协议的证明

在加勒比海领土和海洋争端案（尼加拉瓜诉洪都拉斯）中，国际法院明确："要证明国家之间存在默示海洋划界协议，相关证据必须极具说服力（compelling）。永久海洋边界的确立是一项至关重要的事项，因此，这样的协议不应轻易被推定为存在。一条事实上的线段可能在特定的情形下构成两国法律上的边界，但在更多时候，其性质可能只是一条临时界线，或者是出于特定、有限的目的而作出的线段，例如分配资源的界线。即使有一条已经存在了一定时间的临时界线，也要将这一界线与国际海洋边界区分开来。"[79] 在该案中，洪都拉斯主张两国油气开采

---

[75] Peru v. Chile, Judgment, pp. 72-73, para. 198（2）.
[76] Peru v. Chile, Dissenting Opinion of Judge Sebutinde, para. 3.
[77] Ibid., paras. 4-9.
[78] Ibid., paras. 11-13.
[79] Case Concerning Territorial and Maritime Dispute Between Nicaragua and Honduras in the Caribbean Sea（Nicaragua v. Honduras）, Judgment, I. C. J. Reports 2007, p. 735, para. 253.

活动已证明了两国之间存在事实上的默示海洋边界，但国际法院经考察后认为，尼加拉瓜在和洪都拉斯作出石油开采安排时已保留了其海洋划界的立场。而对于洪都拉斯提交的有关渔民和政府官员的书面证词，法院认为："必须慎重对待这类书面证词。为评估这类书面证词，法院必须考虑一系列问题，包括这些证词是由政府官员作出，还是由与案件结果没有利害关系的个人作出；证词是证明特定的事实，还是仅仅表达对某一事件的意见；在有些情况下与事件同时期的证言具有特别的价值，但那些事后由政府官员为诉讼目的、针对先前发生的特定事件作出的证词则具有较低的证明力。"[80] 出于这些考虑，国际法院排除了洪都拉斯提交的书面证词，最终认定两国之间并不存在默示协议。

对证明默示协议存在所设立的高标准，其后在国际海洋法法庭审理的孟加拉湾海洋划界案（孟加拉国/缅甸）中也得到了遵循。在该案中，孟加拉国认为它与缅甸之间的行为已经表明一条事实上的默示海洋边界的存在，并提交了一系列渔民、官员的书面证词及有关两国国家行为的证据。而法庭在考察这些证据时，援引了加勒比海领土和海洋争端案（尼加拉瓜诉洪都拉斯）中关于书面证词及其他证据衡量的论述，认为孟加拉国提交的证据并没有达到"极具说服力"的程度，从而判定两国之间并不存在默示的海洋划界协议。[81]

回到本案，法院将《1954年协议》视为证明默示协议存在的决定性证据，很难说已经达到此前判例确定的、"极具说服力"这一证明标准，而这也成为本案判决引起争议的关键。此种争议不仅体现在本案多位法官后附的个别意见和反对意见中，[82] 而且在学术界引发很多负面评论。[83] 本案判决中关于默示协议证明标准论证的最大隐患是，其可能导致人们认为国际法院开始偏离加勒比海领土和海洋争端案（尼加拉瓜诉洪都拉斯）中树立的严格标准，而这恐怕并不是国际法院希望的解读方式。

---

[80] Case Concerning Territorial and Maritime Dispute Between Nicaragua and Honduras in the Caribbean Sea (Nicaragua v. Honduras), Judgment, I. C. J. Reports 2007, p. 735, para. 253.

[81] Dispute Concerning Delimitation of the Marine Boundary Between Bangladesh/Myanmar in the Bay of Bengal (Bangladesh/Myanmar), ITLOS, Judgment, 14 March 2012, pp. 42-43, paras. 112-118.

[82] See, e. g., Dissenting Opinion of Judge Sebutinde, para. 8; see also Declaration of Judge Sepúlveda-Amor, para. 10.

[83] 例如黄瑶、廖雪霞：《国际法院海洋划界的新实践——2014年秘鲁诉智利案评析》，《国际法研究》2014年第1期，第36—38页。

2. 关于默示划界协议确定的海洋边界范围

本案中，为了确认默示划界协议所确定的海洋边界范围，法院在考察两国 20 世纪 50 年代的渔业活动范围和同时期海洋法的发展后，初步得出两国的海洋边界从起点开始"不可能超过 80 海里的距离"，而后又得出正式的结论即"两国的海洋边界为从陆地边界起点处向西延伸 80 海里"。单从逻辑上看，从"不可能超过 80 海里"到"就是 80 海里"的跨越，这一论证结构显然缺乏必要的推理衔接。

判决最后主要以两国实际的渔业或执法活动的范围作为两国海洋边界的范围，这种做法可能也缺乏充分的合理性基础。首先，判决中已经认定该条海洋边界从性质上而言，是划分两国大陆架和专属经济区的单一边界，那么，仅以两国渔业活动的范围作为这一单一边界范围的依据就缺乏正当性和合理性。早在缅因湾区域海洋边界划界案中，国际法院就指出：对于既适用于大陆架又适用于专属经济区的单一边界，决定该单一边界的标准应当既不偏向大陆架法律制度、又不偏向专属经济区制度。[84] 这一"中立标准"的提出意味着，就同时划分大陆架和专属经济区的单一边界而言，这一边界既要体现大陆架制度的特征，又要反映专属经济区的特征。而在本案中，要证明秘鲁智利两国之间达成的默示协议是一条既划分两国大陆架又划分两国专属经济区的单一边界，仅以渔业活动作为依据，而没有体现两国对大陆架划界安排的论证显然是不够的。反过来说，如果以两国渔业活动或执法活动的实际范围作为这一海洋边界的限度的话，那么这条海洋边界就不应该是一条单一边界，而仅仅是划分两国渔区的边界，或者仅仅是一条临时边界，而这显然与法院将边界性质认定为永久的单一边界相矛盾。

退一步而言，就算应当以两国渔业活动和执法活动的实际范围作为两国默示海洋边界的限度，本案判决所认定的 80 海里也不一定是最为合理的范围。究其原因，80 海里这一范围的确定主要源于当时两国捕鱼活动中最重要的鱼种，即金枪鱼和鲔鱼，这两种鱼通常在距离海岸大约 20 海里到 80 海里的范围内被捕获。需要指出的是，尽管这两类鱼是最重要的鱼种，但它们不能涵盖秘鲁、智利两国常规捕获的所有鱼种——例如，两国还捕获鳀鱼和鲸鱼，而这两类鱼种的捕获范围则分别在 60 海里

---

[84] Delimitation of the Maritime Boundary in the Gulf of Maine Area (Canada/United States of America), Judgment, I. C. J. Reports 1984, pp. 317-319, paras. 168-171.

之外和 100 海里之外。

此外，对于"默示海洋边界范围为什么不划定在双方在此前声明或宣言中反复提及的 200 海里处"，本案判决书中提到的一个原因是，法院认为 200 海里的权利主张并不符合当时的国际法，而基于这样一种在当时不被普遍接受的主张，两国的海洋边界也不太可能延伸至 200 海里。这一推理逻辑的问题在于：尽管两国的权利主权并不符合当时国际法的要求，但秘鲁和智利均主张 200 海里的海洋权利且采取了一系列的措施来捍卫这一主张。正如斯科特尼科夫法官法指出的，在两国 1947 年声明和《1952 年圣地亚哥宣言》下产生的海洋边界，应当被认为是在两国之间生效且对协议双方具有法律拘束力的，即便它不对第三国产生效力。[85] 换言之，即使不为当时的国际法所接受，该 200 海里的主张及由此产生的两国的海洋边界在两国之间应当是有效的。

3. 关于不成比例检验

不成比例检验是国际法院司法实践逐步确立的海洋划界的最后一个步骤，其作用是通过审查最终的划界线所划分的当事国的海洋区域与当事国各自有关海岸的长度之间的比例是否存在显著的不成比例，以此评判划界的结果是否公平。易言之，不成比例检验是海洋划界过程中的"最后一道检验"，其本身并非一种划界方法，而是一种检验划界结果是否对当事国任何一方造成显著不成比例的效果之手段。

不成比例检验中"比例"的概念最先于北海大陆架案中被提出，[86] 起初只适用于海岸相邻且存在海岸凹陷的情况，后来发展到普遍地适用于海岸相邻和相向国家的划界，最终被确立为海洋划界步骤的最后一步，其适用范围得到了显著的扩大。就目前而言，不成比例检验的一般运用方式，是首先计算当事国有关海岸的长度比例，再计算划界线所划分的当事国享有的海洋区域之间的比例，然后比较这两个比例是否协调。

在本案中，由于存在一条根据默示海洋边界协议确认的 80 海里平行线，从该边界的终点开始才转折为等距离线，如果采用一种计算比例的数学方法，那么将很难甚至不可能计算出两国有关海岸与所得区域之间的比例。因此，国际法院没有采取通常的检验方法，通过计算有关海岸

---

[85] Declaration of Judge Skotnikov, para. 4.
[86] North Sea Continental Shelf (Federal Republic of Germany/Denmark; Federal Republic of Germany/Netherlands), Judgment, I. C. J. Reports 1969, p. 3.

长度和所得区域的比例来判断结果是否明显不成比例。这种由于特定情况造成的困难导致法院无法在不成比例检验中进行精确比例计算时的处理方式，在以往的一些案件中已经得到确认。例如，在大陆架案（阿拉伯利比亚民众国／马耳他）中，国际法院就指出："法院可以不用数学计算来确认公平性，而只对结果是否公平作出大致的评估。"[87] 在黑海海洋划界案中，国际法院确认："比例的检验并不是力求准确，而只能大致地（评估划界结果）……划界的目标是实现公平解决的结果，而不是海洋区域的平等分配。"[88] 基于此，本案判决在没有作出任何具体评判的情况下，直接得出结论称，本案没有明显的不合比例的情况，临时等距离线的公平性也不容置疑。可以认为，本案中不成比例检验的形式性特征体现得较为突出，因为法院没有采取比较海岸长度之比与所得海洋区域之比的方式，而仅是通过"粗略地评估"就确认本案并没有不合比例的情形使划界的结果不公平。

（三）判决后各界反应

本案是继国际法院于 2012 年宣判的领土与海洋争端案（尼加拉瓜诉哥伦比亚）后又一起南美洲国家之间的海洋划界案。与前案中 15 名法官对两国划界线形成一致同意不同的是，本案法官之间存在较为严重的观点分歧。

在法院确定划界结果的当天，时任秘鲁总统乌马拉（Ollanta Moisés Humala Tasso）即对裁决表示欢迎，称该国享有的海洋区域由此扩大，并对争端的和平化解深感高兴。而时任智利总统皮涅拉（Miguel Jan Sebastián Piñera Echenique）则表示，虽然裁决造成该国领土的"不幸损失"，但富含渔业资源的海域仍属于智利一方，并未受到影响；尽管智利对国际法院的判决表示遗憾，但它将尊重此裁决。据秘鲁《商报》报道，时任利马商会主席萨穆埃尔·格雷塞尔（Samuel Gleiser）和时任智利圣地亚哥商会主席彼得·希尔（Peter Hill）一致认为，关于两国领海争端国际法院的最终判决将不会影响两国贸易往来和投资，两国企业家

---

[87] Continental Shelf (Libyan Arab Jamahiriya/Malta), Judgment, I. C. J. Reports 1985, p. 53, para. 74.

[88] Maritime Delimitation in the Black Sea (Romania v. Ukraine), Judgment, I. C. J. Reports 2009, p. 100, para. 111.

将以平静的心态对待此次领海争端。

不过,在智利一方,多少还是能看到一些对本案判决不满的报道。例如,判决公布后,智利《信使报》[89]就发布了智利前总统拉各斯(Ricardo Lagos Escobar)的批评意见,称其"不明白为什么海牙打破了智利与秘鲁的边界"[90]。一些时任智利议员同样也表达了不满之情。[91]

四、附 录

(一) 中英案件全名

1. 中文案件全名:海洋争端案(秘鲁诉智利)
2. 英文案件全名:Maritime Dispute (Peru v. Chile)

(二) 案件的标准引用

Maritime Dispute (Peru v. Chile), Judgment, I. C. J. Reports 2014, p. 3, available at:http://www.icj-cij.org/en/case/137/judgments.

(三) 主要参考文献

1. Angel V. Horna, "Maritime Dispute (Peru v. Chile): Background and Preliminary Thoughts", *Ocean Yearbook*, Vol. 23, pp. 193-229.

2. Yoshifumi Tanaka, *Predictability and Flexibility in the Law of Maritime Delimitation*, Oxford:Hart Publishing, 2019.

3. Vishal Gehrana, "Maritime Delimitation: Dispute Amongst Peru and Chiile, International Court of Justice, 2008-2014", *Florida Journal of International Law*, Vol. 26, pp. 331-346.

4. 黄瑶、廖雪霞:《国际法院海洋划界的新实践——2014 年秘鲁诉

---

[89] 《信使报》(*El Mercurio*) 始创于1827年,是世界上创办最早的西班牙文报纸之一,也是智利最大的西班牙文对开日报,主要在圣地亚哥、瓦尔帕莱索、安托法加斯塔和卡拉马出版,每日出50版左右,发行量约15万份,该报在拉丁美洲地区颇有影响。

[90] http://www.lasegunda.com/Noticias/Politica/2014/01/910188/Ex-presidente-Lagos-No-entiendo-por-que-el-paralelo-es-hasta-las-80-millas-y-despues-se-quiebra, last accessed on December 31, 2017.

[91] http://www.lasegunda.com/Noticias/Politica/2014/01/910056/fuertes-criticas-de-parlamentarios-aqui-chile-no-ha-ganado-nada-hemos-perdido, last accessed on December 31, 2017.

智利案评析》,《国际法研究》2014 年第 1 期,第 29—48 页。

5. 王佳:《2014 年国际法院司法工作新进展》,《中国国际法年刊》2014 年,第 652—673 页。

6. 王军敏:《历史性捕鱼权在专属经济区划界中的地位和作用》,《湖北行政学院学报》2009 年第 4 期,第 15—19 页。

7. 吴继陆、郑雷:《论国际海洋划界中的成比例检验问题》,《太平洋学报》2015 年第 7 期,第 1—8 页。

(四) 与本案主题相关的重要引用案件

1. Continental Shelf (Libyan Arab Jamahiriya/Malta), Judgment, I. C. J. Reports 1985.

2. Delimitation of the Maritime Boundary in the Gulf of Maine Area (Canada/United States of America), Judgment, I. C. J. Reports 1984.

3. Dispute Concerning Delimitation of the Marine Boundary Between Bangladesh/Myanmar in the Bay of Bengal (Bangladesh/Myanmar), ITLOS, Judgment, 14 March 2012.

4. Maritime Delimitation in the Black Sea (Romania v. Ukraine), Judgment, I. C. J. Reports 2009.

5. Sovereignty over Pulau Ligitan and Pulau Sipadan (Indonesia/Malaysia), Judgment, I. C. J. Reports 2002.

6. Territorial and Maritime Dispute Between Nicaragua and Honduras in the Caribbean Sea (Nicaragua v. Honduras), Judgment, 8 October 2007.

(五) 案件中的重要缩略语

CPPS　Comision Permanente del Pacifico Sur　南太平洋常设委员会
ICJ　International Court of Justice　国际法院
ITLOS　International Tribunal for the Law of the Sea　国际海洋法法庭
LOSIC　Law of the Sea Information Circular　海洋法信息通讯
UNCLOS　United Nations Convention on the Law of the Sea　《联合国海洋法公约》

(杨　帆)

南极捕鲸案
（澳大利亚诉日本，新西兰参加）
（2014年）

2010.05.31 澳大利亚向国际法院书记官处提交请求书，对日本提起诉讼

2010.07.13 法院发出命令，确定2011年5月9日为澳大利亚提交诉状的日期，2012年3月9日为日本提交辩诉状的日期

2011.05.09 澳大利亚提交诉状

2012.03.09 日本提交辩诉状

2012.11.20 新西兰向书记官处提交了一项参加诉讼声明

2013.02.06 法院发布许可新西兰参加诉讼的命令，确定2013年4月4日为新西兰提交书面意见的日期；同时，授权于2013年5月31日澳大利亚和日本就新西兰书面意见提交书面意见，各方均在规定时间内提交

2013.06.26—07.16 国际法院举行庭审

2014.03.31 国际法院就本案作出判决

关键词：审查标准（Standard of Review）；科学研究（Scientific Research）；日本依据南极特别许可证鲸鱼研究计划（第二阶段）（Japanese Whale Research Program under Special Permit in the Antarctic Phase Ⅱ）；商业捕鲸（Commercial Whaling）；海洋环境保护（the Preservation of Marine Environment）；参加[1]（Intervention）

2010年5月31日，澳大利亚向国际法院书记官处提交了对日本的诉

---

[1] 关于intervention的译法，《国际法院规约》中文本译为"参加"，学界通常译为"介入"。本文遵照《国际法院规约》，将其译为"参加"。

讼请求，事关日本依据其南极特别许可证以第二阶段日本鲸鱼研究计划的名义继续推行大规模捕获、击杀和加工鲸鱼的活动，违反了日本根据《国际捕鲸管制公约》承担的义务以及日本在保护海洋哺乳动物和海洋环境方面的其他国际义务。2012年11月20日，新西兰依据《国际法院规约》（以下简称《规约》）第63条第2款向国际法院书记官处提交参加诉讼的声明。

一、案件背景

南极海域有丰富的生物资源，是地球上80%鲸的主要生活区，该区域鲸的密集程度远远超过其他海域，南极也因此成为最具商业价值的捕鲸区。生活在南极海域的鲸类主要有须鲸和齿鲸，其中须鲸种类最多，有蓝鲸、长须鲸、大须鲸、小须鲸和座头鲸等物种。20世纪初，现代捕鲸业开始发展，第二次世界大战结束后达到极盛。二战后，由于日本国内民众生活困难，为了解决粮食紧张的问题，维持国民基本营养水平，日本政府鼓励国民在南极海域捕鲸。此后，日本等国依赖先进的捕鲸技术，在南极海域捕鲸，导致南极鲸类资源迅速衰减，有些鲸类濒临灭绝。这一情况震惊了国际社会。

（一）争端缘由

1946年12月2日，15个主要捕鲸国[2]在华盛顿签署了《国际捕鲸管制公约》（International Convention for the Regulation of Whaling, ICRW, 以下简称《捕鲸管制公约》），同时成立了国际捕鲸委员会（International Whaling Commission, 以下简称"委员会"）管理全球捕鲸活动，1950年，委员会下设由各缔约国科学家组成的科学委员会[3]。《捕鲸管制公约》于1948年11月10日对澳大利亚生效，于1951年4月21日对日本生效，于1976年6月15日对新西兰生效[4]。

---

[2] 美国、阿根廷、澳大利亚、巴西、加拿大、智利、丹麦、法国、荷兰、新西兰、挪威、秘鲁、苏联、英国和南非。
[3] 根据《捕鲸管制公约》的规则，科学委员会负责审查有关鲸鱼和捕鲸的现行科学和统计资料，了解各国政府、各国际组织或私人组织的研究计划，讨论委员会或委员会主席可能向专业委员会提出的各项补充问题，向委员会提出自己的看法和建议。
[4] Whaling in the Antarctic (Australia v. Japan: New Zealand Intervening), Judgment, I. C. J. Reports 2014, p. 226, para. 44.

由于人类的捕杀，目前全世界已至少有 5 种鲸鱼濒临灭绝。[5] 为进一步保护鲸类，1979 年，委员会通过了禁止捕鲸母船[6]在南极海域作业的决议［附件第 10 段（d）项］。1982 年，委员会继续以修订附件的方式通过关于商业捕鲸的禁令［附件第 10 段（e）项］，禁止 1986 年捕鲸季后所有商业性捕鲸行为，但仍允许"为科学研究的目的"的限量捕鲸活动。[7] 在 1993 年举行的第 45 届年会上，委员会在南纬 40 度以南设立南极鲸类保护区［附件 7（b）］，并专门成立了南极保护区工作组，在保护区内禁止捕鲸活动，保护若干鲸类种群，恢复独特而脆弱的南极海洋生态。

1986—1987 年捕捞季后，禁令对日本生效。但是日本仍通过利用《捕鲸管制公约》第 8 条为科学研究目的捕鲸的条款，制订了"日本依据南极特别许可证鲸鱼研究计划"(Japanese Whale Research Program under Special Permit in the Antarctic，JARPA)，每年以科学研究为名大量捕杀鲸类。日本这一项目是由日本鲸类研究所负责，分第一阶段（1987—2004 年）与第二阶段（2005 年至今）［以下分别简称"鲸类研究计划（第一阶段）"与"鲸类研究计划（第二阶段）"］，执行至今已长达 25 年。鲸类研究计划称：其研究目标是"调查鲸类种群丰度，计算鲸类群体参数和探究鲸类在生态系统中的作用"。[8] 而鲸类研究计划（第二阶段）是为了"监测南极生态系统，建立生态系统模型，发现鲸类种群变化以及改善须鲸管理办法"。[9] 自 1987 年以来，日本的科学捕鲸计划已捕杀超过 10000 头鲸鱼，几乎是其他国家自 1952 年以来科研捕鲸总

---

［5］ See Status of Whales，https：//iwc.int/status，last visited September 6，2020.
［6］ 《捕鲸管制公约》第 2 条第 1 款规定："'捕鲸母船'指在船舱内或船舱面上对鲸进行全部或部分加工处理的船舶。"
［7］ 1982 年，国际捕鲸委员会决定，从 1985—1986 捕鲸季开始商业捕鲸的许可渔获量定为零，通常被称为"商业捕鲸禁令"，该禁令至今仍有效。See the Schedule of ICRW：As amended by the Commission at the 64th Annual Meeting Panama City, para. 10（e）.
［8］ See JARPA Research Plan，The Institute of Cetacean Research，http：//www.icrwhale.org/ResearchPlan.html，last visited September 6，2020.
［9］ See JARPAII Research Plan：SC 57/O1 Plan for the Second Phase of the Japanese Whale Research Program under Special Permit in the Antarctic（JARPA II）- Monitoring of the Antarctic Ecosystem and Development of New Management Objectives for Whale Resources，http：//www.icrwhale.org/ResearchPlan.html，last visited September 6，2020.

量的 4.5 倍。[10]

日本的捕鲸活动招致世界绝大多数国家的抗议，引起国际社会关切。2010 年 5 月 31 日，澳大利亚政府向国际法院书记官处提交请求书，认为日本在南极海域执行鲸类研究计划（第二阶段）违反了其根据《捕鲸管制公约》承担的义务以及日本在保护海洋哺乳动物和海洋环境方面的其他义务，要求日本停止捕鲸活动。

（二）最终诉求

澳大利亚的主要诉讼请求是：第一，国际法院具有本案的管辖权；第二，日本许可并在南极执行鲸类研究计划（第二阶段）是对其国际义务的违反；第三，日本的行为违反其在《捕鲸管制公约》附件第 10 段 (d) 项、第 10 段 (e) 项、第 7 段 (b) 项以及第 30 条下的国际义务；第四，鲸类研究计划（第二阶段）并不是《捕鲸管制公约》第 8 条所指的"为科学研究的目的"；第五，日本应不再许可或实施任何非属第 8 条的特别许可捕鲸，并立即停止执行鲸类研究计划（第二阶段）以及撤销任何允许执行该项目的授权。

日本则认为，国际法院对澳大利亚的诉讼请求没有管辖权，新西兰因此不能参加诉讼，或者国际法院即使有管辖权，也应驳回澳大利亚的所有诉讼请求。[11]

二、准许新西兰参加诉讼的命令

在本案程序中，值得一提的是新西兰参加诉讼。新西兰认为其参加诉讼的依据是《规约》第 63 条，以及其《捕鲸管制公约》缔约国的地位。新西兰称，作为《捕鲸管制公约》的缔约方，国际法院在诉讼过程中可能对《捕鲸管制公约》作出的解释与新西兰有直接的利害关系，并表达了对国际法院如何解释《捕鲸管制公约》第 8 条的关切。新西兰强调，它并不寻求在本案中的"当事国地位"，只是行使《规约》第 63 条项下的权

---

[10] See Phillip J. Claphamet. al., "The Whaling Issue: Conservation, Confusion, and Casuistry", *Marine Policy*, Vol. 31, 2007, p. 315.

[11] Whaling in the Antarctic (Australia v. Japan: New Zealand intervening), Judgment, I. C. J. Reports 2014, p. 226, para. 25.

利,并知悉国际法院对于条约的相关解释将对其产生具有约束力的结果。

澳大利亚与日本均未正式对新西兰参加诉讼的声明提出反对。国际法院认为,《规约》第 63 条规定的"参加诉讼"属于附带程序,是对权利的行使。参加诉讼虽然是一项权利,但这一事实并不当然地赋予提出声明的国家以诉讼一方的地位,而且这种参加诉讼的权利只有在相关声明符合第 63 条的规定时才出现。法院指出,法院因此必须在受理一项参诉声明之前确保其符合第 63 条的规定。法院还指出必须核查是否符合《国际法院规则》(以下简称《规则》)第 82 条规定的条件。最终,国际法院认为,新西兰参加诉讼的声明符合《规约》和《规则》的规定,且不会对澳日双方在本案中的平等地位造成影响。因此,国际法院全体一致认为新西兰提出的参加诉讼的声明可以受理。[12]

三、判决的说理和裁决

(一) 管辖权问题

作为管辖权的依据,澳大利亚援引双方接受《规约》第 36 条第 2 款任择条款的声明。日本认为,澳大利亚的请求属于其任择条款声明中的保留事项,因而国际法院不具有管辖权。由于双方存在异议,国际法院必须首先处理管辖权问题。

因澳大利亚在其声明中对"包括领海、专属经济区和大陆架在内的任何海洋区域划界纠纷,或由此而产生的在任何尚未划界的争议区域或毗邻争议区域的资源开采"事项作出了保留,日本提出澳大利亚的诉求就是属于该保留中提及的"在争议区域的资源开采"问题,因为鲸类研究计划(第二阶段)涉及对方提出保留的争议海域,从而排除了国际法院的管辖。澳大利亚对日本的理解予以反驳,指出自己的该项保留只适用于澳大利亚和与澳大利亚有海洋区域重叠的争议方之间关于海洋划界的问题。澳大利亚与日本并没有海洋划界争议,因此该保留并不适用。而且,这项保留同样不涉及《捕鲸管制公约》以及鲸类研究计划(第二阶段),本案是一个完全与划界无关的争议事项。

---

[12] Whaling in the Antarctic, Judgment, I. C. J. Reports 2014, paras. 8-13.

国际法院没有支持日本的主张。首先,国际法院引用英伊石油公司案(英国诉伊朗)的初步反对意见判决认为,当解释一个接受强制管辖权的声明时,必须寻找一种自然和合理的解释,并适当考虑声明作出国的目的和意图。国际法院认为,对任择条款声明保留的解释不仅要从文本考虑,而且要和上下文、准备资料等结合起来考虑。澳大利亚的声明与保留事项应做整体理解,结合澳大利亚在提出保留时的目的,可以确定保留适用的前提在于双方之间存在海洋划界争议。其次,鲸类研究计划(第二阶段)的执行区域包括澳大利亚的管辖海域,但这些海域与日本没有管辖权的联系。根据领土与海洋争端案(尼加拉瓜诉哥伦比亚)确立的"划界是对重叠的海洋权利主张进行划分"的法理,本案双方没有重叠的海域,并不属于海洋划界和与海洋划界有关的争议。最后,鲸类研究计划(第二阶段)的捕鲸区域已经超出了澳大利亚的管辖区域。这些海洋区域的性质和范围对现在这个争议来说并不重要,本案只需要解决日本在《捕鲸管制公约》下的义务问题。[13] 因此,国际法院全体一致认为法院对本案具有管辖权。

(二) 实体问题

国际法院认为,本案主要是条约解释的问题,需要解决的主要实体问题是日本批准并在南极执行鲸类研究计划(第二阶段)是否违反《捕鲸管制公约》第8条第1款。

1. 解释的方法

国际法院要解决的第一个问题是解释《捕鲸管制公约》第8条第1款应采用何种方法或规则。第8条第1款规定如下:

> 尽管有本公约(《捕鲸管制公约》)的规定,缔约政府对本国国民为科学研究的目的而对鲸进行捕获、击杀和加工处理,可按该政府认为适当的限制数量,得发给特别许可证。按本条款的规定对鲸的捕获、击杀和加工处理,均不受本公约的约束。各缔约政府应将所有发出的上述特别许可证迅速通知委员会。各缔约政府可在任何时期取消其发出的上述特别许可证。

---

[13] Whaling in the Antarctic, Judgment, I. C. J. Reports 2014, paras. 31-41.

日本认为对该款的解释必须与《捕鲸管制公约》其他规定的解释相一致,并强调该款属于例外条款,是《捕鲸管制公约》赋予缔约方的自由,应采用宽泛的解释方法。澳大利亚认为该条款是一个有限的例外,应采用严格的解释方法,否则会影响《捕鲸管制公约》目的与宗旨的实现。新西兰同样认为适用严格的解释方法才能保证国际捕鲸管制制度的实施。

国际法院并不采纳当事各方的意见。国际法院认为,第8条是《捕鲸管制公约》的组成部分,因此要将该条款放在条约的"上下文"及条约的"目的与宗旨"的背景中进行解释。第8条提出的"为科学研究的目的"的捕鲸,应该增进人类对鲸目动物科学知识的理解,为《捕鲸管制公约》目的的实现作出贡献,这也反映在委员会制定的对第8条下特别许可证的审查指南(以下简称《指南》)[14]中。可以肯定的是,既然第8条第1款确认了缔约国有为科学研究的目的颁发特别许可证的权利,那么这种特别许可证就不再受《捕鲸管制公约》附件的商业捕鲸禁令和捕鲸母船禁令的限制了。但是,第8条的"捕获、击杀和加工处理鲸"是否"为科学研究的目的"并不能仅由缔约方单方来确认。[15]

2. 审查的标准

在确立了解释的方法后,国际法院转向第8条特别许可证是否"为科学研究的目的"的审查标准。在国际法院看来,"科学研究"与"为……的目的"用语是叠加的。叠加的结果就是,即使捕获、击杀和加工处理鲸的研究项目涉及科学研究,这些活动依然可能不属于第8条规定的范围,除非这些活动是"为科学研究的目的"。因此,国际法院的审查将分两步:第一步,通过上述确立的解释规则考察"科学研究"与"为……的目的"用语的含义,确定鲸类研究计划(第二阶段)是否

---

[14] 从20世纪80年代开始,科学委员会负责对《捕鲸管制公约》第8条下的特别许可证进行审查,审查的依据是委员会通过的《指南》。2005年日本开始执行鲸类研究计划(第二阶段)时,科学委员会审查依据的《指南》是当时的附件Y。附件Y强调科学研究方案不仅要提供"对种群合理化管理必不可少的信息"或"与'全面评估'商业捕鲸禁令的相关的信息",还要应对"极其重要的研究需求"。2012年修改后的《指南》是现在的附件P。附件P列出了科研方案的三大目标:"促进鲸鱼种群的养护和管理""提高其他海洋生物资源的养护和管理与改善海洋生态系统""对海洋生物资源管理的假设与检验"。See Revised Annex P: Process for the Review of Special Permit Proposals and Research Results from Existing and Completed Permits.

[15] Whaling in the Antarctic, Judgment, paras. 51-61.

涉及科学研究；第二步，通过考察方案设计和实施（design and implementation）中的一些因素，特别是方案中所采用的致死性取样手段对于实现既定目标来说是否合理，以确定捕获、击杀和加工处理鲸的活动是否"为科学研究的目的"。这是一个客观的审查过程。[16]

3. "以科学研究为目的"的解释与适用

基于上述解释方法与审查标准，法院分别考察"科学研究"，以及"以……为目的"用语的含义，并将其适用于对鲸类研究计划（第二阶段）的分析。

（1）方案是否涉及科学研究

国际法院首先需要对"科学研究"的含义作出澄清。法院认为，需要将科学意见与法院的条约解释任务区分开来。第8条的用语已经明确表明缔约方可以考虑使用致死性取样方法。就《捕鲸管制公约》委员会通过的很多决议的法律意义而言，需要注意的是，这些决议并非需要取得缔约方一致同意才能通过，有些决议日本甚至是投了反对票的，故这些决议既不能被视为对第8条解释的嗣后协议，也不属于1969年《维也纳条约法公约》所指的"嗣后实践"。退一步来说，即使是由缔约国一致通过的1986－2号决议和《指南》，也没有给缔约方提出明确的只有在其他替代方法不可行的情况才能使用致死性取样方法的要求。

法院认为其没必要为"科学研究"的一般定义提供标准。鲸类研究计划（第二阶段）提出的4个研究目标均与委员会《指南》的研究类别相符合。因此，国际法院认定，该研究计划涉及的活动大致可定性为"科学研究"。国际法院将集中审查证据，确定该研究计划下的捕获、击杀和加工处理鲸鱼活动是否"为科学研究的目的"，从而属于第8条第1款的范围。[17]

（2）方案下的活动是否"为科学研究的目的"

国际法院认为，在本案中只需要通过考察方案设计和实施中的一些因素，来确定该方案下的活动是否合理地服务于研究目标，从而属于"为科学研究的目的"。这些考虑因素包括7个：方案中的致死性取样方法的决定、该研究计划中的总样本量、选择样本大小的方法、总样本量与实际捕获数量的比较、方案的时间跨度、取得的科学成果和方案与相

---

[16] Whaling in the Antarctic, Judgment, para. 67.
[17] Ibid., paras. 73-86, 127.

关研究项目的合作程度。

① 致死性取样方法的决定

致死性取样方法是鲸类研究计划和鲸类研究计划（第二阶段）的主要设计。法院需要考虑的是该研究项目第二阶段中决定使用致死性取样方法的合理性问题。法院发现，日本对非致死性取样方法在实现该研究项目第二阶段研究目标的可行性上只做了很少的分析。因此国际法院认为，无论是鲸类研究计划，还是数年后的鲸类研究计划（第二阶段），日本对鲸鱼使用致死性取样方法的决定对实现其研究目标来说是不合理的。[18]

② 鲸类研究计划（第二阶段）中的总样本量

该项目第二阶段中的致死性总样本量由三种鲸鱼物种的样本量综合决定。国际法院对比了第一阶段和第二阶段中的样本量[19]（表1）；同时考察了日本是如何确定三个物种各自的致死性样本量的证据资料。

表1 日本鲸类研究计划总样本量和实数捕获数量（单位：头）

种类	第一阶段（1987—2004年）		第二阶段（2005—2013年）	
	计划总样本量	实际捕获数量	计划总样本量	实际捕获数量
小须鲸	每年825（±10%）	前7年平均每年300，之后平均每年400（±10%）	每年850（±10%）	第一年853，之后平均每年约450
长须鲸	0	0	每年50	18（第1年10）
座头鲸	0	0	每年50	0

法院认为，第一阶段和第二阶段在研究对象、研究目标以及使用的研究方法上有相当高的相似性。但日本并无法使国际法院信服为何如此相似的研究目标需要显著增加对小须鲸及另两个物种的致死性样本量。因此法院支持澳大利亚的看法，即第二阶段中的总样本量决定经不起严格的科学考量。[20] 同时，法院认为，如果不是商业性捕鲸，小须鲸样本量的设置并不合理，法院对日本所称其是为"科学研究"的说法产生高度怀疑。[21]

---

[18] Whaling in the Antarctic, Judgment, paras. 128, 130, 135, 138, 144.

[19] Ibid., paras. 104, 110, 146, 147, 201, 202.

[20] Ibid., paras. 151, 152, 156.

[21] Ibid., paras. 157-198.

③ 总样本量与实际捕获数量的比较

根据表1可知，第二阶段的计划总样本量与实际捕获数量之间有显著的差异，但日本并没有根据实际捕获量对每年的计划总样本量作出调整。法院结合各方提供的证据得出两个结论。第一，日本承认每年850头小须鲸的总样本量并不是必需的，更改研究时间或接受低精确度数据两种方式对于研究目标来说也是可行的。这使法院进一步怀疑总样本量设置的合理性。第二，对于零捕捉量的座头鲸和低捕捉量的长须鲸来说，这样的采样量也削弱了日本声称的以计划总样本量为研究基础的研究目标的可信度。[22]

④ 鲸类研究计划（第二阶段）设计和实施的其他方面

第二阶段是以每6年为一个研究阶段但未定终止日期的研究项目。国际法院认为，对于一个以科学研究为目的方案来说，"有中间目标的时间框架设计"会更为合适。此外，日本提交的第二阶段第一个6年研究阶段的成果相当有限，令国际法院非常失望。[23]

（三）结　论

结合国际法院已确立的解释方法和审查标准，并充分考虑当事各方的意见和提交的证据，国际法院认定，使用致死性取样方法本身和鲸类研究计划（第二阶段）总样本量的设置对于该项目的研究目标来说，并不是合理的。

就研究项目的设计而言，第一，第一阶段和第二阶段研究目标具备相似性，但却没有证据显示相似性的目标何以导致采样物种和采样规模差别显著。第二，长须鲸和座头鲸过低的样本量根本无法提供实现第二阶段研究目标所需要的信息。第三，小须鲸的样本量设计缺乏透明度，无法完全解释每年850头小须鲸是如何通过科学计算得出的。第四，证据表明，项目第二阶段可以在较低的样本量上完成既定的目标。另外，日本也很少关注使用非致死性替代方法实现既定目标的可行性，相反，日本在方案设计上更多表现出对资金方面的考虑。

就第二阶段的实施而言，首先，日本无法科学解释该项目阶段对座

---

[22] Whaling in the Antarctic, Judgment, paras. 209-212.

[23] Ibid., paras. 213-222.

头鲸零采样量和对长须鲸低采样量的原因。其次，除了该项目阶段实施的第一年，其余年份小须鲸的实际取样数量都远低于计划样本量，但日本并没有因为这些差距而对第二阶段研究目标作出任何调整。最后，日本也没有解释第二阶段研究目标是如何保证在对座头鲸零采样量和对长须须鲸低采样量等情况下实现的。另外，该研究项目第二阶段开放性的时间框架、有限的科学产出，以及该项目和其他相关的研究项目有限的合作都共同指向了国际法院的结论。

总的来说，国际法院认为，鲸类研究计划（第二阶段）是一个涉及科学研究的方案，但其设计和实施对既定目标的实现来说并不是合理的，不符合审查标准。

（四）判决主文

基于上述原因，法院判决如下：

（1）一致决定：法院就澳大利亚 2010 年 5 月 31 日提交的请求有管辖权；

（2）以 12 票对 4 票决定：日本就鲸类研究计划（第二阶段）方案发放的特别许可证不属于《捕鲸管制公约》第 8 条第 1 款规定的范围；

（3）以 12 票对 4 票决定：日本为鲸类研究计划（第二阶段）方案给予击杀、捕获和加工长须鲸、座头鲸和小须鲸的特别许可证，与其根据《捕鲸管制公约》附件第 10 段（e）项规定承担的义务不符；

（4）以 12 票对 4 票决定：日本在实施鲸类研究计划（第二阶段）方案时未遵守关于击杀、捕获和加工长须鲸的《捕鲸管制公约》附件第 10 段（d）项所规定的义务；

（5）以 12 票对 4 票决定：日本在南极保护区实施鲸类研究计划（第二阶段）方案时未遵守关于击杀、捕获和加工长须鲸的《捕鲸管制公约》附件第 7 段（b）项所规定的义务；

（6）以 13 票对 3 票决定：日本在鲸类研究计划（第二阶段）方案方面遵守了根据《捕鲸管制公约》附则第 30 段规定所承担的义务；

(7) 以 12 票对 4 票决定：日本应撤销就鲸类研究计划（第二阶段）方案发放的任何现有授权、许可或执照，并在执行该方案时不再发放许可证。

本案有多名法官发表了反对或个别意见：小和田、龙尼·亚伯拉罕、优素福 3 位法官发表了反对意见。特林达德、格林伍德、薛法官、朱莉娅·塞布廷德、班达里，以及专案法官查尔斯沃思 6 位法官发表了个别意见；基思法官发表了一份声明。

四、评　论

本案是环境生态中的经典判例，涉及的法律问题主要有：审查标准的确立和适用，条约解释的方法[24]（尤其是对条约目的与宗旨的解释、演变解释、嗣后惯例的作用），法律与科学的关系，专家证据的评估，证明责任的履行，第三方参加诉讼等。

第一，本案是国际法院明确提出"审查标准"术语的案例。如前文所述，法院判断是否为了科研目的时，确立和适用的是"在使用致死性方法中，方案的设计和实施对于达到所述目标是否合理"（whether "in the use of lethal methods, the programme's design and implementation are reasonable in relation to achieving its stated objectives"）这样一个审查标准。这个合理性审查标准，最初是在日本在对参加方新西兰的书面意见的评论中出现的。[25] 也就是说，当事国双方在各自的诉状和辩诉状中并没有提出法院需要适用审查标准。法院在判决的第 67 段中，确立了两步走的审查方法。这里就引出一个问题：这种审查标准的合理性要求与条约解释之间的关系，以及与证明责任之间的关系。适用这一"合理性"审查标准，就是法院"审查"日本的决定，从而"裁定"日本是否遵守《捕鲸管制公约》条款下义务的过程。

第二，本案另外一个明显的特点是提出了法律与科学之间的关系。

---

[24] Malgosia Fitzmaurice, "The Whaling Convention and Thorny Issues of Interpretation", in Malgosia Fitzmaurice and Phoebe Okowa (eds.), *Whaling in the Antarctic Significance and Implications of the ICJ Judgment*, Brill/Martinus Nijhoff, Leiden/Boston, 2016, pp. 55-138.

[25] Written Observations of Japan, para. 55.

国际法院在对该案的推理中，尤其是在处理《捕鲸管制公约》第8条中"科学研究"定义时认为，不需要界定何谓科学，"需要将科学意见与法院的条约解释任务区分开来"。但是，从庭审记录中可以发现，双方指定的专家显然对"科学研究"的定义表达了截然不同的观点，但法院并没有回应双方的问题，径直认为法院的任务是解释条约，并不是判断专家观点。这提出了一个问题：国际性法庭或仲裁庭在未来必然会遇到更多科学与技术事实密集型的争端，那将如何处理法律与科学的关系，科学证据或专家证据在案件中能发挥何种作用。例如，未来可能会遇到这样两种情况：一种是要认定当事方是否"科学地"履行条约的实体义务；另一种是对一个事实的认定需要回答一个"科学问题"。前一种情况与本案类似，法院通过采用审查标准，开展客观审查过程，可能可以给出答案；但这种审查标准的方法似乎并不适用于第二种情况。[26] 正如薛法官的异议意见提出的，《捕鲸管制公约》对以科学研究为目的的捕鲸还隐含其他要求，这要受到科学和法律的双重审查，需要科学证据和符合逻辑的推理。[27]

此外，本案中有异议意见与个别意见，这表明对于本案涉及的法律与事实问题，法官们是有一些分歧的。判决呈现给我们的更多是强调事实认定，法律的判断与分析似乎偏少。本案在判决书中只援引了法院以往所做的三个判例，均集中于管辖权问题的分析部分。

第三，本案判决的一些后续发展情况值得关注。判决之后，日本停止了鲸类研究计划（第二阶段）方案。但是在2015年10月，日本更新了其对于接受《国际法院规约》第36条第2款国际法院强制管辖权的声明，增加了保留的条款，声明"对由海洋生物资源的研究、保持、管理和开发而引起、相关或有关的任何争端"，不接受管辖。2015年11月，日本发布了南极海域鲸类科学调查新方案（the New Scientific Whale Research Program in the Antarctic Ocean, NEWREP-A），计划继续在3个月内捕杀小须鲸。捕鲸委员会及其科学委员会通过了关于这个计划的决议。而本案中参加诉讼的新西兰也在第65届国际捕鲸委员会大会上提交

---

[26] See Makane Moïse Mbengue and Rukmini Das, "The ICJ's Engagement with Science: To Interpret or Not to Interpret?", *Journal of International Dispute Settlement*, Vol. 6, 2015, pp. 568-577.

[27] Whaling in the Antarctic, Separate Opinion of Judge Xue, p. 201, para. 12.

议案,以期阻止日本的捕鲸活动。由此可见,国际社会在如何实现《捕鲸管制公约》的目的与宗旨,以及如何平衡鲸鱼的国际保护和对捕鲸行为的国际管制方面,依然任重而道远。

第四,本案是日本在 1958 年接受《国际法院规约》第 36 条第 2 款强制管辖权后的第一个案件,而日本在这个案件中所面对的当事方,是在国际性法庭和仲裁庭有丰富经验的澳大利亚和新西兰,因此,日本在此案准备过程中的态度、庭审中双方律师和代理人的陈述、对案件中细节的发掘与处理,值得研究与借鉴。

五、附　录

(一) 中英案件全名

1. 中文案件全名:南极捕鲸案(澳大利亚诉日本,新西兰参加)
2. 英文案件全名:Whaling in the Antartic (Australia v. Japan: New Zealand Intervening)

(二) 案件的标准引用

1. Whaling in the Antartic (Australia v. Japan), Declaration of Intervention of New Zealand, Order of 6 February 2013, I. C. J. Reports 2013, p. 3.

2. Whaling in the Antartic (Australia v. Japan: New Zealand Intervening), Judgment, I. C. J. Reports 2014, p. 226.

(三) 主要参考文献

1. Lucas Carlos Lima, "The Evidential Weight of Experts before the ICJ: Reflections on the Whaling in the Antarctic Case", *Journal of International Dispute Settlement*, Vol. 6, 2015, pp. 621-635.

2. Guillaume Gros, "The ICJ's Handling of Science in the Whaling in the Antarctic Case: A Whale of a Case?", *Journal of International Dispute Settlement*, Vol. 6, 2015, pp. 578-620.

3. Malgosia Fitzmaurice, *Whaling and International Law*, Cambridge University Press, 2015.

4. Makane Moïse Mbengue and Rukmini Das, "The ICJ's Engagement with Science: To Interpret or Not to Interpret?", *Journal of International Dispute Settlement*, Vol. 6, 2015, pp. 568-577.

5. Malgosia Fitzmaurice and Dai Tamada, *Whaling in the Antarctic: Significance and Implications of the ICJ Judgment*, Brill Nijhoff, 2016.

6. Caroline E. Foster, "Adjudication, Arbitration and the Turn to Public Law 'Standards of Review': Putting the Precautionary Principle in the Crucible", *Journal of International Dispute Settlement*, 2012, p. 525.

（四）与本案主题相关的重要引用案件

1. Anglo-Iranian Oil Co. (United Kingdom v. Iran), Preliminary Objection, Judgment, I. C. J. Reports 1952, p. 93.

2. Fisheries Jurisdiction (Spain v. Canada), Jurisdiction of the Court, Judgment, I. C. J. Reports 1998, p. 432.

3. Territorial and Maritime Dispute (Nicaragua v. Colombia), Judgment, I. C. J. Reports 2012, p. 624.

（五）案件中的重要缩略语

ICRW　International Convention for the Regulation of Whaling　《国际捕鲸管制公约》

JARPA　Japanese Whale Research Program under Special Permit in the Antarctic　日本依据南极特别许可证鲸鱼研究计划

JARPAⅡ　Japanese Whale Research Program under Special Permit in the Antarctic Phase Ⅱ　日本依据南极特别许可证鲸鱼研究计划（第二阶段）

（何田田）

"弗吉尼亚·G"号案
(巴拿马/几内亚比绍)

(2014 年)

2011.06.03 巴拿马向几内亚比绍发出书面通知,就两国之间关于"弗吉尼亚·G"号的争端提交《联合国海洋法公约》附件七仲裁程序

2011.07.04 巴拿马书面通知国际海洋法法庭,双方一致同意将两国关于"弗吉尼亚·G"号的争端提交国际海洋法法庭

2011.07.04 根据巴拿马与几内亚比绍两国的合意,以及巴拿马于2011年7月4日发出的书面通知,本案在国际海洋法法庭被立案,案件号为第19号

2011.08.18 法庭以命令的方式发布本案各项文书提交的时间要求:2012年1月4日,巴拿马提交诉状;2012年5月21日,几内亚比绍提交辩诉状

2011.09.30 法庭发布命令,规定巴拿马提交答辩状的截止日期为2012年8月21日,几内亚比绍提交复辩状的截止日期为2012年11月21日

2011.12.23 法庭发布命令,应巴拿马延期的请求,将巴拿马提交诉状的截止日期延至2012年1月23日,将几内亚比绍提交辩诉状的截止日期延至2012年6月11日

2012.08.08 法庭发布命令,将巴拿马提交答辩状的截止日期延至2012年8月28日,将几内亚比绍提交答辩状的截止日期延至2012年11月28日

2013.04.24 法庭发布命令,确定2013年9月2日为本案庭审时间,并通知双方当事国

2013.09.02—06 法庭进行8次开庭审理

2014.04.14 法庭发布判决书

关键词：外国渔船的加油（Bunkering of Foreign Fishing Vessels）；主权权利（Sovereign Rights）；真正的联系（Genuine Link）；用尽当地救济（Exhaustion of Local Remedies）；外交保护（Diplomatic Protection）；过度使用武力（Excessive Use of Force）；优势测试法（Test of Preponderance）；出庭资格（【拉】*Locus Standi*）；事实上的监禁（【拉】*De Facto* Imprisonment）；反诉（Counter-Claim）

一、案件背景

"弗吉尼亚·G"（Virginia G）号是一艘悬挂巴拿马国旗的油轮，船东为在巴拿马注册成立的佩恩·里拉克贸易公司（Penn Lilac Trading S. A.）。2000年1月，佩恩·里拉克公司买下该船，并于2002年1月与西班牙的一家为燃料供应商和渔船船东承担中介工作的盖巴斯（Gebaspe）公司签订了代理协议。2009年，该船被租给爱尔兰一家向渔船出售和供应柴油的、名为莲花（Lotus）的公司。2009年8月7日，鲍尔默（Balmar）公司与莲花公司签订服务合同，由"弗吉尼亚·G"号向以下由鲍尔默公司运营的、悬挂毛里塔尼亚旗帜的渔船供应柴油，包括："阿玛伯I"（Amabal I）号、"阿玛伯II"（Amabal II）号、"兰伯I"（Rimbal I）号和"兰伯II"（Rimbal II）号。[1]

2009年8月14日，鲍尔默公司在几内亚比绍的代理人比加高斯（Bijagos）向几内亚比绍国家渔业检查和控制局（National Fisheries Inspection and Control Service，FISCAP，以下简称"渔业检查和控制局"）提交了书面请求，请求允许其船舶在几内亚比绍专属经济区开展加油业务。[2] 8月20日，比加高斯向渔业检查和控制局通报了"弗吉尼亚·G"号进行加油作业的坐标、日期和时间。[3] 同日，"弗吉尼亚·G"号向几内亚比绍专属经济区内的渔船"兰伯 I"号和"兰伯 II"号供应柴油；8月21日向"阿玛伯 II"号供应柴油。[4] 8月21日，当"弗吉尼亚·G"号要为"阿玛伯 I"号加油时，一艘载着渔业检查

---

[1] M/V "Virginia G"（Panama/Guinea-Bissau），Judgment of 14 April 2014，ITLOS Reports 2014，para. 58.
[2] Ibid.，para. 59.
[3] Ibid.，para. 60.
[4] Ibid.，para. 61.

和控制局官员的快艇靠近、登临该船,并命令船长将船驶向比绍港;22日,"弗吉尼亚·G"号抵达港口并被扣留。[5]

8月27日,几内亚比绍的部长间海事控制委员会(Inter-Ministerial Commission for Maritime Surveillance of Guinea-Bissan, CIFM,以下简称"海事控制委员会")发布了第07/CIFM/09号决定,决定没收"弗吉尼亚·G"号及其所载设备,理由是"弗吉尼亚·G"号未经许可以向在几内亚比绍专属经济区捕鱼的船舶销售燃料的形式反复从事与捕鱼有关的活动,违反了几内亚比绍国内法。[6]

"弗吉尼亚·G"号被扣留后,该船船东佩恩·里拉克公司联系了其在几内亚比绍船舶保赔协会的代理阿夫里卡贡(Africargo)公司,要求其协助使该船舶获得释放。[7]9月14日,阿夫里卡贡公司在获悉"弗吉尼亚·G"号已被国家渔业检查和控制局在几内亚比绍提起国内诉讼后,立即致函渔业检查和控制局,要求其撤销该诉讼,并释放船只、船员,以及归还船上的货物。[8]9月23日,渔业检查和控制局通知阿夫里卡贡公司海事控制委员会的决定,即如果在本通知发出之日起72小时内没有收到船方代表的回应,考虑到自海事控制委员会发布决定之日起已超过30天,但"弗吉尼亚·G"号的代表方没有提供任何赔偿,将公开拍卖船上货物。[9]9月25日,海事控制委员会通过了第09/CIFM/09号决定:由于船方违反其国内法令,且在8月27日的第07/CIFM/09号决定通知后船方没有任何反应,决定没收"弗吉尼亚·G"号船和船上的所有货物。[10]

10月28日,船东向比绍地区法院提出临时措施请求,要求暂停执行海事控制委员会作出的第07/CIFM/09号和09/CIFM/09号决定。11月5日,比绍地区法院颁布命令,决定暂停执行并警告被告(渔业检查和控制局)不要采取任何关于没收"弗吉尼亚·G"号和船上货物的行动,直到宣布最终决定为止。[11]11月19日,几内亚比绍总检察长(Attorney

---

[5] M/V "Virginia G"(Panama/Guinea-Bissau), Judgment of 14 April 2014, ITLOS Reports 2014, para. 62.
[6] Ibid., para. 64.
[7] Ibid., para. 65.
[8] Ibid., para. 68.
[9] Ibid., para. 69.
[10] Ibid., para. 70.
[11] Ibid., para. 73.

General）对地区法院 2009 年 11 月 5 日颁布的命令提出院内申诉（appeal）。12 月 18 日，地区法院驳回了总检察长的申诉，但是地区法院考虑到该国的政治利益，决定将该申诉提交至几内亚比绍高等法院。高等法院考虑到当时政府已决定释放该船，继续该诉讼已无必要，故未受理该申诉。[12]

11 月 20 日，几内亚比绍将由财政部国务秘书（Secretary of State of the Treasury, Ministry of Finance of Guinea-Bissau）签发的公函交给"弗吉尼亚·G"号的船长。该公函命令将"弗吉尼亚·G"号上的约 436 吨柴油卸下。同日，该命令被执行。[13] 12 月 7 日，船东向比绍地区法院提出临时措施请求，反对几内亚比绍财政部国务秘书签发的上述命令。12 月 16 日，地区法院颁发命令，要求将卸下的柴油立即归还给该船。[14]

2010 年 9 月 20 日，海事控制委员会决定释放"弗吉尼亚·G"号。[15] 其后，船东要求巴拿马船舶登记处对船舶进行状况调查和内部审计，该船在经过维修后于 2010 年 12 月再次开始运营。[16]

2011 年 6 月 3 日，巴拿马向几内亚比绍发出书面通知，就两国之间关于"弗吉尼亚·G"号的争端提交《联合国海洋法公约》（以下简称《公约》）附件七仲裁程序。7 月 4 日，双方当事国经过协商，一致同意将仲裁程序转为国际海洋法法庭下的诉讼程序。

二、判　决

（一）当事方请求

在庭审的最后阶段，双方宣读了其最终诉求。

1. 巴拿马的最终诉求

巴拿马的最终诉求包括"巴拿马提出的诉求"和"与几内亚比绍的

---

[12] M/V "Virginia G" (Panama/Guinea-Bissau), Judgment of 14 April 2014, ITLOS Reports 2014, para. 74.
[13] Ibid., para. 78.
[14] Ibid., para. 79.
[15] Ibid., para. 82.
[16] Ibid., para. 84.

反诉有关的诉求"两部分。[17]

(1) 巴拿马提出的诉求

巴拿马向法庭提出了19项诉求,可以归纳为如下三类:

第一,法庭根据"特别协议"和《公约》,对巴拿马的诉求享有完全的管辖权;巴拿马提交的诉求具备可受理性。(诉求1—2)

第二,巴拿马的诉求有充分理由;几内亚比绍违反了《公约》第56条第2款、第58条第1款、第73条、第225条、第300条,《制止危及海上航行安全非法行为公约》(以下简称《制止非法行为公约》)第110条和第224条中的原则、海上生命安全和防止碰撞的基本原则,以及其他国际法的相关条款。(诉求3—13)

第三,赔偿和费用问题,包括判决:几内亚比绍立即归还其于2009年11月20日没收的柴油或支付适当的赔偿金;几内亚比绍向巴拿马、"弗吉尼亚·G"号的船东、船员以及与船舶运营有利害关系的所有个人和实体,赔偿因上述违规行为造成的损害和损失;几内亚比绍向巴拿马方道歉;并承担巴拿马在本案中的一切费用等。(诉求14—19)

(2) 与几内亚比绍的反诉有关的诉求

巴拿马请求法庭宣布、判决或命令:

第一,不予受理、拒绝或驳回几内亚比绍对巴拿马的反诉。理由包括:几内亚比绍对巴拿马诉求的可受理性提出的异议超出时限且存在恶意;巴拿马与"弗吉尼亚·G"号之间存在真正的联系,故几内亚比绍提出的反诉没有国际法和《公约》的法律依据;几内亚比绍提出的反诉在事实上和法律上没有依据,且是不必要的。

第二,巴拿马没有违反《公约》第91条,无须支付几内亚比绍在其辩诉状中主张由巴拿马支付的损害赔偿,无须偿付几内亚比绍因此反诉而支出的相关法律费用和其他费用。

第三,几内亚比绍涉及航行、税收和关税的相关国内法违反了《公约》规定。

2. 几内亚比绍的最终诉求

几内亚比绍的最终诉求包括"与巴拿马诉求有关的诉求"和"几内

---

[17] M/V "Virginia G" (Panama/Guinea-Bissau), Judgment of 14 April 2014, ITLOS Reports 2014, para. 54.

亚比绍反诉诉求"两部分。[18]

(1) 与巴拿马诉求有关的诉求

几内亚比绍请求法庭裁定并宣布：法庭对巴拿马提起的与"弗吉尼亚·G"号有关的诉求没有管辖权，巴拿马提起的诉求不具有可受理性。

此外，几内亚比绍没有违反《公约》第 56 条第 2 款、第 58 条第 1 款、第 73 条、第 110 条、第 224 条、第 225 条、第 300 条，《制止非法行为公约》，海上生命安全和防止碰撞的基本原则，以及其他国际法等；几内亚比绍的法律适用于对在其专属经济区内进行加油操作的渔船的管制；几内亚比绍没有过度使用武力；几内亚比绍没有任何道歉或赔偿，或者偿付巴拿马参与诉讼的费用的义务。

(2) 几内亚比绍反诉诉求

几内亚比绍请求法庭裁定并宣布：巴拿马违反了《公约》第 91 条；巴拿马赔偿几内亚比绍因上述巴拿马的违法行为而造成的损失，同时偿付几内亚比绍因参加本案而支出的所有法律费用和其他费用。

(二) 法庭关于管辖权、可受理性和实体问题的说理和判决

1. 法庭关于管辖权、可受理性和实体问题的说理

(1) 管辖权

巴拿马和几内亚比绍均为《公约》的缔约国。几内亚比绍于 1986 年 8 月 25 日批准了《公约》，《公约》于 1994 年 11 月 16 日对几内亚比绍生效；巴拿马于 1996 年 7 月 1 日批准了《公约》，《公约》于 1996 年 7 月 31 日对巴拿马生效。[19]

本案中，双方当事国均同意通过特别协议的方式将本案提交国际海洋法法庭，然而，两国对构成该特别协议的相关信函的日期存在不同意见；换言之，双方对法庭管辖权的争点在于法庭何时获得管辖权。巴拿马在其诉状中指出，双方当事国通过签订特别协议将《公约》附件七仲裁转化为国际海洋法法庭裁决，而构成这份特别协议的两份信函的日期

---

[18] M/V "Virginia G" (Panama/Guinea-Bissau), Judgment of 14 April 2014, ITLOS Reports 2014, para. 54.
[19] Ibid., para. 85.

分别为 2011 年 6 月 29 日和 7 月 4 日。[20] 几内亚比绍在其辩诉状中指出，构成这份特别协议的是巴拿马于 2011 年 6 月 3 日的通知和几内亚比绍于 2011 年 6 月 29 日的回复信函。[21] 巴拿马在其答辩状中没有对几内亚比绍的上述澄清表示反对，但其认为法庭诉讼程序开始的日期应该是 2011 年 7 月 4 日。

法庭表示，本案中的争端最早是通过 2011 年 6 月 3 日由巴拿马向几内亚比绍提交的"通知"和"关于诉求及其理据的声明"而进入《公约》附件七仲裁程序的；随后，双方当事国一致同意通过缔结特别协议的方式将仲裁转为国际海洋法法庭下的诉讼程序。法庭认定，其对本案享有管辖权，依据是双方当事国缔结的特别协议。[22] 至于构成该协议的信函的具体日期并不会影响其对本案享有的管辖权。

（2）可受理性

几内亚比绍对巴拿马诉求的可受理性提出了若干反对意见，而巴拿马则认为几内亚比绍无权对其诉求的可受理性提出异议。

几内亚比绍认为，双方达成的特别协议意在将双方的争端由《公约》附件七仲裁程序转为国际海洋法法庭下的程序，并没有剥夺其就巴拿马诉求的可受理性提出反对意见的权利，也不存在任何这样做的理由。几内亚比绍还援引"塞加"号（第 2 号）案中法庭的判决进一步指出，《国际海洋法法庭规则》（以下简称《规则》）第 97 条第 1 款也未排除其对巴拿马诉求的可受理性提出异议的权利。[23]

巴拿马则认为几内亚比绍无权提出，或基于"禁止反言"原则不得对巴拿马诉求的可受理性提出异议。首先，双方达成的特别协议将其争端转至国际海洋法法庭处理，以期可以解决"包括损害和成本在内的所有实体问题"。几内亚比绍接受了上述表述，并且双方之间没有任何明示或默示的协议表明双方同意法庭将本案是否具备可受理性这一问题移至实体问题审理阶段处理。[24] 因此，这可以被解读为几内亚比绍认可巴拿马的诉求具备可受理性。根据"禁止反言"的原则，几内亚比绍不得

---

[20] M/V "Virginia G" (Panama/Guinea-Bissau), Judgment of 14 April 2014, ITLOS Reports 2014, para. 87.
[21] Ibid., para. 88.
[22] Ibid., para. 92.
[23] Ibid., paras. 94-95.
[24] Ibid., para. 96.

对巴拿马诉求的可受理性提出异议。其次,《规则》第 97 条第 1 款规定,一方当事国就另一方当事国诉求的可受理性提出异议的时间期限为自诉讼程序启动后 90 天内,而几内亚比绍未能遵守这一时限。因此,几内亚比绍无权对可受理性问题提出反对意见。[25]

法庭认为,当事国是否有权对可受理性问题提出异议,取决于特别协议的条款以及《规则》是否清晰地对此设定了限制。在本案中,特别协议的条款并没有对当事国就可受理性问题提出异议设定任何限制。[26] 就《规则》而言,法庭在考察"塞加"号(第 2 号)案的判决后发现,《规则》第 97 条仅适用于作为先决问题而提出的针对管辖权或可受理性的异议,以便在附带程序中处理。[27] 换言之,第 97 条中的时限并不适用于针对实体问题审理过程中提出的有关管辖权或可受理性的抗辩。而在本案中,双方当事国一致同意本案只有一个审理阶段,审理所有实体问题,因此,该时限并不适用于本案。法庭据此判决,几内亚比绍有权针对巴拿马诉求的可受理性问题提出反对意见。

几内亚比绍针对本案中巴拿马诉求的可受理性提出了三个方面的异议,法庭也对此进行了逐个说理。

第一,几内亚比绍认为"弗吉尼亚·G"号和巴拿马之间不存在真正的联系(genuine link),因此巴拿马的诉求不具备可受理性。

几内亚比绍指出,《公约》第 91 条第 1 款要求船只与船旗国之间存在"真正的、实质的联系",其作用在于为船舶的登记建立一项国际最低标准。在本案中,"弗吉尼亚·G"号的船东和船员均非巴拿马国籍,这种情形属于"方便旗",可以被认定为船舶与船旗国之间缺乏真正的联系。[28] 巴拿马则认为,"弗吉尼亚·G"号与其存在真正的联系,这可以从其船籍的授予符合巴拿马的国内法、船只拥有船旗国签发的相关文件和证书、船只的多国人员配备符合航运的通常实践等方面看出。[29]

法庭认为,《公约》第 91 条第 1 款要求的"真正的联系"不应该被

---

[25] M/V "Virginia G" (Panama/Guinea-Bissau), Judgment of 14 April 2014, ITLOS Reports 2014, para. 97.
[26] Ibid., para. 98.
[27] Ibid., para. 100.
[28] Ibid., para. 102.
[29] Ibid., paras. 104-106.

解读为"是船旗国给予船舶国籍的先决条件或前提"。[30] 根据"塞加"号（第2号）案的判决，这项要求的目的在于确保船旗国更有效地履行其职责，而不是确定登记的标准。"真正的联系"的含义在于，船舶一旦登记，船旗国就必须履行《公约》第94条规定的有效地管辖和控制该船舶的义务，以确保该船的运行符合一般接受的国际规章、程序和惯例。[31] 在本案中，没有证据可以质疑巴拿马作为船旗国未有效地对"弗吉尼亚·G"号行使管辖和控制，"弗吉尼亚·G"号在人员配备、船东所取得的证照、年检等方面均符合国际标准。[32] 因此，法庭裁定事件发生时巴拿马与"弗吉尼亚·G"号之间存在真正的联系，并驳回几内亚比绍对此提出的反对意见。[33]

第二，几内亚比绍认为"弗吉尼亚·G"号的船东和船员不是巴拿马国民，因此巴拿马的诉求不具备可受理性。

巴拿马主张，其对几内亚比绍采取的行动是在外交保护的框架内进行的，其有权代表其国民、装载物品的"弗吉尼亚·G"号商船，以及所有与该船的作业有关的人或实体就其遭受几内亚比绍所致损害提起诉讼。巴拿马援引"塞加"号（第2号）案的判决辩称，《公约》将船舶视为一个单位，船舶、船上的所有物品以及涉及或与其作业有利害关系的每个人都被视为与船旗国有关的实体，这与船员的国籍无关。[34] 巴拿马还援引国际法委员会于2006年通过的《外交保护条款草案》第18条，"当船员和船舶遭受国际不法行为的侵害时，无论这些船员国籍如何，这些船员国籍国所享有的行使外交保护的权利不受船旗国所享有的代表这些船员寻求赔偿的权利的影响"。[35]

几内亚比绍认为，外交保护框架并未赋予巴拿马代表非巴拿马国民的人或实体提起诉讼的资格，而本案中，与"弗吉尼亚·G"号船只有

---

[30] M/V "Virginia G" (Panama/Guinea-Bissau), Judgment of 14 April 2014, ITLOS Reports 2014, para.110.

[31] Ibid., para. 113.

[32] Ibid., paras. 114-116.

[33] Ibid., para. 118.

[34] M/V "SAIGA" (No.2) (Saint Vincent and the Grenadines v. Guinea), ITLOS Reports 1999, p.10, at p.48, para.106.

[35] M/V "Virginia G" (Panama/Guinea-Bissau), Judgment of 14 April 2014, ITLOS Reports 2014, para. 121.

关的个人或实体都没有巴拿马国籍。[36] 几内亚比绍主张，"塞加"号（第2号）案并不涉及多个国籍和国家利益的船舶，其判决不适用于本案；《外交保护条款草案》第18条仅指船旗国代表船员寻求补救的权利，亦不适用于本案。[37]

法庭认为，巴拿马的请求应该结合其诉求的目的来理解，即其主张几内亚比绍违反了《公约》规定的义务并给船舶、船东、船员及货物带来损害。就这一点而言，本案可以参照"塞加"号（第2号）案的实践将"弗吉尼亚·G"号视为与船旗国义务相关的一个单位，"弗吉尼亚·G"号、船员、船上货物、船东等与船舶作业有利害关系的人均可被视为和船旗国有关的实体，巴拿马有权就违反《公约》规定并导致这些人或实体受到损害的行为提出诉讼。[38] 法庭还表示，根据国际法，一国代表其国民行使外交保护的行为与某船旗国代表其非国民的船员或实体就其所遭受的损害提起诉讼的行为并不一样。[39] 综上，法庭驳回几内亚比绍因为"弗吉尼亚·G"号船东和船员不是巴拿马国民而对巴拿马诉求的可受理性提出的反对意见。

第三，几内亚比绍认为，"弗吉尼亚·G"号未用尽当地救济途径，因此巴拿马的诉求不具备可受理性。

几内亚比绍主张，争端当事国并没有通过特别协议排除《公约》第295条规定的用尽当地救济途径，因此该条必须适用于本案。在本案中，"弗吉尼亚·G"号的船东并没有用尽在几内亚比绍可以获得的当地救济，例如船东可以依据几内亚比绍国内法请求比绍法院迅速释放船舶，亦可向该法院就此申诉，但船东并没有这么做，而是试图与渔业检查和控制局这一执法机构协商处理此事。[40]

巴拿马认为，用尽当地救济的规则并不适用于本案。一是因为该规则已被本案中双方达成的特别协议所取代，而后者已排除几内亚比绍对巴拿马诉求的可受理性提出异议的权利；二是本案中并没有有效的当地救济途径可以使用，船东曾向比绍地区法院提出暂停没收措施的请求并

---

[36] M/V "Virginia G" (Panama/Guinea-Bissau), Judgment of 14 April 2014, ITLOS Reports 2014, para. 122.
[37] Ibid., paras. 123-124.
[38] Ibid., paras. 126-127.
[39] Ibid., para. 128.
[40] Ibid., paras. 135-137.

获得支持，然而法院的命令并没有得到几内亚比绍的遵守，将争端诉诸国际仲裁或国际海洋法法庭成为巴拿马的唯一选择。[41]

法庭分三步对此进行说理。首先，巴拿马与几内亚比绍之间的特别协议是否使几内亚比绍无法依据未用尽当地救济途径来对本案中巴拿马诉求的可受理性提出反对意见？关于这个问题，前文已介绍了法庭的结论，即该特别协议并不排除几内亚比绍对巴拿马诉求的可受理性提出异议，自然也就不排除几内亚比绍基于未用尽当地救济途径来反对巴拿马诉求具有可受理性。[42] 其次，判定用尽当地救济途径的适用条件。根据习惯国际法以及《外交保护条款草案》第14条第1款，用尽当地救济是行使外交保护的先决条件；同时，用尽当地救济不适用于权利主张国直接受到另一国不法行为侵害的情形。[43] 最后，判定巴拿马诉求是否与几内亚比绍直接损害巴拿马的权利相关，如果答案肯定，则用尽当地救济途径的规则不适用于本案。法庭将"塞加"号（第2号）案中法庭的做法运用于本案，在诉求既包括对国家的侵害也包括对个人的侵害的要素时，需要判定哪个要素占据优势地位。在本案中，几内亚比绍侵害了巴拿马的航行自由和与此有关的其他对专属经济区的国际合法用途，对这些权利的损害属于对巴拿马的直接侵害，故用尽当地救济途径的规则不适用于本案。[44] 因此，法庭驳回了几内亚比绍基于未用尽当地救济途径而对巴拿马诉求可受理性提出的异议。

（3）是否违反《公约》第56条和第58条

巴拿马认为，在几内亚比绍专属经济区内提供的加油服务属于《公约》第58条第1款规定的航行自由以及与这些自由有关的海洋其他国际合法用途，这是因为加油行为的目的是满足航行的需要，加油与航行之间的内在关联表明加油活动与《公约》第58条第1款中规定的航行自由以及相关的其他国际合法用途联系更加密切；而几内亚比绍国内法对在其专属经济区内提供的加油服务要求取得事先许可和收费违反了《公约》第58条的规定。[45]

---

［41］ M/V "Virginia G" (Panama/Guinea-Bissau), Judgment of 14 April 2014, ITLOS Reports 2014, paras. 141-149.
［42］ Ibid., para. 151.
［43］ Ibid., para. 153.
［44］ Ibid., paras. 157-158.
［45］ Ibid., paras. 165-166, 170.

巴拿马认为,《公约》第 56 条第 2 款规定的 "沿海国在专属经济区内根据本公约行使其权利和履行其义务时,应适当顾及其他国家的权利和义务",其中包括《公约》第 58 条给予各国的自由。巴拿马主张,几内亚比绍国内法违反了《公约》的相关规定,因为它赋予该国某些《公约》并没有赋予沿海国的主权权利和管辖权。[46] 巴拿马进一步指出,几内亚比绍通过将其国内渔业立法涵盖在专属经济区内的加油活动等,单方面拓展了其在《公约》下所享有的权利范围。[47] 巴拿马依据专属经济区的缔约历史,最终否认沿海国在专属经济区享有剩余权力 (residual authority),即几内亚比绍没有剩余权力来制定本身违反或导致违反《公约》的法律。[48]

几内亚比绍辩称其没有违反《公约》第 58 条,因为加油是一项经济活动,并不包含在航行自由或海洋其他国际合法用途之中。[49] 几内亚比绍指出,专属经济区具有独特的地位,但沿海国在养护海洋资源和渔业立法方面的利益优先于油轮加油活动的经济利益。从《公约》演化解释的角度看,几内亚比绍有权对给专属经济区内渔船加油的行为进行立法;[50] 加油行为是一种捕鱼相关活动,对其进行立法也是几内亚比绍采用预防性做法 (the precautionary approach) 的一个直接影响。[51] 几内亚比绍认为,其法律法规及其对 "弗吉尼亚·G" 号活动的执法情况符合《公约》和其他国际法规则的规定。[52]

法庭对这一问题的说理围绕三个方面展开,即几内亚比绍是否有权对其专属经济区内外国渔船的加油活动进行立法?沿海国对此问题进行立法的权限范围?以及,本案中,几内亚比绍关于渔船加油活动的立法是否违反了《公约》第 56 条第 2 款和第 58 条第 1 款?

第一,法庭认为,沿海国对外国渔船在其专属经济区内加油行为的立法,属于该沿海国依据《公约》第 56 条第 1 款和第 62 条第 4 款所列

---

[46] M/V "Virginia G" (Panama/Guinea-Bissau), Judgment of 14 April 2014, ITLOS Reports 2014, para. 172.
[47] Ibid., para. 179.
[48] Ibid., para. 184.
[49] Ibid., para. 185.
[50] Ibid., para. 187.
[51] Ibid., para. 198.
[52] Ibid., para. 188.

举的在其专属经济区内可以采取的措施之一，这一观点也已经被《公约》缔结后的国家实践所佐证。[53]

第二，法庭认为，《公约》第58条必须与第56条结合在一起进行解读，经考察，第58条并没有规定沿海国不得对在第56条下规定的、外国渔船在其专属经济区内的加油活动进行立法；沿海国的这一立法权限来自沿海国勘探、开发、养护和管理自然资源的主权权利。[54] 相应地，在本案中，几内亚比绍将其对加油活动的立法纳入渔业法而不是有关海洋环境保护的立法。

第三，法庭判定，几内亚比绍国内法对"渔业相关活动"的定义清晰地表明，该国国内法对此问题的界定仅包括在其专属经济区内对捕鱼活动提供"直接支持"的活动。[55] 几内亚比绍规定对加油许可进行收费并不会给加油船舶带来过度的负担，其相关国内立法符合《公约》第56条和第58条的规定。

（4）是否违反《公约》第73条

第一，几内亚比绍的行为是否违反《公约》第73条第1款。《公约》第73条第1款规定，"沿海国行使其勘探、开发、养护和管理在专属经济区内的生物资源的主权权利时，可采取为确保其依照本公约制定的法律和规章得到遵守所必要的措施，包括登临、检查、逮捕和进行司法程序"。

巴拿马的最终诉求涉及两个相关问题，即几内亚比绍官员登临、检查和逮捕"弗吉尼亚·G"号的行为是否违反《公约》第73条第1款？以及几内亚比绍没收"弗吉尼亚·G"号和船载柴油的行为是否违反《公约》第73条第1款？

就第一个问题而言，针对双方当事国不同的主张，法庭首先认定，根据现有证据，当"弗吉尼亚·G"号被逮捕时，该船并没有取得几内亚比绍国内法所要求的书面许可。[56] 由于几内亚比绍渔业法将捕鱼和捕鱼相关活动同等对待，在这种情况下，几内亚比绍国内法赋予其官员可灵活采取登临、检查和逮捕"弗吉尼亚·G"号的必要措施，并没有违

---

[53] M/V "Virginia G" (Panama/Guinea-Bissau), Judgment of 14 April 2014, ITLOS Reports 2014, para. 217.

[54] Ibid., para. 222.

[55] Ibid., para. 229.

[56] Ibid., para. 248.

反《公约》第 73 条第 1 款。[57]

就第二个问题而言，巴拿马认为几内亚比绍的行为滥用《公约》第 73 条第 1 款许可的权限，而几内亚比绍则认为没收是对严重违法行为的合法应对。法庭认为，一国在决定采取何种执法措施时必须适当顾及案件的具体情形以及违法行为的严重性等因素。[58] 本案法庭在听取专家证人意见的基础上，一方面认定没有获得加油的书面许可和不支付相关费用属于严重违法行为，另一方面认为没收"弗吉尼亚·G"号及其船载柴油的行为其目的无论是制裁违法行为还是威慑船舶或其运营商不再犯法均无必要。[59] 最终，法庭判决几内亚比绍没收"弗吉尼亚·G"号和船载柴油的行为违反《公约》第 73 条第 1 款。

第二，几内亚比绍的行为是否违反《公约》第 73 条第 2 款。《公约》第 73 条第 2 款规定："被逮捕的船只及其船员，在提出适当的保证书或其他担保后，应迅速获得释放。"巴拿马认为，几内亚比绍违反了该条，因为它不但没有与巴拿马合作确定合理的保证金，而且还阻止或妨碍合理保证金的确定。[60] 巴拿马指出，"弗吉尼亚·G"号船东曾多次要求几内亚比绍当局确定保证金数额，但均未得到回复。几内亚比绍则辩称，"弗吉尼亚·G"号船东试图通过渔业检查和控制局而不是法院来确定保证金金额，但法院才是解决该问题的适格机构；而且船东也没有按照几内亚比绍国内法规定的程序来解决保证金问题。[61]

法庭认为，《公约》第 73 条第 2 款规定了扣留国的三项义务，即收到保证书或其他担保后释放船只及其船员，释放必须迅速，以及保证金的金额必须适当。几内亚比绍国内法规定，法院必须在收到保证金后 48 小时内签发释放被扣船只及其船员的命令，这实际上就满足了上述前两项义务。至于第三项义务，几内亚比绍国内法规定了保证金金额的计算方法，争点在于：几内亚比绍法院根据其国内法确定的保证金的金额是否符合《公约》第 73 条第 2 款要求的"适当性"？法庭在考察既往判例的基础上认为，如果几内亚比绍国内法院确定的保证金金额不适当，当

---

[57] M/V "Virginia G" (Panama/Guinea-Bissau), Judgment of 14 April 2014, ITLOS Reports 2014, paras. 255-257.

[58] Ibid., para. 270.

[59] Ibid., paras. 267, 269.

[60] Ibid., para. 274.

[61] Ibid., paras. 280, 282.

事方可以启动《公约》第 292 条的程序由国际海洋法法庭决定该保证金是否适当。换言之，如果"弗吉尼亚·G"号船东决定不利用几内亚比绍国内法规定的程序请求迅速释放，那么其不能据此主张几内亚比绍违反了《公约》第 73 条第 2 款。因此，法庭认为几内亚比绍关于迅速释放被逮捕船只及其船员的国内法符合《公约》第 73 条第 2 款的规定，判定几内亚比绍没有违反《公约》第 73 条第 2 款。[62]

第三，几内亚比绍的行为是否违反《公约》第 73 条第 3 款。《公约》第 73 条第 3 款规定："沿海国对于在专属经济区内违犯渔业法律和规章的处罚，如有关国家无相反的协议，不得包括监禁，或任何其他方式的体罚。"

巴拿马指出，虽然"弗吉尼亚·G"号船员实际上并没有被关进监狱，但是他们的护照被没收四个多月以及其因此无法离开几内亚比绍构成了事实上的监禁或拘留，严重侵犯了船员的基本权利。[63]巴拿马据此认为几内亚比绍违反了《公约》第 73 条第 3 款。几内亚比绍则辩称，其并没有对"弗吉尼亚·G"号船员采取任何监禁或体罚措施，护照被延迟归还船员不能等同于监禁措施，因此其并没有违反《公约》第 73 条第 3 款。[64]

法庭判定，几内亚比绍并没有违反《公约》第 73 条第 3 款，并提出了三点理据。一是几内亚比绍国内法清晰地规定了相关的处罚措施不得包括监禁或其他类型的体罚；二是几内亚比绍对船员在海上或比绍港采取的限制行动的措施并非监禁，特别是在后者情形下，船员是可以自由离开船舶的；三是临时持有船员的护照并非《公约》第 73 条第 3 款所指的监禁。[65]

第四，几内亚比绍的行为是否违反《公约》第 73 条第 4 款。《公约》第 73 条第 4 款规定："在逮捕或扣留外国船只的情形下，沿海国应通过适当途径将其所采取的行动及随后所施加的任何处罚迅速通知船旗国。"

巴拿马指出，几内亚比绍并没有将其登临、逮捕、扣留和没收"弗

---

〔62〕 M/V "Virginia G"（Panama/Guinea-Bissau）, Judgment of 14 April 2014, ITLOS Reports 2014, para. 296.

〔63〕 Ibid., para. 299.

〔64〕 Ibid., paras. 301, 303.

〔65〕 Ibid., paras. 306, 308, 310.

吉尼亚·G"号及其货物的行为通知作为该船船旗国的巴拿马,因此违反了《公约》第73条第4款。几内亚比绍则辩称该船船东、船员均非巴拿马国籍,与巴拿马无关,故其并无通知义务。

法庭指出,在本案中没有任何理据可以证明船东和船员并非船旗国国籍会影响巴拿马行使其对该船的管辖和控制,换言之,船东和船员并非船旗国国籍并不会对船旗国与船舶之间的"真正联系"产生影响。[66]因此,几内亚比绍对巴拿马负有《公约》第73条第4款下的通知义务,此外,几内亚比绍国内法也规定了此项通知义务,而几内亚比绍没有履行该项义务,实际上剥夺了巴拿马作为船旗国在本案的开始阶段及时介入相关程序的权利。[67]法庭据此判定几内亚比绍违反《公约》第73条第4款。

(5)是否违反《公约》其他相关条款以及《制止非法行为公约》

第一,几内亚比绍是否违反《公约》第110条和第224条。《公约》第110条"登临权"规定军舰可以在公海登临外国船舶的几种情形以及军舰行使登临权的具体要求。第224条"执行权力的行使"则规定,"本部分规定的对外国船只的执行权力,只有官员或军舰、军用飞机或其他有清楚标志可以识别为政府服务并经授权的船舶或飞机才能行使"。

巴拿马认为,几内亚比绍违反了《公约》第110条和第224条中原则所包含的义务。例如,几内亚比绍官员在没有事先警告的情况下就登船,无法识别登船人员身份等。几内亚比绍反对巴拿马的指控,指出其登船人员穿着制服且来自三个不同的执法部门。

法庭表示,巴拿马认为几内亚比绍违反的是《公约》条款中提炼的原则而不是条款本身,因此本案在这个问题上的争点是:《公约》第110条和第224条是否包含沿海国根据《公约》第73条第1款进行执法时必须遵守的原则?

首先,法庭重申,一般国际法确立了所有国家在执法行动中必须遵守的、清晰的要求,包括《公约》第73条第1款的规定。[68]例如,执法活动必须仅由得到某沿海国完全授权的、可以识别的官员来实施,其

---

[66] M/V "Virginia G" (Panama/Guinea-Bissau), Judgment of 14 April 2014, ITLOS Reports 2014, paras. 322-325.

[67] Ibid., para. 328.

[68] Ibid., para. 342.

使用的船舶必须有为政府服务的清晰标志。其次，一般国际法中的某些要求被纳入《公约》第110条和第224条，并不意味着沿海国可以依据这两项条款进行第73条第1款项下的执法活动。[69] 法庭认为，尽管《公约》第110条根据第58条第2款的规定可以适用于专属经济区，但该第2款规定的前提是外国船舶涉嫌从事第1款规定的5种情形下的活动，这些活动均与在专属经济区内违反渔业规定无关，换言之，并不适用《公约》第73条第1款。[70]《公约》第224条则是沿海国依据《公约》第十二部分"海洋环境的保护和保全"而行使的、针对外国船舶的执法权，亦不应适用《公约》第73条第1款。[71]

法庭认定，《公约》第110条和第224条均不适用于沿海国根据《公约》第73条第1款开展的执法活动。法庭据此判定，几内亚比绍没有违反《公约》第110条和第224条中的原则，因为这两项条款本身并未确立可以依据《公约》第73条第1款进行的执法活动的任何原则。[72]

第二，几内亚比绍是否过度使用武力。巴拿马认为，几内亚比绍违反了应该避免使用武力的原则，即便在无法避免使用武力时，也不应该超过合理和必要的限度。渔业检查和控制局人员登船时没有表明身份，在执法时采取了粗暴的、轻率的和恐吓的方式，在船员没有任何抵抗的情形下将船员控制在枪口下。[73] 几内亚比绍则辩称，其执法官员身着制服，没有使用暴力或威胁，且仅是逮捕了这艘船并命令其驶向比绍港。[74]

法庭首先考察了"塞加"号（第2号）案，在该案中，包括人道主义原则在内的国际法可以通过《公约》第293条适用到该案中。法庭据此认为，国际法并不禁止在执法中使用武力，但武力的行使要遵循必要性和比例性原则。[75]法庭判定，根据双方当事国提供的信息，几内亚比绍对"弗吉尼亚·G"号及其船员并没有过度使用武力。[76]

---

[69] M/V "Virginia G"（Panama/Guinea-Bissau）, Judgment of 14 April 2014, ITLOS Reports 2014, para. 343.
[70] Ibid., paras. 344-347.
[71] Ibid., para. 343.
[72] Ibid., para. 348.
[73] Ibid., para. 351.
[74] Ibid., paras. 354-356.
[75] Ibid., para. 360.
[76] Ibid., para. 362.

第三，几内亚比绍是否违反《公约》第225条和《制止非法行为公约》。《公约》第225条规定："在根据本公约对外国船只行使执行权力时，各国不应危害航行的安全或造成对船只的任何危险，或将船只带至不安全的港口或停泊地，或使海洋环境面临不合理的危险。"

巴拿马声称，几内亚比绍渔业检查和控制局官员命令"弗吉尼亚·G"号船长在非常危险的情况下将船舶驶向比绍港，可能导致船只损毁、人身危险并对环境造成不可挽回的损害；同时，渔业检查和控制局官员严重忽视海上生活中最基本的人命安全规则，违反了《公约》第225条和《制止非法行为公约》。[77] 几内亚比绍则辩称其没有违反《公约》第225条，因为其并未给船舶及其航行带来任何危险或风险。[78]

法庭首先认定，《公约》第225条不仅适用于第十二部分的环保事项，而且具有一般适用性，包括依据第73条第1款进行的执法行为。在本案中并没有足够的证据证明"弗吉尼亚·G"号在航行到比绍港的过程中违反《公约》第225条，并据此判定几内亚比绍没有违反第225条或海上人命安全和避碰的基本原则。[79] 其次，法庭指出，本案的双方当事国均为《制止非法行为公约》的缔约国，该公约第2条规定其不得适用于军舰或用于非商业用途的政府公务船舶，显然也不适用于沿海国在其专属经济区内的合法执法活动。因此，法庭判定，《制止非法行为公约》不适用于本案。

第四，几内亚比绍是否违反《公约》第300条。《公约》第300条规定："缔约国应诚意履行根据本公约承担的义务并应以不致构成滥用权利的方式，行使本公约所承认的权利、管辖权和自由。"巴拿马指出，几内亚比绍在其逮捕和扣留"弗吉尼亚·G"号时的所有方面，特别是没收船载柴油的方式上，均存在滥用权力的情形。[80] 几内亚比绍则辩称，其始终以诚意和非滥用的方式行使其权利，并没有违反《公约》第300条。

法庭在考察了"路易莎"号案涉及《公约》第300条的判决后认为，在援引第300条时，起诉国有责任指出被诉国违反了《公约》哪一

---

[77] M/V "Virginia G" (Panama/Guinea-Bissau), Judgment of 14 April 2014, ITLOS Reports 2014, paras. 365-366.
[78] Ibid., para. 369.
[79] Ibid., para. 375.
[80] Ibid., para. 381.

条款规定的具体权利或义务,包括被诉国没有以诚意的方式履行或者以滥用权利的方式履行。[81] 在本案中,巴拿马只是一般性地援引第 300 条,而没有提及几内亚比绍未履行或以滥用权力的方式履行《公约》规定的具体权利和义务。[82] 法庭据此判定,在本案中其不需要处理违反《公约》第 300 条的诉求。

(6) 反诉问题

几内亚比绍在其辩诉状中提出反诉,辩称该案涉及巴拿马因涉嫌违反《公约》第 91 条而对几内亚比绍造成了损害,因为该国将其国籍授予一艘与它不存在"真正的联系"的船。[83] 巴拿马则辩称,几内亚比绍提出的反诉毫无法律根据,巴拿马与"弗吉尼亚·G"号之间存在真正的联系,巴拿马并未违反《公约》第 91 条。[84]

法庭认定巴拿马与"弗吉尼亚·G"号之间在事件发生时存在真正的联系,并据此判定几内亚比绍提出的反诉没有根据。[85]

(7) 赔偿及费用

巴拿马提出,根据一般国际法、判例法以及《外交保护条款草案》,几内亚比绍有责任赔偿巴拿马,"弗吉尼亚·G"号及其船东、船员和货物物主等因几内亚比绍的非法行为所导致的一切后果。[86] 几内亚比绍则认为巴拿马无权提出赔偿要求,其主张赔偿金并无依据,并认为由于与"弗吉尼亚·G"号相关的人或实体均无巴拿马国籍,因此巴拿马无权代表任何人主张损害赔偿要求。[87]

法庭在对本案所涉柴油的价值、利润损失、船舶修理费、利率等问题进行说理的基础上,判定几内亚比绍就其没收的柴油、"弗吉尼亚·G"号的维修费用等向巴拿马支付赔偿金;判定几内亚比绍无须支付巴拿马利润损失赔偿金和其他赔偿金;判定双方当事国自行承担各自的诉讼费用。

---

[81] M/V "Virginia G" (Panama/Guinea-Bissau), Judgment of 14 April 2014, ITLOS Reports 2014, para. 399.
[82] Ibid., para. 400.
[83] Ibid., para. 403.
[84] Ibid., para. 406.
[85] Ibid., para. 407.
[86] Ibid., para. 410.
[87] Ibid., paras. 420-422.

2. 判决主文

本案法庭经过审理，于 2014 年 4 月 14 日发布了判决。判决主文[88]内容如下：

> 基于上述原因，法庭
>
> (1) 一致认定：法庭对有关"弗吉尼亚·G"号的争端享有管辖权。
>
> (2) 一致认定：几内亚比绍有权对巴拿马诉求的可受理性提出异议。
>
> (3) 一致同意，驳回：几内亚比绍提出的巴拿马与"弗吉尼亚·G"号之间缺乏真正的联系，从而对巴拿马诉求的可受理性提出的反对意见。
>
> (4) 以 22 票对 1 票，驳回：几内亚比绍根据船东和船员不是巴拿马国民的事实而对巴拿马诉求的可受理性提出的反对意见。
>
> (5) 以 14 票对 9 票，驳回：几内亚比绍根据未用尽当地救济途径而对巴拿马诉求的可受理性提出的反对意见。
>
> (6) 一致认定：几内亚比绍对外国渔船在其专属经济区的加油活动进行立法规制的行为，并没有妨碍巴拿马在《公约》第 58 条第 1 款和第 56 条第 2 款项下所享有的权利。
>
> (7) 以 22 票对 1 票，认定：几内亚比绍官员登临、检查和逮捕"弗吉尼亚·G"号的行为没有违反《公约》第 73 条第 1 款。
>
> (8) 以 14 票对 9 票，认定：几内亚比绍没收"弗吉尼亚·G"号和船载柴油的行为违反《公约》第 73 条第 1 款。
>
> (9) 一致认定：几内亚比绍没有违反《公约》第 73 条第 2 款。
>
> (10) 以 20 票对 3 票，认定：几内亚比绍没有违反《公约》第 73 条第 3 款。
>
> (11) 一致认定：几内亚比绍没有通知作为船旗国的巴拿

---

[88] M/V "Virginia G" (Panama/Guinea-Bissau), Judgment of 14 April 2014, ITLOS Reports 2014, para. 452.

马而扣留和逮捕"弗吉尼亚·G"号以及随后对该船及其货物采取行动,违反了《公约》第 73 条第 4 款。

(12) 一致认定:几内亚比绍没有违反《公约》第 110 条和第 224 条中的原则。

(13) 一致认定:几内亚比绍官员在登船和"弗吉尼亚·G"号航行至比绍港的过程中,没有过度使用武力并导致人身伤害或危及人的生命。

(14) 一致认定:几内亚比绍没有违反《公约》第 225 条,并且《制止非法行为公约》并不适用于本案。

(15) 一致认定:几内亚比绍提出的反诉没有法律根据。

(16) 以 14 票对 9 票,决定:几内亚比绍因其没收柴油的行为而支付巴拿马 388506 美元赔偿金。

(17) 以 13 票对 10 票,决定:几内亚比绍支付巴拿马 146080.8 欧元赔偿金,用于"弗吉尼亚·G"号的维修费。

(18) 以 18 票对 5 票,决定:几内亚比绍无须支付巴拿马利润损失赔偿金。

(19) 一致决定:几内亚比绍无须支付巴拿马主张的其他赔偿金。

(20) 一致决定:各方自行承担各自诉讼费用。

三、评 论

(一)"用尽当地救济"的法律适用

《公约》第 295 条规定的"用尽当地救济"是判断起诉国诉求是否具备可受理性的标准之一。本案法庭认为,用尽当地救济是行使外交保护的先决条件,但并不适用于权利主张国直接受到另一国不法行为侵害的情形。本案法庭将"塞加"号(第 2 号)案中法庭的做法运用于本案,在诉求既包括对国家的侵害也包括对个人的侵害的要素时,采取了"优势测试法"(Test of Preponderance)来判定哪个要素占据优势地位。在本案中,几内亚比绍所侵害的巴拿马的航行自由以及与此有关的其他对专属经济区的国际合法用途,属于对巴拿马的直接侵害,故用尽当地救济途径的规则不适用于本案。

本案中法庭采用的"优势测试法"对于是否适用"用尽当地救济"起到了重要作用,这种做法也被其后的"杜兹吉特·廉正"号仲裁案所借鉴。然而,本案中科特法官和凯利法官在赞同这一测试的重要性的同时,却也认为本案法庭实际上将几内亚比绍违反《公约》视同对一国造成了直接损害,进而排除"用尽当地救济"的做法并不适当。他们认为,巴拿马的诉求主要是基于对个人造成的损害,因此应该适用"用尽当地救济",但考虑到本案中并不存在有效的救济途径,他们仍然赞成法庭关于本案不应适用"用尽当地救济"的判决。[89] 热苏斯法官和恩迪亚耶法官则在其各自提交的反对意见中认为本案是一个明确的外交保护案例,应该适用"用尽当地救济",他们反对法庭此项判决的主要依据是法庭采用的法律推理与本案事实不符,并导致结论有误。[90]

(二)沿海国专属经济区内外国渔船加油的法律问题

沿海国是否有权对其专属经济区内外国渔船的加油活动进行立法,沿海国对此问题进行立法的权限范围有多大,是本案所涉及的核心法律问题。本案法庭认为,沿海国对外国渔船在其专属经济区内加油行为的立法,属于该沿海国依据《公约》第56条第1款和第62条第4款所列举的在其专属经济区内可以采取的措施之一,沿海国的这一立法权限来自沿海国勘探、开发、养护和管理自然资源的主权权利,其已被《公约》缔结后的国家实践所佐证。法庭还认为沿海国规定对加油许可进行收费并不会给加油船舶带来过度的负担,符合《公约》第56条和第58条的规定。

高之国法官在其独立意见中指出,专属经济区内外国渔船的加油问题属于国际法的灰色地带,本案关于该问题的判决是国际判例法的突破,填补了该领域的空白。[91] 凯利法官和阿塔德法官在其联合声明中指出,任何类型船舶的加油都可能对专属经济区环境造成损害,因此他们认为此类行为属于《公约》第56条规定的沿海国管辖范围;此外,《公约》

---

[89] Joint Separate Opinion of Judges Cot and Kelly, Judgment of 14 April 2014, paras. 26-33.

[90] Dissenting Opinion of Judge Jesus, Judgment of 14 April 2014, paras. 58-83; Dissenting Opinion of Judge Ndiaye, Judgment of 14 April 2014, para. 297.

[91] Declaration of Judge Gao, Judgment of 14 April 2014, paras. 6-12.

其他条款，特别是第 211 条第 5 款和第 220 条也进一步支持这一管辖权。[92] 勒基法官在其个别意见中也赞成这两位法官的联合声明。[93]

纳尔逊法官在其声明中一方面支持法庭对此问题的判决，指出专属经济区内外国渔船的加油问题首先出现在"塞加"号案中，然而该案法庭并没有处理这个问题，故本案法庭就此作出的判决具有重要意义；另一方面，纳尔逊法官指出，《公约》第 59 条"解决关于在专属经济区内权利和管辖权的归属的冲突的基础"条款为处理这类《公约》没有规定的"剩余权力"问题提供了机制，[94] 然而遗憾的是本案法庭没有援引此条。

（三）几内亚比绍是否违反《公约》第 73 条相关条款的问题

对《公约》第 73 条各款的不同解释和适用构成国际海洋法法庭受理的各类案件中最主要的一种争端类型。本案中，法庭判定几内亚比绍没有违反《公约》第 73 条第 2 款和第 3 款，但在指出几内亚比绍官员登临、检查和逮捕"弗吉尼亚·G"号的行为没有违反《公约》第 73 条第 1 款时，却又判定几内亚比绍没收"弗吉尼亚·G"号和船载柴油的行为违反了《公约》第 73 条第 1 款。法庭的上述判决，特别是针对第 73 条第 1 款的解释和适用，引发了一些争议。

白珍铉法官在其个别意见中支持法庭对几内亚比绍违反《公约》第 73 条第 1 款的判决，但他也指出法庭应该进一步阐述其理据，特别是如何解释和适用该条款中"必要的"一词。他认为该问题与上述专属经济区内沿海国主权权利范围的问题是本案争端的核心问题，因此值得进行更深入的分析。他在权衡考量各种因素后认为，虽然几内亚比绍当局有权对违反其国内法令的行为采取强有力的行动，但没收行为并非"必要"。[95]

与白法官不同，其他一些法官对法庭就《公约》第 73 条第 1 款的判决提出了反对意见。例如，高法官在其声明中反对法庭对几内亚比绍违反《公约》第 73 条第 1 款的推理和判决，他认为几内亚比绍对违反其国

---

[92] Joint Declaration of Judges Kelly and Attard, Judgment of 14 April 2014.
[93] Separate Opinion of Judge Lucky, Judgment of 14 April 2014.
[94] Declaration of Judge Nelson, Judgment of 14 April 2014, paras. 8-10.
[95] Separate Opinion of Judge Paik, Judgment of 14 April 2014, para. 38.

内法的船只没收油、货物的行为是必要和合理的。副庭长霍夫曼法官、兰热尔法官、拉奥法官、卡特卡法官，高法官和布盖岱亚法官的共同反对意见中也提到，沿海国对其专属经济区内管制外国渔船的法律法规具有一定的自由裁量权，也符合《公约》的规定。[96] 因此法庭判决中的推理和决定本身不仅不合逻辑，而且令人困惑。[97] 恩迪亚耶法官和科雷尔专案法官在其提交的反对意见中对此也持相似的观点。[98] 热苏斯法官则批评本案判决仅对几内亚比绍施加了苛刻的赔偿处罚，而完全忽视了对巴拿马的制裁。[99]

此外，勒基法官在其个别意见中反对法庭判定几内亚比绍没有违反《公约》第73条第3款。他在审查相关证据资料后认为，"弗吉尼亚·G"号船员被监禁违反了《公约》的规定。《公约》第73条第3款没有对"监禁"一词加以界定，这意味着对其可以进行广义解释，不仅包括被关进监狱，而且包括违背人的意志自由，在特定情形下，"监禁"与"扣留"具有同样的含义。[100]

（四）损失赔偿的问题

根据国际法，一国理应为其国际不法行为承担损害赔偿的责任。然而，预期利润是否应该得到赔偿成为本案中具有争议的一个问题。

本案部分法官就这一问题发表了不同的意见。白珍铉法官在其个别意见中支持法庭对此问题的判决，他指出，就预期利润要求赔偿意味着要求双倍返还损失，这是让人无法接受的，而且赔偿金额的确定也应该参照本案中同时被逮捕的另外两艘渔船被罚款的金额。[101] 专案法官特雷韦斯则在其声明中提出不同的意见。他认为虽然难以准确量化这种预期利润的金额，但可以在近似的基础上给予补偿，他认为法庭驳回巴拿马利润损失索赔的理由难以令人信服。[102] 阿克勒法官则认为，法庭的这项

---

[96] Joint Dissenting Opinion of Vice-President Hoffmann and Judges Marotta Rangel, Chandrasekhara Rao, Kateka, Gao and Bouguetaia, Judgment of 14 April 2014, para. 53.

[97] Declaration of Judge Gao, Judgment of 14 April 2014, paras. 17-21.

[98] Dissenting Opinion of ad hoc Sérvulo Correia, Judgment of 14 April 2014, paras. 11-21.

[99] Dissenting Opinion of Judge Jesus, Judgment of 14 April 2014, paras. 7-21.

[100] Separate Opinion of Judge Lucky, Judgment of 14 April 2014, paras. 53-61.

[101] Separate Opinion of Judge Paik, Judgment of 14 April 2014, para. 47.

[102] Declaration of Judge ad hoc Treves, Judgment of 14 April 2014, paras. 1-4.

判决违反了国际法委员会通过的《国家对国际不法行为的责任条款草案》所体现的国际法规则,也不符合国际判例法。[103]

四、附　录

(一) 中英案件全名

1. 中文案件全名:"弗吉尼亚·G"号案(巴拿马/几内亚比绍)
2. 英文案件全名:The M/V "Virginia G" Case (Panama/Guinea-Bissau)

(二) 案件的标准引用

"Virginia G" (Panama/Guinea-Bissau), Judgment of 14 April 2014, ITLOS Reports 2014.

(三) 主要参考文献

1. David Testa, "Coastal State Regulation of Bunkering and Ship-to-Ship (STS) Oil Transfer Operations in the EEZ: An Analysis of State Practice and of Coastal State Jurisdiction Under the LOSC", *Ocean Development & International Law*, Vol. 50, No. 4, 2019, pp. 363-386.

2. Bernard H. Oxman, Vincent P. Cogliati-Bantz, "The M/V 'Virginia G' (Panama/Guinea Bissau)", *American Journal of International Law*, Vol. 108, Iss. 4, 2014, pp. 769-775.

(四) 与本案主题相关的重要引用案件

1. Dispute Concerning Filleting within the Gulf of St. Lawrence Between Canada and France, Decision of 17 July 1986, I. L. R. 82, 1990, p. 591.

2. Certain German Interests in Polish Upper Silesia, Merits, Judgment No. 7, 1926, P. C. I. J., Series A, p. 19.

3. "Tomimaru" (Japan v. Russian Federation), Prompt Release,

---

[103] Separate Opinion of Judge Akl, Judgment of 14 April 2014, para. 11.

Judgment, ITLOS Reports 2005-2007, p. 74.

4. M/V "SAIGA" (No. 2) (Saint Vincent and the Grenadines v. Guinea), Judgment, ITLOS Reports 1999, p. 10.

5. "Hoshinmaru" (Japan v. Russian Federation), Prompt Release, Judgment, ITLOS Reports 2005-2007, p. 18, at p. 47.

6. "Camouco" Case (No. 5) (Panama v. France), ITLOS Reports 2000, pp. 29-31, paras. 59-67.

7. "Monte Confurco" (No. 6) (Seychelles v. France), Prompt Release, Judgment, ITLOS Reports 2000, pp. 86, 108-109, paras. 71, 72, 74 and 76.

8. "Juno Trader" (Saint Vincent and the Grenadines v. Guinea-Bissau), Prompt Release, Judgment of 18 December 2004, ITLOS Reports 2004, p. 17.

9. "Volga" Case (No. 11) (Russian Federation v. Australia), Prompt Release, ITLOS Reports 2002, p. 10, at p. 32, para. 65.

10. "I'm Alone" Case (Canada/United States, 1935), RIAA, Vol. Ⅲ, p. 1609.

11. The "Red Crusader" Case (Commission of Enquiry, Denmark-United Kingdom, 1962), I. L. R., Vol. 35, p. 485.

（五）案件中的重要缩略语

ITLOS　International Tribunal for the Law of the Sea　国际海洋法法庭

UNCLOS　United Nations Convention on the Law of the Sea　《联合国海洋法公约》

SUA　Convention for the Suppression of Unlawful Acts against the Safety of Maritime Navigation　《制止危及海上航行安全非法行为公约》

FISCAP　National Fisheries Inspection and Control Service　国家渔业检查和控制局

CIFM　Inter-Ministerial Commission for Maritime Surveillance of Guinea-Bissau　部长间海事控制委员会

（施余兵）

孟加拉湾海洋划界案
（孟加拉国诉印度）

（2014 年）

2009.10.09 孟加拉国将其与印度之间的海洋划界争端提交附件七仲裁程序
2010.02.10 附件七仲裁庭正式成立
2010.05.26 制定《仲裁规则》
2011.05.31 孟加拉国提交诉状
2012.07.31 印度提交辩诉状
2013.01.31 孟加拉国提交答辩状
2013.07.30 印度提交复辩状
2013.08.28 仲裁庭发布关于2013年8月进行现场考察的第1号程序命令
2013.11.06 仲裁庭发布关于实体问题口头辩论的第2号程序命令
2013.11.20 仲裁庭发布关于现场考察记录的第3号程序命令
2013.12.06 仲裁庭发布关于现场考察记录作为证据的第4号程序命令
2013.12.09—2013.12.18 口头辩论阶段
2014.07.07 仲裁庭作出实体裁决

关键词：等距离/特殊情况（Equidistance/Special Circumstances）；等距离/相关情况（Equidistance/Relevant Circumstances）；角平分线方法（Angle-Bisector Method）；200海里以外大陆架（Continental Shelf Beyond 200nm）；灰色区域（Grey Areas）

一、案件背景

孟加拉国和印度之间的海洋划界争端起源于英国根据1947年《印度

独立法案》对英属印度实施"印巴分治"。该法案第二部分明确规定，新成立的东孟加拉省和西孟加拉省分别归属巴基斯坦和印度，两省之间的临时边界由第三部分第三节加以规定，同时规定最终边界将由印度总督任命的边界委员会裁定。该边界委员会于1947年6月30日成立，由西里尔·拉德克利夫爵士（Sir Cyril Radcliffe）担任主席，以最终划定东、西孟加拉省的边界。该委员会于1947年8月13日提交了报告，即"拉德克利夫裁决"（Radcliffe Award）。报告在附录A中描述了东、西孟加拉省的边界，并在附录B的地图上加以具体描绘。1971年3月26日，孟加拉国宣布从巴基斯坦独立，并继承前东巴基斯坦的领土和边界。孟加拉湾地区蕴藏着丰富的油气资源，作为两国天然陆地分界线的哈里班加（Haribhanga）河在孟加拉湾的入海口处形成了许多冲积三角洲，由此引发双方近30年的主权争议。自1974年开始，孟加拉国和印度针对两国间海洋划界问题展开了11轮谈判，但均未成功。2009年10月8日，孟加拉国依据1982年《联合国海洋法公约》（以下简称《公约》）第287条及附件七规定向印度递交《主张通知和声明》，要求组成仲裁庭以确定两国之间的陆地边界终点，并对双方之间的领海、专属经济区以及大陆架进行划界。仲裁庭依据《公约》附件七第3条的规定设立，由5名仲裁员组成，并于2014年7月7日作出最终裁决。

二、仲裁裁决

（一）当事方请求

孟加拉国向印度递交《主张通知和声明》，请求仲裁庭依据《公约》规定的原则和规则划定两国在孟加拉湾内的海洋区域界限：领海、专属经济区、大陆架，包括200海里以外大陆架界限[1]。孟加拉国和印度各自主张的海洋边界分别见答辩状和复辩状中的地图R5.7[2]和RJ7.1[3]。

---

[1] The Bay of Bengal Maritime Boundary Arbitration Between the People's Republic of Bangladesh and the Republic of India (Bangladesh v. India), Award of 7 July 2014, Reports of International Arbitral Awards, Vol. XXXII, 2019, para. 2.

[2] Ibid., para. 61.

[3] Ibid., para. 63.

（二）仲裁庭的说理

1. 管辖权的确定

孟加拉国和印度均为《公约》缔约国，且双方均未根据《公约》第287条第3款规定作出任何声明，因此应根据附件七组成仲裁庭以解决双方之间的海洋划界争端，双方也同意由仲裁庭在1947年"拉德克利夫裁决"的基础上确定陆地边界终点的位置，而且孟印双方均未根据第298条作出排除强制程序的声明。接着仲裁庭考察孟加拉国提起仲裁是否满足《公约》规定的要求。仲裁庭认为孟加拉国已经根据《公约》第287条和附件七规定向印度提交《主张通知和声明》。[4]

仲裁庭注意到，尽管《公约》第283条规定了交换意见的义务，印度也表明双方的谈判已接近达成协定，但印度并未主张孟加拉国的行为违反规定。[5] 因此，仲裁庭认为孟加拉国提起仲裁的行为符合《公约》规定，其对本案中确定陆地边界终点，领海、专属经济区及200海里以内和200海里以外大陆架划界争端具有管辖权。[6]

尽管孟加拉国和印度均认为仲裁庭对200海里以外大陆架划界问题具有管辖权，但仲裁庭仍对该问题进行了单独论述，最后确定其对划定200海里以外大陆架具有管辖权。仲裁庭首先强调，《公约》第76条规定的大陆架是单一大陆架，并未区分200海里以内大陆架和200海里以外大陆架，而且第83条关于海岸相邻或相向国家大陆架划界的规定也并未区分二者。[7] 其次，仲裁庭从沿海国、大陆架界限委员会与国际海洋法法庭在大陆架划界问题上的不同职权进行论述，认为根据《公约》规定，大陆架界限委员会在划定200海里以外大陆架界限方面发挥了不可或缺的作用，但其职权应与有关的法院或法庭互相补充协调。[8] 由于孟加拉国和印度均对200海里以外大陆架提出主张，大陆架界限委员会暂停考虑双方的划界请求。仲裁庭认为如果其拒绝划定200海里以外大陆

---

[4] The Bay of Bengal Maritime Boundary Arbitration Between the People's Republic of Bangladesh and the Republic of India (Bangladesh v. India), Award of 7 July 2014, Reports of International Arbitral Awards, Vol. XXXII, 2019, para. 71.

[5] Ibid., para. 72.

[6] Ibid., para. 73.

[7] Ibid., para. 77.

[8] Ibid., paras. 79-80.

架的界限，除非双方就此达成一致，否则争端将无法得到解决，而鉴于之前谈判的结果，仲裁庭认为双方已不存在通过协定方式解决争端的可能。[9] 因此，如果仲裁庭不行使管辖权，双方将无法完全从各自的大陆架权利中获益，而这是与《公约》的目的和意图相违背的。最后，仲裁庭认为其对孟加拉国和印度之间的陆地边界的终点，领海、专属经济区、大陆架以及双方提出的200海里以外重叠的大陆架的划定具有管辖权。[10]

2. 实体问题的裁决

仲裁庭依次对孟加拉国和印度之间的领海、专属经济区及200海里以内和200海里以外大陆架的界限进行划定。仲裁庭认为其应首先确定陆地边界终点，因为它是进行海洋划界的起点。

(1) 陆地边界终点的确定

孟加拉国和印度均同意根据1947年"拉德克利夫裁决"确定陆地边界终点的位置。与本案相关的规定是该裁决附录A的第8段，该段规定了东、西孟加拉省之间边界线的末段："该边界线应沿着库尔纳（Khulna）和帕甘纳斯24（24 Parganas）之间的边界线向南直到该边界线与孟加拉湾会合。"[11] 库尔纳与帕甘纳斯24地区之间的边界线则由孟加拉总督于1925年发布第964号通知划定："库尔纳区的西部边界线沿着钱德拉布尔（Chandanpur）的西南部边界线直至与伊查马提（Ichhamati）河的主河道中间线相交，然后沿着当时伊查马提河、卡林地（Kalindi）河，莱曼加尔（Raimangal）河、哈里班加河的主河道中间线直至与孟加拉湾会合。"[12]

"拉德克利夫裁决"的附录B包括一份孟加拉的地图，用以描述委员会划定的两省之间的陆地边界。该裁决同时指出，该地图"只用作说明目的，如果附录B地图所描绘的边界线与附录A所描述的边界线不一致，以附录A中描述的边界线为准"[13]。

关于陆地边界线终点的确定，孟加拉国和印度争议的焦点问题包括

---

[9] The Bay of Bengal Maritime Boundary Arbitration Between the People's Republic of Bangladesh and the Republic of India (Bangladesh v. India), Award of 7 July 2014, Reports of International Arbitral Awards, Vol. XXXII, 2019, para. 82.

[10] Ibid., para. 83.

[11] Ibid., para. 87.

[12] Ibid., para. 88.

[13] Ibid., para. 89.

两个方面：一是"拉德克利夫裁决"附录 A 及其提及的孟加拉总督作出的第 964 号通知的解释问题；二是附录 B 中地图的相关性和解释问题。仲裁庭认为，应根据 1947 年"拉德克利夫裁决"的规定并考虑双方的主张确定陆地边界终点的具体位置。仲裁庭的判决要点如下：

①"伊查马提河、卡林地河，莱曼加尔河、哈里班加河的主河道中间线直至与孟加拉湾会合"

仲裁庭注意到这四条河流都流向南部，前两条河流分别流入莱曼加尔河，而该河又与哈里班加河部分会合后，与哈里班加河近乎平行地流入孟加拉湾。1925 年第 964 号通知中所指的应为哈里班加河主河道中间线。[14]

②"当时"（for the time being）的含义

仲裁庭首先承认该词的含义是模糊的，既可指"当时"，也可指"随时"，因为河流的主河道可能随着最深河道的自然变化而不断发生变动，从而产生"流动的边界线"。[15] 仲裁庭首先考察了双方都提及的 1948 年印度和巴基斯坦边界争端仲裁庭作出的仲裁裁决，即"巴奇裁决"（Bagge Award）。仲裁庭注意到在仲裁过程中，巴基斯坦指定的仲裁员提议应根据恒河（Ganges）河道变化而引起的地理状况的变动，以灵活和宽松的方法来确定该河的中间线，但印度反对该提议，作出裁决的巴奇主席采纳了印度的主张，最终划定了印度和巴基斯坦之间的边界线。因此，在仲裁庭看来，"巴奇裁决"明确了哈里班加河主河道的中间线应该根据 1947 年"拉德克利夫裁决"作出的时间而非之后的时间确定。[16] 对于印度提出的 1951 年印度和巴基斯坦官员针对两国边界的划定而进行的通信，即"1951 年通信"（1951 Exchange of Letters），仲裁庭认为，印度并未提出令人信服的证据证明两国政府官员之间的通信使得"巴奇裁决"失效。此外，仲裁庭认为尽管 1969 年《维也纳条约法公约》第 31 条第 3 款（a）项规定承认嗣后协定对条约内容进行更改的效力，但是 1951 年两国官员之间的通信并不能构成双方之间的嗣后协定。仲裁庭很难接受两国官员之间如此低级别和简短的通信能够代表双方之

---

[14] The Bay of Bengal Maritime Boundary Arbitration Between the People's Republic of Bangladesh and the Republic of India (Bangladesh v. India), Award of 7 July 2014, Reports of International Arbitral Awards, Vol. XXXII, 2019, para. 158.

[15] Ibid., para. 159.

[16] Ibid., para. 163.

间真实的共同意思表示。[17] 双方还提交了肯尼迪中校于 1957 年为第一次联合国海洋法会议而准备的报告，即"肯尼迪中校报告"（Commander Kennedy's Report），该报告包括对陆地边界终点地区的描述。仲裁庭认为肯尼迪中校的报告并未准确确定陆地边界终点，而是采用了"附近"（in the vicinity of）的说法。[18] 最后，仲裁庭还注意到对河流的利用情况并不能解释"拉德克利夫裁决"的含义。双方均未提供有关航行历史或其他有关河流利用方面的证据，尤其是在 1947—1951 年。同时，当涉及历史航行问题时，双方也均未提交更多细节。[19]

基于上述对双方提交证据的分析，仲裁庭得出结论：哈里班加河主河道的中间线应为 1947 年"拉德克利夫裁决"作出时该中间线所处的位置，同时将 1925 年通知包括在内的"拉德克利夫裁决"仅指的是哈里班加河而非哈里班加与莱曼加尔河流入孟加拉湾的交汇河流。[20] 因此仲裁庭接下来的任务即是确定 1947 年哈里班加河主河道的中间线。仲裁庭认为，确定关键日期时陆地边界终点的位置应根据当时的"领土现状"（photograph of the territory）。[21] 为实现这一目的，仲裁庭应在 1947 年裁决作出当时可获取资料的基础上，参考临近关键日期的较新信息。仲裁庭认为陆地边界终点的确定与河流入海口处的封口线的划定需要参考不同时期制定的地图资料。[22]

③ 地图的证据效力

仲裁庭注意到 1947 年"拉德克利夫裁决"作出时并未对哈里班加河进行勘查，过去一个世纪入海口处主要地理特征的变化更增加了确定 1947 年"领土现状"的难度。尽管如此，仲裁庭仍有 3 份地图证据可供确定 1947 年的领土边界：

a. 孟加拉国提交的基于 1879 年或之前进行的勘查活动而制定的英国皇家海军地图 859（BA Chart 859）的 1931 年复印件。英国皇家海军

---

[17] The Bay of Bengal Maritime Boundary Arbitration Between the People's Republic of Bangladesh and the Republic of India（Bangladesh v. India），Award of 7 July 2014, Reports of International Arbitral Awards，Vol. XXXII，2019，para. 165.

[18] Ibid.，para. 166.

[19] Ibid.，paras. 167-168.

[20] Ibid.，para. 169.

[21] Ibid.，para. 170.

[22] Ibid.，para. 171.

地图 859 于 1880 年 7 月 18 日首次发布,并分别于 1886 年、1887 年、1903 年和 1904 年发布新版本。该地图表明调查活动结果于 1879 年编纂,因此在仲裁庭看来调查活动在更早的时间进行,没有证据表明拉德克利夫爵士的裁决依据该地图作出,否则裁决中就应该明确提及该地图。仲裁庭还注意到,在孟加拉国的诉求中,在如何将该地图上的坐标点转化成现代的 WGS-84 基准面方面存在某些不确定之处。因此,鉴于英国皇家海军地图 859 是基于关键日期 1947 年之前很长时间所做调查的结果,尽管仲裁庭可以将英国皇家海军地图 859 转化为 WGS-84 基准面,但考虑到相关区域海岸的不稳定性,仲裁庭并未将该地图作为确定陆地边界终点的主要依据。[23]

b. 印度提交的反映印度海军 1998—2004 年调查情况的 2011 年版印度海军地图 351。仲裁庭认为该地图的制定时间远远晚于 1947 年。[24]

c. "拉德克利夫地图"。仲裁庭指出该地图是基于 1915—1916 年的调查活动结果而制定的,用黑色断续线描绘了库尔纳和帕甘纳斯 24 地区之间的河流边界线,而其他区域之间的边界线则用绿色断续线加以标明。拉德克利夫爵士确定的边界线则沿着黑色断续线的另一端用红色断续线标明。由于孟加拉国对该地图的真实性提出质疑,仲裁庭首先确定了该地图的真实性。孟加拉国还提出该地图的比例尺过小使其不适宜用于确定陆地边界终点,但仲裁庭认为该地图的比例尺足够大,可以使用该地图确定两国之间的边界。虽然"拉德克利夫地图"并未提及在确定河流深度时的依据,但这并不意味着绘制地图的人不了解这些信息。该地图描绘的边界线有时沿着中间线,有时沿着河岸,因此可以推断黑色断续线的终点指的是哈里班加河主河道的中间线。仲裁庭还认为"拉德克利夫地图"是基于比英国皇家海军地图 859 更接近关键日期的调查结果而制成的,而该调查结果也为拉德克利夫爵士所接受。仲裁庭使用"拉德克利夫地图"来确定陆地边界终点的一个关键原因是拉德克利夫爵士认为该地图足够可靠。仲裁庭认为其不应该试图基于"拉德克利夫裁决"的规定确定陆地边界终点而不考虑该裁决附带的

---

[23] The Bay of Bengal Maritime Boundary Arbitration Between the People's Republic of Bangladesh and the Republic of India (Bangladesh v. India), Award of 7 July 2014, Reports of International Arbitral Awards, Vol. XXXII, 2019, paras. 175-177.

[24] Ibid., para. 174.

地图。[25] 最后，仲裁庭在"拉德克利夫地图"的基础上确定了孟加拉国和印度之间的陆地边界终点，同时划定了孟加拉湾的封口线。[26]

（2）基点选择与领海划界

孟加拉国和印度均请求仲裁庭就双方之间的领海、专属经济区和200海里以内及200海里以外大陆架进行划界。仲裁庭首先考虑基点的确定问题。

① 基点的确定

孟加拉国和印度均提出各自的基点以确定临时等距离线，并分别对对方确定的基点提出质疑。仲裁庭在总结和概括双方主张之后，认为不同的基点决定着领海、专属经济区、200海里以内和200海里以外大陆架等距离线的走向，因此仲裁庭将在确定每一海洋区域的边界时考虑双方所提出的具体基点。[27]

② 领海划界

孟加拉国和印度均认为应适用《公约》第15条规定划定两国之间的领海边界。双方均未主张两国之间存在划定领海边界的协定，或者第15条规定意义上的"历史性所有权"（historic title）。但是两国在第15条规定所指的"特殊情况"的解释和适用上存在分歧，同时对根据第15条使用的适当的划界方法无法达成一致。仲裁庭认为，关于领海划界的方法，国际法规则要比其他海域划界规则规定得更加清晰，主要体现在《公约》第15条规定之中，并对第15条规定进行了简单的解释。[28] 在此基础上，仲裁庭首先考察了孟加拉国提出的主张，在仲裁庭看来，孟加拉国并未提出任何证据足以使仲裁庭不适用中间线/等距离线方法划定领海界限。因此，仲裁庭将使用等距离方法来划定孟加拉国和印度之间的领海界限。[29] 仲裁庭将采取两个步骤：第一步，确定与领海划界相

---

[25] The Bay of Bengal Maritime Boundary Arbitration Between the People's Republic of Bangladesh and the Republic of India (Bangladesh v. India), Award of 7 July 2014, Reports of International Arbitral Awards, Vol. XXXII, 2019, para. 184.

[26] Ibid., para. 188.

[27] Ibid., para. 225.

[28] Ibid., paras. 246-247.

[29] Ibid., para. 248.

关的基点；第二步，划定中间线/等距离线。[30]

a. 领海基点的位置。仲裁庭注意到孟加拉国和印度都同意从陆地边界终点开始划定领海边界，也同意不使用直线基线划定领海的外部界限，且双方为划定领海界限提出各自的领海基点。仲裁庭援引国际法院在1951年渔业案中的判决，指出"海洋区域的划界一直具有国际性质；不能完全取决于沿海国的意志……"在海岸相邻或相向国家之间，这一点尤为相关。因此，仲裁庭将选择其认为合适的基点来划定领海界限，仲裁庭先考虑当事国双方提出的基点。由双方提出的基点直接引起的问题即是将低潮高地作为基点是否合适。仲裁庭指出低潮高地当然可以作为划定领海范围的基点，《公约》第13条对此明确规定。然而这并不意味着低潮高地必然作为划定两国领海范围的基点，因为低潮高地作为领海基点和作为划定两国领海范围的基点是两个不同的问题，第13条只规定了低潮高地可以作为划定领海范围的基点，但并未规定在划定相邻或相向海岸国家之间海洋界限时，仍可将其作为基点使用。[31] 在本案中，仲裁庭认为位于低潮高地的基点并不符合国际法院在黑海海洋划界案和最近的案件中确定的标准，而且如果位于双方当事国沿岸上的其他基点可使用，则应更多考虑这些基点而非低潮高地。因此在本案中，不能将低潮高地作为划定两国领海界限的基点，但是南塔尔帕蒂（South Talpatty）/新穆尔（New Moore）岛上的基点属例外情况。根据国际法院在黑海海洋划界案中的论述，用作划定领海界限的基点应该至少是位于海岸上突出的点，南塔尔帕蒂/新穆尔岛却并不具有确定基点适合位置的地理特征。[32]

仲裁庭最后决定在本案中不将海岸附近的低潮高地作为划定双方领海范围的基点，所以印度提出的 I-1、I-2 和 B-3 基点不能作为划定两国领海范围的基点。对于印度提出的 B-1、B-2 基点和孟加拉国提出的 B-1、B-2 基点，仲裁庭认为这些基点正好与低潮线重合。[33] 此外，仲裁庭还对双方提出的其他基点进行审查，最后决定适于作为确定领海界限的中

---

[30] The Bay of Bengal Maritime Boundary Arbitration Between the People's Republic of Bangladesh and the Republic of India（Bangladesh v. India）, Award of 7 July 2014, Reports of International Arbitral Awards, Vol. XXXII, 2019, para. 249.

[31] Ibid., para. 259.

[32] Ibid., para. 263.

[33] Ibid., para. 264.

间线/等距离线的基点。

b. 领海内中间线/等距离线的确定。在确定领海基点之后,仲裁庭划定了领海中的临时中间线/等距离线的中间点:位于 B-1 和 I-1 之间的中间点,随后以初始方位沿着大地线直至其分别到达孟加拉国和印度的领海边界。[34]

c. 领海内中间线的调整。仲裁庭拒绝考虑孟加拉国所提出的使用中间线/等距离线方法划定领海界限的"特殊情况",仲裁庭认为孟加拉国并未提出足够充分的事实证明需要对划定领海界限的中间线进行调整。因此,仲裁庭认为在12海里的范围内,孟加拉湾海岸线的弯曲程度并不构成对中间线进行调整的明显切断情况。然而,仲裁庭注意到其根据"拉德克利夫裁决"确定的陆地边界终点并未位于仲裁庭为划定两国领海边界而选取的基点之间的等距离线上,如果从该点出发划定领海界限将不是第15条意义上的"中间线"。仲裁庭认为,将陆地边界终点与仲裁庭为划定领海界限而确定的中间线相连接的需要构成特殊情况,最终决定两国间的领海边界应为一条从陆地边界终点出发,向南延伸直至与一确定点相交的、长为12海里的大地线。[35]

(3) 相关海岸和领海以外进行划界的相关区域

① 相关海岸

孟加拉国和印度均提出各自认为仲裁庭在划定海洋边界时应考虑的相关海岸,双方也都认为相关海岸的概念在划定海洋边界的过程中发挥着多种作用,且"在一般意义上为划界确定相关海岸与适用角平分线方法时对海岸的一般走向进行描述是两种完全不同的做法"。仲裁庭注意到双方对孟加拉国的海岸不存在分歧,但对印度的相关海岸分歧严重。在分别确定两国的相关海岸之前,仲裁庭首先援引国际法院在黑海海洋划界案中的论述,指出确定相关海岸的不同目的。随后仲裁庭进一步指出据以确定相关海岸的原则:第一,进行海洋划界的一条公理是"陆地统治海洋",即"海岸向海的延伸产生海洋权利主张";第二,"为划界目的而被认为是相关的海岸投影部分必须与另一方海岸投影部分相重

---

[34] The Bay of Bengal Maritime Boundary Arbitration Between the People's Republic of Bangladesh and the Republic of India (Bangladesh v. India), Award of 7 July 2014, Reports of International Arbitral Awards, Vol. XXXII, 2019, paras. 267-270.

[35] Ibid., paras. 271-276.

叠",同时,"一方海岸任何部分的水下延伸部分,如由于地理原因而无法与另一方海岸的延伸部分相重叠,应不加考虑"。实际上,一方海岸任何部分的相关性取决于确定该海岸产生的投影部分。[36]

孟加拉国和印度对孟加拉国的相关海岸不存在分歧,均同意孟加拉国的相关海岸从两国之间的陆地边界终点延伸至位于纳夫(Naaf)河口的孟加拉国和缅甸的陆地边界终点。但是双方针对印度的相关海岸分歧严重。

对于孟加拉国的相关海岸,仲裁庭认为双方的争议在于陆地边界终点。在陆地边界终点确定之后,孟加拉国的相关海岸即可确定。因此,仲裁庭认为孟加拉国相关海岸的第一部分从其与印度的陆地边界终点开始延伸至国际海洋法法庭确定的位于库图布迪亚(Kutubdia)岛上的灯塔;第二部分从库图布迪亚岛延伸至孟加拉国与缅甸位于纳夫河口的陆地边界终点。孟加拉国的相关海岸长为418.6千米。[37]

对于印度的相关海岸,仲裁庭认为其应与印度海岸的投影部分和孟加拉国海岸的投影部分相重叠有关,因此不应考虑重叠部分是在200海里以内、200海里以外,或者一方200海里以内以及另一方200海里以外重叠的部分。在本案中,仲裁庭需要考虑的是德维(Devi)点和桑迪(Sandy)点之间的印度海岸是否产生与孟加拉国海岸投影部分相重叠的投影部分。仲裁庭认为在德维点和桑迪点之间,印度海岸直接面对孟加拉国主张的200海里以外大陆架的投影部分,因此应被视为印度的相关海岸。随后仲裁庭还分别考虑了德维点以北的海岸以及桑迪点以南的海岸,认为仲裁庭可不必考虑这些海岸的相关性。最后仲裁庭确定印度的相关海岸为从陆地边界终点延伸至桑迪点,长度为706.6千米。[38]

② 相关区域

在确定相关海岸的基础上,仲裁庭将根据海岸产生的投影部分来确定相关区域的范围。该区域的西部、北部和东北部由孟加拉国和印度上述确定的相关海岸包围,相关海岸由六个部分构成,从桑迪点沿着印度海岸,通过孟加拉国和印度之间的陆地边界终点,再沿着孟加拉国的海

---

[36] The Bay of Bengal Maritime Boundary Arbitration Between the People's Republic of Bangladesh and the Republic of India (Bangladesh v. India), Award of 7 July 2014, Reports of International Arbitral Awards, Vol. XXXII, 2019, para. 279.
[37] Ibid., para. 286.
[38] Ibid., para. 305.

岸，直到孟加拉国和缅甸之间位于纳夫河口的陆地边界终点。随后仲裁庭分别确定了相关区域的东部、南部和西南部的界限，最后确定相关区域的面积大约为 406833 平方千米。[39]

（4）专属经济区和 200 海里以内大陆架划界

① 划界方法

孟加拉国和印度均同意《公约》第 74 条第 1 款和第 83 条第 1 款规定的专属经济区和 200 海里大陆架的划界方法。双方均同意确定等距离线是划界过程的第一步，但在等距离线的中心地位以及需要适用角平分线方法的具体情况方面，双方存在较大分歧。同时，如果适用等距离/相关情况方法划定界限，双方在临时等距离线是否需要进行调整方面未能达成一致。[40]

在仲裁庭看来，需要首先解决两个不同但密切相关的问题：一是在专属经济区和大陆架划界中是否存在支持等距离/相关情况方法的假定；二是本案中这一方法是否适用。[41] 随后仲裁庭逐一解决这两个问题。

仲裁庭首先注意到，《公约》第 74 条和第 83 条关于专属经济区和大陆架划界并未明确规定特定的划界方法，当事国也无法就此达成一致，那么采用何种方法进行划界即由解决争议的司法或仲裁机构决定。在进行海洋划界时，司法或仲裁机构遵循的首要目标即是选择可产生公平结果的方法进行划界从而确保划界的最终结果是公平的，并援引国际海洋法法庭在孟加拉湾海洋划界案（孟加拉国/缅甸）中所论述的原则。[42] 随后，仲裁庭分别对双方所主张的划界方法进行分析，即印度主张的等距离/相关情况方法以及孟加拉国主张的角平分线方法。[43]

仲裁庭指出，等距离/相关情况划界方法的第一阶段涉及"使用具有几何学上的客观性以及与进行海洋划界地区的地理状况相适宜的划界方法"确定临时等距离线；第二阶段需要考虑对临时等距离线进行调整的相关情况，以达到公平的结果；第三阶段运用不成比例原则来检验边

---

[39] The Bay of Bengal Maritime Boundary Arbitration Between the People's Republic of Bangladesh and the Republic of India (Bangladesh v. India), Award of 7 July 2014, Reports of International Arbitral Awards, Vol. XXXII, 2019, para. 311.

[40] Ibid., para. 336.

[41] Ibid., para. 337.

[42] Ibid., para. 339.

[43] Ibid., para. 340.

界线是否公平。[44] 孟加拉国主要援引国际法院加勒比海领土和海洋争端案（尼加拉瓜诉洪都拉斯）来支持使用角平分线方法，但仲裁庭指出国际法院使用该方法主要是为了通过近似直线的海岸线把不规则的海岸线进行整体化。仲裁庭认为，使用等距离/相关情况方法进行划界的优点在于通过明确的三个步骤使得划界过程更加透明。临时等距离线的确定是基于地理上的客观标准，同时通过选择适当的基点考虑该地区的地理状况。与此相反，根据角平分线方法使用直线确定相关海岸涉及很多主观因素。在本案中，如果适用角平分线方法将会导致不止一个相关海岸。在第二阶段，临时等距离线将根据案件的具体情况进行调整，这一调整过程将获得很高的透明度（a high degree of transparency），而角平分线方法则不会达到这样的效果。[45] 基于上述原因，仲裁庭指出，除非有其他因素导致不适宜适用等距离方法进行划界，否则该方法就更可取。[46] 而本案中孟加拉国并未给出令仲裁庭信服的理由。因此，仲裁庭认为等距离/相关情况方法更为可取。[47]

② 临时等距离线

仲裁庭首先选择确定临时等距离线的各个基点。对此，孟加拉国共提出5个基点，而印度提出3个。仲裁庭根据之前确定的标准，接受孟加拉国提出的1个基点（B-2）和印度提出的两个基点（I-2、I-3），并在此基础上确定了临时等距离线。[48]

③ 相关情况

孟加拉国主要提出两个相关情况：孟加拉国海岸线的不稳定性以及海岸线的凹陷。仲裁庭依次考虑是否存在相关情况以及是否需要根据相关情况对根据等距离/相关情况方法划定的界限进行调整。[49]

仲裁庭首先确定本案中是否存在相关情况。仲裁庭指出相关情况的确定并不是为了重塑地理状态，或者对由于自然原因造成的不公平进行

---

[44] The Bay of Bengal Maritime Boundary Arbitration Between the People's Republic of Bangladesh and the Republic of India（Bangladesh v. India），Award of 7 July 2014，Reports of International Arbitral Awards，Vol. XXXⅡ，2019，para. 341.
[45] Ibid., paras. 343-344.
[46] Ibid., para. 345.
[47] Ibid., para. 346.
[48] Ibid., paras. 364-370.
[49] Ibid., para. 395.

补偿，而是为了减少特殊地理特征在特定情形之下所造成的不公平结果。[50] 接着仲裁庭分别对各个相关情况进行考察。

第一，对于孟加拉国提出的将海岸线不稳定性作为相关情况的主张，仲裁庭认为，孟加拉国海岸线确实不稳定，但海岸线不稳定不是能够调整临时等距离线的"相关情况"。自然进化和气候变化对海洋环境造成影响的不确定性和不可预测性，尤其是对沿海国的海岸线所造成的影响，使得海岸的侵蚀或添附都变得不可预测。因此而产生的海岸的未来变化，在对临时等距离线的调整中均不应予以考虑。[51]

第二，仲裁庭考察海岸线的凹陷是否构成相关情况。仲裁庭注意到在国际司法实践中通行的观点是，凹陷本身并不一定构成对临时等距离线进行调整的相关情况，只有当划定的临时等距离线由于海岸凹陷情形的存在产生"截断效果"（cut-off effect）从而造成不公平的结果时才需要对临时等距离线进行调整。[52] 因此，对于当事国双方来说，需要确定的问题是什么情况可被认定为"截断效果"。[53] 仲裁庭认为"截断效果"的确定应该建立在客观基础上并以透明的方式确定，同时要考虑当事国双方提出主张的整个争议区域。仲裁庭还强调，由于只存在单一的大陆架，因而不应该区分外大陆架和内大陆架，当事国对 200 海里以外大陆架的主张范围和构成同样具有相关性。[54] 在仲裁庭看来，孟加拉国的海岸正是一个凹陷海岸的实例，孟加拉湾东北部的西向海岸正是受到临时等距离线的影响，这种影响对于南向海岸延伸至 200 海里以外的区域尤为明显。而且随着临时等距离线向南延伸，孟加拉国海岸向海延伸的部分逐渐减少，而印度海岸向海延伸的部分则不断增加。[55] 因此，仲裁庭得出结论："截断效果"构成对临时等距离线进行调整的相关情况。接下来，仲裁庭将考虑"截断效果"在多大程度上要求对临时等距离线进行调整。仲裁庭认为将"截断效果"确定为对临时等距离线进行调整

---

［50］ The Bay of Bengal Maritime Boundary Arbitration Between the People's Republic of Bangladesh and the Republic of India（Bangladesh v. India），Award of 7 July 2014，Reports of International Arbitral Awards，Vol. XXXII，2019，para. 397.

［51］ Ibid., para. 399.

［52］ Ibid., para. 402.

［53］ Ibid., para. 403.

［54］ Ibid., para. 404.

［55］ Ibid., para. 407.

的相关情况必须满足两个条件：一是临时等距离线限制沿海国将其海洋边界扩展至国际法所允许的范围；二是该线如不经调整将会妨碍根据《公约》第74条和第83条所应达到的公平结果。[56] 在本案中，仲裁庭认为，如不调整等距离线，则孟加拉国不能获得国际法所赋予的权利，因此在专属经济区和200海里大陆架范围内会产生不公平的结果。[57] 仲裁庭还考虑临时等距离线的调整是否会对印度的权利产生不公平的影响，进而认为本案不存在这种情况。[58] 最后仲裁庭指出，由于临时等距离线的调整还要考虑到"截断效果"对200海里以外大陆架界限的影响，因此对200海里以内临时等距离线的调整需要考虑当事国对200海里以外大陆架的主张。[59]

此外，仲裁庭还考察了孟加拉国提出的渔业对本国的重要性的主张，仲裁庭认为不能基于该理由对临时等距离线进行调整。[60]

(5) 200海里以外大陆架划界

① 划定临时等距离线

在对200海里以外大陆架进行划界的方法上，仲裁庭仍采用了等距离/相关情况的方法。仲裁庭首先确定划定临时等距离线的基点，并且认为划定200海里以内大陆架临时等距离线的基点仍会产生影响。[61] 仲裁庭确定的临时等距离线从孟加拉国和印度200海里界限的交点以及Prov-6和Prov-7部分开始，一直延伸至国际海洋法法庭在孟加拉湾海洋划界案（孟加拉国/缅甸）中确定的海洋边界。[62] 接下来，仲裁庭将考虑是否存在对临时等距离线进行调整的相关情况。仲裁庭认为200海里以外大陆架的划界方法与200海里以内大陆架的划界方法一致，同时认为"截断效果"是对临时等距离线进行调整的相关情况，以达到公平的结果。[63]

---

[56] The Bay of Bengal Maritime Boundary Arbitration Between the People's Republic of Bangladesh and the Republic of India (Bangladesh v. India), Award of 7 July 2014, Reports of International Arbitral Awards, Vol. XXXII, 2019, para. 417.
[57] Ibid., para. 418.
[58] Ibid., paras. 419-420.
[59] Ibid., para. 421.
[60] Ibid., para. 424.
[61] Ibid., para. 462.
[62] Ibid., para. 464.
[63] Ibid., para. 475.

② 调整临时等距离线

仲裁庭首先指出，调整临时等距离线要尽量减少可能对孟加拉国在200海里以外大陆架范围内的权利带来的过多的消极影响，也不能对印度在该区域内的权利造成减损，还不得侵犯第三国的权利。[64] 基于此，仲裁庭决定从 Prov-3 开始调整临时等距离线，调整后的等距离线从该点出发，沿着177°30′00″原始方位角的大地线直至该线与国际海洋法法庭在孟加拉湾海洋划界案（孟加拉国/缅甸）中确定的海洋边界线相交。[65]

③ 不成比例检验

仲裁庭通过对孟加拉国和印度各自海岸和相关区域的比例进行对比，认为不产生任何明显的不成比例的情形。[66]

（6）灰色区域

仲裁庭的划界方法再次产生灰色区域。该区域位于从印度海岸量起200海里的范围内，同时也在从孟加拉国海岸量起200海里以外的范围内。仲裁庭强调，孟加拉国在200海里以外的范围内，根据大陆架法律制度，仅对海床和底土享有权利（entitlement），而不对印度专属经济区内的水体（water column）或其内的生物资源享有主权权利；印度则享有对专属经济区的权利，两国可以根据《公约》的相关规定各自行使权利而互不影响。由此产生了新的问题，即本案中的灰色区域与孟加拉湾海洋划界案（孟加拉国/缅甸）中灰色区域重叠的情况，仲裁庭认为这并不损害缅甸在相应区域内的权利。[67]

（三）裁决主文

（1）仲裁庭一致裁定其对本案享有管辖权，涵盖确定陆地边界终点，划定领海、专属经济区和大陆架包括200海里以外大陆架的界限；

---

[64] The Bay of Bengal Maritime Boundary Arbitration Between the People's Republic of Bangladesh and the Republic of India (Bangladesh v. India), Award of 7 July 2014, Reports of International Arbitral Awards, Vol. XXXII, 2019, para. 477.

[65] Ibid., para. 478.

[66] Ibid., paras. 495-497.

[67] Ibid., para. 505.

(2) 仲裁庭一致裁定确定孟加拉国和印度陆地边界的终点；

(3) 仲裁庭以 4 比 1 投票表决裁定孟加拉国和印度之间的海洋边界由确定的各个坐标点连接的边界线构成。[68]

三、评　论

（一）赞同和反对意见

斯里尼瓦萨·拉奥法官最后提交了其关于本案的赞同和反对意见。拉奥法官同意仲裁庭关于陆地终点、领海划界、划定专属经济区和大陆架临时等距离线所确定的基点的裁决，也认为采用等距离/相关情况方法进行划界是合理的。[69] 他的反对意见主要围绕临时等距离线的调整展开，体现在四个方面：

第一，关于临时等距离线调整的起点，即 Prov-3。仲裁庭认为从该点开始对孟加拉国产生了"截断效果"，因此需要进行调整。拉奥法官则持反对意见，他并不认为从该点开始即需要对临时等距离线进行调整。他认为，尽管位于两国之间的沿海国的凹陷海岸可能产生"截断效果"，但是需要考察其本质，以及在争议区域内"截断效果"实际从何处开始。[70] 他指出，只有不合理的"截断效果"才有必要偏离临时等距离线，而且仲裁庭必须注意避免由于调整临时等距离线而产生新的"截断效果"。但是仲裁庭所选择的 Prov-3 点并非"截断效果"实际产生的地点。而且他认为，产生"截断效果"的原因有多种，在本案中，孟加拉国海岸的凹陷及其与缅甸之间的海洋边界是相关因素，因而不能把产生"截断效果"的原因完全归咎于海岸的凹陷结构。[71] 第二，关于 177°

---

[68] The Bay of Bengal Maritime Boundary Arbitration Between the People's Republic of Bangladesh and the Republic of India (Bangladesh v. India), Award of 7 July 2014, Reports of International Arbitral Awards, Vol. XXXII, 2019, para. 509.

[69] Concurring and Dissenting Opinion of Dr. Rao, Reports of International Arbitral Awards, Vol. XXXII, 2019, pp. 161-162, paras. 2-3.

[70] Ibid., paras. 16-17.

[71] Ibid., para. 18.

30′00″方位角和180°角平分线。拉奥法官认为在本案中仲裁庭并未给出选择177°30′00″方位角的原因，而且该角度与孟加拉国提出的180°角平分线非常接近。在他看来，仲裁庭不应该通过调整临时等距离线的方式间接地采纳如此接近180°角平分线的一条线，后者是仲裁庭明确反对的划界方法。[72] 第三，临时等距离线的调整。拉奥法官认为仲裁庭对临时等距离线的调整并未建立在法律原则的基础上，而是过于武断和随意。[73] 第四，关于灰色区域。拉奥法官并不承认灰色区域的存在，也不认为仲裁庭可以利用这一概念超越其职权范围。他认为灰色区域的创设完全与依据《公约》设立专属经济区的法律规定和政策相违背，并且在孟加拉湾海洋划界案（孟加拉国/缅甸）中，国际海洋法法庭关于灰色区域的判决是极不合理的。[74]

因此，他认为国际性法院或法庭在进行海洋划界时应该避免继续在当事国之间留下产生争议的空间。进行划界的目的就在于通过明确一国可以有效实施国家主权权利而不需要其他国家同意的区域范围，确定地解决国家之间的争议。而灰色区域的存在无法达到这一目的，并且仲裁庭的裁决实际上将其留给当事国，由它们根据"适当注意"原则自行决定适当的措施。[75] 他对此提出质疑：首先，沿海国在专属经济区内的权利无法完全与另一国在大陆架上的权利相区分；其次，当事国自行通过谈判解决争议的方式可能进一步导致问题的产生，这可视为仲裁庭并未以确定的方式划定双方各自海域范围，拉奥法官认为在这一方面仲裁庭并未取得成功；再次，本裁决所产生的灰色区域涉及三个国家，应该注意该区域产生的争议只会增加各方由于安全、航行、海洋科学研究、海洋环境保护和养护活动而产生冲突的可能性。[76] 最后，拉奥法官根据自己对案情的理解，提出了他认为合理的海洋界限。

（二）学者评论

本案是继2012年孟加拉湾海洋划界案（孟加拉国/缅甸）之后，孟

---

[72] Concurring and Dissenting Opinion of Dr. Rao, Reports of International Arbitral Awards, Vol. XXXII, 2019, para. 22.

[73] Ibid., para. 23.

[74] Ibid., para. 26.

[75] Ibid., para. 35.

[76] Ibid., para. 36.

加拉国通过国际司法途径解决的第二件海洋划界案。与孟加拉湾海洋划界案（孟加拉国/缅甸）不同的是，本案的仲裁裁决作出之后，并未引起国内外学界的广泛关注和重视。本案也是继孟加拉湾海洋划界案（孟加拉国/缅甸）之后第二个产生灰色区域的案件，而且情况更加复杂，出现了三国海洋区域重叠的情况，即本案的灰色区域在印度200海里专属经济区内而在孟加拉国200海里以外大陆架上，在缅甸200海里专属经济区内而在孟加拉国200海里以外大陆架上，以及在印度、缅甸共同的200海里专属经济区内而在孟加拉国200海里以外大陆架上。[77] 仲裁庭认为当事国可以采取适当措施来协调各方的利益，如签订协定或进行特殊安排。尽管拉奥法官对此提出了强烈的批判和质疑，但学者对此仍抱乐观态度，认为这取决于沿海国的善意，以及是否和如何行使权利并履行义务以使各方在灰色区域内真正获益。[78]

四、附　录

（一）中英案件全名

1. 中文案件全名：孟加拉湾海洋划界仲裁案（孟加拉国诉印度）
2. 英文案件全名：The Bay of Bengal Maritime Boundary Arbitration (Bangladesh v. India)

（二）案件的标准引用

The Bay of Bengal Maritime Boundary Arbitration Between the People's Republic of Bangladesh and the Republic of India (Bangladesh v. India), Award of 7 July 2014, Reports of International Arbitral Awards, Vol. XXXII, 2019, pp. 1-182.

---

[77] 吴士存主编：《国际海洋法最新案例精选》，中国民主法制出版社2016年版，第139页。
[78] M. Kaldunsk, "A Commentary on Maritime Boundary Arbitration Between Bangladesh and India Concerning the Bay of Bengal", *Leiden Journal of International Law*, Vol. 28, 2015, p. 845.

（三）主要参考文献

1. M. Kaldunsk, "A Commentary on Maritime Boundary Arbitration Between Bangladesh and India Concerning the Bay of Bengal", *Leiden Journal of International Law*, Vol. 28, 2015, pp. 799-848.

2. 姚莹：《2014年孟加拉国与印度孟加拉湾划界案评述——兼论对中菲南海仲裁案的启示》，《当代法学》2015年第4期。

（四）与本案主题相关的重要引用案件

1. Frontier Dispute (Burkina Faso/Mali), Judgment, I. C. J. Reports 1986, pp. 554-651.

2. Maritime Delimitation in the Black Sea (Romania/Ukraine), I. C. J Reports 2009, pp. 61-134.

3. Delimitation of the Maritime Boundary in the Gulf of Maine Area (Canada/USA), I. C. J. Reports 1984, pp. 246-352.

4. Bangladesh/Myanmar, Judgment, 14 March 2012, available at https://www. itlos. org/cases/list-of-cases/case-no-16/.

5. Territorial and Maritime Dispute (Nicaragua v. Colombia), Judgment, I. C. J. Reports 2012, pp. 832-877.

6. Barbados/Republic of Trinidad and Tobago, Award of 11 April 2006, Reports of International Arbitral Awards, Vol. XXVII, 2006, pp. 147-251.

7. Maritime Delimitation in the Area Between Greenland and Jan Mayen (Demark v. Norway), Judgment, I. C. J. Reports 1993, pp. 38-82.

（黄　影）

鲱鱼仲裁案
［法罗群岛（丹麦）诉欧盟］
（2014年）

2013.08.16 法罗群岛（丹麦）就其与欧洲联盟之间有关大西洋—斯堪的纳维亚鲱鱼捕捞配额的分配问题启动《联合国海洋法公约》附件七仲裁程序

2013.12.09 仲裁庭组成，庭长为托马斯·门萨，其余4名仲裁员分别为：格哈德·哈夫纳、弗朗西斯科·奥雷戈·比库尼亚、平托、吕迪格·沃尔夫鲁姆，仲裁庭书记官处设在常设仲裁法院

2014.03.15 仲裁庭发布第1号程序令，通过《程序规则》，确定了后续程序时间表

2014.06.30 仲裁庭发布第2号程序令，决定中止仲裁程序60天，直至2014年8月29日

2014.09.23 仲裁庭发布"程序终止令"，决定终止本案

关键词：附件七仲裁（UNCLOS Annex Ⅶ Arbitration）；海洋渔业资源的养护和管理（Conservation and Management of Sea Fishing Resources）；国际组织（International Organization）；谈判和协商（Negotiation and Consultation）；平行争端解决程序（Parallel Dispute Settlement Procedures）

一、案件背景

（一）争端的产生与发展

冰岛、俄罗斯、法罗群岛（丹麦）（以下简称"法罗群岛"）[1]、挪

---

[1] 丹麦是欧盟成员国，其已将"海洋渔业资源的养护和管理"权能完全让渡给欧盟。但法罗群岛是丹麦的自治领，不属于欧盟的一部分，丹麦在2004年11月16日批准《公约》时已声明丹麦相关权能的让渡不及于法罗群岛。

威和欧洲联盟（以下简称"欧盟"）五方共享对大西洋—斯堪的纳维亚鲱鱼（以下简称"鲱鱼"）的捕捞权利。自 1996 年起，五方通过协议分配捕捞配额的方式对鲱鱼资源进行共同管理。[2] 其中，法罗群岛的配额比例为 5.16%，是五方中捕捞配额最少的。2011 年以来，法罗群岛以其管辖海域的鲱鱼数量实质性增长为由，要求增加鲱鱼捕捞配额。[3] 2012 年 12 月 14 日，五方在伦敦召开会议，协商鲱鱼和蓝鳕鱼的管理和养护问题。法罗群岛要求就 2013 年的捕捞配额作出新的安排，增加自己的捕捞配额，但其他各方拒绝了法罗群岛的要求。[4]

其他四方在没有法罗群岛参与的情形下议定 2013 年的捕捞配额在 2012 年的基础上减少 26%。法罗群岛随后于 2013 年 3 月宣布自行确定其鲱鱼 2013 年的捕捞配额为 2012 年的 145%。欧盟认为法罗群岛此举与其他各方的行为背道而驰，严重损害了鲱鱼的可持续养护，鲱鱼数量恢复的可能性大大降低。欧盟于 2013 年 5 月 17 日通知法罗群岛，拟对法罗群岛采取相关措施，包括限制其对法罗群岛捕捞的鲱鱼及相关产品的进口，限制法罗群岛渔船进入欧盟港口。[5] 上述措施拟于 7 月 31 日提交欧盟成员国讨论。

在多次沟通无果后，2013 年 7 月 26 日，法罗群岛总理代表法罗群岛发表声明，指责欧盟拟对法罗群岛采取的强制经济措施（coercive economic measures）是非法的，只会适得其反。法罗群岛认为，"欧盟拟采取的行动不仅违反《联合国海洋法公约》（以下简称《公约》），规避可供利用的争端解决程序，而且建立在不准确的指控基础之上，是没有

---

[2] 欧盟没有参与最初的协商，后来才加入其他四方已经达成的协议。

[3] See Government of the Faroes, "Coercive Economic Measures Are Illegal and Counterproductive", 26 July 2013, http://www.government.fo/en/news/news/government-of-the-faroes-coercive-economic-measures-are-illegal-and-counterproductive/, last visited 27 April 2018. [法罗群岛（丹麦）政府网站上显示的时间是 2014 年 7 月 26 日，但其内容明显表明该声明应发表于 2013 年 7 月 26 日，以下同]; See also "Commission Adopts Trade Measures against Faroe Islands to Protect the Atlanto-Scandian Herring Stock", 20 August 2013, http://europa.eu/rapid/press-release_ IP-13-785_ en.htm, last visited 27 April 2018.

[4] See "Unfortunate Outcome of Coastal State Meeting in London", 14 December 2012, http://www.government.fo/en/news/news/unfortunate-outcome-of-coastal-state-meeting-in-london/, last visited 27 April 2018.

[5] See "Commission Announces Possible Measures against the Faroe Islands over Herring Fisheries", http://europa.eu/rapid/press-release_ IP-13-441_ en.htm, last visited 27 April 2018.

必要的过分之举";表示欧盟所称法罗群岛"退出协商"的说法是错误的,事实上法罗群岛一再呼吁就鲭鱼的捕捞配额举行多边谈判。[6] 法罗群岛希望通过这些努力呼吁欧盟放弃拟采取的行动。

2013 年 7 月 31 日,欧盟委员会对法罗群岛采取措施的相关提案获得通过。[7] 法罗群岛对此进行谴责,认为欧盟拟采取的措施是其滥用实力的行为,是不可接受的,并称法罗群岛政府正考虑通过何种国际争端解决机制来解决该问题。[8]

(二) 法罗群岛提起《公约》附件七仲裁程序

2013 年 8 月 16 日,法罗群岛依照《公约》第 287 条和附件七第 1 条向欧盟发出通知,就双方在鲭鱼捕捞配额分配问题上的分歧欧盟拟对法罗群岛采取措施的行为启动《公约》附件七仲裁程序。[9] 法罗群岛在通知中表示,双方的争端是一项有关大西洋—斯堪的纳维亚鲭鱼资源分享的涉及《公约》第 63 条第 1 款的解释和适用的争端。[10]

(三) 双方的权利主张

在启动仲裁程序的通知中,法罗群岛请求仲裁庭宣布欧盟拟对法罗

---

[6] See "Government of the Faroes, Coercive Economic Measures Are Illegal and Counterproductive", 26 July 2013, http://www.government.fo/en/news/news/government-of-the-faroes-coercive-economic-measures-are-illegal-and-counterproductive/, last visited 27 April 2018.

[7] See "The Government of the Faroes Condemns EU Plans to Impose Coercive Economic Measures", 31 July 2013, http://www.government.fo/en/news/news/the-government-of-the-faroes-condemns-eu-plans-to-impose-coercive-economic-measures/, last visited 27 April 2018; see also "The Faroe Islands Takes the EU to International Tribunal over Intended Economic Measures", 16 August 2013, http://www.government.fo/en/news/news/the-faroe-islands-takes-the-eu-to-international-tribu nal-over-intended-economic-measures/, last visited 27 April 2018.

[8] See "The Government of the Faroes Condemns EU Plans to Impose Coercive Economic Measures", 31 July 2013, http://www.government.fo/en/news/news/the-government-of-the-faroes-conde mns-eu-plans-to-impose-coercive-economic-measures/, last visited 27 April 2018.

[9] See "The Faroe Islands Takes the EU to International Tribunal over Intended Economic Measures", 16 August 2013, http://www.government.fo/en/news/news/the-faroe-islands-takes-the-eu-to-international-tribunal-over-intended-economic-measures/, last visited 27 April 2018.

[10] See Arbitral Tribunal, Procedural Order No. 1, 15 March 2014, PCA Case 2013-30, p. 2.

群岛采取强制经济措施的行为违反《公约》项下的义务，命令欧盟不得对法罗群岛威胁采取或采取强制经济措施。法罗群岛强调，欧盟在这一事项上的行动旨在阻止就鲱鱼的捕捞配额达成一致开展必要的合作，违反了和平解决争端的义务。[11] 法罗群岛还告知欧盟，依据国际法，争端当事方有义务克制采取可能损害最终决定的任何措施；当争端提交一国际司法或仲裁法庭以后，应避免采取可能加剧或扩大争端的任何行动。[12]

由于双方主要在庭外展开谈判和协商，欧盟最终没有就程序和实体问题向仲裁庭提交任何书面呈述，没有提出其权利主张。

二、双方的庭外行动和协商

2013年8月20日，在法罗群岛启动《公约》附件七仲裁程序后，欧盟委员会即通过了针对法罗群岛的一揽子措施。这些措施包括：禁止进口在法罗群岛控制下所捕捞的鲱鱼和鲭鱼种群以及包含或使用上述鱼类制成的渔业产品；限制由法罗群岛控制的捕捞鲱鱼和鲭鱼的渔船使用欧盟港口。这意味着，除紧急情况外，一些法罗群岛的船只不得停靠欧盟港口。[13] 8月21日，《欧盟官方公报》发布了实施上述措施的"执行条例"。[14]

2013年12月10日，相关五方就2014年的鲱鱼捕捞配额问题继续进行协商，但没有达成协议。各方同意于2014年1月重启谈判。法罗群岛表示将利用重启谈判前的时间与各方展开双边协商，意在最终达成五方都接受的结果。[15]

---

[11] See "The Faroe Islands Takes the EU to International Tribunal over Intended Economic Measures", 16 August 2013, http：//www.government.fo/en/news/news/the-faroe-islands-takes-the-eu-to-international-tribunal-over-intended-economic-measures/, last visited 27 April 2018.

[12] Ibid.

[13] See "Commission Adopts Trade Measures against Faroe Islands to Protect the Atlanto-Scandian Herring Stock", 20 August 2013, http：//europa.eu/rapid/press-release_ IP-13-785_ en.htm, last visited 27 April 2018.

[14] Commission Implementing Regulation (EU) No 793/2013 of 20 August 2013 establishing measures in respect of the Faeroe Islands to ensure the conservation of the Atlanto-Scandian herring stock, *Official Journal*, L 223/1, 21.8.2013.

[15] See "Atlanto-Scandian Herring Negotiations Set to Continue into the New Year", 10 December 2013, http：//www.government.fo/en/news/news/atlanto-scandian-herring-negotiations-set-to-continue-into-the-new-year/, last visited 27 April 2018.

2013年12月14日，法罗群岛总理表示，如果欧盟撤销针对法罗群岛的强制经济措施，法罗群岛将考虑撤回针对欧盟相关措施启动的《公约》项下和世界贸易组织（WTO）项下[16]的争端解决程序，以促使双方回归常态，加强合作。[17]

2014年6月11日，欧盟发布消息称其与法罗群岛之间的鲱鱼争端接近解决。欧盟表示，经过长时间对话，双方已经就结束鲱鱼争端达成政治谅解。谅解内容包括：法罗群岛同意终止对鲱鱼可持续养护有害的做法，欧盟委员会将提出废除针对法罗群岛的贸易限制措施的条例草案，条例在通过前需欧盟成员国审议；终止法罗群岛在世界贸易组织和《公约》项下针对欧盟相关措施启动的争端解决程序。[18]

2014年6月12日，法罗群岛总理发表声明，欢迎双方就欧盟的强制经济措施所引发的争端达成谅解。法罗群岛总理表示，法罗群岛政府已经决定就取消欧盟强制经济措施和终止相关争端解决程序与欧盟达成协议。[19] 法罗群岛总理还表示："欧盟的贸易措施不符合国际法；可以诉诸强制争端解决机制以实际解决争端对法罗群岛这样的小国家具有特殊的价值，可以在必要时保障法罗群岛基于法治所享有的权利。"[20]

2014年6月27日，法罗群岛表示，欧盟委员会已向法罗群岛确认正在采取必要措施以撤销针对法罗群岛的相关措施。因此，法罗群岛针对欧盟启动的《公约》项下仲裁程序和世界贸易组织项下争端解决程序将

---

[16] 2013年11月4日，法罗群岛（丹麦）将欧盟就鲱鱼和东北大西洋鲭鱼对其采取的强制经济措施诉诸世界贸易组织争端解决机制（案号：DS469），指控欧盟的做法违反了1994年《关税与贸易总协定》（GATT 1994）第1条第2款、第5条第2款和第11条第1款规定。世界贸易组织争端解决机构于2014年2月26日成立专家组审理此案。

[17] See "The Faroe Islands and the EU: Need to Get Relations Back on Track", 14 December 2013, http://www.government.fo/en/news/news/the-faroe-islands-and-the-eu-need-to-get-relatio-ns-back-on-track/, last visited 27 April 2018.

[18] See "Herring Dispute Between European Union and Faroe Islands Nears End", 11 June 2014, http://europa.eu/rapid/press-release_STATEMENT-14-189_en.htm, last visited 27 April 2018.

[19] See "Prime Minister Welcomes Understanding to Resolve Dispute on EU's Economic Measures", 12 June 2014, http://www.government.fo/en/news/news/prime-minister-welcomes-understanding-to-resolve-dispute-on-eu-s-economic-measures/, last visited 27 April 2018.

[20] Ibid.

暂时推迟。一旦欧盟贸易措施取消，上述程序将立即终止。[21]

2014 年 8 月 21 日，法罗群岛表示，法罗群岛和欧盟当天已共同向《公约》附件七仲裁庭请求终止审理程序。法罗群岛还表示，欧盟取消了针对法罗群岛的贸易措施，双方之间不再存在分歧；类似终止程序的通知也于同日提交世界贸易组织，请求同时终止争端解决程序。[22]

三、仲裁庭的命令

仲裁程序启动后，双方主要在庭外展开谈判和协商，没有向仲裁庭提交书面呈述，欧盟没有提出管辖权异议，双方也都没有在程序中就实体问题发表意见。仲裁庭一共发布了 3 份程序令：第 1 号程序令公布了本案的《程序规则》和部分时间框架；第 2 号程序令决定依当事方申请中止仲裁程序；最后一份程序令决定终止本案程序。

（一）第 1 号程序令（2014 年 3 月 15 日）

1. 仲裁庭的管辖权

仲裁庭没有直接讨论管辖权问题，但在第 1 号程序令中提及确立管辖权的各项要素：第一，丹麦和欧盟都是《公约》缔约方。丹麦依据《公约》第 287 条第 1 款选择国际法院作为争端解决机构，欧盟没有作出选择。第二，《公约》第 286 条规定："在第三节限制下，有关本公约的解释或适用的任何争端，如已诉诸第一节而仍未得到解决，经争端任何一方请求，应提交根据本节具有管辖权的法院或法庭。"第三，《公约》第 287 条第 3 款规定，"缔约国如为有效声明所未包括的争端的一方，应视为已接受附件七所规定的仲裁"。第 5 款规定："如果争端各方未接受同一程序以解决这项争端，除各方另有协议外，争端仅可提交附件七所规定的仲裁。"第四，《公约》附件七第 1 条规定："在第十五部分限制下，争端任何一方可向争端他方发出书面通知，将争端提交本附件所规

---

[21] See "The Faroe Islands and the European Union Agree to Settle the Dispute", 27 June 2014, http://www.government.fo/en/news/news/the-faroe-islands-and-the-european-union-agree-to-settle-the-dispute/, last visited 27 April 2018.

[22] See "Arbitral and WTO Proceedings Terminated", 21 August 2014, http://www.government.fo/en/news/news/arbitral-and-wto-proceedings-terminated/, last visited 27 April 2018.

定的仲裁程序。通知应附有一份关于其权利主张及该权利主张所依据的理由的说明。"第五，法罗群岛在启动程序的通知中援引《公约》第287条、第288条第1款和附件七第1条，声称该争端是一项有关大西洋—斯堪的纳维亚鲱鱼资源分享的涉及《公约》第63条第1款的解释和适用的争端。第六，依据《公约》附件七第3条，由5名仲裁员构成的仲裁庭于2013年12月9日组成。第七，当事双方共同提交了《仲裁程序》的草案；2014年3月15日，仲裁庭召集双方在海牙和平宫召开了第一次组织会议。[23]

2. 程序令的主要内容

基于上述，仲裁庭作出如下命令：第一，关于《程序规则》。在遵守《公约》（包括附件七）、任命条款（terms of appointment）和仲裁庭嗣后作出的程序令之情形下，《程序规则》应适用于本案程序。对于《公约》（包括附件七）、《程序规则》、仲裁庭作出的现有程序令或者任命条款未明确规定的任何程序问题，应由仲裁庭在征询当事方意见后决定。第二，关于程序进行的时间框架。按照《程序规则》第8条和第12条及其附件确定如下时间表：法罗群岛应在2014年7月15日18时（欧洲中部夏令时间）或之前提交第一次书面呈述；欧盟应在2014年10月15日18时（欧洲中部夏令时间）或之前提交第一次书面呈述，包括初步反对。仲裁庭应在2014年11月11日10时（欧洲中部时间）就案件分阶段进行问题召开会议，并争取在上述会议结束后15天内就案件分阶段进行作出一份合理的程序令，若延期则需寻求当事方的同意。第三，任何一方均有权向仲裁庭申请更改本命令，并详细说明所请求的变更及其原因。[24]

（二）第2号程序令（2014年6月30日）

2014年6月27日，当事双方共同致函仲裁庭和书记官处，表示"特此通知仲裁庭，当事双方同意按预定中止程序"，"当事双方因此依照《程序规则》第13条第3款请求仲裁庭命令程序中止，中止期限为自相应程序令发布之日起60天"。当事双方同时表示，请求中止程序"不

---

[23] See Arbitral Tribunal, Procedural Order No. 1, 15 March 2014, PCA Case 2013-30, pp. 2-3.
[24] See Arbitral Tribunal, Procedural Order No. 1, 15 March 2014, PCA Case 2013-30, p. 3.

损害任何一方在《联合国海洋法公约》项下的权利和义务"。[25]

仲裁庭依照《程序规则》第 13 条第 3 款"如果当事方同意中止程序，仲裁庭应命令程序中止"之规定，于 2014 年 6 月 30 日作出如下命令：第一，依照《程序规则》第 13 条第 3 款和当事方于 2014 年 6 月 27 日给法庭的一致通知，仲裁庭命令本仲裁程序自 2014 年 6 月 30 日起中止 60 天。第二，依照《程序规则》第 13 条第 8 款，在程序中止期间，应停止计算此前为当事方规定的时限，包括 2014 年 3 月 15 日仲裁庭第 1 号程序令规定的时限。第三，当事各方应在 2014 年 8 月 29 日前将有关程序重启或者程序中止延期的立场告知仲裁庭。[26]

（三）程序终止令（2014 年 9 月 23 日）

2014 年 8 月 21 日，当事双方共同致函仲裁庭庭长，请求仲裁庭"作出终止仲裁程序的命令"，并称该请求"不损害任何一方在《联合国海洋法公约》项下的权利和义务"。[27]

仲裁庭依照《程序规则》第 22 条有关"和解或终止的其他理由"、第 26 条和第 28 条之规定，以及《公约》附件七第 7 条有关费用和报酬的规定，于 2014 年 9 月 23 日作出如下终止令：第一，依照《程序规则》第 22 条第 1 款之规定，本仲裁程序终止。第二，依照《程序规则》第 28 条第 4 款，常设仲裁法院将向当事方交付就本仲裁交存的费用，余额将均等地返还各方。[28]

至此，历时一年有余的仲裁程序正式终止，本案终结。

四、评　论

本案最终以双方协议终止程序的方式结案，程序进行过程中以当事方的庭外谈判和协商为主，仲裁庭依当事方申请就程序问题作出了相关命令，没有具体处理案件的管辖权和可受理性问题以及实体问题。此外，本案表现出如下四个方面的特点。

---

[25] See Arbitral Tribunal, Procedural Order No. 2, 30 June 2014, PCA Case 2013-30, p. 2.
[26] Ibid.
[27] See Arbitral Tribunal, Terminal Order, 23 September 2014, PCA Case 2013-30, p. 2.
[28] Ibid.

(一) 案件双方都不是国家

第一，本案申请方法罗群岛是丹麦的自治领地，它在国际法上不是一个独立的主权国家，不具有成为《公约》缔约国的主体资格；在《公约》意义上，它是《公约》缔约国丹麦的一部分。法罗群岛之所以能够依据《公约》相关规定启动强制争端解决程序，首先在于丹麦是《公约》缔约国。其次，按照丹麦和法罗群岛、丹麦和欧盟之间的权能安排，法罗群岛在本案所涉事项上享有独立的权能。丹麦是欧盟成员国，在本案所涉"海洋渔业资源的养护和管理"事项上，它的权能已经完全让渡给欧盟，丹麦自身无权在该事项上针对任何《公约》缔约国启动《公约》争端解决机制，当然更无法针对欧盟启动《公约》争端解决机制。即便丹麦在该事项上的权能没有或者没有完全让渡给欧盟，它也很难针对欧盟启动《公约》争端解决程序。欧盟基础条约（《欧盟条约》和《欧盟运行条约》）规定欧盟法院对欧盟成员国之间、成员国与欧盟机构之间就欧盟法的解释或适用问题所产生的争端具有专属管辖权。欧洲法院在先前案例中已经认定，在欧盟成为《公约》缔约方之后，《公约》就成为欧盟法的一部分，有关《公约》解释或适用的争端就等同于有关欧盟法解释或适用的争端。因此，欧洲法院对欧盟成员国与欧盟机构之间有关《公约》解释或适用的争端具有专属管辖权。[29] 依照《公约》第282条之规定，丹麦针对欧盟启动《公约》争端解决机制无疑难度相当大。[30] 最后，丹麦在批准《公约》时声明，它在《公约》调整事项上向欧盟让渡的相关权能不及于法罗群岛。[31] 因此，在本案所涉事项上，相关权能仍然属于法罗群岛。

在这样一种特殊情形下，《公约》是否允许作为一缔约国一部分的法罗群岛具有启动《公约》争端解决机制的权利？本案实践给出了肯定

---

[29] See Commission v. Ireland, Case C-459/03, Judgment of the Court (Great Chamber), 30 May 2006, paras. 121-126.

[30] 《公约》第282条规定："作为有关本公约的解释或适用的争端各方的缔约各国如已通过一般性、区域性或双边协定或以其他方式协议，经争端任何一方请示，应将这种争端提交导致有拘束力裁判的程序，该程序应代替本部分规定的程序而适用，除非争端各方另有协议。"

[31] See http://www.un.org/Depts/los/convention_agreements/convention_declarations.htm, last visited 27 April 2018.

的回答。被申请方欧盟对此没有提出异议，也没有其他《公约》缔约国对此发表任何看法。也就是说，不是也不可能成为《公约》缔约国的法罗群岛，基于丹麦的《公约》缔约国资格，基于丹麦不拥有而其自身所拥有的在"海洋渔业资源的养护和管理"事项上的权能，对《公约》缔约方启动了《公约》争端解决机制。这还意味着，对《公约》其他缔约国而言，一旦在相关方之间出现有关《公约》解释或适用的争端，作为《公约》缔约国的丹麦可以针对其启动《公约》争端解决机制，作为《公约》缔约国丹麦一部分的法罗群岛也可能针对其启动《公约》争端解决机制。

第二，本案的被申请方是欧盟。首先，欧盟在国际法上的身份是政府间国际组织，它是依据《公约》第 305 条第 1 款（f）项和附件九成为《公约》缔约方的，是迄今为止《公约》唯一一个国际组织缔约方。其次，截至目前，欧盟两度卷入《公约》强制争端解决机制，而且都是附件七仲裁，本案是其中第二起。在这两起附件七仲裁案件中，欧盟的身份都是被申请方，案件所涉事项都是"海洋渔业资源的养护和管理"。有意思的是，这两起附件七仲裁案件都伴随着世界贸易组织争端解决程序。在欧盟与智利剑鱼争端中，先是欧盟在 2000 年 4 月将智利对剑鱼采取的相关措施提交至世界贸易组织争端解决机制，随后智利将双方之间的剑鱼争端提请附件七仲裁解决。略有不同的是，本案中法罗群岛先启动附件七仲裁程序，两个多月后又启动了世界贸易组织争端解决机制。这也是针对同一或类似主题事项同时或先后启动《公约》项下强制争端解决机制和世界贸易组织项下争端解决机制仅有的两起案件。最终，这两起案件都以当事双方协议结案。

（二）平行争端解决程序

如上提及，针对同一主题事项，法罗群岛在启动本案之后随即启动了世界贸易组织争端解决机制。2013 年 11 月 4 日至 2014 年 8 月 21 日，《公约》附件七仲裁程序与世界贸易组织争端解决程序平行运行。

基于同一或类似主题事项和不同的法律依据，两种甚至多种不同的争端解决程序平行运行的情形在《公约》争端解决机制运行过程中一共出现了三次，且都涉及附件七仲裁程序。除前面提到的两次外，爱尔兰和英国之间因混合氧化物核燃料工厂的建设和运行而产生的争端也出现过这种情况。[32] 在本案中，由于附件七仲裁庭和世界贸易组织的专家组都没有实际审理案件，所以无法判断两种不同的争端解决程序平行运行是否会给案件的处理带来影响或者可能会带来何种影响。

当然，法罗群岛先后启动两个不同争端解决强制程序的目的可能并非想通过这两个或其中一个程序解决案涉争端，而只是一种手段或策略：意在利用这两个程序给欧盟施压，促成争端最终通过双方的谈判和协商解决。

（三）程序的透明度

本案程序启动后，当事双方主要是在庭外进行谈判和协商，然后将达成的一致意见通知仲裁庭，比如程序的中止和终止问题，充分体现了当事方对案件的自主控制。这符合《公约》争端解决机制鼓励和优先适用当事方协议解决争端的基本精神和相关规定。但本案在资料的公开方面存在缺憾，不知这是否与当事方的协议有关。

首先，法罗群岛发出的《公约》附件七第1条项下的"通知"及其附件内容没有公开。这也是所有组建了仲裁庭且已结案的附件七仲裁案件中两起没有公开"通知"及其附件内容的案件中的一起。[33] 仲裁庭在第1号程序令中略略提及了该通知的部分情况，例如提到有40页附件。相比之下，法罗群岛启动世界贸易组织争端解决机制的"通知"却在世界贸易组织网站上进行了公开。[34]

其次，本案仲裁庭的组建过程也没有公开。仲裁庭在第1号程序令中称，依据附件七第3条，由5名仲裁员构成的仲裁庭于2013年12月9日组成。但是没有按通常的做法说明该5名仲裁员是如何指派的。例如，法罗群岛指派的仲裁员是谁？欧盟是否也指派了1名仲裁员？欧盟指派了谁？其余3名仲裁员是由当事双方协议指派的，还是请求国际海洋法法庭庭长指派的？国际海洋法法庭在庭长指派附件七仲裁员后通常会发

---

[32] 就两国之间因英国在爱尔兰海沿海建设和运行混合氧化物核燃料工厂所产生的争端，爱尔兰先是于2001年6月依据《保护东北大西洋海洋环境公约》针对英国启动了该公约项下的仲裁程序；随后又于2001年10月启动了《联合国海洋法公约》附件七仲裁程序。

[33] 另一起是柔佛海峡填海造地案（马来西亚/新加坡），该案也是通过双方协议结案。

[34] 参见世界贸易组织官方网站：https://www.wto.org/english/tratop_e/dispu_e/cases_e/ds469_e.htm，最后访问日期：2018年4月27日。

布新闻稿,没有这方面的新闻稿是否可视为庭长没有参与相关仲裁员的指派事宜? 从现有信息推测,5 名仲裁员由双方各指派 1 名,协议指派 3 名,但单方面指派和协议指派的人选则不得而知。

(四) 其 他

从程序启动到终止,本案历时仅 13 个月,是结案较快的一件附件七仲裁案件。[35] 同时,本案也是通过当事方协议终止仲裁程序的方式最终结案的四起附件七仲裁案中较新的一起。[36]

五、附 录

(一) 中英案件全名

1. 中文案件全名:鲱鱼仲裁案 [法罗群岛 (丹麦) 诉欧盟]
2. 英文案件全名:The Atlanto-Scandian Herring Arbitration (The Kingdom of Denmark in respect of the Faroe Islands v. the European Union)

(二) 案件的标准引用

The Atlanto-Scandian Herring Arbitration (The Kingdom of Denmark in Respect of The Faroe Islands v. the European Union), available at https://pca-cpa.org/en/cases/25/.

(三) 主要参考文献

1. Yoshimichi Ishikawa, "The EU-Faroe Islands Herring Stock Dispute at the WTO: The Environmental Justification", *American Society for International Law Insights*, Vol. 18, Issue 4, 14 February 2014.
2. Kathleen Auld, "Trade Measures to Prevent Illegal Fishing and the

---

[35] 结案速度最快的附件七仲裁案件是"自由"号案(阿根廷诉加纳),2012 年 10 月 29 日启动,2013 年 9 月 27 日终止,历时 11 个月。
[36] 其他三起分别是混合氧化物核燃料工厂案(爱尔兰诉英国)、柔佛海峡填海造地案(马来西亚/新加坡)和"自由"号案(阿根廷诉加纳)。

WTO: An Analysis of the Settled Faroe Islands Dispute", *World Trade Review*, Vol. 17, No. 4, pp. 665-692.

（刘　衡）

查戈斯群岛海洋保护区案
（毛里求斯诉英国）

（2015 年）

  2010.04.01 英国在查戈斯群岛周边海域建立海洋保护区

  2010.12.20 毛里求斯依据《联合国海洋法公约》第 287 条及附件七第 1 条提出"照会及诉求声明"，启动本仲裁案，任命沃尔夫鲁姆为代表毛里求斯的仲裁员

  2011.01.19 英国任命格林伍德担任代表英国的仲裁员

  2011.03.25 国际海洋法法庭庭长任命詹姆斯·卡特卡及阿尔伯特·霍夫曼作为仲裁员，并任命伊万·希勒作为仲裁员暨仲裁庭庭长

  2011.03.21 由常设仲裁法庭担任本案书记处

  2011.05.23 毛里求斯表示英国籍仲裁员格林伍德不适格（认为其与英国政府之关系过于密切）

  2011.10.04 仲裁庭在海牙举行庭审听取双方看法

  2011.10.13 仲裁庭驳回毛里求斯的质疑，肯定了英国籍仲裁员的任命

  2011.11.30 仲裁庭提出驳回质疑的理由

  2012.03.29 仲裁庭确定本案《程序规则》

  2012.08.01 毛里求斯提交诉状（Memorial）

  2012.10.31 英国提交关于管辖权的先决反对（Preliminary Objections），要求仲裁庭先审理"仲裁庭是否具备管辖权的问题"，要求仲裁庭就先决反对举行庭审

  2012.11.21 毛里求斯就英国提议提反对论点

  2012.12.21 英国提出书面反驳

  2013.01.11 仲裁庭在迪拜举行庭审，审理英国提议

2013. 01. 15　仲裁庭裁定驳回英国要求，决定把管辖权与实体问题合并审理

2013. 01. 17　英国要求仲裁庭延长该国提出辩诉状（Counter-Memorial）的期限。双方随即同意将原定提交书面论点的时限延后

2013. 07. 15　英国依据修正过的时限提交辩诉状

2013. 11. 18　毛里求斯提交答辩状（Reply）

2014. 03. 17　英国提交复辩状（Rejoinder）

2013. 11. 22　仲裁庭在咨商过双方和常设仲裁法院之后，决定在土耳其伊斯坦布尔举行庭审

2014. 04. 22　在双方同意的情况下，仲裁庭通过修正《程序规则》第9条第2款更改庭审地点

2014. 04. 22—05. 09　本案关于管辖权及实体问题的庭审在土耳其伊斯坦布尔的派拉皇宫酒店（Pera Palace Hotel）举行

2015. 03. 18　公布裁决书

关键词：查戈斯群岛（Chargos Archipelago）；英属印度洋领地（BIOT）；蓝开斯特会议承诺（Lancaster House Undertakings）；海洋保护区（Marine Protected Area）；禁止反言（Estoppel）

一、案件背景

英国于2010年4月1日在查戈斯群岛（Chargos Archipelago）周边海域建立海洋保护区（Marine Protected Areas，MPA）。查戈斯群岛位于印度洋，在毛里求斯东北方，又名"英属印度洋领地"（British Indian Ocean Territory，BIOT）。海洋保护区范围及于查戈斯群岛的基线外200海里，涵盖面积超过50万平方千米。[1]

毛里求斯主张英国建立海洋保护区违反了《联合国海洋法公约》（以下简称《公约》）及其他国际法义务。[2] 毛里求斯认为英国并非查戈斯群岛的"沿海国"，无权就该群岛宣布海洋保护区，依据英国对毛里求斯的承诺，毛里求斯对查戈斯群岛享有特定的"沿海国"权利，英国不该

---

[1] Chagos Marine Protected Area Arbitration（Mauritius v. United Kingdom），Award of 18 March 2015，para. 5.

[2] Ibid.，para. 6.

在毛里求斯反对下设立海洋保护区。[3] 英国此举不仅侵犯了毛里求斯在查戈斯群岛内及周边海域的渔权,还违反了《公约》及其他国际法规范下的咨商及合作义务。[4] 毛里求斯另主张对查戈斯群岛的外大陆架,有权向联合国大陆架界限委员会(Commission on the Limits of the United Nations Mainland shelf,CLCS)提出初步信息(Preliminary Information),毛里求斯未来提出外大陆架划界案时,英国无权再杯葛。[5]

英国认为,毛里求斯的论点旨在主张其对查戈斯群岛之领土主权,但其操弄文字,企图回避领土争端而跨越管辖权的门槛,仲裁庭不因此取得审理毛里求斯所提争端之管辖权。毛里求斯对所谓的英国违反《公约》一事,未跟英国咨商,违反了《公约》。[6] 至于毛里求斯所提实体问题,英国主张其于1814年即取得查戈斯群岛之领土主权,此后持续行使领土主权,英国遂满足《公约》意义上的"沿海国"条件。[7]

毛里求斯最终诉求有四大主张:

(1)英国无权宣布海洋保护区或其他海域,因其非《公约》第2条、第55条、第56条、第76条等条文意义下的"沿海国"。

(2)鉴于英国对毛里求斯所做关于查戈斯群岛之承诺,英国无权单方宣布海洋保护区或其他海域,因为毛里求斯才是第56条第1款(b)项(iii)目及第76条第8款等条文意义下的一个"沿海国"。

(3)英国不得采取任何行动妨碍大陆架界限委员会对毛里求斯依第76条对查戈斯群岛所提之正式划界案给予建议。

(4)英国旨在建立海洋保护区的行为,违反英国在《公约》第2条、第55条、第56条、第63条、第64条、第194条、第300条以及1995年8月4日议定之《执行1982年12月10日〈联合国海洋法公约〉有关养护和管理跨界鱼类种群和高度洄游鱼类种群的规定的协定》(Agreement for the Implementation of the Provisions of the United Nations Convention on the Law of the Sea of 10 December 1982 relating to the Conservation and Management of Straddling Fish Stocks and Highly Migratory Fish Stocks UNFSA,以下简称

---

[3] Chagos Marine Protected Area Arbitration (Mauritius v. United Kingdom), Award of 18 March 2015, para. 7.
[4] Ibid., para. 8.
[5] Ibid., para. 9.
[6] Ibid., para. 12.
[7] Ibid., para. 13.

《跨界鱼类执行协定》）第 7 条的实体及程序性义务。

对于这些诉求，英国全盘否认仲裁庭之管辖权，并要求仲裁庭在具备管辖权的情况下，驳回毛里求斯所有诉求。[8]

二、裁　决

（一）毛里求斯第一项诉求的管辖权

第一项诉求为：英国无权在查戈斯群岛周围海域宣布海洋保护区或其他海域，因为英国就该群岛而言，不是《公约》第 2 条、第 55 条、第 56 条、第 76 条意义上的"沿海国"。

英国主张仲裁庭无管辖权，因毛里求斯诉求实质上是"主权诉求"。查戈斯群岛主权归属才是诉求的真实议题，仲裁庭无权审理。[9]

仲裁庭表示，毛里求斯第一项诉求要求仲裁庭解释并适用《公约》的"沿海国"一词。《公约》对此没有定义。若沿海国家对其领土主权有争端，而《公约》缺乏认定"沿海国"谁属的标准，那么《公约》第十五部分规范的司法仲裁机关是否有权适用《公约》外的法律制度？这是本仲裁庭在《公约》项下的管辖权范围问题。[10] 本仲裁庭的主题事项管辖权（subject matter jurisdiction），规定于第 288 条第 1 款，即"任何依据第十五部分提交的有关《公约》之解释或适用的争端"。第 297 条、第 298 条对本仲裁庭的管辖权范围，有自动及任择的限制。[11] 在双方未援引《公约》第 297 条、第 298 条来限制本仲裁庭的管辖权时，仲裁庭针对第一项诉求的管辖权争端，该回答的就是该项诉求所提之争端是否为有关《公约》的解释或适用之争端？在此有两大问题：第一，第一项诉求所提争端之本质为何？第二，在仲裁庭发现此争端之根源系领土主权争端时，第 288 条第 1 款在何种范围内容许仲裁庭解决主权争端，作为判定邻近海域内权利义务争端的先决及必要条件？[12]

---

[8] Chagos Marine Protected Area Arbitration (Mauritius v. United Kingdom), Award of 18 March 2015, pp. 158-159.
[9] Ibid. p. 164.
[10] Ibid. p. 203.
[11] Ibid. p. 205.
[12] Ibid. p. 206.

就第一个问题而言，仲裁庭援引国际法院1998年渔业管辖权案（西班牙诉加拿大）的管辖权判决，以及1974年核试验案（新西兰诉法国）的判决指出：仲裁庭"在依据客观基础判定双方争端时，虽应关注原告所拟定的争端，但更要检验双方的立场"。在司法程序中，要"抽离出案件的真正争端，指出诉求的目标"[13]。适用这个标准，本案双方官方记录显示，双方存在查戈斯群岛主权争端。[14] 双方也争执"谁才是查戈斯群岛周围海域的沿海国"？为了对争端"定性"，仲裁庭必须衡量"主权争端"与"沿海国谁属之争端"的主从关系及相对比重。争端的主要部分是哪一个？次要或附属的争端是哪一个？绝大部分资料显示：双方争执重点在于查戈斯群岛的领土主权归属。很少证据显示毛里求斯对于英国在"英属印度洋领地"履行《公约》一事特别关心。因此，主权争端才是争端的正确定性，"沿海国谁属之争"仅为主权争端的一个表象（aspect）。[15]

既然第一项诉求反映之争端源于查戈斯群岛领土主权争端，当主权争端关联《公约》规范事项时，仲裁庭依《公约》第288条第1款有多大的管辖权来裁定该主权争端？[16] 仲裁庭援引常设国际法院的案例表示：一般而言，当一个争端涉及《公约》的解释或适用时，仲裁庭依据第288条第1款获得的管辖权，涵盖为解决管辖权内括争端所必要的"事实发现"或是"附属的法律判断"。[17] 然而，当"真正的争端"及"诉求的标的"（在本案为领土争端）跟《公约》的解释或适用无关时，即便这个真正的争端跟《公约》规范的事项或争端（在本案为沿海国谁属之争端）有关联，仲裁庭依第288条第1款也没有管辖权来裁决争端的

---

[13] Chagos Marine Protected Area Arbitration (Mauritius v. United Kingdom), Award of 18 March 2015, para. 208.

[14] Ibid., para. 209. 此外，双方对于海洋保护区的宣布的方式，还存在争端。宣布海洋保护区，就蓝开斯特会议承诺（Lancaster House Undertakings）而言有何意义，也存在争端。这两个争端异于主权争端，将在讨论毛里求斯第四项诉求的时候处理。Chagos Marine Protected Area Arbitration (Mauritius v. United Kingdom), Award of 18 March 2015, para. 210.

[15] Chagos Marine Protected Area Arbitration (Mauritius v. United Kingdom), Award of 18 March 2015, paras. 211-212.

[16] Ibid., para. 213.

[17] Ibid., para. 220. 仲裁庭援引某些德国人在波兰上西里西亚的权益案（Certain German Interests in Polish Upper Silesia），Preliminary Objections, Judgment of 25 August 1925, P. C. I. J., Series A, No. 6, p. 4 at p. 18。

整体(在本案也就包含领土争端)。[18] 因此,仲裁庭裁决:其对于毛里求斯的第一项诉求,缺乏管辖权(但有2名仲裁员反对)。[19]

(二) 毛里求斯第二项诉求的管辖权

第二项诉求为:鉴于英国对毛里求斯的"群岛承诺",英国无权单方宣布海洋保护区或其他海域,因毛里求斯是《公约》第56条第1款(b)项(iii)目及第76条第8款意义上的一个"沿海国"。

英国主张仲裁庭对此诉求无管辖权,因毛里求斯真正要求仲裁庭审视的是:将来要复归毛里求斯的领土主权(reversionary sovereignty),虽非真正的主权,但此诉求还是有第一项诉求的问题。无论如何,找不到《公约》条文支持毛里求斯第二项诉求所主张的"存在一个以上的沿海国"。[20] 毛里求斯主张应区分"裁定毛里求斯具备沿海国特质(第二项诉求的本质)的管辖权"与"宣告英国并非沿海国(并非第二项诉求的内涵)的管辖权",故仲裁庭对第二项诉求有管辖权。[21]

仲裁庭认同毛里求斯的主张,认定第一、第二项诉求有本质不同。但第二项诉求必须放在双方对查戈斯群岛领土争议的背景中来看。毛里求斯在此仅要求仲裁庭裁定毛里求斯具有权利,是"一个"(而非"唯一")沿海国(as "a coastal State"),仲裁庭却认为这种裁决有宣告英国在查戈斯群岛不享完整领土主权之效果。适用前述原则,仲裁庭需衡量双方争端的重心所在。仲裁庭考量的事,不局限于毛里求斯使用的文字。仲裁庭有权利及义务审视诉求的背景及毛里求斯如何提出这样的诉求,方能找到真正争端。仲裁庭发现,双方的领土主权争议主宰了毛里求斯第二

---

[18] Chagos Marine Protected Area Arbitration (Mauritius v. United Kingdom), Award of 18 March 2015, para. 220. 仲裁庭援引核试验案 [Nuclear Tests (New Zealand v. France)], Judgment, I. C. J. Reports 1974, p. 457 at p. 466, para. 30。

[19] Chagos Marine Protected Area Arbitration (Mauritius v. United Kingdom), Award of 18 March 2015, para. 221. 仲裁庭提到,不能排除在某些情况之下,领土争端系《公约》的解释或适用的争端的小问题,而非主要或核心问题。仲裁庭则可能有管辖权审理领土问题。但本案并非如此。

[20] Chagos Marine Protected Area Arbitration (Mauritius v. United Kingdom), Award of 18 March 2015, paras. 224-225.

[21] Ibid., para. 226.

项诉求。第二项诉求提出的"沿海国的特质"问题，仅为主权争端的表象。[22]

仲裁庭接受：双方存在宣布海洋保护区的"方式"的争议。依据核试验案的法理，第二项诉求的"真正目标"，是"强化"毛里求斯在查戈斯群岛的主权主张。再者，毛里求斯第一、第二项诉求都请求仲裁庭宣告英国无权在查戈斯群岛宣布海洋保护区。尽管两项诉求文字叙述不同，第二项诉求仍被定性为第一项诉求涉及的领土争端。仲裁庭遂不具备管辖权（但有2名仲裁员反对）。[23]

（三）毛里求斯第四项诉求[24]的管辖权

第四项诉求为：英国建立查戈斯群岛周围海域的海洋保护区，违反《公约》第2条、第55条、第56条、第63条、第64条、第194条、第300条及《跨界鱼类执行协定》第7条的实体及程序性义务。

仲裁庭认为管辖权问题涉及"定性双方此项诉求反映的争端"与"解释及适用第297条"。[25]仲裁庭分三步处理：第一，认定海洋保护区的范围及性质；第二，审视毛里求斯声称受侵犯的权利之范围及特质；第三，讨论《公约》第297条第1款（c）项与管辖权的问题。

1. 海洋保护区的范围及定性

就海洋保护区的范围及性质而言，仲裁庭不接受英国所谓"海洋保护区仅涉及渔业"（暂停发放商业渔捕执照）之说法。英国在不同场合表示海洋保护区有更广泛目的，比如维护珊瑚礁及海底环境，促进地球科学及区域养护管理之研究，[26]促进海洋学、生物多样性、气候变迁之研究等。[27]因此，海洋保护区具环保目的，超出渔业。仲裁庭宣布海洋

---

[22] Chagos Marine Protected Area Arbitration (Mauritius v. United Kingdom), Award of 18 March 2015, para. 229.

[23] Ibid., para. 230.

[24] 此处行文顺序与仲裁庭裁决原文保持一致，先阐释毛里求斯第四项诉求的相关问题。——编者注

[25] Chagos Marine Protected Area Arbitration (Mauritius v. United Kingdom), Award of 18 March 2015, para. 283.

[26] Ibid., para. 286.

[27] Ibid., paras. 288-290.

保护区攸关毛里求斯（享有查戈斯群岛恢复性权益的国家）利益。[28]

2. 毛里求斯受侵害之权利的范围及定性

就毛里求斯声称受侵犯的权利之范围及特性而言，仲裁庭检视《公约》第 2 条、第 55 条、第 56 条、第 63 条、第 64 条、第 194 条、第 300 条及《跨界鱼类执行协定》第 7 条后发现，第 2 条、第 56 条第 2 款提及"其他国际法规定"及"适当顾及其他国家的权利及义务的义务"。这两个条文（第 2 条、第 56 条第 2 款）引入《公约》之外的国际法规范。[29] 就第 2 条第 3 款及第 56 条第 2 款而言，"其他国家（毛里求斯）的权利"源自 1965 年 9 月 23 日英国在蓝开斯特会议上针对查戈斯群岛自毛里求斯独立领土分离一事对毛里求斯所做之八项承诺（即"蓝开斯特会议承诺"）。[30] 毛里求斯主张这些承诺由毛里求斯部长会议通过，自毛里求斯独立时便对英国发生国际法拘束力。英国宣布海洋保护区，针对领海行使管辖权，未尊重这些义务，亦未在专属经济区适当顾及毛里求斯此类权利。

对此，仲裁庭援引国际法院两个判决说道："在管辖权阶段，仅需说服自己（satisfy itself）毛里求斯所谓的权利可能在国际法上有拘束力，且跟第 2 条第 3 款及第 56 条第 2 款之适用有关。"[31] 由于"承诺"，这些条件满足了。[32] 接着讨论（vi）(b) 项、(vii) 及（viii）项承诺受到海洋保护区宣布之影响。第（vi）(b) 项保障毛里求斯的捕鱼权；第（vii）项承诺当查戈斯群岛不再有防卫需求时，应返还给毛里求斯；第（viii）项承诺查戈斯群岛内及周边发现的矿产及石油，利益应回馈毛里求斯政府。仲裁庭认定渔权承诺关乎生物资源，当其适用于专属经济区时，《公约》第 297 条第 3 款（a）项将排除仲裁庭的管辖权。[33] 返还群

---

[28] Chagos Marine Protected Area Arbitration (Mauritius v. United Kingdom), Award of 18 March 2015, para. 291.
[29] Ibid., para. 293.
[30] Ibid., para. 294.
[31] Interhandel Case, Judgment of March 21st, 1959, I. C. J. Reports 1959, p. 6 at p. 24; Ambatielos Case (merits: obligation to arbitrate), Judgment of May 19th, 1953, I. C. J. Reports 1953, p. 18. See Chagos Marine Protected Area Arbitration (Mauritius v. United Kingdom), Award of 18 March 2015, para. 296.
[32] Chagos Marine Protected Area Arbitration (Mauritius v. United Kingdom), Award of 18 March 2015, para. 296.
[33] Ibid., para. 297.

岛之承诺使影响查戈斯群岛未来使用的重要决策攸关毛里求斯利益。[34]

仲裁庭接着检视《公约》第63条、第64条、第194条及《跨界鱼类执行协定》第7条所含毛里求斯的"被咨询"及"与其协调"之权利，认定毛里求斯所称被侵犯的权利，并非源自英国承诺，而是直接出自《公约》。[35] 仲裁庭援引相关案例表示：《公约》第63条、第64条及《跨界鱼类执行协定》，就其表面而言，适用于规范渔业行为之措施，当这些条文适用于专属经济区时，《公约》第297条第3款（a）项将排除仲裁庭的管辖权。[36] 此外，仲裁庭认为《公约》第194条的适用范围不应这么狭窄。英国主张仲裁庭无管辖权，因为"不存在争端，该条的义务仅在海洋保护区对海洋污染制定新规范时，才能适用"。仲裁庭认定此主张是对实体问题的反驳，不为管辖权的障碍。[37]

仲裁庭认定，《公约》第55条作为定义专属经济区的规范，对毛里求斯主张自第56条及"蓝开斯特会议承诺"所生之权利，未增加新的权利。至于第300条及权利的滥用，仲裁庭认为：依第300条的主张必牵涉对《公约》其他条文的违反。因此，毛里求斯依第300条而生的权利之本质，跟其他被违反条文之本质相同。[38]

3. 《公约》第297条第1款（c）项与仲裁庭的管辖权

仲裁庭首先讨论第288条第1款和第297条第1款的关系，以便决定本案仲裁庭的管辖权基础。其次讨论第297条第1款（c）项是否适用于海洋保护区。

（1）《公约》第288条第1款和第297条第1款（c）项的关系

仲裁庭认定：第288条第1款，在原则上，赋予仲裁庭管辖权以裁决依《公约》第十五部分提交的关于《公约》解释或适用之任何争端。第297条针对关于主权权利、海洋科研及渔业权之特定争端，赋予

---

[34] Chagos Marine Protected Area Arbitration (Mauritius v. United Kingdom), Award of 18 March 2015, para. 298.

[35] Ibid., para. 299.

[36] Chagos Marine Protected Area Arbitration (Mauritius v. United Kingdom), Award of 18 March 2015, para. 300. Arbitration Between Barbados and the Republic of Trinidad and Tobago, Award of 11 April 2006, PCA Award Series, p. 121, RIAA, Vol. XXVII, p. 147 at p. 226, para. 283.

[37] Chagos Marine Protected Area Arbitration (Mauritius v. United Kingdom), Award of 18 March 2015, para. 302.

[38] Ibid., para. 303.

仲裁庭管辖权，条件是裁决程序必须遵守第二节的规定。第 297 条第 2—3 款明文限制仲裁庭针对海洋科研及渔业争端之管辖权。第 297 条第 1 款则以肯定语句来叙述仲裁庭得到的管辖权，对于例外状况（限制管辖权）不置一词。[39] 第 297 条第 1 款没有规定关于行使主权权利及管辖权之争端，仅在该条款下规定由强制性争端解决机制解决；亦无这种限制的言外之意。就文义来看，第 297 条第 1 款系"再度确认"（而非限制）仲裁庭基于第 288 条第 1 款获得的管辖权。[40]

当一个争端系关于《公约》的解释或适用问题，且不被第 297 条第 2—3 款的明示排除管辖权的事项所涵盖，则仲裁庭的管辖权基础来自第 288 条第 1 款，无须考察是否双方之争端也被第 297 条第 1 款列举事项所涵盖。[41] 具体到本案，毛里求斯直接主张海洋保护区违反《公约》特定条文，仲裁庭裁定第 297 条第 3 款不能完全排除仲裁庭审理毛里求斯第四项诉求，同时认定海洋保护区所谓违反《公约》特定条文的争端系属有关《公约》的解释或适用之争端，因此仲裁庭对于毛里求斯第四项诉求的管辖权来自第 288 条第 1 款。[42]

（2）第 297 条第 1 款（c）项是否适用于海洋保护区

仲裁庭认定第 297 条第 1 款（c）项不止把《公约》以外的国际公约（比如《国际防止船舶造成污染公约》《国际海上人命安全公约》《伦敦公约》）引入强制性争端解决机制的范畴，也提到由《公约》自己建立的规则及标准。[43] 此外，该条提及的国际规则及标准，不限于实体法规范，也包含程序性的权利（或反过来说，制约国家行为的程序性义务），比如本案毛里求斯"被咨商的权利"及"（其权利）受到适当顾及的权利"。程序性的义务在国际环境法中特别明显，比如说环境影响评估的先行义务。[44]

4. 结　论

仲裁庭认定，就毛里求斯第四项诉求，依据《公约》第 288 条第 1

---

[39] Chagos Marine Protected Area Arbitration (Mauritius v. United Kingdom), Award of 18 March 2015, para. 307.
[40] Ibid., para. 308.
[41] Ibid., para. 317.
[42] Ibid., para. 318.
[43] Ibid., para. 321.
[44] Ibid., para. 322.

款、第297条第1款（c）项，仲裁庭具备管辖权以审理海洋保护区是否违反《公约》第2条第3款[45]、第56条第2款[46]、第194条、第300条。[47]

（四）毛里求斯第三项诉求的管辖权

第三项诉求为：英国不得采取任何行动妨碍联合国大陆架界限委员会对毛里求斯依据《公约》第76条针对查戈斯群岛向大陆架界限委员会所提之任何正式划界案给予建议。毛里求斯主张此诉求涉及第76条第8款的解释或适用，因双方争执：毛里求斯是否"有资格"依此向大陆架界限委员会提出查戈斯群岛周围的外大陆架信息？毛里求斯对大陆架界限委员会之提案是否是有效行为？[48]英国主张：此项"新"诉求不在毛里求斯启动仲裁的"照会及诉求声明"内，无法律基础。毛里求斯未满足《公约》第十五部分第一节，特别是第283条的条件。[49]此外，这个外大陆架划界案争端，亦为领土争端。[50]

仲裁庭认为，审视管辖权问题，先要考察是否存在此项诉求所提之争端。遂观察双方"就此议题"的"历来主张"，即毛里求斯启动仲裁前后的双方立场。[51]资料显示，两国曾于2009年1月4日讨论外大陆架划界案，两国同意就查戈斯群岛之外大陆架向大陆架界限委员会提交联合划界案，英国表示此区域可能发现的油气矿产，依据"蓝开斯特会议承诺"，将归属毛里求斯。就毛里求斯在大陆架界限委员会的提案，英国愿提供政治协助。[52]共识为"不损及各自对查戈斯群岛的主权主

---

[45] 这是在涉及查戈斯群岛领海的毛里求斯捕鱼权，或涉及英国承诺在防卫需求消失时把群岛返还给毛里求斯，以及将群岛内及周围发现的矿产及石油利益返还毛里求斯国民的承诺。
[46] 这是涉及英国承诺在防卫需求消失时把群岛返还毛里求斯，以及将群岛内及周围发现的矿产及石油利益返还毛里求斯国民的承诺。
[47] Chagos Marine Protected Area Arbitration（Mauritius v. United Kingdom），Award of 18 March 2015，para. 323.
[48] Ibid., paras. 327，323.
[49] Ibid., para. 329.
[50] Ibid., para. 330.
[51] Ibid., para. 332.
[52] Ibid., paras. 333-338.

张"。[53] 2009年5月，毛里求斯为配合《公约》缔约方会议设下的期限，向大陆架界限委员会提交外大陆架初步信息，承认查戈斯群岛存在主权争议。[54] 依照前述共识，英国未提出抗议。[55] 2009年7月21日两国再度会谈，同意为了不妨碍毛里求斯的大陆架界限委员会提案与其最终取得海域蕴藏矿产之利益，两国应合作收集科学资料，以满足正式提案的条件。[56] 2010年12月20日，毛里求斯在启动仲裁案的"照会及诉求声明"中未提及两国对于毛里求斯的大陆架界限委员会提案存在争端。[57]

然而，2012年8月1日毛里求斯提交起诉状，提到英国未抗议毛里求斯提交大陆架界限委员会的初步信息，表示英国承认毛里求斯对查戈斯群岛具备提交外大陆架划界案的主权权利。英国遂在其辩诉状（2013年7月15日）中提及两国2009年1月4日的第一轮会谈结果，大陆架界限委员会议事规则对涉及领土争端的划界案赋予争端国杯葛之权，以及毛里求斯在初步信息中提到查戈斯群岛的领土争端，以反驳毛里求斯。[58] 毛里求斯在2013年11月8日的补充理由状中，坚持起诉状的说法。英国则在2014年3月17日的复辩状中认为：毛里求斯不可能通过在大陆架界限委员会提出查戈斯群岛的外大陆架划界案而改变该群岛的外大陆架的法律地位。[59] 依据《公约》第76条第7—8款，只有沿海国才有资格向大陆架界限委员会提出外大陆架划界案。毛里求斯非查戈斯群岛的沿海国，无权就该群岛的外大陆架向大陆架界限委员会提划界案。[60] 毛里求斯在仲裁程序中开始担心永远失去外大陆架的矿产利益。[61] 英国对仲裁庭解释，不存在第三项诉求的争端，英国在辩诉状及复辩状中的主张，仅为回应毛里求斯通过初步信息之提交及英国的不杯葛而作出支持其第一、第二项诉求之尝试。英国在2009年1月及7月与毛里求斯的会谈中，均表示要协助毛里求斯扫除取得外大陆架矿产利益

---

[53] Chagos Marine Protected Area Arbitration (Mauritius v. United Kingdom), Award of 18 March 2015, para. 339.
[54] Ibid., para. 340.
[55] Ibid., para. 347.
[56] Ibid., paras. 341-343.
[57] Ibid., para. 345.
[58] Ibid.
[59] Ibid., para. 346.
[60] Ibid., para. 331.
[61] Ibid., para. 346.

的障碍。[62]

仲裁庭认定双方对于毛里求斯第三项诉求不存在争端。因此，不必讨论对毛里求斯第三项诉求的管辖权问题。[63]

（五）是否双方曾依《公约》第 283 条而交换意见

英国质疑毛里求斯在启动仲裁前，未履行第 283 条第 1 款的交换意见义务。[64] 毛里求斯主张，过去数十年两国通过双边及多边机制业已屡次对本案所有诉求交换意见。此外，第 283 条第 1 款的谈判义务并非无止境之义务。[65]

仲裁庭既然仅对第四项诉求有管辖权，那么检视第 283 条第 1 款的交换意见之义务，也仅限于第四项诉求。[66] 仲裁庭认定第 283 条要求双方针对解决争端的方法交换意见，但未要求双方在事实上进行谈判或展开其他和平解决争端的行动，并不意味着双方有义务"通过谈判解决争端实质部分"。第 283 条之要求，异于诉诸仲裁前需经历的"谈判解决争端"（实质谈判）之义务。[67]

实质谈判之义务有习惯国际法之依据，被《公约》第十五部分第一、第二节所隐含，仲裁庭认为毛里求斯已履行完毕。国际法院及常设国际法院的判例曰："这种意见之交换，必须明确提及条约的主题事项，使对方知晓针对哪件事存在或可能存在争端。"[68] 国家自己最能决定"实质谈判"是否有效，是否应持续进行，是否谈到尽头。[69]

---

[62] Chagos Marine Protected Area Arbitration (Mauritius v. United Kingdom), Award of 18 March 2015, para. 347.

[63] Ibid., paras. 348-350.

[64] Ibid., para. 351.

[65] Ibid., para. 353.

[66] Ibid., para. 354.

[67] Ibid., paras. 377-378.

[68] Chagos Marine Protected Area Arbitration (Mauritius v. United Kingdom), Award of 18 March 2015, para. 379. Application of the International Convention on the Elimination of All Forms of Racial Discrimination (Georgia v. Russian Federation) Preliminary Objections, Judgment, I. C. J. Reports 2011, p. 70 at p. 85, para. 30; see also Military and Paramilitary Activities in and against Nicaragua (Nicaragua v. USA), Jurisdiction and Admissibility, Judgment, I. C. J. Reports 1984, p. 392 at pp. 428-429, para. 83.

[69] Ibid., para. 379. Mavrommatis Palestine Concessions, Jurisdiction, Judgment of 30 August 1924, PCIJ Series A, No. 2, p. 6 at p. 13, 15.

然而，第283条要求双方针对解决争端的方法（使用谈判或是其他方法）交换意见，[70] 确保国家不至于因被拉进强制争端解决程序而意外。适用条文时，无须讲究形式主义，只要能清楚呈现业已产生的争端，使双方知晓争端之议题所在即可。本案双方就英国提议之海洋保护区产生争端，系毛里求斯在2009年11月23日提出外交照会之时。外交照会就海洋保护区对主权、毛里求斯人民重新安置与渔业问题产生的冲击提出关切。毛里求斯要求将这些问题放在双边咨商机制内讨论，讨论应该先于海洋保护区之公开听证会。[71] 仲裁庭认为：在双方争端成形后，第283条要求双方就解决争端的方式交换意见。正如英国官员2009年12月15日信函所言，英国称：将此问题放在与公开听证会并行的第三轮双边会谈中讨论，是合适之举。[72] 毛里求斯则主张在双边会谈进行时（最晚于2009年12月30日），应该暂停公开听证会。[73] 因此，在2009年12月双方对如何解决争端的意见业已交换，满足了第283条的要求。仲裁庭认定：毛里求斯启动仲裁前业已履行第283条之义务。[74]

（六）毛里求斯第四项诉求的实体问题

1. 毛里求斯在查戈斯群岛领海、专属经济区、大陆架内的权利

（1）1965年"蓝开斯特会议承诺"赋予毛里求斯何种性质的权利？

毛里求斯在本案第四项诉求中主张："英国旨在建立海洋保护区的行为，违反英国在《公约》第2条、第55条、第56条、第63条、第64条、第194条、第300条以及《跨界鱼类执行协定》第7条规范下的实体及程序性义务。"[75] 仲裁庭认定："就此项诉求，依据《公约》第288条第1款、第297条第1款（c）项，仲裁庭具备管辖权以审理海洋保护区是否违反《公约》第2条第3款、第56条第2款、第194条、第300条。"[76] 就实体问题而言，核心问题是涉及"蓝开斯特会议承诺"的"1965年协

---

[70] Chagos Marine Protected Area Arbitration（Mauritius v. United Kingdom），Award of 18 March 2015，para. 380.
[71] Ibid., para. 382.
[72] Ibid., para. 383.
[73] Ibid., para. 384.
[74] Ibid., paras. 385-386.
[75] Ibid., para. 158.
[76] Ibid., para. 323.

定"的法律效力。为评估英国承诺的本质及范围，仲裁庭有权解释"1965 年协定"。[77] 在此，分四个步骤进行：

第一，仲裁庭审视双方缔结"1965 年协定"时的意图。仲裁庭发现，"蓝开斯特会议承诺"是促使毛里求斯同意"让查戈斯群岛不随毛里求斯独立"的交换条件。自 1965 年 7 月毛里求斯初次知晓查戈斯群岛将不随其独立而仍属英国领土后，便开始针对"补偿品"与英国进行谈判，11 月 5 日毛里求斯同意查戈斯群岛之"分离案"，并对英国提出追加条件。若无这些补偿的承诺，毛里求斯不可能同意"分离案"。[78] 英国也是用法律义务的文字表述这种承诺，英国有受此承诺拘束的意图。这种承诺，在毛里求斯独立之后持续有效。[79]

第二，仲裁庭审查此"承诺"在国际法中的地位。仲裁庭认为：毛里求斯独立前，作为英国殖民地，不具异于英国的国际法人格。当时，"毛英协议"不为国际条约，仅具有英国国内法的地位。毛里求斯在 1968 年独立，"1965 年协定"之法律地位转变为国际条约。此后，双方持续执行"1965 年协定"，国家实践肯定了此协定对双方之适用。[80] 特别是，英国屡屡提及"蓝开斯特会议承诺"，毛里求斯也依据并"依赖"此承诺与英国交涉。这样的双边行为足以消弭对于"1965 年毛里求斯同意的缺陷有可能使得'蓝开斯特会议承诺'不足以对英国产生法律拘束力"的疑虑。[81]

第三，仲裁庭考察 1965 年后英国重申"蓝开斯特会议承诺"的法律意义。"整体"的"蓝开斯特会议承诺"曾在 1973 年由英国致毛里求斯首相的信函中重申。"分项"承诺也屡屡被英国重申，包含：（1）在失去防卫需求后归还查戈斯群岛给毛里求斯；（2）归还时毛里求斯无须付钱；（3）英国不会将查戈斯群岛出卖或转移给第三国；（4）当查戈斯群岛归还毛里求斯后，在群岛周围或之内发现的矿产或石油之利益将归还毛里求斯政府；（5）在查戈斯群岛回归毛里求斯前英国无意开发矿产或石油，也无意在群岛周围公布专属经济区；（6）英国数十年来承认并以行动重申毛里求斯在查戈斯群岛之海域享有捕鱼权；（7）在宣布海洋

---

[77] Chagos Marine Protected Area Arbitration (Mauritius v. United Kingdom), Award of 18 March 2015, para. 419.
[78] Ibid., paras. 421-422.
[79] Ibid., para. 423.
[80] Ibid., paras. 424-425.
[81] Ibid., para. 428.

保护区之前，多年来英国在查戈斯群岛周围海域无偿给予毛里求斯渔民捕鱼执照，起初是群岛周围12海里内，后来是200海里的专属渔区之内，其他国家则不允许在该区域捕鱼。[82]

第四，仲裁庭适用"禁止反言"原则。英国重申"蓝开斯特会议承诺"，"禁止反言"有适用的余地。仲裁庭摘述权威学者［奈尔勋爵（Lord NcNair）、斯彭德法官（Judge Spender）与杰拉菲尔德·菲茨莫里斯（Sir Gerald Fitzmaurice）］的论述与国际法院判例，整理出"禁止反言"原则的性质：（1）此原则源自国际关系中对行为的要求，即国家彼此之间要讲诚信（good faith），相信A国的表态而有所作为的B国，其利益应受保障。[83]（2）"禁止反言"既是一般国际法原则，也是一般国内法原则，适用于国内及国际法领域时，有分类、程序的不同。[84]（3）"禁止反言"原则，作为国际法的一般原则，对于目前存在的事实的表态与对于未来行为的承诺不区别。异于国内法中的"禁止反言"原则。[85]

适用"禁止反言"原则有四大条件：（1）A国通过言辞、行为或默然不语，业已清楚、无矛盾地表态；（2）这种表态系由对该事项有权代表国家的机关为之；（3）援引"禁止反言"的B国因依赖A国的表态而有所作为，但利益受损或给予A国利益；（4）这种依赖系"合法"，B国有权依赖A国的表态。[86]

仲裁庭认定第一、第二项条件业已满足。英国通过其首相、外相的声明，以及持续允许毛里求斯渔民在查戈斯群岛周边海域捕鱼的行动，对毛里求斯已然清楚表态。[87] 仲裁庭接着审视毛里求斯是否满足第三、第四项条件。

毛里求斯是否因依赖英国表态而导致利益受损？答案是肯定的。记录显示，毛里求斯对查戈斯群岛的整体作为，皆依赖英国"承诺"而为。否则，毛里求斯早就提出权利声索，在其他事上也不可能跟英国合作。[88]

---

［82］ Chagos Marine Protected Area Arbitration (Mauritius v. United Kingdom), Award of 18 March 2015, paras. 430-433.
［83］ Ibid., para. 435.
［84］ Ibid., para. 436.
［85］ Ibid., para. 437.
［86］ Ibid., para. 438.
［87］ Ibid., para. 439.
［88］ Ibid., paras. 442-443.

毛里求斯是否依法有权依赖英国的表态？不是 B 国所有的依赖，包含损及自身利益的依赖，都能让 A 国负担"禁止反言"的义务。若 A 国明确表示"此表态实系无法律拘束力的协议"，或"这个承诺，可以撤回"，那 B 国的依赖是不成立的。[89] A 国的表态并非必须通过有法律拘束力的单方声明作出，B 国始有权依赖之。因为"单方行为"（binding unilateral acts）跟"禁止反言"产生义务的基础不同。就"单方行为"而言，表态必须清楚显示 A 国作出具备法律拘束力而拘束自己的承诺。因此，"单方行为"产生法律拘束力的基础是 A 国的表态。就"禁止反言"而论，A 国的表态并非清楚显示 A 国有意创造具备法律拘束力的承诺。在此，不能出尔反尔的义务，不是源自 A 国的表态，而是来自 B 国的"合法"依赖。[90] 仲裁庭依据事实，认定毛里求斯的确合法地依赖英国的表态。因为英国在毛里求斯独立后，不断地重申承诺。表态的言辞让这种承诺看起来具备法律拘束力，也被毛里求斯理解为具备法律拘束力。无证据证明毛里求斯曾认为英国承诺可撤回。当英国重申这样的承诺，且知道毛里求斯事实上正在依赖这种承诺行事时，毛里求斯跟仲裁庭便有权"推定"（presume）英国不认为承诺可以随便撤回。相反的推定不可行，因违反一个基本原则（不得推定恶意）。[91]

仲裁庭认定，英国负担"禁止反言"的义务，不得忽视该国在毛里求斯独立以来重申的诸项承诺的法律拘束力。[92]

（2）"蓝开斯特会议承诺"的渔权范围

虽然仲裁庭认定英国渔权承诺，作为"蓝开斯特会议承诺"的一部分，对英国有法律拘束力，但对承诺的范围及内容却有争议。毛里求斯主张：英国承诺在"跟美国斡旋"以及"可行的范围内"这两个条件下，给予毛里求斯"尽可能的最大利益"。英国采限缩解释，因为1965年毛里求斯渔业实绩有限，英国仅承认文字所表现的承诺。[93]

仲裁庭不认为渔权承诺的范围系限制于 1965 年毛里求斯在查戈斯群

---

[89] Chagos Marine Protected Area Arbitration (Mauritius v. United Kingdom), Award of 18 March 2015, para. 445.
[90] Ibid., para. 446.
[91] Ibid., para. 447. Affaire du lac Lanoux (Spain/France), Award of 16 November 1957, RIAA, Vol. XII, p. 305.
[92] Ibid., para. 448.
[93] Ibid., para. 449.

岛的渔捕实绩与方式。因为：①毛里求斯的谈判声明皆面向未来，特别是针对蔗糖进口配额及贸易安排。②在蓝开斯特大宅会议上，英国还承诺当时不存在的"（建造）飞机跑道"与"将查戈斯群岛归还毛里求斯"。③英国殖民部部长明确表示要为毛里求斯确保最大利益。英国政府也让毛里求斯渔民在最大的海域中得到最大可能的捕鱼权，仅受限于特定海岛的防卫需求。④英国外交部门提及，关心毛里求斯的渔捕区域，如查戈斯群岛，以因应快速增长的毛里求斯人口的粮食需求。[94]

仲裁庭也不认为毛里求斯得到"永久"或"绝对"的渔权，因英国语带保留。但毛里求斯得到的权利是独特的，因他国拿不到查戈斯群岛周边海域（从领海到毗连区）的捕鱼执照。[95] 解释毛里求斯的捕鱼权和英国的义务时，仲裁庭要看英国作出承认行为时所使用的字句：英国当初承诺渔权所负的"义务"是"有限的"。义务呈现在"确保"渔权"将持续提供"给毛里求斯。限度在于"要跟美国政府斡旋（因有防卫考量）"及"在可行的范围之内"。[96] 英国在行为上兑现承诺："仅"容许毛里求斯渔民在查戈斯群岛周围3海里捕鱼，到允许其到200海里捕鱼。还通过渔业法免费授予渔业执照，展现英国"在可行的范围内"给予毛里求斯渔权的裁量权。[97]

（3）毛里求斯在查戈斯群岛领海的传统捕鱼权主张

仲裁庭认为，既然英国承诺毛里求斯在查戈斯群岛领海的渔权，遂无必要讨论毛里求斯是否在英国承诺之外另有国际法依据来主张群岛领海内的传统捕鱼权。[98]

2.《公约》第2条第3款、第56条第2款、第194条、第300条之解释

（1）第2条第3款之解释

英国是否违反《公约》第2条第3款？争端在于：是否这个条款确实要求英国在查戈斯群岛领海行使主权时，有"遵守《公约》以外的国际法义务"的"义务"？是否英国"违反"此义务？仲裁庭遂需解释第

---

[94] Chagos Marine Protected Area Arbitration（Mauritius v. United Kingdom）, Award of 18 March 2015, para. 450.

[95] Ibid., para. 451.

[96] Ibid., para. 452.

[97] Ibid., paras. 453-455.

[98] Ibid., para. 456.

2 条第 3 款:"对于领海的主权的行使受本公约和其他国际法规则的限制。"英文原文为: The sovereignty over the territorial sea is exercised subject to this Convention and to other rules of international law。由于缺乏助动词"shall",直接用动词"is",英国主张本条款并未设定沿海国义务。仲裁庭同意毛里求斯的主张:《公约》非英文版本所使用的文字显示本条款有产生义务的意图。[99]《公约》第 320 条规定,(公约之)阿拉伯文、中文、英文、法文、俄文和西班牙文文本具有同等效力。《维也纳条约法公约》第 33 条规范具有同等效力的多文本的条约之解释:"每种文字之约文应同一作准。"《公约》未规定如何解决不同文本解释不同之问题,仲裁庭遂需适用《维也纳条约法公约》。《维也纳条约法公约》第 33 条又规定:"倘比较作准约文后发现意义有差别而非适用第 31 条及第 32 条所能消除时,应采用顾及条约目的及宗旨之最能调和各约文之意义。"仲裁庭审查不同文本后,认定《公约》第 2 条第 3 款系规定义务。[100] 如此解释符合《公约》结构(作为"上下文")[101]、《公约》序言的目的及宗旨[102]谈判史,即 1958 年《领海及毗连区公约》第 1 条的立法背景[1956 年的国际法委员会草案报告(以下简称"草案报告")及该委员会的相关讨论],作为《公约》第 2 条第 3 款的来源。[103]

《公约》第 2 条第 3 款引进的"其他国际法规则"之范围有多大? 1956 年的草案报告提供了线索。[104] 草案报告解释了《领海及毗连区公约》第 1 条第 2 款(文字跟《公约》第 2 条第 3 款几乎相同)的立法目的。国际法委员会当时有意将"国际法一般规则"(general rules of international law)作为沿海国在行使其领海主权时(除遵守《领海及毗连区公约》相关条文外)的另一种限制。国际法委员会也承认沿海国和特定国家可能通过双边协定或区域性的习惯,形成特别法律关系,国际法委员会无意使用《领海及毗连区公约》第 1 条第 2 款来干预这种特别法律关系。特别法律关系可以与《领海及毗连区公约》并存。仲裁庭认定,

---

[99] Chagos Marine Protected Area Arbitration (Mauritius v. United Kingdom), Award of 18 March 2015, paras. 499-500.
[100] Ibid., paras. 501-502.
[101] Ibid., para. 503.
[102] Ibid., para. 504.
[103] Ibid., paras. 505-513.
[104] Ibid., para. 515.

《公约》第2条第3款提及的"其他国际法规则"仅指"国际法一般规则",不包含"特别法律关系"。[105] 仲裁庭认为"蓝开斯特会议承诺"非"国际法一般规则",英国遂未有遵守《公约》第2条第3款之义务。但"国际法一般规则"要求英国跟毛里求斯的关系本于"善意行事(to act in good faith)",包含应本于"善意"处理"蓝开斯特会议承诺"。[106]

(2) 第56条第2款之解释

仲裁庭认为第56条第2款无疑规定了沿海国在专属经济区的特定义务:"沿海国在专属经济区内根据本公约行使权利和履行义务时,应适当顾及其他国家的权利和义务(shall have due regard to the rights and duties of other States),并应以符合本公约规定的方式行事。"问题是,"适当顾及"的意义及范围为何?是否包含"咨商义务"或"不损害他国之义务"?仲裁庭认为,"适当顾及"的普通意义(ordinary meaning)是指,该考虑"情况"及"他国所享权利之本质"。不存在适用于所有情况的行为规则。《公约》并未规定沿海国有同样的义务以避免损及毛里求斯不同的权利。《公约》也并未允许英国在任一情况下皆仅需注意毛里求斯有某种权利,而可任意而为。《公约》要求英国顾及的"适当"程度取决于"毛里求斯权利之本质""该权利之重要性""可能受损的程度""英国预定作为的重要性""其他做法是否存在"等因素。多数情况下,沿海国应该与他国"咨商"。[107]

(3) 第2条第3款、第56条第2款之适用

仲裁庭认为,英国宣布海洋保护区无疑业已影响毛里求斯的权利。在查戈斯群岛领海内毛里求斯的捕鱼权业已被剥夺。蓝开斯特大宅会议中,英国承诺最终将查戈斯群岛归还毛里求斯。影响查戈斯群岛未来可能的"使用"的决定,遂关乎毛里求斯利益。海洋保护区的宣布势必影响查戈斯群岛归还毛里求斯时的"情况"。因此,仲裁庭认为毛里求斯的权利是实质性的。基于善意原则及《公约》之要求,毛里求斯有权自英国获得相应程度的"顾及"。[108] 仲裁庭梳理2009年2月到2010年4月英国宣布海洋保护区前的做法及两国咨商的记录,认为英国未满足

---

[105] Chagos Marine Protected Area Arbitration (Mauritius v. United Kingdom), Award of 18 March 2015, para. 516.

[106] Ibid., para. 517.

[107] Ibid., paras. 518-519.

[108] Ibid., para. 521.

"咨商"的基本目的,因为它没有提供给毛里求斯充足的信息,双方也没有进行"讲理"的意见交换。2009年7月21日会议呈现的误解,即可证明。英国的言行让毛里求斯产生合理"期待":在宣布海洋保护区前,还有回应及交换意见的机会。当英国在2010年4月1日宣布海洋保护区时,毛里求斯期待落空。[109] 记录也显示英国并未对毛里求斯尽到"适当顾及"的义务,因为英国并未平衡其利益与毛里求斯基于"蓝开斯特会议承诺"所获得的权利。英国基于错误的前提而宣布海洋保护区,即毛里求斯在查戈斯群岛领海内没有捕鱼权。英国未经毛里求斯确认,还作出"海洋保护区有利于毛里求斯"的结论。相较于英国跟美国就此交换意见时充分考虑美国的权利,仲裁庭认定英国未尽"适当顾及"毛里求斯权利的义务。因此,英国违反《公约》第2条第3款、第56条第2款,海洋保护区之宣布遂与《公约》相违。[110]

(4) 第194条之解释及适用

仲裁庭认为第194条第5款彰显了第194条不仅涉及海洋污染,还关切海洋生态系统的养护与维护。海洋保护区于是成为该条规范的维护海洋环境的措施。[111] 仲裁庭不认为英国在实施不久的海洋保护区一事上违反第194条第1款(在能力所及的程度内尽力协调各国政策的义务),因为该条款要求的是"未来时"。[112] 但是,仲裁庭认为英国违反第194条第4款(各国采取措施防止、减少或控制海洋环境的污染时,不应对其他国家依照本公约行使其权利并履行其义务所进行的活动有"不当的干扰")。仲裁庭认为"不应有不当干扰"的义务,在功能上,等同于"适当顾及"及"本于善意行事"的义务。其都需要平衡不同国家相冲突的权利,需要衡量干扰的程度、是否存在其他做法、各国所享有的权利及政策的相对重要性等因素。不过,第194条第4款要求英国衡量的事项有点不同。该条要求衡量"其他国家进行的活动",而非"其他国家所享的权利本身"。英国承诺包含的毛里求斯未来可以收回查戈斯群岛以及石油矿产的利益,都属未来时。因此,仲裁庭认定仅有毛里求斯在该群岛领海所行使的捕鱼权,需要英国避免"不当干扰"。仲裁庭并

---

[109] Chagos Marine Protected Area Arbitration (Mauritius v. United Kingdom), Award of 18 March 2015, para. 534.
[110] Ibid., paras. 535-536.
[111] Ibid., para. 538.
[112] Ibid., para. 539.

不排除海洋保护区的环保考量可能将对于毛里求斯渔权的伤害合理化。但是,这样的理由必须通过解释,让毛里求斯明白。英国亦应探寻其他伤害较小的做法,不过,从记录中看不出英国有这样的努力。因此,英国宣布海洋保护区有违《公约》第 194 条第 4 款,且未尊重毛里求斯在群岛领海的捕鱼权。[113]

(5) 第 300 条扮演的角色

仲裁庭面对许多关于海洋保护区的内部资料,这些资料无法证明海洋保护区有隐藏动机或不良目的。既已裁定英国宣布海洋保护区违反《公约》第 2 条第 3 款、第 56 条第 2 款、第 194 条第 4 款,遂无须探究第 300 条或"权利之滥用"。

三、评 论

本案管辖权及实体裁决多处值得深入推敲。限于篇幅,仅指出三例。

就管辖权的部分而言,毛里求斯第三项诉求被仲裁庭认定为"不存在争端"。仲裁庭的判断标准若适用到"南海仲裁案",菲律宾的第 3 项、第 4 项、第 6 项、第 7 项诉求(涉及 9 个中国占领的海上地物的个别法律地位)可能被裁定为不存在争端。本案仲裁庭判断的标准为:"要观察双方是否存在此项诉求所提之争端,应观察双方'就此议题'的'历来主张',即毛里求斯启动仲裁前后的双方立场。"第三项诉求曰:"英国不得采取任何行动妨碍大陆架界限委员会对毛里求斯依据《公约》第 76 条针对查戈斯群岛向大陆架界限委员会所提之任何正式划界案给予建议。"文字呈现的争端是:英国主张"有意愿或准备在大陆架界限委员会采取杯葛行动",而毛里求斯主张"英国无权在大陆架界限委员会杯葛毛里求斯的外大陆架划界案"。仲裁庭发现,英国"并未也无意在大陆架界限委员会"杯葛毛里求斯划界案,故第三项诉求不存在争端。

这个争端恐由毛里求斯律师挑起。两国原有共识为英国要促成毛里求斯在大陆架界限委员会提出外大陆架划界案。毛里求斯在大陆架界限委员会提出"初步信息"时,英国遂不予杯葛。毛里求斯起诉状居然将

---

[113] Chagos Marine Protected Area Arbitration (Mauritius v. United Kingdom), Award of 18 March 2015, paras. 540-541.

"英国不杯葛"当成"英国承认毛里求斯对于查戈斯群岛的外大陆架享有主权权利"的证据。英国对此予以澄清:"英国才是对查戈斯群岛的外大陆架享有主权权利的一方,英国在大陆架界限委员会不杯葛毛里求斯,是有权利而不行使,而非没权利而不得行使。"毛里求斯应料到此发展,顺势推出第三项诉求,本质和第一项、第二项诉求完全相同。毛里求斯律师搬弄是非、操弄文字、创造诉求。他们也参与"南海仲裁案",值得警惕。

毛里求斯第一项、第二项诉求,仲裁庭认定涉及领土争端,超越管辖权范围。仲裁庭的判断标准,跟一年后宣判的"南海仲裁案"有别,[114] 值得注意。英国主张两个诉求"实质上为主权诉求",毛里求斯不以为然。仲裁庭需"定性"争端。判断标准是:"在依据客观基础判定双方争端时,虽应关注原告所选所拟的争端,更要检验双方的立场。"在司法程序中,要"抽离出案件的真正争端,指出诉求的目标"[115]。本案双方官方记录显示存在关于查戈斯群岛的主权争端。双方也争执"谁才是查戈斯群岛周围海域的沿海国"?为了对争端定性,仲裁庭必须衡量"主权争端"与"沿海国谁属之争端"孰轻孰重。资料显示,双方争执重点在于查戈斯群岛的领土主权归属。很少证据显示毛里求斯对于英国在查戈斯群岛履行《公约》一事特别关心。主权争端才是争端的正确定性,"沿海国谁属之争端"仅为主权争端的一个表象。[116] 仲裁庭遂无管辖权。

本案仲裁庭关于定性争端的标准还有第二段:若是"主权争端"在双方争执的比重,比"《公约》的解释或适用的争端"轻,则后者是争执的重心,仲裁庭对此有管辖权。"仲裁庭依据第288条第1款获得的管辖权,涵盖为解决后者所必要的'事实发现'或是'附属的法律判断'。"[117] 也就是说在这种情况下,仲裁庭可以解决相关的"主权争

---

[114] "南海仲裁案"就管辖权和可受理性问题的裁决第153段:"倘若仲裁庭被说服而认为(a)解决菲律宾诉求之前,仲裁庭需对主权作出明示或默示的判断;或(b)菲律宾诉求的真正目标是提升该国在主权争端中的地位,仲裁庭则可认定菲律宾诉求能被解读为跟主权相关。"

[115] Chagos Marine Protected Area Arbitration (Mauritius v. United Kingdom), Award of 18 March 2015, para. 208.

[116] Ibid., paras. 211-212.

[117] Chagos Marine Protected Area Arbitration (Mauritius v. United Kingdom), Award of 18 March 2015, para. 220. 仲裁庭援引 Certain German Interests in Polish Upper Silesia, Preliminary Objections, Judgment of 25 August 1925, P. C. I. J., Series A, No. 6, p. 4 at p. 18。

端"。这个标准对中国不利。

就实体部分的裁决而言,仲裁庭对于《公约》第 56 条第 2 款的解释与适用,若适用到"南海仲裁案"的第一项、第二项诉求(关于中国在菲律宾专属经济区内的历史性权利的主张,是否不符合《公约》)中,可能产生不同的结果。仲裁庭认为第 56 条第 2 款规定沿海国在专属经济区的特定义务:"沿海国(在本案指英国)在专属经济区内根据本公约行使其权利和履行其义务时,应适当顾及其他国家(在本案指毛里求斯)的权利和义务……"英国宣布海洋保护区业已影响毛里求斯在查戈斯群岛周围 200 海里内的权利。毛里求斯此权利并非来自《公约》,而源自英国在蓝开斯特大宅会议上的"承诺"。毛里求斯这样的权利表示沿海国在其专属经济区内,可以将《公约》制度外的权利"让与"其他国家,使得其他国家在沿海国的专属经济区内的历史性权利主张取得合法性基础。

基本上,《公约》的专属经济区制度就沿海国而言,是权利而非义务。沿海国可以完全不使用这套权利,也可以部分使用这套权利。英国在查戈斯群岛周围,不宣布专属经济区,而宣布环境保护区及渔业养护管理区,就是最好的例子。进一步而言,在 200 海里内沿海国的不完全行使专属经济区权利,可能通过"让与"其他国家《公约》未赋予的权利,使其他国家获得《公约》限度外的"额外权利"来表现。这种做法,只要不影响其他《公约》缔约国的权利,都是合法的。

四、附　录

(一) 中英案件全名

1. 中文案件全名:查戈斯海洋保护区案(毛里求斯诉英国)
2. 英文案件全名:Chagos Marine Protected Area Arbitration (Mauritius v. United Kingdom)

(二) 案件的标准引用

PCA Case No. 2011-03, Chagos Marine Protected Area Arbitration (Mauritius v. United Kingdom), Award of 18 March 2015, available at https://files.pca-cpa.org/pcadocs/MU-UK%2020150318%20Award.pdf.

(三) 主要参考文献

1. Qu Wensheng, "The Issue of Jurisdiction Over Mixed Disputes in the Chagos Marine Protection Area Arbitration and Beyond", *Ocean Development and International Law*, Vol. 47, 2016, pp. 40-51.

2. Thomas Appleby, "The Chagos Marine Protected Arbitration—A Battle of Four Losers?", *Journal of Environmental Law*, Vol. 27, pp. 529-540.

3. Stefan A. G. Talmon, "The Chagos Marine Protected Area Arbitration: A Case Study of the Creeping Expansion of the Jurisdiction of UNCLOS Part XV Courts and Tribunals", *International & Comparative Law Quarterly*, Vol. 65, 2016, pp. 927-951.

4. Stephen Allen, *The Chagos Islanders and International Law*, Oxford: Hart Publishing, 2014.

5. Natalie Klein, Some Lessons from Mauritius v. UK for Philippines v. China, ILA Reporter, available at http://ilareporter.org.au/2015/04/some-lessons-from-mauritius-v-uk-for-philippines-v-china-natalie-klein/.

6. Peter Tzeng, "Jurisdiction and Applicable Law under UNCLOS", *The Yale Law Journal*, No. 1, October 2016, avialable at https://www.yalelawjournal.org/comment/jurisdiction-and-applicable-law-under-unclos.

(四) 与本案主题相关的重要引用案件

1. Guyana v. Suriname, Award of 17 September 2007, PCA Award Series, p. 1, RIAA, Vol. XXX, p. 1.

2. M/V Saiga (No. 2) (Saint Vincent and the Grenadines v. Guinea), Judgment, ITLOS Reports 1999, p. 10.

3. Arctic Sunrise (Kingdom of the Netherlands v. Russian Federation), Provisional Measures, Order of 22 November 2013, ITLOS Reports 2013, p. 230, at para. 33.

4. MOX Plant Case (Ireland v. United Kingdom), Order of 24 June 2003, PCA Award Series, p. 47, at p. 52, para. 19.

5. Application of the Convention on the Prevention and Punishment of the

Crime of Genocide (Bosnia and Herzegovina v. Serbia and Montenegro), Judgment, I. C. J. Reports 2007, p. 43, at p. 104, para. 147.

6. Eurotunnel (Channel Tunnel Group and France-Manche v. UK and France), Partial Award of 30 January 2007, PCA Award Series, p. 61, 132 ILR p. 1, at p. 54, para. 152.

7. Application of the International Convention on the Elimination of all Forms of Racial Discrimination (Georgia v. Russian Federation), Preliminary Objections, Judgment, I. C. J. Reports 2011, p. 183, at p. 185, para. 7.

8. Fisheries Jurisdiction (Spain v. Canada), Jurisdiction of the Court, Judgment, I. C. J. Reports 1998, p. 432, at p. 448, para. 30.

9. Nuclear Tests (New Zealand v. France), Judgment, I. C. J. Reports 1974, p. 457, at p. 466, para. 30.

10. Certain German Interests in Polish Upper Silesia, Preliminary Objections, Judgment of 25 August 1925, P. C. I. J., Series A, No. 6, p. 4, at p. 18.

11. Barbados/Trinidad and Tobago, Award of 11 April 2006, PCA Award Series, p. 1, RIAA, Vol. XXVII, p. 147.

12. Southern Bluefin Tuna (New Zealand v. Japan, Australia v. Japan), Award of 4 August 2000, RIAA, Vol. XXIII, p. 49.

13. Interhandel Case, Judgment of 21 March 1959, I. C. J. Reports 1959, p. 6, at p. 24.

14. Ambatielos Case (merits: obligation to arbitrate), Judgment of 19 May 1953, I. C. J. Reports 1953, p. 10, at p. 18.

15. Indus Waters Kishenganga Arbitration (Pakistan v. India), Partial Award of 18 February 2013, PCA Award Series, p. 81, at pp. 291-292, para. 450.

16. Pulp Mills on the River Uruguay (Argentina v. Uruguay), Judgment, I. C. J. Reports 2010, p. 14, at p. 83, para. 205.

17. Armed Activities on the Territory of the Congo (New Application: 2002) (Democratic Republic of the Congo v. Rwanda), Jurisdiction and Admissibility, Judgment, I. C. J. Reports 2006, p. 6, at p. 39, para. 88.

18. Mavrommatis Palestine Concessions, Jurisdiction, Judgment of 30 August 1924, P. C. I. J., Series A, No. 2, p. 6, at p. 13.

19. Land Reclamation by Singapore in and around the Straits of Johor

(Malaysia v. Singapore), Provisional Measures, Order of 8 October 2003, ITLOS Reports 2003, p. 10.

(五) 案件中的重要缩略语

EEZ　Exclusive Economic Zone　专属经济区
MPA　Marine Protected Areas　海洋保护区
PCA　Permanent Court of Arbitration　常设仲裁法院
BIOT　British Indian Ocean Territory　英属印度洋领地
CLCS　Commission on the Limits of the Continental Shelf　联合国大陆架界限委员会
UNFSA　Agreement for the Implementation of the Provisions of the United Nations Convention on the Law of the Sea of 10 December 1982 relating to the Conservation and Management of Straddling Fish Stocks and Highly Migratory Fish Stocks　《执行1982年12月10日〈联合国海洋法公约〉有关养护和管理跨界鱼类种群和高度洄游鱼类种群的规定的协定》
PCIJ　Permanent Court of International Justice　常设国际法院
ICJ　The International Court of Justice　国际法院
ILC　International Law Commission of the United Nations　联合国国际法委员会

（高圣惕）

次区域渔业委员会咨询意见案

（2015 年）

2013.03.28 咨询意见请求由次区域渔业委员会常务秘书提交法庭
2013.12.19 第一轮书面意见提交截止日期
2014.03.14 第二轮书面意见提交截止日期
2014.09.02 法庭开庭进行庭审
2015.04.02 法庭就本案发表咨询意见

关键词：非法、未报告和无管制的捕鱼（IUU Fishing）；次区域渔业委员会（Sub-Regional Fisheries Commission）；船旗国责任（Obligations of the Flag State）；沿海国权利与义务（Rights and Obligations of the Coastal State）；国际海洋法法庭全庭（ITLOS Full Tribunal）；咨询管辖权（Advisory Jurisdiction）

一、案件背景

非法、未报告和无管制的捕鱼[1]（Illegal, Unreported and Unregulated

---

[1] 非法、未报告和无管制的捕鱼这一概念最早是由南极海洋生物资源养护委员会（CCAMLR）在 1997 年年会上提出，用以表示各种非正常捕鱼行为。2001 年 3 月，联合国粮农组织（FAO）渔业委员会通过《预防、阻止和消除非法、未报告和无管制的捕鱼国际行动计划》（International Plan of Action to Prevent, Deter and Eliminate Illegal, Unreported and Unregulated Fishing, IPOA-IUU），并作出以下定义：
非法捕鱼：1. 在一国管辖水域内，未经许可捕鱼或违法捕鱼；2. 悬挂区域性国际渔业组织会员国国旗的渔船违反了该组织的养护管理规定或违反国际法相关规定；3. 违反区域性国际渔业组织合作国的国内法规或国际义务。
未报告捕鱼：1. 违反国内法规，未向相关国家主管机关报告或进行虚假报告；2. 在区域性国际渔业组织规范所辖水域内，违反该组织报告程序、未报告或进行虚假报告。
无管制捕鱼：1. 在区域性国际渔业组织规范所辖水域内，无国籍船舶或该组织非会员国船舶或其他渔业机构所从事的违反该组织渔业养护管理措施的活动；2. 对非养护管理措施所适用区域的渔业资源，从事违背国际法下有关渔业资源养护国家责任的渔业活动。International Plan of Action to Prevent, Deter and Eliminate Illegal, Unreported and Unregulated Fishing, http://www.fao.org/3/contents/faadeaa5-d06e-5df3-9cea-14a536d66cf5/y1224e00.htm.

fishing，IUU fishing）是一个全球性问题，不仅严重危及鱼类种群的养护与可持续发展，而且对海洋生态环境、粮食安全及经济发展均造成负面影响。长期以来，西非国家专属经济区内的非法、未报告和无管制捕鱼活动尤为猖獗。1985 年，佛得角、冈比亚、几内亚、几内亚比绍、毛里塔尼亚、塞内加尔和塞拉利昂七个西非国家缔结条约，成立"次区域渔业委员会"[2]（Sub-Regional Fisheries Commission，以下简称"委员会"），以促进渔业合理开发和养护方面的合作。

2013 年 3 月 27 日至 28 日，委员会举行第 14 次部长级会议。此次会议通过决议，根据《关于在次区域渔业委员会成员国管辖海域内确定最低限度捕捞和开发渔业资源的公约》（Convention on the Definition of the Minimum Access Conditions and Exploitation of Fisheries Resources within the Maritime Zones under the Jurisdiction of SRFC Member States，以下简称《最低限度捕捞和开发渔业资源公约》）第 33 条[3]和《国际海洋法法庭规则》(以下简称《法庭规则》) 第 138 条[4]，授权该委员会常务秘书（Permanent Secretary）请求国际海洋法法庭（以下简称"法庭"）就四个问题发表咨询意见：

---

[2] 次区域渔业委员会是一个旨在促进渔业合作、共同管理、开发和养护渔业资源的政府间国际组织，成立于 1985 年，总部位于塞内加尔首都达喀尔。

[3] 《关于在次区域渔业委员会成员国管辖海域内确定最低限度捕捞和开发渔业资源的公约》缔结于 1993 年，修订于 2012 年。修订后的公约第 33 条原文为："Article 33 Submissions of matters to the International Tribunal for the Law of the Sea for Advisory Opinion the Conference of Ministers of the SRFC may authorize the Permanent Secretary of the SRFC to bring a given legal matter before the International Tribunal of the Law of the Sea for advisory opinion." See ITLOS, https：//www.itlos.org/fileadmin/itlos/documents/cases/case_ no. 21/Convention_ CMA_ ENG. pdf.

[4] 《国际海洋法法庭规则》第 138 条规定，如果与公约目的有关的国际协定专门规定了向法庭提交发表咨询意见的请求，则法庭可以就某一法律问题发表咨询意见；咨询意见的请求应由经授权的任何实体送交法庭，或根据协定向法庭提出请求。"Article 138 1. The Tribunal may give an advisory opinion on a legal question if an international agreement related to the purposes of the Convention specifically provides for the submission to the Tribunal of a request for such an opinion. 2. A request for an advisory opinion shall be transmitted to the Tribunal by whatever body is authorized by or in accordance with the agreement to make the request to the Tribunal. 3. The Tribunal shall apply mutatis mutandis articles 130 to 137." See ITLOS, https：//www.itlos.org/fileadmin/itlos/documents/basic_ texts/Itlos_ 8_ E_ 17_ 03_ 09. pdf.

（1）当悬挂其旗帜的船舶在第三国专属经济区内从事非法、未报告和无管制的捕鱼活动时，船旗国负有何种义务？

（2）当悬挂其旗帜的船舶从事非法、未报告和无管制的捕鱼活动时，船旗国应在何种程度上承担责任？

（3）在船旗国或国际机构的船舶依据一项国际协定获得捕捞许可证的情况下，若该船舶违反沿海国渔业法律，那么船旗国或国际机构是否应负有责任？

（4）在确保有关共享鱼类种群和涉及共同利益的鱼类种群，特别是那些小型中上层鱼类和金枪鱼的可持续管理方面，沿海国具有哪些权利和义务？[5]

委员会常务秘书在向法庭递交的2013年3月27日信件中指出，委员会部长级会议根据《法庭规则》第138条和《国际海洋法法庭规约》（以下简称《法庭规约》）第20条[6]（后更正为第21条[7]）授权其向法庭递交关于请求法庭发表咨询意见的申请书。

2013年3月28日，法庭收到申请书。该咨询意见请求被法庭列为第21号案。

---

[5] Request for Advisory Opinion Submitted by the Sub-Regional Fisheries Commission, Advisory Opinion, 2 April 2015, ITLOS Reports 2015, pp. 6-8. See ITLOS, https://www.itlos.org/fileadmin/itlos/documents/cases/case_ no. 21/advisory_ opinion_ published/2015_ 21-advop-E. pdf.

[6] "Article 20 Access to the Tribunal 1. The Tribunal shall be open to States Parties. 2. The Tribunal shall be open to entities other than States Parties in any case expressly provided for in Part XI or in any case submitted pursuant to any other agreement conferring jurisdiction on the Tribunal which is accepted by all the parties to that case." See Annex Ⅵ United Nations Convention on the Law of the Sea, UN, http://www.un.org/Depts/los/convention_ agreements/texts/unclos/unclos_ e. pdf.

[7] "Article 21 Jurisdiction The jurisdiction of the Tribunal comprises all disputes and all applications submitted to it in accordance with this Convention and all matters specifically provided for in any other agreement which confers jurisdiction on the Tribunal." See Annex Ⅵ United Nations Convention on the Law of the Sea, UN, http://www.un.org/Depts/los/convention_ agreements/texts/unclos/unclos_ e. pdf.

二、审理程序

2013年5月24日，法庭发布程序令，根据《法庭规则》第133条第3款[8]，邀请《联合国海洋法公约》（以下简称《公约》）缔约国、次区域渔业委员会及其他有关政府间国际组织就上述几个问题发表书面意见，提供有关信息，截止日期为2013年11月29日。

2013年11月28日，法庭书记官处收到来自非《公约》缔约国美国的书面意见。11月29日，世界自然基金会（World Wide Fund for Nature，WWF）请求法庭准许其作为"法庭之友"（amicus curiae）递交书面意见。

12月3日，书记官处告知各缔约国、委员会和有关政府间国际组织，将把美国提交的书面意见公布于法庭网站，其法律地位于后续阶段再予以考虑。12月4日，书记官处通知世界自然基金会，由于其书面意见并未按照《法庭规则》第133条的方式提交，因此不得被纳入本案程序；但仍可以散发给已提交书面意见的各缔约国、委员会及政府间国际组织，并公布于法庭网站。同日，法庭又发出程序令，根据《法庭规则》第133条第3款的规定将提交书面意见的截止日期延长至2013年12月19日。[9]

12月20日，法庭发布程序令，根据《法庭规则》第133条第3款，

---

[8] "Article 133 3. States Parties and the organizations referred to in paragraph 2 shall be invited to present written statements on the question within a time-limit fixed by the Chamber or its President if the Chamber is not sitting. Such statements shall be communicated to States Parties and organizations which have made written statements. The Chamber, or its President if the Chamber is not sitting, may fix a further time-limit within which such States Parties and organizations may present written statements on the statements made." Rules of the Tribunal, ITLOS, https://www.itlos.org/fileadmin/itlos/documents/basic_texts/Itlos_8_E_17_03_09.pdf.

[9] 在该期限内，共有22个《公约》缔约方提交书面意见，包括：沙特阿拉伯、德国、新西兰、中国、索马里、爱尔兰、密克罗尼西亚、澳大利亚、日本、葡萄牙、智利、阿根廷、英国、泰国、荷兰、欧盟、古巴、法国、西班牙、黑山、瑞士和斯里兰卡。有7个国际组织也在上述期限内提交了书面意见，包括：次区域渔业委员会、太平洋岛国论坛渔业局（Forum Fisheries Agency）、世界自然保护联盟（IUCN）、加勒比区域渔业组织（Caribbean Regional Fisheries Mechanism）、联合国（UN）、联合国粮农组织（FAO）、中美洲渔业和水产养殖组织（Central American Fisheries and Aquaculture Organization）。

缔约国、委员会及有关政府间国际组织可以于 2014 年 3 月 14 日前向法庭提交第二轮书面意见。在上述期限内，共有 5 个缔约方提交第二份书面意见，包括：欧盟、荷兰、新西兰、泰国、英国。1 个国际组织（次区域渔业委员会）提交第二份书面意见。

2014 年 4 月 1 日，法庭作出决定，由于美国是 1995 年《执行 1982 年 12 月 10 日〈联合国海洋法公约〉有关养护和管理跨界鱼类种群和高度洄游鱼类种群的规定的协定》缔约国，因此其提交的书面意见应被视为本案书面文件的一部分，并公布于法庭网站。

4 月 14 日，法庭发布程序令，根据《法庭规则》第 133 条第 4 款[10]，确定 2014 年 9 月 2 日为开庭日期，并邀请缔约国、委员会和有关政府间国际组织参加。

6 月 23 日，世界自然基金会致信法庭书记官处，请求作为法庭之友参加庭审并发表意见。24 日，法庭以其请求在《法庭规则》第 133 条和第 138 条上缺乏依据为由予以拒绝。

2015 年 4 月 2 日，法庭就本案发表咨询意见。

三、咨询意见

1. 管辖权

法庭在咨询意见中首先审查其是否具备咨询管辖权。

法庭先考察与授予其咨询管辖权有关的三个条款，即《法庭规约》第 16 条[11]和第 21 条以及《法庭规则》第 138 条。法庭指出，各缔约国对于法庭是否拥有咨询管辖权存在分歧。

反对者的主要理由是，《公约》中没有任何条款，通过明示或默示的方式，涉及法庭全庭（full tribunal）的咨询管辖权；在《公约》并未

---

[10] "Article 133 4. The Chamber, or its President if the Chamber is not sitting, shall decide whether oral proceedings shall be held and, if so, fix the date for the opening of such proceedings. States Parties and the organizations referred to in paragraph 2 shall be invited to make oral statements at the proceedings." See Rules of the Tribunal, ITLOS, https：//www.itlos.org/fileadmin/itlos/documents/basic_texts/Itlos_8_E_17_03_09.pdf.

[11] "Article 16 Rules of the Tribunal The Tribunal shall frame rules for carrying out its functions. In particular it shall lay down rules of procedure." See Annex Ⅵ United Nations Convention on the Law of the Sea, UN, http：//www.un.org/Depts/los/convention_agreements/texts/unclos/unclos_e.pdf.

授予法庭咨询管辖权的情况下,法庭无权通过《法庭规则》第 138 条给自身赋予该管辖权。此外,反对意见认为,《法庭规约》第 21 条仅涉及诉讼管辖权,是对《公约》第 288 条的具体化,对第 21 条的解释应参照第 288 条第 2 款[12]。由于第 288 条在《公约》第十五部分"争端解决"之下,故《公约》第 288 条、《法庭规约》第 21 条应仅与法院和法庭的诉讼管辖权相关。从文本结构看,第 21 条的措辞与《国际法院规约》第 36 条第 1 款和《常设国际法院规约》第 36 条基本相同,二者均只涉及诉讼管辖权。另外,从《公约》的缔约历史来看,曾有国家意图赋予法庭咨询管辖权,但最终的《公约》文本并无明确规定法庭全庭咨询管辖权的条款。最后,反对意见认为,本案的咨询意见请求也没有满足《法庭规则》第 138 条所规定的条件。[13]

法庭认为,需要首先澄清《联合国海洋法公约》与《公约》附件六《国际海洋法法庭规约》之间的关系。《公约》第 318 条规定《公约》附件"构成《公约》整体的一部分";《法庭规约》第 1 条第 1 款亦规定"国际海洋法法庭应按照本公约与本规约的规定组成并执行职务"。因此,《法庭规约》具有与《公约》相同的法律地位。《法庭规约》第 21 条并不是《公约》第 288 条的附属条款,对前者应独立作出解释。[14]

《法庭规约》第 21 条所规定的法庭管辖权由三部分构成,分别是"一切争端"(all disputes)、"一切申请"(all applications) 以及"一切事项"(all matters)。所谓"一切争端",显然是就法庭的诉讼管辖权(contentious jurisdiction) 而言的;所谓"一切申请",涉及《公约》第十五部分所规定的"迅速释放"和"临时措施"程序。而所谓"一切事项",从措辞上来看,显然不能仅仅解释为涵盖的是诉讼案件。否则,该条款的措辞就不会将"一切事项"单独列举出来。因此,《法庭规约》

---

[12] "Article 288 Jurisdiction 2. A court or tribunal referred to in article 287 shall also have jurisdiction over any dispute concerning the interpretation or application of an international agreement related to the purposes of this Convention, which is submitted to it in accordance with the agreement." See United Nations Convention on the Law of the Sea, UN, http://www.un.org/Depts/los/convention_ agreements/texts/unclos/unclos_ e. pdf.

[13] Request for Advisory Opinion Submitted by the Sub-Regional Fisheries Commission, Advisory Opinion, 2 April 2015, ITLOS Reports 2015, pp. 15-16, paras. 40-47, ITLOS, https://www.itlos.org/fileadmin/itlos/documents/cases/case_ no.21/advisory_ opinion_ published/2015_ 21-advop-E. pdf.

[14] Ibid., p. 17, para. 52.

第 21 条能够涵盖咨询管辖权。[15]

法庭援引混合氧化物核燃料工厂案临时措施命令，指出：不同国际公约中的同一措辞不宜作同一解释。虽然《法庭规约》中采用的"一切事项"一词与《国际法院规约》和《常设国际法院规约》中采用的措辞相同，但是考虑到每一个公约的条款、目的、缔约国实践和条约之准备工作（travaux preparatoires）各有不同，出现在不同公约中的同一措辞可能具有不同的含义。以该措辞在某一个公约中的含义推断其在另一个公约中的含义是不合理的。因此，不能将《法庭规约》中"一切事项"一词的解释与《国际法院规约》或《常设国际法院规约》中同一措辞的解释等同起来。[16]

与此同时，《法庭规约》第 21 条本身并未单独创设咨询管辖权，而是"其他国际协议"将这一权能授予了法庭。从而，第 21 条与"其他国际协议"共同构成了法庭咨询权能的基础。[17] 而所谓《法庭规则》第 138 条构成法庭咨询权能法律基础的观点是不正确的，是对该条款的误解。[18] 此外，法庭发表咨询意见还应满足三项前提条件，分别是：第一，咨询请求的提出依据一项与《公约》目的有关的"国际协议"的特别规定；第二，咨询意见请求由该国际协议授权的"任何机构"向法庭提交；第三，咨询意见所提交的问题性质属于"法律问题"。[19] 就本案而言，法庭认为，《最低限度捕捞和开发渔业资源公约》与《联合国海洋法公约》的目的一致，委员会常务秘书向法庭提出咨询意见请求符合《最低限度捕捞和开发渔业资源公约》的要求，咨询意见请求中提出的四个问题均为法律问题。此外，这四个问题均与《最低限度捕捞和开发渔业资源公约》相关。因此，上述提交咨询意见的前提条件能够得到满足，法庭有权就本案发表咨询意见。[20]

2. 裁量权

《法庭规则》第 138 条中的"可以"（may）这一措辞赋予法庭发布

---

[15] Request for Advisory Opinion Submitted by the Sub-Regional Fisheries Commission, Advisory Opinion, 2 April 2015, ITLOS Reports 2015, p. 18, paras. 54-56.
[16] Ibid., p. 18, para. 57.
[17] Ibid., p. 19, para. 58.
[18] Ibid., p. 19, para. 59.
[19] Ibid., p. 19, para. 60.
[20] Ibid., pp. 19-22, paras. 61-69.

咨询意见的裁量权（discretionary power），即在法庭对某一案件的咨询管辖权已经具备的情况下，法庭亦有权拒绝发布咨询意见。一般情况下，除非存在"强有力的理由"（compelling reasons），国际司法机构不应当拒绝发表咨询意见。[21] 法庭认为，本案中委员会提出的实质问题表述清晰，无模糊或抽象的用词，法庭是以一个独立司法机构的身份审理本案，并无任何超越司法职能的行为。此外，虽然本案在一定程度上涉及《最低限度捕捞和开发渔业资源公约》非缔约国的权利义务问题，但是由于咨询意见没有法律拘束力，法庭认为是否获得非缔约国同意无关紧要。法庭还注意到，回答这些问题有助于委员会以符合《公约》有关规定的方式行使职权。[22] 因此，法庭认为本案中并不存在运用裁量权拒绝发表咨询意见的"强有力的理由"，法庭应当就委员会的请求发表咨询意见。

3. 实体问题

法庭首先指出其在本案中适用的可适用的法律（applicable law）。根据《法庭规则》第138条第3款，法庭全庭在发表咨询意见时应当比照适用（apply mutatis mutandis）海底争端分庭发表咨询意见的程序规则，即第130条至第137条。第130条第1款规定，分庭发表咨询意见时不仅受第130条至第137条约束，还应受《法庭规约》及《法庭规则》中规范诉讼案件的条款的指导。鉴于《法庭规约》第23条规定法庭应根据《公约》第293条[23]裁判一切争端和申请，因此，法庭认为，它在本案中有权适用《公约》《最低限度捕捞和开发渔业资源公约》以及其他与《公约》不相抵触的国际法规则。[24]

---

[21] Request for Advisory Opinion Submitted by the Sub-Regional Fisheries Commission, Advisory Opinion, 2 April 2015, ITLOS Reports 2015, p. 22, para. 71.

[22] Ibid., pp. 22-23, paras. 72-77.

[23] "Article 293 Applicable law 1. A court or tribunal having jurisdiction under this section shall apply this Convention and other rules of international law not incompatible with this Convention. 2. Paragraph 1 does not prejudice the power of the court or tribunal having jurisdiction under this section to decide a case ex aequo et bono, if the parties so agree." UN, http://www.un.org/Depts/los/convention_agreements/texts/unclos/unclos_e.pdf.

[24] Request for Advisory Opinion Submitted by the Sub-Regional Fisheries Commission, Advisory Opinion, 2 April 2015, ITLOS Reports 2015, p. 24, paras. 80-84, ITLOS, https://www.itlos.org/fileadmin/itlos/documents/cases/case_no.21/advisory_opinion_published/2015_21-advop-E.pdf.

(1) 关于第一个问题

第一个问题是：当悬挂其旗帜的船舶在第三国专属经济区内从事非法、未报告和无管制的捕鱼活动时，船旗国负有何种义务？

法庭首先对该问题的范围进行界定。法庭认为，该问题限于非《最低限度捕捞和开发渔业资源公约》缔约国作为船旗国的船只在次区域渔业委员会成员国专属经济区内从事非法、未报告和无管制的捕鱼活动而产生的责任问题。[25]

接下来，法庭回顾了《公约》的目的和宗旨以及对专属经济区的有关规定。《公约》序言指出，本《公约》的目标是"为海洋建立一种法律秩序"，以便利"海洋资源的公平而有效的利用，海洋生物资源的养护以及研究、保护和保全海洋环境"。因此，沿海国为养护专属经济区生物资源、保护和保全专属经济区海洋环境而根据《公约》制定的国内法律与规章，构成依据《公约》建立的当代海洋法律秩序的组成部分，其他缔约国应予遵守。[26]《公约》第61条授权沿海国决定其专属经济区内生物资源的可捕量；第62条要求沿海国在没有能力捕捞全部可捕量的情形下，应通过协定或其他安排，准许其他国家捕捞可捕量的剩余部分；同时，第73条授权沿海国为确保其依照本《公约》制定的法律和规章得到遵守可采取必要的措施，包括登临、检查、逮捕和进行司法程序。因此，沿海国在《公约》下的首要责任是采取必要措施防止和消除非法、未报告和无管制的捕鱼行为。[27]

法庭接下来从两个方面探讨委员会提出的第一个问题，即缔约国在《公约》下养护和管理海洋生物资源的一般义务，以及船旗国在第三国专属经济区内的具体义务。法庭注意到，《公约》并没有条款直接涉及非法、未报告和无管制捕鱼的船旗国责任。而关于船旗国的一般义务，规定于《公约》第91条、第92条、第94条、第192条和第193条。《公约》第94条列举了船旗国的义务，包括采取本条款所列各项必要措施，对其船只实施有效管辖和控制。第192条和第193条规定各国有保护和保全海洋环境的义务，以及依据其环境政策并按照其保护和保全海

---

[25] Request for Advisory Opinion Submitted by the Sub-Regional Fisheries Commission, Advisory Opinion, 2 April 2015, ITLOS Reports 2015, pp. 25-26, paras. 85-89.

[26] Ibid., p. 30, para. 102.

[27] Ibid., pp. 30-31, paras. 104-107.

洋环境的职责开发其自然资源的主权权利。此外,《公约》第 58 条第 3 款、第 62 条第 4 款规定了船旗国在沿海国专属经济区内的义务,特别是与捕鱼活动有关的义务。[28] 根据上述条款,船旗国有义务采取必要措施确保悬挂其旗帜的船只及船上人员不从事非法、未报告和无管制的捕鱼活动。[29]

法庭借鉴了海底争端分庭在担保国责任咨询意见案中对确保义务(responsibility to ensure)的阐述。海底争端分庭认为,确保义务并不要求国家管控之下的个人或组织遵守某项义务的结果得以实现,而是要求国家采取足够的措施、用尽一切方法、最大限度地保证该结果的实现。在国际法上,国家的此种义务被称为行为义务(obligation of conduct)或尽职义务(obligation of due diligence)。[30] 在本案中,船旗国有责任确保对悬挂其旗帜的船舶行使有效的管辖和控制,确保该船舶遵守沿海国采取的关于渔业养护措施的法律法规,这种确保责任为船旗国创设了尽职义务(due diligence obligation),具体包括:第一,船旗国有义务采取必要措施,包括强制措施,确保悬挂其旗帜的船舶遵守次区域渔业委员会颁布的旨在保护其会员国专属经济区内海洋生物资源的法律与规章,以实现这种资源的良好养护与管理;第二,船旗国有义务根据《公约》第 58 条第 3 款、第 62 条第 4 款以及第 192 条的规定,采取必要措施,确保悬挂其旗帜的船舶不在次区域渔业委员会成员国的专属经济区内从事非法、未报告和无管制的捕鱼活动;第三,船旗国有义务采取必要的行政措施以确保悬挂其旗帜的船舶不在委员会成员国的专属经济区内从事损害船旗国关于保护和保全海洋环境义务的活动。[31]

此外,法庭回顾了混合氧化物核燃料工厂案中所提到的合作义务(duty to cooperate),认为该义务同样适用于本案,即如果船旗国收到来自委员会成员国的报告,称有悬挂其旗帜的船舶在委员会成员国的专属经济区中从事非法、未报告和无管制的捕鱼活动,船旗国有义务配合次区域渔业委员会对此进行调查。如有必要,船旗国有义务采取一切补救

---

[28] Request for Advisory Opinion Submitted by the Sub-Regional Fisheries Commission, Advisory Opinion, 2 April 2015, ITLOS Reports 2015, pp. 31-32, 33-35, paras. 109-111, 115-123.
[29] Ibid., pp. 35-36, para. 124.
[30] Ibid., pp. 36-37, paras. 125-128.
[31] Ibid., pp. 37-39, paras. 129-136.

措施来扭转形势，并将其有关行动告知委员会成员国。[32]

（2）关于第二个问题

第二个问题是：当悬挂其旗帜的船舶从事非法、未报告和无管制的捕鱼活动时，船旗国应在何种程度上承担责任？

法庭认为，船旗国责任并非天然源自悬挂其旗帜的船舶未能遵守次区域渔业委员会成员国关于专属经济区捕鱼活动的法律和规章，因为违反这些法律和规章的行为本身并不能归咎于船旗国。但如果船旗国未能就悬挂其旗帜的船舶在委员会成员国专属经济区内非法捕鱼活动采取必要的和恰当的措施，则要承担相应责任，成员国可以指控船旗国未能履行国际义务。然而，如果船旗国已经采取一切必要的和适当的措施，尽力确保悬挂其旗帜的船舶不从事非法捕鱼活动，则不应承担责任。此外，法庭还强调，船舶从事非法、未报告和无管制的捕鱼活动的频率及方式与船旗国是否违反尽职义务之间没有关系，不影响沿海国对于船旗国违反尽职义务的判定。[33]

（3）关于第三个问题

第三个问题是：在船旗国或国际机构的船舶依据一项国际协定获得捕捞许可证的情况下，若该船舶违反沿海国渔业法律，船旗国或国际机构是否应负有责任？

法庭认为，考虑到欧盟是《公约》目前唯一的国际组织成员，因此法庭在此部分只讨论欧盟渔船（union fishing vessel）在委员会成员国专属经济区内从事非法、未报告和无管制捕捞时，欧盟的国际责任问题。国际组织因为违反国际义务而承担国际责任的问题与其权限相关。国际组织运用其在渔业事项方面的专属权限（exclusive competence）与委员会成员国缔结了渔业准入协定，准许悬挂该国际组织成员国旗帜的船舶进入委员会成员国的专属经济区从事捕捞活动，那么，船旗国的义务就变成了该国际组织的义务。作为与委员会成员国缔结渔业准入协定的缔约方，该国际组织应当确保悬挂其成员国旗帜的船舶遵守委员会成员国的渔业法律法规，不在委员会成员国的专属经济区内从事非法、未报告和无管制的捕鱼活动。当悬挂国际组织成员国旗帜的船舶违反了渔业准

---

[32] Request for Advisory Opinion Submitted by the Sub-Regional Fisheries Commission, Advisory Opinion, 2 April 2015, ITLOS Reports 2015, pp. 39-40, paras. 139-140.

[33] Ibid., pp. 41-42, paras. 144-150.

入协定中的义务,从事非法、未报告和无管制的捕捞时,根据条约的相对性原理,应当由国际组织而非其成员国承担相应的国际责任。欧盟对其成员国的渔业资源养护和管理享有专属权限,因此,如果欧盟没有尽到尽职义务,确保欧盟渔船遵守委员会成员国颁布的关于渔业资源养护的法律法规,委员会成员国可以要求欧盟承担相应的国际责任。另外,委员会成员国有权根据《公约》附件九第 6 条第 2 款的规定要求欧盟或对特定违法事项负有责任的欧盟成员国(该国应为《公约》缔约国)提供必要信息,以便利调查工作。双方若未能在合理期限内提供必要信息或提供的信息互相矛盾,欧盟应当与该成员国承担连带责任。[34]

(4)关于第四个问题

第四个问题是:在确保有关共享鱼类种群和涉及共同利益的鱼类种群,特别是那些小型中上层鱼类和金枪鱼的可持续管理方面,沿海国具有哪些权利和义务?

法庭首先界定了"共享种群"和"共同利益种群"的概念,认为这两个概念实际上涵盖了《公约》第 63 条第 1 款所规定的"出现在两个或两个以上沿海国专属经济区的种群或出现在专属经济区内而又出现在专属经济区外的邻接区域内的种群"[35]。法庭认为,对于上述鱼类种群,次区域渔业委员会成员国有义务进行协调,采取必要措施确保这些鱼类种群的养护和可持续管理,确保专属经济区内生物资源不受过度捕捞危害。法庭认为,虽然《公约》是从沿海国的义务的角度来规定海洋生物资源的养护和管理问题,但这些义务同时赋予了沿海国相应的权利,沿海国关于渔业资源养护的权利和义务问题具有同质性。[36]

法庭在本咨询意见中列举了沿海国关于共享种群和共同利益种群的可持续管理的具体义务,包括:第一,与国际组织的合作义务。在适当的情况下,委员会成员国有义务与各主管的次区域、区域或全球性国际组织进行合作,通过适当的养护和管理措施,确保其专属经济区内的共享种群的维持不受过度捕捞的危害。第二,设法就必要措施达成协议的义务。若鱼类种群同时出现在次区域渔业委员会两国或多个成员国专属

---

[34] Request for Advisory Opinion Submitted by the Sub-Regional Fisheries Commission, Advisory Opinion, 2 April 2015, ITLOS Reports 2015, pp. 44-49, paras. 158-174.

[35] Ibid., pp. 50-51, paras. 183-186.

[36] Ibid., pp. 53-55, paras. 197-206.

经济区内,则这些会员国应根据《公约》第63条第1款的规定,直接或通过适当的次区域、区域组织,设法就必要措施达成协议,以便协调并确保这些鱼类种群的养护和开发。第三,对于金枪鱼种群保护的合作义务。对于具有高度洄游特征的金枪鱼类,次区域渔业委员会成员国应根据《公约》第64条第1款的规定,直接或通过适当的国际组织进行合作,以确保在专属经济区内外的整个区域内,该鱼类种群的养护符合最适度利用的目标。[37] 法庭认为,上述第二项、第三项义务是尽职义务,委员会成员国应当按照《公约》的要求开展有意义的善意协商,各方应当付出实质性的努力,采取必要的有效措施,防止对相关鱼类种群的过度捕捞,协调和确保共享种群的养护和发展。

法庭认为,相关国家之间就共享渔业资源的养护和管理以及促进渔业资源的最佳利用的合作是《公约》中一个较为完善的原则。虽然法庭对本案的咨询管辖权限于《最低限度捕捞和开发渔业资源公约》的适用范围,即委员会成员国的专属经济区内,但是为了使共享渔业资源的养护和管理措施更加有效,对于同时出现在委员会成员国的专属经济区和该区域之外的邻接区域的共享种群,委员会成员国与在此区域从事捕捞活动的船舶的船旗国应当设法就必要措施达成协议,养护该区域中的共享种群。就金枪鱼种群而言,委员会成员国有权通过相关的次区域或区域组织,寻求与在其管辖海域内捕捞金枪鱼的非成员国进行合作。[38]

四、评 论

(一) 关于国际海洋法法庭全庭的咨询管辖权

本案的首要问题是,《法庭规则》第138条赋予法庭自身咨询管辖权,是否具有国际法依据。中国、英国、法国等《公约》缔约国以及美国在书面意见中明确指出法庭行使咨询管辖权的法律依据不足。而德国、澳大利亚、日本、欧盟等缔约方以及联合国、联合国粮农组织等国际组织则认为法庭应当发表咨询意见。

---

[37] Request for Advisory Opinion Submitted by the Sub-Regional Fisheries Commission, Advisory Opinion, 2 April 2015, ITLOS Reports 2015, pp. 55-56, para. 207.

[38] Ibid., pp. 57-59, paras. 213-218.

法庭在本案咨询意见中虽然首次明确了全庭拥有咨询管辖权，但对该管辖权的法理基础的论证仍显不足，特别是对部分缔约国提出的以下关切和质疑未能给予令人信服的阐述：从约文上来看，《公约》仅仅授权法庭海底争端分庭享有咨询管辖权；而《公约》中可能被解释为赋予法庭咨询管辖权的条款，包括第 288 条第 2 款、附件六（《法庭规约》）第 21 条以及附件九（国际组织的参加）[39]，均不具备授权法庭咨询权能的意图和效果；此外，以默示权能理论作为法庭享有咨询管辖权的依据也不充分。

首先，第 288 条在《公约》第十五部分（争端的解决）第二节"导致有拘束力裁判的强制程序"之下。按照既已确立的国际实践，除条约特别规定外，咨询意见并不具有法律拘束力。此外，咨询意见所处理的"法律问题"（legal questions）也不属于"争端"（disputes）的范畴，《公约》第 191 条授权海底争端分庭咨询管辖权的措辞证明了在《公约》框架下也存在这种区分。因此，《公约》第 288 条第 2 款不能作为法庭咨询管辖权的法律基础。

其次，作为对事管辖权（ratione materiae jurisdiction）条款，《法庭规约》第 21 条区分了三种类型的案件：根据本《公约》提交的"一切争端"和"一切申请"以及根据其他国际协议之规定将管辖权授予法庭的"一切事项"。在《公约》框架下，"一切争端"显然是指法庭的诉讼管辖权。而"一切申请"，虽然在受理案件范围上可能更广泛，但由于有"根据本《公约》"这一限制，将"一切申请"解释为包括咨询管辖权必须有《公约》条款明示规定为基础。而《公约》约文中使用"申请"一词的条款限于第 292 条（迅速释放程序）和第 294 条（临时措施程序）。关于"一切事项"，同样的措辞也存在于《国际法院规约》第 36 条第 1 款中。[40] 根据国际法院的有关实践，"一切事项"是指通过当事国缔结特别协议的方式授予法院诉讼管辖权。而法院的咨询管辖权也从未被认为来源于本条款"一切事项"这一措辞。因此，《法庭规约》

---

[39] "Annex Ⅸ. Participation by International Organizations", See United Nations Convention on the Law of the Sea, UN, http://www.un.org/Depts/los/convention_agreements/texts/unclos/unclos_e.pdf.

[40] "Article 36 (1) The jurisdiction of the Court comprises all cases which the parties refer to it and all matters specially provided for in the Charter of the United Nations or in treaties and conventions in force." See Statute of the International Court of Justice, I.C.J., http://www.icj-cij.org/en/statute.

第 21 条也不能作为咨询管辖权的法律基础。

再次,《公约》附件九第 7 条第 2 款[41]仅仅规定的是国际组织作为当事方的案件的争端解决程序,不涉及任何咨询程序。

最后,关于国际法院和法庭的默示权能,国际法院在核试验案中对其含义进行了阐释。法院认为,默示权能应从属于法院的首要管辖权(primary jurisdiction),构成法院行使职能的必要条件。而咨询管辖权本身就是法院的首要管辖权,是一项与诉讼管辖权地位相同的权能,在性质上既非为诉讼管辖权的顺利行使而存在,也非为司法机关的职能而存在。因此,无法依据默示权能理论赋予法庭咨询管辖权。

在本案中,次区域渔业委员会所提交的问题是一个《公约》框架下具有普遍意义的问题,而授予法庭发表咨询意见的《最低限度捕捞和开发渔业资源公约》仅有七个成员国。法庭必然面临的一个问题是,其发表的咨询意见可能涉及上述七国外某些国家之间的悬而未决的争端。在这种情形下,法庭应避免发表咨询意见。法庭并未考虑此种可能的情况。而咨询意见的法律拘束力与"国家同意"的关系问题,在国际司法实践中,是与咨询意见所涉潜在当事方是否为授予法院咨询权能的国际条约的缔约国这一条件相关联的,特别是与国际法院作为联合国主要司法机关的性质相关联的,[42]而非独立的,更非唯一的前提条件。法庭在本案中对裁量权的考察所适用的基本法理有舍本逐末之嫌。

值得注意的是,法庭在本案咨询意见中对自身咨询管辖权存在与否这一争论多年的根本性问题仅仅用了 2—3 个段落就予以确认,且在实证和推理基础十分薄弱的情况下连续使用了三个"一定"(should/must)的措辞。这可能在未来引起缔约国更多不满,也增加了法庭公信力受损的风险。

因此,法庭全庭咨询管辖权的未来走向仍值得关注。恰当的做法是在各缔约国协商一致后以修订《公约》的方式,通过明示的条款授予法庭咨询管辖权。在修订新的条款前,法庭全庭应避免再行使咨询管辖权。从而避免在有关案件中突破"国家同意原则",成为一国不经另一国同

---

[41] "Article 7 Settlement of disputes 2. Part XV applies mutatis mutandis to any dispute between Parties to this Convention, one or more of which are international organizations." See United Nations Convention on the Law of the Sea, UN, http://www.un.org/Depts/los/convention_agreements/texts/unclos/unclos_e.pdf.

[42] See Applicability of Article VI, Section 22, of the Convention on the Privileges and Immunities of the United Nations, Advisory Opinion, I. C. J. Reports 1989, p. 177.

意就将它们之间的争端交由法庭裁判的"简便工具"。

(二) 关于船旗国的尽职义务和国家责任

本案首次将国家责任与《公约》结合起来，阐明船旗国对于悬挂其旗帜的船舶从事非法、未报告和无管制的捕鱼所承担的尽职义务与国家责任问题。根据《公约》的规定，船旗国对于悬挂其旗帜的船舶负有"确保"责任，船旗国的"确保"责任为其创设了尽职义务。该尽职义务并不要求船旗国确保其管辖之下的船舶完全禁止在他国专属经济区从事非法、未报告和无管制的捕鱼行为，而是要求船旗国采取足够的措施、用尽一切方法、最大限度地保证其管辖之下的船舶不在他国专属经济区从事这种非法行为。只要船旗国能够证明自身已经采取一切必需的和适当的措施以履行尽职义务，则可以免除承担国际责任。换言之，船旗国的国际责任不在于其是否实现了禁止其管辖之下的船舶的非法捕捞，而在于其是否采取了足够的措施来制止非法捕捞。

船舶在他国的专属经济区从事非法、未报告和无管制的捕鱼无疑是一个私人行为，该违法行为不能直接归责于船旗国，因此沿海国不可因悬挂一国旗帜的船舶在其管辖海域从事非法捕捞而直接追究船旗国的国家责任。但是因为船旗国的"确保"责任，船旗国与悬挂其旗帜的船舶产生了事实上的联系。由于这种联系没有能够达到可以将船舶的违法行为直接归因于船旗国的程度，所以不应当要求船旗国对悬挂其旗帜的船舶的一切非法捕捞行为承担国际责任。但是，在发生了非法捕捞的情况下，船旗国不承担国际责任对于沿海国不公平，船旗国承担国际责任又对其本身不公平，因此，法庭采取了折中的办法，即在肯定船旗国应当承担国际责任的前提下，向船旗国施加一个相对较轻的行为义务而非结果义务。只要船旗国能够证明其切实履行了相关的尽职义务，对悬挂其旗帜的船舶实施了有效的管控或执法行为，则船旗国可以免责。

五、附 录

(一) 中英案件全名

1. 中文案件全名：次区域渔业委员会咨询意见案

2. 英文案件全名: Request for Advisory Opinion Submitted by the Sub-Regional Fisheries Commission (SRFC)

(二) 案件的标准引用

Request for Advisory Opinion Submitted by the Sub-Regional Fisheries Commission, Advisory Opinion, 2 April 2015, ITLOS Reports 2015, p. 4.

(三) 主要参考文献

1. Ki-Jun You, "Advisory Opinions of the International Tribunal for the Law of the Sea: Article 138 of The Rules of the Tribunal", *Ocean Development and International Law*, Vol. 39, 2008.

2. Tafsir Malick Ndiaye, "The Advisory Function of the International Tribunal for the Law of the Sea", *Chinese Journal of International Law*, 2010.

3. P. Chandrasekhara Rao and Ph. Gautier (ed.), *The Rules of the International Tribunal for the Law of the Sea: A Commentary*, Martinus Nijhoff Publishers, 2006.

4. 谭畅:《分区域渔业委员会提交的咨询意见请求案评析》,《武大国际法评论》, 2015 年第 2 期。

(四) 与本案主题相关的重要引用案件

1. MOX Plant (Ireland v. United Kingdom), Provisional Measures, Order of 3 December 2001, ITLOS Reports 2001, p. 95.

2. Responsibilities and Obligations of States with Respect to Activities in the Area, Advisory Opinion, 1 February 2011, ITLOS Reports 2011, p. 10.

3. Accordance with International Law of the Unilateral Declaration of Independence in Respect of Kosovo, Advisory Opinion, 22 July 2010.

4. Western Sahara, Advisory Opinion, I. C. J. Reports 1975, p. 12.

5. Legality of the Use by a State of Nuclear Weapons in Armed Conflict, Advisory Opinion, I. C. J. Reports 1996, p. 66.

6. Conditions of Admission of a State to Membership in the United Nations (Article 4 of the Charter), Advisory Opinion, 1948, I. C. J. Reports 1947-1948, p. 57.

7. Interpretation of Peace Treaties with Bulgaria, Hungary and Romania, First Phase, Advisory Opinion, I. C. J. Reports 1950, p. 65.

8. M/V "Virginia G" (Panama v. Guinea-Bissau), Judgment of 14 April 2014.

9. Southern Bluefin Tuna (New Zealand v. Japan; Australia v. Japan), Provisional Measures, Order of 27 August 1999, ITLOS Reports 1999, p. 280.

10. Pulp Mills on the River Uruguay (Argentina v. Uruguay), Judgment, I. C. J. Reports 2010, p. 14.

(五) 案件中的重要缩略语

ITLOS　International Tribunal for the Law of the Sea　国际海洋法法庭

UNCLOS　United Nations Convention on the Law of the Sea　《联合国海洋法公约》

ILC　International Law Commission　国际法委员会

IUU fishing　Illegal, Unreported and Unregulated fishing　非法、未报告和无管制的捕鱼

SRFC　Sub-Regional Fisheries Commission　次区域渔业委员会

CRFC　Convention on the Definition of the Minimum Access Conditions and Exploitation of Fisheries Resources within the Maritime Zones under the Jurisdiction of SRFC Member States　《关于在次区域渔业委员会成员国管辖海域内确定最低限度捕捞和开发渔业资源的公约》

WWF　World Wide Fund for Nature　世界自然基金会

IUCN　International Union for Conservation of Nature　世界自然保护联盟

FAO　Food and Agriculture Organization of the United Nations　联合国粮农组织

(叶　强)

"南海仲裁案"
(菲律宾诉中国)

(2016 年)

2013.01.23 菲律宾启动强制仲裁，任命沃尔夫鲁姆作为代表菲律宾的仲裁员

2013.02.19 中国正式拒绝菲律宾之仲裁要求

2013.03.23 国际海洋法法庭庭长（日本籍）任命斯坦尼斯洛·帕夫拉克为仲裁员

2013.03.25 菲律宾请求国际海洋法法庭庭长任命其余三名仲裁员

2013.04.24 国际海洋法法庭庭长任命让-皮埃尔·科特、阿尔弗雷德·松斯、平托为仲裁员

2013.05.21 平托辞去仲裁员职务

2013.06.02 国际海洋法法庭庭长任命托马斯·门萨为第五名仲裁员

2013.07.11 五名仲裁员决定使用常设仲裁法庭作为本案登记处

2013.08.27 仲裁庭制定程序规则，并要求菲律宾于 2014 年 3 月 30 日前提交诉状

2014.12.05 越南外交部就本案声明支持菲律宾立场，即仲裁庭对菲律宾提出的争端具备管辖权

2014.12.07 中国提出《中华人民共和国政府关于菲律宾共和国所提南海仲裁案管辖权问题的立场文件》，主张仲裁庭对本案无管辖权，但不代表中国参与及接受仲裁

2014.12.17 仲裁庭要求菲律宾在 2015 年 3 月 15 日前回答 26 个问题，作为"追加书面论点"。仲裁庭也要求中国收到菲律宾"追加书面论点"后，在 2015 年 6 月 15 日前回应

2015.03.16 菲律宾提交"追加书面论点"

2015.07.07—13 举行本案第一次庭审,听取立场文件所质疑的管辖权、可受理性问题及其他管辖权及可受理性问题的两造口头论点。中国缺席

2015.10.29 仲裁庭就本案管辖权和可受理性问题作出裁决。判决主文并未对中方提出的三个管辖异议给出判定,而是把菲律宾15项诉求全部送进第二阶段实体审判

2015.11.24—30 举行第二阶段庭审会,听取双方关于剩余的管辖权及可受理性问题,以及实体问题的口头论点。中国缺席,菲律宾提出额外诉求

2016.07.12 仲裁庭作出剩余管辖权及可受理性以及实体问题的裁决。在菲律宾所提总共15项诉求中,仅有第14(a)、(b)、(c)项及第15项诉求没有通过管辖权及可受理性的门槛。其余诉求的实体问题,仲裁庭给出对菲律宾有利的裁决。所有裁决均为全体一致通过

关键词:南海争端(South China Sea Disputes);《公约》附件七仲裁庭(UNCLOS – Annex Ⅶ Arbitral Tribunal);南海断续线(Nine Dash Line);历史性权利(Historic Rights)

一、案件背景

(一) 2013年菲律宾诉求声明的五类诉求

中菲南海领土及划界争端,始于20世纪70年代菲律宾窃占中国南沙群岛之岛礁。2013年1月23日,菲律宾在完全未跟中国讨论的情况下,递交一份外交照会给中国驻菲大使,援引《联合国海洋法公约》(以下简称《公约》)第287条及附件七的相关规定,启动了对中国的强制仲裁。[1] 该外交

---

[1] 菲律宾启动强制仲裁的官方声明,参见http://www.imoa.ph/statement-by-secretary-of-foreign-affairs-albert-del-rosario-on-the-unclos-arbitral-proceedings-against-china-to-achieve-a-peaceful-and-durable-solution-to-the-dispute-in-the-wps/。

照会涵盖一份《诉求声明》[2]（The Notification and Statement of Claim），攻击中国在南海东部由"九段线"（南海断续线）涵盖的部分海域，亦即菲律宾群岛基线向西 200 海里的海域（以下简称"南海东部"）内的海域主张。菲律宾主张：仲裁庭应宣告南海东部属于菲律宾之专属经济海域。[3]《诉求声明》提出五类诉求：

第一，中国在南海地区的海域权利，仅系依据《公约》所建立的各类海域，即领海、毗连区、专属经济区及大陆架。中国在南海地区依据"九段线"所建立的海域主张违反《公约》，在法律上无效。[4]

第二，美济礁（Mischief Reef）[5]、西门礁（McKennan Reef）、南薰礁（Gaven Reef）及渚碧礁（Subi Reef）系于高潮时没入海面的海中地物，不得被认定属《公约》第 121 条所定义之岛屿或岩礁。这四个海中地物均不位于中国的大陆架当中。美济礁与西门礁实为菲律宾的大陆架的组成部分。中国在这四个海中地物上的占领及建筑行为，为非法作为，应予终止。[6]

第三，黄岩岛（Scarborough Shoal）、赤瓜礁（Johnson Reef）、华阳礁（Cuarteron Reef）与永暑礁（Fiery Cross Reef）应视为满足《公约》第 121 条第 3 款的岩礁，仅可主张领海，但中国违法使用这四个岩礁主张 12 海里以外的海域管辖权。中国应避免在黄岩岛及赤瓜礁周边海域妨碍菲律宾渔船捕捞海中生物资源，中国亦应避免在这些岩礁及其周边海域从事其他不符合《公约》之行为。[7]

第四，菲律宾依据《公约》有权自其群岛基线主张 12 海里领海、200 海里专属经济区及大陆架。中国在菲律宾有权主张的专属经济区及

---

[2] 《诉求声明》（The Notification and Statement of Claims, issued by Department of Foreign Affairs of Republic of the Philippines in Manila to the Embassy of the People's Republic of China in Manila）序号为 13-0211，发布日期为 2013 年 1 月 22 日，参见 http：//webcache.googleusercontent.com/search? q = cache：http：//www.philippineembassy-usa.org/uploads/pdfs/embassy/2013/2013-0122-Notification% 2520and% 2520Statement% 2520 of% 2520Claim% 2520on% 2520West% 2520Philippine% 2520Sea.pdf&gws_ rd = cr&dcr = 0&ei = p6woWrm6BMXK0ATM943gBg。

[3] 《诉求声明》第 31、41 段。

[4] 同上。

[5] 此处关于南海岛礁的英文名称并非中国地名标准名称。本文保留原文中的英文用法，仅为便于读者查找对照。下同。——编者注

[6] 《诉求声明》第 31、41 段。

[7] 同上。

大陆架内违法主张及开发有生命及无生命的天然资源，并妨碍菲律宾人民在该海域开发有生命及无生命的天然资源。[8]

第五，中国在菲律宾的专属经济区之内与之外的海域中违法干涉菲律宾依据《公约》有权行使的航行自由及其他权利。中国应终止此类非法行为。[9]

2013年2月19日，中国正式拒绝菲律宾之仲裁要求，[10] 理由包括：中国2006年之书面声明涵盖了菲律宾提交仲裁的争端，故仲裁庭对菲律宾提起的争端缺乏管辖权。因中国不接受、不参与该仲裁，2013年6月25日，仲裁庭在适用"不到庭"之规定的情况下确定第五名仲裁员。

（二）2014年菲律宾诉状的15项诉求

菲律宾在2014年3月30日配合仲裁庭要求，提交诉状[11]，内含15项诉求：

> （1）中国在南海区域的海域权利，如同菲律宾，不得超越《公约》规定及容许的范围。
>
> （2）中国以"九段线"作为南海主权权利、管辖权及历史性权利主张的外部界线。就其超越《公约》容许中国主张海域管辖权的法律及地理限度之部分，违反《公约》，无合法性。

---

[8]《诉求声明》第31、41段。

[9] 同上。

[10] See the statement made on 19 February 2013 by the spokesman of the Foreign Ministry of China (English translation): "China's position on the South China Sea issue is clear and consistent. China's sovereignty over the Nansha Islands and their adjacent waters is based on sufficient historical and jurisprudential evidence. Meanwhile, bearing in mind the larger interests of China-Philippines relations and regional peace and stability, China has always been committed to solving disputes through bilateral negotiations and has made unremitting efforts to safeguard stability in the South China Sea and promote regional cooperation. It is also the consensus reached by ASEAN (Association of Southeast Asian Nations) countries and China in the Declaration on the Conduct of Parties in the South China Sea (DOC) to resolve disputes through negotiations between directly concerned sovereign states. The Philippines' note and its attached notice not only violate the consensus, but also contain serious errors in fact and law as well as false accusations against China, which we firmly oppose." Available at: http://www.fmprc.gov.cn/eng/xwfw/s2510/2511/t1015317.shtml.

[11] 菲律宾所提诉状内容参见 https://files.pca-cpa.org/pcadocs/Memorial%20of%20the%20Philippines%20Volume%20I.pdf。

（3）黄岩岛不得产生专属经济区及大陆架之海域权利。

（4）美济礁、仁爱礁（Second Thomas Shoal）及渚碧礁为低潮高地（Low Tide Elevations，LTE），不得产生领海、专属经济区及大陆架，这些海中地物，不得借由占领或其他作为而主张领有。

（5）美济礁及仁爱礁属于菲律宾的专属经济区及大陆架的一部分。

（6）南薰礁及西门礁［包括东门礁（Hughes Reef）］属于低潮高地，不得产生领海、专属经济区及大陆架，但其低潮线可作决定鸿麻岛（Namyit Island）与景宏岛（Sin Cowe Island）的领海基线之用。

（7）赤瓜礁、华阳礁及永暑礁不得产生专属经济区及大陆架。

（8）中国违法干涉菲律宾在其专属经济区及大陆架内针对生物及非生物的天然资源享有及行使主权权利。

（9）中国未能阻止其国民及所属渔船在菲律宾的专属经济区内对生物资源进行开发捕捞，违反国际法。

（10）中国违法妨碍菲律宾渔民在黄岩岛求生计而进行传统捕鱼。

（11）中国未能在黄岩岛及仁爱礁完全履行对海洋环境的保护及保全之《公约》义务。

（12）中国在美济礁的占领及建设行为：（a）违反《公约》对于建筑人工岛、设施与结构的规定；（b）违反中国对于海洋环境的保护及保全的《公约》义务；（c）违反《公约》，构成违法的侵占。

（13）中国执法船在黄岩岛周边海域以危险的方式航行，几乎碰撞在该海域航行的菲律宾船舶，违反《公约》义务。

（14）自菲律宾于2013年1月启动仲裁时起，中国违法地恶化并扩大下列（及其他）的争端：（a）在仁爱礁上及周边水域妨碍菲律宾的航行权；（b）阻止菲律宾驻守仁爱礁人员的换防及运补；（c）危及菲律宾驻守仁爱礁人员的健康及福祉。

（15）中国应终止此类非法主张及作为。[12]

---

［12］ 菲律宾所提诉状，第271—272页。

以上 15 个诉求大体上维持了菲律宾 2013 年《诉求声明》当中要求的架构。《诉求声明》中第四类主张在菲律宾诉状的诉求中看似消失，但菲律宾法律论点及诉状中的几张附图却显示，"中国在南海东部无权主张专属经济区及大陆架"被菲律宾用来作为其诉状的前提。此外，《诉求声明》中第五类要求，在诉状中变成第 13 项及第 14（a）项诉求。《诉求声明》中第二类要求，即低潮高地的部分，在诉状中增加了仁爱礁，另增加 2013 年 1 月之后两国在仁爱礁的海上冲突。

（三）2014 年 12 月中国公布《立场文件》

中华人民共和国政府拒绝参加仲裁，也拒绝提交辩诉状。在不改变立场的情况下，中国政府于 2014 年 12 月 7 日对外公布了《中华人民共和国政府关于菲律宾共和国所提南海仲裁案管辖权问题的立场文件》（以下简称《立场文件》）。重点如下：

菲律宾提请仲裁事项的实质是南海部分岛礁的领土主权问题，超出《公约》的调整范围，不涉及《公约》的解释或适用；以谈判方式解决有关争端是中菲两国通过双边文件和《南海各方行为宣言》所达成的协议，菲律宾单方面将中菲有关争端提交强制仲裁违反国际法；即使菲律宾提出的仲裁事项涉及有关《公约》解释或适用的问题，也构成中菲两国海域划界不可分割的组成部分，而中国已根据《公约》的规定于 2006 年作出声明，将涉及海域划界等事项的争端排除适用仲裁等强制争端解决程序。因此，仲裁庭对菲律宾提起的仲裁明显没有管辖权。基于上述，并鉴于各国有权自主选择争端解决方式，中国不接受、不参与菲律宾提起的仲裁有充分的国际法依据。[13]

虽然，《立场文件》并非中国的辩诉状，仲裁庭却将此文件视为中国在本仲裁案中挑战仲裁庭管辖权的初步反对意见，并决定在 2015 年 7 月举行的第一阶段庭审中讨论《立场文件》，以及其他关于菲律宾所提诉求的管辖权与可受理性的事项。[14]

---

[13]《中华人民共和国政府关于菲律宾共和国所提南海仲裁案管辖权问题的立场文件》（2014 年 12 月 7 日），https：//www.fmprc.gov.cn/nanhai/chn/snhwtlcwj/t1368888.htm。

[14] 参见仲裁庭于 2015 年 4 月 22 日发出的新闻通知，https：//pcacases.com/web/sendAttach/1298。

(四) 2015 年 11 月菲律宾最终诉求

菲律宾在 2015 年 11 月举行的第二阶段庭审中,对第 11 项、第 14 项、第 15 项诉求进行增补,其余诉求不变。兹罗列菲律宾最后诉求(final submissions)第 11 项、第 14 项、第 15 项:

(11) 中国未能在黄岩岛、仁爱礁、华阳礁、永暑礁、南薰礁、赤瓜礁、东门礁、渚碧礁完全履行对海洋环境的保护及保全之《公约》义务。

(14) 自菲律宾于 2013 年 1 月启动仲裁时起,中国违法地恶化并扩大下列(及其他)的争端:(a)在仁爱礁上及周边水域妨碍菲律宾的航行权;(b)阻止菲律宾驻守仁爱礁人员的换防及运补;(c)危及菲律宾驻守仁爱礁人员的健康及福祉;(d)在美济礁、华阳礁、永暑礁、南薰礁、赤瓜礁、东门礁、渚碧礁从事捞泥、人工造岛及建设行动。

(15) 中国应尊重菲律宾依据《公约》所享的权利及自由,应遵守己方所负《公约》之义务,包括在南海与海洋环境的保护及保全相关的义务,应依据《公约》在适当顾及菲律宾权利及自由的情况下,在南海行使己方的权利及自由。[15]

二、裁　决

(一) 中国在南海断续线内的历史性权利主张(第 1 项、第 2 项诉求)

1. 管辖权及可受理性问题
(1)《管辖权及可受理性裁决》[16]
菲律宾第 1 项诉求主张:"中国在南海区域的海域权利,如同菲律

---

[15] Ninth Press Release on 30 November 2015, available at, http://www.pcacases.com/web/sendAttach/1524, last visited 26 July 2016.

[16] 2015 年 10 月 29 日,仲裁庭就本案管辖权和可受理性问题作出裁决,以下简称《管辖权及可受理性裁决》。

宾，不得超越《公约》规定及容许的范围。"菲律宾第 2 项诉求主张："中国以'九段线'作为南海主权权利、管辖权及历史性权利主张的外部界限。就其超越《公约》容许中国主张海域管辖权的法律及地理限度之部分，违反《公约》，无合法性。"[17] 两个诉求的目的，在于反映中国援引历史性权利作为其在断续线内括海域行使管辖权的法律基础，由此产生"合法性"争端。《管辖权及可受理性裁决》裁定这两个诉求足以反映中菲争端，而且这类争端系涉及《公约》的解释或适用，同时不涉及主权[18]及海域划界[19]。

《管辖权及可受理性裁决》第 164 段提道："……菲律宾第 1 项、第 2 项诉求反映了南海中关于海域权利的法源争端，以及中国历史性权利主张与《公约》条文彼此互动的争端。"[20]

《管辖权及可受理性裁决》要求仲裁庭考虑及裁定中国在南海当中对海域权利的历史性权利主张，其"法律效果"以及"合法性"[21]。仲裁庭认可菲律宾的想法，即"中国业已于'断续线'内括海域主张海域管辖权，而其法律基础系习惯国际法中的历史性权利之规则"[22]。菲律宾反对中国关于法源的选择，即中国选择援引（有别于《公约》的）习惯国际法来合法化其在"断续线"内括海域的海域管辖权，因此中菲间遂生关于"法源"的争端。仲裁庭的裁定系基于 2009 年到 2011 年中菲之间的四个外交照会。

（2）《实体裁决》[23]的剩余管辖权问题

仲裁庭在《实体裁决》中提出三个例子叙述中国南海海域主张的本

---

[17] 《管辖权及可受理性裁决》，第 101 段。
[18] 《管辖权及可受理性裁决》第 153 段指出判断标准："倘若仲裁庭被说服而认为（a）解决菲律宾诉求之前，仲裁庭需对主权作出明示或默示的判断；或（b）菲律宾诉求的真正目标是提升该国在主权争端中的地位，仲裁庭则可认定菲律宾诉求能被解读为跟主权相关。"
[19] 同上，第 398—399 段。
[20] "... the Philippines' Submissions No. 1 and 2 reflect a dispute concerning the source of maritime entitlements in the South China Sea and the interaction of China's claimed 'historic rights' with the provisions of the Convention."参见《管辖权及可受理性裁决》，第 64 页。
[21] 《管辖权及可受理性裁决》，第 398—399 段。
[22] 同上，第 400 段。
[23] 2016 年 7 月 12 日，仲裁庭就本案实体问题以及剩余管辖权和可受理性问题作出裁决，以下简称《实体裁决》。

质，[24] 证明中国系援引历史性权利（historic rights），而非被《公约》第 298 条排除管辖权的历史性所有权（historic titles），来支撑其在"断续线"内括海域中的海域管辖权。第一个例子是中国海洋石油总公司公布的 2012 年中国海域部分开放区块位置图。[25] 第二个例子是 2010—2011 年中国的三类抗议[26]：①中国抗议菲律宾所核发的第 101 号石油区块之地球物理调查与探勘合约；②中国抗议菲律宾核发的第 54 号、第 14 号、第 58 号、第 63 号开发合约以及其他在附近海域的开发合约；③中国抗议菲律宾公布的第 3 号、第 4 号石油探勘区。[27]《实体裁决》指出，中国抗议的理由是这些区块：①位于南沙群岛附近海域；②位于中国"九段线"内海域之深处；③位于中国享有历史性所有权，包括主权权利及管辖权的海域当中。[28] 第三个例子是中国在 2012 年 5 月宣布的"南海海域伏季休渔"。以上皆证明中国在《公约》授权的海域外，援引习惯国际法的历史性权利，作为海域管辖权的法律基础。[29]

《实体裁决》另提及中国屡次主张外国在南海享有航行及飞越的自由，[30] 中国遂不可能主张"断续线"内水域为主权所及的内水或领海，而系主张"断续线"内的排他的天然资源使用权。[31] 仲裁庭解释《公约》第 298 条第 1 款（a）项（i）目，认定该条文中的历史性所有权跟历史性权利有所区别，历史性所有权表示对海域主张主权。[32] 由于中国并未在"断续线"内主张主权，因此历史性所有权的排除管辖权规定，不能适用于"断续线"内中国的主张。换言之，仲裁庭对于中国在"断续线"内的历史性权利主张的合法性争端，具备管辖权。[33]

2. 实体问题

《实体裁决》针对中国在南海断续线内主张历史性权利是否符合《公约》，讨论三大问题：

---

[24]《实体裁决》，第 207 段。
[25] 同上，第 208 段，第 89 页图 3。
[26] 同上，脚注 203—205。
[27] 同上，第 209 段。
[28] 同上。
[29] 同上，第 210—211 段。
[30] 同上，第 212 段。
[31] 同上，第 213—214 段。
[32] 同上，第 216—226 段。
[33] 同上，第 229 段。

第一，《公约》，特别是其专属经济区及大陆架制度，是否容许外国在沿海国的专属经济区及大陆架中基于先前的协议或单方行为，保有对于生物及非生物资源的权利，而这些权利与《公约》不符？[34] 仲裁庭认定《公约》第 311 条（《公约》与其他公约及国际协定的关系）适用于《公约》与习惯国际法的互动关系。[35] 仲裁庭并举《公约》第 293 条第 1 款为例。[36] 此外，仲裁庭将《维也纳条约法公约》第 30 条第 2 款及第 30 条第 3 款（先后两条约的关系）适用于《公约》与习惯国际法之间的关系。[37] 最后，仲裁庭认定，中国在"断续线"内对于生物及非生物资源的排他的历史性权利主张，若超越《公约》对中国的海域权利之限制，则此历史性权利主张不兼容于《公约》。因《公约》对外国在沿海国专属经济区内可享的权利，有完整规范，外国遂无主张历史性权利的空间。[38]

第二，在《公约》对中国生效前，是否中国业已在南海岛礁的领海外取得对于生物及非生物资源的历史性权利及管辖权？[39] 仲裁庭认为，判断中国是否基于国家实践而建立历史性权利，端视国家实践是否符合当时的国际法，以及这种国家实践是否得到其他国家默认。中国基于更路簿所显示的捕鱼行为，其实是公海自由的一种展现，与国际法并无相违，不足以产生历史性权利。中国缺乏对其他国家渔民的管制行为，这使得中国主张的排他性历史性权利失去事实基础。[40]

第三，在《公约》议定后，中国在南海海域是否取得不符合《公约》的针对生物及非生物资源的权利及管辖权？如果答案是肯定的，这些权利及管辖权的建立是否与《公约》兼容？[41] 仲裁庭对此给予否定的答案。其理由是《公约》议定后，中国虽然在其专属经济区及大陆架法中规定历史性权利，但是对于此种权利的性质与限度，外国不得而知。中国在 2009 年 5 月的外交照会中首次提出"断续线"内的历史性权利，

---

[34] 《实体裁决》，第 234 段。
[35] 同上，第 235 段。
[36] 同上，第 236 段。
[37] 同上，第 237—238 段。
[38] 同上，第 261—262 段。
[39] 同上，第 234 段。
[40] 同上，第 270 段。
[41] 同上，第 234 段。

南海周边国家随即抗议,所以不存在默认。[42]

(二) 中国在南海东部控制的海上地物的法律地位(第 3 项、第 4 项、第 6 项、第 7 项诉求)

1. 管辖权及可受理性问题

菲律宾第 3 项、第 4 项、第 6 项、第 7 项诉求主张黄岩岛、赤瓜礁、华阳礁及永暑礁仅为《公约》第 121 条第 3 款所定义之"岩礁"(rocks),无权产生专属经济区及大陆架。而南薰礁、西门礁、美济礁、渚碧礁及仁爱礁仅为低潮高地,无权产生领海、专属经济区或大陆架,也不能借由占领或其他方式来主张领土主权。[43]

《管辖权及可受理性裁决》认定这四个诉求皆能反映中菲两国的争端,仲裁庭援引中菲两国在 2011 年两个外交照会的往来作为证据。[44] 此外,仲裁庭表示:海上地物的法律地位及其能产生哪种海域权利(maritime entitlement)的争端,与主权无关,也与海域划界无关。关于四个所谓岩礁的法律地位的争端,系属《公约》第 121 条的解释或适用的争端。关于五个低潮高地的法律地位的争端,属于《公约》第 13 条的解释或适用的争端。[45]

2. 实体问题

在《实体裁决》中,仲裁庭观察菲律宾第 4 项、第 6 项诉求所指的(菲律宾认为系低潮高地)美济礁、仁爱礁、渚碧礁、南薰礁及西门礁(包括东门礁)之状况。仲裁庭也观察菲律宾第 3 项、第 7 项诉求所指的(菲律宾认为系岩礁)黄岩岛、赤瓜礁、华阳礁及永暑礁之状况。仲裁庭认为中国对这些海上地物的法律地位没有具体的立场,但对个别地物缺乏细微的交换意见不影响争端之存在。[46] 仲裁庭解释《公约》第 13 条,指出海上地物的法律地位,仅能就其自然生成的状态来判断,人工改造不能将海床改变为低潮高地,也不能将低潮高地改变为岛礁。[47] 仲

---

[42] 《实体裁决》,第 275 段。
[43] 《管辖权及可受理性裁决》,第 101 段。
[44] 同上,第 66 页,脚注 133—134。
[45] 同上,第 400—401、403—404 段。
[46] 《实体裁决》,第 302 段。
[47] 同上,第 305—306 段。

裁庭认为低潮高地，就其本身而言，不能享有海域。低潮高地就法律而言，不构成陆地领土，因此不能被占领，亦不能被主张领土主权，除非该低潮高地位于领海内。[48] 仲裁庭根据卫星影像[49]、航海测量及航行指引[50]等资料，得出结论：这些海中地物中，就其自然状况而言，有6个"高潮地物"（High Tide Feature），即黄岩岛、北-南薰礁、西门礁、赤瓜礁、华阳礁与永暑礁。另外有5个低潮高地，即渚碧礁、南-南薰礁、东门礁、美济礁与仁爱礁。[51] 由此看来，菲律宾的主张全部被仲裁庭接受。但是，这些高潮地物，到底是岛屿还是岩礁，是否能够产生专属经济区及大陆架？

针对高潮地物产生海域权利的条件，《实体裁决》第六章很有争议地解释[52]《公约》第121条，以下简述之。

就《公约》的用语而言，在低潮时露出海面但是在高潮时没入水下的地物，称为低潮高地。高潮时露出水面的地物，统称为岛屿。然而，一个岛屿能产生哪些海域权利，端视第121条第3款的适用，以及该岛屿是否具备维持人类居住或其本身的经济生活的能力。在《实体裁决》第六章中，仲裁庭把符合第121条第1款岛屿定义的地物统称为高潮地物。"岩礁"则代表不能维持人类居住或其本身的经济生活的高潮地物，因此，依据第121条第3款没有资格产生专属经济区及大陆架。至于不满足"岩礁"条件的高潮地物，且依据第121条第2款可以产生如其他陆地领土产生的海域者，仲裁庭称为"具备完全权利的岛屿"（fully entitled islands）。而"岩礁"与"具备完全权利的岛屿"，构成高潮地物的两个部分。[53]

仲裁庭将其所解释的第121条适用于前述6个高潮地物，发现全部满足第121条第3款的条件（不具备维持人类居住或其本身的经济生活的能力），为"岩礁"。[54] 仲裁庭适用这样的条文到南沙群岛最大的几个海上地物，即太平岛（Itu Aba Island）、中业岛（Thi-Tu Island）、西月

---

[48] 《实体裁决》，第307—309段。
[49] 同上，第322—326段。
[50] 同上，第327—332段。
[51] 同上，第382—383段。
[52] 同上，第475—553段。
[53] 同上，第280段。
[54] 同上，第554—570段。

岛（West York Island）、南子岛（Southwest Cay）、北子岛（Northeast Cay），发现它们也满足第121条第3款的条件。仲裁庭遂作出结论，南沙群岛没有任何一个高潮地物有权产生专属经济区及大陆架。[55]

（三）美济礁与仁爱礁的法律地位（第5项诉求）

1. 管辖权及可受理性问题

（1）《管辖权及可受理性裁决》

《管辖权及可受理性裁决》第172段很有争议地解释为何菲律宾第5项诉求可以反映争端。仲裁庭认为："菲律宾这么做，在事实上，等于提交了关于中国主张的每一个位于美济礁及仁爱礁200海里之内海上地物的法律地位的争端。最起码，菲律宾提交的争端是，这些海上地物是否为岛屿从而有资格产生专属经济区及大陆架。只有在不存在海域权利重叠的情况以及中国无权主张《公约》允许范围外的海域权利的情况下（这是菲律宾第1项、第2项诉求的主题），仲裁庭始有权利对第5项诉求给予救济。"[56]

（2）《实体裁决》的剩余管辖权问题

仲裁庭在《实体裁决》第277段、第278段业已认定中国在"断续线"内缺乏历史性权利以支撑其观点：中国对于超出《公约》允许的海域范围的生物及非生物的天然资源不具有排他使用权。《公约》也不容许中国主张在其他国家专属经济区及大陆架内的排他性历史性权利。此外，《实体裁决》认定美济礁与仁爱礁为低潮高地，本身不能产生任何海域。再者，南沙群岛内任何高潮地物皆不为"具备完全权利的岛屿"。美济礁与仁爱礁周围12海里内没有可以产生领海的高潮地物。因此，美济礁与仁爱礁并不位于重叠的领海、专属经济区或大陆架之内。仲裁庭对于第5项诉求具备管辖权。[57]

2. 实体问题

《实体裁决》认定，由于南沙群岛没有任何高潮地物具备产生专属经济区及大陆架的资格，中国不可能在南沙群岛主张专属经济区及大陆架，也不可能主张扩及美济礁与仁爱礁的领海，因此这两个低潮高地属

---

[55]《实体裁决》，第577—626段。
[56]《管辖权及可受理性裁决》，第67—68页。
[57]《实体裁决》，第631—633段。

于菲律宾的专属经济区及大陆架的一部分。[58]

（四）中菲海上冲突是否仅发生在菲律宾的专属经济区当中（第 8 项、第 9 项诉求）

1. 管辖权及可受理性问题

（1）《管辖权及可受理性裁决》

菲律宾第 8 项、第 9 项诉求分别主张[59]："中国违法干涉菲律宾在其专属经济区及大陆架内针对生物及非生物的天然资源享有及行使主权权利。"[60] "中国未能阻止其国民及所属渔船在菲律宾的专属经济区内对生物资源进行开发捕捞，违反国际法。"[61] 这两个诉求的前提是：中国在南海东部，不能主张专属经济区及大陆架。[62]

《管辖权及可受理性裁决》提到这两个诉求，裁定它们不涉及主权，也与海域划界无关。菲律宾诉求之前提是中菲两国在南海东部没有专属经济区的海域权利重叠。倘若在这个海域当中，有另一个中国主张的海上地物被认定为"岛屿"，足以产生专属经济区及大陆架，那么造成的海域重叠以及《公约》第 298 条的海域划界排除管辖权条款，将阻止仲裁庭审理这两个诉求。这样的情况（海域重叠）是否会发生，端视南海海上地物的法律地位的裁决，但这项工作要放在实体审理阶段处理。[63] 这解释了为何仲裁庭将这两个诉求送进实体审理阶段。

（2）《实体裁决》的剩余管辖权问题

仲裁庭在《实体裁决》第 230—278 段业已认定中国在"断续线"内缺乏历史性权利，以支撑其主张中国对于超出《公约》允许的海域范围的生物及非生物的天然资源的排他使用权。仲裁庭认为，南沙群岛没有任何高潮地物具备产生专属经济区及大陆架的资格，所以中国不可能在南沙群岛主张专属经济区及大陆架，以此涵盖美济礁及仁爱礁这两个低潮高地以及菲律宾第 8 项诉求所涉的海域。此外，在这些发生冲突的具体位置周围 12 海里，不存在任何高潮地物有资格产生领海。因此，中

---

[58]《实体裁决》，第 646—647 段。
[59]《管辖权及可受理性裁决》，第 101 段。
[60] 同上，第 405 段。
[61] 同上，第 406 段。
[62] 同上，第 405—406 段。
[63] 同上。

国可能主张的海域均不能涵盖第 8 项诉求所涉地点。仲裁庭审理第 8—9 项诉求，不涉及海域划界的问题。仲裁庭的管辖权遂不被剥夺。[64]

2. 实体问题

仲裁庭认为，就第 8 项诉求而言，中国妨碍菲律宾开发生物及非生物的天然资源的地点[65]，皆位于菲律宾的专属经济区及大陆架内，依据《公约》，中国（作为非沿岸国）在各该地点无权干涉菲律宾（作为沿岸国）基于《公约》的主权权利。针对这些地点所发生的由菲律宾探勘开发天然资源而引起的中国的抗议及抵制，仲裁庭认定中国本于善意，使用外交渠道所做的书面及口头抗议，其本身不违反《公约》。[66] 中国使用执法船驱离负责探勘作业的承包商，直接促使菲律宾停止对天然资源的探勘，则违反《公约》第 77 条。[67] 中国 2012 年在南海实施的伏季休渔，涉及海域包括菲律宾的专属经济区，禁止捕鱼的对象不限于中国籍渔船，直接影响菲律宾渔船在菲律宾专属经济区作业的意愿，违反《公约》第 56 条。[68]

就第 9 项诉求而言，菲律宾主张中国违法地容许并（以军舰及执法船）保护中国渔船在菲律宾专属经济区内进行捕捞作业。仲裁庭同意这种主张，在《实体裁决》中认定中国违反《公约》第 58 条第 3 款"适当顾及"（due regard）沿海国主权权利之义务。[69]

（五）黄岩岛及仁爱礁海上冲突及环境问题（第 10 项、第 11 项、第 13 项诉求）

1. 管辖权及可受理性问题

（1）《管辖权及可受理性裁决》

关于中菲在黄岩岛及仁爱礁海域发生的海上冲突及环境问题，菲律宾第 10 项诉求主张："中国违法妨碍菲律宾渔民在黄岩岛求生计而进行

---

[64]《实体裁决》，第 690—694、733—734 段。
[65] 仲裁庭所说"地点"在美济礁与仁爱礁周边海域。中国另抗议菲律宾所核发的第 101 号石油区块之地球物理调查与探勘合约（GSEC101），菲律宾核发的第 58 号开发合约，菲律宾公布的第 3 号、第 4 号石油探勘区（Area 3 and Area 4 petroleum blocks）。见《实体裁决》，第 209 段、第 697 段。
[66]《实体裁决》，第 704—706 段。
[67] 同上，第 707—708 段。
[68] 同上，第 712—713 段。
[69] 同上，第 745—756 段。

传统捕鱼。"第 11 项诉求主张:"中国未能在黄岩岛、仁爱礁完全履行对海洋环境的保护及保全之《公约》义务。"[70] 第 13 项诉求主张:"中国执法船在黄岩岛周边海域以危险的方式航行,几乎碰撞在该海域航行的菲律宾船舶,违反《公约》之义务。"[71]《管辖权及可受理性裁决》裁定这三个诉求皆能反映中菲争端,这些争端与主权无关。此外,《公约》第 297 条第 1 款(c)项赋予仲裁庭管辖权以审理第 11 项诉求所反映之争端。[72]

(2)《实体裁决》对第 11 项诉求增补部分的管辖权裁定

2015 年 11 月庭审菲律宾提出最终诉求,补充第 11 项诉求。增加的部分为:"中国未能在……华阳礁、永暑礁、南薰礁、赤瓜礁、东门礁、渚碧礁完全履行对海洋环境的保护及保全之《公约》义务。"[73]《实体裁决》说:"仲裁庭鉴于证据显示中国在这 6 个海上地物上从事大规模填海造地的活动,在菲律宾提交诉状时不能预见,允许菲律宾将发生在这 6 个海上地物上影响海洋环境的事情置于第 11 项诉求中。"[74] 此外,仲裁庭不认为中国在这 6 个海上地物上的填海造地行动具备军事行动的性质,因为中国政府,包括最高领导人,屡次强调这些行为不具备军事用途。因此,《公约》第 298 条第 1 款(b)项排除管辖权的规定不能剥夺仲裁庭对于此类争端之管辖权。[75]

2. 实体问题

就第 10 项诉求而言,《实体裁决》认定,在不具备充足的文献证据的情况下,[76] 中国、越南及菲律宾之渔民皆在黄岩岛周围领海享有传统捕鱼权,这种权利是私权(private rights),有别于历史性权利或历史性所有权(那是属于国家的权利),中、菲、越等国对于外国渔民所享有的这种权利有尊重的义务。[77] 然而,自 2012 年 5 月后,中国执法船在该海域完全排除菲律宾渔民行使此项习惯国际法之权利。因此,中国违

---

[70] 在 2015 年 11 月庭审会结束前,菲律宾代表提出最终版的菲律宾诉求第 11 项。菲律宾最终诉求,参见《实体裁决》第 112 段。
[71]《管辖权及可受理性裁决》,第 101 段。
[72] 同上,第 407—408、410 段。
[73] 菲律宾最终诉求,参见《实体裁决》第 112 段。
[74] 同上,第 933 段。
[75] 同上,第 934—938 段。
[76] 同上,第 805 段。
[77] 同上,第 798 段。

反国际法中对于菲律宾渔民的传统捕鱼权的尊重义务。[78]

就第 11 项诉求而言,《实体裁决》认定,中国政府不但不阻止,反而保护其渔船捕捞濒临绝种的海洋生物(海龟、珊瑚、砗磲、鲨鱼),违反《公约》第 192 条及第 194 条第 5 款。[79] 至于菲律宾指控中国政府容忍与保护中国渔民用氢化钠毒鱼及用炸药炸鱼等,仲裁庭找不到充足证据证明中国违反《公约》。[80] 就中国在 6 个海上地物上从事大规模填海造地,仲裁庭认定中国违反《公约》第 192 条、第 194 条第 1 款及第 194 条第 5 款的对于海洋环境的保护及保全之义务,造成海洋污染。[81] 中国还违反《公约》第 197 条、第 123 条的"合作或协调他国以保护海洋环境"之义务。[82] 仲裁庭无法判定中国是否针对填海造地进行了环境影响评估,但是中国肯定没有提供环境影响评估之报告,因而违反《公约》第 206 条。[83]

就第 13 项诉求而言,其涉及中国违反对中菲两国皆有法律拘束力的 1972 年《国际海上避碰规则》(以下简称《避碰规则》),仲裁庭认定《公约》第 94 条业已将《避碰规则》的规定纳入。换言之,违反《避碰规则》的行为,等同于违反《公约》第 94 条的行为。仲裁庭为审理本诉求,聘任一名独立专家,该名专家作证指出,中国执法船在 2012 年 4 月 28 日与 5 月 26 日在黄岩岛领海内阻挡菲律宾公务船的航行,险些造成海上碰撞,因而违反《避碰规则》第 2 条、第 6 条、第 8 条、第 15 条、第 16 条规定。仲裁庭接受这样的专家证词,判定中国因为违反《避碰规则》的规定,进而违反《公约》第 94 条。[84]

(六)美济礁及仁爱礁海上冲突(第 12 项、第 14 项诉求)

1. 管辖权及可受理性问题
(1)《管辖权及可受理性裁决》
菲律宾在诉状中提出的第 12 项、第 14 项诉求分别主张[85]:"中国

---

[78]《实体裁决》第 805—812 段。
[79] 同上,第 950—966 段。
[80] 同上,第 967—975 段。
[81] 同上,第 976—983 段。
[82] 同上,第 984—986 段。
[83] 同上,第 987—991 段。
[84] 同上,第 1081—1109 段。
[85]《管辖权及可受理性裁决》,第 101 段。

在美济礁的占领及建设行为：（a）违反《公约》对于建筑人工岛、设施与结构的规定；（b）违反中国对于海洋环境的保护及保全的《公约》义务；（c）违反《公约》，构成违法的侵占[86]。""自菲律宾于2013年1月启动仲裁时起，中国违法地恶化并扩大下列（及其他）的争端：（a）在仁爱礁上及周边水域妨碍菲律宾的航行权；（b）阻止菲律宾驻守仁爱礁人员的换防及运补；（c）危及菲律宾驻守仁爱礁人员的健康及福祉。"[87]

《管辖权及可受理性裁决》第409段及第411段提到，由这两个诉求所反映的争端，无关主权，也不涉及海域划界。仲裁庭是否具备管辖权处理这两项问题，取决于美济礁及仁爱礁的法律地位的裁决（到底是低潮高地、岩礁还是岛屿）。倘若仲裁庭不接受菲律宾的主张，而判定美济礁为岛屿或岩礁，因而构成陆地领土，那么仲裁庭将缺乏管辖权来审理中国在这两个海上地物上的建筑活动以及占领活动之合法性。这两个海上地物的法律地位问题，属实体问题。此外，《公约》第298条不允许仲裁庭审理涉及军事行动的争端。仲裁庭认为中国在这两个海上地物当中的行为为何，以及这样的行为本质上是否构成军事行动等，需在实体阶段回答。[88] 因此，这两个诉求被仲裁庭移交实体审理阶段处理。

（2）《实体裁决》中的管辖权裁决

《管辖权及可受理性裁决》裁定，把中国在美济礁及仁爱礁上的行为"是否涉及第298条第1款（b）项军事行动"的问题保留到实体审理阶段处理。[89] 就第12项诉求而言，《实体裁决》考虑到中国政府官方声明指出填海造地与建设行为旨在"民用"，遂裁定：仲裁庭在中国政府最高层级官员屡屡强调"民用"的情况下，不会考虑菲律宾指责之行为涉及军事行动。第298条第1款（b）项遂无适用余地，仲裁庭的管辖权未遭排除，其有权审理此项诉求的实体问题。[90]

就菲律宾第14项诉求而言，《实体裁决》讨论菲律宾原始诉求，以及菲律宾在7月庭审提出的附加诉求。原始诉求为："自菲律宾于2013年1月启动仲裁时起，中国违法地恶化并扩大下列（及其他）的争端：

---

[86] 《管辖权及可受理性裁决》，第409段，第146页。
[87] 同上，第411段，第147页。
[88] 《管辖权及可受理性裁决》，第409、411段。
[89] 《实体裁决》，第1026、1151段。
[90] 同上，第1027—1028段。

(a) 在仁爱礁上及周边水域妨碍菲律宾的航行权;(b) 阻止菲律宾驻守仁爱礁人员的换防及运补;(c) 危及菲律宾驻守仁爱礁人员的健康及福祉。"附加要求为:"(d) 在美济礁、华阳礁、永暑礁、南薰礁、赤瓜礁、东门礁、渚碧礁从事捞泥、人工造岛及建设行动。"[91] 就第 14 项诉求 (a)、(b)、(c) 各项(原始诉求)而言,仲裁庭考虑中国的作为(而非中国的外交辞令),裁定军事行动排除管辖权条款可以适用。[92] 最重要的是:仲裁庭注意到第 298 条第 1 款 (b) 项适用于"关于"军事行动的争端,而非军事行动之争端。因此,仲裁庭考虑:相关问题为"争端本身是否涉及军事行动",而非当事国是否在此争端中通过某些方式使用军队。[93]

显然,对于"关于军事行动的争端"(disputes concerning military activities)中"关于"(concerning)的意义,仲裁庭采用广义解释。这个广义解释非常关键,它促使仲裁庭裁定对菲律宾第 14 (a)、(b)、(c) 项诉求不具管辖权,中国在仁爱礁海上冲突中,并未动用军队来妨碍菲律宾坐滩军人的补给与换防。使用"广义"解释使得中国政府此项行为被判定为"关于"军事行动的行为。[94]

然而,就中国政府在美济礁、华阳礁、永暑礁、南薰礁、赤瓜礁、东门礁、渚碧礁从事捞泥、人工造岛及建设行动的新增诉求 [第 14 (d) 项诉求],仲裁庭又回归对"关于"(concerning)一词的狭义解释,仅考虑中国政府的外交辞令,因而认定"军事行动排除管辖权条款"无适用余地。[95]

2. 实体问题

《实体裁决》就第 12 项诉求的 (b) 部分,与第 11 项诉求合并处理,裁定中国违反《公约》。[96] 另就第 12 项诉求的 (a) 及 (c) 部分,

---

[91] 菲律宾最终诉求,参见《实体裁决》第 112 段。
[92] 《实体裁决》,第 1153—1162 段。
[93] "The Tribunal notes that Article 298 (1) (b) applies to 'disputes concerning military activities' and not to 'military activities' as such. Accordingly, the Tribunal considers the relevant question to be whether the dispute itself concerns military activities, rather than whether a party has employed its military in some manner in relation to the dispute."《实体裁决》,第 1158 段。
[94] 《实体裁决》,第 1161 段。
[95] 同上,第 1164 段。
[96] 《实体裁决》,第 993 段。

仲裁庭认定中国在美济礁的填海造地行为,起初是建造"设施"(installation)或"结构"(structure),后来是建造"人工岛"(artificial island),依据《公约》第60条需要获得沿海国(仲裁庭认定为菲律宾)的同意及授权。中国在未获得菲律宾同意的情况下作为,故违反《公约》第60条。[97] 此外,仲裁庭认定美济礁作为低潮高地,属于沿海国大陆架的一部分,不能被占领或以其他方式来主张领土主权。但仲裁庭不对第2项诉求的(c)部分进行裁决。[98] 换言之,中国是否违法占领美济礁,违法在美济礁主张领土主权,仲裁庭不予回答。

就第14项诉求的实体问题,仅需讨论该项诉求的(d)部分,因为对其余部分仲裁庭无管辖权。针对仲裁案启动后,中国在美济礁、华阳礁、永暑礁、南薰礁、赤瓜礁、东门礁、渚碧礁从事捞泥、人工造岛及建设行动,是否违法地恶化并扩大两国的争端,仲裁庭首先讨论可适用的法律规范。仲裁庭援引常设国际法院对于索菲亚保加利亚电力公司案的判决、国际法院对于拉格朗案(德国诉美国)的判决,以及许多其他国际法院、国际海洋法法庭关于临时措施(provisional measures)的裁决,指出在争端解决程序进行中,两造均有义务避免采取加剧争端或是扩大争端的行为。这个义务独立于争端解决机制作出的临时性措施所施加的命令。仲裁庭还指出,许多多边公约及双边条约的争端解决条款也有类似规定,仲裁庭认为这样的义务就是《维也纳条约法公约》第26条(条约神圣义务)善意原则的具体化。仲裁庭也在《公约》第279条、第300条、第296条以及《公约》附件七第11条找到类似的规定。[99] 换言之,即便本仲裁庭没有作出临时措施,中国还是有这样的义务。菲律宾不用依据《公约》规定来申请临时措施,就可使中国负担这样的义务。

接着,仲裁庭考量中国在7个海上地物上的填海造地行为是否违反这样的义务。仲裁庭认定这样的作为使得仲裁庭在判断海上地物的法律地位的争端上,无法取得事实证据。这样的作为伤害海洋环境到不可挽回的地步,也让中国未来执行仲裁裁决更为困难。因此,仲裁庭认定中

---

[97] 《实体裁决》,第1031—1038段。
[98] 同上,第1039—1042段。
[99] 同上,第1066—1073段。

国这样的行为，违反"避免加剧及扩大争端的义务"[100]。

三、评 论

(一)"南海仲裁案"裁决关于管辖权及可受理性问题的谬误

菲律宾在本案"得胜"的关键，是"南沙群岛中无岛屿"的立场。《管辖权及可受理性裁决》用来证明菲律宾第3项、第4项、第6项、第7项诉求"可"反映争端的证据，反倒证明了中菲两国"没有"这种争端。关于9个海上地物的法律地位问题，一方面，就这些诉求的结构而论，涉及主权问题，另一方面，被《公约》第298条第1款（a）项（i）目涵盖，因为"关于"第74条、第83条的适用。《管辖权及可受理性裁决》却懒得解释第298条第1款（a）项（i）目第一句话中的"关于"一词，在不给理由的情况下把该词与"over"等同处理，背离了国际海洋法法庭"路易莎"号案的判决，以及国际法院的相关判决。《实体裁决》还扩大受托审理的目标，处理南沙群岛整体岛礁海上地物的法律地位问题，认定南沙群岛整体不能产生专属经济区及大陆架，因为南沙群岛内任一海上地物都不具备"岛屿"的条件。这个裁定：①偏离菲律宾最终诉求第3项、第4项、第6项、第7项；②违反"不告不理"原则；③违反菲律宾启动仲裁时明示的宗旨，完成了两国在南海东部的海域划界；④逾越仲裁庭管辖权的范围；⑤在中国对南沙群岛划出领海基线前，禁止中国以直线基线环绕南沙群岛而为，逾越仲裁庭作为司法机关的权限。

菲律宾第1项、第2项诉求主张中国在南海断续线内括水域缺乏可支撑该国的海域管辖权主张的历史性权利。仲裁庭使用的证据（2009年到2011年中菲之间四个外交照会）不能明确证明中菲两国存在海域主张的"法源"争端，这些证据反倒可能证明了中菲两国皆认为《公约》系各自在南沙群岛水域内主张海域权利的法律基础。中国2009年及2011年外交照会中"相关海域"（relevant water）一词，有地理上的具体界限，指2009年越南及马来西亚两国向大陆架界限委员会提交外大陆架外

---

[100]《实体裁决》，第1074—1080段。

部界限划界案涉及的两块海域。菲律宾切除"相关海域"这个词的背景,断章取义解释。仲裁庭不察,从而接受了菲律宾的谬论。

在本仲裁案中,原告只有菲律宾一个。其他南海争端声索国并未参加仲裁。仲裁庭审理的地理范围遂有界限,局限于南海东部,绝非南海断续线所有内括水域。中国政府2012年宣布的"伏季休渔"限令,适用于北纬12度以北的海域,倘若黄岩岛是岛屿,则中国无须使用历史性权利来支持此限令,历史性权利问题将变成"假议题"(mootness),不具备可受理性。《实体裁决》裁定黄岩岛不为岛屿,仅为岩礁,并证明中国主张历史性权利。然而,一个基本问题没有解决:菲律宾第3项诉求(黄岩岛的法律地位之争),根本不具备可受理性,因为缺乏争端,而且牵涉《公约》第74条、第83条的适用问题。黄岩岛的法律地位问题,仲裁庭无权审理。因此,中国是否在南海东部的北半部海域主张历史性权利,也就成为仲裁庭无法回答的问题。进而,仲裁庭在实体阶段裁决中国在南海东部当中主张历史性权利,欠缺法律基础。

依据仲裁庭自己所设的标准,菲律宾第10项、第11项、第13项诉求所述的"黄岩岛领海"海上冲突,与主权相关。被菲律宾第11项、第13项诉求所指责的中国执法船的行为,倘若考虑到中菲两国对于黄岩岛的领土争端,应被《公约》第298条第1款(b)项提及的"军事行动,包括从事非商业服务的政府船只和飞机的军事活动的争端"所涵盖。此外,菲律宾主张在黄岩岛"菲律宾领海"内有"传统捕鱼权",这两个法律主张自相矛盾,法律基础荡然无存。仲裁庭接受菲律宾主张不容于该国领海主权主张的传统捕鱼权,在法律上大有问题。

菲律宾第8项、第9项诉求指控"中国入侵菲律宾的专属经济区及大陆架",法律基础是"中国在南海东部无权主张专属经济区及大陆架"。然而,南沙群岛真的不存在岛屿吗?这是仲裁庭不能回答的问题。这使得仲裁庭无法解决菲律宾第8项、第9项诉求提出的问题。菲律宾第5项诉求,系关于"美济礁及仁爱礁是否属于菲律宾专属经济区及大陆架的一部分"。然而,这个诉求不能反映中菲间的争端,因为中国从未反对此项主张。仲裁庭以"定性"(characterization)之名,将菲律宾第5项诉求变形,将原本不能反映中菲争端的诉求修改为可以反映争端的诉求。仲裁庭此项作为,违反了不告不理原则。

菲律宾第11项、第12项、第14(d)项诉求指责的发生在华阳礁、永暑礁、南薰礁、赤瓜礁、东门礁、渚碧礁及仁爱礁上的填海造地行为所造成的环境问题，皆应被第 298 条第 1 款（b）项提及的"军事行动排除管辖权条款"所涵盖。仲裁庭忽略了南海声索国间的领土争端，以及因为领土争端导致的以填海造地作为防卫方式的必要性。南海声索国公然否认其填海造地具有军事目的、防卫目的，或否认未来可能使用造地后的军事建制收回失土的外交辞令，不应被仲裁庭当成拒绝适用"军事行动排除管辖权条款"的唯一证据，如果这种外交辞令可以被视为证据。

（二）"南海仲裁案"裁决关于实体问题的谬误

仲裁庭认为"南沙群岛中无岛屿"，关键问题在于对《公约》第 121 条的解释，仲裁庭并未善意适用《维也纳条约法公约》第 31 条所述的条约解释原则，也未善意解释第 121 条。仲裁庭忽略关键的文本，对于第 121 条第 3 款第二个词"which"视若无睹。仲裁庭也忽略第 121 条第 3 款的关键上下文，包括第 121 条第 2 款的前七个词，以及第 121 条第 1—2 款当中单数的岛屿（an island）这个词，与第 121 条第 3 款第一个词复数的岩礁（rocks）的区别。仲裁庭使用在条约解释学上不具备解释"目的与宗旨"资格的缔约历史以及谈判历史，作为了解"目的与宗旨"的材料。仲裁庭还使用不具备解释条约之准备工作（*travaux preparatoires*）资格的缔约历史以及个别国家在谈判当中发表的立场，特别是不被最后条约文字接受的立场，作为解释条文的依据。仲裁庭逾越其司法权限，成为立法者，改写第 121 条。特别是，这种歪曲的解释，不符合《公约》缔约国的实践。

仲裁庭认定，中国在南海断续线内主张习惯国际法下的历史性权利，不容于对专属经济区制度周详规范的《公约》，因此中国历史性权利之主张违反《公约》。论理的关键，在于仲裁庭对于《公约》第 311 条的解释。但是该条规范重点在于《公约》与其他公约及国际协定的关系，而非《公约》与习惯国际法的关系。仲裁庭还一错再错，将《维也纳条约法公约》第 30 条第 2 款及第 30 条第 3 款（先后两条约的关系）适用于《公约》跟习惯国际法之间的关系。

就黄岩岛周围领海内存在的传统捕鱼权而言，仲裁庭在不具备充足的文献证据的情况下居然可以对这种需要大量资料始能澄清的问题作出判断，特别是在中国不出庭的情况下，单凭菲律宾的资料就能裁判，简直极不合理。仲裁庭认定中国、越南及菲律宾之渔民皆在黄岩岛的领海享有传统捕鱼权,这种权利是私权,有别于历史性权利或历史性所有权(那是属于国家的权利),中、菲、越等国对于外国渔民所享有的这种权利皆有尊重的义务。仲裁庭说无权且无意处理黄岩岛领海内的主权争端,然而,传统渔权作为渔民的私人权利,也必须受制于特定国家法律秩序,才能成立。菲律宾渔民可曾向中国政府主张过此种私权?可曾用尽当地救济途径?菲律宾政府可曾帮其渔民对中国公开主张过此种私权?若是没有,这种私权主张如何取得中国国内法上的地位?如何取得越南的国内法上的地位?若是这种菲律宾渔民的私权取得在中国国内法的法律地位,使得中国政府有尊重之义务,仲裁庭岂不是把该海域的主权先判给中国,岂不超越仲裁庭的权限?

本案实体裁决之事实与法律错误多如牛毛,以上三个例子可见一斑。为避免"南海仲裁案"裁决在未来国际司法仲裁案件中被援引,允宜持续研究,争取外籍顶尖国际法学者支持,方能奏效。

四、附　录

(一) 中英案件全名

1. 中文案件全名:"南海仲裁案"(菲律宾诉中国)

2. 英文案件全名:The South China Sea Arbitration (The Republic of the Philippines v. People's Republic of China)

(二) 案件的标准引用

1. PCA Case No. 2013-19, The South China Sea Arbitration (The Republic of the Philippines v. People's Republic of China), Award on Jurisdiction and Admissibility of 29 October 2015, available at https://pcacases.com/web/sendAttach/1506.

2. The South China Sea Arbitration (The Republic of the Philippines v. People's Republic of China), Award of 12 July 2016, available at https://pcacases.com/web/sendAttach/2086.

(三) 主要参考文献

1. Lori Fisler Damrosch, Bernard H. Oxman, "Agora: The South China Sea: Editors' Introduction", *American Journal of International Law*, Vol. 107, 2013, pp. 95-97.

2. Zhiguo Gao, Bingbing Jia, "The Nine-Dash Line in the South China Sea: History, Status, and Implications", *American Journal of International Law*, Vol. 107, 2013, pp. 98-124.

3. Florian Dupuy, Pierre-Marie Dupuy, "A Legal Analysis of China's Historic Rights Claim in the South China Sea", *American Journal of International Law*, Vol. 107, 2013, pp. 124-141.

4. Robert Beckman, "The UN Convention on the Law of the Sea and the Maritime Disputes in the South China Sea", *American Journal of International Law*, Vol. 107, 2013, pp. 142-163.

5. Michael Sheng-ti Gau, "The Prospects for the Sino-Philippine Arbitration on the South China Sea (U-Shaped Line) Dispute", *Chinese (Taiwan) Yearbook of International Law and Affairs*, Vol. 31, 2013, pp. 195-230.

6. Robert Beckman, "UNCLOS Part XV and the South China Sea", *The South China Sea Disputes and Law of the Sea*, 2014, pp. 229-264.

7. Stefan Talmon and Bingbing Jia (eds.), *The South China Sea Arbitration: A Chinese Perspective*, Hart Publishing Oxford, 2014.

8. Michael Sheng-ti Gau, "The Sino-Philippine Arbitration on South China Sea (Nine-Dash-Line) Dispute: Applying the Rule of Default of Appearance", *Ocean Yearbook*, Vol. 28, 2014, pp. 81-133.

9. Michael Sheng-ti Gau, "The Sino-Philippine Arbitration on South China Sea Disputes: Admissibility and Jurisdiction Issues", *China Oceans Law Review*, Vol. 21, No. 1, 2015, pp. 64-294.

10. Michael Sheng-ti Gau, "The Sino-Philippine Arbitration on South China Sea Disputes: In effectiveness of the Award, Inadmissibility of the Claims, and Lack of Jurisdiction, with Special Reference to the Legal Arguments Made by the Philippines in the Hearing on 7-13 July 2015", *China Oceans Law Review*, Vol. 22, No. 2, 2015, pp. 1-207.

11. Michael Sheng-ti Gau, "The 2015 Award on Jurisdiction and Admissibility of the South China Sea Arbitration and the Insurmountable Thresholds", *Chinese (Taiwan) Yearbook of International Law and Affairs*, Vol. 33, 2015, pp. 62-108.

12. Sienho Yee, "The South China Sea Arbitration Decisions on Jurisdiction and Rule of Law Concerns", *Chinese Journal of International Law*, Vol. 15, Iss. 2, 2016, pp. 219-238.

13. Chris Whomersley, "The South China Sea: The Award of the Tribunal in the Case Brought by Philippines against China—A Critique", *Chinese Journal of International Law*, Vol. 15, Iss. 2, 2016, pp. 239-264.

14. Sreenivasa Rao Pemmaraju, "The South China Sea Arbitration (The Philippines v. China): Assessment of the Award on Jurisdiction and Admissibility", *Chinese Journal of International Law*, Vol. 15, 2016, pp. 265-307.

15. Stefan Talmon, "The South China Sea Arbitration: Observations on the Award on Jurisdiction and Admissibility", *Chinese Journal of International Law*, Vol. 15, 2016, pp. 309-392.

16. Abraham D. Sofaer, "The Philippine Law of the Sea Action against China: Relearning the Limits of International Adjudication", *Chinese Journal of International Law*, Vol. 15, 2016, pp. 393-402.

17. Natalie Klein, "Expansions and Restrictions in the UNCLOS Dispute Settlement Regime: Lessons from Recent Decisions", *Chinese Journal of International Law*, Vol. 15, 2016, pp. 403-415.

18. Michael Sheng-ti Gau, "The Agreements and Disputes Crystalized by the 2009-2011 Sino-Philippine Exchange of Notes Verbales and Their Relevance to the Jurisdiction and Admissibility Phase of the South China Sea Arbitration", *Chinese Journal of International Law*, Vol. 15, 2016, pp. 417-430.

19. Michael Sheng-ti Gau, "The Sino-Philippine Arbitration on the South China Sea Disputes and the Taiwan Factor", *Journal of East Asia and International Law*, Vol. 2, 2016, pp. 479-496.

20. John E. Noyes, "In re Arbitration Between the Philippines and China", *American Journal of International Law*, Vol. 110, 2016, pp. 102-108.

21. Lucy Reed, Kenneth Wong, "Marine Entitlements in the South China

Sea: The Arbitration Between the Philippines and China", *American Journal of International Law*, Vol. 110, 2016, pp. 152-158.

22. Kristina Daugirdas, Julian Davis Mortenson, "United States Continues to Challenge Chinese Claims in South China Sea; Law of the Sea Tribunal Issues Award Against China in Philippines-China Arbitration", *American Journal of International Law*, Vol. 110, 2016, pp. 795-802.

23. Jianjun Gao, "The Obligation to Negotiate in the Philippines v. China Case: A Critique of the Award on Jurisdiction", *Ocean Development and International Law*, Vol. 47, 2016, pp. 272-288.

24. Sophia Kopela, "Historic Titles and Historic Rights in the Law of the Sea in the Light of the South China Sea Arbitration", *Ocean Development and International Law*, Vol. 48, 2017, pp. 181-207.

25. Melissa H. Loja, "The Spratly Islands as a Single Unit Under International Law: A Commentary on the Final Award in Philippines/China Arbitration", *Ocean Development and International Law*, Vol. 47, 2016, pp. 309-326.

26. Michael Sheng-ti Gau, "The Jurisdictional Rulings of the South China Sea Arbitration: Possible Errors in Fact and in Law", *Ocean Yearbook*, Vol. 32, 2017, pp. 197-249.

27. French Duncan, "In the Matter of the South China Sea Arbitration", *Environmental Law Review*, Vol. 19, 2017, pp. 48-56.

28. Bill Hayton, "When Good Lawyers Write Bad History: Unreliable Evidence and the South China Sea Territorial Dispute", *Ocean Development and International Law*, Vol. 48, 2017, pp. 17-34.

29. Yoshifumi Tanaka, "Reflections on the Interpretation and Application of Article 121 (3) in the South China Sea Arbitration (Merits)", *Ocean Development and International Law*, Vol. 48, 2017, pp. 365-385.

30. Keyuan Zou, Qiang Ye, "Interpretation and Application of Article 298 of the Law of the Sea Convention in Recent Annex Ⅶ Arbitrations: An Appraisal", *Ocean Development and International Law*, Vol. 48, 2017, pp. 331-344.

（四）与本案主题相关的重要引用案件

1. Military and Paramilitary Activities in and against Nicaragua (Nicaragua

v. United States), Merits, Judgment, I. C. J. Reports 1986, p. 14 at p. 24, para. 28.

2. Arctic Sunrise (Kingdom of the Netherlands v. Russian Federation), Provisional Measures, Order of 22 November 2013, ITLOS Reports 2013, p. 230 at p. 242, para. 51.

3. Arctic Sunrise (Kingdom of the Netherlands v. Russian Federation), Jurisdiction, Award of 26 November 2014, para. 60.

4. Arctic Sunrise (Kingdom of the Netherlands v. Russian Federation), Merits, Award of 14 August 2015, para. 10.

5. Fisheries Jurisdiction (United Kingdom v. Iceland), Merits, Judgment, I. C. J. Reports 1974, p. 3.

6. Nuclear Tests (Australia v. France), Judgment, I. C. J. Reports 1974, p. 253.

7. Aegean Sea Continental Shelf (Greece v. Turkey), Judgment, I. C. J. Reports 1978, p. 3.

8. Territorial and Maritime Dispute Between Nicaragua and Honduras in the Caribbean Sea (Nicaragua v. Honduras), Judgment, I. C. J. Reports 2007, p. 659, at p. 702, para. 135.

9. Maritime Delimitation and Territorial Questions (Qatar v. Bahrain), Merits, Judgment, I. C. J. Reports 2001, p. 40, at pp. 98-99, paras. 191, 196.

10. Territorial and Maritime Dispute (Nicaragua v. Colombia), Merits, Judgment, I. C. J. Reports 2012, p. 624, at pp. 642-45, paras. 28-38.

11. Dubai-Sharjah Border Arbitration, Award of 19 October 1981, 91 ILR p. 543, at pp. 673-77.

12. United States Diplomatic and Consular Staff in Tehran (United States v. Iran), Judgment, I. C. J. Reports 1980, p. 3, at pp. 19-20, para. 36.

13. Military and Paramilitary Activities in and against Nicaragua (Nicaragua v. United States), Jurisdiction and Admissibility, Judgment, I. C. J. Reports 1984, p. 392, at pp. 439-40, paras. 105-106.

14. Application of the Interim Accord of 13 September 1995 (The former Yugoslav Republic of Macedonia v. Greece), Judgment of 5 December 2011, I. C. J. Reports 2011, p. 644, at p. 659, para. 37.

15. Chagos Marine Protected Area (Mauritius v. United Kingdom),

Award of 18 March 2015.

16. Bay of Bengal Maritime Boundary (Bangladesh v. India), Award of 7 July 2014, para. 191.

17. Delimitation of the Maritime Boundary Between Bangladesh and Myanmar in the Bay of Bengal (Bangladesh/Myanmar), Judgment of 14 March 2012, ITLOS Reports 2012, p. 4, at p. 99, paras. 376-77.

18. Mavrommatis Palestine Concessions, Jurisdiction, Judgment of 30 August 1924, P. C. I. J., Series A, No. 2, p. 6, at p. 11.

19. Interpretation of Peace Treaties with Bulgaria, Hungary and Romania, First Phase, Advisory Opinion, I. C. J. Reports 1950, p. 65, at p. 74.

20. South West Africa (Ethiopia v. South Africa; Liberia v. South Africa), Preliminary Objections, Judgment, I. C. J. Reports 1962, p. 319, at p. 328.

21. Application of the International Convention on the Elimination of All Forms of Racial Discrimination (Georgia v. Russian Federation), Preliminary Objections, Judgment, I. C. J. Reports 2011, p. 70, at pp. 84-85, para. 30.

22. Request for an Examination of the Situation in Accordance with Paragraph 63 of the Court's Judgment of 20 December 1974 in the Nuclear Tests (New Zealand v. France) Case, Order of 22 September 1995, I. C. J. Reports 1995, p. 288, at p. 304, para. 55.

23. Fisheries Jurisdiction (Spain v. Canada), Jurisdiction of the Court, Judgment, I. C. J. Reports 1998, p. 432, at p. 448, para. 30.

24. Applicability of the Obligation to Arbitrate under Section 21 of the United Nations Headquarters Agreement of 26 June 1947, Advisory Opinion, I. C. J. Reports 1988, p. 12, at p. 28, para. 38.

25. Land and Maritime Boundary (Cameroon v. Nigeria), Preliminary Objections, Judgment, I. C. J. Reports 1998, p. 275, at pp. 316-17, para. 93.

26. MOX Plant (Ireland v. United Kingdom), Provisional Measures, Order of 3 December 2001, ITLOS Reports 2001, p. 95, at p. 106, paras. 48-52.

27. Southern Bluefin Tuna (New Zealand v. Japan; Australia v. Japan), Provisional Measures, Order of 27 August 1999, ITLOS Reports 1999, p. 280, at p. 294, para. 55.

28. Monetary Gold Removed from Rome in 1943 (Italy v. France, United Kingdom, and United States), Preliminary Question, Judgment, I. C. J.

Reports 1954, p. 19, at p. 32.

29. East Timor (Portugal v. Australia), Judgment, I. C. J. Reports 1995, p. 90.

(五) 案件中的重要缩略语

EEZ　Exclusive Economic Zone　专属经济区

LTE　Low Tide Elevation　低潮高地

PCA　Permanent Court of Arbitration　常设仲裁法院

COLREGS　Convention on the International Regulation for Preventing Collisions at Sea　《国际海上避碰规则》

（高圣惕）

领土与海洋边界仲裁案（克罗地亚/斯洛文尼亚）

（2017 年）

2012.01.17 根据《仲裁协定》启动仲裁程序。克罗地亚与斯洛文尼亚同意任命吉尔伯特·纪尧姆为仲裁庭庭长，英国牛津大学教授沃恩·洛和国际法院法官布鲁诺·西玛为仲裁员

2012.01.31 克罗地亚与斯洛文尼亚分别任命布迪斯拉夫·武卡斯和杰内伊·舍克雷奇为仲裁员，仲裁庭组建完毕

2012.04.13—06.13 双方交换了三轮书面意见，并进行了两轮庭审

2014.06.02—13 在海牙和平宫进行了两周的开庭审理

2015.07.22 斯洛文尼亚代理律师希莫娜·德雷尼克（Simona Drenik）与仲裁庭中斯洛文尼亚任命的杰内伊·舍克雷奇仲裁员单方接触及后者对其他仲裁员施加影响的资料被曝光

2015.07.23 仲裁庭通知，杰内伊·舍克雷奇辞职

2015.07.30 仲裁庭通知，布迪斯拉夫·武卡斯辞职

2015.07.30 克罗地亚照会斯洛文尼亚，认为斯洛文尼亚的行为严重违反《仲裁协定》，要求依据《维也纳条约法公约》第60条第1款的规定终止《仲裁协定》，并称，从照会之日起，克罗地亚将不再遵守《仲裁协定》

2015.07.31 克罗地亚将这一照会通知仲裁庭

2015.08.13 斯洛文尼亚通知仲裁庭，反对克罗地亚的要求，认为仲裁庭有义务继续仲裁

2015.09.25 仲裁庭任命尼古拉斯·米歇尔、罗尔夫·艾纳·法夫为仲裁员，新仲裁庭成立

2016.03.17 新仲裁庭就单方面接触事件的法律含义举行听证，但

克罗地亚未参加

2016.06.30 新仲裁庭就克罗地亚是否有权终止《仲裁协定》作出部分裁决。2016 年 11 月 18 日斯洛文尼亚回应，认为其没有必要继续开庭审理，但会尊重新仲裁庭及克罗地亚的意见，克罗地亚未回应

2017.03.29 新仲裁庭通知当事方，不要求其进一步提交陈述或对其提出进一步的问题，宣布庭审结束

2017.06.29 新仲裁庭作出最终裁决（一致裁决）

2017.06.29 克罗地亚宣布不会遵守裁决

关键词：中间线原则（Median Line Principle）；历史性所有权（Historic Title）；自裁管辖权原则（【英】Competence-Competence，【法】compétence de la compétence，【德】Kompetenz-Kompetenz）；仲裁协定（Arbitration Agreement）；保持占有原则（【拉】Uti Possidetis）；有效控制（【法】Effectivités）；等距离线（Equidistance Line）；通行自由（Freedoms of Communication）

一、案件背景

作为前南斯拉夫社会主义联邦共和国的成员国，克罗地亚和斯洛文尼亚自 1991 年 6 月 25 日从前南斯拉夫独立。[1] 由于两国在独立时没有划定边界，两国自独立时起就在陆地和海域方面存在争端，陆地方面的争议主要表现在：两国的界河德拉哥雅（Dragonja）河注入亚得里亚海皮兰湾[（Piran Bay），又称萨武德里亚湾（Savudrija Bay）]三角洲区域的几个村庄的归属、两国的界山祖姆贝拉克（Zumberak）山脉最高峰的归属，以及两国的界河穆尔（Mura）河的勘界争端；海域方面的争议主要表现在皮兰湾的划界争端，两国就靠近斯洛文尼亚的皮兰湾港口附近一段数千米长的海岸线的归属存在争议。1992 年 12 月—1993 年 6 月，双方组成的专家组多次召开会议。[2] 1993 年 7 月 30 日，双方设立外交委员会查明和划定边界。[3] 1998 年和 1999 年，双方外长举行多轮谈判，

---

[1] "Territorial and Maritime" Arbitration (Croatia and Slovenia), PCA Case No. 2012-04, Final Award of 29 June 2017, para. 34.

[2] Ibid., para. 56.

[3] Ibid., para. 63.

其间美国国防部长佩里（Perry）调停无果。[4]

2001年7月20日，双方签署了《德尔诺夫舍克—拉昌共同国界协议草案》（Draft Drnovšek-Račan Agreement on the Common State Border）。根据该草案，斯洛文尼亚获得了皮兰湾大约80%的海域，克罗地亚获得了大约20%的海域，而且斯洛文尼亚还获得了通往亚得里亚海公海的通道，同时在该通道与意大利领水之间出现了一块克罗地亚的领水"飞地"。[5] 该草案得到斯洛文尼亚议会批准，但未得到克罗地亚议会批准。[6]

2003年4月14日，欧盟理事会决定接受克罗地亚的入欧申请，但2004年5月1日斯洛文尼亚率先加入了欧盟。2003年8月15日，克罗地亚宣布将在自己的亚得里亚海海域建立特别经济区，两国关系恶化。2003年9月1日，斯洛文尼亚召回驻克罗地亚大使，威胁将阻挠克罗地亚加入欧盟。2005年10月，欧盟真正开启与克罗地亚的入欧谈判。2007年12月，斯洛文尼亚的"一票否决"使克罗地亚入欧受挫。2008年12月，斯洛文尼亚再次使克罗地亚入欧受挫。斯洛文尼亚要求在克罗地亚入欧之前先解决两国之间的边界争端。2009年11月4日，在欧盟的斡旋下，两国签署《仲裁协定》，决定将边界争端交由仲裁庭处理，2010年11月29日，协定生效。2011年12月9日，《欧盟成员国与克罗地亚之间的加入条约》得以签署，该条约于2013年7月1日生效，克罗地亚成为欧盟第28个成员国。[7]

《仲裁协定》第3条授权仲裁庭裁决：（1）克罗地亚共和国和斯洛文尼亚共和国之间的海洋和陆地边界线；（2）斯洛文尼亚通往公海的连接区域；（3）利用有关海域的制度。

---

[4] "Territorial and Maritime" Arbitration (Croatia and Slovenia), PCA Case No. 2012-04, Final Award of 29 June 2017, paras. 86-91.

[5] 朱利江：《国际仲裁协定的效力终止问题——斯洛文尼亚与克罗地亚领土海域争端仲裁案评析》，《边界与海洋研究》2017年第2期，第33页。

[6] "Territorial and Maritime" Arbitration (Croatia and Slovenia), PCA Case No. 2012-04, Final Award of 29 June 2017, para. 92.

[7] 参见朱利江：《国际仲裁协定的效力终止问题——斯洛文尼亚与克罗地亚领土海域争端仲裁案评析》，《边界与海洋研究》2017年第2期，第33—34页；参见商务部国际贸易经济合作研究院等：《对外投资合作国别（地区）指南——克罗地亚》2017年版，第2—3页；参见胡勇：《"欧洲梦"与"欧洲化"：克罗地亚加入欧盟及其影响》，《国际论坛》2015年第6期，第26—28页。

《仲裁协定》第 4 条授权仲裁庭：（1）为确定有关海洋和陆地边界线，适用国际法规则和原则，以及（2）为确定斯洛文尼亚通往公海的连接区域以及利用有关海域的制度，适用"国际法、衡平，以及睦邻友好关系原则以便通过考虑各种情况，获得公允的结果"[8]。

2012 年 1 月 17 日，双方开始根据常设仲裁法院的仲裁规则组建仲裁庭，但是 2015 年 7 月 22 日，斯洛文尼亚代理律师德雷尼克与仲裁庭中斯洛文尼亚任命的舍克雷奇仲裁员单方接触及后者对其他仲裁员施加影响的资料被曝光，克罗地亚认为该仲裁员不仅游说其他仲裁员，还在仲裁程序中偷偷塞进一些文件。2015 年 7 月 30 日和 31 日，克罗地亚照会斯洛文尼亚和仲裁庭，决定终止《仲裁协定》并退出仲裁程序。此后，克罗地亚政府高层和各党派多次对仲裁发表否定意见，也未再参与仲裁。但是，在更换两名仲裁员后仲裁程序继续进行，2016 年 6 月 30 日，新仲裁庭作出部分裁决，认为克罗地亚无权终止《仲裁协定》。

2017 年 6 月 29 日，新仲裁庭就克罗地亚和斯洛文尼亚的边界争议作出一致裁决。根据该仲裁裁决，皮兰湾约 3/4 的部分被划给斯洛文尼亚，此外，海岸线不足 50 千米的斯洛文尼亚还获得了一条穿过克罗地亚领海进入公海的"出海口"。早在 2015 年就宣布退出《仲裁协定》的克罗地亚当即重申，仲裁没有法律拘束力，克罗地亚不受仲裁约束，也不会遵守仲裁结果。克罗地亚除了表示仍愿通过双边机制与斯洛文尼亚解决问题，不希望斯洛文尼亚采取单边行动，还呼吁欧盟成员和其他国家不要参与两国的边界纠纷。

二、裁　决

（一）当事方各自的领土主张

克罗地亚主张依据《联合国海洋法公约》（以下简称《公约》）第 15 条第 1 款规定的领海划界中间线原则，划分两国在皮兰湾的领海界限。斯洛文尼亚则援引《公约》第 15 条第 2 款规定的"历史性所有权

---

[8] Arbitration Between the Republic of Croatia and the Republic of Slovenia, https://pca-cpa.org/en/cases/3/, 1 May 2018.

或其他特殊情况",希望获得皮兰湾更多的领海面积,同时获得通往亚得里亚海公海的连接区域。

(二) 管辖权裁决

2012年1月,克罗地亚和斯洛文尼亚根据2009年11月4日签订的《仲裁协定》将争端提交仲裁庭解决。在仲裁过程中,斯洛文尼亚律师与仲裁员单方面接触,使仲裁庭的合议意见泄露。克罗地亚因此要求终止《仲裁协定》,并不再参加仲裁。此外,克罗地亚认为,仲裁庭无权裁决《仲裁协定》的有效性和解决因其有效性引起的争端。

为解决《仲裁协定》是否继续有效,从而仲裁庭是否有管辖权的问题,2015年9月25日,仲裁庭重新组建,并于2016年6月30日作出了部分裁决。新仲裁庭裁决斯洛文尼亚的代理律师单方面接触斯洛文尼亚任命的仲裁员的行为违反两国达成的《仲裁协定》,但是这一行为并未根本违反《仲裁协定》,所以克罗地亚无权终止或排除《仲裁协定》,新仲裁庭有权继续进行仲裁。

具体来说,关于仲裁是否及如何进行下去,仲裁庭采取了类似"剥洋葱"的逻辑。先一般性地从大量的国际争端解决机构的判例法和条约条款来考虑管辖权问题,再具体到本案,说明本案仲裁庭有管辖权。

1. 关于确定管辖权的权限问题

仲裁庭回顾了国际法院在诺特鲍姆(Notrebohm)案中的判词,认为在一般国际法中,"国际法庭有权就其是否有管辖权作出决定,为此,也有权解释涉及管辖权问题的文件"[9]。

仲裁庭接着引用联合国前南斯拉夫国际刑事法庭在塔迪奇(Tadić)案中的判词,认为仲裁庭的这项职权是"任何司法或仲裁机构附带的或固有的权限,是判断其管辖权问题的管辖权,也是司法或仲裁职能的必然组成部分,不需要在法庭或仲裁庭的基本文件中有明确规定"[10]。

仲裁庭接着还引用了阿卜耶伊地区划界仲裁案裁决的说法,认为不承认这项管辖权原则,将使"国际法上任何第三方形式的裁决因争端一

---

[9] "Territorial and Maritime" Arbitration (Croatia and Slovenia), PCA Case No. 2012-04, Partial Award of 30 June 2016, para. 148.
[10] Ibid.

方对管辖权的挑战而瘫痪"[11]，从而反向说明了不承认自裁管辖权原则的后果。为了进一步陈述这一国际法原则，仲裁庭接着援引了许多仲裁裁决。[12]

在援引了大量判例之后，仲裁庭又引用了争端解决机构的组织文件来说明。例如，1899 年和 1907 年的《和平解决国际争端公约》第 48 条和第 73 条、《常设国际法院规约》第 36 条第 4 款、《国际法院规约》第 36 条第 6 款，以及《关于解决国家和他国国民之间投资争端公约》第 41 条第 1 款等。[13]

基于以上，仲裁庭得出结论："在没有相反协议的情况下，依据一般国际法，仲裁庭或法庭有确定自身管辖权的管辖权，即自裁管辖权。"[14]

而且，在本案中，根据《仲裁协定》第 6 条第 2 款规定，仲裁庭根据《常设仲裁法院两国间争端仲裁任择规则》第 21 条第 1 款规定进行仲裁程序，据此，"仲裁庭应有权对主张其没有管辖权的任何异议进行裁决，包括对仲裁条款或单独的仲裁协定之存在或有效性的异议作出裁决"。

仲裁庭认为它有权对克罗地亚提出的《仲裁协定》已经终止的观点发表意见。仲裁庭还援引了国际法院在 1972 年国际民用航空组织理事会管辖权案判决中的声明加以论证。[15]

仲裁庭特别提醒克罗地亚注意《维也纳条约法公约》第 65 条第 4 款，该条款规定，"当事国在对其有拘束力的任何关于解决争端的现行规定下所具有的权利或义务不应受到影响"，从而认为"该条明确承认和维护仲裁庭依据自己的职权解决其管辖范围内争端的能力"。[16] 因此，根据《仲裁协定》、《常设仲裁法院两国间争端仲裁任择规则》第 21 条第 1 款、《维也纳条约法公约》第 65 条第 4 款的规定，针对克罗地亚提出的依据《维也纳条约法公约》第 60 条的规定其有权终止《仲裁协定》

---

[11] "Territorial and Maritime" Arbitration (Croatia and Slovenia), PCA Case No. 2012-04, Partial Award of 30 June 2016, para. 149.
[12] Ibid., paras. 150-154.
[13] Ibid., paras. 155-156.
[14] Ibid., para. 157.
[15] Ibid., para. 161.
[16] Ibid., para. 165.

的观点,仲裁庭认定其有权作出裁决,其有固有权力确定"仲裁程序是否已经受损到无法继续的程度"。[17]

2. 关于《仲裁协定》是否终止的问题

克罗地亚的立场是其有权终止《仲裁协定》,并主张斯洛文尼亚严重违反《仲裁协定》,属于《维也纳条约法公约》上的重大违约,以至于仲裁程序的公正廉明受到不可逆转的破坏,明显侵犯了克罗地亚的权利。[18] 克罗地亚还认为,"整个仲裁的正式记录已经受到污染",并且"没有什么方式能够修复仲裁程序和《仲裁协定》受到的损害"。[19] 因此,克罗地亚认为,从其通知斯洛文尼亚那天(2015年7月30日)开始,《仲裁协定》即终止适用。[20]

斯洛文尼亚的观点恰恰相反,其主张仲裁程序直到仲裁庭作出最终裁决才能终止;主张没有什么障碍使仲裁庭不能履行其职责;主张仲裁庭有救济违法行为不良影响的手段;尤其提出仲裁庭重组、仲裁庭对正式记录的严格检查是矫正所谓的根本违反《仲裁协定》的充分手段。而且,斯洛文尼亚认为不存在重大违约,因为违法行为没有损害《仲裁协定》的目的和宗旨。[21]

仲裁庭参考了国际法院的裁决,明确了以重大违约为由,依据《维也纳条约法公约》第60条第1款终止条约"只有当违约使条约的目的和宗旨落空时才有正当理由"。[22] 仲裁庭因此审查了斯洛文尼亚的违法行为是否使仲裁程序受损到无法进行下去。仲裁庭认为舍克雷奇已辞职,无人怀疑新建仲裁庭的独立性或公正性,其认真审查了正式记录,发现只有两个文件是舍克雷奇发给当事方的,而这两个文件均不涉及当事方诉状中没有的事实和主张。[23] 而且,由于舍克雷奇已辞职,其在以前合议中表达的观点和新仲裁庭已经没有关系。[24]

所以,仲裁庭认为,鉴于其所采取的救济行动,斯洛文尼亚的违约

---

[17] "Territorial and Maritime" Arbitration (Croatia and Slovenia), PCA Case No. 2012-04, Partial Award of 30 June 2016, para. 168.
[18] Ibid., para. 84.
[19] Ibid., para. 85.
[20] Ibid., para. 44.
[21] Ibid., paras. 171, 201.
[22] Ibid., para. 218.
[23] Ibid., para. 195.
[24] Ibid., para. 193.

没有使仲裁程序不可继续,没有使《仲裁协定》的目的和宗旨落空,可以依据《仲裁协定》继续仲裁。[25] 仲裁庭还认为,和平解决双方由来已久的争端对双方至关重要,只要公正独立的裁决程序能够保证,仲裁程序就应该继续进行,从而使争端得到及时解决。[26]

3. 关于仲裁庭继续进行仲裁的义务和能力

克罗地亚认为,依据《仲裁协定》、一般国际法或其他国际法,仲裁庭没有义务继续仲裁,理由在于:第一,基本的程序规则已经遭到破坏;第二,仲裁庭无法弥补整个仲裁程序已经遭到不可逆转破坏的情况。

但是,仲裁庭回顾了相关的国内法,认为各国国内法院有许多机会可以审查仲裁员的不当行为对仲裁裁决有效性产生的影响,而且经常需要审查仲裁员是否违反仲裁程序中的强制性规定,以及该违反是否会对最终的仲裁裁决产生影响。[27] 本案是在仲裁裁决尚未作出的情况下就发现仲裁员的不当行为,因此重新组建了仲裁庭。而且,新仲裁庭设法对仲裁程序进行补救,尤其是把舍克雷奇仲裁员向仲裁庭提交的两份文件发给了两国。[28] 通过仔细审查正式记录,仲裁庭的结论是:舍克雷奇仲裁员并没有将仲裁庭正式记录中没有的、新的主张或事实提交给其他仲裁员。

新仲裁庭部分裁决的主要内容包括:第一,斯洛文尼亚违反2009年11月4日的《仲裁协定》条款;第二,克罗地亚无权终止《仲裁协定》,《仲裁协定》依然有效;第三,仲裁程序将继续进行;第四,仲裁庭将在与当事方磋商后决定仲裁程序;第五,仲裁庭有权在最终裁决中分配仲裁费用,但要求斯洛文尼亚预交一部分款项以弥补仲裁程序延长导致的成本支出。[29]

(三) 实体裁决

在2017年6月29日的最终裁决中,仲裁庭对两国的陆地和海洋边界作出裁决。

---

[25] "Territorial and Maritime" Arbitration (Croatia and Slovenia), PCA Case No. 2012-04, Partial Award of 30 June 2016, para. 196.
[26] Ibid., paras. 226-227.
[27] 国内法有司法审查环节,如撤销、承认及执行环节。
[28] "Territorial and Maritime" Arbitration (Croatia and Slovenia), PCA Case No. 2012-04, Partial Award of 30 June 2016, para. 53.
[29] Ibid., para. 231.

1. 关于陆地边界的问题

依据《仲裁协定》第 3 条第 1 款,仲裁庭明确自己的任务是确定两国之间的陆地边界、斯洛文尼亚通向公海的"出海口",以及利用相关海域的制度。[30]

关于仲裁应适用的法律,仲裁庭注意到双方的《仲裁协定》中约定的是依国际法仲裁,尤其是双方同意适用保持占有原则(uti possidetis)来确定双方的边界,[31] 所以,双方于 1991 年 6 月 25 日独立时在南斯拉夫国内的边界应是双方现在的边界。[32] 仲裁庭推论地籍界限(cadastral limit)原则上代表了双方的边界,因为根据南斯拉夫国内法,地籍界限要与边界相符合。[33]

仲裁庭的结论是两国的地籍簿(cadastre)中的地籍界限走向为确定两国特定争议地区的边界提供了初步证明(prima facie indication)。[34] 仲裁庭考察了每个边界有争议的地区,以及两国在 1991 年独立时的地籍界限是否经过校准,然后考虑了是否有依赖其他法律所有权证据的理由。最后,在没有所有权能够确立的情况下,仲裁庭基于有效控制(effectivités),即以行政机构的行为作为有效行使领土管辖权的证据,进行裁决。[35]

根据以上原则,仲裁庭分别确定了穆尔河地区(Mura River Region)、中部地区(Central Region)、伊斯特里亚地区(Istria Region)的边界。仲裁庭还确定,关于前面没有特别提到的所有地区的边界,由当事方在仲裁程序中约定,如无约定,则按两国地籍簿中的地籍界限经校准来划定。

2. 关于海洋边界的问题

根据最终裁决,皮兰湾约 3/4 的部分被划给斯洛文尼亚。此外,海岸线不足 50 千米的斯洛文尼亚还获得了一条穿过克罗地亚领海进入公海

---

[30] "Territorial and Maritime" Arbitration (Croatia and Slovenia), PCA Case No. 2012-04, Final Award of 29 June 2017, para. 220.

[31] 南斯拉夫社会主义共和国解体后,保持占有原则普遍适用于新独立国家之间的领土争端。See S. Terrett, the Dissolution of Yugoslavia and the Badinter Arbitration Commission, Ashgate Aldershot, 2000.

[32] "Territorial and Maritime" Arbitration (Croatia and Slovenia), PCA Case No. 2012-04, Final Award of 29 June 2017, para. 258.

[33] Ibid., paras. 346-347.

[34] Ibid., para. 348.

[35] Ibid., para. 564.

的"出海口"。

(1) 关于皮兰湾

斯洛文尼亚认为皮兰湾的法律地位是内水（internal waters），要基于保持占有原则进行划界。但克罗地亚主张其是领海（territorial waters），划界要符合《公约》第 15 条，即在没有任何特殊情况时，划界要依等距离线（equidistance line）。因此，仲裁庭首先考虑在南斯拉夫解体前皮兰湾是否构成内水，并认定在那时其属于南斯拉夫的内水。[36] 仲裁庭接下来考虑南斯拉夫解体对皮兰湾法律地位的影响。仲裁庭回顾了国际法院审理的萨尔瓦多、洪都拉斯和尼加拉瓜边界的丰塞卡湾（Gulf of Fonseca）这一类似问题，该海湾在去殖民化之后仍是内水。同样，在本案中，南斯拉夫解体及将权利转让给克罗地亚和斯洛文尼亚，并没有改变皮兰湾的法律地位。[37]

基于这一定性，仲裁庭认为，在《公约》没有就这一问题进行规定的情况下，其划界应依与陆地领土划界同样的原则，即保持占有原则进行。[38] 而且，由于两国同意在南斯拉夫解体前对该湾不存在正式的分割，也没有确立对该湾的共有权，所以，划界必须以独立时的有效控制为依据作出，双方也都实行了有效控制，主要是有关渔业和警察巡逻。[39]

经过对这些方面的考察，仲裁庭对皮兰湾的划界作出了裁决。[40]

(2) 关于其他海域

对于其他海域划界，仲裁庭采取的方法是根据《仲裁协定》第 3 条按顺序进行分析，它认为这可以得出一个一致的、切实可行的结果。所以，仲裁庭依次处理了克罗地亚和斯洛文尼亚之间的领海划界，斯洛文尼亚通往公海的"出海口"的划界，以及利用有关海域的制度。[41]

关于领海划界，仲裁庭根据《公约》第 15 条以及国际法院已确立的判例法，决定首先采取等距离线划界原则，然后再考虑是否因历史性所有权或其他特殊情况而有必要采取不同的方法来划界，并相应调整等

---

[36] "Territorial and Maritime" Arbitration (Croatia and Slovenia), PCA Case No. 2012-04, Final Award of 29 June 2017, para. 866.
[37] Ibid., paras. 881-882.
[38] Ibid., para. 886.
[39] Ibid., para. 888.
[40] Ibid., para. 913.
[41] Ibid., paras. 947-948.

距离线。[42] 仲裁庭注意到，在对领海划界时，有必要适用两个原则：一是陆地领土向领海的自然延伸原则；二是在影响到海洋划界时，对可能导致不合理的待遇差异的偶然的特殊特征应该予以弱化。[43]

所以，仲裁庭裁决，等距离线必须修改，以减弱这一地理轮廓导致的"矩形缩小"（boxing in）的效果。最后，仲裁庭确定了海洋边界。[44]

（3）关于斯洛文尼亚通往公海的连接区域

仲裁庭首先考察了《仲裁协定》中公海的含义，认为地中海中不存在严格意义上的公海，本案中的公海指的是领海之外的海域，当事方关注的是《公约》第 58 条和第 87 条体现的通行自由[45]（freedoms of communication）。

关于"连接"的含义，双方存在分歧。仲裁庭参考词典上的界定，支持斯洛文尼亚的观点，认为"连接"指的是空间上的概念，是把两个或更多东西连接在一起的地方，而不是克罗地亚所主张的在公海和斯洛文尼亚海域之间安全且连续地通过。[46]

仲裁庭裁决，斯洛文尼亚领海与公海之间的连接是一个区域。[47] 最后，仲裁庭就连接区域（junction area）作出了裁决。[48]

（4）连接区域制度

仲裁庭根据当事方提交的陈述、《公约》设立的框架，以及北亚得里亚海的地形，确定了连接区域制度。

首先是关于通行自由的内容和范围。仲裁庭强调连接区域的制度旨在保证克罗地亚的领海完整和斯洛文尼亚的领土与公海间的通行自由。在此区域内，为连续、不间断地进出斯洛文尼亚，包括其领海和领空，通行自由是非常必要的。通行自由包括航行和飞越自由，铺设海底电缆和管道的自由，以及与这些自由有关的海洋其他国际合法用途，诸如同船舶、飞机及海底电缆和管道的运营有关的用途。[49]

---

[42] "Territorial and Maritime" Arbitration (Croatia and Slovenia), PCA Case No. 2012-04, Final Award of 29 June 2017, paras. 997, 1004, 1005.
[43] Ibid., paras. 1008-1009.
[44] Ibid., para. 1014.
[45] Ibid., paras. 1068-1070.
[46] Ibid., paras. 1071, 1073, 1076.
[47] Ibid., para. 1080.
[48] Ibid., para. 1083.
[49] Ibid., para. 1123.

登记国的所有船舶和飞机（包括民用和军用的），基于国籍，平等无歧视地享有这些自由。船舶和飞机在进出斯洛文尼亚，包括其领海和领空时，在连接区域享有通行自由。仲裁庭澄清了通行自由不包括勘探、开发、养护和管理自然资源的自由，也不包括设立和使用人工岛屿、设施和结构的权利，或者从事海洋科学研究的权利，或采取措施保护和养护海洋环境的权利。[50]

仲裁庭还进一步说明通行自由不同于无害通过权，也不同于过境通行权。[51]

其次是关于对通行自由的保证和限制。仲裁庭认为，通行自由的行使不受克罗地亚登临、逮捕、扣留或其他形式的干涉。[52] 仲裁庭在克罗地亚制定连接区域内有关船舶和飞机的法律法规的权利，及克罗地亚采取措施执行其法律法规的权利之间做了区分。[53] 仲裁庭认为，为了确保公平、公正和可行，克罗地亚应当保留权利。[54]

最后是关于合作义务。仲裁庭强调当事方在连接区域制度下必须善意行使权利及履行义务，并适当顾及他方的权利和义务。无论是由于连接区域面积较小，还是根据《公约》第 123 条、第 300 条及第 301 条的规定，合作义务都非常重要。[55]

以上就是 2017 年 6 月 29 日仲裁庭作出的最终裁决主文的主要内容。其中最引人瞩目的是皮兰湾约 3/4 的部分被划给斯洛文尼亚，此外，海岸线不足 50 千米的斯洛文尼亚还获得了一条穿过克罗地亚领海进入公海的"连接通道"。

三、评　论

仲裁庭的部分裁定对解决领土和海洋争端方面的国际仲裁，包括仲裁庭的管辖权、终止条约的重大违约情况以及仲裁协定的特殊性等具有

---

[50] "Territorial and Maritime" Arbitration (Croatia and Slovenia), PCA Case No. 2012-04, Final Award of 29 June 2017, para. 1126.
[51] Ibid., paras. 1127-1128.
[52] Ibid., para. 1129.
[53] Ibid., para. 1130.
[54] Ibid., para. 1132.
[55] Ibid., para. 1134.

较大价值，值得注意。

（一）仲裁庭是否有权裁决《仲裁协定》的有效性，及仲裁庭是否有管辖权

本案重申了国际法中的一项涉及国际司法或仲裁机构的管辖权的重要原则"自裁管辖权原则"，即能够判断对某项争端是否有管辖权的不是当事国自己，而是国际法庭或仲裁庭。在本案中，仲裁庭对自身管辖权的判断是基于《仲裁协定》是否有效的裁决。所以，本案中的部分裁决实际上就是管辖权裁决，即通过确认《仲裁协定》的效力，从而确认了仲裁庭的管辖权。

（二）《仲裁协定》是否因一方的违法行为而终止

2016年6月30日，仲裁庭的部分裁决裁定克罗地亚无权单方面终止《仲裁协定》，虽然斯洛文尼亚任命的仲裁员和斯洛文尼亚的代理律师单方面接触的行为违反了两国达成的《仲裁协定》，但是这一行为尚未使《仲裁协定》的宗旨和目的落空，因此克罗地亚无权要求终止《仲裁协定》，仲裁庭继续对该案进行仲裁。[56] 这涉及国际条约法上终止条约的重大违约问题。

仲裁庭指出，两国都是《维也纳条约法公约》的缔约国，因此有义务遵守该公约。其中第60条第1款规定的"重大违约"可以是第60条第3款第1项规定的"废弃条约"这种情形，也可以是该款第2项所规定的"违反条约规定，而此项规定为达成条约目的或宗旨所必要者"这种情形。斯洛文尼亚的情况不属于"废弃条约"即"拒绝履行"条约，而是恰恰相反。

仲裁庭接着以判例解释斯洛文尼亚的行为是否使"条约宗旨和目的"落空。仲裁庭引用国际法院1971年的南非不顾安全理事会第276（1970）号决议继续留驻纳米比亚（西南非洲）对各国的法律后果咨询意见和1986年的在尼加拉瓜和针对尼加拉瓜的军事和准军事活动案的判决都说明，只有当条约的宗旨和目的遭到违反时，才可以依据《维也纳

---

[56] In the Matter of an Arbitration under the Arbitration Agreement Between the Government of the Republic of Croatia and the Government of the Republic of Slovenia, Signed on 4 November 2009, PCA Case No. 2012-04, Partial Award, 30 June 2016, https://pcacases.com/web/sendAttach/1787, 18 December 2017.

条约法公约》第 60 条第 1 款终止或暂停该约。仲裁庭认为，《仲裁协定》的宗旨和目的是依据可适用的规则解决当事方之间的领土和海洋争端，斯洛文尼亚违反《仲裁协定》的行为没有使仲裁程序无法继续进行，从而没有违反该协议的目的和宗旨。因此，克罗地亚无权依据《维也纳条约法公约》第 60 条第 1 款终止该协议。

所以，欲使仲裁庭裁决《仲裁协定》的目的和宗旨遭到根本违反，从而排除其约束，这是非常困难的。仲裁协定是国家之间有关争端解决手段的条约，不能轻易被终止。[57]

（三）克罗地亚不承认新仲裁庭管辖权，以及缺席仲裁的后果

2015 年 9 月 25 日，仲裁庭重组，随后，仲裁庭邀请当事方就斯洛文尼亚前代理人与前仲裁员舍克雷奇接触的法律意义进一步提交书面意见，并在 2016 年 3 月 17 日举行听证会，斯洛文尼亚参加了这两项活动。但是，克罗地亚没有参加仲裁，并且这种缺席持续到仲裁庭于 2017 年 6 月 29 日作出最终裁决。克罗地亚所做的只是在各种信函和外交照会中解释自己的立场。

由于缺席仲裁，克罗地亚不能充分解释自己的关切，至少从表面上看，仲裁结果对克罗地亚不利。

根据仲裁结果，皮兰湾约 3/4 的部分被划给斯洛文尼亚。此外，海岸线不足 50 千米的斯洛文尼亚还获得了一条穿过克罗地亚领海进入公海的连接区域。这类似于 2001 年 7 月 20 日达成的但未得到克罗地亚议会批准的《德尔诺夫舍克—拉昌共同国界协议草案》的内容。

缺席仲裁还导致克罗地亚在仲裁成本分摊上的不利。关于仲裁成本，根据《仲裁协定》第 6 条第 7 款规定，"仲裁庭的成本应当由双方均分"，而且任何一方都没有要求仲裁庭就成本作出其他裁决，仲裁庭裁决双方均分仲裁庭和登记处的成本。[58]

但是，本仲裁中由于一方的过错，仲裁裁决不能按时作出，则仲裁成本不应该均分。本案中，仲裁庭于 2015 年 7 月 9 日通知当事方，其打

---

〔57〕 朱利江：《国际仲裁协定的效力终止问题——斯洛文尼亚与克罗地亚领土海域争端仲裁案评析》，《边界与海洋研究》2017 年第 2 期，第 32—42 页。

〔58〕 "Territorial and Maritime" Arbitration (Croatia and Slovenia), PCA Case No. 2012-04, Final Award of 29 June 2017, paras. 373-374.

算在 2015 年 12 月 17 日作出裁决。[59] 但是，由于 2015 年 7 月 22 日斯洛文尼亚一方任命的仲裁员与其律师单方接触泄露仲裁庭内部合议的行为曝光，导致仲裁庭重组、仲裁庭审查正式记录，以及克罗地亚缺席后续仲裁的情况，直到 2017 年 6 月 29 日仲裁庭才作出最终裁决。斯洛文尼亚一方显然应该承担更大的成本，这也是对其过错的惩罚。但由于克罗地亚缺席仲裁，无法对仲裁成本的分摊提出异议。

（四）仲裁的自愿原则和仲裁裁决的履行

2009 年 11 月 4 日，双方签订《仲裁协定》，随后也经过各自的宪法程序，批准了这个《仲裁协定》。据此，双方后来将领土和海洋争端提交仲裁，虽然经过克罗地亚反对新仲裁庭管辖权的波折，但最终仲裁庭还是作出了裁决。克罗地亚签订《仲裁协定》的过程及后来拒绝参加仲裁明显地表现出其不愿继续仲裁的无奈。

双方的领土之争曾一度阻碍克罗地亚加入欧盟的进程。斯洛文尼亚使用的外交压力还包括阻止克罗地亚加入申根区。[60] 迫于加入欧盟的需要，在欧盟的斡旋之下克罗地亚至 2009 年才勉强签署《仲裁协定》，同意通过国际仲裁的方式解决领土问题。但实际上，克罗地亚并不想通过仲裁解决领土争端。正因为如此，在仲裁过程中发生斯洛文尼亚失信的事件后，急于摆脱《仲裁协定》束缚的克罗地亚立刻决定退出与斯洛文尼亚签订的将两国边界争端提交国际仲裁的协议，退出仲裁。

随之而来的结果是，克罗地亚在最终裁决出台后声明仲裁没有法律约束力，克罗地亚不会受不独立不公平仲裁的限制，也不会遵守仲裁结果。其仍愿通过双边机制与斯洛文尼亚解决问题，不希望看到斯洛文尼亚采取单边行动，也不希望欧盟成员国及其他国家参与两国的边界纠纷。

《仲裁协定》第 7 条规定，"仲裁庭的裁决应对双方有约束力，并构成争端的最终解决"。而且，"当事方应采取所有必要措施实施裁决，包括如有必要，在裁决通过后的 6 个月内，修改国家立法"。但是，本案仲

---

[59] "Territorial and Maritime" Arbitration (Croatia and Slovenia), PCA Case No. 2012-04, Final Award of 29 June 2017, paras. 1143-1144.
[60] 薛群：《克罗地亚决定退出与斯洛文尼亚的边界仲裁协定》，新华网，http://news.xinhuanet.com/world/2015-07/30/c_1116090037.htm，最后访问日期：2017 年 12 月 6 日。

裁裁决的履行仍是个问题。

四、附　录

（一）中英案件全名

1. 中文案件全名：领土与海洋边界仲裁案（克罗地亚/斯洛文尼亚）
2. 英文案件全名：Territorial and Maritime Arbitration（Croatia and Slovenia）

（二）案件的标准引用

1. "Territorial and Maritime" Arbitration（Croatia and Slovenia），PCA Case No. 2012-04，Partial Award of 30 June 2016，available at https：//pcacases.com/web/sendAttach/1787.

2. "Territorial and Maritime" Arbitration（Croatia and Slovenia），PCA Case No. 2012-04，Final Award of 29 June 2017，available at https：//pcacases.com/web/sendAttach/2172.

（三）主要参考文献

1. Vasilka Sancin，"Innovative Arbitration Agreements to Resolve Border Disputes and the Role of Regional International Organizations：Can the Example of Slovenia-Croatia Arbitration Agreement Be Followed in the Asia Pacific"，*Chinese（Taiwan）Yearbook of International Law*，Vol. 29，2011，pp. 156-168.

2. 朱利江：《国际仲裁协定的效力终止问题——斯洛文尼亚与克罗地亚领土海域争端仲裁案评析》，《边界与海洋研究》2017年第2期，第32—42页。

（四）与本案主题相关的重要引用案件

1. Prosecutor v. Duško Tadč a/k/a "Dule"，ICTY Case No. IT-94-1-AR72，Appeals Chamber，Decision of 2 October 1995，paras. 18-19.

2. Fisheries Jurisdiction (United Kingdom v. Iceland), Jurisdiction of the Court, Judgment, I. C. J. Reports 1973, p. 3, at p. 21, para. 45.

3. Fisheries Jurisdiction (Federal Republic of Germany v. Iceland), Jurisdiction of the Court, Judgment, I. C. J. Reports 1973, p. 49, at p. 66, para. 45.

4. Armed Activities on the Territory of the Congo (New Application: 2002) (Democratic Republic of the Congo v. Rwanda), Provisional Measures, Order of 19 July 2002, I. C. J. Reports 2002, p. 219, at p. 246, para. 75.

5. SGS Société Générale de Surveillance S. A. v. Republic of the Philippines, ICSID Case No. ARB/02/6, Decision of the Tribunal on Objections to Jurisdiction of 29 January 2004, para. 141.

(五) 案件中的重要缩略语

VCLT　Vienna Convention on the Law of Treaties　《维也纳条约法公约》

ILC　International Law Commission　国际法委员会

（韩秀丽）

"北极日出"号案
（荷兰诉俄罗斯）
（2017 年）

2013.10.04　荷兰将其与俄罗斯之间的争端提交附件七下的仲裁程序
2013.10.21　荷兰向国际海洋法法庭请求采取临时措施
2013.10.22　俄罗斯向国际海洋法法庭发出备忘录，申明关于仲裁某些事项的立场，表示将不接受荷兰发起的附件七下的仲裁程序，也不准备参加国际海洋法法庭关于临时措施的程序
2013.11.22　国际海洋法法庭发布有关临时措施的法庭命令
2014.01.10　本案附件七仲裁庭组成完毕
2014.08.31　荷兰在其诉状（Memorial）中要求附件七仲裁庭进行程序分立，分开处理本案的管辖权问题和实体问题
2014.11.21　附件七仲裁庭发出关于程序分立的法庭命令，宣布首先处理本案管辖权问题
2014.11.26　附件七仲裁庭作出关于本案管辖权问题的裁决
2015.08.14　附件七仲裁庭作出关于本案实体问题的裁决
2017.07.10　附件七仲裁庭作出关于本案赔偿问题的裁决

关键词：临时措施（Provisional Measures）；管辖权（Jurisdiction）；不到庭（Default）；安全区（Safety Zone）；紧追（Right of Hot Pursuit）

一、案件背景

"北极日出"（the Arctic Sunrise）号是一艘船旗国为荷兰的破冰船，由一家荷兰公司所有。从 1995 年起，"北极日出"号就一直由国际绿色和平组织（Greenpeace International）租赁和运营。本案中，"北极日出"

号船上共有 30 名人员，其中 4 人具有俄罗斯国籍。普拉隆纳亚（Prirazlomnaya，以下简称"P 平台"）是一个由俄罗斯公司运营的远洋钻井平台，位于俄罗斯专属经济区内的伯朝拉海（the Pechora Sea）地区。

2013 年 9 月 14 日，"北极日出"号从赫尔辛基出发前往 P 平台，以举行一次抗议活动，抗议俄罗斯在北极地区大陆架上实施石油钻探活动。9 月 17 日，"北极日出"号抵达距 P 平台 3 海里的海域。该日凌晨，不顾俄方发出的禁止信号，"北极日出"号船上的部分人员搭乘 5 艘小艇前往 P 平台，其中一艘小艇拖拽了一个救生舱（Survival Capsule）。这些人员采取了一系列措施试图登上平台但均未成功，其中两人萨雷拉（Saarela）和韦伯（Weber）被带上俄罗斯海警船"拉多嘎"（the Ladoga）号。此后，其余人员和小艇返回"北极日出"号。大致在同一时间，"拉多嘎"号开始通过雷达广播（radioing）等措施要求"北极日出"号停船、接受俄方调查小组登船检查，但遭到后者拒绝，尽管如此，两船一直保持较近的距离航行。19 日上午，一艘俄罗斯直升机登临并控制了"北极日出"号，将之送往俄罗斯港口摩尔曼斯克，"北极日出"号被正式逮捕，所有人员被监禁，船长还被处以罚金。11 月 20—29 日，船上人员被陆续保释，并在随后的 12 月 18 日被宣布赦免。2014 年 6 月 6 日，俄罗斯解除对"北极日出"号的扣押并将其交还所属公司。8 月 1 日，"北极日出"号从俄罗斯出发并于 9 日返回荷兰。2014 年 10 月至 2015 年 1 月，俄罗斯陆续返还了部分"北极日出"号物品。

2013 年 10 月 4 日，荷兰根据《联合国海洋法公约》（以下简称《公约》）附件七所规定的程序，将其与俄罗斯之间就"北极日出"号被登临、逮捕和拘留，及船上人员被拘留的争端，单方面提请仲裁。

二、国际海洋法法庭临时措施命令

（一）法庭的说理

在"北极日出"号附件七下的仲裁庭尚未组成时[1]，荷兰即根据

---

[1] 此外，2014 年 3 月 16 日，"北极日出"号上的 30 名人员各自向欧洲人权法院提起诉讼，诉称俄罗斯对他们进行的逮捕侵犯了其依《欧洲人权公约》所享有的权利。由于这一程序与本案并无太大关联，限于篇幅，本文在此不作讨论。

《公约》第290条第5款[2]向国际海洋法法庭请求规定临时措施[3]，要求俄罗斯：

> （1）立即使"北极日出"号可获得补给，离开被逮捕地带和俄罗斯管辖海域，并行使航行自由权利；（2）立即释放"北极日出"号船员，允许他们离开俄罗斯领域和管辖海域；（3）就导致"北极日出"号被登临和逮捕的事件暂停所有司法和行政程序，避免提起任何进一步的程序，同时避免对"北极日出"号、其船员、其所有者和运营者执行任何司法或行政措施；（4）确保不采取其他恶化或扩大争端的行动。[4]

俄罗斯自始至终未参加此次临时措施程序，其在2013年10月22日向国际海洋法法庭发出的照会（Note Verbale）中表示：

> 有关"北极日出"号及其船员的调查活动是由俄罗斯当局实施的，因为根据《公约》，沿海国当局有包括刑事管辖权在内的管辖权，以执行俄罗斯联邦的法律……俄罗斯在1997年2月26日签署《公约》时即已声明，"与行使主权权利和管辖权的法律执行行为有关争端"不接受《公约》第十五部分第二节提供的导致有拘束力裁判的强制程序"。基于此，俄罗斯将不接受附件七仲裁程序，也不准备参加国际海洋法法庭应荷兰依《公约》第290条第5款要求举行的关于临时措施的庭审（hearing）。[5]

---

[2] 该条款规定："在争端根据本节正向其提交的仲裁法庭组成以前，经争端各方协议的任何法院或法庭，如在请求规定临时措施之日起两周内不能达成这种协定，则为国际海洋法庭，或在关于'区域'内活动时的海底争端分庭，如果根据初步证明认为将予组成的法庭具有管辖权，而且认为情况紧急有此必要，可按照本条规定、修改或撤销临时措施。受理争端的法庭一旦组成，即可依照第1至第4款行事，对这种临时措施予以修改，撤销或确认。"

[3] "Arctic Sunrise" (Kingdom of the Netherlands v. Russian Federation), Order of 25 October 2013, ITLOS Reports 2013, p. 224, paras. 37, 38.

[4] Request for the Prescription of Provisional Measures under Article 290, paragraph 5, of the United Nations Convention on the Law of the Sea on 21 October 2013 by Netherlands, para. 18.

[5] "Arctic Sunrise" (Kingdom of the Netherlands v. Russian Federation), Order of Provisional Measures, ITLOS Reports 2013, para. 9.

法庭注意到，在规定临时措施前，根据《公约》第 290 条第 5 款，法庭应当证明将成立的附件七仲裁庭有初步（prima facie）管辖权。[6] 为此，法庭注意到：首先，俄罗斯在签署《公约》时所做的声明仅能排除《公约》第 297 条第 2 款、第 3 款所提及的争端，[7] 对除此之外的争端附件七仲裁庭可以管辖。其次，俄罗斯的不参加或不应诉并不妨碍法庭规定临时措施，俄罗斯仍然是本案一方。[8] 再次，从荷兰和俄罗斯在本案中的立场来看，双方的确在涉及船旗国和沿海国的权利和义务的《公约》条款方面，特别是在《公约》第 56 条等条款的适用上存在不同观点，法庭因此认为两国之间出现了关于《公约》解释和适用的争端。[9] 最后，根据《公约》第 283 条的规定，在就《公约》的解释和适用发生争端时，争端双方有"交换意见的义务"，[10] 未能履行这一义务也可能影响法庭的管辖。为此法庭回顾了双方交换意见的过程，注意到有关"北极日出"号的争端已经在多个外交场合得到讨论。法庭肯定了荷兰关于通过协商解决争端的可能性已经丧失的判断，指出在这种情况下缔约国不应再被科以继续交换意见的义务，《公约》第 283 条的条件已经得到了满足。[11] 由此，法庭认为即将成立的附件七仲裁庭有初步管辖权。[12]

法庭也注意到，根据《公约》第 290 条第 5 款，在"情况紧急有此必要"（the urgency of the situation so requires）时，法庭可以在附件七仲裁庭成立前规定临时措施。对此，法庭注意到荷兰所指出的"北极日出"号及其船上人员所面临的现实困境："北极日出"号是一艘老化的破冰船，需要频繁维护保养以维持其各项功能，然而，由于其目前处于俄方的拘留下，进行保养维护是不可能的，这将导致船体状况恶化，尤

---

[6] "Arctic Sunrise" (Kingdom of the Netherlands v. Russian Federation), Order of Provisional Measures, ITLOS Reports 2013, para. 58.

[7] Ibid., para. 45.

[8] Ibid., paras. 49-51.

[9] Ibid., para. 68.

[10] "交换意见的义务"指：(1) 如果缔约国之间对本公约的解释或适用发生争端，争端各方应迅速就以谈判或其他和平方法解决争端一事交换意见。(2) 如果解决这种争端的程序已经终止，而争端仍未得到解决，或如已达成解决办法，而情况要求就解决办法的实施方式进行协商时，争端各方也应迅速着手交换意见。

[11] Order of Provisional Measures, ITLOS Reports 2013, paras. 76, 77.

[12] Ibid., para. 71.

其将对海洋环境产生巨大的威胁,包括油箱渗油,考虑到摩尔曼斯克地区的恶劣天气和浮冰现象,这种情况可能更为严重;"北极日出"号船上人员处于俄罗斯的监禁下,被剥夺了自由和安全,无法离开俄罗斯领域及其管辖海域,两国间的纠纷不应当影响个人所享有的权利和自由。[13] 法庭也注意到,俄罗斯当局对"北极日出"号及其船员作出了相应安排。[14] 至此,法庭认为"情况紧急有此必要"的条件已经得到满足。[15]

法庭更注意到,俄罗斯国内法庭表明对船舶等财物的扣押是出于执行正在进行的民事程序、可能的没收令等的需要,荷兰愿意为此提出一定数额的保证书或其他财政担保,因此法庭认为,结合本案情况并根据《公约》第 290 条,法庭可以(may)出于释放被扣留的船舶和人员的目的,规定保证书或其他财政担保作为一项临时措施。[16]

(二) 命令主文

在于 2013 年 11 月 22 日发布的法庭命令中,法庭:

(1) 以 19 票对 2 票,规定①一旦荷兰以银行担保的形式提出保证书或其他财政担保,俄罗斯应立即释放其所拘留的"北极日出"号和所有人员;②一旦荷兰提供了上述的担保,俄罗斯应确保其所拘留的"北极日出"号和所有人员被允许离开俄罗斯领域及管辖海域。

(2) 以 19 票对 2 票,决定荷兰和俄罗斯应当不迟于 2013 年 12 月 2 日分别向国际海洋法法庭提交执行本临时措施的报告;授权国际海洋法法庭庭长在前述报告之后认为合适时,向双方要求进一步的报告和信息。[17]

---

〔13〕 "Arctic Sunrise" (Kingdom of the Netherlands v. Russian Federation), Order of Provisional Measures, ITLOS Reports 2013, para. 87.
〔14〕 Ibid., para. 88.
〔15〕 Ibid., para. 89.
〔16〕 Ibid., paras. 90-93.
〔17〕 Ibid., para. 105.

(三) 个别意见

法庭内部对本案的看法并非完全一致，随同法庭命令一起发布的还有多位法官的个别意见。

专案法官安德森就本案发表了声明。一方面，俄罗斯的"不到庭"给本案的司法程序带来了诸多不便；另一方面，《公约》第283条旨在确保一国在被提起强制程序时不会完全措手不及，从双方意见交换的历史来看，根据初步证明《公约》第283条规定的"交换意见的义务"这一条件已经得到满足，至于与其有关的可受理性问题则应由将予成立的附件七仲裁庭最终裁定。[18]

沃尔夫鲁姆法官和凯利法官共同发表的个别意见（Joint Separate Opinion）在完善与"俄罗斯不到庭"有关的法庭命令的说理[19]（reasoning）的基础上，指出法庭应进一步廓清俄罗斯所做声明的具体范围，以表明该声明并未排除附件七仲裁庭的管辖权，然后才能论及《公约》第283条和"情况紧急"等问题，尽管法庭依据《公约》第290条第5款确实有权这样做，但却未能如此行为。[20]

热苏斯法官在个别意见中反对以提出保证书为释放船舶的条件。一方面是因为"根据一国的国内法，对某些犯罪的监禁性的惩罚并不能转

---

[18] Declaration of Judge *ad hoc* Anderson, https://www.itlos.org/fileadmin/itlos/documents/cases/case_no.22/published/C22_Anderson_221113.pdf.

[19] 两位法官认为，法庭还应当适用《国际海洋法法庭规约》第28条"不到案"的规定。该条要求法庭"查明对该争端确有管辖权，查明所要求在事实上和法律上均确有根据"，与《公约》第290条第5款仅要求将予成立的仲裁庭应"有初步管辖权"看似矛盾，但该条位于《国际海洋法法庭规约》第三节"程序"的规定之下，理应适用于包括临时措施在内的所有程序，因此在解释上应保持二者的协调，即当海洋法法庭发现将予成立的附件七仲裁庭有初步管辖权时，应适用第28条进一步查明所提要求在事实上和法律上确有根据。两位法官进一步认为，法庭应该借此机会对强制争端解决程序中的"不到案"问题做更多的阐述：第28条并未给予当事国不到案的权利，而仅是"不到案"这一事实的一种反映而已。

[20] Joint Separate Opinion of Judge Wolfrum and Judge Kelly, https://www.itlos.org/fileadmin/itlos/documents/cases/case_no.22/published/C22_Wolfrum_Kelly_221113.pdf. 此外，两位法官还从"临时措施应当考虑争端双方的权利和利益"的角度出发，讨论了俄罗斯在其专属经济区内主张的执行权力（enforcement powers）。两位法官认为，船旗国和沿海国执行管辖权之间的界限是清晰的，就本案而言，为保护其钻井平台，沿海国在钻井平台上及其周围的安全地带中有执行管辖权，但在专属经济区内则没有相应的执行管辖权，这是临时措施应当考虑的一个事项。

化为罚金性的惩罚,用提供保证书等财政担保的形式释放可能被判处监禁的人,将不能'保全有关国家的权利'";另一方面则是《公约》仅明文规定在非法捕鱼和防止海洋环境污染等立即释放案件中使用保证书,在不属于《公约》明文规定的情境中——例如本案——使用保证书与《公约》不符。[21]

白法官发表个别意见主要是不同意临时措施命令第 46 段至第 57 段对"俄罗斯不到庭"的处理。他认为,临时措施命令在该问题上显然是遵从国际法院在当事国不到庭问题上的实践,然而,《国际法院规约》有关当事国不到庭的第 53 条[22]及国际法院在这一问题上的一系列判决所形成的新发展,已经完全为《国际海洋法法庭规约》第 28 条"不到案"所吸收和进一步发展,本案中荷兰也多次援引第 28 条。因此,临时措施命令应直接适用《国际海洋法法庭规约》第 28 条解决俄罗斯不到庭的问题,而不应该诉诸国际法院的实践。[23]

库利克法官在反对意见(Dissenting Opinion)中对法庭向"北极日出"号发出临时措施命令表示反对。在回顾了长久以来的国际司法实践后,他指出,如果需要法庭发出临时措施命令,当事国仅仅宣称自己的权利正在遭受另一方的持续不法侵害是不够的,还必须证明存在"不能挽回的损害或不可逆的损失"(irreparable prejudice or irreversible damage),或其权利正处于遭受损害的真实危险之中,这是本案临时措施命令应该处理而未能处理的事项。进一步地,即使不考虑"不能挽回的损害或不可逆的损失"的标准,而仅考虑情况"紧急"(urgent)的条件,本案中"北极日出"号所处的情况也不能称作是《公约》意义上的"紧急",因为俄罗斯在其官方文件中已经表明将对"北极日出"号采取保护措施。考虑到这些因素,库利克法官更倾向于"立即释放"以外的其他临时措施,例如命令俄罗斯允许"北极日出"号的操作者登船以进

---

[21] Separate Opinion of Judge Jesus, https://www.itlos.org/fileadmin/itlos/documents/cases/case_no.22/published/C22_Jesus_221113.pdf. 此外,热苏斯法官还认为临时措施命令要求俄方立即释放的"所有人员"中应不包含具有俄罗斯国籍的人员。

[22] 第 53 条规定:"一、当事国一造不到法院或不辩护其主张时,他造得请求法院对自己主张为有利之裁判。二、法院于允准前项请求前,应查明不特依第三十六条及第三十七条法院对本案有管辖权,且请求人之主张在事实及法律上均有根据。"

[23] Separate Opinion of Judge Paik, https://www.itlos.org/fileadmin/itlos/documents/cases/case_no.22/published/C22_Paik_221113.pdf.

行必要的维护保养。[24]

戈利岑法官的反对意见如下：荷兰和俄罗斯关于"北极日出"号事件的有限沟通，并不符合《公约》第283条关于"交换意见的义务"的规定，即使有争端存在，在"交换意见的义务"条件未能满足的情况下，该争端也不具有可受理性；俄罗斯针对"北极日出"号的一系列行为是符合《公约》规定的法律执行行为，且俄罗斯已经对"北极日出"号采取了合适的保全措施，此时规定临时措施是不合适的；"北极日出"号及其船上人员被俄罗斯当局合法逮捕、正当审判，且正处于俄罗斯国内司法程序中，临时措施命令要求将他们立即释放违背《公约》第290条第1款关于"保全争端各方的各自权利"的规定，俄罗斯的正当权利未能保全；最后，根据《公约》第292条，法庭仅可在有限的案件中规定在获得合理的保证书或其他财政担保经提供后，扣留国应将船只或船员迅速释放，[25] 但本案中导致"北极日出"号及其船上人员被逮捕的原因并不在此列。[26]

三、附件七仲裁庭管辖权裁决

本案的正式审理是在之后成立的附件七仲裁庭下进行的。如前所述，国际海洋法法庭在其关于临时措施的命令中仅确认了附件七仲裁庭对本案有初步管辖权。仲裁庭还需回答其是否确实对本案有管辖权。

仲裁庭注意到，俄罗斯在其于2014年2月27日向仲裁庭发出的照

---

[24] Dissenting Opinion of Judge Kulyk, https://www.itlos.org/fileadmin/itlos/documents/cases/case_ no. 22/ published/C22_ Kulyk_ 221113. pdf. 此外，在荷兰提出保证书一事上，库利克法官认为临时措施命令第97段混淆了保证书的性质，本案中的保证书应当由荷兰提出用以担保以下事项：一旦附件七仲裁庭作出有利于俄罗斯的裁决，荷兰即确保相应人员被置于俄罗斯的司法程序之下，如荷兰未做到这一点，俄罗斯即可获得补偿。这一保证书并不由附件七仲裁庭所决定，临时措施命令第97段却规定保证书由"附件七仲裁庭或当事双方的合意决定"，库利克法官对此表示反对。

[25] 这些有限的案件包括沿海国根据《公约》第73条第2款逮捕船只或船员，或者根据第220条第6款、第7款和第226条第1款（b）、（c）项规定的环境污染逮捕船舶。

[26] Dissenting Opinion of Judge Golitsyn, https://www.itlos.org/fileadmin/itlos/documents/cases/case_ no. 22/ published/C22_ Golitsyn_ 221113. pdf.

会中，认为其在加入《公约》时的声明具有排除仲裁庭管辖权的效果，因此将不接受荷兰发起的附件七下的仲裁程序，同时也不准备参加国际海洋法法庭关于临时措施的程序。仲裁庭将俄罗斯的这一立场视作其关于管辖权的抗辩（plea concerning jurisdiction），并详细考察了该抗辩能否成立。[27]

第一，如果不考虑俄罗斯在签署《公约》时所做的关于排除管辖权的声明，仲裁庭对本案是否有管辖权。

仲裁庭注意到，荷俄两国均是1982年《公约》的缔约国，在涉及双方之间存在的有关《公约》解释和适用的任何争端时，双方均受《公约》第十五部分争端解决条款的约束。[28] 在本案中，考虑到双方一系列外交层面的直接的文件往来，仲裁庭认为有关《公约》解释和适用的争端明显存在。在这种情况下，依据《公约》第287条，缔约国可以在多种强制性争端解决程序中自主选择，但如果缔约国所选择的程序不一致，争端就可提交《公约》附件七下的强制仲裁程序。本案正是存在这样的情形：荷俄两国选择的争端解决程序不一样，因此将争端提交附件七下的强制仲裁程序是正确的。[29] 由于此时俄罗斯已经释放了"北极日出"号，并且赦免了"北极日出"号船上的人员，针对俄罗斯可能提出的诉讼目的消失（mootness）的抗辩，仲裁庭认为这些举动并不能完全满足荷兰提出的诉求，因此诉讼目的并未消失。[30]

第二，俄罗斯在签署《公约》时所做的关于排除管辖权的声明是否会影响仲裁庭对本案的管辖权。

仲裁庭注意到，俄罗斯关于管辖权的主张建立在其签署《公约》时所做声明之上，因此首先必须解决这一问题：俄罗斯的这一声明是否将导致《公约》第十五部分所规定的强制争端解决程序不适用于两国当前的这一争端，进而使得仲裁庭无管辖权。[31] 仲裁庭首先考虑了俄罗斯声明的范围。在仲裁庭看来，俄罗斯的声明并不能将"关于行使主权权利或管辖权的法律执行活动的每一个争端"排除在强制争端解决程序之

---

[27] "Arctic Sunrise"(Kingdom of the Netherlands v. Russian Federation), Award on Jurisdiction of 26 November 2014, https://pcacases.com/web/sendAttach/1325, at para. 48.
[28] Ibid., para. 60.
[29] Ibid., para. 64.
[30] Ibid., para. 62.
[31] Ibid., para. 66.

外，根据《公约》第 298 条第 1 款（b）项的规定，声明只能将"依据第 297 条第 2 款和第 3 款不属于法院或法庭管辖的关于行使主权权利或管辖权的法律执行活动的争端"排除在第十五部分第二节所规定的程序之外。因此需要进一步探知两国之间当前的争端是否落入前述的"根据第 297 条第 2 款和第 3 款不属于法院或法庭管辖的关于行使主权权利或管辖权的法律执行活动的争端"的范围。简单地阅读文本即可发现，可以被排除的争端是指那些涉及"专属经济区或大陆架上的海洋科学研究""暂停或停止海洋科学研究计划""专属经济区中的生物资源"的争端，荷俄两国间的争端显然不在此列，因此不能根据俄罗斯的声明而将两国当前的争端排除在《公约》的强制争端解决程序之外。[32] 因此，仲裁庭裁定其对本案有管辖权。[33]

四、附件七仲裁庭实体裁决

在实体问题阶段，荷兰一共提出 3 项诉讼请求，请求仲裁庭裁决：

（1）宣告俄罗斯在"北极日出"号事件中实施的行为为不法行为，俄罗斯就前述不法行为向荷兰正式致歉；

（2）俄罗斯应就在 P 平台周围的航行事项发出符合《公约》的新通知，取消旧通知；归还尚未归还的属于"北极日出"号及船上人员的物品；正式取消针对"北极日出"号船上人员的海盗行为和流氓行为的指控；

（3）俄罗斯赔偿"北极日出"号及船上人员在本次争端中所遭受的物质损失和非物质损失。[34]

仲裁庭在回顾本案的裁决历史、事实基础、荷兰一方的诉讼请求，

---

[32] "Arctic Sunrise"(Kingdom of the Netherlands v. Russian Federation), Award on Jurisdiction of 26 November 2014, paras. 69-77.

[33] Ibid., para. 79.

[34] "Arctic Sunrise"(Kingdom of the Netherlands v. Russian Federation), Award on Merits of 14 August 2015, https：//pcacases. com/web/sendAttach/1438, at para. 141.

有关本案管辖权和可受理性问题的一些事项[35]，本案适用的法律等问题后，处理赔偿问题前，集中处理了五个方面的实体问题，分别是：俄罗斯在 P 平台周围建立的"安全地带"；针对"北极日出"号及其船上人员采取的措施的合法性；对国际海洋法法庭临时措施命令的执行；俄罗斯未交付本案保证金（deposits）；解除不法行为（precluding wrongfulness）以确保权利的正常行使。

（一）仲裁庭对五项实体问题的处理

1. 俄罗斯在 P 平台周围建立的"安全地带"

荷兰诉称俄罗斯违背了其在《公约》第 60 条下的义务，在 P 平台周围建立了一个半径达 3 海里的"地带"，在这一区域内"未获俄罗斯联邦事先许可的航行被禁止"[36]。仲裁庭则认为这一"地带"是否为《公约》意义上半径最多仅为 500 米的"安全地带"（security zone）尚需进一步检视。[37]

仲裁庭注意到，事发时具有法律效力的是俄罗斯第 51/2011 号《海员须知》（Notice to Mariners），该文件宣布围绕 P 平台半径为 3 海里的地带"对航行有危险"，并随之"警告"未经 P 平台操作者允许，船舶勿入该地带。[38] 该文件被俄罗斯于 2015 年 5 月 24 日发布的第 21/2014 号《海员须知》所修正，后者规定："未经平台操作者允许，不建议船舶进入该平台周围的一个安全地带。"[39] 除这两个文件外，俄罗斯并无其他

---

[35] 其中，在"有关本案管辖权和可受理性问题的一些事项"这部分，仲裁庭围绕"荷兰的原告资格（Standing）"问题所进行的分析值得注意。荷兰主张其拥有原告资格有四方面的支持：船旗国专属管辖；悬挂其旗帜的船舶上的人员受到伤害；对拥有其国籍的国民实施外交保护；俄罗斯违背了其对国际社会整体或部分国家的义务（ergamones or ergaomnespartes）。Memorial of the Kingdom of the Netherlands on 31 August 2014, paras. 89, 137. 仲裁庭肯定了荷兰以船旗国为其诉讼资格的立场，强调了国际法上"船舶是一个整体"（Ship-As-A-Unit）规则，认为船上所有的人无论国籍都是船舶的一部分，都处于荷兰的专属管辖之下，因此船上人员受到伤害亦视为对前述资格的一项补充。在此情况下，外交保护和俄罗斯对其特定义务的违背在本案中均无讨论必要。Award on Merits, paras. 157-186.

[36] Memorial of the Kingdom of the Netherlands on 31 August 2014, paras. 181, 183, 189, 197.

[37] "Arctic Sunrise"（Kingdom of the Netherlands v. Russian Federation）, Award on Merits of 14 August 2015, para. 206.

[38] Notice to Mariners No. 51/2011.

[39] Ibid., No. 21/2014.

的法律规章就 P 平台周围海域是否有特定性质作出规定。因此，问题演变成：前述两个《海员须知》是否设置了一个《公约》意义上的"安全地带"？仲裁庭对此持否定态度。[40] 第一，两个《海员须知》仅将 P 平台周围 3 海里的"地带"标记为"对航行有危险"，并未明确表明这一半径为 3 海里的"地带"属于《公约》意义上的"安全地带"。[41] 第二，在《公约》意义上的"安全地带"内，沿海国所享有的权利要超过其在普通的专属经济区中所享有的权利，但从《海员须知》本身的状态和俄文用语来看，其不具有强制性，仅是一种"建议"，这种"建议"不会也不能给俄罗斯创造任何比其在普通专属经济区内享有的更多的权利。[42] 第三，从俄罗斯本身的实践来看，其也并未认为 P 平台周围的"安全地带"宽达 3 海里，例如，尽管"拉多嘎"号曾提请"北极日出"号注意第 51/2011 号《海员须知》所提及的 3 海里航行危险地带，但其仅对"北极日出"号的小艇进入 P 平台周围 500 米安全地带的行为表示控诉（complain），根本未曾提及 3 海里海域的问题。[43] 此外，仲裁庭还分析了俄罗斯的国内法，从反面证明俄罗斯确实未曾在 P 平台周围建立 3 海里的《公约》意义上的"安全地带"。[44]

2. 针对"北极日出"号及其船上人员采取的措施的合法性

判断某一行为是否合法，既要考察该行为是否有国际法上的依据，也要考察行为本身是否符合国际法的要求。仲裁庭首先分析俄罗斯的行为——登临、逮捕、扣留"北极日出"号——是否有国际法上的依据：一方面，根据《公约》第 56 条和第 60 条，俄罗斯的行为可能是执行有关 P 平台及其周围安全地带的法律或规章的行为；另一方面，即使俄罗斯的行为不属于前述的海洋执法行为，也可能是沿海国针对其专属经济区的权利和利益采取的一般意义上的保护行为。[45]

从"执行有关 P 平台及其周围安全地带的法律或规章"的角度出发，仲裁庭注意到俄罗斯的行为可能有六个方面的依据，但实际上每一

---

[40] "Arctic Sunrise" (Kingdom of the Netherlands v. Russian Federation), Award on Merits of 14 August 2015, para. 209.
[41] Ibid., para. 210.
[42] Ibid., paras. 211, 212.
[43] Ibid., para. 214.
[44] Ibid., paras. 216-220.
[45] Ibid., para. 235.

种依据都不能成为其行为的合法性来源。

第一，基于海盗嫌疑的登临。俄罗斯"拉多嘎"号在2013年9月18日的行动中，向"北极日出"号多次喊话，声称后者具有海盗嫌疑，2013年9月20日后俄罗斯国内进行的一系列刑事程序也佐证了"拉多嘎"号的前述判定。[46] 但仲裁庭认为，《公约》下海盗行为所针对的应当是"另一艘船舶"，但P平台只是海上的一个"固定平台"，"北极日出"号的行为不符合"海盗"定义中的"两船要件"，俄罗斯不能基于海盗嫌疑实施登临。[47]

第二，"拉多嘎"号紧追。要成立国际法上的紧追行为，《公约》第111条所规定的条件需全部得到满足。在仲裁庭看来，事件中"拉多嘎"号未能持续紧追，相反，在最初进行了3个小时追逐后，"拉多嘎"号上的枪炮退膛，不再发出停船命令；在此后直至直升机登临的33小时内，"拉多嘎"号只不过将其置于"北极日出"号和P平台之间，等待其上级进一步指示。[48] 从"拉多嘎"号发出第一个停船命令到9月19日"北极日出"号被登临，追逐中断。"紧追未曾中断"这个必备条件未能满足，俄罗斯的行为不是国际法意义上的紧追。[49]

第三，对"北极日出"号涉嫌恐怖主义的调查。[50] 仲裁庭注意到，沿海国有权对发生在其人工建筑或设施周围500米安全地带内的可能的恐怖犯罪采取执法措施或执行其他有关的法律，包括对船舶的登临、拘留和逮捕等。然而在安全地带之外的专属经济区内，在《公约》未明确规定时，对外国船舶的登临和逮捕是不被允许的。因此，俄罗斯不能出于恐怖主义考虑在专属经济区内登临、逮捕"北极日出"号。[51]

第四，执行与专属经济区内的非生物资源有关的法律。仲裁庭注意

---

[46] "Arctic Sunrise" (Kingdom of the Netherlands v. Russian Federation), Award on Merits of 14 August 2015, para. 236.

[47] Ibid., para. 240.

[48] Ibid., para. 271.

[49] Ibid., para. 275.

[50] 俄罗斯指控"北极日出"号涉嫌恐怖主义，理由是"北极日出"号小艇拖拽了一个"状似炸弹的不明物体"，行为呈"攻击性和挑衅性"，"外观看起来具有恐怖行为特征，可能将人命置于危险境地，对平台造成严重不良影响"。Note Verbale from the Russian Federation to the Netherlands, 18 September 2013.

[51] "Arctic Sunrise" (Kingdom of the Netherlands v. Russian Federation), Award on Merits of 14 August 2015, para. 278.

到，尽管沿海国对其专属经济区内的非生物资源的确有某种权利，也可对违背其与专属经济区内非生物资源有关的法律的行为采取一定的措施，但并不能直接援引《公约》第73条第1款[52]规定以进行登临、逮捕等，因为这一款仅适用于"专属经济区内的生物资源"而不适用于"非生物资源"，一是条文本身如此，二是将之推广适用于非生物资源的提议在《公约》的缔结过程中未被接受。

第五，保全海洋环境。经过对可能被俄罗斯援引为行为依据的《公约》第220条和第234条的认真分析，仲裁庭认为俄罗斯的行为并非保全海洋环境的行为。[53]

第六，对海上危险操作（dangerous maneuvering）的应对。[54] 仲裁庭检视了《国际海上避碰规则》相关条款，并重申《公约》第97条"出于任何有关航行的事故，只有船旗国才能对船上人员发起刑事或行政程序，逮捕或拘留船舶"的规定，表示即使"北极日出"号有关行为可以被定性为"危险操作"，俄罗斯的登临等行为也不具备法律上的基础。[55]

从"沿海国针对其专属经济区中的权利和利益采取的一般意义上的保护行为"的角度出发，仲裁庭注意到俄罗斯的行为可能有其他三个方

---

[52] 《公约》第73条第1款规定："沿海国行使其勘探、开发、养护和管理在专属经济区内的生物资源的主权权利时，可采取为确保其依照本公约制定的法律和规章得到遵守所必要的措施，包括登临、检查、逮捕和进行司法程序。"

[53] 从《公约》第220条"沿海国的执行"来看，沿海国对外国船舶在其专属经济区内污染环境的行为或危险有权采取相应的措施，包括要求提供信息、进行实际检查、提起包括对该船的拘留在内的司法程序等，但前提要么是"有明显根据"认为船只违反相应的国际规则和标准，要么是"有明显根据"认为污染已发生且该船拒绝提供情况或提供假情况，要么是"有明显客观证据"证明污染已发生且造成重大损害或有重大损害的威胁，本案中显然不存在这些前提。Award on Merits, para. 291. 从《公约》第234条"冰封区域"来看，俄罗斯有权制定和执行非歧视性的法律和规章，以防止、减少和控制船只在专属经济区范围内冰封区域对海洋的污染。但仲裁庭认为，俄罗斯对"北极日出"号采取的系列行为不是根据《公约》第234条的规定作出的，原因在于俄罗斯根据第234条所制定的规章不适用于P平台所在的伯朝拉海，俄罗斯在对"北极日出"号采取行为时也确实未曾诉及其根据第234条所制定的规章。与之相对的是，在较早的一次事件中，当"北极日出"号进入全年大部分时间为浮冰所覆盖的北海航线（North Sea Route）时，俄罗斯即明确表示适用其根据《公约》第234条所制定的规则。Award on Merits, para. 296.

[54] 俄罗斯曾指称"北极日出"号不仅未执行俄方的停船命令，反而"加速、变换航道、危险操作，对俄方军事船舶及船员造成了危险"。Award on Merits, para. 299.

[55] Award on Merits of 14 August 2015, para. 305.

面的依据：第一，防止生态方面或环境方面的不利后果。《公约》第 221 条规定了各国有"为保护其海岸或有关利益，包括捕鱼，免受海难或与海难有关的行为所引起，并能合理预期造成重大有害后果的污染或污染威胁"，"在其领海范围以外，采取和执行与实际的或可能发生的损害相称的措施的权利"。在仲裁庭看来，即使认为"北极日出"号在案件中的行为构成此处所称的"海难"，也并不会"合理预期造成"损及俄罗斯利益的"重大有害后果"。[56] 第二，防止恐怖主义。仲裁庭认为，证据显示，俄罗斯对"北极日出"号本身、该船的目的、该船及其船员实施抗议的方式是相当熟悉的，俄罗斯也知道"状似炸弹的不明物体"实质上是不具任何危害性的救生舱，因此其没有任何合理的依据认为"北极日出"号将诉诸恐怖手段。[57] 第三，防止干扰勘探开发专属经济区内的非生物资源的活动。仲裁庭认为，在"北极日出"号被登临时，其已经退出 P 平台周围的安全地带，且已停止对俄罗斯开发油气资源的抗议行为，在那时，"北极日出"号享有《公约》规定的航行自由，且也仅进行了航行活动，纯粹的航行活动并不会干扰俄罗斯对其专属经济区内的非生物资源的勘探开发活动。[58]

至此，仲裁庭得出结论：俄罗斯于 2013 年 9 月 19 日对"北极日出"号进行的登临、逮捕和扣留活动不符合《公约》，相反，俄罗斯违背了其在《公约》第 56 条第 2 款、第 58 条第 1 款、第 58 条第 2 款、第 87 条第 1 款（a）项和第 91 条第 1 款下担负的，对作为享有"北极日出"号专属管辖权的船旗国荷兰的义务，进而，仲裁庭认定俄罗斯在其不法登临、逮捕和扣留之后所实施的一系列法律执行行为均不具有国际法上的依据。

在得出这样的结论后，仲裁庭认为没有必要进一步讨论俄罗斯的行为是否符合国际法的要求。[59]

3. 对国际海洋法法庭临时措施命令的执行

关于"北极日出"号上人员的"立即释放"（immediate release），

---

[56] "Arctic Sunrise"（Kingdom of the Netherlands v. Russian Federation）, Award on Merits of 14 August 2015, para. 310.

[57] Ibid., paras. 316, 320, 322.

[58] Ibid., paras. 330, 332.

[59] Ibid., para. 333.

仲裁庭认为,在国际海洋法法庭规定临时措施后,俄罗斯于7日内释放了全部船员,这一行动应被认定为符合"立即释放""北极日出"号的要求[60]。此后,荷兰按临时措施向银行提出保证书,经历了一系列的国内程序后,"北极日出"号上的所有非俄籍人员才于保证书提出后27天内全部离开俄罗斯,27天的迟延表明俄罗斯未能履行"采取确切措施确保这些人员可以立即离开"这一积极作为义务,构成对临时措施命令的违背[61]。仲裁庭认为,在荷兰提出银行担保的情况下,俄罗斯即有义务允许"北极日出"号离开其领域和管辖海域,但由于俄罗斯的原因,"北极日出"号被迫在近8个月后才正式离开,这8个月的迟延表明俄罗斯并未积极履行其义务,违背了临时措施命令关于立即释放"北极日出"号的规定[62]。

此外,仲裁庭还裁定俄罗斯违背其在临时措施命令第2段中规定的提交报告的义务。至于俄罗斯在此之后才归还部分属于"北极日出"号及其船上人员的物品的行为,仲裁庭认为其主要涉及赔偿问题,将在赔偿判决中解决[63]。

4. 俄罗斯未交付本案保证金

《公约》的缔约国并无"出现"在有管辖权的裁判机构这一特定义务,但在缔约国未出现时,这些裁判机构仍可行使其管辖权[64]。缔约国的"不出现"并不免除其应担负的义务,有管辖权的裁判机构对争端所做的"任何裁判"都有确定性,争端各方均应遵从[65]。具体到本案,尽管俄罗斯就仲裁庭的管辖权有疑义,但仲裁庭对自身有管辖权的裁决应为俄罗斯所遵从,俄罗斯更应进一步遵从仲裁庭此后所做的"任何裁判",包括仲裁庭就保证金所做的裁定。拒不交付本案保证金的行为构成对《公约》义务的违反[66]。

---

[60] "Arctic Sunrise" (Kingdom of the Netherlands v. Russian Federation), Award on Merits of 14 August 2015, para. 343.
[61] Ibid., paras. 349, 350.
[62] Ibid., para. 358.
[63] Ibid., para. 359.
[64] Annex Ⅶ, article 9.
[65] UNCLOS, article 296 (1).
[66] "Arctic Sunrise" (Kingdom of the Netherlands v. Russian Federation), Award on Merits of 14 August 2015, para. 370.

5. 解除不法行为以确保权利的正常行使

仲裁庭认为,事实显示,就判决当时而言,不存在需要解除不法行为的问题。[67]

(二) 裁决主文

仲裁庭于 2015 年 8 月 14 日对本案实体问题作出裁决,裁定:

(1) 对本案有管辖权;

(2) 本案具有可受理性;

(3) 俄罗斯未获荷兰事先同意对"北极日出"号的登临、调查、检查、逮捕、拘禁和抓捕,以及对船上人员的逮捕、拘留和发起司法程序违背了其在《公约》第 56 条第 2 款、第 58 条第 1 款、第 58 条第 2 款、第 87 条第 1 款 (a) 项和第 91 条第 1 款下担负的,对作为享有"北极日出"号专属管辖权的船旗国荷兰的义务;

(4) 由于未能遵守国际海洋法法庭临时措施命令,俄罗斯违背了其在《公约》第 290 条第 6 款和第 296 条第 1 款下对荷兰所担负的义务;

(5) 俄罗斯拒不交付本案保证金的行为违背其在《公约》第十五部分和第 300 条下的义务;

(6、7) 荷兰应获得一定的赔偿;

(8) 俄罗斯应归还尚未归还的属于"北极日出"号及其船上人员的物品;

(9) 俄罗斯向荷兰支付由后者垫付的本案保证金及其利息。[68]

---

[67] "Arctic Sunrise" (Kingdom of the Netherlands v. Russian Federation), Award on Merits of 14 August 2015, para. 371. 在处理完前述的 5 项实体问题后,仲裁庭还处理了荷兰提出的"赔偿损失"(satisfaction)、"恢复原状"(restitution) 和"补偿"(compensation) 的问题。

[68] Ibid., para. 401.

五、附件七仲裁庭赔偿问题裁决

2017年7月10日，附件七仲裁庭作出关于本案赔偿问题的裁决。其中，在船舶损害赔偿方面，荷兰的请求数额为1799546欧元，仲裁庭判处俄罗斯应支付1695126.18欧元；在"北极日出"号船上30名人员的非物质损害赔偿方面，荷兰的请求数额为1719000欧元，仲裁庭判处俄罗斯应支付600000欧元；在"北极日出"号船员因俄罗斯的行为导致损害的赔偿问题上，荷兰的请求数额为3998881欧元，仲裁庭判处俄罗斯应支付2461935.43欧元；在因提出保证书而支出的费用方面，荷兰的请求数额为13500欧元，仲裁庭全部支持。此外仲裁庭还判处俄罗斯应支付相应的保证金及其他利息。最终，俄罗斯应向荷兰支付总计5395561.61欧元。[69]

尽管仲裁庭单独处理赔偿问题并形成独立判决的做法比较少见，但有关判决的法理问题基本上在实体判决的最后部分已经处理完毕。2017年7月10日关于赔偿问题的判决主要涉及赔偿数额问题，解决的是计算方法和某些财产的认定问题。此处从略。

六、评　论

本案是国际海洋法法庭成立以来审理的第一个争端一方不到庭的案件，第一个针对军舰和渔船之外的船舶规定迅速释放措施的案件，第一个较为全面地处理人工岛屿、设施和装置及其周围安全地带的设置和管辖问题的案件，第一个在非法捕鱼和防止海洋环境污染之外的立即释放案件中适用保证书的案件，也是唯一一个原告一方主动请求程序分立的案件。该案涉及"海洋法法庭程序或附件七仲裁庭程序中一方当事国'不到庭'""规定临时措施的条件""临时措施中保证书的设置""'交换意见的义务'的履行""海洋法法庭和附件七仲裁庭在临时措施事项上的关系""国际法上紧追的判定""对国际司法机构所做判决或命令的

---

[69] "Arctic Sunrise"(Kingdom of the Netherlands v. Russian Federation), Award on Compensation of 10 July 2017, https：//pcacases.com/web/sendAttach/2214, at para.128. 结合仲裁庭有关本案的管辖权、实体问题、赔偿问题的三个裁决来看，除"俄罗斯就其在'北极日出'号事件中的不法行为向荷兰正式致歉""正式取消针对'北极日出'号船上人员的海盗行为和流氓行为的指控"两项外，荷兰其他诉讼请求全部得到了支持。

遵守"""'船舶是一个整体'规则的理解""船旗国专属管辖权的限度""海盗的判定标准""人工岛屿、设施和装置及其周围安全地带的设定及管理"等诸多问题。就本案发生后学界的反应来看,针对本案的评判主要集中在以下方面。

(一)"不到庭"对案件的影响

仲裁庭是认真对待俄罗斯的"不到庭"的,其大多数工作得到了肯定的评价,[70] 不过其关于一些具体问题的处理仍然受到指摘。在考虑"情况紧急有此必要"这一条件是否得到满足时,法庭由于在俄罗斯方面仅获得了一些官方声明文件而不得不主要依赖于荷兰所提供的事实证据,但其在没有进行应有推理的情况下就直接接受了荷兰所提出的法律主张,认定"情况紧急",这一做法被吉尔福伊尔(Guifoyle)和迈尔斯(Miles)指责为"敷衍塞责"(perfunctory)。[71]

(二)"临时措施"和"迅速释放"之间的联系和区别

本案中虽然海洋法法庭规定的"临时措施"为"北极日出"号及其船上人员的"迅速释放",但在《公约》下,"临时措施"和"迅速释放"是两种不同的制度,前者由第290条规定,后者则由第292条规定。具有初步管辖权的法庭有权规定其根据情况认为"适当的任何临时措施",在将船只或船员的迅速释放作为临时措施时,也不必完全按照第292条的规定,要求相关国家提供合理的保证书或其他财政担保。换言之,作为独立制度的"迅速释放"和作为临时措施手段的船只和船员的迅速释放是不一样的,前者包含当事国提供财政担保、船只和船员释放等多因素,后者仅仅意味着船只和船员的释放。因此,当法庭将船只和船员的释放作为临时措施时,如需进一步适用保证书和财政担保制度,则需进行额外的推理说明,后者并不能当然适用。但法庭并未进行这方面的工作。[72]

---

[70] Zhang Chao, Yen-Chiang Chang, "Russian Absence at the Arctic Sunrise Case: A Comparison with the Chinese Position in the South China Sea Arbitration", *Journal of East Asia & International Law*, Vol. 8, 2015, pp. 413-426.

[71] Douglas Guifoyle, Cameron A. Miles, "Provisional Measures and the MV Arctic Sunrise", *The American Journal of International Law*, Vol. 108, 2014, p. 279.

[72] Ibid., pp. 281-282.

（三）国际海洋法法庭和附件七仲裁庭在临时措施事项上的关系

沃尔夫鲁姆法官和科特法官在"自由"号案（阿根廷诉加纳）的个别意见中曾提出，国际海洋法法庭根据《公约》第290条第5款规定临时措施时，应注意给予将成立的仲裁庭足够的礼让（comity），因为在该条款下法庭行使管辖权以即将成立的仲裁庭有初步管辖权为前提。[73] 对于本案，佩里斯（Peiris）认为，法庭在规定临时措施时并未给予将成立的附件七仲裁庭足够礼让，临时措施命令表明法庭已经预设俄罗斯在实体问题上的不利地位，释放船只及船员等行为实际上也满足了一方的实体诉求，从而行使了附件七仲裁庭的职能。[74] 吉尔福伊尔和迈尔斯也认为法庭的临时措施命令实际已经成为一个与其性质不符的中间判决（interimjudgment）。[75]

（四）船旗国专属管辖权的限度

在本案中这一问题与"船舶是一个整体"规则相联系。一方面，对于"北极日出"号船上的俄罗斯籍人员而言，荷兰是否可根据国际法上的"船舶是一个整体"规则，主张船旗国专属管辖权，从而对抗俄罗斯对这些人员所实施的管辖活动？对此，德雷南（Drenan）认为临时措施命令过度扩张了国际法上的"船舶是一个整体"规则，不正确地允许船旗国对一个不具有其国籍的船员主张专属管辖权。[76] 另一方面，与之相关的是，对于确实在安全地带中实施了违反俄罗斯法律的行为，且也在安全地带中被俄罗斯实际控制的萨雷拉和韦伯两人而言，[77] 船旗国能否

---

[73] The "ARA Libertad" Case (Argentina v. Ghana), Provisional Measures, Joint Separate Opinion of Judge Wolfrum and Judge Cot, https://www.itlos.org/fileadmin/itlos/documents/cases/case_ no.20/published/C20_ Wolfrum_ Cot_ 151212.pdf.

[74] Nuwan Peiris, "Arctic Sunrise from ITLOS: The Arctic Surprise and in Search of a Balanced Order", *Ocean Yearbook*, Vol.29, 2015, p.27.

[75] Douglas Guifoyle, Cameron A. Miles, "Provisional Measures and the MV Arctic Sunrise", *The American Journal of International Law*, Vol.108, 2014, p.276.

[76] Matthew T. Drenan, "Gone Overboard: Why the Arctic Sunrise Case Signals an Over-Expansion of the Ship-As-A-Unit Concept in the Diplomatic Protection Context", *California Western International Law Journal*, Vol.45, 2014, p.114.

[77] "Arctic Sunrise" (Kingdom of the Netherlands v. Russian Federation), Award on Merits of 14 August 2015, paras.89-92.

也根据"船舶是一个整体"规则主张专属管辖权,从而否定沿海国对之进行刑事审判?佩里斯认为,海洋法法庭的命令及诸法官的意见都未能对沿海国在其安全地带中的管辖权给予足够重视,过于强调船旗国专属管辖权,而事实上,对于船员离开船舶、在他国的安全地带中实施的犯罪,船旗国专属管辖权可提供的救济有限,俄罗斯有权对这两人进行刑事审判。[78]

(五) 人工岛屿、设施和装置及其周围安全地带的设定及管理

就安全地带的设置来看,《公约》规定"沿海国可于必要时在人工岛屿、设施和结构周围设置合理的安全地带",但并未明确沿海国应如何设置该安全地带。在本案中,仲裁庭明确宣告《公约》的规定并不能自动地(automatically)适用于在这些人工岛屿、设施或结构周围建立安全区域,沿海国还应当依其国内法上的程序设置安全地带并妥为通知。与此同时,仲裁庭又在沿海国未采取这些"适当措施"时,建立了例外情况,要求具备两个条件:一是沿海国必须已清楚无误地将人工岛屿、设施及结构周围500米的区域作为安全地带来进行管辖,二是与之有争议的国家承认该区域为安全地带,由此可推定沿海国在人工设施周围享有500米的安全地带。可以预见,仲裁庭的这些判断可能对有关安全地带的国家实践产生巨大影响。[79] 就安全地带的管辖来看,沿海国在专属经济区内有专属权利建造并授权和管理建造、操作和适用"人工岛屿、设施和结构",对它们"有专属管辖权,包括海关、财政、卫生、安全和移民的法律和规章方面的管辖权",而对它们周围的安全地带只"可采取适当措施以确保航行以及人工岛屿、设施和结构的安全",显然,沿海国对"人工岛屿、设施和结构"本身所享有的权利,以及对它们周围的"安全地带"所享有的权利之间有巨大区别。在本案中,"北极日出"号上的人员的行为既有发生在P平台周围的安全地带中的,也有针对并发生在P平台之上的,然而无论是临时措施命令及法官的意见,还是仲裁庭的三个裁决或后续的学界研究,均未能指出二者的区别。

---

[78] Nuwan Peiris,"Arctic Sunrise from ITLOS: The Arctic Surprise and in Search of a Balanced Order", *Ocean Yearbook*, Vol. 29, p. 59.

[79] 杨永红:《从"北极日出"号案析沿海国在专属经济区的执法权》,《武大国际法评论》2017年第3期,第149页。

（六）紧追的判定

本案中，一方面，在紧追条件的设置特别是"被紧追船舶的位置以及停船命令的时间"上，仲裁庭并未完全按照《公约》第 111 条第 1 款所规定的那样，要求被紧追的外国船舶在特定海域内接获停驶命令，而是对第 4 款"以可用的实际方法认定"进行特定解释，从而裁定在安全地带这样的特殊场景下，不应苛求船舶接获停驶命令的位置。斯图尔特（Stewart）认为，如此解释并不符合《公约》的原意，实际上《公约》本身在这样的问题上是没有准备的，仲裁庭的做法虽然考虑了现实，但突破了《公约》条文。[80] 埃弗因克（Elferink）对此表示质疑，[81] 莫索普（Mossop）也认为这将为沿海国实施与安全地带有关的紧追提供新的基础。[82] 另一方面，就本案中紧追是否被"中断"，斯图尔特认为附件七仲裁庭的裁决有误，因为《公约》并未要求追逐的船舶必须以较快的速度实施追赶（chasing），以尽快进行登临；相反，"不得中断"的要求仅意味着紧追者只需与被紧追者保持一种类似"尾随"（shadowing）的联系，待时机成熟进行登临即可。从这一角度出发，考虑到本案中"拉多噶"号与"北极日出"号之间一直存在这种联系，俄罗斯的紧追不应被认为已经"中断"。[83] 埃弗因克也表达了类似的观点。[84]

此外，根据法庭或仲裁庭在法庭命令和裁决中的一些论述，相关的学术研究还延伸到"海洋中的环保行动主义"[85] "在大陆架上进行调查

---

[80] David P. Stewart (ed.), "International Decisions", *The American Journal of International Law*, Vol. 110, 2016, p. 100.

[81] Alex G. Oude Elferink, "The Russian Federation and the Arctic Sunrise Case: Hot Pursuit and Other Issues under the LOSC", *International Law Studies of U. S. Naval War College*, Vol. 92, 2016, p. 394.

[82] Joanna Mossop, "Protests against Oil Exploration at Sea: Lessons from the Arctic Sunrise Arbitration", *The International Journal of Marine and Coastal Law*, Vol. 31, 2016, p. 70.

[83] David P. Stewart (ed.), "International Decisions", *The American Journal of International Law*, p. 101.

[84] Alex G. Oude Elferink, "The Russian Federation and the Arctic Sunrise Case: Hot Pursuit and Other Issues under the LOSC", *International Law Studies of U. S. Naval War College*, Vol. 92, 2016, p. 396.

[85] Richard Caddell, "Platforms, Protestors and Provisional Measures: The Arctic Sunrise Dispute and Environmental Activism at Sea", *Netherlands Yearbook of International Law*, Vol. 45, 2015, pp. 359-384.

测量活动的船舶,其周围设置的不可干扰区的合法性"[86] "海上抗议活动的合法性界定"[87] "海上冲突中的人权"[88] 等问题上,由于这些并不是本案关注的重点,限于篇幅,本文不予讨论。

七、附　录

(一) 中英案件全名

1. 中文案件全名:"北极日出"号案 (荷兰诉俄罗斯)
2. 英文案件全名:The Arctic Sunrise Arbitration (Netherlands v. Russia)

(二) 案件的标准引用

1. "Arctic Sunrise" (Kingdom of the Netherlands v. Russian Federation), Order of 25 October 2013, ITLOS Reports 2013, p. 224.

2. "Arctic Sunrise"(Kingdom of the Netherlands v. Russian Federation), Award on Jurisdiction of 26 November 2014, available at https://pcacases.com/web/sendAttach/1325.

3. "Arctic Sunrise"(Kingdom of the Netherlands v. Russian Federation), Award on Merits of 14 August 2015, available at https://pcacases.com/web/sendAttach/1438.

4. "Arctic Sunrise"(Kingdom of the Netherlands v. Russian Federation), Award on Compensation of 10 July 2017, available at https://pcacases.com/web/sendAttach/2214.

(三) 主要参考文献

1. Chao Zhang, Yen-Chiang Chang, " Russian Absence at the Arctic

---

[86] Joanna Mossop,"Protests against Oil Exploration at Sea: Lessons from the Arctic Sunrise Arbitration", *The International Journal of Marine and Coastal Law*, Vol. 31, 2016.

[87] Maria Chiara Noto, "The Arctic Sunrise Arbitration and Acts of Protest at Sea", *Maritime Safety and Security Law Journal*, Vol. 2, 2016, pp. 36-56.

[88] Alex G. Oude Elferink,"The Arctic Sunrise Incident: A Multi-Faceted Law of the Sea Case with a Human Rights Dimension", *The International Journal of Marine and Coastal Law*, Vol. 29, 2014, pp. 244-289.

Sunrise Case: A Comparison with the Chinese Position in the South China Sea Arbitration", *Journal of East Asia & International Law*, Vol. 8, 2015, pp. 413-426.

2. Douglas Guifoyle, Cameron A. Miles, "Provisional Measures and the MV Arctic Sunrise", *The American Journal of International Law*, Vol. 108, 2014, pp. 271-287.

3. Nuwan Peiris, "Arctic Sunrise from ITLOS: The Arctic Surprise and in Search of a Balanced Order", *Ocean Yearbook*, Vol. 29, 2015, pp. 44-60.

4. Matthew T. Drenan, "Gone Overboard: Why the Arctic Sunrise Case Signals an Over-Expansion of the Ship-As-A-Unit Concept in the Diplomatic Protection Context", *California Western International Law Journal*, Vol. 45, 2014, pp. 109-167.

5. David P. Stewart (ed.), "International Decisions", *The American Journal of International Law*, Vol. 110, 2016, pp. 96-102.

6. Alex G. Oude Elferink, "The Russian Federation and the Arctic Sunrise Case: Hot Pursuit and Other Issues under the LOSC", *International Law Studies of U. S. Naval War College*, Vol. 92, 2016, pp. 381-406.

7. Joanna Mossop, "Protests against Oil Exploration at Sea: Lessons from the Arctic Sunrise Arbitration", *The International Journal of Marine and Coastal Law*, Vol. 31, 2016, pp. 60-87.

8. Richard Caddell, "Platforms, Protestors and Provisional Measures: The Arctic Sunrise Dispute and Environmental Activism at Sea", *Netherlands Yearbook of International Law*, Vol. 45, 2015, pp. 359-384.

9. Maria Chiara Noto, "The Arctic Sunrise Arbitration and Acts of Protest at Sea", *Maritime Safety and Security Law Journal*, Vol. 2, 2016, pp. 36-56.

10. Alex G. Oude Elferink, "The Arctic Sunrise Incident: A Multi-Faceted Law of the Sea Case with a Human Rights Dimension", *The International Journal of Marine and Coastal Law*, Vol. 29, 2014, pp. 244-289.

11. 杨永红:《从"北极日出"号案析沿海国在专属经济区的执法权》,《武大国际法评论》2017年第3期,第144—157页。

(四) 与本案主题相关的重要引用案件

1. MOX Plant (Ireland v. United Kingdom), Provisional Measures,

Order of 3 December 2001, ITLOS Reports 2001, p. 95.

2. "ARA Libertad" (Argentina v. Ghana), Provisional Measures, Order of 15 December 2012, ITLOS Reports 2012, p. 332.

3. Case Concerning Land Reclamation by Singapore in and around the Straits of Johor (Malaysia v. Singapore), Provisional Measures, Order of 8 October 2003, ITLOS Reports 2003, p. 10.

4. Southern Bluefin Tuna (New Zealand v. Japan; Australia v. Japan), Provisional Measures, Order of 27 August 1999, ITLOS Reports 1999, p. 280.

5. M/V "Louisa" (Saint Vincent and the Grenadines v. Kingdom of Spain), Provisional Measures, Order of 23 December 2010, ITLOS Reports 2008-2010, p. 58.

6. Chagos Marine Protected Area Arbitration (Mauritius v. United Kingdom), Award of 18 March 2015, available at http://www.pca-cpa.org/showpage.asp?pag_id=1429.

7. M/V "SAIGA" (No. 2) (Saint Vincent and the Grenadines v. Guinea), Judgment of 1 July 1999, ITLOS Reports 1999, p. 10.

8. M/V "Virginia G" (Panama v. Guinea-Bissau), Judgment of 14 April 2014, available at https://www.itlos.org/fileadmin/itlos/documents/cases/case_no.19/judgment_published/C19_judgment_140414.pdf.

(五) 案件中的重要缩略语

ITLOS International Tribunal for the Law of the Sea 国际海洋法法庭
UNCLOS United Nations Convention on the Law of the Sea 《联合国海洋法公约》

（冯　旭）

大西洋海洋划界案（加纳/科特迪瓦）

（2017 年）

2014.11.21 加纳针对科特迪瓦就两国在大西洋的海洋划界单方提起《联合国海洋法公约》附件七程序

2014.12.03 加纳和科特迪瓦在磋商后达成一份《特别协定》，同意将它们在大西洋的海洋划界争端提交给国际海洋法法庭依据《国际海洋法法庭规约》第 15 条第 2 款设立的一个特别分庭

2015.01.12 国际海洋法法庭决定同意加纳和科特迪瓦的请求，设立一个由五位法官组成的特别分庭，审理本案争端

2015.01.12 国际海洋法法庭将该案件列入案件总目录第 23 号

2015.02.18 分庭庭长与两国代表进行协商，两国代表同意 2014 年 12 月 3 日为两国向特别分庭提交本案争端的日期

2015.02.24 分庭庭长下令，加纳必须在 2015 年 9 月 4 日之前提交诉状，科特迪瓦必须在 2016 年 4 月 4 日之前提交辩诉状

2015.02.27 科特迪瓦请求分庭依据《联合国海洋法公约》第 290 条第 1 款发布临时措施命令

2015.04.25 分庭发布临时措施命令

2015.05.25 两国分别就执行临时措施命令的情况向分庭提交初步报告

2015.09.04 加纳提交诉状（按时）

2016.03.16 分庭要求加纳在 2016 年 7 月 4 日之前提交答辩状，科特迪瓦在 2016 年 10 月 4 日提交复辩状

2016.04.04 科特迪瓦提交辩诉状（按时）

2016.04.25 分庭庭长决定将加纳提交答辩状的时间延长到 2016 年 7

月 25 日，同时将科特迪瓦提交复辩状的时间延长到 2016 年 11 月 14 日

2016.07.25 加纳提交答辩状（按时）

2016.11.14 科特迪瓦提交复辩状（按时）

2016.12.15 分庭庭长下令，将于 2017 年 2 月 6 日开始对本案进行公开庭审

2017.02.06—16 分庭对本案进行了九轮公开庭审

2017.09.23 分庭作出判决

关键词：特别分庭（Special Chamber）；应诉管辖（【拉】*Forum Prorogatum*）；默示协议（Tacit Agreement）；禁止反言（Estoppel）；200 海里外大陆架（Continental Shelf beyond 200 nm）；角平分线方法（Angle Bisector Methodology）；等距离/相关情况方法（Equidistance/Relevant Circumstances Methodology）；不成比例检验（Disproportionality Test）

一、案件背景与争议事项

（一）案件背景

加纳和科特迪瓦是西非国家，两国相邻，均濒临大西洋的几内亚湾，该海湾中并不存在任何岛屿。不过，该海湾大陆架油气资源丰富。两国为争夺油气资源产生了争端。在外交谈判无法取得进展的情况下，2014 年 11 月 21 日，科特迪瓦要求针对加纳就海洋划界争端启动《联合国海洋法公约》（以下简称《公约》）附件七规定的强制仲裁程序。2014 年 12 月 2—3 日，国际海洋法法庭（以下简称"法庭"）庭长与两国代表进行协商，两国代表在 12 月 3 日达成一份《特别协定》，同意将它们在大西洋的海洋划界争端提交给法庭依据《国际海洋法法庭规约》（以下简称《法庭规约》）第 15 条第 2 款[1]设立的一个特别分庭（以下简称"分庭"），还同意由以下五位法官组成该分庭：布阿莱姆·布盖岱亚法官（庭长）、吕迪格·沃尔夫鲁姆法官、白珍铉法官、托马斯·门萨

---

〔1〕《法庭规约》第 15 条第 2 款规定："法庭如经当事各方请求，应设立分庭，以处理提交法庭的某一特定争端。这种分庭的组成，应由法庭在征得当事各方同意后决定。"UNCLOS, Rules of the Tribunal, 17 March 2009, ITLOS/8, https://www.itlos.org/fileadmin/itlos/documents/basic_ texts/Itlos_ 8_ E_ 17_ 03_ 09. pdf．

法官（加纳任命的专案法官）、龙尼·亚伯拉罕法官（科特迪瓦任命的专案法官）。2015年1月12日，国际海洋法法庭决定同意加纳和科特迪瓦的请求，设立一个由上述五位法官组成的分庭，审理本案争端。

（二）争议事项

依据两国缔结的《特别协定》，本争端的争议焦点是两国在大西洋的领海、专属经济区和200海里以内和以外的大陆架的划界问题。[2] 另外，本争端还涉及加纳是否需要为其在有争议的大陆架部分采取的行为承担国际责任。[3]

二、先决问题

（一）分庭的管辖权

1. 对两国领海、专属经济区和200海里以内大陆架划界问题的管辖权

尽管两国都承认分庭对两国领海、专属经济区和200海里以内的大陆架划界问题具有管辖权，但分庭还是认为，必须主动查明其是否对这一问题具有管辖权。[4] 对于这一问题，分庭指出，两国都是《公约》的缔约国，加纳在1983年6月7日批准《公约》，科特迪瓦在1984年3月26日批准《公约》，该公约在1994年11月16日对两国生效。[5]《公约》第288条第1款规定，第287条所指的法院或法庭，对于按照第十五部分向其提出的有关《公约》的解释或适用的任何争端，应具有管辖权。分庭认为，本案就涉及对《公约》有关条款的解释和适用，包括《公约》第15条、第74条、第76条和第83条。[6] 在本案中，加纳曾

---

[2] Dispute Concerning Delimitation of the Maritime Boundary Between Ghana and Côte d'Ivoire in the Atlantic Ocean (Ghana/Côte d'Ivoire), Judgment of 23 September 2017, https：//www.itlos.org/fileadmin/itlos/documents/cases/case_no.23_merits/C23_Judgment_23.09.2017_corr.pdf, para.74.

[3] Ibid., para.75.

[4] Ibid., para.76.

[5] Ibid., para.83.

[6] Ibid., para.85.

于 2009 年 12 月 15 日依据《公约》第 298 条第 1 款发表过单方声明，宣布对于海洋划界争端不接受《公约》第十五部分第二节规定的任何一种程序。不过，根据联合国秘书长的通知，加纳已经在 2014 年 9 月 22 日（早于《特别协定》的签订日期）撤回了该声明。因此，分庭认为，它有权对两国在领海、专属经济区和 200 海里以内大陆架进行划界。[7]

2. 对两国 200 海里以外大陆架划界问题的管辖权和可受理性

（1）管辖权

在本争端中，两国均同意分庭有权划定它们之间 200 海里以外的大陆架界限。不过，分庭同样认为，必须依据职权主动查明自己是否对本争端中 200 海里以外的大陆架划界具有管辖权。[8] 分庭强调，在法律中只有一个大陆架，并不存在内大陆架和外大陆架两个不同的大陆架，[9] 而且，只有当存在 200 海里以外的大陆架时才能对 200 海里以外的大陆架进行划界。在本争端中，两国毫无疑问存在 200 海里以外大陆架。加纳已经完成了大陆架界限委员会的程序。科特迪瓦已经向大陆架界限委员会提交请求，尽管该委员会尚未作出建议，但分庭认为，科特迪瓦毫无疑问具有 200 海里外的大陆架，因为它的地理状况与加纳的地理状况相同，而大陆架界限委员会已经对加纳作出了肯定性建议。[10] 因此，分庭对两国之间 200 海里以外的大陆架的划界争端具有管辖权。

（2）可受理性

可受理性问题解决的是，即使分庭对两国 200 海里以外的大陆架划界具有管辖权，是否存在任何原因导致分庭不适宜对其进行划界。分庭认为，必须依据职权主动查明两国关于 200 海里以外的大陆架的划界请求是否可受理。[11] 在本争端中，可受理性问题主要涉及分庭作出的划界判决是否会干预大陆架界限委员会的职权。[12] 分庭指出，大陆架界限委员会和分庭的职能是不同的。[13] 此外，由于大陆架界限委员会已经依据

---

[7] Dispute Concerning Delimitation of the Maritime Boundary Between Ghana and Côte d'Ivoire in the Atlantic Ocean (Ghana/Côte d'Ivoire), Judgment of 23 September 2017, para. 88.
[8] Ibid., para. 489.
[9] Ibid., para. 490.
[10] Ibid., para. 491.
[11] Ibid., para. 489.
[12] Ibid., para. 492.
[13] Ibid., para. 493.

《公约》第 76 条第 8 款对加纳的请求作出了建议，不会出现分庭的判决可能干预大陆架界限委员会职权的风险。[14] 因此，分庭认为，两国之间 200 海里以外的大陆架的划界争端是可以受理的。

3. 对加纳国际责任问题的管辖权

在本争端中，加纳并不质疑分庭有权审理科特迪瓦提出的加纳的国际责任问题。由于管辖权是任何一个法院履行司法职能的基础，因此分庭认为，它必须依据职权主动查明它是否对这一问题具有管辖权。

分庭首先审查《特别协定》是否允许分庭对加纳的国际责任问题行使管辖权。它发现，《特别协定》请求分庭审理两国"关于在大西洋的海洋划界的争端"。分庭承认，"关于"一词可以把那些并非划界的一部分、但与划界密切相关的问题包括在争端的范围之内。虽然关于加纳的国际责任的争端是在两国之间的划界争端中产生的，但是不能认为这一争端是"关于在大西洋的海洋划界的争端"[15]。不过，分庭认为，两国在诉讼中对实体问题的争辩表明，它们已经同意分庭审理加纳的国际责任问题。在这方面，分庭提到了关于应诉管辖权（forum prorogatum）的国际判例，即国际性法院或法庭的管辖权可以通过当事方在诉讼中的行为得到扩大。在本争端中，加纳并没有反对分庭对它的责任问题作出判决。相反，在加纳提交的答辩状和庭审中，它对科特迪瓦提出的主张进行了反驳，否认自己需要承担国际责任。这表明，加纳同意分庭审理国际责任问题。[16]

（二）可适用的法律

1. 海洋划界问题可适用的法律

两国均同意海洋划界可适用的法律是《公约》以及与《公约》不抵触的其他国际法规则。与本案海洋划界争端有关的是《公约》第 15 条、第 74 条和第 83 条，它们分别规定了领海、专属经济区和大陆架的划界。由于大陆架划界涉及 200 海里以内和以外的大陆架划界，因此分庭认为，《公约》第 76 条的规定也是很重要的。[17]

---

[14] Dispute Concerning Delimitation of the Maritime Boundary Between Ghana and Côte d'Ivoire in the Atlantic Ocean (Ghana/Côte d'Ivoire), Judgment of 23 September 2017, para. 494.
[15] Ibid., para. 548.
[16] Ibid., para. 553.
[17] Ibid., para. 99.

2. 加纳国际责任问题适用的法律

虽然《公约》第286条和第288条均规定，《公约》第十五部分规定的争端解决机构的管辖权涉及对《公约》的解释和适用，但是这两个条款无法阻止分庭就国际责任问题作出判决。分庭认为，尽管《公约》并没有关于国际责任的规则，但是《公约》第293条第1款规定："根据本节具有管辖权的法院或法庭应适用本公约和其他与本公约不相抵触的国际法规则。"这表明，它有可能适用其他的国际法规则。[18] 分庭随后指出在审查国际责任问题时将引用一般国际法。为了适用一般国际法，它还提到《公约》第304条。[19] 就一般国际法的具体规则而言，分庭认为国际法委员会的《国家对国际不法行为的责任条款草案》第1条是关于认定国际责任的一般国际法的体现。因此，它将在这一条的基础上裁判加纳是否需要承担责任。[20]

（三）默示协议

加纳和科特迪瓦均承认两国并没有缔结海洋划界协议，但对于是否存在默示协议有分歧。加纳认为，两国间已存在海洋分界线，即"习惯等距离线"，该分界线是由两国的默示协议确立的，而该默示协议得到许多证据的证明，其中就包括两国的油气活动。科特迪瓦则予以否认。其中，两国争辩的油气活动包括石油特许权、地震勘探、钻井，以及石油特许权地图等。

分庭认为，尽管两国的石油活动均位于加纳主张的"习惯等距离线"各自一侧，但科特迪瓦多次反对加纳在争议区域开展石油活动。不论科特迪瓦出于何种目的反对加纳的活动，在评估石油活动是否足以确立默示协议时是必须考虑的。分庭并不认为两国的石油活动能够证明两国间存在默示协议。[21] 关于石油特许权，分庭指出，国家通常在需要划界的区域授予石油特许权，国家还通常将它们的特许权区块靠近邻国的

---

[18] Dispute Concerning Delimitation of the Maritime Boundary Between Ghana and Côte d'Ivoire in the Atlantic Ocean (Ghana/Côte d'Ivoire), Judgment of 23 September 2017, para. 554.

[19] 《公约》第304条规定："本公约关于损害赔偿责任的条款不妨碍现行规则的适用和国际法上其他有关赔偿责任的规则的发展。"

[20] Dispute Concerning Delimitation of the Maritime Boundary Between Ghana and Côte d'Ivoire in the Atlantic Ocean (Ghana/Côte d'Ivoire), Judgment of 23 September 2017, paras. 555-559.

[21] Ibid., paras. 146-147.

特许权区块，以便不产生重叠区域。但是，它们这样做的原因各不相同，有些是出于谨慎，是为了避免冲突，并维持与邻国的友好关系。如果将石油特许权分界线等同于海洋分界线，就等于是在惩罚那些持谨慎态度的国家。这将违反《公约》第74条第3款和第83条第3款，这两款要求国家在达成划界协议之前，基于谅解和合作精神，不危害或阻碍最后协议的达成。[22] 关于石油特许权地图，分庭认为，那些地图标示的分界线均没有明确指出它们就是国际海洋分界线，因此难以认为该分界线是国际海洋分界线。

分庭还指出，它对两国的石油活动是否足以为"领海、专属经济区和200海里以内和以外的大陆架"确立一条单一的海洋分界线持怀疑态度。石油活动是在领海和大陆架的海床上开展的。有关石油活动的法律制度并没有提及沿海国对200海里以内的大陆架上覆水域的主权权利。而且，两国的石油活动是在从基线量起不到200海里的距离内开展的。因此，这种活动对200海里以内和以外的大陆架划界产生何种影响，是十分不确定的。[23] 分庭最后指出，仅仅与海床和底土中的石油活动有关的证据在证明存在一条不仅划分海床和底土，而且划分上覆水域的全面边界方面，其价值是有限的。[24] 无论石油活动多么一致，它们本身不能证明存在关于海洋划界的默示协议。相互的、一致的和长期存在的石油活动和相关的石油特许权分界线可能是为了体现存在海洋分界线，也有可能是出于其他原因。[25] 证明存在海洋分界线所需的证据，要比证明存在长期石油活动或有关石油特许权的分界线的证据多得多。鉴于以上原因，分庭断定，两国间并不存在划分领海、专属经济区和200海里以内和以外大陆架界线的默示协议。

（四）禁止反言

加纳认为，科特迪瓦的行为违反了国际法上的禁止反言，因此不得反对将习惯等距离线作为两国的海洋分界线。科特迪瓦认为，禁止反言

---

[22] Dispute Concerning Delimitation of the Maritime Boundary Between Ghana and Côte d'Ivoire in the Atlantic Ocean (Ghana/Côte d'Ivoire), Judgment of 23 September 2017, para. 225.
[23] Ibid., paras. 148-149.
[24] Ibid., para. 226.
[25] Ibid., para. 215.

这项规则本身是有争议的，在国际法中极少适用，尤其是，国际法并不包括基于禁止反言的划界规则。它还认为，加纳试图援引禁止反言原则，实际上是主张默示协议的另一种说法而已，但两国之间并不存在默示协议。最后，科特迪瓦提出，即使承认禁止反言是国际法上的一项原则，而且可以在本案中适用，它所必须满足的各项条件也并未得到满足。分庭认为，科特迪瓦并没有通过语言、行为或沉默表明其同意在等距离线的基础上划定海域分界线。虽然两国的石油特许权区块都是沿着等距离线划定的，而且科特迪瓦的石油活动并没有进入等距离线加纳一侧，但是，科特迪瓦已经表明，它的石油特许权区块的分界线与海洋管辖权分界线是不同的。它还明确表达了对加纳在争议区域持续进行的石油活动的担忧。因此，科特迪瓦的行为不能被视为构成禁止反言必须满足的第一项要件，即必须存在明确、持续和一致的情形。[26] 因此，分庭认为科特迪瓦并未违反禁止反言原则。

三、海洋划界

（一）领海划界

关于领海划界，加纳主张采用等距离线方法，科特迪瓦主张采用角平分线方法，不过两国均同意两国领海划界方法应当与专属经济区和大陆架的划界方法一样。因此，分庭决定采用相同方法对两国领海、专属经济区和大陆架进行划界。

（二）对领海、专属经济区和200海里以内大陆架的划界

1. 划界的适当方法

加纳主张采用"等距离/相关情况"方法，科特迪瓦主张采用角平分线方法。分庭注意到，两国均同意《公约》第74条第1款和第83条第1款对两国专属经济区和大陆架划界分别适用，而且同意对专属经济区和大陆架划界的方法应与领海划界方法相同。但是，两国对领海、专属经济区和大陆架的划界方法存在分歧。这些分歧包括：第一，"等距

---

[26] Dispute Concerning Delimitation of the Maritime Boundary Between Ghana and Côte d'Ivoire in the Atlantic Ocean (Ghana/Côte d'Ivoire), Judgment of 23 September 2017, para. 244.

离/相关情况"方法是否应当得到优先适用。第二，本案案情是否必须适用角平分线方法。[27] 分庭指出，《公约》第74条第1款和第83条第1款并没有明确规定任何特定的划界方法。如果有关国家无法一致同意采纳某种合适的划界方法，那么就需要由争端解决机制来决定合适的划界方法，而且应当基于每个案件的情况实现公平的结果。同时，分庭还强调，在这一过程中，还需要考虑划界的透明度和可预见性。分庭认为，关于海域划界的判例原则上支持采用"等距离/相关情况"方法，那些采用了角平分线方法的判例是因为案件情况十分特殊。如果本案背离近几十年来国际性法院和法庭在绝大多数案件中采用的这一划界方法，将违反海洋划界的透明原则和可预见性原则。[28]

2. 构建临时等距离线

（1）海图与海洋分界线的起点

分庭首先指出，在确定临时等距离线之前，必须首先考虑与确定临时等距离线有关的两个问题，即确定采用哪一海图，以及确定海洋分界线的起点。关于应当采纳的海图，分庭认为，"1383海图"和"7786海图"是两国在2014年前共同采纳的海图，这一海图应当是确立两国海洋分界线的基础。[29] 关于两国海洋分界线的起点，分庭决定沿着两国陆地分界线BP54点和BP55点之间的方向，一直延伸到与"1383海图"所承认的低潮线的交会处，这个点应该是"BP55 +"点（北纬05°05′23.2″、西经03°06′21.2″）。[30]

（2）临时等距离线

两国同意在本案中适用"等距离/相关情况"方法时，应当采纳国际判例发展出来的三步骤方法。[31]

① 相关海岸

构建临时等距离线的第一个步骤是，找出两国向大西洋辐射的发生重叠的海岸。[32] 分庭首先指出，由于只有一个大陆架，因此没有必要对

---

[27] Dispute Concerning Delimitation of the Maritime Boundary Between Ghana and Côte d'Ivoire in the Atlantic Ocean (Ghana/Côte d'Ivoire), Judgment of 23 September 2017, para. 279.
[28] Ibid., para. 289.
[29] Ibid., para. 342.
[30] Ibid., para. 356.
[31] Ibid., para. 360.
[32] Ibid., para. 361.

200 海里以内的辐射和 200 海里以外的辐射进行区别。[33] 两国均同意，加纳的相关海岸是从陆地分界线终点（BP55 点）开始向东南方向延伸，直到一个叫作"三点角"（Cape Three Points）的地方，大约 139 千米。对于科特迪瓦的相关海岸，分庭认为，应当是从 BP55 点开始向西延伸到一个叫作萨桑德拉（Sassandra）点的地方，大约 352 千米。[34]

② 相关区域

在确定了两国的相关海岸后，分庭接下来确定两国的相关区域，即两国海岸相互重叠的区域，其一直延伸到待划界区域的外部界限。分庭认为，两国相关区域的东部界限是一条从"三点角"开始一直向南延伸的界限，直到加纳大陆架的外部界限；西部界限是一条从萨桑德拉点开始一直向南延伸的界限，直到科特迪瓦向大陆架界限委员会提交的请求中主张的大陆架外部界限；南部界限由加纳的大陆架外部界限和科特迪瓦主张的大陆架外部界限确定。这一相关区域面积大概是 198732 平方千米。[35]

③ 基点

分庭认为，虽然沿海国有权确定划界的基点，但是它没有义务接受任何一方建议的基点。实际上，它有权在沿海国相关海岸地理特点的基础上自行选择基点。[36] 分庭接着通过电子手段从两国陆地分界线终点两侧确定了 5 个基点，并在这 5 个基点的基础上划定了从"BP55＋"点开始的临时等距离线，它是一条由 A、B、C、D、E、F 6 个点连接而成的大地线，即两点之间的最短线。同时，从 F 点开始，这条临时等距离线从 191°38′06.7″的方位角开始延伸到 200 海里外大陆架的外部界限为止。[37]

（3）相关情况

① 海岸的凹凸

分庭指出，海岸的凹陷本身不一定构成需要对临时等距离线进行调整的相关情况，不过，当两国之间的临时等距离线因为海岸的凹陷而对其中一国的海洋权利产生截断效果时，为了取得公平的结果，就需要对

---

[33] Dispute Concerning Delimitation of the Maritime Boundary Between Ghana and Côte d'Ivoire in the Atlantic Ocean （Ghana/Côte d'Ivoire），Judgment of 23 September 2017，para. 373.

[34] Ibid.，para. 379.

[35] Ibid.，paras. 382-386.

[36] Ibid.，para. 393.

[37] Ibid.，paras. 398-401.

该临时等距离线进行调整。[38] 同时，要对临时等距离线进行调整，这种截断效果首先必须导致该国无法将其海洋分界线延伸到国际法允许的地方，同时无法达成公平的结果。[39] 分庭还认为，必须在客观的基础上确定是否存在截断效果，而且在判断是否存在这种效果时必须考虑两国都主张的相关区域。[40] 在本案中，分庭承认科特迪瓦的海岸是凹陷的、加纳的海岸是凸出的，因此存在对科特迪瓦不利的某种截断效果。不过，这种截断效果仅影响阿比让（Abidjan）以东的科特迪瓦海岸向海的辐射，而且它仅仅存在于从"BP55+"点向海延伸163海里处。这种程度的截断效果不会影响出入阿比让港的权利，因此，没有必要因为两国海岸的凹凸而对临时等距离线进行调整。[41]

② 乔摩罗（Jomoro）的地理特征

分庭认为，乔摩罗是加纳的领土，而且无法从加纳领土整体中分离出来，它并不是临时等距离线一侧的岛屿或伸入海中的半岛。而且，在两国陆地分界线终点BP55点的西侧的科特迪瓦海岸也存在类似乔摩罗那样的地理特征，它们应当得到相同的对待，都是各自领土的组成部分，因此乔摩罗的地理特征不能成为一个相关情况。[42]

③ 资源的位置

分庭指出，根据国际判例，海洋划界需要在相关海岸地理轮廓的基础上客观进行。海洋划界不是一个分配正义的手段。一般来说，海洋划界不应受到两国相关经济立场的影响，以至于被视为与两国中不太富裕的一国有关的大陆架区域需要被多分点，以便弥补其在经济资源方面的劣势。[43] 分庭还强调，只有在极端的情况下，如设想的划界对有关国家的居民生活和经济福祉造成灾难性影响，才可以考虑地理因素以外的其他相关因素。[44] 但是在本案分庭看来，科特迪瓦并没有主张其居民一直以来都是在使用临时等距离线东侧的石油资源。[45] 因此，资源的位置不

---

[38] Dispute Concerning Delimitation of the Maritime Boundary Between Ghana and Côte d'Ivoire in the Atlantic Ocean (Ghana/Côte d'Ivoire), Judgment of 23 September 2017, para. 421.
[39] Ibid., para. 422.
[40] Ibid., para. 423.
[41] Ibid., paras. 424-426.
[42] Ibid., paras. 434-436.
[43] Ibid., para. 452.
[44] Ibid., para. 453.
[45] Ibid., para. 454.

属于相关情况。

④ 当事方的活动

分庭对本案与大陆架案（突尼斯/阿拉伯利比亚民众国）进行了区分，并指出，分庭已经认定，两国的行为无法证明在两国之间存在默示协议。如果采纳加纳的观点，即相同的行为还可以构成对临时等距离线进行调整的一个相关情况，以至于让最终的划界符合加纳主张的"习惯等距离线"，这就等于绕开了证明存在默示协议所需的高标准，实际上动摇了分庭此前关于不存在默示协议的结论。[46] 因此，在本案中，两国的石油活动不能被视为一个相关情况。

⑤ 结论

基于上述理由，分庭认为，在本案中并不存在需要对临时等距离线进行调整的相关情况。两国的海洋界线应该从"BP55 +"点开始，沿着A、B、C、D、E、F点的大地线连接而成，并且从F点开始沿着191°38′06.7″这个方位角一直延伸到200海里为止。[47]

（三）200 海里以外大陆架的划界

分庭指出，由于只有一个大陆架，因此对200海里以内的大陆架和以外的大陆架的划界方法作出区别是不合适的。[48] 关于划分200海里以外的大陆架界限的过程，分庭指出，基于相同的理由，该界限应当沿着从F点开始的200海里以内大陆架界限方向，直到它抵达200海里以外大陆架外部界限为止。[49]

（四）不成比例检验

分庭指出，在本案中，相关区域面积大约是198723平方千米。由于加纳的相关海岸长度是139千米，科特迪瓦是352千米，因此两者的海岸线长度之比大约是1∶2.53。同时，上述等距离线分配给加纳的海域面积是65881平方千米，分配给科特迪瓦的大约是132842平方千米，两

---

[46] Dispute Concerning Delimitation of the Maritime Boundary Between Ghana and Côte d'Ivoire in the Atlantic Ocean （Ghana/Côte d'Ivoire），Judgment of 23 September 2017，para. 478.
[47] Ibid., paras. 480-481.
[48] Ibid., para. 526.
[49] Ibid., para. 527.

者之比大约是 1∶2.02。分庭认为，这并没有在两国海域分配与海岸长度比值之间造成严重不成比例。[50]

四、加纳的国际责任

（一）主权权利

分庭同意两国关于沿海国对大陆架主权权利的性质的认定，即它们是专属的权利，无须沿海国的声明。但是，分庭不同意两国关于大陆架划界判决的意义的认定。两国均认为这种判决仅具有宣告性质，[51] 但是，在发生大陆架重叠的情况下，两国基于它们相关的海岸对相关的大陆架具有权利。只有划界判决才能确定争议的大陆架的哪一个部分与主张国的权利有关。这就意味着，划界判决赋予一国相比另一国的权利方面的优先性。因此，这样的判决具有构成性质，而并非仅具有宣告性质。[52] 这样一来，一国在划界判决判给另一国的大陆架上从事石油活动就不能被视为侵犯了后者的主权权利，只要这些活动是在判决之前实施的，而且有关区域是两国善意主张权利的对象。[53] 因此，分庭认为，科特迪瓦提出的加纳在争议区域开展的石油活动侵犯了科特迪瓦主权权利的观点不能成立，即使其认为有些活动发生在后来判给科特迪瓦的区域。加纳并没有侵犯科特迪瓦的主权权利。[54]

（二）加纳是否违反了《公约》第 83 条

1. 加纳是否违反了《公约》第 83 条第 1 款和习惯国际法中的善意谈判义务

《公约》第 83 条第 1 款规定："海岸相向国或相邻国家间大陆架的界限，应在国际法院规约第三十八条所指国际法的基础上以协议划定，以便

---

[50] Dispute Concerning Delimitation of the Maritime Boundary Between Ghana and Côte d'Ivoire in the Atlantic Ocean (Ghana/Côte d'Ivoire), Judgment of 23 September 2017, paras. 536-537.
[51] Ibid., para. 590.
[52] Ibid., para. 591.
[53] Ibid., para. 592.
[54] Ibid., paras. 593-594.

得到公平解决。"分庭指出，该款规定达成划界协议必定要求为此进行谈判。善意谈判义务在《公约》以及一般国际法中占据突出位置，而且当邻国在紧邻的区域从事海上活动时，这一义务尤其重要。不过，分庭指出，善意谈判义务是一项行为的义务，而不是结果的义务。因此，要判断一国是否违反了这一义务，不能仅以一方想要的结果是否达到进行判断。[55] 在本案中，两国的谈判时间超过六年，在此期间举行了十次会议，处理的均是海洋划界的问题，而且也取得了一定成果。而且，不能因为加纳决定拒绝通过司法解决就认为它违反了善意谈判的义务，因为《公约》第 298 条明确允许缔约国不接受强制程序。[56] 因此，加纳并没有违反《公约》第 83 条第 1 款规定的善意谈判义务，也就不需要承担国际责任。

2. 加纳是否违反了《公约》第 83 条第 3 款

《公约》第 83 条第 3 款规定："在达成第 1 款规定的协议以前，有关各国应基于谅解和合作的精神，尽一切努力作出实际性的临时安排，并在此过渡期间内，不危害或阻碍最后协议的达成。这种安排不妨害最后界限的划定。"分庭指出，这一款对有关国家来说含有两项相互关联的义务，即"尽一切努力作出实际性的临时安排"的义务和"在此过渡期间内，不危害或阻碍最后协议的达成"的义务。其中，第一项义务是一项行为的义务，因为它的措辞是"尽一切努力"。这项义务的目的是在最终划界之前促进临时的实际安排。这项义务的措辞显然表明，它不等于要求对临时安排达成协定的义务。不过，这项义务使用的措辞表明，有关各方有义务善意行为。尤其是，这种行为必须"基于谅解和合作的精神"。[57] 在本案中，科特迪瓦并没有请求加纳达成实际性的临时安排，它只是请求加纳不要继续从事石油活动。因此，分庭认为，科特迪瓦并没有证明加纳的行为不善。鉴于加纳的石油活动已经持续多年，科特迪瓦本来可以建议加纳达成某种实际性的临时安排，这样就可以启动必要的谈判，但是它却没有这样做，因此不能说加纳违反了就达成实际性临时安排进行谈判的义务。[58]

---

[55] Dispute Concerning Delimitation of the Maritime Boundary Between Ghana and Côte d'Ivoire in the Atlantic Ocean (Ghana/Côte d'Ivoire), Judgment of 23 September 2017, para. 604.

[56] Ibid., para. 605.

[57] Ibid., paras. 626-627.

[58] Ibid., para. 628.

第83条第3款规定的第二项义务是在过渡期内"不危害或阻碍最后协议的达成"。分庭认为,在理解这一义务时,必须对第一款进行整体考虑。这是因为,第一项义务和第二项义务是由一个"并"字连接的。这说明,两项义务是有关联的。因此,有关国家必须"基于谅解和合作的精神"这一表述对两项义务均适用。因此,"尽一切努力"也适用于第二项义务,换言之,该项义务也是一项行为的义务。第83条第3款所指的"过渡期"是指划界争端产生后,最终通过协议或判决划界前这段时期。它包括两种情形,即已经达成临时安排的情形和没有达成这种安排的情形。在没有达成临时安排的情形下,当事国承担的义务是"不危害或阻碍最后协议的达成"。在解释这些措辞时,必须考虑第83条第3款的一般义务,即在过渡期内,各国必须"基于谅解和合作的精神"行为。[59]

在本案中,加纳依据分庭2015年发布的临时措施的命令暂停了石油活动,尤其是确保加纳或受其控制的主体在争议区域不从事任何新的钻探活动。而且,加纳从事石油活动的区域是判决属于它的区域,而科特迪瓦请求分庭宣布的是加纳在科特迪瓦海域从事的单方面石油活动违反了它依据《公约》第83条第3款承担的不危害或阻碍最后协定达成的义务。[60] 因此,加纳的行为并没有违反《公约》第83条第3款,加纳也就不需要承担国际责任。

3. 加纳是否违反了分庭发布的临时措施命令

分庭指出,依据《公约》第270条,它发布的临时措施是一种法律义务,必须得到当事国的遵守。而且,依据《公约》第290条第6款,当事国应当迅速遵守依据本条规定的任何临时措施。[61] 在本案中,科特迪瓦认为加纳违反了2015年临时措施命令第108段第1款第1项、第3项和第5项的规定,即"(1)加纳应当采取一切必要措施确保它或受它控制的主体不在第60段界定的争议地区从事新的钻探活动;……(3)加纳应当对加纳或由其许可的主体在争议区域从事的所有活动进行严格和持续的监控,以便确保不对海洋环境造成严重破坏;……(5)各方应当追求合作,不从事可能导致争端加剧的任何单方面行动"。

―――――――――

[59] Dispute Concerning Delimitation of the Maritime Boundary Between Ghana and Côte d'Ivoire in the Atlantic Ocean (Ghana/Côte d'Ivoire), Judgment of 23 September 2017, paras. 629-630.
[60] Ibid., paras. 632-633.
[61] Ibid., para. 627.

关于第 1 项措施，即加纳是否从事了新的钻探活动，分庭注意到，加纳或受其控制的主体在已经钻探的油井上进行了钻探活动。但是，这些钻探活动属于已经开展的钻探项目的正在进行的活动，属于 2015 年命令第 99 段和第 100 段所指的行为，它们规定："99. 鉴于暂停加纳从事的关于已经发生的钻探项目的正在进行的活动将会对加纳和它的特许权人造成重大的财产损失风险，也可能对海洋环境造成严重危险，尤其是导致设备的恶化。100. 鉴于暂停加纳或以它的名义在争议区域的所有勘探或开发活动，包括已经发生的钻探活动，将造成加纳主张的权利的损害，并且对其产生不合理的负担"；因此加纳或受其控制的主体并没有在争议地区开展"新的钻探活动"。[62] 分庭没有对加纳是否遵守了第 3 项措施进行审查，而是接着审查加纳是否遵守了第 5 项措施，尽管科特迪瓦在答辩状和庭审中没有坚持这一请求。分庭指出，加纳在 2015 年 9 月 10 日举行的双边会议上向科特迪瓦提供了在争议地区开展活动的信息，在 2016 年 10 月 14 日答复庭长的信中提供了在争议地区开展活动的补充信息，并将该补充信息提供给了科特迪瓦。因此，加纳与科特迪瓦进行了合作，遵守了上述第 5 项措施。加纳并没有违反 2015 年临时措施命令规定的临时措施。[63]

五、判决主文

分庭判决如下：

（1）一致判定，有权对两国在领海、专属经济区和 200 海里以内和以外大陆架进行划界；

（2）一致判定，两国之间并不存在关于领海、专属经济区、200 海里以内和以外大陆架划界的默示协议，并驳回加纳提出的科特迪瓦不得对"习惯等距离线"提出反对的主张；

（3）一致决定，两国领海、专属经济区及 200 海里以内及以外大陆架的单一界限从"BP55 +"点（北纬 05°05′23″、西经 03°06′21.2″）开始，然后由 A（北纬 05°01′03.7″、西经 03°

---

[62] Dispute Concerning Delimitation of the Maritime Boundary Between Ghana and Côte d'Ivoire in the Atlantic Ocean （Ghana/Côte d'Ivoire），Judgment of 23 September 2017，para. 651.

[63] Ibid., paras. 654-658.

07′18.3″），B（北纬 05°57′58.9″、西经 03°08′01.4″），C（北纬 04°26′41.6″、西经 03°14′56.9″），D（北纬 03°12′13.4″、西经 03°29′54.3″），E（北纬 02°59′04.8″、西经 03°32′40.2″），F（北纬 02°40′36.4″、西经 03°36′36.4″）6 个点连接而成的大地线组成。从 F 点开始，该界线沿着 191°38′06.7″这个方位角，一直延伸到大陆架外部界限[64]；

（4）一致判定，有权判决科特迪瓦针对加纳提出的关于加纳的国际责任问题；

（5）一致判定，加纳并没有侵犯科特迪瓦的主权权利；

（6）一致判定，加纳并没有违反《公约》第 83 条第 1 款和第 3 款的规定；

（7）一致判定，加纳并没有违反分庭 2015 年 4 月 25 日命令中规定的临时措施。[65]

六、评 论

由于本案判决总体上对加纳有利，因此判决作出后，有人担忧该判决可能会恶化两国关系，但与这种预料相反，2017 年 10 月 16—17 日，科特迪瓦总统对加纳进行了访问，两国于 17 日在加纳首都发布了《联合公报》。在该公报中，"两国总统确认了两国从一开始在海洋争端中体现出来的兄弟精神，并且两位领导人承诺确保顺利执行国际海洋法法庭特别分庭对两国海洋划界的裁决；为此目的，两位领导人宣布建立一个执行国际海洋法法庭判决联合委员会，并且表示，该委员会的组成将在以后决定"[66]。两国还赞赏分庭的工作，尤其是工作中体现出来的友善和高效。[67] 据加纳媒体报道，在访问期间，两国还签订了《战略伙伴协

---

[64] Dispute Concerning Delimitation of the Maritime Boundary Between Ghana and Côte d'Ivoire in the Atlantic Ocean（Ghana/Côte d'Ivoire），Judgment of 23 September 2017，p. 150.

[65] Ibid., para. 660.

[66] 见公报第 12 段和第 13 段，http：//ghana.gov.gh/images/joint_communique.pdf。

[67] 见法庭庭长白珍铉法官于 2017 年 12 月 5 日向第 72 届联大全体会议做的报告，https：//www.itlos.org/fileadmin/itlos/documents/statements_of_president/paik/GA2017_Paik_En.pdf。

议》，在该协议中，两国同意联合开采和管理跨界油气和其他资源的实际安排，而且将加强在石油研究，碳氢化合物开采、开发和管理，以及信息共享方面的合作。[68]

在国际海洋划界判例中，本案是最新一份判例，也是法庭继 2012 年孟加拉湾海洋划界案（孟加拉国/缅甸）后审理的第二起海洋划界案。与其他国际海洋划界判例相比，本案具有几个明显的特征。

第一，虽然本案不是第一起当事国本来申请强制仲裁后来被提交法庭审理的案件，也不是第一起当事国将争端提交特别分庭审理的案件，[69] 但这是法庭成立以来第一起通过特别分庭审理的海洋划界案，对于将来的国际海洋划界争端具有参考意义。与法庭 2012 年审理的孟加拉湾海洋划界案（孟加拉国/缅甸）不同，本案是法庭第一次依据《法庭规约》第 15 条第 2 款的规定设立特别分庭来审理国际海洋划界争端，也是该条款的第一次实践。在此案中，科特迪瓦原本希望启动《公约》附件七项下的强制仲裁程序，但是经过法庭庭长与两国代表的磋商，两国代表最终同意签订一份《特别协定》，将争端提交特别分庭审理。法庭庭长建议采用特别分庭的方式可能是因为本案案情相对比较简单，而且也想要实践一下《法庭规约》第 15 条第 2 款。这种做法的一个好处是，案件审理比较迅速。本案从 2014 年 12 月签订《特别协定》到 2017 年 9 月作出判决只用了 2 年 10 个月。这在国际海洋划界案件审理中是很高效的。

此外，特别分庭作出的判决的效力与法庭作出的判决的效力是等同的。这极有可能吸引其他国家也将它们潜在的海洋划界争端提交特别分庭解决。此外，本案判决还大量援引法庭在 2012 年审理的孟加拉湾海洋划界案（孟加拉国/缅甸），尤其是在 200 海里以外大陆架划界方面的判决，体现了法庭判例的一致性、确定性和可预见性，也是对法庭审理海洋划界案的一种积累。再加上法庭审理案件不需要当事国支付任何诉讼费用，以及本案判决得到了两个当事国的积极响应，因此在与国际法院以及国际仲裁等的竞争中，法庭有可能吸引更多的海洋划界争端。尤其是，本案是西非国家的第一个海洋划界案，西非国家在大西洋的海岸和大陆架的情况十分

---

[68] "Ghana, Ivory Coast Set up Joint Committee to Implement ITLOS Ruling", http://citifmonline.com/2017/10/ghana-ivory-coast-set-up-joint-committee-to-implement-itlos-ruling/.

[69] 见法庭庭长白珍铉法官于 2017 年 12 月 5 日向第 72 届联大全体会议做的报告，https://www.itlos.org/fileadmin/itlos/documents/statements_of_president/paik/GA2017_Paik_En.pdf.

相似，因此本案有可能成为其他西非国家在解决海洋划界争端中的一个重要参考判例。

第二，本案是法庭在大陆架界限委员会对其中一个当事国作出建议的情况下审理的第一起海洋划界案。在孟加拉湾海洋划界案（孟加拉国/缅甸）中，法庭对两国 200 海里外大陆架的划界是在大陆架界限委员会没有作出建议的情况下进行的，而在本案中，大陆架界限委员会已经对加纳的申请作出了建议，但是对科特迪瓦的申请尚未作出建议。在这种情况下，分庭认为，这不会对两国 200 海里以外的大陆架划界造成影响，因为对本案的划界不会影响大陆架界限委员会的职能。

第三，本案最大的贡献在于，分庭对一国在判决作出之前在争议海域从事的行为是否需要承担国际责任这一问题进行了说理。尽管本案并不是第一起一个当事国试图追究另一个当事国在海洋划界争议中所从事行为的国际责任的案件，但是它是第一个司法判例。

尽管分庭的法官对本案的判决是一致作出的，但是对于加纳的国际责任问题，白珍铉法官却发表了个别意见。白法官虽然同意分庭认为加纳没有违反《公约》第 83 条第 3 款义务的判决，但是他对分庭关于加纳没有违反《公约》第 83 条第 3 款的义务的理由持保留态度，认为分庭给出的理由不充分，不具有说服力。他还说，如果科特迪瓦的最终请求中没有提到"在科特迪瓦海域"这一表述，他将投不同的票。[70] 白法官着重阐述了其对《公约》第 83 条第 3 款规定的第二项义务，即在过渡期内"不危害或阻碍最后协议的达成"的义务的理解。按照他的理解，是否违反了这一义务其判断标准是当事方在达成最后协议之前是否保持克制。[71] 克制并不是说当事国在争议海域不能从事任何行为，[72] 而是看有关行为是否具有危及达成最后协议的过程或者妨碍为此目的而进行谈判的效果，这需要具体案件具体分析。[73] 可以考虑的因素包括行为的类型、性质、地点和时间，以及采取行为的方式。[74] 即便是那些没有构成

---

[70] Separate Opinion of Judge Paik, https://www.itlos.org/fileadmin/itlos/documents/cases/case_no.23_merits/C23_Judgment_23.09.2017_SepOp_Paik_orig.pdf, para. 1.
[71] Ibid., para. 3.
[72] Ibid., para. 5.
[73] Ibid., para. 6.
[74] Ibid., para. 10.

入侵的单方面活动,也有可能违反了克制义务。[75] 白法官认为,虽然加纳在 2015 年暂停了分庭临时措施所命令的行为,但是加纳在 2009—2014 年所从事的行为是非常有问题的。即使这些行为发生在后来分庭判给加纳的海域,也不能免除它的活动的不法性。他认为,《公约》第 83 条第 3 款规定的不妨碍最后协议达成的义务是在过渡时期适用于有关国家的。这是一项在法律地位尚未确定的地区保持谨慎和克制的义务。因此,只要一国没有在最终协议签订之前保持谨慎和克制,无论争议区域位于哪一方,都是违反《公约》第 83 条第 3 款的。如果因为争议海域被判给了一方当事国,而该当事国在该争议海域从事的危害最终协议达成的活动就可以免责的话,那么这将极大地削弱这项义务的意义。[76] 他还对判决第 592 段提出了质疑,该段提及,只要当事国在争议海域从事的行为是善意的,即使它在国际判决判给另一国的大陆架上从事的海洋活动也不是侵犯后者主权权利的行为。白法官说,这样一种说法会导致许多国家不对自己在争议海域的行为保持克制。[77] 他警告说,如果饶恕本案情况下的这种规模的单方面活动,就会向世界各国传递一个错误的信息,有些国家可能正在考虑在世界其他争议海域采取下一步行动。[78]

一些评论员也指出,"分庭的推理可能对于其他的海域划界争端产生不利影响,尤其是在石油资源丰富的地区。如果解释不当,开展活动的国家不用对另一个主张权利的国家承担责任,则极有可能会鼓励国家在具有海床资源的区域从事更多的单方行为。主张权利的国家可能会试图加快在争议区域进行石油开发和生产,以便造成既成事实,这将导致法院或法庭的最终判决无效"。[79]。

最后,本案还具有其他一些明显的特征,例如分庭努力确保与以往判例的一致性、可预见性和透明性,并运用判例区分法对一些案件进行了区分。本案引起的国际海洋划界中的诸多法律问题几乎都是围绕当事

---

[75] Separate Opinion of Judge Paik, https://www.itlos.org/fileadmin/itlos/documents/cases/case_no.23_merits/C23_Judgment_23.09.2017_SepOp_Paik_orig.pdf, para. 7.
[76] Ibid., para. 17.
[77] Ibid., para. 18.
[78] Ibid., para. 19.
[79] Constantinos Yiallourides, Elizabeth Rose Donnelly, "Part II: Analysis of Dispute Concerning Delimitation of the Maritime Boundary Between Ghana and Côte d'Ivoire in the Atlantic Ocean", https://www.ejiltalk.org/part-ii-analysis-of-dispute-concerning-delimitation-of-the-maritime-boundary-between-ghana-and-cote-divoire-in-the-atlantic-ocean/.

国的石油活动而阐述的,对于揭示石油活动在国际海洋划界中的地位具有十分重要的意义。当然,本案判决在分庭的司法能动性(管辖权的查明方面)、默示协议的认定、禁止反言的认定,以及国际海洋划界方法及其应用方面都有进一步的澄清,是国际海洋划界方面一个十分有意义的判例。

七、附　录

(一)中英案件全名

1. 中文案件全名:大西洋海洋划界争端(加纳/科特迪瓦)
2. 英文案件全名:Dispute Concerning Delimitation of the Maritime Boundary Between Ghana and Cote D'Ivoire in the Atlantic Ocean (Ghana/Cote D'Ivoire)

(二)案件的标准引用

1. Delimitation of the Maritime Boundary in the Atlantic Ocean (Ghana/Côte d'Ivoire), Provisional Measures, Order of 25 April 2015, ITLOS Reports 2015, p. 146.

2. Delimitation of the Maritime Boundary in the Atlantic Ocean (Ghana/Côte d'Ivoire), Judgment, ITLOS Reports 2017.

(三)主要参考文献

1. ITLOS, Statement by H. E. Judge Jin-Hyun Paik on Agenda Item 77 (a) "Oceans and the Law of the Sea" at the Plenary of the Seventy-Second Session of the Untied Nations General Assembly, 5 December 2017, https://www.itlos.org/fileadmin/itlos/documents/statements_of_president/paik/GA2017_Paik_En.pdf.

2. Constantinos Yiallourides, Elizabeth Rose Donnelly, "Part II: Analysis of Dispute Concerning Delimitation of the Maritime Boundary Between Ghana and Côte d'Ivoire in the Atlantic Ocean", available at https://www.ejiltalk.org/part-ii-analysis-of-dispute-concerning-delimitation-of-the-maritime-boundary-between-ghana-and-cote-divoire-in-the-atlantic-ocean/.

3. 张华:《争议海域油气资源开发活动对国际海洋划界的影响》,《法商研究》2018年第3期,第162—170页。

4. 张新军:《划界前争议水域油气开发的国家责任问题》,《国际法研究》2018年第3期,第18—34页。

5. 张小奕:《关于科特迪瓦诉加纳海洋划界案临时措施裁定的述评》,《亚太安全与海洋研究》2016年第2期,第110—116页。

6. 朱利江:《在原则与例外之间:油气因素对海洋划界的影响》,《政法论坛》2019年第2期,第132—142页。

(四) 与本案主题相关的重要引用案件

1. Grisbadarna Case (Norway, Sweden), Decision of 23 October 1909, RIAA, vol. XI, p. 155.

2. Factory at Chorzów, Merits, Judgment No. 13, 1928 P. C. I. J., Series A, No. 17, p. 47.

3. Continental Shelf (Tunisia/Libyan Arab Jamahiriya), Judgment, 24 February 1982, I. C. J. Reports 1982, p. 18.

4. Delimitation of the Maritime Boundary in the Gulf of Maine Area (Canada/United States of America), Judgment, 12 October 1984, I. C. J. Reports 1984, p. 246.

5. Case Concerning Delimitation of the Maritime Boundary Between Guinea and Guinea-Bissau, Decision of 14 February 1985, RIAA, Vol. XIX, p. 149.

6. Continental Shelf (Libyan Arab Jamahiriya/Malta), Judgment, 3 June 1985, I. C. J. Reports 1985, p. 13.

7. Maritime Delimitation in the Area Between Greenland and Jan Mayen (Denmark v. Norway), Judgment, 14 June 1993, I. C. J. Reports, 1993, p. 38.

8. Eritrea and Yemen, Award of the Arbitral Tribunal in the Second Stage of the Proceedings Between (Maritime Delimitation), Decision of 17 December 1999, RIAA, Vol. XXII, p. 335.

9. M/V "SAIGA" (No. 2) (Saint Vincent and the Grenadines v. Guinea), Judgment of 1 July 1999, ITLOS Reports 1999, p. 10.

10. Maritime Delimitation and Territorial Questions Between Qatar and

Bahrain (Qatar v. Bahrain), Merits, Judgment, 16 March 2001, I. C. J. Reports 2001, p. 40.

11. Sovereignty over Pulau Ligitan and Pulau Sipadan (Indonesia/Malaysia), Judgment, 17 December 2002, I. C. J. Reports 2002, p. 625.

12. Arbitration Between Barbados and the Republic of Trinidad and Tobago Relating to the Delimitation of the Exclusive Economic Zone and the Continental Shelf Between them, Decision of 11 April 2006, RIAA, Vol. XXVII, p. 147.

13. Armed Activities on the Territory of the Congo (New Application: 2002) (Democratic Republic of the Congo v. Rwanda), Jurisdiction and Admissibility, Judgment, 3 February 2006, I. C. J. Reports 2006, p. 6.

14. Territorial and Maritime Dispute Between Nicaragua and Honduras in the Caribbean Sea (Nicaragua v. Honduras), Judgment, 8 October 2007, I. C. J. Reports 2007 (II), p. 659.

15. Maritime Delimitation in the Black Sea (Romania v. Ukraine), Judgment, 3 February 2009, I. C. J. Reports 2009, p. 61.

16. Responsibilities and Obligations of States with Respect to Activities in the Area, Advisory Opinion, 1 February 2011, ITLOS Reports 2011, p. 10.

17. Delimitation of the Maritime Boundary in the Bay of Bengal (Bangladesh/Myanmar), Judgment of 14 March 2012, ITLOS Reports 2012, p. 4.

18. Territorial and Maritime Dispute (Nicaragua v. Columbia), Judgment, 19 November 2012, I. C. J. Reports 2012, p. 624.

19. Maritime Dispute (Peru v. Chile), Judgment, 27 January 2014, I. C. J. Reports 2014, p. 3.

20. M/V "Virginia G" (Panama/Guinea-Bissau), Judgment of 14 April 2014, ITLOS Reports 2014, p. 4.

21. Bay of Bengal Maritime Boundary Arbitration Between Bangladesh and India, Award of 7 July 2014, available at https://pcacases.com/web/sendAttach/383.

（五）案件中的重要缩略语

ICJ　　The International Court of Justice　　国际法院

PCA　Permanent Court of Arbitration　常设仲裁法院
ITLOS　International Tribunal for the Law of the Sea　国际海洋法法庭
UNCLOS　United Nations Convention on the Law of the Sea　《联合国海洋法公约》
RIAA　Reports of International Arbitral Awards　国际仲裁裁决报告

（朱利江）

帝汶海强制调解案
（东帝汶和[1]澳大利亚）

（2016年，2018年）

2016.04.11 东帝汶向澳大利亚发出调解通知，提起强制调解程序

2016.05.02 澳大利亚答复同意参加程序，但质疑调解委员会的管辖权

2016.05.11 当事双方共同请求常设仲裁法院担任调解程序的书记官处

2016.06.25 调解委员会成立

2016.06.27 澳大利亚重申对调解委员会管辖权的异议

2016.08.22 调解委员会通过《程序规则》

2016.08.29—31 调解委员会举行公开和闭门听证会

2016.09.19 调解委员会作出管辖权决定，宣布对调解事项拥有管辖权

2016.10—2018.02 调解委员会与当事双方多次举行秘密会议

2017.08.30 调解委员会提出一揽子协议，当事双方随后表示接受

2017.10.13 当事双方就在帝汶海设立海洋边界的条约草案文本达成一致

---

[1] 关于本案名称中争端双方之间的行为关系，常设仲裁法院（PCA）的案件主页使用 Timor-Leste v. Australia（东帝汶诉澳大利亚），而发布的正式文件（如 Decision on Australia's Objections to Competence；Commission Report and Recommendations 等）则使用 Timor-Leste and Australia（东帝汶和澳大利亚）。笔者认为，Timor-Leste v. Australia 与 Timor-Leste and Australia 展现了强制调解程序的不同面向，前者侧重争端双方启动程序的主动与被动关系，后者侧重争端双方在程序进展中的平等地位。本文更多地聚焦强制调解的过程，故笔者从常设仲裁法院正式文件中的用法，即 Timor-Leste and Australia。

2018.03.06 东帝汶和澳大利亚签订新的海洋边界条约

2018.05.09 调解委员会作出"报告和建议"

关键词： 强制调解（Compulsory Conciliation）；划界（Delimitation）；自然延伸（Natural Prolongation）；等距离线（Equidistance Lines）；中间线（Median Line）；相关情况（Relevant Circumstances）；净手原则（Clean Hands Doctrine）

一、案件背景

帝汶岛是东南亚努沙登加拉群岛（Nusa Tenggara）中最大、最东边的岛屿，拥有数千年的人类居住史，南隔帝汶海（Timor Sea）与澳大利亚相望。帝汶海位于帝汶岛的东南方向、澳大利亚的西北方向，西连印度洋，东接阿拉弗拉海（Arafura Sea），除帝汶海槽（Timor Trough）外，总体水深较浅。[2]

16世纪以后，帝汶岛东部成为葡萄牙的殖民地。[3] 1975年11月，东帝汶人民单方宣布独立，脱离葡萄牙。此后不久，印度尼西亚使用武力占领了东帝汶，将其设置为印度尼西亚的一个省，一直持续到1999年。[4] 除澳大利亚[5]外，国际社会并不承认印度尼西亚占领的合法性。1972年10月9日，澳大利亚和印度尼西亚缔结了《帝汶海和阿拉弗拉海地区设立特定海底边界协定》(Agreement Between the Government of the Commonwealth of Australia and the Government of the Republic of Indonesia Establishing Certain Seabed Boundaries in the Area of the Timor and Arafura Seas，以下简称《1972年海底条约》)，大致沿着帝汶海槽的南部边缘线，划定了两国海底边界。不过，《1972年海底条约》并未打算对邻近今天东帝汶的海底区域进行划界，而试图把该问题交由澳大利亚与葡萄牙以

---

[2] Timor Sea Conciliation Between Timor-Leste and Australia, Commission Report and Recommendations, 9 May 2018, para. 12.

[3] Ibid., para. 15.

[4] Ibid., para. 23.

[5] 1978年1月20日，澳大利亚承认东帝汶是印度尼西亚事实上的（*de facto*）一部分。See ibid., para. 24.

后缔结的条约处理。[6] 1989 年 12 月 11 日，澳大利亚和印度尼西亚缔结了《印度尼西亚东帝汶省和北澳大利亚之间地区合作区域条约》（以下简称《帝汶缺口条约》）[7]。《帝汶缺口条约》没有划定海洋边界，但建立了一个共同勘探和开发大陆架资源的合作区域（以下简称"A 区"）[8]。在 A 区内，澳大利亚和印度尼西亚通过一个联合机构共同控制石油企业，平分石油收益。[9] 不过，《帝汶缺口条约》的缔结，遭到了葡萄牙的反对，随后还成为国际法院东帝汶案（葡萄牙诉澳大利亚）的争讼主题。[10] 1997 年 3 月 14 日，澳大利亚和印度尼西亚缔结了《设立专属经济区边界和特定海底边界条约》（Treaty Between the Government of Australia and the Government of the Republic of Indonesia Establishing an Exclusive Economic Zone Boundary and Certain Seabed Boundaries，以下简称《珀斯条约》），大致沿着中间线，对两国在帝汶海的水体部分进行划界。尽管《珀斯条约》在法律上并未生效，但它实际上为两国所遵守。[11]

1999 年 8 月 30 日，东帝汶人民在联合国的监督下进行全民公决，决定脱离印度尼西亚而独立。[12] 全民公决的结果，导致东帝汶亲印尼派与独立派发生流血冲突，逾千人死亡，大部分基础设施遭到破坏，大量难民逃亡。恶化的局势促使联合国于 1999 年 10 月 25 日在东帝汶成立了"联合国东帝汶过渡行政当局"（United Nations Transitional Administration

---

[6] Timor Sea Conciliation Between Timor-Leste and Australia, Commission Report and Recommendations, 9 May 2018, para. 20.

[7] 1972 年澳大利亚与印度尼西亚进行划界谈判时，东帝汶仍是葡萄牙的殖民地。因此，帝汶岛东部南侧海域没有划界，形成一个空档，被称为"帝汶缺口"（Timor Gap）。该协定的英文全称为：Treaty Between Australia and the Republic of Indonesia on the Zone of Cooperation in an Area Between the Indonesian Province of East Timor and Northern Australia，简称 Timor Gap Treaty。

[8] 《帝汶缺口条约》由北至南划定了 C 区、A 区和 B 区三个不同的合作区域。B 区位于南端，由澳大利亚管理；C 区位于北端，由印度尼西亚管理；A 区面积最大，位于 B 区与 C 区之间，由《帝汶缺口条约》创建的联合机构共同管理。

[9] Timor Sea Conciliation Between Timor-Leste and Australia, Commission Report and Recommendations, 9 May 2018, para. 27.

[10] See East Timor (Portugal v. Australia), https：//www.icj-cij.org/en/case/84，last visited on 14 December 2020.

[11] Timor Sea Conciliation Between Timor-Leste and Australia, Commission Report and Recommendations, 9 May 2018, para. 30.

[12] Ibid., para. 31.

in East Timor，UNTAET，以下简称"过渡行政当局"），指挥国际军事行动，暂时管理东帝汶。[13] 2001年7月5日，过渡行政当局代表东帝汶与澳大利亚缔结了《帝汶海安排谅解备忘录》（Memorandum of Understanding of Timor Sea Arrangement，以下简称《帝汶海安排》）。该备忘录规定建立一个"共同石油开发区"（Joint Petroleum Development Area，JPDA），其边界与《帝汶缺口条约》所确立的A区相对应。与《帝汶缺口条约》不同，《帝汶海安排》把90%的收益都归于东帝汶。[14]

2002年5月20日，东帝汶恢复独立。同日，东帝汶与澳大利亚缔结了《帝汶海条约》（Timor Sea Treaty Between the Government of East Timor and the Government of Australia），明确在永久性海洋边界划定之前《帝汶海安排》在两国之间继续适用。[15] 东帝汶与澳大利亚的海洋划界谈判始于2003年11月，后来谈判的焦点发生了变化。2006年1月12日，两国缔结《帝汶海特定海上安排条约》（Treaty Between Australia and the Democratic Republic of Timor-Leste on Certain Maritime Arrangements in the Timor Sea，CMATS，以下简称《海上安排条约》）。《海上安排条约》把《帝汶海条约》的适用期延长至50年，并冻结（moratorium）永久性海洋边界争端的解决（第4条）。[16] 值得注意的是，在东帝汶恢复独立前的两个月（即2002年3月21日），澳大利亚依据《联合国海洋法公约》（以下简称《公约》）第298条第1款（a）项作出声明，对海洋划界争端排除适用《公约》第十五部分第二节下导致有拘束力裁决的强制性程序。2013年1月8日，东帝汶加入《公约》。

2013年至2016年，东帝汶对澳大利亚提起了各种争端解决的法律程序。一是东帝汶于2013年4月23日在《帝汶海条约》框架下以间谍活动为由主张《海上安排条约》无效，对澳大利亚提起仲裁程序（以下简称"《帝汶海条约》仲裁"）。[17] 二是东帝汶于2013年12月17日向国际法院提起诉讼程序，指控澳大利亚没收和扣留某些文件和数据（包括

---

[13] Timor Sea Conciliation Between Timor-Leste and Australia，Commission Report and Recommendations，9 May 2018，para. 32.

[14] Ibid.，para. 34.

[15] Ibid.，para. 35.

[16] Ibid.，para. 37.

[17] Ibid.，para. 45；Arbitration under the Timor Sea Treaty（Timor-Leste v. Australia），PCA Case No. 2013-16，https：//pca-cpa.org/en/cases/37/，last visited on 12 December 2020.

东帝汶与其法律顾问之间的往来通信）的行动。后来，国际法院发布临时措施命令，澳大利亚才向东帝汶归还了这些文件和数据。[18] 三是东帝汶于2015年9月15日在《帝汶海条约》框架下就输油管道管辖权的一些问题，对澳大利亚进一步提起仲裁程序［以下简称"《帝汶海条约》第8条（b）项仲裁"］。[19]

由于未能说服澳大利亚就海洋边界问题进行谈判，2016年4月11日，东帝汶依据《公约》向澳大利亚发出调解通知,[20] 提起强制调解程序。6月25日，由五位成员组成的强制调解委员会（以下简称"委员会"）成立。[21] 经当事双方商定，由常设仲裁法院担任调解程序的书记官处（Registry）。8月22日，委员会通过了《程序规则》（Rules of Procedure）。[22]

二、调解过程与结果

（一）调解程序

1. 调解请求

东帝汶与澳大利亚是隔帝汶海相望的邻国，两国距离不足400海里，存在海洋划界的问题。东帝汶依据《公约》第298条第1款（a）项（i）目及其附件五第二节对澳大利亚提起强制调解程序，请求委员会"协助东帝汶和澳大利亚以友好的方式解决帝汶海关于划定永久性海洋边界的争端"，即请求解决"涉及《公约》第74条和第83条关于划定

---

[18] Timor Sea Conciliation Between Timor-Leste and Australia, Commission Report and Recommendations, 9 May 2018, para. 46.

[19] Ibid., para. 47; Arbitration under the Timor Sea Treaty (Timor-Leste v. Australia), PCA Case No. 2015-42, available at https：//pca-cpa.org/en/cases/141/, last visited on 11 December 2020.

[20] 该通知的英文正式名称为：Notification Instituting Conciliation under Section 2 of Annex V of UNCLOS, 简称Notice of Conciliation。See Timor Sea Conciliation Between Timor-Leste and Australia, Commission Report and Recommendations, 9 May 2018, Annex 3.

[21] 委员会主席由彼得·塔克索-詹森（Peter Taksøe-Jensen）大使担任，其他成员包括罗萨莉·巴尔金（Rosalie Balkin）博士、阿卜杜勒·加迪尔·科罗马法官、唐纳德·M.麦克雷教授和吕迪格·沃尔夫鲁姆法官。

[22] Timor Sea Conciliation Between Timor-Leste and Australia, Commission Report and Recommendations, 9 May 2018, Annex 8.

东帝汶与澳大利亚之间专属经济区和大陆架（包括设立两国永久性海洋边界）的解释和运用的争端"。[23] 澳大利亚随后书面答复，同意善意地参加程序，并援引《海上安排条约》第4条（冻结条款）质疑委员会的管辖权。[24] 随着调解程序的推进，当事双方后又达成了新协议，请求委员会处理一些帝汶海资源治理的事项。[25]

2. 程序运转

委员会组建后不久，澳大利亚提出六大理据，对委员会的管辖权（competence）提出异议，同时质疑东帝汶请求调解事项的可受理性（admissibility）。澳大利亚的异议理据，实际上与《海上安排条约》第4条（冻结条款）以及《公约》下强制调解的先决条件相关。2016年8月29日至31日，委员会召集当事双方举行了关于程序启动的公开听证会以及关于管辖权的闭门听证会。[26] 9月19日，委员会作出了"关于澳大利亚管辖权异议的决定"（以下简称"管辖权决定"），宣布对调解事项拥有管辖权，调解程序继续进行。

2016年10月至2018年2月，委员会与当事双方在堪培拉、哥本哈根、帝力、新加坡、海牙等地举行了数轮秘密会议。为加强当事双方之间的信任，2016年10月13日，委员会还提出了一些信任建立措施（confidence-building measures），包括终止《海上安排条约》、承诺举行海洋边界谈判、撤回平行的仲裁请求等建议。[27] 为响应委员会关于信任建立的建议，2017年1月9日，委员会与当事双方发布了"三方联合声明"，表示同意终止《海上安排条约》;[28] 1月20日，东帝汶撤回此前启动的"《帝汶海条约》仲裁"和"《帝汶海条约》第8条（b）项仲裁"。[29] 在秘密磋商的基础

---

[23] See Notice of Conciliation, Annex 3 to Report and Recommendations, para. 5; Timor Sea Conciliation Between Timor-Leste and Australia, Commission Report and Recommendations, 9 May 2018, para. 62.

[24] Response to Notice, Annex 4 to Report and Recommendations, paras. 2 and 3.

[25] Timor Sea Conciliation Between Timor-Leste and Australia, Commission Report and Recommendations, 9 May 2018, para. 62.

[26] Timor Sea Conciliation Between Timor-Leste and Australia, Decision on Australia's Objections to Competence, 19 September 2016, paras. 39-40.

[27] Timor Sea Conciliation Between Timor-Leste and Australia, Commission Report and Recommendations, 9 May 2018, para. 95.

[28] Ibid., para. 103.

[29] Ibid., para. 106.

上，2017 年 8 月 30 日，委员会提出一份"关于一揽子协议的非文件"（Non-Paper on a Comprehensive Package Agreement），概括了委员会认为当事双方都可接受且与《公约》框架下海洋划界公平原则相符合的要素。[30] 次日，委员会又提出一份关于大日升（Greater Sunrise）油气资源开发的非文件，并附有相关行动计划。[31] 随后，澳大利亚和东帝汶同意委员会的提议，迅速达成了"一揽子协议"（以下简称"8 月 30 日协议"）。[32] 除聚焦海洋划界问题外，"8 月 30 日协议"还处理了大日升油气田的法律地位、大日升油气田特别机制、资源开发的路径以及相关收益的分享等问题。在"8 月 30 日协议"基础上，2017 年 10 月 13 日，当事双方就海洋边界条约的草案文本达成一致。[33] 2018 年 3 月 6 日，澳大利亚和东帝汶正式签署《海洋边界条约》。[34] 5 月 9 日，委员会发布"报告和建议"（Report and Recommendations），强制调解程序由此结束。

（二）管辖权问题

1. 委员会关于管辖权问题的说理

围绕澳大利亚在"管辖权异议"中提出的问题，委员会的"管辖权决定"主要涉及管辖启动的先决条件、调解事项的可受理性以及调解程序的存续期间三大问题。

（1）管辖启动的先决条件

澳大利亚认为，"2003 年换文"（2003 Exchange of Letters）和《海上安排条约》这两项法律文书属于《公约》第 281 条意义上的协议，可以抑制委员会启动管辖。委员会认为，《公约》第 281 条可以延伸适用于《公约》第十五部分框架下的任何程序，构成委员会启动管辖的先决

---

[30] Timor Sea Conciliation Between Timor-Leste and Australia, Commission Report and Recommendations, 9 May 2018, para. 162.

[31] Ibid., para. 163.

[32] 该协议的英文全称为：Comprehensive Package Agreement of 30 August 2017, 简称 Agreement of 30 August。See ibid., para. 164.

[33] Ibid., para. 183.

[34] 该条约的英文全称为：Treaty Between the Democratic Republic of Timor-Leste and Australia Establishing Their Maritime Boundaries in the Timor Sea, 简称 Treaty on Maritime Boundaries。See ibid., para. 219.

条件。[35] 为此，委员会把切入点放在《公约》第281条上，逐一分析了澳大利亚援引的两项文书。其一，委员会认为，"2003年换文"不构成一个具有法律约束力的协议，与《公约》第281条设置的目的不相符合。[36] 其二，委员会认为，《海上安排条约》并不构成一个"用自行选择的和平方法来谋求解决争端"的协议，进而认定其不属于《公约》第281条意义上的协议。[37] 相反，委员会认为，《海上安排条约》第4条包含一项在冻结存续期间不得寻求争端解决的义务（冻结条款），因此不符合《公约》第281条的要求。[38]

委员会还讨论了《公约》第298条第1款（a）项（i）目中关于管辖启动的另外两项先决条件：一是争端必须"发生于本公约生效之后"。当事双方的争议焦点集中在对"本公约生效"的理解，即它是指《公约》在两个当事方之间生效（2013年2月7日），还是指《公约》本身的整体生效（1994年11月16日）。[39] 在考察《公约》谈判历史后，委员会支持东帝汶的理解，认为"本公约生效"是指《公约》本身的整体生效。[40] 二是"经争端各方谈判仍未能在合理期间内达成协议"。澳大利亚主张，受《海上安排条约》第4条冻结条款的制约，有关海洋边界的谈判并未举行，所以该项条件并不满足。委员会否定了澳大利亚的主张，认为《公约》第298条第1款（a）项（i）目并未明确要求当事方之间的在先谈判必须实际发生，因为一旦这样要求，实际上会导致当事一方可以通过拒绝谈判的方式阻碍任何诉诸强制调解权利的行使，与《公约》第298条的意图相悖。[41] 委员会还指出，不管怎样，当事双方在2003年至2006年确实举行了谈判，《海上安排条约》可被视为《公约》第74条第3款和第83条第3款框架下的某种临时安排。[42]

（2）调解事项的可受理性

澳大利亚的管辖权异议还涉及东帝汶主张的可受理性问题。澳大利

---

[35] Timor Sea Conciliation Between Timor-Leste and Australia, Decision on Australia's Objections to Competence, 19 September 2016, para. 50.
[36] Ibid., paras. 56-58.
[37] Ibid., para. 64.
[38] Ibid., para. 62.
[39] Ibid., para. 73.
[40] Ibid., paras. 74-76.
[41] Ibid., para. 78.
[42] Ibid., para. 79.

亚认为,除非正在平行进行的"《帝汶海条约》仲裁"仲裁庭支持东帝汶的主张,认为《海上安排条约》是无效的,否则,其应被推定有效。澳大利亚还请求委员会终止当前的强制调解程序,或者在"《帝汶海条约》仲裁"裁决作出之前中止该程序。[43] 委员会拒绝了澳大利亚终止或者中止调解程序的请求,认为委员会的调解事项与仲裁庭的裁决事项并不存在实质上的竞合。[44]

澳大利亚基于净手原则还提出,强制调解程序的启动会让东帝汶从违反《海上安排条约》中获益,进而认为委员会对强制调解程序的启动是不恰当的。[45] 委员会认为,澳大利亚宣称东帝汶违反《海上安排条约》的事实不成立。另外,关于违反其他某协定(如《海上安排条约》)就可以主张抑制争端解决程序启动的观点,委员会认为净手原则迄今还没有发展到这一层面。调解程序对《海上安排条约》的影响,如同该条约的效力问题一样,属于当事方在其他争端解决平台所考虑的事项。[46]

(3)调解程序的存续期间

委员会处理的最后一个问题是,《公约》附件五第 7 条确立的 12 个月是否为强制调解程序的存续期间,以及在管辖权异议的情况下该期间起算的确切日期。委员会认为,尽管当事方原则上可以以协议方式延长这一期间,但 12 个月期限的严格适用,可能会与强制调解程序下对管辖权异议给予适当考虑的必要性发生冲突。[47] 委员会进一步指出,调解作为一种争端解决方法,最终还是取决于当事方对程序的接受以及当事方寻求协议并认真考虑委员会建议的意愿。[48] 委员会还指出,《公约》附件五第 13 条要求密切注意管辖权异议。[49] 委员会最后决定,12 个月期限从委员会作出管辖权决定之日起计算。[50] 后来,考虑到争端解决的完全性以及相关程序的进展情况,澳大利亚和东帝汶都同意延长调解程序

---

[43] Timor Sea Conciliation Between Timor-Leste and Australia, Decision on Australia's Objections to Competence, 19 September 2016, para. 88.
[44] Ibid., para. 89.
[45] Ibid., para. 90.
[46] Ibid., para. 92.
[47] Ibid., para. 107.
[48] Ibid., para. 108.
[49] Ibid., para. 109.
[50] Ibid., para. 110.

的存续期间。[51]

2. 委员会关于管辖权决定的主文

在管辖权决定中，委员会最后以一致通过的方式作出了三项决定。

（1）决定：委员会对东帝汶"2016年4月11日依据《公约》附件五第二节调解通知"中列明的强制调解事项拥有管辖权。

（2）认为：不存在阻止委员会继续这些程序的可受理性事项或礼让事项。

（3）决定：《公约》附件五第7条规定12个月的时限，应从本决定作出之日起计算。[52]

（三）实体问题

经过数轮秘密磋商，澳大利亚和东帝汶在"8月30日协议"基础上最终就帝汶海海洋边界事宜达成一致。2018年3月6日，两国在联合国秘书长的见证下正式签署了《海洋边界条约》。5月9日，委员会发布了"报告和建议"。从争端解决的结果上看，《海洋边界条约》以及委员会的"报告和建议"，既涉及澳大利亚和东帝汶之间大陆架和专属经济区的划界问题，也涉及一些帝汶海资源治理的事项。

1. 海洋划界

（1）当事方的公开立场

由于受到《程序规则》中保密条款[53]的制约，委员会的"报告和建议"并没有深入当事双方关于海洋边界问题的法律立场和观点的细节。尽管如此，委员会在准备"报告和建议"时还是简单勾勒了当事双方最基本的公开法律立场和观点。[54]

澳大利亚主张，大陆架的划界与专属经济区的划界应当彼此独立；

---

[51] Timor Sea Conciliation Between Timor-Leste and Australia, Commission Report and Recommendations, 9 May 2018, para. 4.

[52] Timor Sea Conciliation Between Timor-Leste and Australia, Decision on Australia's Objections to Competence, 19 September 2016, para. 111.

[53] Article 16, Rules of Procedure, Annex 8 to Report and Recommendations.

[54] Timor Sea Conciliation Between Timor-Leste and Australia, Commission Report and Recommendations, 9 May 2018, para. 230.

大陆架划界应考虑帝汶海海底的独特构造，特别是帝汶海槽，因为帝汶海槽把位于南端的澳大利亚大陆架与位于北端的东帝汶和印度尼西亚大陆架完全分隔开来。[55] 澳大利亚还主张，剩余部分的边界，应基于东帝汶和印度尼西亚之间等距离线沿着共同石油开发区的边界划定。[56]

东帝汶主张，对大陆架和专属经济区沿着东帝汶和澳大利亚海岸之间的中间线进行单一划界。[57] 东帝汶认为，帝汶海槽不是分隔大陆架的根本性地质中断（fundamental geological discontinuity）。如果两国之间相隔不到400海里，那么自然延伸（natural prolongation）原则以及海底地质地貌因素就对大陆架的划界无关紧要，因为离岸距离（distance from the coast）构成《公约》大陆架定义的一个要素。[58] 此外，东帝汶还认为，中间线也不需要调整，因为调整中间线的任何相关情况（relevant circumstances）都不存在。[59]

（2）委员会的调解努力

面对澳大利亚和东帝汶之间的法律分歧，委员会没有明确表达立场。[60] 为协助当事双方友好地解决争端，委员会提出了一份非文件，为当事双方提供了可供考虑的选项和想法。[61] 这份非文件实质上是期望当事方考虑一下单一海洋划界，但这一建议后来并没有被接受。[62] 在之后的会议上，当事双方的争议焦点主要集中在东段海底边界的具体走向，而关于边界走向的分歧，实际上是受到了大日升油气资源已知位置的深刻影响。

在相关讨论中，委员会强调了五点：一是"某一方公开法律立场的完全正确，是难以让人信服的"；二是"东帝汶的海洋权利（maritime entitlements）不能受限于共同石油开发区的边界或者澳大利亚与印度尼西亚《1972年海底条约》确立的边界"；三是"为达到公平的结果，委员会认为存在需要对中间线进行调整的相关情况"；四是"委员会不排

---

[55] Timor Sea Conciliation Between Timor-Leste and Australia, Commission Report and Recommendations, 9 May 2018, para. 234.
[56] Ibid., para. 235.
[57] Ibid., para. 231.
[58] Ibid., para. 232.
[59] Ibid., para. 233.
[60] Ibid., para. 237.
[61] Ibid., para. 238.
[62] Ibid., para. 239.

除对中间线的东部进行调整并使海底边界穿越大日升油气田";五是"委员会不认为这样把大日升油气田一分为二的海底边界是不公平的或者是不符合《公约》的"。委员会还向当事双方特别指出,如果限制东帝汶对共同石油开发区的海洋权利或者让任何一方独自控制大日升油气田,那么相关的妥协将难以达成。[63]

（3）当事方的划界协议

澳大利亚和东帝汶缔结的《海洋边界条约》,依据《公约》第74条和第83条第1款划定了两国之间的大陆架和专属经济区。

在技术形态上,双方协议划定的海洋边界,包括西段、南段和东段。南段边界除了西南方向的区段,采取单一海洋边界的形式。其中,一部分边界沿着中间线,另一部分边界则沿着双方商定的路线走向中间线以北。西段边界和东段边界仅是大陆架的边界;其中的一部分大陆架边界具有"临时性"（Provisional）,未来会随着印度尼西亚与东帝汶的大陆架划界情况以及相关油气资源的枯竭情况自动调整。[64]《海洋边界条约》第5条还指明,条约附件A是上述划界方案的示意图。[65]

《海洋边界条约》还处理了第三国权利的问题,尤其是考虑到东帝汶和印度尼西亚之间未来的海洋边界谈判以及《1972年海底条约》的划界,明确提出"对本条约的任何解释,均不得损害第三国在帝汶海专属经济区和大陆架划界方面的权利"[66];"对本条约的任何解释,均不得损害与第三国在帝汶海专属经济区和大陆架划界方面的谈判"[67]。

---

[63] Timor Sea Conciliation Between Timor-Leste and Australia, Commission Report and Recommendations, 9 May 2018, para. 240.

[64] Ibid., paras. 261-263; Articles 2-4, Treaty on Maritime Boundaries, Annex 28 to Report and Recommendations.

[65] 关于《海洋边界条约》划界方案的示意图,受篇幅所限,此处不再列出。笔者建议有深入研究需求的读者直接访问常设仲裁法院的案件主页查阅。See Annex A, Treaty on Maritime Boundaries (Annex 28 to Report and Recommendations), p. 9, available at https://pcacases.com/web/sendAttach/2356, last visited on 23 December 2020. 另外,《海洋边界条约》是在"8月30日协议"的基础上达成的。委员会的"报告和建议"在第269段后列出了"8月30日协议"的划界方案示意图（图4）,比《海洋边界条约》附件A的示意图更加详细,也可供读者参考。See Report and Recommendations, p. 79, available at https://pcacases.com/web/sendAttach/2327, last visited on 23 December 2020.

[66] Preamble, Treaty on Maritime Boundaries, Annex 28 to Report and Recommendations.

[67] Article 6, Treaty on Maritime Boundaries, Annex 28 to Report and Recommendations.

2. 资源治理

在委员会的建议下,澳大利亚和东帝汶同意将大日升油气田问题与海底边界的走向问题分开讨论,探索建立一个"大日升特别体制"[68](Greater Sunrise Special Regime)。经过数轮讨论,委员会提出了一份"关于大日升特别体制非争议要素的非文件",列出委员会认为比较容易达成协议的要素。[69] 委员会请当事方进一步考虑这些要素,并建立一个由双方代表组成的工作组。经过多轮会议,工作组的讨论成果最终被写入《海洋边界条约》。[70]

《海洋边界条约》第 7 条涉及"大日升特别体制"。在这个"特别体制"区域内,两国应在资源枯竭前依据《公约》第 77 条共同行使作为沿海国的权利。当特别体制停止生效时,两国将依据《公约》第 77 条并基于《海洋边界条约》所划定的大陆架界限,各自行使其作为沿海国的权利。[71] 关于大日升油气田的开发,如果借助通往澳大利亚的管道,东帝汶可以获得 80% 的上游收益;如果借助通往东帝汶的管道,东帝汶可以获得 70% 的上游收益。[72]《海洋边界条约》附件 B 详细规定了"大日升特别体制",包括目标、产权与收益分成、税收、机构设置、争端解决、开发计划、油气管道、石油开采规章、合作与协调、海关与移民、刑事管辖等诸多事项;[73] 附件 C 列出了"特别体制区域"的具体坐标和示意图。[74]

三、评 论

强制调解,作为《公约》下的一种强制性争端解决方式,很长时间都停留在纸面上。帝汶海强制调解案,是依据《公约》第 298 条第 1 款

---

[68] Timor Sea Conciliation Between Timor-Leste and Australia, Commission Report and Recommendations, 9 May 2018, para. 241.

[69] Ibid., para. 245.

[70] Ibid., para. 247.

[71] Article 7, Treaty on Maritime Boundaries, Annex 28 to Report and Recommendations.

[72] Timor Sea Conciliation Between Timor-Leste and Australia, Commission Report and Recommendations, 9 May 2018, para. 265; Article 2 (2), Annex B to Treaty on Maritime Boundaries.

[73] See Annex B to Treaty on Maritime Boundaries.

[74] See Annex C to Treaty on Maritime Boundaries.

(a) 项 (i) 目及其附件五第二节解决海洋争端的首次尝试和初步实践，具有里程碑的意义，受到国际社会的关注。正如东帝汶首席谈判代表所言，在决定采取这一做法时，"东帝汶不得不大胆行动，因为这种机制以前从未被启动过，没有可供遵循的先例，能否成功也难以预料"[75]。

结合国际法的一般发展以及我国周边海洋事务面临的法律挑战，这里主要讨论两个基本问题：一是强制调解的性质与特征，主要聚焦帝汶海强制调解案的实践在多大程度上探索了《公约》下的强制调解制度；二是影响海洋划界的特定因素，尤其是经济因素和地质地貌因素，主要聚焦帝汶海强制调解案在多大程度上会影响海洋划界的既有国际法规则。

(一) 强制调解的性质与特征

1. 强制调解的性质

委员会在"报告和建议"中对强制调解的性质描述如下：

> 强制调解程序受《公约》附件五管辖。这一程序建立了一个中立的（neutral）委员会，听取当事方的声音，审查当事方的主张和异议，向当事方提议，或以其他方式协助当事方友好地（amicable）解决争端。调解并不是一项裁决程序（not an adjudicatory proceeding），调解委员会也无权对当事方施加一个具有法律约束力的解决方案（nor...a legally binding solution）；相反，调解委员会可以向当事方提出建议（recommendations）。[76]
>
> ……在程序上，调解试图把调停人（mediator）的职能与调查（inquiry）委员会更加主动、更加客观的角色相结合。[77]

---

[75] "Once again, Timor-Leste had to act boldly, as this mechanism had never been tried before, there was no precedent to follow and the prospects of success were difficult to predict." See New Frontiers - Timor-Leste's Historic Conciliation on Maritime Boundaries in the Timor Sea by Council for the Final Delimitation of Maritime Boundaries, p. 2, available at https://gfm.tl/wp-content/uploads/2018/10/16592-Maritime-Boundary-Conciliation-PP2 _ v13-FINAL.pdf, last visited on 18 December 2020.

[76] Timor Sea Conciliation Between Timor-Leste and Australia, Commission Report and Recommendations, 9 May 2018, para. 51.

[77] Ibid., para. 52.

据此,强制调解的性质,可以归纳为如下五点:一是中立性,即强制调解程序需要建立一个中立的委员会;二是非对抗性,即强制调解不同于对抗性较强的强制仲裁或司法解决,意在协助当事方友好地解决争端;三是非裁决性,即明确强制调解程序不是裁决程序;四是非拘束性,即明确委员会提出的解决方案不具有法律拘束力,仅具有建议性质;五是混合性,即强制调解既吸收了调停的部分职能,也借鉴了调查委员会的部分角色。

2. 强制调解的特征

强制调解,既是一种强制性的争端解决方法,也是一种与传统调解存在某种制度共享的特殊调解。僵硬性与灵活性的统一,是强制调解的重要实践特征。《公约》附件五第二节为强制调解设置了一个僵硬的程序框架,而《公约》附件五第5条授权委员会可以"提请争端各方注意任何便于友好解决争端的措施",象征着处于"调解核心地位"的"灵活的务实主义"(flexible pragmatism)[78]。

(1)僵硬性

作为一种强制性的争端解决方法,《公约》下的强制调解与《公约》附件七仲裁(强制仲裁)的某些方面相类似,存在于一个僵硬的程序框架之中。这种僵硬性主要体现在如下方面:

一是强制参与,即收到强制调解通知的争端一方(如澳大利亚),有义务接受这一程序。[79] 这一特征与《公约》附件七仲裁的程序相类似。[80]

二是强行推进,即争端一方或数方对提起程序的通知不予答复或不接受强制调解程序,不应阻碍程序的继续推进。[81] 这一特征也与《公约》附件七仲裁程序中关于不到案的处理相类似。[82]

三是设定时限,即除当事双方同意延长外,委员会原则上应于成立后(或管辖权决定作出后)的12个月内提出报告。[83] 与此相对,《公

---

[78] Timor Sea Conciliation Between Timor-Leste and Australia, Commission Report and Recommendations, 9 May 2018, para. 62.
[79] Article 11, Annex Ⅴ to the UNCLOS.
[80] Article 287 (3), UNCLOS.
[81] Article 12, Annex Ⅴ to the UNCLOS.
[82] Article 9, Annex Ⅶ to the UNCLOS.
[83] Articles 7 and 14, Annex Ⅴ to the UNCLOS; Timor Sea Conciliation Between Timor-Leste and Australia, Commission Report and Recommendations, 9 May 2018, paras. 4 and 110.

约》并没有对附件七仲裁设定程序的完成时限。在帝汶海强制调解案中，12个月起算的确切日期，被委员会设定为作出管辖权决定之日。

四是自裁管辖，即对委员会的管辖权异议依然由委员会自己加以解决。[84] 这一特征也与《公约》第十五部分第二节导致有拘束力裁判的强制程序中关于自裁管辖权（Kompetenz-Kompetenz）的规定类似。[85]

（2）灵活性

作为一种与传统的自愿调解存在某种制度共享的特殊调解，《公约》下的强制调解又依赖于自愿调解的一些制度、程序和精神。在帝汶海强制调解案中，委员会借助《公约》附件五第5条，探索强制调解的具体方法和路径。正如委员会主席2016年9月21日在致信当事双方时指出的：

> 我认为，（调解）程序成功的关键，是当事双方不受诉讼式（litigation-style）立场和声明的束缚。我将尽最大努力向前推动一个灵活（flexible）且开明（open-minded）的（沟通）方式，使当事双方能随心所欲地探索可能的道路，可以不用担心这样的灵活以后会让自己受限。委员会在发挥作用时也会在程序的组织上保持灵活，尽力满足当事方的愿望，尽量听取当事方的建议。[86]

强制调解在程序上的灵活性，主要体现在如下方面：

一是灵活处理信息披露。为推动当事双方充分参与程序，《程序规则》设置了一些保密条款，[87] 让当事方掌控信息与文件的披露。同时，委员会意识到公众以及利益攸关方的知情权也很重要，应采取一些措施向公众通报调解程序的进展，例如，委员会对公开的听证会进行网络直播，定期发布新闻通稿，确保一定程度的信息透明。[88]

二是灵活安排沟通方式。当事双方商定，委员会可以与任何一方单

---

[84] Article 13, Annex V to the UNCLOS.
[85] Article 288 (4), UNCLOS.
[86] Timor Sea Conciliation Between Timor-Leste and Australia, Commission Report and Recommendations, 9 May 2018, para. 90.
[87] Articles 16 and 18 (6), Rules of Procedure, Annex 8 to Report and Recommendations.
[88] Timor Sea Conciliation Between Timor-Leste and Australia, Commission Report and Recommendations, 9 May 2018, paras. 60-61.

独会晤。实践中,委员会与当事方的会晤几乎都是单独进行的。委员会还指出,与当事各方进行的最重要的讨论,似乎都是在没有双方在场的环境下举行的。[89] 当事双方还商定,不仅整个委员会可以与任何一方会晤,委员会成员个人也可以这样做,并向整个委员会汇报。委员会认为,这样的灵活安排,不仅能使委员会利用两次会议的间隙,与当事方通过电话或电子邮件举行定期、非正式的讨论,还方便委员会与各方领导人进行小规模、非正式的零散讨论。[90]

三是灵活把握法律问题。委员会在程序中所遇到的一个问题,就是应在多大程度上处理国际法的相关问题。考虑《公约》第74条、第83条及其附件五第7条的规定,委员会认为,与当事方就海洋划界的法律观点进行交流,不可能是不妥的。[91] 同时,委员会还认为,与当事方沟通法律立场也不是理所当然的,但可以在促成争端友好解决的意义上沟通这些事项。另外,委员会还附带说明,它不鼓励当事方之间达成一个与《公约》或其他国际法规定不相符合的协议。[92]

四是灵活嵌入自愿调解。一方面,在制度层面,强制调解与传统的自愿调解存在某种制度共享。例如,《公约》附件五第一节(自愿调解)下的若干条款也被第二节(强制调解)所共享。[93] 另一方面,在实践层面,帝汶海海洋划界争端在强制调解框架下的解决,一定程度上仍高度依赖当事双方的意愿。实际上,在《公约》第298条第1款(a)项(i)目的框架下,海洋划界是强制调解程序的启动事由之一,而油气资源治理事项本身并不能单独导致强制调解程序的启动。但是,委员会考虑案情的特殊性,在当事双方同意的情况下把海洋划界问题与油气资源治理问题紧密地捆绑起来,以此期待海洋划界争端的最终解决。笔者认为,这其实在某种意义上意味着,当事双方在强制调解框架下又在事实上插入了一个围绕油气资源治理问题的自愿调解程序。委员会2017年8月31日提出的一份关于大日升油气资源开发的非文件,在某种意义上也可以视为委员会对这种内嵌的自愿调解的响应。

---

[89] Timor Sea Conciliation Between Timor-Leste and Australia, Commission Report and Recommendations, 9 May 2018, para. 57.
[90] Ibid., para. 58.
[91] Ibid., para. 69.
[92] Ibid., para. 70.
[93] Article 14, Annex V to the UNCLOS.

最后，笔者提请注意的是，帝汶海强制调解案仅是《公约》下强制调解制度的初步实践，其实践探索仍然是有限的。委员会指出，在"报告和建议"发布之时（2018年5月9日），当事双方已经就帝汶海的海洋边界达成了一个综合性协议（2018年3月6日），这意味着争端的圆满解决，而继续提供争端解决的建议就毫无必要了。[94] 本案没有呈现出的另一种情况是，倘若当事双方在调解程序的存续期间没有达成任何协议，委员会则会在"报告和建议"中载明对有关争端事项的一切事实问题或法律问题的结论及争端解决建议。委员会把"报告和建议"交存联合国秘书长处，最后由联合国秘书长分别送达当事双方。[95] 此外，帝汶海强制调解案涉及海洋划界争端，而《公约》下强制调解制度还可能适用于海洋科研争端、渔业资源争端以及历史性海湾或所有权争端。[96]

（二）影响海洋划界的特定因素

笔者认为，澳大利亚与东帝汶之间海洋边界争端的解决，本质上仍属于协议划界的范畴，而协议划界的结果主要受到经济因素（油气资源）的影响。但是，这并不意味着自然延伸原则及其背后支撑的海底地质地貌因素在大陆架划界中的地位发生了动摇。

1. 经济因素

（1）协议划界的范畴

《海洋边界条约》的缔结，标志着澳大利亚与东帝汶依靠协议解决了两国在帝汶海的海洋划界争端。尽管这种协议划界是在强制调解框架下促成的，作为第三方的委员会也为协议的缔结提供了大量建议，但划界结果的法律效力，终究还是源于当事双方的自由意志，而不是源于委员会的"报告和建议"。

实际上，委员会的"报告和建议"仅仅提供了一些案件的背景信息，记载了当事方达成协议时的程序和背景。由于澳大利亚和东帝汶在先缔结了《海洋边界条约》，委员会并没有在"报告和建议"中继续给出争端解决的建议。换言之，委员会的争端解决建议最后是否作出，取

---

[94] Timor Sea Conciliation Between Timor-Leste and Australia, Commission Report and Recommendations, 9 May 2018, para. 6.
[95] Article 7, Annex V to the UNCLOS.
[96] Articles 297 and 298, UNCLOS.

决于当事双方是否在先签署相关划界协议。可见，协议划界是海洋划界争端解决的首要原则，委员会对这一首要地位也给予了充分尊重。

《海洋边界条约》中的划界方案，既没有完全符合澳大利亚的最初立场，也没有完全符合东帝汶的最初立场。但相对而言，划界结果似乎背离澳大利亚的立场更远。例如，划界方案部分地接受了东帝汶的中间线主张，但却看不到地质地貌因素的显著作用。由于受到《程序规则》中保密条款的限制，我们无法获知两国海洋划界谈判中的全部细节以及可能交易，也无法确认究竟是哪些真实因素最终发挥了作用。有澳大利亚学者曾指出，在很大程度上，海洋划界是一个政治过程，处理的都是高度敏感的主权和主权权利问题，涉及国家核心的安全关注和主要经济利益，最终关乎相关国家的完整与合法存在。就海洋划界达成协议，妥协几乎是不可避免的。相关国家不愿意透露某条特定的边界是如何划定的，可能害怕被指责向谈判对手"出卖"了国家利益。[97]

（2）油气因素的影响

笔者认为，油气因素可能是影响双方协议划界结果最为突出的因素。在结束介绍当事双方的争端背景之际，委员会在"报告和建议"中特别指出：

> 取得独立的15年来，东帝汶在国家的发展以及经济与政治稳定环境的建设上获得了巨大的进步。尽管取得这些成就，诸多挑战犹存。东帝汶已向委员会强调，它把石油资源特别是大日升油气田视为《2011年至2030年战略发展计划》的关键（critical），把在南部海岸创建石油产业部门视为国家总体经济发展的一部分。[98]

澳大利亚已经清楚地向委员会表明，它把地区邻国的稳定与繁荣视为非常重要的事情，这十分契合澳大利亚的利益。澳大利亚意识到，海洋边界争端已经负面地影响了其与东帝汶更为广泛的关系，存在于（inhibited）

---

[97]［澳］维克托·普雷斯科特、克莱夫·斯科菲尔德：《世界海洋政治边界》，吴继陆、张海文译，海洋出版社2014年版，第152页。

[98] Timor Sea Conciliation Between Timor-Leste and Australia, Commission Report and Recommendations, 9 May 2018, para. 49.

可能造福澳大利亚和东帝汶人民的自然资源开发之中。澳大利亚将这些（调解）程序视为与东帝汶在新立足点上建立伙伴关系的机会。海洋边界协议的达成，为未来坚实而有效的伙伴关系奠定了基础。[99]

据此可见，帝汶海的油气利益与两国的海洋边界问题复杂地交织在一起。如前所述，当事双方对东段海底边界走向的分歧，实际上也是受到大日升油气资源已知位置的影响。[100] 在《海洋边界条约》的序言部分，双方均承认"海洋划界与大日升油气田特别体制之间存在难解难分的联系（inextricable link），二者构成双方协议不可或缺的部分"。[101] 笔者认为，东帝汶和澳大利亚的经济体量与发展程度差异巨大，两国关切油气利益的动机可能并不对称：作为一个相对贫困的发展中国家，东帝汶将油气产业视为国家总体经济发展的关键。为此，条约序言专门提及"推动东帝汶经济发展的重要性"。作为一个地区性的中等强国，澳大利亚不仅关切油气产业的经济收益，似乎还关心周边地区的安全与稳定。这样，条约序言部分特别突出了"好邻居"的地区关系设想。或许正是因为这种"动机不对称"，澳大利亚愿意在经济利益上作出较多的让步，以换取更大尺度的战略利益。

2. 地质地貌因素

根据澳大利亚最初的法律立场，大陆架划界应考虑帝汶海海底的独特构造，特别是帝汶海槽。澳大利亚主张自然延伸原则，认为帝汶海槽是分隔位于南端的澳大利亚大陆架与位于北端的东帝汶和印度尼西亚大陆架的根本性地质中断。然而，《海洋边界条约》的划界结果显示，帝汶海槽等地质地貌因素及其支撑的自然延伸原则，在当事双方的务实划界安排下似乎被弱化。这一背景下出现的问题是，这种务实安排，是否会使自然延伸原则及其背后支撑的海槽等地质地貌因素在大陆架划界中的法律地位发生动摇？笔者认为，《海洋边界条约》的划界方案，仅是澳大利亚与东帝汶经过秘密谈判达成的个别交易结果，是一种争端解决的务实安排，对海洋划界领域既有国际法规则的挑战，目前比较有限。实际上，海底地质地貌因素（如海槽）在国际法上一直是一个稳定的影

---

[99] Timor Sea Conciliation Between Timor-Leste and Australia, Commission Report and Recommendations, 9 May 2018, para. 50.

[100] Ibid., para. 240.

[101] Preamble, Treaty on Maritime Boundaries, Annex 28 to Report and Recommendations.

响大陆架划界的因素。

（1）海洋划界结果的交易性

《海洋边界条约》的划界方案，是争端双方在强制调解框架下经过秘密谈判达成的个别交易结果。有澳大利亚学者曾指出，在谈判协议中，只要不损害第三国或国际社会的权利和利益，国家之间可以自由地就任何它们想要的边界达成一致。[102] 如前所述，经济因素（油气资源）在帝汶海海洋划界谈判中可能发挥突出的作用。笔者认为，《海洋边界条约》的划界结果，对海洋划界领域既有国际法规则的挑战目前比较有限，理由有三：

其一，在理论上，《海洋边界条约》应属于"契约性条约"的范畴，其"造法"的属性受到了明确限制或否定。例如，《海洋边界条约》的序言部分明确指出："当事双方的协议是建立在当事双方相互迁就（mutual accommodation）的基础上，并不损害各自法律立场。"[103] 这一点也在委员会的"报告和建议"中阐明。[104] 从习惯国际法的形成上看，《海洋边界条约》的缔结，至多属于孤立的"国家实践"（state practice）范畴，而"不损害各自法律立场"在条约序言中的表述，至少可以构成对"法律确信"（opinio juris）要素进行减损或否定的证据。从条约的内容和结构上观察，海洋划界问题与油气资源治理问题在划界协议中相互捆绑，这并非当事双方迫于法律义务的要求，仅是一种通过一揽子、个案的方式来解决特定划界问题的务实安排，当事双方也无意以法律设想的方式为各国的未来行为开创设一种普遍性规范。

其二，在逻辑上，《海洋边界条约》的成功缔结，正是委员会在强制调解框架下努力回避双方法律立场冲突与对立的结果。为协助双方毫无顾虑地参与调解程序，委员会还采取了一些维护各方法律立场与观点的保障措施。[105] 例如，如果调解的事项同时被提交至司法或仲裁程序，那么《程序规则》将禁止委员会成员参与该司法或仲裁程序。[106] 对于

---

[102] ［澳］维克托·普雷斯科特、克莱夫·斯科菲尔德：《世界海洋政治边界》，吴继陆、张海文译，海洋出版社2014年版，第149页。

[103] Preamble, Treaty on Maritime Boundaries, Annex 28 to Report and Recommendations.

[104] Timor Sea Conciliation Between Timor-Leste and Australia, Commission Report and Recommendations, 9 May 2018, para. 222.

[105] Ibid., para. 59.

[106] Article 25, Rules of Procedure, Annex 8 to Report and Recommendations.

调解程序中所使用的文件或材料，或者讨论过程中向委员会所表达的观点，《程序规则》禁止它们在后续的任何程序中被使用。[107] 另外，委员会也强调，强制调解不是一项裁决程序。[108] 委员会的职能是协助当事方友好地解决争端，而不是为国际法问题发声；委员会不是仲裁庭，没有作出约束性裁决的权力。[109]

其三，在实践上，尽管经济因素在双边划界谈判中时常发挥重要作用，但它在大陆架划界的国际司法实践中很少获得支持。国际法院已在多个场合强调，如果两个国家的经济状况存在较大差异，那么经济因素对大陆架划界的影响并不重要，因为经济状况会随着时间的变化而出现重大改变。例如，在国际法院大陆架案（突尼斯/阿拉伯利比亚民众国）中，突尼斯提出了相对贫困（relative poverty）论，要求在大陆架划界中获得更多的照顾，国际法院对此作出如下回应：

> ……这些经济上的考量（economic considerations）不能在双方的大陆架划界中予以考虑。它们几乎就是无关因素（extraneous factors），因为它们是可变因素（variables）。一国的财富或者灾祸因遭遇不同情况而难以预测，随时都可能使天平向一方或另一方倾斜。一国今天可能贫困，而明天可能又因发现有价值的经济资源等事件而变得富裕。[110]

（2）自然延伸原则的稳定性

在大陆架划界中主张自然延伸原则，往往与海槽的地位和作用密切相关。长期以来，帝汶海槽的法律地位，始终处于帝汶海划界争端中的

---

[107] Article 26, Rules of Procedure, Annex 8 to Report and Recommendations.

[108] Timor Sea Conciliation Between Timor-Leste and Australia, Commission Report and Recommendations, 9 May 2018, para. 51.

[109] Ibid., para. 70.

[110] "The Court is, however, of the view that these economic considerations cannot be taken into account for the delimitation of the continental shelf areas appertaining to each Party. They are virtually extraneous factors since they are variables which unpredictable national fortune or calamity, as the case may be, might at any time cause to tilt the scale one way or the other. A country might be poor today and become rich tomorrow as a result of an event such as the discovery of a valuable economic resource." See Continental Shelf (Tunisia/Libya Arab Jamahiriya), Judgment, I. C. J. Reports 1982, p. 18, para. 107.

核心位置。这是因为，海槽有可能在法律上构成两个大陆架之间的根本性地质中断，而这种大陆架的分离一旦形成，自然延伸原则便可以用来支撑一国的大陆架主张。正如海洋划界仲裁案（几内亚/几内亚比绍）中的仲裁庭所指出的，只有存在大陆架的分离（séparation de plateaux continentaux），自然延伸规则才能被有效地援引。[111] 倘若大陆架是单一的（unique），那么根据当前的国际法，任何（地质）特征便不能再被有效地援引，不能用以支撑自然延伸规则，进而不能为大陆架划界提供合法化依据。[112]

海槽在大陆架划界中一直发挥着重要作用。最典型的例证则是1969年北海大陆架案（联邦德国和丹麦；联邦德国和荷兰）。在该案中，国际法院考察了挪威海槽，用以阐明自然延伸的概念，且明确指出，北海大陆架被80千米至100千米的挪威海槽与挪威海岸分隔，在任何自然意义上都不能被认为是挪威海岸的邻接区域，也不能被认为是挪威海岸的自然延伸。[113] 关于帝汶海槽，澳大利亚与印度尼西亚之间的《1972年海底条约》就是最明显的例证。在条约谈判中，两国的争议焦点在于是单一大陆架还是两个独立大陆架，其中的决定因素就是帝汶海槽的地位。最后，两国的海底边界大致沿帝汶海槽的南部边缘线划定，位于帝汶海槽轴线与中间线之间且更靠近帝汶海槽轴线。此外，1989年的《帝汶缺口条约》设立了一个大陆架资源开发的合作区域，其中C区（印度尼西亚管理的北部合作区域）的北部界限，依然以帝汶海槽的轴线为基础。

---

[111] "Mais, en tout état de cause, la règle du prolongement naturel ne peut être utilement invoquée dans un cas de délimitation qu'en présence d'une séparation de plateaux continentaux." Voir l'Affaire de la Délimitation de la Frontière maritime entre la Guinée-Bissau et le Sénégal, Sentence du 14 février 1985, RIAA, Vol. XIX, p. 149, para. 116.

[112] "Mais, si par hypothèse le plateau continental est unique, aucune caractéristique en l'état actuel du droit international ne saurait valablement être invoquée à l'appui d'un raisonnement fondé sur la règle du prolongement naturel et ayant pour objectif de justifier une délimitation consacrant une séparation naturelle." Voir l'Affaire de la Délimitation de la Frontière maritime entre la Guinée-Bissau et le Sénégal, Sentence du 14 février 1985, RIAA, Vol. XIX, p. 149, para. 117.

[113] "Without attempting to pronounce on the status of that feature, the Court notes that the shelf areas in the North Sea separated from the Norwegian coast by the 80-100 kilometres of the Trough cannot in any physical sense be said to be adjacent to it, nor to be its natural prolongation." See North Sea Continental Shelf, Judgment, I. C. J. Reports 1969, p. 3, para. 45.

实际上，委员会也没有否认自然延伸原则及其背后支撑的地质地貌因素（帝汶海槽）在大陆架划界中的地位。其一，委员会没有忽视帝汶海槽的自然存在，并在"报告和建议"中对帝汶海槽进行了必要提及和简单介绍。帝汶海槽是帝汶海海底的地形凹陷，其洋底从相对较浅的深度突降至平均2840米的深度。[114] 其二，委员会在调解过程中曾与当事双方围绕海洋划界的广泛议题进行了沟通，其中包括关于单一大陆架与两个独立大陆架的观点分歧、地质地貌因素的相关性、基于自然延伸与基于离岸距离的两种主权权利主张的潜在互动关系等方面。[115] 其三，澳大利亚和东帝汶缔结的《海洋边界条约》也在若干处对《1972年海底条约》划定的边界予以尊重，[116] 进而间接地认可了帝汶海槽在大陆架划界中的地位。

四、附　录

（一）中英案件全名

1. 中文案件全名：帝汶海强制调解案（东帝汶和澳大利亚）
2. 英文案件全名：Timor Sea Conciliation Between Timor-Leste and Australia

（二）案件的标准引用

1. Conciliation Between Timor-Leste and Australia, PCA Case No. 2016-10, Decision on Australia's Objections to Competence, 19 September 2016.

2. Conciliation Between Timor-Leste and Australia, PCA Case No. 2016-10, Commission Report and Recommendations, 9 May 2018.

（三）主要参考文献

1. Jianjun Gao, "The Timor Sea Conciliation (Timor-Leste v. Australia):

---

[114] Timor Sea Conciliation Between Timor-Leste and Australia, Commission Report and Recommendations, 9 May 2018, para. 20.
[115] Ibid., para. 236.
[116] Articles 1 and 3, Treaty on Maritime Boundaries, Annex 28 to Report and Recommendations.

A Note on the Commission's Decision on Competence", *Ocean Development & International Law*, Vol. 49, 2018, p. 208.

2. Jean-Pierre Cot, *La conciliation internationale*, Edition Pedone, 1968.

3. 易显河:《〈联合国海洋法公约〉下的自愿与强制调解》,《法治研究》2013年第4期。

4. 杨文澜:《〈联合国海洋法公约〉下强制调解第一案——"东帝汶与澳大利亚强制调解案"述评》,《国际法研究》2018年第3期。

5. [澳]维克托·普雷斯科特、克莱夫·斯科菲尔德:《世界海洋政治边界》,吴继陆、张海文译,海洋出版社2014年版。

(四) 与本案主题相关的重要引用案件

1. East Timor (Portugal v. Australia), Judgment, I. C. J. Reports 1995, p. 90.

2. Arbitration under the Timor Sea Treaty (Timor-Leste v. Australia), PCA Case No. 2013-16.

3. Arbitration under the Timor Sea Treaty (Timor-Leste v. Australia), PCA Case No. 2015-42.

4. Southern Bluefin Tuna (New Zealand v. Japan; Australia v. Japan), Provisional Measures, Order of 27 August 1999, ITLOS Reports 1999, p. 280.

5. The South China Sea Arbitration Between the Republic of the Philippines and the People's Republic of China, Award on Jurisdiction and Admissibility of 29 October 2015, RIAA, Vol. XXXIII, p. 1.

6. Case Concerning the Diversion of Water from the River Meuse (Netherlands v. Belgium), Judgment of 28 June 1937, PCIJ Series A/B, No. 70, p. 4.

7. Jan Mayen Conciliation (Iceland/Norway), Decision of June 1981, RIAA, Vol. XXVII, p. 1.

(五) 案件中的重要缩略语

PCA　Permanent Court of Arbitration　常设仲裁法院

ICJ　International Court of Justice　国际法院

UNTAET　United Nations Transitional Administration in East Timor　联

合国东帝汶过渡行政当局

JPDA　Joint Petroleum Development Area　共同石油开发区

CMATS　Treaty Between Australia and the Democratic Republic of Timor-Leste on Certain Maritime Arrangements in the Timor Sea　帝汶海特定海上安排条约

（罗　刚）

白礁岛、中岩礁和南礁领土主权案
（马来西亚/新加坡）

（2018 年）

2003.02.06 两国签署特别协定

2003.05.09 特别协定生效

2003.07.24 两国外长共同向国际法院的书记官处提交特别协定，启动本案审判程序

2003.09.01 依据特别协定，国际法院命令两造在 2004 年 3 月 25 日各自提出诉状。两造就对方的诉状，在 2005 年 1 月 25 日各自提出辩诉状

2005.02.01 国际法院命令两造在 2005 年 11 月 25 日前各自提交答辩状

2006.01.23 两造以共同签署的文件通知国际法院无须交换复辩状。国际法院亦决定无须提交复辩状，结束书面程序

2006.04.12 两国提出对庭审之意见，要求国际法院决定庭审的顺序。发言的顺序不表示原告及被告地位之归属，也不代表举证责任之归属。从各自提交之书面论点无法看出哪一方应该先于另一方陈述口头论点，决定抽签定顺序。因此，决定由新加坡先行陈述

2007.08.21 新加坡向国际法院书记官处提交一份新文件，请国际法院依据《国际法院规则》第 56 条容许之

2007.09.26 马来西亚知会国际法院不反对新加坡新文件，但马来西亚回应文件亦应被采纳

2007.10.11 国际法院书记官长知会两造，决定授权新加坡提供新文件，并依据《国际法院规则》第 56 条第 3 款，将马来西亚回应文件纳入本案卷宗

2007.11.06—23 实体问题庭审

2008.05.23 国际法院针对实体问题宣判,以 12 票对 4 票,宣告白礁岛的领土主权归属新加坡。并以 15 票对 1 票宣告中岩礁的领土主权归属马来西亚。此外,国际法院以 15 票对 1 票宣告南礁的领土主权归属对于其所在位置的领海具有主权的国家

2017.02.02 马来西亚依据《国际法院规约》第 61 条,以发现关键新事证为理由,向国际法院申请修改判决

2017.06.30 马来西亚依据《国际法院规约》第 60 条,向国际法院申请解释本案判决

2018.06.01 国际法院简报表示,本案之再审和请求解释案已被撤诉

关键词:白礁岛(Island of Pedra Branca);中岩礁(Middle Rocks);关键日期(Critical Date);原始所有权(Original Title);国家继承(State Succession)

一、案件背景

马来西亚国家制图局于 1979 年 12 月 21 日出版"马来西亚领海及大陆架边界"地图,叙述马来西亚主张的领海及大陆架的外部界限暨其经纬度。这幅图将白礁岛(island of Pedra Branca/Pulau Batu Puteh)置于马来西亚领海。新加坡遂于 1980 年 2 月 14 日以外交照会反对马来西亚对白礁岛的主权主张,要求马来西亚在地图中予以更正。新加坡外交照会,启动两国外交书信往来,两国在 1993 年至 1994 年举行了一系列政府间会谈,但问题未获解决。在 1993 年 2 月举行的第一轮会谈中出现中岩礁(Middle Rocks)与南礁(South Ledge)的主权归属问题。鉴于双边会谈未能解决问题,两国合意将白礁岛、中岩礁及南礁的主权归属争端提交国际法院。将争端交付国际法院解决的协定签订于 2003 年 2 月,并在同年 7 月知会国际法院。[1]

就地质特征与地理位置而言,白礁岛系由花岗石组成的岛屿,长 137 米,宽 60 米,低潮时总面积约 8560 平方米。白礁岛位于新加坡海峡东侧入口,即海峡入南海的位置。地理位置为北纬 1°19′48″、东经 104°

---

[1] Sovereignty over Pedra Branca/Pulau Batu Puteh, Middle Rocks and South Ledge (Malaysia/Singapore), Judgment, I. C. J. Reports 2008, p. 27, at paras. 30-31.

24′27″。距离新加坡东侧约 24 海里，距离马来西亚柔佛州（Malaysian State of Johor）南部约 7.7 海里，距离印度尼西亚的民丹岛（Bintan Island）北侧约 7.6 海里。[2] 上有霍士堡灯塔（Horsburgh lighthouse），建于 19 世纪中叶。[3]

中岩礁跟南礁距离白礁岛很近。中岩礁位于白礁岛以南 0.6 海里，由两群小型岩礁组成，相距 250 米，在高潮时露出海面，高度 0.6 米—1.2 米。南礁位于白礁岛的南南西侧约 2.2 海里，仅为一个岩石构造，低潮时始露出水面。[4] 就白礁岛、中岩礁及南礁与新加坡海峡的相对位置而言，新加坡海峡东侧入口有三个航行用水道，自北向南分别称为北部航道（North Channel）、中部航道（Middle Channel）及南部航道（South Channel）。中部航道系主要的航运要道。白礁岛、中岩礁及南礁位于中部航道与南部航道之间。[5]

就两造的诉求而言，在庭审中，马来西亚要求国际法院裁判并宣告：白礁岛、中岩礁、南礁之领土主权归属马来西亚。新加坡则要求国际法院裁判并宣告：白礁岛、中岩礁、南礁之领土主权归属新加坡。[6]

本案两造不争执国际法院对此项争端的管辖权，国际法院在 2008 年 5 月 23 日针对实体问题作出宣判，以 12 票对 4 票，宣告白礁岛的领土主权归属新加坡。并以 15 票对 1 票宣告中岩礁的领土主权归属马来西亚。此外，国际法院以 15 票对 1 票宣告南礁的领土主权归属对其所在位置的领海具有主权的国家。[7]

二、案件受理机构的裁决和推理

（一）关键日期之选定

关键日期是"争端成形之日"。在此之前，两造相关作为可被法院

---

[2] Sovereignty over Pedra Branca/Pulau Batu Puteh, Middle Rocks and South Ledge (Malaysia/Singapore), Judgment, I. C. J. Reports 2008, p. 22, at para. 16.
[3] Ibid., para. 17.
[4] Ibid., para. 18.
[5] Ibid., para. 19.
[6] Ibid., p. 21, at para. 14.
[7] Ibid., p. 101, at para. 300.

当成该国针对相关领土"建立"或"确认"主权的行为。在此之后，两造相关行为不被法院考虑。[8] 国际法院引2007年宣判的尼加拉瓜与洪都拉斯针对加勒比海的领土和海洋争端案的判决为证。[9]

但是，在关键日期之后，两造行为倘系关键日期前发生之行为的"正常延续作为"，法院则可考虑。关键日期后两造的行为，旨在"改善"其法律主张者，法院不予考虑。[10] 国际法院引2002年宣判的印度尼西亚与马来西亚针对利吉丹岛与西巴丹岛的领土争端的判决为证。[11]

本案国际法院提到1979年"马来西亚领海及大陆架边界图"，将白礁岛划进马来西亚领海。新加坡1980年2月14日外交照会拒绝马来西亚对白礁岛之主张，要求马来西亚更正地图。[12] 马来西亚回信拒绝。[13] 马来西亚在审判时提道："新加坡在1980年2月14日所发的抗议照会，将两国之争端具体化。基于此，对于白礁岛之主权归属争端之关键日期，应为1980年2月14日。"新加坡表示："马来西亚直到1979年，才针对该岛屿，借地图之出版，提出正式主张。"新加坡遂于1980年2月14日提出照会抗议，并主张关键日期为1979—1980年。[14] 国际法院遂将关键日期定在1980年2月14日。[15]

对中岩礁、南礁争端的关键日期，马来西亚主张应定在1993年2月6日，因新加坡此前未将中岩礁、南礁置于谈判中。新加坡认为中岩礁、南礁与白礁岛密不可分，中岩礁、南礁争议之关键日期应同于

---

[8] Sovereignty over Pedra Branca/Pulau Batu Puteh, Middle Rocks and South Ledge (Malaysia/Singapore), Judgment, I. C. J. Reports 2008, p. 12, at para. 32.

[9] Territorial and Maritime Dispute Between Nicaragua and Honduras in the Caribbean Sea (Nicaragua v. Honduras), Judgment, I. C. J. Reports 2007, pp. 697-698, para. 117.

[10] Sovereignty over Pedra Branca/Pulau Batu Puteh, Middle Rocks and South Ledge (Malaysia/Singapore), Judgment, I. C. J. Reports 2008, p. 12, at para. 32. As the Court explained in the Indonesia/Malaysia case, "it cannot take into consideration acts having taken place after the date on which the dispute between the Parties crystallized unless such acts are a normal continuation of prior acts and are not undertaken for the purpose of improving the legal position of the Party which relies on them".

[11] Sovereignty over Pulau Ligitan and Pulau Supadan (Indonesia/Malaysia), Judgment, I. C. J. Reports 2002, p. 682, para. 135.

[12] Sovereignty over Pedra Branca/Pulau Batu Puteh, Middle Rocks and South Ledge (Malaysia/Singapore), Judgment, I. C. J. Reports 2008, p. 12, at para. 30.

[13] Ibid., para. 31.

[14] Ibid., para. 33.

[15] Ibid., para. 34.

白礁岛。[16] 国际法院不认同新加坡，因新加坡1980年2月14日抗议未提中岩礁、南礁，亦未证明该照会系涵盖中岩礁、南礁主张。国际法院遂接受马来西亚的主张，认为中岩礁、南礁主权争端"形成"于1993年2月16日。[17]

（二）"原始所有权"之归属

马来西亚主张拥有白礁岛的原始所有权（original title），且持续保有该主权，白礁岛从来不是无主地，新加坡无法以"无主地先占"取得领土主权。柔佛（马来西亚的被继承国）在白礁岛由马来西亚继承前，从未失去对白礁岛之主权，无证据证明柔佛曾"割让"或"放弃"白礁岛。[18] 新加坡仅在白礁岛建设及维护灯塔，其行为均获白礁岛主权所有者同意，新加坡在白礁岛之存在不使新加坡获得白礁岛主权。

新加坡主张白礁岛在1847年属无主地，马来西亚无证据证明拥有"原始所有权"。1847年前无国家在白礁岛"主张"或"行使"过主权。[19] 1847—1851年的事件系英国皇室取得白礁岛领土主权的作为。在英国授权下，选择白礁岛建设灯塔，系典型的主权所有者之占领。英国此项作为符合当时的国际法。英国在1847—1851年取得的领土主权，被其持续保有，后由新加坡所继承。[20]

国际法院认为本案有两个问题：第一，马来西亚可否证明在1847年前，即在新加坡于1847—1851年对白礁岛作为前，其拥有白礁岛的"原始所有权"？第二，新加坡可否证明在19世纪中叶后的某时，英国使者在白礁岛建灯塔时，曾合法占领白礁岛，取得主权？[21]

（三）举证责任归属

新加坡主张马来西亚应证明柔佛拥有白礁岛原始所有权。新加坡表

---

[16] Sovereignty over Pedra Branca/Pulau Batu Puteh, Middle Rocks and South Ledge（Malaysia/Singapore），Judgment, I. C. J. Reports 2008, para. 35.
[17] Ibid., para. 36.
[18] Ibid., paras. 37-38.
[19] Ibid., p. 12, at para. 40.
[20] Ibid., para. 39.
[21] Ibid., para. 42.

示马来西亚并未提出此项证据。新加坡举出国际法院在 1962 年宣判的柏威夏寺案的判决[22]为证。马来西亚主张：新加坡应证明其在法律上有取得白礁岛主权之可能，应证明在相关时间白礁岛属"无主地"。国际法院要求马来西亚证明其"拥有白礁岛原始所有权"之说。因为在"诉讼过程中，提出一项事实用以支持一项法律主张的当事国，有义务证明该事实之存在"[23]。

（四）如何证明具有"原始所有权"与举证责任之转换

马来西亚主张其被继承国，即柔佛苏丹国（the Sultanate of Johor），在 1840 年前已取得白礁岛主权。柔佛苏丹所辖领土涵盖新加坡海峡所有岛屿，包括白礁岛。[24] 早在记忆所不及的古代（from time immemorial），柔佛苏丹王国建国之始，白礁岛即为该国领土，从未转变为无主地。[25]

新加坡主张在 1847 年前，白礁岛已为无主地，因而联合王国有权在 1847—1851 年借由合法的占领取得领土主权。新加坡主张在 1512—1824 年，无证据显示柔佛苏丹曾对白礁岛作出主张或存在公权力之行使事实。[26] 但新加坡未提供证据证明白礁岛在 1847 年属于无主地，强调马来西亚无证据证明柔佛苏丹确实在白礁岛周边区域行使有效统治，证据为 1849 年由柔佛苏丹政府出版的官方年鉴。[27]

国际法院认为，柔佛苏丹在 1512 年建立主权国家，统辖东南亚区

---

[22] Sovereignty over Pedra Branca/Pulau Batu Puteh, Middle Rocks and South Ledge (Malaysia/Singapore), Judgment, I. C. J. Reports 2008, para. 43. Temple of Preah Vihear (Cambodia v. Thailand), Merits, Judgment, I. C. J. Reports 1962, p. 16. "The burden of proof in respect of the facts and contentions on which the respective claims of the Parties are based will of course lie on the Party asserting or putting them forward."

[23] Sovereignty over Pedra Branca/Pulau Batu Puteh, Middle Rocks and South Ledge (Malaysia/Singapore), Judgment, I. C. J. Reports 2008, para. 45. Application of the Convention on the Prevention and Punishment of the Crime of Genocide (Bosnia and Herzegovina v. Serbia and Montenegro), Judgment, I. C. J. Reports 2007, p. 75, para. 204, citing Military and Paramilitary Activities in and against Nicaragua (Nicaragua v. USA), Jurisdiction and Admissibility, Judgment, I. C. J. Reports 1984, p. 437, para. 101.

[24] Sovereignty over Pedra Branca/Pulau Batu Puteh, Middle Rocks and South Ledge (Malaysia/Singapore), Judgment, I. C. J. Reports 2008, paras. 46-47.

[25] Ibid., para. 48.

[26] Ibid., para. 49.

[27] Ibid., para. 51.

域。格劳秀斯在其国际法专著中也曾提及。证据证明，到17世纪中期，柔佛苏丹已主张白礁岛附近海域的排他性主权。[28] 此外，1824年英国在新加坡的官员于1月10日写给印度政府的报告中回顾1819年柔佛苏丹曾扩张势力，[29] 并表示英国官员已了解，柔佛苏丹在《英荷条约》[30]（Anglo-Dutch Treaty）划定两国势力范围前，其管辖权就已涵盖新加坡海峡区域的所有岛屿。此外，1844年5月25日《新加坡自由报》(Singapore Free Press) 报道："新加坡周边海域海盗活动与藏匿之海域与岛屿，包括白礁岛，这些活动发生之处及海盗藏身之处均为柔佛苏丹领土。"[31] 观察这篇报道与其他证据，可确认：至少从17世纪开始，直到19世纪初期，为人所知的是柔佛王国的领土及海域范围涵盖了马来半岛中相当大的部分，包含新加坡海峡及海峡中的岛礁，包括白礁岛。[32]

（五）原始所有权之主张是否符合国际法

国际法院确定柔佛苏丹曾对白礁岛主张领土主权后，继续讨论此项主张是否在国际法上成立。白礁岛位于新加坡海峡东面入口，长久以来，航行者视其为危险的地区。当地人不可能无视白礁岛之存在，可合理推断白礁岛被视为柔佛苏丹领域的组成部分[33]。

在整个古老柔佛苏丹历史中，无证据证明其他国家曾对新加坡海峡中的岛屿，包括白礁岛，作出竞争性的权利主张[34]。国际法院举出常设国际法院东格陵兰岛法律地位案[35]（Legal Status of Eastern Greenland）以

---

[28] Sovereignty over Pedra Branca/Pulau Batu Puteh, Middle Rocks and South Ledge (Malaysia/Singapore), Judgment, I. C. J. Reports 2008, paras. 54-55.
[29] Ibid., para. 56.
[30] 《英荷条约》将英国与荷兰在东南亚的势力范围作出区分。两国的势力范围界限，在马六甲海峡以及新加坡海峡之南端，北部属于英国，南部属于荷兰。因此，（后来的）马来西亚与新加坡是英国的殖民地，而（后来的）印度尼西亚则是荷兰殖民地。
[31] Sovereignty over Pedra Branca/Pulau Batu Puteh, Middle Rocks and South Ledge (Malaysia/Singapore), Judgment, I. C. J. Reports 2008, p. 12, at para. 57.
[32] Ibid., para. 59.
[33] Ibid., para. 61.
[34] Ibid., para. 62.
[35] Ibid., paras. 64-65.

及荷美两国的帕尔马斯岛案（Island of Palmas Case）作为法理支持。[36] 国际法院作出结论：考虑跟柔佛苏丹有关的历史及地理状况后，法院认定就柔佛苏丹统治的领域范围而言，确实涵盖新加坡海峡内所有的岛礁，包括白礁岛。古老的柔佛苏丹对这些岛屿的领有，未曾被他国挑战，可满足国际法的"持续且和平地行使领土主权"之条件。国际法院遂确认柔佛苏丹拥有白礁岛原始所有权。[37]

（六）确认原始所有权的历史证据

马来西亚曾提出证据，被国际法院认为可用来强化该国（作为柔佛的继承国）拥有白礁岛原始所有权的立场。证据是三封英国驻新加坡官员的信函，证明于新加坡海峡（包括白礁岛周围海域）从事捕鱼及海盗活动的海上人家（Orang Lau，Orang Ryot），对柔佛苏丹效忠。[38]

国际法院认为经由英国官员的描述，可确认柔佛苏丹跟"海上人家"的关系。虽证明力有限，但可确认：柔佛苏丹对这些人确实行使了主权统治者的权力。并可确认柔佛苏丹在1824年之前，拥有白礁岛之原始所有权。[39]

（七）原始所有权是否因1840年前的事件无法延续（易手）

1. 1824年《英荷条约》是否改变状况

新加坡主张柔佛苏丹不享有白礁岛的原始所有权，白礁岛自始为无主地，他国（如英国）可借由无主物先占（occupation）的方式取得主权。若白礁岛一开始非无主地，新加坡主张白礁岛"后来"变成了无主地。

既然国际法院肯定马来西亚的论点，新加坡遂主张：古老的柔佛苏丹，在国际法上非1824年后的柔佛苏丹。因"老国"解体[40]（disintegration），新生国家无一接续"老国"而持有"老国"所享权利，包括对白礁岛的

---

[36] Sovereignty over Pedra Branca/Pulau Batu Puteh, Middle Rocks and South Ledge (Malaysia/Singapore), Judgment, I. C. J. Reports 2008, para. 67. Island of Palmas Case (Netherlands/USA), Award of 4 April 1928, RIAA, Vol. II (1949), p. 840, p. 855.

[37] Sovereignty over Pedra Branca/Pulau Batu Puteh, Middle Rocks and South Ledge (Malaysia/Singapore), Judgment, I. C. J. Reports 2008, paras. 68-69.

[38] Ibid., paras. 70-73.

[39] Ibid., para. 75.

[40] Ibid., para. 84.

原始所有权。若此论点不通，新加坡则主张1824年《英荷条约》在划分两个新的苏丹国家的领土范围，以及英国与荷兰在古老苏丹领域的势力范围时，并未处理白礁岛的归属问题，出现法律真空，他国有机可乘。

国际法院细分成两个问题：第一，在1824年，当"老的"柔佛苏丹一分为二时，是否"新的"柔佛苏丹是"老的"王国的延续？第二，是否"新的"柔佛苏丹的主权范围（领域范围）包括白礁岛？[41]

对于第一个问题，国际法院肯定马来西亚的主张，即"老的"柔佛苏丹从1512年起，其主权实体继续存在于1824年的"新的"柔佛苏丹身上，国格未变。[42]

对于第二个问题，国际法院注意到新加坡和马来西亚两国同意：（1）"老的"柔佛苏丹分裂原因有二，其一为两位皇子之争，其二为英国与荷兰在"老的"柔佛苏丹的领域互争势力范围。（2）1824年《英荷条约》之法律效果，系将"老的"柔佛苏丹之领域分成此二强权的势力范围。[43] 然而，国际法院注意到，两国对1824年3月17日签署的《英荷条约》的关键条文（第12条）[44]，有不同解释，国际法院适用条约解释规则判断之。

国际法院最后同意马来西亚的观点，即1824年《英荷条约》规定了南北两个苏丹国疆域分界线，及英荷在古老柔佛苏丹领域中的势力范围。[45] 国际法院认为条约第12条的文字，如同马来西亚的解读，将"新加坡海峡当中"所有岛屿置于英国所属的区域当中，也就是北部的"新的"柔佛苏丹的领土之中。白礁岛遂不属无主地，没有任何"不确定性"[46]。

---

[41] Sovereignty over Pedra Branca/Pulau Batu Puteh, Middle Rocks and South Ledge (Malaysia/Singapore), Judgment, I. C. J. Reports 2008, p. 12, at para. 85.

[42] Ibid., para. 86.

[43] Ibid., paras. 88-89.

[44] "His Netherlands Majesty withdraws the objections which have been made to the occupation of the Island of Singapore, by the Subjects of His Britannick Majesty. His Britannick Majesty, however, engages, that no British Establishment shall be made on the Carimon Isles, or on the Islands of Battam, Bintang, Lingin, or on any of the other Islands *south of the Straights of Singapore*, nor any Treaty concluded by British Authority with the Chiefs of those Islands."

[45] Sovereignty over Pedra Branca/Pulau Batu Puteh, Middle Rocks and South Ledge (Malaysia/Singapore), Judgment, I. C. J. Reports 2008, paras. 92-98.

[46] Ibid., para. 101.

2. 1824 年《克劳福条约》（Crawfurd Treaty）是否改变既有状况

在《英荷条约》于 1824 年签订后，英国东印度公司（English East India Company）与柔佛苏丹及柔佛天猛公（Sultan Hussain Mahomed Shah and Datu Tumungong Abdul Rahman Sri Maharajah）于同年 8 月 2 日签署新的友好同盟条约，即《克劳福条约》。依该条约，苏丹把对于新加坡岛以及周围 10 英里范围内的水域和岛屿的主权割让给东印度公司。[47]

马来西亚主张：柔佛苏丹不可能在不具有新加坡岛屿及其周围水域的主权的情况下，签署此条约。由此可证明在 1824 年之前，柔佛即具有新加坡岛及白礁岛之主权，即英国政府（由英国东印度公司代表）承认柔佛苏丹对于新加坡海峡中所有其他岛屿（包括白礁岛）的"既有的"与"持续的"主权。既然柔佛苏丹拥有新加坡海峡当中所有岛屿的主权，而《克劳福条约》仅将新加坡岛以及周围 10 英里的岛屿主权转让出去，柔佛苏丹则持续拥有距离新加坡岛 10 英里之外的白礁岛之主权。[48]

新加坡反对马来西亚对此条约的解读，认为条约与本案（白礁岛主权归属）无关。新加坡也反对马来西亚的主张，即英国政府因而承认柔佛对于白礁岛之主权。[49]

国际法院同意新加坡的论点，认为此条约不代表英国政府承认柔佛对于白礁岛之主权。但不能解读为法院因此认为白礁岛如新加坡所言，属于无主地。[50]

3. 1825 年"捐赠信函"（letter of donation）是否改变既有状况

新加坡主张：苏丹之分裂，在法律上非因 1824 年《英荷条约》，依据是 1825 年由阿卜杜勒·拉赫曼苏丹写给其兄侯赛因苏丹的"捐赠信"。透过此信，阿卜杜勒·拉赫曼通知侯赛因，英荷已签订划分势力范围的条约，两兄弟各自统领的国土，也要配合调整，阿卜杜勒·拉赫曼将条

---

[47] Sovereignty over Pedra Branca/Pulau Batu Puteh, Middle Rocks and South Ledge (Malaysia/Singapore), Judgment, I. C. J. Reports 2008, paras. 102-103.
[48] Ibid., paras. 104-105.
[49] Ibid., para. 106.
[50] Ibid., para. 107.

约中被分配到英国势力范围的陆地省份，捐赠给侯赛因。[51]

国际法院不接受新加坡的论点，而接受马来西亚的主张。简要地说：捐赠信中被"移交"的领土，与《英荷条约》所规定的完全相同。[52] 捐赠信非分割古老柔佛王国的法律依据，仅在"确认"《英荷条约》（造成古老柔佛王国一分为二）。[53] 捐赠信的前一年（1824 年），在《英荷条约》签署后，《克劳福条约》转移新加坡岛与附属岛屿及海域给英国东印度公司，证明柔佛苏丹有权转移这批领土，也证明了此前签署的《英荷条约》已赋予权利给柔佛苏丹。捐赠信的意义，倘如新加坡所言，则《克劳福条约》不可能得到执行。[54]

4. 结　　论

讨论过 1824 年的两个条约及发生在 1825 年的捐赠信函的法律效果后，国际法院的结论是，在英国于白礁岛建灯塔前，即 1844 年前，白礁岛主权仍然在柔佛苏丹手中。[55]

（八）原始所有权是否因 1840—1851 年的事件而易手

新加坡主张：即便柔佛苏丹拥有白礁岛主权，因为英国自 1844 年起在白礁岛计划并建造灯塔及后续事件，白礁岛主权由柔佛苏丹转移到英国，后来新加坡从英国继承白礁岛之主权。倘若新加坡没有从英国继承白礁岛主权，马来西亚后来的行为也使得新加坡获得白礁岛之主权。国际法院的判断标准，即国际法中领土主权从一国转移到另一国的规定。[56]

1. 可适用的法律：国际法关于领土主权转移的规定

国际法院引述柏威夏寺案及帕尔马斯岛案的判决认为：在国际法中，任何领土主权的转移，可由两国之协议（agreement）达成。协议可通过条约彰显，比如说本案中的 1824 年《克劳福条约》（转移新加坡岛的主权到英国东印度公司）；也可通过默示的形态，由双方行为呈现。

---

[51] Sovereignty over Pedra Branca/Pulau Batu Puteh, Middle Rocks and South Ledge (Malaysia/Singapore), Judgment, I. C. J. Reports 2008, para. 110.
[52] Ibid., para. 112.
[53] Ibid., para. 115.
[54] Ibid., para. 116.
[55] Ibid., para. 117.
[56] Ibid., paras. 118-119.

国际法针对表达"协议"的方式，不规定必须通过什么形态彰显。[57]在特定情况下，由 A 国拥有的领土主权，可能因为 B 国在该领土当中表现出主权者的姿态及作为，或具体展现领土主权所有者的权威及公权力，A 国不做回应，则 B 国取得 A 国的领土主权。这种（由 B 国）展现主权的作为，不能"对抗"A 国的条件（即不对 A 国产生法律效力），是 A 国之回应（抗议）。若 A 国无回应，则 A 国"不作为"构成国际法上的"默认"[58]。国际法院援引美加缅因湾区域海洋边界划界案判决，揭示国际法上关于"默认"之规定：默认等于默示地承认。默认由单方行为来表现，可被另一方解释为"同意"[59]。换言之，"当他方的作为产生己方回应之必要时，沉默也能表达"[60]。

国际法院强调，任何基于当事国行为而产生的领土主权移转，必须以明显、清楚、不容怀疑的作为以及相关事实为依据，特别是当一个国家因为作为或不作为而在法律上产生"放弃领土主权"的效果时[61]。

此外，国际法院还注意到新加坡的两重论点。第一，白礁岛属于无主地，新加坡遂可使用"无主地先占"方式取得主权。第二，若白礁岛非无主地，其主权在柔佛苏丹之手，或后来转移到马来西亚，新加坡也由于持续对白礁岛行使主权，搭配柔佛及马来西亚之无所作为，从而基于"时效取得"原则取得白礁岛主权。[62] 这些主张，皆需以新马两国的作为及不作为（甚至默认）来衡量。

2. 为灯塔选址是否导致白礁岛主权移至英国

国际法院审视历史文件与信函后，提出两个问题。第一，信函所指

---

[57] Sovereignty over Pedra Branca/Pulau Batu Puteh, Middle Rocks and South Ledge (Malaysia/Singapore), Judgment, I. C. J. Reports 2008, para. 120. Temple of Preah Vihear (Cambodia v. Thailand), Preliminary Objections, I. C. J. Reports 1961, pp. 17, 31.

[58] Sovereignty over Pedra Branca/Pulau Batu Puteh, Middle Rocks and South Ledge (Malaysia/Singapore), Judgment, I. C. J. Reports 2008, para. 121. Island of Palmas Case (Netherlands/USA), Award of 4 April 1928, RIAA, Vol. II, (1949) p. 839.

[59] Sovereignty over Pedra Branca/Pulau Batu Puteh, Middle Rocks and South Ledge (Malaysia/Singapore), Judgment, I. C. J. Reports 2008, para. 121. Delimitation of the Maritime Boundary in the Gulf of Maine Area (Canada/USA), Judgment, I. C. J. Reports 1984, p. 305, para. 130.

[60] Sovereignty over Pedra Branca/Pulau Batu Puteh, Middle Rocks and South Ledge (Malaysia/Singapore), Judgment, I. C. J. Reports 2008, para. 121.

[61] Ibid., para. 122.

[62] Ibid., paras. 123-124.

建灯塔的位置，是否包括白礁岛，或限于顶点礁（Peak Rock）？第二，柔佛回信是否提到割让领土主权？或仅同意英国在其领有土地建造、维护、营运灯塔，但不移转主权给英国？[63]

就第一个问题而言，国际法院同意马来西亚的论点，即柔佛及其高官回信并未清楚界定灯塔建造的位置。[64] 就第二个问题而言，国际法院认为双方提呈的资料不足以作出判断。[65] 国际法院提到在19世纪，东南亚及其他区域已发展出"次于主权"的物权概念。例如，1819年英国驻明古鲁（Bengkulu）总督史丹福·莱弗士爵士（Sir Stamford Raffles）与柔佛苏丹签订了一个条约，规定在新加坡建立土库（factory），由英国东印度公司逐年付款给柔佛苏丹，承租苏丹在新加坡之领土，英国东印度公司在该地可设置政府及司法机关，处理据点内发生的事务。但柔佛苏丹对于整个新加坡岛的主权，不受影响。五年之后，依据《克劳福条约》，柔佛苏丹始将新加坡岛（以及周围海域与岛礁）的领土主权割让给东印度公司。因而，领土主权与财产权（物权）的概念，截然不同。[66] 上述区分也存在于19世纪的各种灯塔协议当中。[67] 因此，白礁岛主权，到此为止，仍在柔佛手中。[68]

3. 1850—1851年授权建造灯塔是否导致主权转移

马来西亚主张：英国与新加坡的所作所为，仅系获得柔佛苏丹之许可而在白礁岛"建造"及"管理"灯塔，多年来其行为均未超出许可范围。新加坡不得据而主张白礁岛领土主权，且无证据显示英国有取得白礁岛领土主权之意图。英国在建造灯塔之时及后来的许多年中，均未在白礁岛主张领土主权。[69]

新加坡主张：英国在1847—1851年取得白礁岛主权，就在为建灯塔而取得岛屿占有之时。此后150年间，英国与新加坡持续以主权国姿态有效管理并控制白礁岛，不仅以一个"灯塔管理者"的身份，而是有所作为。[70]

---

[63] Sovereignty over Pedra Branca/Pulau Batu Puteh, Middle Rocks and South Ledge (Malaysia/Singapore), Judgment, I. C. J. Reports 2008, para. 131.

[64] Ibid., paras. 132-134.

[65] Ibid., paras. 135-136.

[66] Ibid., para. 138.

[67] Ibid., paras. 139-143.

[68] Ibid., paras. 146-148.

[69] Ibid., para. 150.

[70] Ibid.

国际法院检视七项事实，结论为：在白礁岛建造灯塔及授权建造等，在法律上皆不产生英国取得白礁岛主权的效果。柔佛对于白礁岛之领土主权遂未改变。接着，国际法院观察各国在1852—1952年的作为。[71]

（九）原始所有权是否因1852—1952年的事件无法延续（易手）

1. 新加坡海峡的灯塔制度与英国及新加坡的相关法规：情况开始转变

马来西亚主张：因白礁岛灯塔建造于柔佛拥有主权的岛屿上，所有英国及新加坡的行为均为管理灯塔的通常行为。包括：调查海域中对航行有害的危险因素、对海员发布消息、立法规范灯塔相关活动、在灯塔加盖建筑物及设施、管制周围海域科学及技术之调查及测量工作（包括给予许可）、管制人员进入灯塔及附属设施、悬挂国旗，等等。[72]

新加坡认为前述某些活动系展现主权。新加坡主张英国及新加坡在白礁岛长期行使主权权力，并提呈英国及新加坡的国内法为证。新加坡同时指出马来西亚未曾对此类立法提出抗议。[73] 马来西亚主张柔佛及马来西亚政府并无抗议之必要，因为这些国内法，无关领土主权，而系灯塔维护与营运规定，纯属国内法规范，非属国际法规范之范畴。[74]

重点是，1958年新加坡修正1957年的法律，讨论修正草案时，新加坡立法机关确有将白礁岛当成新加坡领土的记录，被国际法院认为可证明新加坡对白礁岛主张领土主权。[75]

2. 新马宪政发展

马来西亚主张基于1927年《海峡殖民地与柔佛领海协议》（1927 Straits Settlement and Johor Territorial Waters Agreement），与1824年条约的关系，能够证明新加坡承认白礁岛与其周围海域非新加坡领土。[76] 国际法院认为，该协议的目的在于归还领土给柔佛。协议规范的客体系柔佛依1824年《克劳福条约》转移给东印度公司的领土。既然1824年条

---

[71] Sovereignty over Pedra Branca/Pulau Batu Puteh, Middle Rocks and South Ledge (Malaysia/Singapore), Judgment, I. C. J. Reports 2008, paras. 162-163.
[72] Ibid., para. 167.
[73] Ibid., paras. 167-168.
[74] Ibid., paras. 168-169.
[75] Ibid., paras. 173-174.
[76] Ibid., paras. 181-182, 187.

约并未转移白礁岛之领土主权给东印度公司，1927年协议也不可能处理白礁岛领土主权。[77]

3. 柔佛王国在19世纪60年代的渔业规范

马来西亚另主张柔佛高官在白礁岛灯塔建造完成后，持续对周围海域行使渔业管辖权，包括给予渔捕执照，对违规从业者进行刑事追诉等，证明柔佛持续拥有白礁岛主权。国际法院发现信函谈论之事，仅限于新加坡岛周围海域10英里内发生者，不能证明新加坡政府不主张白礁岛之管辖权。[78]

（十）原始所有权是否因1953年的信函易手

在白礁岛案中，有三封信函扮演关键性角色，皆于1953年发出。

1. 三封信的内容

第一封信：1953年6月12日，新加坡殖民地秘书（Colonial Secretary of Singapore）致函柔佛苏丹的英国顾问：(1) 询问白礁岛地区其上坐落霍士堡灯塔，这件事与决定殖民地的领海边界有关。白礁岛显然位于1824年柔佛苏丹转移给东印度公司的新加坡岛之领域范围外。白礁岛被记载于1844年11月28日由新加坡总督所发之函。[79] 灯塔于1850年由殖民政府建造，后由殖民政府管理。依国际实践，此事赋予殖民政府某些权利与义务。(2) 比桑岛（Pulau Pisang）位于1824年《克劳福条约》决定的殖民地领土范围外，可在柔佛政府的登记处（Johor Registry of Deeds）找到1900年10月6日的证明文件。文件显示，比桑岛的一部分，被移交给英国建造灯塔，为此制订一些条件。柔佛对于该岛主权显然不受影响。比桑岛的地位十分清楚。(3) 期望澄清白礁岛的地位。新加坡希望得知是否存在文件证明白礁岛之租借或赠与，或白礁岛已被柔佛王国政府割让，或依其他方式转让。[80]

第二封信：1953年6月，柔佛苏丹的英国顾问通知新加坡政府的殖民地秘书，其已将第一封信交给柔佛国务卿（State Secretary of Johor）。

---

[77] Sovereignty over Pedra Branca/Pulau Batu Puteh, Middle Rocks and South Ledge (Malaysia/Singapore), Judgment, I. C. J. Reports 2008, para. 188.
[78] Ibid., paras. 190-191.
[79] Ibid., para. 193.
[80] Ibid., para. 192.

"希望与柔佛政府的土地及矿区部部长,以及首席测量官讨论,并查阅现存文献档案。再把国务卿的意见提呈首席部长。"[81]

第三封信:1953 年 9 月 21 日,柔佛代理国务卿(Acting State Secretary of Johor)回复,"对 1953 年 6 月 12 日致英国顾问之信函,询问白礁岛地位为何?本人兹通知:柔佛政府对白礁岛不主张所有权(ownership)"[82]。

在第三封信之后,双方针对此事不再写信。新加坡为此并未举行公开活动,虽然其政府基于此发出内部备忘录。[83]

2. 国际法院对第一封信的分析与判断

国际法院认为,第一封信系询问白礁岛的法律地位,非仅限于灯塔。其旨在决定殖民地领海范围,而"(白礁岛周围)有无领海",端视"(白礁岛)领土(新加坡是否具有)主权"。第一封信即在于询问新加坡"是否存在主权"。第一封信提到《克劳福条约》,聚焦于"主权"。并提醒柔佛苏丹:在 1953 年时,新加坡政府认识到其被继承国(英国)以为白礁岛业已被柔佛苏丹免费让与东印度公司。[84] 接着,该信提到国际实践无疑赋予殖民地某些权利并规定某些义务。国际法院则认为信中语焉不详。新加坡自己都承认"维护与营运灯塔之权利"和"领土主权"截然不同,新加坡不讲明此种权利及义务为何,使得国际法院不知新加坡主张该国享有的权利为何。[85] 国际法院认为比桑岛之对照很重要,尤其在区分"经营权"与"领土主权"之背景下。比桑岛仅牵涉灯塔经营权的让与,不让与主权。[86] 在此背景下,新加坡询问白礁岛之法律地位,重点便在于主权(之归属),而非灯塔经营权。国际法院认为新加坡政府并不确定在 100 年前,在白礁岛发生了何事(是否让与主权),其也不确定所掌握的历史档案是否完整。[87]

3. 国际法院对第二封信的分析与判断

对于第二封信,柔佛的英国顾问预料柔佛国务卿将与柔佛政府的土

---

[81] Sovereignty over Pedra Branca/Pulau Batu Puteh, Middle Rocks and South Ledge (Malaysia/Singapore), Judgment, I. C. J. Reports 2008, para. 195.

[82] Ibid., para. 196.

[83] Ibid., para. 196.

[84] Ibid., para. 205.

[85] Ibid., para. 206.

[86] Ibid., para. 207.

[87] Ibid., paras. 208-209.

地及矿区部部长以及首席测量官讨论此事,并查阅现存之文献档案。马来西亚主张,这些官员所要查阅的资料,仅限于土地租赁以及与物权相关的文件。但国际法院认为应不限于此,其应亦包括割让白礁岛领土主权的相关文件。[88]

4. 国际法院对第三封信的分析与判断

国际法院认定:第三封信仅提及距新加坡岛 40 英里的岛礁。然后通知新加坡,"柔佛不对白礁岛主张所有权"。确实,在法律上,所有权跟主权的概念截然不同。然而第一封信的问题,系"关于新加坡在白礁岛的主权地位"。柔佛并未质疑该问题。在国际诉讼中,所有权(ownership)有时与主权(sovereignty)相等。[89] 第三封信意义很清楚,即柔佛不对白礁岛主张所有权。因此,新加坡殖民官员没有理由怀疑英国对白礁岛享有主权。[90]

(十一)原始所有权是否因 1953 年后的事件无法延续(易手)

1. 新加坡在白礁岛周围海域调查沉船案件

新加坡主张,新加坡及被继承国(英国)长久以来在白礁岛周围海域行使海事调查权,调查沉船事故,并针对通行安全因素与沉船原因提出报告。马来西亚直到 2003 年才提出抗议。国际法院考察了新加坡 1920 年、1963 年、1979 年的三次调查,以及 1985 年到 1993 年的 5 次调查,发现船难全部发生于距离白礁岛 1000 米内的海域。国际法院认定:调查船难的作为可支持新加坡对白礁岛的主权主张,特别是马来西亚直到 2003 年才对此种行为表达抗议。[91]

2. 新加坡管理白礁岛,管制访客

新加坡主张对于白礁岛的访客行使排他(独占)管制权,对白礁岛也行使排他管制权。新加坡觉得合适时,会核准来自新加坡及其他国家(包括马来西亚)的官员登岛。凡此种种,马来西亚皆未抗议。而马来

---

[88] Sovereignty over Pedra Branca/Pulau Batu Puteh, Middle Rocks and South Ledge (Malaysia/Singapore), Judgment, I. C. J. Reports 2008, para. 210.

[89] Ibid., paras. 221-222. Territorial Sovereignty and Scope of the Dispute (Eritrea/Yemen) (1998), 22 RIAA, pp. 209, 219, para. 19 and pp. 317-318, para. 474.

[90] Sovereignty over Pedra Branca/Pulau Batu Puteh, Middle Rocks and South Ledge (Malaysia/Singapore), Judgment, I. C. J. Reports 2008, para. 223. 但笔者对国际法院的论理有质疑。

[91] Ibid., paras. 231-234.

西亚负责科学测量的官员，欲登岛者，皆寻求新加坡之同意，马来西亚从未抗议。国际法院认为，新加坡管制马来西亚官员的造访，特别是发生在1974年与1978年者，支持新加坡主张白礁岛主权。[92]

3. 马来西亚、新加坡两国在白礁岛周围海域进行海军巡逻及演习

马来西亚及新加坡主张各自的海军在白礁岛周围海域巡逻，彰显各自对白礁岛的主权主张。但国际法院不认为此举在本案中有助任一立场。因海军经过白礁岛周围海域，是基地位于新加坡港的军舰的航行必然，不对任一国家的主张加分。马来西亚提出国防机密文件，显示马来西亚将白礁岛视为领土一部分。新加坡也提出类似机密文件。国际法院认为：未公开的或机密的海图，对于主权主张，不发生作用。[93]

4. 在白礁岛悬挂英国及新加坡国旗

新加坡主张，该国于白礁岛之灯塔上悬挂旗帜（ensign），从灯塔建造之日持续到现在，彰显了新加坡主权。马来西亚主张，新加坡在白礁岛灯塔上悬挂的旗帜非国旗，不能彰显主权。国际法院接受马来西亚的主张，认为：在一般情况下，悬挂旗帜并不彰显主权。[94]

5. 新加坡在白礁岛装设军事通信设备

1976年7月，新加坡海军向新加坡港务局表示希望在白礁岛上装置军事通信站（military rebroadcast station），该设施亦为新加坡空军所需，新加坡港务局同意。新加坡主张此一作为与灯塔之运作完全无关，系主张主权的行为。国际法院认定此一行为，系一种主权所有者行使主权之行为。[95]

6. 新加坡计划在白礁岛填海造地

新加坡港务局在1978年曾研究在白礁岛填海造地，公开招标，信息在报纸上公布后，三家公司投标。国际法院认定：填海造地计划之招标是公开的，且得到响应，此计划超出白礁岛灯塔维护及运作目的，代表新加坡对白礁岛主张领土主权。[96]

---

[92] Sovereignty over Pedra Branca/Pulau Batu Puteh, Middle Rocks and South Ledge (Malaysia/Singapore), Judgment, I. C. J. Reports 2008, paras. 235-239.

[93] Ibid., paras. 240-243.

[94] Ibid., paras. 244-246.

[95] Ibid., paras. 247-248.

[96] Ibid., paras. 249-250.

7. 1968 年马来西亚政府与民间公司的探油契约

1968 年，马来西亚政府曾与马来西亚国内石油公司（马来西亚大陆石油公司）签署探油契约，授权该公司探勘海域石油。目标海域位于马来西亚东面海域的整个马来西亚的大陆架，马来西亚主张此契约构成主权作为，新加坡未提出抗议。新加坡表示无抗议之必要，因此契约不涵盖岛屿及其领海。再者，契约明文排除两国尚未完成海疆划界的海域。此外，此契约并未公布地理坐标，白礁岛周围海域亦未进行石油探勘，表明该公司放弃白礁岛周围之探勘。国际法院认同新加坡的主张，不认为此契约构成马来西亚对白礁岛之主权主张。[97]

8. 1969 年马来西亚的领海法

马来西亚曾在 1969 年通过立法，将其领海由 3 海里增至 12 海里。马来西亚主张此项立法将马来西亚领海扩展到白礁岛以外，新加坡并未抗议。国际法院认为：马来西亚立法之文字过于抽象，未规定适用之海域，也未附大比例尺的海图，不能支持马来西亚对白礁岛之主权主张。[98]

9. 印度尼西亚与马来西亚的两个协议：1969 年大陆架协议与 1970 年领海划界协议

马来西亚指出，1969 年及 1970 年，马来西亚与印度尼西亚先后缔结大陆架与领海之划界协议。划定之疆界线距离白礁岛仅 6.4 海里。新加坡未表示关切与抗议。新加坡指出，无抗议之义务，该两份协议本来就不拘束第三国（新加坡），上述协议小心避免入侵白礁岛邻近之海域，不对该海域划界。国际法院认定：此两份协议不表示马来西亚对白礁岛主张主权。[99]

10. 印度尼西亚与新加坡 1973 年的领海划界协议

1973 年印度尼西亚与新加坡签署新加坡海峡领海划界协议，但未提白礁岛，亦未处理白礁岛周围海域，更未对白礁岛与印度尼西亚的民丹岛之间（相距 7.5 海里）的领海划界。马来西亚指出，此协议证明在 1973 年新加坡并不认为它拥有白礁岛之主权。国际法院则认为，1973 年

---

[97] Sovereignty over Pedra Branca/Pulau Batu Puteh, Middle Rocks and South Ledge (Malaysia/Singapore), Judgment, I. C. J. Reports 2008, paras. 251-253.
[98] Ibid., paras. 254-256.
[99] Ibid., paras. 257-258.

的协议不能影响白礁岛之主权主张，因为协议并不处理白礁岛周围海域。[100]

11. 新加坡海峡分道制度的国际合作

国际法院认为这个机制无关领土主权，仅为了便利新加坡海峡航运，确保安全而设。此外，为了海上分道机制而进行的水文测量、环境保护等作为，也与领土权利无关。[101]

12. 官方出版物之记载

新加坡请国际法院注意马来西亚如何称呼白礁岛上的灯塔：1959年，马来西亚将霍士堡灯塔称为"新加坡灯塔"，与苏丹浅滩灯塔（Sultan Shoal Lighthouse）及莱福士灯塔（Raffles lighthouse）并列。在1966年马来西亚与新加坡的共同出版物中，也是这样称呼。到了1967年，两国分别出版气象信息之后，马来西亚在其独自出版的资料中，则不再记载白礁岛。国际法院同意新加坡的说法，认为1959年、1966年及1967年的出版物支持新加坡的主张。[102]

13. 官方出版之地图

在诉讼中，两国提出约100份地图。双方均同意：这些地图不如划界条约中的附图，后者可以建立领土主权，但这不表示这些地图在诉讼中无用或无关，其可展现当事国主权主张，或确认主权主张。新加坡强调，在1962年、1965年、1970年、1974年、1975年，马来西亚政府的首席测量官与国家地图测绘处处长出版6幅地图，均在白礁岛下加"属新加坡"之字。如此叙述也出现在地图中另一主权无疑归属新加坡的岛屿之下。此外，新加坡仅拥有管理权的马来西亚所属岛屿（比桑岛）的名称下，则没有如此文字。新加坡主张这6幅马来西亚出版的地图表示马来西亚承认新加坡拥有白礁岛之领土主权。

在此，国际法院举出厄立特里亚/埃塞俄比亚边界案中边界委员会的说明：该地图仍然可以作为地理事实的一种陈述，特别是当国家之利益将遭到损害时，该国自己制作一幅地图，公布该地图，而在地图中作

---

[100] Sovereignty over Pedra Branca/Pulau Batu Puteh, Middle Rocks and South Ledge (Malaysia/Singapore), Judgment, I. C. J. Reports 2008, para. 259.

[101] Ibid., para. 260.

[102] Ibid., paras. 261-266.

出不利于己的表示。[103] 国际法院认为，地图显示马来西亚认为白礁岛领土主权属新加坡。[104]

（十二）国际法院对于白礁岛主权归属争议之结论

国际法院认为，英国及新加坡对白礁岛之作为，在很多方面系灯塔管理者的作为。国际法院重点关注下列作为：（1）白礁岛周围海域海事案件之调查；（2）对于白礁岛访客的管制；（3）新加坡在白礁岛设置军事通信设施；（4）新加坡在白礁岛计划填海造地，等等，皆为主权所有者的主权作为。这些作为大部分发生于1953年之后，而马来西亚以及其被继承国（柔佛）知之甚详，但未做任何表示及抗议。

再者，（5）柔佛及马来西亚政府在1850年后的100多年间，对白礁岛完全没有任何作为；（6）当柔佛及马来西亚官员造访白礁岛时，特别是在20世纪70年代时，都是在新加坡政府核准之下进行；（7）马来西亚在20世纪60年代及70年代出版的地图，均显示马来西亚认为白礁岛领土主权属新加坡；（8）1953年，柔佛官员明确地说柔佛不主张白礁岛之所有权（此项声明，国际法院认为非常重要）。

国际法院的结论是：相关事实，包括当事国的作为，反映双方对白礁岛领土地位的看法趋向一致。新加坡基于领土主权者在白礁岛的主权作为，以及马来西亚及其被继承国（柔佛）的无所作为，使得在1980年之前，白礁岛主权已转至新加坡，直到今天。[105]

（十三）中岩礁及南礁的主权归属争议

中岩礁与南礁分别距离白礁岛0.6海里、2.2海里，与马来西亚大陆之距离，则分别为8海里、7.8海里。中岩礁本身系由几块礁岩形成，恒久露出水面，高度为0.6米至1.2米。而南礁仅在低潮时露出水面。

---

[103] Sovereignty over Pedra Branca/Pulau Batu Puteh, Middle Rocks and South Ledge (Malaysia/Singapore), Judgment, I. C. J. Reports 2008, para. 271. Decision regarding Delimitation of the Border Between the State of Eritrea and the Federal Democratic Republic of Ethiopia, 13 April 2002, p. 28, para. 3. 28.

[104] Sovereignty over Pedra Branca/Pulau Batu Puteh, Middle Rocks and South Ledge (Malaysia/Singapore), Judgment, I. C. J. Reports 2008, paras. 267-272.

[105] Ibid., paras. 273-277.

新加坡与马来西亚皆主张对中岩礁及南礁的主权。[106]

对于中岩礁的主权归属，国际法院适用同一规范解决。就白礁岛而言，国际法院认定，基于特定情况，主权由马来西亚转移给新加坡。这些特定情况并不适用于白礁岛旁边的岛礁（如中岩礁与南礁），因此，国际法院认定白礁岛主权由新加坡取得，但不能延伸到中岩礁及南礁之上。中岩礁其原始所有权与白礁岛一样属于柔佛，但其未发生移转原始所有权到其他国家（新加坡）的情况，因而中岩礁的原始所有权未变，柔佛自始至终拥有中岩礁，其后由马来西亚继承中岩礁领土主权，除非新加坡提出反证。[107]

南礁属于《公约》第13条规定的低潮高地，非第121条的岛屿。《公约》第13条规定，当低潮高地位于一国的领海之内，则可以作为领海基点使用，从而产生自己的领海。倘若低潮高地位于一国由其大陆或岛屿产生的领海范围外，则无自己的领海。

国际法院注意到，新加坡与马来西亚两国领海重叠，南礁位于重叠海域中。然而，国际法院被授权处理的法律问题是领土主权归属问题，而非重叠海域之划界。由于南礁的主权归属，取决于南礁所处位置属于何国的领海，国际法院只能得出结论，南礁作为低潮高地，其主权归属拥有南礁坐落处的领海主权的国家。[108]

三、评 论

（一）关键日期的选定

关键日期是"双方争端形成之日"。诉讼首先要决定特定争端何时形成。若两造有共识，则共识认定的日期为"关键日期"。若无共识，或双方主张无重叠，则法院自行判断。关键日期之选定，就防守的一方（拥有原始所有权者）来说，越早越好；除非对方后来的行为转移其主权，否则就持续保有主权。国家若主张法院应予考虑发生在关键日期后的作为，

---

[106] Sovereignty over Pedra Branca/Pulau Batu Puteh, Middle Rocks and South Ledge (Malaysia/Singapore), Judgment, I. C. J. Reports 2008, para. 278.

[107] Ibid., paras. 288-290.

[108] Ibid., paras. 291-299.

则必须证明该作为系关键日期前的作为的"正常的延续性作为"。反对法院考虑此作为（或历史资料）的国家，则有两种主张：一是主张该作为发生在关键日期之后，法院不得考虑。二是若法院认为该作为系关键日期前作为的"正常的延续性作为"，反对的国家则可主张，该作为之目的，在于改善行为国先前的法律主张。因此，法院不得考虑之。

（二）争议领土原始所有权之归属

第一，就领土主权争端而言，诉讼首先要确定该领土最早归谁，即"原始所有权"。倘若确定A国拥有原始所有权（需经过证明），接下来要证明A国从未放弃该领土主权，从未割让该领土给他国（B国），B国亦不曾有意图夺取该领土主权的主张或作为，或者B国虽有此主张或作为，但未能在国际法上成功移转原始所有权至B国，因A国抗议等。

第二，就B国而言，若A国主张争议领土的原始所有权，B国可主张就该领土从未存在"原始所有权"，系"无主地"。B国主张主权的行为（无主物先占），可以较易使B国获得领土主权。在此，A国抗议无效，因主权不在A国，A国无抗议之立场。若B国主张该领土是无主地，应具体说明在何时（比如说Y年前），该领土为无主地。选定Y年的原因在于，B国在Y年曾对该领土有过主张主权之作为。

第三，在A国拥有该领土原始所有权之下，B国可主张：因其在该领土主张主权，加上其他情况，例如A国明确承认，或是通过行为默认B国对该领土之主权，从而发生移转原始所有权到B国的法律效果（时效取得），因为B国和平地、有效地在该领土长期行使主权。

第四，当A国主张对某领土具有原始所有权，而B国主张该领土是无主地时，谁负举证责任？依据国际法院判例："在诉讼过程中，提出一项事实用以支持一项法律主张的当事国，有义务证明该事实存在。"[109] 换言之，主张拥有某领土的原始所有权的国家（A国），有责任证明原

---

[109] Sovereignty over Pedra Branca/Pulau Batu Puteh, Middle Rocks and South Ledge (Malaysia/Singapore), Judgment, I. C. J. Reports 2008, para. 45. Application of the Convention on the Prevention and Punishment of the Crime of Genocide (Bosnia and Herzegovina v. Serbia and Montenegro), Judgment, I. C. J. Reports 2007, p.75, para. 204, citing Military and Paramilitary Activities in and against Nicaragua (Nicaragua v. USA), Jurisdiction and Admissibility, Judgment, I. C. J. Reports 1984, p.437, para. 101.

始所有权归属于 A 国。同理，主张某领土是无主地的国家（B 国），有责任证明该领土为无主地。若 B 国主张"享有原始所有权的 A 国后来基于 B 国之作为，而丧失该主权，该主权发生移转效果，变成 B 国所有"，B 国有责任证明该论点。

第五，如何证明原始所有权？在此牵涉两个步骤：（1）A 国需证明对该领土确有提出主权之主张；（2）A 国此项主张，需符合国际法的条件，始能发生国际法的效果，也就是取得了该领土之主权。

第六，确认原始所有权，有两个重点。其一，证据来自何处？倘若确认 A 国对系争领土的原始所有权的证据，来自对造（B 国），B 国自己承认 A 国拥有原始所有权，那再好不过。其二，证据要证明什么？倘若证据显示 B 国政府明确承认 A 国对系争领土之原始所有权，就是最佳状况。退而求其次，倘若能够证明，系争领土上的人民，或是系争岛礁周围的人（渔民、海盗、航运者）对于 A 国（或其被继承国）政府（或是国王）效忠，法院也可以接受。

（三）原始所有权是否由于后来的情况而消失

在领土主权争端中，即便 A 国所谓的被继承国被法院判定具有系争领土的原始所有权，A 国也不一定继承该领土主权，因所谓的被继承国"解体"了，如南斯拉夫。那么，A 国作为一个在被解体国家的部分领土中产生的全新国家，不能得到原来国家对于系争领土的原始所有权。这种失去原始所有权的情况，非因 A 国的特定"弃权作为"。

（四）原始所有权是否由于后来的弃权作为而移转

当 A 国（或其被继承国）被法院判定具有系争领土的原始所有权之后，诉讼的后半段则讨论：这个原始所有权是否因为对造（B 国或其被继承国）的行为加上 A 国（或其被继承国）的作为，而由 A 国（或其被继承国）移转给 B 国。

（五）国际法关于领土主权移转的规范

白礁岛案中，国际法院的判断标准又称可适用的法律（applicable law），系引述柏威夏寺案的判决以及帕尔马斯岛案的裁决，而有下列叙述：

在国际法中，领土主权的转移，可由两国协议达成。可通过"条约"或"默示"经由"当事国双方的行为"来呈现。表达"协议"的方式，没有固定形态。特定情况下，A国拥有的领土主权，可能因为B国在该领土当中表现出主权者的姿态及作为，或是具体地展现领土主权所有者的权威及公权力，加上A国的不回应（构成"默认"），B国遂自A国取得领土主权。若A国有抗议，则不对A国产生失去主权的法律效果。

国际法院援引缅因湾区域海洋边界划界案之判决，揭示：

默认等于默示地承认。默认由单方行为来显现，可被争端另一方解释为"同意"。换言之，"当他方的作为产生己方回应之必要时，沉默系一种表达"。

国际法院强调，国家领土主权之取得，需与主权之稳定性/确定性相平衡，不能轻易移转领土主权。任何基于当事国行为而产生的领土主权移转，特别是当主张一个国家因为作为或不作为而在法律上产生"放弃领土主权"的效果时，必须以明显、清楚、不容怀疑的作为以及相关事实为依据。

四、附　录

（一）中英案件全名

1. 中文案件全名：白礁岛、中岩礁和南礁领土主权案（马来西亚/新加坡）
2. 英文案件全名：Sovereignty over Pedra Branca/Pulau Batu Puteh, Middle Rocks and South Ledge（Malaysia/Singapore）

（二）案件的标准引用

Sovereignty over Pedra Branca/Pulau Batu Puteh, Middle Rocks and South Ledge（Malaysia/Singapore），Judgment, I. C. J. Reports 2008, p. 12, available at http://www.icj-cij.org/files/case-related/130/130-20080523-JUD-01-00-EN.pdf.

(三) 主要参考文献

1. Coalter G. Lathrop, "Sovereignty over Pedra Branca/Pulau Batu Puteh, Middle Rocks and South Ledge", *The American Journal of International Law*, Vol. 102, No. 4, 2008, pp. 828-834.

2. T. Hsien-Li, "Case Concerning Sovereignty over Pedra Branca/Pulau Batu Puteh, Middle Rocks and South Ledge (Malaysia/Singapore)", *Singapore Yearbook of International Law*, Vol. 12, 2008, p. 257.

3. S. Jayakumar, T. Koh, *Pedra Branca: The Road to the World Court*, Singapore, 2009.

4. Y. Tanaka, "Passing of Sovereignty: the Malaysia/Singapore Territorial Dispute before the ICJ", The Hague Justice Portal, available at http://www.haguejusticeportal.net/eCache/DEF/9/227.html.

5. Marcelo Kohen, "Original Title in the Light of the ICJ Judgment on Sovereignty over Pedra Branca/Pulau Batu Puteh, Middle Rocks and South Ledge", *Journal of the History of International Law*, Vol. 15, Issue 2, 2013, pp. 151-171.

6. Bimal N. Patel, "Sovereignty over Pedra Branca/Pulau Batu Puteh, Middle Rocks and South Ledge (Malaysia/Singapore)", *The World Court Reference Guide and Case-Law Digest*, 2014, pp. 504-515.

7. Sookyeon Huh, "Title to Territory in the Post – Colonial Era: Original Title and Terra Nullius in the ICJ Judgments on Cases Concerning Ligitan/Sipadan (2002) and Pedra Branca (2008)", *European Journal of International Law*, Vol. 26, Issue 3, 2015, pp. 709-725.

8. Masataka Okano, "How to Deal with Border Issues: A Diplomat-Practitioner's Perspective", *Eurasia Border Review*, Vol. 1, 2010, pp. 37-48 available at https://eprints.lib.hokudai.ac.jp/dspace/bitstream/2115/50842/1/EBR1-1_ 005.pdf.

(四) 与本案主题相关的重要引用案件

1. Territorial and Maritime Dispute Between Nicaragua and Honduras in

the Caribbean Sea (Nicaragua v. Honduras), Judgment, I. C. J. Reports 2007, pp. 697-698, para. 117.

2. Sovereignty over Pulau Ligitan and Pulau Sipadan (Indonesia/Malaysia), Judgment, I. C. J. Reports 2002, p. 682, para. 135.

3. Temple of Preah Vihear (Cambodia v. Thailand), Merits, Judgment, I. C. J. Reports 1962, p. 16.

4. Application of the Convention on the Prevention and Punishment of the Crime of Genocide (Bosnia and Herzegovina v. Serbia and Montenegro), Judgment, I. C. J. Reports 2007, p. 75, para. 204.

5. Military and Paramilitary Activities in and against Nicaragua (Nicaragua v. United States of America), Jurisdiction and Admissibility, Judgment, I. C. J. Reports 1984, p. 437, para. 101.

6. Meerauge Arbitral Award (Austria/Hungary), 13 September 1902, German Original Text in Nouveau Recueil Général de Traités, 3rd Series, Vol. Ⅲ, p. 80.

7. Legal Status of Eastern Greenland, Judgment, 1933, P. C. I. J., Series A/B, No. 53, p. 39.

8. Island of Palmas Case (Netherlands/United States of America), Award of 4 April 1928, RIAA, Vol. Ⅱ, 1949, pp. 839-840, 855.

9. Temple of Preah Vihear (Cambodia v. Thailand), Preliminary Objections, I. C. J. Reports 1961, pp. 17, 31.

10. Delimitation of the Maritime Boundary in the Gulf of Maine Area (Canada/United States of America), Judgment, I. C. J. Reports 1984, p. 305, para. 130.

11. Sultan of Johor v. Tunku Abubakar [1952] AC 318.

12. Territorial Sovereignty and Scope of the Dispute, Eritrea/Yemen RIAA, Vol. 22, 1998, pp. 209, para. 19 and pp. 317-318, para. 474.

13. Fisheries Case (United Kingdom v. Norway), Judgment, I. C. J. Reports 1951, p. 116.

14. North Sea Continental Shelf, Judgment, I. C. J. Reports 1969, p. 26, para. 30.

15. Nuclear Tests (Australia v. France), Judgment, I. C. J. Reports 1974, p. 267, para. 44; Nuclear Tests (New Zealand v. France), Judgment,

I. C. J. Reports 1974, p. 473, para. 47.

16. Frontier Dispute (Benin/Niger), I. C. J. Reports 2005, p. 119, para. 44.

17. Land, Island and Maritime Frontier Dispute (El Salvador/Honduras: Nicaragua intervening), Judgment, I. C. J. Reports 1992, p. 579, para. 367.

18. Maritime Delimitation and Territorial Questions Between Qatar and Bahrain (Qatar v. Bahrain), Merits, Judgment, I. C. J. Reports 2001, pp. 101-102, paras. 204-206.

（五）案件中的重要缩略语

EEZ　Exclusive Economic Zone　专属经济区
ICJ　International Court of Justice　国际法院
PCIJ　Permanent Court of International Justice　常设国际法院

（高圣惕）

出入太平洋的协谈义务案
（玻利维亚诉智利）

（2015 年，2018 年）

2013.04.24 玻利维亚将其与智利之间的争端提交国际法院
2014.04.17 玻利维亚提交诉状
2014.07.15 智利对国际法院管辖权提出初步反对意见，法院决定暂停实体程序
2014.11.14 玻利维亚就智利的初步反对意见提交书面意见
2015.05.04—08 国际法院举行初步反对意见公开庭审
2015.09.24 国际法院作出初步反对意见判决，判定有管辖权
2016.07.25 智利提交辩诉状
2017.03.21 玻利维亚提交答辩状
2017.09.21 智利提交复辩状
2018.03.19—28 国际法院举行实体问题公开庭审
2018.10.01 国际法院作出实体问题判决

关键词：出入太平洋（Access to Pacific Ocean）；协谈义务（Obligation to Negotiate）；争端的事项（Subject-Matter of Dispute）；善意（Good Faith）；单方行为（Unilateral Acts）；默认（Acquiescence）；禁止反言（Estoppel）；合理期待（Legitimate Expectations）

一、案件背景

智利和玻利维亚分别是南美洲的沿海国和内陆国，智利的大陆海岸线向西面向太平洋，东北与玻利维亚接壤。智利和玻利维亚分别于 1818 年和 1825 年从西班牙独立，独立时玻利维亚沿太平洋拥有一条 400 多千

米的海岸线。1866年，两国签署《领土界限条约》，以南纬24度为太平洋沿岸的领土边界线。该线在1874年《玻利维亚和智利边界条约》中得到确定。

1879年，智利对秘鲁和玻利维亚发动"太平洋战争"，占领了玻利维亚的沿海领土。战争直到1884年4月4日双方签署《瓦尔帕莱索停战协议》（Truce Pact of Valparaíso）才结束。据此协议，智利继续管理玻利维亚的沿海地区。1904年10月20日，双方签订《和平友好条约》（以下简称《和平条约》或"1904年《条约》"），正式结束"太平洋战争"，该条约于1905年3月10日生效。该条约规定玻利维亚的全部沿海领土归属智利，同时玻利维亚可获得至智利港口的商业过境权。此后，两国就玻利维亚出入太平洋问题多次发表声明，并有数次外交往来。

2013年4月24日，玻利维亚在国际法院起诉智利，要求法院解决"智利有义务善意、有效地与玻利维亚进行谈判，以就给予玻利维亚出入太平洋的完全主权权利达成协议"这一争端。[1] 国际法院当时没有玻利维亚籍或智利籍的大法官，最终玻利维亚选任伊夫·都德为专案法官，智利选任路易丝·阿伯为专案法官。2017年5月26日，路易丝·阿伯女士辞去专案法官职务，后由唐纳德·麦克雷接任。

二、判　决

（一）当事方请求

在请求书中，玻利维亚请求法院裁判和宣告：

（1）智利有义务与玻利维亚进行谈判，以就给予玻利维亚出入太平洋的完全主权权利达成协议；

（2）智利违反了上述义务；

（3）智利必须善意、迅速、正式、在合理时间内、有效地

---

[1] Obligation to Negotiate Access to the Pacific Ocean (Bolivia v. Chile), Preliminary Objection, Judgment, I. C. J. Reports 2015, p. 592, para. 1.

履行上述义务，以给予玻利维亚出入太平洋的完全主权权利。[2]

在诉状和答辩状中，玻利维亚重申以上请求。[3] 在初步反对意见中，智利请求法院裁判和宣告"玻利维亚对智利的请求不在法院的管辖范围内"。玻利维亚在随后的书面意见中请求法院驳回智利的反对意见，裁判和宣告其所提请求在法院的管辖范围内。[4] 双方在初步反对意见公开庭审中重申了以上立场。[5] 法院驳回智利的初步反对意见后，智利在辩诉状和复辩状中请求法院"驳回玻利维亚多民族国的所有请求"[6]。双方在实体问题公开庭审中重申了各自关于实体问题的请求。[7]

（二）法院关于初步反对意见的说理和判决

1. 法院关于初步反对意见的说理

在请求书中，玻利维亚援引两国均已加入的1948年《美洲和平解决条约》（又称《波哥大公约》）第31条为国际法院的管辖权基础。该条规定：

> 依照《国际法院规约》第36条第2款，缔约国承诺，在本国与其他美洲国家出现有关以下情形的法律争端时，均承认法院具有强制管辖权，只要本条约有效，无另需特别协议：（a）条约解释；（b）任何国际法问题；（c）任何若经确定属实则为违反国际法义务的行为；（d）违反国际法义务而应当补偿的性质和范围。

---

[2] Obligation to Negotiate Access to the Pacific Ocean (Bolivia v. Chile), Preliminary Objection, Judgment, I. C. J. Reports 2015, para. 11.

[3] Ibid., para. 12; Obligation to Negotiate Access to the Pacific Ocean (Bolivia v. Chile), Judgement of 1 October 2018, para. 14.

[4] Obligation to Negotiate Access to the Pacific Ocean (Bolivia v. Chile), Preliminary Objection, Judgment, I. C. J. Reports 2015, para. 13.

[5] Ibid., para. 14.

[6] Obligation to Negotiate Access to the Pacific Ocean (Bolivia v. Chile), Judgement of 1 October 2018, para. 14.

[7] Ibid., para. 15.

智利主张，本案所涉事项为领土主权和玻利维亚出入太平洋的权利的性质，这在《波哥大公约》生效时已通过《和平条约》协议解决和规制，根据《波哥大公约》第6条法院没有管辖权。玻利维亚回应，本案争端涉及智利与玻利维亚就后者出入太平洋的主权权利进行善意谈判的义务，这不属于《波哥大公约》第6条意义下的被《和平条约》解决和调整的事项，根据《波哥大公约》第31条法院有管辖权。法院因此认为，必须首先查明双方争端的事项，再确定这些事项是否属于《和平条约》解决或调整的事项。[8]

（1）争端的事项

《国际法院规约》第40条第1款和《国际法院规则》（以下简称《规则》）第38条第1款均要求原告国在请求书中表明争端的事项。《规则》第38条第2款还要求请求书必须明确"请求的准确属性"。[9] 但双方争端的事项应由法院客观确定，法院要"辨别案件的真实问题，确定诉求的目的"[10]。为此，法院要审查双方的立场，"尤其要注意原告国所选择的对争端的表述"[11]。《规则》第38条第2款和第49条第1款要求请求书明确"请求所基于的事实和基础"，并要求诉状包括对"相关事实"的陈述。为识别争端的事项，法院考察了请求书以及双方在书状和庭审中的抗辩。尤其，法院要考虑原告国提出请求所基于的事实。[12]

---

[8] Obligation to Negotiate Access to the Pacific Ocean (Bolivia v. Chile), Preliminary Objection, Judgment, I. C. J. Reports 2015, para. 24.

[9] Also see Fisheries Jurisdiction (Spain v. Canada), Jurisdiction of the Court, Judgment, I. C. J. Reports 1998, p. 432, para. 29.

[10] Obligation to Negotiate Access to the Pacific Ocean (Bolivia v. Chile), Preliminary Objection, Judgment, I. C. J. Reports 2015, para. 26, citing Nuclear Tests (Australia v. France), Judgment, I. C. J. Reports 1974, p. 262, para. 29; Nuclear Tests (New Zealand v. France), Judgment, I. C. J. Reports 1974, p. 466, para. 30.

[11] Obligation to Negotiate Access to the Pacific Ocean (Bolivia v. Chile), Preliminary Objection, Judgment, I. C. J. Reports 2015, para. 26, citing Fisheries Jurisdiction (Spain v. Canada), Jurisdiction of the Court, Judgment, I. C. J. Reports 1998, p. 448, para. 30; Territorial and Maritime Dispute (Nicaragua v. Colombia), Preliminary Objections, Judgment, I. C. J. Reports 2007 (Ⅱ), p. 848, para. 38.

[12] Obligation to Negotiate Access to the Pacific Ocean (Bolivia v. Chile), Preliminary Objection, Judgment, I. C. J. Reports 2015, para. 26, citing Nuclear Tests (Australia v. France), Judgment, I. C. J. Reports 1974, p. 263, para. 30; Nuclear Tests (New Zealand v. France), Judgment, I. C. J. Reports 1974, p. 467, para. 31; Fisheries Jurisdiction (Spain v. Canada), Jurisdiction of the Court, Judgment, I. C. J. Reports 1998, p. 449, para. 31, pp. 449-450, para. 33.

玻利维亚表示，其与智利的争端关于"智利为就给予玻利维亚出入太平洋完全主权权利达成协议，与玻利维亚进行善意和有效谈判的义务"，争端的事项包括：（a）智利有该义务；（b）智利未履行该义务；（c）智利有履行该义务的责任。

智利则主张，玻利维亚请求的事项是领土主权以及玻利维亚出入太平洋权利的性质，玻利维亚寻求的并非善意、公开的谈判，而是在法律上有预设结果的谈判。智利还主张，只有通过修改或废除《和平条约》，才可能赋予玻利维亚出入太平洋的主权权利，玻利维亚寻求"对1904年达成的有关领土主权和玻利维亚出入海洋权利的性质的协议的修改"。

玻利维亚回应，其请求法院判决的是智利有就玻利维亚出入太平洋的主权权利进行谈判的义务，谈判的结果和出入太平洋的主权权利的具体形式不是法院要解决的问题，而是双方未来要通过善意谈判达成协议的事项，玻利维亚无意通过诉讼程序寻求修改或废除《和平条约》。

法院注意到，玻利维亚在请求书中试图表明的是，智利有谈判的义务，但在2011年和2012年一反其一贯立场，否认有义务。请求书并未将《和平条约》作为任何一方的权利或义务的来源，也未请求法院判定该条约的法律地位。因此，请求书在表面上看来提出的是关于是否存在就出入太平洋的主权权利进行谈判的义务，以及智利是否违反该义务的争端。

关于玻利维亚请求的真实事项，法院认为请求国经常会在请求书中提出争端双方更广泛分歧背景下的一个具体争端。[13] 尽管取得出入太平洋的主权权利或许是玻利维亚的最终目的，但这一目的有别于其在请求书中提出的相关但不同的争端，即智利是否有就给予玻利维亚出入太平洋的主权权利进行谈判的义务，以及在有此义务的情况下智利是否违反了该义务。请求书并未请求法院裁判并宣告玻利维亚拥有这一主权权利。[14]

---

[13] Obligation to Negotiate Access to the Pacific Ocean (Bolivia v. Chile), Preliminary Objection, Judgment, I. C. J. Reports 2015, para. 32, citing Application of the International Convention on the Elimination of All Forms of Racial Discrimination (Georgia v. Russian Federation), Preliminary Objections, Judgment, I. C. J. Reports 2011 (I), pp. 85-86, para. 32; Border and Transborder Armed Actions (Nicaragua v. Honduras), Jurisdiction and Admissibility, Judgment, I. C. J. Reports 1988, pp. 91-92, para. 54; United States Diplomatic and Consular Staff in Tehran (United States of America v. Iran), Judgment, I. C. J. Reports 1980, pp. 19-20, paras. 36-37.

[14] Obligation to Negotiate Access to the Pacific Ocean (Bolivia v. Chile), Preliminary Objection, Judgment, I. C. J. Reports 2015, para. 32.

关于玻利维亚所寻求救济将导致的结果，法院认为玻利维亚并未请求法院宣告其有出入太平洋的主权权利，也未请求法院处理《和平条约》的法律地位问题。如果案件进入实体阶段，双方的争议将是谈判义务是否存在及其属性和内容。即使法院认定该义务存在，法院也不能预先确定后续谈判关于该义务的结果。[15]

法院因此认定，本案争端的事项是智利是否有就给予玻利维亚出入太平洋的主权权利进行善意谈判的义务，以及在有此义务的情况下智利是否违反了该义务。[16]

(2) 争端事项是否属于《波哥大公约》第6条范畴

《波哥大公约》包含多个司法解决争端的条款。其中，第31条规定缔约国之间就该条所列事项产生任何法律争端时，应接受国际法院的强制管辖权。第6条规定，公约规定的争端解决程序"不适用于已由双方协议解决，或经仲裁机构或国际法院裁判，或在本条约缔结时已被生效的协议或条约调整的事项"。第33条规定，"如果双方就法院对争端是否有管辖权存在争议，该管辖权争议由法院判定"。

法院已经认定，本案争端的事项是智利是否有就给予玻利维亚出入太平洋的主权权利进行善意谈判的义务，以及在有此义务的情况下智利是否违反了该义务。鉴于《波哥大公约》的以上规定，法院还需要确定这些事项是否"已由双方协议解决"，或在1948年4月30日"已被生效的协议或条约规制"。与此最直接相关的是1904年《和平条约》，该条约在1948年4月30日显然是有效的。

在智利看来，《波哥大公约》第6条的目的是防止利用该公约的争端解决程序来重启缔约国已经解决的事项。智利主张，如果一个事项通过协议解决，则该事项已经"解决"；如果条约规定双方关于这一事项的关系，则该事项由该条约"调整"。智利认为，领土主权和玻利维亚出入太平洋权利的性质属于《和平条约》已经"解决"和"调整"的事项。首先，《和平条约》第2条[17]为两国提供了全面的领土争端解决方案，因此领土主权问题是该条款解决和调整的事项；其次，玻利维亚

---

[15] Obligation to Negotiate Access to the Pacific Ocean (Bolivia v. Chile), Preliminary Objection, Judgment, I. C. J. Reports 2015, para. 33.

[16] Ibid., para. 34.

[17] 《和平条约》第2条规定："通过本条约，承认智利根据1884年4月4日停战协定第2条占领的领土完全、永久归智利所有。"

出入太平洋权利的性质已被《和平条约》第 6 条和第 7 条解决和调整，[18] 这两个条款分别涉及玻利维亚的永久商业过境权和其在智利港口建立海关机构的权利；最后，《和平条约》第 3 条至第 11 条，尤其是第 6 条和第 7 条，就两国未来关系的核心问题建立了基于条约的安排和承诺。

玻利维亚则主张，"在 1904 年《条约》之外，智利同意就给予玻利维亚出入太平洋主权权利进行谈判。正是因为这一问题未被 1904 年《条约》所'解决'，双方后来才同意就给予玻利维亚出入太平洋的主权权利进行谈判"。双方过去一直就这一未决问题进行谈判，但 2011 年智利否定其有谈判的义务。玻利维亚认为智利区分《波哥大公约》第 6 条中的"解决"和"规制"没有实际意义。为此，玻利维亚援引了国际法院在领土与海洋争端案（尼加拉瓜诉哥伦比亚）（初步反对意见）中的观点："在本案的具体情形中，为适用《波哥大公约》第 6 条之目的，被 1928 年条约'解决'的事项和该条约'调整'的事项在法律效果上并无区别。鉴于此，法院将使用'解决'一词。"[19]

法院认为，《和平条约》并未明示或默示处理智利就给予玻利维亚出入太平洋的主权权利进行谈判的义务。不管《波哥大公约》第 6 条中的"解决"和"规制"范围是否有不同，本案争端事项既不属于该条款中"已由双方协议解决，或经仲裁机构或国际法院裁决"的事项，也不属于该条款中"在本条约缔结时已被生效的协议或条约规制"的事项。[20]

（3）反对意见是否完全属于初步性质

玻利维亚还主张，如果法院采用智利对争端事项的定性来处理其反

---

[18]《和平条约》第 6 条规定："智利共和国承认玻利维亚在其领土和太平洋港口永久享有最完整、最不受限制的商业过境权。两国政府将通过特殊安排就在不损害双方财政利益的前提下确保达到上述目的所需办法达成协议。"第 7 条规定："玻利维亚共和国有权在为其指定的商业港口建立海关机构。玻利维亚暂指定安托法加斯塔（Antofagasta）港和阿里卡（Arica）港为其商业港口。这些机构应确保过境货物直接从码头运送至火车站，被装载至封闭、密封的铁路货车并运送至玻利维亚海关，货运计划应标明包装数量、重量和标号、数量和内容，以换取收据。"

[19] Territorial and Maritime Dispute (Nicaragua v. Colombia), Preliminary Objections, Judgment, I. C. J. Reports 2007 (II), p. 832, para. 39.

[20] Obligation to Negotiate Access to the Pacific Ocean (Bolivia v. Chile), Preliminary Objection, Judgment, I. C. J. Reports 2015, para. 50.

对意见，这些反对意见就会构成对玻利维亚实体问题立场的否定，因而不完全属于初步性质。法院认为，其未接受智利对争端的定性，无须考虑玻利维亚的这一让步性主张。[21]

法院进一步认为，根据《规则》第79条第9款应考虑本案中反对意见是否不完全属于初步性质，如是则法院不可在初步反对意见阶段支持或驳回这一反对意见，而应将其留于下一步程序决定。法院认定，法院掌握了审查智利反对意见需要的所有事实，要解决争端事项是否属于《和平条约》解决或调整的事项无须同时解决实体问题或其要素的争端。[22] 据此，法院认定在此阶段可裁判智利的反对意见。[23]

2. 法院关于初步反对意见的判决主文

法院以14票支持、2票反对拒绝智利的初步反对意见；同样以14票支持、2票反对判定法院根据《波哥大公约》第31条对玻利维亚2013年4月24日提交的请求书有管辖权。[24]

（三）法院关于实体问题的说理和判决

1. 法院关于实体问题的说理

在国际法上确定是否存在谈判义务与确定是否存在其他法律义务的方法相同。这一义务如果是基于协议，则双方的用词以及谈判的事项和条件必须显示缔约方受法律拘束的意图。为此，法院逐一考察了玻利维亚提出的法律基础。

（1）双边协议

玻利维亚认为两国已就智利承担谈判义务达成协议，口头和默示协议也具有法律效力。智利则认为两国并无就谈判创设法律义务的意图。法院认为，非书面形式的协议也具有法律效力，但不管采用什么形式都需要存在双方受法律义务约束的意图。法院重申，"默示法律协定必须

---

[21] Obligation to Negotiate Access to the Pacific Ocean (Bolivia v. Chile), Preliminary Objection, Judgment, I. C. J. Reports 2015, para. 52.

[22] Ibid., para. 53, citing Territorial and Maritime Dispute (Nicaragua v. Colombia), Preliminary Objections, Judgment, I. C. J. Reports 2007 (II), p. 852, para. 51.

[23] Obligation to Negotiate Access to the Pacific Ocean (Bolivia v. Chile), Preliminary Objection, Judgment, I. C. J. Reports 2015, para. 53.

[24] Ibid., para. 56.

存在有说服力的证据"[25]。法院随后逐一考察了玻利维亚提出的20世纪20年代双方一系列外交往来文书、1950年换文、1975年《查拉纳宣言》（Charaña Declaration）、1986年公报、2000年《阿尔加维宣言》（Algarve Declaration）、2006年"13点议程"，认定它们都未能说明智利有就给予玻利维亚出入太平洋的主权权利进行谈判的义务。[26]

（2）智利的声明和其他单方行为

玻利维亚提出，一国代表的书面或口头声明如果显示承担义务的明显意图则可产生法律效力，无须他国同意或作出反应；智利总统、外交部长和其他高级别代表所做的声明表达了谈判的承诺和达成特定目标的义务。智利并不否认单方声明可创设法律义务，但认为证明的举证要求很高，声明必须是"明确而具体的"，而智利在玻利维亚所提及的单方声明中都未表达受拘束的意图。

法院强调，"通过单方行为作出的关于法律或事实情况的声明可能产生创设法律义务的效果，这受到广泛承认。这类声明可能且通常非常详细"[27]。法院还重申，要确定国家代表所做声明的法律效力，必须"审查其实质内容及其背景"[28]。法院认定，玻利维亚所提出的智利的声明和其他单方行为表达的并非承担法律义务，而是进行谈判的意愿，这些声明的背景也不能证明智利有承担谈判义务的意愿。[29]

（3）默认

玻利维亚认为，当一方的行为需要另一方作出回应时，后者的沉默

---

[25] Obligation to Negotiate Access to the Pacific Ocean (Bolivia v. Chile), Judgement of 1 October 2018, para. 97, citing Territorial and Maritime Dispute Between Nicaragua and Honduras in the Caribbean Sea (Nicaragua v. Honduras), Judgment, I. C. J. Reports 2007 (II), p. 735, para. 253.

[26] Obligation to Negotiate Access to the Pacific Ocean (Bolivia v. Chile), Judgement of 1 October 2018, paras. 98-139.

[27] Ibid., para. 146, citing Nuclear Tests (Australia v. France), Judgment, I. C. J. Reports 1974, p. 267, para. 43; Nuclear Tests (New Zealand v. France), Judgment, I. C. J. Reports 1974, p. 472, para. 46.

[28] Obligation to Negotiate Access to the Pacific Ocean (Bolivia v. Chile), Judgement of 1 October 2018, para. 146, citing Armed Activities on the Territory of the Congo (New Application: 2002) (Democratic Republic of the Congo v. Rwanda), Jurisdiction and Admissibility, Judgment, I. C. J. Reports 2006, p. 28, para. 49.

[29] Obligation to Negotiate Access to the Pacific Ocean (Bolivia v. Chile), Judgement of 1 October 2018, paras. 147-148.

可能构成默示。为此，玻利维亚援引其1979年10月26日声明和1984年11月27日签署《联合国海洋法公约》时所做的声明为需要智利作出回应的行为。智利则认为默认需要很高的证明力，国家无须对他国的所有声明作出回应，智利也从未默认负有谈判义务。对此，法院重申"默认可能构成被对方解读为同意的单方行为所显示的默示承认"[30]，"沉默也可能会说话，但只有在对方的行为需要回应时如此"[31]。但法院认定，玻利维亚没有提出需要智利予以回应才能防止义务产生的声明。[32]

（4）禁止反言

玻利维亚还援引禁止反言原则来证明智利有与其进行谈判的义务，并认为智利一个多世纪以来作出的一致而明确的宣言、声明和承诺是"玻利维亚有权依赖并且的确依赖了的陈述"。智利则认为，禁止反言只有在存在不确定性的情况下才发挥作用，当国家明显未表示受拘束的意图时该原则并不适用，并且玻利维亚未能指出智利有关于谈判的一致陈述。法院重申，禁止反言的关键要素是"一方向另一方作出声明或陈述，以及另一方依赖这一声明或陈述以至于其利益受损或对方获利"[33]。法院认为，智利的陈述是就给予玻利维亚出入太平洋的主权权利进行谈判的意愿，而非义务，玻利维亚也未证明其因依赖智利的陈述而改变立场，使其自身利益受损或使对方获利。[34]

（5）合理期待

玻利维亚还提出合理期待原则在投资仲裁中被广泛适用，智利的陈

---

[30] Obligation to Negotiate Access to the Pacific Ocean (Bolivia v. Chile), Judgement of 1 October 2018, para. 152, citing Delimitation of the Maritime Boundary in the Gulf of Maine Area (Canada/United States of America), Judgment, I. C. J. Reports 1984, p. 305, para. 130.

[31] Obligation to Negotiate Access to the Pacific Ocean (Bolivia v. Chile), Judgement of 1 October 2018, para. 152, citing Sovereignty over Pedra Branca/Pulau Batu Puteh, Middle Rocks and South Ledge (Malaysia/Singapore), Judgment, I. C. J. Reports 2008, p. 51, para. 121.

[32] Obligation to Negotiate Access to the Pacific Ocean (Bolivia v. Chile), Judgement of 1 October 2018, para. 152.

[33] Obligation to Negotiate Access to the Pacific Ocean (Bolivia v. Chile), Judgement of 1 October 2018, para. 158, citing Land, Island and Maritime Frontier Dispute (El Salvador/Honduras), Application to Intervene, Judgment, I. C. J. Reports 1990, p. 118, para. 63.

[34] Obligation to Negotiate Access to the Pacific Ocean (Bolivia v. Chile), Judgement of 1 October 2018, para. 159.

述产生了恢复其出入太平洋的主权权利的期待,而智利否认存在谈判义务并拒绝进一步谈判"挫伤了玻利维亚的合理期待"。且智利否认国际法中存在该原则。法院认为,在一般国际法中并不存在合理期待产生义务的原则。[35]

(6)《联合国宪章》第 2 条第 3 款和《美洲国家组织宪章》第 3 条

玻利维亚主张,通过谈判解决争端之一般义务存在于国际法下,并反映于《联合国宪章》第 2 条第 3 款和第 33 条。玻利维亚在庭审中提出,《联合国宪章》第 2 条第 3 款关于和平解决国际争端的规定包含一项积极义务,适用于所有国家、所有争端,《美洲国家组织宪章》第 3 条亦如此。智利则认为,谈判是和平解决争端的方式之一,它并不必然优先于其他解决方式。

法院认为,《联合国宪章》第 2 条第 3 款规定了国家通过维护国际和平与安全的方式解决争端的义务,但并未要求国家采用特定解决方式;第 33 条将谈判与其他方式并列,将解决方式的选择留予争端国家决定。[36] 同理,法院认为《美洲国家组织宪章》第 3 条也未规定谈判解决争端之义务。[37]

(7)美洲国家组织大会决议

玻利维亚援引美洲国家组织大会通过的 11 项关于玻利维亚出入太平洋的主权权利的决议,主张这些决议确认或创设了智利就此进行谈判的义务。智利则认为,这些决议既未确认既有义务,也未创设新义务,且其在大多数决议中都投了反对票或未参加投票。法院认定,这些决议都未表明智利有就给予玻利维亚出入太平洋的主权权利进行谈判的义务,而建议两国只就此进行谈判。[38]

(8)以上文书、行为和行动的累积法律效力

玻利维亚最后认为,即使以上文书、行为和行动单独看来都未产生谈判义务,但它们累积起来可能对这一义务的产生有决定性作用。智利则认为,受国际法拘束的意图并不能通过无此意图的重复声明建立起来。法院认为,玻利维亚所提出的法律基础单个看来都不产生谈判的法律义

---

[35] Obligation to Negotiate Access to the Pacific Ocean (Bolivia v. Chile), Judgement of 1 October 2018, para. 162.
[36] Ibid., para. 165.
[37] Ibid., para. 167.
[38] Ibid., para. 171.

务，将它们累积来看并不影响关于是否存在这一义务的整体结果。[39]

2. 法院关于实体问题的判决主文

法院以12票赞成、3票反对决定，智利共和国不承担就给予多民族玻利维亚国出入太平洋的主权权利进行谈判的法律义务；同样，以12票赞成、3票反对驳回多民族玻利维亚国的其他最终诉求。[40]

三、评 论

(一) 争端事项的定性

确定争端是否存在和对争端的事项进行定性是法院判断管辖权的重要步骤。本案中，玻利维亚和智利就双方之间是否存在争端没有分歧，分歧在于争端事项的实质。国际法院在核试验案（澳大利亚诉法国，新西兰诉法国）中指出，在对争端事项进行定性时要"辨别案件的真实问题，确定诉求的目的"。[41] 法院还在渔业管辖权案（西班牙诉加拿大）、领土与海洋争端案（尼加拉瓜诉哥伦比亚）（初步反对意见）中指出，法院"尤其要注意原告国所选择的对争端的表述"。[42] 法院在本案中确认了以上意见，并表示要考察玻利维亚的请求书以及随后双方在书状和庭审中的抗辩。[43] 这一做法得到法院后续案件的支持。[44]

---

[39] Obligation to Negotiate Access to the Pacific Ocean (Bolivia v. Chile), Judgement of 1 October 2018, para. 174.

[40] Ibid., para. 177.

[41] Nuclear Tests (Australia v. France), Judgment, I. C. J. Reports 1974, p. 262, para. 29; Nuclear Tests (New Zealand v. France), Judgment, I. C. J. Reports 1974, p. 466, para. 30.

[42] Fisheries Jurisdiction (Spain v. Canada), Jurisdiction of the Court, Judgment, I. C. J. Reports 1998, p. 432, para. 30; Territorial and Maritime Dispute (Nicaragua v. Colombia), Preliminary Objections, Judgment, I. C. J. Reports 2007 (II), p. 832, para. 38.

[43] Obligation to Negotiate Access to the Pacific Ocean (Bolivia v. Chile), Preliminary Objection, Judgment, I. C. J. Reports 2015, para. 26.

[44] Obligations Concerning Negotiations relating to Cessation of the Nuclear Arms Race and to Nuclear Disarmament (Marshall Islands v. India), Jurisdiction and Admissibility, Judgment, I. C. J. Reports 2016, p. 255, para. 40; Obligations Concerning Negotiations relating to Cessation of the Nuclear Arms Race and to Nuclear Disarmament (Marshall Islands v. Pakistan), Jurisdiction and Admissibility, Judgment, I. C. J. Reports 2016, p. 552, para. 40; Obligations Concerning Negotiations relating to Cessation of the Nuclear Arms Race and to Nuclear Disarmament (Marshall Islands v. United Kingdom), Preliminary Objections, Judgment, I. C. J. Reports 2016, p. 833, para. 43.

在国际司法实践中，请求所反映的争端可能涉及多个事项。本案中，智利认为玻利维亚在诉状中试图掩盖其请求的真实事项，即领土主权和玻利维亚出入太平洋权利的性质。国际法院认为，尽管取得出入太平洋的主权权利或许是玻利维亚的最终目的，但这一目的有别于其在请求书中提出的相关但不同的争端，即智利是否有就给予玻利维亚出入太平洋的主权权利进行谈判的义务，以及在有此义务的情况下智利是否违反了这一义务。[45]

在查戈斯群岛海洋保护区案（毛里求斯诉英国）中，英国认为毛里求斯关于英国无权在查戈斯群岛周边建立海洋保护区的请求是双方关于查戈斯群岛主权归属这一长期争端的包装；毛里求斯则主张其只是请求仲裁庭解释《联合国海洋法公约》中"沿海国"这一用词的含义。[46] 仲裁庭认为这两个争端存在于双方之间，并指出要对双方的争端进行定性，就要分析"争端的相对重心所处的位置"。[47] 由于查戈斯群岛主权归属是双方争端的核心所在，而裁定英国非查戈斯群岛沿海国将远超出判断海洋保护区合法性问题的范畴，仲裁庭认定该请求所反映的争端应定性为涉及查戈斯群岛的陆地领土主权。[48]

（二）"善意谈判"义务

关于谈判义务，通常将其理解为一种行为义务。常设国际法院在立陶宛和波兰间铁路运输咨询意见案中指出，"谈判义务并不等于达成协议的义务"。[49] 在陆地和海洋边界案（喀麦隆诉尼日利亚，赤道几内亚参加）（案件实质）中，法院指出《联合国海洋法公约》第74条和第83条中的划界谈判并不要求必须成功达成协议，"而正如国际法中的所有

---

[45] Obligation to Negotiate Access to the Pacific Ocean (Bolivia v. Chile), Preliminary Objection, Judgment, I. C. J. Reports 2015, para. 32.

[46] Chagos Marine Protected Area Arbitration (Mauritius v. United Kingdom), Award of 18 March 2015, available at https://www.pcacases.com/web/view/11, para. 207.

[47] Ibid., para. 211. 仲裁庭指出，要判断的是：双方之间的争端主要是关于"沿海国"一词的解释和适用，而主权问题构成一个大问题的一方面；还是双方的争端主要涉及主权，而英国作为"沿海国"的行为只是这一争端的表现。

[48] Ibid., paras. 211-212.

[49] Railway Traffic Between Lithuania and Poland, Advisory Opinion, Advisory Opinion of 15 October 1931, P. C. I. J., Series A/B, No. 42, p. 108, p. 116.

类似谈判义务一样，必须善意进行"[50]。一般国际法下善意谈判义务不要求谈判必须以成功达成协议告终，但这并不妨碍国家通过协议做此约定。例外的情形是，在以核武器相威胁或使用核武器的合法性咨询意见案中，国际法院认为《核不扩散条约》第 6 条规定的谈判义务不仅是一个行为义务，而且是一个通过善意谈判达到全面核裁军的结果义务[51]。行为义务只要求当事国作出达成协议的努力即可，结果成功与否并非衡量其是否履行该义务的标准[52]。

本案中，玻利维亚在其诉状中援引了国际法院在以核武器相威胁或使用核武器的合法性咨询意见案中对"行为义务"和"结果义务"的区分，明确提出智利就给予玻利维亚出入太平洋的主权权利进行谈判的义务不仅是行为义务而且是结果义务[53]。智利指派的专案法官阿伯在反对意见中认为，根据玻利维亚的界定，给予其出入海洋的主权权利这一结果不是可以谈判的问题，而变成了这一义务的固有组成部分[54]。但在随后的书面和口头抗辩中，玻利维亚逐渐放弃明确提及"结果义务"，并表示谈判义务的具体性质要在实体庭审阶段才能确定。尽管如此，阿伯法官依然认为玻利维亚主张的义务仍是"结果义务"，还是已经降低为"行为义务"并不明确，因此要在实体阶段才能确定管辖权问题[55]。

如果说玻利维亚在诉状中对"出入太平洋的主权权利"一词有意或无意地保持模糊，那么它在随后的程序中已经明确了"就出入太平洋的主权权利进行谈判的义务"是一项行为义务，而非结果义务。案件审理过程中，小和田法官就"出入太平洋的主权权利"一词的含义询问双方意见。玻利维亚回复，这一义务是否存在及其具体内容不是初步反对意

---

[50] Land and Maritime Boundary Between Cameroon and Nigeria (Cameroon v. Nigeria: Equatorial Guinea Intervening), I. C. J. Reports 2002, p. 303, para. 244.

[51] Legality of the Threat and Use of Nuclear Weapons, Advisory Opinion, I. C. J. Reports 1996, p. 226, para. 99. 《核不扩散条约》第 6 条规定："每个缔约国承诺就及早停止核军备竞赛和核裁军方面的有效措施，以及就一项在严格和有效国际监督下的全面彻底裁军条约，真诚地进行谈判。"

[52] 叶泉：《当事国在海洋划界前的国际法义务之研析——兼论南海当事国在划界前之国际法义务》，《法学评论》2016 年第 6 期，第 101 页。

[53] Memorial of Bolivia, pp. 117-119, paras. 283-286.

[54] Obligation to Negotiate Access to the Pacific Ocean (Bolivia v. Chile), Preliminary Objection, Dissenting Opinion of Judge ad hoc Arbour, I. C. J. Reports 2015, para. 10.

[55] Ibid., para. 15.

见阶段而是实体阶段所要解决的问题。法院也明确指出,其在本判决中所使用的"出入之主权权利""就出入之主权权利进行谈判"等术语不代表任何关于智利是否有谈判义务,及其性质或内容的观点。[56] 如此一来,在玻利维亚的澄清和法院的限定下,法院对争端事项的定性是准确的。但有学者担心,法院为"善意谈判"的请求打开大门,扩大了其管辖权范围,可能会导致更多的国家间争端被提交至法院。[57] 2014 年,马绍尔群岛将所有有核国家告上国际法院,主张它们违反为早日实现全面核裁军进行善意谈判的义务。在三个被诉国(英国、印度、巴基斯坦)已接受法院管辖权的案件中,法院都判定双方不存在争端,因此无须进入案件的实体阶段。[58]

关于"善意",有学者担心一旦法院在实体阶段判定智利有此谈判义务,玻利维亚可能主张智利在谈判中缺乏善意。[59] 这是可能的,因为谈判义务只意味着相关国家有为试图解决争端或解决共同问题而进行一定程度互动的义务。[60] 因此,即便智利有善意谈判的义务,也不意味着它有义务给予玻利维亚出入太平洋的主权权利。"善意"一词的法律含义并没有统一的标准。有学者指出,善意原则要求双方诚信并公平地与对方交往,真诚表达其意图和目的,避免通过错误或歪曲解释获得不当利益。[61]

---

[56] Obligation to Negotiate Access to the Pacific Ocean (Bolivia v. Chile), Preliminary Objection, Judgment, I. C. J. Reports 2015, para. 36.

[57] Julian G. Ku, "Introductory Note to Obligation to Negotiate Access to the Pacific Ocean (Bolivia v. Chile): Preliminary Objection (I. C. J.)", *International Legal Materials*, 2016, pp. 74, 76.

[58] Obligations Concerning Negotiations relating to Cessation of the Nuclear Arms Race and to Nuclear Disarmament (Marshall Islands v. India), Jurisdiction and Admissibility, Judgment, I. C. J. Reports 2016, p. 255; Obligations Concerning Negotiations relating to Cessation of the Nuclear Arms Race and to Nuclear Disarmament (Marshall Islands v. Pakistan), Jurisdiction and Admissibility, Judgment, I. C. J. Reports 2016, p. 552; Obligations Concerning Negotiations relating to Cessation of the Nuclear Arms Race and to Nuclear Disarmament (Marshall Islands v. United Kingdom), Preliminary Objections, Judgment, I. C. J. Reports 2016, p. 833.

[59] Julian G. Ku, "Introductory Note to Obligation to Negotiate Access to the Pacific Ocean (Bolivia v. Chile): Preliminary Objection (I. C. J.)", *International Legal Materials*, 2016, pp. 74, 75-76.

[60] Martin A. Rogoff, "The Obligation to Negotiate in International Law: Rules and Realities", *Michigan Journal of International Law*, Vol. 16, 1994-1995, p. 141, at para. 149.

[61] Anthony D'Amato, "Good Faith", in Rudolf Bernhardt (ed.), *Encyclopedia of Public International Law*, Vol. I, 1992, p. 599.

(三) 反对意见是否完全属于初步性质

根据国际法院《规则》第 79 条第 9 款，法院可以支持或否定当事方的初步反对意见，也可以宣布反对意见不完全属于初步性质。在领土与海洋争端案（尼加拉瓜诉哥伦比亚）（初步反对意见）中，法院认为如果法院"没有决定问题所需的所有事实，或处理初步反对意见要确定的实体问题或其要素"，那么法院应暂缓处理初步反对意见。[62] 本案中，法院沿用了这一标准，判定智利的反对意见完全属于初步性质。[63]

就本案而言，阿伯法官认为，法院只有在实体阶段才能确定智利的义务是通过谈判就给予玻利维亚出入太平洋主权权利达成协议，还是仅仅善意寻求达成这种协议的可能性和具体形式。[64] 如上所述，玻利维亚请求法院判定的智利所承担的义务的性质并不明确，如果法院在实体阶段认定该义务涉及智利对玻利维亚领土转移的义务，那么将属于《和平条约》第 6 条下的管辖权例外。法院只有在实体阶段确定了玻利维亚所提的谈判义务是一种"行为义务"还是一种"结果义务"之后，才能确定其是否具有管辖权。[65] 坎卡多·特林达德法官在其个别意见中也认为，智利的反对意见只有在处理争端实体问题时才能决定，因此不完全属于初步性质，而是对玻利维亚主张的实体问题的抗辩。[66] 因此，为了良好司法目的，法院应在实体阶段处理该问题。[67]

四、附　录

(一) 中英案件全名

1. 中文案件全名：出入太平洋的协谈义务案（玻利维亚诉智利）

---

[62] Territorial and Maritime Dispute (Nicaragua v. Colombia), Preliminary Objections, Judgment, I. C. J. Reports 2007 (II), p. 832, para. 51.
[63] Obligation to Negotiate Access to the Pacific Ocean (Bolivia v. Chile), Preliminary Objection, Judgment, I. C. J. Reports 2015, para. 53.
[64] Obligation to Negotiate Access to the Pacific Ocean (Bolivia v. Chile), Preliminary Objection, Dissenting Opinion of Judge ad hoc Arbour, I. C. J. Reports 2015, para. 19.
[65] Ibid., para. 29.
[66] Separate Opinion of Judge Cançado Trindade, para. 62.
[67] Ibid., para. 67.

2. 英文案件全名：Obligation to Negotiate Access to the Pacific Ocean (Bolivia v. Chile)

（二）案件的标准引用

1. Obligation to Negotiate Access to the Pacific Ocean (Bolivia v. Chile), Preliminary Objection, Judgment, I. C. J. Reports 2015, p. 592.

2. Obligation to Negotiate Access to the Pacific Ocean (Bolivia v. Chile), Merits, Judgment of 1 October 2018.

（三）主要参考文献

1. Miriam Cohen, Mareike Klein, "Litigating to Negotiate Access to the Pacific Ocean: A Study of the Bolivia v. Chile Case", *Journal of Territorial and Maritime Studies*, Vol. 4, 2017, p. 106.

2. Cristieli Carvalho dos Santos, Inaê Oliveira, "Obligation to Negotiate Access to the Pacific Ocean (Bolivia v. Chile)", *UFRGS Model United Nations*, Vol. 2, 2014, p. 213.

3. Julian G. Ku, "Introductory Note to Obligation to Negotiate Access to the Pacific Ocean (Bolivia v. Chile): Preliminary Objection (I. C. J.)", *International Legal Materials*, Vol. 55, 2016, p. 74.

4. 宋杰：《国际法院司法实践中的初步反对问题研究》，《法学评论》2007年第1期，第46—51页。

5. 叶泉：《当事国在海洋划界前的国际法义务之研析——兼论南海当事国在划界前之国际法义务》，《法学评论》2016年第6期，第99—109页。

（四）与本案主题相关的重要引用案件

1. Mavrommatis Palestine Concessions, Jurisdiction, Judgment of 30 August 1924, P. C. I. J., Series A, No. 2, p. 6.

2. Railway Traffic Between Lithuania and Poland, Advisory Opinion, Advisory Opinion of 15 October 1931, P. C. I. J., Series A/B, No. 42, p. 108.

3. Interpretation of Peace Treaties with Bulgaria, Hungary and Romania, First Phase, Advisory Opinion, I. C. J. Reports 1950, p. 65.

4. South West Africa (Ethiopia v. South Africa; Liberia v. South Africa), Preliminary Objections, Judgment, I. C. J. Reports 1962, p. 319.

5. Nuclear Tests (Australia v. France), Judgment, I. C. J. Reports 1974, p. 262.

6. Nuclear Tests (New Zealand v. France), Judgment, I. C. J. Reports 1974, p. 466.

7. United States Diplomatic and Consular Staff in Tehran (United States of America v. Iran), Judgment, I. C. J. Reports 1980, p. 3.

8. Border and Transborder Armed Actions (Nicaragua v. Honduras), Jurisdiction and Admissibility, Judgment, I. C. J. Reports 1988, p. 69.

9. Legality of the Threat and Use of Nuclear Weapons, Advisory Opinion, I. C. J. Reports 1996, p. 226.

10. Fisheries Jurisdiction (Spain v. Canada), Jurisdiction of the Court, Judgment, I. C. J. Reports 1998, p. 432.

11. Land and Maritime Boundary Between Cameroon and Nigeria (Cameroon v. Nigeria: Equatorial Guinea Intervening), I. C. J. Reports 2002, p. 303.

12. Territorial and Maritime Dispute (Nicaragua v. Colombia), Preliminary Objections, Judgment, I. C. J. Reports 2007 (II), p. 832.

13. Application of the International Convention on the Elimination of All Forms of Racial Discrimination (Georgia v. Russian Federation), Preliminary Objections, Judgment, I. C. J. Reports 2011, p. 70.

14. Chagos Marine Protected Area Arbitration (Mauritius v. United Kingdom), Award of 18 March 2015, available at https://www.pcacases.com/web/view/11.

15. Obligations Concerning Negotiations relating to Cessation of the Nuclear Arms Race and to Nuclear Disarmament (Marshall Islands v. India), Jurisdiction and Admissibility, Judgment, I. C. J. Reports 2016, p. 255.

16. Obligations Concerning Negotiations relating to Cessation of the Nuclear Arms Race and to Nuclear Disarmament (Marshall Islands v. Pakistan), Jurisdiction and Admissibility, Judgment, I. C. J. Reports 2016, p. 552.

17. Obligations Concerning Negotiations relating to Cessation of the Nuclear Arms Race and to Nuclear Disarmament (Marshall Islands v. United Kingdom), Preliminary Objections, Judgment, I. C. J. Reports 2016, p. 833.

18. Territorial and Maritime Dispute Between Nicaragua and Honduras in the Caribbean Sea (Nicaragua v. Honduras), Judgment, I. C. J. Reports 2007 (II), p. 659.

19. Armed Activities on the Territory of the Congo (New Application: 2002) (Democratic Republic of the Congo v. Rwanda), Jurisdiction and Admissibility, Judgment, I. C. J. Reports 2006, p. 6.

20. Delimitation of the Maritime Boundary in the Gulf of Maine Area (Canada/United States of America), Judgment, I. C. J. Reports 1984, p. 246.

21. Sovereignty over Pedra Branca/Pulau Batu Puteh, Middle Rocks and South Ledge (Malaysia/Singapore), Judgment, I. C. J. Reports 2008, p. 12.

22. Land, Island and Maritime Frontier Dispute (El Salvador/Honduras), Application to Intervene, Judgment, I. C. J. Reports 1990, p. 92.

(五) 案件中的重要缩略语

PCIJ　　Permanent Court of International Justice　　常设国际法院
ICJ　　International Court of Justice　　国际法院

（苏金远）

"杜兹吉特·廉正"号仲裁案
（马耳他诉圣多美和普林西比民主共和国）

（2019年）

2013.10.22 马耳他根据《联合国海洋法公约》第287条和附件七第1条，将其与圣多美和普林西比之间有关"杜兹吉特·廉正"号船舶的争端以向后者发出书面通知的方式提起附件七仲裁

2014.03.13 国际海洋法法庭庭长任命阿尔弗雷德·松斯教授为仲裁庭庭长；双方当事国合意指定常设仲裁法院为书记官处

2014.05.27 仲裁庭签发第1号程序令，规定仲裁程序规则和一份临时的仲裁程序时间表

2014.12.12 马耳他提交了起诉状及相应的证据

2015.06.29 圣多美提交了辩诉状及相应的证据。在其辩诉状中，圣多美就仲裁庭的管辖权和马耳他诉求的可受理性提出了反对意见，并请求仲裁庭首先就本案的先决问题作出裁决，然后再审理实体问题

2015.08.24 仲裁庭签发第2号程序令，驳回圣多美程序分立的请求，并确定了新修订的程序时间表

2016.02.23—24 仲裁庭就本案的管辖权、可受理性和实体等问题在海牙和平宫举行了庭审

2016.09.05 附件七仲裁庭作出裁决

2019.12.08 附件七仲裁庭发布了关于赔偿问题的最终裁决

关键词：诚意履行义务（Fulfill in Good Faith the Obligations）；滥用权利（Abuse of Right）；真实和实质性联系（Real and Substantial Connection）；优势测试法（Test of Preponderance）；必要性和比例性原则（Principles of Necessity and Proportionality）；合理性要求（Requirement of Reasonableness）；不合理危险（Unreasonable Risk）

一、案件背景

"杜兹吉特·廉正"（Duzgit Integrity）号是一艘悬挂马耳他旗帜的化学品船，船东为马耳他的 DS 油轮有限公司（DS Tankers）。"玛丽达·梅丽莎"（Marida Melissa）号是一艘悬挂马绍尔群岛旗帜的油轮。这两艘船的船东之间没有关系，但均由斯特纳石油公司（Stena Oil）特许经营，这家瑞典公司在斯堪的纳维亚（Scandinavian）、北海海域以及西非沿海地区供应船用燃料。

圣多美和普林西比民主共和国（以下简称"圣多美"）是一个坐落在几内亚湾、位于加蓬西部和尼日利亚南部的岛国。该国是 1982 年《联合国海洋法公约》（以下简称《公约》）第 46 条意义上的群岛国，由两个主要岛屿"圣多美"和"普林西比"以及一些礁石小岛组成。圣多美根据其国内法令划定了群岛基线和 12 海里宽度的领海。其《宪法》第 4 条规定，圣多美领土由陆地领土、领海和群岛水域组成；其《海关程序法》（Customs Code of Procedure）第 2 条规定，其海关管辖权延伸至领海，包括其群岛水域。[1] 圣多美所在的西非航线十分繁忙，经圣多美许可，不能进入圣多美港的船只可以在其三个海上港口停泊。在圣多美西北部的内维斯（Neves）附近，油船通常抛锚以向圣多美附近船舶供应燃油。[2] 鉴于有限的港口设施，包括加油、提供物资和转运在内的活动通常通过在海上进行船对船货物转运操作，供应安排由沿特定航线运行的船只进行。[3] 包括转运地点在内的作业细节通常需要事先商定，并根据具体情况，与圣多美当局的代理商密切合作。圣多美声称，船只进入圣多美港必须接受其管制，对于加油或其他船对船行动，必须事先通知其港口与海事协会（Port and Martime Institute，IMAP），并由后者与海岸警卫队、海关和其他有关部门进行协调。[4]

2013 年年初，"杜兹吉特·廉正"号载着各类燃油自几内亚湾向拉斯帕尔马斯（Las Palmas）港航行，计划于 4 月 1 日起在该港口进行为期

---

[1] Hearing Transcript（23 February. 2016），109：1-2.
[2] The "Duzgit Integrity" Arbitration（Malta v. São Tomé and Príncipe），PCA Case No. 2014-07，Award of 5 September 2016，para. 53.
[3] Ibid.，para. 54.
[4] Hearing Transcript（23 February. 2016），p. 108.

5年的船坞检修。[5] 按照计划,该船在航行途中还将为在尼日利亚海岸外作业的4艘船舶提供重油。在此之前,该船还计划与位于圣多美地区的"玛丽达·梅丽莎"号会合,并向其转让船用瓦斯油以及其他一些设备。[6] "杜兹吉特·廉正号"进入圣多美群岛水域后试图与圣多美当局进行沟通,但没有成功。

3月15日,"杜兹吉特·廉正"号通过无线电与"玛丽达·梅丽莎"号取得联系,并准备会合。同日,圣多美海上保安厅的"阿奇·天使"(Arch Angel)号巡逻艇在执行例行任务时,通过雷达检测到两艘油轮从不同方向进入圣多美领海。[7] 圣多美认为,船只在进入圣多美领海和群岛水域之前未获得授权,圣多美海岸警卫队行动中心也未收到事先通知,于是命令海岸警卫队巡逻艇与这两艘船联系,以便了解它们出现在圣多美领海的原因。[8] 经过两次沟通,圣多美海岸警卫队认定"杜兹吉特·廉正"号船在没有得到授权的情况下在圣多美水域非法停留,并据此将两艘船舶扣留在安娜查韦斯湾(Ana Chaves Bay)附近,而船舶的船东和运营商则任命了当地代理人以便协商解决争议。圣多美通过询问两艘船的船长等调查程序后认为,两艘船在得到圣多美许可之前即进入圣多美群岛水域,且在没有得到事先书面许可的情况下进行了货物转运操作,但由于圣多美海警的干预而没能完成该转运活动;同时,由于怀疑船长违反圣多美《刑法》第274条走私罪的规定,圣多美逮捕了船长并没收了相关证件和法律文书。

随后,圣多美对"杜兹吉特·廉正"号船及其船长进行了一系列的处罚并提起司法程序。首先,港口与海事协会基于两艘船只未能提前24小时通知即进入圣多美群岛水域而要求船只交付罚款。马耳他方面对于该决定没有上诉,并由运营商于11月8日支付了该罚款。其次,2013年3月27日,圣多美海关总署认定本案中的两艘船违反了该国《海关程序法》,并决定处罚"杜兹吉特·廉正"号1.08亿欧元。[9] 同时,民事初

---

[5] The "Duzgit Integrity" Arbitration (Malta v. São Tomé and Príncipe), PCA Case No. 2014-07, Award of 5 September 2016, para. 58.

[6] Memorial, para. 36.

[7] The "Duzgit Integrity" Arbitration (Malta v. São Tomé and Príncipe), PCA Case No. 2014-07, Award of 5 September 2016, para. 63.

[8] Ibid., para. 63.

[9] Memorial, para. 91.

审法院下令扣押船舶和货物,并提起针对船长的平行诉讼。[10] 两艘船的船长对该决定提出了上诉。4月26日,上诉被驳回,船长们被勒令在5日内支付罚金。[11] 最后,圣多美提起针对船长的国内刑事诉讼程序。2013年3月29日,圣多美单一法院(Singular Court)宣布船长犯走私罪,并判处三年监禁,同时裁定船长和其承租人共同向圣多美赔偿约500万欧元。[12] 法院表示,如果船长们在30天内共同支付上述赔偿,就将三年监禁减至两年缓刑。船长们向圣多美最高法院提出上诉,但被后者驳回。[13] 8月5日,最高法院允许圣多美州检察官出售"杜兹吉特·廉正"号船上的货物。

2013年8月21日,圣多美成立了一个谈判委员会,希望通过谈判解决本案争端。次日,圣多美与船舶运营方代表召开会议讨论解决方案,圣多美提议在满足条件的情况下批准对船长的总统特赦,[14] 但运营方因为无法接受其中相关条件而拒绝了该提议,谈判持续到9月13日以失败告终。[15] 9月18日,马耳他任命的代理通知圣多美,马耳他准备提起仲裁程序,并表示马耳他愿意友好地解决争端。圣多美接受了马耳他继续谈判的邀请,但双方的谈判于10月16日再次失败。

2013年9月26日,圣多美总统颁布法令赦免了两位船长的监禁刑期,但赦免并没有影响有关赔偿及没收船只和货物的决定。[16] 10月2日,两位船长从监狱获释,但被禁止登上其各自的船只;直到10月10日,两位船长才拿到各自的护照,得以离开圣多美。

同时,圣多美当局着手执行法院关于没收船只货物的判决命令,以船上大量石油可能会造成重大环境风险为由出售了该批货物,并通过两次努力,最终将所售货物转运至货物买家船舶。然而,上述事件使"杜

---

[10] The "Duzgit Integrity" Arbitration (Malta v. São Tomé and Príncipe), PCA Case No. 2014-07, Award of 5 September 2016, para. 85.

[11] Ibid., para. 86.

[12] Ibid., para. 90.

[13] Counter-Memorial, para. 85.

[14] The "Duzgit Integrity" Arbitration (Malta v. São Tomé and Príncipe), PCA Case No. 2014-07, Award of 5 September 2016, para. 99.

[15] Bureau Veritas Classification certificate of Duzgit Integrity, 28 June 2013 and accompanying correspondence from ship owners to São Tomé and Príncipe's authorities.

[16] The "Duzgit Integrity" Arbitration (Malta v. São Tomé and Príncipe), PCA Case No. 2014-07, Award of 5 September 2016, para. 102.

兹吉特·廉正"号船无法按照预定的行程在 2013 年 4 月 1 日之前完成船坞检修和重新定级工作,并给保险和船旗国责任等带来不利影响。

2013 年 10 月 22 日至 11 月 7 日,在马耳他依据《公约》第 287 条和附件七第 1 条单方面提起附件七仲裁的同时,"杜兹吉特·廉正"号船东 DS 油轮有限公司与圣多美谈判委员会进行了和解谈判,并于 23 日达成和解协议,内容包括船东支付港口与海事协会的罚款、法院下令的赔偿和释放船舶,船东放弃所有对圣多美提起的司法诉讼等。[17] "杜兹吉特·廉正"号船于 11 月 25 日被释放。[18] 然而,马耳他后来却认为这份和解协议是在其被胁迫的状况下签署的,且法院并未认定和解协议有效。由此,即便在仲裁程序开启后,马耳他仍然主张其一直尝试与圣多美进行谈判,但没有取得成功。

二、裁 决

(一) 当事方请求

《公约》附件七仲裁程序开始后,仲裁庭就涉及管辖权、可受理性和实体问题等事项在海牙和平宫举行了庭审。在庭审结束前,马耳他向本案仲裁庭提交了其最终诉求,一共包括 13 项。这些诉求的主要内容可以被分为 4 类,即请求仲裁庭裁判或宣告:

1. 仲裁庭对马耳他所提诉求具有管辖权,这些诉求具备可受理性(第 3 项、第 4 项诉求)。

2. 宣布和裁定,圣多美对其海岸警卫队访问"杜兹吉特·廉正"号的行动给予授权,圣多美在 2013 年 3 月 15 日以及之后所采取的所有措施都是不合理的,且没有尽到妥善通知的义务(第 5 项、第 6 项诉求)。

3. 宣布和裁定,圣多美违反了多项《公约》义务,包括:(1)违反了对马耳他根据《公约》第 91 条和第 94 条以及习惯国际法自行承担保护其船舶的义务;(2)违反了其在《公约》第 2 条第 3 款、第 49 条

---

[17] See Settlement Agreement signed between the Government of São Tomé and Príncipe and DS Tankers, 23 November 2013.

[18] The "Duzgit Integrity" Arbitration (Malta v. São Tomé and Príncipe), PCA Case No. 2014-07, Award of 5 September 2016, para. 119.

第3款和第25条第1款下的海洋主权的义务及相关义务,并违反了《公约》第300条及一般国际法;(3)侵犯了船长、船员,及船东、承租人等的基本人权,从而违反了《公约》第300条;(4)违反了《公约》第192条、第194条和第225条,以及与海洋法直接有关的、一般适用的国际法规则和原则,滥用和恶意行使权力,违反了《公约》第300条(第7—10项诉求)。

4. 关于赔偿和费用,请求仲裁庭裁定圣多美相关行为为国际不法行为,要求圣多美为这些不法行为道歉并赔偿马耳他因执法行为而使"杜兹吉特·廉正"号,包括船东、承租人和船员等所有利益相关者受到的物质和非物质损失;保留马耳他根据仲裁法庭的程序令在稍后阶段提交进一步诉求的权利;同时,要求圣多美承担马耳他在本案中产生的所有费用和开支(第1项、第2项、第11项、第12项、第13项诉求)。[19]

在庭审结束前,圣多美亦对仲裁庭提出最终请求,请求仲裁庭:

(1) 裁决并宣告仲裁庭对本案无管辖权,马耳他的诉求不具备可受理性。

(2) 拒绝马耳他提出的所有诉求,包括在庭审期间提出的要求;以及

(3) 确定圣多美在诉讼中产生的成本、开支等法律费用等均由马耳他承担。[20]

(二) 仲裁庭关于管辖权、可受理性和实体问题的说理

1. 管辖权

在处理本案的实体问题前,仲裁庭注意到,在仲裁程序启动阶段,圣多美在其辩诉状中,对仲裁庭的管辖权和马耳他诉求的可受理性提出了反对意见,要求仲裁庭首先对反对意见作出裁决,并将其与争议的实体问题分开处理。因此,仲裁庭需回答其是否对本案享有管辖权,以及马耳他的诉求是否具有可受理性。

---

[19] The "Duzgit Integrity" Arbitration (Malta v. São Tomé and Príncipe), PCA Case No. 2014-07, Award of 5 September 2016, para. 121.

[20] Ibid., para. 122.

争端双方都是《公约》的缔约国,《公约》有关仲裁庭管辖权的规定包括第 286 条、第 287 条第 3 款和第 288 条。[21]

圣多美认为仲裁庭对本案没有管辖权,理由是本案中的争端不涉及《公约》的解释或适用。[22] 圣多美认为,《公约》第 286 条在本质上是要限制法庭对争端方诉求的管辖权,法庭应该效仿国际法院在核试验案中的做法,即通过考察双方当事国的立场来确定争端的性质。[23] 圣多美还援引"路易莎"号案,提出为了确定争端涉及《公约》的具体规定,诉讼一方必须证明该案中的事实与《公约》有关条款之间存在真实和实质性的联系。[24] 因此,仅仅援引公约条款本身并不意味着就存在一个与《公约》有关的争端。圣多美还认为,马耳他实际上引用国际法的相关规则和准则如基本人权和一般法律原则作为其主张的基础,而《公约》仅作为辅助依据。[25] 在这方面,圣多美援引了查戈斯群岛海洋保护区案中的结论,即争端与《公约》规定的某些事项之间的偶然联系不足以使整个争端都属于第 288 条第 1 款规定的范围。[26] 圣多美还指出,《公约》第 293 条并没有修改管辖权的范围。虽然该条允许仲裁庭适用其他"必要的国际法规则和原则"来审理法庭已拥有管辖权的那些诉求,但它并没有将法庭的管辖权扩大到基于《公约》以外的其他文书而提起的诉求;而这一论点也得到了混合氧化物核燃料工厂案、"北极日出"号案和"路易莎"号案等判例的佐证。[27]

马耳他认为圣多美对争端解决条款的解释过于狭隘,指出《公约》第 288 条第 1 款不使用"only"而使用"any"一词,是为了使法庭对涉及《公约》的解释和适用的任何争端都具有管辖权,马耳他认为这一点

---

[21] Counter-Memorial, paras. 144-147; Reply, para. 261.
[22] Counter-Memorial, paras. 141, 144 et seq.; Rejoinder, paras. 1, 10; Hearing Transcript (23 February 2016), 149:24-25, 151:1-2.
[23] Counter-Memorial, para. 166; Rejoinder, para. 24; Nuclear Tests (New Zealand v. France), Judgment of 20 December 1974, I. C. J. Reports 1974, p. 457, at p. 467, para. 31; Fisheries Jurisdiction (Spain v. Canada), Jurisdiction of the Court, Judgment of 4 December 1998, I. C. J. Reports 1998, p. 432, at p. 466, para. 30.
[24] Hearing Transcript (23 February 2016), 148:19-21.
[25] Counter-Memorial, paras. 168-172, 174, referring to Memorial, paras. 285-321.
[26] Counter-Memorial, para. 179.
[27] Rejoinder, paras. 38-40.

也得到了"弗吉尼亚·G"号案中六位法官发表的联合反对意见的佐证。[28] 马耳他还指出,争端涉及圣多美依据《公约》第 2 条第 1 款和第 49 条第 1 款行使其海洋主权的权利,以及马耳他根据《公约》第 91 条和第 94 条行使其船旗国的权利和履行其义务。马耳他还声称圣多美违反了《公约》第 192 条、第 194 条和第 225 条关于对海洋环境的保护和保全的义务以及《公约》第 300 条的有关规定,这些都涉及对《公约》条款的解释和适用,因此认为附件七仲裁庭对本案具有管辖权。[29]

仲裁庭首先指出,《公约》第 288 条第 1 款将法庭的管辖权限定于与《公约》条款的解释或适用有关的争端,然后分两步对本案的管辖权问题进行说明。第一,在本案中,双方当事国存在争端。马耳他主张,圣多美扣留"杜兹吉特·廉正"号、逮捕船长、罚款和没收该船及其货物违反了《公约》第 2 条第 3 款、第 25 条第 1 款、第 49 条第 3 款和第 300 条;圣多美于 2013 年 10 月 19 日将油、货由"杜兹吉特·廉正"号转运至另一艘船,违反了《公约》第 192 条、第 194 条、第 225 条和第 300 条。而圣多美对于马耳他提出的所有主张均提出异议。第二,本案中,上述争端与《公约》某些条款的解释或适用相关。仲裁庭认为,本案中的争端即双方当事国对圣多美是否按照《公约》规定的其享有的执法管辖权行事持有不同的观点。而为了审理马耳他的诉求,仲裁庭就必须查明《公约》的哪些条款适用于本案中的情形,以及圣多美的行为是否符合这些条款。[30] 据此,法庭认定,这一争端显然涉及对《公约》某些规定的解释和适用,仲裁庭对本案具有管辖权。

2. 可受理性

本案双方当事国关于马耳他诉求是否具备可受理性的辩论主要集中在四个方面,即《公约》第 295 条关于用尽当地救济的规定是否得到满足,马耳他是否已充分说明其若干诉求的理据,"杜兹吉特·廉正"号船东所遭受损失的问题是否得到解决,以及《公约》第 283 条规定的交换意见的义务是否已被履行。仲裁庭针对双方当事国对此问题的辩论,作出相关说理。

---

[28] The "Duzgit Integrity" Arbitration (Malta v. São Tomé and Príncipe), PCA Case No. 2014-07, Award of 5 September 2016, para. 132.

[29] Ibid., paras. 133-137.

[30] Ibid., para. 138.

第一，《公约》第295条关于用尽当地救济的规定是否得到满足。圣多美指出，《公约》第295条规定，"缔约国间有关本公约的解释或适用的任何争端，仅在依照国际法的要求用尽当地补救办法后，才可提交本节规定的程序"。圣多美驳斥马耳他提出的没有其他有效救济途径的说法，称还可以采取其他办法解决此争端，如斯特纳石油公司可以主张在本案中个人未经通知而被判刑，因此要求撤销单一法院于2013年3月29日作出的判决。[31] 马耳他则认为，其整体诉求是以圣多美不法行为对其国家造成的损害为基础的，因此用尽当地救济途径的规定并不适用于本案。[32]

仲裁庭按照两个步骤对此进行了说理。首先，马耳他作为《公约》下的船旗国，具有将《公约》下的争端提交解决的基础（standing）。要证明这一点，就需要证明圣多美对马耳他负有《公约》下的义务。根据《公约》第49条第3款和第300条，圣多美有义务确保由其采取的、针对在圣多美群岛水域内悬挂马耳他旗帜船只的任何执法措施，都符合《公约》的规定。[33] 同时，"杜兹吉特·廉正"号及其船上的任何人员在相关期间内应该被认为是一个与其船旗国相关联的实体。据此，马耳他有权就其《公约》下的权利受损并由此给其船舶、船长、船东和承租方带来的损害提交争端解决。[34] 其次，马耳他的直接权利主张是作为船旗国受到损害，而不是作为间接权利主张的私主体受损，因此不应该适用用尽当地救济的规定。为了证明这一点，仲裁庭采用了联合国国际法委员会制定的《外交保护条款草案》（Draft Articles on Diplomatic Protection）第14条第3款以及"弗吉尼亚·G"号案所采用的"优势测试法"。根据测试，仲裁庭认为，本案中主要的私主体所受损害只能导致马耳他的间接权利主张受损，无法适用用尽当地救济的规定。因此，本案仲裁庭拒绝接受圣多美对可受理性的反对意见。

---

[31] The "Duzgit Integrity" Arbitration (Malta v. São Tomé and Príncipe), PCA Case No. 2014-07, Award of 5 September 2016, para. 144.

[32] Ibid., para. 145. 值得注意的是，马耳他在其答辩状中指出，"本案中两国之间的争端提出的背景是，'杜兹吉特·廉正'号的船旗国针对圣多美以非公正的、滥用职权的方式侵害马耳他权利的行为，提供外交保护"。但显然，此处所指"外交保护"并非国际法意义上的"外交保护"。

[33] Ibid., para. 149.

[34] Ibid., para. 150.

第二,《公约》附件七第 1 条要求的"权利主张所依据的理由"是否已得到充分说明。圣多美指出,根据国际法的一般原则和《公约》附件七第 1 条,提起仲裁的一方必须明确其声称的法律依据,而马耳他尚未就其部分权利主张履行这一义务,因此这些主张应被视为不具备可受理性。圣多美解释说,马耳他虽提及《国际防止船舶造成污染公约》《国际海上人命安全公约》《海员培训、发证和值班标准国际公约》,但并没有指出被告侵犯了这些文书中的哪些规则;马耳他也没有具体说明圣多美"侵犯了船长和船员的基本人权"的法律依据。[35] 此外,马耳他援引欧洲人权法院各项人权条约和判例法,但其中没有一项对两个缔约方都具有约束力。[36] 因此,圣多美认为,这些条约本身并不能构成缔约方之间义务的来源或马耳他诉求的法律依据。

马耳他辩称,其已详细说明了其诉求的法律依据,这些依据来自《公约》的具体条款或者《公约》认可的其他国际法规则,或者是强制或普遍适用的法律规则。[37] 为此目的,马耳他提及《公约》第 225 条、第 192 条和第 194 条,以及在一些海洋法判例中出现的诸如"人权""人道主义关切""正当法律程序""公民权利"等短语。马耳他认为这些人权相关的规定属于《公约》中多次提及的"其他国际法规则",其已被并入《公约》,因此马耳他提及的这类权利主张具备可受理性。

仲裁庭审理后裁定,马耳他在其 2014 年 12 月 12 日的诉状、2015 年 10 月 23 日的答复,以及其于 2016 年 2 月 23 日至 24 日举行的庭审中所做口头陈述已充分说明其诉求在《公约》中的法律依据。因此,仲裁庭拒绝接受圣多美这一反对意见。

第三,和解协议的效力。圣多美认为,"杜兹吉特·廉正"号船东的权利损害主张不具备可受理性,理由是这些主张可以通过和解协议予以解决。马耳他则对此表示反对,理由是马耳他并不是和解协议的缔约方,且该和解协议的部分内容是在其被胁迫的情况下(under duress)达成的,因此是自始无效的,并不会影响马耳他诉求的可受理性。[38]

仲裁庭意识到,"杜兹吉特·廉正"号船东与圣多美于 2013 年 11 月

---

[35] The "Duzgit Integrity" Arbitration (Malta v. São Tomé and Príncipe), PCA Case No. 2014-07, Award of 5 September 2016, p. 160.

[36] Ibid., para. 160.

[37] Ibid., para. 161.

[38] Ibid., paras. 173-179.

23 日签署了和解协议,在该协议中"杜兹吉特·廉正"号船东承诺不针对圣多美采取任何司法行动。然而,船东根据和解协议解决的问题与马耳他根据《公约》在国际法下提出的诉求截然不同,船方和圣多美之间达成的和解协议并不会影响马耳他根据《公约》向圣多美提出诉求的权利。[39] 而且马耳他并不是和解协议的缔约方,不受该协议约束。因此,仲裁庭认定,和解协议与涉及"杜兹吉特·廉正"号船东的马耳他诉求的可受理性问题无关。

第四,《公约》第 283 条规定的交换意见的义务是否已被履行。圣多美主张,马耳他在启动附件七仲裁之前并没有履行与其交换意见的义务;在该程序启动后,马耳他又主动终止了协商。此外,在协商期间,马耳他并没有明确其诉求所依据的《公约》的具体条款,且在其决定终止协商后,也没有就采取哪种争端解决方法与圣多美交换意见。[40]

马耳他则认为其已经履行了《公约》第 283 条规定的交换意见的义务。该国指出,其曾经多次尝试并积极与圣多美进行协商,但由于圣多美缺乏解决争端的意愿,这些努力并没有取得成果。马耳他强调,适当的交换意见应该是一种双向的努力,该国多次尝试交换意见,但圣多美缺乏意愿并导致双方达成协议的可能性不复存在,在这种情况下,该国应该被视为已经履行了交换意见的义务。

仲裁庭通过查明事实,认定本案已经满足了交换意见的要求。在列举了马耳他在 2013 年 4 月 22 日、4 月 23 日、5 月 15 日和 9 月 18 日多次与圣多美交换意见的事实后,仲裁庭认定,圣多美已经被充分地告知马耳他提起附件七仲裁的可能性,本案争端的性质也很清晰。仲裁庭认为,在履行交换意见义务时,马耳他并没有必要明确指出其所依据的《公约》具体条款。最终,仲裁庭裁定《公约》第 283 条规定的交换意见的义务在本案中已得到履行。

3.《公约》第 300 条的解释和适用

马耳他在其提出的关于实体问题的所有诉求中均援引了《公约》第 300 条,意在将该条中的诚意履行和不滥用权利的义务适用于《公约》中规定一国权利或义务的每一项条款。此外,马耳他认为,人权和人道

---

[39] The "Duzgit Integrity" Arbitration (Malta v. São Tomé and Príncipe), PCA Case No. 2014-07, Award of 5 September 2016, para. 181.

[40] Ibid., paras. 186, 188.

主义考量与第 300 条中的"滥用权利"也是相关的;根据《公约》第 293 条和《程序规则》第 11 条,"《公约》以外的其他国际法规则"亦会对沿海国行使主权带来一定的限制。[41]

马耳他认为,《公约》第 300 条中的"滥用权利"包含"人权和人道主义的考量",圣多美对此提法表示反对。其主张,如果《公约》条款并没有作出诸如第 73 条第 1 款和第 2 款那样清晰的限制性规定,法庭或仲裁庭就不能仅通过第 300 条那样的一般规定来进行这种限制。圣多美还指出,第 300 条中的"滥用权利"有严格的要求,并且要有"清晰的、有说服力的证据"来佐证。[42] 其认为本案中马耳他未能提供此种证据。

仲裁庭认为,《公约》第 300 条是适用于《公约》所有条款的一项总体性条款(overarching provision)。从"路易莎"号案和"弗吉尼亚·G"号案可见,法庭并不能独立援引第 300 条,还必须同时援引当事方所违反的《公约》的特定条款。只有当《公约》所认可的权利、管辖权和自由被滥用,第 300 条才可以被同时援引。[43]

4. 圣多美的行为违反了《公约》第 49 条第 3 款

《公约》第 49 条"群岛水域、群岛水域的上空、海床和底土的法律地位"位于第四部分"群岛国"项下,该条第 3 款规定,"此项主权的行使受本部分规定的限制"。马耳他主张,圣多美当局所采取的与"杜兹吉特·廉正"号,其船长、船员、船东和承租人相关的所有行为和措施,均是不公正的、明显不符合比例原则的,并且违反了《公约》第 49 条第 3 款和第 300 条。仲裁庭裁决圣多美的行为违反了《公约》第 49 条第 3 款,并从三个方面对此进行了说理。

第一,圣多美海岸警卫队执法期间,"杜兹吉特·廉正"号是否获得明确许可。马耳他主张,在圣多美海岸警卫队第一次访问"杜兹吉特·廉正"号期间,后者获得了可以进行船对船转运活动的口头许可,并提供了高频电台通信记录及其他相关证据。[44] 圣多美则认为,"杜兹

---

[41] The "Duzgit Integrity" Arbitration (Malta v. São Tomé and Príncipe), PCA Case No. 2014-07, Award of 5 September 2016, para. 213.
[42] Ibid., para. 215.
[43] Ibid., para. 218.
[44] Ibid., paras. 221, 224.

吉特·廉正"号并没有按照该国法律规定,事先获得进行船对船转运操作的许可,并针对执法时的电台记录等证据对马耳他的观点提出多项质疑。[45]

仲裁庭首先指出,"杜兹吉特·廉正"号在被逮捕时正位于圣多美的群岛水域,因此《公约》第49条适用于本案。仲裁庭认定,尽管本案中"杜兹吉特·廉正"号船长善意地误解其已经获得圣多美海警的进入许可,但是马耳他却未能证明圣多美当局明确许可该船可以进行其计划中的船对船转运操作,因此圣多美海岸警卫队在2013年3月15日要求该船停船、人员上岸的执法并不违法。[46] 仲裁庭认为,圣多美的执法行为合法,且符合其依据对群岛水域的主权所获得的执法管辖权。同时,圣多美并没有单独通知"杜兹吉特·廉正"号这项义务,或劝告该船离开圣多美水域的义务;未经许可,外国船舶不得在沿海国享有主权的海域进行船对船转运操作,而且在本案中,"杜兹吉特·廉正"号有充足的时间通知其代理向圣多美寻求许可。[47] 仲裁庭裁定,圣多美在本案中采取的措施对确保遵守其按照《公约》要求通过的法律和规章是必要的。"杜兹吉特·廉正"号没有得到事先许可,并且不能证明其在圣多美海岸警卫队第一次访问期间获得此类许可。[48]

第二,圣多美对"杜兹吉特·廉正"号及其船长的处罚是否符合比例原则。本案中,圣多美对"杜兹吉特·廉正"号及其船长的处罚包括由港口与海事协会出具的罚款、海关总署行政罚款,以及对船长的扣押和刑事诉讼三个方面。

马耳他主张,2013年3月16日港口与海事协会对"杜兹吉特·廉正"号实施的罚款"不明确且不合理";圣多美海关总署的行政罚款是依据该船上的全部货物来计算的,该金额并不合理,海关总署也没有对此进行解释。马耳他还认为,"杜兹吉特·廉正"号船长在被扣押期间并没有被告知其罪名和具体程序,其被提起刑事诉讼是基于错误的证据和非正当的程序,刑事审判的结果违反了比例原则。[49]

---

[45] The "Duzgit Integrity" Arbitration (Malta v. São Tomé and Príncipe), PCA Case No. 2014-07, Award of 5 September 2016, paras. 227-232.
[46] Ibid., para. 234.
[47] Ibid., paras. 235-236.
[48] Ibid., para. 236.
[49] Ibid., paras. 243, 245, 247.

圣多美则提出，其在该国群岛水域和领海行使主权的行为应该受到尊重。港口与海事协会对"杜兹吉特·廉正"号的罚款是基于其国内法，因该船并没有获得事先许可，所以对其罚款是合理且合法的。[50] 海关总署实施的罚款是基于圣多美《海关程序法》第38条，而且该船没有实际完成转运并不意味着其没有违反圣多美国内法。[51] 该国对船长的扣押和刑事诉讼依据的是圣多美国内法，且符合必要性和比例性原则。

仲裁庭指出，根据国际法，沿海国在其群岛水域内采取的执法措施要遵循合理性要求，其包括必要性和比例性的一般原则。[52] 仲裁庭认为，圣多美有权确保其主权得到尊重，港口与海事协会对"杜兹吉特·廉正"号的罚款是适当的或符合比例原则的，圣多美的这一措施符合其执法管辖权。海关罚款适用于拟进口的货物，而本案并不涉及进口或经济交易问题，且"杜兹吉特·廉正"号计划进行的转运业务是属于在同一家公司租用的两艘船之间的业务，也没有证据证明该船是重复违法。[53] 在这种情况下，圣多美海关总署的罚款是不成比例的。此外，对船长的扣押和刑事诉讼如果考虑到扣押时间、罚款、没收货物等因素，在仲裁庭看来也不符合比例原则。综上所述，如果考虑到圣多美作出上述处罚所产生的累积影响，即将上述处罚综合考虑，则不符合合理性和比例性原则，这是与一国依据《公约》第49条行使主权时所应承担的国家责任不兼容的，换言之，在本案中圣多美违反了《公约》第49条第3款。

第三，圣多美的其他行为是否违法。仲裁庭首先考察了关于释放"杜兹吉特·廉正"号的和解协议是否存在胁迫行为这一问题。双方当事国对此存在不同的观点，仲裁庭裁定，马耳他对此负有举证义务。由于本案情形较为复杂，尽管当时船东面临压力，但仲裁庭认为尚未达到胁迫的程度。

另一个问题是，圣多美没有通知马耳他"杜兹吉特·廉正"号被逮捕是否违反了《公约》第94条。仲裁庭认定，在本案中圣多美已经通知葡萄牙大使馆向马耳他官员转达该信息，由于马耳他也是欧盟的成员国，所以可以认定圣多美已经尽到了相应的通知义务；而且《公约》并

---

[50] The "Duzgit Integrity" Arbitration (Malta v. São Tomé and Príncipe), PCA Case No. 2014-07, Award of 5 September 2016, paras. 238-239.
[51] Ibid., para. 242.
[52] Ibid., para. 254.
[53] Ibid., paras. 255-258.

没有条款明确地要求应该通知到船旗国。[54] 此外,针对马耳他认为圣多美存在区别对待不同船舶的问题,仲裁庭认定,这几艘船舶违反圣多美国内法的情形各不相同,并不具有可比性,因此并没有支持马耳他这一诉求。

综上所述,仲裁庭裁定,圣多美在本案中的行为违反了《公约》第49条第3款。

5. 圣多美的行为没有违反《公约》第 192 条、第 194 条和第 225 条

马耳他主张,圣多美私自从"杜兹吉特·廉正"号向"劲量"(Energizer)号执行船对船转运活动违反了《公约》第 192 条、第 194 条和第 225 条。因为此时圣多美没有采取任何准备或预防措施,该行为不符合《公约》中关于海洋环境的保护与保全的规定,可能会造成严重的后果。由于船长和大副被扣押、船员受到威胁、船舶整体状态也不好,此时进行船对船操作存在很大的风险;这样的状态也不符合《国际防止船舶造成污染公约》《国际海上人命安全公约》《海员培训、发证和值班标准国际公约》等公约有关船员值班、人员配备以及对海洋环境保护的相关规定。[55]

圣多美方提出反对意见,其认为转运活动是在海岸警卫队及相关专业人员的监护下进行的,不存在任何危及环境的风险或者危及海上人命安全的情况。《公约》第 225 条中规定的"不合理的危险"具有较高的标准,而马耳他并不能够提供证据证明其主张。[56]

仲裁庭认定,要判定船对船操作是否给海洋环境带来不合理的危险必须基于活动进行时的实际情形,而不取决于活动是否完全符合圣多美国内法。[57] 基于本案中现有的证据,仲裁庭裁定,马耳他未能对其主张进行举证,圣多美没有违反《公约》第 192 条、第 194 条和第 225 条。

6. 圣多美的行为没有违反《公约》第 2 条第 3 款和第 25 条

马耳他主张,"杜兹吉特·廉正"号在进入圣多美群岛水域之前必须先进入其领海,因此在圣多美群岛水域内发生的事件也应适用《公

---

[54] The "Duzgit Integrity" Arbitration (Malta v. São Tomé and Príncipe), PCA Case No. 2014-07, Award of 5 September 2016, para. 268.
[55] Ibid., paras. 279-284.
[56] Ibid., para. 286.
[57] Ibid., para. 293.

约》第 2 条第 3 款,并主张圣多美的行为违反了该条规定。马耳他还指出,圣多美的执法活动违反了《公约》第 25 条所包含的比例原则。圣多美对马耳他的上述主张表示反对。

仲裁庭首先认定,本案争端发生在圣多美的群岛水域,而非领海,因此,《公约》中与本案相关的条款应该是第四部分"群岛国"。[58] 其次,仲裁庭认定,《公约》第 25 条第 1 款通过并入第二部分第 17—32 条规定,也适用于第四部分的群岛水域;然而,在本案中,"杜兹吉特·廉正"号是在进行船对船转运操作,而非"通过"(passage),因此,圣多美并没有违反《公约》第 25 条。[59]

7. 赔偿问题

马耳他主张,圣多美应对违反其国际义务的行为负责,因此有责任对马耳他、"杜兹吉特·廉正"号,及其船东、承租人、船长、船员和货主所受的损失提供充分赔偿。[60]

圣多美则认为,其没有从事任何国际不法行为,没有违反任何《公约》条款,因此,其在国际法上不用为任何损害承担赔偿责任。此外,即便仲裁庭认为圣多美对马耳他负有国际责任并有义务提供赔偿,圣多美认为马耳他索赔的赔偿金额也不符合要求。[61]

仲裁庭根据马耳他在最终诉求中提出的三种类型的赔偿分别进行裁定。就马耳他提出的前两种类型的赔偿而言,仲裁庭考虑本裁决已经认定圣多美的国际不法行为违反了《公约》第 49 条第 3 款,裁定圣多美没有必要再为此进行正式道歉。就马耳他提起的第三种类型的赔偿而言,仲裁庭裁定马耳他有权在这些程序的后续阶段就第 333 段列出的索赔清单提出索赔要求。[62]

---

[58] The "Duzgit Integrity" Arbitration (Malta v. São Tomé and Príncipe), PCA Case No. 2014-07, Award of 5 September 2016, para. 300. 关于这一点,卡特卡法官在其提交的反对意见中表示,本案仲裁庭应该更进一步,直接裁定《公约》第 2 条第 3 款与本案无关。Dissenting Opinion of Judge Kateka, The "Duzgit Integrity" Arbitration (Malta v. São Tomé and Príncipe), PCA Case No. 2014-07, Award of 5 September 2016, para. 25.

[59] The "Duzgit Integrity" Arbitration (Malta v. São Tomé and Príncipe), PCA Case No. 2014-07, Award of 5 September 2016, para. 310.

[60] Ibid., para. 312.

[61] Ibid., paras. 324-325.

[62] Ibid., paras. 332-333.

(三) 裁决主文

本案仲裁庭经过审理，于 2016 年 9 月 5 日发布了裁决。裁决主文的内容如下：

(1) 一致判定，仲裁庭对本案的争端具有管辖权；

(2) 一致判定，马耳他的诉求具有可受理性；

(3) 多数票裁定，圣多美违反了《公约》第 49 条第 3 款；

(4) 多数票裁定，马耳他有权在这些程序的后续阶段就第 333 段列出的索赔清单提出索赔要求；

(5) 一致命令，法庭的开支应由双方根据《公约》附件七第 7 条均摊；

(6) 责令，一致认可，双方应承担各自的诉讼费用；

(7) 一致认可，驳回所有其他诉求。[63]

三、评　论

(一)《公约》第 293 条第 1 款与法庭管辖权之间的关系

《公约》第 288 条第 1 款将本法庭的管辖权限定为有关《公约》的解释或适用的任何争端；第 293 条第 1 款规定，"根据本节具有管辖权的法院或法庭应适用本公约和其他与本公约不相抵触的国际法规则"。根据国际法的一般原则，法律适用条款，如《公约》第 293 条第 1 款，并不会扩大法院或法庭的管辖权。换言之，法院或法庭不得通过"与《公约》不相抵触的国际法规则"来扩大自己的管辖权。

在本案中，马耳他认为基本人权属于"与《公约》不相抵触的其他国际法规则"，并主张圣多美不尊重各种国内和国际文书（如《世界人

---

[63] The "Duzgit Integrity" Arbitration (Malta v. São Tomé and Príncipe), PCA Case No. 2014-07, Award of 5 September 2016, para. 342.

权宣言》)中所载的基本人权。[64] 圣多美认为,《公约》下争端解决框架的范围被限定为与《公约》的解释和适用有关的争端,因此,法庭对马耳他提出的"其他国际法规则"没有管辖权。圣多美强调,第293条"适用的法律"与第288条第1款下的管辖权之间的区别在于,前一条规定使法庭能够"适用可能需要的规则和原则来解决《公约》之下的诉求",但不扩大仲裁庭的管辖权。[65] 仲裁庭认为,其对于在《公约》中没有规定的义务的违反问题,包括人权义务,没有管辖权;因此裁定,其无权决定本案中圣多美是否违反了基本的人权义务。[66] 本案中仲裁庭对此问题的裁定与相关国际判例(如混合氧化物核燃料工厂案、查戈斯群岛海洋保护区案、"北极日出"号案等)保持一致,即拒绝通过《公约》第293条第1款来变相地扩大其管辖权。

然而,其他一些国际判例,如"塞加"号(第2号)案、圭亚那诉苏里南仲裁案,以及"弗吉尼亚·G"号案等,则通过援引《公约》第293条第1款扩大了法院或法庭的管辖权。这种对《公约》第293条第1款与法庭管辖权之间的关系进行不同的解释和适用的判例也引起学术界的一些讨论。有学者认为,这可能会最终损害《公约》下的争端解决机制。[67]

(二) 比例原则的解释与适用

比例原则通常是指"手段不得与所追求的目的不成比例,或手段必须与所追求的目的保持适当、正当、合理或均衡的比例关系"[68]。然而,如何判断海上执法或行政处罚等政府行为是否违反比例原则始终是国际司法或仲裁实践中的一大难题。

在本案中,马耳他主张"杜兹吉特·廉正"号船长被提起刑事诉讼是基于错误的证据和非正当的程序,刑事审判的结果违反比例原则。圣多美则认为其对"杜兹吉特·廉正"号及其船长的处罚基于其国内法,

---

[64] The "Duzgit Integrity" Arbitration (Malta v. São Tomé and Príncipe), PCA Case No. 2014-07, Award of 5 September 2016, para. 203.

[65] Ibid., paras. 204-205.

[66] Ibid., paras. 207, 210.

[67] Peter Tzeng, "Jurisdiction and Applicable Law Under UNCLOS", *Yale Law Journal*, Vol. 126, 2016, p. 245.

[68] 徐鹏:《海上执法比例原则研究》,上海交通大学出版社2015年版,第134—135页。

且符合必要性和比例性原则。仲裁庭指出,根据国际法,沿海国在其群岛水域内采取的执法措施和进行的处罚行为要遵循比例原则,但本案中圣多美的行为违反了比例原则以及《公约》第 49 条第 3 款。一是其海关总署的罚款不符合比例原则,原因是海关罚款适用于拟进口的货物,而本案并不涉及进口或经济交易问题,且"杜兹吉特·廉正"号计划进行的转运是属于同一家公司租用的两艘船之间的业务,没有证据证明该船是重复违法;二是对船长的扣押和刑事诉讼如果考虑扣押时间、罚款、没收货物等因素,仲裁庭认为其也不符合比例原则。

卡特卡法官在其反对意见中对此提出不同意见。第一,他不赞成本案中仲裁庭根据圣多美所做各种处罚的累积影响来判定其行为不符合比例原则。在本案中,仲裁庭并没有分别考虑每项处罚,而是将"长期拘留船长和船只,经济制裁以及没收全部货物"等处罚综合考量。[69] 卡特卡法官认为,每项处罚都必须根据其自身的特点加以考虑;当考虑国际法的合理性时,"在任何特定情况下,合理和公平的做法必须取决于其特殊情况"。[70] 第二,他认为对执法措施是否符合比例原则的考量因素应该包括案件的具体情形、违法行为的严重性、执法的法律依据等,威慑违法行为的必要性在考量的权重上要高于初犯这一情节。[71] 卡特卡法官据此认为,圣多美采取的相关处罚措施并没有违反《公约》第 49 条第 3 款。

(三) 赔偿金额的考量因素

在本案中,仲裁庭在认定圣多美违反《公约》第 49 条第 3 款的基础上,裁定马耳他有权在这些程序的后续阶段就第 333 段列出的索赔清单提出索赔要求。

卡特卡法官对该裁定持不同意见,并提出包括赔偿金额的考量因素在内的两项理据。首先,卡特卡法官认为圣多美并没有从事国际不法行

---

[69] The "Duzgit Integrity" Arbitration (Malta v. São Tomé and Príncipe), PCA Case No. 2014-07, Award of 5 September 2016, para. 260.

[70] Interpretation of the Agreement of 25 March 1951 Between WHO and Egypt, Advisory Opinion, I. C. J. Reports 1980, p. 73 at p. 96, para. 49.

[71] Dissenting Opinion of Judge Kateka, The "Duzgit Integrity" Arbitration (Malta v. São Tomé and Príncipe), PCA Case No. 2014-07, Award of 5 September 2016, paras. 11-19.

为，没有违反《公约》第49条第3款，因此该国自然不应该承担赔偿责任。[72] 其次，赔偿问题应该将相关的因素都纳入考量，例如，"杜兹吉特·廉正"号本身由于不遵守相关的规则和规章而导致损害的产生。根据联合国国际法委员会起草的《国家责任条款草案》（Draft Articles on State Responsibility for Internationally Wrongful Acts）第 39 条，并结合对该条的评注，可以发现在评估赔偿的形式和范围时，必须将与求偿行为有关的受害国、受害人或受害实体的行为本身作为一个考量因素，而这也适用于本案。[73]

2019 年 12 月 8 日，本案的《公约》附件七仲裁庭发布了关于赔偿问题的最终裁决。仲裁庭在 2016 年 9 月 5 日裁决的基础上，裁定圣多美向马耳他支付总额约 13051507.61 美元的损害赔偿金。[74]

四、附　录

（一）中英案件全名

1. 中文案件全名："杜兹吉特·廉正"号仲裁案（马耳他诉圣多美和普林西比民主共和国）

2. 英文案件全名：The "Duzgit Integrity" Arbitration（Malta v. São Tomé and Príncipe）

（二）案件的标准引用

1. The "Duzgit Integrity" Arbitration（Malta v. São Tomé and Príncipe），PCA Case No. 2014-07，Award of 5 September 2016.

2. The "Duzgit Integrity" Arbitration（Malta v. São Tomé and Príncipe），PCA Case No. 2014-07，Award on Reparation of 8 December 2019.

---

[72] Dissenting Opinion of Judge Kateka, The "Duzgit Integrity" Arbitration（Malta v. São Tomé and Príncipe），PCA Case No. 2014-07，Award of 5 September 2016，para. 29.

[73] Ibid.，paras. 31-33.

[74] The "Duzgit Integrity" Arbitration（Malta v. São Tomé and Príncipe），PCA Case No. 2014-07，Award on Reparation of 8 December 2019，para. 221.

（三）主要参考文献

1. Peter Tzeng, "Jurisdiction and Applicable Law Under UNCLOS", *The Yale Law Journal*, Vol. 126, No. 1, 2016, pp. 242-260.

2. 吉纳维芙·伯杜：《〈联合国海洋法公约〉中的强制争端解决方法——从法理学的角度看其范围和限制》，《中国海洋法学评论》2017年第1期，第114页。

3. 徐鹏：《海上执法比例原则研究》，上海交通大学出版社2015年版，第134—135页。

（四）与本案主题相关的重要引用案件

1. The MOX Plant Case (Ireland v. United Kingdom), Provisional Measures, Order of 3 December 2001, ITLOS Reports 2001, p. 95.

2. The MOX Plant Case (Ireland v. United Kingdom), Order No. 3 of 24 June 2003, PCA, para. 19.

3. The Fisheries Jurisdiction Case (Spain v. Canada), Jurisdiction of the Court, Judgment of 4 December 1998, I. C. J. Reports 1998, p. 466, para. 30.

4. The Nuclear Tests Case (New Zealand v. France), Judgment of 20 December 1974, I. C. J. Reports 1974, p. 467, para. 31.

5. The M/V "Louisa" Case (Saint Vincent and the Grenadines v. Spain), Judgment of 28 May 2013, ITLOS Reports 2013, p. 1, para. 155.

6. Chagos Marine Protected Area Arbitration (Mauritius v. United Kingdom), Award of 18 March 2015, PCA, para. 220.

7. The M/V "Virginia G" Case (Panama v. Guinea-Bissau), Judgment of 14 April 2014, ITLOS Reports 2014, p. 214 at para. 6.

8. "Arctic Sunrise" Arbitration (Netherlands v. Russia), Award on the Merits of 14 August 2015, PCA, paras. 190-192.

（五）案件中的重要缩略语

ITLOS　International Tribunal for the Law of the Sea　国际海洋法法庭

UNCLOS　United Nations Convention on the Law of the Sea　《联合国海洋法公约》

ICJ   International Court of Justice   国际法院

PCIJ   Permanent Court of International Justice   国际常设法院

PCA   Permanent Court of Arbitration   常设仲裁法院

IMAP   Port and Maritime Institute   港口与海事协会

MARPOL   International Convention for the Prevention of Pollution from Ships   《国际防止船舶造成污染公约》

SOLAS   International Convention for Safety of Life at Sea   《国际海上人命安全公约》

STCW   International Convention on Standards of Training, Certification and Watchkeeping for Seafarers   《海员培训、发证和值班标准国际公约》

（施余兵）

作者简介（以姓氏笔画为序）

ABOUT THE AUTHOR

王军敏

法学博士，中共中央党校研究员、博士生导师，中国海洋法学会常务理事，主要研究方向为国际法、海洋法和国际争端解决。

边界争端案（贝宁/尼日尔）

个人邮箱：wangjmhnjx@sina.com

叶 强

法学博士，中国南海研究院海洋法律与政策研究所助理研究员。主要研究方向为国际海洋法和国际争端解决。

担保国责任咨询意见案；陆地边界争端案（布基纳法索/尼日尔）；次区域渔业委员会咨询意见案

个人邮箱：yeqiang@nanhai.org.cn

冯 旭

清华大学法学院国际法专业硕士研究生，现工作单位为北京跟踪与通信技术研究所。我国"航天法"论证起草专家组成员，主要研究方向为海洋法、外层空间国际法。

"北极日出"号案（荷兰诉俄罗斯）

个人邮箱：fengxu1218@163.com

曲 波

宁波大学法学院／东海战略研究院／南方海洋科学与工程广东省实验室（珠海）教授。主要研究方向为国际法基本理论及国际海洋法。出版译著1部，专著2部，主编、参编教材6部，在《中国法学》《当代法学》等期刊发表论文50余篇，主持国家社科基金项目3项。

渔业管辖权案（西班牙诉加拿大）；拉森诉夏威夷王国仲裁案；"丰进丸"号案（日本诉俄罗斯）（迅速释放）；"富丸"号案（日本诉俄罗斯）（迅速释放）

个人邮箱：qubo@nbu.edu.cn

朱利江

中国政法大学国际法学院教授，主要研究方向为领土主权和海洋权益、和平解决国际争端、国际人权与人道法等。现任中国国际法学会秘书处副秘书长、《中国国际法年刊》副主编、英国剑桥大学《红十字国际评论》（SSCI）编委。

布尔奇科仲裁案（波黑联邦/波黑塞族共和国）；大西洋海洋划界案（加纳／科特迪瓦）

个人邮箱：zhu.lijiang@163.com

刘 衡

法学博士，中国社会科学院欧洲研究所副研究员，主要研究方向为国际争端解决、国际法治。已出版或发表《国际法之治：从国际法治到全球治理》《〈联合国海洋法公约〉附件七仲裁：定位、表现与问题》等学术专著和论文。

厄立特里亚／埃塞俄比亚陆地划界案；鲱鱼仲裁案［法罗群岛（丹麦）诉欧盟］

个人邮箱：liuheng100732@163.com

杨 帆

法学博士,厦门大学法学院助理教授,厦门大学法学院网络空间国际法研究中心副主任、厦门大学国际经济法研究所副所长,兼任《国际经济法学刊》执行编辑。主要研究方向为网络空间国际法。

利吉丹岛与西巴丹岛主权争端案(印度尼西亚/马来西亚);海洋争端案(秘鲁诉智利)

个人邮箱:onosefan@163.com

苏金远

法学博士,武汉大学国际法研究所教授、博士生导师,Chinese Journal of International Law 编委,主要研究方向为海洋法、航空法、外空法。在 International & Comparative Law Quarterly、International Journal of Marine and Coastal Law 等刊物发表论文,主持国家社科基金重点项目1项、青年项目1项。

"卡西基利/塞杜杜岛"案(博茨瓦纳/纳米比亚);出入太平洋的协谈义务案(玻利维亚诉智利)

个人邮箱:jinyuan.su@whu.edu.cn

吴继陆

法学博士,自然资源部海洋发展战略研究所研究员,主要研究方向为国际海洋法、海洋立法。在 Ocean Development and International Law 等期刊发表论文近30篇,出版《世界海洋政治边界》(译)、《国际海洋划界方法论研究》(待出版)等,主编"领土与海洋争端问题研究丛书",主持或参加多项社科基金重大项目,参与编制多份涉海文件。

领土与海洋争端案(尼加拉瓜诉哥伦比亚)

个人邮箱:jiluwu@cimamnr.org.cn

何田田

法学博士，中国社会科学院国际法研究所副研究员，《国际法研究》（双月刊）编辑。主要研究方向为国际争端解决、海洋法、国际刑法和国际人道法。

航行权和相关权利争端案（哥斯达黎加诉尼加拉瓜）；阿卜耶伊地区划界仲裁案（苏丹政府/苏丹人民解放运动）；南极捕鲸案（澳大利亚诉日本，新西兰参加）

个人邮箱：hetiantian@cass.org.cn

余民才

中国人民大学法学院教授，中国国际法学会理事，著有《海洋石油勘探与开发的法律问题》（2001年）和《国际法上自卫权实施机制》（2014年），在中外法学刊物发表多篇论文，主持国家社科基金项目、教育部项目和司法部项目。

"塞加"号案（圣文森特和格林纳丁斯诉几内亚）；"塞加"号（第2号）案（圣文森特和格林纳丁斯诉几内亚）；"大王子"号案（伯利兹诉法国）；"蒙特·卡夫卡"号案（塞舌尔诉法国）（迅速释放）；"伏尔加河"号案（俄罗斯诉澳大利亚）（迅速释放）

个人邮箱：ymc685@sina.com

张小奕

国际法学博士，自然资源部海洋发展战略研究所副研究员，"国家领土主权与海洋权益协同创新中心"研究人员，主要研究方向为国际法、海洋法。承担国家级和省部级科研课题10余项，在国内外重要学术期刊发表论文10余篇。

南方蓝鳍金枪鱼案（澳大利亚和新西兰诉日本）；圭亚那诉苏里南仲裁案（圭亚那诉苏里南）

个人邮箱：sophia_xiaoyi@163.com

张新军

清华大学教授,兼任亚洲国际法学会执行理事会常务理事、中国国际法学会理事、国际法学会气候变化法律原则委员会委员、《中国国际法杂志》编委会成员、《中华海洋法学评论》副总编。主要研究方向为海洋法、国际环境法、国际争端解决、国际法基本理论等。

孟加拉湾海洋划界案（孟加拉国/缅甸）

个人邮箱：zxinjun@mail.tsinghua.edu.cn

陈喜峰

法学博士，厦门大学法学院副教授，厦门大学国际经济法研究所副所长、海洋和军事国际法研究中心主任。主要研究方向为国际公法、海洋法、国际军事法、国际司法和仲裁、国际贸易法和国际商法。出版个人专著2部，在国内外期刊上发表论文多篇，主持各级课题30余项。

专属经济区和大陆架划界争端案（巴巴多斯诉特立尼达和多巴哥）；黑海海洋划界案（罗马尼亚诉乌克兰）

个人邮箱：cxifeng@xmu.edu.cn

罗　刚

自然资源部海洋发展战略研究所副研究员，法国巴黎一大法学博士、德国萨尔大学法学硕士、法国巴黎五大法学硕士、中国政法大学法学硕士、英国伦敦大学国际公法研究生文凭。曾供职德国马普比较公法与国际法研究所。作为中国代表团成员多次参与国际涉海磋商谈判。主要研究方向为国际法、海洋法等。

帝汶海强制调解案（东帝汶和澳大利亚）

个人邮箱：academia_luo@163.com

赵英军

北京师范大学法学院副教授，日本东北大学法学博士。中国海洋法学会会员，日本国际法学会会员。主要研究方向为国际公法基础理论、海洋法。

"卡莫柯"号案（巴拿马诉法国）（迅速释放）；南太平洋区域渔业管理组织竹筴鱼捕捞限额案

个人邮箱：zhaoyingjun@139.com

施余兵

澳大利亚伍伦贡大学法学博士，厦门大学法学院教授、博士生导师，中国南海研究院副院长，《中华海洋法学评论》主编，福建省社科基地"海洋法与中国东南海疆研究中心"主任。主要研究方向为国际海洋法、海洋环境与资源法、南海问题。

"朱诺商人"号案（圣文森特和格林纳丁斯诉几内亚比绍）（迅速释放）；"路易莎"号案（圣文森特和格林纳丁斯诉西班牙）；"自由"号案（阿根廷诉加纳）；"弗吉尼亚·G"号案（巴拿马/几内亚比绍）；"杜兹吉特·廉正"号仲裁案（马耳他诉圣多美和普林西比民主共和国）

个人邮箱：yubing.shi@163.com

高圣惕

英国剑桥大学及伦敦大学国王学院国际法双硕士,荷兰莱顿大学国际法博士,武汉大学国际法研究所教授。主要研究方向为国际组织、区域性渔业组织、海疆划界、南海问题、国际航空法及争端解决。

柔佛海峡填海造地案(马来西亚/新加坡);查戈斯群岛海洋保护区案(毛里求斯诉英国);"南海仲裁案"(菲律宾诉中国);白礁岛、中岩礁和南礁领土主权案(马来西亚/新加坡)

个人邮箱:mikegau@foxmail.com

黄　影

天津外国语大学国际关系学院讲师,法学博士,主要研究方向为海洋法、领土争端解决。在《外交评论》《太平洋学报》《武大国际法评论》《国际法研究》等专业期刊上发表多篇论文。

领土主权和海洋划界案(厄立特里亚/也门);孟加拉湾海洋划界案(孟加拉国诉印度)

个人邮箱:huangyingpku@sina.com

密晨曦

自然资源部海洋发展战略研究所研究员,法学博士。主要研究方向为国际海洋法、海洋争端解决机制和极地法律问题。

加勒比海领土和海洋争端案(尼加拉瓜诉洪都拉斯)

个人邮箱:chenximi@cimamnr.org.cn

韩秀丽

厦门大学法学院教授、博士生导师，中国国际法学会理事、福建省国际法学会副会长、国际法学会会员。2011年入选教育部"新世纪优秀人才支持计划"。2015年7月受聘为最高人民法院"一带一路"及涉外海商海事审判专家。

领土与海洋边界仲裁案（克罗地亚/斯洛文尼亚）

个人邮箱：hanxiu777@xmu.edu.cn

蔡从燕

复旦大学法学院国际法教授，主要研究方向为国际法律理论、国际投资法、对外关系法以及中国国际法政策与实践。

混合氧化物核燃料工厂案（爱尔兰诉英国）

个人邮箱：caicongyan@sina.com